Management des systèmes d'information

13e édition

Kenneth Laudon, Université de New York
Jane Laudon, consultante
Éric Fimbel, NEOMA Business School
Serge Costa, NEOMA Business School
Sophie Lehoux-Canevet, École supérieure de Commerce et de Marketing

PEARSON

Le présent ouvrage est la traduction de *Management Information Systems, Managing the Digital Firm, 13th* edition, de Kenneth C. Laudon et Jane P. Laudon, publié par Pearson Education Inc. sous la marque Prentice Hall.

Publié par Pearson France
74, rue de Lagny
93100 Montreuil
Tél. : 01 43 62 31 00

Mise en pages : TyPAO

ISBN : 978-2-326-00001-8

Titre original : *Management Information Systems*

ISBN original : 978-0-13-214285-4

Chapitre 2

Chapitre 3

Liste des cas d'entreprise

Liste des figures

Liste des tableaux

Préface

Les systèmes d'information (SI) sont aujourd'hui essentiels au fonctionnement, à la performance et à la compétitivité des entreprises. Tout manager doit en comprendre et en maîtriser les rouages, les potentialités et les risques essentiels. Il doit en effet savoir ce qu'ils sont, comment ils influent sur l'organisation, comment ils peuvent améliorer le travail de chaque collaborateur et de chaque équipe, et ainsi rendre l'organisation plus performante. Si le SI est un atout dans la compétition commerciale, il en est aussi un élément hautement critique. Sa robustesse et sa fiabilité sont primordiales, comme l'illustre ce manuel, au même titre que sa performance et sa qualité de service aux utilisateurs, que ceux-ci soient les membres (salariés) de l'organisation ou des tiers (clients, prospects, fournisseurs, etc.).

Ces dernières années, plusieurs frontières ont perdu de leur étanchéité, voire se sont brouillées. L'espace de la vie privée et celui de la vie professionnelle se sont partiellement mêlés. La mobilité de nombreux managers et collaborateurs s'est accompagnée d'une accessibilité parfois permanente vis-à-vis de l'entreprise-employeur, quelle que soit sa localisation. Les technologies et SI prennent une part prépondérante à ces mutations, voire à ces révolutions de la vie professionnelle mais aussi de la vie tout court. Cette nouvelle édition prend en compte l'ensemble des aspects de ces interactions entre les technologies, les organisations et les personnes, et en propose une approche pluridisciplinaire. Elle vise à fournir les éléments clés qui permettront aux managers de tirer profit de ces technologies en actionnant les bons leviers et en contournant les risques identifiés, pour en faire ainsi un outil stratégique positif pour leurs entreprises.

Les défis des SI

Si les technologies et SI contribuent au fonctionnement quotidien de toute entreprise, privée ou publique, leur adéquation aux besoins et attentes de chaque organisation reste un défi permanent... ces besoins et attentes étant eux-mêmes changeants. L'ampleur des mutations économiques et technologiques oblige les entreprises à effectuer des choix complexes en matière de SI, choix régulièrement remis en cause par la rapidité des évolutions externes (environnement concurrentiel, réglementations, innovations et obsolescences technologiques, etc.), mais aussi par les changements stratégiques et opérationnels décidés par l'organisation. Les interactions entre l'environnement, l'entreprise, les technologies et les SI sont complexes, variables et multiples. Leur compréhension est nécessaire à tout manager, quels que soient son métier (marketing, finance, ressources humaines, logistique, etc.), l'entreprise où il l'exerce (PME ou grand groupe international, entreprise privée ou organisme public) et le secteur d'activité de celle-ci (aéronautique, banque, tourisme, assurance, transports, santé, etc.).

Pour une entreprise donnée, une innovation technologique ne représente en soi ni un risque ni une opportunité. C'est à partir d'une bonne compréhension des possibilités et des limites de la technologie, et de la pertinence de sa combinaison avec ce qui existe que l'organisation pourra analyser si elle peut en tirer profit pour améliorer sa position concurrentielle (gain stratégique) ou son efficience interne (gain opérationnel). Pour obtenir les gains espérés, l'ensemble des parties prenantes devra être mobilisé, depuis la direction générale pour les grandes décisions structurantes (adopter un ERP ou vendre *via* Internet, par exemple) jusqu'aux utilisateurs opérationnels pour des utilisations pertinentes, sans négliger le rôle de la direction des SI pour la mise en œuvre et le support des solutions retenues. Les partenaires extérieurs tels que les clients, les fournisseurs et les sous-traitants sont également concernés. Cette ouverture du SI de l'entreprise aux SI de ses partenaires (par Internet, extranet, EDI, etc.) favorise l'émergence de véritables chaînes de valeur interorganisationnelles supportées par des échanges massifs d'informations entre tous, échanges simples en différé ou en temps réel *via* des transactions ou même des coopérations entre partenaires d'entreprises distinctes. Dans cet ouvrage, nous traitons cet aspect organisationnel et humain avec un soin tout particulier, afin que les étudiants en gestion ne surévaluent pas les aspects techniques des SI. Ce sont les usages pertinents qui créeront de la valeur pour l'entreprise et non les seules technologies, quelles que soient leurs potentialités.

Dans de nombreux secteurs économiques, les technologies et SI ont favorisé des remises en cause radicales des modèles économiques, fait émerger de nouveaux modes organisationnels et permis de nouvelles relations entre les acteurs économiques (dématérialisation, désintermédiation, etc.). Cependant, même dans les secteurs dits « traditionnels », de nombreux processus ont été bouleversés, et les entreprises travaillent à combiner les avantages potentiels des innovations avec leurs points forts « historiques ». Nous avons donc pris en compte ces différents défis associés à ces situations pour y préparer les étudiants, futurs managers qui devront œuvrer à la réussite de projets SI innovants mais, surtout, qui se révéleront capables de créer plus de richesse qu'ils n'en détruiront. Nous avons donc décidé d'analyser des situations et cas réels qui permettront aux étudiants d'identifier les facteurs de succès des SI, mais aussi les facteurs d'échec.

Le contexte général, associé à la mondialisation des échanges et des activités économiques, est un facteur favorable au recours massif aux technologies favorisant la communication sous toutes ses formes, notamment par la numérisation des contenus et la standardisation de certaines modalités liées à Internet, au Web, au Cloud Computing, ou encore par l'utilisation du smartphone pour de nombreuses pratiques. L'approche privilégiée dans ce manuel prend donc en compte les dimensions culturelles, économiques, humaines, sociales, éthiques et sociétales qui encadrent autant qu'elles déterminent ces transformations et ces pratiques.

Les caractéristiques de l'ouvrage

Cette édition a été adaptée au public européen francophone dans le double souci permanent de conserver la quintessence de cet ouvrage de référence écrit par Kenneth et Jane Laudon, et de le rendre plus utile aux étudiants francophones et à leurs enseignants. Tout au long des 14 chapitres, cette volonté se traduit par huit actions fortes :

1. *Simplifier l'architecture pédagogique et la structure rédactionnelle des chapitres.* Les objectifs d'apprentissage sont explicités avant le cas introductif, lui-même suivi d'une

ou deux questions centrées sur la relation « SI – gestion et organisation », sous l'intitulé « Matière à réflexion ». Une partie est ensuite consacrée aux défis managériaux posés par cet aspect des SI. Un résumé et une liste de quatre ou cinq propositions « d'Exercices de synthèse » permettent à l'étudiant de vérifier sa compréhension des points principaux du chapitre. Dans la majorité des chapitres, une liste de 15 à 20 questions de révision couvre l'ensemble des notions et termes étudiés. Une ou deux questions dites « de réflexion » constituent le point de départ d'une discussion et de la vérification de la bonne assimilation de la thématique centrale du chapitre. Puis, lorsque cela apparaît approprié, un « Exercice sur le Web » permet de traiter un problème dont la résolution nécessite une utilisation pertinente et sélective du Web. Grâce à un « Travail de groupe » présent dans de nombreux chapitres, plusieurs étudiants pourront confronter leur compréhension du thème et vérifier leur capacité à passer à l'application. Enfin, le cas principal combine systématiquement les aspects techniques, organisationnels et humains dans une situation d'entreprise réelle. Quatre ou cinq questions concluent les chapitres.

2. *Accentuer la prise en compte de la dimension globale du SI.* Le public étudiant pouvant être séduit par telle ou telle technologie innovante, nous avons systématiquement mis en avant, et de manière équilibrée, les potentialités et les limites des technologies et des SI en renvoyant aux individus et aux organisations la responsabilité de la pertinence des décisions, de la qualité des mises en œuvre comme celle des usages. La technologie peut favoriser, ou freiner, les conditions de la performance de l'entreprise ; elle ne la crée pas.

3. *Renforcer la partie consacrée au commerce électronique interentreprises (*B to B*).* Leur pratique d'internaute-consommateur peut conduire les étudiants à survaloriser l'Internet « visible », tel qu'ils le connaissent en *B to C*. Nous avons volontairement mis l'accent, dans les cas étudiés comme dans les exemples, sur les relations entre entreprises, y compris en repositionnant l'EDI (échange de données informatisées) par rapport au poids économique des transactions qu'il représente.

4. *Tenir compte des pratiques des entreprises en matière d'intégration des innovations technologiques.* Les technologies associées à Internet, le développement des systèmes mobiles (réseaux sans fil et WiFi notamment), la technologie RFID (*Radio Frequency Identification*) ou encore le Cloud Computing sont des exemples d'opportunités fortes pour proposer de nouveaux produits et services aux clients autant que pour transformer les logiques organisationnelles internes. Ces innovations doivent toutefois cohabiter harmonieusement avec les SI antérieurement utilisés, notamment en alimentant ou en s'appuyant sur des bases de données fiables. Nous invitons l'étudiant à prendre en compte cette problématique d'intégration autant qu'à guetter les opportunités que contiennent ces innovations technologiques. Par ailleurs, le risque de non-fiabilité du SI est fréquemment associé à son morcellement et aux redondances qui en découlent. Accentué par les remodelages structurels fréquents (fusions-acquisitions, cessions ou externalisations d'activités, etc.), ce risque peut être prévenu par un recours au concept d'intégration. Les moyens qui permettent l'intégration (EAI, mais surtout ERP) occupent une place majeure dans ce manuel.

5. *Compléter certains contenus par des contributions européennes.* Le traitement de nombreux sujets est notablement enrichi par l'ajout de contributions françaises ou européennes ; nous avons alors combiné ces compléments au travail initial en en respectant son esprit. Ces apports portent sur des sujets tels que l'externalisation

totale ou partielle du SI, la gestion des risques, etc. Ils concernent également les dimensions éthiques, culturelles ou réglementaires. La perception française de la gestion préventive de la protection des libertés face aux possibilités et aux usages des technologies et SI en est un bon exemple. Au chapitre 4, consacré à ces questions, nous avons mis en évidence les singularités culturelles et réglementaires américaines et françaises en analysant le dispositif nommé Cnil (Commission nationale de l'informatique et des libertés), notamment au regard de pratiques innovantes associées à de nouveaux outils souvent nommés « réseaux sociaux ».

6. Proposer des exemples, des cas réels et des données micro- et macroéconomiques en prise avec les réalités connues des étudiants français et européens. Les études de cas d'entreprises nord-américaines situées à la fin de chacun des 14 chapitres ont été remplacées par des cas originaux d'entreprises européennes, et majoritairement françaises, notamment PSA, Leclerc, Bolloré, Crédit Agricole, Casino, PriceMinister, Afflelou, Total, BNP Paribas, Neoclyde, Airbus, Stokomani, Faurecia, Vente-Privée.com, Accor, La Redoute, Boulanger, EDF, Pernod Ricard, Chèque Déjeuner, Intersport, 3 Suisses ou encore le ministère français de la Défense nationale. Au début de chaque chapitre, un cas place le thème spécifique à étudier dans la réalité d'un SI. Tous ces cas ont été créés à partir des données actualisées. La plupart de ces entreprises ont une activité internationale forte, ce qui permet d'étudier la confrontation du SI avec les exigences de cette internationalisation.

7. *Proposer une bibliographie avec des sources françaises et francophones.* Nous avons fourni de très nombreuses références actualisées de publications francophones ; les étudiants et leurs enseignants peuvent ainsi enrichir leurs travaux sur les SI.

8. *Mieux prendre en compte la gestion du changement et les effets de la mondialisation des affaires sur les SI.* Nous examinons ces deux aspects clés de manière intense et continue tout au long de l'ouvrage, ce qui explique la structure en 14 chapitres dans cette nouvelle édition francophone.

L'ensemble de ces dispositions s'inscrit dans la perspective générale et fondatrice de l'ouvrage : comprendre, en tant que futur manager, les conditions et leviers qui permettront aux SI de contribuer significativement et durablement à l'atteinte des objectifs stratégiques et opérationnels de l'entreprise.

Auteurs

Kenneth Laudon est professeur en systèmes d'information à la Stern School of Business de l'université de New York. Il est titulaire d'une licence d'économie délivrée par l'université de Stanford et d'un doctorat obtenu à l'université de Columbia. Auteur d'une douzaine d'ouvrages consacrés au commerce électronique, aux systèmes d'information, aux organisations et aux questions de société, il a également publié plus de 40 articles portant sur l'impact social, organisationnel et managérial des systèmes d'information, du respect de la vie privée, des problèmes éthiques et des technologies multimédias.

Ses recherches actuelles se concentrent sur la planification et la gestion des grands systèmes d'information et des technologies multimédias. Ses recherches portent notamment sur les changements professionnels et structurels liés à l'usage de l'informatique dans les grandes organisations, sur l'évolution de l'idéologie du management et des politiques de services publics, et sur la compréhension des changements de productivité dans le secteur du savoir.

Kenneth Laudon a aussi travaillé comme chercheur et consultant auprès de l'Office d'évaluation des choix technologiques, du cabinet du président des États-Unis, et de plusieurs agences gouvernementales et comités du Congrès. Il officie également comme formateur interne pour le compte de diverses sociétés de conseil, et comme consultant en planification et stratégie systèmes pour plusieurs entreprises classées au *Fortune 500*.

Au sein de la Stern School of Business de l'université de New York, il enseigne la gestion des entreprises numériques, la stratégie TI et la stratégie d'entreprise, la responsabilité professionnelle (éthique et déontologie), le commerce électronique et les marchés numériques.

Jane Laudon est consultante en gestion des systèmes d'information. Auteur de sept ouvrages, elle s'intéresse plus particulièrement à l'analyse des systèmes, à la gestion de données, à l'audit des SIG, à l'évaluation logicielle et à la formation des entrepreneurs sur la conception et l'utilisation des systèmes d'information. Elle a obtenu son doctorat à l'université de Columbia, sa maîtrise à l'université de Harvard et sa licence à l'institut Barnard. Elle a enseigné à l'université de Columbia et à la Graduate School of Business de l'université de New York.

Éric Fimbel, **Serge Costa** et **Sophie Canevet-Lehoux** se sont chargés de l'adaptation du manuel pour le public européen francophone.

Éric Fimbel est docteur en sciences de gestion, professeur à la NEOMA Business School et membre du laboratoire de recherche LIRSA (Laboratoire Interdisciplinaire de

Recherche en Sciences de l'action) du CNAM, situé à Paris. Il est également le conseiller scientifique de l'IES (Institut esprit services-Medef).

Ses travaux de recherche portent notamment sur les systèmes d'information, l'alignement stratégique, l'externalisation. Il est l'auteur de nombreux articles sur ces questions et le coauteur des ouvrages *E-RH : réalités managériales* (« Recherche », Vuibert, 2005) et *Diriger les systèmes d'information : les bonnes pratiques* (Weka, 2005).

En 2004, il a reçu le prix du meilleur article en systèmes d'information décerné conjointement par l'AIM (Association Information et Management) et le Cigref (Club Informatique des Grandes Entreprises Françaises). Construit à partir d'un vaste programme de recherche mobilisant des études de terrain auprès de plus de 300 grandes entreprises dans plus de 20 pays et sur trois continents, son ouvrage *Alignement stratégique* (Pearson, 2007) connaît un vrai succès auprès des publics académiques et professionnels. De grandes entreprises privées et publiques du côté « utilisateurs », mais aussi du côté de l'offre (HP, IBM, SAP, Oracle par exemple) et de grandes organisations professionnelles (IDG, USF, AUFO, Cedhys notamment), le sollicitent régulièrement pour des conférences internationales.

Parallèlement à ses activités d'enseignement et de recherche, il est consultant auprès de nombreuses directions d'entreprises privées et publiques concernant la mise en convergence de leurs systèmes d'information avec leurs choix et exigences stratégiques.

Serge Costa est professeur de systèmes d'information à la NEOMA Business School. En tant que spécialiste des questions liées à Internet, notamment dans ses applications de commerce électronique et de veille économique, il a apporté à cette nouvelle version une double contribution majeure. Non seulement il a enrichi de nombreux contenus, mais il a de plus assuré la création et l'actualisation d'une part importante des cas et exercices.

Sophie Canevet-Lehoux, actuellement professeur-chercheur en systèmes d'information et organisation à l'Istec (École supérieure de Commerce et de Marketing) à Paris, a passé plus de 15 ans dans l'industrie des systèmes d'information et des services associés (dont 11 années chez IBM), après avoir obtenu son PhD en systèmes d'information à la London School of Economics en 1996. Son expérience et son expertise professionnelles, associées à ses recherches sur les interdépendances entre les SI et les organisations, lui permettent de porter un regard global sur ces questions et d'analyser de façon enrichissante les aspects théoriques, techniques et organisationnels de la gestion des systèmes d'information.

Partie I

Organisations, management et systèmes d'information

Chapitre 1
L'entreprise informatisée

Objectifs pédagogiques

- Expliquer pourquoi les systèmes d'information (SI) sont devenus si importants pour les entreprises.
- Évaluer le rôle des SI dans le contexte concurrentiel actuel.
- Identifier les principaux effets des technologies et SI sur les organisations.
- Comprendre un SI d'un point de vue technique et managérial.
- Déterminer les principaux défis managériaux liés à l'élaboration et à l'utilisation des SI dans les organisations.

PSA : la voiture connectée, nouvelle partie prenante du SI du constructeur

Lors du Mondial de l'Automobile 2012 qui s'est tenu à Genève, PSA a levé le voile sur Peugeot Connected Apps, le nouvel environnement applicatif d'ores et déjà disponible sur 90 % des Peugeot 208 et sur lequel le groupe travaille depuis plus de dix ans.

Le lancement des Peugeot Connected Apps sur la 208 est l'aboutissement d'une stratégie que le groupe PSA a entreprise depuis de nombreuses années autour de la problématique de la voiture connectée. Avec un million de véhicules en circulation déjà équipés de eCall, un système d'appel d'urgence très robuste fonctionnant par SMS, PSA est le leader européen en la matière. Connect Fleet, pour la gestion de flottes, et le service eTouch de Citroën, pour la mise à jour du carnet de bord, complètent ce système. Il reste cependant encore un certain nombre de défis à relever dans le domaine de la voiture connectée en Europe, comme la capacité à gérer le *roaming* (ou nomadisme).

Nouveau paradigme de mobilité, la voiture devient plus communicante. Les services mobiles et Internet vont continuer à se développer à bord, mettant l'accent sur l'échange d'informations entre véhicules, la géolocalisation, et même des fonctionnalités plus ludiques pour les passagers, telles que des jeux ou des vidéos. On retrouvera bientôt dans chaque véhicule tout l'univers électronique que nous côtoyons au quotidien. De façon transparente pour le conducteur et ses passagers, le constructeur compte sur l'intégration de ces données dans son SI pour continuer à optimiser sa chaîne logistique, améliorer sa relation durable avec ses clients et garantir sa compétitivité.

...

Ainsi questionné sur les grands chantiers informatiques de PSA, le directeur des systèmes d'information du groupe, Daniel Zamparini, insiste sur l'optimisation des coûts qui représente toujours « un axe fort » dans un secteur en permanence sous tension. Il cite également l'amélioration des processus de la chaîne logistique, l'une des briques les plus critiques de la solution nécessaire au métier d'un constructeur automobile. Il s'écoule aujourd'hui 56 minutes entre le moment où une pièce spécifique est demandée aux fournisseurs et celui où elle est disponible au montage dans un atelier. Il faut donc que le SI des fournisseurs et celui de PSA soient parfaitement intégrés. Il confirme enfin que le digital est le grand défi à venir de l'informatique et des télécommunications, avec comme orientations la voiture connectée, les nouveaux services numériques, mais aussi l'arrivée des terminaux tactiles.

Par exemple, fin 2012, la Direction des Systèmes d'Information (DSI) de PSA a décidé de proposer des tablettes tactiles au personnel des concessions Peugeot et Citroën afin de leur permettre d'accéder à l'ensemble des processus d'après-vente dans un contexte de mobilité, notamment lors de l'analyse de l'état des véhicules et des éventuelles actions de maintenance, ou encore pour la saisie des observations techniques, la gestion des commandes de pièces, l'information sur les stocks, l'établissement de devis et de plans d'entretien, etc. PSA entend ainsi améliorer l'efficacité de l'accueil des clients et réduire les temps d'attente. Connectée à plus de 18 systèmes du constructeur, une application Web est ainsi mise à disposition sur une tablette tactile Windows 8. Sur 15 000 points de vente Peugeot et Citroën, PSA se donne pour objectif de séduire 5 000 d'entre eux d'ici à cinq ans en proposant un modèle économique locatif.

Du point de vue de la politique de gestion de la relation client, (*Customer Relationship Management*, CRM), les services connectés représentent un enjeu de taille pour le constructeur : établir un pont entre le monde automobile et les modes de vie où l'usager est connecté parfois 24 h/24 et, surtout, proposer des services valorisant la marque et permettant d'établir un véritable programme de CRM. Cet enjeu est d'autant plus important pour les constructeurs automobiles que l'industrie traverse actuellement une période difficile et que les interactions avec les clients sont très épisodiques, se résumant souvent à un échange lors de l'acte d'achat, soit tous les cinq à dix ans. Dans l'automobile, il y a encore moins de dix ans de cela, la relation client passait par les concessionnaires. Aujourd'hui, elle est multicanal *via* Internet et les centres d'appels, et multilingue. Le Service Après-Vente (SAV) représente, lui aussi, un canal de relation client très important. Cette dernière exige de connaître et d'identifier le client. Il faut ainsi disposer d'outils communs et transversaux, y compris pour des applications très spécifiques comme le SAV ou la gestion des véhicules d'occasion. Par exemple quand un client entre chez un réparateur agréé, ce dernier doit pouvoir s'assurer que le véhicule ne fait pas partie d'une campagne de rappel.

À la source de ces nombreux projets, on retrouve la DSI de PSA, une organisation centralisée au service de toutes les activités de la branche automobile du groupe. D'un point de vue stratégique, les SI se trouvent au centre des principaux processus de l'industrie automobile. Par exemple, pour raccourcir les délais de développement, de plus en plus d'ingénierie simultanée, d'outils de simulation et de puissance de calcul sont nécessaires. Avec un budget informatique étonnamment bas par rapport au chiffre d'affaires du groupe, des statistiques de fabrication records et une organisation totalement intégrée à la structure de l'entreprise, on peut qualifier la DSI de PSA de très efficace. Les SI représentent 1,3 % du chiffre d'affaires, pourcentage significativement inférieur à celui observé chez de nombreux concurrents.

En 2013, PSA Peugeot Citroën est en train d'achever la migration de ses 100 000 postes de travail vers les technologies Microsoft. Le déploiement a demandé deux ans de travail, pour un coût de licence qui n'a pas augmenté. Sur les 600 sites répartis dans 37 pays, les postes de travail sont tous identiques et leurs évolutions-migrations s'effectuent de manière automatisée. Dans l'unité dédiée à l'informatique scientifique, qui a notamment en charge la conception assistée par ordinateur (CAO), les référentiels ou encore la maquette numérique, les applications sont très spécifiques et très pointues. Là encore, les évolutions sont constantes : en matière de *crash-test*, un ensemble de serveurs sous Linux ont remplacé l'ancien calculateur de type « Cray », ce qui a généré des gains en termes de coût et de temps de calcul. De nombreuses applications qui tournent sur des architectures techniques de type « *mainframes* » et « départementales » restent cependant encore à transformer en applications exploitables en mode « Web ».

Sources :

L'Usine nouvelle, n° 3324, 28/03/13

www.psa-peugeot-citroen.com, consulté le 28/03/13

Jaimes, N., « Automobile connectée : ce qui vous attend », **http://www.journaldunet.com/ebusiness/mobile/automobile-connectee/**, 15/10/12, consulté le 01/10/13

Clapaud, A., « Mondial de l'Automobile 2012 : PSA dévoile ses pistes d'innovation », **http://pro.01net.com/editorial/574057/mondial-de-lauto-2012-psa-devoile-ses-pistes-dinnovation/**, 01/10/12, consulté le 01/10/13

Matière à réflexion :

En quoi les grands projets stratégiques de la direction informatique de PSA sont-ils fondamentaux pour le constructeur et ses marques ?

Quelles sont les conditions organisationnelles et humaines indispensables à mettre en place dans l'ensemble du groupe pour que ces projets portent leurs fruits ?

Le cas de PSA illustre le fait que les nouvelles technologies et les SI sont voués à s'étendre au-delà des frontières traditionnelles de l'entreprise et des acteurs usuels que sont les canaux de distribution ou les fournisseurs. En tant que manager, mais aussi individu utilisateur, vous devrez comprendre ces enjeux et en tenir compte.

En tant que manager, vous devrez déterminer comment les SI peuvent augmenter la compétitivité, l'efficacité et la rentabilité de votre entreprise. Dans ce chapitre, nous allons étudier les **technologies et systèmes d'information** des organisations en décrivant les systèmes d'un point de vue technique et comportemental et en observant les changements qu'ils apportent aux organisations dans leurs pratiques. Nous allons d'abord voir le rôle des SI dans les entreprises, puis les raisons de l'existence des SI informatisés, les perspectives sur les SI, les approches contemporaines de ces derniers, et, pour finir, les nouvelles possibilités.

1 Rôle actuel des SI dans les entreprises

Selon les projections du bureau d'études Gartner, les dépenses informatiques mondiales des entreprises devraient atteindre en 2013 la somme de 2 603 milliards de dollars, soit une croissance de 2,5 % par rapport à celles de 2012. Les consultants pensent en effet qu'après une année 2012 atone, la reprise se profile pour 2013. Le secteur de l'industrie et des ressources naturelles devrait représenter 478 milliards de dollars (+2,3 %), le compartiment financier 460 milliards de dollars (+3,5 %) et celui des communications, médias et services 426 milliards de dollars (+3 %). À l'inverse, sous le coup des mesures d'austérité, les dépenses des administrations publiques devraient être en léger retrait, à 445 milliards de dollars.

En 2012, à l'échelle mondiale, les entreprises ont consacré environ 1 450 milliards de dollars aux SI (matériels, logiciels, équipement de télécommunications). Ces coûts n'impliquent pas uniquement l'achat des composants et systèmes technologiques. Les mettre en place, s'y préparer, les intégrer aux systèmes existants demandent des compétences pointues et des budgets importants. Dans ce domaine, les entreprises américaines prévoyaient de dépenser en 2012 près de 650 milliards de dollars pour des services de conseil en gestion d'entreprise et en management. Ces services consistent, pour l'essentiel, à redéfinir les activités des entreprises afin que celles-ci tirent profit des nouvelles technologies. La figure 1.1 montre qu'entre 1980 et 2011, la part du capital que les entreprises privées ont investi dans l'ensemble de ces technologies de l'information est passée de 32 % à 52 %.

En tant que futurs managers, la plupart d'entre vous vont devoir travailler dans et pour des entreprises qui utilisent de manière intensive et investissent lourdement dans les technologies et systèmes. Vous vous demanderez certainement comment investir de manière avisée. Si vous effectuez les bons choix et surtout si vous fournissez suffisamment d'efforts pour que les récoltes soient à la hauteur des espérances associées aux investissements, votre entreprise sera capable de dépasser ses concurrents. Si vous faites les mauvais choix, vous gaspillerez des capitaux substantiels. Cet ouvrage a été conçu pour vous aider à prendre les bonnes décisions en matière de technologies et de SI.

1.1 L'explosion des usages des technologies de l'information

En observant l'usage intensif que font les entreprises des SI dans les nombreux domaines d'activité où les technologies de l'information sont utilisées, il est facile de constater les effets de ces dépenses à la fois très élevées et en très forte croissance.

Les communications mobiles

Depuis 2008, le nombre de nouveaux abonnements à la téléphonie mobile a dépassé celui d'ouvertures de lignes fixes. Les téléphones mobiles et smartphones, les courriels et visioconférences, ainsi que les tablettes tactiles sont devenus des outils incontournables pour les entreprises. Selon l'article du *Monde informatique* du 2 avril 2013, « *Le Gartner révise ses prévisions de dépenses IT pour 2013* », les achats d'ordinateurs, de tablettes, de téléphones mobiles et d'imprimantes devant s'élever à 718 milliards de dollars en 2013, soit une hausse de 6,3 % par rapport à 2012. Dans son étude initiale publiée en 2012, Gartner prévoyait une croissance de 7,9 % de ce type d'investissements. L'institut

Gartner explique la révision à la baisse de sa prévision par la concurrence accrue des prix des produits Android sur le marché des tablettes. Il maintient cependant ses prévisions pour les investissements dans le domaine des logiciels d'entreprise qui devraient augmenter de 6,4 % par rapport à 2012, et passer ainsi à 297 milliards de dollars en 2013.

Selon des chiffres publiés en mars 2013 par le suédois Ericsson, équipementier en télécoms, le volume des données échangées par des appareils électroniques mobiles, dopé par la croissance de la vidéo sur l'Internet, a doublé en un an dans le monde. Au troisième trimestre 2012, ce volume a dépassé les 900 pétaoctets mensuels (900 millions de milliards d'octets), soit plus du double par rapport au troisième trimestre 2011 et 16 % de plus qu'au deuxième trimestre 2012. D'après Ericsson, avec la croissance du nombre d'utilisateurs et de la consommation de chacun d'entre eux, le volume des données transportées par les réseaux mobiles devrait continuer à doubler chaque année pendant les six ans à venir.

Si les ordinateurs et tablettes dominent encore le trafic, les téléphones mobiles devraient en représenter la moitié en 2018, avec la généralisation des smartphones. Le taux mondial de pénétration de la téléphonie mobile a atteint 91 % au troisième trimestre 2011. Ericsson estime qu'il devrait y avoir 9,3 milliards d'abonnements en 2018, contre 6,6 milliards aujourd'hui. L'équipementier a relevé que les appareils mobiles et l'extension des réseaux avaient poussé les utilisateurs à être présents sur les réseaux sociaux sur Internet « tout au long de la journée ». Par exemple, « les consommateurs ne s'arrêtent pas simplement d'utiliser Facebook ou Twitter parce qu'ils s'assoient devant leur télévision. Les deux activités sont plutôt menées en parallèle », a expliqué le groupe.

Le e-commerce

La croissance continue de ces usages intensifs et extensifs des e-services se vérifie. Ainsi, selon Médiamétrie, la France comptait 40,24 millions d'internautes en janvier 2012, soit une hausse de 4,9 % par rapport à janvier 2011, ce qui représente 71,6 % des Français de 11 ans et plus. Cette même année, les ventes de type e-commerce aux États-Unis représentaient 289 milliards de dollars, contre 256 milliards en 2011. Une étude de eMarketeer publiée début 2012, prévoit que le revenu du e-commerce de détail aux États-Unis atteindra 361,9 milliards de dollars en 2016.

En 2014, le marché français du e-commerce atteindrait 17 milliards d'euros et le nombre d'acheteurs en ligne passerait de 23 à 31 millions. Selon le cabinet d'étude sectoriel américain Forrester qui a réalisé une étude des comportements des internautes dans les différents pays européens, les internautes français se fieraient toujours plus aux achats en ligne : en 2013, 25 % d'entre eux se déclarent en effet confiants quant à la sécurité de leurs informations personnelles lors d'un achat sur Internet ligne, contre 18 % en 2005. D'après l'Observatoire des Usages Internet de Médiamétrie, 31,7 millions d'internautes ont acheté en ligne au deuxième trimestre 2012 en France, ce qui correspond à une progression de 4 % sur un an. Les achats de ce type dans l'Hexagone vont connaître en moyenne un taux de croissance annuel de 13 % dans les deux ans à venir, soit une augmentation légèrement plus soutenue que la moyenne de 11 % en Europe de l'Ouest.

Forrester prédit également que le montant des achats sur Internet, en Europe de l'Ouest, devrait atteindre 114 milliards d'euros en 2014 et que 190 millions d'Européens achèteront en ligne cette année-là (contre 141 millions aujourd'hui). Les prévisions de

Forrester mettent en évidence une distinction très claire entre le marché nord-européen, plus mature, et le marché du sud de l'Europe, toujours en situation émergente.

Pour illustrer ces données de marché dans les pratiques des entreprises, ce sont plus de quatre milliards de colis qu'UPS a livrés dans le monde en 2012. Pendant le quatrième trimestre 2012, UPS a livré 18,8 millions de colis par jour, soit une augmentation de 2,9 % par rapport à la même période en 2011.

Le e-commerce et la publicité en ligne continuent à croître : le revenu des annonces en ligne sur Google a dépassé 20 milliards de dollars sur les six premiers mois de 2012 aux États-Unis et la publicité sur Internet, avec une croissance de 10 % en 2012 (plus de 39,5 milliards de dollars de revenus générés cette année-là), conserve une progression à deux chiffres, malgré la crise économique déclenchée par les *subprimes* en 2008. La croissance du marché français de la communication en ligne ralentit (+5 % en 2012 contre une hausse de 11 % en 2011), et ce de manière plus marquée que sur les marchés américain, britannique et allemand. Le chiffre d'affaires du marché français a atteint 2,7 milliards d'euros nets en 2012.

L'information vers le grand public

Tandis que le nombre de lecteurs de la presse écrite continue de décliner, environ 71 millions d'Européens lisaient des blogs en 2009 et 21 millions en écrivaient. D'après l'étude de NM Incite, entreprise new-yorkaise spécialisée dans l'étude des médias sociaux, le nombre de blogs dans le monde en octobre 2011 était de 173 millions, soit 25 millions de plus que l'année précédente, et surtout... près de cinq fois plus que cinq ans plus tôt. L'apparition, et surtout l'explosion, du nombre de ces nouveaux auteurs et de ces nouvelles formes de relations, ont été brutales. Les conséquences économiques et géopolitiques de ces nouveaux usages sont réelles : elles ont aidé les mouvements dits du « Printemps arabe » par exemple, en permettant aux mouvements protestataires de communiquer entre eux et en facilitant la diffusion de l'information et des images malgré la censure ou l'effondrement des infrastructures d'États. En 2012, Facebook a attiré 900 millions de visiteurs dans le monde. Tweeter a fêté son septième anniversaire en mars 2013, et voit passer plus de 400 millions de tweets par jour, avec plus de 500 millions d'utilisateurs enregistrés. Depuis le premier tweet mis en ligne par Jack Dorsey, un de ses fondateurs, le réseau de microblogging a connu une croissance exponentielle et couronnée de succès.

Conséquences sur les États et sur les entreprises

Les entreprises ont cherché à anticiper les changements dans les demandes et comportements de leurs clients. Elles ont à cet effet réduit les stocks au minimum et renforcé l'efficacité des opérations logistiques. La cadence des chaînes d'approvisionnement a été augmentée, et des entreprises de toutes tailles misent aujourd'hui sur une fluidité et une synchronisation des flux pour réduire leurs frais généraux et être présentes au bon moment sur chaque marché.

Les entreprises apprennent, avec des succès plus ou moins significatifs, à exploiter ces nouveaux moyens de communication. Les entreprises utilisent désormais quotidiennement Facebook, Twitter et les flux RSS pour communiquer, et mettre en relation leurs employés, leurs clients et leurs managers dans le monde entier. De nouveaux métiers liés à cette utilisation des réseaux sociaux sont nés, tels que l'e-Community manager, chargé de surveiller et, si possible, réguler ce qui se dit sur le Web concernant l'entreprise qui l'emploie. L'usage professionnel des réseaux sociaux est en pleine évolution. Avec un taux d'adoption en très forte augmentation, les entreprises essaient de saisir tout le potentiel de ces nouveaux outils pour faire du Web 2.0 un élément à part entière de leur stratégie de promotion et de communication. Un panorama des médias sociaux (étude réalisée entre novembre 2010 et février 2011) par la firme d'étude marketing Burston-Marsteller auprès de compagnies du « *Fortune 100* » présente une enquête sur leurs usages de Twitter, Facebook, YouTube. Plusieurs chiffres clés illustrent le phénomène : le nombre d'entreprises utilisant les médias sociaux a augmenté de 25 % en un an, particulièrement en Asie (32 %) et aux États-Unis (21 %). Plus précisément, Twitter a gagné 18 % en 12 mois, suivi par YouTube à 14 % alors que l'augmentation du nombre de pages entreprises Facebook a été de 13 %.

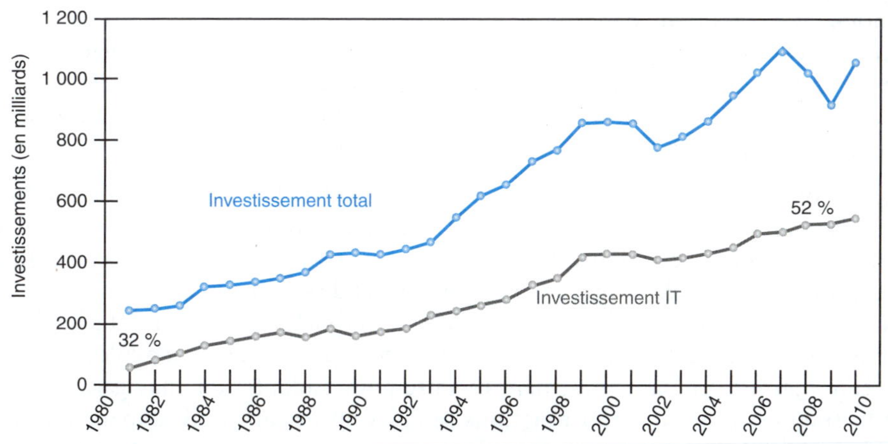

Figure 1.1 – Investissements dans les technologies de l'information.

Le capital investi dans les technologies de l'information (matériel, logiciels et outils de communication) est passé de 32 % à 52 % entre 1980 et 2011.

Source : U.S. Department of Commerce, Bureau of Economic Analysis, National Income and Product Accounts, 2012.

Dans de nombreux pays, de nouvelles lois relatives à la sécurité et à la transparence des actes et des comptes sont apparues. Elles visent à obliger par exemple les entreprises à conserver leurs courriels pendant plusieurs années. Elles sont associées à d'autres lois relatives à la santé du travail, qui exigent des entreprises qu'elles conservent sur plusieurs décennies les données relatives à l'exposition des employés à divers risques comme ceux liés à l'exposition à des substances dangereuses (chimiques, radioactives, etc.).

1.2 Comment les technologies et les SI transforment-ils en permanence les entreprises ?

L'évolution constante des technologies, la gestion des nouvelles technologies et leur impact sur les entreprises font du management des SI un des sujets les plus toniques, mais aussi les plus complexes dans le monde des affaires. Le recul manque parfois pour évaluer, dans la durée, l'ampleur et la nature des impacts que ces bouleversements auront sur le monde des affaires, sur les relations entre clients et fournisseurs, ainsi que sur le résultat des entreprises. Nombre d'anciens systèmes sont mis hors service et remplacés par d'autres, technologiquement plus puissants. De nouvelles industries émergent, tandis que d'autres, plus anciennes, sont sur le déclin, et les entreprises qui réussissent sont souvent celles qui apprennent à maîtriser les investissements et les usages de ces nouvelles technologies. Le tableau 1.1 synthétise les principaux thèmes apparus avec l'usage des SI par les entreprises.

Bien comprendre les nombreux changements récemment survenus dans le domaine des technologies nécessite de dépasser l'analyse de chaque technologie pour tenter de les mettre en relation et d'en comprendre les effets combinés, ceux-ci pouvant se révéler positifs, mais aussi parfois négatifs, pour les entreprises et ceux qui y travaillent. C'est souvent d'une mise en synergie originale que les effets les plus intéressants peuvent provenir. On peut identifier trois axes majeurs d'évolution :

- La consolidation des plateformes numériques mobiles : le succès des produits d'Apple (iPhone 5, iPad 4 et iPad mini lancés en 2012), le retour en force de la concurrence (BlackBerry total tactile lancé en 2012, tablettes tactiles signées Archos ou Samsung, Netbook et Ultrabook, permettant de travailler et de surfer sur le Web), et les derniers nés des ordinateurs, à la fois tablette tactile et Netbook avec clavier détachable, tournant sous Microsoft Windows 8, le plus récent des systèmes d'exploitation de la célèbre marque, fondamentalement repensé pour s'adapter à la navigation intuitive et tactile : ces produits multifonctions remplacent des appareils auparavant monodédiés, et surtout permettent de fusionner images, sons, textes, géolocalisation et services à valeur ajoutée.
- L'émergence de ce qu'on nomme aujourd'hui le « *Big Data* » : la croissance exceptionnelle des données de tout type (texte, son, vidéo) véhiculées par le Web met à la disposition des entreprises (et des gouvernements) une source d'information massive. On estime la croissance actuelle de ce volume de donnée à 5 exabites par an (soit 5 millions de terabites ou 5 milliards de gigabites additionnels générés en un an). Exploiter ces données de façon à les transformer en informations utiles fait rêver les entreprises, et donne lieu à des projets dits « *Big Data* ». L'équipementier de réseaux Cisco, dans son étude (*VNI IP study*) de prévision de trafic IP en 2011, prévoit que le trafic IP annuel global en 2015 devrait atteindre 966 exabytes et 61 % des données Internet seront de type vidéo.
- La croissance du Cloud computing : la mutualisation coopérative de puissances de calcul se confirme et l'utilisation de Cloud Services (Web Services) se banalise : de plus en plus de logiciels commerciaux sont exécutables *via* un simple accès à Internet, transformant les usages et les stratégies informatiques. Bien sûr, ces changements s'appuient sur d'autres technologies de base décrites dans le tableau 1.1.

Tableau 1.1 : Innovations technologiques et impacts sur les organisations

Nouveautés technologiques	**Impact sur les entreprises**
Les plateformes dites de « Cloud computing » et les offres de services associées (IaaS, PaaS et SaaS) transforment la consommation informatique des entreprises	De plus en plus de puissance informatique disponible *via* Internet permet aux entreprises d'effectuer des tâches traditionnellement réservées aux ordinateurs internes de l'entreprise. Les services dits IaaS (*Infrastructure as a Service*), PaaS (*Platform as a Service*) et SaaS (*Software as a Service*) ont gagné en sécurité, fiabilité et font désormais partie des offres standard dans de nombreux domaines tels que le CRM.
Le traitement informatique des données est plus puissant, avec une utilisation optimisée de l'énergie et de meilleurs périphériques de stockage.	Les microprocesseurs des nouveaux PC Intel consomment 50 % d'énergie en moins, dégagent 30 % de chaleur en moins et sont 20 % plus rapides que les modèles antérieurs avec plus de 400 millions de transistors sur un processeur dual-core. Les derniers nés d'Intel sont les microprocesseurs multicœur I7. Les disques durs standard (SATA) sont remplacés par des mémoires flashs plus économiques en consommation d'énergie et plus robustes (pas de partie mobile), dont les limites de capacités sont en train de disparaître. On trouve aujourd'hui facilement des cartes SD de 128 gigabites de capacité pour moins de 100 euros.
Les plateformes mobiles sont de plus en plus présentes dans les entreprises et chez les particuliers.	Les descendants des premiers iPhone et BlackBerry se sont vus concurrencés ou complétés par une multitude de smartphones puissants et légers, des tablettes de plus en plus légères (iPad, Samsung Galaxy Tab, Archos, Kindle Fire, etc.) ; servis par des centaines d'applications développées spécifiquement et disponibles sur l'AppStore d'Apple, l'Android Store ou chez les constructeurs (SamsungStore, par exemple), ces appareils menacent de remplacer les PC classiques tant chez les particuliers que dans les entreprises, qui doivent apprendre à intégrer cette dimension dans leur stratégie informatique.
Management	
Un nombre croissant de managers adopte la collaboration en ligne et les logiciels de réseaux sociaux, afin d'améliorer la coordination, la collaboration et le partage des connaissances.	Plus de 100 millions de décideurs utilisent Google Apps, Google Sites, Office Sharepoint (Microsoft) et Lotus Connections (IBM) dans les entreprises du monde entier pour la gestion de projets, les réunions en ligne, les profils personnels, le partage de signets et les communautés virtuelles.
Les applications dites de « *business intelligence* » ou d'aide à la décision sont en augmentation.	Une analyse des données plus puissante et des tableaux de bord interactifs renseignent les managers sur la performance en temps réel, afin de favoriser le contrôle des activités et la prise de décision.
De nombreux managers adoptent des outils mobiles tels que les smartphones et les périphériques Internet mobiles pour faciliter leurs activités pratiques et en accélérer le déroulement.	Le concept de plateforme mobile en train d'émerger semble capable d'améliorer notablement la vitesse et la richesse de la prise de décision, ainsi que la réactivité envers les clients.
Les conférences à distance *via* des infrastructures, réseaux et applications multimédias se développent et se banalisent.	Des managers adoptent la téléconférence pour réduire le temps et les coûts de transport tout en améliorant la collaboration et la coopération dans les processus de prise de décision.

Nouveautés technologiques	**Impact sur les entreprises**
Entreprises	
Social Business : un nombre croissant d'entreprises recourt aux applications Web 2.0.	Grâce aux services Web, les employés sont en mesure d'interagir dans des communautés virtuelles à l'aide des blogs, des courriels, du wiki et des messageries instantanées. Facebook, Twitter ou Myspace créent pour les entreprises de nouvelles opportunités de collaboration avec les clients et les fournisseurs.
Le télétravail prend de l'ampleur dans le monde professionnel.	Internet, les ordinateurs portables sans fil, les iPhone et les BlackBerry permettent à de plus en plus de gens de travailler loin du bureau. La France compterait officiellement 17 % de télétravailleurs. Ce chiffre inclut évidemment des indépendants, des « faux télétravailleurs » si l'on s'en tient à la définition officielle du télétravail qui ne reconnaît que les salariés. Mais même si l'on ne retient que les 14,2 % de salariés en télétravail, ce chiffre traduit un décollage important. Parmi les entreprises du CAC 40, 40 % ont désormais une politique de télétravail et 12,4 % des salariés français ont télétravaillé au moins huit heures par mois en 2012. Parmi les employeurs, 92 % considèrent que le premier frein au développement du télétravail est la réticence des managers intermédiaires et 85 % des mises en place du télétravail sont d'abord motivées par l'amélioration de la qualité de vie des salariés.
Il existe une cocréation de valeur ajoutée.	Les sources de valeur ajoutée ne sont plus seulement les produits, mais les solutions et l'expérience. Le réseau de fournisseurs et la collaboration avec les clients complètent, voire supplantent, les sources internes. Les chaînes d'approvisionnement et le développement produit ont été mondialisés et font appel à de multiples combinaisons collaboratives. Les interactions avec les clients aident les entreprises à définir de nouveaux produits et services.

YouTube, iPhone, BlackBerry et Facebook ne sont pas que des gadgets ou des outils de divertissement. Ils font partie des plateformes informatiques émergentes fondées sur un ensemble de nouvelles technologies matérielles et logicielles, et sur des investissements matériels et immatériels de la part des entreprises. De nombreuses entreprises adoptent directement ces dispositifs, voire intègrent leur utilisation (hier encore considérée comme déviante) par leurs collaborateurs dans leurs stratégies informatiques, *business* et management (mouvement de type BYOD : *bring your own machine*). Ces entreprises les utilisent alors comme des outils visant à améliorer leurs pratiques et leurs résultats. On appelle ces développements « la plateforme mobile émergente ».

Grâce aux technologies « Web 2.0 », telles que les réseaux sociaux, les outils collaboratifs et les wikis, les managers espèrent une prise de décision à la fois plus rapide et plus pertinente. Ces plateformes numériques mobiles peuvent les assister dans la coordination des forces de vente, la gestion de la satisfaction des clients et la gestion des employés. Pour une majorité de managers, une journée de travail sans téléphone mobile ou sans accès à Internet est tout simplement devenue inenvisageable.

Le comportement des managers change, tout comme l'organisation, la coordination et la manière dont le travail est réalisé, mesuré et évalué. Les employés échangent dans les espaces virtuels de collaboration, même quand plusieurs continents ou fuseaux horaires les séparent. Il peut s'agir d'un facteur favorisant différentes formes de déconcentrations et éventuellement de décentralisations. Grâce à cette même plateforme, les entreprises peuvent externaliser une partie du travail et ainsi collaborer avec les fournisseurs et les clients afin de créer de nouveaux produits ou d'améliorer ceux existants.

Tous ces changements peuvent contribuer à créer une nouvelle mondialisation des activités et du pilotage des entreprises, mais ces potentialités technologiques ne sont en elles-mêmes ni vertueuses ni toxiques. Leur utilisation massive ne doit surtout pas faire oublier les nécessaires débats avant et pendant ces usages, débats pouvant porter par exemple sur la frontière entre la vie personnelle et la vie professionnelle des collaborateurs.

1.3 Défis de la mondialisation et opportunités

L'import-export constitue un pourcentage de plus en plus élevé de l'économie dans les zones américaines, européennes et asiatiques. En 2012, la part du commerce extérieur (imports et exports confondus) représentait plus de 33 % de l'économie aux États-Unis. En Europe et en Asie, ce chiffre dépasse les 50 %. Déjà, en 2011, 85 % des recettes d'Intel provenaient des ventes de microprocesseurs à l'étranger, exemple d'une tendance sous-jacente : « des jouets contre des circuits ». Aux États-Unis, 80 % des jouets vendus sont fabriqués en Chine, tandis qu'environ 90 % des PC fabriqués en Chine utilisent des circuits américains fabriqués aux États-Unis par Intel ou Advanced Micro Design (AMD).

Les biens ne sont pas les seuls à traverser les frontières. Il en va de même pour les emplois, y compris certains d'entre eux qui sont hautement qualifiés, fortement rémunérés et qui nécessitent un diplôme universitaire. Ces dix dernières années, les pays de l'OCDE ont perdu plusieurs millions d'emplois de production au profit d'employeurs étrangers disposant d'une main-d'œuvre dont le coût direct est inférieur. La production ne représente toutefois qu'une toute petite partie du secteur de l'emploi dans les pays de l'OCDE aujourd'hui : elle est passée de 18,4 % en 1999 à 13,8 % en 2011. Au cours de cette période, chaque année, environ 300 000 emplois du secteur des services aux États-Unis sont délocalisés vers des pays où le différentiel salarial est significatif. La majorité de ces emplois concerne des postes peu qualifiés dans le secteur des SI, mais aussi les services marchands dans les services financiers, les centres d'appels, le conseil, l'ingénierie et même la radiologie et la chirurgie affectée par le fameux « tourisme médical ».

Du côté des points positifs, les économies des pays dits « développés » ont créé des millions de nouveaux postes. L'emploi dans le secteur des SI et dans les autres secteurs du monde très large des services a progressé en termes de nombre de salariés, de niveau de salaire, de productivité et de qualité du travail. Dans une certaine mesure, la délocalisation combinée à l'externalisation a accéléré le développement de nouvelles activités et de nouveaux services.

Votre défi en tant qu'étudiants en management consiste à acquérir des compétences solides et durables grâce à l'enseignement reçu et à des expériences professionnelles difficilement délocalisables. Vous découvrirez au fil de cet ouvrage des entreprises et des personnes ayant réussi ou échoué dans leur utilisation des technologies et SI comme moyens d'adaptation à ce nouvel environnement mondial.

Qu'est-ce qui lie la mondialisation et le management des SI ? C'est simple : tout. L'émergence d'Internet en tant que système de communication international a agi comme un des facteurs majeurs dans la réduction de nombreux coûts d'opération et de négociation à l'échelle mondiale. La communication entre une usine à Pékin et un centre de distribution en Île-de-France peut maintenant avoir lieu de manière instantanée et à plus faible coût direct. Aujourd'hui, les clients peuvent effectuer leurs achats sur le marché mondial ; ils obtiennent des prix et des informations qu'ils estiment fiables et pertinentes, et ce, 24 h/24. Les entreprises produisant des biens et des services à l'échelle mondiale réduisent leurs coûts et leurs prix de manière impressionnante en recourant à des fournisseurs à bas prix et en délocalisant les lieux de production dans d'autres pays. Les sociétés proposant des services dématérialisés sur Internet, telles que Google et eBay, peuvent reproduire leur modèle et leurs services dans plusieurs pays à partir des mêmes logiques d'infrastructures, plus ou moins aisément réplicables. La moitié seulement du revenu de eBay en 2011 provient d'activités localisées aux États-Unis. En résumé, les technologies et SI sont un facteur d'accélération de la mondialisation dans sa forme et ses effets actuellement observables. Là encore, constater un phénomène ne signifie pas faire l'économie des nécessaires débats sur sa nature et ses effets dans la durée.

1.4 Émergence de l'entreprise dite « numérique »

Tous les changements que nous venons de décrire, associés à une redéfinition considérable des modes opératoires dans les entreprises, ont créé les conditions propices à une entreprise fortement « numérique ». On peut la définir selon différents aspects. Presque toutes les relations d'affaires significatives avec les clients, les fournisseurs et les employés sont établies et facilitées de manière numérique. Les procédures liées à l'activité essentielle (autrement nommée activité du cœur de métier) s'établissent à l'aide de réseaux numériques présents dans toute l'entreprise ou reliant plusieurs entreprises entre elles.

Les **processus dits « métier »** font référence à l'ensemble des tâches et des comportements structurés développés par les entreprises au fil du temps, afin de produire des résultats spécifiques et une méthode originale et difficilement imitable à l'aide de laquelle les activités seront organisées et coordonnées. Développer un nouveau produit, générer et répondre à une commande, élaborer une stratégie commerciale et recruter des employés sont quelques exemples de processus métier. La manière dont les entreprises accomplissent leurs processus métier peut apporter un avantage compétitif.

Les actifs clés (propriété intellectuelle, compétences de départ, actifs financiers et humains) sont massivement gérés à l'aide du numérique. Dans une telle entreprise, que nous nommerons par un raccourci sémantique une « **entreprise numérique** », toutes les informations clés utiles à la prise de décision sont disponibles partout et à toute heure pour ceux qui y sont autorisés.

Ces entreprises ont la faculté de comprendre et de répondre à leur environnement plus vite que les entreprises traditionnelles. Dans les entreprises numériques, le décalage dans le temps et dans l'espace est la norme. *Le décalage dans le temps* fait référence aux entreprises actives en continu, 24 h/24 et 7 j/7, contrairement à la journée de travail classique qui se cloisonne entre 9 heures et 17 heures. *Le décalage dans l'espace* signifie que le travail se déroule sur un site inséré dans une logique mondialisée au-delà des traditionnelles frontières nationales. Le travail est accompli physiquement dans l'endroit du monde où les managers pensent qu'il est le plus opportun qu'il soit réalisé.

Cisco Systems et Dell sont par exemple en passe de devenir des entreprises dont le modèle économique est entièrement fondé sur les potentialités des technologies numériques. Elles utilisent Internet pour piloter chaque aspect de leurs affaires. Si la plupart des autres entreprises ne sont pas aussi avancées, elles évoluent vers une intégration significative du numérique dans les relations avec leurs fournisseurs, leurs clients et leurs employés. Un grand nombre d'entre elles remplacent par exemple les traditionnelles réunions en face à face par des réunions virtuelles, à l'aide de la vidéoconférence et des technologies de téléconférence du Web.

1.5 Objectifs d'affaires stratégiques des SI

Les SI sont indispensables dans la gestion quotidienne des entreprises de la plupart des pays développés. Ils peuvent se révéler tout aussi essentiels pour la réalisation des objectifs stratégiques des entreprises. Il faut donc combiner les contributions opérationnelles et stratégiques.

Des secteurs entiers de notre économie seraient inconcevables s'ils ne bénéficiaient pas d'investissements considérables dans les SI. Les entreprises bâties autour des potentialités du e-commerce comme Amazon, eBay, Google et Lastminute.com n'existeraient tout simplement pas. Aujourd'hui, les industries du secteur tertiaire (finance, assurance, immobilier ainsi que les services aux personnes tels que les voyages, le médical et la formation) sont tributaires d'un recours massif aux SI. De la même manière, les entreprises spécialisées dans la vente au détail (Wal-Mart, Carrefour, Kering – anciennement PPR –, etc.) et dans la production (Airbus, Fiat, Volkswagen AG, PSA, etc.) ont besoin des SI pour survivre et prospérer. Tout comme les bureaux, le téléphone, les placards à archives et les locaux spacieux et fonctionnels étaient les éléments visibles et marquants de l'entreprise du XXe siècle, les systèmes et technologies de l'information sont devenus un des éléments fondamentaux et structurants de l'entreprise du XXIe siècle.

L'interdépendance est de plus en plus forte entre la capacité d'une entreprise à utiliser les technologies de l'information et celle à mettre en œuvre des stratégies et à atteindre ses objectifs (voir figure 1.2). Ce qu'une entreprise envisage de faire dans cinq ans dépend souvent de ce que ses systèmes seront capables de faire. Augmenter sa part de marché, devenir un producteur haut de gamme ou à bas prix, développer de nouveaux produits et augmenter la productivité des employés : voilà autant d'éléments qui dépendent de plus en plus du type des SI dont dispose l'entreprise et de la qualité des usages qu'elle en fera. Mieux vous comprendrez cette relation, plus efficient vous serez en tant que manager.

Plus spécifiquement, les entreprises commerciales investissent en masse dans les SI dans le but d'atteindre sept objectifs stratégiques : excellence opérationnelle, raccourcissement des délais de mise sur le marché de nouveaux produits, développement de services innovants, création de rapports privilégiés et très réactifs avec les clients et les fournisseurs, amélioration de la rapidité de la prise de décision, création de nouveaux avantages compétitifs, amélioration de la robustesse et des capacités de survie.

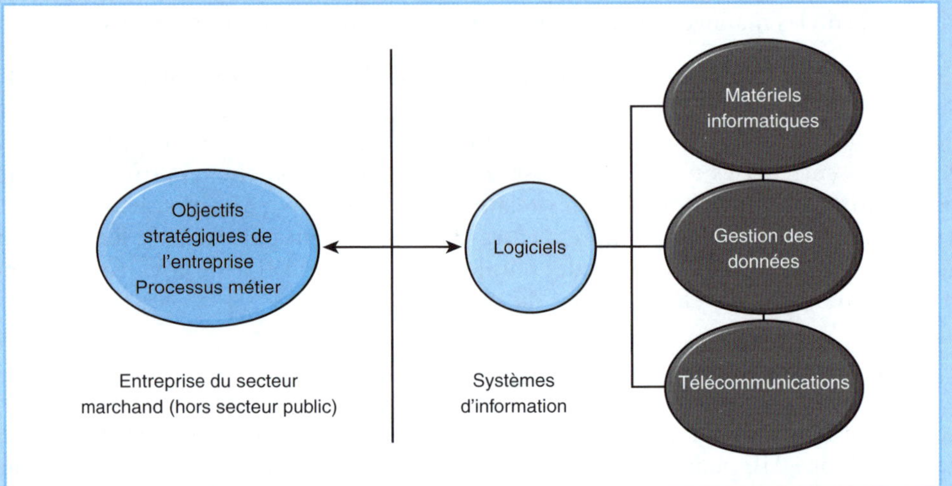

Figure 1.2 – Interdépendance entre entreprises et SI.

Dans le monde actuel, l'interdépendance est toujours plus marquée entre les SI d'une entreprise et ses capacités commerciales et logistiques. Les changements de stratégie, les règles et les processus métier nécessitent de plus en plus souvent des évolutions adaptatives ou intégrales des infrastructures matérielles et/ou logicielles, des bases de données et des dispositifs de télécommunications.

Excellence opérationnelle

Les systèmes et les technologies de l'information figurent parmi les outils privilégiés pour atteindre des seuils plus élevés d'efficacité et de productivité des opérations, tout particulièrement quand ils sont associés à des changements dans les pratiques commerciales et les méthodes de management.

Wal-Mart, la plus grande entreprise de commerce de détail de la planète, illustre parfaitement la puissance des SI qui, intensivement associés aux pratiques commerciales et managériales, favorisent une efficacité opérationnelle de premier ordre. En 2012, Wal-Mart a atteint près de 640 milliards de dollars de chiffre d'affaires (presque un dixième du total de la vente au détail aux États-Unis). Cette performance a été en grande partie possible grâce à son système RetailLink, qui relie informatiquement les fournisseurs à chaque magasin. Si un client achète un article, le fournisseur associé sait à quel moment il doit réassortir le rayon. Ce système permet à Wal-Mart d'avoir un rendement de 300 dollars par m² (contre un ratio variant de 132 dollars à 250 dollars maximum par m² chez ses concurrents).

Nouveaux produits, services et modèles commerciaux

Les technologies et les SI sont des outils auxquels recourent les entreprises afin de créer de nouveaux produits et services, ainsi que de nouveaux modèles de commercialisation.

Un **modèle commercial** décrit la manière dont une entreprise produit, distribue et vend un produit ou un service en vue de se créer une marge.

Aujourd'hui, l'industrie de la musique est très différente de ce qu'elle était en 2000. Entre 2000 et 2005 environ, Apple a, presque à lui tout seul, transformé l'ancien modèle commercial de distribution de la musique (CD, les disques vinyles et cassettes) pour en faire un modèle légal de distribution en ligne grâce à iPod, sa propre plateforme technologique. Apple a prospéré grâce à un flux continu d'innovations à partir de l'iPod (iPod, iTunes et l'iPhone).

Aujourd'hui, Apple n'est plus seul sur ce marché, mais reste largement majoritaire. De nombreuses plateformes de téléchargement légales de musique sont nées : Virgin, Fnac, Orange, Amazon. Huit ans après avoir lancé Fnacmusic, sa plateforme de vente de musique en ligne, l'enseigne culturelle a choisi de stopper cette activité au 31 décembre 2012 et de rediriger ses clients vers la plateforme d'Apple, déjà largement majoritaire sur ce marché. Google a annoncé le lancement de sa propre plateforme, GoogleMusic, pour novembre 2013 (voir *La Tribune* du 31 octobre 2012).

Mais la numérisation de la musique et l'achat en ligne de musique ne sont pas les seuls changements dans l'industrie de la musique imputables aux innovations technologiques : l'écoute en continu (*streaming*), les Web radios spécialisées ou encore l'émergence de sociétés de production à la structure très légère permettent de ne plus passer nécessairement par les grandes entreprises du secteur et leurs catalogues, que ce soit pour produire, diffuser ou écouter tout type de musique.

Création de rapports privilégiés avec les clients et les fournisseurs

Quand une entreprise connaît bien ses clients et qu'elle est capable de répondre à leurs attentes, ces derniers renforcent leur attachement à la marque ; leur fidélisation accrue contribue à augmenter le nombre d'achats ultérieurs et, par voie de conséquence, les recettes et les bénéfices de l'entreprise. Il en va de même pour les fournisseurs : plus une entreprise s'engage auprès d'eux, plus ceux-ci sont en mesure de l'approvisionner en ressources indispensables, ce qui peut contribuer à faire baisser les prix. Bien connaître ses clients et ses fournisseurs représente un défi majeur que doivent relever les entreprises ayant des millions de clients à la fois hors ligne et en ligne.

De nombreuses chaînes d'hôtels haut de gamme réparties dans le monde entier s'appuient sur les technologies et les SI, afin de créer des rapports privilégiés avec les clients. À l'aide de leurs SI, ces hôtels enregistrent les préférences de leurs clients : la température qu'ils préfèrent dans leur chambre, l'heure d'arrivée, les numéros de téléphone les plus fréquemment composés et les programmes de télévision les plus regardés. Ces données sont stockées dans un référentiel unique. Les chambres individuelles sont reliées à un serveur réseau central, afin que les services soient pilotés et surveillés à distance. Quand un client se présente dans un de ces hôtels, le système modifie automatiquement les caractéristiques de la chambre (ajustement de la luminosité, de la température, sélection de la musique appropriée) en fonction du profil mémorisé dans les bases de données du SI de la chaîne d'hôtels. Les hôtels analysent également les masses de données ainsi recueillies et stockées dans leurs bases de données ; ils peuvent alors identifier leurs meilleurs clients et mettent au point des campagnes de marketing particulièrement ciblées.

Amélioration de la prise de décision

Nombre de chefs d'entreprise ne disposent pas des informations adéquates au bon moment pour prendre des décisions pertinentes. Il leur faut se contenter de simples extrapolations, d'intuition et de chance. Les résultats s'en ressentent : risques de sur- ou sous-production de biens et de services, risques de mauvaise affectation des ressources et temps de réaction médiocres. Ces dernières années, les technologies et les SI ont pu aider des managers à accéder plus aisément et plus rapidement aux données du marché, et ont contribué ainsi à améliorer la pertinence de leur prise de décision.

Avantage compétitif

Lorsque les entreprises parviennent à atteindre un ou plusieurs de ces objectifs (excellence opérationnelle ; nouveaux produits, services et modèles d'entreprise ; création de rapports privilégiés avec les clients et les fournisseurs ; amélioration de la prise de décision), elles se placent en bonne position par rapport à leurs concurrents. Faire mieux qu'eux, proposer des produits de qualité supérieure à un coût inférieur et répondre en temps réel aux demandes des clients et fournisseurs sont autant d'atouts qui, transformés en une synergie positive originale, pourront générer de meilleures ventes et des bénéfices plus élevés que les concurrents égaleront avec difficulté.

Survie

Les entreprises investissent également dans les technologies et les SI car ceux-ci peuvent devenir des produits et services clés dans un secteur économique donné. Par exemple, dans le secteur bancaire des années 1970, une minorité de banques proposait à ses clients des distributeurs automatiques de billets (DAB) ou des guichets automatiques bancaires (GAB). Désormais, cette offre constitue une exigence normale autant qu'incontournable de la clientèle. Aujourd'hui, pratiquement toutes les banques des pays de l'OCDE disposent de DAB locaux reliés à un réseau national et international ; l'ensemble des clients peut alors bénéficier des avantages de l'interbancarité mondialisée.

Les obligations des entreprises d'assurer la traçabilité sur moyenne, voire longue, période des documents réglementaires représentent un autre aspect de ces nécessités de quasi-survie associées aux technologies et systèmes d'information. Ces obligations peuvent être liées au pays, au fait d'être côté en Bourse ou non (loi dite NRE, Nouvelles régulations économiques, votée en France en 2004 ; loi Sarbanes-Oxley votée en 2002 aux États-Unis) ou au secteur d'industrie (traçabilité dans la chaîne de distribution alimentaire par exemple suite aux crises de type « vache folle », etc.).

Même si ceci se décline spécifiquement dans chaque pays ou zone géographique, chaque organisation doit affronter et respecter l'obligation de conservation des données et documents qui peut s'étendre sur plusieurs décennies afin de permettre des audits et des contrôles sur les périodes et transactions antérieures. L'intensification du recours aux technologies numériques et aux SI a pour conséquence d'étendre ces obligations de traçabilité aux échanges dans et hors de l'entreprise (courriels, appels téléphoniques, etc.).

Le SI utilise à la fois la technologie et la connaissance des métiers, afin que l'entreprise et ses fournisseurs puissent réagir à temps aux changements concurrentiels ou réglementaires qui surviennent sur le marché. Les managers, les fournisseurs et les entreprises partenaires ont accès aux contenus informationnels de ces systèmes pour opérer rapidement les ajustements nécessaires dans les activités opérationnelles, notamment commerciales et logistiques.

Dans le monde entier, un nombre croissant d'entreprises se transforment en organisations intensivement informatisées. Elles utilisent les SI, dont Internet, pour faire circuler les données avec fluidité dans toutes les parties de l'organisation, et ainsi rationaliser les processus et créer des liens électroniques avec les clients, les fournisseurs et les autres entreprises.

2 Les raisons de l'existence des SI informatisés

Une nouvelle culture managériale axée sur Internet se développe ; ses répercussions sur le monde des affaires sont considérables. Ainsi, les hommes d'affaires utilisent Internet pour leur courrier électronique et l'accès à l'information. Les outils toujours plus nombreux et plus performants (ordinateurs portables reliés à des réseaux sans fil, téléphones mobiles, appareils hybrides aussi puissants qu'un ordinateur, etc.) rendent le travail et les salariés potentiellement très mobiles et très réactifs.

Les expressions « technologies de l'information » et « systèmes d'information » sont couramment employées dans ce manuel et dans le milieu des affaires. Les **technologies de l'information (TI)** sont les composantes de nature technique que les entreprises achètent, développent ou combinent pour constituer l'infrastructure technologique qui permettra à leur **système d'information (SI)** de fonctionner. Sur le plan de l'étude de l'informatisation des entreprises, la notion de SI est donc englobante vis-à-vis de celle des TI. Nous ne parlerons par conséquent de TI que lorsque cette notion fait référence à la seule dimension technologique des composants de l'infrastructure technologique du SI.

Technologies et systèmes d'information participent à des transformations profondes, voire radicales, du fonctionnement des entreprises, des secteurs industriels et des marchés. Le principal objectif de ce manuel est de décrire la nature de ces transformations et de vous aider, en tant que futurs managers, à tirer parti de ces nouvelles potentialités.

2.1 Les raisons de l'importance des SI

Les SI joueront un rôle essentiel tout au long de votre parcours professionnel, pour trois raisons.

Bon fonctionnement des entreprises

Le développement de nombreuses entreprises, voire leur existence, est inconcevable sans l'utilisation massive des SI. Tout commerce électronique serait impossible sans des investissements importants dans les SI. Des entreprises comme Amazon, eBay ou Google n'existeraient tout simplement pas. Aujourd'hui, les secteurs des services (finances, assurance, immobilier, agences de voyages, médecine, éducation) ne peuvent fonctionner sans les SI. De même, les entreprises de vente au détail telles que Auchan, Carrefour, Leclerc, n'auraient pas pu lancer les Drives sans leur SI. Des entreprises manufacturières comme PSA, Air Liquide, Renault, Airbus et Valeo ont également besoin des SI pour survivre et se développer. Il existe une interdépendance croissante entre l'aptitude d'une entreprise à mobiliser et à utiliser les SI et sa capacité à mettre en œuvre des stratégies pertinentes (voir figure 1.3).

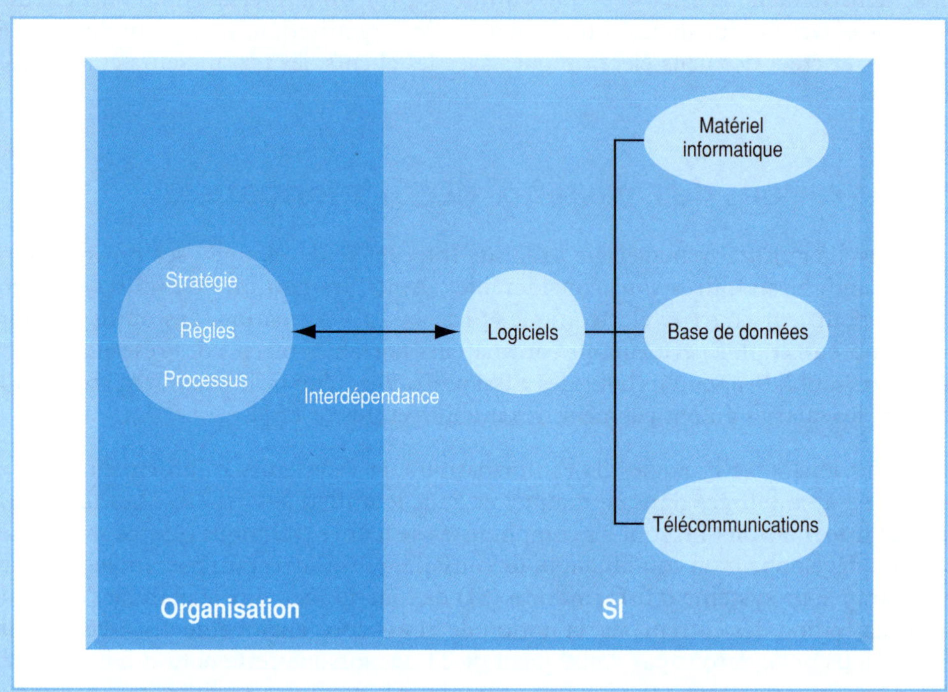

Figure 1.3 – Interdépendance entre les organisations et les SI.

Productivité

Selon le courant majoritaire en recherche sur les SI, un investissement dans ce domaine participe de façon tangible à l'augmentation de la productivité des entreprises et des nations (Zhu *et al.*, 2004). Par exemple, les économistes de la Banque centrale des États-Unis, la *Federal Reserve Bank*, estiment que les SI ont été un facteur marquant dans la reprise de la croissance de la productivité aux États-Unis, croissance en moyenne de 2,7 % depuis 1995, alors qu'elle était de 1,4 % entre 1973 et 1995 (Baily, 2002). Il convient cependant de nuancer cette analyse. Robert Solow (prix Nobel d'économie) déclarait en 1987 devant l'Académie de Stockholm : « *On voit des ordinateurs partout… sauf dans les statistiques de productivité.* » Les experts du cabinet McKinsey Global Institute, à partir d'une analyse de la productivité aux États-Unis de 1972 à 1995, concluaient : « *L'investissement en technologies de l'information n'est qu'un facteur de productivité parmi d'autres : l'innovation, la concurrence et, dans une moindre mesure, les facteurs cycliques de la demande.* » Le débat sur cette question reste ainsi ouvert.

Possibilités et avantages stratégiques

Pour profiter des opportunités du marché et y répondre par de nouveaux produits et services, des investissements substantiels dans les SI peuvent s'imposer. Combinés à des changements dans les exigences et les pratiques managériales, ces SI contribueront à fournir un avantage stratégique concurrentiel. Au chapitre 3, nous approfondissons l'étude de leur contribution aux stratégies concurrentielles et la question de la durée de l'avantage acquis.

2.2 Limites de l'importance de la technologie de l'information

En mai 2003, Nicholas Carr, journaliste à la *Harvard Business Review*, publie un article important intitulé « *IT Doesn't Matter* » (La TI n'a pas d'importance), qui suscite un vif débat dans les milieux économiques. Carr affirme que, puisque toutes les entreprises ont accès aux SI, elles peuvent aisément acheter les mêmes dispositifs, se copier entre elles et librement utiliser ces produits qui se fondent sur des normes communes (telles qu'Internet) ; les SI ne constituent plus un facteur différenciateur dans les performances d'une entreprise.

Selon Carr, aucune entreprise ne recourt aux SI pour en retirer un avantage stratégique par rapport à ses concurrents, tout comme elle ne peut le faire avec l'électricité, le téléphone ou d'autres infrastructures. Les entreprises doivent donc être plus sélectives et diminuer leurs dépenses relatives aux SI, suivre les tendances plutôt qu'être des initiatrices, réduire les risques en se préparant aux pannes informatiques et aux problèmes de sécurité, et éviter de déployer inutilement de nouvelles technologies du seul fait de leur caractère innovant.

Cette analyse fait débat au sein même de la communauté des spécialistes en SI de gestion. De nombreuses recherches soulignent de grandes disparités dans l'utilisation efficace des SI par les entreprises. Des sociétés très habiles obtiennent ainsi durablement d'excellents résultats de leur investissement dans les SI, mais il est impossible de généraliser.

Copier les innovations déjà mises en place par d'autres peut se révéler très difficile et entraîner des dépenses d'adaptation considérables. Il n'existe qu'un seul IKEA, un seul Dell, un seul Carrefour, une seule Fnac et un seul eBay. L'avantage concurrentiel de ces entreprises se fonde en grande partie sur une vision singulière de l'avenir d'un marché, sur une organisation originale du travail, qui intègre intensivement les SI, combinaison singulière très difficile à reproduire.

À puissance et capacité constantes, les prix du matériel informatique et des logiciels standard baissent et les nouvelles normes dans le domaine de l'informatique et des télécommunications, notamment liées à Internet, facilitent l'utilisation des ordinateurs et leurs interconnexions. Pour autant, cela ne signe pas la fin des différenciations stratégiques positives accessibles *via* une mobilisation intelligente et originale des SI. Au contraire, la banalisation génère souvent un regain de créations, de nouveaux marchés et produits, comme le démontrent les multiples formes du e-commerce.

Des entreprises et des modèles économiques totalement nouveaux sont apparus pour la distribution informatisée de musique, de livres, de journaux et de films numérisés. Ainsi, l'instauration de normes et la baisse des coûts du matériel informatique ont favorisé la création de nouveaux produits et services tels que Facebook, Twitter, l'iPhone et l'iPod d'Apple, la musique en ligne téléchargeable 24 heures sur 24 et, plus généralement, tous les services dématérialisés disponibles en ligne.

Carr a certainement raison quand il affirme que ce ne sont pas les investissements en SI qui donnent en eux-mêmes des résultats ou qui ont une valeur stratégique. Certains sont simplement nécessaires pour se maintenir sur un marché, satisfaire aux exigences réglementaires et légales et répondre aux besoins des clients et des fournisseurs. Les questions fondamentales sont peut-être les suivantes : « Dans quelles conditions un ensemble donné de SI peut-il contribuer à faire une différence concurrentiellement positive et durable ? », « Comment le déployer et, surtout, l'utiliser pour doter l'entreprise d'un avantage concurrentiel ? »

Pour obtenir un certain « succès », l'investissement dans les SI doit s'accompagner de changements significatifs dans les opérations et les processus, de même que dans la philosophie, les attitudes et les comportements managériaux, sous peine de n'être qu'un gaspillage de ressources financières, humaines et techniques.

3 Perspectives sur les SI

À partir d'une clarification permettant de définir le SI, nous allons placer ce dispositif dans une perspective organisationnelle et managériale.

3.1 Définition d'un SI

Techniquement, un **SI** se définit comme un ensemble de composantes interreliées qui recueillent (ou récupèrent) de l'information, la traitent, la stockent et la diffusent afin d'aider à la prise de décision, à la coordination et au contrôle au sein d'une organisation.

Les **SI** contiennent des informations sur des personnes, des lieux et des objets importants dans l'organisation ou dans son environnement. Le terme « **information** » recouvre les données présentées sous une forme utile et utilisable par les personnes. Les **données**, au contraire, sont des valeurs à l'état brut représentant des événements qui ont lieu dans ou en dehors des organisations. Elles n'ont pas encore été organisées de façon à ce que les utilisateurs puissent les comprendre et s'en servir.

Dans un SI, trois activités participent à la production de l'information nécessaire à l'organisation : l'entrée, le traitement et la sortie (voir figure 1.4). L'**entrée** est le processus au cours duquel les données brutes sont fournies au système en provenance de l'organisation ou de son environnement : ce qui constitue une « entrée » pour un système B peut être le résultat d'une saisie ou la reprise d'une « sortie » d'un système A. Le **traitement** est le processus qui transforme ces données brutes pour leur donner un sens. La **sortie** est le processus de diffusion de l'information traitée aux utilisateurs qui en ont besoin. Ces trois activités peuvent être enchaînées en quelques secondes (en « **temps réel** ») ou réalisées de manière asynchrone (en « **temps différé** »). Un SI se fonde également sur la **rétroaction**, c'est-à-dire sur le processus de transmission des informations de sortie aux utilisateurs appropriés pour les aider à évaluer l'étape antérieure et à y intervenir de nouveau si besoin (pour mise à jour, par exemple).

Dans les systèmes intégrés de planification logistique et industrielle dont sont équipés les grands constructeurs automobiles (Renault, PSA, Volkswagen AG, General Motors, etc.), les données d'entrée sont les numéros d'identification fournis par le concessionnaire qui a enregistré la commande de véhicule du client avec les données détaillées concernant le modèle, la couleur et les accessoires. Ce qui est une donnée d'entrée pour le SI du constructeur est une sortie du SI du concessionnaire. Les ordinateurs du constructeur enregistrent ces données et les traitent afin de déterminer le nombre de nouveaux véhicules à fabriquer d'un modèle, d'une couleur et d'un groupe d'options donnés. Les informations de sortie sont les commandes passées aux fournisseurs, qui indiquent la quantité de chaque pièce ou composante nécessaire et la date exacte à laquelle elle doit être livrée aux usines du constructeur pour la fabrication des véhicules commandés par les clients. Ce qui est une sortie du SI du constructeur est alors une entrée dans le SI du concessionnaire.

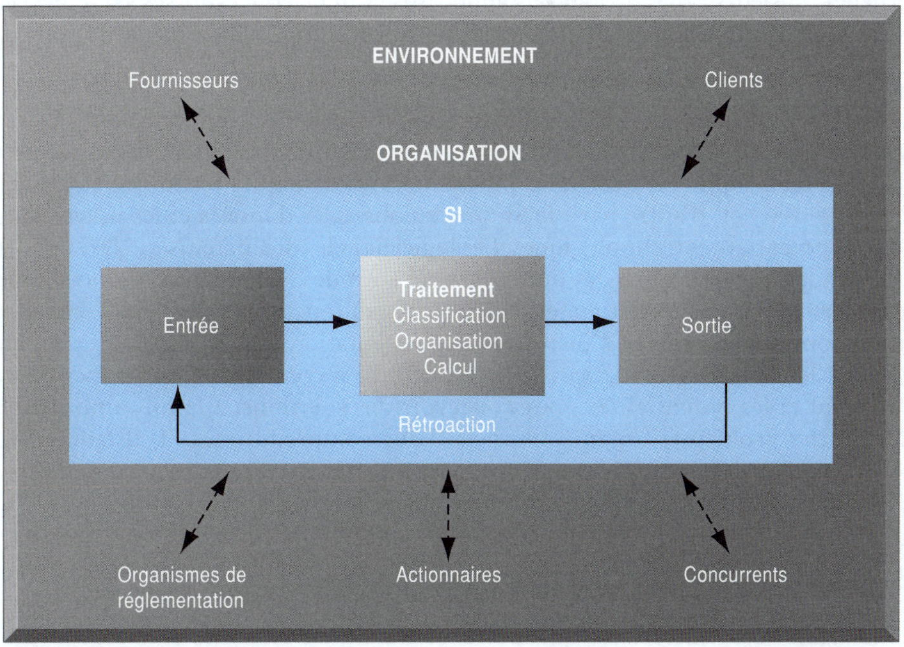

Figure 1.4 – Fonctions d'un SI.

Ce manuel s'intéresse aux SI informatisés formels. Les **systèmes formels** sont fondés sur des définitions établies des procédures de collecte, de stockage, de traitement, de diffusion et d'utilisation des données. Ceux que nous décrivons ici sont structurés, c'est-à-dire qu'ils fonctionnent conformément à des règles prédéterminées relativement stables et difficiles à modifier. Par exemple, afin que le système du constructeur fonctionne correctement, des numéros uniques ou codes sont indispensables pour identifier chaque pièce ou composante de véhicule et chaque fournisseur.

Par ailleurs, les SI informels (tels que les réseaux de diffusion de rumeurs dans les organisations) dépendent de règles de comportement non prédéterminées. Aucune entente ni règle précise ne détermine l'information à traiter et à diffuser ou la manière de la stocker et de la traiter. De tels systèmes sont vitaux pour l'organisation, mais ils n'entrent pas dans le cadre de ce manuel.

Les SI formels peuvent être informatisés ou manuels. Pour simplifier, nous dirons que les systèmes manuels sont fondés sur l'utilisation du papier et du crayon. Ils peuvent répondre à d'importants besoins, mais nous ne les abordons pas ici. Les **SI informatisés (SII)**, au contraire, utilisent et dépendent des technologies informatiques (matérielles et logicielles). Tout au long de ce manuel, l'expression « SI » fera référence à ces SI formels et informatisés.

L'encadré du début de chapitre décrit certaines des technologies typiques qui soutiennent les SI informatisés. PSA investit massivement depuis plus de 40 ans dans les SI afin d'accroître son efficacité et sa qualité de service. Il en utilise une large gamme, notamment des tablettes, des GPS, des réseaux sans fil, des serveurs, des ordinateurs portables, Internet et plusieurs types de logiciels applicatifs, afin de concevoir ses véhicules, gérer ses stocks, ses approvisionnements et relations fournisseurs, sa relation client, son réseau de distribution etc.

Bien que les SI informatisés se fondent sur la technologie informatique pour traiter des données brutes et les transformer en informations signifiantes, il faut distinguer, d'une part, les éléments qui constituent les infrastructures de nature technique (matériels et logiciels de base) et, d'autre part, le SI qui englobent les données et les usages faits de toutes ces potentialités technologiques. Les logiciels et les ordinateurs qui les supportent sont le fondement technique, les outils et le substrat des SI modernes. Les ordinateurs et les réseaux sont le support matériel nécessaire au fonctionnement des logiciels. Ces derniers sont des ensembles d'instructions d'exploitation qui définissent, exécutent et contrôlent le traitement informatisé. Il convient d'en connaître les principes de fonctionnement et les potentialités pour concevoir des solutions, à la fois ambitieuses et réalistes, aux problèmes organisationnels. Pour comprendre les SI, il faut saisir les problèmes qu'ils doivent résoudre, leurs éléments architecturaux et conceptuels, ainsi que les processus organisationnels qui mènent aux solutions.

3.2 Les SI dans la perspective managériale

Les managers et les entreprises qui investissent dans les systèmes et la technologie de l'information en attendent une valeur économique réelle. La décision de mettre en place ou d'améliorer un SI suppose que les résultats obtenus seront conformes aux attentes. Cette efficience de rendement pourra se traduire par une augmentation de la productivité, des revenus (et ainsi de la valeur en Bourse) ou par un meilleur positionnement stratégique à long terme sur certains marchés (qui engendrera des revenus supérieurs dans l'avenir).

Il arrive que les organisations investissent dans les SI pour se conformer aux obligations légales ou aux impératifs environnementaux. Une entreprise qui doit répondre aux exigences des lois encadrant les opérations des sociétés cotées en Bourse peut par exemple élaborer un système de gestion électronique des documents qui suit les flux de presque tous les documents utilisés (voir chapitre 11).

Dans certains cas, les entreprises investissent dans des SI car il en va de leur survie. Certaines institutions bancaires sont par exemple obligées d'investir dans des réseaux de guichets automatiques ou d'offrir des services bancaires complexes nécessitant des investissements technologiques substantiels, uniquement parce que leurs principaux concurrents le font pour leurs clients.

Un SI peut constituer un instrument clé de production de valeur s'il permet à l'entreprise d'augmenter ses revenus ou de diminuer ses coûts en fournissant de l'information qui permet aux managers de prendre de meilleures décisions ou améliore le déroulement des processus. Par exemple, un SI qui sert à analyser les données des caisses d'un supermarché peut permettre aux managers d'augmenter la rentabilité de l'entreprise en les aidant à prendre des décisions plus adéquates concernant les produits à garder en stock et la publicité à faire dans les points de vente.

Chaque entreprise est dotée d'une chaîne de valeur de l'information semblable à celle de la figure 1.5. Les données brutes y sont systématiquement collectées, puis transformées lors de diverses étapes qui leur ajoutent du sens, donc de la valeur.

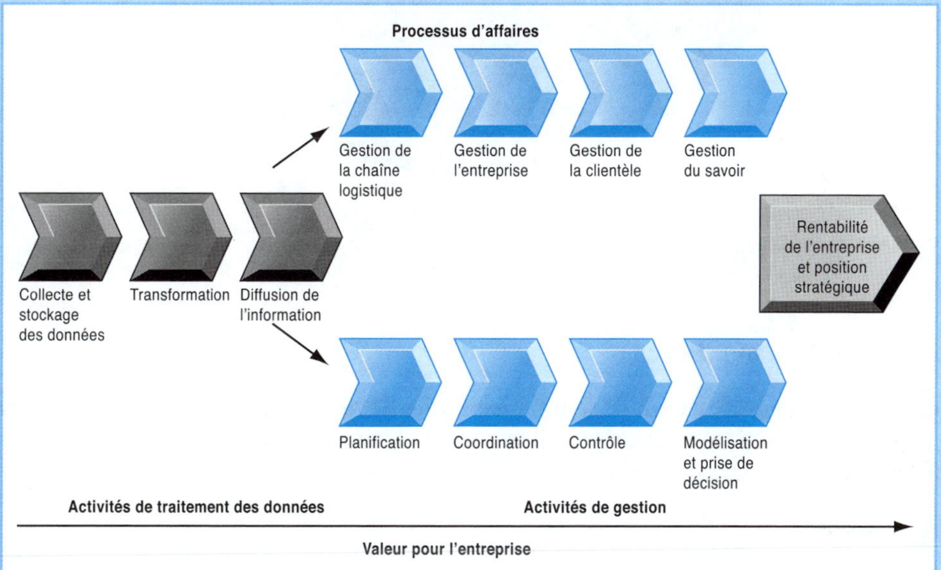

Figure 1.5 – Information et chaîne de valeur.

Un SI constitue une solution d'organisation et de gestion à un défi que se pose l'entreprise et/ou à un problème posé par l'environnement ; cette solution se construit sur les technologies de l'information. Chaque chapitre de ce manuel se conclut par une étude de cas illustrant cette idée.

Pour bien comprendre les SI, le manager doit saisir l'ensemble de leurs dimensions qui se rapportent à l'organisation, à la gestion et à la technologie de l'information (voir figure 1.6), ainsi que la manière dont ils fournissent des solutions aux problèmes posés par l'environnement de l'entreprise. Nous appelons « **culture des SI** » cette compréhension globale des SI qui correspond à la connaissance des aspects de gestion et d'organisation des systèmes, ainsi que de leurs dimensions techniques. Il s'agit d'une approche à la fois comportementale et technique des SI. Par opposition, la **culture informatique** met l'accent sur les connaissances relatives aux seules technologies de l'information.

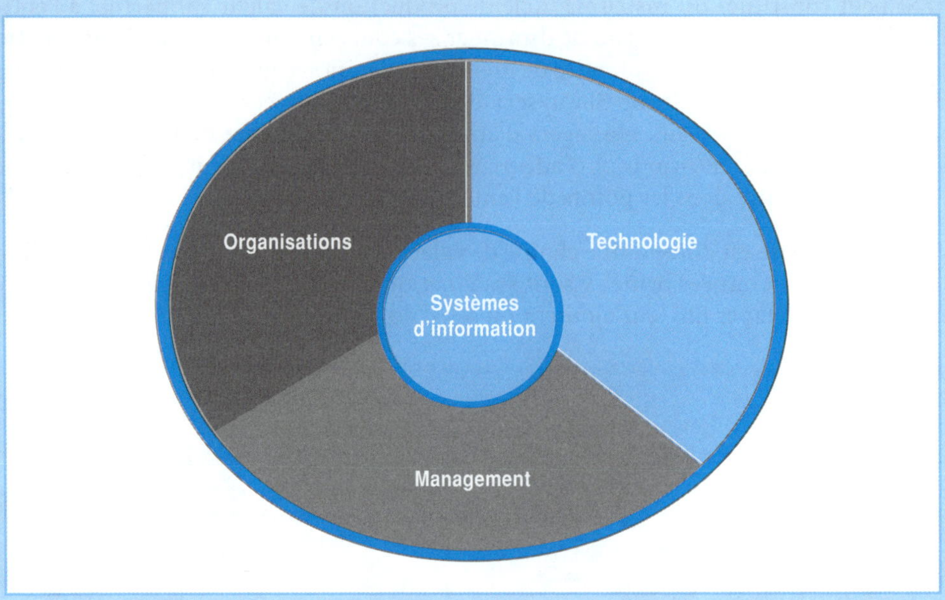

Figure 1.6 – Les SI au-delà des seules technologies.

3.3 Dimensions des SI

Examinons à présent chacune des dimensions des SI : les organisations, le management, la technologie de l'information et le lien avec les actifs non technologiques qui influent sur leur performance contributive.

Organisations

Le personnel, la structure, les processus opérationnels, la politique et la culture représentent les éléments clés d'une organisation. Les SI font partie intégrante de l'organisation, et la structurent parfois. En effet, certaines entreprises, comme les banques, n'existeraient pas en l'absence de SI. Ce chapitre aborde ces éléments organisationnels, que viendront détailler les chapitres suivants.

Les organisations comprennent divers niveaux et spécialités, dont la structure relève d'une division du travail. Des spécialistes sont engagés et formés pour accomplir des tâches spécifiques. Les principales **fonctions de l'entreprise**, ou tâches spécialisées qu'elle effectue, sont les ventes et le marketing, la production et la logistique, les finances et la comptabilité ainsi que la gestion des ressources humaines (voir tableau 1.2).

Dans la plupart des organisations, les processus recèlent des règles formelles élaborées sur une longue période et qui dictent la manière d'accomplir les diverses tâches. Ces règles guident les employés dans l'exécution de leurs tâches. Certaines sont formelles et écrites. D'autres, au contraire, sont des pratiques informelles et orales. C'est le cas, notamment, lorsque nous demandons à un collègue ou à un client de nous rappeler au téléphone. Le fonctionnement de nombreux processus (par exemple, la manière de payer un fournisseur ou de corriger une facture erronée) est intégré aux SI.

Tableau 1.2 : Principaux services d'une organisation et leurs fonctions

Fonctions	But
Ventes et marketing	Vente des produits et des services de l'entreprise
Fabrication et production	Fabrication des produits et création des services associés à leur utilisation
Finances et comptabilité	Gestion des éléments d'actifs financiers de l'organisation, tenue des documents comptables
Ressources humaines	Recrutement, perfectionnement et maintien de la main-d'œuvre de l'organisation ; suivi des dossiers des employés

Outre les managers, on trouve dans une entreprise des **collaborateurs centrés sur la connaissance** (ingénieurs ou chercheurs, par exemple), qui conçoivent les produits ou les services et créent de nouvelles connaissances. Les **employés administratifs** (secrétaires, aides-comptables, etc.) travaillent à partir de **données et de documents** et en émettent pour d'autres. Les **employés de la production et des services logistiques** (notamment ouvriers spécialisés, manutentionnaires, livreurs) fabriquent les produits et/ou délivrent les services proposés par l'entreprise.

Chaque organisation possède une culture singulière, c'est-à-dire un ensemble fondamental de postulats, de valeurs et de savoir-faire, que la plupart des membres de son personnel acceptent. Certaines parties de cette culture peuvent se retrouver dans ses SI. Par exemple, le souci de mettre l'accent sur la qualité du service à la clientèle constitue un aspect de la culture d'UPS et est explicitement l'une des fondations de son SI.

Les différents niveaux et spécialités au sein d'une organisation correspondent à divers intérêts et points de vue qui entrent souvent en conflit. Ce dernier fait partie de la dimension organisationnelle. Les SI découlent de cette combinaison de perspectives divergentes, de conflits, de compromis et d'ententes qui sont inhérents à toute organisation. Le chapitre 3 détaille ces caractéristiques.

Management

À partir des défis concurrentiels et des objectifs fixés aux managers par les instances décisionnaires (les directions générales mandatées par les actionnaires dans une société cotée par exemple), les dirigeants élaborent une stratégie puis affectent les compétences et ressources humaines, financières et techniques pour la mettre en œuvre jusque dans l'organisation et la coordination opérationnelles.

Outre la simple gestion courante de l'entreprise, les managers doivent créer de nouveaux produits et services, et repenser régulièrement l'organisation. Les SI peuvent jouer un rôle essentiel dans la mise en œuvre d'une reconception de l'organisation.

Les responsables jouent des rôles et prennent des décisions qui varient selon leur niveau hiérarchique. Les **cadres dirigeants** prennent des décisions stratégiques à long terme au sujet des produits et des services que l'entreprise propose sur le marché. Les **cadres intermédiaires** exécutent les programmes et les plans élaborés par les cadres dirigeants. Les **cadres opérationnels** (ou de premier niveau) sont responsables du fonctionnement des activités opérationnelles de l'entreprise. Les besoins d'information sont spécifiques à chaque niveau de gestion, lequel exprime diverses exigences en matière de SI. Cette segmentation hiérarchisée des rôles est un cadre général classique d'analyse mais, selon la taille de l'entreprise ou les visions organisationnelles du dirigeant, elle peut être plus ou moins remise en question.

Technologie

Le **matériel informatique** est l'équipement physique utilisé pour exécuter les activités d'entrée, de traitement et de sortie d'un SI. Il se compose de l'unité centrale de l'ordinateur, de divers dispositifs d'entrée, de sortie et de stockage ainsi que de supports physiques pour les relier localement ou sur une longue distance. Les **logiciels d'exploitation** (ou systèmes d'exploitation) contiennent les instructions préprogrammées et détaillées qui commandent et coordonnent les composantes matérielles d'un SI. Les **technologies de stockage** regroupent les supports physiques de stockage des données, comme les disques magnétiques ou optiques, ainsi que le logiciel qui commande l'organisation des données sur ces supports physiques. Les **technologies des communications**, qui comprennent des dispositifs matériels et des logiciels, relient les différentes composantes d'une configuration matérielle et permettent de transférer les données (textes, chiffres, images, sons, vidéos, etc.) d'un lieu à l'autre. Un **réseau** relie plusieurs ordinateurs (sur un même site géographique ou entre des sites distants de plusieurs centaines ou milliers de kilomètres) afin qu'ils puissent partager des données ou des ressources (un équipement onéreux à partager entre plusieurs utilisateurs, par exemple).

Internet est le « réseau » mondial le plus grand et le plus utilisé. C'est un maillage international d'une multitude de réseaux publics et privés de plus de 200 pays. En 2012, plus de 2,27 milliards de personnes l'ont utilisé pour chercher ou échanger des informations, ou effectuer des transactions commerciales avec d'autres organisations à travers le monde. Internet est un réseau très modulaire. Lorsque l'on ajoute ou retire des réseaux ou lorsque des pannes surviennent dans certaines parties, il peut continuer de fonctionner. Grâce à des normes de communication et de technologies particulières, un ordinateur peut communiquer avec n'importe quel autre relié à Internet, y compris au moyen de dispositifs de télécommunications variés (lignes téléphoniques ordinaires ou réseaux à très haut débit).

Internet est devenu une plateforme technologique « universelle » à partir de laquelle il est possible de concevoir et de mettre en œuvre différents types de services, de stratégies et de modèles économiques. Il peut servir à des usages internes, puisqu'il fournit la connectivité nécessaire pour relier différents systèmes et réseaux au sein de l'entreprise. Ces réseaux s'appellent alors des « **intranets** ». Lorsque ces SI sont accessibles à des utilisateurs extérieurs à l'entreprise et dûment autorisés (clients, fournisseurs, sous-traitants, etc.), ce sont des **extranets**.

La fonction Internet, aujourd'hui couramment appelée « **Web** » (***World Wide Web***), comprend des règles connues à l'échelle mondiale concernant le stockage, la récupération, la mise en forme et l'affichage de l'information dans un environnement interconnecté. L'information est stockée et affichée sous forme de « pages » électroniques qui peuvent contenir du texte, des graphiques, des animations, du son et des images vidéo. On peut relier ces pages Web par voie électronique à d'autres pages Web, où qu'elles se situent. On peut aussi les visualiser à partir d'un ordinateur équipé des logiciels adéquats. En cliquant sur des liens hypertextes, dans une page Web, on peut accéder à des pages connexes pour obtenir d'autres informations, exécuter d'autres logiciels ou établir des liens vers d'autres sites. Le Web peut servir de point de départ à de nouveaux types de SI, tels que le système de suivi de colis des entreprises de vente par correspondance (VPC ; également nommée vente à distance ou VAD) consultable directement par les clients.

Toutes les pages Web actualisées par une organisation ou une personne forment un **site Web**. Les entreprises créent des sites Web en recourant à une typographie stylisée, des graphiques colorés et, souvent, des sons et des images vidéo pour fournir des renseignements sur leurs produits, « diffuser » de la publicité et des messages à leurs clients, prendre des commandes par voie électronique, recueillir des données sur la clientèle et mieux coordonner les activités des équipes et des organisations disséminées à travers le monde.

Toutes ces technologies sont des ressources qui peuvent se partager au sein de l'organisation et qui constituent l'**infrastructure de technologie de l'information** (**TI**). Celle-ci fournit la base, ou la plateforme, sur laquelle l'entreprise peut construire et exploiter ses SI spécifiques.

Au travers de l'exemple de PSA présenté au début de ce chapitre, on peut identifier les divers éléments de l'organisation, de la gestion et de la technologie. La composante organisationnelle constitue le point d'ancrage des projets de la DSI du groupe, dans la mesure où tous les projets ont pour vocation de servir les directions métier de PSA : optimiser les flux logistiques, fondamentaux pour un constructeur automobile, ou réduire les temps de calcul des ingénieurs concepteurs des véhicules. L'aspect gestion se retrouve bien dans les fonctionnalités mises en place pour permettre aux garagistes et réparateurs agréés de disposer de toutes les informations donc ils ont besoin dès l'arrivée d'un client dans leurs établissements.

Les composants embarqués dans les véhicules, les systèmes centraux, Internet, les calculateurs et outils de CAO, ou encore le portail Web accessible *via* les tablettes par les concessionnaires sont les technologies qui utilisent ce système.

Actifs complémentaires et capital organisationnel

Les dimensions organisationnelles et managériales des SI aident à comprendre pourquoi ceux de certaines entreprises donnent de meilleurs résultats que d'autres. Les études soulignent d'énormes différences d'une entreprise à l'autre (voir figure 1.7). Certaines investissent beaucoup et obtiennent d'excellents rendements (quadrant 2), tandis que d'autres investissent tout autant mais obtiennent peu de rendement (quadrant 4). D'autres, encore, investissent peu et ont de très bons rendements (quadrant 1), ou investissent peu et obtiennent peu (quadrant 3). Un investissement dans les SI ne garantit donc pas nécessairement un bon rendement. Mais comment expliquer ces disparités entre les entreprises ?

La réponse réside dans le concept d'actifs complémentaires. Les investissements limités aux SI ne suffisent pas à rendre les organisations et les managers plus efficaces. Ils doivent être soutenus, au sein de l'organisation, par des valeurs et des structures favorables, ainsi que par des modèles de comportements et d'autres actifs complémentaires. Les **actifs complémentaires** sont les actifs nécessaires pour tirer de la valeur d'un investissement primaire (Teece, 1988). Par exemple, pour tirer de la valeur des automobiles, il a fallu réaliser des investissements complémentaires considérables dans les autoroutes, les routes, les stations-service, les ateliers de réparations, ainsi que dans des structures juridiques dont la mission est d'établir des normes et des réglementations. Au plan individuel, il est également nécessaire de disposer des moyens et capacités d'utilisation (permis de conduire, budget pour le carburant et l'entretien, etc.).

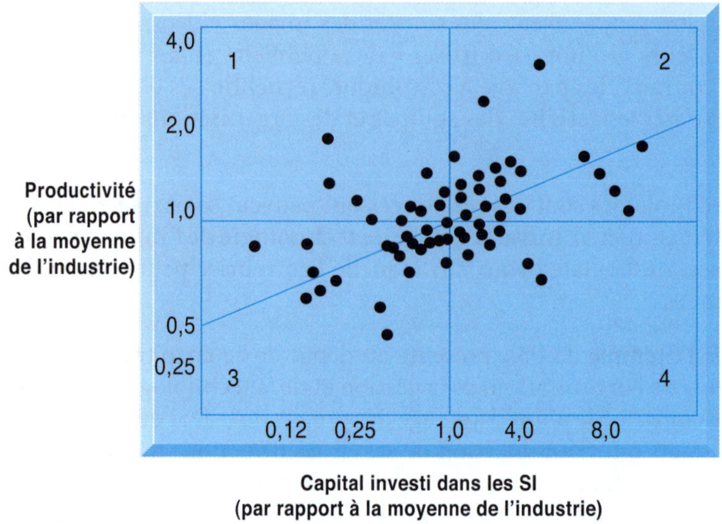

Figure 1.7 – Variations des rendements des investissements dans la technologie de l'information.

Source : D'après Erik Brynjolfsson et Lorin M. Hitt, « Beyond Computation: Information Technology, Organizational Transformation, and Business Performance », in *Journal of Economic Perspectives*, vol. 14, n° 4 (2000). Avec l'autorisation de l'American Economic Association.

Selon des recherches récentes sur l'investissement des entreprises dans les technologies de l'information, les organisations qui complètent leurs investissements dans les SI par des actifs complémentaires tels que de nouveaux processus d'affaires, un comportement de manager, une culture organisationnelle et de la formation en tirent un grand bénéfice (Brynjolfsson, 2003 ; Brynjolfsson et Hitt, 2000). On appelle aussi ces investissements dans l'organisation et la gestion respectivement « **capital organisationnel** » et « **capital de gestion** ».

Le tableau 1.3 énumère les principaux investissements complémentaires nécessaires pour qu'une entreprise tire de la valeur de ses investissements dans les SI. Certains sont tangibles, comme les immeubles, les machines et les outils. La valeur des investissements dans la technologie de l'information dépend cependant en grande partie des investissements complémentaires réalisés dans la gestion et l'organisation.

Voici les principaux actifs organisationnels complémentaires : une culture managériale qui valorise l'efficience, des processus opérationnels performants, une répartition des droits et obligations entre utilisateurs et techniciens et une DSI forte.

Les principaux actifs de gestion sont : un soutien puissant de la direction générale aux investissements dans les SI et aux changements associés, l'incitation à l'innovation en gestion et au travail d'équipe, un environnement de travail favorisant la coopération, des programmes de formation visant à améliorer les compétences décisionnelles des managers et celles opérationnelles des collaborateurs, une culture de gestion valorisant la flexibilité et le respect des compétences et attributions des parties prenantes.

Tableau 1.3 : Actifs organisationnels et de gestion, et investissements sociaux complémentaires nécessaires pour optimiser les rendements des investissements dans la technologie de l'information

Actifs organisationnels	Culture organisationnelle favorable qui valorise l'efficience et l'efficacité
	Processus d'affaires efficaces
	DSI forte
Actifs de gestion	Fort soutien de la direction générale aux SI et aux changements
	Incitations à l'innovation en gestion
	Travail d'équipe et environnements de travail coopératifs
	Programmes de formation visant à améliorer les compétences décisionnelles des gestionnaires
Investissements sociaux	Internet et infrastructures de télécommunications
	Programmes de formation renforcés sur les SI visant à augmenter la culture SI de la main-d'œuvre
	Normes (tant pour le gouvernement que pour le secteur privé)
	Lois et règlements visant à instaurer des marchés justes et stables
	Présence d'entreprises de technologies et de services dans des marchés voisins pour aider à la mise en place des SI

Les principaux investissements sociaux (réalisés non pas par l'entreprise, mais par la société dans son ensemble, par les autres entreprises, par les gouvernements et par d'autres acteurs clés du marché) sont : les infrastructures de télécommunications, Internet, des programmes de formation renforcés sur la technologie de l'information visant à améliorer les connaissances en SI au sein de la population active et des jeunes générations, des normes (tant pour les gouvernements que pour le secteur privé), des lois et règlements visant à instaurer des marchés justes et stables et la présence d'entreprises de technologies et de services dans les marchés voisins pour aider à la mise en place des SI.

Ce manuel met l'accent sur un cadre d'analyse qui tient compte à la fois de la technologie, de la gestion, des actifs organisationnels et des interactions entre ces trois éléments. Son thème principal relève de la nécessité pour les managers de prendre en compte l'ensemble de l'organisation et des dimensions relatives à la gestion des SI pour comprendre les problèmes actuels et obtenir des rendements supérieurs à la moyenne des investissements dans les SI.

4 Approches contemporaines des SI

L'étude des SI est un champ multidisciplinaire. La figure 1.8 illustre les principales disciplines concernées par les problèmes, les questions et les solutions liés aux SI. De manière générale, on peut aborder l'étude des SI dans une perspective technique et comportementale. Les SI sont des systèmes sociotechniques. Bien qu'ils se composent de dispositifs matériels et logiciels lourds, leur mise en œuvre et leur exploitation efficientes nécessitent des investissements sociaux, organisationnels et intellectuels considérables.

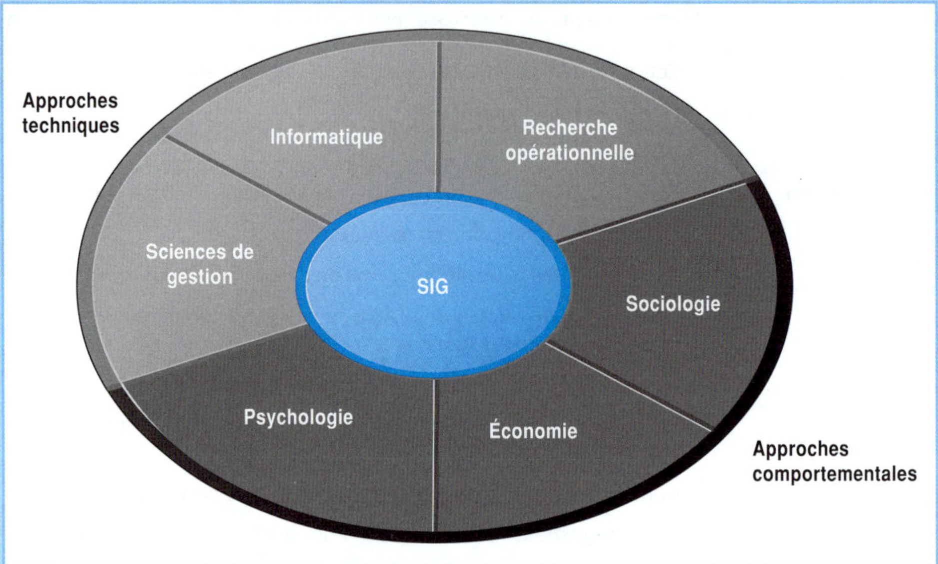

Figure 1.8 – Approches contemporaines de l'étude des SI.

4.1 Approche technique

L'approche technique de l'étude des SI met l'accent sur les modèles normatifs issus des mathématiques et de la recherche opérationnelle, ainsi que sur les techniques physiques et les capacités formelles des SI. Elle repose sur l'informatique, les sciences de gestion et la recherche opérationnelle.

L'approche technique de l'informatique s'attache à élaborer des théories et des méthodes de calcul, ainsi que des méthodes efficaces de stockage des données et d'accès aux données. Les sciences de gestion cherchent à concevoir des modèles de prise de décision et de pratiques managériales.

4.2 Approche comportementale

Une partie fondamentale du domaine des SI porte sur l'étude des questions comportementales soulevées par l'élaboration et l'exploitation pérenne et efficiente des SI. Une approche technique ne suffit pas à explorer des sujets tels que l'intégration stratégique de l'entreprise, la conception, la mise en application, l'utilisation et la gestion des SI. Des disciplines issues des sciences du comportement apportent des notions et des méthodes complémentaires majeures.

Par exemple, concernant l'étude des SI, les sociologues se concentrent sur la manière dont les groupes et les organisations structurent l'élaboration des systèmes et sur la façon dont ceux-ci influent sur les personnes, les groupes et les organisations. Les psychologues, pour leur part, s'intéressent à la manière dont un décideur et un utilisateur perçoivent et utilisent l'information formelle. Quant aux économistes, ils se penchent sur l'influence que les SI exercent sur les structures de contrôle et de coût au sein des entreprises et des marchés.

L'approche comportementale n'ignore pas la technologie. Au contraire, la technologie des SI soulève souvent des problèmes ou des questions qui relèvent des sciences du comportement.

4.3 Approche sociotechnique

Ce manuel vous propose une histoire passionnante qui met en scène quatre catégories d'acteurs : les fournisseurs de matériel informatique et de logiciels ; les entreprises qui font des investissements et cherchent à en obtenir des rendements satisfaisants ; les managers et les employés qui visent à générer de la valeur par les utilisations des SI ; les acteurs de l'environnement associés aux contextes juridiques, sociaux et culturels contemporains. Tous ces acteurs constituent *les parties prenantes du SI de gestion.*

L'étude des **SI de gestion** (SIG) a débuté dans les années 1970, lorsque le besoin d'analyser les SI informatisés destinés aux entreprises s'est fait sentir (Davis et Olson, 1985). Les SIG mobilisent les théories de l'informatique, des sciences de gestion, des sciences humaines et sociales et de la recherche opérationnelle, avec une orientation pratique pour obtenir des solutions opérationnelles pragmatiques et maîtriser la gestion des ressources des SI.

En tant qu'universitaires et spécialistes de la discipline, nous pouvons affirmer qu'aucune des diverses perspectives, prises séparément, ne saisit la réalité complexe des SI. Nous conseillons aux étudiants d'en comprendre toutes les dimensions dans leurs interrelations. Reix et Rowe (2002) proposent une définition du SI qui reprend cette complexité et cette multidimensionnalité : « *un ensemble d'acteurs sociaux qui mémorisent et transforment des représentations* via *des technologies de l'information et des modes opératoires* ».

Ce manuel choisit une **perspective sociotechnique** : on obtient le meilleur rendement organisationnel possible par l'utilisation conjointe optimale des systèmes sociaux et techniques disponibles et utilisés dans l'entreprise.

Par exemple, le fait que les coûts d'acquisition de la technologie de l'information diminuent et que sa puissance augmente ne se traduit pas mécaniquement par l'amélioration de la productivité ou l'augmentation des profits. De même, le fait qu'une entreprise ait récemment mis en place un nouveau système ne signifie pas nécessairement qu'elle l'utilisera ou encore qu'elle l'utilisera *efficacement.*

Ce manuel insiste sur la nécessité d'optimiser la performance du système dans son ensemble. Il faut mobiliser et parfois modifier les SI pour qu'ils répondent aux besoins de l'organisation et des individus. Parfois, il faut éventuellement privilégier un dispositif technologique qui n'est pas le plus en pointe techniquement pour atteindre cet objectif. Pour permettre aux SI de fonctionner efficacement, il faut aussi modifier la structure des organisations et l'attitude de leurs membres par le biais de formations, d'apprentissages et de changements planifiés. La figure 1.9 illustre ce processus d'adaptation mutuelle dans un système sociotechnique.

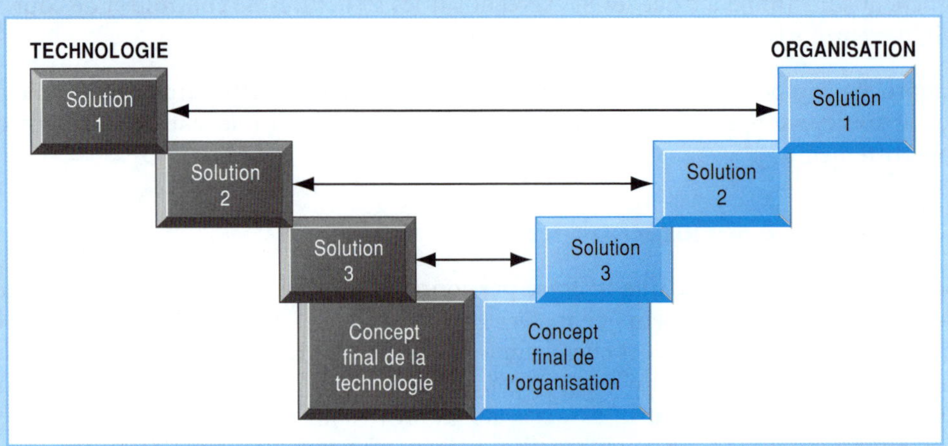

Figure 1.9 – Les SI dans une perspective sociotechnique.

5 Nouvelles possibilités

Les SI offrent de nombreuses possibilités intéressantes aux entreprises et aux individus, mais sont également une source de nouveaux problèmes, questions et défis pour le manager.

Alors que la technologie de l'information évolue rapidement, l'installation et l'utilisation des SI ne sont ni simples ni mécaniques. Les gestionnaires doivent relever six grands défis.

- **Le défi de l'investissement dans les SI : comment les entreprises peuvent-elles générer de la valeur à partir de leur SI ?** Comme nous l'avons vu, il est essentiel de considérer les SI comme des investissements potentiellement créateurs de valeur pour l'entreprise. Néanmoins, toutes les entreprises n'obtiennent pas de bons rendements de leurs investissements dans ces SI. Comment peuvent-elles en tirer le meilleur parti ? Comment un manager peut-il s'assurer que les SI contribuent réellement à la valeur de l'entreprise ?
- **Les cadres dirigeants demanderont sans doute : « Comment pouvons-nous évaluer les investissements dans les SI, comme nous le faisons pour les autres types d'investissements ? », « Le capital investi dans nos systèmes produit-il le rendement qu'il devrait procurer ? », « Nos concurrents font-ils mieux ? »** Trop d'entreprises et de dirigeants ne peuvent répondre à ces questions. La plupart des entreprises n'ont pas de procédure de décision clairement définie pour décider de leurs investissements dans la technologie et pour les gérer.
- **Le défi stratégique : quels sont les actifs complémentaires dont les entreprises ont besoin pour utiliser efficacement les SI ?** La puissance et les possibilités du matériel informatique et des logiciels ont augmenté beaucoup plus rapidement que la capacité des organisations à les adopter et à les utiliser. Les managers et les employés doivent modifier leurs comportements et leurs méthodes de travail. Il faut éliminer les processus d'affaires et les structures organisationnelles quand ils sont inefficaces et dépassés, et en élaborer de nouveaux.

- **Le défi de la mondialisation : comment les entreprises peuvent-elles comprendre et combiner les exigences concurrentielles et les potentialités des SI dans une économie mondiale ?** La croissance rapide du commerce international et la naissance d'une économie mondialisée requièrent des SI capables de soutenir la production et la vente de produits dans différents pays. Autrefois, les bureaux régionaux des multinationales se concentraient sur la résolution de leurs propres problèmes d'information. Il en résultait cependant souvent des incohérences et des problèmes sur le plan du contrôle managérial global, vu les différences de langues, de cultures et de politiques entre les pays. Pour élaborer et mettre en place des SI multinationaux intégrés, les entreprises doivent établir des normes mondiales tant techniques (homogénéisation des moyens) qu'organisationnelles et fonctionnelles, en décidant de processus et de structures de données transnationaux cohérents.
- **Le défi de l'infrastructure de technologie de l'information (TI) : étant donné l'évolution rapide des contextes et des conjonctures économiques comme des technologies, comment les organisations peuvent-elles élaborer et mettre en place une infrastructure de technologie de l'information qui soutienne et favorise de manière durable et robuste la poursuite de leurs objectifs ?** De nombreuses entreprises se retrouvent avec des infrastructures techniques coûteuses et lourdes inadaptables aux innovations et aux changements. Leur SI est si complexe et si fragile qu'il nuit à l'accomplissement de leur stratégie et à leurs opérations quotidiennes. Pour relever de nouveaux défis sur les plans de la gestion et de la technologie, il peut être nécessaire de disposer d'une infrastructure des SI totalement nouvelle. Créer l'infrastructure de TI d'une entreprise hautement informatisée est un imposant défi technique, financier, logistique et humain. De nombreuses entreprises sont handicapées par des SI constitués de matériel informatique, de logiciels et de réseaux de télécommunications incomplets, obsolètes et incompatibles entre eux qui empêchent la circulation fluide de l'information entre les différentes parties de l'organisation. Bien que les normes en vigueur sur Internet résolvent une partie de ces problèmes, créer des systèmes de données et des systèmes de traitement qui couvrent l'ensemble de l'entreprise – et, de plus en plus, qui relient l'entreprise à ses partenaires commerciaux – est plus difficile que prévu. De nombreuses organisations luttent toujours pour intégrer leurs sous-systèmes d'information. Les chapitres 6 à 10 détaillent les questions relatives à l'infrastructure de TI.
- **Le défi de la responsabilité et du contrôle, ou l'éthique et la sécurité : comment les organisations peuvent-elles s'assurer que leur SI est utilisé de manière éthique et responsable ? Comment concevoir des systèmes que les utilisateurs peuvent comprendre et contrôler ?** Les SI ont permis des résultats positifs tangibles, mais ils sont aussi la source de nouveaux problèmes et défis d'ordres éthique et social, tels que les menaces au droit à la vie privée et à la propriété intellectuelle, les problèmes de santé liés à l'utilisation de l'ordinateur, les crimes informatiques et la perte d'emploi (voir chapitre 4).

Les managers doivent sans cesse intervenir pour maintenir la sécurité et le contrôle. La menace d'intrusion informatique ou de perturbation des SI n'a jamais été aussi grande qu'aujourd'hui. Les SI sont devenus tellement essentiels aux entreprises, aux gouvernements et à la vie quotidienne qu'il faut prendre des mesures spéciales pour assurer leur efficacité, leur exactitude et leur fiabilité. Une entreprise dont les systèmes peuvent être perturbés ou envahis par des pirates informatiques, ne pas fonctionner comme prévu ou ne pas livrer l'information sous une forme correctement utilisable, court à sa perte (voir chapitre 8).

Les managers doivent se poser les questions suivantes : « Pouvons-nous appliquer, pour nos SI, des normes d'assurance qualité aussi élevées que celles que nous adoptons pour nos produits et services ? », « Pouvons-nous construire des systèmes à haut niveau de sécurité qui restent facilement utilisables ? », « Pouvons-nous concevoir des SI qui respectent le droit à la vie privée des employés et des partenaires (clients, par exemple), sans perdre de vue les objectifs de l'organisation ? », « Les SI doivent-ils servir à surveiller les employés ? », « Que faire lorsqu'un SI conçu pour accroître l'efficacité et la productivité conduit à la suppression de certains postes ? »

Résumé

L'ensemble des activités de l'entreprise bénéficie du support que peut apporter un SI. Cette utilisation généralisée a entraîné une dépendance de l'organisation vis-à-vis du SI, qui doit donc à la fois être robuste et livrer des informations et des services pertinents. En lui-même, un SI n'apporte aucun supplément de valeur. C'est par la qualité des utilisations, préparée par des investissements complémentaires (formation, notamment), qu'une valeur se révélera, se concrétisera. Chroniquement, de nouvelles technologies peuvent enrichir les potentiels d'un SI : Internet, la numérisation de tous les types d'informations (voix, documents, images), etc. L'entreprise doit alors imaginer et mettre en œuvre des systèmes qui intègrent ces innovations dans de vraies solutions aux défis concurrentiels qu'elle affronte. Elle peut être ainsi amenée à repenser son organisation et ses modes de travail. De nombreuses entreprises élargissent leur champ d'intervention, en raison de l'internationalisation des activités liée à la mondialisation des marchés. Leur SI doit donc accompagner cette extension.

Le SI est une construction vivante, autant technique qu'organisationnelle et sociale, dont la finalité est économique. Il est composé d'infrastructures techniques (matériels et logiciels de base) en soutien des logiciels d'application (pour les différents métiers de l'entreprise) qui alimentent et réutilisent les données contenues dans les bases de données.

Activités

Questions de révision

1. Donnez et décrivez quatre raisons pour lesquelles les SI sont de nos jours essentiels pour les affaires.
2. Décrivez cinq tendances, tant technologiques qu'économiques, qui ont renforcé le rôle des SI dans l'environnement concurrentiel contemporain.
3. Qu'est-ce qu'un SI ? Distinguez un ordinateur, un logiciel et un SI.
4. Quelle est la différence entre une donnée et une information ?
5. Quelles activités servent à convertir les données brutes en informations utiles dans un SI ?
6. Dans une perspective managériale, quel est le but d'un SI ? Quel rôle joue un SI dans la chaîne de valeur ?
7. Qu'est-ce que la connaissance des SI ? En quoi diffère-t-elle de la culture informatique ?
8. Quelles sont les dimensions organisationnelles, managériales et technologiques des SI ?
9. Que sont Internet et le Web ? Comment ont-ils changé le rôle joué par les SI dans les organisations ?
10. Pourquoi certaines entreprises génèrent-elles plus de valeur à partir de leur SI que d'autres ? Quel rôle jouent les actifs complémentaires, le capital d'organisation et le capital de gestion ?
11. Distinguez l'approche comportementale de l'approche technique des SI, en fonction des questions qui leur sont posées et des réponses qu'elles apportent. Quelles sont les principales disciplines qui aident à comprendre les SI ?
12. Quels sont les principaux défis actuels liés à l'installation, à l'exploitation, à la maintenance et à l'évolution des SI ?

Exercices de synthèse

1. Expliquez pourquoi, de nos jours, les SI sont si importants pour les affaires et la gestion.
2. Évaluez le rôle des SI dans le contexte commercial concurrentiel contemporain.
3. Évaluez les effets d'Internet et de sa technologie sur les entreprises et le gouvernement.
4. Définissez un SI tant du point de vue technique que du point de vue des affaires, et distinguez la culture informatique et celle des SI.
5. Déterminez les principaux défis de gestion liés à l'élaboration et à l'utilisation des SI dans les organisations.

Questions de réflexion

1. « Les SI sont trop importants pour qu'on les laisse entre les mains des seuls informaticiens. » Êtes-vous d'accord avec cette affirmation ? Expliquez pourquoi.

2. « Au fur et à mesure que la puissance et la vitesse de fonctionnement des ordinateurs augmentent, que le coût direct du matériel informatique diminue et que l'utilisation d'Internet se répand, la plupart des problèmes que posent les SI vont disparaître. » Êtes-vous d'accord avec cette affirmation ? Expliquez pourquoi.

Exercice sur le Web : analyse des coûts d'expédition

Vous êtes logisticien opérationnel en charge de l'expédition dans une petite entreprise qui imprime, relie et expédie des ouvrages « grand public » pour le compte d'un petit éditeur. Les installations de production sont situées à Lille, dans la région Nord-Pas-de-Calais. Les entrepôts de votre client sont situés à Roubaix, dans la même région, à Nantes, en Pays de la Loire, à Bordeaux, en Aquitaine, à Montpellier, en Languedoc-Roussillon, et à Metz, en Lorraine. Les installations de production fonctionnent 253 jours par an. Habituellement, vous expédiez les livres dans l'un des deux formats d'emballage suivants :

- format A : hauteur : 23 cm ; longueur : 33 cm ; largeur : 43 cm ; poids : 21 kg ;
- format B : hauteur : 25,5 cm ; longueur : 15 cm ; largeur : 30,5 cm ; poids : 7 kg.

En moyenne, l'entreprise expédie quotidiennement environ quatre colis du format A et sept colis du format B.

Vous devez choisir le meilleur expéditeur pour votre entreprise. Comparez trois entreprises dont le métier de départ est la livraison, tels que TNT (**http://www.tnt.fr/**), UPS (**www.ups.fr**) et une troisième sélectionnée sur **www.envoimoinscher.com**. Ne tenez pas seulement compte des tarifs, mais intéressez-vous aussi à des données telles que le délai de livraison, les horaires de ramassage, la couverture géographique et les points de livraison, la capacité de suivi des colis et la facilité d'utilisation du site Web. Quel service choisissez-vous ? Expliquez pourquoi.

Travail de groupe

En groupe de trois ou quatre, trouvez, dans une revue traitant d'informatique, de SI ou de management, la description d'un SI utilisé par une organisation. Recherchez des informations sur l'entreprise, ses activités, ses produits, son organisation, etc., en explorant son site Web et préparez une présentation de l'entreprise. Décrivez le système que vous avez sélectionné, en détaillant les dispositifs de saisie et de récupérations de données déjà informatisées (par EDI, par exemple), le traitement et les sorties visibles (sur écran ou papier) ou électroniques. Expliquez de manière illustrée et argumentée les rôles et l'importance des SI pour l'entreprise. Présentez votre analyse à l'ensemble du groupe.

Étude de cas : UPS

United Parcel Service (UPS), la plus importante entreprise mondiale de livraison par voie aérienne et terrestre, a été fondée en 1907. Jim Casey et Claude Ryan, deux adolescents de Seattle disposant de deux bicyclettes et d'un téléphone, promettaient alors « *le meilleur service au plus bas prix* ». Depuis plus de 100 ans maintenant, UPS utilise cette formule avec succès.

En 2012, UPS a livré quotidiennement plus de 18,8 milliards de colis et de documents aux États-Unis et dans plus de 200 pays, et, au 1er trimestre 2013, 18,8 millions de colis pas jour, soit 2,8 % de plus qu'au 1er trimestre 2012. Grâce aux investissements majeurs qu'elle a réalisés dans les technologies et les SI de pointe, l'entreprise a conservé son leadership dans les services de livraison de petits colis, malgré la forte concurrence de FedEx et d'Airborne Express, ou encore de TNT.

Au cours de la dernière décennie, UPS a investi plusieurs milliards d'euros dans les technologies et les SI afin d'améliorer son service à la clientèle, tout en gardant ses coûts le plus bas possible et en rationalisant l'ensemble de ses opérations.

Le périphérique DIAD (*Delivery Information Acquisition Device*), fourni à chaque chauffeur en 1991, a été mis au point afin d'enregistrer et de télécharger immédiatement les informations de livraison vers le réseau UPS. Les informations DIAD comprennent même des images numériques de la signature du destinataire, ce qui permet de communiquer aux clients en temps réel des informations sur leurs envois. Ce dispositif propriétaire permet également aux chauffeurs de rester en contact permanent avec leur siège social, et d'être immédiatement au courant des modifications concernant les plannings d'enlèvement, les circuits à emprunter et d'autres messages importants.

Cette innovation majeure s'appuie sur deux concepts clés mis en place par UPS dans les années 1990 et constituant le fondement du savoir-faire de l'entreprise en termes de logistique : l'étiquette intelligente d'une part qui identifie chaque colis de façon unique et standardisée et place ainsi le colis au cœur de tout le système, et l'optimisation multitâche des tournées des chauffeurs-livreurs d'autre part.

L'étiquette intelligente, ou « *smart-label* », contient toutes les informations dont UPS a besoin pour amener le colis d'un point A à un point B dans le délai demandé par le client, le tout encodé dans une sorte de code-barres créé par UPS. Originellement unidimensionnel, ce code est aujourd'hui multidimensionnel (UPS Maxi Code) et contient beaucoup plus d'informations telles que l'identification de contenus nécessitant des traitements spéciaux en douane, par exemple.

Armés de ces dispositifs, les chauffeurs-livreurs peuvent ainsi mener à bien plusieurs types de missions au court d'une même tournée, contrairement à leurs concurrents. Ainsi, dans une seule tournée, un chauffeur-livreur va pouvoir livrer des colis, récupérer des envois et des paiements, ou se faire dérouter de façon optimisée en cas de nouvelle commande à aller chercher dans la zone de sa tournée.

Les versions du DIAD se sont succédé depuis sa création en 1991, la dernière en date étant le « DIAD V », déployé en 2012. Il permet, entre autres innovations, de passer d'un opérateur GSM à un autre sans interruption du flux de données ; les chauffeurs-livreurs ne sont ainsi plus dépendants de la couverture d'un opérateur de référence. Ce nouveau dispositif est également beaucoup plus mobile que le précédent (environ 50 % plus petit et plus léger) ; il dispose par ailleurs d'un écran couleur et d'un appareil photo numérique couleur qui améliorent la lisibilité de la signature du client, et donc la qualité de la « preuve de livraison » en cas de réclamation. Les extensions de mémoires, alliées à une plus grande capacité de calcul, ouvrent la voie à de futures applications telles que la gestion des données trafic en temps réel et le recalcul des itinéraires. Le dispositif de scan permet de lire toutes les étiquettes intelligentes utilisées par UPS, y compris les UPS MaxiCode. Le DIAD a ainsi impliqué la suppression de plus de 80 millions de feuilles de papier par an, soit l'équivalent de 7 308 arbres.

Fin 2012, UPS a démarré le déploiement d'un nouveau type de scanner portable pour ses employés, avec pour objectif l'accélération du chargement des colis dans les véhicules et de la mise à disposition des informations de suivi pour les clients. Ce nouvel équipement est constitué d'un scanner « main libre » porté sur un doigt et d'un petit terminal porté sur le poignet. Cette bague-scanner, produite par Motorola Solutions représente un progrès car elle scanne automatiquement les étiquettes grâce à une technologie de détection d'étiquette, ce qui permet à l'employé d'aller plus vite qu'avec l'ancien système, qui demandait de viser correctement l'étiquette pour la scanner. La bague-scanner envoie, *via* Bluetooth, les informations scannées au terminal porté au poignet ; celui-ci transmet ces données par WiFi au réseau UPS et au SI global d'UPS, où elles sont traitées, stockées et mises à disposition des clients. De plus, les données capturées par la bague-scanner sont désormais bidimensionnelles et non plus seulement monodimensionnelles, ce qui a permis de réduire le taux d'étiquettes non lues nécessitant la saisie manuelle des références. Cette innovation technologique a permis d'accélérer le transfert des informations de traçabilité des colis et donc de répondre plus vite aux quelque 32,1 millions de demandes de situation de colis saisies quotidiennement sur le site d'UPS. À ce jour, 28 000 bagues-scanners/terminaux sont utilisées dans 480 sites. Le déploiement complet sera terminé fin 2013, avec plus de 38 000 bagues-scanners pour 1 383 sites. Cette innovation complète le « DIAD V » dans lequel les livreurs de la société UPS enregistrent toujours automatiquement les signatures des clients.

Juan Perez, vice-président d'UPS et en charge des SI, a déclaré que « *la bague-scanner Bluetooth RS507, associée à notre réseau sans fil et aux terminaux portables ultralégers, augmente l'efficience des scans et optimise le processus de lecture des codes-barres, ce qui résulte en une meilleure productivité de nos employés et des économies de coûts* ».

Grâce à son système automatisé de suivi, UPS peut donc assurer le traçage des colis tout au long de la livraison. À diverses étapes du parcours qui sépare l'expéditeur du destinataire, et grâce à l'apposition de l'étiquette intelligente sur le colis, les divers lecteurs lisent les données de livraison, puis les transmettent à l'ordinateur central. À l'aide de leur ordinateur personnel relié à l'ordinateur central, les représentants du service à la clientèle peuvent vérifier tous les renseignements qui concernent chaque colis. Ils satisfont ainsi immédiatement les demandes des clients. Ces derniers peuvent également accéder aux données affichées sur le site Web de l'entreprise à partir de leur propre ordinateur ou d'appareils mobiles. Ces optimisation et traçabilité interne des colis tout à fait exceptionnelles ont permis à UPS d'offrir toujours plus de services à ses clients.

En 2009, UPS lance pour ses clients des États-Unis une nouvelle application pour les possesseurs d'iPhone et d'iPod Touch, grâce à laquelle ils peuvent suivre leurs envois par UPS ou localiser l'agence UPDS la plus proche. Jordan Colletta, vice-président marketing des technologies dédiées aux clients, déclare que « *les utilisateurs Apple forment une communauté de clients innovante qui apprécient d'accéder aux dernières possibilités offertes par leur mobile. Nos nouvelles solutions les aident à profiter au mieux de nos services.* » L'application Android pour les tablettes et les smartphones fonctionnant dans cet environnement est lancée quelques mois plus tard. Depuis février 2011, l'application iPhone est également disponible pour les clients UPS en Allemagne, au Royaume-Uni, en France, en Italie et au Canada. Par ailleurs, UPS a annoncé en février 2013 l'élargissement de son service mobile de suivi de colis à 35 nouveaux pays et territoires, dont la République tchèque, portant à plus de 220 le nombre de pays où la version mobile du site Web d'UPS, **m.ups.com**, est disponible.

Toute personne qui souhaite expédier un colis peut accéder au site Web d'UPS afin de vérifier les itinéraires, calculer les frais d'expédition, déterminer le temps de livraison et planifier le travail. Les entreprises, où qu'elles se trouvent, peuvent, grâce au site Web d'UPS, planifier une expédition et demander son imputation au compte qu'elles ont chez UPS ou sur une carte de crédit. Les données recueillies sur le site Web sont transmises à l'ordinateur central d'UPS, puis renvoyées au client après traitement.

Une fonction appelée « UPS Campus Ship » permet aux employés d'une entreprise d'effectuer des envois à partir de leur ordinateur et à cette entreprise de centraliser le contrôle des procédures d'envoi. Morris, Schneider and Prior LLC, un grand cabinet américain d'avocats, recourt à ce service pour suivre et contrôler ses coûts de messagerie. Il envoie régulièrement, depuis trois localités et à des clients disséminés sur tout le territoire américain, des documents à durée de livraison critique. Doté de tels outils, UPS automatise le contrôle et le suivi des coûts de messagerie et peut même préciser les dépenses par client.

Grâce à son SI, UPS s'est réinventé et a continué de croître. L'entreprise s'appuie aujourd'hui sur ses dizaines d'années d'expérience dans la gestion de son réseau mondial de livraison pour assurer la logistique et gérer les chaînes d'approvisionnement d'autres entreprises. Sa division « UPS Supply Chain Solutions » fournit un ensemble de services uniformisés aux entreprises qui s'y abonnent, pour un prix dérisoire comparé à ce que leur coûterait l'élaboration de leurs propres systèmes et infrastructures. Les services proposés comprennent la conception et la gestion de chaînes d'approvisionnement, d'opérations de transit, de courtage en douane, de services postaux, de transport intermodal, ainsi que des services financiers et logistiques. Les entreprises qui le souhaitent peuvent également avoir recours à l'expertise d'UPS en matière de logistique en externalisant tout ou partie de leur chaîne logistique chez UPS, qui propose également des services de conseil en optimisation et refonte des processus liés.

Pour les entreprises plus modestes, ou bien ne souhaitant pas externaliser leur gestion logistique ou avoir recours aux services de conseil d'UPS, le « Kit du développeur UPS », et le développement et la mise à disposition des API (*Applications Programming Interfaces*, interfaces de programmation applicative) permettent désormais d'intégrer dans leur propre SI des fonctions du système UPS, telles que le suivi des colis et le calcul de coûts ; elles peuvent ainsi suivre leurs colis sans se rendre sur le site d'UPS. Ce type d'intégration était auparavant réservé à de grandes entreprises telles que DELL ou CISCO. Parmi les fonctions disponibles *via* l'intégration de ces API, on retrouve les devis, la passation de commande, la validation de l'adresse, la pré-planification des envois, la dématérialisation de la facturation, ou encore les formalités de dédouanement.

Dans le cadre de sa stratégie de croissance, UPS cherche à asseoir sa position en Europe, où elle doit faire face à la concurrence de l'acteur principal du marché européen, TNT Express, groupe néerlandais, ainsi qu'à ses autres concurrents habituels. UPS a d'ailleurs tenté de racheter l'intégralité du capital de TNT Express en lançant une OPA amicale de 5,16 milliards d'euros en mars 2012. Pourtant, en janvier 2013, l'entreprise renonce à son OPA géante sur TNT Express : prenant acte des réticences persistantes de la Commission européenne vis-à-vis de cette opération en dépit des concessions déjà proposées par les parties en novembre, UPS fait marche arrière. Ce constat d'échec des deux groupes intervient à la suite d'une réunion avec l'équipe du commissaire à la Concurrence, Joaquin Almunia. « *UPS a informé TNT Express qu'il ne voyait pas de perspective réaliste pour un accord de la Commission européenne et qu'il n'allait pas poursuivre l'opération* », a indiqué le groupe néerlandais dans un communiqué, ajoutant qu'il regrettait « *cette situation, ayant cru que cette fusion était faisable et bénéfique pour tous les actionnaires* ». Les concessions proposées par UPS et TNT Express n'ont pas convaincu l'exécutif européen, qui avait ouvert mi-2012 une enquête approfondie. Il craignait qu'à terme le nouvel ensemble ne forme un duopole avec l'allemand DHL. L'idée était donc de pousser UPS et TNT Express à des cessions d'actifs, afin qu'un troisième acteur de poids puisse émerger en Europe sur le marché de la livraison expresse.

Dernier projet en date, UPS a décidé de cibler le marché en pleine expansion des colis *B to C* en Europe et dans le monde grâce à des Relais Colis proposant des services de collecte et de retrait pour les clients faisant leurs achats sur Internet. Joe Mozzali, vice-président de UPS Europe et en charge de la stratégie, a déclaré lors du lancement du réseau en Grande-Bretagne à l'été 2012 : « *le* B to C *est un segment extrêmement prometteur. Il s'agit d'offrir plus de choix. Ceci n'est que le début du trajet* end-to-end global *(prestation de service depuis le fournisseur initial jusqu'au client final). Le secteur du colis* B to C *connaît une très forte croissance suite à l'explosion du e-commerce, et UPS prévoit une augmentation de 13 à 15 % du trafic de colis lié à cette activité aux États-Unis et en Europe d'ici à 2014.* »

UPS utilise la solution technique de Kiala, entreprise européenne de livraison *B to C* rachetée en 2011, combinée à ses propres ressources de transport et de livraison, en vue d'offrir un service unique de livraison fluide et continu pour le e-commerce national et international au travers d'un nouveau type de e-commerce *B to R* (*Business to Retail*), correspondant à l'achat en ligne et à la livraison en magasins de proximité labellisés points-relais. « *Nous considérons Kiala comme une entreprise technologique parvenue à une position de leader en termes de points-relais. Kiala représente un concept global qui peut être étendu dans le monde entier* », a déclaré Mozzali. Il a également indiqué que la firme établie en Belgique avait développé un système de gestion des livraisons en *B to C* extrêmement abouti.

Kiala possède déjà un réseau de plus de 6 500 points-relais en Europe, dont 4 500 en France ; le reste étant réparti entre les Pays-Bas, la Belgique, le Luxembourg et l'Espagne. Le nom Kiala sera conservé dans ces pays, tandis que UPS Access Point deviendra la marque mondiale. Les « points-relais UPS » sont destinés à être utilisés comme des adresses de livraison alternative pour la réception de colis par les particuliers. Ils peuvent être utilisés non seulement par les acteurs du e-commerce mais également par des vendeurs traditionnels qui souhaiteraient offrir des solutions de type « *drive* » (commander par Internet et venir chercher ses courses). En Grande-Bretagne, le nouveau réseau UPS Access Point a démarré avec 600 partenaires tels que des stations-service, des marchands de journaux ou des magasins généralistes de proximité dans lesquels les clients peuvent récupérer leurs colis ou effectuer des retours. UPS prévoit d'avoir un réseau de 1 500 points-relais à l'automne 2013 afin d'avoir une couverture nationale, et 4 000 points-relais en 2014. Le détaillant qui devient point-relais reçoit une commission par colis, se voit équiper des outils technologiques permettant une gestion fluide et facile des colis, et peut ainsi voir la fréquentation de son magasin augmenter, ce qui lui donne la possibilité d'accroître son propre chiffre d'affaires.

Sources :

Foust, D., « Big Brown's Nem Bag » et « Online Extra: UPS's Eskew on "the Next Logical Step" », *Business Week*, 19/07/04

Gruman, G., « UPS vs FedEx: Head-to-Head on Wireless » et « New Technologies Hit Mainstream », *CIO Magazine*, 01/06/06

Weiss, T.R., « UPS Delivers New Package Check-in System for Customers », *Computerworld*, 09/04/2003

« Package Flow Technologies: Innovation at Work », **http://www.pressroom.ups.com/Fact+Sheets/ci.Package+Flow+Technologies%3A+Innovation+at+Work.print**, consulté le 01/10/13

Mallis, L., « UPS's Next-Generation Mobile Devices Are Here », **http://blog.ups.com/2012/03/09/upss-next-generation-mobile-devices-are-here/**, 03/09/12, consulté le 01/10/13

« Annonces et mises à jour des API », **http://www.ups.com/content/fr/fr/resources/techsupport/olt/anc.html**, consulté le 01/10/13

« 1991-1999 : Maîtrise de la technologie », **http://www.ups.com/content/fr/fr/about/history/1999.html**, consulté le 01/10/13

« Mettez la logistique à votre service », **http://www.ups.com/content/fr/fr/bussol/browse/cat/developer_kit.html**, consulté le 01/10/13

Burg, D., Honoré, R., « UPS renonce à son OPA géante sur TNT Express », **http://www.lesechos.fr/15/01/2013/LesEchos/21354-088-ECH_ups-renonce-a-son-opa-geante-sur-tnt-express.htm?texte=burg%20honor%E9**, 15/01/13, consulté le 01/10/13

www.boursier.com, éditorial du 19/03/2012, consulté le 27/03/13

« UPS Worldwide Expedited Service Expanded To More Than 220 Countries And Territories », **http://www.ups.com/content/pa/en/about/news/20130314.html**, 05/03/13, consulté le 01/10/13

« UPS Deploys New Scanning Device in Its Package Sorting Operation », **www.highbeam.com/doc/1G1-298983691.html**, 09/08/12, consulté le 01/10/13

« L'application UPS mobile app pour iPhone disponible dans de nouveaux pays », **http://www.pressroom.ups.com/Press+Releases/Archive/2011/Q1/L%27application+UPS+mobile+app+pour+iPhone+disponible+dans+de+nouveaux+pays**, 17/02/11, consulté le 01/10/13

Questions sur l'étude de cas

1. Décrivez la stratégie d'UPS depuis 1990. Quels facteurs en expliquent la réussite de l'entreprise ?
2. Décrivez comment les innovations technologiques mises en place par UPS permettent de servir les processus fondamentaux de l'organisation.
3. Les SI contribuent-ils correctement à la stratégie et aux résultats d'UPS ? Expliquez pourquoi.
4. Identifiez les stratégies mises en place par UPS pour séduire ses clients directs potentiels de toutes tailles.
5. En quoi le rachat de Kiala permet-il à UPS de se constituer une clientèle secondaire et de s'imposer en Europe comme LE partenaire en *B to R* ?

Chapitre 2

Impacts des SI sur le fonctionnement de l'entreprise

Objectifs pédagogiques

- Évaluer le rôle joué par les principaux types de systèmes d'information dans une entreprise et les relations qui existent entre eux.
- Décrire les SI qui supportent les principales fonctions de l'entreprise : ventes et marketing, fabrication et logistique, finances et comptabilité, ressources humaines.
- Analyser les relations entre les organisations, les SI et les processus métier.
- Expliquer comment les applications d'entreprise favorisent l'intégration des processus et améliorent la performance organisationnelle.
- Évaluer les défis que posent les SI et les solutions de gestion à l'entreprise.

Bolloré : le SI au service du pilotage des ressources humaines dans sa division Logistics

Créé en 1822, le Groupe Bolloré figure parmi les 500 plus grandes compagnies mondiales. Il a choisi depuis plus de 25 ans de se diversifier afin d'assurer une meilleure répartition des risques. Coté en Bourse, c'est toujours la famille Bolloré qui en a la majorité du contrôle. La stabilité de son actionnariat lui permet de mener une politique d'investissement à long terme.

Grâce à sa stratégie de diversification fondée sur l'innovation et le développement à l'international, il occupe aujourd'hui des positions fortes dans chacune de ses activités rassemblées autour de trois pôles : transport et logistique, communication et médias, stockage d'électricité. En plus de ses métiers, le Groupe gère un ensemble d'actifs financiers qui concentre des plantations d'arbres et des participations financières. En 2012, le groupe a réalisé un chiffre d'affaires (CA) de 10,2 milliards d'euros en hausse de 20 % par rapport à 2011 (+9 % à périmètre et taux de change constants), avec un résultat opérationnel de 407 millions d'euros, en progression de 39 % par rapport à 2011 malgré la hausse importante des dépenses consacrées au stockage d'électricité (batteries, véhicules électriques) et au lancement d'Autolib'.

Bolloré Logistics est une des deux divisions du pôle transport et logistique du groupe Bolloré. Forte de 10 000 collaborateurs et de 508 agences dans 90 pays, l'entreprise couvre tous les métiers de la logistique : le commissionnement de transport aérien, maritime et terrestre ; le stockage et la distribution ; la logistique industrielle ; les opérations portuaires ; le contrôle sécurité et qualité et le courtage en affrètement maritime. Il s'agit du premier réseau logistique intégré en France et du cinquième en Europe.

…

Dans une activité de service comme celle de Bolloré Logistics, le personnel – salaires, charges et autres frais liés aux ressources humaines – représente plus de 60 % des frais de fonctionnement. « Comprendre la structure de ces coûts ainsi que leur évolution est essentiel pour optimiser tant la performance financière globale que la productivité opérationnelle de chaque entité », explique Christophe Lebrun, responsable du contrôle de gestion de la division. Faute de données homogènes et partagées, les différentes directions n'avaient ni langage commun ni réel moyen de suivre les éléments clés pour elles. Par exemple, à partir de l'outil comptable, la direction financière n'avait qu'une vision synthétique et ne pouvait pas disposer d'une vue détaillée sur le poste « Frais de personnel ». Au contraire, à partir du logiciel de gestion de paie, les directions RH n'avaient pas de vision globale et utilisaient Excel pour des analyses et des rapports pourtant récurrents. Pour leur part, les directions opérationnelles ne disposaient d'aucun outil pour suivre leurs indicateurs RH et étaient dépendantes des données fournies par la direction financière et les équipes RH.

Début 2008, des consultants externes ont réalisé une étude de précadrage. Ils ont recensé les attentes de chaque type d'utilisateurs et permis de s'assurer que les différents indicateurs étudiés au niveau de la France étaient également pertinents à l'international. Une fois les attentes précisées avec les intéressés, le contrôleur de gestion sociale, en charge par la suite d'assurer la direction du projet, les a traduites en cahier des charges. Le périmètre du futur pilote a été choisi : SAGA, une des principales marques commerciales de Bolloré Logistics.

À la suite de cette décision, Information Builders s'est vu confier la mise en œuvre de l'ensemble du projet, depuis la conception de la base de données (Microsoft SQL 2008) et la mise en place des processus d'alimentation (avec l'ETL SSIS de Microsoft) jusqu'au développement des états WebFOCUS destinés aux différentes catégories d'utilisateurs. Dans le cadre du pilote livré en juillet 2009, trois types d'états WebFOCUS ont été développés et intégrés dans un tableau de bord. Le premier d'entre eux concerne la masse salariale, avec une série d'états standard et la possibilité d'effectuer un zoom sur les diverses rubriques de ce poste (rémunération fixe et variable, charges, congés payés, etc.), ainsi que sur l'organisation, jusqu'au niveau de l'individu si l'utilisateur possède les autorisations requises. Il est ainsi possible d'analyser la masse salariale selon une logique hiérarchique, ou comptable, ou encore par gestionnaire de paie ou par site de paie.

Le deuxième type de contenus concerne l'analyse des effectifs et de la productivité, avec un tableau de bord regroupant les 15 indicateurs qui permettent aux responsables opérationnels de suivre et d'optimiser la gestion de leurs effectifs (effectifs juridiques, effectifs économiques (salariés et intérimaires), les taux et motif d'entrée et de sortie, les ratios de productivité, les congés et prise de congés, les heures supplémentaires, l'absentéisme, etc.). Tous les tableaux et graphiques offrent des possibilités de zoom jusqu'aux données les plus fines.

Le troisième type de contenus répond plus spécifiquement aux besoins des directions RH en leur permettant de suivre et de contrôler la paie, les augmentations individuelles, les variations de la masse salariale, le suivi du droit individuel à la formation (DIF), etc. Il comprend également des indicateurs sur les accidents du travail (fréquence, gravité) et d'autres éléments nécessaires à l'élaboration du bilan social.

Chez SAGA, les utilisateurs du pilote WebFOCUS ont été rapidement séduits par la puissance de la solution et ses capacités de restitution. À mesure qu'ils se familiarisent avec le système et se l'approprient, les utilisateurs expriment de nouveaux besoins. Par ailleurs, même si WebFOCUS est très convivial, il est très important que les utilisateurs se forment pour améliorer leur compréhension des règles sous-jacentes à la construction des indicateurs RH, et prendre toute la mesure des possibilités de l'outil dans leur travail. Il s'agit en particulier de les inciter à abandonner d'anciennes pratiques telles que le recours à Excel.

La mise en production du pilote a aussi suscité des interrogations au niveau de la direction générale, dans la mesure où la solution fournit potentiellement un accès à des données individuelles à caractère confidentiel.

Depuis janvier 2010, la solution a commencé à être déployée sur d'autres périmètres en France métropolitaine, avant d'être étendue aux DOM-TOM qui représentent une part significative de l'activité et des effectifs de Bolloré Logistics. En 2011 vient le tour du périmètre asiatique, qui représente 25 % des effectifs. Ainsi, à la fin de cette même année, 80 % de la division sont couverts. Fin 2012, c'est l'ensemble de la Division Logistique qui est équipée, en particulier la division Afrique, périmètre clé des activités logistiques du groupe.

Sources :

J.-B., A., « Bolloré : des résultats annuels en vive hausse », **http://www.boursier.com/actions/actualites/news/bollore-des-resultats-annuels-en-vive-hausse-523457.html**, 21/03/13, consulté le 01/10/13

« La machine Afrique de Bolloré », **http://www.lesechos.fr/entreprises-secteurs/auto-transport/debat/0202578936878-la-machine-afrique-de-bollore-542778.php**, 28/02/13, consulté le 01/10/13

http://www.bollore.com/fr-fr/le-groupe, consulté le 08/04/13

http://www.informationbuilders.fr/news/press/release/, 06/12/10

Lemaire, B., « Bolloré Logistics pilote ses coûts liés aux ressources humaines », **http://www.cio-online.com/actualites/lire-bollore-logistics-pilote-ses-couts-lies-aux-ressources-humaines-2819.html**, 30/03/10, consulté le 01/10/13

Dutheil, C., « Bolloré met du décisionnel dans sa gestion des ressources humaines », **http://www.usinenouvelle.com/article/bollore-met-du-decisionnel-dans-sa-gestion-des-ressources-humaines.N128709**, 26/03/10, consulté le 01/10/13

Matière à réflexion :

Comment les systèmes de gestion des données RH peuvent-ils ajouter de la valeur à une entreprise de logistique ?

En quoi la dimension internationale du groupe représente-t-elle une difficulté supplémentaire pour la mise en place d'un tel système ?

Toutes les entreprises devraient-elles utiliser ce type de logiciel informationnel ? Expliquez pourquoi.

Nous distinguerons ici les SI en nous appuyant sur les niveaux de l'organisation, les fonctions de l'entreprise et les processus qu'ils supportent. Nous examinerons ensuite les applications d'entreprise et les systèmes intégrés, puis les systèmes dédiés à une fonction ou activité : il s'agit des systèmes de gestion de la chaîne logistique, des systèmes de gestion de la relation client et des systèmes de gestion des connaissances.

En tant que futur manager, vous devrez savoir comment les SI peuvent aider votre entreprise. Il vous faudra comprendre les différents types de SI, ainsi que leurs possibilités et limites respectives.

1 Principaux types de SI dans les organisations

Une organisation s'articule autour de différents intérêts, niveaux et spécialités. Il existe donc plusieurs types de SI. Aucun d'entre eux n'est en mesure de satisfaire à lui seul la totalité des besoins en information d'une organisation. La figure 2.1 définit les types de systèmes présents dans une organisation. Cette dernière est analysée selon divers niveaux (opérations, management, stratégie), puis selon quatre catégories fonctionnelles (ventes et marketing, fabrication, finances et comptabilité, ressources humaines). Les systèmes sont construits pour supporter efficacement ces différents intérêts organisationnels (Anthony, 1965). Le degré d'intégration de ces systèmes entre eux va permettre une plus ou moins grande fluidité de l'information entre les différentes catégories fonctionnelles et les différents niveaux.

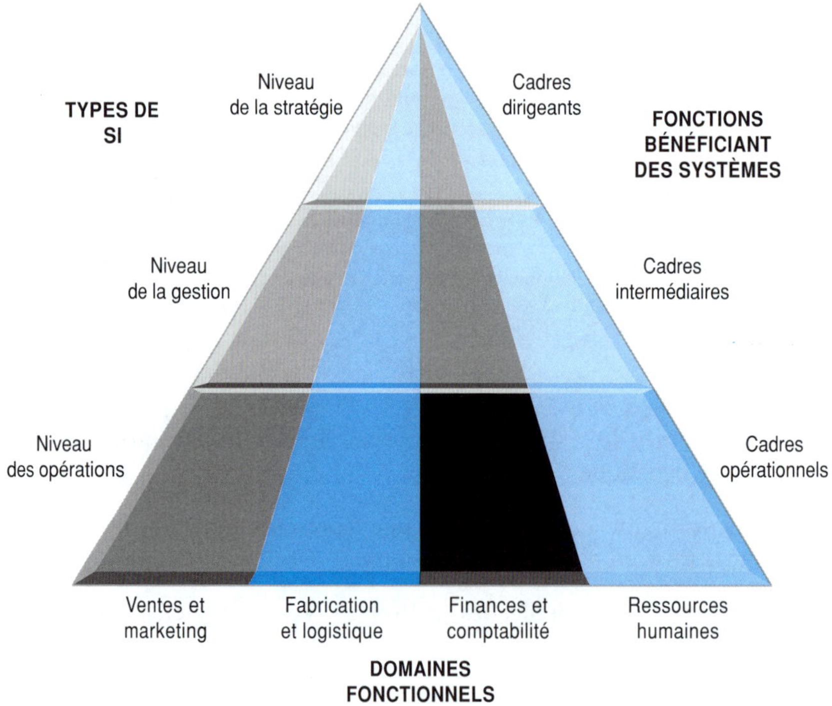

Figure 2.1 – Types de SI.

1.1 Les différents niveaux de SI selon les niveaux organisationnels

Trois principaux niveaux de SI supportent les différents niveaux de l'organisation : les systèmes d'aide aux opérations, les systèmes d'aide au management et les systèmes d'aide à la stratégie.

Les **systèmes du support de l'exploitation et du fonctionnement des opérations**, également appelés « **systèmes opérationnels** » (SO), aident les équipes et structures opérationnelles à assurer le fonctionnement des activités et des transactions élémentaires récurrentes de l'organisation (commandes, ventes, paies, écritures comptables, flux des matériaux dans une usine, etc.). Leur objectif est de soutenir les activités routinières et de suivre le flux des transactions dans l'organisation. Ils facilitent le traitement des questions quotidiennes : Combien reste-t-il de pièces n° 37001 en stock ?, Qu'est-il advenu du paiement du client M. Dupont ? Pour traiter ce type de préoccupations, l'information doit être facilement accessible, actualisée et précise. Citons, par exemple, les systèmes qui servent à enregistrer les dépôts bancaires à partir des guichets automatiques, les systèmes de terminaux de points de vente dans un hypermarché ou ceux qui suivent l'avancement de la commande client dans l'usine.

Les **systèmes du support de la gestion**, également appelés « **systèmes du management opérationnel** » **(SMO)**, sont conçus pour assister les cadres responsables des activités et/ou des entités dans leurs missions de coordination et de pilotage réactifs. La principale question à laquelle ils doivent répondre est la suivante : « Où en sommes-nous par rapport à nos prévisions et nos objectifs opérationnels ? » Ces SMO fournissent généralement des indicateurs déterminés et des rapports périodiques, plutôt que des informations détaillées sur les opérations. Par exemple, le SMO procure au responsable des neuf entrepôts de la région Sud-Est les valeurs prévisionnelles cumulées des tonnages à expédier pour les trois mois à venir ou le nombre de livraisons hors délai depuis le début de l'année en cours, par dépôt expéditeur et par mois.

Certains SMO aident à prendre des décisions non routinières, moins structurées (Keen et Morton, 1978), pour lesquelles les besoins d'information ne sont pas toujours clairs. Ils répondent souvent à des questions de simulation qui portent sur des hypothèses du type « Que se passerait-il si… ? » : « Quelles seraient les conséquences sur notre trésorerie **si** nous accordions un délai de paiement supplémentaire à ce nouveau et important client ? », « Qu'adviendrait-il du respect de l'accord social négocié au niveau de notre fédération professionnelle avec les partenaires sociaux concernant l'annualisation du temps de travail **si** notre principal client confirmait le doublement de ses commandes sur ce quatrième trimestre ? » Les réponses à ces questions exigent souvent de nouvelles données venant de l'extérieur de l'organisation et des données internes sur l'organisation que les systèmes transactionnels existants ne peuvent fournir.

Les **systèmes au niveau de la stratégie**, également appelés « **systèmes d'information stratégiques** » **(SIS)**, aident les cadres dirigeants à mieux formuler et à traiter les questions d'ordre stratégique, c'est-à-dire celles qui permettent de fixer les objectifs à long terme et de choisir les moyens pour les réaliser. Leur but est d'établir une concordance entre les changements de l'environnement externe qui peuvent être anticipés (concurrence, réglementation, etc.) et les capacités actuelles et futures de l'organisation. Les questions à ce niveau sont, par exemple : « Quels seront les niveaux d'emploi dans cinq ans ? », « Quelles sont les tendances des prix de revient à long terme dans l'industrie, et où notre entreprise se situe-t-elle par rapport à celles-ci ? », « Quels produits devrions-nous fabriquer dans cinq ans ? »

1.2 Les quatre principaux types de systèmes

On peut regrouper les systèmes d'information en entreprise en quatre grandes entités, alignées sur les niveaux organisationnels qu'elles supportent :

- les Systèmes de Traitement des Transactions (STT) ;
- les Systèmes d'Aides à la Décision (SAD) ;
- les SI de Gestion (SIG) ;
- les SI pour Dirigeants (SID), utilisés par les dirigeants pour le pilotage global de l'organisation.

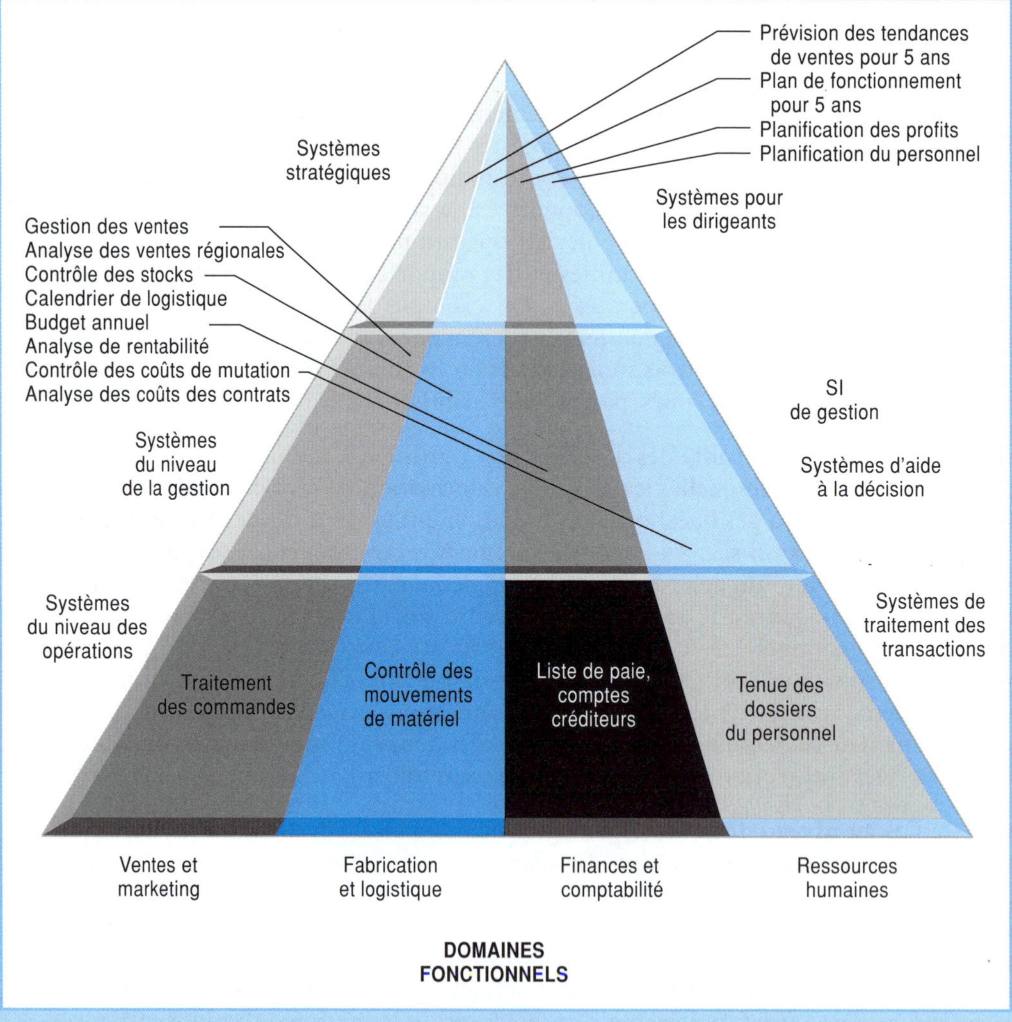

Figure 2.2 – Les quatre principaux types de SI.

Les SIS sont matérialisés par des SID, les SMO par des SIG et des SAD, et les SO par des STT. Tous les systèmes, à chaque niveau, sont divisés en catégories spécialisées qui supportent les principaux services fonctionnels. Les systèmes les plus courants dans les organisations aident donc les équipes et les responsables à chaque niveau, dans les fonctions de la vente, du marketing, de la fabrication et de la logistique, des finances, de la comptabilité et des ressources humaines.

Le tableau 2.1 résume les caractéristiques des quatre types de SI. Chacun d'entre eux inclut des composantes que peuvent utiliser des niveaux organisationnels et d'autres groupes que le niveau auquel le système est principalement destiné. Ainsi, une secrétaire peut accéder aux informations qui proviennent d'un SIG et un cadre intermédiaire peut extraire des données d'un STT.

Tableau 2.1 : Caractéristiques des systèmes de traitement de l'information

Type de système	Entrées d'information	Traitement	Sorties d'information	Utilisateurs
SID	Données globales ; externes ; internes	Graphiques ; simulations ; interactif	Projections ; réponses aux requêtes	Cadres dirigeants
SAD	Faible volume de données ou bases de données massives optimisées pour l'analyse de données ; modèles analytiques et outils d'analyse des données	Interactif ; simulations ; analyses	Rapports spéciaux ; analyses décisionnelles ; réponses aux requêtes	Experts
SIG	Résumé des transactions ; volume élevé de données ; modèles simples	Rapports routiniers ; modèles simples ; analyses simples	Résumés et rapports d'exception	Cadres intermédiaires
STT	Transactions ; événements	Tris ; listes ; fusions ; mises à jour	Rapports détaillés ; listes ; résumés	Cadres et équipes opérationnels

Systèmes de traitement des transactions

Les **STT**, aussi appelés « systèmes de traitement transactionnels », sont la concrétisation des SO. Ces systèmes informatisés exécutent et enregistrent les transactions quotidiennes et routinières associées aux événements quotidiens tels que la saisie des bons de commande ou le calcul des tournées de livraison de la flotte de camions.

Sur le plan des opérations, les tâches, les ressources et les objectifs sont prédéterminés et fortement structurés au sein de processus formalisés où les actions sont précisées aux différents acteurs. Ainsi, un responsable de premier niveau décide d'accorder un crédit à un client en fonction de critères prédéterminés. Il s'agit donc d'évaluer si ce dernier répond à ces critères.

Le tableau 2.2 présente des applications de STT types. Il décrit les cinq catégories fonctionnelles de STT : ventes et marketing, fabrication et logistique, finances et comptabilité, ressources humaines et autres types de STT spécifiques à une industrie particulière. Le système de suivi des colis de la société UPS décrit au chapitre 1 est un exemple de STT spécifique : la société UPS vend des services de livraison de colis et le système suit toutes les transactions liées à ces livraisons.

Tableau 2.2 : Applications typiques d'un STT

	TYPE DE STT				
	Systèmes pour les ventes et le marketing	**Systèmes pour la fabrication et la logistique**	**Systèmes pour les finances et la comptabilité**	**Systèmes pour les ressources humaines**	**Autres types (par exemple, une université)**
Principales fonctions du système	Service à la clientèle	Ordonnancement	Établissement du budget	Dossiers du personnel	Admissions
	Gestion des ventes	Achat	Grand-livre	Avantages sociaux	Dossiers des notes
	Suivi de promotion	Expédition/ Réception	Facturation	Rémunération	Dossiers des cours
	Changement de prix		Prix de revient	Relations de travail	Anciens étudiants
	Communication avec les inter-médiaires	Opérations		Formation	
Principaux systèmes d'application	SI sur les commandes	Système de contrôle des machines	Grand-livre	Calcul de la paie	Système d'inscription
	Système de commission sur les ventes	Système de contrôle des achats	Comptes créditeurs et débiteurs	Dossiers du personnel	Système de logistique de dossier scolaire
	Système de support aux ventes		Établissement du budget	Système des avantages sociaux	Système de contrôle du contenu des programmes d'études
		Système de contrôle de la qualité	Système de gestion des fonds	Inventaire des compétences des collabo-rateurs	Système de dons des anciens étudiants

Toutes les organisations possèdent les cinq types de STT précédemment cités (même si leurs systèmes sont parfois partiellement manuels). Les systèmes de traitement des transactions sont souvent si vitaux qu'une panne de quelques heures de l'un d'entre eux peut entraîner la faillite de l'entreprise, voire celle des sociétés qui y sont reliées, par un « effet domino ». Que deviendrait une compagnie aérienne en cas de panne d'un jour ou deux de son système de réservation ?

Les STT supportent les opérations internes et les relations de l'entreprise avec son environnement externe. Ils produisent également une grande quantité d'informations pour d'autres types de systèmes, car ils fournissent les données élémentaires que ces derniers agrègent et manipulent ensuite.

SI de gestion

Les **SI de gestion (SIG)** fournissent aux gestionnaires des indicateurs et des rapports sur l'efficience à court terme de l'organisation, ainsi que sur les périodes antérieures récentes. Ces systèmes sont en général orientés presque exclusivement vers les événements internes tels que les volumes de production d'un site, ou les achats enregistrés à une date *t*.

Les SIG agrègent dans des indicateurs de synthèse et des rapports périodiques les données issues des transactions de base du STT. La figure 2.3 illustre la manière dont un SIG type transforme les données transactionnelles sur les stocks, la logistique et la comptabilité en informations élaborées et rapports aux dirigeants.

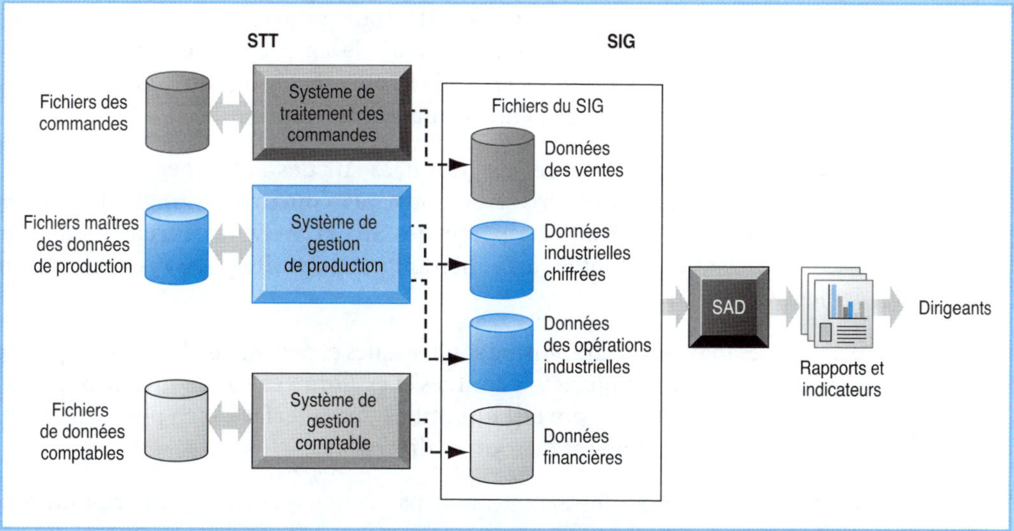

Figure 2.3 – Comment les SAD sont alimentés en données par les STT.

Les SIG fournissent généralement des réponses à des questions routinières, définies *a priori* et qui disposent d'une procédure prédéfinie pour y répondre : par exemple, les tableaux de bord des ventes par représentant et par secteur en cumuls mensuels comparés aux mêmes mois de l'année précédente. Ces systèmes sont plutôt rigides et offrent peu de capacité analytique. La plupart des SIG utilisent des routines simples comme des sommaires et des comparaisons, plutôt que des modèles mathématiques ou des techniques statistiques sophistiquées.

Systèmes d'aide à la décision

Les **SAD**, parfois également nommés systèmes interactifs d'aide à la décision (SIAD), aident les gestionnaires à prendre des décisions semi-structurées, uniques ou qui évoluent rapidement, et qui ne sont pas facilement déterminées à l'avance. Ils utilisent les données issues des STT et des SIG, mais requièrent également de l'information externe, telle que les prix des produits de la concurrence ou des données macroéconomiques sectorielles.

Les SAD possèdent une plus grande puissance analytique que les autres systèmes. Ils incluent intentionnellement une variété de modèles d'analyse des données où ils condensent de grandes quantités de données sous une forme que les preneurs de décision peuvent analyser. Les SAD permettent aux utilisateurs de travailler directement dessus et proposent des interfaces conviviales. Ils sont interactifs : l'utilisateur peut modifier les hypothèses, poser de nouvelles questions et entrer de nouvelles données.

Pour déterminer l'emplacement optimal de ses guichets automatiques bancaires (GAB), la Caisse d'Épargne utilise par exemple un SAD. De nombreux paramètres sont alors à prendre en compte : proximité d'un marché, d'un feu rouge ou d'un passage piétons, distance avec les autres GAB des banques concurrentes dans la zone de chalandise, etc.

SI pour dirigeants

Certains cadres dirigeants s'appuient sur les **SID** pour préparer ou justifier leurs décisions. Les SID sont utilisés pour les réflexions, analyses et décisions stratégiques de l'organisation. Ils servent à réduire l'incertitude liée aux décisions qui engagent l'avenir de l'entreprise et qui requièrent jugement, évaluation et intuition.

Les SID sont conçus pour incorporer des données sur des événements externes tels que de nouvelles lois fiscales ou l'arrivée de nouveaux concurrents, mais ils intègrent également de l'information résumée à partir des SIG et SAD. Ils filtrent les données essentielles, les agrègent et en font le suivi, mettant à la disposition des cadres dirigeants les données les plus importantes.

Les SID utilisent des logiciels de graphisme sophistiqués et peuvent établir des graphiques et des données provenant de plusieurs sources. Les données sont souvent présentées aux cadres supérieurs grâce à un **portail** qui utilise une interface Web pour exposer un contenu spécialisé intégré émanant de sources diverses.

Contrairement aux autres SI, les SID ne sont pas conçus d'abord pour résoudre des problèmes spécifiques et modélisables.

Tandis que les SAD reposent essentiellement sur des modèles analytiques, les SID en sont moins tributaires. En effet, ces derniers fournissent des éléments de réponse aux questions suivantes : « Aurions-nous intérêt à être présents sur ce segment de marché ? », « Qu'y font nos concurrents ? », « Quelles nouvelles acquisitions nous protégeraient contre les produits de substitution ? », « Quelles unités devrions-nous vendre pour accroître nos revenus en vue de nouvelles acquisitions ? » La figure 2.4 illustre un modèle de SID constitué de postes de travail avec des menus, des graphiques interactifs et des fonctions de communication capables d'accéder à des données antérieures sur la société et à des données sur la concurrence qui proviennent des systèmes internes de l'entreprise et de bases de données externes (Insee, Compass, études des instituts de sondage, organismes professionnels ou sociétés de conseil). Le chapitre 12 détaille les applications des systèmes d'aide à la décision.

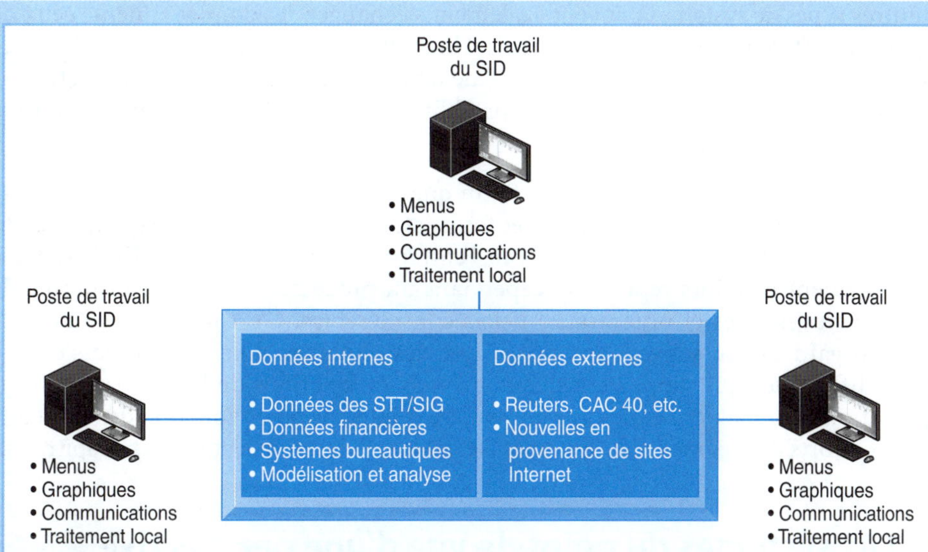

Figure 2.4 – Un modèle typique de SI pour dirigeants.

1.3 Relations entre les systèmes : l'intégration

L'intégration des systèmes d'information concerne la façon dont les différents systèmes d'information partagent, transfèrent et stockent les données de l'organisation.

La figure 2.5 illustre la façon dont sont reliés entre eux les différents types de systèmes dans l'organisation. Un système de traitement des transactions constitue en général une source privilégiée de données pour d'autres systèmes, tandis que le SI pour dirigeants est essentiellement un récepteur de données qui proviennent des autres systèmes (STT, SIG, SAD).

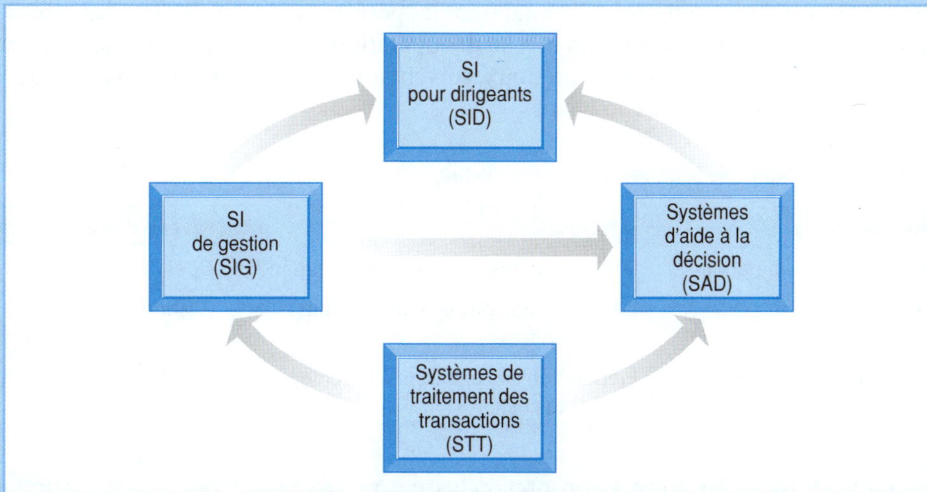

Figure 2.5 – Interrelations entre les catégories de systèmes.

Les autres types de systèmes peuvent également s'échanger des données, même ceux qui supportent différents services fonctionnels. Une commande saisie par un STT des ventes peut par exemple être transmise à un STT de fabrication sous forme de transaction, en vue de la logistique ou de la livraison du produit mentionné dans la commande, ou à un SIG pour les rapports financiers.

Il est intéressant d'intégrer ces systèmes afin que l'information circule facilement entre les différentes parties de l'organisation et fournisse à la direction une vision d'ensemble des activités et de la performance globale de l'entreprise. L'intégration à partir de systèmes historiquement disjoints représente cependant un processus long qui consomme des ressources techniques et organisationnelles considérables. C'est un vrai défi pour les grandes organisations, souvent aux prises avec des centaines, voire des milliers d'applications différentes qui supportent divers niveaux et fonctions de l'entreprise. Chaque organisation doit évaluer ses besoins en matière d'intégration en fonction des difficultés liées aux efforts d'intégration de systèmes à grande échelle (voir section 3 et chapitre 9).

2 Les systèmes du point de vue d'une perspective fonctionnelle

On peut classer les SI selon la fonction organisationnelle spécifique qu'ils supportent ou selon le niveau d'organisation. Il est ainsi possible de décrire les SI typiques qui supportent chaque fonction principale de l'entreprise et de fournir des exemples d'applications fonctionnelles pour chaque niveau d'organisation.

2.1 Systèmes de vente et de marketing

Les **SI de vente et de marketing** sont mobilisés à différents moments (voir tableau 2.3). Au niveau de la stratégie, ils suivent de près les tendances qui influent sur les nouveaux produits et services, et surveillent les performances des concurrents. Au niveau de la gestion, ils supportent les études de marché, les campagnes de publicité et de promotion, et les décisions relatives aux prix. Ils analysent les performances sur le plan des ventes et le rendement des collaborateurs. Au niveau des opérations, ils localisent les clients potentiels et entrent en communication avec eux, suivent les ventes, traitent les commandes et fournissent des informations au client.

Tableau 2.3 : Exemples de SI de ventes et de marketing

Système	Description	Niveau d'organisation
Traitement des commandes	Entrée, traitement et suivi des commandes	Opérations
Analyse des prix	Détermination des prix des produits et des services	Gestion
Prévision des tendances de vente	Préparation des prévisions de vente pour cinq ans	Stratégie

Le système regroupe les données propres à chaque article vendu (code et description du produit, quantité vendue) pour une analyse plus affinée. Les managers de l'entreprise étudient ces données de vente pour piloter les activités commerciales.

2.2 Systèmes de fabrication et de logistique

Les systèmes d'information que l'on trouve dans le domaine de la fabrication et de la logistique proposent de bons exemples de SI correspondant au niveau d'organisation. Le tableau 2.4 en décrit quelques-uns. Pour ce qui relève de la stratégie, les systèmes de fabrication et de logistique concernent les objectifs de fabrication à long terme, tels que l'emplacement d'une nouvelle usine ou le choix d'investir dans une technologie de fabrication innovante. Au niveau de la gestion, ils analysent les coûts et les ressources concernant la fabrication et la logistique. En ce qui concerne les opérations, ils supportent et facilitent l'exécution des tâches liées à la logistique.

Tableau 2.4 : Exemples de SI de fabrication et de logistique

Système	Description	Niveau d'organisation
Contrôle des machines	Contrôle du fonctionnement des machines et de l'équipement	Opérations
Planification de la fabrication	Décisions relatives au moment de la fabrication des produits et à la manière de procéder	Gestion
Situation géographique des installations de logistique	Décisions relatives à l'emplacement des nouvelles installations de logistique	Stratégie

Depuis plusieurs décennies, les industries à fort contenu en ingénierie utilisent des systèmes de **conception assistée par ordinateur** (**CAO**) afin d'automatiser la création et la conception de leurs produits. Les logiciels de CAO permettent de créer des modèles numériques d'une pièce, d'un produit ou d'une structure et d'effectuer des modifications dès leur conception, ce qui évite la construction de prototypes physiques. Les logiciels de **gestion du cycle de vie d'un produit** (**GCVP**) vont plus loin que ceux de CAO, puisqu'ils comprennent non seulement des fonctions de création et de conception, mais aussi des outils pour aider les entreprises à gérer et à automatiser les sources d'approvisionnement de matériaux, à exécuter les changements liés aux commandes et à produire des documents, par exemple des résultats de tests, des emballages de produits et des données après-vente.

2.3 SI et activités financières et comptables

Au niveau stratégique, les **SI dédiés à la finance et à la comptabilité** servent à établir des objectifs d'investissements et des prévisions à long terme pour l'entreprise. Au niveau de la gestion, ils aident les managers à piloter et contrôler les ressources financières de l'organisation. Les systèmes opérationnels de finances et de comptabilité suivent les mouvements de fonds dans l'entreprise à travers toutes ses transactions avec ses collaborateurs (virements de paie, de notes de frais, etc.), ses partenaires (clients et fournisseurs), et les administrations et organismes publics (TVA, charges salariales, impôts sur les sociétés, etc.).

2.4 SI et ressources humaines

La fonction des ressources humaines concerne le recrutement, le perfectionnement de la main-d'œuvre de l'entreprise, ainsi que son maintien. Les **SI des ressources humaines** sont responsables d'activités telles que la tenue de dossiers complets sur les collaborateurs actuels, la détermination de leur potentiel et la création de programmes qui suivent leurs talents et compétences.

Au niveau de la stratégie, les systèmes de ressources humaines identifient les besoins en main-d'œuvre (compétences, niveau de scolarité, types de postes, nombre de postes et coûts) dans le but de satisfaire aux plans d'affaires à long terme de l'entreprise. Au niveau de la gestion, ils aident les responsables à superviser et analyser le recrutement, l'affectation et la rémunération des collaborateurs. Les systèmes opérationnels de ressources humaines assurent le suivi du recrutement et du placement des collaborateurs de l'entreprise (voir tableau 2.5).

Tableau 2.5 : Exemples de SI de ressources humaines

Système	Description	Niveau d'organisation
Formation et développement	Suivi de la formation, des compétences et de l'évaluation du rendement des collaborateurs	Opérations
Analyse de la rémunération	Supervision de la fourchette et de la répartition des traitements, salaires et avantages	Gestion
Planification des ressources humaines	Planification des besoins en main-d'œuvre de l'organisation à long terme	Stratégie

La figure 2.6 illustre un STT des ressources humaines typique utilisé pour la tenue des dossiers des collaborateurs. Il assure le traitement des données de base qui concernent les collaborateurs : nom de l'employé, âge, sexe, état matrimonial, adresse, niveau de scolarité, salaire, intitulé de l'emploi, dates d'embauche et de fin d'activité. Le système peut produire une grande variété de rapports, tels que des listes de nouveaux collaborateurs, de ceux partis ou dont l'absence est justifiée, de collaborateurs classés par type d'emploi ou par niveau de scolarité ou des évaluations de rendement au travail.

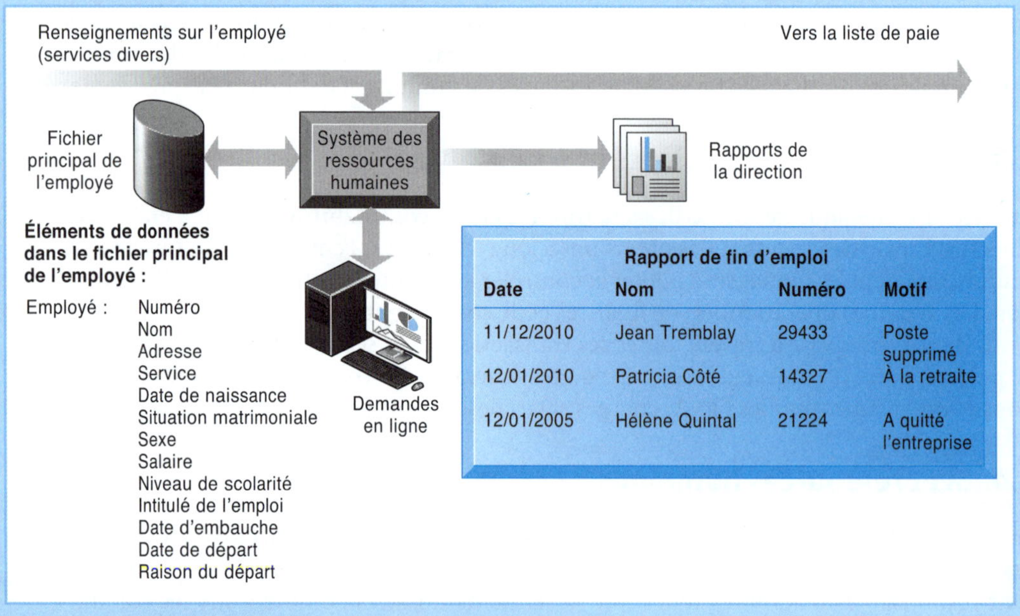

Figure 2.6 – Système de tenue de dossier du personnel.

3 Intégration des fonctions de l'entreprise et des processus : introduction à la notion d'application d'entreprise

L'un des principaux défis des entreprises consiste à regrouper les données des systèmes précédemment décrits afin que l'information circule bien au sein de l'organisation. L'intensification du commerce électronique et de la concurrence à l'échelle mondiale oblige les entreprises à mettre l'accent sur la rapidité de mise sur le marché de leurs produits ou services, sur l'amélioration du service à la clientèle et sur l'efficacité de l'exécution des opérations. La circulation de l'information et du travail doit assurer le bon fonctionnement de l'organisation. Ces changements exigent de nouveaux systèmes puissants qui intègrent l'information en provenance de plusieurs domaines fonctionnels et unités organisationnelles, et qui coordonnent les activités de l'entreprise avec celles de ses fournisseurs et autres partenaires.

3.1 Processus métier et SI

Les processus métier constituent des ensembles d'opérations et d'activités enchaînées logiquement et spécifiquement entre elles, dans le but d'obtenir un résultat particulier. Dans une organisation donnée, les processus représentent la capitalisation procédurale des choix et routines antérieurs. Les processus d'une entreprise peuvent être une force concurrentielle s'ils lui permettent d'innover ou d'être plus efficiente par rapport aux autres sociétés. Mais ils peuvent aussi constituer des handicaps s'ils sont fondés sur des habitudes de travail qui ralentissent la réactivité et l'efficacité de l'organisation. Le tableau 2.6 décrit certains processus typiques pour chaque domaine fonctionnel.

Tableau 2.6 : Exemples de processus fonctionnels

Domaine fonctionnel	Processus intrafonctionnels
Fabrication et logistique	Assemblage du produit Vérification de la qualité Conditionnement du produit
Ventes et marketing	Identification des clients Promotion des produits aux clients Vente du produit
Finances et comptabilité	Paiement des créanciers Création des états financiers Gestion des mouvements de trésorerie
Ressources humaines	Embauche des collaborateurs Suivi des mutations internes Inscription des collaborateurs aux stages de formation

Plusieurs processus sont interfonctionnels, débordant les frontières qui séparent les ventes, le marketing, la fabrication, la recherche et le développement. Ils traversent les structures organisationnelles traditionnelles, mobilisant les collaborateurs de différents services pour aboutir à un résultat donné. Par exemple, le processus d'expédition des commandes de plusieurs entreprises exige une coopération entre la fonction des ventes (recevoir la commande, l'inscrire), la fonction de comptabilité (vérifier le crédit et la facturation concernant la commande) et la fonction logistique (assembler et expédier la commande) [voir figure 2.7]. Les SI supportent ces processus, qu'ils soient intrafonctionnels ou interfonctionnels.

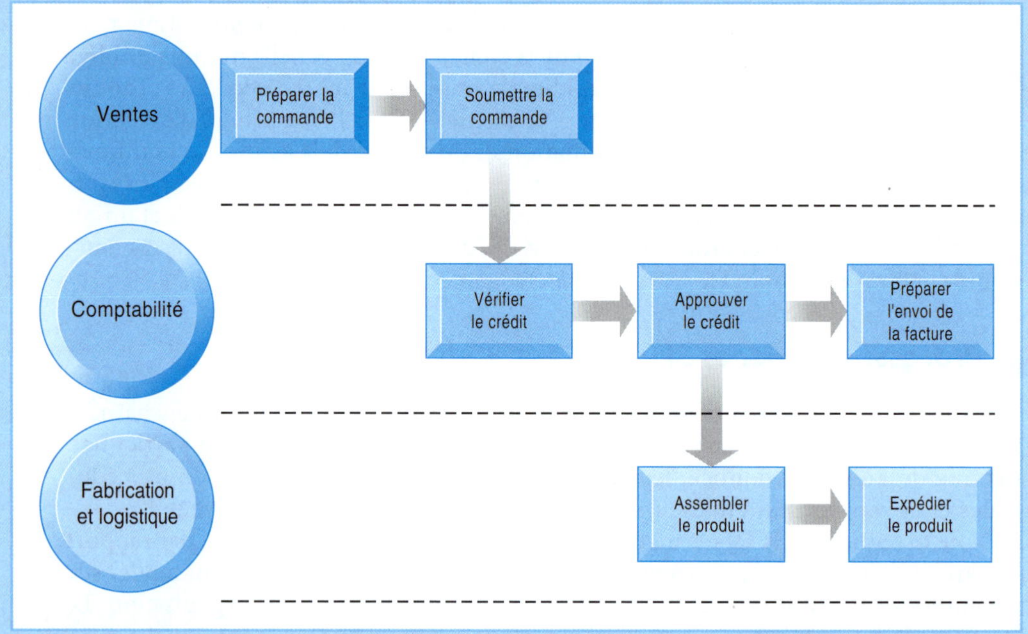

Figure 2.7 – Processus de traitement d'une commande.

3.2 Systèmes intégrés à l'échelle de l'entreprise

Les entreprises peuvent améliorer leur flexibilité et leur production en coordonnant plus étroitement leurs processus et, dans certains cas, en les intégrant pour qu'ils soient centrés sur une gestion efficace des ressources et du service à la clientèle. Les **progiciels intégrés** à l'échelle de l'entreprise (*Enterprise Resources Planning*, **ERP**) sont conçus pour soutenir les processus de coordination et d'intégration de l'ensemble de l'entreprise. Chaque application intègre un ensemble de fonctions et de processus liés entre eux afin d'améliorer le rendement de l'organisation.

En général, les systèmes les plus récents tirent parti des intranets d'entreprise et des technologies du Web, qui permettent un transfert efficace de l'information au sein de l'entreprise et vers ses partenaires. Dans les entreprises qui recourent à ces applications, l'architecture englobe des processus qui couvrent l'organisation entière et, dans certains cas, s'étend même vers ses clients, fournisseurs et autres partenaires importants (voir figure 2.8).

Les systèmes d'entreprise créent une plateforme intégrée à l'échelle de l'organisation dans le but de coordonner l'ensemble des processus de l'entreprise. Les SI de gestion de la chaîne logistique et de gestion de la relation client (*Customer Relationship Management*, CRM) facilitent les processus de coordination qui permettent de gérer les relations de l'entreprise avec ses fournisseurs et ses clients.

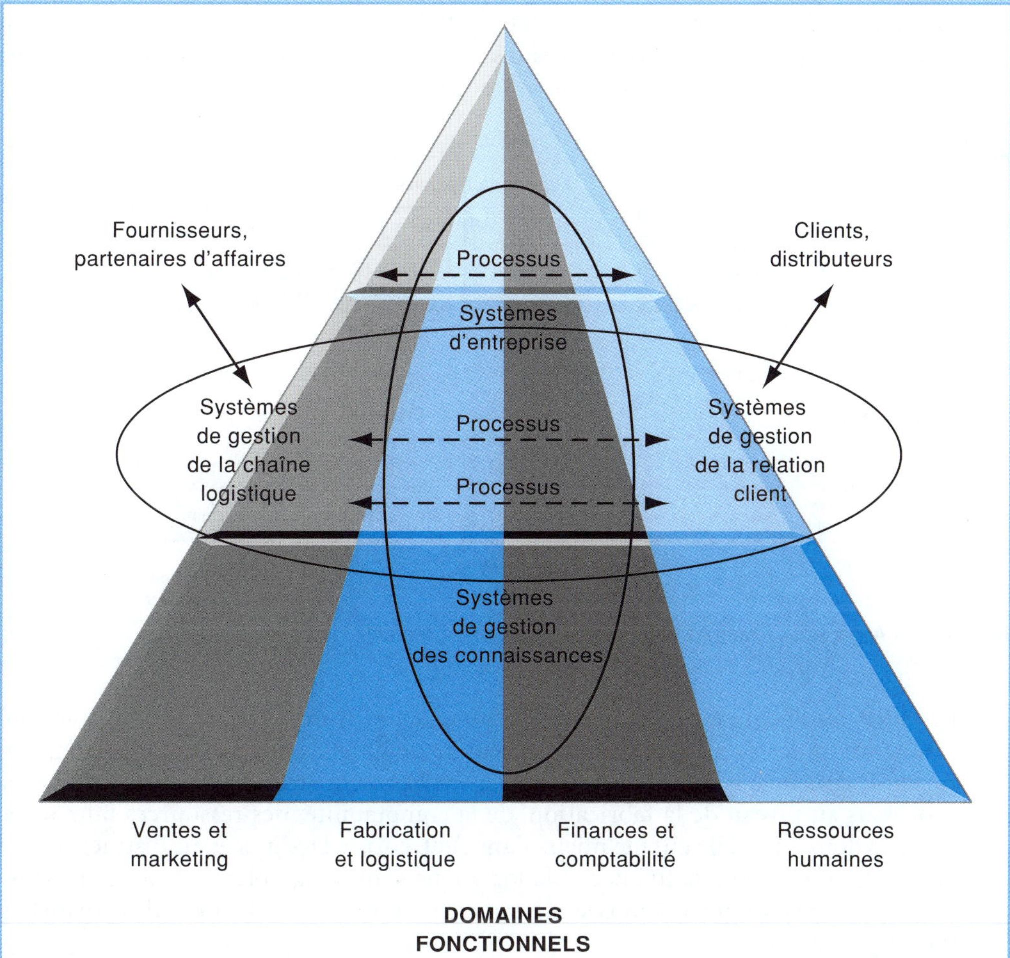

Figure 2.8 – Architecture des progiciels intégrés ou ERP (*Enterprise Resources Planning*).

3.3 Vue d'ensemble des applications de gestion d'entreprise

Examinons les principales applications d'entreprise afin de les situer dans l'architecture d'information globale de l'entreprise.

Vue d'ensemble des progiciels de gestion

Une organisation importante comprend généralement différents types de SI qui supportent divers fonctions, niveaux d'organisation et processus. La plupart de ces systèmes ont été construits autour de différents processus, fonctions et divisions opérationnelles qui ne se « parlent » pas entre eux et qui, par conséquent, ne peuvent s'échanger de l'information de façon automatique. Les managers peinent parfois à rassembler les données dont ils ont besoin pour obtenir une vue d'ensemble des opérations de l'organisation. Par exemple, le chef des ventes peut être dans l'impossibilité de dire, lors du passage d'une commande, si les articles commandés sont en stock et les clients se trouver dans l'incapacité de suivre leurs commandes. Cette fragmentation des données en systèmes séparés peut donc avoir des répercussions négatives sur l'efficacité globale de l'organisation. La figure 2.9 illustre l'agencement traditionnel des SI.

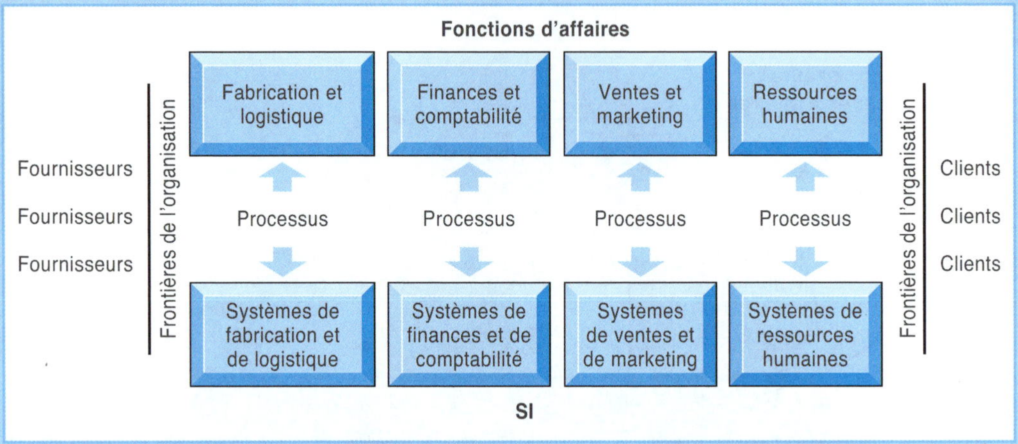

Figure 2.9 – Aperçu des systèmes traditionnels.

Les **ERP** résolvent ce problème en fournissant un SI unifié pour la coordination et l'intégration des processus clés de l'ensemble de l'organisation. L'information, auparavant fragmentée en plusieurs systèmes, peut à présent être partagée par les différents processus au niveau de la fabrication, de la comptabilité, des ressources humaines et d'autres domaines. Elle circule mieux dans l'entreprise. Des processus distincts pour les ventes, la production, la finance et la logistique sont intégrables dans les processus de l'ensemble de l'entreprise, à tous les niveaux et pour toutes les fonctions de l'organisation (voir figure 2.10).

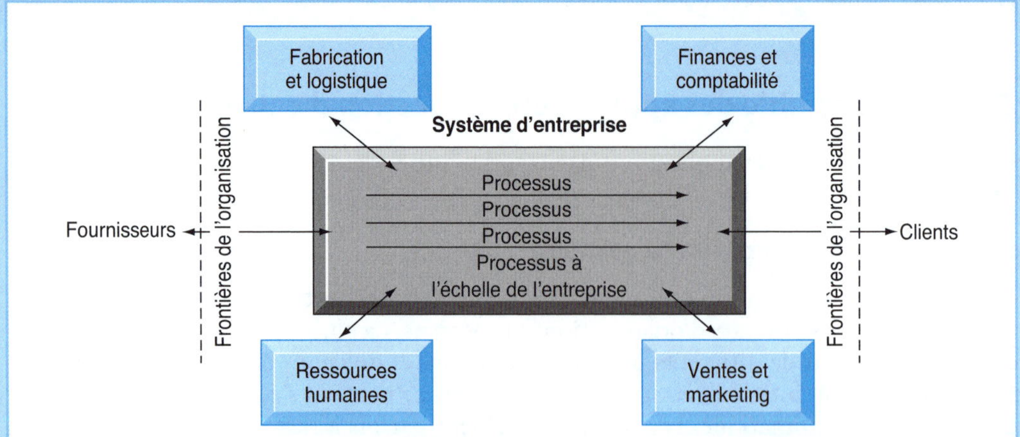

Figure 2.10 – Systèmes intégrés : ERP.

L'ERP réunit des données à partir des différents processus clés au niveau de la fabrication et de la logistique, des finances et de la comptabilité, des ventes et du marketing, et des ressources humaines. Ces informations sont rassemblées dans une base de données unifiée et structurée selon un référentiel d'entreprise unique. Les différentes entités de l'entreprise peuvent alors s'appuyer sur ces données cohérentes.

Par exemple, lorsqu'un représentant de commerce inscrit la commande d'un client à Marseille, cette donnée circule automatiquement vers les autres collaborateurs de l'entreprise concernés. L'usine de Barcelone reçoit ainsi la commande et peut commencer instantanément les opérations logistiques. L'entrepôt suit l'avancement en ligne et détermine la date de livraison. Il peut aussi vérifier son inventaire de pièces et se réapprovisionner si nécessaire. Le système d'entreprise enregistre l'information relative à la production, que les responsables du service à la clientèle peuvent consulter pour suivre la commande lors de la fabrication. Les données relatives aux ventes et à la logistique sont actualisées et automatiquement acheminées au service de comptabilité. Le système transmet l'information au service de paie, ce qui permet de calculer la commission du vendeur. Il alimente aussi automatiquement les données comptables et financières agrégées, telles que les situations des comptes à recevoir, les comptes créditeurs du grand-livre, ceux du centre de coûts et la liquidité disponible. Au siège social de Bruxelles, on peut consulter les données les plus récentes relatives aux ventes, au stock et à toutes les étapes de la production, ainsi que les prévisions mises à jour concernant la logistique, les calculs de coûts de production du produit et sa disponibilité.

Vue d'ensemble des systèmes de gestion de la chaîne logistique

Les **systèmes de gestion de la chaîne logistique** aident l'entreprise à gérer ses relations avec ses partenaires (fournisseurs, distributeurs, sous-traitants, etc.) afin d'optimiser la planification, la localisation des sources d'approvisionnement, la fabrication et la livraison des produits et des services.

Les systèmes de gestion de la chaîne d'approvisionnement font partie d'un **dispositif interorganisationnel**, puisqu'ils automatisent la circulation du flux d'information au-delà des frontières de l'entreprise en lui permettant, par exemple, de créer des liens électroniques avec ses clients et d'externaliser son travail vers d'autres entreprises.

Les entreprises peuvent tirer parti des systèmes de gestion de la chaîne logistique (voir tableau 2.7). L'objectif ultime est d'optimiser l'ensemble des activités de logistique, des exigences « aval » (les clients) jusqu'aux activités « amont » dans le temps global le plus court et au coût total le plus bas possible, afin d'être au plus près de la demande.

Aperçu des systèmes de gestion de la relation client

Les **systèmes de gestion de la relation client (CRM)** mettent l'accent sur tous les processus qui organisent les interactions de l'entreprise avec ses clients concernant les ventes, le marketing et le service après-vente, afin d'optimiser les revenus, la satisfaction du client et sa fidélisation. Le système de CRM idéal assure un service à la clientèle de la réception d'une commande jusqu'à la livraison du produit.

Tableau 2.7 : Avantages des systèmes de gestion de la chaîne logistique

L'information qui provient des systèmes de gestion de la chaîne d'approvisionnement aide les entreprises à :
• Décider quand et quoi produire, stocker et avancer
• Communiquer rapidement les commandes
• Suivre l'état des commandes
• Vérifier la disponibilité des stocks et en surveiller les niveaux
• Réduire les coûts liés aux stocks, au transport et à l'entreposage
• Suivre les expéditions
• Planifier la logistique en se fondant sur la demande réelle des clients
• Communiquer rapidement les modifications nécessaires à la conception du produit

Auparavant, les processus d'entreprise concernant les ventes, le service et le marketing étaient très compartimentés et les différents services ne partageaient pas leurs informations sur le client. Certains renseignements sur un client particulier étaient organisés en fonction de critères comptables ou des produits qu'il avait achetés. Les systèmes de CRM tentent de réunir les deux aspects clés de la relation client : disposer d'un ensemble cohérent et accessible de données fiables sur le client et lui présenter une image cohérente de l'entreprise, un accès facile (téléphone, courriel, Web) et des services homogènes (voir figure 2.11).

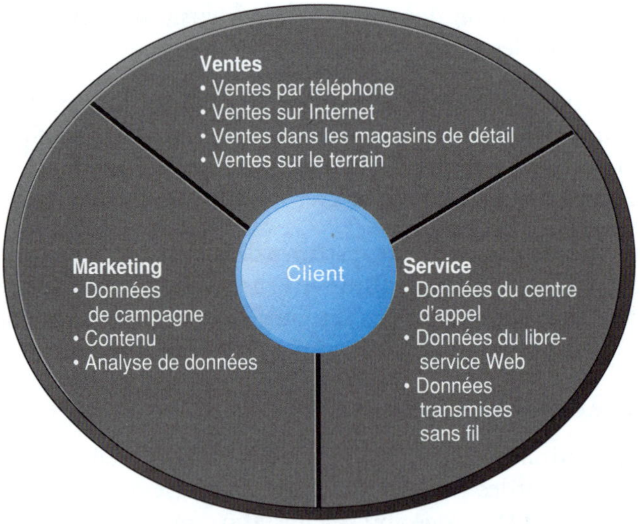

Figure 2.11 – Gestion de la relation client (CRM).

Aperçu des systèmes de gestion des connaissances

La valeur des produits et services d'une entreprise est fondée non seulement sur ses ressources physiques, mais aussi sur ses actifs immatériels, tels que la connaissance. Certaines entreprises réussissent mieux que d'autres parce qu'elles possèdent de meilleures connaissances sur la manière de créer, de produire, et de livrer les produits et les services. Les connaissances de ces entreprises sont uniques, difficilement imitables et peuvent devenir un atout stratégique (voir chapitre 11). Les **systèmes de gestion des connaissances** (SGC, ou *Knowledge Management System*, KMS) recueillent dans l'entreprise les connaissances et les expériences, les formalisent puis les mettent à disposition lorsque c'est nécessaire. Ils relient aussi l'entreprise à des sources de connaissances externes.

Les systèmes de gestion des connaissances visent à créer dans l'entreprise des répertoires de collaborateurs dotés de compétences particulières, des systèmes de bureau afin de faire circuler la connaissance et l'information, ainsi que des systèmes de travail intellectuel coopératif dont le but est de faciliter l'éclosion et le partage du savoir. Mentionnons aussi les systèmes experts, qui codifient la connaissance des experts de tel ou tel métier, que les autres membres de l'organisation peuvent alors utiliser. Enfin, les outils de découverte des connaissances reconnaissent des modèles et des relations dans d'importantes bases de données. Le chapitre 11 détaille ces applications de la gestion des connaissances.

4 Défis et opportunités

Les entreprises ont un besoin croissant de SI à différents niveaux de l'organisation, des fonctions et des processus, dans une logique d'intégration et de cohérence. La satisfaction de ce besoin génère des opportunités mais aussi des risques, voire des menaces pour l'entreprise et ses dirigeants.

4.1 Défis

L'omniprésence des systèmes d'information dans les organisations, la variété des types de systèmes et de leurs vocations, et les besoins toujours croissants de réponses cohérentes, précises et rapides aux questions des différentes fonctions obligent les entreprises à modifier leur vision de leur organisation.

Intégration et nouvelle vision de l'entreprise dans son ensemble

Auparavant, les SI servaient d'abord à satisfaire les intérêts propres à chaque fonction d'entreprise (le marketing, les finances ou les opérations) ou à un groupe spécifique au sein de l'organisation. De nombreux systèmes (parfois des milliers) ne peuvent ainsi pas partager l'information entre eux et, pire encore, empêchent les managers d'obtenir les renseignements fiables dont ils ont besoin. Élaborer des systèmes à la fois utiles à des intérêts spécifiques dans l'entreprise, mais aussi intégrables pour fournir de l'information cohérente en vue du pilotage de l'ensemble de l'organisation constitue un véritable défi managérial.

Gestion et formation des collaborateurs

Dans une grande entreprise, en raison de la présence de nombreux systèmes ainsi que du taux croissant de rotation utilisateurs, la formation des collaborateurs à l'utilisation des systèmes existants et au fonctionnement des nouveaux systèmes constitue un défi de taille. Sans formation (ou alors si elle est insuffisante), les utilisateurs ne peuvent maîtriser les SI : les investissements dans les systèmes ne produiront donc pas les résultats escomptés. Les effets de la dispersion géographique des activités, due à la mondialisation et à des utilisateurs pluriculturels, accentuent ce risque.

Comptabilité relative au coût des systèmes et gestion de la demande pour ces systèmes

À mesure que le coût apparent des moyens techniques diminue, les demandes en SI augmentent dans l'entreprise. Tout système a un coût d'investissement, de mise en œuvre, de fonctionnement et de maintenance. Les managers doivent distinguer les systèmes nécessaires et efficients de ceux qui ne le sont pas.

4.2 Solutions

Cette section présente une palette de moyens potentiellement utiles pour les organisations qui souhaitent tirer le meilleur parti possible de l'ensemble de leur SI et gérer au mieux leur portefeuille de projets SI.

Disposer d'une cartographie actualisée des besoins légitimes et des systèmes existants

Une telle cartographie répertorie les besoins actuels et futurs en information et en traitement de ces données à l'échelle de l'entreprise afin d'obtenir une vision globale et cohérente de ses besoins légitimes, globaux et locaux. Il convient ensuite d'examiner si les systèmes existants et ceux en cours d'installation satisfont (ou sont capables de satisfaire) à ces exigences. De nombreuses entreprises ne connaissent pas tous les systèmes en place dans leur organisation ou l'information qu'ils contiennent.

Formation des collaborateurs et des managers pour une efficience des utilisations

Les systèmes sont généralement difficiles à apprendre par soi-même. À partir de leur cartographie, il faut identifier la façon dont les utilisateurs ont appris à les utiliser, si leur formation est adéquate et s'ils se servent efficacement des systèmes. En exploitent-ils toute la valeur potentielle ?

Management financier et budgétaire des SI

L'organisation doit utiliser une méthode qui attribue chacun des coûts aux budgets des différents services, divisions et groupes qui bénéficient directement d'un système. Par ailleurs, certains composants ne doivent être attribués à aucun groupe puisqu'ils font partie de l'infrastructure générale de technologie de l'information (TI) de l'entreprise (voir chapitre 5) et sont utiles à tous dans l'organisation. C'est par exemple le cas des coûts relatifs à Internet ou aux services intranet. Ces services ne seront donc pas rattachés à différents groupes. On affectera en revanche les coûts d'un système de contrôle de la logistique au service de fabrication, le seul à bénéficier de ce système.

Intranets et extranets

Les applications ERP apportent de profonds changements dans la manière dont les entreprises gèrent leurs affaires, et leur mise en œuvre est souvent onéreuse. Pour pouvoir coordonner leurs activités, un grand nombre de services et de collaborateurs doivent modifier leurs méthodes de travail et leur manière d'utiliser les informations. Les entreprises qui ne disposent pas des ressources nécessaires pour investir dans des applications organisationnelles peuvent néanmoins bénéficier, dans une certaine mesure, de l'intégration de l'information en utilisant les intranets et les extranets (voir chapitre 1).

Les intranets, les extranets et les réseaux sociaux d'entreprise (RSE) ressemblent davantage à des plateformes technologiques plus ou moins fédératrices et/ou organisatrices des conditions d'accès et de partage d'informations qu'à des applications spécifiques. Leur place est cependant légitime en tant qu'outils qu'utilisent les entreprises pour améliorer l'intégration et la circulation des flux d'information en interne, ainsi que vers les clients et les fournisseurs. Les intranets sont des réseaux internes conçus avec les mêmes outils et les mêmes normes de communication qu'Internet. Ils font circuler les informations en interne pour les employés et servent aussi de répertoire et d'espace de stockage pour les stratégies, les programmes et les données de l'entreprise. Les extranets sont des intranets étendus à des utilisateurs autorisés extérieurs à l'entreprise. Nous décrirons les technologies intranet et extranet plus en détail au chapitre 7.

Les intranets se fondent en général sur un portail qui sert de point d'accès unique aux informations et aux documents à partir de différents systèmes, par le biais d'une interface Web. Ce portail peut être personnalisé pour répondre aux besoins en information de groupes spécifiques ou d'utilisateurs individuels si nécessaire. Il peut également contenir une messagerie électronique, et des outils de collaboration et de recherche permettant d'explorer les systèmes et les documents internes de l'entreprise.

Systèmes de collaboration et de communication : emplois et interaction dans une économie mondiale

Comment faire pour s'y retrouver parmi tous ces SI ? Comment les collaborateurs d'une entreprise font-ils pour travailler ensemble, établir des objectifs communs et coordonner les plans et les actions ? Les SI ne peuvent pas prendre de décisions, embaucher ou licencier des collaborateurs, signer des contrats, passer des accords, ni ajuster le prix des articles en fonction des variations du marché.

Avec la mondialisation, les entreprises ont constitué des équipes tout autour du globe. Celles-ci travaillent sur les mêmes projets tout en étant situées dans des fuseaux horaires différents. Le besoin d'interagir et de communiquer en continu a donc considérablement augmenté. Travailler 24 h/24 et 7 j/7 n'est plus une problématique réservée aux centres d'appels.

Que l'on soit commercial, directeur marketing, analyste boursier, avocat d'entreprise, consultant, directeur des opérations ou chef de projet, il est indispensable de partager des informations et d'interagir avec ses collaborateurs. Des connaissances fondées sur la collaboration et l'interaction sont également nécessaires au moment de prendre le type de décisions suivantes :

- Combien devrions-nous facturer pour ce service ?
- Quelle offre promotionnelle pourrions-nous proposer à ce client qui envisage de passer chez un concurrent ?

- Devrions-nous signer un contrat de trois ans avec un vendeur, ou est-il plus sage de ne s'engager que sur un an ?
- Devrions-nous passer un accord particulier avec notre principal distributeur, ou travailler de la même manière avec tous les distributeurs ?
- Devrions-nous diffuser notre liste des prix sur le site Internet en sachant que nos concurrents pourront alors la consulter ?
- Où pourrions-nous chercher de nouveaux secteurs d'activité ?

Les SI décrits au début de ce chapitre ne permettent en général pas de trouver les réponses à ces questions. Certes, ils aident les managers et les employés en mettant à leur disposition les informations indispensables. Néanmoins, pour prendre ces décisions, il faut pouvoir interagir de manière directe avec les autres employés, les managers, les vendeurs et les clients, et disposer de systèmes qui permettent de communiquer, de collaborer et d'échanger des idées.

Nous allons maintenant présenter quelques solutions SI transversales utilisées dans ce but par les entreprises. On y trouve les environnements de collaboration Internet, les courriels et les messageries instantanées, la communication par téléphone et autres appareils portables, les réseaux sociaux et les wikis, les univers virtuels et les avatars (La Redoute permet par exemple à ses clients de se construire un avatar à leur image sur son site Web et de faire ainsi des essayages « en ligne »).

Autrefois, on ne considérait pas ces systèmes de collaboration et de communication comme des composants essentiels du domaine de l'information, on ne s'y intéressait pas non plus au niveau IT. Il en va tout autrement aujourd'hui. Notre vision des SI s'est élargie pour inclure ces outils de management.

Environnements de collaboration Internet

Les équipes de collaborateurs qui travaillent ensemble bien qu'en étant réparties dans le monde entier ont besoin d'outils pour faciliter la collaboration au sein du groupe. Ceux-ci offrent un espace de stockage pour leurs documents, une messagerie séparée des autres courriels de l'entreprise et réservée à la communication de l'équipe, des agendas électroniques partagés, et un environnement audiovisuel dans lequel les membres de l'équipe peuvent se rencontrer en face à face au cours d'une vidéoconférence. Les produits les plus utilisés sont les audio et vidéoconférences *via* IP (passant par Internet), les services Web tels que Google Apps/Google Sites, les coffres-forts numériques, les plateformes de collaboration telles que Lotus Notes ou Microsoft SharePoint, et les outils de réseaux sociaux d'entreprises tels que Salesforce Chatter, Microsoft Yammer, Jive, ou encore IBM Connections et SmartCloud for Business.

Les réseaux sociaux d'entreprise peuvent contribuer à créer de la valeur en reliant les membres d'une organisation au travers de profils, de communiqués, de notifications, similaires aux fonctionnalités de Facebook, mais dirigés vers une utilisation intra-entreprise. IBM a étendu en 2013 son offre en outils de réseau social d'entreprise (tournant sur une plateforme Cloud, appelée SmartCloud for Social Business), en ouvrant un nouveau *datacenter* en Europe, situé en Allemagne. Cet outil propose des fonctionnalités telles que le courriel, les webconférences, un « chat », un agenda-calendrier, des bureaux personnalisés, le partage de fichiers et la possibilité de créer son profil utilisateur.

L'un des services Web « gratuit » les plus utilisés est Google Apps/Google Sites. Google Sites appartient à la suite d'application Google Apps. Elle permet aux utilisateurs de créer et mettre à jour en quelques minutes un site Web partagé et, sans connaissances techniques particulières, d'y poster différents types de fichiers tels qu'un calendrier, du texte, des vidéos, des feuilles Excel, tout en paramétrant les droits d'accès, en lecture ou en modification. Google Apps fonctionne avec Google Sites et comprend les outils de productivité bureautiques classiques. Confidentialité oblige, Google se refuse à communiquer sur le nombre précis d'utilisateurs de ses Google Apps. Néanmoins, pour 2012, Google avance 3 millions d'entreprises clientes dans le monde. Par « entreprises », Google entend organisations, et non pas utilisateurs. La licence étant de 40 euros par an et par utilisateur, on peut donc évaluer le nombre d'utilisateurs entre 12 et 25 millions, avec une moyenne de 4 à 8 utilisateurs par entreprise. L'édition Premium offre 25 gigabytes de stockage de courriels, une garantie de disponibilité de 99,9 % de la fonction courriel, et des outils permettant d'intégrer les outils Google à l'infrastructure SI de l'entreprise, ainsi qu'un support téléphonique client 24/7.

Google Drive est un exemple de coffre-fort numérique utilisant la technologie Cloud. Il s'agit d'un service Web de stockage de données, permettant aux utilisateurs de télécharger des fichiers dans un environnement sécurisé ; les fichiers peuvent ensuite être partagés avec d'autres utilisateurs. Ce service est accessible à partir de tout type d'appareil connecté à Internet. Google Docs est intégré dans Google Drive, permettant aux utilisateurs de travailler à plusieurs sur le même document (de type Word, Excel ou PowerPoint) et de recevoir des notifications quand des commentaires ou modifications sont apportés. Il existe d'autres services proposant le même type de prestations, tels que DropBox, ou encore Microsoft SkyDrive ; Apple propose également les mêmes services *via* iCloud, intégré dans les appareils de la célèbre marque.

Courriels et messageries instantanées (IM)

On compte 2 milliards d'utilisateurs du courriel dans le monde en 2011, et 3,1 milliards de comptes utilisateurs. Les prévisions au niveau mondial sont respectivement de 2,6 milliards et de 4,1 milliards pour 2015. Parmi ces comptes, 75 % sont personnels et 25 % professionnels. En 2011, on compte en France 68 millions de boîtes de courriels utilisées régulièrement.

En 2010, 294 milliards de courriels ont été envoyés par jour, en moyenne, dans le monde (incluant les spams) ; parmi ces courriels, 39,7 milliards étaient envoyés de personne à personne. La même année, en France, par jour, on compte en moyenne 1,4 milliard de courriels et on estime qu'un internaute français reçoit en moyenne 39 courriels par jour. Fin 2011, 3,4 millions de courriels ont été envoyés dans le monde chaque seconde, soit 107 000 milliards par an. Plus des trois quarts d'entre eux sont des spams. Pour 2013, la prévision est de 507 milliards. Les principales messageries en 2012 sont Gmail (288 millions d'utilisateurs), Hotmail (286 millions) et Yahoo! (282 millions).

Selon une étude menée en 2011, 72 courriels sont reçus et 33 envoyés en moyenne par jour en entreprise par chaque collaborateur. Les courriers électroniques augmentent sensiblement le volume des communications dans l'entreprise. En France, même si le courriel progresse (21 par jour), le téléphone arrive encore en tête avec 41 communications par jour. En revanche, aux États-Unis, le courrier électronique est devenu, pour la première fois, l'outil principal. Au Royaume-Uni, il a progressé en un an de 50 % (enquête réalisée par Gallup et The Institute For the Future auprès de 500 grandes entreprises françaises, allemandes, britanniques, américaines et canadiennes en 2011.) L'abondance des messages produit un effet pervers sur le salarié. Parmi les salariés français, 43 % sont interrompus au moins toutes les dix minutes et 31 % avouent être distraits dans leur travail. Aux États-Unis, 72 % des Américains consultent leur courrier électronique professionnel en dehors des heures de bureau.

Quelque 12 milliards de messages instantanés sont envoyés chaque jour et 8 milliards d'entre eux proviendraient des réseaux d'entreprise. Les entreprises ont adopté les courriels et les messages instantanés en tant qu'outils de communication et de collaboration majeurs pour l'interaction professionnelle.

Téléphones mobiles et smartphones, tablettes

Nous avons décrit au chapitre 1 les nouvelles plateformes mobiles ayant émergé au service de la coordination et de la gestion des entreprises, notamment les smartphones (iPhone et BlackBerry, Samsung etc.) et les tablettes (iPad, Asus, Archos, Samsung). Selon l'institut IDC (International Data Corporation, cabinet d'études dans le secteur des technologies reconnu mondialement), le nombre d'utilisateurs professionnels du courriel sur mobile devrait dépasser les 250 millions dans le monde en 2014, alors qu'ils sont estimés à environ 80 millions au premier semestre 2013. Dans un article du *Times* du 18 octobre 2012, Thorston Heins, le patron de RIM-Research in Motion, qui commercialise le BlackBerry, chiffre à 80 millions le nombre d'utilisateurs de ses smartphones dans le monde.

Les téléphones mobiles et les tablettes font aujourd'hui partie des infrastructures de télécommunications mises en place par les entreprises pour les employés dont la tâche principale est de communiquer entre eux, avec les clients, avec les vendeurs et avec les managers. Les téléphones mobiles, les iPhone, les BlackBerry et les tablettes étant des appareils numériques, les données générées lors de ces communications peuvent donc être enregistrées dans de grands systèmes organisationnels pour être récupérées ultérieurement, voire utilisées dans un cadre juridique, au même titre que les écrits sur papier.

Réseaux sociaux

Les sites de réseaux sociaux comme Facebook, Twitter, LinkedIn, Viadeo, Habbo ou MySpace offrent à leurs abonnés des outils leur permettant de partager des centres d'intérêt et d'interagir entre eux. LinkedIn ou Viadeo proposent, quant à eux, des services de réseaux professionnels, tandis qu'émergent d'autres sites niches destinés aux avocats, médecins, dentistes, ingénieurs, etc. LinkedIn a franchi en janvier 2013 la barre des 200 millions d'utilisateurs dans le monde, et son audience a dépassé celle de Viadeo en France pour la première fois en novembre 2012, c'est-à-dire que le nombre de visiteurs uniques (4 millions) qui se sont connectés à la plateforme en France en novembre 2012 était plus important que sur Viadeo (3,7 millions). Le leader en nombre de membres reste néanmoins Viadeo, avec 6 millions de membres en France contre 4 millions pour LinkedIn.

IBM a intégré Connections dans Lotus, son logiciel de collaboration. Ce composant permet d'exploiter les fonctionnalités des réseaux sociaux. Les utilisateurs peuvent ainsi paramétrer leur profil, poster dans des blogs, mettre des tags sur les documents qui les intéressent et utiliser des forums en ligne pour communiquer avec leurs collègues sur leurs centres d'intérêt ou leurs projets. Les réseaux sociaux deviennent des outils organisationnels très utiles pour collaborer et échanger des idées lorsque l'on occupe un poste fondé sur l'interaction.

Wikis

Les wikis sont un type spécifique de sites Web qui encouragent les contributions des utilisateurs. Ces derniers peuvent modifier le contenu du site même s'ils ne disposent pas de connaissances techniques dans les domaines du développement de pages Web ou de la programmation. Le wiki le plus connu est Wikipédia, un des plus grands projets collaboratifs de référence au monde. Wikipédia s'appuie sur des bénévoles, est à but non lucratif et n'accepte pas la publicité. En février 2013, 18 millions d'utilisateurs enregistrés ont effectué des créations ou des mises à jour d'articles. On estime à plus de 500 millions le nombre de personnes qui l'utilisent dans le monde chaque mois. C'est devenu l'encyclopédie en ligne la plus populaire, avec plus de 20 % des parts du marché de ce secteur. En mars 2013, on compte 285 éditions de Wikipédia localisées par langue ; le nombre total d'articles de l'ensemble des éditions de Wikipédia s'élève à 25 343 869.

Les wikis sont des outils idéaux pour stocker et partager les connaissances et les idées d'une entreprise. Le distributeur de logiciel SAP AG possède un wiki qui fonctionne comme une base de connaissances pour les personnes extérieures à l'entreprise, les clients et les développeurs par exemple, qui élaborent des programmes pouvant interagir avec les logiciels SAP. Auparavant, ces personnes venaient poser des questions ou y répondre de manière informelle sur le forum en ligne de SAP. Ce système était loin d'être efficace car il arrivait que les gens posent la même question et qu'on y réponde plusieurs fois.

Les wikis sont destinés à devenir les dépositaires informels du savoir organisationnel, notamment parce qu'ils sont beaucoup moins onéreux que les systèmes classiques de gestion des connaissances (voir chapitre 11) et parce qu'ils peuvent être beaucoup plus dynamiques et actualisés. Les cas d'usages les plus pertinents en entreprise sont la gestion collective de contenus, la gestion de la connaissance, mais aussi la création de documents très structurés et rédigés à plusieurs. On les rencontre dans les services de R&D, mais aussi du côté de la production, avec le catalogue mondial en ligne multilingue et participatif de la documentation technique des pièces détachées d'un grand équipementier automobile, ou encore chez Meetic, où la base de connaissances interne à destination des employés du service client, mise en place en 2012, repose sur ces principes et utilise XWiki SAS, société de service française leader sur ce marché.

Mondes virtuels et avatars

Les mondes virtuels, tels que Second Life, sont des environnements virtuels en 3D peuplés de « résidents », présents sous la forme de représentations graphiques qu'ils ont créées eux-mêmes. On appelle ces représentations graphiques des « avatars ». Des organisations telles qu'IBM ou encore l'Insead, école de management international disposant de campus en France et à Singapour, utilisent de tels mondes pour conduire des réunions et des formations, et même créer des lieux de rencontres informelles virtuelles.

Des personnes physiques, représentées par leurs avatars, se réunissent, travaillent, interagissent, échangent des idées et discutent, utilisant des outils tels que les chats ou encore des communications voix (nécessitant des microphones). Là encore, au-delà des aspects strictement opérationnels, des questions d'ordre éthique, voire philosophiques, se posent concernant le recours à ces types de dispositifs : par exemple, l'usurpation d'identité sur le Web, ou d'avatars dans ces mondes virtuels peut faire courir des risques aux entreprises et aux individus qui les utilisent.

e-business, e-commerce et e-gouvernement

Les systèmes et les technologies que nous venons de décrire sont en train de transformer les relations qu'entretiennent les entreprises avec leurs clients, leurs fournisseurs, leurs employés et leurs partenaires logistiques. Il s'agit de plus en plus souvent de relations numériques qui passent par Internet et les réseaux en ligne. Une grande partie des activités est maintenant prise en charge par les réseaux numériques ou repose sur eux. C'est pour cette raison que cet ouvrage mentionne souvent le e-business et le e-commerce. Le e-business (faire des affaires par des moyens électroniques) fait référence à l'utilisation d'Internet et des technologies numériques dans l'exécution des principaux processus « métier » de l'entreprise. Il englobe des activités liées au management interne et à la coordination avec les fournisseurs et les autres partenaires commerciaux. Il comprend aussi le commerce électronique (e-commerce). Celui-ci concerne la partie du e-business qui gère l'achat et la vente des biens et des services sur Internet. Il touche également les activités qui accompagnent ces transactions commerciales comme la publicité, le marketing, le service après-vente, la sécurité, la livraison et le paiement.

Les technologies associées au e-business ont également apporté des changements similaires dans le secteur public. À tous les niveaux, les gouvernements de certains pays utilisent les technologies Internet pour fournir des informations et des services aux citoyens, aux employés et aux entreprises avec lesquels ils travaillent. Le e-gouvernement concerne l'utilisation d'Internet et des technologies réseau pour faciliter, par le biais de l'électronique, les relations qu'entretiennent les gouvernements ou les collectivités publiques avec les citoyens, les entreprises et les autres organismes gouvernementaux. Outre qu'il favorise l'accès aux services gouvernementaux, le e-gouvernement peut aussi augmenter l'efficacité des opérations gouvernementales et responsabiliser les citoyens en leur facilitant l'accès à l'information et en leur offrant la possibilité d'être reliés entre eux de manière électronique. Cet e-gouvernement, au-delà de ses aspects opérationnels d'aide aux relations administratives, n'est pas sans poser des questions d'ordre éthique dans les relations entre gouvernants et gouvernés ; le recueil de données informatisées *via* ces relations G2C (*government to citizen*) et G2B (*government to business*) sur les citoyens et sur les salariés soulève en effet des questions liées à la protection de la vie privée.

Résumé

Les SI peuvent contribuer à la performance d'une entreprise sur quatre niveaux de préoccupation et de responsabilité. Premièrement, ils supportent les transactions, processus et activités opérationnels courants : ce sont les systèmes de traitement des transactions (STT). Deuxièmement, ils assistent les responsables de ces opérations en leur fournissant les indicateurs et rapports réguliers sur leur déroulement : ce sont les systèmes d'information de gestion (SIG). Troisièmement, ils peuvent aider les cadres dans leurs travaux d'étude et d'analyse qui requièrent des traitements inédits sur de grandes quantités de données : ce sont les systèmes d'aide à la décision (SAD). Quatrièmement, les SI décisionnels (SID) pour dirigeants intègrent des données internes et externes à l'entreprise pour éclairer les choix stratégiques de l'entreprise.

Les besoins de fiabilité et de cohérence des données partagées dans les entreprises amènent ces dernières à rechercher la plus forte intégration au sein de chaque activité (vente, logistique, etc.) et entre ces activités. Le recours massif aux ERP (progiciels de gestion intégrés) est la conséquence de cette attente.

Activités

Questions de révision

1. Identifiez les trois niveaux hiérarchiques d'une organisation et décrivez-les. Quels types de SI supportent chaque niveau ?
2. Dressez la liste des principaux types de systèmes dans les organisations et décrivez-les.
3. Quels sont les principaux types de STT dans les organisations ? Quelles fonctions exécutent-ils ? Donnez des exemples pour chacun d'entre eux.
4. Quelles sont les caractéristiques des SIG et des SAD ? En quoi les SIG diffèrent-ils des STT et des SAD ? En quoi les SAD diffèrent-ils des SIG et des STT ?
5. Décrivez les relations entre les STT, les SIG, les SAD et les SID.
6. Dressez la liste des SI qui soutiennent les principaux domaines de fonctionnement d'une entreprise et décrivez-les.
7. Qu'est-ce qu'un processus ? Donnez deux exemples de processus situés dans le domaine d'activité d'une entreprise et un exemple de processus transversal ou « interdomaine ».
8. Pourquoi les organisations essaient-elles d'intégrer leurs processus ? Quelles sont les quatre principales solutions applicatives qui permettent l'intégration des processus dans l'ensemble de l'entreprise ?
9. Qu'est-ce que les ERP ? Quelles en sont les deux caractéristiques principales ?
10. Qu'est-ce que les systèmes de gestion de la chaîne logistique ? Comment profitent-ils à l'entreprise ?
11. Qu'est-ce que les systèmes de gestion de la relation client ? Comment profitent-ils à l'entreprise ?
12. Quel rôle jouent les systèmes de gestion des connaissances dans l'entreprise ? Quels processus organisationnels les applications de gestion des connaissances soutiennent-elles ?

Exercices de synthèse

1. Évaluez le rôle joué dans une entreprise par les principaux types de systèmes et les relations qui existent entre eux.
2. Décrivez les particularités des SI qui supportent les principales fonctions de l'entreprise : ventes et marketing, fabrication et logistique, finances et comptabilité, et ressources humaines.
3. Analysez les relations qui existent entre les organisations, les SI et les processus.

4. Expliquez comment les ERP peuvent favoriser l'intégration des processus et améliorer le rendement global de l'organisation.
5. Évaluez les défis posés à l'entreprise par les SI et les solutions de gestion.

Questions de réflexion

1. Comment les SI peuvent-ils servir à soutenir le processus de traitement de commande illustré à la figure 2.7 ? Quels sont les éléments d'information essentiels dont les systèmes doivent tenir compte ? Expliquez pourquoi.
2. « L'adoption d'un ERP constitue une décision managériale autant que technologique. » Êtes-vous d'accord avec cette affirmation ? Expliquez pourquoi. Qui devrait prendre cette décision ?

Étude de cas : le Crédit Agricole – NICE : le SI bancaire de demain ?

En juin 2009, le Crédit Agricole se convertit au SI unique et annonce qu'en 2014, ses 39 caisses régionales disposeront d'une informatique orientée client unifiée : un chantier immense, tant pour la stratégie Web 2.0 retenue qu'en ce qui concerne les enjeux organisationnels. L'idée initiale de ce gigantesque projet informatique était née en 2008, lors du congrès portant sur la relation-client dans les dix ans à venir.

Fin avril 2009, les caisses régionales regroupées au sein de la Fédération Nationale du Crédit Agricole (FNCA) se sont engagées dans une étude de faisabilité pour construire un nouveau système informatique du côté client. Le projet a pour nom de code NICE (Nouvelle Informatique Communautaire Évolutive), comme la ville où, en octobre 2008, les 39 caisses régionales du Crédit Agricole ont décidé de disposer en 2014 d'un SI unique pour remplacer les cinq actuellement en exploitation. Si le mouvement de fusion a démarré de longue date – les caisses comptaient 45 systèmes début 1997 –, il reste à le parachever. La banque verte a retardé l'échéance, contrairement aux autres groupes mutualistes : la Banque Populaire et Groupama ont achevé leur fusion, la Caisse d'Épargne a finalisé l'unification de son système en 2010 et le Crédit Mutuel n'utilise plus que deux SI. Le Crédit Agricole, lui, va créer un nouveau SI dont seul le cœur, la production, reposera sur l'existant. « *Nous partirons d'une souche qui est l'un des cinq systèmes actuels. Nous allons la faire évoluer, puis nous la compléterons pour la partie distribution* », explique Hichem Jaballah, directeur général opérationnel du projet et également directeur général du GIE Synergie. Le projet NICE réinvente l'informatique bancaire de demain et intégrera la gestion de la relation client. Ses nombreux chantiers mobilisent quelque 2 000 personnes.

Après l'étude d'opportunité réalisée en 2009, puis la signature par les dirigeants des 39 caisses régionales du protocole d'accord en février 2010, le chantier s'ouvrait avec la création des deux GIE qui porteront le futur SI : CA Technologies et CA Services. En parallèle, 14 pôles métiers, portés par 13 caisses régionales leader et 20 caisses associées, se sont constitués pour définir le contenu des futures versions du SI.

Le projet est ensuite entré dans les phases classiques de migration des caisses vers les bases du système unique, avant de passer à l'étape études et développements de ce nouveau système. Le montant estimé des investissements était de 350 millions d'euros sur quatre ans, hors formation. À lui seul, le volet innovation du projet dépassera les

100 000 jours/homme. Du côté des réductions des coûts, le Crédit Agricole avait chiffré le gain à 640 millions d'euros, la moitié des économies induites provenant de la rationalisation des plateformes techniques. En déchargeant les équipes locales de la production, des tâches de maintenance et d'évolutions redondantes, le projet prévoit de multiplier par trois la capacité de développement des caisses.

Sur le plan social, NICE a énormément d'impacts : les cinq GIE existants (Atlantica, AMT, Comete, Exa et Synergie) disparaissent au fur et à mesure de la bascule pour laisser la place à un GIE cible. Au passage, le département informatique perd au moins 1 000 salariés, soit deux cinquièmes de ses effectifs. Des mobilités géographiques ou fonctionnelles sont aussi à prévoir pour les salariés restants, le futur GIE ne conservant qu'une dizaine de sites d'études informatiques contre un peu plus de 60 actuellement. Mais ces fermetures posent des problèmes : Manosque (04) ne compte, par exemple, que cinq salariés. Le projet favorise les métropoles régionales. Des reconversions et des reclassements permettront à certains de rester, mais la question de l'harmonisation des rémunérations se pose, entre autres. Néanmoins, Patrick Kleer, directeur général adjoint de la FNCA, en charge notamment des technologies, se veut rassurant : « *Les engagements sociaux sont inscrits dans le code génétique du Crédit Agricole. Notre informatique ne part pas en Inde ou au Maroc.* » Il note, par ailleurs, que l'accueil du projet est « plutôt bon ». L'adhésion des équipes au projet dépendra pourtant du mode de gouvernance retenu et de l'articulation maîtrise d'ouvrage/maîtrise d'œuvre.

Pour assurer une fiabilité optimale aux migrations informatiques successives des 39 caisses régionales vers le nouveau SI, la trajectoire prévoit désormais qu'elles convergent toutes, d'ici à la fin 2013, vers la « version 1 » du nouveau système. Cette version comprend des avancées majeures comme la mise en place de la nouvelle gamme de Comptes Services (offres groupées), des évolutions fortes de la nouvelle interface de banque à distance pour intensifier la distribution par Internet, et un nouveau processus de crédit dématérialisé qui permettra notamment de répondre plus rapidement aux clients. Enfin, la livraison de la « version 2 », qui portera le portail unifié client-conseiller ainsi que les principales briques du futur système collaboratif, s'échelonnera d'avril 2013 à fin 2014.

À terme, le Crédit Agricole attend une économie de 30 % de son budget informatique annuel : au lieu de 750 millions d'euros dépensés chaque année par les cinq systèmes informatiques précédents, le groupe n'en dépensera plus que 500. « *Le retour sur investissement sera effectif en deux ans* », souligne Hichem Jaballah, directeur général de Crédit Agricole Technologies, le groupement d'intérêt économique (GIE) cible (qui remplace les GIE mentionnés plus haut) et maître d'œuvre du projet NICE.

Tandis que la construction du nouveau SI avance, l'Institut de formation du Crédit Agricole (Ifcam) conçoit et met en œuvre le chantier de formation, main dans la main avec trois caisses régionales pilotes. Grâce à un scénario pédagogique alliant formations en réunions et à distance, ce programme, s'appuyant sur un réseau de formateurs internes, permettra à quelque 52 000 collaborateurs d'acquérir la maîtrise technique de l'outil.

En juin 2012, dix caisses régionales du Crédit Agricole ont déjà basculé sur le système unique. « *Le vendredi avant la bascule, toutes les équipes étaient prêtes car nous avions deux ans de préparation derrière nous* », explique la directrice générale de Franche Comté précisant que 80 % du budget formation de la caisse avait été consacré au projet NICE.

Ces énormes bascules ne se passent néanmoins pas sans difficultés : le salaire de certains clients s'est volatilisé avant de réapparaître… ou pas. Patrick L. est toujours payé le 10. « *Ou, comme ce mois-ci, quand ça tombe un samedi, ma paie est virée le vendredi matin et je peux généralement en disposer durant l'après-midi* », explique ce client du Crédit Agricole. Le week-end de la bascule, son compte n'a pas été crédité. « *Je me suis inquiété, on ne sait jamais ce qui peut arriver. Dès lundi, j'ai appelé mon employeur pour m'assurer qu'il n'y avait pas de problème. Le comptable m'a confirmé que, de son côté, le virement avait bien été fait.* » Patrick s'est donc rendu à l'agence d'Anizy-le-Château, mardi matin et, d'après lui, il n'était pas le seul à venir formuler une réclamation de cet ordre. Pour certains, la situation ne s'est pas réglée rapidement et a même sérieusement posé problème : des prélèvements de crédit ont été refusés, entraînant la facturation de frais d'interventions et d'agios.

Au-delà de la migration et de l'intégration technique, la révolution est aussi fonctionnelle. Labellisé SI 2.0, le projet NICE prépare la banque de demain telle que la voit le Crédit Agricole : forcément interactive et multicanal (Web, téléphonie mobile, etc.). En 2014, le client échangera sur les forums et les réseaux sociaux tandis que son conseiller sera doté d'une webcam et d'un poste nomade. La vision unifiée de ses 20 millions de clients permettra aussi à la banque de bâtir des offres sur mesure en faisant enfin le lien entre M. Martin, domicilié à Paris, et M. Martin, propriétaire d'une résidence secondaire en Corrèze !

Le « portail unifié client-conseiller » (Pucc) constituera le cœur du nouveau SI de distribution. Il permettra au client et au collaborateur de partager une même vision des comptes du client et des produits et services distribués par les caisses régionales. Ses fondations lui permettront, dès la première version, d'offrir un fonctionnement multicanal, une intégration forte de la gestion de la relation client, des facilités de conception d'offres et des délais de mise sur le marché optimisés.

Du point de vue client, les nouveautés annoncées sont nombreuses. En voici quelques-unes : utiliser de multiples canaux pour une même option/souscription et sur des horaires étendus, être reconnu partout en France, comparer et échanger avec d'autres clients *via* des forums et des réseaux sociaux, disposer d'un espace de stockage. Pour le conseiller, il s'agit de pouvoir travailler sur un poste de travail nomade et communicant (webcam, chat), d'avoir des indicateurs de la fidélité et de l'intensité de la relation commerciale, et de se former facilement (didacticiels, e-learning, base documentaire). Du point de vue de la caisse régionale, les avantages sont également nombreux : avoir une parfaite connaissance client – ce qu'il consomme, ses centres d'intérêt, son canal préféré –, la possibilité d'effectuer des analyses marché pertinentes, puis adapter rapidement les produits.

Toujours plus de virtuel ne signifie néanmoins pas forcément toujours moins d'humains. En ligne, une relation reste une relation, avec ce que cela implique en termes de réciprocité ! C'est ce que démontrent quelques initiatives récentes nées dans les caisses régionales de Crédit Agricole. Les tablettes numériques, testées au Crédit Agricole des Savoie, seront bientôt accessibles dans les autres agences du groupe. Avant, il fallait faire la queue au guichet, attendre pour rencontrer son conseiller sur des sièges plus ou moins confortables… Aujourd'hui, ce modèle est de moins en moins en phase avec les attentes et les habitudes de consommation d'un public habitué aux nouvelles technologies. De fait, la fréquentation des agences baisse et, parallèlement, les solutions bancaires dématérialisées se développent. Cette solution sera déployée dans les 39 caisses régionales en 2013.

Nouveaux espaces, nouvelles technologies, nouvelle implication des clients... Les initiatives présentes dans NICE s'articulent autour de ces trois axes qui structurent la transformation à l'œuvre dans toutes les caisses régionales de Crédit Agricole.

Sources :

Garabedian, A., « Les caisses de Crédit Agricole vont se doter d'une informatique unique », **http://www.agefi.fr/articles/les-caisses-de-credit-agricole-vont-se-doter-d-une-informatique-unique-1071107.html**, 20/04/09, consulté le 01/10/13

Biseul, X., « Le Crédit Agricole se convertit au système d'information unique », **http://www.01net.com/editorial/503572/le-credit-agricole-se-convertit-au-systeme-dinformation-unique**, 11/06/09, consulté le 01/10/13

Fay, P., « Crédit Agricole : des clients débités 3 fois », **http://www.europe1.fr/France/Credit-agricole-des-clients-debites-3-fois-764649**, 12/10/2011, consulté le 01/10/13

C. L., « Crédit Agricole : franchit un grand pas dans l'unification du système d'information des Caisses Régionales », **http://www.boursier.com/actions/actualites/news/credit-agricole-franchit-un-grand-pas-dans-l-unification-du-systeme-d-information-des-caisses-regionales-483374.html**, 16/05/12, consulté le 01/10/13

Sollier, S., « Crédit Agricole : 500 millions pour mettre ses clients au top du numérique », **http://www.latribune.fr/entreprises-finance/banques-finance/industrie-financiere/20120621trib000705154/credit-agricole-500-millions-pour-mettre-ses-clients-au-top-du-numerique.html**, 21/06/12, consulté le 01/10/13

Lefebvre, L., « Le Crédit Agricole change son système informatique / Des clients privés de leur salaire », **http://www.lunion.presse.fr/article/aisne/le-credit-agricole-change-son-systeme-informatique-des-clients-prives-de-leur-salaire**, 16/11/12, consulté le 01/10/13

De Guigné, A., « 6,5 milliards de pertes pour Crédit Agricole SA en 2012 », **http://bourse.lefigaro.fr/indices-actions/actu-conseils/6-5-milliards-de-pertes-pour-credit-agricole-sa-en-2012-367658**, 20/02/13, consulté le 01/10/13

« Le projet Nice invente l'informatique bancaire de demain », **http://www.creditagricole.info/fnca/ca1_934999/le-projet-nice-invente-linformatique-bancaire-de-demain**, 21/04/11, consulté le 01/10/13

Questions sur l'étude de cas

1. Quels sont les problèmes liés au SI existant avant le projet NICE ?
2. Quelles sont les difficultés de déploiement liées au projet NICE ?
3. En quoi le projet Nice va-t-il contribuer à la performance opérationnelle de l'entreprise ? Explicitez votre réponse.
4. Analysez la vision de la banque de demain du Crédit Agricole du point de vue CRM.

Chapitre 3

Les systèmes d'information et la stratégie des organisations

Objectifs pédagogiques

- Identifier et décrire les principales caractéristiques des organisations que les managers doivent connaître pour participer utilement aux décisions concernant les systèmes d'information et à leurs usages pertinents pour leurs entreprises.
- Évaluer les effets des systèmes d'information sur les performances et les trajectoires des organisations.
- Évaluer la manière dont les systèmes d'information facilitent les activités des managers dans les organisations.
- Analyser dans quelle mesure les systèmes d'information sont capables de faciliter les stratégies et leurs variations, et peuvent ainsi accroître durablement l'avantage concurrentiel.
- Évaluer les défis managériaux que posent les systèmes d'information stratégiques et les solutions de gestion.

Casino : un SI qui évolue pour accompagner les mutations et le développement de l'entreprise

En ce début d'année 2013, Casino teste la technologie *Near Field Communication* (NFC, technique de communication sans fil – voir chapitre 5) dans un supermarché du 16e arrondissement de Paris. Le client pousse toujours son chariot, mais il lit avec son smartphone les étiquettes des produits qu'il place dans son chariot. L'appareil indique aussi les promotions et les éventuelles remises. À la caisse, l'acheteur n'a qu'à présenter son smartphone à l'hôtesse pour payer, sans avoir à ressortir et à manipuler ses achats.

En 2012, Casino affiche un chiffre d'affaires de 41,97 milliards d'euros. La France, avec ses 18,45 milliards d'euros, pèse 43 % du total groupe. Celui-ci emploie 307 000 collaborateurs dans le monde, dont 73 000 en France. Il comprend, en France, les enseignes Spar, Vival, Casino Shop, Casino Shopping, Franprix, Monoprix, Naturalia, Casino Supermarchés, Géant Casino (hypermarchés), Leader Price et Cdiscount.com.

Avant d'en arriver là, en 2001, le groupe Casino décide de centraliser son SI et de simplifier l'accès aux progiciels. L'enseigne de commerce alimentaire se prononce ainsi pour un portail d'intégration, point de démarrage unique pour utiliser ses logiciels.

Dès le début, les 7 000 fournisseurs seront les premiers servis. Démarré en mai 2004, le projet entre en production en septembre de la même année. Face aux remarques des utilisateurs, cette première version est ensuite sérieusement remaniée. Il s'agit initialement de présenter aux fournisseurs un état des commandes. Le portail est alors

...

un doublon de l'EDI traditionnel (technologie utilisée dans le commerce électronique – voir chapitre 10), mais permet aux petits fournisseurs, qui n'ont pas les moyens de s'offrir un traducteur EDI, de traiter leurs commandes en ligne. En fournissant des informations sur les prévisions d'achat de Casino, le portail aide les fournisseurs à optimiser leur gestion de stocks. Il leur propose aussi des informations financières prévisionnelles, comme par exemple le chiffre d'affaires du trimestre suivant. Le portail interroge alors le progiciel Gold de gestion de la chaîne logistique, ainsi que le progiciel R/3 de SAP.

Après s'être occupé de ses fournisseurs, le groupe lance en 2005 une série de quatre portails destinés aux 6 000 magasins du groupe : des Casino de proximité aux franchisés sous enseigne Vival, en passant par les hypermarchés Géant et les supermarchés Franprix ou Monoprix. Le portail magasin remplace les outils précédents, et notamment le Minitel, grâce auquel les Casino passaient auparavant leurs commandes de réapprovisionnement. SAP offre aux responsables de magasins ou de rayons un accès aux données financières relatives aux ventes. Il aide également les départements marketing à transmettre l'information commerciale, en particulier les promotions, de façon homogène et ciblée vers les différentes catégories de points de vente. L'alerte alimentaire, chargée de diffuser des informations concernant la sécurité alimentaire, est ainsi utilisée sur tous les portails destinés aux magasins. Elle repose sur le logiciel de gestion de contenu de marque Plumtree de l'éditeur Oracle. Une autre catégorie de logiciels filtre l'accès aux applications financières du *back office*. « *Paramétrable, un de ces logiciels renvoie le chiffre d'affaires global pour les petits magasins, ou celui d'une famille de produits pour les hypers* », illustre Bruno Raybaud, directeur de projet chez Casino. Au total, le portail regroupe quelque 300 applications métier.

Sur le plan technique, le lancement du portail a nécessité la mise en place de 17 serveurs. Dix d'entre eux étaient dédiés à la production, les autres aux tests. Les serveurs de production se répartissent entre les frontaux Web et les serveurs d'applications (Windows ou Unix) consacrés à l'exécution des logiciels. Cette architecture répond à la montée en charge ou à la mise en place de nouveaux services par l'ajout de serveurs. Au quotidien, l'informatique a laissé la gestion des utilisateurs au département des ressources humaines. La gestion des droits est déléguée aux personnels dans les directions régionales. En dehors du portail fournisseurs, en production depuis 2004, les portails magasins sont en cours de déploiement depuis 2005. Le portail devient également le point d'entrée unique pour toutes les applications du groupe.

« *Le seul juge de paix de la logistique c'est le consommateur* », rappelait Jean-Michel Duhamel, directeur général marchandises et flux du groupe Casino. Derrière l'amélioration des processus, il ne faut pas perdre de vue le seul et unique but d'une logistique bien huilée : la disponibilité du produit par rapport à la demande du consommateur. De fait, le service du client est, avec la logistique, l'autre grand domaine dans lequel l'informatique étend ses ramifications. Le slogan de Casino – « Nourrir un monde de diversité » – résume bien la démarche des enseignes confrontées à des clients aux désirs et aux profils de plus en plus variés. Pour le distributeur stéphanois, qui a lancé en 2008 un vaste plan stratégique à l'intitulé évocateur – Commerce de précision –, l'enjeu est triple : appréhender la variété des consommateurs, afin de mieux dialoguer avec eux et de mettre à leur disposition de plus en plus d'informations produits. Afin d'accéder à une connaissance intime du comportement de ses clients, l'enseigne avait conclu en 2007 un partenariat exclusif avec l'anglo-saxon Dunnhumby. Ce spécialiste de l'exploitation des données clients, filiale de Tesco (concurrent britannique de Casino) à 85 %, fonde son savoir-faire sur l'analyse des tickets de sorties de caisse, qu'il associe aux informations fournies par les porteurs de cartes de fidélité. Cette démarche était encore peu répandue dans l'Hexagone, où, à de rares exceptions, les enseignes se contentaient trop souvent d'à-peu-près.

En janvier 2011, le Retail's Big Show, la grand-messe de la distribution mondiale, a fêté sa 100e édition à New York. Les participants de ce salon professionnel commencent alors à préciser les contours d'un modèle commercial « multicanal » (à savoir les différents moyens que le client utilise pour acheter), orienté vers un shopping personnalisé et interactif. Cette évolution est désormais vitale pour reconquérir des consommateurs qui, décidément, changent beaucoup plus vite que leurs enseignes et leurs magasins. « *Les clients nous disent : je veux du service, ne vous contentez pas de nous vendre des produits* », indique Jill Puleri, responsable du secteur mondial du détail d'IBM. Le géant américain a affiné le portrait des nouveaux consommateurs à partir d'une étude réalisée auprès de 30 000 d'entre eux. Verdict : mieux informés et connectés en permanence, ils sont plus avertis que jamais. Surtout, en l'état, l'influence du distributeur sur la décision d'achat part en lambeaux (18 %). Les opinions se forgent désormais dans le cercle familial et amical, ainsi que sur les sites d'informations et les réseaux sociaux (48 %). L'acte d'achat est d'autant plus réfléchi qu'il se décide au rythme des avis des autres consommateurs ou des résultats des comparateurs de prix. Enfin, 49 % des sondés confirment le virage « technophile » du parcours client, qui emprunte au moins deux canaux, entre sites Internet, téléphones mobiles ou bornes en magasin.

Casino a dévoilé les modalités de son « commerce de précision » qu'il déploie en magasins en 2011. Le but consiste à mettre en place un assortiment de produits et à élaborer un parcours client sur mesure, avec des offres affinées en temps réel. Le croisement des données des produits avec celles du profil consommateur permet d'obtenir ce résultat, dans une logique *cross canal* (les différents moyens de commande et de renseignement sont alors indifféremment utilisés), le service étant délivré de façon continue sur le site marchand **mescoursescasino.fr**, sur iPhone *via* l'application mCasino et aussi sur bornes et scannettes en magasin.

Casino appuie sa différenciation sur l'expérience shopping et des services qu'il nomme « omnicanal ». L'enseigne va ainsi étrenner une foule de services et de canaux d'achat autour de deux piliers technologiques majeurs : d'abord son application mobile et marchande mCasino, qui garantit l'accès personnalisé et continu aux produits et services Casino ; ensuite, la très prometteuse technologie sans contact (NFC) qui va désormais être disponible dans les magasins et les nouveaux canaux de vente. L'enjeu est d'offrir une expérience d'achat à la fois agréable et ultrarapide. En un seul geste, le client peut sélectionner un produit, le payer ou recevoir une alerte allergène.

En septembre 2012, Casino dévoile trois innovations qui, autour du téléphone mobile et des technologies sans contact, ouvrent un nouveau champ de possibilités et de différenciation : une version sans contact (NFC) et enrichie de l'application mobile mCasino ; un affichage papier pour proposer des idées shopping à la clientèle dite « de flux » dans les Abribus ou stations de métro ; ou encore, un mur digital de shopping, sorte de tablette tactile géante, plutôt destinée aux centres commerciaux.

...

« *Notre vision est que le mobile sera, demain, le partenaire indispensable pour faire ses courses en magasin, en déplacement ou à la maison, et que cette révolution s'appuiera, entre autres, sur la technologie sans contact*, prédit Thierry Aouizerate, le directeur marketing de Casino. *Intégré à un smartphone, le sans-contact permet de marier le monde connecté à celui qui ne l'est pas. Et ses usages sont multiples, offrant simplicité et rapidité aux clients.* » De telles annonces sont une première en France, et l'envergure du dispositif est même inédite au niveau mondial. Mais, dans le cas de Casino, innovant rime avec prudent. Toutes ces nouveautés vont faire l'objet de simples pilotes, très localisés. Les clients du supermarché parisien des Belles Feuilles, entièrement converti au WiFi, testeront l'application mobile sans contact. Quelques Abribus lyonnais accueilleront les murs de shopping. Pas de précision, encore, sur le mur digital. Casino prend surtout de l'avance sur les clients : les mobiles sans contact sont loin d'être sur le marché, le décollage étant plutôt prévu pour 2015.

Des canaux qui profiteront à Cdiscount

Casino s'est donc avant tout placé dans les *starting-blocks*, prêt à négocier le virage du « commerce de demain », lorsque consommateurs et technologies seront matures. Ce positionnement est d'autant plus stratégique qu'il laisse entrevoir un champ de possibilités extrêmement large. Le mur de shopping digital, par exemple, n'est-il pas le support idéal pour présenter virtuellement l'offre non alimentaire dans les super- et hypermarchés ou pour mettre en avant les produits Cdiscount, comme cela commence à se voir dans les grandes surfaces de Casino ? Ce phénomène permettrait de dégager de la surface pour accueillir davantage de produits alimentaires... Une stratégie cross-canal que Casino a déjà imaginée. Les produits Cdiscount commandés en ligne peuvent déjà être retirés en magasin, où ils sont acheminés par les moyens logistiques existants...

Ces nouveaux canaux s'accompagneront de services, payants ou non, qui pourront faire la différence, aux yeux des consommateurs. Le client qui fait ses courses en magasin peut par exemple demander que son panier soit préparé par le point de vente, et le retirer quand il le souhaite. La commande sur un mur de shopping pourra, là encore, être préparée et retirée en magasin ou livrée à domicile. Le commerce sur mobile permet, surtout, de « personnaliser » le commerce et de transmettre « en temps réel » bons de réduction et promotions vers la cible la plus pertinente. Ce schéma est en adéquation avec les prospectives de l'ensemble des experts du secteur de la distribution. C'est bien un pas décisif vers le « commerce de précision », théorisé par Jean-Charles Naouri, P-DG de Casino que l'enseigne vient de faire.

Sources :

www.groupe-casino.fr, Rapport d'activités 2012

Brebion, P., « Toute l'informatique de Casino derrière un portail », **http://pro.01net.com/editorial/303128/toute-linformatique-de-casino-derriere-un-portail/**, 20/01/06, consulté le 02/10/13

Caussil, J.N., « Casino malmené en France, mais très bon à l'international », **http://www.lsa-conso.fr/casino-malmene-en-france-mais-tres-bon-a-l-international,137241, 16/01/13**, consulté le 02/10/13

Cailloce, L., « L'informatique prend racine », **http://www.lsa-conso.fr/l-informatique-prend-racine,79973**, 09/05/08, consulté le 02/10/13

« Le "Commerce de précision" de Casino impressionne les observateurs », **http://www.lsa-conso.fr/le-commerce-de-precision-de-casino-impressionne-les-observateurs,118919**, 27/01/11, consulté le 02/10/13

Maillet, F., « Casino dévoile son arsenal omnicanal », **http://www.lsa-conso.fr/casino-devoile-son-arsenal-omnicanal,132892**, 20/09/12, consulté le 02/10/13

Matière à réflexion :

Quels sont les éléments permettant d'identifier les liens entre SI et stratégie de l'organisation ? De quelle nature sont-ils ?

En quoi le SI contribue-t-il à l'efficience des opérations courantes ?

Le cas du groupe Casino illustre l'interdépendance entre les environnements de l'entreprise, la culture organisationnelle, la stratégie de gestion et le développement des SI. Cette entreprise a mobilisé différents types de SI au fil des ans dans le but d'améliorer l'efficacité du service et des opérations. La réussite de ces systèmes ne pouvait cependant être assurée sans de nombreux changements non seulement technologiques, mais aussi organisationnels et managériaux.

Ce chapitre aborde les relations entre les organisations, la gestion, les SI et la stratégie de l'entreprise. Il analyse les interactions entre les organisations et leur SI, l'impact des SI sur les entreprises, comment les SI peuvent permettre de créer un avantage compétitif et, enfin, le maintien de ce dernier grâce au SI.

1 Organisations et SI

Les interactions entre les SI et les organisations sont très complexes et influencées par plusieurs facteurs, notamment la structure organisationnelle, les processus opérationnels, les politiques, la culture, l'environnement et les décisions prises par le management (voir figure 3.1).

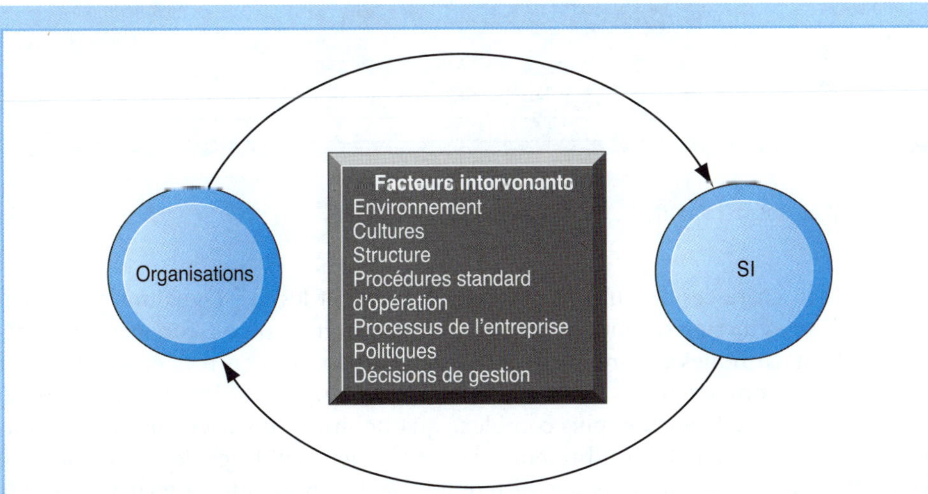

Figure 3.1 – Interrelation entre les organisations et les SI.

En tant que manager, vous aurez à intervenir dans les décisions, les mises en œuvre et les usages des SI. Dans les entreprises, il n'est pas toujours possible d'anticiper certains changements consécutifs à des investissements dans les SI, ce qui peut entraîner des effets inattendus. Par exemple, il y a seulement dix ans, qui aurait imaginé que de nombreux managers seraient inondés par plus de 100 messages électroniques par jour, y compris lorsqu'ils ont rejoint leur domicile privé ?

1.1 Définitions d'une organisation

Une **organisation** est une structure sociale plus ou moins stable et formelle, qui puise des ressources dans l'environnement, puis qui transforme le capital et le travail en produits et services au moyen d'un processus de production (voir figure 3.2) pour les adresser à des prospects et clients solvables.

Plus stable qu'un groupe informel sur le plan de la longévité et du degré de conformité à une routine, l'organisation est une entité légale soumise à la loi et dotée d'un ensemble de règles et de procédures internes.

Dans une perspective dite « comportementale », l'organisation est un ensemble de droits, de privilèges, d'obligations et de responsabilités qui peut atteindre un équilibre, toujours précaire, à condition de savoir résoudre positivement les conflits économiques ou sociaux auxquels elle est confrontée. Les collaborateurs engagés dans les opérations quotidiennes y appliquent généralement des méthodes de travail préalablement établies.

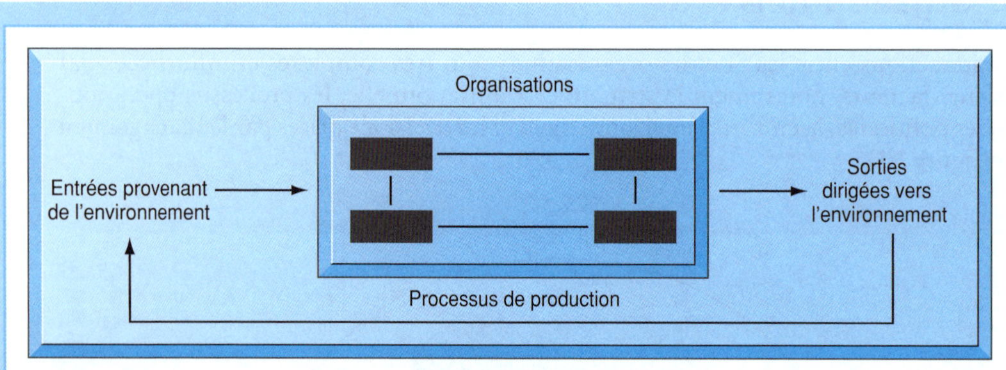

Figure 3.2 – Définition microéconomique de l'organisation.

Quel est le lien entre ces définitions des organisations et les SI ? Dans une perspective technique, l'introduction de nouvelles technologies aurait pour conséquence de changer les modalités techniques du processus de transformation des entrées en sorties. Dans une perspective comportementale, la construction de nouveaux SI ou la rénovation des systèmes en place est beaucoup plus complexe qu'une simple restructuration technique. Certains SI influent sur l'équilibre entre les droits, les privilèges, les obligations, les responsabilités et les sentiments des différentes parties prenantes internes mais aussi externes. C'est notamment le cas lorsqu'une part significative des travaux réalisés en totalité par des salariés est transférée, totalement ou partiellement, à des tiers externes, *via* un extranet par exemple.

Parmi les caractéristiques organisationnelles, certaines sont communes à toutes les organisations, d'autres sont spécifiques à une organisation car associées à sa culture, son histoire ou encore son secteur d'activités.

1.2 Caractéristiques communes des organisations

À première vue, les sociétés Carrefour, Renault et Air France ont peu de points communs avec la préfecture de l'Oise, la mairie de Lyon ou le ministère de la Justice, et pourtant... À certains égards, toutes les organisations modernes partagent les caractéristiques énumérées dans le tableau 3.1. Dès 1911, le sociologue allemand Max Weber a décrit ces spécificités « idéales et typiques » des organisations, qu'il qualifiait de « **bureaucraties** » possédant certaines caractéristiques « structurales ».

Tableau 3.1 : Caractéristiques structurelles de toute organisation

Division nette du travail
Hiérarchie
Règles et procédures explicites
Jugements impartiaux
Qualifications techniques nécessaires pour accéder aux divers postes
Efficacité organisationnelle maximale

Selon Weber, les bureaucraties modernes se caractérisent par une spécialisation et une division nette du travail. Elles engagent ou forment des individus qui possèdent des talents précis. L'autorité et le travail sont régis par des règles et des procédures abstraites (nommées « procédures standard d'opération » ou routines), interprétées et appliquées à des cas précis. Ces règles engendrent un système de prise de décision formel et apparemment rationnel, selon lequel tous les membres doivent être traités équitablement. L'organisation en elle-même est dirigée en vertu du principe d'efficacité : elle doit maximiser ses sorties tout en minimisant ses entrées.

Selon Weber, ces organisations sont populaires car leur forme organisationnelle est la plus efficace.

Routines et processus de l'entreprise

Les routines sont des règles, des procédures et des pratiques mises au point pour faire face aux situations prévisibles. Avec le temps, les collaborateurs apprennent et maîtrisent ces routines. Si celles-ci sont fiables et adaptées aux exigences opérationnelles, les personnels deviennent plus productifs et efficaces en les appliquant ; il en résulte un effet positif sur l'efficience et la robustesse organisationnelles. Par exemple, lorsque vous allez chez le médecin, la secrétaire utilise un ensemble de routines pour recueillir les renseignements vous concernant ; les infirmières en disposent également pour préparer votre rencontre avec un médecin, qui utilisera lui aussi un ensemble de routines pour établir son diagnostic.

Les « processus de l'entreprise » (voir chapitres 1 et 2) sont une combinaison de routines ; l'entreprise est elle-même une combinaison plus ou moins bien synchronisée de processus (voir figure 3.3). En les analysant, on comprend clairement comment une organisation fonctionne et quels changements opérer pour la rendre plus efficiente et efficace, notamment par le recours au couplage réorganisation/SI.

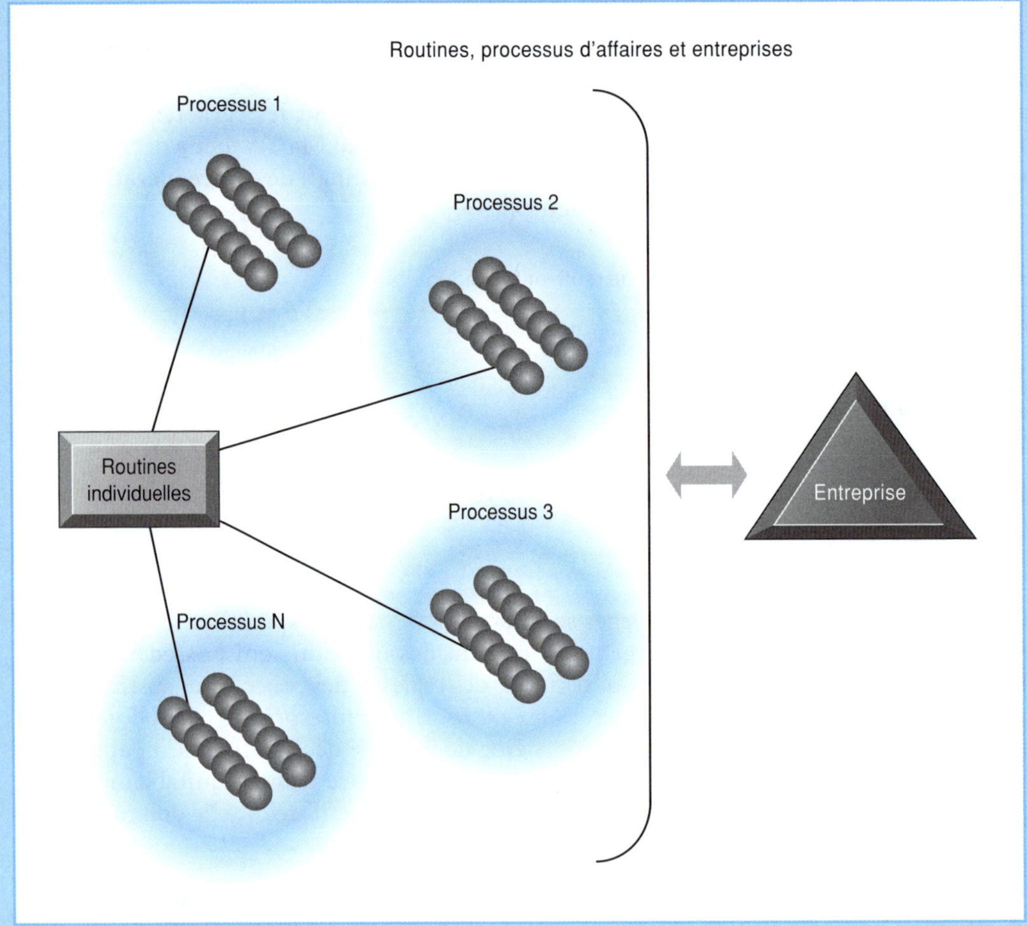

Figure 3.3 – Routines, processus et entreprises.

Politiques organisationnelles

Dans une organisation, les individus occupent divers postes avec des spécialités, des préoccupations et des perspectives différentes. Par conséquent, il est normal que leurs points de vue diffèrent sur la manière dont il convient de gérer les ressources, la rémunération et les sanctions. Il en découle des tensions, des rivalités et des conflits internes. Savoir identifier et traiter ces difficultés relève d'une compétence managériale nécessaire pour mener à bien des transformations organisationnelles – en particulier dans le cas du développement de nouveaux SI.

Culture organisationnelle

La **culture organisationnelle** est l'ensemble des postulats fondamentaux qui portent sur les produits à fabriquer, les modes de fonctionnement à définir et à observer, les processus de fabrication à adopter et la clientèle à servir et à satisfaire. On ne remet généralement pas en question ces postulats (Schein, 1985), de même que les processus de l'entreprise, eux aussi fortement ancrés dans la culture organisationnelle.

Vous pouvez observer l'effet de la culture organisationnelle dans votre université ou votre école. Voici certains postulats immuables sur lesquels se fonde la vie universitaire : les professeurs ont plus de connaissances que les étudiants ; ces derniers fréquentent l'université pour apprendre ; les cours respectent un horaire régulier. La culture organisationnelle est une puissante force de cohésion, qui limite les conflits politiques et promeut la compréhension mutuelle et les ententes sur les procédures et les pratiques communes.

Tout projet incluant une innovation technique menaçant la culture organisationnelle rencontrera une forte résistance. Dans ce cas, l'adoption de la technologie sera retardée en attendant de devenir culturellement acceptable.

1.3 Caractéristiques uniques des organisations

Bien que toutes les organisations partagent certaines caractéristiques communes, aucune n'est identique à l'autre. Elles ont chacune leurs propres structures, objectifs, clientèles, styles de leadership, tâches et sphères d'activité.

Les différents types d'organisations

Les entreprises se distinguent principalement les unes des autres par leur structure ou leur forme. L'universitaire américain Mintzberg a classé ces différences selon cinq types d'organisations (voir tableau 3.2).

Tableau 3.2 : Structures organisationnelles

Type d'organisation	Description	Exemple
Structure entrepreneuriale	Jeune et petite entreprise exploitée dans un environnement en rapide évolution. Elle est dotée d'une structure simple et est gérée par un entrepreneur qui en est le seul dirigeant.	Petites entreprises en démarrage
Appareil bureaucratique	Bureaucratie qui évolue dans un environnement qui change lentement et qui fabrique des produits standard. Elle est dirigée par une équipe de cadres centralisée et fonctionne en vertu d'un processus décisionnel également centralisé.	Entreprises de fabrication de taille moyenne
Bureaucratie divisionnaire	Combinaison de plusieurs structures bureaucratiques, fabriquant chacune des produits ou des services différents, et toutes dirigées à partir d'un siège social central.	Sociétés du CAC 40, comme L'Oréal ou Total
Bureaucratie professionnelle	Organisation fondée sur l'expérience et le savoir de professionnels, dont les produits et les services dépendent. Elle est dirigée par des directeurs ou des chefs de service ; l'autorité centrale est faible.	Cabinets d'avocats, établissements scolaires, hôpitaux
Structure *ad hoc*	Organisation constituée de groupes de travail, capable de réagir en fonction d'environnements qui évoluent rapidement. Elle est constituée de grands groupes de spécialistes, organisés en équipes multidisciplinaires, dont le mandat est de courte durée. L'administration centrale est faible.	Cabinets d'experts-conseils

Les SI présents dans une entreprise – et la nature des problèmes liés à ces systèmes – sont souvent le reflet du type d'organisation auquel elle appartient. Par exemple, dans une bureaucratie professionnelle comme celle d'un hôpital, il n'est pas rare de trouver des systèmes parallèles de gestion des dossiers médicaux, dont un est exploité par l'administration, un autre par les médecins et un autre par le personnel professionnel, tel que le personnel paramédical et les travailleurs sociaux. Cette diversité et cette hétérogénéité existent sous des formes diverses dans les différents types d'organisations, depuis les PME-PMI jusqu'aux grandes entreprises.

Les organisations et leur environnement

Il existe une interaction entre les organisations et leur environnement. D'une part, elles dépendent du milieu social et physique qui les entoure. Elles ont besoin des ressources financières et de la légitimité institutionnelle (ensemble des lois qui régissent leur fonctionnement) fournies par les établissements extérieurs et les pouvoirs publics. Les clients occupent une place importante dans leur environnement, tout comme le savoir et la technologie produits par d'autres acteurs et achetés par l'organisation sous la forme d'une main-d'œuvre qualifiée ou d'éléments d'actifs de connaissances pures (comme les bases de données et autres flux d'informations). D'autre part, les organisations agissent sur leur environnement. Elles peuvent former des alliances influant sur le processus politique qui régit un marché donné sur une période donnée ; cette pratique dite du « lobbying » leur permet souvent de modifier l'environnement fiscal et réglementaire pour l'adapter à leurs souhaits. Elles recourent par ailleurs à la publicité afin que leurs produits soient mieux connus, désirés et acceptés par leurs clients.

Les SI sont des outils clés pour la veille environnementale, car ils aident les managers à cerner les changements extérieurs qui pourraient exiger une réaction de la part de l'organisation (voir figure 3.4).

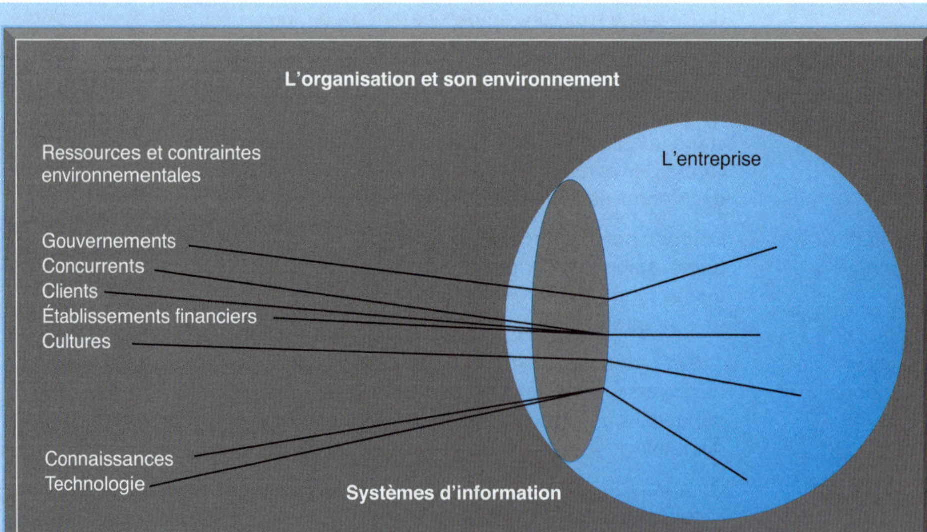

Figure 3.4 – L'organisation et son environnement.

En général, les environnements évoluent plus rapidement que les organisations. En constante évolution, les nouvelles technologies, les nouveaux produits, de même que les préférences des consommateurs exercent des pressions sur la culture et les politiques d'une entreprise. L'inertie inhérente aux procédures opérationnelles standard, les conflits politiques liés aux changements dans l'ordre existant et les menaces sur les valeurs culturelles de l'organisation liées à ces transformations freinent, voire empêchent la réalisation de changements significatifs. Il s'agit peut-être là d'un des facteurs expliquant, pour une large part, que moins de 15 % des 500 sociétés évaluées par *Fortune* en 1955 existent encore aujourd'hui.

Différences singulières entre les organisations

En outre, les organisations sont au service de clientèles ou de groupes différents ; certaines servent d'abord leurs membres et d'autres leurs clients, leurs actionnaires ou le public. La nature du leadership diffère largement entre les organisations (certaines sont plus participatives ou autoritaires). Elles se différencient également par les tâches plus ou moins routinières qu'elles exécutent, ainsi que les technologies et les dispositifs de support qu'elles utilisent.

Comme l'illustre le tableau 3.3, les caractéristiques singulières des organisations sont plus nombreuses que celles qui leur sont communes. Pour concevoir et gérer avec efficacité des SI, un manager prendra en compte les spécificités durablement positives de l'organisation.

Tableau 3.3 : Résumé des principales caractéristiques des organisations

Caractéristiques communes	Caractéristiques uniques
Structure formelle	Type d'organisation
Routines	Environnements
Politiques	Objectifs
Culture	Pouvoir
	Groupes d'intérêt
	Fonction
	Leadership
	Tâches
	Technologie

1.4 Organisation de la fonction « SI »

Généralement, on appelle l'entité organisationnelle en charge du management des SI « **direction des systèmes d'information** » (**DSI**) ou *IS Department*. Elle est responsable des activités et des métiers qui assurent la continuité du service opérationnel fourni par les SI, ainsi que ses évolutions en regard des besoins et des projets de l'organisation. Sur le plan technique, cela inclut les infrastructures informatiques de l'entreprise (voir chapitre 5 pour les détails).

C'est le directeur des SI (ou *Chief Information Officer,* CIO) qui dirige la DSI. Celle-ci est constituée de spécialistes en développement et maintenance des logiciels (chefs de projet, analystes, programmeurs, etc.), en exploitation des plateformes et réseaux, et en support aux utilisateurs ou *help desk* (voir figure 3.5). De plus, des sociétés extérieures (consultants, SSII ou sociétés de services et d'ingénierie informatique) interviennent de manière croissante, à côté des traditionnels fournisseurs d'équipements matériels et des éditeurs de progiciels.

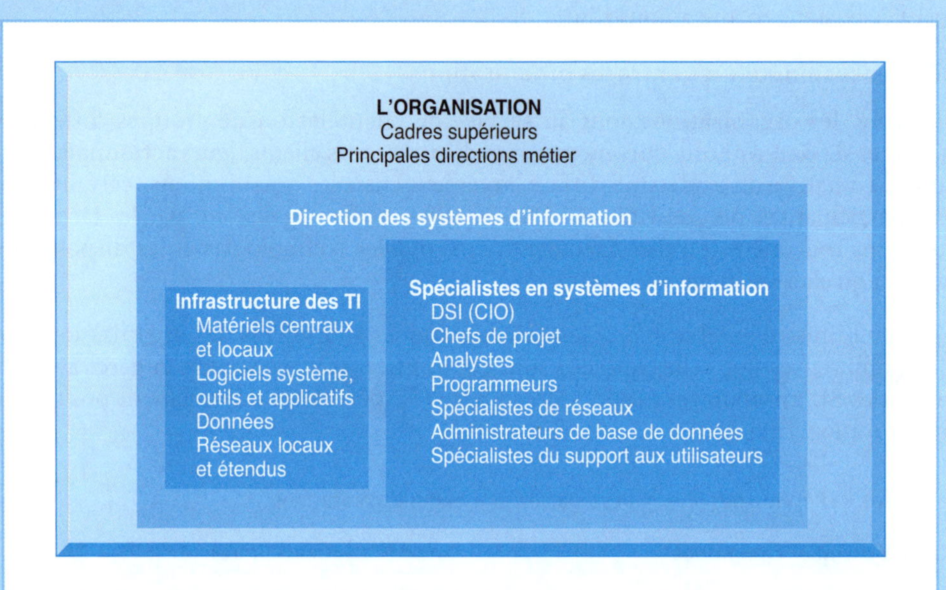

Figure 3.5 – Fonction des SI.

Les **utilisateurs clés** (ou *key users*) sont les représentants des métiers ou des services utilisateurs (ventes, logistique, finances, etc.). Ils jouent un rôle toujours plus important dans les choix de conception, l'élaboration et la mise en œuvre des aspects fonctionnels des SI. Ces utilisateurs ne sont pas forcément les managers hiérarchiquement en charge de la fonction ou du processus concerné.

Par le passé, les entreprises développaient souvent elles-mêmes leurs logiciels et géraient leurs propres installations informatiques. Aujourd'hui, un nombre croissant d'entre elles se tournent vers des prestataires spécialisés pour obtenir tout ou partie de ces services. C'est la DSI qui gère ces relations technico-contractuelles.

2 Impact des SI sur les organisations et les entreprises commerciales

Les SI sont devenus des outils interactifs de consolidation accessibles en ligne. Ils jouent un rôle majeur dans les opérations quotidiennes permanentes (24 h/24 et 365 jours par an) et dans la prise de décision pour les moyennes et grandes entreprises, mais aussi, de plus en plus souvent, pour les PME-PMI. Ces 20 dernières années, les SI ont profondément modifié l'économie des entreprises et ont aussi multiplié les possibilités d'organisation du travail. Des théories et des concepts empruntés à l'économie et à la sociologie permettent de comprendre les changements apportés par les systèmes et les technologies de l'information, aussi bien sur le plan économique qu'organisationnel. Les impacts d'Internet ont également montré les possibilités offertes aux entreprises pour être plus performantes.

2.1 Impacts économiques

D'un point de vue économique, les technologies de l'information modifient à la fois les coûts d'information (théorie des coûts de transaction) et les coûts d'investissement relatifs (théorie de l'agence). On peut envisager les technologies relatives aux SI comme un facteur de production susceptible de remplacer tout ou partie de la main-d'œuvre et des capitaux traditionnels. Le coût de ces technologies étant en baisse à capacité constante, elles remplacent peu à peu la main-d'œuvre en charge d'activités routinières. Les coûts directs élevés de cette main-d'œuvre sont fréquemment mis en avant comme étant pénalisants dans les analyses comparatives de coûts. À volume d'activités constant, le nombre de cadres moyens et d'employés administratifs devrait par conséquent tendanciellement continuer à diminuer, puisque les systèmes et technologies de l'information peuvent partiellement, voire totalement, prendre en charge les tâches qu'ils effectuent (Laudon, 1990).

La théorie des coûts de transaction

Les technologies de l'information affectent les coûts et la qualité de l'information et modifient son économie. Elles aident les entreprises à limiter leur taille, afin que celles-ci réduisent leurs coûts de transaction (coûts engagés lorsqu'une entreprise achète sur le marché ce qu'elle ne peut produire elle-même). Selon la **théorie des coûts de transaction** (Coase, 1937 ; Williamson, 1985), les entreprises et les salariés cherchent à réaliser des économies sur ces coûts de transaction de la même manière que sur ceux de production. Avoir recours au marché, par exemple en faisant appel à un fournisseur, revient cher en raison des dépenses de différentes natures qui en découlent : repérage et communication avec des fournisseurs lointains, suivi du respect des contrats, assurances, recherche d'informations sur les produits, etc.

Le recours aux systèmes et technologies de l'information, et tout particulièrement l'utilisation des réseaux, peut aider les entreprises à faire baisser le coût du recours aux ressources disponibles sur le marché (coûts de transaction). En termes de stricte comparaison de coûts à un instant *t*, il devient plus rentable de signer des contrats avec des fournisseurs externes que d'utiliser des ressources internes. Il est par conséquent possible de diminuer la taille des entreprises (nombre de salariés) car externaliser un travail auparavant réalisé en interne vers un marché compétitif peut revenir beaucoup moins cher que de recruter, former et gérer du personnel.

Prenons un exemple : lié à des fournisseurs externes par des échanges informatisés, Renault peut réaliser des économies en faisant produire plus de 70 % de ses pièces à l'extérieur. Les SI permettent à des entreprises telles que Cisco Systems et Dell d'externaliser leur production chez des sous-traitants comme Flextronics au lieu de fabriquer leurs produits elles-mêmes. Néanmoins, ce type de décision doit également s'évaluer dans la durée et en termes d'impacts stratégiques.

La figure 3.6 montre qu'au fur et à mesure que les coûts de transaction baissent, la taille des entreprises (nombre d'employés) devrait se réduire elle aussi, puisqu'il devient de plus en plus accessible et de moins en moins coûteux pour l'entreprise de faire appel à des sous-traitants plutôt que de fabriquer le produit ou de proposer le service elle-même. La taille des entreprises peut rester stable ou diminuer même si les recettes augmentent. Par exemple, quand Eastman Chemical Company s'est séparée de Kodak en 1994, elle totalisait 3,3 milliards de dollars de recettes et 24 000 salariés à plein temps. En 2012, elle a généré 8 milliards de recettes avec seulement 13 500 salariés.

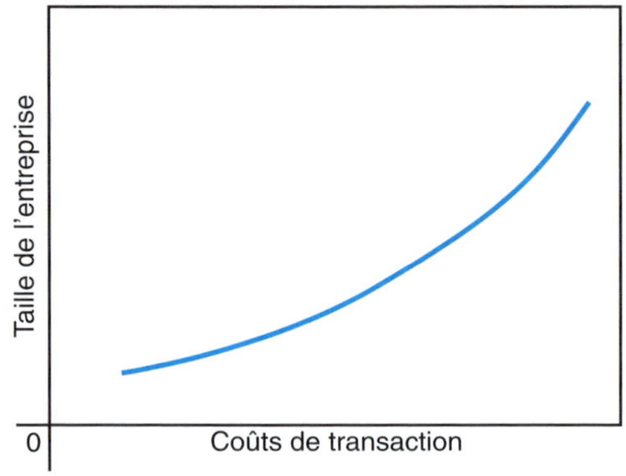

Figure 3.6 – Théorie des coûts de transaction appliquée à l'impact des technologies de l'information sur les entreprises.

La théorie de l'agence

Les technologies de l'information contribuent également à réduire les coûts internes de management. Selon la **théorie de l'agence**, l'entreprise peut être perçue comme un « nœud de contrats » entre différentes personnes plutôt que comme une entité cherchant à réaliser le maximum de profits (Jensen et Meckling, 1976). Un « principal » (donneur d'ordre) emploie des « agents » (employés) pour que ceux-ci effectuent des tâches en son nom. Ces derniers doivent toutefois faire l'objet de contrôles constants, faute de quoi, selon cette théorie, ils auront tendance à privilégier leurs propres intérêts plutôt que ceux de leur donneur d'ordre. Les coûts d'agence ou de coordination augmentent proportionnellement à la taille et à l'étendue de l'entreprise, car les donneurs d'ordre doivent consacrer de plus en plus d'énergie pour la surveillance et le management des employés. L'application de cette vision théorique dans les organisations a mené à un usage extensif des notions de client interne et de fournisseur interne pour structurer les relations internes entre les services et fonctions de l'entreprise.

Jusqu'à récemment, les entreprises augmentaient leur taille pour faire baisser leurs coûts de transaction. Les technologies de l'information réduisent les coûts de transaction pour une taille donnée. Elles offrent ainsi des possibilités de croissance des revenus sans augmenter, et même parfois en réduisant, la taille de l'entreprise.

Les technologies de l'information, en réduisant les coûts d'acquisition et d'analyse de l'information, permettent aux entreprises de réduire les coûts d'agence. En effet, il devient plus facile pour les managers de coordonner, voire de surveiller, les activités d'un plus grand nombre d'employés. La figure 3.7 montre qu'en réduisant les coûts généraux de management, les technologies de l'information aident les entreprises à augmenter leur chiffre d'affaires tout en réduisant le nombre de leurs cadres moyens et des employés administratifs.

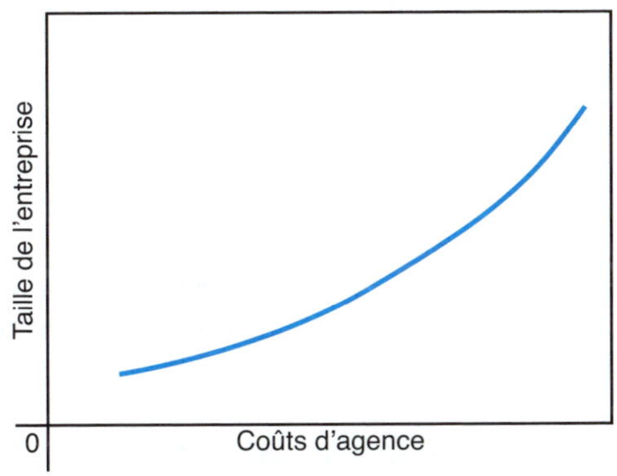

Figure 3.7 – Théorie des coûts d'agence appliquée à l'impact des technologies de l'information sur les entreprises.

Jusqu'à récemment, une entreprise dont la taille et la complexité augmentaient subissait aussi des coûts d'agence plus élevés. Le recours intensif et extensif aux systèmes et technologies de l'information a permis d'accroître le nombre d'employés sous la responsabilité d'un seul manager, ce qui a favorisé la réduction des frais généraux de management (coûts d'agence). Comme le management opérationnel est plus productif, les entreprises ont la possibilité de limiter le nombre de managers tout en augmentant leurs marges.

Puisque les systèmes et technologies de l'information peuvent contribuer à réduire à la fois les coûts d'agence et de transaction pour les entreprises, on peut s'attendre à ce que la taille de ces dernières diminue au fil du temps étant donné qu'elles investissent de plus en plus de capitaux dans ces systèmes et technologies de l'information. Avec le temps, le nombre de managers devrait diminuer et le revenu par employé augmenter. Cette vision doit néanmoins intégrer que des effets de seuil peuvent exister dans une approche de ce type et que de telles tendances ne peuvent s'extrapoler à l'infini.

2.2 Impacts organisationnels et comportementaux

Les théories abordées dans la sociologie des entreprises complexes donnent des clés pour comprendre comment et pourquoi la mise en œuvre de nouvelles applications informatisées transforme les entreprises.

Technologies de l'information et horizontalisation des entreprises

Les grandes entreprises très bureaucratiques, apparues pour la plupart avant l'essor de l'informatique, se révèlent souvent faiblement efficientes, peu réactives au changement et moins compétitives que celles créées plus récemment. Certaines de ces grandes entreprises ont diminué leur taille, réduit le nombre de leurs employés et d'échelons dans leur structure hiérarchique.

Plusieurs chercheurs en sciences comportementales ont élaboré des théories selon lesquelles les systèmes et technologies de l'information prennent part à une horizontalisation des hiérarchies en étendant la distribution de l'information et les moyens de contrôle sur les personnels et les opérations. Le but est de donner plus d'autonomies d'exécution opérationnelle aux employés des niveaux inférieurs et d'augmenter l'efficience du management (voir figure 3.8). Les employés des échelons inférieurs reçoivent les informations dont ils ont besoin pour prendre des décisions opérationnelles sans être contraints d'en référer à un échelon supérieur avant chaque opération. Pour certains chercheurs, une telle organisation aboutira à une remise en cause des pouvoirs au profit des salariés situés aux échelons les plus bas de l'organigramme. Sur ce point, les différentes publications académiques témoignent d'opinions très partagées de la part du monde universitaire.

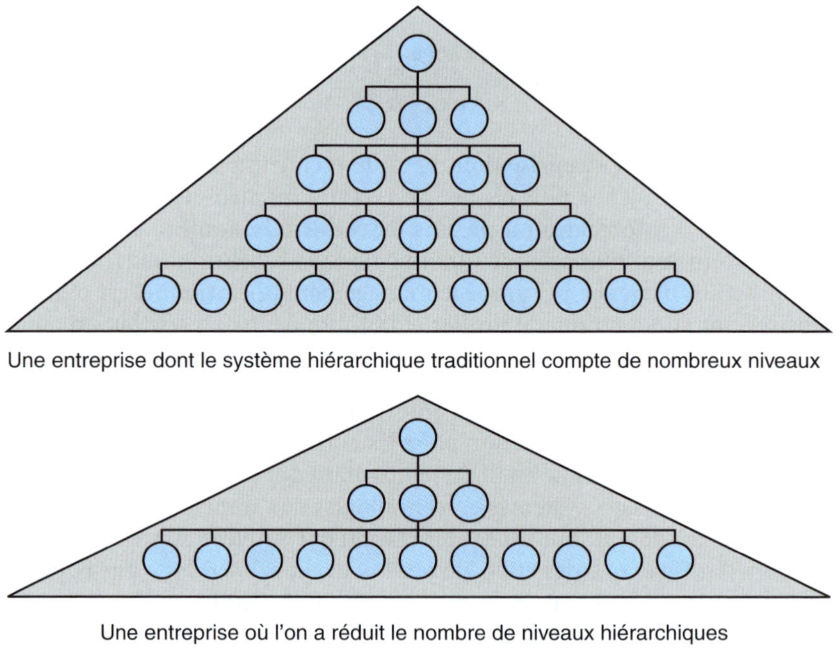

Figure 3.8 – Horizontaliser la hiérarchie des entreprises.

Les SI peuvent contribuer à réduire le nombre de niveaux hiérarchiques d'une entreprise en donnant aux managers les informations dont ils ont besoin pour gérer un plus grand nombre de collaborateurs et en impliquant davantage les employés des niveaux inférieurs dans la prise de décision.

Ces changements sont le signe que le champ d'application du management s'est élargi. Les managers de haut niveau gèrent et contrôlent un plus grand nombre de collaborateurs éparpillés sur de nombreux sites distants. Beaucoup d'entreprises se sont par conséquent séparées de plusieurs milliers de leurs cadres moyens concomitamment à ces changements.

Entreprises postindustrielles

Les théories de l'ère postindustrielle, plus que l'économie, se fondent sur l'histoire et la sociologie. Elles défendent elles aussi l'idée que les technologies de l'information devraient amener à une horizontalisation des hiérarchies. L'autorité s'appuie alors de plus en plus sur la connaissance et les compétences, et non plus seulement sur l'ordre hiérarchique. Selon certains chercheurs, les salariés ont tendance à gérer eux-mêmes leur propre management et la prise de décision se décentralise progressivement puisque les connaissances et l'information circulent plus librement dans toute l'entreprise (Drucker, 1988).

Les systèmes et technologies de l'information peuvent encourager les entreprises fonctionnant avec des groupes de travail en réseau dans lesquels des professionnels se rassemblent (en face en face ou virtuellement, à l'aide des technologies comme les vidéoconférences par exemple) pour des occasions ponctuelles, mais aussi des collaborations plus longues, jusqu'à l'accomplissement d'un projet spécifique ; il peut s'agir notamment de concevoir un nouveau produit. Une fois la tâche achevée, ces personnes rejoignent d'autres groupes de travail. Accenture, une société internationale de conseil en gestion, constitue une bonne illustration de ce phénomène. Elle ne possède ni siège social ni filiale. La plupart de ses 257 000 salariés se déplacent de site en site pour travailler sur des projets clients dans 120 pays différents.

Mais alors, qui s'assure que les équipes autonomes ne font pas fausse route ? Qui nomme les personnes qui vont travailler sur tel ou tel projet et qui décide de la durée de la mission ? Comment les managers peuvent-ils évaluer les performances de quelqu'un qui passe continuellement d'une équipe à une autre ? Comment les personnes gèrent-elles leur carrière ? De nouvelles méthodes d'évaluation, d'organisation et d'information des employés sont nécessaires. Il faut ajouter que le télétravail ne convient pas à toutes les situations ni à toutes les entreprises.

Comprendre les résistances organisationnelles au changement

Les SI sont indissociables de la politique organisationnelle car chacun d'entre eux exerce une influence sur une ressource clé tenant en un mot : l'information. Les SI peuvent influencer qui fait quoi, pour qui, quand, où et comment dans l'ensemble de l'entreprise. Nombreux sont les nouveaux SI qui contraignent à changer les habitudes et les façons de faire. Les personnes concernées vivent parfois douloureusement ces nouvelles exigences qui requièrent des efforts supplémentaires qui ne seront pas forcément reconnus, et dont la justification et la reconnaissance sont parfois difficilement perceptibles, même si des formations d'accompagnement sont proposées. Les SI peuvent potentiellement transformer la structure, la culture, les processus métier et la stratégie d'une entreprise.

C'est la raison pour laquelle on observe souvent une forte et compréhensible résistance lors de leur introduction.

On peut représenter cette résistance organisationnelle de diverses façons. Leavitt (1965) a utilisé un schéma en forme de losange pour illustrer la manière dont la technologie et l'entreprise sont étroitement liées et s'ajustent l'une à l'autre (voir figure 3.9). On voit ici que l'organisation des tâches, les structures et les personnes absorbent, détournent et mettent à mal les changements de technologies. Dans ce modèle, la seule manière de rendre possible le changement consiste à modifier simultanément les SI, les tâches, la structure et les comportements des personnes. D'autres chercheurs ont évoqué le besoin de « dégeler » les entreprises avant d'y introduire une innovation, de mettre cette dernière en place rapidement, puis de « recongeler » ou d'institutionnaliser le changement effectué (Alter et Ginzberg, 1978 ; Kolb, 1970).

La résistance au changement peut être si puissante que des investissements technologiques finissent par s'embourber et ne pas augmenter la productivité, voire la dégrader. Des recherches sur la mise en œuvre de projets démontrent en effet que la raison la plus couramment évoquée pour expliquer que ceux-ci n'atteignent pas leurs objectifs n'est pas l'échec d'une technologie, mais la résistance organisationnelle et politique au changement (voir chapitre 13).

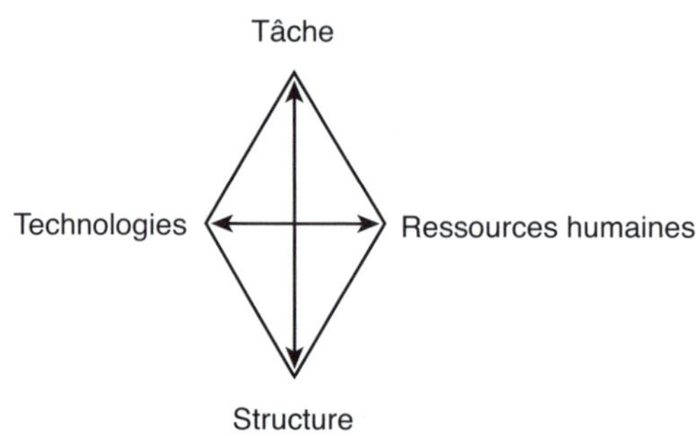

Figure 3.9 – Résistance organisationnelle et relation d'ajustement entre technologie et entreprise.

La mise en œuvre des SI a des répercussions sur l'organisation des tâches, les structures et les personnes. Ce modèle indique que, pour réussir, le changement doit s'appliquer simultanément à ces quatre éléments.

Source : Leavitt (1965).

En tant que futur manager responsable d'investissements en systèmes et technologies de l'information, votre capacité à travailler avec les personnes et les organisations est donc tout aussi importante que vos connaissances techniques.

2.3 Impact d'Internet sur les entreprises

Internet, et plus particulièrement le Web, a un impact considérable sur les relations entre les entreprises et les entités externes, mais aussi sur l'organisation des processus métier à l'intérieur d'une entreprise. Internet peut améliorer très massivement la disponibilité, le stockage et la distribution de l'information et des connaissances. Il est par essence capable de faire baisser de manière considérable les coûts d'agence et de transaction que supportent un grand nombre d'entreprises. Les sociétés de courtage et les banques peuvent par exemple à présent transmettre leur guide des procédures internes aux employés travaillant à distance. Il leur suffit de les déposer sur le site de l'entreprise, ce qui induit une économie de plusieurs millions d'euros en frais postaux. Les équipes de vente internationales peuvent recevoir quasi instantanément les mises à jour des tarifs produits *via* l'intranet ou les instructions que le management a envoyé par courriel. Les vendeurs des plus grands distributeurs peuvent accéder directement aux extranets des fournisseurs pour consulter des informations réactualisées en permanence et passer des commandes de réapprovisionnement.

Les entreprises ne tardent pas à repenser rapidement certains de leurs processus métier à partir des potentialités des technologies matérielles et logicielles liées à Internet dont elles font une composante clé de leurs infrastructures informatiques.

2.4 Conclusion

Afin qu'ils offrent tout leur potentiel, il convient d'élaborer les SI à partir d'une compréhension bien claire des attentes autant que des acquis de l'entreprise qui va les utiliser. L'expérience a permis de déterminer les facteurs organisationnels à considérer lors de la mise en œuvre d'un nouveau système :

- l'environnement dans lequel l'entreprise doit fonctionner ;
- la structure de l'entreprise : hiérarchie, domaines de spécialité, routines et processus métier ;
- la culture et la politique de l'entreprise ;
- le type d'entreprise et le mode de leadership ;
- les principaux groupes d'intérêt affectés par le système et l'attitude des employés amenés à l'utiliser ;
- le type de tâches, les décisions et les processus métier que le SI est destiné à faciliter.

3 Utiliser les SI pour créer un avantage compétitif

Dans presque tous les secteurs d'activités industrielles ou de services, certaines entreprises s'en sortent à l'évidence mieux que d'autres : dans la vente en ligne pure, c'est Amazon le leader ; Wal-Mart règne sur le marché mondial de la grande distribution ; pour la musique en ligne, Apple arrive en tête avec iTunes qui accapare plus de 70 % du marché du téléchargement de musique ; Google est le leader des moteurs de recherche. Au cours d'une période donnée, une entreprise se distingue presque toujours des autres ; cette position est toutefois à tout moment susceptible d'être remise en question par un ou plusieurs de ses compétiteurs. Ainsi, si Toyota est considéré depuis plus de 20 ans comme l'un des meilleurs acteurs de l'industrie automobile, ses difficultés au cours des années 2010 à 2012 ont illustré l'impérieuse nécessité de ne jamais considérer une position favorable comme définitive.

On dit que les entreprises qui « font mieux » que les autres présentent un avantage compétitif sur leurs concurrents : soit elles ont accès à des ressources particulières auxquelles les autres n'ont pas accès, soit elles sont capables d'utiliser de manière plus efficiente les ressources ouvertes à tous (le plus souvent parce qu'elles disposent de meilleures informations et connaissances). En tout cas, elles obtiennent de meilleurs résultats en termes de croissance du chiffre d'affaires, de rentabilité et d'augmentation de la productivité (efficacité).

Mais alors pourquoi certaines entreprises sont-elles meilleures que d'autres ? Comment créent-elles et surtout maintiennent-elles ou, mieux encore, améliorent-elles cet avantage compétitif ? Comment peut-on analyser une entreprise et identifier ses avantages compétitifs ? Et, pour finir, en quoi les SI contribuent-ils à ces avantages stratégiques ? La mobilisation du « modèle des cinq forces » de Michael Porter, entre autres références, peut permettre de répondre à ces questions.

3.1 Modèle des cinq forces de Porter

Le **modèle des cinq forces** de Porter est sans doute le modèle le plus répandu pour comprendre ce qu'est l'avantage compétitif (voir figure 3.10). Il propose une vision articulant les interactions entre l'entreprise, son environnement et ses concurrents. Au début de ce chapitre, nous avons décrit l'importance de l'environnement d'une entreprise et la manière dont elle en dépend. Le modèle de Porter s'intéresse tout particulièrement à l'environnement commercial global. Il s'appuie sur cinq facteurs clés permettant de dresser le profil de l'entreprise.

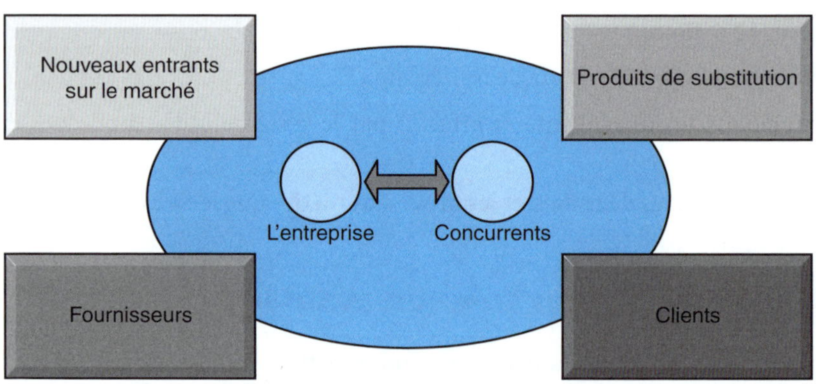

Figure 3.10 – Modèle des cinq forces de Porter.

Dans le modèle des cinq forces de Porter, la position stratégique de l'entreprise et ses stratégies sont déterminées non seulement par la compétition avec ses concurrents directs habituels, mais aussi par quatre autres facteurs à l'œuvre dans son environnement industriel : arrivée de nouveaux concurrents, produits de remplacement, clients et fournisseurs.

Concurrents traditionnels

Toutes les entreprises agissent sur un marché en même temps que des concurrents. Ces derniers élaborent constamment de nouvelles stratégies et méthodes afin d'introduire plus efficacement de nouveaux produits ou services… mais aussi de rendre toujours plus difficile l'entrée de nouveaux compétiteurs dans le jeu.

Nouveaux entrants sur le marché

Dans la théorie économique fondée sur la libre concurrence, les travailleurs et les ressources financières sont censés circuler librement et de nouvelles entreprises doivent pouvoir entrer en permanence sur le marché. La diversité des situations et des histoires montre cependant que les barrières sont peu élevées pour entrer dans certains secteurs, tandis que d'autres présentent davantage d'obstacles. Il est par exemple très simple de démarrer dans la vente de pizzas ou de tout autre commerce de détail. Il est en revanche plus ardu et plus cher de pénétrer les secteurs de l'aéronautique ou de l'informatique qui nécessitent des capitaux élevés et requièrent une expertise et des connaissances avancées acquises plus difficilement. Les nouvelles entreprises disposent de plusieurs avantages : elles ne sont pas prisonnières d'un site physique et d'équipements anciens, elles emploient souvent une main-d'œuvre moins chère et peut-être plus ouverte à l'innovation, elles ne sont pas encombrées par des marques anciennes et ont plus d'appétit compétitif que les entreprises installées depuis longtemps dans un secteur. Ces avantages peuvent néanmoins se retourner contre elles : elles dépendent d'investissements extérieurs pour financer leurs nouveaux sites et leur équipement, De plus, leur main-d'œuvre est moins expérimentée et leurs marques sont peu reconnues.

Produits et services de substitution

Dans de nombreux secteurs, il existe des produits de substitution vers lesquels les clients peuvent se tourner si le prix et/ou la qualité des produits ou services proposés sont insatisfaisants. Les nouvelles technologies créent en permanence d'autres substituts. Même le pétrole en a : les agrocarburants ou les alimentations électriques peuvent remplacer l'essence ; le vent, le soleil et l'énergie hydraulique sont des alternatives à la production industrielle d'électricité. De la même manière, les médicaments génériques peuvent remplacer ceux vendus par les grands laboratoires pharmaceutiques… et la téléphonie par Internet peut remplacer les services téléphoniques traditionnels, comme la fibre optique peut remplacer les câbles de télévision chez les particuliers. N'oublions pas bien sûr les services de musique en ligne qui vous permettent de télécharger des titres sur votre téléphone mobile, se substituant ainsi aux magasins de musique. Plus les produits et services de substitution sont nombreux dans votre secteur, moins vous pouvez contrôler les prix et plus votre marge est menacée à court terme.

Clients

La rentabilité d'une entreprise repose en grande partie sur sa capacité à attirer et retenir les clients (dont elle prive ses concurrents), et à maintenir des conditions de marge élevée. Le pouvoir des clients augmente si ceux-ci peuvent facilement passer chez un concurrent ou s'ils peuvent limiter la concurrence entre les entreprises à une guerre des prix sur un marché où la **différenciation de produit** est faible et les prix comparables immédiatement (par exemple *via* un site comparateur de prix accessible sur Internet).

Ainsi, sur le marché en ligne des manuels scolaires d'occasion, les étudiants (clients) peuvent choisir entre un grand nombre de fournisseurs pour presque tous les ouvrages. Dans ce cas précis, les clients en ligne ont un pouvoir extraordinaire sur les vendeurs de livres d'occasion. Il en est de même pour les agences de voyages où la désintermédiation amenée par Internet est devenue prééminente pour tout le secteur.

Fournisseurs

La puissance des fournisseurs peut avoir un impact significatif sur le chiffre d'affaires et la marge d'une entreprise, tout particulièrement si cette dernière ne peut pas augmenter ses prix aussi vite que ceux de son fournisseur. Plus une entreprise a de fournisseurs, plus elle peut exercer un contrôle sur eux en termes de prix, de qualité et de délais de livraison. Par exemple, les fabricants de PC portables mettent presque toujours plusieurs fournisseurs en concurrence pour les composants clés tels que les claviers, les disques durs et les écrans. Cette approche peut revêtir des limites liées aux coûts de management de cette multiplicité et à la réduction des effets de partenariats installés dans la durée au-delà des coûts connus à un instant *t*. L'exemple emblématique de cette dérive est le cas de General Motors et de Toyota : GM avait jusqu'à dix fois plus de fournisseurs que Toyota, mais une structure de coûts moins efficiente et une marge moins bonne. L'adaptation de ses processus de fabrication a été beaucoup plus longue et plus chère que pour Toyota.

3.2 Stratégies des SI pour gérer les facteurs de concurrence

Que peut faire une entreprise face à ces facteurs de concurrence ? Comment peut-elle tirer profit des SI pour limiter les effets pénalisants de certains de ces facteurs ? Comment lutter contre les produits de substitution et intimider les nouveaux entrants sur le marché ? Il existe quatre stratégies de base, que peuvent supporter les technologies et les SI : leadership à bas coût (ou *low cost*), différenciation produit ou service, concentration sur des marchés de niche et consolidation des liens privilégiés avec les clients et les fournisseurs.

Leadership bas coût

Les SI servent ici à réduire les frais d'exploitation et les prix. Wal-Mart en est un exemple classique. En maintenant les prix bas et les rayons bien garnis grâce à son célèbre système de réapprovisionnement, Wal-Mart est devenu le premier distributeur aux États-Unis. Le système de réapprovisionnement en continu de Wal-Mart est capable d'envoyer les commandes de nouveaux articles directement aux fournisseurs dès que les clients ont réglé leurs achats. Les terminaux des points de vente enregistrent le code-barres de chaque article passé en caisse et transmettent directement l'opération d'achat à l'ordinateur central du siège social de Wal-Mart. L'ordinateur centralise les commandes de l'ensemble des magasins et, après récapitulation et contrôles appropriés, les transmet par voie électronique aux fournisseurs. Grâce aux technologies Web, ces derniers peuvent à leur tour accéder aux données relatives aux ventes et à l'état des inventaires de Wal-Mart.

Ce système qui se charge du réapprovisionnement automatisé permet à Wal-Mart de se dispenser des dépenses élevées que représente la gestion des stocks dans ses propres entrepôts. L'enseigne peut aussi ajuster ses achats d'articles afin qu'ils correspondent à la demande des clients. Chez les concurrents, Sears par exemple, les frais généraux représentent 24,9 % des ventes. Wal-Mart, en revanche, grâce à son système, peut maintenir les frais d'exploitation au plus bas ; c'est ainsi que les frais généraux n'y représentent que 16,6 % du chiffre des ventes. (Les frais d'exploitation représentent en moyenne 20,7 % des ventes dans le secteur de la distribution.)

Le système de réapprovisionnement en continu de Wal-Mart est aussi un exemple de **service clients efficace** par sa réactivité qui associe directement le comportement des clients avec les chaînes de distribution, de production et d'approvisionnement. Dell a créé un système d'assemblage à la demande décrit dans la section suivante. Il s'agit là aussi d'une illustration de service clients efficace.

Différenciation produit

Les SI permettent également de lancer de nouveaux produits ou services ou de faire évoluer de manière significative le confort des clients déjà utilisateurs des produits et services existants. Google n'a par exemple jamais cessé d'introduire de nouveaux services de recherche uniques (parce que difficilement imitables) sur son site Internet, Google Maps entre autres. En achetant PayPal (un système de paiement électronique) en 2003, eBay a facilité le paiement des vendeurs pour ses clients et a ainsi accru l'utilisation de son marché des ventes aux enchères (PayPal représente 11 % des revenus d'eBay en 2012). Apple a créé l'iPod, un baladeur MP3 original assorti d'un service de musique en ligne (iTunes) où il est possible d'acheter des titres pour quelques centimes d'euro. Apple a continué à innover en proposant l'iPhone. Les revenus 2012 d'iTunes sont d'environ 12 milliards de dollars. Dans les secteurs plus classiques comme la banque, le cas de LCL (voir chapitre 2) en est une illustration forte par la possibilité de conclure un contrat en ligne, signature comprise.

Fabricants et distributeurs utilisent des SI pour créer des produits et des services personnalisés qui correspondent précisément aux caractéristiques de leurs clients. Avec son système d'assemblage alimenté par les spécifications fournies par chaque demande de chaque client, Dell vend directement à ce dernier. Les particuliers et les entreprises peuvent acheter directement chez Dell leurs ordinateurs personnalisés contenant les fonctionnalités et les composants qui répondent exactement à leurs spécifications. Ils peuvent simplement passer commande en appelant un numéro gratuit ou en se connectant au site Internet de Dell. Dès que le service de gestion de la production de Dell a reçu une commande, il désigne le site qui va assembler, avec les composants dont il dispose dans ses entrepôts, un ordinateur conforme aux spécifications indiquées par tel client.

Cette capacité à offrir des produits ou des services sur mesure en utilisant les mêmes ressources que pour la production en grand nombre s'appelle la personnalisation de masse. Le tableau 3.4 recense plusieurs entreprises qui ont mis au point des produits et des services fondés sur les technologies de l'information et que leurs concurrents ont du mal ou mettent beaucoup de temps à copier.

Tableau 3.4 : Nouveaux produits et services fondés sur les technologies de l'information et offrant un avantage compétitif

Amazon : commande en un clic	Amazon a déposé un brevet pour son système de commande en un clic et propose une licence d'exploitation aux autres vendeurs en ligne.
Musique en ligne : iPhone et iTunes d'Apple	Un smartphone associé à une offre de plus de 26 millions de titres en ligne.
Club de golf personnalisé : Ping	Les clients ont le choix parmi plus d'un million d'options pour leur club de golf. Un système de fabrication à la demande assure la livraison des clubs personnalisés dans les 48 heures.
Paiement en ligne entre acheteurs et vendeurs : PayPal.com	Transfert d'argent entre des comptes bancaires personnels et entre comptes bancaires et cartes de crédit.

Concentration sur des marchés de niche

Les SI peuvent permettre d'atteindre un marché spécifique et d'offrir à ce marché cible de meilleurs services que ceux des concurrents. Dans certains cas, les technologies et SI peuvent soutenir cette stratégie en produisant et en analysant des données permettant d'adapter précisément les ventes et les démarches marketing. Grâce aux SI, les entreprises peuvent analyser précisément les habitudes d'achat, les goûts et les préférences des clients afin de cibler les campagnes de publicité et de marketing vers un marché structuré en sous-ensembles de plus en plus fins.

Ces données proviennent de sources diverses : opérations de cartes de crédit, données démographiques, informations enregistrées aux caisses lors d'un achat ou récupérées lors de la connexion et de l'utilisation des sites Internet. Depuis la banalisation des smartphones, les informations issues des interactions de géolocalisation ont contribué au développement du volume de ces données. Ce phénomène plus général est appelé *Big Data*. Des logiciels sophistiqués repèrent et sélectionnent certaines structures et occurrences dans cet océan de données et en déduisent des règles utiles à la prise de décision. L'analyse de ce type de données favorise un marketing personnalisé où l'on crée des messages personnels en fonction des préférences de chaque client.

Actuellement, les applications de gestion de la relation client (*Customer Relationship Management,* CRM) offrent des fonctionnalités de calcul permettant ce type d'analyse avancée des données (voir chapitres 2 et 9).

Consolidation des liens privilégiés avec les clients et les fournisseurs

Les SI visent aussi à resserrer les liens avec les fournisseurs et à établir un rapport personnel avec les clients. Chrysler, Renault, Volkswagen Audi Group ou Toyota se servent de leur SI pour donner aux fournisseurs un accès direct au calendrier de production ; ces derniers ont même la possibilité de décider quand et comment expédier les pièces vers leurs usines d'assemblage. Non seulement le délai de mise en œuvre des fournisseurs pour la production des pièces s'en trouve amélioré, mais la totale responsabilité de la transaction leur incombe par ailleurs. Côté clients, Amazon.com suit leurs préférences lors des achats de livres ou de CD, puis leur recommande des titres achetés par les autres clients. Des liens forts avec ces derniers et les fournisseurs augmentent les **coûts**

de sortie (c'est-à-dire ce que coûte le passage d'un produit à celui d'un concurrent) ainsi que la fidélité à votre entreprise.

Le tableau 3.5 résume les stratégies concurrentielles que nous venons de décrire. Certaines entreprises mettent l'accent sur une de ces stratégies, mais il est à noter que, le plus souvent, les entreprises adoptent et combinent simultanément plusieurs d'entre elles.

Tableau 3.5 : Quatre stratégies concurrentielles classiques

Stratégie	Description	Exemple
Leadership *low cost*	Utiliser les SI pour produire des biens et des services à des prix inférieurs à ceux de la concurrence, tout en améliorant la qualité et le niveau de service proposé	Wal-Mart
Différenciation produit	Utiliser les SI pour différencier les produits et permettre l'arrivée de nouveaux produits et services	Google, eBay, Apple
Concentration sur des marchés de niche	Utiliser les SI dans le but de concentrer les stratégies sur un seul marché de niche ; se spécialiser	Hilton
Rapports privilégiés avec clients et fournisseurs	Utiliser les SI pour développer des liens forts et entretenir la fidélité des clients et les fournisseurs	Chrysler, Amazon.com

3.3 Impact d'Internet sur les avantages compétitifs

Internet a presque détruit les fondations de certaines industries et en a menacé bien d'autres. Il a par ailleurs favorisé la création de nouveaux marchés et constitué le point de départ de plusieurs milliers d'entreprises nouvelles. La première vague du e-commerce a transformé le marché des ventes de livres, de musique et de billets d'avion. Pour la seconde vague, de nombreux nouveaux secteurs se retrouvent confrontés à un scénario similaire : les services de téléphonie, la publicité, le cinéma, la télévision, la bijouterie, l'immobilier, l'hôtellerie, le règlement de factures et les logiciels. Le e-commerce prend de l'envergure, tout particulièrement dans les secteurs du voyage, des centres d'échange d'informations, du divertissement, de l'électroménager et de l'ameublement, etc.

Le secteur des encyclopédies papier et celui des agences de voyages ont par exemple été sinistrés à cause du nombre de substituts proposés en ligne. Internet a eu un impact analogue sur la vente de musique et de livres, ainsi que sur les sociétés de courtage et la presse écrite. Dans le même temps, Internet a ouvert la voie à des produits, services, processus métier et secteurs innovants qui ont émergé quotidiennement, par exemple eBay ou Amazon, ou encore iTunes et Google. Dans ce sens, Internet « transforme » des secteurs entiers, obligeant les entreprises à changer leurs habitudes commerciales, mais aussi leurs structures de production et leurs organisations.

Avec Internet, les facteurs de concurrence traditionnels ont toujours cours, mais certaines rivalités se sont intensifiées (Porter, 2001). Cette technologie est fondée sur des normes universelles auxquelles toutes les entreprises peuvent accéder. Dans certains secteurs ou types d'activités, la concurrence peut ainsi se concentrer sur une guerre des prix, ce qui facilite l'entrée de nouveaux compétiteurs sur le marché. Les informations étant accessibles à tous, Internet accroît le pouvoir de négociation des clients, qui peuvent rapidement dénicher le vendeur le moins cher sur le Web. Les bénéfices ont chuté. Certains secteurs tels que le voyage et les services financiers ont été touchés plus durement que d'autres. Le tableau 3.6 présente une partie des éventuels impacts négatifs d'Internet identifiés par Porter dans les entreprises commerciales.

Toutefois, et contrairement au point de vue quelque peu pessimiste de Porter, Internet offre aussi de nouvelles possibilités de créer des marques et de consolider une clientèle nombreuse, fidélisable et prête à payer un peu plus cher pour une marque précise (par exemple, AlloCiné, Aquarelle, Dailymotion et beaucoup d'autres). De plus, comme c'est le cas pour toutes les actions commerciales fondées sur les systèmes et les technologies de l'information, certaines entreprises savent mieux utiliser Internet que d'autres et en retirent de nouvelles opportunités stratégiques.

Tableau 3.6 : Impact d'Internet sur les facteurs de concurrence et la structure des industries

Facteur de concurrence	Impact d'Internet
Produits ou services de substitution	Permet l'émergence de nouveaux substituts ayant une approche nouvelle de la satisfaction des besoins et des performances.
Pouvoir de négociation du client	La diffusion des prix et des informations concernant les produits confère un pouvoir de négociation au client.
Pouvoir de négociation du fournisseur	L'approvisionnement sur Internet tend à accroître le pouvoir des fournisseurs. Ils bénéficient également d'une diminution des obstacles à leur entrée sur le marché et de l'élimination des distributeurs et des autres intermédiaires situés entre eux et leurs utilisateurs.
Menace de nouveaux entrants	Internet réduit les obstacles à l'entrée sur un marché (pas besoin d'une équipe de vente, ni d'un accès aux réseaux commerciaux, ni d'actifs réels).
Positionnement et rivalités entre les concurrents existants	Élargit le marché du point de vue géographique, ce qui augmente le nombre de concurrents et réduit les différences liées aux implantations physiques. Complique le maintien des avantages opérationnels, met la pression sur la concurrence des prix.

3.4 Modèle de chaîne de valeur pour l'entreprise

Bien que le modèle de Porter soit très utile pour identifier les facteurs de concurrence et proposer des stratégies de départ, il manque de précision en ce qui concerne les actions à entreprendre et ne fournit pas non plus une méthodologie permettant d'aboutir à la constitution, au maintien ou à la consolidation de certains avantages compétitifs. Si votre objectif est d'atteindre l'excellence opérationnelle, par où faut-il commencer ? Le modèle de la chaîne de valeur peut être ici mobilisé.

Le **modèle de la chaîne de valeur** met l'accent sur des activités spécifiques auxquelles les stratégies commerciales des entreprises s'appliquent le mieux (Porter, 1985) et sur lesquelles les SI sont le plus à même d'avoir un impact tangible tant au plan opérationnel que stratégique. Ce modèle identifie avec précision les points cruciaux pour lesquels une entreprise peut faire appel aux systèmes et technologies de l'information de manière efficace afin de renforcer sa compétitivité. Le modèle de la chaîne de valeur envisage l'entreprise comme une série ou une chaîne d'activités élémentaires qui ajoutent de la valeur aux produits ou aux services. On peut classer ces activités en deux catégories : principales et de soutien (voir figure 3.11).

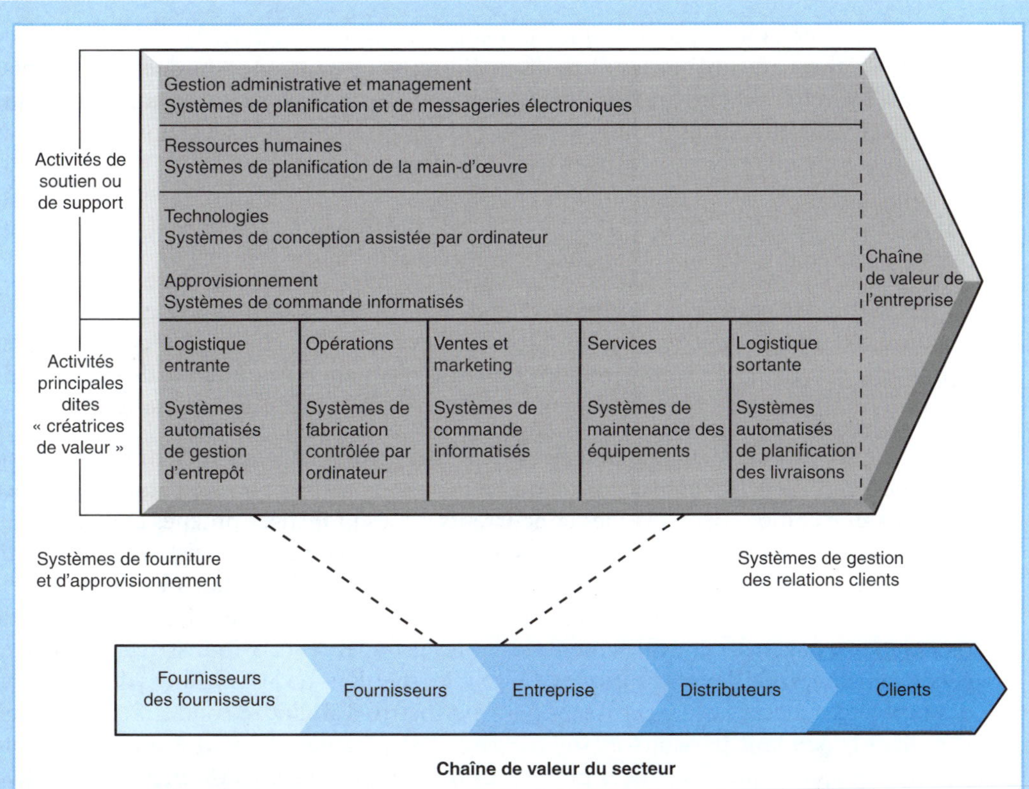

Figure 3.11 – Modèle de la chaîne de valeur.

Ce schéma illustre le système des activités principales et des activités de soutien d'une entreprise et de ses partenaires privilégiés qui peuvent apporter de la valeur ajoutée à ses produits ou à ses services.

Les **activités dites « principales »**, également nommées « primaires », sont directement liées à la production et à la distribution des produits et des services de l'entreprise qui créent de la valeur pour le client. Ces activités incluent différents éléments :

- La logistique de production comprend la réception et le stockage de matériaux de la distribution à la production.
- Les opérations transforment les ressources en produits finis.
- La logistique de distribution est liée au stockage et à la distribution des produits finis.
- Les ventes et le marketing sont dédiés à la promotion et à la vente des produits.
- Les activités de service concernent la maintenance et la réparation des biens et des services vendus.

Les **activités dites « de soutien »** assurent le support des activités principales et concernent l'infrastructure de l'entreprise (administration et management), les ressources humaines (recrutement, embauche et formation des salariés), les technologies (amélioration des produits et des méthodes de production), l'approvisionnement (achat des ressources) ainsi que les fonctions comptables et financières.

On peut maintenant se poser la question suivante pour chaque étape de la chaîne de valeur : « Comment utiliser les SI pour améliorer l'efficacité opérationnelle et les relations avec les clients et les fournisseurs ? » On sera alors obligé de porter un œil critique sur les activités effectuées à chaque étape, qui apportent de la valeur ajoutée, et sur la manière d'améliorer les processus métier. On peut aussi commencer à s'interroger sur la manière dont les SI peuvent améliorer les relations avec les clients et les fournisseurs qui se situent en dehors de la chaîne de valeur de l'entreprise, mais appartiennent néanmoins à une chaîne de valeur étendue et indispensable au succès.

Ici, le système de gestion de la chaîne d'approvisionnement, qui coordonne le flux des ressources dans l'entreprise, et celui de gestion des relations clients, qui coordonne les ventes et le service après-vente, sont ordinaires et résultent d'une analyse de la chaîne de valeur d'une entreprise. Nous développerons leur application à l'entreprise au chapitre 9.

Utiliser le modèle de la chaîne de valeur de l'entreprise peut aussi vous amener à envisager des tests de performance sur tel ou tel processus métier ; on sera alors en mesure d'établir une comparaison avec les concurrents ou les industries proches et d'identifier les meilleures pratiques du secteur. Les **tests de performance** consistent à comparer l'efficience et l'efficacité des processus métier par rapport à des normes strictes, puis à aligner les performances sur ces normes. Les sociétés de conseil, les organismes de recherche, les agences gouvernementales et les groupements d'industriels identifient généralement les **meilleures pratiques**. Ce sont les solutions ou les méthodes de résolution des problèmes jugées les plus efficaces pour permettre d'atteindre l'objectif commercial. Il ne faut cependant pas sous-estimer le risque stratégique de perdre une singularité positive en se « calquant » sur ces pratiques promues par tel ou tel cabinet de conseil.

Une fois l'analyse des différentes étapes de la chaîne de valeur de l'entreprise effectuée, on peut en déduire un ensemble d'applications SI potentielles en veillant à maintenir une cohérence d'ensemble pour favoriser l'intégration et la synchronisation de tous les échanges et flux. Cette liste d'applications établie, il faut décider lesquelles sont à implanter en priorité. Améliorer certains aspects de sa propre chaîne de valeur que les concurrents négligent peut être un moyen de conforter son avantage compétitif en parvenant à l'excellence opérationnelle, à une baisse des coûts, à l'amélioration des marges et à la création de liens privilégiés avec les clients et les fournisseurs. Si les progrès de vos concurrents sont comparables aux vôtres, au moins ne serez-vous pas à la traîne en termes de compétitivité, ce qui se révélerait le pire des scénarios puisque vous seriez ainsi en situation de désavantage concurrentiel ! Mais la chaîne de valeur doit s'appliquer à tous les intervenants, afin de créer des réseaux de valeur.

La figure 3.11 montre que la chaîne de valeur d'une entreprise est liée à la structure et à l'efficience des chaînes de valeur de ses fournisseurs, de ses distributeurs et de ses clients. Après tout, pour la plupart des entreprises, les performances dépendent non seulement de ce qui se passe en interne, mais aussi d'une bonne coordination entre l'entreprise et ses fournisseurs directs et indirects, ses transporteurs (partenaires logistiques tels que Geodis ou UPS) et, bien sûr, ses clients.

Comment penser et utiliser les SI pour atteindre un avantage compétitif au niveau d'un ensemble d'entreprises impliquées dans une même chaîne d'activités imbriquées ? En travaillant avec les autres entreprises, les différents partenaires peuvent se servir des systèmes et technologies de l'information pour utiliser, voire développer, des normes afin d'échanger des informations ou de réaliser des transactions commerciales de manière électronique. Ces échanges interentreprises normalisés sont au cœur du fonctionnement opérationnel du commerce électronique entre entreprises, appelé « *business to business* » (fréquemment abrégé « *B to B* »), notamment *via* les fameuses normes associées à l'EDI (échange de données informatisées ou *Electronic Data Interchange*), dont la plus répandue est Edifact.

Tous les acteurs du secteur sont ainsi obligés d'adopter les mêmes normes. Les membres d'une industrie peuvent organiser des consortiums, des symposiums et des réseaux de communication qui leur sont propres. Ouverts à l'ensemble du secteur et mis au point grâce aux technologies de l'information, ils permettent de coordonner les activités liées aux relations avec les administrations (automatisation des déclarations de TVA, des déclarations fiscales, des déclarations à l'URSSAF, etc.) et les entreprises de secteurs adjacents.

L'avantage stratégique découle de la capacité à mettre en relation la chaîne de valeur avec celles d'autres partenaires. Par exemple, si vous étiez Aquarelle.com, vous souhaiteriez la création de systèmes visant à :

- faciliter l'affichage des produits et l'ouverture d'une boutique sur le site Internet pour les vendeurs ;
- faciliter le paiement des produits pour les clients ;
- développer des systèmes qui coordonnent l'envoi des produits au client ;
- développer des systèmes de suivi des commandes pour les clients ;
- développer des systèmes qui augmentent le nombre de données sur vos clients (réseaux sociaux).

Les SI intégrant les technologies et services d'Internet ont permis aux industries de créer des chaînes de valeur fortement synchronisées, que l'on appelle « réseaux de valeur ». Un **réseau de valeur** est constitué d'un ensemble d'entreprises indépendantes mais interdépendantes, qui utilisent les technologies de l'information pour coordonner leurs chaînes de valeur respectives dans le but de produire collectivement un produit ou un service destiné à un marché. Cette chaîne de valeur est davantage orientée client et opère de manière moins linéaire qu'une chaîne de valeur traditionnelle.

Comme l'illustre la figure 3.12, dans ce réseau de valeur, différentes entreprises d'un secteur ou de secteurs proches synchronisent leurs processus métier liés aux clients, aux fournisseurs et aux partenaires privilégiés. Ces réseaux de valeur sont plus ou moins souples et tentent de s'adapter aux variations de l'offre et de la demande. Les relations peuvent être groupées ou dégroupées selon les évolutions de la demande. Les entreprises font gagner du temps aux acteurs du marché et aux clients en profitant des relations établies dans ce réseau de valeur pour prendre rapidement des décisions d'adaptation ou d'optimisation : qui peut livrer les produits ou les services requis au prix et à l'endroit voulus ?

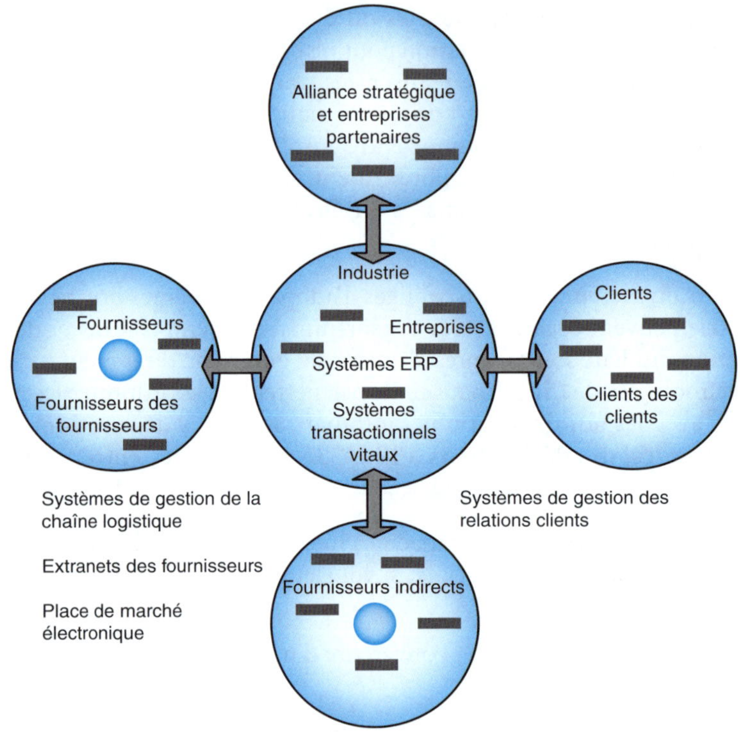

Figure 3.12 – Le réseau de valeur.

3.5 Synergies, cœur de métier et stratégies réseau

Une grande société est en général divisée en un ensemble de plusieurs entreprises. Souvent, son organisation regroupe des entités auxquelles son rendement est directement lié. Les SI peuvent améliorer les performances de ces entités en encourageant les synergies et la focalisation sur le cœur de métier. Certaines entreprises développent aussi des stratégies visant à tirer profit des réseaux.

Synergies

Lorsque le rendement de certaines entités organisationnelles peut constituer un apport pour d'autres, ou que deux entreprises peuvent mettre en commun leurs marchés et leur expertise, cette relation peut favoriser la baisse des coûts et générer des profits : c'est ce qu'on appelle la synergie. L'accélération des fusions entre des sociétés appartenant au même secteur repose sur cette conviction.

Dans ce type de synergies, le rôle des technologies de l'information consiste entre autres à relier les opérations des entités éloignées afin qu'elles puissent agir comme un tout.

Il convient de garder à l'esprit que les synergies ne conduisent pas toujours aux gains espérés. Les nombreux échecs de fusion-acquisition en sont l'illustration, et la mutualisation des ressources ne produit pas mécaniquement une efficience concurrentielle accrue.

Mettre en valeur le cœur de métier

Il est possible d'utiliser différemment les SI pour obtenir des avantages compétitifs : pensez à la façon dont ils peuvent mettre en valeur le **cœur de métier**. Celui-ci est une activité dans laquelle l'entreprise est un leader et une référence. Il peut s'agir d'être le meilleur concepteur de maquettes, le meilleur transporteur ou le meilleur fabricant de tel composant électronique. En général, le cœur de métier est lié à un savoir-faire acquis au cours de plusieurs années d'expérience. Il s'appuie sur des centres de recherche de premier plan ou des personnes clés qui surveillent l'ensemble des progrès réalisés dans un domaine.

Tout SI qui valorise le partage des connaissances entre les entités améliore les compétences. De tels systèmes peuvent encourager ou augmenter les compétences existantes et aider les employés à être attentifs aux avancées venues de l'extérieur.

Prenons l'exemple de Procter & Gamble (P&G), leader mondial dans la gestion des marques et l'innovation pour les biens de consommation. Le groupe utilise toute une série de systèmes afin de valoriser son cœur de métier. Son site intranet, baptisé « InnovationNet », aide les personnes qui travaillent sur les mêmes problématiques à partager leurs idées et leurs domaines d'expertise. Ce système met en relation le personnel du service recherche et développement (R&D), les ingénieurs, les équipes des achats, le marketing, le service juridique et les SI aux commerciaux répartis dans le monde entier. Grâce à un navigateur Internet, un portail leur permet d'accéder à des documents, rapports, tableaux, vidéos et à toutes sortes de données provenant de sources diverses. Ce portail contient par ailleurs un annuaire d'experts qui peuvent dispenser des conseils sur des sujets précis ou bien collaborer à la résolution de problèmes et au développement des produits. Y figurent également des chercheurs scientifiques et des entrepreneurs travaillant à l'extérieur, à la recherche de produits nouveaux et innovants dans le monde entier.

P&G distribue plus de 300 marques touchant plusieurs secteurs d'activité. Cette entreprise utilise maintenant des logiciels de gestion marketing personnalisés, afin d'aider ces différents groupes à partager des idées et des données pour leurs campagnes marketing. Ce système encourage la planification stratégique, la recherche, la publicité, le publipostage et la gestion de sa communication événementielle. Il est aussi capable d'analyser l'impact des projets marketing.

Stratégies réseau

L'accès à Internet et aux technologies de réseau a encouragé les stratégies qui tirent profit de la capacité des entreprises à créer ou rejoindre des réseaux. Les stratégies réseau englobent une économie des réseaux, un modèle d'entreprise virtuelle et des écosystèmes d'affaires. Tirer profit des réseaux suppose, au-delà des moyens et des technologies utilisés, une conviction que la coopération et l'échange sincères sont sources de progrès.

Économie des réseaux. Les modèles commerciaux fondés sur un réseau peuvent aider les entreprises sur le plan stratégique en tirant profit de l'économie des réseaux. Dans les économies traditionnelles (industrie et agriculture), la production doit faire face à un rendement décroissant. Plus une ressource est allouée à la production, moins la marge est importante. On atteint très vite le point où des apports complémentaires ne conduisent pas à une augmentation du rendement. C'est la loi des rendements décroissants, sur laquelle se fonde la majorité des économies modernes.

Dans certains cas pourtant, cette loi ne s'applique pas. Prenons l'exemple d'un réseau : avec l'entrée d'un nouveau participant, les coûts marginaux sont quasi nuls tandis que les gains marginaux sont considérables. Plus le nombre d'inscrits dans un réseau de téléphonie ou sur Internet est élevé, plus la valeur de chaque participant augmente car chacun peut interagir avec plus de monde. Exploiter une chaîne de télévision comptant dix millions d'abonnés ne coûte pas proportionnellement 1 000 fois plus cher qu'avec seulement 10 000 abonnés. La valeur d'une communauté augmente avec le nombre de participants, et le coût additionnel lié à l'arrivée de nouveaux membres peut être marginal.

Cette perspective, propre à l'économie des réseaux, révèle l'aspect stratégique des technologies de l'information. Les entreprises peuvent utiliser les sites Internet pour créer des communautés d'utilisateurs : des clients qui partagent un certain état d'esprit et souhaitent échanger leurs expériences. Par exemple, un baromètre publié en avril 2012, « *Hopscotch-Like Me I'm Famous* », a mesuré la présence des marques alimentaires sur Facebook en France. Ce classement part de trois indicateurs clés : le nombre de fans Facebook et le nombre de partages ; le nombre de posts de la marque sur son mur et sa fréquence de réponse ; le nombre moyen de commentaires, de publications de fans sur le mur et de *likes* sur Facebook. Cela renforce la fidélité et la satisfaction des clients, avec qui on crée ainsi des liens uniques. eBay et aufeminin.com en sont un bon exemple. Les deux entreprises réunissent un réseau de plusieurs millions d'utilisateurs, et elles ont toutes les deux tiré profit des outils de communication du Web et d'Internet pour construire ces communautés. Plus les gens qui proposent des produits sur eBay sont nombreux, plus le site est attrayant car on y trouve davantage de produits. Plus le nombre de vendeurs en compétition est élevé, plus les prix baissent. L'économie des réseaux est aussi une source d'avantages stratégiques pour les distributeurs de logiciels. La valeur de leurs logiciels et de leurs produits dérivés augmente au fur et à mesure qu'un nombre croissant de personnes les utilisent, et un groupe d'utilisateurs avéré justifie l'utilisation continue du produit et l'existence de l'assistance technique.

Modèle d'entreprise virtuelle. Une autre stratégie réseau consiste à utiliser un modèle d'entreprise virtuelle pour créer un commerce compétitif. Une **entreprise virtuelle**, également appelée organisation virtuelle, utilise le réseau pour mettre en relation des personnes, des actifs et des idées. Elle peut ainsi s'allier avec d'autres entreprises pour créer et distribuer des produits et des services sans être limitée par les frontières organisationnelles traditionnelles ou par l'emplacement géographique. Une entreprise peut utiliser les compétences d'une autre entreprise sans qu'elles soient physiquement proches. L'entreprise virtuelle est utile lorsque celle-ci se rend compte que ce modèle lui revient moins cher que de se procurer des produits, des services ou des compétences chez un vendeur extérieur, ou encore quand elle a besoin d'agir rapidement pour exploiter de nouvelles opportunités sur le marché alors qu'elle ne dispose ni du temps ni des ressources nécessaires pour y répondre seule. Dans de nombreux secteurs classiques, des entreprises virtuelles s'implantent et conquièrent rapidement des parts de marché significatives. Ainsi, Li & Fung, entreprise chinoise établie à Hong Kong, est devenue le premier fournisseur de vêtements et jouets de Wal-Mart. Plusieurs entreprises du secteur de la mode, telles que Zara, Marks & Spencer, Levi Strauss et Reebok, recourent elles aussi à Li & Fung pour la gestion de leur production et la livraison de leurs vêtements. Fondée sur une gestion très informatisée des ordres et des relations électroniques des activités d'approvisionnement, Li & Fung, qui se présente comme un chef d'orchestre de la logistique est devenue un géant mondial de l'approvisionnement, situé entre l'enseigne de distribution et les fournisseurs. En 2011, l'enseigne réalise un chiffre d'affaires de 20 milliards de dollars et emploie 30 000 salariés. Elle prend en charge le développement produit, la recherche des matières premières, la planification de la production, l'assurance qualité et les livraisons. L'entreprise ne possède ni tissus, ni usines, ni machines : tout le travail est externalisé vers un réseau comptant plus de 7 500 fournisseurs répartis dans 37 pays à travers la planète. Les clients passent commande *via* leur site extranet privé. Li & Fung envoie ensuite ses instructions aux fournisseurs de matières premières sélectionnés et aux usines qui produisent les vêtements. Grâce au site extranet de Li & Fung, il est possible de suivre le processus de production de chaque commande.

En tant qu'entreprise virtuelle, Li & Fung est flexible et peut s'adapter. Elle conçoit et produit sur-le-champ les commandes de ses clients afin de suivre le marché de la mode qui évolue très rapidement.

Écosystèmes d'affaires. Internet et l'essor des entreprises numériques ont amené certains changements dans le modèle des avantages concurrentiels. Le modèle de Porter est bâti sur un environnement industriel relativement statique : les limites du secteur sont assez nettes, l'ensemble des fournisseurs, des substituts et des clients est plutôt stable, et l'accent est mis sur les acteurs industriels dans un environnement de marché. Au lieu de se cantonner à un seul secteur, certaines entreprises actuelles ont conscience d'appartenir à un ensemble de secteurs qui proposent des produits et des services voisins (voir figure 3.13). Un **écosystème d'affaires** désigne ces réseaux qui regroupent des fournisseurs, des distributeurs, des sous-traitants, des transporteurs et des fabricants de technologies, associés de manière assez libre mais interdépendants (Iansiti et Levien, 2004).

Le concept d'écosystème d'affaires repose sur la même idée que les réseaux de valeur décrits précédemment. La différence réside dans la coopération qui s'établit entre plusieurs secteurs, et non pas simplement entre plusieurs entreprises. Par exemple, Microsoft propose des plateformes contenant des SI, des technologies et des services que des milliers d'autres entreprises de divers secteurs utilisent pour améliorer leurs propres compétences. Selon les estimations de Microsoft, plus de 40 000 entreprises prennent en charge les produits Microsoft et se servent de sa plateforme pour livrer leurs propres produits. Elles augmentent ainsi la valeur de l'entreprise Microsoft.

Les écosystèmes d'affaires se caractérisent par une ou plusieurs entreprises clés qui dominent l'écosystème et qui créent les plateformes utilisées par les autres entreprises de la niche. Les entreprises clés de l'écosystème Microsoft incluent Microsoft et des fabricants de technologie tels qu'Intel et IBM. Cette niche regroupe des milliers d'entreprises spécialisées dans les applications logicielles, le développement, les services, les réseaux et le conseil, qui prennent en charge et s'appuient sur les produits Microsoft.

Les technologies de l'information jouent un rôle primordial dans la construction des écosystèmes d'affaires. À l'évidence, de nombreuses sociétés utilisent les SI pour développer des entreprises clés mettant au point des plateformes IT que d'autres entreprises peuvent utiliser. eBay a créé une plateforme de ventes aux enchères et de boutiques en ligne utilisées chaque jour par plus de 500 000 petites entreprises. À l'ère du numérique, les technologies de l'information prennent de l'ampleur dans les écosystèmes industriels car les coûts de participation vont baisser et les bénéfices de toutes les entreprises vont augmenter proportionnellement à la croissance des plateformes.

Lorsqu'elle doit décider quels produits élaborer ou quels services proposer, une entreprise doit par exemple s'intéresser à celles déjà présentes dans cet écosystème d'affaires et à la manière dont elle peut utiliser les technologies de l'information pour y prendre part à son tour.

Les plateformes Internet mobiles sont un très bon exemple d'écosystème à expansion rapide. Celui-ci compte quatre secteurs : des fabricants d'appareils (iPhone et iPad d'Apple, Samsung, Nokia, BlackBerry de RIM, LG, etc.), des entreprises de télécommunications sans fil (AT&T, Verizon, China Mobile, Telefonica, T-Mobile, Sprint-Nextel, France Télécom, etc.), des distributeurs indépendants d'applications logicielles (en général de petites entreprises proposant des jeux, des applications et des sonneries pour portables) et des fournisseurs d'accès à Internet (qui participent à la plateforme mobile en tant que fournisseurs de services Internet).

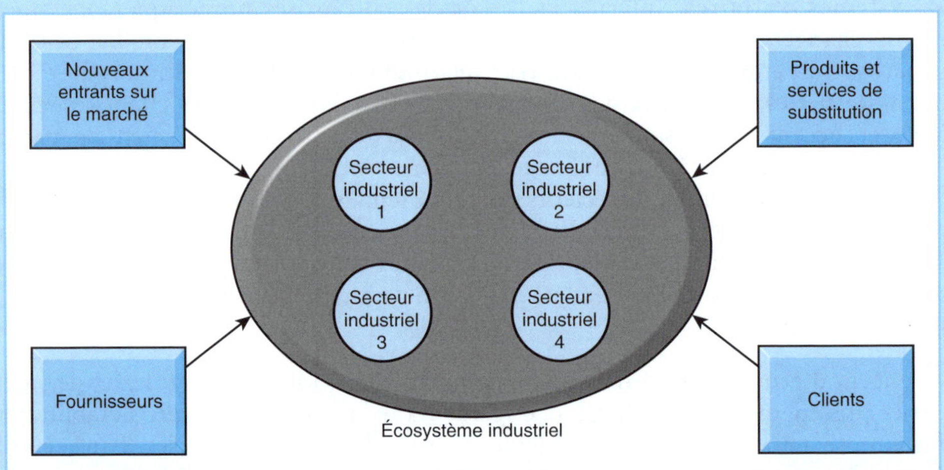

Figure 3.13 – Un modèle d'écosystème stratégique.

L'ère du numérique a créé le besoin de visualiser de manière plus dynamique les frontières entre les secteurs, les entreprises, les clients et les fournisseurs, puisque la compétition se fait entre plusieurs secteurs d'un même écosystème d'affaires. Dans le modèle d'écosystème, plusieurs secteurs travaillent ensemble pour offrir de la valeur au client. Les technologies de l'information jouent un rôle capital dans la constitution d'un réseau riche d'interactions entre les entreprises participantes.

Chacun de ces secteurs possède sa propre histoire, ses propres intérêts et ses propres motivations. Toutefois, ces éléments sont réunis dans un nouveau secteur tantôt coopératif, tantôt compétitif, appelé « écosystème des plateformes numériques mobiles ». Plus que toute entreprise, Apple est parvenu à réunir ces secteurs dans un seul système. La mission du groupe est de vendre ses appareils (iPhone), presque aussi puissants que les PC actuels. Ceux-ci ne fonctionnent qu'à l'aide d'un réseau 3G fourni par des entreprises de télécommunications mobiles. Pour attirer une clientèle nombreuse, l'iPhone devait être plus qu'un simple téléphone mobile. Apple a différencié son produit en le transformant en « *smart phone* », capable d'exécuter plusieurs milliers d'applications utiles et variées. Le groupe ne pouvait pas développer lui-même ces applications. Il s'est donc associé à des petits développeurs de logiciels, le plus souvent indépendants, qui fournissent ces applications pouvant être achetées sur iTunes. À l'arrière-plan, l'industrie de la téléphonie mobile gagne de l'argent chaque fois qu'un client iPhone se connecte.

Un des développeurs qui a le mieux réussi sur la plateforme iPhone est Rovio, une entreprise finlandaise. Celle-ci a développé et mis sur le marché AngryBirds en 2009. Le jeu, vendu 0,89 euro, a été téléchargé plus d'un milliard de fois. En 2011, ses revenus se sont élevés à 75 millions d'euros. En mars 2013, il est devenu gratuit. En 2012, Apple a réalisé 10 milliards de dollars de recettes annuelles supplémentaires grâce à App Store, sa plateforme de téléchargement d'applications. Apple conserve environ 30 % des recettes.

4 Utilisation des systèmes et avantage compétitif : problèmes et management

Les SI stratégiques sont souvent porteurs de changements pour l'entreprise ainsi que pour ses produits, ses services et ses méthodes d'exploitation. Ils poussent à adopter de nouveaux comportements. Bien utiliser les SI pour atteindre un avantage compétitif représente un défi, ce qui requiert la coordination des systèmes et des technologies, des modes opératoires et des parties prenantes (managers, employés, etc.). Les entreprises doivent préserver cet avantage compétitif, s'efforcer d'aligner leur SI sur leurs objectifs et assurer correctement les transitions correspondantes.

4.1 Défendre l'avantage compétitif

Les avantages compétitifs que procurent les systèmes stratégiques ne durent pas toujours assez longtemps pour assurer une rentabilité à long terme. Les concurrents peuvent en effet contre-attaquer en copiant les systèmes stratégiques ; l'avantage compétitif n'est donc pas pérenne. Marchés, attentes des clients, changements de technologie… la mondialisation a accéléré ces changements et les a rendus encore plus difficiles à anticiper. Internet peut détruire très rapidement l'avantage compétitif car pratiquement toutes les entreprises savent se servir de cette technologie. Des systèmes stratégiques classiques tels que Sabre, le système de réservation informatique d'American Airlines, ou le suivi des livraisons de La Redoute ont tiré profit du fait qu'ils étaient pionniers dans leur secteur. Par la suite, des systèmes rivaux sont apparus. Amazon.com (dont nous avons parlé précédemment), un des grands pionniers leaders du e-commerce, doit aujourd'hui faire face à la concurrence d'eBay et de Google. Pris isolément, les SI ne procurent pas un avantage compétitif durable. Ils se voulaient à l'origine stratégiques et sont souvent devenus des outils indispensables à la survie. Toutes les entreprises en ont besoin pour maintenir leur activité.

Soulignons, toutefois, qu'un pionnier peut maintenir ou consolider les positions qu'il a acquises, y compris dans le secteur des activités totalement construites sur le e-commerce. Par exemple, en 2012, selon les statistiques d'Internet Retailer, et en termes de chiffre d'affaires (CA), Amazon est le premier des 100 plus grands marchands américains sur Internet, avec 48 milliards de dollars ; le deuxième, Staples, réalise un chiffre d'affaires de 10,6 milliards de dollars ; puis arrivent Apple (6,7 milliards de dollars) et Wal-Mart (4,9 milliards de dollars). La banalisation des technologies et de leurs usages renvoie chaque entreprise à ses capacités singulières de les intégrer dans une manœuvre stratégique de conquête et/ou de fidélisation des clients par la difficile imitabilité de ses contenus et l'adaptation de son offre de produits et services aux variations des attentes et comportements de ces mêmes clients.

4.2 S'aligner sur les objectifs commerciaux

Les recherches sur les performances des technologies de l'information et sur celles des entreprises ont révélé que : (a) plus une entreprise parvient à aligner ses technologies de l'information sur ses objectifs commerciaux, plus elle sera rentable ; (b) un quart seulement des entreprises parviennent à aligner les technologies de l'information avec leurs activités commerciales. Cette exigence d'alignement est complexe et fait appel à une synchronisation du SI sur la trajectoire de l'entreprise, son cap et son rythme (Fimbel, 2007). Une entreprise commerciale doit environ la moitié de ses bénéfices à l'alignement entre ses technologies de l'information et ses activités (Luftman, 2003).

La majorité des entreprises se trompe : les technologies de l'information ont une vie propre et ne répondent pas très bien aux attentes du management et des actionnaires. Au lieu de jouer un rôle actif dans l'élaboration des technologies de l'information propres à l'entreprise, les responsables des stratégies commerciales les ignorent et prétendent ne rien y comprendre, puis acceptent leur échec comme s'il s'agissait d'un inconvénient inhérent à leur travail. Des performances médiocres sont le lourd tribut que paient ces entreprises. Les entreprises qui réussissent ainsi que leurs managers comprennent le potentiel que recèlent les technologies de l'information et la manière de s'en servir ; ils jouent un rôle actif dans leur mise en place et peuvent mesurer leur impact sur les recettes et les profits (Cigref 2001, 2002 et 2004).

En vue de procéder à l'analyse des systèmes stratégiques pour aligner les technologies de l'information avec les activités et utiliser efficacement les SI en vue d'obtenir un avantage compétitif, les managers doivent procéder à une analyse des systèmes stratégiques. Afin d'identifier le type de systèmes qui procure un avantage stratégique à leur entreprise, les managers doivent se poser les questions suivantes :

1. Quelle est la structure du secteur dans lequel l'entreprise est implantée ?
   - Quels sont les facteurs de concurrence en place dans ce secteur ? Existe-t-il de nouveaux entrants ? Quel pouvoir relatif exercent les fournisseurs, les clients et les produits et services de substitution sur les prix ?
   - La concurrence est-elle fondée sur la qualité, les prix ou la marque ?
   - Quelles sont la direction et la nature des changements dans le secteur ? D'où viennent l'impulsion et les changements ?

   - De quelle manière les technologies de l'information sont-elles utilisées actuellement dans ce secteur ? L'entreprise est-elle en retard ou en avance sur l'application de ses SI ?

2. Quelles sont les chaînes de valeur liées aux activités, à l'entreprise et au secteur pour cette entreprise en particulier ?
   - Comment l'entreprise crée-t-elle de la valeur pour le client : grâce à des petits prix ou à une meilleure qualité ? Existe-t-il dans la chaîne de valeur des points qui permettraient de créer plus d'avantages pour le client et plus de profits pour l'entreprise ?
   - L'entreprise comprend-elle et gère-t-elle ses processus métier à l'aide des meilleures pratiques mises à sa disposition ? Tire-t-elle avantage de la gestion de sa chaîne d'approvisionnement, de la gestion de ses relations client et de ses systèmes internes ?
   - L'entreprise tire-t-elle profit de son cœur de métier ?
   - La chaîne d'approvisionnement et la clientèle évoluent-elles de manière bénéfique ou nuisible à l'entreprise ?
   - L'entreprise peut-elle s'appuyer sur des partenaires stratégiques et des réseaux de valeur ?
   - À quel niveau de la chaîne de valeur les SI offriront-ils le plus de valeur à l'entreprise ?

3. Nos technologies de l'information sont-elles alignées avec nos stratégies et nos objectifs commerciaux ?
   - Avons-nous élaboré correctement nos stratégies et nos objectifs commerciaux ?
   - Les technologies de l'information améliorent-elles les activités et les processus métier adéquats pour promouvoir cette stratégie ?
   - Utilisons-nous des systèmes de mesure appropriés pour évaluer nos progrès ?

4.3 Gérer les transitions stratégiques

Avant d'adopter le type de systèmes stratégiques décrits dans ce chapitre, il est souvent nécessaire de réviser les objectifs commerciaux, les relations avec les clients et les fournisseurs, ainsi que les processus métier. On peut considérer ces changements multidimensionnels (sociaux, organisationnels, techniques, etc.) comme des **transitions stratégiques.**

De tels changements brouillent souvent les frontières organisationnelles, qu'elles soient externes ou internes. Clients et fournisseurs doivent être intimement associés et ils peuvent partager des responsabilités. Les managers vont devoir mettre au point de nouveaux processus métier pour coordonner les activités de leur entreprise avec celles des clients, des fournisseurs et des autres entreprises. Les problèmes inhérents aux changements organisationnels sont abordés plus en détail au chapitre 13.

Résumé

Informatiser une activité ou un processus traduit une démarche qui affecte non seulement les conditions de son exécution opérationnelle, mais également les relations que les groupes sociaux et les individus entretiennent vis-à-vis de leur travail. Selon le type d'organisation (PME-PMI ou multinationale, société manufacturière ou de services, etc.), les métiers utilisateurs et la culture propre à l'entreprise (forte centralisation ou décentralisation, par exemple), l'acceptation de l'informatisation se déroulera de manière différente. L'optimisation des processus par l'accélération des enchaînements entre les acteurs se traduit par une réduction des niveaux hiérarchiques au sein de l'entreprise et par un rythme de travail plus soutenu, grâce au SI.

Le SI contribue aux activités situées dans la chaîne de valeur de l'entreprise (achats, production, logistique, ventes, etc.), ainsi qu'aux fonctions de support (comptabilité, finances, ressources humaines, etc.). Les pratiques du commerce électronique (notamment *via* l'EDI et Internet) améliorent l'intégration des processus interorganisationnels entre l'entreprise et ses partenaires (clients et fournisseurs).

Enfin, le SI peut créer de nouveaux avantages compétitifs ou renforcer les avantages existants. Pour ce faire, les managers doivent avoir identifié les potentiels stratégiques des technologies et des SI.

Activités

Questions de révision

1. Qu'est-ce qu'une organisation ? Comparez et commentez les différentes définitions.
2. Quelles sont les caractéristiques que toutes les organisations possèdent en commun ? Qu'est-ce qui les différencie les unes des autres ?
3. Comment une DSI est-elle organisée ? Quelles sont ses activités, ses missions, ainsi que les principaux métiers qu'elle mobilise ?
4. Décrivez les principales théories économiques qui permettent d'expliquer l'impact des SI sur les organisations.
5. Décrivez les principales théories issues des sciences du comportement qui permettent d'expliquer l'impact des SI sur les organisations.
6. Pourquoi rencontre-t-on une résistance forte à la mise en œuvre de certains SI ?
7. Comparez les descriptions des comportements de gestion du modèle classique et du modèle comportemental.
8. Quels sont les rôles de gestion spécifiques supportés par les SI ? Lorsqu'il s'agit de soutenir les activités des managers, où se situent les principales forces et faiblesses des SI ?
9. Comparez les modèles individuels et organisationnels de prise de décision.
10. Quels sont les effets d'Internet sur les processus de gestion ?
11. Décrivez les modèles appropriés d'analyse de la stratégie sur le plan des processus de l'entreprise, ainsi que les types de stratégies que l'entreprise peut adopter pour affronter la concurrence.
12. Décrivez la manière dont les SI peuvent aider l'entreprise à affronter la concurrence.
13. Comment peut-on utiliser les forces concurrentielles, les partenariats de l'entreprise, les écosystèmes de l'entreprise et l'économie de réseaux pour établir des stratégies mobilisant les SI sur le plan du secteur économique (au sens de branche industrielle) ?
14. Comment la chaîne de valeur et le modèle des forces concurrentielles ont-ils changé en raison du recours massif au SI et à Internet ?
15. Décrivez les défis de gestion que représentent les SI dans les organisations et suggérez des solutions.

Exercices de synthèse

1. Identifiez et décrivez les principales caractéristiques des organisations que les managers doivent connaître pour construire des SI adaptés et les utiliser avec succès.
2. Évaluez les effets des SI sur les organisations, et réciproquement.

3. Évaluez la manière dont les SI soutiennent les activités des managers dans les organisations.
4. Analysez la manière dont les SI soutiennent les différentes stratégies de l'entreprise, en vue de maintenir ou d'améliorer son avantage concurrentiel.
5. Évaluez les défis que posent les SI stratégiques et les solutions de gestion.

Questions de réflexion

1. Il n'existe pas d'avantage stratégique durable. Êtes-vous d'accord avec cette affirmation ? Pourquoi ?
2. L'avantage d'entreprises de pointe dans le domaine de la vente au détail (telles que PriceMinister ou Casino) sur leurs concurrents n'est pas dû à la seule technologie. Êtes-vous d'accord avec cette affirmation ? Pourquoi ?

Exercice sur le Web : choisir une voiture de location et en évaluer le prix

Vous êtes étudiant et titulaire du permis de conduire. Responsable d'une association sportive universitaire, vous devez louer cinq monospaces à partir de vendredi midi, à Paris, jusqu'au dimanche soir 19 h à Marseille.

Allez sur le site Web d'Europcar (**www.europcar.fr**) et commencez votre recherche. Trouvez la réponse à votre besoin en explorant les différentes formules proposées. Cherchez tous les détails concernant chaque offre spécifique, notamment le prix, les services, le paiement, le dépôt de garantie et le cautionnement, les assurances et franchises, ainsi que les diverses restrictions, telles que les exclusions de garantie, l'âge du conducteur, etc.

Trouvez et lisez au moins deux articles sur le sujet, y compris en explorant les sites et/ou la presse consuméristes (par exemple *UFC-Que Choisir* ou *INC-60 millions de consommateurs*).

Une fois que vous avez sauvegardé et imprimé les renseignements du site Europcar dont vous avez besoin, rendez vous sur les sites Web d'au moins deux concurrents (Avis, Budget, Hertz ou autres). Faites un comparatif le plus complet possible entre les offres et les différents sites. Assurez-vous de bien vérifier les prix, ainsi que l'ensemble des options et services offerts (qui peuvent différer de ce que vous avez trouvé chez Europcar).

Essayez de trouver le prix le plus bas pour la prestation souhaitée. Finalement, quel site utiliseriez-vous pour effectuer votre location ? Pourquoi ? En outre, pouvez-vous suggérer des améliorations précises à chacun de ces sites ?

Travail de groupe : identifier des possibilités de SI stratégiques

En groupes de trois ou quatre, choisissez une entreprise décrite dans le journal *Les Échos*, la revue *Challenges* ou dans une autre publication destinée au monde des affaires.

Visitez le site Web de cette entreprise pour en apprendre davantage à son sujet et savoir comment elle utilise le Web et les SI. À partir de ces renseignements, décrivez les caractéristiques de l'organisation, comme par exemple les principaux processus de l'entreprise, sa culture, sa structure et son environnement, ainsi que sa stratégie. Proposez des SI stratégiques qui conviendraient à cette entreprise en particulier, notamment ceux fondés sur la technologie Internet, si cela se révèle approprié.

Étude de cas : PriceMinister, un SI centré sur le cœur de métier et la manœuvre stratégique

En septembre 2012, PriceMinister-Rakuten lance son site mobile. La société Buyster, coentreprise de Bouygues, SFR et Orange, fournit la solution de paiement.

Lancé en janvier 2001, juste après l'éclatement de la bulle Internet, à une époque où la plupart des investisseurs ne voulaient plus entendre parler de sites, PriceMinister compte aujourd'hui neuf millions de membres qui proposent plus de 150 millions d'objets à la vente. Dans un livre, truffé d'anecdotes, Pierre Kosciusko-Morizet raconte avec humour ses débuts d'entrepreneur et la saga de quatre jeunes garçons dans la nouvelle économie. Il égraine son récit de réflexions sur la façon dont Internet modifie nos comportements. Fils de député, frère de ministre, rien ne prédestinait Pierre Kosciusko-Morizet à l'entreprenariat. Pourtant, en dernière année d'HEC, il crée sa première société, un échec. Deux ans plus tard, il lance PriceMinister, réconciliation heureuse entre l'entreprise et un capitalisme d'une nouvelle génération ! Il est président d'honneur de l'Association de l'économie numérique (ACSEL) et coprésident de l'Association des services Internet communautaires (ASIC).

PriceMinister, plus simple qu'eBay

Le deuxième site de e-commerce en France attire 11 millions de visiteurs uniques par mois. Il s'agit, comme eBay, d'une pure place de marché. Généraliste également, PriceMinister offre toutefois moins de libertés qu'eBay. Un seul format de vente existe, la vente à prix fixe, ainsi qu'un seul mode de paiement : PriceMinister joue le rôle du tiers de confiance. Si le système est moins ouvert qu'eBay, il est aussi plus simple.

Sur l'exemple de son grand frère américain, c'est en entrant des produits que se créent les annonces. PriceMinister, en revanche, reconnaît le produit renseigné par le marchand et l'associe à une fiche produit existante, identique pour tous les vendeurs. « *Cela permet de mettre facilement en ligne car ce système nécessite de rentrer moins d'informations que sur eBay* », précise Greg Zemor, directeur d'une place de marché. Là encore, il est possible de trier vendeurs particuliers et professionnels, articles neufs et d'occasion. Le référencement s'établit en fonction du prix uniquement. Si celui qui est proposé est bon, le taux de vente le sera aussi, et inversement.

« *L'approche marketing de PriceMinister aussi est intéressante, puisque la plateforme procède à de nombreuses ventes sectorielles, "coups" ponctuels promus par une* newsletter. *Par exemple : les jeux Nintendo* », souligne Greg Zemor. Cette *newsletter* étant envoyée à une grosse base de clients, la vente permet de déstocker et d'augmenter le taux de vente sur la catégorie concernée.

Comment s'est construit le SI de Priceminister.com

Le DSI de Priceminister.com a construit l'architecture du SI de cette place de marché. Pour gérer des problèmes dignes d'un grand compte, il a su tirer le meilleur parti d'outils issus de l'*open source.*

« *J'ai la chance de disposer d'un SI que nous avons construit de A à Z* », explique Justin Ziegler. Ce jeune DSI de 38 ans a participé en 2000 à la création de Priceminister.com, une place de marché dont l'activité historique reste l'achat et la vente garantis de produits sur Internet. « Au démarrage du site, en 2001, une dizaine de développeurs travaillaient déjà d'arrache-pied à bâtir l'application transactionnelle maison qui mettrait en relation acheteurs et vendeurs de produits. Elle reste l'élément central de notre SI », souligne-t-il.

Aujourd'hui, plus de 50 personnes travaillent à la direction technique, sous sa responsabilité. À l'exception d'une puissante base de données Oracle et du moteur de recherche Fast, l'architecture informatique mobilise très fortement les composants issus du monde de l'*open source* : JBoss et Tomcat pour les serveurs d'applications, Apache pour le serveur Web/HTTP et Linux, et Red Hat Advanced Server pour tous les autres serveurs sont toujours en vigueur depuis bientôt huit ans. « *Linux a été choisi dès le démarrage de l'activité, en 2000. La croissance de notre activité et de notre informatique a été à chaque fois accompagnée (de justesse) par les propres évolutions de Linux et de la machine virtuelle Java.* »

« *Nous avons démarré avec Linux. Puis nous avons grandi au rythme de ses évolutions et de celles de la suite Red Hat. Ce système libre nous a fait gagner du temps et de l'argent dans la phase des développements, réalisés en Java.* » M. Ziegler reconnaît que ce système d'exploitation leur a permis de combler certains décalages technologiques. Les serveurs les plus récents mis en place chez Priceminister.com sont des machines Intel quadriprocesseurs quadricœurs.

M. Ziegler suit de près la vague de concentration survenue en 2007 parmi les éditeurs de logiciels, dans le décisionnel en particulier, puisqu'ils utilisent Business Objects XI pour le *reporting* et Fast pour leur moteur de recherche. « *Dans le premier cas, il paraît naturel que les acteurs du décisionnel soient absorbés par les grands éditeurs.* » De manière générale, la concentration dans ce domaine ne le gêne pas tant qu'il reste deux ou trois éditeurs pour faire jouer la concurrence.

Priceminister.com a également déployé une solution de courriels en mobilité à partir de briques *open source* et utilise Nagios pour la supervision d'indicateurs techniques aussi bien que métier, comme le nombre d'annonces déposées ou de paniers payés par minute.

Une PME avec les problèmes d'un grand compte

Cette PME connaît pourtant les problématiques informatiques d'un grand compte, dues à la quantité des données manipulées et au nombre d'utilisateurs simultanés. En 2010, plus de 20 000 produits sont échangés par jour pour un total de 1,5 million de visites quotidiennes. Ces trois dernières années, la croissance annuelle a été de 50 %. La base de données de production (Oracle 10g) atteint 2 To auxquels s'ajoute 1 To de stockage pour le moteur de recherche Fast, utilisé pour la navigation dans la base produits. Ces volumes de stockage ont doublé entre 2008 et 2009. Parallèlement au pilotage de la croissance, Priceminister.com doit consolider l'existant et recruter un responsable de la sécurité des systèmes d'information (RSSI) pour renforcer la sécurité du site et de toutes ses infrastructures informatiques.

En juin 2010, PriceMinister a été racheté par Rakuten, n° 1 du e-commerce au Japon. Depuis, l'activité ne faiblit pas et PriceMinister est, en 2011, le deuxième site de e-commerce le plus visité en France.

En juin 2012, PriceMinister-Rakuten a enrichi les fonctionnalités accessibles aux vendeurs PriceMinister. Le logiciel Neteven facilite la mise en ligne de leur catalogue et de ses règles commerciales (la mise en ligne était auparavant manuelle). Un module d'évaluation de prix est mis en place et permet au vendeur d'ajuster ses prix sur ceux de ses concurrents (Amazon, Fnac, eBay, etc.) en fonction de critères de marge, afin d'apparaître toujours en tête des résultats de recherche.

Sources :

01net Entreprises, 24/09/12

ITRmanager, 01/06/12

www.fevad.fr, rapport 2011/12

01 Informatique, 07/01/09

01 Informatique, 04/06/08

Le Journal du Net, 26/06/09

Le Journal du Net, 23/02/10

Questions sur l'étude de cas

1. Analysez comment le modèle des cinq forces de Porter permet de comprendre la manœuvre stratégique et le succès de la société PriceMinister.
2. Quel rôle jouent les SI dans la stratégie de PriceMinister ?
3. Quels facteurs liés à la gestion, l'organisation et la technologie gênent la société PriceMinister dans la poursuite de ses objectifs stratégiques ? Quels sont ceux qui l'aident à atteindre ces objectifs ?

Chapitre 4

Le SI et les dimensions éthiques et sociales

Objectifs pédagogiques

- Analyser les questions d'ordre éthique, social et politique soulevées par les technologies et systèmes d'information et les usages qui en sont faits.
- Évaluer les effets des systèmes d'information, et notamment d'Internet, sur la protection de la vie privée, des libertés individuelles et collectives, et de la propriété intellectuelle.
- Définir les principaux défis de gestion que posent les répercussions d'ordre éthique et social engendrées par les usages des systèmes d'information et les pistes de solutions de gestion.

Google : une histoire récente des relations de Google Inc. avec les autorités nationales de protection des données

Le 9 février 2010, Google lance un nouveau service, Google Buzz, en vue de concurrencer Facebook.

Suite à ce lancement, dix autorités de protection de la vie privée ont invité le premier moteur de recherche mondial à respecter les règles de la protection des données personnelles des utilisateurs. Il s'agit de la Commission nationale de l'informatique et des libertés (Cnil) et de neuf de ses homologues (allemand, espagnol, irlandais, etc.).

« *Nous nous inquiétons de voir que, trop souvent, le droit à la vie privée des citoyens du monde est laissé de côté* », explique la missive adressée à Google. Le réseau Buzz a été lancé « *dans le mépris des normes et des lois fondamentales en matière de protection de la vie privée* ».

Voici la réaction officielle de Google : « *Nous travaillons très dur pour être transparents au sujet des informations que nous collectons et sur la manière dont nous les utilisons.* »

À la suite d'un contrôle en décembre 2009, la Cnil s'est en effet aperçue que le géant américain conservait des données captées deux ans auparavant par ses véhicules utilisés pour *Street View*, son application de cartographie des rues de villes, ainsi que pour son programme de géolocalisation (GPS) *Latitude*. En passant auprès des bornes WiFi, les voitures Google ont capté tous les contenus qui passaient par les bornes à ce moment-là : les contenus des courriels et des sites, et toutes les données saisies sur l'ordinateur à ce moment-là (données bancaires et politiques, informations sur la santé, mots de passe, etc.). Invité à fournir ces données à la Cnil, Google s'est exécuté le 4 juin 2010.

...

Le porte-parole du groupe, William Echickson, a fait savoir que Google fournissait depuis deux semaines ce genre d'informations collectées aux pays qui en faisaient la demande. D'autres États, comme l'Allemagne ou l'Australie, ont lancé des procédures similaires.

Il semble que tout ait démarré le 22 avril 2010 en Allemagne. Ce jour-là, le Commissaire fédéral à la protection des données, Peter Schaar, révélait, à la grande consternation de tous les pays visités par les fameuses *Google cars*, que ces dernières avaient capté et conservé plus de 600 gigaoctets de données transitant sur les réseaux WiFi non sécurisés croisés en chemin. « *Nous avons conscience que nous avons commis une grave erreur* », reconnaissait alors Google. Mais, tout en promettant d'effacer les données recueillies, il a maladroitement tenté de reporter la faute sur les internautes, en les accusant de mal protéger leurs réseaux WiFi.

En octobre 2010, l'équivalent canadien de la Cnil, en publiant les conclusions alarmantes de son enquête, obligeait Google à réagir officiellement une seconde fois. Le Royaume-Uni a ouvert sa propre enquête, l'Espagne a déposé une plainte et l'Italie a posé des conditions à la circulation des *Google cars* sur son territoire.

Le 19 octobre 2010, le Commissariat canadien à la protection de la vie privée rendait ses conclusions par communiqué de presse : « *L'incident a été causé par une faute d'imprudence commise par un ingénieur, et par un manque de mesures de contrôle.* » Trois jours après la publication du rapport d'enquête canadien, Google reprenait la plume sur son blog officiel pour un second *mea culpa* en bonne et due forme : « *Nous travaillons dur pour gagner votre confiance, et sommes pleinement conscients de cet échec cuisant.* » L'entreprise promettait de se racheter une conduite par un programme en trois points inspiré des recommandations canadiennes : la nomination d'une directrice de la protection de la vie privée en la personne d'Alma Whitten, chargée de contrôler l'usage des données personnelles dans les services Google, la mise en place de nouvelles formations spécifiques pour les employés et l'obligation, pour les ingénieurs, de rendre un document sur l'utilisation des données personnelles pour chaque projet conçu à Mountain View (siège de Google).

Finalement, ces mises en demeure se sont conclues par le paiement d'une amende de 100 000 euros à la Cnil en mars 2011 et d'une autre de 7 millions de dollars à 38 États américains pour le même motif. La destruction des données collectées a également été requise. En juillet 2012, Google reconnaissait cependant que cette destruction n'était pas entièrement réalisée, contrairement à ses engagements.

Le 1er mars 2012, Google a mis en œuvre sa nouvelle politique de confidentialité, qui lui permet de regrouper des informations sur ses utilisateurs issues de services autrefois séparés, environ une soixantaine. Ce changement a eu lieu malgré l'opposition de la Cnil, qui représente sur ce dossier les 27 organismes européens de protection des données personnelles. Cette réaction européenne est soutenue par d'autres pays (Australie, Mexique, la région de Hong Kong, etc.). Pour la même raison, les procureurs généraux de 36 États américains ont ainsi interpellé Google et sollicité un entretien avec son P-DG, Larry Page. Selon la Cnil, les nouvelles règles autoriseraient Google à afficher sur YouTube des publicités liées à l'activité de l'utilisateur sur son téléphone Android et à sa localisation. Deux questionnaires successifs ont été envoyés à Google qui y a répondu les 20 avril et 21 juin 2012. Plusieurs réponses étaient cependant incomplètes ou approximatives. Google n'a tout particulièrement pas fourni de réponses satisfaisantes sur des points essentiels comme la description de tous les traitements de données personnelles qu'il opère ou la liste précise des plus de 60 politiques de confidentialité fusionnées dans les nouvelles règles. Les règles de confidentialité ne font par exemple pas de différence de traitement entre le contenu anodin d'une recherche et le numéro de carte de crédit ou les communications téléphoniques de l'utilisateur. Toutes ces données peuvent être utilisées indifféremment pour toutes les finalités mentionnées dans les règles.

Un projet de régulation de protection des données personnelles, en vue de renforcer les droits des internautes européens et de leur offrir une meilleure protection en cas de litige, est actuellement en cours d'élaboration, mais il doit encore passer par différentes étapes. Les géants du Web tentent de faire évoluer la future loi européenne en leur faveur en plaidant notamment que celle-ci restreint le niveau de service offert aux internautes.

Sources :

News Press, 20/04/10

La Presse canadienne, 17/06/10

Le Point, 31/07/12

Le Monde, 12/03/13

Le Monde, 16/10/12

ZDNet, 28/02/12

News Press, 30/10/12

Le Figaro, 15/12/12

Matière à réflexion :

La gestion des données personnelles des citoyens peut-elle être un objet de commerce ?

Peut-on s'en remettre au civisme des acteurs économiques pour que la gestion informatisée des informations personnelles reste respectueuse de la vie privée ?

Le cas de Google illustre bien le fait que les SI, qui mobilisent les potentiels toujours croissants des technologies, contribuent à transformer, voire à faire émerger, des questions éthiques nombreuses et complexes. En tant que manager, mais aussi individu ayant une vie privée et citoyen aspirant à un certain type de liberté, vous voudrez les comprendre et les prendre en compte.

Dans ce chapitre, nous aborderons les questions d'ordre éthique et social liées aux SI, puis nous évoquerons ce que peut être l'éthique dans une société de l'information. Nous verrons ensuite les dimensions morales des SIs et, enfin, les conséquences croissantes d'ordre éthique et social auxquelles doivent faire face les managers.

1 Comprendre les questions d'ordre éthique et social liées aux SI

Ces dernières années ont constitué l'une des périodes les plus déstabilisantes sur le plan du franchissement des barrières éthiques dans la pratique des affaires. Le tableau 4.1 présente un échantillon de récents manquements graves à l'éthique de la part de dirigeants et de prestataires. De tels agissements nuisent à la nécessaire confiance que les acteurs doivent accorder aux règles du jeu économique et social. Ces pratiques frauduleuses et massives dans la gouvernance des entreprises ont été conçues et réalisées par les équipes dirigeantes dans des organisations qui disposent pourtant de puissants SI financier et comptable, régulièrement audités par des cabinets d'experts dits « indépendants ».

Tableau 4.1 : Exemples récents de manquements au jugement éthique de la part de gestionnaires

L'affaire BARCLAYS ou le scandale du LIBOR	Fin juin 2012, la banque BARCLAYS acquitte une amende de 360 millions d'euros pour éviter des poursuites sur ses pratiques de manipulation des cours du LIBOR, le taux d'intérêt de référence sur le marché interbancaire londonien, entre 2005 et 2009.
Madoff	Depuis la crise financière de l'automne 2008, les affaires révélant des défaillances éthiques et des manœuvres spéculatives frauduleuses se sont multipliées. L'affaire Madoff en est l'archétype le plus célèbre.
Lehmann Brothers	La banque d'investissement annonce sa faillite en septembre 2008, ce qui déclenche la crise financière. Après enquête, on s'aperçoit que les dirigeants de cette banque masquaient son endettement *via* des techniques d'échanges de prêt à court terme. Ces pratiques douteuses portent sur 140 milliards de dollars américains pour les années 2007 et 2008. Le cabinet d'audit Ernst & Young a été mis sur la sellette pour n'avoir pas su déceler ces faits.
Société Générale	La Société Générale a révélé avoir été victime d'une fraude de la part d'un de ses traders, portant sur 4,9 milliards d'euros et qui affectera sévèrement des comptes 2008 déjà mis à mal par de nouvelles dépréciations liées à la crise du crédit. Cette fraude record, annoncée par la banque, inquiète d'autant plus qu'elle est intervenue dans des activités, les dérivés actions, dont la Société Générale est le numéro un mondial incontesté et qui nécessitent une architecture sophistiquée de contrôle des risques.
Enron	Trois membres de la direction et plusieurs cadres ont été formellement accusés d'avoir déclaré des gains erronés, en recourant à des stratagèmes comptables frauduleux. L'entreprise a fait faillite en 2001. Emblématique des déviances et collusions entre des managers et des cabinets d'audit pourtant censés évaluer en toute indépendance les actes et résultats des mêmes managers, cette faillite frauduleuse a entraîné la ruine de plusieurs milliers de salariés qui avaient placé leurs économies dans l'entreprise, en prévision de leur retraite, pour un montant de 63 milliards de dollars américains.
WorldCom	Cette entreprise était la deuxième entreprise de télécommunications des États-Unis. Des membres de la direction ont été formellement accusés d'avoir gonflé les revenus de plusieurs milliards, par le biais de méthodes comptables illégales. WorldCom a fait faillite en juillet 2002, avec plus de 30 milliards de dollars américains de dettes. Comme dans le cas d'Enron, des salariés et fournisseurs se sont retrouvés ruinés.

Merrill Lynch	Cette entreprise a été formellement accusée d'avoir aidé Enron à créer des transferts financiers sans justification commerciale, ce qui a permis à Enron de déclarer des gains erronés.
Parmalat	Huitième groupe industriel d'Italie, Parmalat a été formellement accusé d'avoir déclaré plus de 5 milliards d'euros en revenus, gains et actifs erronés pendant plusieurs années. Des membres de la direction ont été accusés de détournement de fonds.

L'expérience montre que la délinquance « en col blanc » progresse dans ses capacités à utiliser les SI, aidée par des experts censés jouer officiellement un tout autre rôle. Parallèlement, le législateur modifie l'arsenal réglementaire préventif et répressif. Chaque zone régionale (Union européenne, Alena, Mercosur, etc.), voire chaque pays, dispose cependant de ses propres réglementations. Cette hétérogénéité crée des espaces dont profitent les fraudeurs dans le monde entier. La circulation électronique des fonds à l'échelle planétaire, combinée à l'existence de paradis fiscaux au sein de tous les continents, contribue à cette croissance de la fraude.

Le terme « éthique » désigne les principes moraux que les individus, disposant de la liberté et de la responsabilité d'action, peuvent adopter pour guider leurs choix en matière de comportement privé et social. L'éthique et la morale sont deux concepts associés aux mêmes dimensions en ce qu'ils concernent les mœurs, les pratiques des personnes et les principes qui les régulent ; l'étymologie des deux termes en témoigne puisque « mœurs » se dit *mores* en latin et *ethos* en grec. Pour Durkheim, un des pères de la sociologie moderne, l'éthique se constitue des règles d'action qui s'imposent impérativement à la conduite d'une action.

L'expression même d'« éthique des affaires » peut être sujette à débat, puisqu'elle questionne la finalité d'une entreprise dont la légitimité ne serait alors plus seulement économique, mais comprendrait une dimension dite de « responsabilité sociale ».

Les SI peuvent constituer un facteur de progrès social, mais aussi se révéler une arme dangereuse et utilisable en fonction de finalités exclusivement économiques et mercantiles, menaçant alors nos libertés individuelles et collectives.

Les SI, et notamment Internet et les utilisations qu'en font les organisations, facilitent plus que jamais le rassemblement, l'intégration, la manipulation, le tri et la distribution des informations. Ce phénomène soulève de nouvelles et légitimes inquiétudes sur l'utilisation appropriée de ces informations qui concernent chacun de nous en tant que client, consommateur, citoyen, etc., ainsi que sur la protection des renseignements personnels et de la propriété intellectuelle.

Dans un contexte de recours massif et toujours croissant aux technologies et SI, quelle conduite socialement et éthiquement responsable adopter ? Quel modèle de réflexion est envisageable et quelles peuvent être les dimensions morales ? Quelles sont les tendances technologiques avec des répercussions d'ordre éthique ?

1.1 Les dimensions morales de l'ère de l'information informatisée

Bien entendu, les questions d'ordre éthique, social et politique sont étroitement liées entre elles. L'utilisation accrue des SI autant que leur transformation contribuent à créer des situations inédites face auxquelles l'arsenal juridique est parfois pris au dépourvu.

En attendant une législation mieux adaptée, vous devrez peut-être décider et agir dans une sorte de « vide » juridique.

Nous présentons ici quelques questions d'ordre éthique, social et politique soulevées par les SI et que nous détaillerons à la section 3 :

- **Obligations et droits liés à l'information.** Quels sont les **droits à l'information** des personnes et des organisations relatifs à l'information qui les concerne ? Que peuvent-elles faire pour se protéger ? Quelles sont leurs obligations par rapport à cette information ?
- **Droits de propriété.** Comment protéger les droits de propriété intellectuelle traditionnels dans une société où la majorité des connaissances est numérisée et où il est difficile de reconnaître la propriété et de prendre des responsabilités à son égard, alors qu'il est si facile de ne pas en tenir compte et d'enfreindre la loi ?
- **Responsabilisation et contrôle.** Qui peut être et sera tenu pour responsable de la protection des droits à l'information et des droits de propriété des individus et des collectivités ?
- **Qualité des systèmes.** Quelles normes en matière de qualité de données et de systèmes devrait-on exiger pour protéger les droits individuels et assurer la sécurité des citoyens ?
- **Qualité de vie.** Quels domaines de la vie sociale doit-on préserver dans une société ? Quelles institutions doit-on protéger contre les abus d'autres organisations ? Quelles valeurs et pratiques culturelles les SI favorisent-ils ?

1.2 Principales tendances technologiques soulevant des questions d'ordre éthique

Les questions d'ordre éthique se sont posées bien avant l'avènement des SI modernes. Ces dernières ont cependant contribué à invalider ou ont fortement transformé certaines lois, en raison notamment de quatre tendances technologiques majeures (voir tableau 4.2).

Tableau 4.2 : Tendances technologiques soulevant des problèmes d'éthique

Tendance	Effet
La puissance des ordinateurs double tous les 18 mois.	La plupart des organisations, y compris les PME-PMI, dépendent des systèmes informatiques pour leurs opérations vitales.
Les coûts et l'encombrement du stockage des données baissent rapidement.	Les organisations peuvent facilement conserver des bases de données détaillées sur les personnes, qui sont duplicables sur des supports transportables.
Des progrès sont réalisés dans l'analyse des données.	Les organisations peuvent analyser de grandes quantités de données recueillies sur les personnes, afin d'élaborer des profils détaillés du comportement individuel.
Des progrès sont effectués dans les réseaux et les accès peu coûteux *via* Internet.	Il est désormais facile de copier des données d'un endroit à un autre et d'accéder à des données personnelles à partir d'emplacements éloignés et relevant de juridictions différentes.

Le doublement de la puissance de calcul des machines tous les 18 mois à coût constant permet à la plupart des organisations (entreprises privées, organisations publiques, associations, ONG, etc.) d'utiliser des SI informatisés pour leurs principaux processus d'exploitation. Par conséquent, notre dépendance envers l'informatique et notre vulnérabilité face aux erreurs des systèmes et à des données de piètre qualité se sont accrues. Les règles sociales et les lois sont structurellement en retard pour encadrer cette dépendance. Les normes qui visent à assurer l'exactitude et la fiabilité des SI ne sont pas universellement acceptées ni suivies.

Les progrès techniques enregistrés au niveau du stockage des données et la diminution rapide des coûts de ce stockage favorisent la multiplication des bases de données numérisées (documents, fichiers de données codifiées, vidéos, etc.) sur les individus (employés, clients actuels et potentiels, citoyens, électeurs, militants, assurés sociaux, patients, etc.). Celles-ci sont créées par des organisations des secteurs public et privé. En raison des progrès sur le plan du stockage des données, la violation systématique de la vie privée est devenue à la fois bon marché et rentable.

L'avancée des techniques d'analyse des données pour de grandes quantités de données permet aux entreprises et aux organisations gouvernementales d'acquérir et de conserver de nombreux renseignements personnels détaillés. Grâce à ces avancées (voir chapitre 6), les entreprises peuvent assembler la multitude d'informations stockées dans les systèmes – informations qui concernent chacun d'entre nous – plus facilement qu'auparavant.

Observons les situations quotidiennes dans lesquelles nous générons de l'information informatisée sur nous-mêmes : connexions à Internet depuis un smartphone ou un ordinateur portable, achats par carte de crédit, appels téléphoniques depuis un mobile ou un fixe, franchissements des barrières de péage d'autoroute, paiements de tickets de transports en commun, abonnements à des revues, locations de vidéos, achats par correspondance, données bancaires ou dossiers administratifs (en plus des dossiers juridiques et casiers judiciaires), utilisations de notre carte d'assuré social chez un médecin ou à la pharmacie, etc. Efficacement regroupées grâce à des codifications uniformisées et minutieusement explorées par des outils multidimensionnels, ces données peuvent révéler non seulement notre solvabilité, mais aussi nos habitudes de conduite automobile, nos déplacements et fréquentations, nos goûts, nos affinités politiques ou syndicales, etc.

Les entreprises qui vendent des produits achètent l'information pertinente à partir de ces sources afin de mieux cibler leurs campagnes de marketing. Elles peuvent utiliser l'exploration multidimensionnelle (*datamining*) de très grandes bases de données, provenant de plusieurs sources, afin de connaître rapidement les habitudes de consommation des clients et de satisfaire leurs « besoins » (voir chapitres 3 et 6). On appelle « **profilage** » (*profiling* en anglais) l'utilisation de l'ordinateur dans le but d'associer les données en provenance de sources multiples afin de créer des dossiers électroniques qui contiennent des renseignements détaillés sur les personnes.

Les progrès des techniques de réseau, notamment Internet et la téléphonie mobile, réduisent considérablement les coûts liés à la constitution de grandes quantités de données et aux possibilités d'y accéder. Selon un rapport de la Banque mondiale de juillet 2012, 75 % des individus possèdent un téléphone mobile dans le monde. Ce phénomène permet d'une part de faciliter fortement l'accès à des données et/ou des services, ce qui est considéré comme un facteur de développement économique. D'autre part, la possibilité de collecte de données est encore plus aisée, plus simple et plus rapide. Ces techniques de réseau ouvrent aussi la porte à l'exploration à distance de grandes bases de données au moyen de petits ordinateurs de bureau. Il en résulte une intrusion dans la vie privée sur une échelle et avec une précision jusque-là inimaginables.

Le développement mondial du réseau des autoroutes de l'information numérique, auquel les individus et les entreprises accèdent de plus en plus facilement, soulève de très nombreuses questions sur le plan éthique et social. Qui est responsable du cheminement des informations dans ces réseaux ? Sommes-nous capables de retracer les informations recueillies sur nous-mêmes ? Quelles conséquences ces réseaux entraînent-ils sur les liens traditionnels entre notre famille, notre travail et nos loisirs ? Dans quelle mesure la conception traditionnelle du travail sera-t-elle modifiée lorsque des millions d'employés deviendront des sous-traitants travaillant à partir de bureaux mobiles dont ils devront eux-mêmes supporter les coûts

2 L'éthique dans une société de l'information

Cette section examine un certain nombre de principes d'ordre éthique et de techniques analytiques qui permettent de proposer des éléments de réponse à ces questions d'ordre éthique et social.

2.1 Notions de départ : responsabilité, responsabilisation et obligation de réparer

Les choix éthiques sont les décisions prises par des personnes qui sont parties prenantes d'une société et responsables de leurs actes. La **responsabilisation** est une caractéristique des systèmes et des institutions sociales. L'**obligation de réparer** place la notion de « responsabilité » entre les mains de la justice. L'**application de la loi** est un processus connexe des États de droit, en vertu duquel le public est tenu informé des lois en vigueur et a la possibilité d'en appeler à une instance supérieure pour s'assurer de l'application correcte de ces lois. Mais, devant la non-réparabilité de certains préjudices (environnementaux, par exemple), le principe dit « de précaution » est appelé à occuper une place majeure dans l'arsenal juridique du XXIe siècle.

Ces notions de départ forment le socle d'une analyse éthique applicable aux situations impliquant des SI et des personnes qui les gèrent. Premièrement, les SI passent par le filtre des institutions sociales, des organisations et des individus (voir chapitre 3). Quelles que soient leurs influences, elles sont le produit des décisions et des comportements des institutions, des organisations et des individus. Deuxièmement, la responsabilité des conséquences des usages des SI revient clairement aux institutions, organisations et gestionnaires qui les choisissent. Troisièmement, dans une société où la séparation des pouvoirs est établie, chaque citoyen peut théoriquement être dédommagé des préjudices subis, en vertu et sous la réserve des lois en vigueur à un instant *t*.

2.2 Une analyse dans la perspective de l'éthique

Comment analyser une situation qui vous pose un problème d'éthique ? Nous vous proposons d'appliquer le processus en cinq étapes :

1. **Définir et décrire clairement les faits.** Tout d'abord, il faut déterminer qui a fait quoi à qui, où, quand et comment. Ce processus incitera également les parties concernées, par un dilemme d'ordre éthique, à s'entendre sur une formalisation commune des faits.
2. **Définir le conflit ou le dilemme.** Les parties en présence affirment toutes qu'elles poursuivent des objectifs hautement moraux (liberté, vie privée, protection de la propriété, libre entreprise, etc.). Par exemple, une entreprise se prévaudra de son légitime besoin de recourir aux techniques du marketing direct pour accroître sa rentabilité et les consommateurs feront valoir la nécessité de protéger les renseignements personnels et privés.
3. **Déterminer les parties prenantes et leur(s) référentiel(s) éthique(s).** Il faut déterminer les groupes en cause et leurs objectifs respectifs. Cette donnée vous sera utile lorsque vous élaborerez une solution.
4. **Définir les options raisonnables.** Il est possible qu'aucune des options ne satisfasse tous les intéressés. Une solution équitable ou appropriée du point de vue éthique n'a pas toujours un effet acceptable pour toutes les parties en cause.
5. **Reconnaître les conséquences possibles des choix.** Certains choix peuvent être conformes sur le plan juridique, mais avoir des conséquences désastreuses sur le plan environnemental ou social, par exemple.

Quelques éléments d'un référentiel culturel de l'éthique

Les enseignants en philosophie sont chargés de proposer une lecture critique des sciences morales et de leurs traductions dans les pratiques sociales. Au sein des sociétés occidentales, il existe un discours apparemment, et médiatiquement, consensuel sur les valeurs dites « universelles » : elles ne sont en fait que celles des puissances mondialement dominantes (puissances économiques, religieuses, etc.), les notions mêmes d'« éthique » et de « référentiel de valeurs » étant historicisées et socialisées. Mais l'éthique fait également l'objet d'instrumentalisations multiples de la part des différentes parties prenantes de nos sociétés. Il convient donc de s'interpeller mutuellement et régulièrement sur les effets d'ordre éthique des SI, en gardant à l'esprit la relativité historique et géographique de nombreuses certitudes proclamées universelles. Enfin, des différences intéressantes peuvent être analysées, qui ne sont pas mécaniquement des sources de contradiction, mais qui renforcent le caractère relatif précité. Ainsi, les théories et approches nord-américaines de l'éthique sont dites « conséquentialistes » – elles évaluent les actes à partir de leurs conséquences –, alors que les théories et approches européennes sont dites « non conséquentialistes » – elles sont axées sur les principes.

...

Afin de mesurer cette relativité autant culturelle que géographique, voici quelques-uns de ces principes proposés aux États-Unis pour introduire un référentiel éthique censé favoriser la moralité des pratiques dans le monde des affaires :

1. Faites aux autres ce que vous aimeriez qu'on vous fasse.
2. Si une action ne convient pas à tous, elle ne convient à personne (impératif catégorique de Kant).
3. Si vos gestes ne peuvent pas être constamment répétés, mieux vaut ne jamais les faire (loi du changement de Descartes). Il s'agit de la règle de la pente glissante : un de nos actes peut entraîner un petit changement acceptable aujourd'hui, mais si on le répète, il pourrait engendrer des modifications inacceptables à long terme.
4. Choisissez l'action qui correspond à la valeur la plus fondamentale (principe de l'utilitarisme). En vertu de ce principe, vous devez établir l'ordre de priorité des valeurs en présence et évaluer les conséquences des diverses solutions possibles.
5. Choisissez l'action qui produit le moins d'effets nocifs ou dont les conséquences, en cas d'échec, risquent d'entraîner le moins d'effets contre-productifs (principe du risque minimum). Évitez les actes dont les conséquences risquent de vous coûter très cher et qui, de plus, peuvent facilement vous mettre en situation d'échec.
6. Supposez que presque tous les objets tangibles ou intangibles appartiennent à quelqu'un d'autre, sauf affirmation contraire (principe du rien n'est gratuit). Si une chose créée par une autre personne vous est utile, cette chose a de la valeur, et il est juste que son créateur s'attende à être rémunéré pour son travail.

Cette liste illustre bien le soubassement idéologique lié à l'individualisme méthodologique et à l'approche conséquentialiste qui font partie intégrante de la culture nord-américaine. Quelles que soient les bonnes intentions des promoteurs d'une telle liste, ses limites, voire sa vacuité, apparaissent si on la confronte à quelques questions qui caractérisent certaines exigences contemporaines associées à la mondialisation des activités et à l'internationalisation des parties prenantes. Ainsi, peut-on dire qu'une molécule existant à l'état naturel (dans une plante par exemple) est la propriété de quelqu'un ? Celui qui en écrit la formulation moléculaire a-t-il plus de droits que celui dont elle structure l'environnement direct, mais qui vit dans une tradition orale loin des règles occidentales de dépôt de brevet ?

Codes de déontologie

Dans de nombreux pays, des associations de professionnels (médecins, avocats, experts-comptables, etc.) autopromulguent des codes de déontologie. Ces associations sont responsables d'une partie de la réglementation qui régit la profession de leurs membres et déterminent les qualifications et les compétences qui leur sont nécessaires pour pouvoir y adhérer. Les codes de déontologie sont des recueils d'engagements pris par les membres d'une profession de se conformer à un ensemble de règles dans l'intérêt général de la société. Malheureusement, aucune corrélation positive n'existe entre l'augmentation du nombre de ces codes et la vertu constatée dans la pratique.

Quelques dilemmes d'ordre moral

Les SI ont fait naître de nouveaux dilemmes d'ordre moral, dans lesquels les intérêts des uns sont confrontés à ceux des autres. Par exemple, un grand nombre d'entreprises de téléphonie utilisent les possibilités des SI pour comprimer leur personnel. Les logiciels de reconnaissance vocale implantés sur des serveurs vocaux contribuent ainsi à réduire le nombre de téléphonistes, puisque les ordinateurs reconnaissent alors les réponses à une série de questions informatisées posées aux clients. Plusieurs entreprises surveillent par exemple également les activités de leurs employés sur Internet afin de prévenir le gaspillage des ressources de l'organisation dans des activités non liées à celle de l'entreprise (voir chapitre 7).

Dans chaque cas, on trouve face à face des groupes aux intérêts divergents et aux « valeurs » parfois opposées. Une entreprise pourtant largement bénéficiaire peut prétendre, par exemple, qu'il est légitime d'utiliser des SI pour accroître la productivité et licencier du personnel afin de comprimer toujours plus ses coûts et de demeurer plus concurrentielle. Les employés remplacés par les SI peuvent affirmer, quant à eux, que leurs employeurs sont en partie responsables de leur revenu et de leur qualité de vie. L'État peut considérer que l'entreprise augmente indûment sa richesse en transférant des coûts liés à l'une de ses décisions sur la collectivité (assurance chômage, par exemple).

Certains managers ou dirigeants d'entreprise décident parfois de surveiller la manière dont leurs employés utilisent Internet et le courrier électronique. Les employés peuvent quant à eux estimer qu'ils ont le droit de recourir modérément à Internet – plutôt qu'au téléphone – à des fins personnelles, compte tenu des horaires imposés par l'employeur qui les contraignent à vivre en décalé par rapport au reste de leur famille, par exemple. En France, le droit du travail encadre ce dossier à partir de trois principes fondamentaux :

- Le principe de transparence : l'article L.121-8 du Code du travail prévoit l'information préalable des salariés sur tout dispositif et collecte de données les concernant personnellement.
- Le principe de discussion collective : l'article L.433-2 du Code du travail prévoit la consultation du comité d'entreprise lors de l'introduction de nouvelles technologies.
- Le principe de proportionnalité : l'article L.120-2 précise que « *nul ne peut apporter aux droits des personnes et aux libertés individuelles et collectives de restrictions qui ne seraient pas [...] proportionnées au but recherché* ».

Une analyse approfondie des faits permet parfois de trouver des compromis pour que chacune des parties en présence puisse gagner quelque chose en compensation des « préjudices » subis. Essayez de proposer plusieurs traitements éthiquement acceptables face à ces situations. Existe-t-il une ou plusieurs solutions ? Si oui, laquelle choisiriez-vous ? Expliquez pourquoi.

3 Dimensions morales des SI

Étudions plus attentivement les cinq dimensions morales des SI illustrées à la figure 4.1. On peut analyser chacune de ces dimensions dans une perspective morale, sociale et politique. À l'aide d'exemples de la vie quotidienne, nous examinerons quelles sont les valeurs sous-jacentes, les parties en cause et les solutions proposées.

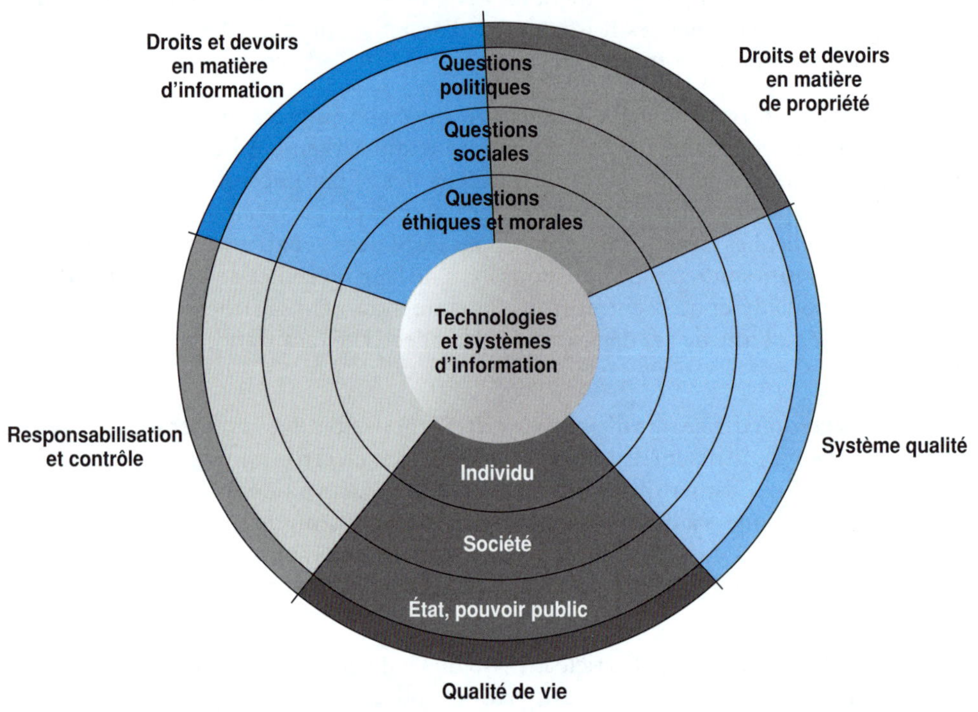

Figure 4.1 – Relations entre les aspects éthiques, sociaux et politiques dans une société de l'information.

3.1 Droit à l'information : respect du droit à la vie privée et à la liberté à l'ère d'Internet

Le **respect du droit à la vie privée** implique que chaque être humain a le droit d'exiger qu'on le laisse tranquille, qu'on ne le surveille pas et que personne (individu, entreprise privée, voire État) n'intervienne à son insu dans sa vie privée. Il s'applique également au monde du travail : des millions d'employés sont soumis à une surveillance technologique croissante (électronique ou autre) [Ball, 2000]. La technologie de l'information et les SI menacent le droit fondamental des individus en permettant qu'on porte atteinte à leur vie privée de manière rentable, efficace et peu coûteuse.

Les législations, et parfois les constitutions, de nombreux pays (Allemagne, France, États-Unis, Canada notamment) contiennent des dispositions qui visent à définir le droit à la vie privée des citoyens.

L'*application juste de la loi* est devenue une notion clé dans la définition de la protection de la vie privée. En vertu de cette garantie, il faut élaborer des règles et des lois qui définissent clairement comment traiter l'information personnelle et quels sont les recours en cas d'abus.

Commission nationale de l'informatique et des libertés (Cnil)

En France, il y a plus de 30 ans, le Parlement et la Cnil, autorité indépendante du gouvernement, votent et instituent la loi du 6 janvier 1978 « relative à l'informatique, aux fichiers et aux libertés ». Cette loi confie à la Cnil cinq missions principales :

- informer chacun de ses droits et obligations en matière de protection des libertés et de la vie privée en fonction des évolutions technologiques ;
- garantir l'accès simple aux données informatisées pour les citoyens qui le souhaitent, y compris les fichiers gérés par les services de police ;
- recenser les fichiers et tenir à la disposition du public un véritable « fichier des fichiers » ;
- contrôler le respect de la loi du 6 janvier 1978 et prononcer, en cas de besoin, des sanctions graduées pouvant atteindre des amendes de 300 000 euros assorties de l'interdiction du traitement informatisé ;
- établir des normes simplifiées pour permettre aux acteurs privés et publics de satisfaire à leurs obligations de déclaration de mise en œuvre de traitements de données nominatives.

Ces cinq missions servent à organiser le respect de quatre droits fondamentaux :

- droit pour tout individu de vérifier auprès d'un tiers s'il est fiché ;
- droit d'accéder à l'intégralité des données qui le concernent ;
- droit d'exiger la rectification ou l'effacement de ces données ;
- droit de refuser la cession de ces données à d'autres tiers que le détenteur autorisé, y compris par le recours pour des motifs publicitaires à des automates d'appels téléphoniques, de télécopies, de messages électroniques.

Selon la loi du 6 janvier 1978, toute organisation publique ou privée qui constitue un stockage informatisé de données nominatives doit :

- déclarer formellement le contenu de son projet à la Cnil ;
- informer les personnes concernées en indiquant les moyens mis à leur disposition pour exercer leurs droits ;
- assurer la sécurité, la confidentialité et la non-divulgation des données, sauf autorisation expresse des personnes concernées ;
- se soumettre aux contrôles et vérifications sur place de la Cnil.

Le 6 août 2004, une nouvelle loi a été promulguée, qui tient notamment compte de certains aspects de la directive européenne d'octobre 1995 (voir section suivante), tout en restant dans l'esprit de la loi de 1978.

Pour aider les entreprises et les administrations à respecter ces obligations, la Cnil réalise un important travail de pédagogie permanente en faisant paraître de nombreux avis et publications sur des sujets aussi divers que :

- les obligations des employeurs ;
- le correspondant « informatique et libertés » ;
- la cybersurveillance sur les lieux de travail ;
- la halte aux publicités ;
- les données portant sur la santé des personnes, etc.

Ces informations et documents sont consultables et/ou téléchargeables sur le site www.cnil.fr. La Cnil publie une lettre mensuelle diffusée auprès de plus de 8 000 abonnés.

Officiellement en charge de « veiller au respect de l'identité humaine, de la vie privée et des libertés dans un monde numérique », la Cnil a reçu, pour la seule année 2011, 139 000 appels téléphoniques, 33 000 courriers et traité 5 738 plaintes ou demandes de conseil. Parmi les traitements de données personnelles, 82 000 lui ont été déclarés. La même année, la Cnil a opéré 65 mises en demeure et prononcé cinq sanctions financières lourdes.

Directives européennes sur la protection des données

En Europe, la protection de la vie privée est beaucoup plus rigoureuse qu'aux États-Unis. Contrairement aux États-Unis, les pays européens interdisent aux entreprises d'utiliser des renseignements personnels reconnaissables sans le consentement préalable et explicite des consommateurs. La directive européenne sur la protection des données est entrée en vigueur le 24 octobre 1995. Elle est venue renforcer la protection de la vie privée dans les pays membres de l'Union européenne (UE). En vertu de cette directive, les entreprises doivent informer les intéressés lorsqu'elles recueillent des informations sur eux et divulguer la manière dont ces données seront stockées, ainsi que le but dans lequel elles seront employées. Les intéressés doivent donner leur consentement éclairé avant qu'une entreprise ne puisse légalement utiliser les données qui les concernent. De plus, ils ont le droit d'accéder à cette information, de la corriger et d'exiger qu'aucune autre donnée de ce genre ne soit recueillie.

On peut définir le **consentement éclairé** comme un consentement donné en toute connaissance des faits nécessaires à la prise d'une décision.

Les pays membres de l'UE doivent insérer ces principes dans leurs propres lois et n'ont pas le droit de transmettre des données personnelles vers des pays qui n'appliquent pas une réglementation similaire, comme les États-Unis par exemple.

De concert avec l'UE, le département du Commerce des États-Unis a mis au point un cadre relatif à une sphère de sécurité pour les entreprises américaines. Une **sphère de sécurité** est une politique privée d'autoréglementation et un mécanisme de renforcement qui satisfont aux objectifs des organismes de réglementation du gouvernement, ainsi qu'aux lois. Les entreprises américaines sont autorisées à utiliser des renseignements personnels en provenance des pays de l'UE, à condition qu'elles élaborent des politiques de protection de la vie privée conformes aux normes en vigueur dans les pays européens. Ces politiques seraient appliquées aux États-Unis en faisant appel à la discipline interne, à la réglementation et à l'application par le gouvernement de la législation sur le commerce équitable. Ces dispositions font l'objet de l'accord dit « Safe Harbor », qui reprend un ensemble de principes reconnus conjointement par l'UE et les États-Unis sur le transfert d'informations nominatives entre ces deux entités géographiques. Ces principes sont : avertissement, choix, accès, transfert ultérieur, sécurité, intégrité des données et mise en œuvre.

Internet et la protection de la vie privée

Internet est un dispositif composé de technologies et de SI dont l'usage planétaire pose en termes nouveaux le problème de la protection des renseignements personnels. L'information expédiée au moyen de cet immense réseau de réseaux peut transiter par différents systèmes informatiques avant d'atteindre sa destination finale. Chacun d'entre eux est capable de surveiller, capturer et stocker les communications qui le traversent et surtout ce qu'elles contiennent.

Il est matériellement possible de tenir un registre des activités effectuées sur Internet, incluant les groupes de discussion auxquels une personne a participé, les fichiers auxquels elle a accédé ou les sites Web qu'elle a visités et le détail des éléments qu'elle a regardés et achetés sur Internet. La majeure partie de cette surveillance et le suivi du parcours des visiteurs d'un site Web se passent en arrière-plan, à l'insu de l'internaute. Les outils de surveillance des visites sur les sites Web se sont généralisés, car ils aident les organisations à déterminer les personnes qui se rendent sur leurs sites et la façon de mieux cibler leurs offres.

Les sites Web peuvent connaître l'identité de leurs visiteurs si ces derniers s'y inscrivent pour acheter un produit ou un service, ou pour bénéficier d'un service gratuit, par exemple de l'information. Ils peuvent aussi obtenir des renseignements sur leurs visiteurs, à leur insu, en utilisant la technologie des cookies.

Les cookies, ou témoins, sont de minuscules fichiers déposés dans le disque dur d'un ordinateur dès qu'un utilisateur visite certains sites Web. Ils identifient le logiciel de navigation Web de l'internaute et assurent le suivi des visites sur le site Web. Ils contiennent quelques données, notamment le nom du serveur qui l'a écrit, le plus souvent un identifiant sous forme de numéro unique ou, éventuellement, une date d'expiration.

Lorsque le visiteur consulte un site qui a déposé un cookie, le logiciel du site cherche l'ordinateur de l'internaute, trouve le cookie et sait alors ce que la personne a fait sur le site précédemment. Selon le type d'activité effectuée pendant la visite, il peut aussi mettre à jour le cookie. Le site peut ainsi personnaliser son contenu selon les intérêts des visiteurs. Par exemple, si vous achetez un livre sur une librairie en ligne et que vous y retournez plus tard en utilisant le même navigateur, le site vous accueillera en vous saluant par votre nom et vous recommandera des ouvrages susceptibles de vous intéresser, en se fondant sur vos achats passés.

Les sites Web qui utilisent la technologie des cookies ne peuvent obtenir directement les noms et les adresses des visiteurs. Si une personne s'est inscrite sur un site, ces renseignements sont cependant parfois associés à un cookie de données afin d'identifier le visiteur. Les propriétaires de sites Web peuvent aussi combiner les données recueillies à partir de cookies et d'autres outils de surveillance du Web avec des données personnelles provenant d'autres sources hors ligne, telles que des données obtenues lors de sondages ou d'achats sur catalogue, afin d'élaborer un profil très détaillé de leurs visiteurs.

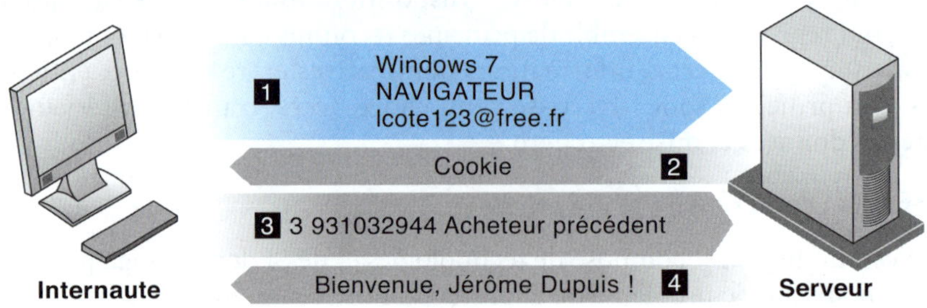

1. Le serveur Web détecte le navigateur Web de l'internaute et détermine quel système d'exploitation est utilisé, ainsi que le nom de serveur, le numéro de version, l'adresse Internet et d'autres renseignements.

2. Le serveur transmet un minuscule fichier texte appelé « cookie » et contenant l'information sur l'identification de l'utilisateur. Ce fichier est reçu par l'ordinateur de l'internaute et sauvegardé sur son disque dur.

3. Lorsque l'internaute retourne sur le site Web, le serveur demande le contenu de tout cookie qu'il a préalablement placé dans l'ordinateur de l'utilisateur.

4. Le serveur Web lit le cookie, identifie le visiteur et recherche les données sur cet internaute.

Figure 4.2 – Comment les cookies identifient les visiteurs du Web.

Il existe des outils de surveillance des internautes encore plus subtils et indétectables. Pour épier le comportement en ligne, des commerçants utilisent les **pixels invisibles**. Ce sont de minuscules fichiers graphiques insérés dans un courriel ou une page Web ; ils sont conçus pour surveiller à son insu l'utilisateur qui lira le courriel ou visitera la page Web et transmettront l'information à un autre ordinateur. D'autres **logiciels espions** peuvent s'installer eux-mêmes en arrière-plan et en secret sur l'ordinateur d'un internaute. Une fois installé, le logiciel espion fait appel aux sites Web afin que ceux-ci envoient à l'internaute des bannières et autre matériel publicitaire non sollicités. Il peut aussi rapporter les mouvements de l'utilisateur sur Internet à d'autres ordinateurs. Le chapitre 8 détaille les logiciels espions et les autres logiciels indésirables.

Google utilise des outils pour examiner le contenu des messages reçus par les utilisateurs de Gmail, son service de messagerie électronique. Les annonces qui apparaissent lorsque les utilisateurs lisent leurs messages ont un lien avec les sujets de ces messages. Même si le service de messagerie de Google offre 10 Go d'espace de stockage – comme la plupart de ses concurrents –, cette pratique de contrôle choque les défenseurs de la vie privée (Hansell, 2004). Le poids des acteurs comme Google dans la relation entre l'individu, la société et l'État a été illustré début 2006 quand le gouvernement chinois a demandé à Google de filtrer les accès aux sites tibétains ou d'opposants chinois et leur contenu, ce que Google a accepté de faire. Google a par la suite mis en place un système de filtrage de Google qui consistait à informer les internautes, lorsque ces derniers tapaient des mots ou expressions censurés par les autorités de Pékin, que les termes pouvaient entraîner une perte de connexion du fait d'un contenu volontairement bloqué. Les internautes pouvaient ainsi éviter la perte de la connexion (pendant environ une minute) en tapant d'autres mots clés. Si Google ne pouvait donc pas limiter la censure, il en informait tout de même les internautes. Au début du mois de janvier 2013, Google a cependant abandonné, sans explications, ce système qu'il avait mis en place en mai 2012, ce qu'un porte-parole de Google a confirmé au *Wall Street Journal*.

Concernant les restrictions ou autorisations qui s'appliquent aux entreprises en matière de respect des données individuelles, les États-Unis permettent aux sociétés de recueillir des informations sur les transactions des places de marché et de les utiliser ensuite à d'autres fins commerciales sans avoir, contrairement aux règles européennes et notamment françaises, à obtenir avant toute utilisation d'informations personnelles le consentement éclairé des personnes.

De manière générale, les entreprises, aussi bien américaines qu'européennes, ne font pas grand-chose pour protéger la vie privée de leurs clients, tandis que la majorité des consommateurs ignore presque tout de ce qui se cache derrière chaque utilisation d'Internet. De nombreuses entreprises dotées d'un site Web n'ont pas de politique de protection de la vie privée. Parmi celles qui affichent des politiques de confidentialité sur leurs sites Web, environ la moitié ne surveille pas leurs sites afin de s'assurer qu'ils respectent ces politiques. La grande majorité des clients internautes affirme se préoccuper de la confidentialité en ligne, mais moins de la moitié lit les déclarations de confidentialité sur les sites Web (Laudon et Traver, 2004).

Outre les lois, de nouvelles technologies existent pour protéger la vie privée lors de l'utilisation des sites Web. Plusieurs de ces outils servent à coder le courrier électronique, à rendre anonymes les courriels et la navigation sur Internet, à empêcher les cookies de s'installer dans les ordinateurs, ou à détecter et éliminer les logiciels espions (voir chapitre 8).

Questions d'ordre éthique

Voici quelques exemples de questions d'ordre éthique associées à des décisions de gestion : Quels motifs peuvent justifier la collecte et le stockage de données de la vie privée des clients ou prospects par une surveillance discrète de leur navigation sur notre site, par des études de marketing ou par tout autre moyen ? Devons-nous informer les intéressés des dispositifs techniques de surveillance invisible ? Devons-nous informer un tiers que nous utilisons des données personnelles le concernant ?

Questions d'ordre social

Les questions d'ordre social sur la protection des renseignements personnels devraient mener à l'élaboration de normes contrôlables concernant le respect de la vie privée et à la définition des attentes et des attitudes du public. À cet égard, dans quels domaines de la vie quotidienne la société devrait-elle encourager ses membres à penser qu'ils évoluent dans le « domaine privé » et non dans le « domaine public » ? Par exemple, la société devrait-elle inciter les citoyens à exiger le respect de leur vie privée lorsqu'ils utilisent leur courrier électronique, des téléphones mobiles ou des forums de discussion électroniques, au travail comme ailleurs ?

Questions d'ordre politique

Les questions d'ordre politique portent sur les lois qui régissent les relations entre les organisations détentrices de dossiers personnels et les personnes qui en font l'objet. Un gouvernement devrait-il interdire l'utilisation commerciale des transmissions téléphoniques codées afin que la police puisse continuer à son gré ses pratiques d'écoute électronique ? Jusqu'à quel point doit-on permettre aux sites, notamment de commerce électronique, de conserver des données sur les personnes ? Jusqu'où les préoccupations liées à la lutte contre la criminalité ou telle ou telle forme de terrorisme justifient-elles les restrictions posées à l'exercice des libertés des citoyens ?

3.2 Droits de propriété

Il est bon de rappeler ici les différents éléments liés aux droits de propriété et fortement affectés par les technologies de l'information.

Propriété intellectuelle

La **propriété intellectuelle** est une propriété intangible, acquise par des individus ou des entreprises. La technologie de l'information a rendu difficile la protection de cette propriété intellectuelle, en raison de la facilité avec laquelle on peut copier l'information informatisée et la distribuer sur des réseaux. La propriété intellectuelle est soumise à un ensemble de mesures de protection en vertu de trois coutumes occidentales qui font jurisprudence dans le droit international : le secret commercial, les droits d'auteur et les lois sur les brevets.

Secrets commerciaux

Le **secret commercial** s'applique à tout produit d'un travail intellectuel – formule scientifique, appareil, structure ou banque de données – utilisé à des fins commerciales, à condition qu'il ne repose pas sur de l'information provenant du domaine public.

Les secrets commerciaux incluent les logiciels qui contiennent des compilations, des procédures ou des éléments nouveaux ou uniques. Les lois sur les secrets commerciaux protègent les idées qui sous-tendent un travail et pas seulement leur matérialisation. Pour invoquer ce droit, l'inventeur ou le propriétaire doit lier les employés et les clients par des ententes de non-divulgation, et protéger le secret afin qu'il ne tombe pas dans le domaine public.

Même si presque tous les logiciels plus ou moins complexes contiennent des éléments uniques, les idées qui sous-tendent le travail tombent souvent dans le domaine public au moment de la distribution générale du logiciel. Cet écueil limite la portée des réglementations visant à la protection du produit.

Droits d'auteur (*copyright*)

Les **droits d'auteur** (plus connus sous le nom de ***copyright***) visent à protéger les auteurs d'une propriété intellectuelle contre la reproduction, pour quelque fin que ce soit.

La plupart des pays industrialisés possèdent leurs propres lois sur les droits d'auteur, et plusieurs conventions internationales et accords bilatéraux coordonnent l'application de ces règles dans divers pays.

La législation sur la protection des droits d'auteur vise à protéger contre la reproduction non autorisée de tout ou partie des logiciels. On peut rapidement obtenir des dommages et intérêts ainsi que des indemnités en cas d'infraction. Cette protection ne concerne cependant que la matérialisation des idées à l'origine de l'œuvre et non les idées elles-mêmes, ce qui en limite la portée. Un concurrent peut utiliser votre logiciel, en comprendre le fonctionnement et en construire un nouveau, fondé sur les mêmes idées, sans pour autant enfreindre la loi sur les droits d'auteur.

Les procès intentés aux contrefacteurs qui violent les droits d'auteur, fondés sur « l'apparence et la richesse fonctionnelle des logiciels », ont permis d'établir une distinction entre une idée et sa matérialisation. Par exemple, au début des années 1990, Apple Computer a intenté une action contre Microsoft Corporation et Hewlett-Packard Inc. pour violation de l'apparence de l'interface du Macintosh d'Apple. Parmi d'autres réclamations, Apple prétendait que les défendeurs avaient copié l'apparence des fenêtres chevauchantes. Ces derniers affirmaient, pour leur part, que l'idée des fenêtres chevauchantes n'étant exprimable que d'une seule manière, elle ne pouvait pas être protégée par les droits d'auteur, en vertu du principe de « fusion ». Selon ce principe, on parle de fusion lorsque les idées et leur expression forment un tout. Il est donc impossible d'obtenir les droits exclusifs sur la matérialisation. En général, les tribunaux appliquent la jurisprudence *Brown Bag Software versus Symantec Corp.* Au cours de ce procès, le tribunal avait disséqué les composants d'un logiciel présumé contrefait et conclu que des concepts, des fonctions ou des caractéristiques générales (menus déroulants, par exemple) ou des couleurs similaires ne pouvaient pas être protégés par les droits d'auteur.

Brevets

Un **brevet** est un document qui accorde à son propriétaire un monopole exclusif sur les idées qui sous-tendent son invention, pendant un nombre d'années qui varie selon les législations nationales. En 2010, Amazon a réussi à déposer un brevet sur le paiement en un clic. Ce brevet lui permet, entre autres, de faire payer des redevances à Apple qui l'utilise dans son magasin en ligne iTunes. Il lui a aussi servi à empêcher Barnes & Noble, un libraire concurrent, de se servir du même dispositif sur son site Web. Depuis l'été 2012, Amazon a investi encore plus massivement dans la recherche & développement *via* le dépôt et/ou le rachat de brevets. En mars 2013, la société a déposé un brevet sur la revente de contenus numériques d'occasion.

Le brevet offre à l'inventeur d'un logiciel un monopole sur les idées et les concepts de départ de son invention. Il est cependant très difficile de satisfaire aux critères rigoureux d'originalité, de nouveauté et de non-évidence (l'œuvre doit refléter une compréhension ou une contribution particulière). De plus, l'inventeur doit s'armer de patience car l'obtention d'un brevet peut prendre plusieurs années.

Problèmes soulevés par les droits de propriété intellectuelle

Les technologies modernes de l'information, particulièrement les logiciels, posent un problème de taille au chapitre des lois qui visent à protéger la propriété intellectuelle. Elles devraient donc nous inciter à nous poser de sérieuses questions d'ordre éthique, social et politique. Les supports numériques diffèrent des livres, des périodiques et des autres supports par la facilité avec laquelle on peut les reproduire, les transmettre et les modifier. Il est par ailleurs difficile de classer un logiciel comme un livre ou même une partition musicale, sans parler du format – les logiciels sont faciles à dérober. Enfin, comment déterminer son caractère unique ?

La prolifération des réseaux électroniques, notamment d'Internet, a rendu encore plus difficile la protection de la propriété intellectuelle. Avant l'expansion des réseaux, les reproductions de logiciels, de livres, d'articles de revue ou de films devaient être stockées sur un support physique (papier, disquettes, vidéocassettes, etc.), ce qui rendait la distribution difficile. Grâce aux réseaux, il est maintenant plus facile de reproduire et de distribuer l'information à grande échelle. En mai 2012, l'International Data Corporation, organisme d'études de marché sur les technologies de l'information, a dirigé une étude pour le compte de la Business Software Alliance, principal syndicat professionnel américain des éditeurs de logiciels, qui montre que 42 % des logiciels partout dans le monde ont fait l'objet de contrefaçons ou de piratages.

Internet a été conçu pour diffuser l'information librement dans le monde entier. Or, une partie de l'information est protégée par des droits d'auteur. Grâce aux SI et au Web, il est possible de capturer et de reproduire facilement n'importe quel fichier et de le distribuer à des milliers, voire à des millions de personnes partout dans le monde, même si celles-ci utilisent des systèmes informatiques différents. L'information peut être reproduite illégalement, puis distribuée par d'autres systèmes et réseaux, même à l'insu des parties concernées.

Des personnes copient et distribuent illégalement sur Internet des fichiers MP3 de musique numérisée. Napster fournissait des logiciels et des services qui permettaient aux utilisateurs de trouver et de partager des fichiers de musique, même ceux protégés par des droits d'auteur. Aux États-Unis, en février 2001, une cour fédérale de district a statué que Napster devait arrêter d'inscrire sans autorisation sur son fichier central les fichiers couverts par des droits d'auteur. L'entreprise a dû déposer le bilan ; par la suite, elle est devenue un site Web qui vend en toute légalité des services de téléchargement de musique. En Europe, et en particulier en France, les dispositions légales récentes vont toutes dans le même sens.

Par la suite, différents groupes de l'industrie du divertissement ont intenté des poursuites afin d'arrêter le partage illégal de fichiers sur d'autres sites Web. La musique protégée par des droits d'auteur continue cependant d'être échangée sans que les auteurs ne reçoivent la rémunération légalement prévue. Le partage illégal de fichiers est tellement répandu qu'il remet en cause le modèle juridico-économique actuel de l'industrie du disque. En 2012, le téléchargement illégal de fichiers musicaux a cependant baissé par rapport à l'année précédente aussi bien aux États-Unis (–17 %) qu'en Europe (–9,6 %), mais son niveau reste tout de même très élevé. La fermeture du site Megaupload en janvier 2013 a également contribué à ces baisses. Puisque la popularité de l'accès à Internet à haute vitesse dans les foyers ne cesse d'augmenter, le partage illégal de fichiers vidéo est devenu une menace pour l'industrie du cinéma.

La manière dont l'information proposée sur le Web a été obtenue et dont elle est présentée pose d'autres problèmes sur le plan de la protection de la propriété intellectuelle (Okerson, 1996). On peut construire des pages Web à partir de sections de texte, de graphiques, de sons ou de vidéos provenant de sources différentes. Chaque élément peut appartenir à une organisation juridiquement distincte, ce qui engendre des problèmes complexes en ce qui concerne la propriété et l'indemnisation. Les sites Web peuvent aussi recourir à une fonction appelée « cadrage », grâce à laquelle un créateur de site peut construire une bordure sur écran autour du contenu qu'il obtient en se reliant à un autre site Web. La première bordure et le premier logo du site restent à l'écran, ce qui donne l'impression que le contenu du nouveau site Web est « offert » par le site Web précédent.

Des mécanismes de vente et de distribution de livres, d'articles et d'autres propriétés intellectuelles sur Internet sont actuellement mis au point, et le ***Digital Millennium Copyright Act*** **(DMCA)** de 1998 fournit une certaine protection des droits d'auteur. Le DMCA a créé l'Organisation mondiale de la propriété intellectuelle, qui rend illégale l'utilisation d'appareils qui déjouent les protections fondées sur la technologie en vue de préserver le matériel couvert par des droits d'auteur. Les fournisseurs de services Internet sont invités à ne plus héberger les sites délinquants qui ne respectent pas les droits d'auteur dès lors qu'ils ont été prévenus de la situation. En France, une autorité publique indépendante, HADOPI, a été instaurée au début de l'année 2010. Depuis cette date et jusqu'au printemps 2012, le nombre d'utilisateurs de réseaux de « partage » pair à pair (*peer to peer* ou P2P) a chuté de 32 %. La France est le seul pays au monde à avoir instauré un régime complet de réponse graduée. Depuis 2010, deux millions de courriers ont été envoyés, permettant une certaine prise de conscience du respect de la législation sur les droits d'auteurs. Un tel système de réponse graduée est progressivement mis en place dans chaque pays européen. Le volume de téléchargements illégaux reste cependant très élevé car les internautes utilisent d'autres systèmes (consultation en connexion continue, ou *streaming*, par exemple).

Questions d'ordre éthique

Au niveau des utilisateurs domestiques, la principale question d'ordre éthique qui se pose concerne la reproduction des logiciels. Voici une question que vous serez peut-être amené à vous poser : « Vais-je reproduire et/ou utiliser pour mon usage personnel un logiciel protégé par des droits d'auteur, par le secret commercial ou par un brevet d'invention ? » À l'ère de l'informatique, on peut si facilement obtenir des copies parfaites et fonctionnelles des logiciels que les fabricants eux-mêmes ont abandonné les encodages de protection pour en accroître la pénétration du marché. De plus, les lois sont peu appliquées dans ce domaine. Si la copie et l'usage illégal du logiciel se généralisent, on finira cependant par en produire très peu de nouveaux car les créateurs ne pourront plus récolter les fruits de leurs efforts.

Questions d'ordre social et politique

Les technologies de l'information soulèvent bon nombre de questions d'ordre social. La plupart des experts constatent que les lois actuelles sur la protection de la propriété intellectuelle semblent ignorées. Les sondages révèlent que la grande majorité des utilisateurs avoue enfreindre régulièrement certaines lois perçues de moindre importance. Ces infractions massives et quotidiennes menacent de ralentir l'avènement de nouvelles technologies.

Sur le plan politique, la question concerne l'adoption de nouvelles mesures de protection de la propriété afin de préserver les investissements des créateurs de nouveaux logiciels. La société Microsoft et 1 400 autres éditeurs de logiciels sont représentés par la *Software and Information Industry Association* (SIAA), association qui fait pression pour l'adoption de nouvelles lois de protection et pour l'application plus stricte des lois actuelles afin de protéger la propriété intellectuelle partout dans le monde.

Un grand nombre de groupes et des millions de personnes se sont alliés contre la SIAA. Ils estiment qu'à l'ère numérique, les logiciels devraient être gratuits, que les lois contre le piratage n'ont pas de raison d'être et que l'on devrait payer les logiciels sur une base volontaire. Selon eux, la distribution gratuite des logiciels apporterait à la société de nombreux avantages, notamment en favorisant le dynamisme économique.

Responsabilisation, responsabilité et contrôle

En plus des lois sur la protection de la vie privée et sur la propriété, les nouvelles technologies de l'information remettent en question certaines lois actuelles sur la responsabilité et les pratiques sociales qui visent à rendre les individus et les institutions responsables de leurs actes. Lorsqu'une personne est blessée par une machine commandée en partie par un logiciel, qui est responsable de l'accident ? Devrait-on permettre à un fournisseur d'accès à Internet, comme Orange, Verizon ou AT&T de transmettre (en tant que diffuseur) des documents pornographiques ou offensants, ou le libérer de toute responsabilité en ce qui concerne le matériel transmis par les utilisateurs, comme c'est le cas des entreprises de télécommunications pour les systèmes téléphoniques ? Et qu'en est-il d'Internet ? Lorsque le traitement de l'information est assuré par un prestataire extérieur (externalisation), une entreprise peut-elle rendre ce fournisseur responsable des dommages causés à ses clients ?

Les lois du 29 juillet 1881 (liberté de la presse) et du 21 juin 2004 (loi pour la confiance dans l'économie numérique) s'attachent à protéger les individus contre les actions de diffamation et de dénigrement.

3.3 Quelques problèmes soulevés par la prise de responsabilité et liés aux ordinateurs

Depuis le 1er janvier 2010, environ 20 millions de cartes EuroChèque (EC) sur 45 millions et 3,5 millions de cartes de crédit sur 8 millions ne permettent plus de retirer de l'argent aux guichets automatiques en Allemagne et à l'étranger, d'après un communiqué de la fédération allemande des Caisses d'Épargne (DSGV). Selon cette source, la panne provient d'un « problème qui est un effet "retard" de l'an 2000 », certaines puces électroniques de cartes ne reconnaissant pas la nouvelle année 2010, sans que cela n'engendre toutefois de problème de sécurité. Il est également impossible de payer dans de nombreux magasins avec les cartes concernées, ajoute la DSGV, qui rétablit totalement le paiement en magasin pour les cartes EC quelques semaines plus tard. La veille, la commission bancaire ZKA avait déjà annoncé que de nombreux instituts étaient concernés par la panne, dont des banques privées comme Postbank et Commerzbank, sans pouvoir indiquer l'ampleur du problème.

Qui était responsable du préjudice économique et moral subi par les personnes qui ne pouvaient accéder que partiellement au solde de leur compte pendant cette période ?

Ces exemples illustrent les difficultés que rencontrent les DSI. En général, si le logiciel est intégré à une machine et que celle-ci blesse quelqu'un ou le pénalise financièrement, le producteur du logiciel et l'opérateur pourront être l'un et l'autre tenus pour responsables des dommages subis. Si, en revanche, le logiciel est « assimilable à un livre », se limitant à ce titre à contenir et à afficher des informations, les tribunaux hésitent alors à tenir pour responsables de son contenu les auteurs, les éditeurs ou les libraires (sauf dans les cas de fraude ou de diffamation). Ils se montrent donc prudents lorsqu'il s'agit d'imputer la responsabilité d'un incident de ce genre aux auteurs de tels logiciels.

Qu'en est-il du « service informatisé » ? Les guichets automatiques des banques sont un exemple typique de ces services offerts aux clients. En cas de panne du service, les clients subiront non seulement quelques désagréments sur le moment, mais aussi des préjudices financiers si l'accès à leur compte est bloqué au moment où ils en ont besoin. Par conséquent, devrait-on exclure du champ de la responsabilité les éditeurs et les opérateurs de logiciels des systèmes lorsque ceux-ci sont défectueux ?

Les logiciels sont très différents des livres. Leurs utilisateurs en attendent un fonctionnement fiable, voire infaillible. Or, il est moins facile d'inspecter un logiciel qu'un livre et encore plus difficile d'en comparer la qualité à d'autres semblables. Les logiciels servent à exécuter une tâche et non, comme un livre, à la décrire. Les activités humaines deviennent de plus en plus dépendantes de ces outils informatiques.

Les questions de la responsabilité des préjudices liés aux utilisations des SI renvoient notamment à une fameuse distinction juridique : obligation de moyens ou obligation de résultats ? L'interdépendance des composants technologiques autant que leur multiplicité et leur hétérogénéité dans un même système rendent complexe l'établissement de la responsabilité en cas de défaillance portant préjudice à des tiers.

Un cas plus récent montre la complexité de l'imbrication entre les organisations, leurs recours aux technologies et SI, la dématérialisation des transactions financières et les impacts mondialisés. Le jeudi 6 mai 2010, en 20 minutes, la Bourse de New York s'effondre. L'indice Dow Jones qui était à 10 880 points en début de séance chute à 9 873 points. Dans un premier temps, c'est un trader qui est montré du doigt. Il aurait confondu « millions » et « milliards » lors d'une transaction concernant la valeur Procter & Gamble. En quelques nanosecondes, le cours chute de 37 % et le Dow Jones perd 9 % en sept minutes. Ce sont 1 000 milliards de dollars de capitalisation boursière qui s'évaporent. Ainsi, l'action du géant 3M perd 15 %. Moins d'une heure plus tard, le calme semble revenir. Une enquête s'ouvre. Quelle que soit la cause de cet événement, celui-ci montre une finance mondiale reposant sur un dispositif hautement informatisé, échappant facilement à tout contrôle et susceptible d'entraîner des effets en chaine démesurés. Ces systèmes de transaction à haute fréquence, *high frequency trading*, reposent, pour 70 % des transactions mondiales, sur les possibilités de spéculation sur les écarts de quelques nanosecondes entre deux dispositifs automatisés de cotation. Au lendemain de la faillite de Lehman Brothers en septembre 2008, la question de la régulation et du contrôle de la sphère financière était posée. Ce qui s'est passé ce 6 mai 2010 montre que rien n'a changé. Depuis, l'entreprise Nanex, spécialisée dans l'établissement de statistiques sur l'activité des marchés boursiers, a observé pas moins de 2 000 mini-krachs (*flash crash*) de septembre 2011 à septembre 2012.

Questions d'ordre éthique

La principale question d'ordre éthique qui se trouve au centre du débat soulevé par les nouvelles technologies de l'information est la suivante : les individus et les organisations qui créent, produisent et vendent des systèmes (matériel, logiciels ou les deux) sont-ils moralement responsables des conséquences de leur utilisation ? Si tel est le cas, dans quelles circonstances le sont-ils ? Quelles obligations (et quelles responsabilités) doivent assumer les utilisateurs et les fournisseurs ?

Questions d'ordre social

La question d'ordre social qui se trouve au centre du débat sur la responsabilité concerne les attentes de la société envers les SI qui offrent des services. La société peut-elle accepter que des réseaux ou des forums de discussion véhiculent ou publient des textes diffamatoires, inexacts ou trompeurs, susceptibles de nuire à un individu, un groupe social, une religion ou un pays ? Les sociétés de prestation de services d'information doivent-elles exercer leur propre contrôle et censurer elles-mêmes les informations dont elles permettent le transport et la publication ?

Questions d'ordre politique

La principale question d'ordre politique concerne le débat entre les fournisseurs d'informations de toutes sortes (depuis les concepteurs et les éditeurs de logiciels jusqu'aux fournisseurs des services réseau), qui désirent se libérer le plus possible de toute responsabilité (de manière à accroître au maximum leurs profits), et les utilisateurs de ces services (personnes ou groupes), qui veulent que ces organisations soient tenues pour responsables de la qualité des services qu'elles fournissent (et qu'elles l'améliorent au maximum). Cette profonde divergence d'opinion nourrit de nombreux débats politiques et litiges judiciaires.

3.4 Qualité des systèmes : qualité des données et erreurs système

Le débat sur la responsabilité et la responsabilisation, relatif aux conséquences involontaires de l'utilisation des systèmes, prend une dimension morale à part entière. En effet, quel est le niveau de qualité acceptable et réaliste d'un système sur le plan technologique ? À partir de quel niveau de perfection les gestionnaires de systèmes peuvent-ils dire : « Arrêtons les essais, nous avons fait tout ce qui était possible pour rendre ce produit parfait. Nous pouvons le mettre sur le marché ! ». Les organisations et les individus devraient normalement être tenus pour responsables des conséquences néfastes prévisibles et évitables, qu'il leur appartiendrait de déceler et de corriger. Cependant, en informatique, il existe une zone grise où certaines erreurs ne sont prévisibles et corrigeables qu'en utilisant des procédures très consommatrices en ressources et en temps. Le débat est alors posé entre le principe dit « de précaution », les conditions d'autorisation de mise sur le marché d'un produit et les exigences croissantes des actionnaires en matière de niveau et de rapidité des gains. Ainsi, les constructeurs de logiciels affirment s'efforcer de mettre au point des produits sans défaut. Mais ils distribuent quand même, consciemment ou non, des produits imparfaits, car le temps nécessaire pour corriger les dernières erreurs mineures en retarderait le lancement, et donc les revenus financiers (Rigdon, 1995). Poursuivons notre raisonnement : jusqu'où va la responsabilité d'un fournisseur de services ou de produits informatiques ? Devrait-il retirer du marché un produit se révélant potentiellement préjudiciable ou même instable ? Devrait-il en avertir l'utilisateur ? Devrait-il tout simplement ignorer le risque et se contenter d'attirer l'attention de l'acheteur sur cette éventualité ?

Trois principaux facteurs expliquent la mauvaise performance d'un système : les bogues et erreurs du logiciel, les pannes de matériel et des installations pour diverses raisons, naturelles ou autres, et la mauvaise qualité des données saisies ou des procédures d'utilisation.

Ainsi, on se trouve devant une barrière technologique difficile à franchir. Il est impossible d'obtenir un logiciel parfait, et les utilisateurs doivent savoir qu'un risque de défaillance pouvant entraîner des conséquences sérieuses est toujours envisageable. L'industrie des logiciels n'est pas encore parvenue à établir des normes de tests qui définissent pour toutes les catégories de logiciels un niveau de performance imparfait, mais acceptable.

Même si les médias se font facilement l'écho des erreurs des systèmes et des défaillances des installations informatiques, la raison la plus fréquente des pannes et des erreurs provient d'une mauvaise qualité des données saisies ou d'une manipulation incorrecte. Peu d'entreprises mesurent la qualité de leurs données, mais des statistiques indépendantes montrent que le taux d'erreur varie de 0,5 % à 30 % (Redman, 1998). Le tableau 4.3 illustre les problèmes les plus fréquents qui découlent de la mauvaise qualité des données.

Tableau 4.3 : Exemples de problèmes dus à la qualité insatisfaisante des données

Début 2012, Free Mobile a rencontré des difficultés à envoyer les cartes SIM à des milliers de nouveaux clients. La cause ? Le champ « adresse » du formulaire d'abonnement sur Internet n'était pas adapté. Si le coût de ce ratage n'est pas connu, les conséquences en matière de réputation et de développement commercial sont fortement dommageables.
Dans une tribune de mai 2009, Michel Bruley, expert en marketing *B to B*, citait plusieurs exemples significatifs des conséquences d'une mauvaise qualité des données. L'un d'eux provient de l'industrie des télécommunications. La plupart des opérateurs perdent environ 5 % de leur chiffre d'affaires en raison de la qualité insuffisante des données qui les oblige parfois à interrompre leur processus de facturation. Dans un autre exemple, l'installation d'un nouveau logiciel a endommagé par erreur la base de données d'une compagnie de transport aérien, contenant des renseignements sur les réservations des passagers. Pendant plusieurs mois, les avions ont décollé avec une charge deux fois moindre que leur capacité ne le permettait.
En réorganisant sa base de données sur la clientèle par numéro de client, un fabricant a constaté qu'il y avait un nouveau numéro de client pour chaque vente effectuée. Cela s'expliquait par la prime offerte aux vendeurs pour tout nouveau client. Un même client avait ainsi été jusqu'à être enregistré sous 7 000 numéros différents. La société a abandonné le projet d'informatisation, après avoir dépensé inutilement 1 million d'euros en primes.
La banque JP Morgan de New York a découvert que 40 % des données de la base servant aux analyses des risques étaient incomplètes, ce qui nécessitait une double vérification de la part des utilisateurs.
Plusieurs études ont établi que, dans 5 % à 12 % des ventes enregistrées à l'aide du lecteur de code-barres dans les supermarchés, les chiffres étaient erronés, et que le ratio d'erreurs désavantages/avantages pour les clients allait jusqu'à 5/1, avec une moyenne de 4/1 toutes enseignes confondues. Le problème provient surtout d'erreurs humaines et de procédures inadéquates : changements fréquents de prix dans les rayons, et ressources insuffisantes pour effectuer la vérification des prix et mettre en place des procédures supprimant les risques d'erreur. L'ampleur du déséquilibre à l'avantage du magasin laisse à penser que les erreurs commises ne sont peut-être pas toutes dues au seul hasard…

Sources : **www.decideo.fr** 22/05/2012, **www.uniserv.com**, 31/05/2009 ; Catherine Yang et Willy Stern, « Maybe They Should Call Them Scammers », in *Business Week*, 16/01/1995 ; William Bulkeley, « Databases Plagued by a Reign of Error », in *Wall Street Journal*, 26/05/1992 ; Doug Bartholomew, « The Price is Wrong », in *Information Week*, 14/09/1992.

3.5 Qualité de vie : équité, accès et frontières

Les contrecoups sociaux de l'avènement des technologies et des SI commencent à se faire sentir et seront de plus en plus notables à mesure que la pénétration des SI s'intensifiera dans tous les aspects de la vie courante. Leurs inconvénients majeurs dépassent la violation des droits individuels ou les infractions à la propriété, bien que de telles conséquences négatives puissent grandement nuire aux individus, aux organisations et aux institutions sociales et politiques. Les SI peuvent ainsi participer activement à la destruction de valeurs culturelles et sociales essentielles. Nous examinerons plus loin quelques-unes des conséquences sociales négatives des SI, et les réactions individuelles, sociales et politiques qu'elles suscitent.

La loi Loppsi 2 du 15 mars 2011 (loi d'orientation et de programmation sur la performance de la sécurité intérieure 2) vise à mieux protéger les personnes de l'usurpation d'identité (coordonnées bancaires, identifiant/mot de passe, pseudo, nom de domaine et adresse IP).

En vue d'enrichir son service Google Street View avec les emplacements de hotspots WiFi, Google indique avoir par erreur intercepté et conservé 600 Go de données concernant des communications électroniques de particuliers dont la connexion n'était pas protégée.

La Cnil a pu accéder à ces données « accidentellement volées » par Google, après une mise en demeure. Elle a pu constater la présence de « captures de mots de passe associés à des adresses IP », ainsi que des extraits de courriels, dont certains contenaient des données normalement couvertes par le secret bancaire, médical ou de la presse.

Google a de son côté réaffirmé son souhait d'effacer ces données dès que les différentes autorités compétentes lui donneront le feu vert. Pour ces faits, la Cnil a infligé une amende de 100 000 euros par sa délibération du 17 mars 2011.

Équilibre entre centralisation et décentralisation du pouvoir

Au début de l'ère des ordinateurs, on craignait qu'un immense ordinateur central ne concentre tout le pouvoir au siège social d'une entreprise ou dans une capitale, donnant naissance à une société de type « Big Brother » (État omniprésent), que George Orwell a décrite dans son roman *1984*. Certains se sont rapidement sentis rassurés par la tendance vers une informatisation apparemment décentralisée, grâce aux vertus autonomisantes et créatives de la micro-informatique. Les partisans de cette idéologie prêchent la redistribution du pouvoir au sein des entreprises, de façon que les échelons inférieurs puissent prendre des décisions. Néanmoins, cette « habilitation », décrite dans les magazines d'affaires, est en grande partie une fiction car les décisions laissées aux simples employés sont mineures, et un nombre d'acteurs progressivement restreint détient le réel pouvoir décisionnel, comme en témoigne le mouvement planétaire de concentration des grands groupes multinationaux. Les tendances récentes vers une recentralisation des installations de traitement informatisé (les fameux *datacenters* dont le nombre se développe à cause du Cloud computing) au nom des économies d'échelle associées aux vertus prêtées à la mutualisation des ressources constituent un début de démenti aux convaincus des tendances décentralisatrices.

Bien que certaines personnes puissent apprécier le côté pratique du travail à domicile en combinant les potentiels de mobilité avec les capacités de traitement et de stockage des ordinateurs, l'environnement informatique, « où l'on peut faire n'importe quoi, n'importe où et n'importe quand », risque de faire disparaître les frontières traditionnelles qui séparent le temps consacré au travail de celui consacré à la vie privée. Une connexion à l'intranet de l'entreprise 24 h/24 et 7 j/7 insère le salarié dans un lien permanent et traçable avec l'espace professionnel.

Rapidité des changements : réduction du temps de réaction face à la concurrence

Les SI ont participé au développement de marchés nationaux et internationaux beaucoup plus efficaces, notamment par l'électronisation des échanges interentreprises. Le marché mondial contemporain a cependant considérablement réduit les « matelas » de sécurité dont disposaient auparavant de nombreuses entreprises pour s'ajuster à la compétition. Cette « concurrence en temps réel » présente un danger : l'entreprise qui vous emploiera pourrait ne pas avoir le temps de s'ajuster afin d'affronter la concurrence mondiale et être « rayée de la carte » en quelques mois. Vous risqueriez alors de perdre votre emploi. Nous prenons donc des risques en promouvant une « société juste-à-temps », avec des emplois, des lieux de travail, des familles et des vacances également « juste-à-temps ».

Dépendance et vulnérabilité

Les entreprises, les gouvernements, les écoles et les services publics ainsi que les associations dépendent tellement des SI qu'ils deviennent très vulnérables lorsque ceux-ci rencontrent des défaillances. En dépit de cette omniprésence des SI, il n'existe curieusement aucune autorité de réglementation, de régulation ou de normalisation ayant le même pouvoir que celles qui régissent le téléphone, l'électricité, la radio, la télévision ou d'autres technologies grand public.

Délits et abus en informatique

Plusieurs nouvelles technologies de l'ère industrielle ont engendré de nouvelles formes de délits et d'abus. Les technologies et les SI n'échappent pas à cette règle : certains y ont trouvé de nouveaux objets de valeur à voler, de nouveaux procédés pour le faire et de nouveaux moyens de nuire à autrui. Le **cybercrime** est la perpétration d'un acte illégal au moyen d'un ordinateur ou à l'encontre d'un système informatique. Les ordinateurs sont autant l'objet de délits (comme la destruction du centre de calcul ou des fichiers de données d'une entreprise) que l'instrument des délits (vol de listes informatisées après effraction du système à partir du domicile à l'aide d'un ordinateur personnel).

L'**abus informatique** est la perpétration au moyen d'un ordinateur d'un acte qui, sans être illégal, est contraire à l'éthique. Une forme très répandue d'abus est le *spamming*, qui se caractérise par l'envoi de centaines, voire de milliers de messages électroniques non sollicités. En janvier 2013, la société Kaspersky Lab estimait que 72 % des courriels correspondaient à des spams. Un spam est un courrier électronique importun envoyé massivement par une organisation ou un individu à un grand nombre d'internautes qui n'ont manifesté aucun intérêt pour le produit ou le service présenté. Les spammeurs vendent habituellement de la pornographie, proposent des services, des affaires ou des marchés frauduleux et d'autres produits, parfois illégaux, dans la plupart de nos sociétés industrielles. Certains pays ont adopté des lois visant à interdire le *spamming* ou à en limiter l'utilisation. Dans d'autres pays, comme les États-Unis par exemple, le *spamming* est légal en l'absence de fraude et si l'expéditeur et l'objet du message sont correctement identifiés.

Le *spamming* est en pleine croissance car il ne coûte que quelques centimes d'euro pour envoyer des milliers de messages proposant des produits aux internautes. Sur Internet, on peut acheter des centaines de CD qui permettent aux spammeurs d'obtenir des millions d'adresses électroniques recueillies par les logiciels robots qui lisent le contenu des messageries électroniques interactives, des forums électroniques et des sites Web. Les spammeurs utilisent parfois aussi leurs propres outils de collecte. Grâce à ses coûts infimes, le *spamming* est rentable, même si seulement un destinataire sur 100 000 courriels envoyés effectue un achat. En 2009, Ferris Research avait calculé que le *spamming* coûtait 130 milliards de dollars aux organisations du monde entier, dont 20 milliards pour les seuls États-Unis.

Le *spamming* est davantage réglementé en Europe qu'aux États-Unis. Le 30 mai 2002, le Parlement européen a émis une interdiction relative à l'envoi de messages commerciaux non sollicités. Le marketing électronique peut viser uniquement des personnes qui ont préalablement donné leur consentement.

Le lobby des acteurs du marketing direct exerce des pressions contre toute législation concernant le *spamming*. Il affirme en effet qu'une telle législation porterait atteinte au marketing par courrier électronique, qui est légitime, et serait préjudiciable au commerce électronique. Le problème du *spamming* est sérieux car les spams encombrent Internet et ont des répercussions négatives sur le fonctionnement et le rendement des entreprises.

SI, réingénierie des processus et pertes d'emploi

Les différents prestataires liés à l'informatisation des organisations (sociétés de conseil et de services, éditeurs de logiciels intégrés, etc.) valident massivement la méthode de la réingénierie des processus (*Business Process Reengineering*, BPR), qui consiste à repenser et à simplifier les enchaînements d'opérations administratives, commerciales et industrielles. Ils y voient une condition à la légitimation économique des SI. Les éventuels effets négatifs de la réingénierie sur le mode de fonctionnement de l'entreprise et la perte massive d'emplois de cadres intermédiaires et d'employés de bureau qu'elle engendre sont cependant très souvent passés sous silence. Un économiste a émis l'hypothèse que nous serions en train de créer une société gérée par « *une élite de professionnels de haut niveau technique qui travaillent dans des entreprises [...] au sein d'une nation de chômeurs permanents* » (Rifkin, 1993).

SI : accroissement de l'équité ou des clivages ?

Tous les individus ont-ils des chances égales de tirer profit de l'informatisation croissante des activités économiques et sociales ? Les SI combleront-ils, au moins en partie, les écarts sociaux, économiques et culturels présents dans la plupart des pays industrialisés et entre les différentes régions du monde ? Ces clivages sociaux s'accentueront-ils, contribuant les nantis à s'enrichir encore plus tout en réduisant les autres à une pauvreté accrue ?

On ne connaît pas la réponse à ces questions. On sait en revanche que le savoir et l'information, ainsi que l'accès à ces ressources par le biais des établissements d'enseignement et des bibliothèques publiques, ne sont pas distribués équitablement. Depuis plus de

20 ans, différents gouvernements européens et américains déclarent vouloir réduire cet écart en mettant les services de la technologie de l'information (dont l'accès à Internet) à la disposition de presque tous, au même titre que les services téléphoniques actuels. Les écoles et bibliothèques ont bénéficié de subventions, voire de dotations directes en équipements afin que toute personne, quelle que soit son origine, puisse accéder aux outils informatiques. Mais cette décision de dotations en moyens techniques ne traite aucunement les aspects sociaux et culturels du problème. Donner à quelqu'un un stylo ne le transforme pas en romancier, doter une classe d'un accès à Internet ne fait pas des élèves des utilisateurs avertis et vigilants.

Effets physiques, moraux et intellectuels du travail sur ordinateur

Les maladies professionnelles les plus répandues aujourd'hui sont les **traumatismes à répétition.** Il s'agit de troubles qui apparaissent lorsque des groupes de muscles répètent des mouvements souvent associés à de forts impacts (comme lorsqu'on joue au tennis) ou des milliers de gestes de moindre impact (comme lorsqu'on tape sur un clavier d'ordinateur). Ce sont les fameux troubles musculo-squelettiques (TMS).

La source la plus importante des traumatismes à répétition est l'usage intensif des claviers d'ordinateur. La forme la plus commune dans le milieu de l'informatique est le **syndrome du canal carpien** (ou tendinite). Ce syndrome est le résultat d'une pression exercée sur le nerf médian à travers la structure osseuse du poignet, appelée « canal carpien », ce qui provoque des douleurs. Cette pression est due à la répétition des frappes sur le clavier. Un même opérateur peut taper quotidiennement 23 000 fois sur le clavier dans le cadre de son travail. Les symptômes de cette affection sont des engourdissements, des élancements, des picotements et l'impossibilité de saisir des objets. Ce syndrome touche des millions de salariés.

On peut éviter l'apparition du syndrome du canal carpien en installant des postes de travail ergonomiques qui permettront de garder les poignets dans une position neutre (au moyen d'un support), des supports adéquats pour les écrans et des repose-pieds. Ces mesures doivent s'accompagner de pauses fréquentes et de la rotation des employés aux postes de travail.

La dernière née des pathologies associées aux SI est le **technostress**, stress provoqué par l'utilisation intensive de ces SI. Les symptômes sont l'irritabilité, la baisse de sociabilité, les marques d'hostilité envers les autres, l'impatience et l'agitation. Selon les experts, les personnes travaillant à longueur de journée devant un ordinateur en viennent à attendre des autres qu'ils réagissent comme les machines, qu'ils leur fournissent une réponse instantanée et qu'ils manifestent une attention constante sans la moindre émotion. Le cas de ces forcenés de l'informatique s'aggrave lorsqu'ils doivent patienter longtemps au téléphone ou que leur ordinateur prend quelques secondes de plus qu'à l'accoutumée pour effectuer une tâche. Depuis janvier 2012, pour éviter de stresser ses collaborateurs, le fabricant automobile Volkswagen ne leur transmet plus leurs courriels et SMS entre 18 h 15 et 7 h du matin. Fin 2011, une étude de l'Observatoire sur la Responsabilité Sociétale des Entreprises (Orse) rappelait qu'il faut 64 secondes en moyenne à l'esprit humain pour reprendre le fil de sa pensée lorsqu'il est interrompu par l'arrivée d'un message (courriel ou SMS).

Bien que les dirigeants nient fréquemment l'existence de ce problème, les emplois dans le domaine de l'informatique se classent en tête des métiers les plus stressants.

À ce jour, les effets des radiations émises par les écrans d'ordinateur n'ont pas été établis, mais ceux-ci génèrent des champs électriques non ionisants et des champs magnétiques à basse fréquence. Ces rayons pénètrent dans le corps, mais on ignore encore leurs effets sur les enzymes, les molécules, les chromosomes et les membranes des cellules. Des études à longue échéance ont commencé à analyser la relation entre les champs électromagnétiques de basse fréquence et les malformations ou autres maladies congénitales, le faible poids à la naissance, le stress et diverses autres maladies. Depuis le début des années 1980, les constructeurs cherchent à réduire le taux d'émission des rayons, et des pays européens, comme la Suède, ont adopté des normes rigoureuses sur les radiations.

L'ordinateur fait maintenant partie de nos vies, autant sur le plan personnel que sur le plan social, culturel et politique. Les problèmes et les possibilités qui nous sont offertes poseront des questions de plus en plus complexes, puisque l'influence de ces dispositifs ne cesse de croître. Vu l'essor pris par Internet et l'économie de l'information, les questions d'éthique et de société abordées dans ce chapitre ne devraient que s'amplifier au fur et à mesure que nous nous engageons dans ce XXIe siècle ultra-informatisé.

En février 2012, la Direction générale du Travail et le Centre d'Analyse stratégique ont réalisé un rapport sur l'impact des Technologies de l'Information et de la Communication (TIC) sur les conditions de travail. Ce rapport met en évidence cinq principaux risques :

- une augmentation du rythme et de l'intensité du travail ;
- un renforcement du contrôle de l'activité pouvant réduire l'autonomie des salariés ;
- un affaiblissement des relations interpersonnelles et/ou des collectifs de travail ;
- le brouillage des frontières spatiales et temporelles entre travail et hors-travail ;
- une surcharge informationnelle.

4 Nouvelles possibilités

Les SI ont, sur le plan éthique et social, des conséquences croissantes, avec des répercussions sur les personnes qui les utilisent ainsi que sur les managers concernant la responsabilité sociale des organisations.

4.1 Opportunités

Les managers ont la responsabilité de maintenir les activités de l'entreprise sous le joug des exigences éthiques et dans les limites de la loi.

4.2 Défis

La technologie est parfois une arme à double tranchant. Elle est source de nombreuses avancées, mais elle a aussi créé de nouvelles possibilités d'enfreindre la loi ou de nuire à autrui, ce qui accroît le nombre et la nature des défis auxquels sont confrontés les managers.

Comprendre les risques moraux associés à la nouvelle technologie

Le rythme élevé des changements technologiques s'impose à tous les individus, groupes et organisations, et rend très complexe la maîtrise permanente de la prévention des actes illicites. Dans cet environnement, les dirigeants doivent effectuer une analyse des répercussions éthiques et sociales des SI dès qu'un nouveau projet est à l'étude.

Établir des politiques d'ensemble en matière d'éthique qui tiennent compte des problèmes spécifiques liés aux SI

En tant que futur manager, vous aurez la responsabilité d'élaborer, de mettre en pratique et d'expliquer des politiques d'ensemble en matière d'éthique. Traditionnellement, l'attention des directions d'entreprise se focalise plus sur les politiques relatives à l'équilibre financier et à la politique commerciale que sur celles qui concernent les SI. Mais la lecture de ce chapitre vous aura convaincu que votre future entreprise devra mettre en œuvre des politiques en matière d'éthique dans le domaine des SI et concernant des questions telles que la confidentialité, la responsabilisation, la qualité des systèmes et le respect de la vie privée des collaborateurs et des clients. Vous devrez sensibiliser les gestionnaires indirectement concernés par les SI à la nécessité de conduire de telles politiques et de s'y conformer. Vous devrez aussi y former les différentes parties prenantes de l'entreprise (employés, instances représentatives du personnel, etc.).

4.3 Solutions

De nombreuses grandes entreprises ont élaboré des codes d'éthique ou des chartes qui régissent les droits et devoirs des différentes parties prenantes impliquées dans les SI. Les entreprises qui n'ont pas pris ce type de disposition risquent de se voir impliquées dans des effets indésirables liés à des transgressions des normes d'éthique. Les conséquences judiciaires, financières et commerciales de telles transgressions peuvent être considérables. Les avantages et des inconvénients d'un code d'éthique général par rapport à un code d'éthique propre aux SI sont discutables compte tenu des cinq dimensions morales abordées au début de ce chapitre.

- **Droit à l'information et obligations à cet égard :** confidentialité du courrier électronique des employés, surveillance des lieux de travail, traitement de l'information de l'entreprise et politique concernant les informations à caractère personnel sur les clients.
- **Droits de propriété et obligations à cet égard :** licences d'utilisation des logiciels, droit de propriété des données et des installations de l'entreprise, propriété des logiciels créés par des employés sur le matériel de l'entreprise, droits d'auteur sur les logiciels, directives concernant les relations avec les sous-traitants.
- **Qualité des systèmes :** niveau général de qualité des données, niveau toléré d'erreur de système, tant pour les systèmes existants que pour chaque projet.
- **Conditions de la vie au travail :** respect de la dignité humaine des collaborateurs, moyens ergonomiques d'utilisation des systèmes, droit à la formation, information préalable en cas de redéfinition et de redistribution des tâches.
- **Responsabilisation et contrôle :** désignation de la personne ou de la fonction qui sera chargée de tous les SI et dont relèveront les collaborateurs responsables de l'application des droits des individus, de la protection des droits de propriété, de la qualité

des systèmes et des conditions de la vie au travail. Il faudrait définir clairement les responsabilités liées au contrôle des systèmes, à leur vérification et à leur administration. Un document distinct devrait définir les responsabilités réciproques des DSI et des directions générales.

Résumé

L'utilisation massive des technologies et SI par les entreprises comme par les administrations nationales ou locales pose des questions complexes concernant le respect et la protection de la vie privée des individus, qu'ils soient considérés en tant que clients (actuels ou potentiels) ou citoyens. Chaque pays dispose de sa culture et de ses règlements, et chaque législation est, par nature, en décalage par rapport aux évolutions des technologies et des systèmes. Il en résulte donc des espaces d'incohérence dans lesquels se glissent les intentions et pratiques malveillantes.

Élément clé de la performance économique d'une entreprise, l'information commerciale se nourrit des données générées par les multiples actions des clients, supportées par des transactions informatisées (commandes, paiement, recherche sur un site, etc.). En France, la Cnil veille au respect des lois et des principes établis pour qu'un équilibre soit trouvé entre les impératifs de la gestion commerciale et le respect des personnes. Au sein de chaque organisation, les droits et devoirs des parties prenantes (direction, salariés, etc.) gagneront à être explicités dans une charte ou un code de déontologie.

Activités

Questions de révision

1. Quelles sont les principales tendances technologiques qui soulèvent des problèmes d'ordre éthique ?
2. Quelles sont les différences entre la responsabilité, la responsabilisation et l'obligation ?
3. Quelles sont les étapes de l'analyse d'une situation qui implique éthiquement les SI ?
4. Qu'est-ce qu'un code ou une charte de déontologie ?
5. Que signifie le « droit au respect de la vie privée » ? Quelles questions Internet pose-t-il sur le plan de la protection de la vie privée ?
6. Quel rôle le consentement éclairé, les lois, l'autorégulation de l'industrie et les outils technologiques jouent-ils dans la protection de la vie privée des internautes ?
7. Quelle est la cause la plus courante des problèmes de qualité dans les systèmes ?
8. Identifiez quatre conséquences possibles des SI sur la « qualité de vie ».
9. Qu'est-ce que le technostress et comment le déceler ?
10. Nommez trois mesures que pourrait adopter la direction d'une entreprise pour diminuer le nombre de traumatismes à répétition.

Exercices de synthèse

1. Analysez les liens entre les questions d'ordre éthique, social et politique soulevées par les SI.
2. Évaluez les effets des SI contemporains et d'Internet sur la protection de la vie privée et de la propriété intellectuelle.
3. Évaluez les effets des SI sur la vie quotidienne des entreprises et des citoyens.
4. Définissez les principaux défis de gestion que posent les répercussions d'ordre éthique et social engendrées par les SI et les solutions de gestion.

Exercice sur le Web : éthique et commerce électronique

Utiliser les forums de discussion sur Internet pour effectuer une étude de marché en ligne

Vous fabriquez des vêtements de sport pour les pratiquants d'activités nautiques (planche à voile, dériveurs et catamarans, croisière, etc.). Vous vendez ces produits par l'intermédiaire de quelques boutiques situées sur des ports de plaisance en Bretagne. Vous êtes convaincu que vos vêtements sont plus confortables et plus sûrs que ceux proposés par vos concurrents. Si vous pouviez augmenter de manière significative votre production et vos ventes, vous pensez pouvoir vendre moins cher que la concurrence. Pour vendre vos bottes et mieux les faire connaître, vous souhaiteriez utiliser les forums de discussion sur Internet qui s'adressent aux personnes aimant la mer et les sports nautiques.

Visitez les archives de certains forums (tel Usenet de Google, **groups.google.com**), des blogs, des pages Facebook qui contiennent des articles de forums, des posts. Localisez plusieurs discussions pertinentes et effectuez une recherche par mots clés (nom d'auteur, date et sujet). Choisissez un message, étudiez-le avec soin et notez tous les renseignements que vous pouvez obtenir, notamment ceux concernant l'auteur du message.

1. Comment pouvez-vous utiliser ces discussions pour organiser la mise sur le marché de vos produits ?
2. Quels principes d'ordre éthique pourriez-vous enfreindre si vous utilisiez ces messages pour vendre vos produits ? Croyez-vous que cette forme d'utilisation des discussions pose des problèmes d'ordre éthique ? Justifiez votre réponse.
3. Décidez si vous voulez utiliser les discussions pour identifier les sites Web qui vous intéressent et qui portent sur l'industrie du vêtement nautique. Examinez les différents sites afin de déterminer si d'autres moyens existent pour attirer les acheteurs potentiels vers le site que vous pourriez décider de créer.
4. Effectuez une recherche sur votre secteur industriel et sélectionnez les sites qui pourraient vous aider à élaborer d'autres idées nouvelles sur les modalités d'entrée en contact avec des clients potentiels.
5. À la lumière de ce que vous avez appris depuis le début de ce manuel, préparez un plan dans le but d'attirer les visiteurs vers votre site en respectant les principes de la loi du 6 juillet 1978 et en tenant compte des recommandations de la Cnil.

Travail de groupe

Dans un groupe de trois ou de quatre personnes, établissez un code (ou une charte) d'éthique qui porte sur la confidentialité des renseignements personnels concernant à la fois les employés, les clients et les utilisateurs du site Web d'une entreprise de vente par correspondance. Pensez à prendre en compte la confidentialité du courrier électronique, la surveillance des lieux de travail ainsi que l'usage que l'entreprise fait des renseignements personnels de ses employés (par exemple, style de vie, situation de famille, etc.). Présentez votre code d'éthique qui devra, en outre, être respectueux des lois françaises et européennes en vigueur.

Étude de cas : E.Leclerc, entre éthique et concurrence

En 2013, l'enseigne E.Leclerc fait partie des plus importantes entreprises en France. En 2012, avec 18,4 % de parts de marché et un chiffre d'affaires de 43,7 milliards d'euros, son activité repose sur 773 magasins en France et à l'étranger, répartis en 501 hypermarchés, 89 supermarchés et 51 magasins spécialisés dans de nombreux domaines (bijouterie, vêtements, automobile, etc.). L'ensemble du groupe emploie près de 96 000 salariés. Société essentiellement française, elle compte 110 magasins en Europe, dont 40 en Pologne et 30 en Italie.

L'aventure des magasins E.Leclerc commence en 1949, juste après la fin de la Seconde Guerre mondiale. En France, les tickets de rationnement viennent de disparaître. Âgé de 23 ans, Édouard Leclerc prend conscience du rôle essentiel du commerce de détail et il ouvre son premier magasin, dans sa maison de Landerneau, à une trentaine de kilomètres de Brest. Il n'a aucune fortune personnelle, mais est convaincu de la pertinence du pari qu'il veut relever : vendre au détail à prix de gros, afin de créer une rupture immédiatement perceptible par le consommateur vis-à-vis des prix pratiqués par le commerce traditionnel. Les principes de départ de sa méthode sont simples : acheter moins cher et éviter les intermédiaires.

Édouard Leclerc n'est pas qu'un entrepreneur indépendant des marchés financiers. Il place son combat sur le plan sociétal à travers la défense du libre choix et du pouvoir d'achat du consommateur. Il mène de nombreux combats dénonçant les atteintes portées au droit de la concurrence et de la libre entreprise. Parallèlement à son développement commercial et à la croissance de ses implantations d'hypermarchés dans toute la France, il part en guerre contre différentes situations monopolistiques : l'essence en 1979, le livre en 1981, la parfumerie en 1983, l'or en 1986 et la parapharmacie en 1988. Ses prises de position très médiatisées confèrent à Édouard Leclerc une image singulière de défenseur des petits contre les gros et les abus des positions dominantes. La relation qui unit le client à l'enseigne n'est alors plus seulement économique, mais comprend aussi une part d'éléments de nature éthique.

Le marché de la distribution des produits de grande consommation a considérablement évolué. Ces dernières années, les parts de marché des *hard-discounters* ont notablement progressé. Selon Cédric Ducrocq, P-DG du cabinet Dia Mart, conseil dans le secteur de la distribution, cette progression n'est que le résultat de la politique des enseignes qui, « *en bâtissant leurs gammes en fonction des contraintes de marge arrière, ont oublié de penser aux consommateurs. Les distributeurs vendent de plus en plus cher, à des Français se sentant de plus en plus pauvres, des produits qui les intéressent de moins en moins* ». Dans un contexte où il est de plus en plus dur d'enregistrer de la croissance à cause du gel réglementaire des surfaces au sol, du contexte économique français assez défavorable et des accords Sarkozy sur la baisse des prix, les grands distributeurs tentent de se réorganiser et de recentrer leurs activités afin de rendre leur entreprise beaucoup plus compétitive financièrement, mais aussi d'accroître leurs parts de marché. Dans ce contexte difficile, E.Leclerc est l'enseigne qui a réussi à sortir son épingle du jeu, en 2009, avec un gain de 0,6 point par rapport à l'année précédente. Les centres E.Leclerc, qui détiennent à présent 17 % de parts du marché des produits de grande consommation (frais et libre-service), confortent leur position de leader du secteur. « *L'enseigne dispose d'un bon "mix" entre les prix, les produits et la taille moyenne de ses magasins* », selon Éric Montazel, directeur de l'unité distribution de TNS Secodip.

Le succès économique est au rendez-vous de ce positionnement original qui combine les valeurs de la libre concurrence et la défense des intérêts du consommateur.

Pour redonner un véritable repère de choix au consommateur, E.Leclerc lance en 1997 la « marque Repère ». Plus qu'une marque de distributeur, c'est un label attribué à des produits de qualité au moins équivalente à celle des grandes marques, mais 20 % moins cher à la vente. Dernier combat socialement très symbolique : la vente d'automobiles en 2001, quand l'enseigne lance ses propres concessions multimarques à des tarifs très compétitifs. Sur le terrain de la citoyenneté, E.Leclerc a pris plusieurs engagements nets et visibles, notamment en faveur de la protection de l'environnement, avec par exemple la mise en place du premier système de sac réutilisable en 1989, et avec la première opération nationale pédagogique sur l'euro dès 1996, alors que la mise en œuvre complète de la monnaie unique était planifiée pour 2002.

L'organisation des centres E.Leclerc est également très particulière. Regroupé autour d'une enseigne commune, chaque magasin est géré par un dirigeant indépendant qui dispose de structures communes de gestion. Tout repose sur l'association des centres distributeurs E.Leclerc (l'ACDLec), en charge des grandes orientations du « mouvement Leclerc » en définissant la politique de l'enseigne et en veillant à respecter les conditions commerciales pour l'ensemble des magasins. Vient ensuite le Groupement des achats des centres E.Leclerc (Galec), organisé par secteurs d'activité (frais, textile, etc.). Seul le Galec est habilité à négocier directement avec les fournisseurs les conditions commerciales pour l'ensemble des magasins. Autre structure importante dans le mouvement de l'enseigne, les 16 centrales d'achat régionales qui prennent le relais du Galec en négociant les achats spécifiques au niveau régional et assurent et/ou coordonnent surtout le stockage, la répartition et le transport des marchandises dans les magasins. Implantées dans les régions, elles affinent la politique d'achat en tenant compte des particularités et des attentes des clientèles locales. Elles assurent aujourd'hui 60 % des approvisionnements des magasins. Les dernières structures, chères à l'enseigne E.Leclerc, sont les concepts spécialisés et leurs sociétés coopératives d'approvisionnement. Dotées d'une expertise ciblée, les filiales spécialisées gèrent les exigences spécifiques de chaque secteur comme les produits pétroliers (Siplec), les bijoux (Devinlec), la banque (Edel), l'auto (Scapauto), le voyage (E.Leclerc Voyages), le développement des marques distributeurs (Scamark) ou encore la logistique (Logilec). Toutes ces filiales ont un seul et unique objectif pour les magasins de l'enseigne E.Leclerc : proposer aux clients les prix les moins chers dans tous les domaines de la vie courante.

La réalisation de cette ambition requiert pour chaque centre, comme au niveau national, de connaître le plus précisément possible les attentes, les désirs et les pratiques des consommateurs et, plus spécifiquement, de ceux qui sont ses clients. Mais cette volonté d'offrir aux clients les meilleures prestations possibles se combine avec le désir de réduire les coûts liés à l'envoi de prospectus publicitaires lors des très nombreuses opérations promotionnelles. Pour y parvenir, tout distributeur rêve de connaître à l'avance les produits consommés régulièrement par chaque client, mais également ses coordonnées, afin de lui proposer des offres adaptées à ses envies personnelles. Il faut en outre maîtriser l'information sur les zones d'habitation pour garantir un retour efficace des publipostages. Cette approche de géomarketing a réussi à être mise en place dans le nord de la France sur un groupe de deux hypermarchés E.Leclerc nommé « Tempodis ». En effet, après un appel d'offres, Tempodis a choisi de s'équiper avec la solution ArcView d'Esri, un des seuls systèmes d'information géographique (SIG) dont l'actualisation de la base de données était fiable et très automatisée. Le coût d'acquisition de cet outil était de 15 000 euros et incluait le logiciel, le géocodage des données clients ainsi qu'un fichier sociodémographique de l'Insee. Couplée aux informations du fichier des cartes de fidélité, cette solution permettait d'affiner les recherches et donc de baisser le prix d'envoi du publipostage, tout en proposant des offres mieux adaptées aux clients. Aujourd'hui, le système recueille en moyenne 220 lignes d'information par foyer et par mois contenant les bases déclaratives avec les comportements d'achats des clients (historique des achats, nombre de visites, types de produits, comportement). Pour ces mailings, l'entreprise cible les foyers à fort potentiel d'achat, c'est-à-dire les plus rentables, et mène des promotions spécifiques pour les autres. La précision est telle que ArcView a également pu servir à mesurer l'impact de l'arrivée d'un concurrent dans la région. Pendant cette même période, le budget communication a diminué de moitié, passant de 3 % à 1,5 % du budget total.

Ce logiciel contribue donc à une stratégie marketing plus efficiente (efficacité directe accrue pour un coût d'exploitation en baisse), mais il suscite quelques interrogations concernant le droit d'utilisation d'informations à caractère privé du client. En effet, avec l'utilisation des données personnelles telles que le nom, le prénom, l'adresse postale et/ou électronique, ainsi que des données géographiques précises, les opérations marketing des magasins doivent être soumises au respect des dispositions de la loi du 6 janvier 1978 concernant « l'informatique et les libertés ». Selon la Cnil, les magasins ne peuvent utiliser ces informations comme bon leur semble. Ils doivent obtenir un accord préalable formel du destinataire des publipostages pour éviter toute poursuite judiciaire. Dans la pratique, les magasins se sont organisés face à cette exigence éthique et légale, la réglementation autorisant l'exploitation informatisée de ces informations dès lors que les personnes prospectées sont clientes de l'entreprise ou qu'elles ont donné leur autorisation. Dans tous les cas, puisque c'est le consommateur qui s'inscrit de lui-même au programme de fidélité, les informations « clients » recueillies et stockées par le magasin sont donc exploitables en toute liberté, sous la réserve forte qu'elles restent dans la sphère de l'entreprise, sauf si le client l'a explicitement autorisée à les transmettre à des tiers.

L'impact des SI de l'enseigne E.Leclerc sur la protection de la vie privée des personnes en contact direct ou indirect avec l'entreprise se juge également par rapport aux relations avec ses employés. En effet, l'introduction des SI au sein des magasins n'est pas simple à maîtriser pour les dirigeants. Au-delà de la nécessité de disposer d'outils de travail performants, ceux-ci voulaient protéger leurs données des attaques extérieures (virus, intrusions malveillantes, etc.), s'assurer qu'il n'y aurait pas de fuites d'informations et préserver ainsi la confidentialité des données de l'entreprise face à la concurrence, mais également empêcher la baisse de productivité des employés en les empêchant de passer du temps sur les multiples outils accessibles *via* Internet (divertissements, messageries, etc.).

Pour assurer la sécurité des données et filtrer les accès, la centrale d'achat d'Île-de-France et les 25 magasins connectés à cette centrale ont donc décidé de mettre en place des pare-feu, des antivirus, un logiciel de détection d'intrusion, une messagerie Lotus Notes et une ligne spécialisée à haut débit avec des logiciels de filtrage d'accès à Internet. Toutes ces applications, et notamment Websense et InterScan, interdisent l'accès aux sites considérés comme « incorrects » par l'entreprise, grâce à la base de données de l'application qui peut contenir plus de 2,5 millions d'adresses classées en 75 catégories, conserver une trace des sites visités par les utilisateurs et filtrer les courriels grâce à des mots clés contenus dans les pièces jointes. Une telle politique de protection et de surveillance des employés pose de nombreux problèmes à l'entreprise dans le cadre des limites du respect de la vie privée, fixées notamment par le Code du travail.

En effet, dans ces conditions, il devient difficile pour l'entreprise de garantir qu'elle reste en permanence dans le strict respect des recommandations émises par la Cnil en ce qui concerne la protection de la vie privée des personnes, surtout avec le contrôle permanent des courriels. À ce sujet, la Cnil précise que la loi du 31 décembre 1992 a déterminé les limites d'un droit « informatique et libertés » dans l'entreprise. Celle-ci repose sur le principe de proportionnalité de l'article L.120-2 du Code du travail : « *Nul ne peut apporter aux droits des personnes et aux libertés individuelles et collectives des restrictions qui ne seraient pas proportionnées au but recherché.* » Pour équilibrer ces principes de sécurité et le respect des libertés, le Code du travail (article L.432-2) précise qu'une consultation avec le comité d'entreprise lors de l'introduction de ces nouvelles technologies est nécessaire et impose également à l'entreprise d'informer au préalable les salariés sur tout dispositif de collecte de données les concernant personnellement (article L.121-8) : « *Ces principes et droits font référence à la loi du 6 janvier 1978 qui impose que tout traitement de données personnelles soit déclaré à la Cnil, que les salariés soient informés de son existence, de ses finalités, de ses caractéristiques et qu'ils aient accès aux informations les concernant.* »

Afin que le système de sécurité et de surveillance, mis en place par la centrale d'achat et les 25 magasins affiliés, respecte tous ces critères et les recommandations de la Cnil, l'administrateur réseau de la centrale d'achat, Lionel Bessières, a clairement exposé dès le début de la mise en œuvre de ces dispositions les moyens et les objectifs de cette surveillance à l'ensemble du personnel utilisateur de ces SI. Il assure : « *Notre objectif n'est pas de fliquer (sic) les utilisateurs, mais de les sensibiliser aux risques que peuvent présenter les communications sur Internet. Le système a globalement été bien accueilli, car nous avons bien expliqué les objectifs.* » Afin que tout soit clairement défini, les dirigeants ont également présenté les sanctions appliquées aux personnes qui commettraient des infractions dûment constatées aux règles établies. Au cas où un salarié abuserait du système à des fins personnelles durant son temps de travail, l'entreprise se contentera de lui donner un avertissement et de lui expliquer les risques liés à Internet, comme la saturation du réseau ou les virus. Les dirigeants se félicitent d'avoir instauré un tel système de surveillance, car selon eux « une fois informés, les utilisateurs voient plus facilement Internet et les SI utilisables dans l'entreprise comme un outil professionnel ».

Sources :

Xerfi, étude « Grandes surfaces alimentaires », 03/2013
www.mouvement-leclerc.com, 02/04/2013
LSA, 10/02/2010
www.cnil.fr, 05/2010
www.lefigaro.fr, 07/05/2010
www.e-leclerc.com, 05/2010
www.01net.com, 06/2003
www.indexel.net, 05/2003
www.latribune.fr
www.alternatives-economiques.fr

Questions sur l'étude de cas

1. Identifiez les différentes composantes d'un management éthiquement et socialement responsable au sein de l'enseigne E.Leclerc. Y décelez-vous des contradictions ? Si oui, expliquez et commentez.
2. Effectuez une analyse éthique de l'utilisation par E.Leclerc des SI au regard de sa stratégie commerciale et de la protection des données personnelles des clients.
3. Quels sont les problèmes d'ordre éthique, social et politique soulevés par la création de bases de données très importantes par une entreprise comme E.Leclerc dans le but de recueillir des renseignements personnels sur les personnes et d'établir leur profil ?

Partie II

L'infrastructure technologique du SI

Chapitre 5

L'infrastructure technologique du SI et ses plateformes

Objectifs pédagogiques

- Définir l'infrastructure technologique et décrire les différents éléments et niveaux qui la composent.
- Identifier les étapes de l'évolution de l'infrastructure technologique.
- Reconnaître et décrire les déterminants technologiques de l'évolution de l'infrastructure technologique.
- Identifier les tendances concernant les plateformes matérielles.
- Identifier les tendances concernant les plateformes logicielles.
- Évaluer les défis et les solutions associés à la gestion de l'infrastructure technologique.

Afflelou : un passage au Cloud stratégique

Alain Afflelou, le célèbre opticien, a ouvert son premier magasin en 1972 à Bordeaux. Très vite, il innove en lançant « La moitié de votre monture à l'œil » et investit l'équivalent d'une année de bénéfices en communication. En 1979, il crée la franchise Afflelou et ouvre le 100e magasin en 1985. En 2012, le réseau Afflelou compte près de 1 200 magasins dans plusieurs pays, dont 700 en France. Il est constitué d'une grande majorité de franchisés et de 130 succursales.

DSI du franchiseur depuis 2006, Ludovic Tassy propose aux franchisés des solutions standard qu'il a qualifiées, mais n'impose rien. Son équipe d'une quinzaine de personnes travaille autant au support interne que pour les franchisés. En 2010-2011, le *back office* a pris le parti d'utiliser des progiciels, c'est-à-dire que les processus de *back office* ont migré d'applications spécifiques vers des progiciels du marché.

Entre 2010 et 2012, l'opticien est passé au Cloud. Juste avant l'été 2012, il a mis en production une infrastructure de Cloud privé, virtualisé et externalisé dans un *datacenter* neutre. C'est Adépia qui s'occupe à distance de l'administration et de l'infogestion. Il s'agit d'une petite société de services française créée en 2009 et qui propose aux directions informatiques des PME-PMI des solutions d'hébergement sécurisées de leur production, des plans de secours en cas de crise, des plans de sauvegarde, le télépilotage des infrastructures, et la télésauvegarde des serveurs et des postes de travail. Elle centralise la plupart des systèmes de l'entreprise : l'ensemble des serveurs, auparavant disséminés un peu partout, ont été migrés dans un même *datacenter*, chez Telecity, société de services présente en l'Europe et qui propose des solutions

...

d'hébergement en *datacenter*. Presque tous les serveurs ont ensuite été virtualisés, avec des serveurs ESX proposés par VMWare, et des baies SAN (*Storage Area Network*) couplées sur les serveurs. Sur ces serveurs, on retrouve presque toute l'informatique du groupe : de la comptabilité, à l'ensemble des outils de facturation, en passant par le *reporting*, les logiciels collaboratifs et les messageries classique et instantanée.

Le groupe utilise également un Cloud public, chez plusieurs prestataires, pour les applications standard. « *L'essentiel est de trouver des prestataires adaptés à la taille de votre entreprise, pour équilibrer le rapport de force. Il faut confier à un tiers et mettre dans le Cloud uniquement ce que l'on sait expliquer, mesurer, maîtriser* », explique Ludovic Tassy. Il recommande de tester régulièrement ses prestataires, et de voir si les données hébergées sont facilement intégrables à un système tiers, pour une réversibilité plus aisée au cas où l'entreprise souhaiterait changer de prestataire.

Cette solution permet au groupe de gagner en rapidité lors de la mise en production de nouveaux systèmes, et d'améliorer l'efficacité de l'administration grâce à la virtualisation. Afflelou met en avant la forte flexibilité et la réactivité apportées par cette infrastructure hybride. Comme l'opticien déménage souvent des magasins ou des franchises, au lieu d'avoir une belle salle informatique dans les locaux, cette infrastructure permet de « *mettre des tuyaux et de délivrer de l'informatique assez rapidement* », selon Ludovic Tassy. Le délai de mise en place des lignes télécoms demeure cependant assez incompressible aujourd'hui.

La DSI d'Afflelou fait également face à des demandes internes en matière de logiciels en mode hébergé (*Software as a Service*, SaaS). Le groupe utilise ainsi ce type d'applications, rejoignant le terrain du Cloud public. Deux solutions SaaS ont d'ores et déjà été déployées, dont l'une centrée sur la gestion de trésorerie, « *des outils souvent préconisés, voire demandés par les directions métier, qui ont l'avantage d'être utilisables immédiatement, sans nécessiter un long projet* », souligne Ludovic Tassy. Sur la partie trésorerie, toutes les sociétés ont dû renouveler leur outil en raison des changements de normes en 2011. Afflelou a choisi la solution proposée par Kyriba, leader du marché des services applicatifs Internet de gestion de trésorerie à la demande, et une autre application en mode SaaS pour le logiciel de gestion de notes de frais.

Il souligne néanmoins qu'un DSI doit garder la maîtrise de son écosystème, savoir en permanence se repositionner comme fournisseur de services IT de référence pour son entreprise, et ne pas se laisser dépasser par les déploiements SaaS lancés par les départements métier.

Le dernier projet en date consiste à accompagner l'internaute vers les magasins (par exemple *via* la préréservation de lentilles par Internet), la livraison en direct ne rentrant pas dans le modèle du franchiseur.

Sources :

Leroy. P., Auffray, C., « Interview DSI – Ludovic Tassy, Afflelou : "Le Cloud n'est pas magique" », **http://www.zdnet.fr/actualites/interview-dsi-ludovic-tassy-afflelou-le-cloud-n-est-pas-magique-39761680.htm**, 15/06/11, consulté le 01/10/13

« Ludovic Tassy (DSI, Afflelou) : nous nous engageons à la fois dans le Cloud public et privé », **http://bienvoir.net/actualites/ludovic-tassy-dsi-afflelou-nous-nous-engageons-a-la-fois-dans-le-cloud-public-et-prive-1872**, 16/09/11, consulté le 01/10/13

Calais, C., « Le DSI, manager avant tout », *Solutions & Logiciels*, n° 35, décembre 2012
« Cloud et BYOD : les meilleurs amis du DSI », **http://technologies.lesechos.fr/cloud-computing/cloud-et-byod-les-meilleurs-amis-du-dsi_a-34-531.html**, 28/02/13, consulté le 01/10/13

Matière à réflexion :

Quels liens pouvez-vous établir entre l'infrastructure technologique et l'efficience des opérations courantes ?

Comment Afflelou a-t-il combiné plusieurs types d'infrastructure pour ses différents besoins ?

En quoi un choix d'infrastructure peut-il avoir un lien avec la rapidité de mise en œuvre d'un projet ?

Dans ce chapitre, nous examinerons la notion d'infrastructure technologique, ses composants, les tendances actuelles en matière d'infrastructures et de logiciels associés, ainsi que certaines possibilités offertes par les principaux fournisseurs, afin d'aider les managers à opérer des choix judicieux concernant leur plateforme technologique.

1 Infrastructure technologique

L'infrastructure technologique comprend des investissements en matériel, en logiciels et en services associés (conseil, éducation et formation) communs à l'ensemble de l'entreprise ou qui touchent toutes ses unités. Par exemple, l'achat et l'implantation de milliers d'ordinateurs de bureau mis en réseau et reliés à Internet constituent un investissement en infrastructure.

Comme indiqué dans le chapitre 1, les dépenses informatiques mondiales des entreprises devraient atteindre en 2013 la somme de 2 603 milliards de dollars, selon les projections du bureau d'études Gartner. On estime qu'en 2012, le secteur fournissant les entreprises en informatique, si l'on y ajoute les dépenses en télécommunications et équipements réseau (téléphone, Internet et transmission de données), a représenté un chiffre d'affaires de 3,6 trilliards de dollars, dans lesquels les dépenses d'infrastructure représentent entre 25 et 50 %.

L'infrastructure technologique d'une entreprise est l'une des composantes maîtresses de la performance opérationnelle de son service à la clientèle, de ses relations avec ses fournisseurs et de la gestion des processus internes (voir figure 5.1). Par exemple, en tant que banque, si vous souhaitez offrir des services bancaires à tous vos clients à travers le monde (par exemple, prêts automobiles ou hypothécaires, comptes de courtage ou encore vérification du solde d'un compte), il est essentiel que votre infrastructure soit capable d'interagir avec plusieurs secteurs d'activité et d'opérer dans le monde entier pour effectuer vos transactions à distance avec rapidité et fiabilité.

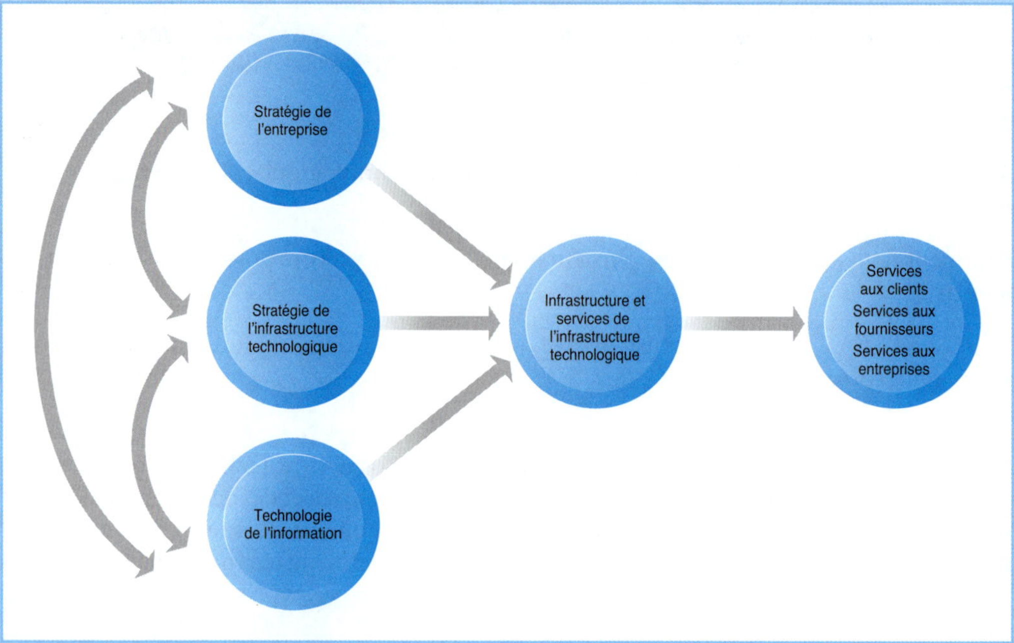

Figure 5.1 – Liens entre la stratégie, l'infrastructure technologique et les besoins opérationnels des activités de l'entreprise.

1.1 Définition

L'infrastructure technologique est un concept que l'on peut appréhender de deux façons : en tant que *technologie* et en tant qu'*ensemble de potentiels de services*. La première approche apparente l'infrastructure technologique au système de plomberie ou au système électrique d'un bâtiment. Mais l'infrastructure technologique peut aussi être appréhendée comme un ensemble de services offerts à l'entreprise, budgétisés par les managers et incluant les ressources humaines et techniques qui permettent le fonctionnement optimisé (Weill *et al.*, 2002) et sécurisé. Ces services comprennent les éléments suivants :

- les plateformes technologiques, qui incluent des ordinateurs centraux, locaux, portables et des ordinateurs de bureau, des assistants numériques personnels et des applications internes et/ou accessibles localement ou à distance *via* un intranet, un extranet ou Internet ;
- les services de télécommunications, qui permettent de transmettre des données, de la voix et des images, sur de courtes comme sur de très longues distances intercontinentales ;
- les services de gestion de données, qui permettent de stocker, de gérer et d'analyser les données de l'entreprise ;

- les logiciels d'application, qui offrent des possibilités de traiter en temps réel et/ou différé les opérations et les processus structurant les différents métiers et activités opérationnels ;
- les services de gestion de l'infrastructure technologique, qui servent à planifier et à développer l'infrastructure, à coordonner les services de l'infrastructure technologique pour toutes les unités, à gérer les comptes reliés aux dépenses en infrastructure technologique et à diriger des projets ;
- les normes associées à cette gestion des services de l'infrastructure technologique, qui offrent à l'entreprise et à ses unités des politiques précisant les technologies de l'information à utiliser et le mode d'utilisation ;
- les services de formation et d'aide aux usages, qui préparent les employés à l'utilisation des systèmes et les managers à la planification et à la gestion des investissements en infrastructure technologique ;
- la recherche et le développement en services de l'infrastructure technologique, qui offrent des informations sur les projets à venir et sur les investissements susceptibles d'aider l'entreprise à en tirer des bénéfices durables et éventuellement différenciateurs.

Cette approche privilégiant une perspective de plateforme de services rend plus facile la compréhension de la valeur ajoutée apportée par les investissements dans l'infrastructure des SI. En effet, la réelle valeur ajoutée d'un ordinateur puissant et très bien équipé qui coûte environ 1 200 euros, associé à une connexion à l'Internet haut débit, n'est pas simple à évaluer si l'on ne sait pas qui va s'en servir, où et pourquoi. Un tel équipement utilisé par un employé comptable dans les locaux de l'entreprise n'offrira pas la même contribution que s'il est mis à la disposition d'un cadre supérieur nomade qui pourra, grâce à cet équipement, gagner une heure par jour en vitesse de connexion et en temps d'accès aux applications de l'entreprise.

1.2 Niveaux

L'infrastructure technologique affecte trois principaux niveaux : le domaine dit « public », l'entreprise et, enfin, chacune de ses unités opérationnelles (voir figure 5.2). Peuvent s'y ajouter des niveaux subalternes (non abordés dans ce manuel), par exemple des services ou des employés pris individuellement.

Les choix de chaque entreprise en matière d'infrastructure dépendent des infrastructures publiques tant nationales qu'internationales : Internet, réseau téléphonique public, systèmes de câblodistribution, réseaux mobiles, etc. L'infrastructure d'entreprise comprend des services comme le courrier électronique, le site Web d'entreprise, les intranets et les divers logiciels d'application (voir chapitre 11). Selon le degré d'autonomie accordée au sein de l'entreprise, chaque unité opérationnelle (usine, entrepôt, etc.) disposera d'une infrastructure plus ou moins spécifique.

La figure 5.2 soulève plusieurs questions. Par exemple, comment départager les responsabilités entre les services généraux et les unités commerciales locales ? Quels frais les unités devraient-elles assumer (et selon quelle base de calcul) pour l'utilisation de l'infrastructure d'entreprise ? Les unités locales peuvent formuler des demandes particulières auxquelles l'infrastructure globale ne peut répondre.

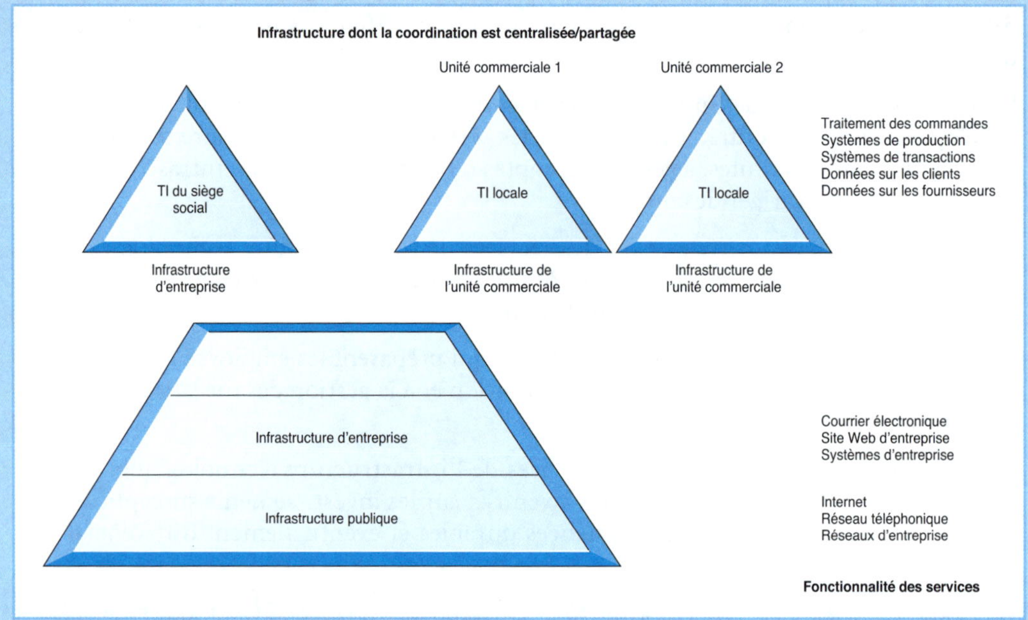

Figure 5.2 – Niveaux de l'infrastructure technologique.

Source : Weill, Peter et al., Adaptation de « Building IT Infrastructure for Strategic Agility », in *Sloan Management Review*, automne 2003. Avec l'autorisation de l'éditeur. Tous droits réservés.

1.3 Évolutions

L'infrastructure technologique actuelle des organisations est l'aboutissement de plusieurs décennies d'évolution dans les plateformes technologiques. Nous avons cerné six périodes principales (voir figure 5.3) :

- les machines automatiques à usage déterminé ;
- les ordinateurs centraux et les mini-ordinateurs universels ;
- les ordinateurs personnels ;
- les réseaux clients-serveurs ;
- Internet et l'intégration ;
- les infrastructures de type Cloud.

Ces étapes ne se sont pas nécessairement achevées au même moment pour toutes les organisations. Il est possible qu'on ait utilisé les technologies propres à une étape donnée pendant une certaine période à d'autres fins et qu'elles se combinent astucieusement encore aujourd'hui. Par exemple, certaines entreprises se servent encore des ordinateurs centraux ou des mini-ordinateurs traditionnels. Ces ordinateurs centraux ont été reconvertis en serveurs pour les gros sites Web et pour supporter les applications et les bases de données communes à toute l'entreprise.

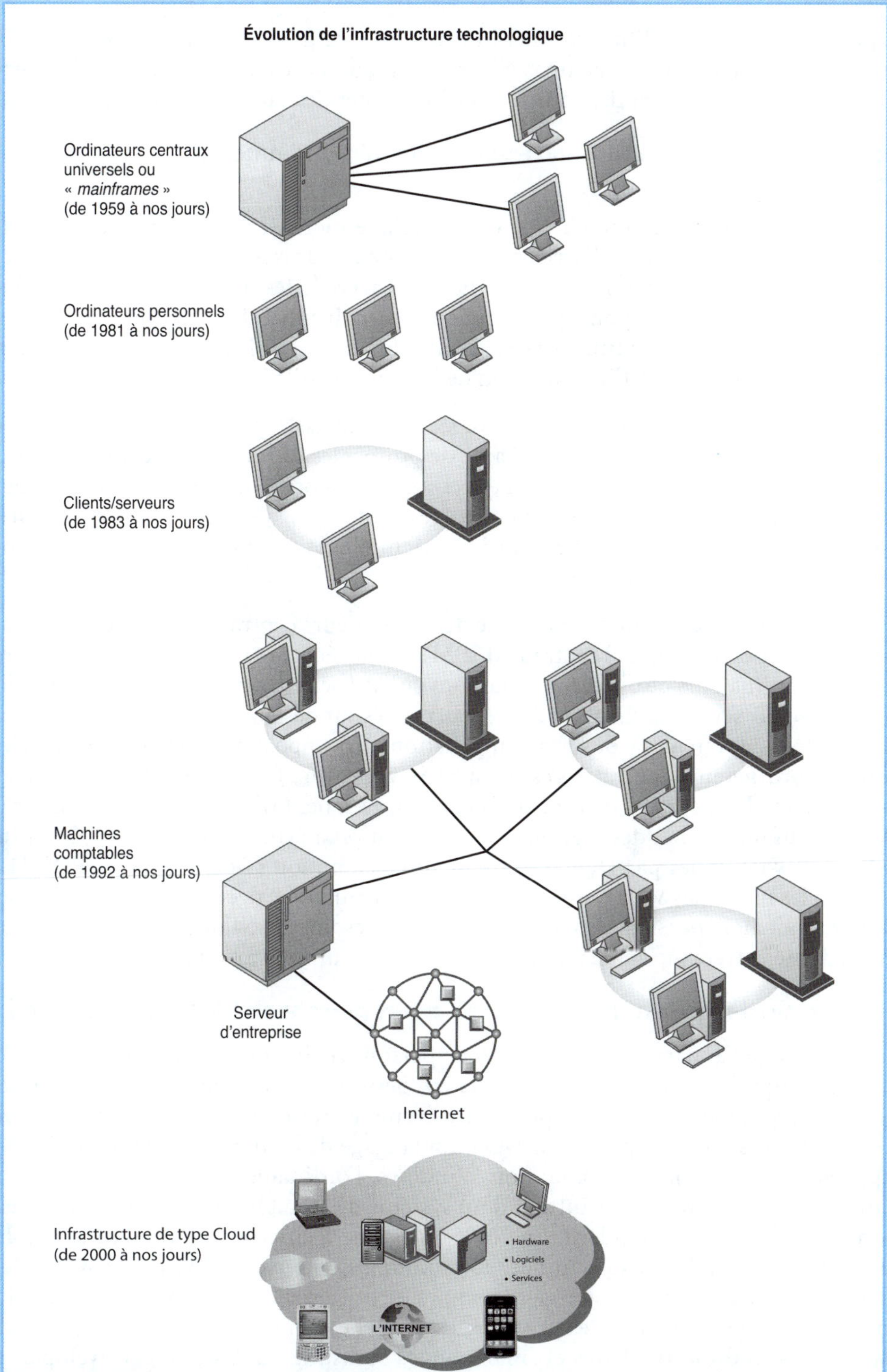

Figure 5.3 – Évolution de l'infrastructure technologique.

Ère des tabulateurs ou « machines électrocomptables » (1930-1950)

La première période de l'histoire de l'informatique de gestion est marquée par l'utilisation de tabulateurs ou « machines électrocomptables », capables de classer des cartes dans des cases, de calculer des sommes et d'imprimer des rapports (DaCruz, 2004).

Ère des ordinateurs centraux universels et des mini-ordinateurs (de 1959 à nos jours)

Le premier ordinateur à tubes à vide commercial entièrement électronique apparaît à la fin des années 1950, avec l'arrivée des ordinateurs Univac et la série 700 d'IBM. Il faut toutefois attendre la fin de l'année 1959 et l'arrivée des machines à semi-conducteurs 1401 et 7090 d'IBM pour que commence véritablement l'utilisation commerciale à une large échelle des **ordinateurs centraux**. En 1965, l'ordinateur central universel s'impose finalement, avec l'introduction de la série 360 d'IBM.

Les ordinateurs centraux deviennent progressivement assez puissants pour être reliés à des milliers de terminaux en ligne à l'aide de protocoles techniques de communication et de lignes de transmission de données. Dans la majorité des cas, les constructeurs informatiques développent spécifiquement ces protocoles, alors qualifiés de « propriétaires » : l'entreprise utilisatrice est ainsi liée technologiquement à son fournisseur, tout changement étant très complexe et coûteux.

À partir de 1965, IBM domine le marché des ordinateurs centraux, et c'est encore le cas aujourd'hui. Les ordinateurs centraux d'IBM sont dorénavant compatibles avec un large éventail d'ordinateurs de différentes marques qui utilisent divers systèmes d'exploitation sur des réseaux serveurs/clients et des réseaux basés sur des normes Internet. Les spécialistes parlent de systèmes « ouverts », appellation qui s'oppose au terme « propriétaire ». L'ère des ordinateurs centraux s'est caractérisée par une technologie très centralisée, où la plupart des éléments de l'infrastructure provenaient d'un unique fournisseur (le fabricant du matériel et des logiciels). Cette situation a évolué avec l'arrivée des **mini-ordinateurs** fabriqués par Digital Equipment Corporation (DEC) en 1965 (PDP-11 et plus tard les machines VAX) ; une exploitation informatique déconcentrée, voire décentralisée, était alors possible et mieux adaptée aux besoins spécifiques des services et des unités d'une entreprise, au lieu du temps partagé sur un seul gros ordinateur central.

Ère de la micro-informatique et des ordinateurs personnels (de 1981 à nos jours)

On estime que l'apparition de l'ordinateur personnel (*Personal Computer*, PC) d'IBM en 1981 marque le début de l'ère de l'ordinateur personnel professionnel : c'est la première machine que les entreprises adoptent massivement. Au début, ces ordinateurs reposaient sur le système d'exploitation DOS, un langage de commande textuel. Puis, avec l'apparition du système d'exploitation Windows, l'ordinateur Wintel (un ordinateur équipé d'un microprocesseur Intel et d'un système d'exploitation Windows) est devenu l'ordinateur personnel standard. En 2012, on estime à environ 1,2 milliard le nombre de PC dans le monde. Chaque année, 300 millions de nouveaux PC sont vendus, dont 90 % tournent sous une version de Windows et 10 % sous IOS, le système d'exploitation Apple. La prééminence des plateformes Wintel est en recul face à la croissance des plateformes Android (tablettes et smartphones Samsung ou Archos, par exemple) ou IOS (ordinateurs Macintosh, iPhone et iPad). Près d'un milliard d'individus possèdent un smartphone et/ou une tablette, et la plupart d'entre eux accèdent à Internet grâce à ces appareils mobiles.

La multiplication des ordinateurs personnels pendant les années 1980 et au début des années 1990 s'est nourrie (en même temps qu'elle l'a nourrie) de la disponibilité de logiciels de productivité individuelle de plus en plus nombreux, performants et conviviaux : traitement de texte, tableur, système de présentation électronique des documents et gestionnaire des données et d'objets multimédias. Autonomes dans un premier temps, ces ordinateurs sont devenus des postes de travail multifonctions dès que les systèmes d'exploitation (des serveurs comme ceux des micro-ordinateurs) ont rendu possible leur mise en réseau dans les années 1990.

Ère du client-serveur (de 1983 à nos jours)

Avec le **modèle client-serveur**, plusieurs ordinateurs de bureau ou ordinateurs portables, appelés « **clients** », sont couplés à de puissants serveurs qui offrent une grande variété de services et de possibilités. Le traitement informatique est réparti entre ces deux types de machines. Le poste client est le point d'entrée de l'utilisateur, tandis que le serveur sert habituellement à traiter et à stocker les données partagées, à servir les pages Web et à gérer les activités du réseau.

La plupart des grandes sociétés utilisent des **architectures client-serveur multiniveaux** (souvent appelées « **N-tiers** »), où le travail de l'ensemble du réseau est réparti entre différents niveaux de serveurs en fonction du type de service requis (voir figure 5.4).

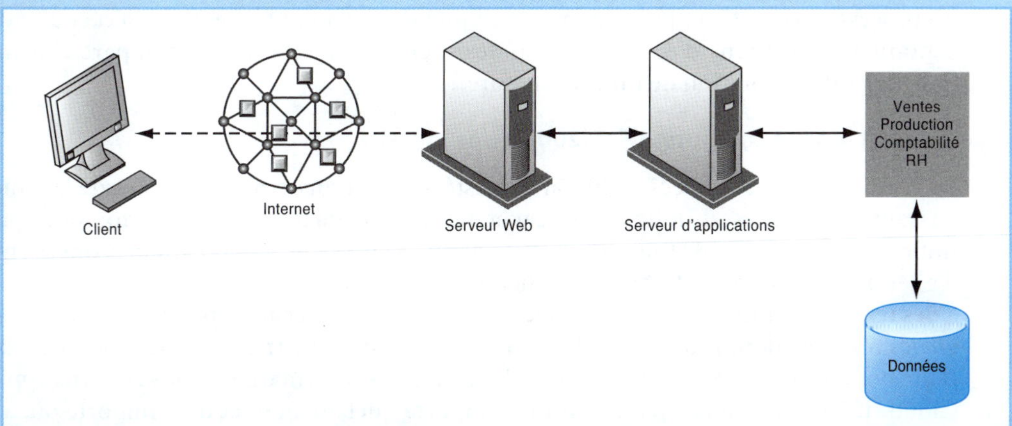

Figure 5.4 – Un réseau client-serveur multiniveau (N-tiers).

Ère d'Internet et de l'intégration

Le succès remporté par le modèle client-serveur a posé un nouvel ensemble de problèmes aux entreprises. En effet, plusieurs grandes sociétés ont éprouvé des difficultés à intégrer l'ensemble des réseaux locaux (*Local Area Network*, LAN) pour en faire un seul environnement informatisé cohérent. Les différentes applications créées par les divers services, unités ou filiales dans des zones géographiques variées, rendaient difficiles la cohérence, la communication et le partage des données.

Dès le milieu des années 1990, au fur à mesure qu'Internet s'est imposé comme environnement de communication au plan mondial, les entreprises ont commencé à utiliser le protocole de communication TCP/IP (une des bases technologiques d'Internet) pour relier leurs réseaux hétérogènes.

L'infrastructure technologique qui en a résulté relie des ordinateurs de marques et de types différents ainsi que des petits réseaux pour créer un réseau à l'échelle de l'entreprise qui facilite la circulation de l'information, en interne comme en externe.

D'autres moyens permettent d'aboutir à une intégration au sein de l'entreprise : les progiciels applicatifs intégrés (*Enterprise Resources Planning*, ERP), les solutions de type EAI (*Enterprise Application Integration*, ou intégration d'applications d'entreprise), les services Web et l'externalisation auprès de prestataires externes qui peuvent fournir une infrastructure mutualisée et en assurer le fonctionnement (voir section 4).

La combinaison de l'ensemble des technologies et des normes, notamment liées à Internet, laisse entrevoir la possibilité d'offrir aux entreprises opérant à l'échelle mondiale un traitement de données et une plateforme de services informatisés véritablement intégrés.

Ces situations d'intégration totalement abouties restent potentielles, car la réalité est très complexe et coûteuse à transformer. La plupart des entreprises sont encore aux prises avec des réseaux importants et hétérogènes, où s'entremêlent ordinateurs et logiciels opérationnels issus des périodes antérieures et qui mobilisent des technologies différentes et difficilement compatibles entre elles. Atteindre une intégration totale est un processus long et complexe qui pourrait prendre de nombreuses années et coûter des centaines de millions d'euros aux grandes sociétés. Le tableau 5.1 compare chacune des étapes de l'évolution de l'infrastructure.

Cloud et *Mobile Computing Era* (2000 à nos jours)

Depuis le début des années 2000, on a assisté à un accroissement constant de la bande passante d'Internet et donc de ses capacités à transporter un nombre toujours plus important de signaux de tous types (voix, données, images). Ces possibilités ont permis d'aller plus loin dans le domaine du client-serveur. L'accès de plus en plus rapide et aisé à des ressources informatiques partagées (ordinateurs, stockage, applicatifs et services), *via* les réseaux (dont Internet), a donné naissance aux infrastructures de type « *Cloud* ». Il est possible d'accéder à ce « nuage » de ressources informatique, plus souvent appelé Cloud (même en français), à partir de n'importe quel appareil et de n'importe où, à la demande, tant que l'on dispose d'une connexion à Internet. Actuellement, les infrastructures informatiques de type Cloud sont celles dont la croissance est la plus rapide : on estime à 109 milliards de dollars les dépenses des entreprises pour des services de type Cloud en 2012, et l'institut Gartner prévoit des dépenses à hauteur de 207 milliards de dollars pour 2016 (Gartner, 2012). En 2012, en France, le Cloud a connu une croissance de 25 % et compté pour près de 8 % du marché des logiciels et services.

Des milliers, voire des centaines de milliers d'ordinateurs sont regroupés dans des fermes de serveurs organisés en infrastructure de type Cloud, auxquelles on peut accéder à partir d'ordinateurs de bureau ou portables, de tablettes, de smartphones ou d'autres appareils connectés à Internet. Les entreprises comme les particuliers se retrouvent de plus en plus dans ces infrastructures (sans qu'ils en soient nécessairement conscients, surtout les particuliers).

Tableau 5.1 : Étapes de l'évolution de l'infrastructure technologique

Infrastructure	Ère des machines comptables (1930-1950)	Ère des ordinateurs centraux (de 1959 à nos jours) et des mini-ordinateurs (de 1970 à nos jours)	Ère des ordinateurs personnels (de 1981 à nos jours)	Ère des clients-serveurs (de 1983 à nos jours)	Ère d'Internet et de l'intégration (de 1992 à nos jours)
Principaux fournisseurs	IBM Burroughs NCR	IBM HP DEC	Microsoft/Intel Dell HP IBM	Novell Microsoft	SAP Oracle Citrix
Plateforme matérielle	Trieuses programmables	Ordinateur central universel	PC « Wintel », Netbook	Serveur (IBM AS 400, HP, etc.) Client (PC)	Multiple : Ordinateur central Serveur Client Netbook
Système d'exploitation	Opérateurs humains	IBM 360, puis 370, puis 390 Vax de Dec HP 1000, 3000, 9000	Dos/Windows Linux	Windows (Vista, 7, Mobile, Android, XP, 2000, Serve, etc.) Linux OS 400	Multiple : UNIX/Linux OS 390 Serveur Window
Logiciels outils	Aucun	Aucun	Visicalc, Multiplan, Wordstar, WordPerfect	Excel, Word, PowerPoint, Outlook, Eudora, Internet Explorer, Netscape	OpenOffice, Google Apps, Office Microsoft 2010, Thunderbird, Firefox, Chrome
Logiciels d'application et d'entreprise	Logiciels d'application spécifiques créés par des techniciens	Applications dédiées à une fonction et créées par les programmeurs internes	Aucune connectivité d'entreprise, progiciels d'application standardisés créés par des SSII et éditeurs spécialisés	Peu d'applications à l'échelle de l'entreprise, progiciels d'application pour les besoins locaux	Solutions applicatives à l'échelle de l'entreprise (ERP) SAP/R3 et MySAP Oracle E-Business Suite Microsoft Navision

Infrastructure	Ère des machines comptables (1930-1950)	Ère des ordinateurs centraux (de 1959 à nos jours) et des mini-ordinateurs (de 1970 à nos jours)	Ère des ordinateurs personnels (de 1981 à nos jours)	Ère des clients-serveurs (de 1983 à nos jours)	Ère d'Internet et de l'intégration (de 1992 à nos jours)
Réseaux Télécommunications	Aucun	Par le fournisseur : SNA et 3270 (IBM) DECNET et VT (Digital)	Aucun ou limité à des solutions dites d'émulation de terminaux passifs	Novell Netware Windows 2003 Linux AT&T Voice	LAN Réseau longue portée (WAN) Normes Internet TCP/IP
Intégration de système	Par le fournisseur	Par le fournisseur	Aucun	Cabinet d'expertise comptable et société d'experts-conseils, entreprises de services	Fabricant de logiciel Cabinet d'expertise comptable et société d'experts-conseils, sociétés responsables de l'intégration des systèmes, entreprises de services
Stockage des données et gestion des bases de données	Gestion des cartes	Mémoire magnétique Fichier séquentiel Base de données hiérarchique (DL/1), puis dite « réseau » (Total), puis relationnelle	dBase I à IV Access	Serveurs de bases de données multiples Mémoire optique et mémoire magnétique	Serveurs de base de données d'entreprise
Plateforme Internet	Aucune	À partir de 1995	Aucune au départ À partir de 1995, ordinateurs clients avec navigateur	Aucune au départ À partir de 1995, serveur Apache Microsoft IIS	Aucune les premières années À partir de 1995, service au niveau de l'entreprise *via* l'intranet et Internet Grappe étendue de serveurs Cloud *computing*

IBM, HP, Dell ou encore Amazon possèdent, utilisent pour eux-mêmes et gèrent pour des clients qui souhaitent s'occuper de leur infrastructure informatique à distance de gigantesques centres informatiques de type Cloud qui offrent de la puissance de traitement et des capacités de stockage évolutives au travers de connexions Internet à très haut débit. Grâce à ce type d'architecture, des entreprises telles que Google, Microsoft, SAP, Oracle et Salesforce.com proposent des applicatifs qu'elles vendent comme des services distribués *via* Internet (SaaS). Nous y reviendrons plus en détail à la sous-section 5.3 de ce chapitre.

1.4 Déterminants technologiques de l'évolution de l'infrastructure

Les innovations technologiques, notamment la miniaturisation des composants électroniques, ont augmenté de façon exponentielle la puissance de traitement et de stockage informatiques, tout en réduisant fortement les coûts.

Loi de Moore et traitement micro-informatique

En 1965, Gordon Moore, directeur du Fairchild Semiconductor Research and Development Laboratories, une des premières entreprises à fabriquer des circuits intégrés, écrivait dans le magazine *Electronics* que, depuis l'introduction de la première puce microprocesseur en 1959, le nombre de composants dans une puce et la réduction du coût de fabrication par composant (habituellement des transistors) avaient été multipliés par deux chaque année. Cette affirmation a servi de fondement à la **loi de Moore**. Par la suite, Moore a réduit ce taux de croissance en un doublement tous les deux ans (Tuomi, 2002).

On a interprété cette loi de diverses façons. Il existe au moins trois variantes de la loi de Moore, dont celui-ci n'est pas l'auteur : (1) la puissance des microprocesseurs double tous les 18 mois (Tuomi, 2002) ; (2) la puissance de traitement des données double tous les 18 mois ; (3) à puissance constante, le prix des ordinateurs diminue de moitié tous les 18 mois.

La figure 5.5 montre la relation entre le nombre de transistors dans un microprocesseur et les millions d'instructions par seconde (MIPS), mesure fréquemment utilisée pour évaluer la puissance de traitement. La figure 5.6 souligne la baisse significative du coût des transistors et l'augmentation de la puissance de calcul.

Les exigences commerciales et environnementales ont un impact majeur sur ces évolutions. La plupart des consommateurs préfèrent aujourd'hui des appareils moins énergivores, ce qui augmente la durée de vie des piles et l'autonomie d'usage, et plus légers pour une meilleure portabilité.

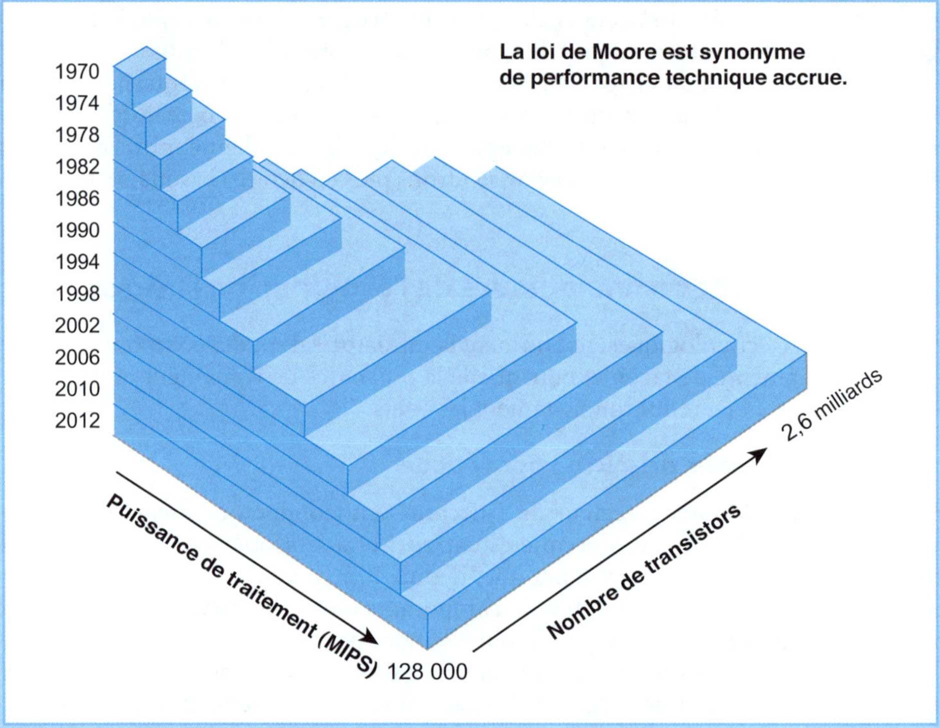

Figure 5.5 – Loi de Moore et performance des microprocesseurs.

Source : © Intel Corporation. Tous droits réservés.

Loi de la mémoire de masse numérique

La loi de la mémoire de masse numérique est un deuxième déterminant technologique dans l'évolution de l'infrastructure technologique. Au troisième trimestre 2012, le volume de données échangées a dépassé les 900 pétaoctets mensuels (900 millions de milliards d'octets), plus du double par rapport au troisième trimestre 2011, et 16 % de plus qu'au deuxième trimestre 2012. En 2011, 5 exaoctets de données étaient générés tous les deux jours. Deux ans plus tard, en 2013, il ne faut plus que 10 minutes pour générer le même nombre de données. Le cabinet IDC a réalisé une étude en décembre 2012 qui montre que le volume de données générées par des machines devrait être multiplié par 15 d'ici à 2020.

Heureusement, le coût du stockage numérique a chuté de façon régulière depuis l'apparition des premiers supports mémoire. La figure 5.7 illustre l'augmentation de la capacité d'un disque dur (en commençant avec un Seagate 506 en 1980 doté d'une mémoire de 5 Mo), passée d'un taux de croissance annuel de 25 % dans les premières années à plus de 60 % par année depuis 1990.

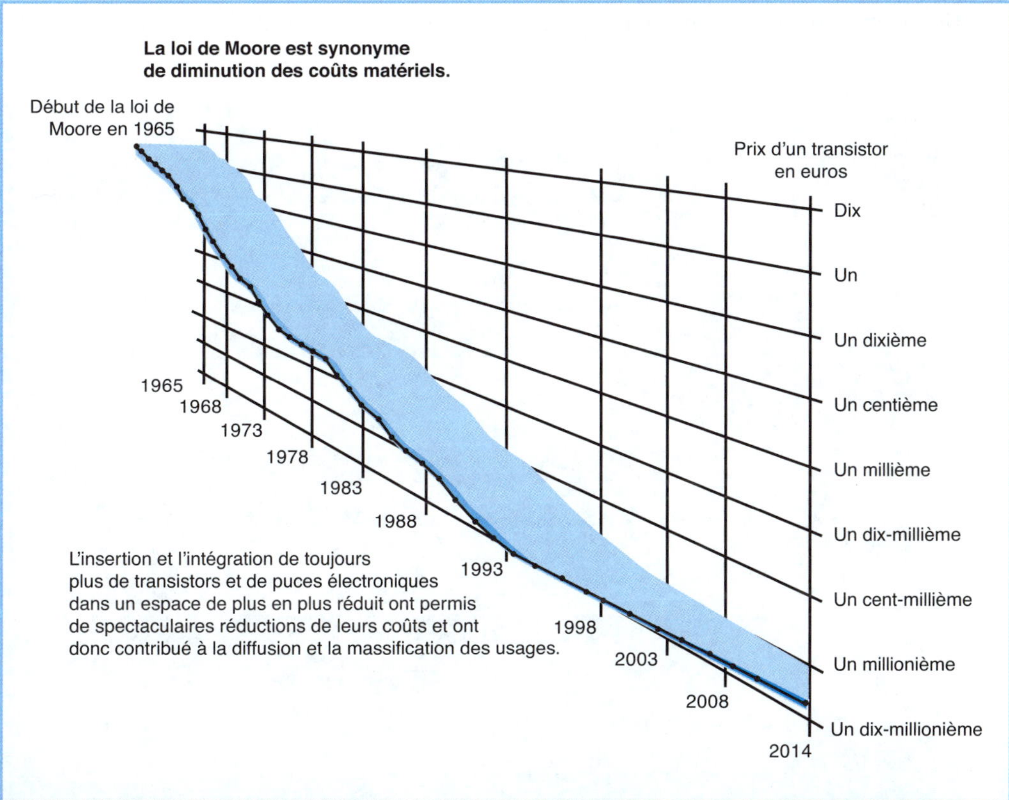

Figure 5.6 – Réduction du coût des puces.

Source : © Intel Corporation. Tous droits réservés.

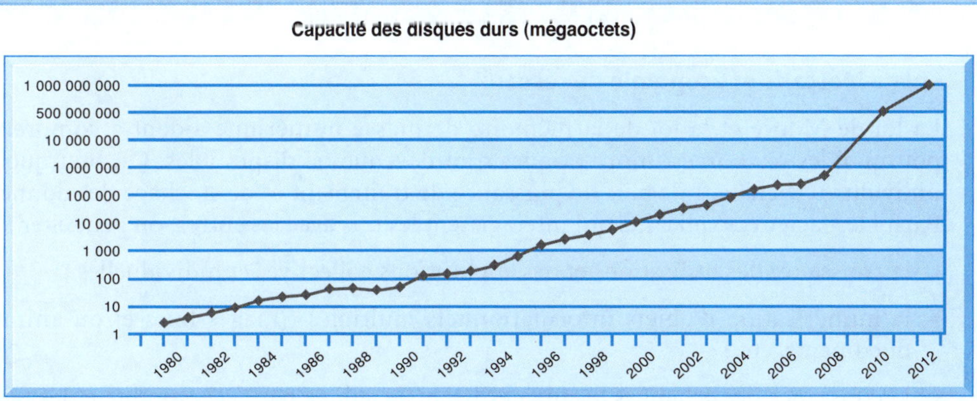

Figure 5.7 – Croissance exponentielle de la capacité des disques durs (1980-2012).

La figure 5.8 montre que le nombre de kilo-octets en mémoire sur des disques magnétiques (en euros constants) a approximativement doublé tous les 15 mois entre 1950 et 2012.

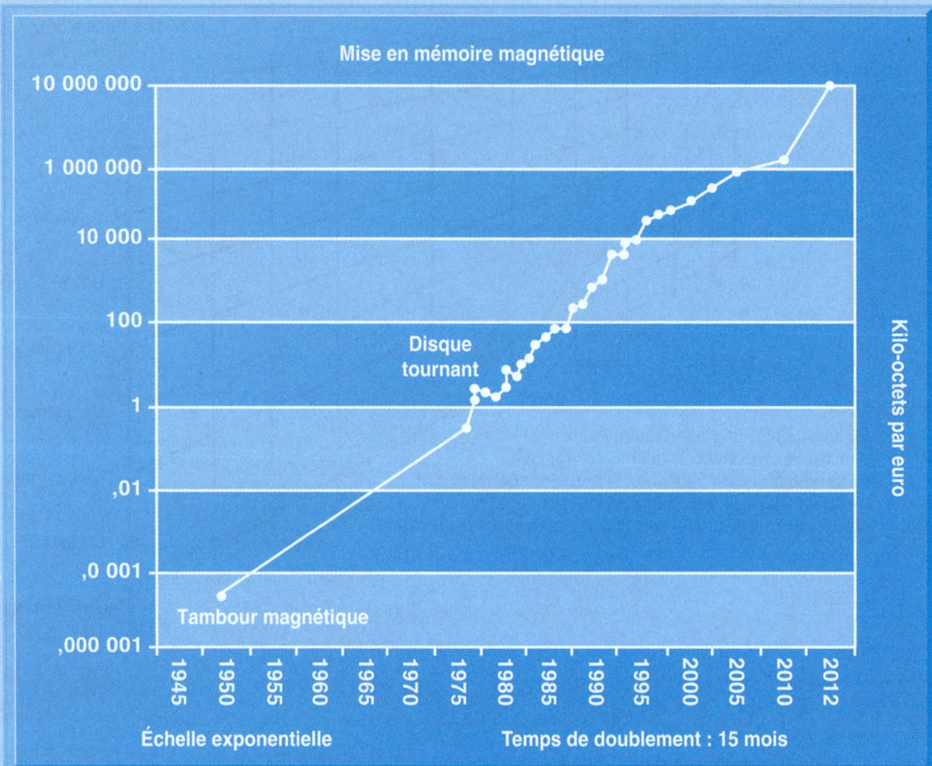

Figure 5.8 – Diminution exponentielle du coût de stockage des données (1950-2010).

Source : D'après Kurzweill *et al.*, « Exponential Growth an Illusion?: Response to Ikka Tuomi », 23/09/2003.

Loi de Metcalfe et économie de réseaux

La loi de Moore et la loi de la mémoire de masse numérique aident à comprendre pourquoi les ressources informatiques sont devenues si disponibles. Or, pourquoi les individus recherchent-ils plus de puissance de traitement et de stockage des données ? Parmi les facteurs explicatifs qui interagissent les uns avec les autres, on peut citer :

- la croissance des utilisations et des applications collectives et individuelles ;
- la numérisation d'objets informationnels multiples (images fixes et/ou animées, documents, etc.) ;
- la croissance des échanges locaux et distants, facilitée par l'accessibilité et les faibles coûts qui caractérisent l'utilisation d'Internet.

Robert Metcalfe, l'inventeur du réseau local d'entreprise Ethernet, estimait en 1970 que la valeur ou la puissance d'un réseau augmentait de façon exponentielle en fonction du nombre de ses participants. Metcalfe et d'autres soulignaient *les rendements d'échelle croissants* dont bénéficiaient les membres d'un réseau au fur et à mesure que d'autres participants s'ajoutaient.

Diminution des coûts de communication et d'Internet

La diminution rapide des coûts de communication et la croissance très significative du recours à Internet constituent le troisième déterminant qui a transformé l'infrastructure technologique. On estime aujourd'hui que plus de 2,3 milliards de personnes dans le monde ont accès à Internet. La figure 5.9 illustre la diminution exponentielle du coût des communications à la fois pour Internet et pour les réseaux téléphoniques (qui utilisent de plus en plus Internet). Les coûts de communication s'approchant de zéro, l'utilisation des moyens de communication et des ressources informatiques explose. Pour tirer parti de la valeur ajoutée attribuée à l'utilisation d'Internet et des outils liés, les entreprises doivent augmenter leur vitesse de connexion, filaire ou aérienne (WiFi, WiMax), et étendre les capacités de leurs réseaux, de leurs bases de données, de leurs ordinateurs centraux, de leurs serveurs, de leurs PC ou de leurs plateformes mobiles. Pour le moment, malgré les incertitudes liées à l'absence de croissance économique et aux mesures de l'efficacité de ces investissements, il semble que ces tendances soient vouées à perdurer.

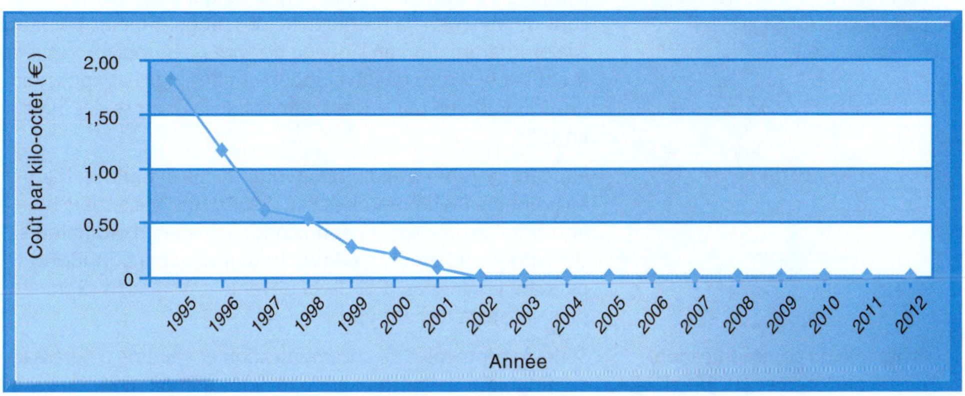

Figure 5.9 – Diminution significative et rapide des coûts de communication sur Internet.

Normes réseaux et leurs effets

L'infrastructure actuelle des entreprises ainsi que l'usage que celles-ci font d'Internet seraient impossibles sans l'existence de normes technologiques communes entre les fabricants et sans leur acceptation largement répandue parmi les utilisateurs. Les normes technologiques sont les spécifications qui établissent la compatibilité des produits matériels et logiciels et la capacité de communiquer au sein d'un réseau.

Une fois adoptées par les acteurs clés de l'offre, les normes technologiques permettent de substantielles économies d'échelle et entraînent une diminution des prix car les fabricants concentrent leurs efforts sur les contenus des produits qui répondent aux mêmes normes. Le tableau 5.2 présente les principales normes qui ont façonné l'infrastructure technologique.

À partir des années 1990, les entreprises ont pris en compte les standardisations de communication et de traitement des données dans leurs choix d'infrastructure. Le Wintel PC, accompagné du système d'exploitation Windows et des outils de productivité Microsoft Office, est devenu une quasi-norme autant pour les plateformes de bureau que pour les ordinateurs portables. Par ailleurs, l'adoption à grande échelle d'UNIX comme système d'exploitation pour les serveurs d'entreprise a permis de remplacer de nombreux ordinateurs centraux sous système d'exploitation et licence « propriétaire ». Dans le domaine des télécommunications, le standard Ethernet a permis de relier des ordinateurs personnels au sein de réseaux locaux d'entreprise (*Local Area Network*, LAN – voir chapitre 7), alors que le protocole de communication TCP/IP a permis à ces LAN de se connecter aux réseaux d'entreprise, puis à Internet.

Tableau 5.2 : Quelques normes importantes en informatique

Norme	Contribution
Code américain normalisé pour l'échange d'information (code ASCII) [1958]	A rendu possible l'échange de données entre les ordinateurs de marques différentes. Utilisé par la suite comme langage universel pour relier les unités d'entrée-sortie, comme le clavier et la souris, à l'ordinateur. Adopté par le American National Standards Institute en 1953.
COmmon Business Oriented Language (COBOL) [1959]	Langage de programmation normalisé qui a augmenté considérablement la productivité des programmeurs par rapport à la programmation en langage de type « assembleur » et réduit le coût et le temps de développement des logiciels applicatifs de gestion. Parrainé par le département de la Défense des États-Unis en 1959.
UNIX (1969-1975)	Puissant système d'exploitation multitâche et multi-utilisateur mis au point par les laboratoires Bell (1969), puis lancé sur le marché en 1975. Il est utilisable par une grande variété d'ordinateurs de marques différentes. Adopté notamment par Sun, IBM et HP pendant les années 1980, il est devenu le système d'exploitation le plus utilisé par les entreprises.
Protocole de communication/ protocole Internet (TCP/IP) [1974]	Série de protocoles de communication et système d'adressage commun qui permettent à des millions d'ordinateurs de se relier ensemble pour former un unique réseau à l'échelle mondiale (Internet). Utilisés par la suite comme protocole de réseau par défaut par les réseaux locaux d'entreprise et les intranets. Mis au point au début des années 1970 par le département de la Défense des États-Unis.
Ethernet (1973)	Norme de réseau qui sert à relier les ordinateurs au réseau local d'entreprise, permettant l'utilisation de systèmes clients-serveurs et de réseaux locaux d'entreprise, et stimulant l'utilisation des ordinateurs personnels.
IBM/Microsoft/Intel ordinateur personnel [1981]	La norme Wintel pour les ordinateurs de bureau, fondée sur les processeurs standard Intel et sur d'autres logiciels standard, d'abord Microsoft DOS, puis Windows. L'émergence de ce standard unitairement peu coûteux a été l'un des facteurs déterminants du développement de la micro-informatique dans le monde entier. Aujourd'hui, les entreprises et les administrations utilisent plus d'un milliard d'ordinateurs personnels à travers le monde.

Norme	Contribution
Web (1989-1993)	Normes issues des recherches et découvertes des chercheurs européens du Centre Européen pour la Recherche Nucléaire (CERN, Suisse) et utilisées pour stocker, formater et présenter de façon unifiée l'information sous forme de pages électroniques contenant du texte, des illustrations, de l'audio et de la vidéo, et la rendre accessible *via* un dispositif (Web) mondial. Cette norme issue des recherches européennes est à l'origine du succès d'Internet dans sa forme actuelle. Jusque-là, Internet n'était qu'un ensemble de moyens techniques qui facilitait le transfert de fichiers au sein de quelques milliers d'utilisateurs publics (administrations, centres de calcul et de recherche).
Communication sans fil (norme 802.11 : WiFi à 50 mètres de distance maximum – premières expérimentations en 1997, norme 802.15 : Bluetooth à 10 mètres de distance, norme 802.16 : expérimentations dès 2004 des premières transmissions haut-débit sur des distances allant jusqu'à plusieurs kilomètres)	Normes de communication sans fil permettant de développer les usages nomades à distance ou à l'intérieur d'une même organisation. Elles favorisent également le développement du e-commerce *via* les téléphones mobiles et les tablettes. Le développement des normes WiMax et des réseaux cellulaires de 4G vont également dans ce sens.

2 Composants de l'infrastructure technologique

Sept composants principaux constituent actuellement l'infrastructure. La figure 5.10 les présente, reliés entre eux, ainsi que les principaux fournisseurs pour chaque catégorie. Pour une entreprise, ces composants sont des investissements qui doivent être coordonnés les uns aux autres pour aboutir à une infrastructure cohérente et fiable dans la durée.

Dans le passé, les fournisseurs du secteur informatique, en concurrence les uns avec les autres, utilisaient la différenciation et la singularisation technologiques pour conserver leurs clients. Le fournisseur A offrait des solutions partielles, incompatibles avec celles du fournisseur B et nommées « propriétaires » car l'entreprise utilisatrice était liée de façon quasi exclusive au fournisseur en raison des spécifications techniques des systèmes. Toutefois, sous la double pression des gros clients utilisateurs et des offres des « fournisseurs entrants », les grands fournisseurs « historiques » ont commencé à coopérer au sein de partenariats stratégiques. Par exemple, un fournisseur de matériel et de services comme IBM coopère désormais avec les principaux fournisseurs de logiciels, crée des partenariats stratégiques avec des intégrateurs de systèmes (souvent des cabinets de conseil) et accepte de travailler avec les produits conçus par d'autres – mais que ses clients souhaitent utiliser –, par exemple des systèmes de gestion de bases de données tels qu'Oracle (même si IBM vend des produits équivalents, comme le logiciel de base de données DB2). Examinons à présent l'importance et la dynamique propres à chacun de ces composants de l'infrastructure et son marché.

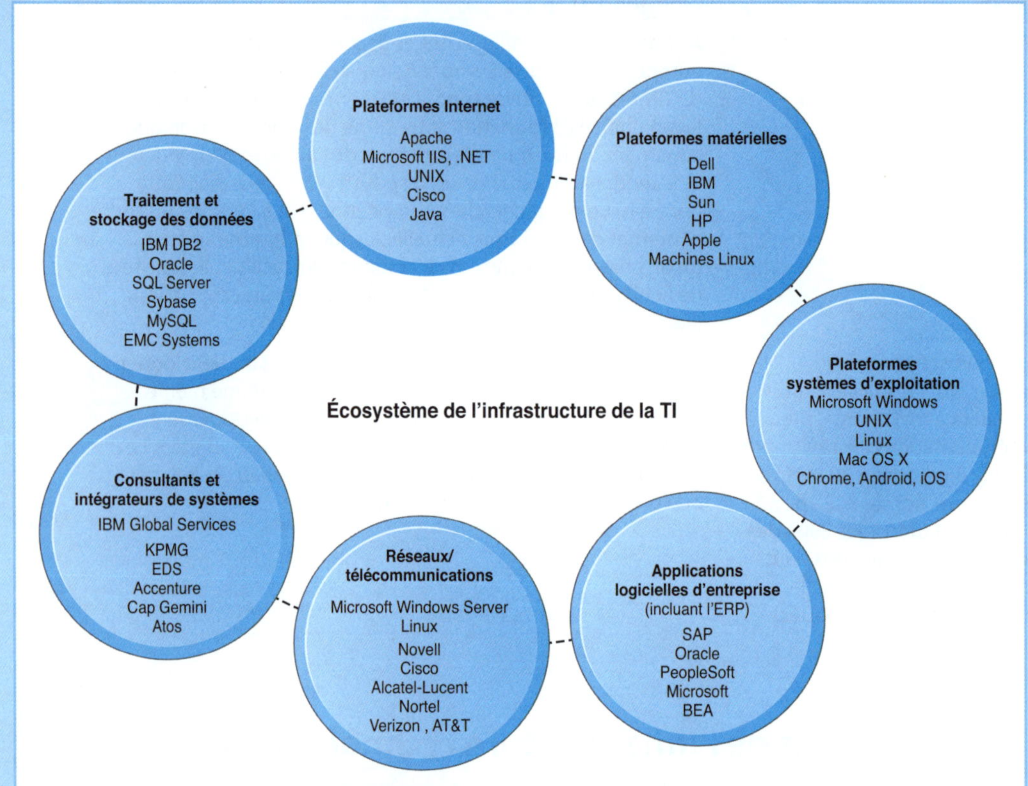

Figure 5.10 – L'infrastructure technologique d'un SI : un écosystème.

Depuis plus de 20 ans, les tendances lourdes montrent une baisse du poids relatif des postes matériels et logiciels dans les projets, et une hausse de ceux consacrés aux services (intégration, conseil, assistance, formation, maintenance, supports, etc.).

2.1 Plateformes matérielles

Le marché des ordinateurs est de plus en plus concentré entre les mains de grandes entreprises comme IBM, HP, Dell et Sun Microsystems (racheté par Oracle), qui produisent 90 % des machines, et quelques producteurs de puces. Globalement, Intel détenait au cours de l'année 2011, 80,2 % de parts de marché (+0,9 % par rapport à l'année précédente), devant AMD avec 19,7 % (–0,7 % par rapport à l'année précédente) et Via Technologies avec 0,1 % (–0,2 % par rapport à l'année précédente). Sur le segment du PC mobile, Intel voit sa part de marché diminuer de 2,1 % en un an, pour passer à 82,3 %, tandis qu'AMD voit la sienne augmenter de 2,4 %, pour passer à 17,6 % ; Via Technologies ferme la marche avec 0,1 %. Intel domine également le marché du serveur avec 95,1 % de parts de marché (+0,6 % par rapport à l'année précédente), AMD venant loin derrière avec 4,9 % (–0,6 %). Enfin, sur le segment du PC, Intel détient 75,8 % de parts de marché (+4,8 %) et AMD 24,1 %, (–4,8 %) (d'après le rapport IDC sur le marché des constructeurs en 2011).

Ce même marché des ordinateurs comprend les ordinateurs dits « clients » – ordinateurs de bureau, appareils mobiles comme les ordinateurs de poche (PDA), ordinateurs portables, smartphones – et les serveurs. On a également vu apparaître les serveurs « lames » (*blade servers* en anglais) qui prennent moins de places que des unités centrales classiques et s'empilent dans des *racks* (rayonnages ou baies) spécialisés et optimisés (électricité, climatisation).

Les grands ordinateurs centraux, dont on prédisait avant l'an 2000 la disparition, sont encore là. Ils sont toujours utilisés pour gérer des traitements lourds de gestion ou d'analyses de données, et constituent aujourd'hui encore le cœur de l'informatique de banques ou des gestionnaires de réseaux télécoms. Seul IBM a sauvegardé cette partie de son activité, en partie grâce à la réorientation de ses systèmes *mainframe* vers un usage en tant que serveur géant dans des infrastructures de type Cloud, ou pour les réseaux et les sites Web de grandes multinationales. Un *mainframe* IBM peut faire tourner 17 000 instances (une sorte de machine indépendante du point de vue logique) de Linux ou de Windows Servers, et est capable de remplacer à lui seul des milliers de serveurs plus petits (voir section 3 pour plus d'éléments sur la virtualisation de serveurs).

2.2 Les systèmes d'exploitation

Aujourd'hui, 90 % des ordinateurs personnels (fixes ou portables) utilisent une forme ou une autre du système d'exploitation Windows de Microsoft (par exemple, Windows XP dont la mort est annoncée pour 2014 par la fin de sa maintenance, ou encore Windows Vista 7 ou 8). Chrome de Google propose un système d'exploitation léger, permettant aux ultraportables d'accéder aux infrastructures de type Cloud et de les utiliser. Les programmes ne sont plus stockés sur l'ordinateur de l'utilisateur, mais celui-ci les utilise *via* Internet grâce aux fonctionnalités de Chrome. Ses données sont également stockées dans l'infrastructure Cloud. Android, développé par la communauté Open Handset Alliance, est un système d'exploitation ouvert pour les plateformes mobiles comme les smartphones et les tablettes. Il est extrêmement populaire, en directe compétition avec iOS, le système d'exploitation Apple utilisé dans les iPhone, les iPod ou les iPad.

En revanche, plus des trois quarts des serveurs d'entreprise utilisent une forme ou une autre du système d'exploitation UNIX, ou le logiciel libre Linux, le cousin économique de code source libre d'UNIX. Les principaux promoteurs et fournisseurs actuels d'UNIX sont IBM, HP, Dell et Sun, chacun offrant des versions légèrement différentes et partiellement incompatibles. Windows domine encore le marché des systèmes d'exploitation des ordinateurs « clients » dans les entreprises, mais un nombre croissant d'entreprises, à la recherche d'un système d'exploitation plus économique, choisissent les versions commerciales de Linux, comme Redhat Linux, et les suites bureautiques comme OpenOffice, proposée par Sun (racheté par Oracle en janvier 2009). Linux est également disponible comme **logiciel libre** en version téléchargeable *via* Internet : il s'agit essentiellement d'un logiciel gratuit créé et mis à jour par une communauté mondiale de programmeurs. Trois problèmes se posent néanmoins : le capital énorme que représentent les travaux et fichiers réalisés avec les logiciels mis en place par les utilisateurs, le coût complet d'une telle migration et la qualité d'une pérennisation performante de ces logiciels.

2.3 ERP : applications logicielles d'entreprise

Dans le secteur des ERP, trois acteurs majeurs ont pris l'ascendant sur leurs concurrents : l'américain Oracle (qui avait racheté PeopleSoft, puis JD Edwards avant d'acquérir Siebel et Hyperion), l'allemand SAP (qui a racheté Business Objects) et, enfin, Infor, le challenger international établi aux États-Unis. En avril 2013, Infor annonçait le rachat de Lawson Software, un éditeur de progiciels de gestion réalisant environ 800 millions de dollars de chiffre d'affaires par an. Infor avait déjà réalisé une soixantaine d'acquisitions depuis 2002, suivant ainsi la même stratégie que son concurrent Oracle.

En face de ces géants, les éditeurs français tentent de trouver leur place en jouant la carte de la très forte spécialisation par métier. On note ainsi le développement d'acteurs proposant des progiciels destinés uniquement à la gestion de l'action sociale par exemple. Le progiciel CCAS en est une parfaite illustration. Il s'agit d'un logiciel de gestion des centres communaux d'action sociale permettant la supervision des budgets et des processus mis en œuvre dans le cadre des opérations d'aide sociale. Pour les entreprises de taille plus modeste, plusieurs éditeurs proposent de nombreux ERP : Microsoft Dynamics Navision de Microsoft, Generix Collaborative Enterprise de Generix, ou encore Sage ERP de Sage.

Le secteur des ERP est par conséquent en pleine effervescence, avec des mouvements de concentration et la création d'activités de niche.

Les grandes entreprises ont déjà majoritairement implanté un ERP et établi des relations électroniques avec leurs partenaires économiques (clients, fournisseurs, banquiers, etc.). Changer d'ERP est une opération difficile, longue et coûteuse, tant sur le plan technologique qu'organisationnel. De plus, les mouvements de fusions-acquisitions ont créé de nouvelles situations : certaines grandes entreprises disposent ainsi d'un parc applicatif de plusieurs ERP différents.

Certaines entreprises ne peuvent abandonner en une seule étape leurs systèmes informatiques pour se convertir aux solutions intégrées de type ERP. Bien qu'imparfaits, les systèmes en place restent essentiels pour la continuité des opérations quotidiennes et leur remplacement en une seule étape représente un risque élevé.

Pour obtenir une forme d'intégration intermédiaire entre le tout-ERP et la fragmentation totale issue d'applications hétérogènes, il existe une solution alternative à l'aide de logiciels spéciaux appelés « **logiciels intermédiaires** » (*middleware*), qui créent une interface ou un pont entre des applications différentes *via* des échanges de données essentiellement restructurées selon un format de type XML. Ces solutions sont appelées *Enterprise Application Integration* (EAI, ou intégration d'applications d'entreprise). L'EAI exige moins de programmation que l'intégration point à point traditionnelle. L'entreprise dispose d'un seul logiciel pivot et n'est plus contrainte de développer et de maintenir une quantité innombrable d'interfaces sur mesure pour relier tout système à chacun des autres (voir figure 5.11).

Les entreprises peuvent choisir d'écrire leurs propres logiciels pour relier deux applications, mais elles préfèrent de plus en souvent acquérir un **progiciel d'EAI**.

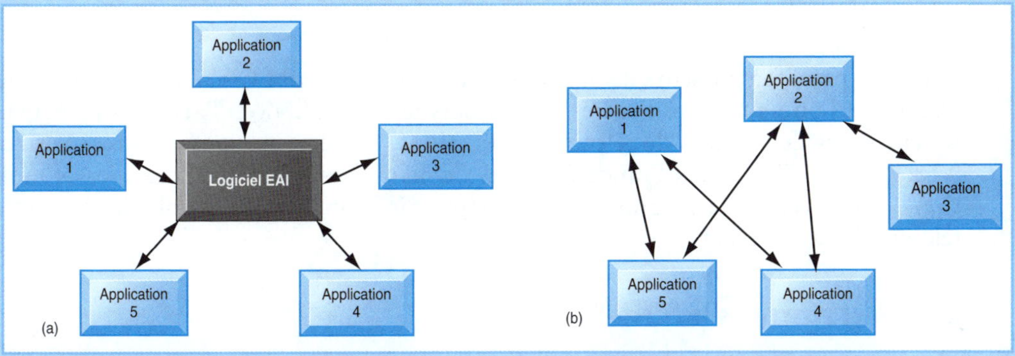

Figure 5.11 – Logiciel d'intégration d'applications hétérogènes d'entreprise (EAI) *versus* intégration traditionnelle.

Le logiciel EAI (a) crée une plateforme commune permettant à toutes les applications de communiquer plus facilement entre elles. (b) L'EAI exige moins de programmation que l'intégration point à point traditionnelle.

2.4 Organisation et stockage des données

Il existe un choix restreint de logiciels de gestion de bases de données (SGBD). Ces logiciels sont responsables de l'organisation et de la gestion technique des données afin d'en assurer un accès et une utilisation techniquement efficaces par les logiciels applicatifs. Les principaux fournisseurs de ce type de logiciels sont IBM (DB2), Oracle (MySQL), Microsoft (SQL Server) et Sybase (Adaptive Server Entreprise).

Le marché des matériels de stockage des données est dominé par EMC Corporation, HP puis IBM pour les grands systèmes et par un petit nombre de fabricants de disques durs pour ordinateurs personnels ou serveurs locaux comme Western Digital, Seagate, Hitachi, Toshiba/Fujitsu et Samsung.

Nous avons déjà évoqué l'explosion du volume de données numériques : tous les tweets, blogs, vidéos, courriels, ou pages Facebook, ajoutés aux données d'entreprise, constituent des volumes énormes (1,8 zettabyte créés en 2011 selon l'étude IDC de 2011 – 1 zettabyte est égal à 1 000 exabytes, et 1 exabyte est équivalent à 36 000 années de vidéo haute définition). Pour suivre cette croissance, le marché du stockage de données a augmenté de 15 % par an depuis cinq ans. Les grandes entreprises et les fournisseurs de stockage ont par ailleurs commencé à mettre en place des technologies de stockages en réseau. Les *Storage Area Networks* (SAN), ou réseaux de stockage de données, connectent plusieurs plateformes de stockage *via* un réseau à haute capacité dédié à ce SAN. Cette architecture permet ainsi de créer un immense dépôt de données qui peut servir rapidement et facilement de nombreux serveurs applicatifs.

2.5 Équipements de réseaux et de télécommunications

Windows Server 2003, Windows 2000 Server et Windows NT, suivis par Novell, Linux et UNIX, représentent les principaux systèmes d'exploitation utilisés dans les réseaux locaux d'entreprise. Les réseaux longue distance des grandes entreprises sont principalement supportés par des variantes d'UNIX. La quasi-totalité des réseaux locaux d'entreprise et des réseaux longue distance utilisent le standard TCP/IP (voir chapitre 7).

Les principaux fournisseurs de matériel pour les réseaux sont Cisco, Juniper et Alcatel-Lucent, et l'on peut noter l'entrée des chinois tels que Huawei. Parmi les principaux fournisseurs de services de télécommunications, on retrouve, entre autres, Verizon, AT&T, British Telecom et France Télécom. Ce marché est en pleine expansion et mutation, avec l'arrivée de fournisseurs en téléphonie mobile, en technologie WiFi et en téléphonie sur Internet.

2.6 Plateformes Internet

Un **service d'hébergement Web** comprend le ou les serveurs Web et offre aux membres un espace pour entretenir leurs sites moyennant certains frais.

La tendance est à une consolidation des serveurs, qui se traduit par une réduction de leur nombre et une augmentation de la taille et de la puissance de chacun. Le marché du serveur Internet se concentre de plus en plus entre les mains de Dell, HP, IBM et Sun (Oracle).

Les principaux fournisseurs d'outils logiciels pour le Web sont Microsoft (Microsoft Expression Studio et la famille d'outils logiciels Microsoft.NET utilisés pour créer des sites Web dont le contenu est dynamique), Oracle-Sun (Java de Sun est le langage le plus utilisé pour créer des applications Web à la fois pour les serveurs et les clients) et divers développeurs de logiciels dont Adobe (Adobe Reader, Flash, Photoshop et Creative Suite) ou encore Real Networks.

2.7 Services de conseil et d'intégration des systèmes

Il y a 20 ans, une grande entreprise pouvait envisager d'implanter elle-même sa propre infrastructure technologique. Dans les années 1970, une grande entreprise métallurgique européenne avait même décidé de créer son propre système d'exploitation et mobilisé à cet effet plusieurs dizaines d'ingénieurs « système ». Elle souhaitait acquérir ainsi une indépendance, ce qui s'est révélé une impasse technologique autant qu'un gouffre financier.

La préoccupation majeure en termes d'infrastructures est d'arriver à l'intégration des systèmes, c'est-à-dire à s'assurer que les éléments de l'infrastructure existante interagissent correctement avec ceux nécessaires aux nouveaux projets. Le **système informatique** d'origine requiert généralement des technologies plus ou moins anciennes pour supporter le traitement des transactions sur un ordinateur central et reste en service pour éviter les coûts élevés relatifs à son remplacement ou à sa restructuration. Le remplacement de ce type de systèmes est très coûteux et peut être évité lorsque ceux-ci sont intégrables ou, à défaut, combinables dans une infrastructure moderne.

Les services de conseil et d'intégration des systèmes sont des marchés lucratifs et en forte expansion. S'ajoutant aux acteurs traditionnels – grands cabinets d'audit, sociétés de services et d'ingénierie informatique (SSII) –, les fournisseurs de matériel et de logiciels y interviennent pour accroître et diversifier leurs sources de revenus. Les revenus en conseil d'IBM dépassent très largement ceux générés par la vente de matériel (rapport annuel IBM Corp 2012). Quant aux fournisseurs de progiciels intégrés comme Oracle et SAP, les revenus générés par le conseil, la formation, l'intégration et la maintenance adaptative dépassent ceux issus de la seule vente des licences de logiciels. Un nombre croissant de fournisseurs concluent des alliances pour apporter une réponse cohérente à leurs clients ou prospects communs.

3 Tendance actuelle : infrastructure

Malgré la baisse exponentielle des coûts des composants matériels, la part du budget que les entreprises consacrent aux infrastructures IT a augmenté. Pourquoi ? Les services informatiques (conseil et intégration des systèmes) et les logiciels coûtent très cher, et les utilisations de l'informatique et de la communication se sont intensifiées parallèlement à la baisse d'autres coûts. Les employés utilisent par exemple maintenant des applications beaucoup plus diversifiées qui nécessitent des plateformes et des postes de travail toujours plus gourmands en ressources techniques (ordinateurs portables, de bureau, de poche, réseaux locaux et à distance, serveurs centraux).

Les entreprises doivent relever tout un ensemble de nouveaux défis. Elles doivent intégrer, sur diverses plateformes, des informations produites et utilisées dans différentes applications. Elles doivent également mettre en œuvre des infrastructures assez robustes pour supporter les variations et les pointes d'activité, afin de se protéger des tentatives malveillantes (pirates, virus, etc.) et de diminuer les consommations d'énergie. Le niveau de service rendu aux entreprises par les plateformes qui leur sont dédiées doit augmenter de façon à répondre aux demandes croissantes des clients et des employés. Notre description des tendances observées actuellement sur les plateformes matérielles et logicielles s'intéresse à tout ou partie de ces défis.

3.1 La plateforme numérique mobile émergente

L'informatique prend progressivement le pas sur le réseau, et de nouvelles plateformes numériques mobiles ont fait leur apparition. Les outils de communication comme les téléphones mobiles et les smartphones du type BlackBerry et iPhone ont endossé de nombreuses fonctions autrefois réservées aux ordinateurs portables : par exemple la transmission de données, la navigation sur Internet, l'envoi de courriels et de messages instantanés, l'affichage de contenu numérique et l'échange de données avec les systèmes internes des entreprises. Les ultraportables appelés « **Netbook** » font également partie de la nouvelle plateforme mobile. Ce sont de petits ordinateurs légers et à bas prix, optimisés pour la communication sans fil et l'accès à Internet tout en étant équipés de fonctions informatiques simples du type traitement de texte. Les livres numériques, comme le Kindle Fire d'Amazon qui possède un accès à Internet, en font également partie. L'informatique d'entreprise évolue avec un passage progressif des PC et des ordinateurs de bureau vers ces outils mobiles. Les managers les utilisent de plus en plus pour coordonner le travail et communiquer avec les employés.

3.2 Grid computing, Cloud computing, virtual computing et utility computing

L'ensemble de ces concepts et des offres qui les matérialisent repose toujours sur une idée constante depuis que l'informatique existe : comment utiliser au mieux et à chaque instant les capacités technologiques disponibles (calcul, stockage, réseaux, etc.) dans et/ou en dehors des frontières de l'organisation ? Cette recherche d'une optimisation des ressources *via* leur mutualisation flexible, ponctuelle ou durable, proche ou distante prend, au fil des années, des formes et des noms divers. Le phénomène émergent est le déport du point nodal[1] de cette mutualisation vers des réseaux dont les usagers ne connaissent ni la composition ni les limites.

Consumérisation des TIC et « BYOD »

Le succès des smartphones et des tablettes tels que l'iPhone ou l'iPad d'Apple, ou des modèles Samsung, Nexus ou Archos auprès des utilisateurs a forcé les entreprises à examiner comment elles pouvaient permettre à leurs employés d'utiliser leurs appareils dans l'entreprise. On appelle ce phénomène « BYOD » (*bring your own device* : apportez votre propre appareil) ; il appartient au phénomène de consumérisation des TIC. Il s'agit de la tendance croissante des technologies venant du marché des particuliers à entrer dans le monde de l'entreprise.

Cette tendance n'est pas limitée aux appareils tels que ceux déjà cités. Elle inclut également l'utilisation de services (moteurs de recherche Google, Yahoo ou Bing), les messageries (Gmail, etc.), les applications (GoogleDoc, etc.), les coffres-forts numériques (DropBox ou iCloud) et même les réseaux sociaux (Facebook et Twitter).

Cette tendance oblige les entreprises à reconsidérer la façon dont elles obtiennent et gèrent leur parc informatique et les services qu'elles proposent à leurs utilisateurs. Par le passé, le département IT de l'entreprise était en charge de choisir et de gérer les technologies et services utilisés dans l'entreprise. C'était lui qui fournissait le matériel (ordinateurs de bureau ou portable), ainsi que ses configurations. Cela permettait ainsi aux employés d'accéder aux applications de l'entreprise de façon sécurisée, tout en protégeant les systèmes de l'entreprise, et en s'assurant que les outils mis à disposition des utilisateurs étaient bien utilisés pour les besoins de l'entreprise.

Aujourd'hui, les directions métier et les employés eux-mêmes ont des préférences marquées pour tel ou tel appareil ou service et demandent à pouvoir les utiliser au bureau comme à la maison pour travailler. Ce phénomène ne va pas sans rencontrer de la résistance de la part des directions des SI car ils ont plus de mal à maîtriser les parcs matériels et applicatifs et estiment que cela peut nuire à la sécurité et à la fiabilité du SI de l'entreprise. Face à cette demande, les entreprises se scindent en trois groupes : celles qui interdisent ces pratiques, celles qui les acceptent mais les ignorent, et celles qui les favorisent en équipant leurs employés d'iPhone, iPad ou autres. C'est le cas de Total, par exemple (voir cas de synthèse à la fin de ce chapitre) ou de PSA (voir cas d'introduction du chapitre 1).

1. Le déport du point nodal signifie que l'endroit d'où est organisée et gérée la mutualisation dynamique des machines, le point nodal, n'est plus fixe, mais se déplace dans le réseau en fonction des besoins.

Grille informatique

La **grille informatique** (ou ***grid technology***) permet de connecter des ordinateurs distants sur un seul réseau, afin de créer un superordinateur virtuel qui regroupe la puissance informatique de tous les ordinateurs de la grille.

La grille informatique tire parti du fait que les tâches affectées aux ordinateurs ne mobilisent que 25 % de leur unité centrale, ce qui laisse de la place pour d'autres tâches de traitement. L'existence de la grille informatique était impossible avant l'arrivée d'Internet à haut débit, qui a permis aux entreprises de connecter des machines distantes pouvant déplacer d'énormes quantités de données pour un coût modeste.

Des programmes logiciels sont nécessaires pour contrôler et allouer des ressources sur une grille informatique. Un logiciel client communique avec un logiciel serveur. Ce dernier divise les données et le code d'application en plusieurs blocs qui sont ensuite envoyés vers les différentes machines de la grille. Les machines client peuvent effectuer leurs tâches habituelles tout en exécutant les applications de la grille en arrière-plan.

Pour être rentable, la grille informatique doit engendrer plus d'économies tout en augmentant la vitesse et la souplesse des calculs informatiques. Le groupe Royal Dutch/Shell utilise par exemple une grille informatique évolutive qui améliore la fiabilité et la vitesse des applications de modélisation scientifique utilisées pour repérer les plus importantes réserves de pétroles. Cette plateforme, qui relie plus de 1 000 serveurs IBM fonctionnant sous Linux, est en effet un des plus grands superordinateurs Linux utilisé à des fins commerciales. La grille s'ajuste en fonction du flux variable des données, propre à ces activités saisonnières. Selon le groupe Royal Dutch/Shell, grâce à la grille, l'entreprise a pu réduire le temps d'exécution des données sismiques, tout en améliorant la qualité de sortie et en aidant les scientifiques à cerner les problèmes liés à la recherche de nouveaux gisements de pétrole.

Virtualisation et Cloud Computing

La virtualisation de serveurs est le processus qui permet de présenter un ensemble de ressources informatiques (capacités de calcul ou stockage) de telle façon qu'il est possible d'y avoir accès sans contraintes de lieu ou de configuration système. Ainsi, un serveur unique (physiquement) pourra servir à plusieurs utilisateurs comme si chacun possédait une machine unique. Un serveur ou un ordinateur *mainframe* peut être configuré de façon à faire tourner des instances multiples et donc apparaître comme plusieurs machines différentes. De même, la virtualisation de serveurs permet également de rassembler dans une machine unique virtuelle (ou logique) des capacités de traitement ou de stockage provenant de plusieurs machines physiques différentes, qui peuvent être géographiquement disséminées. VMware est la solution de virtualisation leader pour les serveurs Windows ou Linux.

Grâce à la virtualisation de serveurs, une entreprise peut optimiser le taux d'utilisation de ses équipements. La plupart des serveurs tournent en effet en sous-capacité (moins de 30 %) : la virtualisation peut faire passer ce taux d'utilisation à 70 %. Il est ainsi possible de disposer de moins de serveurs pour accomplir les mêmes tâches. Ce procédé facilite également la centralisation et la consolidation des activités d'administration de parc informatique. Il est désormais possible, pour les entreprises et pour les particuliers, de conduire les activités nécessitant des ordinateurs au travers d'infrastructures informatiques virtuelles, et le Cloud *Computing* est l'un des modèles rendus possible par la virtualisation.

Nous avons déjà parlé du Cloud Computing, qui permet de mettre des services matériels et logiciels à disposition sur Internet (on l'appelle aussi le « nuage »). Les données sont stockées de manière permanente sur des serveurs à distance, dans de gigantesques centres de traitement. Elles peuvent être récupérées et mises à jour sur Internet par l'intermédiaire des ordinateurs de bureau, des ordinateurs portables, des Netbook, des consoles de jeu et des périphériques mobiles clients. Google Apps propose par exemple des applications commerciales en ligne accessibles depuis un navigateur Internet. Le logiciel et les données de l'utilisateur sont enregistrés sur les serveurs.

Les entreprises qui utilisent le Cloud Computing ne sont en général pas propriétaires de ces infrastructures, comme Afflelou dans le cas d'introduction de ce chapitre. Elles n'ont pas besoin de faire de gros investissements matériels ou logiciels. À la place, elles achètent leurs services informatiques chez des fournisseurs distants et ne paient que la quantité de ressources informatiques qu'elles ont effectivement consommée (ou bien un forfait). Les termes **informatique à la demande** ou ***computing utility*** permettent de décrire ces services.

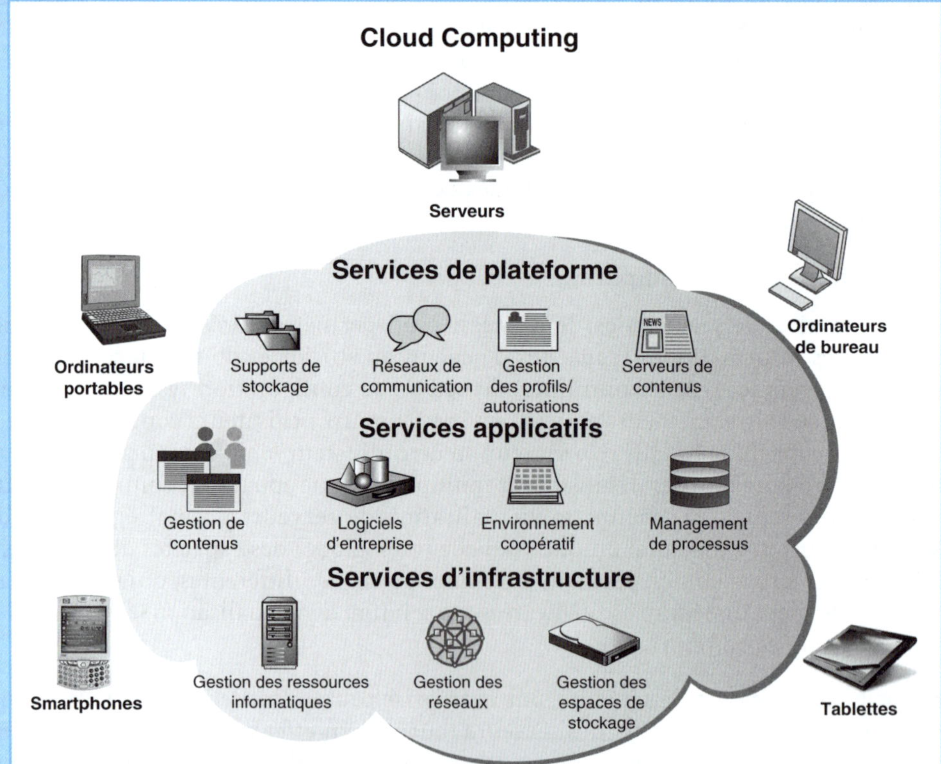

Figure 5.12 – Exemple de modélisation du Cloud Computing, avec ses trois niveaux : Infrastructure, Plateforme et Applications.

Le Club Informatique des GRandes Entreprises Françaises (Cigref) définit le Cloud Computing de la façon suivante : « *C'est au départ une solution technologique, dans laquelle on peut trouver des offres de type services, qui proposent aux utilisateurs finaux des solutions applicatives, et des offres de type infrastructure qui concernent les centres de production et d'exploitation en proposant la virtualisation nécessaire pour offrir des infrastructures de serveurs ou réseaux.* » (Livre Blanc mars 2013, *Fondamentaux du* Cloud Computing)

L'accès à un Cloud se fait toujours au travers d'un modèle de service. L'inverse n'est cependant pas vrai : en effet, de nombreuses applications dites « *as a service* » ne passent pas par une infrastructure de type Cloud. Ce sont des applications qui s'appuient sur une infrastructure classique de serveurs Web, Gestion Électronique de Document (GED) ou sur un ERP. Les présentations marketing des prestataires de services entretiennent néanmoins cette confusion.

Le modèle du Cloud propose trois couches de services :

- le IaaS : *Infrastructure as a Service* (services d'infrastructure virtuelle sur laquelle il est possible de bâtir une solution applicative) ;
- le PaaS : *Platform as a Service* (services qui mettent à disposition des développeurs et des producteurs d'application un environnement de développement adapté à leurs besoins) ;
- le SaaS : *Software as a Service* (services applicatifs mis à la disposition d'utilisateurs finaux).

Dans tous les cas, c'est un espace virtuel qui contient des données fragmentées. Ces fragments de données sont toujours dupliqués et répartis (ou distribués) dans cet espace virtuel qui, lui, repose sur un ou plusieurs supports physiques. La « fonction de restitution » permet de reconstituer les données : elle peut être intégrée à la gestion du Cloud ou déportée sur l'application qui fournit le service. Il n'est par ailleurs pas possible de savoir où, précisément, se trouve une information particulière. La notion de fragmentation est importante et augmente la fiabilité et la sécurité des données et traitements, mais peut ralentir leur agrégation (restitution) si la granularité est trop fine. La reconstitution des données pour la délivrance d'une information, l'exécution d'une application ou l'accès à une fonction constituent le service fourni. Enfin, ces éléments de définition s'appliquent quel que soit le modèle de service mis en œuvre.

Un Cloud peut être public ou privé. S'il est public, il appartient à une entreprise de services qui le gère et propose des services Cloud au grand public ou à des entreprises. Amazon ou Google sont des exemples de prestataires de services Cloud. Les modèles de paiement des Cloud publics sont du type « paiement à la consommation » pour les entreprises ou les particuliers qui les utilisent, supprimant ainsi les investissements élevés liés à la mise en place des infrastructures et des applications. Un Cloud privé est consacré à une seule organisation ; il peut néanmoins appartenir un tiers, tel qu'IBM par exemple, qui s'occupe de sa gestion. Le modèle privé permet à une entreprise de mieux conserver le contrôle de son SI.

Le Cloud Computing peut néanmoins poser un certain nombre de problèmes. Si les entreprises utilisatrices ne mettent pas en place des moyens pour stocker leurs données sur leurs sites, seuls le prestataire est responsable de la sécurité de leurs données. Prendre la décision de confier ses données et applications critiques à un prestataire externe, qui par ailleurs travaille probablement avec des concurrents, n'est pas facile et rend l'entreprise dépendante de ce prestataire. La question de la continuité opérationnelle est également à prendre en compte en cas de panne chez le prestataire.

Le Cloud Computing attire les PME qui n'ont pas les moyens d'acheter du matériel ou des logiciels. Parmi les grandes entreprises, certaines ont lourdement investi dans des systèmes propriétaires complexes prenant en charge des processus métier uniques, dont certains leur procurent un avantage compétitif. Le schéma le plus courant susceptible d'apparaître dans ces entreprises est un modèle informatique hybride où les entreprises disposeraient de leur propre infrastructure pour leurs activités principales et adopteraient le Cloud Computing pour les opérations moins spécifiques. Grâce au Cloud Computing, les entreprises vont passer progressivement d'une infrastructure fixe à une infrastructure plus souple. Une partie de cette dernière appartiendra à l'entreprise et une autre sera louée à d'immenses centres informatiques gérés par des distributeurs de matériel informatique.

La plupart des analystes estiment désormais que le Cloud Computing représente un changement majeur : l'informatique sera bientôt gérée par des corporations, puisqu'elle quitte les centres de données privés des entreprises pour aller vers le « nuage » (Carr, 2008). Le SaaS pèse déjà près d'un milliard d'euros en France. Il représentera en 2013 un chiffre d'affaires de 983 millions d'euros, contre 735 millions d'euros en 2012, et devrait bondir à 1,8 milliard d'euros en 2015, selon des chiffres de la Caisse des dépôts et l'Association Française Des Éditeurs de Logiciels et solutions Internet (Afdel). Le SaaS est donc un des moteurs essentiels de la transformation de l'édition de logiciels, tant en termes de création de nouvelles activités que d'évolution des éditeurs traditionnels. La rentabilité des activités SaaS est moins immédiate que celle de l'édition classique du fait de « *l'étalement des revenus et de l'importance des frais commerciaux* » (Afdel, 2013). Le rapport souligne d'ailleurs que le modèle économique du SaaS se caractérise par des indicateurs renouvelés comme le revenu mensuel récurrent signé ou le taux de perte des clients. « *Pour les éditeurs classiques, la transition vers ce modèle suppose (...) un effort financier conséquent, sur une durée de trois à cinq ans, lié à l'investissement en R&D et à la baisse des revenus annuels* », écrit le rapport, qui souligne également l'émergence d'une génération de *pure players* (présents uniquement sur Internet) du SaaS en France, avec pour leaders EmailVision (avec un chiffre d'affaires logiciel de 51 millions d'euros), suivi de Side-Trade (29 millions d'euros), auxquels toute une génération d'acteurs réalisant entre 5 et 15 millions d'euros de chiffre d'affaires emboîte le pas : TraceOne, Talentsoft, EasyVista et Oodrive, par exemple.

Green Computing

Comme on l'a vu plus haut, la virtualisation de serveurs permet d'optimiser l'utilisation des serveurs, et donc de réduire la prolifération des matériels et la consommation électrique afférente. Il était donc logique de voir ce type d'infrastructure recueillir l'approbation des avocats du *Green Computing*. Ce concept, également appelé *Green IT* (informatique verte), regroupe l'ensemble des dispositifs et pratiques permettant de réduire l'impact énergétique ou polluant sur l'environnement. Il ne se limite pas aux serveurs, mais concerne également toutes les étapes du cycle de vie de tous les matériels : la conception, la production, l'utilisation et le recyclage des imprimantes, ordinateurs, serveurs, écrans, disques durs ou matériels réseau. La réduction de la consommation énergétique des ordinateurs est une des priorités : aux États-Unis, elle représente 2 % de la demande en électricité et certains la rendent responsable de 2 % des gaz à effet de serre dans le monde.

Les nouveaux processeurs, plus efficaces et moins gourmands en électricité, constituent un autre moyen de réduire la consommation d'énergie. On trouve aujourd'hui des PC extrêmement puissants équipés de puces Intel Core i7 permettant de réduire cette consommation. Le processeur A5-double cœur d'Apple, utilisé dans l'iPhone 4S et l'iPad 3, consomme entre 50 et 30 fois moins qu'un portable équipé d'un processeur classique double cœur.

Évidemment, on peut également considérer que ces améliorations permettent essentiellement de prolonger l'autonomie des batteries de ces appareils pour le consommateur, servant ainsi la politique marketing des constructeurs. On constate néanmoins depuis cinq ans, suites aux conférences internationales sur le réchauffement climatique ou à des accords tels que ceux de Kyoto ou, en France, de Grenelle, l'apparition de méga *datacenter* présentés comme verts tels que le *datacenter* d'Apple en Oregon qui prétend être 100 % autosuffisant en énergie propre, ou celui de Microsoft à Dublin qui, suite à de lourds investissements, a réduit son ratio d'efficacité énergétique de 1,24 à 1,17 (la valeur généralement constatée est de 1,8 pour un *datacenter* classique). Ce ratio calcule la déperdition énergétique d'un *datacenter.*

Informatique résiliente

Les systèmes informatiques sont devenus si complexes de nos jours que, selon les experts, ils pourraient devenir ingérables. Les millions de lignes de code générées par les systèmes d'exploitation, les logiciels de base de données et des entreprises, ainsi que les énormes systèmes englobant plusieurs milliers de périphériques en réseau illustrent le vaste problème que pose la gestion de ces systèmes.

On estime qu'entre un tiers et la moitié du budget informatique total d'une entreprise est consacré à la prévention ou à la réparation des pannes système. Environ 40 % de ces pannes découlent d'une erreur humaine. La formation ou la compétence des informaticiens n'est pas en cause. En réalité, les systèmes informatiques actuels sont d'une telle complexité qu'ils sont trop difficiles à comprendre. Mis sous pression, les informaticiens et les managers ne disposent que de quelques secondes pour prendre des décisions lorsqu'ils doivent résoudre un problème.

L'informatique résiliente est une des approches matérielles envisagée pour affronter ce problème. Grâce à un effort commun à tout le secteur informatique, l'informatique résiliente a permis de développer des systèmes capables, dans certaines conditions, de s'autoconfigurer, de s'optimiser et de se régler eux-mêmes, de s'autoréparer en cas de panne et de se protéger contre les intrus et l'autodestruction. Imaginez par exemple un PC de bureau qui se saurait attaqué par un virus. Au lieu de laisser le virus l'envahir, le PC pourrait l'identifier et l'éradiquer. Il pourrait aussi transmettre sa charge de travail à un autre processeur et s'éteindre avant que le virus n'ait pu détruire des fichiers.

Quelques-unes de ces fonctionnalités sont déjà présentes sur les systèmes d'exploitation. Les antivirus et les pare-feu sont par exemple capables de détecter les virus sur un PC, de les détruire automatiquement, puis d'alerter les informaticiens. Ces programmes se mettent à jour automatiquement selon les besoins en se connectant à un service de protection antivirus tel qu'Avira, Norton ou McAfee. IBM et d'autres distributeurs commencent à équiper de fonctionnalités autonomes leurs produits destinés à des systèmes importants.

4 Tendance actuelle : domaine logiciel

Quatre thèmes essentiels sont à retenir dans l'évolution des plateformes logicielles actuelles :

- Linux et les logiciels *open source* ;
- Java, Ajax, HTML et HTML 5 ;
- services Web et architecture orientée service (*Service-Oriented Architecture*, SOA) ;
- externalisation du développement et de la maintenance de logiciels applicatifs et services Cloud.

4.1 Logiciels open source et Linux

Les logiciels *open source*

Les **logiciels *open source*** sont créés par une communauté comptant plusieurs centaines de milliers de programmeurs présents dans le monde entier. Selon OpenSource.org, la plus grande association professionnelle d'*open source*, ces logiciels sont gratuits et les utilisateurs peuvent les modifier. Les logiciels dérivés du code source original doivent eux aussi être gratuits, et ils peuvent être redistribués par l'utilisateur sans qu'une licence supplémentaire ne soit nécessaire. Par définition, l'utilisation de ces logiciels n'est donc pas limitée à un système d'exploitation, à un équipement ou à une technologie spécifiques. La plupart des logiciels *open source* actuels sont toutefois basés sur Linux ou UNIX.

Les logiciels *open source* sont fondés sur l'hypothèse qu'ils sont meilleurs que les logiciels propriétaires distribués de manière commerciale, car des milliers de programmeurs du monde entier, travaillant bénévolement, peuvent lire, perfectionner, distribuer et modifier le code source beaucoup plus vite et avec des résultats plus fiables que les petites équipes de programmeurs qui travaillent pour une seule entreprise de distribution de logiciels. Le mouvement *open source* existe depuis plus de 30 ans. Toutes ces années d'efforts ont fini par prouver qu'ils sont capables de produire des logiciels de grande qualité et commercialement viables.

Aujourd'hui, plusieurs milliers de programmes *open source* sont disponibles sur des centaines de sites Internet. Parmi les outils les plus populaires, nous pouvons citer le système d'exécution Linux, le serveur HTTP Apache, le navigateur Internet Mozilla Firefox et la suite bureautique OpenOffice. Les outils *open source* sont utilisés sur les Netbook en tant qu'alternative bon marché à Microsoft Office. Les grands distributeurs d'équipement et de logiciels informatiques tels qu'IBM, Hewlett-Packard, Dell, Oracle et SAP proposent maintenant des versions de leurs produits compatibles avec Linux.

Linux

Le logiciel *open source* le plus connu est sans doute Linux, un système d'exploitation proche d'UNIX. Linux a été créé par le programmeur finlandais Linus Torvalds et publié sur Internet pour la première fois en août 1991. Au cœur du système d'exploitation Android, on le retrouve intégré dans les téléphones mobiles, les smartphones, les Netbook, les tablettes et dans d'autres périphériques portables. Les versions gratuites de Linux sont disponibles sur Internet, et il existe aussi des versions commerciales à bas prix contenant des outils et des services d'assistance proposés par des distributeurs tels que Red Hat.

Il joue un rôle majeur en arrière-plan dans l'exécution des réseaux locaux, des serveurs Web et dans les calculs informatiques de haut niveau, où il représente 20 % du marché des systèmes d'exploitation serveur. IBM, HP, Intel, Dell et Sun ont placé Linux au centre de leurs services aux sociétés. Plus d'une vingtaine de pays d'Asie, d'Europe et d'Amérique latine ont adopté Linux et les logiciels *open source*. Par ailleurs, en considérant l'ensemble de la sphère informatique personnelle, les machines Windows représentent désormais 20 % de parts de marché, quand les *Operating System* (OS), ou systèmes d'exploitation, fondés sur un noyau Linux font plus du double, à 42 % de parts de marché, et les iOS (système d'exploitation propriétaire Apple) d'Apple 24 %.

La montée en puissance des logiciels *open source*, tout spécialement Linux et les applications qu'il prend en charge, entraîne de profondes répercussions sur les plateformes logicielles des entreprises : réduction des coûts, fiabilité et résistance, intégration (Linux fonctionne en effet sur toutes les plateformes matérielles, des ordinateurs centraux vers les serveurs et les clients).

4.2 Logiciels Web : Java, Ajax, HTML et HTML 5

Java est un langage de programmation indépendant des systèmes d'exploitation et des processeurs, et orienté objet (voir chapitre 13). C'est devenu l'environnement leader de programmation interactive pour le Web. Il a été créé en 1992 par James Gosling et la Green Team chez Sun Microsystems.

Presque tous les navigateurs Web fonctionnent avec une plateforme Java intégrée. Dernièrement, la plateforme Java a migré vers les téléphones mobiles, les smartphones, les voitures, les baladeurs, les jeux et, enfin, les systèmes de box pour la télévision, qui proposent du contenu interactif et des programmes à la demande. Java est conçue pour s'exécuter sur tout type d'ordinateur ou de périphérique, quel que soit le microprocesseur ou le système d'exploitation installé. Sun a créé pour chaque environnement informatique utilisant le logiciel une machine virtuelle Java qui interprète le code de programmation Java pour cette machine. Le code n'est donc écrit qu'une seule fois et il peut être utilisé sur tous les appareils pour lesquelles il existe une machine virtuelle Java. Oracle Corp. estime que trois milliards d'appareils utilisent Java. C'est la plateforme de développement la plus populaire pour les appareils mobiles tournant sous Android.

Java est un langage très robuste qui peut gérer du texte, des données, des graphiques, du son et de la vidéo, le tout dans un seul programme si c'est nécessaire. Il permet aux utilisateurs de PC de manipuler des données sur des systèmes en réseau à l'aide d'un navigateur Internet, ce qui leur évite d'avoir recours à des logiciels spécialisés. Un explorateur Internet est un outil logiciel simple d'utilisation qui possède une interface utilisateur graphique afin d'accéder au Web, et d'afficher des pages Web et d'autres ressources Internet. On trouve par exemple Internet Explorer (Microsoft), Mozilla Firefox (Fondation Mozilla), Chrome (Google) et Safari (Apple). Dans les entreprises, Java est utilisé avec des applications commerciales de e-commerce et de e-business plus complexes qui doivent communiquer avec les systèmes de traitement de finalisation des ventes.

Ajax

Vous est-il déjà arrivé de remplir un formulaire en ligne, de faire une faute et de devoir tout recommencer après qu'un nouveau formulaire a mis une éternité à s'afficher sur votre écran ? Ou de regarder une carte sur un site, de cliquer une fois sur la flèche Nord et de devoir attendre un long moment le chargement complet d'une nouvelle page ? Ajax (*Asynchronous JavaScript And XML*) est une autre technique de développement Web qui sert à créer des applications interactives en éliminant ces inconvénients.

Ajax permet à un client et à un serveur d'échanger discrètement une petite quantité de données pour éviter d'avoir à recharger une page entière chaque fois que l'utilisateur veut modifier un élément. Dans ce cas, si vous cliquez sur la flèche Nord sur une carte de Google Maps par exemple, le serveur se contentera de télécharger cette partie de l'application, sans que vous ne soyez obligé d'attendre l'affichage de la carte entière. Vous pouvez aussi récupérer des cartes dans les applications cartographiques et vous déplacer dans toutes les directions sans que la page ne se recharge à chaque fois. Ajax utilise des programmes JavaScript téléchargés sur le client Internet pour maintenir un échange quasi continu avec le serveur : l'utilisateur ne remarque donc rien.

HTML et HTML 5

HTML (*HyperText Markup Language*) est un langage de description de page spécifiant comment les textes, graphiques, vidéos et bandes son s'organisent sur une page Web pour créer des liens dynamiques vers d'autres pages ou objets Web. HTML était à l'origine destiné à lier des documents statiques composés majoritairement de texte. Aujourd'hui, le Web étant multimédia, des modules complémentaires tels que Flash, Silverlight ou Java sont nécessaires pour intégrer des contenus multimédias dans les pages. Or ces modules nécessitent des développements additionnels et sont gourmands en ressources mémoire. C'est la raison pour laquelle Apple a décidé de ne plus intégrer Flash sur ses plateformes mobiles. L'évolution HTML 5 résout ce problème et facilite également le fonctionnement de pages Web sur tout type de plateforme ; ces pages Web chargent plus vite et ont l'aspect d'une application mobile. HTML 5 est déjà utilisé dans les navigateurs Safari d'Apple, Chrome de Google et Firefox de Mozilla Corp. Les versions mobiles des sites Web sont nombreuses à utiliser de façon intensive HTML 5 (le site de CNN, par exemple, ou encore celui du *New York Times*).

4.3 Services Web et architecture orientée service

Les **services Web** forment un ensemble assez libre de composants logiciels qui échangent des informations à l'aide de langages et de normes de communication Web universels. Ils permettent à deux systèmes indépendants d'échanger des informations, quel que soit le système d'exploitation ou le langage de programmation sur lesquels ils sont basés. Il est possible de les fusionner pour créer des applications Web standard reliant les systèmes de deux entreprises différentes ; on peut également les utiliser pour créer des applications reliant deux systèmes distincts dans une seule entreprise. Les services Web ne sont liés à aucun système d'exploitation et à aucun langage de programmation, et différentes applications peuvent les utiliser pour communiquer entre elles sans perdre de temps en codage personnalisé.

La technologie à l'origine des services Web est **XML** (***Extensible Markup Language***). Mis au point en 1996 par le World Wide Web Consortium (W3C, l'organisme international qui surveille le développement du Web), ce langage à balises est plus puissant et plus souple que le langage HTML pour les pages Web. **HTML** est un langage descriptif qui sert à indiquer la place du texte, des graphiques, des vidéos et du son sur une page Web. Tandis que HTML se contente de décrire la présentation des données sur les pages Web, XML prend en charge la présentation, la communication et le stockage des données. Dans XML, un nombre n'est pas qu'un nombre : la balise XML précise s'il s'agit d'un prix, d'une date ou d'un code postal. Le tableau 5.3 donne quelques exemples d'instructions XML.

En plaçant des balises sur certains éléments en fonction de leur sens, XML permet aux ordinateurs de manipuler et d'interpréter les données automatiquement et d'effectuer des opérations sans intervention humaine. Les navigateurs Internet et les programmes informatiques tels que le traitement des données ou les logiciels ERP (pour la planification des ressources de l'entreprise) sont capables de suivre les règles d'application ou d'affichage des données. XML offre un format d'échange de données standard qui leur permet de circuler entre les services Web.

Les services Web communiquent avec du langage XML sur des protocoles Web standard. SOAP (*Simple Object Access Protocol*) est un ensemble de règles servant à structurer les messages. Il permet aux applications d'échanger des données et des instructions. WSDL (*Web Services Description Language*) est une infrastructure répandue dans laquelle sont décrites les tâches effectuées par un service Web, ainsi que les commandes et les données qu'il accepte ; d'autres applications peuvent par conséquent l'utiliser. UDDI (*Universal Description, Discovery and Integration*) permet à un service Web de figurer dans le répertoire des services Web afin d'être facilement repéré. Grâce à ce répertoire, les entreprises découvrent et recherchent des services Web de la même manière qu'elles le feraient dans les pages jaunes. En raison de ces protocoles, une application logicielle peut se connecter librement à d'autres applications sans qu'il faille entrer un programme personnalisé pour qu'elles puissent communiquer. Tout le monde partage les mêmes normes.

L'ensemble des services Web utilisés pour créer le système logiciel d'une entreprise constitue ce qu'on appelle une « **architecture orientée service** » (***Service-Oriented Architecture***). Celle-ci se compose de services intégrés qui communiquent entre eux pour créer une application logicielle de travail. Toute une série de services effectuent les tâches commerciales. Les développeurs logiciels réutilisent ensuite ces services pour assembler d'autres applications en fonction des besoins. Un des principes fondamentaux de SOA réside dans la réutilisabilité des composants logiciels ainsi développés par leur insertion dans des applications multiples.

Presque tous les distributeurs de logiciels fournissent des outils et des plateformes entières permettant de construire et d'intégrer des applications logicielles avec les services Web.

Tableau 5.3 : Exemples de XML

En français	En XML
Voiture compacte	<AUTOMOBILETYPE="voiturecompacte">
4 passagers	<NOMBREPASSAGERS="PASS">4</PASSAGER>
16 800 euros	<MONNAIE="EURO">16 800 €</PRIX>

La plateforme logicielle de e-business WebSphare d'IBM inclut des outils de services Web ; Microsoft en a aussi introduit dans la plateforme Microsoft.NET.

Dollar Rent A Car utilise les services Web pour son système de réservation en ligne sur le site Internet de Southwest Airlines. Les systèmes des deux entreprises reposent sur des plateformes technologiques différentes. Pourtant, une personne qui réserve un vol sur SouthwestAir.com peut louer une voiture chez Dollar sans quitter le site de la compagnie aérienne. Au lieu de lutter pour que le système de réservation de Dollar accepte d'échanger des données avec le SI de Southwest, Dollar est passé par l'intermédiaire de la technologie des services Web Microsoft.NET. Les réservations faites chez Southwest sont traduites en protocoles de services Web, lesquels sont ensuite traduits dans des formats pris en charge par les ordinateurs de Dollar.

D'autres entreprises de location de voitures ont relié leurs SI aux sites Internet de compagnies aériennes dans le passé. Toutefois, avant l'apparition des services Web, il était nécessaire de construire ces connexions une par une. Les services Web offrent ainsi aux ordinateurs de Dollar un moyen de communication standard avec les SI d'autres entreprises, sans obligation de créer des liens spéciaux avec chacune d'entre elles. Dollar développe aujourd'hui son utilisation des services Web afin d'être directement relié aux systèmes de petits tour-opérateurs ou de grosses centrales de réservation en ligne. Elle travaille également sur un site Internet mobile destiné aux téléphones mobiles et aux tablettes. Il est inutile d'écrire du code adapté aux SI distincts de chaque partenaire ou de chaque périphérique sans fil (voir figure 5.13).

4.4 Externalisation de logiciels

De nombreuses entreprises continuent d'utiliser leurs anciens logiciels applicatifs parce qu'ils répondent correctement à leurs besoins applicatifs. De plus, remplacer un logiciel applicatif par un autre est onéreux et la justification d'un tel engagement de dépense doit être confrontée à sa nécessité économique et organisationnelle. Lorsque l'application ne comprend pas de spécificité ou de singularité stratégiquement précieuse, ce qui est le cas de la très grande majorité des applications courantes, les entreprises se pourvoient en logiciels applicatifs auprès d'éditeurs de progiciels applicatifs. Ce phénomène du recours aux progiciels a débuté dans les années 1970 et est devenu une pratique ultra-majoritaire. La figure 5.12 illustre la croissance rapide des sources externes de logiciels pour les entreprises américaines.

Il existe trois possibilités de solliciter le marché pour se pourvoir en logiciels applicatifs :

- les offres logiciels des éditeurs de progiciels plus ou moins paramétrables – Progiciels et ERP ;
- les services logiciels des fournisseurs de services en ligne – SaaS ;

- l'externalisation du développement d'applications personnalisées chez un prestataire externe. Dans ce cas, une des tendances est de confier ce travail à des sociétés spécialisées situées dans des pays où la main-d'œuvre est bon marché.

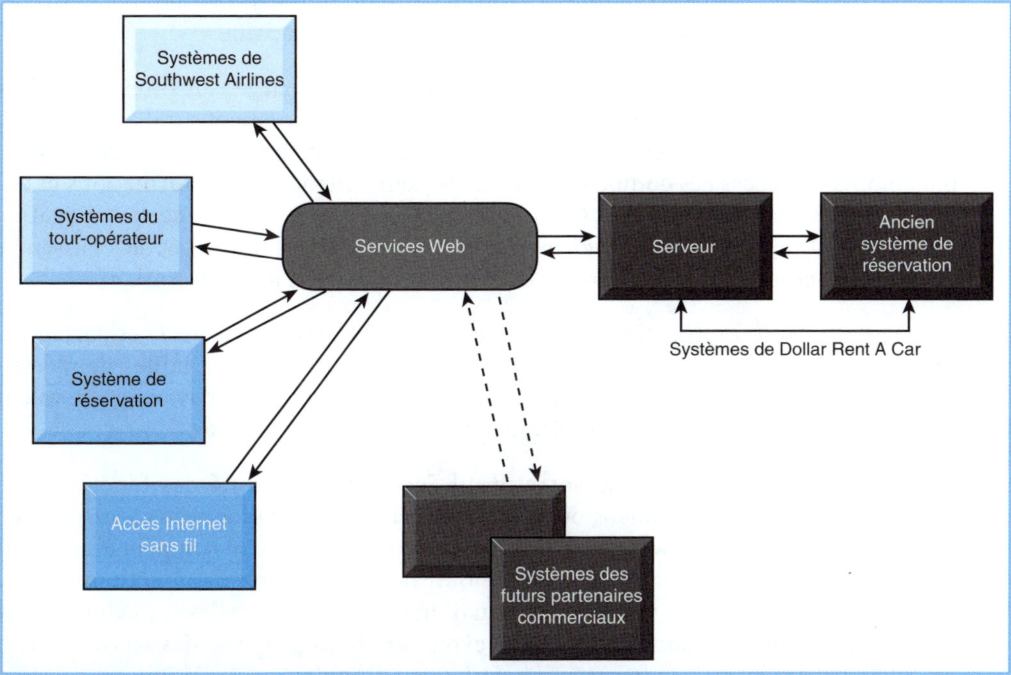

Figure 5.13 – Utilisation des services Web de Dollar Rent A Car.

Dollar Rent A Car utilise ses services Web comme intermédiaires de communication standard avec les SI d'autres entreprises. Dollar Rent A Car peut utiliser cet ensemble de services Web pour établir une relation avec les SIs d'autres entreprises sans obligation de créer des liens spécifiques avec chacune d'entre elles.

Progiciels applicatifs d'entreprise

Nous avons déjà décrit les progiciels destinés aux applications des entreprises comme l'un des principaux types de composants logiciels au sein des infrastructures IT actuelles. Un **progiciel applicatif** est un ensemble de programmes déjà écrits et disponibles sur le marché. Ils évitent à une entreprise de devoir écrire elle-même son logiciel pour certaines activités, par exemple le traitement des fiches de paie ou des commandes. Lorsqu'ils sont dédiés à une fonction ou un processus (la paie, la facturation, la trésorerie, le service après-vente, etc.), ces progiciels applicatifs sont dits « monofonctions ». L'entreprise peut alors s'équiper de plusieurs progiciels venant d'éditeurs différents. Se posera alors la question de la cohérence et de la communicabilité de l'ensemble ainsi composé.

Certains grands éditeurs d'applications logicielles pour entreprises (SAP, Oracle, PeopleSoft ou SAGE par exemple) ont développé des progiciels applicatifs puissants, capables de prendre en charge les principaux processus métier d'une entreprise internationale : gestion commerciale, gestion des relations clients, gestion de la chaîne d'approvisionnement et de production, finances et ressources humaines. On appelle ERP ou PGI (progiciels de gestion intégrée) ces progiciels susceptibles de supporter l'ensemble des opérations et activités de l'entreprise. Nous étudierons en détail ces ERP au chapitre 9.

Mashups et Widgets

Dans le passé, des logiciels comme Microsoft Word ou Adobe Illustrator étaient vendus dans une boîte et conçus pour fonctionner sur une seule machine.

Aujourd'hui, les logiciels sont de plus en plus souvent téléchargés sur Internet et divisés en plusieurs composants interchangeables qui s'intègrent librement sur d'autres applications du Web. Des utilisateurs privés ou des entreprises mélangent et associent avec ou plus moins de succès ces composants logiciels pour échanger des informations et créer des applications personnalisées. On appelle « ***mashups*** » le résultat de ces agrégations. L'idée consiste à récupérer des logiciels à partir de différentes sources et de les assembler pour créer une application différente de l'addition des deux logiciels initiaux.

Les *mashups* Web font partie du mouvement Web 2.0 (voir chapitre 7) et partagent le même esprit que les *mashups* musicaux. Ils associent les fonctionnalités de plusieurs applications en ligne pour créer un genre d'hybride qui apportera davantage de valeur à l'utilisateur que les applications d'origine utilisées individuellement.

Si vous avez déjà personnalisé votre profil Facebook ou ajouté des fonctionnalités permettant l'affichage de vidéos ou de diaporamas sur votre blog, vous avez procédé à une sorte de *mashup*. Les **widgets** sont de petits programmes que l'on peut ajouter à des pages Web ou que l'on peut déposer sur le Bureau pour intégrer des fonctionnalités. Ils s'exécutent à l'intérieur d'une page Web ou d'un blog. Ceux installés sur le Bureau intègrent du contenu provenant d'une source extérieure pour proposer des services du type calculatrice, dictionnaire ou météo. Le *dashboard* d'Apple, le volet Windows de Microsoft et les gadgets de Google Desktop sont quelques exemples de widgets de Bureau.

Software as a Service (SaaS)

Il est évident que les logiciels vont être de plus en plus souvent livrés et utilisés sur les réseaux, comme des services. Nous avons décrit un peu plus tôt le Cloud Computing à l'aide duquel les logiciels sont distribués comme des services sur Internet. Des distributeurs de logiciels commerciaux proposent, sous la forme de services, des logiciels d'entreprise complexes. Au lieu d'acheter et d'installer des logiciels, les entreprises clientes louent des services offrant des fonctionnalités identiques. Les utilisateurs paient au forfait ou à l'unité à chaque utilisation. Cette solution d'accès à distance aux logiciels en tant que services a été baptisée « ***Software as a Service*** » (SaaS).

Salesforce.com en est un exemple. Elle propose des services logiciels à la demande pour la gestion des relations clients (automatisation de la force de vente, gestion des partenaires, marketing et service clients). Cela inclut des outils de personnalisation, l'intégration de son logiciel aux autres applications de l'entreprise, ainsi que l'intégration de nouvelles applications qui prendront le relais dans d'autres domaines.

Les entreprises qui envisagent de passer au modèle SaaS doivent étudier scrupuleusement les coûts complets et les avantages de ce service. Il faut prendre en compte les questions liées aux personnes, à l'organisation et aux technologies qui en découlent, et notamment la capacité à intégrer des systèmes existants et à fournir un niveau correct de services et de performances. Dans certains cas, la location d'un logiciel peut revenir plus cher que le cumul des coûts d'achat et de maintenance en interne. La dépense supplémentaire consacrée à un logiciel en tant que service peut toutefois représenter un avantage si cette décision permet à l'entreprise de se concentrer sur ses activités prioritaires plutôt que sur des défis technologiques.

Externalisation de logiciels

La troisième possibilité de se doter de logiciels applicatifs, après les progiciels d'entreprises et les services de type SaaS, est de les faire réaliser et maintenir par des sociétés tierces spécialisées : c'est l'**externalisation**. Dans ce cas, l'entreprise confie le développement de logiciels personnalisés ou la maintenance des logiciels existants à des entreprises extérieures, parfois implantées à l'étranger, dans des pays où le coût direct de la main-d'œuvre est le moins cher.

Fin 2012, Unilever, groupe néérlando-britannique présent dans 130 pays et spécialiste des produits de grande consommation, a signé un contrat d'externalisation de plus de 100 millions d'euros avec Capgemini, portant sur l'ensemble des opérations financières et comptables du groupe dans le monde. La SSII devient également le fournisseur stratégique mondial d'Unilever. Ce nouveau contrat-cadre, prolongement d'une relation établie depuis sept ans entre les deux groupes, est entré en application en janvier 2013. Les services seront fournis depuis le Chili, le Brésil, le Guatemala, l'Inde, Singapour et la Chine.

Les entreprises étrangères spécialisées dans l'externalisation (en Europe de l'Est, en Inde, mais aussi en Chine et dans plusieurs pays asiatiques) ont commencé par fournir des services de maintenance d'une faible complexité (saisie de données, centres d'appels et assistance bureautique, etc.). Maintenant qu'elles sont de plus en plus expérimentées, notamment en Inde, elles assurent de manière croissante la fourniture de nouvelles prestations. Les résultats sont néanmoins plus contrastés qu'il n'y paraît. Plusieurs études ont mis en avant les distorsions de méthodes et de résultats entre les attentes des entreprises clientes occidentales et les conditions de réalisation par ces fournisseurs de prestations « *offshore* » (Fimbel et Deshayes, 2009). Nous étudierons plus en détail l'externalisation de logiciels au chapitre 13.

Pour gérer leurs relations avec un prestataire de technologies et de services, les entreprises ont besoin d'un **contrat de service** avec des indicateurs permettant d'évaluer en permanence le niveau de livrables fournis en regard de celui attendu et formalisé dans le contrat. Ce sont les ***Service Level Agreements*** **(SLA)**, ou niveaux de services garantis. Le contrat définit les responsabilités exactes du fournisseur de service et le niveau de service attendu par le client. En général, il précise la nature et le niveau des services fournis, les critères de mesure des performances, les options d'assistance, les mesures de sécurité, les plans de récupération en cas de sinistre, la propriété et la mise à jour de l'équipement et des logiciels, le service clients, la facturation et les conditions de résiliation du contrat.

5 Questions de management

Décider, mettre en œuvre, exploiter et maintenir une infrastructure IT cohérente présente de nombreux défis : gérer les changements de plateforme et de technologie, articuler les différents niveaux de management et de gouvernance, investir de manière avisée dans l'infrastructure.

5.1 Gérer les changements de plateforme et de technologie

Quand les entreprises grandissent, leur SI doit pouvoir supporter cette croissance. Quand elles évoluent dans leurs activités ou leur organisation, leur SI doit pouvoir les accompagner positivement dans ces changements. Quand les volumes traités varient à la hausse mais aussi à la baisse, elles peuvent souhaiter que leurs dispositifs de support varient en proportion. Malheureusement, une infrastructure trop lourde peut se révéler gênante, inadaptée, acquise à une autre époque pour supporter d'autres besoins, tant en nature qu'en volumes. Comment une entreprise peut-elle rester flexible dès lors que les investissements dans les infrastructures IT (achats et licences) engagent des coûts figés dans des durées longues ? L'évolutivité d'un SI désigne sa capacité à moduler sa configuration et ses capacités avec robustesse et efficience en fonction des variations (variations volumétriques, fonctionnelles, géographiques, etc.) de l'organisation qu'il sert. Les besoins en nouveaux services et nouvelles applications, les fusions et acquisitions ainsi que les variations du volume d'activité ont un impact sur la capacité des infrastructures technologiques ; il faut donc en tenir compte lors du choix des ressources informatiques, qu'elles soient matérielles, logicielles mais aussi humaines.

5.2 Management et gouvernance

Une question récurrente se pose pour les responsables des SI et les dirigeants des entreprises : pourquoi, pour qui et comment doit-on piloter et contrôler l'infrastructure SI de l'entreprise ?

Voici les principales questions sur ce sujet : « Les services et les divisions opérationnelles devraient-ils prendre eux-mêmes les décisions relatives aux systèmes et technologies de l'information qu'ils utilisent, ou la gestion et le contrôle de ces dispositifs devraient-ils être centralisés ? », « Quelles relations le management des SI centraux et celui des entités opérationnelles (*business units*) entretiennent-ils ? », ou encore « Comment les coûts liés à l'infrastructure vont-ils être répartis entre les entités ? » Chaque entreprise va devoir trouver des réponses en fonction de ses visions, valeurs et besoins propres.

5.3 Investir de manière avisée dans l'infrastructure

L'infrastructure IT représente un investissement majeur pour l'entreprise. Il est essentiel que tant la nature que le niveau de ces dépenses (en investissements et en fonctionnement) fassent systématiquement l'objet de discussions, notamment en regard des autres besoins, priorités et contraintes de l'organisation.

Cela soulève une question complexe. Telle entreprise serait-elle durablement gagnante à :

- posséder la totalité de sa propre infrastructure IT ;
- n'en posséder qu'une partie (et laquelle ?) et recourir à des prestataires pour l'autre partie ;
- ne rien posséder en propre.

Recourir au marché peut prendre différentes formes (sous-traitance ponctuelle ou occasionnelle, ou externalisation totale) et se financer selon différents moyens (SaaS, location, etc.).

Modèle des facteurs de concurrence pour investir dans l'infrastructure IT

La figure 5.14 illustre un modèle des facteurs de concurrence que l'on peut utiliser pour savoir combien une entreprise X devrait dépenser pour son infrastructure IT.

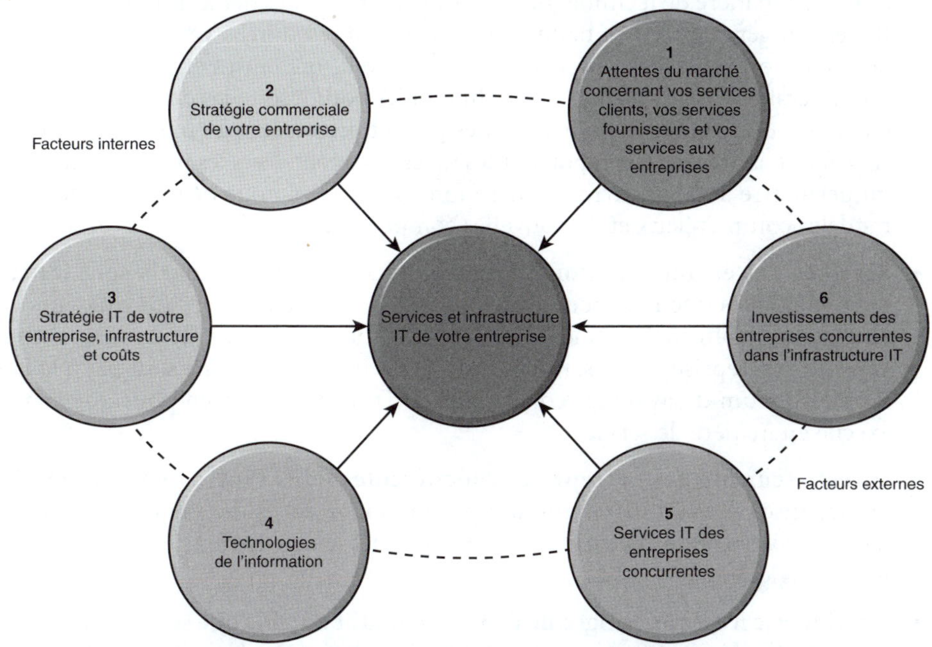

Figure 5.14 – Modèle des facteurs de concurrence appliqué à l'infrastructure IT.

Faire l'inventaire des services que l'entreprise propose actuellement à ses clients, à ses fournisseurs et à ses employés. Interroger chaque groupe ou s'intéresser de plus près à l'un d'entre eux, pour savoir si les services qui leur sont proposés répondent à leurs besoins locaux tout en respectant l'exigence de la convergence avec les objectifs globaux.

Par exemple, les clients se plaignent-ils du délai de réponse à leurs questions sur les prix et la disponibilité ? Les employés se plaignent-ils de leurs difficultés à obtenir les informations dont ils ont besoin pour accomplir leur travail ? Les fournisseurs se plaignent-ils des difficultés qu'ils rencontrent pour découvrir vos besoins de production ?

Voici six facteurs que l'on peut étudier pour répondre à la question : « Notre SI est-il en capacité de répondre correctement à ces attentes ? Si non, en quoi les infrastructures IT sont-elles impliquées dans ces déficits de satisfaction ? Quel budget notre entreprise devrait-elle consacrer à son infrastructure IT pour y remédier ? »

- **Stratégie commerciale de l'entreprise.** Analyser la stratégie commerciale de l'entreprise sur cinq ans et essayer d'évaluer les nouveaux services et les nouvelles compétences nécessaires pour atteindre les objectifs stratégiques.
- **Stratégie IT de l'entreprise, infrastructure et coûts.** Étudier les plans concernant les technologies de l'information de l'entreprise pour les cinq prochaines années, puis

voir s'ils concordent avec son plan d'activité. Déterminer le coût total de l'infrastructure IT. Il faut également évaluer le coût total de possession (voir la discussion qui suit). Si l'entreprise est dépourvue de stratégie IT, il va falloir en créer une qui prenne en compte le plan d'activité des cinq prochaines années.

- **Évaluation des technologies de l'information.** L'entreprise est-elle à la traîne ou à la pointe en matière de technologies de l'information ? Les deux situations sont à éviter. Il n'est en général pas souhaitable d'allouer des ressources vers des technologies de pointe encore au stade expérimental, qui souvent onéreuses et parfois peu fiables. Il est préférable d'investir dans des technologies pour lesquelles des normes ont pu être établies, ouvertes à la concurrence des prix et proposées par plusieurs fournisseurs. Il ne faut néanmoins pas repousser les investissements vers les nouvelles technologies ou permettre à la concurrence de se fonder sur elles pour développer de nouveaux modèles commerciaux et de nouvelles compétences.
- **Services des entreprises concurrentes.** Essayer d'évaluer quels sont les services technologiques que la concurrence propose à ses clients, à ses fournisseurs et à ses employés. Établir un système de mesure quantitatif et qualitatif pour les comparer à ceux de l'entreprise. Si les services proposés par l'entreprise ne sont pas à la hauteur, il en résulte un désavantage concurrentiel. Trouver un moyen pour que l'entreprise excelle en matière de services.
- **Investissements des entreprises concurrentes dans l'infrastructure IT.** Évaluer les dépenses liées à l'infrastructure par rapport à celles des concurrents. Beaucoup d'entreprises n'ont pas peur de rendre publiques leurs dépenses liées aux innovations technologiques.
- **L'entreprise n'est pas obligée de dépenser autant ou plus que ses concurrents.** Peut-être a-t-elle découvert des méthodes moins chères et plus efficientes qu'eux pour proposer des services, ce qui représente un avantage concurrentiel. À l'inverse, il se peut que l'entreprise dépense moins que ses concurrents et affiche en conséquence des performances médiocres, ainsi qu'une perte de parts de marché.

Coût total de possession des équipements technologiques

Quand on compare les dépenses liées à l'infrastructure IT d'une entreprise avec celles de ses concurrents, il faut tenir compte de tout un ensemble de coûts. En effet, le coût des ressources technologiques inclut le coût d'achat et d'installation du matériel et des logiciels puis les coûts d'administration pour les mises à jour, la maintenance, le support technique, la formation, et même les charges et l'immobilier nécessaires pour exécuter et abriter ces technologies. Le modèle du **coût total de possession** (*Total Cost of Ownership*, TCO) peut servir à analyser ces coûts directs et indirects dans le but d'aider les entreprises à déterminer le coût réel de mise en œuvre de technologies spécifiques.

Le tableau 5.4 décrit les points essentiels dont il faut tenir compte lors de l'analyse du coût total de possession.

Une fois que l'on a bien considéré l'ensemble de ces postes de dépenses, on s'aperçoit que le TCO d'un PC peut revenir à trois fois le prix d'achat. Les coûts cachés (personnel de maintenance, temps d'arrêt, coûts de management supplémentaires) peuvent rendre les architectures distribuées client-serveur, et tout particulièrement celles qui incorporent des périphériques mobiles, plus chères que les architectures centralisées.

Les coûts d'acquisition du matériel et des logiciels représentent environ 20 % du TCO d'un SI. Les managers doivent donc être attentifs aux coûts d'administration pour comprendre le coût total d'équipement et de logiciels informatiques. Un meilleur management peut réduire en partie ces coûts d'administration. Beaucoup de grandes entreprises sont piégées avec des matériels et des logiciels incompatibles entre eux parce qu'on a laissé les services et les divisions opérationnelles prendre eux-mêmes leurs décisions d'achat en matière de SI.

Tableau 5.4 : Postes de dépense et Coût Total de Possession (TCO)

	Postes de dépense
Achat de matériel	Prix d'achat de l'équipement informatique (ordinateurs, terminaux, points de stockage et imprimantes)
Achat de logiciels	Logiciel ou licence pour chaque utilisateur
Installation	Coût d'installation de l'équipement et des logiciels (paramétrage de progiciels, etc.)
Formation	Coût de formation aux SI pour les spécialistes et les utilisateurs finaux
Administration	Coût du support technique, de l'assistance, etc.
Maintenance	Coût de mise à jour du matériel et des logiciels
Infrastructure	Coût d'achat, de maintien et d'administration lié à l'infrastructure, par exemple les réseaux et l'équipement spécialisé (y compris les unités de stockage des mises à jour)
Temps d'arrêt	Coût lié à la perte de productivité si des pannes informatiques bloquent la production et les tâches utilisateur
Espace et énergie	Coût de l'immobilier et des charges pour abriter et alimenter les technologies

Ces entreprises peuvent réduire leur TCO en faisant un effort de centralisation et de standardisation de leurs ressources informatiques. Elles peuvent réduire le nombre des informaticiens employés pour maintenir l'infrastructure en minimisant le nombre d'ordinateurs et d'éléments logiciels que le personnel peut utiliser. Dans une infrastructure centralisée, donc mieux mutualisée, les systèmes peuvent être administrés depuis un site central à partir duquel on peut effectuer des dépannages. Inversement, les vulnérabilités sont plus importantes et les risques d'éloignement du « terrain » plus forts.

Résumé

Les infrastructures technologiques du SI sont l'ensemble des matériels, logiciels centraux et locaux qui permettent l'exploitation informatisée des données par des applications. Les évolutions des technologies (ordinateurs, réseaux, Internet, Cloud Computing) se succèdent à un rythme soutenu depuis 1960. À capacité constante, les coûts technologiques baissent de manière significative, tant pour la puissance de traitement que pour la capacité de stockage ou le débit des réseaux. Dans un budget SI, la partie infrastructures technologiques est en décroissance relative au profit des solutions et services (conseil, formation, intégration, etc.). Différentes formules de gestion de ces infrastructures permettent à une entreprise d'en optimiser le coût total de possession (TCO) et la performance : informatique dite de « grille », informatique mutualisée de type « Cloud » ou encore recours à l'externalisation.

Activités

Questions de révision

1. Nommez et décrivez les différents niveaux d'infrastructure technologique.

2. Décrivez les différentes étapes de l'évolution de l'infrastructure technologique.

3. Définissez et décrivez les termes suivants : serveur Web, serveur d'applications, architecture client-serveur.

4. Définissez la loi de Moore et la loi de la mémoire de masse numérique. Quels changements dans l'infrastructure technologique permettent-elles d'expliquer ?

5. Comment la baisse des coûts de communication et les normes technologiques influencent-elles l'infrastructure technologique et l'utilisation des ordinateurs ?

6. Quels sont les avantages et les risques pour une entreprise de ne plus être propriétaire de ces plateformes technologiques ?

7. Définissez et décrivez un logiciel libre.

8. Qu'est-ce que Java ? Quelle est son importance actuelle ?

9. Nommez et décrivez les différentes modalités pour obtenir la satisfaction d'un besoin nouveau en logiciel applicatif.

10. Expliquez ce que sont le Cloud Computing et les types de services associés.

11. Nommez et décrivez les défis sur le plan de la gestion posés par l'infrastructure technologique.

12. En quoi le calcul du coût total de possession (TCO) des actifs technologiques aide-t-il une entreprise à décider de ses investissements en infrastructure technologique ?

Exercices de synthèse

1. Nommez et décrivez les déterminants technologiques de l'évolution de l'infrastructure technologique.

2. Évaluez les nouvelles tendances perceptibles en matière d'ordinateurs.

3. Évaluez les nouvelles tendances perceptibles en matière de logiciels.

4. Évaluez les défis et les solutions relatifs à la gestion de l'infrastructure technologique.

Questions à débattre

1. En quoi le choix du matériel et des logiciels représente-t-il une décision de gestion capitale pour une entreprise, et non pas seulement une option technologique ? Quelles considérations sur le plan de la gestion, de l'organisation et de la technologie convient-il de prendre en compte dans le choix des plateformes matérielles et logicielles ?

2. Les entreprises devraient-elles avoir recours aux prestataires externes pour tous leurs besoins en logiciels ? Expliquez pourquoi. En fonction de quels critères une solution est-elle préférable aux autres ?

Exercice sur le Web : planification et préparation d'un congrès

Avant-Garde, une entreprise spécialisée dans la vente de matériaux composites, prépare un congrès à l'intention de ses représentants de commerce. Ce congrès se déroulera les 15 et 16 octobre et débutera par une réception prévue le 14 octobre au soir. Cette rencontre réunira la totalité de l'équipe de vente, soit 125 représentants de commerce et 16 managers. Chaque représentant disposera de sa propre chambre et l'entreprise aura besoin de deux salles de réunion : une pour accueillir l'ensemble du personnel de vente et quelques visiteurs (200 personnes en tout) et une autre capable de contenir la moitié des participants. La direction a prévu un budget de 80 000 euros pour la location des chambres. L'hôtel doit offrir des services de rétroprojecteurs et de projecteurs pour ordinateur, ainsi que des installations pour l'organisation d'un centre d'affaires et la tenue d'un banquet. De plus, les représentants doivent pouvoir travailler et communiquer à partir de leur chambre. Enfin, l'hôtel doit disposer d'un gymnase ou d'une piscine afin que ceux qui le désirent puissent faire du sport. L'entreprise souhaite que ce congrès se déroule à Paris ou en Provence.

Habituellement, Avant-Garde aime tenir ce genre de réunion dans un hôtel des chaînes Hilton ou Accor. Consultez le site de Hilton (**www.hilton.com**) ou d'Accor (**www.accor.com**) pour choisir un hôtel dans lequel l'entreprise pourrait organiser sa réunion tout en respectant son budget. Les autres éléments dont vous tiendrez compte concernent notamment l'accès à l'aéroport et les attraits touristiques, dans le cas où des employés souhaiteraient prolonger leur séjour d'un jour ou deux.

Une fois que vous aurez sélectionné l'hôtel adéquat, vérifiez la liste des vols qui arrivent dans l'après-midi précédant la réunion. Les participants devront avoir pris possession de leur chambre pour être en mesure de participer à la réception prévue la veille de la réunion. Les participants viendront de Lyon (54), Nantes (32), Toulouse (22), Lille (19) et Strasbourg (14). Déterminez le coût des billets d'avion pour chacune de ces villes. Ensuite, établissez un budget pour le congrès, qui inclura le coût de chaque billet d'avion, celui des chambres et la somme de 50 euros par participant et par jour, pour les repas.

1. Quel budget final obtenez-vous ?

2. Quel hôtel avez-vous choisi ? Expliquez pourquoi.

Étude de cas : Total

C'est le vendredi 22 mars 2013 que le groupe Total a inauguré son nouveau calculateur dans l'enceinte du centre de recherche Jean-Feger de Pau, équipement livré par la société américaine Silicon Graphics. Ce calculateur, baptisé Pangea, l'un des plus puissants au monde, permettra à Total d'affiner les éléments issus de ses campagnes d'exploration et, *in fine*, d'être plus performant dans l'interprétation des données, dans un contexte où le groupe a annoncé, lors de la présentation de ses résultats annuels à la mi-février, des efforts colossaux en matière d'exploration, avec un budget de 2,8 milliards d'euros pour la seule année 2013.

Le calculateur, qui représente un investissement de 60 millions d'euros sur quatre ans, a été mis en service le 17 janvier dernier auprès des services d'imagerie et d'interprétation sismique du centre de recherche pétrolière de Total. Il sera utilisé comme un outil d'aide à la décision pour l'exploration de zones géologiques complexes et d'accroissement de l'efficacité de la production d'hydrocarbures dans le respect de la sécurité et de l'environnement. Le département Exploration et Production de Total a des besoins importants en calculs intensifs, avec des pétaoctets de données à traiter. Il s'agit notamment de traiter les informations géologiques issues des campagnes d'exploration pétrolière, avec création de simulations des réservoirs souterrains pour gagner en temps et en précision dans la modélisation des sous-sols, et de simulation du comportement des réservoirs.

« *Nous sommes fiers de ce saut de performance qui nous positionne aux premiers rangs de la haute technologie mondiale. Ce calculateur, 15 fois plus puissant que son prédécesseur, a été en effet spécifiquement conçu pour répondre aux grands défis techniques que connaît notre industrie. Le calcul intensif constitue un atout compétitif clé qui s'inscrit pleinement dans la stratégie d'exploration audacieuse du Groupe* », a déclaré Yves-Louis Darricarrère, président *Upstream* de Total.

Après avoir passé au crible les principaux fournisseurs mondiaux (dont IBM, Bull, HP et Fujitsu), la DSI a choisi de faire confiance à son fournisseur historique, SGI, qu'elle accompagne en outre dans l'optimisation de ses codes de calcul. La multinationale a choisi de construire son calculateur autour des serveurs Ice X de SGI. Le supercalculateur Pangea dispose d'une puissance de calcul de 2,3 Pflops (ce qui équivaut à un million de milliards d'opérations par seconde) ; la puissance de calcul de Pangea équivaut à celle de 27 000 ordinateurs de bureau réunis. Son architecture informatique unique repose sur plus de 110 000 cœurs de calcul, 7 Po de capacité de stockage (un pétaoctet est égal à un million de milliards d'octets ; la capacité de stockage de Pangea équivaut à celle de 1,75 million de DVD) et un système innovant de refroidissement dont le circuit est intégré sur les processeurs. Nécessitant une puissance électrique de 2,8 MW, la chaleur dégagée par ce calculateur est récupérée et permet de chauffer la totalité des bâtiments du centre scientifique et technique. Le supercalculateur affiche des caractéristiques techniques impressionnantes. Reposant sur des biprocesseurs Intel Sandy Bridge à 2,6 GHz (à huit cœurs), il atteint un total de 110 592 cœurs de processeur. Le Groupe prévoit de doubler la puissance de son calculateur d'ici 2015.

Cet investissement vise à donner à Total toutes les chances de découvrir de nouveaux gisements. De plus en plus précises, les données issues du terrain impliquent des volumes de stockage toujours plus importants, ainsi que des capacités de traitement croissantes. « *Nous estimons à environ 20 % le facteur de risque de ne pas trouver ce que nous cherchons, que ce soit en termes de qualité ou de quantité* », explique Philippe Malzac, directeur des SI de l'Exploration Production du groupe Total. « *Le calcul scientifique permet de réduire ce risque en fournissant une aide à l'appréciation de la morphologie d'un sol. Il s'agit d'apporter un maximum d'informations sur ce que nous ne voyons pas.* »

Avec ce supercalculateur, Total affiche son ambition : se positionner comme leader IT du calcul scientifique dans le secteur pétrolier. Le groupe Français entre donc dans le top 10 du classement mondial des supercalculateurs (TOP 500), à la 9e place. Pour tirer profit d'une telle puissance de calcul, la performance du réseau reliant les serveurs du supercalculateur doit être à la hauteur. Elle conditionne en effet la performance des entrées et sorties (Input/Output) et, par conséquent, la vitesse globale des traitements. Les 6 120 km de fibre optique reliant les lames de calcul atteignent ainsi un débit de 54 Gb/s. « *C'est pour cette raison que nous n'avons pas opté pour une grille ou des ressources de calcul en mode Cloud, les réseaux conventionnels ne permettant pas de tels débits* », commente-t'on chez Total.

Pour refroidir les serveurs de calcul, des tuyaux d'eau viennent s'accoler aux lames de calcul. Injectée à température ambiante (25 °C), contre 6 °C pour le supercalculateur précédent, l'eau en sortie (à 35 °C) est réutilisée pour chauffer les locaux du centre scientifique de Total. À cela s'ajoute un dispositif d'air pulsé directement sur les lames. Comme son prédécesseur, un SGI Altix (de 450 Tflops), Pangea est installé dans le centre scientifique de Total à Pau. Pangea vient compléter un autre supercalculateur de Total, de 286 Tflops, située à Houston. Reposant également sur les technologies SGI, il est quant à lui centré sur la création des algorithmes d'analyse sismique ensuite exploités par son grand frère.

Le groupe français Total est une entreprise spécialisée dans le secteur pétrolifère. Son envergure lui permet d'intégrer le cercle très fermé des super majors, autrement dit le groupe des six plus grosses entreprises internationales de ce secteur avec Shell, BP, ExxonMobil, Chevron et ConocoPhillips. Total atteint même le quatorzième rang mondial en termes de chiffre d'affaires, qui s'élève à plus de 200 milliards d'euros en 2012. La deuxième entreprise française a installé son siège social sur la commune de Courbevoie, dans le quartier d'affaires de La Défense. Elle emploie des collaborateurs qui œuvrent dans différents secteurs d'activité comme l'extraction de pétrole brut et de gaz naturel, la création et la production d'énergie, le raffinage et l'exploitation commerciale. Le groupe Total est également très actif dans le secteur de la chimie. On notera l'exploitation directe de six raffineries en France : Normandie, Donges, Flandre, Provence, Feyzin et Grandpuits. L'histoire du géant français commence en 1924, avec René Perrin et Frédéric Pigelet, sous le nom de la Compagnie française des pétroles. Le nom Total remonte à 1991, puis se décline au gré des rachats et des rapprochements avec le Belge Petrofina et le Français Elf Aquitaine. Total Fina SA retrouve le nom de Total en 2003.

Total est le cinquième groupe pétrolier mondial, totalement intégré sur toute la chaîne, de la production à la distribution. Le groupe compte 95 000 collaborateurs dans 135 pays qui participent ainsi aux branches Énergies Nouvelles, Exploration-Production, Raffinage-Distribution et Chimie. Très souvent, les activités de Total se déroulent dans des lieux isolés : en pleine mer, dans des déserts, etc. Faute d'infrastructures préexistantes, Total est souvent obligé d'installer la sienne propre.

Les cinq DSI, à savoir une par branche et la DSI groupe, intègrent 2 000 collaborateurs. Le budget informatique global s'élève à plus d'un milliard d'euros. Le groupe met en place aujourd'hui une infrastructure distribuée collaborative, notamment un réseau social d'entreprise. L'objectif est de dépasser la phase industrielle de l'époque de la fusion avec Elf et Fina, avec une mise en œuvre commune de SAP : il s'agit aujourd'hui de doter les métiers d'outils capables de leur apporter de la valeur et d'être plus efficaces, notamment en matière de prise de décision. « *Notre grand défi est de mettre en place une infrastructure distribuée collaborative* », explique Patrick Hereng, DSI du groupe de Total depuis 2006. « *Ce qui est important, c'est la cohérence d'ensemble sur les budgets informatiques, qu'ils soient ou non répartis* », souligne-t-il.

Selon lui, la gouvernance des SI est calquée sur l'organisation des métiers de Total : d'abord le secteur amont, avec l'exploration et la production des hydrocarbures, l'activité gaz et les énergies nouvelles, puis le secteur aval avec le raffinage, le marketing – c'est-à-dire le réseau de distribution de carburants – et le *trading shipping* (la gestion et l'approvisionnement des raffineries en pétrole brut). Une direction des SI est vouée à chacun de ces métiers, dans une organisation que l'on peut qualifier de fédérée. Ce choix est motivé par la grande différence qui existe entre tous ces métiers. Pour fédérer les SI du groupe, la *holding* dispose d'une direction des SI qui assure trois missions : le développement des systèmes *corporate*, de plus en plus transverses au groupe, la délivrance des services partagés, autour des infrastructures de télécommunications, du réseau mondial du groupe, de la sécurité et d'une partie du poste de travail, et, enfin, la définition de règles visant à harmoniser les SI de Total.

Les processus de gouvernance et de validation sont les mêmes pour les projets informatiques que pour les projets métier. Au-delà d'un certain seuil, les projets IT doivent être validés par le comité exécutif. Chaque branche présente ses projets informatiques. En quelques chiffres, le groupe Total compte 2 000 informaticiens au niveau mondial. Le budget informatique est stable depuis 2006, aux alentours de 1,050 milliard d'euros par an (pour exemple, il s'établissait à 1,038 milliard d'euros en 2010).

Total compte de nombreux SI spécifiques aux métiers du pétrole. Au niveau de l'exploration et de la production, les systèmes stratégiques sont des outils scientifiques, notamment d'imagerie, qui permettent de trouver et de mieux traiter la production du pétrole. Ces applications combinent des outils du marché avec des développements internes. Cette partie du SI de Total est stratégique pour le groupe et représente des investissements très importants. Elle comprend notamment des supercalculateurs. En matière de gestion de la chaîne logistique, les problématiques liées au SI sont également spécifiques aux métiers du pétrole. Dans ce domaine, le système de gestion des bilans matières est critique, notamment en vue d'optimiser les coûts de transport.

Toutes les branches utilisent SAP au niveau du groupe. Pour la pétrochimie, l'éditeur fait l'objet d'une implémentation unique au niveau mondial, ce qui est spécifique à ce métier. Toujours dans le domaine de la distribution, l'activité de gestion des cartes clients dédiées aux professionnels, qui s'apparente à un système de gestion de cartes bancaires, est aussi très spécifique. Le choix de SAP est lié au développement important réalisé par l'éditeur pour les métiers du pétrole. SAP a en effet su répondre aux besoins très ciblés tels que la gestion des températures sur les bilans matières ou la gestion des prix. Aucun autre éditeur n'est capable de cibler des questions aussi complexes.

Le groupe Total que nous connaissons aujourd'hui est issu de la fusion en 2000 des sociétés Total, Elf et Petrofina. Plusieurs chantiers informatiques d'harmonisation ont été nécessaires suite à ces rapprochements. Une première phase a débuté en 2000, au moment de la fusion. Elle a consisté à élaborer et mettre en œuvre les SI permettant au groupe de fonctionner dans la nouvelle configuration. Il s'agissait notamment d'occurrences SAP déployées dans toutes les branches à partir de processus métier harmonisés. Cette étape s'est achevée en 2005-2006.

Une deuxième phase, commencée en 2007, a consisté à harmoniser l'informatique distribuée. L'objectif était d'équiper tous les collaborateurs d'un socle de poste de travail unique, des raffineries aux plateformes de forage en passant par les filiales combustibles, marketing et pétrochimie. À l'échelle mondiale, 40 000 postes de travail fondés sur une infrastructure unique ont ainsi été déployés. Ce programme visait également à modifier les solutions et architecture de sécurité. C'est à cause de l'émergence de la mobilité, des terminaux mobiles et de l'entreprise étendue que Total a été obligé de modifier son infrastructure de sécurité, la frontière entre intérieur et extérieur devenant de plus en plus difficile à matérialiser.

Total a fait le choix de déployer l'iPhone comme smartphone unique au niveau du groupe. Le parc d'iPhone s'élève à environ 5 000 terminaux. Des outils de sécurité adaptés à ce parc ont été mis en place, notamment pour effacer les données sur le téléphone en cas de perte, ce qui a permis de déporter la messagerie sur le téléphone et d'accéder au SI à travers le téléphone. L'un des points forts majeurs de l'iPhone réside dans son taux de pénétration important au niveau mondial. Il offre ainsi un terminal unique qui est le même partout : il n'existe a pas de versions spécifiques à telle ou telle zone géographique, ou à tel ou tel constructeur. Ce n'est pas le cas des Google Phone Android ou des Windows Phone. L'autre avantage réside dans la durée de vie des iPhone.

Total s'est également lancé dans un projet visant à harmoniser les solutions d'intranet collaboratif en remplaçant les solutions de téléphonie traditionnelle et en migrant l'ensemble du groupe vers la voix sur IP (*Voice Internet Protocol*, VoIP). Ce projet permet d'améliorer le collaboratif, compte tenu notamment des besoins de transversalité et de combinaison de compétences liés à l'activité de Total. Un portail d'entreprise a été créé pour harmoniser les sites Internet du groupe. Un second portail, intranet, a pour but d'harmoniser les solutions existantes, de développer le collaboratif et de mettre en place des réseaux sociaux pour favoriser les échanges. Le but est de compléter ce qui existe déjà : la messagerie instantanée et la visioconférence poste à poste pour faciliter le partage d'informations.

Total a également commencé à déployer des applications SaaS ou Cloud et envisage d'étendre leur utilisation pour répondre à des besoins d'optimisation de coûts de certains métiers. Les applications pilotes en mode SaaS sont deux réseaux sociaux : l'un cible les femmes et a pour but de promouvoir les femmes dans l'entreprise ; l'autre vise les expatriés. Ces projets ont été déployés en moins de deux semaines entre le moment où la décision a été prise et celui où l'application était opérationnelle, ce qui aurait été impossible avec un déploiement en interne.

Parmi les autres chantiers d'innovation, on retrouve la réalité virtuelle, les « *serious games* » pour former les opérateurs en amont des opérations en mer, et pour réaliser des exercices de sécurité en environnements virtuels, difficiles à mettre en œuvre en situation réelle, sur les infrastructures de raffinerie par exemple.

Sources :

Lemaire, B., « Patrick Hereng : CIO groupe Total », **http://www.cio-online.com/entretiens/lire-doter-les-metiers-d-outils-leur-delivrant-de-la-valeur-413.html**, 31/10/11, consulté le 01/10/13

Blettner, J.P. et Lemaire, B., « Patrick Hereng : DSI groupe de Total », **http://www.cio-online.com/entretiens/lire-le-dsi-doit-evangeliser-pour-le-numerique-469.html**, 11/02/13, consulté le 01/10/13

Crochet-Damais, A., « Le budget informatique de Total s'élève à 1,040 milliard d'euros », **http://www.journaldunet.com/solutions/dsi/patrick-hereng-dsi-de-total-projets-innovation-securite-et-gouvernance/**, 17/06/11, consulté le 01/10/13

E. N., « Le groupe Total inaugure son calculateur le 22 mars », **http://www.larepubliquedespyrenees.fr/2013/02/25/le-groupe-total-inaugure-son-calculateur-le-22-mars,1119429.php**, 25/02/13, consulté le 01/10/13

Lemaire, B., « Le supercalculateur de Total s'équipe chez SGI », **http://www.lemondeinformatique.fr/actualites/lire-le-supercalcultateur-de-total-s-equipe-chez-sgi-47951.html**, 28/02/12, consulté le 01/13/13

« Total inaugure son nouveau supercalculateur Pangea, l'une des premières puissances de calcul informatique mondiales », **http://www.total.com/fr/groupe/actualites/actualites-820005.html&idActu=2944**, 21/03/13, consulté le 01/10/13

Crochet-Damais, A., « Le supercalculateur pétaflopique de Total en images », **http://www.journaldunet.com/solutions/dsi/total-le-supercalculateur/**, 25/03/13, consulté le 01/10/13

Questions sur l'étude de cas

1. En quoi les différents choix technologiques en matière d'infrastructure et de SI sont-ils alignés avec la stratégie de Total et avec les besoins de ses différents métiers ?
2. Sur le plan technologique, quels sont les grands « sauts » faits par Total dans son infrastructure technologique ? Selon vous, quels en sont les déterminants externes et internes ?

Chapitre 6

Gestion et utilisation des données

Objectifs pédagogiques

- Décrire les notions liées à l'organisation des fichiers et les problèmes posés par la gestion des données lorsqu'elles sont exploitées selon des modalités informatiques traditionnelles d'organisation technique en fichiers.
- Décrire l'organisation de l'information dans un système de gestion de base de données et identifier les spécificités des principaux modèles de base de données.
- Appliquer les principes essentiels dans la conception d'une base de données.
- Identifier les tendances en matière de bases de données.
- Définir les principaux défis posés par la gestion des données et les solutions applicables.

BNP Paribas : Une meilleure gestion des données au service de l'amélioration de la position concurrentielle

Aujourd'hui, les clients en demandent toujours plus à leur banque. Ils veulent des produits et des services adaptés à leurs besoins. Ils ont des exigences toujours plus élevées en matière de services, qu'ils s'adressent à une agence, ou qu'ils passent par Internet ou leur téléphone mobile. Ils veulent par ailleurs être récompensés pour leur fidélité, n'hésitant pas à mettre en concurrence les différentes banques pour des prêts ou de grosses opérations financières.

La plupart des banques se sont donc engagées sur cette voie difficile, en partie à cause du silotage[1] des données clients entre les applications des différentes divisions. Ces dernières n'ont ainsi qu'une vision partielle de leurs clients. BNP Paribas, l'un des leaders européens en matière de services financiers et bancaires, a bien compris le besoin de disposer d'une infrastructure agile qui lui permette de construire rapidement de nouvelles offres très ciblées correspondant parfaitement à ses différents clients. « *Il y aura toujours quelqu'un qui vous réclamera quelque chose de plus ou de différent en termes de produits ou services* », explique Vladimir Milojkovic, chef de projet Offres Prime chez BNP Paribas. « *Nous avions besoin de reprendre le contrôle de nos données si nous voulions pouvoir proposer des offres sur mesure à nos clients. Toutes les banques proposent des offres packagées à leurs clients*, ajoute-t-il, *mais nous sommes capables de cibler exactement le bon produit pour le bon client. Si vous pouvez proposer la meilleure offre pour les besoins de chaque client, alors le client sera satisfait et cela renforcera sa loyauté envers la banque, entraînant une meilleure profitabilité* ».

...

1. Le terme « silotage » fait référence à une organisation en silos : les divisions ou départements sont isolés les uns des autres, ne partagent que peu d'information et fonctionnent de façon plus ou moins indépendante et désynchronisée.

Pour mettre en œuvre cette vision stratégique, BNP Paribas se devait de placer le client au cœur de chaque transaction, ce qui implique de créer un cadre flexible dans lequel les employés de la banque pourraient :

- construire rapidement une offre modulaire adaptée à la demande du client, en couplant par exemple un prêt immobilier et une assurance multirisque habitation ;
- personnaliser les frais facturés en fonction du profil client et du canal de distribution, et proposer des réductions à certains clients ;
- développer une fidélité client fondée sur l'ensemble des offres de BNP Paribas, permettant ainsi de proposer des avantages spécifiques à des clients qui utilisent plusieurs produits du groupe.

« *Nous avions besoin d'une solution flexible qui nous permettrait de proposer nos offres dans plusieurs pays* », explique Cyrille Oudard, responsable du *Master Data Management* de la division Banque de Détail chez BNP Paribas.

Le SI du groupe BNP Paribas était déjà bien structuré et doté de référentiels de données depuis de nombreuses années. Ces derniers ont permis la croissance du Groupe sur des fondations solides et conformes aux exigences des régulateurs. Il n'était donc pas question de faire table rase du passé et de réinventer un système bancaire complet. Afin d'accélérer l'utilisation des données de référence et de favoriser leur utilisation par l'ensemble des applications, BNP Paribas a choisi une approche de type *Master Data Management* (MDM, ou gestion des données de référence). Elle consiste à assurer la collecte, la validation, l'administration et la redistribution des données de référence aux applications clientes. La banque ne considère pas le MDM comme une simple technologie, mais plutôt comme une approche transverse qui permet de fiabiliser, sécuriser et rendre plus efficace l'ensemble des tâches citées ci-dessus dans les systèmes (informatiques) qui les exploitent.

Pour répondre à ces enjeux, BNP Paribas avait mis en place dès 2009 un Centre de Service Partagé (CSP) dont le rôle était d'assurer un support à toutes les entités du groupe qui souhaitaient mettre en place un nouveau référentiel (ou utiliser et éventuellement enrichir un référentiel existant). C'est tout naturellement que ce CSP a pris en charge la mise en place de la nouvelle stratégie de MDM, ne se contentant pas seulement d'une vision « technique », mais en assurant aussi l'animation d'une communauté de représentants des maîtrises d'œuvre et des maîtrises d'ouvrage concernées, afin de favoriser la capitalisation et les bonnes pratiques en matière de gestion des données de référence.

Côté outillage, BNP Paribas a tout d'abord effectué une étude comparative, puis a finalement retenu la solution « *MDM Server for PIM* » d'IBM et la plateforme plus générique « EBX.Platform » de la jeune société française Orchestra Networks. Plusieurs éléments ont guidé ces choix : la mise en œuvre de la norme XML, reconnue et qui permet d'envisager de façon sereine plusieurs années d'évolution et de maintenance, l'évolutivité que permet le « modèle objet » mis en place dans la solution et, enfin, la possibilité d'établir une interface de manière normalisée avec d'autres applications, ce qui permet à l'entreprise de relier ses applicatifs cœur de métier de façon simple à ce nouveau référentiel de données. Ce choix s'accompagne également d'un partenariat « actif » entre les équipes de la banque et celles de l'éditeur, permettant aux deux parties de faire progresser la solution ensemble. En 2011, le groupe utilisait cette solution pour sept référentiels dans des domaines aussi variés que les risques, les ressources humaines, l'immobilier, les fournisseurs, etc.

Cette solution permet aux concepteurs des produits et offres bancaires, et non plus seulement au service informatique, de modifier et gérer les offres, ce qui représentait un élément critique de la réduction du *Time to Market*, selon Cyrille Oudard. La solution « *MDM Server for PIM* » (*Master Data Management Server* pour la gestion des informations produits) permet de ne disposer que d'un seul référentiel des produits et des prix, et également de vérifier la compatibilité des différentes offres entre elles et de créer de nouveaux packs reconnus dans tous les systèmes de la banque, quels que soient les canaux de distribution.

Multilingue et multidevise, ce référentiel permet à la banque de proposer un catalogue d'offres de services bancaires compatibles avec ceux que les systèmes informatiques transactionnels de BNP Paribas savent traiter, et ce dans tous les pays où le groupe est présent. « *La solution MDM Server for PIM propose un cadre de travail qui permet à nos chargés de clientèle de travailler plus vite dans le catalogue des offres. Ils n'ont plus besoin de se demander comment regrouper plusieurs produits ou si telle ou telle offre est possible pour le client qu'ils ont en face d'eux* », explique Cyrille Oudard.

Au travers de cette démarche stratégique, BNP Paribas a réussi à réduire le délai de mise sur le marché de ses nouveaux produits et de ses offres spéciales que ses employés peuvent faire facilement évoluer en fonction des conditions du marché. « *Les évolutions des produits peuvent être faites quasiment en temps réel, et déployées de façon très rapide*, selon Vladimir Milojkovic. *Nous avons été capables de réduire le* Time to Market *de plusieurs semaines à quelques jours* ».

Les clients ont également bénéficié de cette initiative : ils reçoivent désormais des offres personnalisées adaptées à leur situation et leurs besoins, quel que soit le canal qu'ils utilisent. Par exemple, quand la banque renouvelle la carte de crédit d'un client, le système évalue si ce dernier est éligible pour une carte Premier, et va lui proposer des conditions avantageuses pour accéder à ce service de niveau supérieur. Le système peut également recommander de nouveaux produits en se fondant sur le profil du client, comme la création d'un compte sur livret pour un client ayant en permanence une balance créditrice élevée sur son compte courant. Pour BNP Paribas, ces fonctionnalités représentent un important facteur de différenciation dans un marché ultraconcurrentiel.

Sources :

Filiponne, D., « *Master Data Management* : valoriser l'information stratégique », **http://www.journaldunet.com/solutions/dsi/panorama-des-solutions-de-mdm-master-data-management**, 26/05/11, consulté le 01/10/13

« BNP Paribas enrichit le "2 Opéra" », **http://www.paperblog.fr/6148406/bnp-paribas-enrichit-le-2-opera/**, 14/02/13, consulté le 01/10/13

Bernard, P., « La Stratégie MDM de BNP Paribas », **http://cestpasmonidee.blogspot.fr/2011/02/la-strategie-mdm-de-bnp-paribas.html**, 28/02/11, consulté le 01/10/13

Moreau, N., « Les 10 fausses idées du MDM pointées par le Gartner », **http://www.lemondeinformatique.fr/actualites/lire-les-10-fausses-idees-du-mdm-pointees-par-le-gartner-32783-page-1.html**, 01/02/2011, consulté le 01/10/13 www.bnpparibas.com, consulté le 28/04/13

www.ibm.com, Livre blanc, « IBM Client Success Stories, Achieving Business Agility with Decision Management », consulté le 28/04/13

Matière à réflexion :

Quels sont les facteurs organisationnels qui permettent à cette gestion des données d'être un facteur de succès pour BNP Paribas ? Pourquoi était-il important de trouver une solution compatible avec les systèmes informatiques existants de BNP Paribas ?

Le cas de BNP Paribas illustre à quel point l'efficacité des SI dépend de l'organisation, de l'actualisation, de l'accessibilité et du stockage des données. Une incapacité à regrouper des données essentielles aurait pénalisé la performance de la banque. Un accès adéquat à l'information repose non seulement sur les fonctionnalités des ordinateurs et des logiciels, mais également sur la capacité de l'entreprise à gérer les données comme une ressource fondamentale.

En tant que manager, vous voudrez vous assurer que les données de votre entreprise sont organisées de façon à être facilement accessibles, utilisables et protégées.

Dans ce chapitre, nous aborderons les principales notions liées à l'organisation des données en entreprises, puis nous étudierons les tendances actuelles liées à l'émergence de l'univers numérique, le *Big Data*, et, enfin, les opportunités et défis que proposent ces derniers aux entreprises.

1 Organisation des données selon des modalités traditionnelles d'exploitation des fichiers

Un SI efficace doit fournir aux utilisateurs une information disponible en temps voulu, fiable et appropriée. Une information est pertinente lorsqu'elle est utile et adaptée au travail à effectuer et aux décisions à prendre.

Grâce à des fichiers organisés et entretenus de manière adéquate, les entreprises stockent les données dont les utilisateurs ont besoin pour les consulter, les modifier ou éventuellement les effacer. Bien qu'elles possèdent un matériel et des logiciels applicatifs de bonne qualité, certaines entreprises doivent composer avec des SI inefficaces, en raison d'une mauvaise gestion et d'une organisation technique déficiente des fichiers.

1.1 Notions et termes liés à l'organisation des fichiers

La gestion informatique des données suppose que celles-ci soient numérisées. Le bit est l'unité élémentaire de données que peut traiter un ordinateur (un bit égale un signal binaire, ou *binary digit*, représenté couramment par l'alternative duale : valeur 1 ou valeur 0). L'échelon de représentation suivant est l'octet (*byte*, en anglais), qui représente un caractère (chiffre, lettre, etc.) dans une combinaison de huit bits, d'où l'appellation « octet ». Le mot « congélateur » est ainsi composé de 11 octets. Le regroupement de caractères en un mot, en un groupe de mots ou en un nombre complet (comme le nom ou l'âge d'une personne) se nomme « champ » ou « zone ». Le regroupement de champs connexes (nom de l'étudiant, son adresse, son cursus, sa date de naissance, etc.) constitue un enregistrement. Un groupe d'enregistrements du même type forme un fichier. Cette organisation se poursuit jusqu'aux bases de données (voir figure 6.1). Il existe des fichiers permanents ou de référence (par exemple, les fichiers « étudiants », « professeurs », « cours »), des fichiers mouvements qui contiennent les données des transactions (par exemple, les fichiers « absences », « notes », « plannings ») et des fichiers historiques avec les données des périodes clôturées.

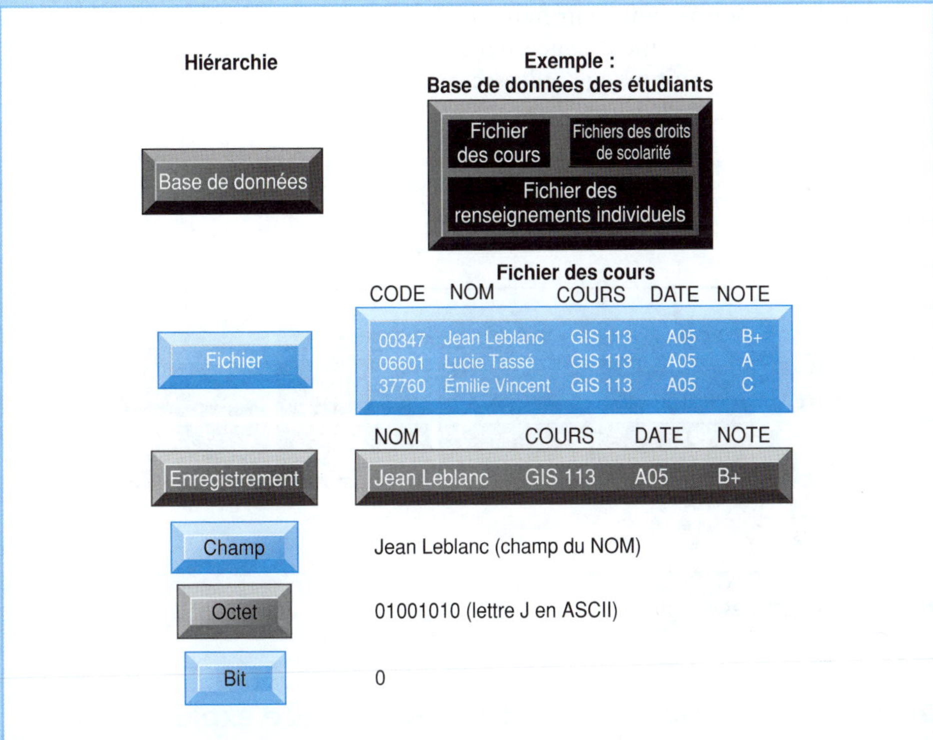

Figure 6.1 – Hiérarchie des données.

Par exemple, les enregistrements des étudiants de la figure 6.1 pourraient former le fichier des cours. Celui-ci pourrait être réuni avec les fichiers sur les renseignements personnels et financiers pour créer une base de données des étudiants. Une base de données est un groupe de fichiers connexes.

Un enregistrement décrit une entité. Celle-ci correspond à une personne, un lieu, un objet ou un événement sur lequel on conserve des informations. Une commande est une entité typique dans un fichier des ventes. La caractéristique qui décrit une entité s'appelle un « attribut ». Par exemple, le numéro de commande, la date de la commande, son montant, le numéro et la quantité des articles commandés peuvent caractériser l'entité commande. On peut trouver les valeurs de ces attributs dans les champs de l'enregistrement décrivant l'entité commande. À la figure 6.2, l'entité COMMANDE représente une classe ou un type d'entités, c'est-à-dire un groupe d'entités similaires sur lequel on recueille de l'information (attributs). L'ensemble des valeurs pour le numéro de commande, la date de commande, le numéro d'article et la quantité, présenté à la figure 6.2, correspond à une seule occurrence de ce type d'identité et constitue une instance de cette entité.

Chaque enregistrement d'un fichier doit contenir au moins un champ qui le définit et l'identifie de manière unique. Ce champ d'identification porte le nom de « champ clé » ou « code ». Cette unicité correspond à l'application de la règle simple de la bijection : à tout élément correspond un code et à un code ne correspond qu'un seul élément. Ainsi, on peut récupérer l'enregistrement, le mettre à jour ou le trier. Le numéro d'enregistrement de la commande (voir figure 6.2) ou le numéro d'employé ou d'assurance sociale pour un enregistrement concernant une personne (contenant des données sur les employés telles que nom, âge, adresse, poste occupé, etc.) sont des exemples de champs clés.

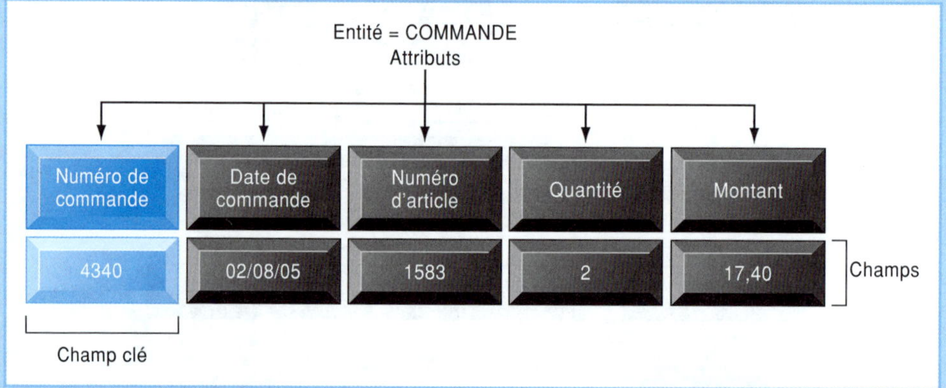

Figure 6.2 – Entités et attributs.

1.2 Problèmes posés par le cadre traditionnel d'exploitation des fichiers

La plupart des organisations se sont informatisées graduellement, application après application. Les systèmes avaient tendance à se développer indépendamment les uns des autres, sans tenir compte d'un plan directeur ni d'une structuration homogène des données, pourtant présentes dans différentes applications. La comptabilité, les finances, la fabrication, les ressources humaines et le marketing élaboraient ainsi leurs propres systèmes et fichiers de données (voir figure 6.3). Chaque application était un ensemble homogène constitué de programmes organisés en chaînes de traitement associées à des fichiers structurés spécifiquement pour cette application.

Par exemple, la direction des ressources humaines (DRH) d'une entreprise gère l'application « Paie » au moyen d'un progiciel dédié à cette fonction. Celui-ci exploite un fichier permanent sur le personnel, divers fichiers mouvements pour les données variables de préparation et de calcul de la paie, des fichiers mouvements pour les données liées au calcul des contributions sociales (notamment assurance maladie, retraite, assurance chômage), etc. Quelques années plus tard, la même DRH fait l'acquisition d'un autre progiciel auprès d'un éditeur différent pour gérer la formation. Ce progiciel exploite un fichier permanent « Salariés » et divers fichiers mouvements spécifiques à la formation (dates des stages, inscriptions/annulations, etc.). Pour l'entreprise dans son ensemble, ce processus a mené à la création, au maintien et à l'exploitation d'une multitude de fichiers permanents et de systèmes de codification hétérogènes et non synchronisés par des divisions ou des services distincts, mais contenant des données normalement identiques (celles sur le salarié). Au fil des ans, la gestion informatisée de l'entreprise a reposé sur des centaines de programmes et d'applications très difficiles à maintenir et à gérer. Les problèmes qui en résultent sont la redondance et l'incohérence des données, l'interdépendance des données et des programmes, le manque de souplesse et de sécurité, et le manque de disponibilité et l'incapacité à partager des données entre applications.

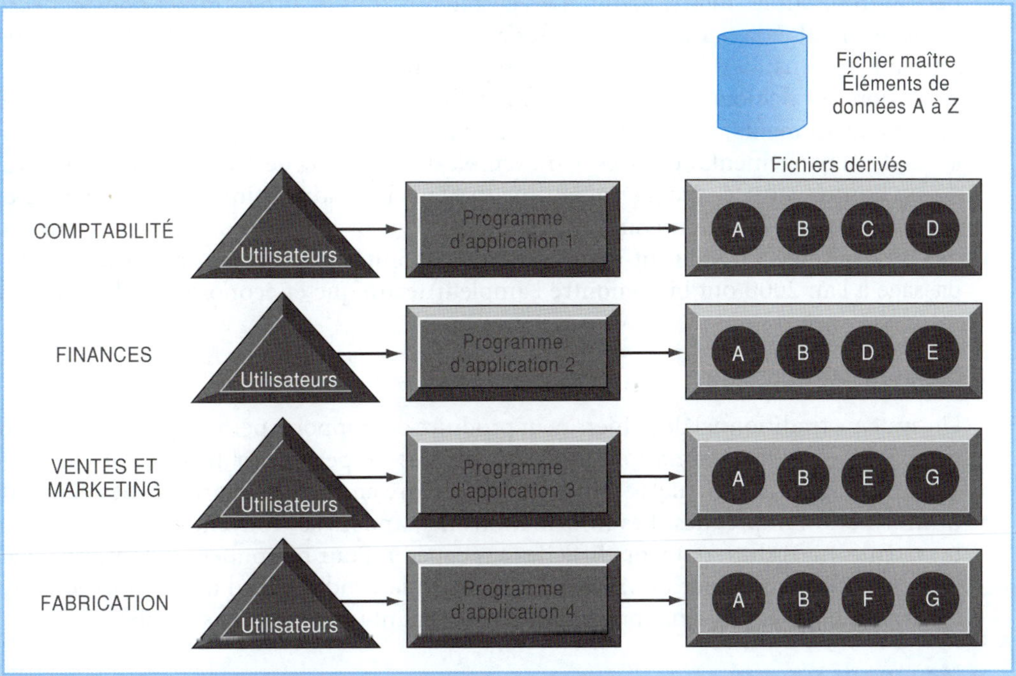

Figure 6.3 – Traitement traditionnel des fichiers.

Redondance et incohérence des données

On parle de « redondance des données » lorsque celles-ci sont stockées dans des fichiers différents. C'est le cas quand les divisions, les secteurs fonctionnels et les groupes d'une même organisation recueillent indépendamment les uns des autres les mêmes données dans des formats structurés différemment. Ainsi, le client Dupont aura le code 419902 dans les fichiers gérés par l'application de comptabilité clients, le code 20446 dans l'application de service après-vente et le code C.70030 dans celle de prise de commandes. La redondance des données entraîne un gaspillage des ressources de stockage et mène à l'incohérence des données, où les mêmes attributs peuvent revêtir différentes valeurs. Par exemple, le changement d'adresse du client Dupont peut avoir été actualisé dans une des trois applications, mais pas dans les deux autres.

L'utilisation de systèmes différents d'encodage pour représenter les valeurs d'un attribut peut conduire à une confusion supplémentaire. Par exemple, un magasin de vêtements peut recourir à différents codes pour les ventes, l'inventaire et la fabrication. Un système utilisera le terme « extra-large » pour désigner la taille d'un vêtement, alors qu'un autre se servira du code « XL ». La confusion qui en résulte peut compliquer la tâche des entreprises qui veulent créer des systèmes de gestion de la relation client ou de la chaîne d'approvisionnement, et de celles qui intègrent des données provenant de sources différentes.

Interdépendance des données et des programmes

L'interdépendance des données et des programmes est le couplage, la relation étroite qui se crée entre la structuration des données stockées dans les fichiers et les programmes nécessaires pour les mettre à jour et les entretenir. Tous les programmes doivent décrire l'emplacement et la nature des données avec lesquelles ils travaillent. Cette description reprend le format des données et des enregistrements. Dans un cadre traditionnel d'exploitation des fichiers, pour toute modification apportée aux formats des données ou des enregistrements, il faut effectuer un changement dans les programmes qui y ont accès. Les changements apportés, par exemple dans les taux de TVA ou dans la structure d'une donnée utilisée fréquemment, nécessitent la modification en conséquence des programmes, ce qui peut coûter des millions d'euros lorsque l'on met en application des programmes qui exigent une révision des données. Le passage à l'euro comme le passage à l'an 2000 ont bien montré l'ampleur technique et économique de ce type de difficulté.

Manque de souplesse

Un système traditionnel de fichiers peut produire des rapports périodiques si l'on déploie des efforts de programmation adéquats, mais il ne peut créer facilement et rapidement des rapports ponctuels et inédits, ni répondre en temps opportun à des demandes d'information imprévues. Les informations demandées se trouvent quelque part dans le système, mais elles sont trop difficiles à récupérer. Pour regrouper les données exigées dans un nouveau fichier de travail nécessaire à la production d'un rapport *ad hoc*, il faudrait mobiliser plusieurs programmeurs pendant un temps considérable.

Manque de sécurité

Puisque ce type de gestion des données s'accompagne de peu de contrôles cohérents, l'accès à l'information et sa diffusion sont difficilement contrôlables. La fiabilité des données de synthèse peut être fortement mise en cause.

Manque de disponibilité et problèmes de partage des données

Dans la mesure où il n'est pas possible de relier entre elles les informations contenues dans différents fichiers et parties de l'organisation, il est extrêmement difficile de réunir ces informations et d'y accéder rapidement. L'information ne circule pas correctement entre les différents secteurs de l'entreprise. Si les managers disposent de valeurs différentes provenant de systèmes différents pour représenter une même réalité, ils pourraient être amenés à ne plus utiliser ces systèmes, étant donné le manque de fiabilité de leurs données. Ce phénomène est à l'origine de nombreux développements de fichiers disparates construits par des utilisateurs individuels sur leurs micro-ordinateurs, au motif qu'ils en maîtrisent la mise à jour… Finalement, l'incohérence collective ne s'en trouve que plus accentuée.

2 Gestion des données par l'utilisation d'une base de données

La technologie des bases de données peut résoudre une part significative des problèmes techniques soulevés par l'organisation traditionnelle des fichiers. Une base de données est un ensemble de données organisées de façon à servir efficacement plusieurs applications par l'unification de la conception de leur structure (par exemple, une seule codification numérique à sept caractères pour tous les fournisseurs de l'entreprise). Une seule base de données peut ainsi alimenter en données partagées plusieurs applications. Par exemple, la base de données « Personnel », unique pour tous les services de l'entreprise, sera mise à jour par des transactions gérées par l'application « Gestion de production » pour les heures supplémentaires effectuées dans l'atelier et par l'application « Commandes » pour le calcul des commissions à verser aux représentants. Symétriquement, lorsqu'un employé sera muté d'un service à un autre, une seule transaction suffira à la mise à jour des données dans la base unique et partagée. Au final, les applications y ayant accès manipulent toutes, en temps réel ou différé, la bonne information dans le même état d'actualisation.

2.1 Les systèmes de gestion de base de données

Un Système de Gestion de Base de Données (SGBD) est un logiciel technique qui aide une organisation à unifier la conception et la structuration des données, à les gérer efficacement et à en permettre l'accès au moyen de programmes d'application. Un SGBD sert d'interface entre les programmes d'application et les fichiers de données physiques. Lorsque l'on veut obtenir une donnée telle que la paie brute, le SGBD la trouve dans la base de données et la met à disposition du programme d'application. Avec les fichiers de données traditionnels, le programmeur définit les données auxquelles le programme doit accéder, puis indique à l'ordinateur leur localisation. Un SGBD élimine la plupart des instructions de définition de données présentes dans les programmes traditionnels. Le gain de productivité concernant les travaux d'analyse-programmation est présent à la création des logiciels applicatifs, mais surtout lors de la satisfaction des besoins en maintenance adaptative et évolutive des logiciels.

Le SGBD libère le programmeur ou l'utilisateur final de la nécessité de comprendre où et comment les données sont techniquement stockées en séparant les vues physiques et logiques de données. Une vue logique réalise une représentation des données selon une perspective proche du regard de l'utilisateur « métier ». Ainsi, on pourra disposer de plusieurs vues logiques sur la notion de « client » selon que l'on est un responsable commercial ou un responsable du contentieux. La vue physique montre comment les données sont réellement organisées et structurées techniquement dans le média de stockage. Un logiciel de gestion de base de données permet d'accéder à la base de données à partir des différentes vues logiques associées aux applications. La description logique de la base de données, soit le répertoire des données, est nommée le « dictionnaire de données ». On appelle « schéma conceptuel » la formalisation des relations entre les données et « schéma physique » ou « schéma interne », les spécifications qui précisent comment sont stockées les données du schéma conceptuel. On nomme « sous-schéma » ou « schéma externe » un ensemble spécifique de données contenues dans une base de données, ou « vue », requis par chaque utilisateur ou application. Par exemple, pour la base de données de ressources humaines illustrée à la figure 6.4, le programme qui calcule des indemnités de retraite pourrait utiliser un sous-schéma regroupant le nom, l'adresse, le numéro d'assurance sociale, le régime de retraite et les données « mouvements » sur les indemnités de retraite.

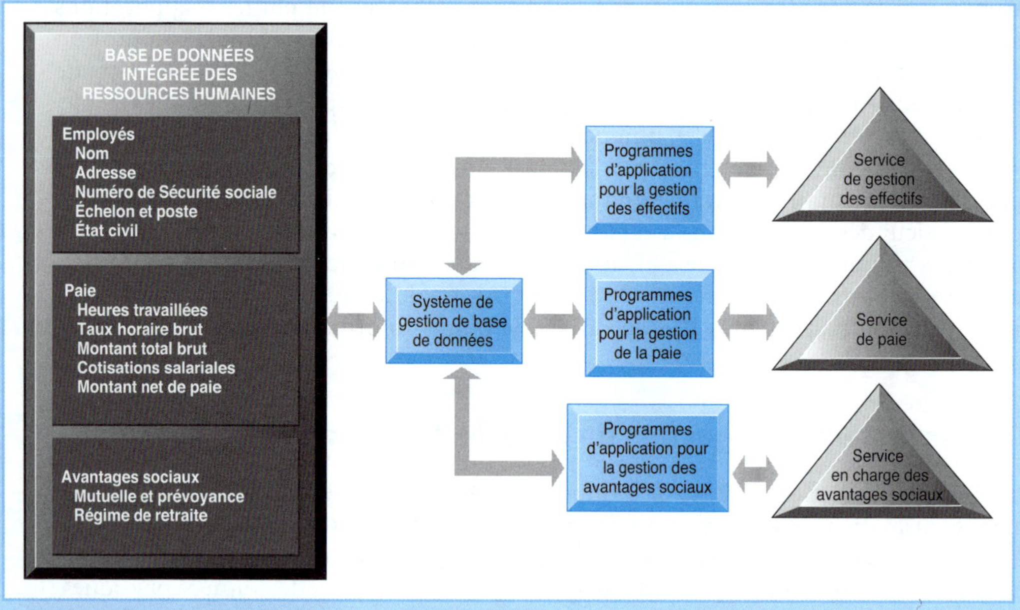

Figure 6.4 – L'environnement des bases de données.

Un système de gestion de base de données est un logiciel technique qui comprend trois composants principaux :

- un langage de définition des données ;
- un langage de manipulation des données ;
- un dictionnaire de données.

Le **langage de définition des données** est le langage formel auquel ont recours les programmeurs pour préciser le contenu et la structure de la base de données. Il définit chaque élément de données tel qu'il apparaît dans la base de données et avant qu'il ne soit transformé dans le format exigé par les programmes d'application.

La plupart des SGBD sont pourvus d'un langage spécialisé, appelé « **langage de manipulation des données** ». On l'utilise en même temps que certains langages de programmation traditionnels de troisième ou quatrième génération pour manipuler les données de la base. Ce langage contient des commandes qui permettent aux spécialistes de la programmation et, plus ou moins aisément, aux utilisateurs finaux d'extraire des données de la base en vue de répondre aux besoins des utilisateurs et d'élaborer ou de faire évoluer les logiciels d'application.

À l'heure actuelle, le langage de manipulation de données le plus répandu est le langage de requête structuré, ou *Structured Query Language* (SQL). Les utilisateurs finaux et les spécialistes des SI peuvent utiliser le SQL comme langage de requête interactif pour accéder à des données contenues dans une base de données. Les commandes SQL sont intégrables dans des applications écrites en langage de programmation traditionnel.

Le troisième élément du SGBD est le **dictionnaire de données.** Il s'agit d'un répertoire automatisé ou manuel où sont stockées les définitions des éléments de données et leurs caractéristiques, telles que leur utilisation, leur représentation physique, leur propriétaire (personne de l'organisation qui est responsable de leur maintien), l'autorisation d'y accéder et leur protection. Plusieurs rapports techniques sont publiables à partir du dictionnaire de données : listes de données et rapports sur leur utilisation et leurs regroupements, ainsi que sur les emplacements physiques, etc.

La figure 6.5 illustre un exemple de rapport issu d'un dictionnaire de données qui présente la taille, le format, la signification et les utilisations d'un élément de données dans une base de données des ressources humaines. Un élément de données représente un champ. Outre le nom standard (MONT-PAIE-BASE), le dictionnaire indique le nom qui désigne cet élément dans certains systèmes et permet de retracer les personnes, les services, les programmes et les rapports qui l'utilisent.

NOM : MONT-PAIE-BASE
NOM SUR FOCUS : BASEPAIE
NOM SUR PC : SALAIRE

DESCRIPTION : SALAIRE ANNUEL DE L'EMPLOYÉ

TAILLE : 9 OCTETS
TYPE : N (NUMÉRIQUE)
DONNÉES MODIFIÉES : 01/01/2005
PROPRIÉTÉ : DÉPARTEMENT PAIE
MISE À JOUR DE LA SÉCURITÉ : PERSONNEL DE L'INSTALLATION
AUTORISATION D'ACCÈS : DIRECTEUR, PLANIFICATION ET RECHERCHE EN RÉMUNÉRATION
DIRECTEUR, SYSTÈME D'ÉVALUATION DU TRAVAIL
DIRECTEUR, PLANIFICATION DES RESSOURCES HUMAINES
DIRECTEUR, AVANTAGES SOCIAUX
DIRECTEUR, SYSTÈMES DE PAIEMENT DES RÉCLAMATIONS
DIRECTEUR, RÉGIMES ADMISSIBLES
DIRECTEUR, EMPLOI
FONCTIONS D'AFFAIRES UTILISÉES PAR : PAIE
PLANIFICATION DES RH
EMPLOI
ASSURANCE
RETRAITE

PROGRAMMES UTILISANT : PI01000
PI02000
PI03000
PI04000
PI05000

RAPPORT UTILISANT : ÉTAT 124 (ÉTAT DE SUIVI DES AUGMENTATIONS SALARIALES)
ÉTAT 448 (ÉTAT DE VÉRIFICATION DE L'ASSURANCE GROUPE)
ÉTAT 452 (LISTE DE RÉVISION DES SALAIRES)
LISTE DE RÉFÉRENCE DES RETRAITES

Figure 6.5 – Un exemple de rapport du dictionnaire de données.

Puisqu'il crée un inventaire de données contenues dans une base, le dictionnaire de données est un outil de gestion essentiel. Par exemple, les utilisateurs de l'entreprise peuvent le consulter pour savoir exactement quelles données concernent les clients de telle catégorie appartenant à tel secteur géographique depuis telle date. Le dictionnaire peut fournir aux utilisateurs le nom, le format et les caractéristiques exigés pour accéder aux données et produire des rapports. Le personnel technique recourt au dictionnaire pour déterminer les éléments d'information et les fichiers qu'il doit modifier en cas de changement d'un ou de plusieurs programmes applicatifs.

La plupart des dictionnaires de données sont entièrement passifs : ils se contentent de présenter des rapports techniques. Les types les plus perfectionnés sont interactifs : les changements qui surviennent peuvent être automatiquement utilisés par les programmes pertinents. Par exemple, pour faire passer des codes articles de cinq à neuf chiffres, il suffit d'entrer la modification dans le dictionnaire, sans devoir modifier ou recompiler tous les programmes d'application qui font appel à ces données (ils peuvent atteindre plusieurs milliers).

Dans un cadre idéal d'application d'une base de données, on définit les données une seule fois pour toutes les applications qui se servent des données de cette base. Ainsi, toute redondance ou incohérence est éliminée. Les programmes d'application, rédigés à l'aide d'une combinaison du langage de manipulation de données du SGBD et d'un langage de programmation traditionnel, exigent des éléments d'information provenant de cette base de données. Le SGBD trouve et livre les éléments de données demandés par les programmes d'application. Le programmeur n'a pas à préciser ni comment ni où trouver les données.

2.2 Comment un SGBD résout certains problèmes techniques associés aux fichiers traditionnels

Si un SGBD ne permet pas à une organisation d'éliminer entièrement la redondance des données, il peut contribuer à la contrôler. Même si l'organisation conserve certaines données redondantes (suite à une opération de fusion entre deux organisations, par exemple), l'utilisation d'un SGBD favorise leur mise en cohérence, car il aide l'organisation à s'assurer que chaque occurrence d'une donnée redondante possède les mêmes valeurs. En dissociant les programmes et les données, le SGBD accorde à ces dernières une autonomie quant à leur évolution. L'accès et la disponibilité de l'information en sont accrus. Par ailleurs, il en découle une diminution des frais de développement et surtout de maintenance des programmes, car les utilisateurs et les programmeurs peuvent effectuer des requêtes *ad hoc* des données dans la base de données. Le SGBD centralise la gestion des données, l'utilisation qui en est faite et la sécurité.

L'encadré suivant illustre les bénéfices d'un SGBD pour la gestion des données. Areva possède plus de 300 filiales, chacune avec ses propres bases de données clients et employés. Leader mondial du nucléaire, avec un chiffre d'affaires de plus de 9 milliards d'euros en 2012, le groupe ne disposait toujours pas de vision globale de ses données de référence, alors qu'il compte plus de 49 000 collaborateurs répartis sur les cinq continents, et travaille avec plus de 150 clients, rien que pour son activité nucléaire. Ces chiffres imposent des contraintes de sécurité et de qualité des informations particulières pour les données de ressources humaines. En effet, la sûreté nucléaire exige une rigueur sans faille car la sensibilité de l'opinion publique au moindre accident est extrême et surexploitée par les médias.

Fenêtre sur une organisation : une base de données aide Areva à gérer ses informations « employés ».

Areva, géant français du nucléaire, a mis en œuvre en 2012 une nouvelle solution intégrée de base de données développée par Microsoft et incluant des outils de nettoyage et de validation. La société dispose désormais d'une plateforme centralisée pour ses données de référence, tout en améliorant leur qualité. Des données fiables à chaque instant permettent à Areva de prendre de meilleures décisions. De plus, les utilisateurs gardent leurs outils habituels, ce qui les rend plus efficaces et diminue les coûts.

Areva est structuré par métiers, en cinq *Business Groups* (BG) :

- mines : exploration et exploitation des mines ;
- amont : conversion et enrichissement de l'uranium, conception et fabrication du combustible nucléaire ;
- réacteurs et services : conception et construction de réacteurs nucléaires, activités de service aux bases installées ;
- aval : recyclage des combustibles usés, services de transport, d'assainissement et de démantèlement ;
- énergies renouvelables : énergies éolienne, solaire et hydrogène, bioénergies.

La société se retrouve confrontée à un défi de taille : pouvoir fournir à ses clients des données précises et à jour, surtout dans le domaine du nucléaire, où la sécurité des personnes et des accès est fondamentale. Or, jusqu'à présent, Areva ne disposait d'aucun système centralisé de gestion de ses données de référence. Créée en 2001, la société est en effet relativement jeune, même si elle est composée de plus de 300 filiales. Auparavant, chacune d'entre elles stockait et gérait ses données client dans ses propres bases de données. « *Nous n'avions pas harmonisé nos règles de gestion ou de gouvernance des données* », explique Dalila Kerkouba, responsable Domaine *Enterprise Exchange* à la DSI d'Areva.

Cette multiplicité des systèmes aboutissait à des données souvent redondantes et, dans certains cas, inexactes. Pour valider les données et faire en sorte qu'elles puissent servir à leurs clients, les employés d'Areva devaient effectuer manuellement les modifications, une procédure coûteuse et fastidieuse. Dalila Kerkouba explique : « *Nous savions que nous devions à la fois renforcer la qualité de nos données, réduire nos coûts et gagner en efficacité.* »

Client de Microsoft depuis des années, Areva souhaitait fonder sa nouvelle solution de base de données sur les technologies de cette société. « *Les solutions Microsoft offrent plus de fonctionnalités et de meilleures performances que celles de ses concurrents. Et, en plus, elles se déploient facilement et sont moins coûteuses* », affirme Dalila Kerkouba.

Phase de validation de la solution (*Proof of Concept* – POC – ou preuve de concept) : 2^{cd} semestre 2011

En juillet 2011, dans le cadre d'un nouveau projet de gestion des identités et des accès (*Identification and Access Management*, IAM), Areva a démarré une POC pour une

...

nouvelle plateforme centralisée de données de référence reposant sur le logiciel de gestion des données Microsoft SQL Server 2012 Enterprise. Ce système est relié à une nouvelle solution de base de données chargée de centraliser toutes les données de référence des différentes filiales d'Areva, avec pour objectif une amélioration générale de la qualité de ces données.

Cette POC a permis à Areva de mettre en place, d'exécuter et de valider les processus et les règles visant de fournir les données les plus précises possible. Les processus appliqués jusqu'alors pour actualiser les données ont donc été supprimés. Les outils choisis renforcent encore plus la fiabilité et l'utilité des données grâce au profilage, au nettoyage et au rapprochement des données coïncidentes les plus critiques. SQL Server 2012 Integration Services est également utilisé pour le nettoyage et la transformation des données.

Areva utilise par ailleurs le complément SQL Server 2012 Master Data Services pour Excel : ce nouvel outil permet aux utilisateurs de rassembler les données et de les publier dans la base de données depuis le tableur Microsoft Excel, déjà largement utilisé au sein de la société.

Une fois le concept validé et grâce à ces nouvelles technologies, Areva a pu déployer en 2012 une plateforme fiable pour son application IAM qui permet d'accéder au répertoire du groupe, une base de données centralisée contenant les données d'identité de chaque employé. Cette plateforme comprend une base de données de 2 Go dont la table la plus importante compte 48 000 lignes. Les données sont fournies par le service juridique, le service financier et les ressources humaines.

La nouvelle solution améliore la qualité des données et la ponctualité de leur diffusion. Elle permet également à Areva d'améliorer la qualité de ses décisions de gestion. De surcroît, comme elle s'appuie sur des outils familiers, elle ne nécessite pas de formation particulière. Enfin, elle génère des gains de temps et de coût en éliminant les procédures manuelles de nettoyage des données.

Jusqu'ici, AREVA ne possédait pas de base de données pour ses données de référence. Désormais, elle dispose d'une plateforme centralisée qui lui permet de gérer et traiter rapidement et avec précision une partie de ces données. « *Avec SQL Server 2012 Master Data Services et SQL Server 2012 Data Quality Services, il suffit de quelques heures pour valider et actualiser automatiquement nos données de référence,* constate Dalila Kerkouba. *Et nous sommes certains de disposer de données exactes et plus utiles pour nos clients. De plus, il nous est plus facile de les leur fournir dans les temps impartis.* »

Les données sont centralisées et actualisées et plus d'employés peuvent y accéder, ce qui les rend globalement plus fiables. « *Davantage de collaborateurs d'AREVA ont la possibilité de participer à la gestion des informations et le processus est ainsi plus fiable,* explique Dalila Kerkouba. *De ce fait, nous avons plus confiance dans nos données et cela nous permet de prendre des décisions de gestion mieux informées car les données correspondent davantage à l'orientation de notre société.* » Désormais, les employés d'AREVA utilisent Excel 2010 pour accéder rapidement et sans difficulté, aux données de référence de la nouvelle base de données.

AREVA a également renforcé l'efficacité de ses processus de gestion des données de référence qui, jusque-là, nécessitaient des opérations manuelles fastidieuses pour garantir l'exactitude des données. « *Auparavant, nous consacrions beaucoup de temps et d'argent à la gestion des données de référence et à l'amélioration de leur qualité*, explique Dalila Kerkouba. *Désormais, nos collaborateurs n'auront plus besoin de passer du temps à tenter de corriger les erreurs puisqu'avec les outils Microsoft choisis, il suffit de quelques heures pour actualiser les différentes sources de données de référence. Cela nous permet de gagner en efficacité et finalement, la solution a globalement un impact très positif pour AREVA et ses clients.* »

Sources :

http://www.areva.com/, consulté le 22/04/13

www.insee.fr, consulté le 22/04/13

http://www.connaissancedesenergies.org/fiche-pedagogique/areva, consulté le 01/10/13

http://www.microsoft.com/France/references/fiche-temoignage.aspx?eid=f8124da0-8f66-4470-90db-47bbf20558b6, 24/05/12, consulté le 01/10/13

Matière à réflexion :

Comment la base de données de l'IAM génère-t-elle de la valeur pour Areva ? En créant cette base de données, quels étaient les enjeux pour l'entreprise sur le plan de la gestion, de l'organisation et des SI ?

2.3 Types de bases de données

Les SGBD s'appuient sur différents modèles de base de données pour suivre les entités, les attributs et les relations qui existent entre eux. Chaque modèle présente certains avantages sur le plan technologique pour les informaticiens, mais aussi sur le plan des services rendus et de leur adaptabilité pour les managers et l'ensemble des utilisateurs.

Modèle relationnel

Le **modèle relationnel** est aujourd'hui le modèle le plus populaire pour les ordinateurs personnels et centraux. On appelle « SGBDR » le SGBD qui permet de gérer une base de données relationnelle selon ce modèle. Le modèle relationnel représente toutes les données de la base sous forme de tables bidimensionnelles, appelées « **relations** » ou parfois « fichiers ». L'information présente dans plusieurs fichiers est facile à extraire et à combiner.

La figure 6.6 présente une table Fournisseurs et une table Pièces. Dans chaque table, les rangées sont des enregistrements uniques et les colonnes représentent des champs ou les attributs qui décrivent les entités. Pour produire un rapport, l'utilisateur a souvent besoin d'informations issues de plusieurs relations. C'est là que réside la force du modèle relationnel : il peut relier des données d'un fichier ou d'une table à celles d'un autre fichier ou d'une autre table, si les deux fichiers ou tables partagent un élément de données commun, principalement un élément de codification.

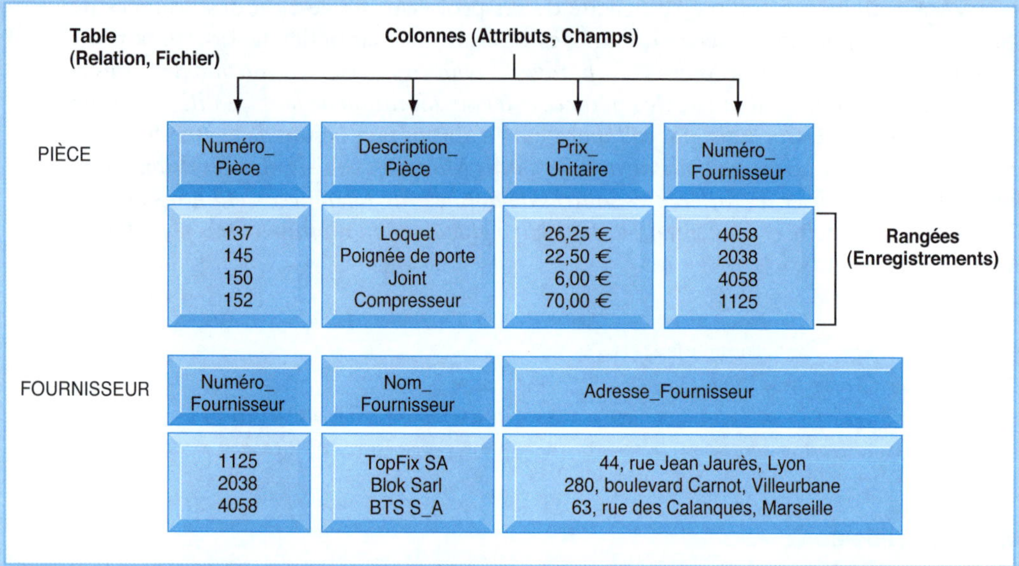

Figure 6.6 – Un modèle relationnel de données.

Pour mieux comprendre ce modèle, supposons que nous recherchions les noms et adresses des fournisseurs susceptibles de vendre la pièce n° 137 ou 152 illustrée dans la base de données relationnelle de la figure 6.6. Notez que ces deux fichiers partagent le même élément de données : NUMÉRO-FOURNISSEUR.

Dans une base de données relationnelle, trois opérations élémentaires servent à élaborer des ensembles de données utiles : *select*, *join*, *project*. L'opération *select* crée un sous-ensemble constitué de tous les enregistrements du fichier qui répondent aux critères énoncés. En d'autres termes, elle crée un sous-ensemble de rangées qui satisfont à certains critères. Dans cet exemple, on souhaite sélectionner des enregistrements (rangées) depuis la table Pièces, où le numéro de pièce correspond à 137 ou 152. L'opération *join* combine les tables relationnelles pour fournir à l'utilisateur plus d'informations que celles contenues dans des tables individuelles. Dans cet exemple, nous voulons relier la table Pièces, maintenant raccourcie (seuls les numéros de pièces 137 ou 152 seront présentés), et la table Fournisseurs pour créer une unique nouvelle table des résultats.

L'opération *project* crée un sous-ensemble de colonnes dans une table ; ainsi, l'utilisateur peut établir de nouvelles tables qui contiennent uniquement l'information qui lui est nécessaire. Dans cet exemple, on souhaite extraire de la nouvelle table des résultats les colonnes suivantes : NUMÉRO-PIÈCE, NUMÉRO-FOURNISSEUR, NOM-FOURNISSEUR et ADRESSE-FOURNISSEUR (voir figure 6.7).

Les systèmes de gestion de base de données relationnelle les plus répandus, destinés aux ordinateurs centraux, sont DB2 d'IBM et Oracle de la société Oracle Corporation. DB2, Oracle et SQL Server de Microsoft sont utilisés comme SGBD pour les ordinateurs de milieu de gamme. Access de Microsoft est un système de gestion de base de données relationnel pour ordinateurs personnels, et Oracle Lite un SGBD pour les petits systèmes de poche.

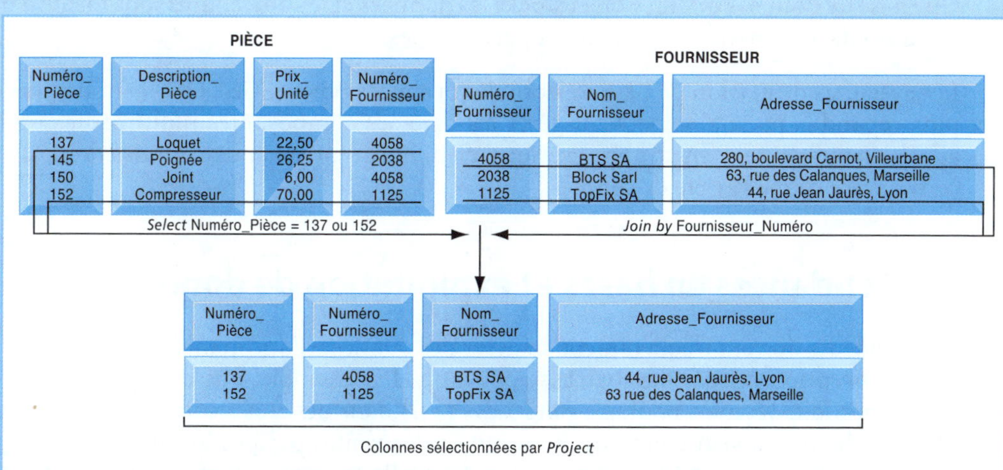

Figure 6.7 – Les trois opérations élémentaires d'un SGBD relationnel.

Modèle hiérarchique et modèle en réseau

Si le modèle relationnel est actuellement le type de SGBD le plus répandu et le plus efficace, d'anciens systèmes fondés sur des modèles hiérarchiques ou des réseaux subsistent encore. On utilise le SGBD hiérarchique pour modéliser les relations de type « un à plusieurs » et il prend la forme d'une structure arborescente. Un segment parent peut avoir plusieurs enfants, mais un enfant ne peut avoir qu'un seul parent. Ces SGBD génèrent des rigidités pénalisantes lors d'évolutions importantes car l'accès à un « enfant » ne peut se faire sans passer par le « parent ». Les performances d'accès s'en ressentent également.

Tandis que les structures hiérarchiques illustrent des relations du type un à plusieurs, les SGBD en réseau représentent logiquement les données dans des relations du type plusieurs à plusieurs. En d'autres termes, les parents peuvent avoir plusieurs enfants et l'enfant, plusieurs parents. La relation statuts d'étudiant et catégories de cours est une relation de type « plusieurs à plusieurs » pour laquelle un SGBD en réseau est très performant. Il existe plusieurs types de cours à l'université et, dans une catégorie donnée de cours, des étudiants de plusieurs catégories.

Bases de données orientées objet

Les systèmes traditionnels de gestion de base de données ont été conçus en fonction de données homogènes, faciles à structurer en champs et en enregistrements prédéfinis organisés selon le type de SGBD. Cependant, pour bon nombre d'applications, il faut disposer de bases de données capables de stocker et de récupérer non seulement des champs structurés composés de caractères alphanumériques, mais aussi des dessins, des images, des photographies, des sons et des vidéos. Les SGBD traditionnels sont mal adaptés au traitement d'applications graphiques ou multimédias. Par exemple, les données de conception d'une base de données CAO sont constituées de relations complexes entre plusieurs types de données, et d'éléments techniques et documentaires. La manipulation de ces types de données dans un système relationnel exige une programmation importante en vue de transformer ces structures complexes en tables.

Une base de données orientée objet stocke les données et les procédures sous forme d'objets automatiquement récupérables et partageables.

Les systèmes de gestion de base de données orientées objet (SGBDOO) sont de plus en plus répandus puisqu'ils peuvent gérer les diverses composantes multimédias où les applets Java, qui servent aux applications Web, intègrent généralement des données en provenance d'une variété de sources.

3 Tendances en bases et exploitation de données

Les décideurs doivent fréquemment analyser des données d'une manière non prévue lors de la conception initiale des logiciels applicatifs. Par exemple, une entreprise qui vend quatre produits (écrous, boulons, rondelles et vis) dans des zones commerciales géographiques distinctes veut connaître les résultats des ventes par produit pour chacune de ces régions et les comparer à ses prévisions. Une telle analyse requiert la possibilité d'une visualisation multidimensionnelle des données. Ce type d'analyse des données s'appelle le « traitement analytique en ligne » (*On Line Analytical Process*, OLAP). Le terme générique « infocentre », ou « *business intelligence* », désigne l'ensemble des outils logiciels dédiés. Certains progiciels sont fournis par l'éditeur du SGBD et d'autres sont proposés avec une offre applicative (module BW, *Business Warehouse*, avec l'ERP de SAP). Toutefois, la plupart sont des progiciels que les entreprises mettent en œuvre en complément de ceux déjà existants, au rang desquels les plus répandus sont les progiciels Cognos, BO (*Business Objects*, racheté par SAP) et Hypérion (racheté par Oracle). On parle également de SI informationnels, pour les distinguer des SI opérationnels de traitement des transactions.

3.1 Les *datawarehouses* et leur exploitation

Les décideurs ont besoin d'une information concise et fiable sur les activités courantes, les tendances et les changements internes comme externes. Pour la plupart des entreprises, on ne dispose que des données courantes – les données historiques ne sont disponibles que par l'intermédiaire de rapports spéciaux de SI, dont la production est longue. Les données sont souvent réparties dans des systèmes opérationnels distincts, comme les ventes ou la paie, de sorte que les différents managers prennent des décisions à partir de bases de connaissance incomplètes. Les utilisateurs et les spécialistes des SI doivent souvent passer beaucoup de temps à repérer et à recueillir des données. Les *datawarehouse*s (entrepôts de données) contribuent à résoudre ce problème. En effet, ils permettent de regrouper en temps différé des données opérationnelles clés qui proviennent de multiples sources et systèmes.

Définition d'un *datawarehouse*

Un *datawarehouse*, composé d'une base de données et de ses outils, regroupe et stocke les données courantes et historiques susceptibles de présenter un intérêt pour les managers d'une entreprise. Les données proviennent de plusieurs systèmes opérationnels et de sources externes, chacun possédant des modèles différents de données. Elles sont répliquées à intervalle régulier dans la base de données du *datawarehouse*, soit toutes les heures, tous les jours, toutes les semaines ou tous les mois. Elles sont normalisées et consolidées dans des indicateurs significatifs par métiers, afin d'être utilisables pour des analyses de gestion et des prises de décision ciblées (on parle alors de « métadonnées »). Il est possible de consulter les données d'un *datawarehouse*, mais non de les modifier.

Le *datawarehouse* (voir figure 6.8) doit être soigneusement conçu, à la fois par les spécialistes en gestion et les spécialistes en systèmes, pour s'assurer de sa pertinence et de sa fiabilité.

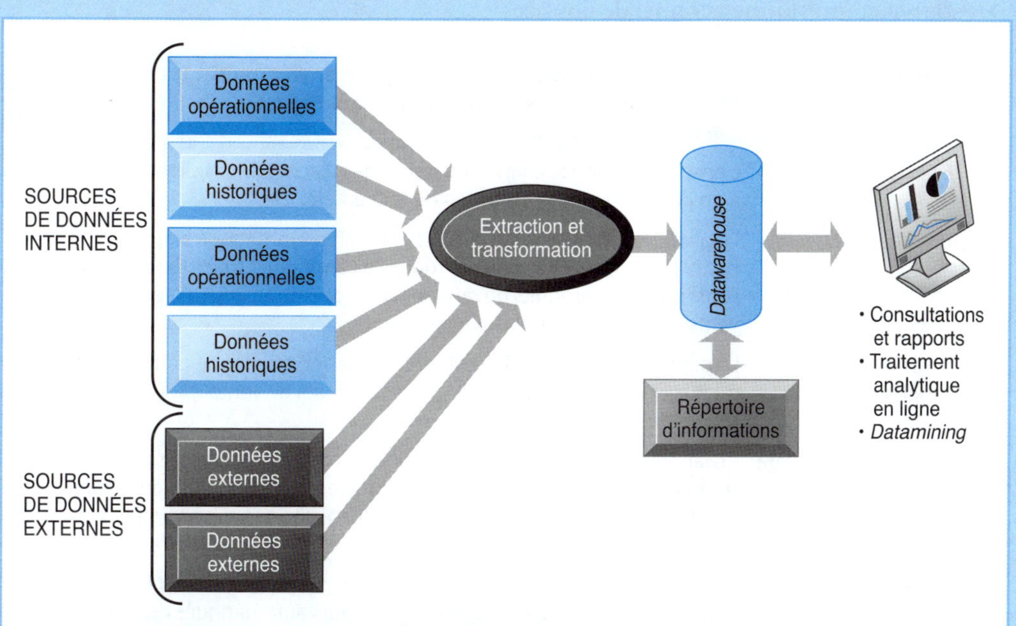

Figure 6.8 – Composants d'un *datawarehouse.*

L'exploitation multidimensionnelle des données du *datawarehouse* est un dispositif logiciel à la fois puissant et rentable, mais qui soulève certaines interrogations en matière de protection de la vie privée. En effet, par ces dispositifs d'exploration (*datamining*), il est possible de combiner des données provenant de diverses sources pour dresser un « profil de données » détaillé de chacun d'entre nous : nos revenus, nos habitudes en matière de conduite automobile, nos loisirs, nos familles, nos opinions politiques, nos activités associatives. La question cruciale est alors de savoir si les entreprises devraient être autorisées à recueillir et stocker autant d'informations si détaillées sur les individus. Le chapitre 4 étudie cette question, traitée différemment selon les pays et leurs législations.

Avantages des *datawarehouses*

La combinaison « *datawarehouse* + *datamining* » (entrepôts de données + logiciels d'infocentre) offre aux décideurs non seulement une information améliorée, mais une facilité d'accès aux données. Un tel *datawarehouse* peut même aider à modéliser et remodéliser des données.

De nombreuses entreprises exploitent toujours leurs fonctions transactionnelles de base sur d'anciens systèmes, tant pour des raisons de continuité opérationnelle que de coûts de remplacement substantiels. Plusieurs de ces systèmes utilisent un SGBD hiérarchique, voire des systèmes de fichiers encore plus anciens sans base de données, où l'information est difficile d'accès pour les utilisateurs. Les *datawarehouses*, exploités sur des systèmes dédiés à cette fonction, offrent aux décideurs un accès illimité aux données dont ils ont besoin, sans aucune incidence sur la performance des systèmes

de production sous-jacents. Beaucoup d'organisations facilitent encore plus l'accès à leurs *datawarehouses via* les technologies Web (voir plus haut, solution Web de BO).
Tableau 6.1 : Comment les entreprises utilisent l'exploration et le regroupement multisource et multidimensionnel de données

Organisation	Applications de l'exploration et regroupement multisource et multidimensionnel de données : combinaison « *datawarehouse + datamining* »
E.Leclerc	L'enseigne française analyse les habitudes d'achat de ses clients qui participent à un programme de fidélisation de la clientèle.
Biscuiterie LU	Le planning promotionnel permet une vision synthétique et graphique de l'activité en cours et à venir sur toutes les enseignes. Une fois l'opération choisie, l'ensemble des produits ouverts sur cette opération apparaît et un plan de vente est généré automatiquement.
Schiever (Auchan, Atac, etc.)	Le pilotage des approvisionnements magasins du groupe permet de prévoir les flux et d'optimiser les stocks dans les points de vente (prévisions de vente, stocks, quantités commandées, etc.).
Smithkline Beecham	Ce laboratoire pharmaceutique explore les données générées par son SI transactionnel pour transformer les données brutes en agrégats significatifs : les utilisateurs du marketing manipulent ensuite ces métadonnées pour des extractions ciblées et inédites.
Caisse d'Épargne	Cette banque utilise les outils de *datamining* pour déterminer les emplacements optimaux de ses distributeurs automatiques de billets pour le grand public. Les 300 types différents de données proviennent de sources internes, mais surtout de sources externes et d'enquêtes menées sur le terrain.

3.2 Bases de données et Web

Étudions à présent le rôle des bases de données hypermédias et l'utilisation croissante des sites Web pour accéder à l'information stockée dans les bases de données traditionnelles au sein des entreprises.

Web et bases de données hypermédias

Les sites Web utilisent des bases de données hypermédias pour stocker l'information sous forme de pages reliées contenant du texte, des sons, des vidéos et des graphiques. Les bases de données hypermédias permettent de stocker des blocs d'information sous forme de nœuds reliés par les liens que l'utilisateur a établis (voir figure 6.9). Les nœuds peuvent contenir du texte, des graphiques, des sons, des vidéos ou des programmes exécutables. La recherche de données ne nécessite pas le suivi d'une structure prédéterminée. Au contraire, l'utilisateur peut accéder, sous réserve de satisfaire aux conditions d'autorisation requises, à des informations connexes, quel que soit le type de relation établie par l'auteur. La relation entre les enregistrements est moins structurée que dans le cas d'un SGBD traditionnel. À l'aide d'une base de données hypermédia, l'utilisateur peut accéder à des sujets dans un site Web dans l'ordre qu'il souhaite. Les sites des sociétés de Vente À Distance (VAD) comme La Redoute ou Les 3 Suisses illustrent cette possibilité.

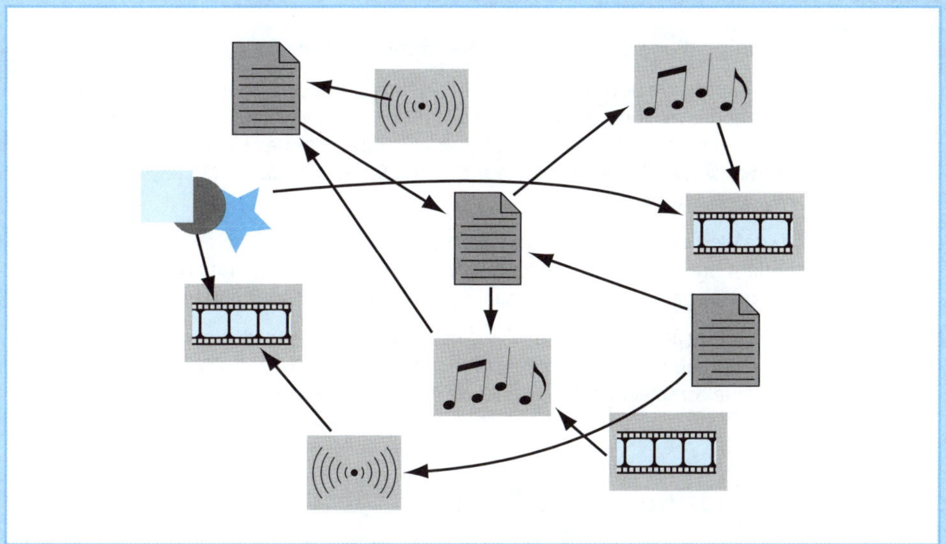

Figure 6.9 – Une base de données hypermédia.

Relier les bases de données au Web

Grâce à divers logiciels, les utilisateurs peuvent désormais accéder, *via* le Web, aux données stockées dans les systèmes traditionnels des organisations. Par exemple, grâce à un navigateur Web, un client peut entrer dans la base de données d'un détaillant et faire une recherche en ligne sur les prix (voir figure 6.10).

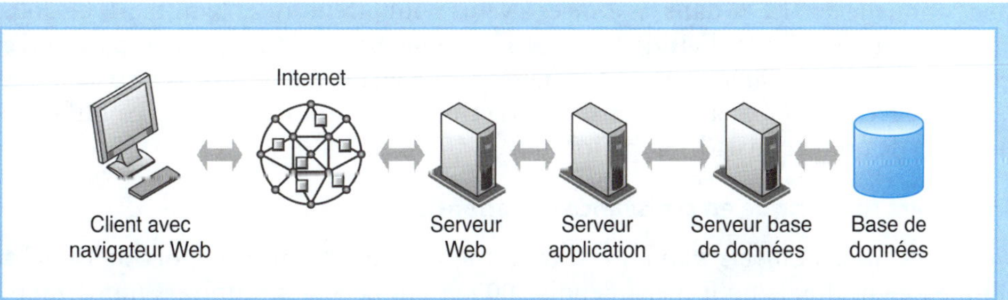

Figure 6.10 – Relier des bases de données internes au Web.

L'utilisation du Web pour accéder aux bases de données internes d'une organisation offre plusieurs avantages. Un navigateur Web est un logiciel gratuit très facile à utiliser, qui requiert beaucoup moins de connaissances que les outils d'interrogation de base de données classiques, même les plus conviviaux. L'interface Web ne nécessite aucun changement dans la base de données. Les entreprises peuvent ainsi récupérer les investissements consentis dans leurs systèmes en place.

Tableau 6.2 : Exemples de bases de données adaptées au Web

Organisation	Utilisation d'une base de données adaptée au Web
fnaim.fr	Cette banque de données du premier réseau européen d'agences immobilières contient des millions de transactions immobilières, avec le prix des maisons et appartements ainsi que leurs photos et caractéristiques. Il existe un lien automatisé avec l'*International World of Real Estate Association* (25 pays) *via* le site www.worldproperties.com.
quechoisir.fr	Ce site Web est relié à une importante base de données, réservée aux abonnés, qui contient notamment des essais de produits, des tests comparatifs et des informations juridiques et administratives pour la protection du consommateur.
bnf.fr	En recourant au Web, la Bibliothèque nationale de France procure aux citoyens un accès facile et pratique à de nombreuses ressources bibliographiques et documentaires, à son catalogue complet et à des dizaines de milliers de documents numérisés.

3.3 Univers numérique et *Big Data*

Pour le McKinsey Global Institute, cabinet d'études en gestion et en économie, le terme de « *Big Data* » décrit des jeux de données dont la taille ou la nature ne permet pas une capture, un stockage, une gestion et un traitement par des outils de gestion de bases de données classiques. Le cabinet ne définit pour autant pas de limite de taille pour le concept de *Big Data* et note que le volume de données considéré comme étant « *Big Data* » peut varier par secteur d'activité (d'une douzaine de To à plusieurs Po). McKinsey précise toutefois qu'il est certain que les données de type *Big Data* progressent à un rythme soutenu.

Englobant des segments existants, le marché du *Big Data* devrait connaître une croissance annuelle de 31,7 % dans les années à venir pour atteindre 23,8 milliards de dollars en 2016 selon le cabinet d'étude IDC. Ce n'est donc pas en 2014 que l'on cessera d'entendre parler du *Big Data*, même si la concrétisation en termes de projets n'est sans doute pas à l'heure actuelle à la hauteur du marketing entourant ce concept. La taille de ce marché a de quoi aiguiser les appétits.

Un univers numérique en croissance exponentielle

Bienvenue dans l'univers numérique, tel est le titre du dernier rapport de l'IDC sur l'étude longitudinale qu'il mène depuis 2005 et qui dévoile un univers numérique en expansion constante, de plus en plus complexe et toujours plus intéressant. L'univers numérique est constitué d'images et de vidéos enregistrées sur des smartphones et chargées sur YouTube, de films numérisés pour les téléviseurs à très haute définition, de données bancaires provenant de tous les distributeurs automatiques du monde, d'enregistrements des caméras de sécurité qui se multiplient, ou encore de données recueillies par les badges d'autoroutes LiberT, les Pass Navigo ou les images des collisions d'atomes dans l'accélérateur du CERN, sous la frontière suisse, sans compter les conversations transmises *via* des lignes numériques ou les milliards de SMS qui transitent de téléphone en téléphone…

Le sixième rapport de l'IDC propose un futur proche à la fois prometteur et inquiétant, dans lequel l'univers numérique devient une sorte de terre promise et sauvage vivant dans les « nuages », au-dessus de vastes *datacenters* reliés à des milliards d'appareils, le tout plus ou moins structuré par des logiciels de plus en plus puissants. Parmi leurs projections, on peut retenir les suivantes :

- En 2020, cet univers sera 300 fois gros qu'il ne l'était en 2005, passant de 130 exaoctets à 40 000 exaoctets (soit plus de 5 200 gigoctets pour chaque être humain en 2020). Entre aujourd'hui et 2020, l'univers numérique va doubler de volume tous les deux ans. La majorité des données (68 % en 2012) est créée et consommée par des particuliers, mais les entreprises sont « responsables » de près de 80 % d'entre elles (qui transitent d'une façon ou d'une autre par leurs réseaux). Le volume de donnée effectivement créé par les individus (documents, photos, sons, etc.) est très inférieur au volume de données créé à leur sujet dans l'univers numérique.
- Les investissements dans ce que l'on peut considérer comme l'infrastructure de cet univers numérique (matériel, logiciels, services, télécommunications et personnels) augmenteront de 40 % entre 2012 et 2020. À un moment ou à un autre de sa création, de son transfert, de sa distribution ou de son stockage, 40 % de ce volume sera passé par une infrastructure de type Cloud Computing. La proportion de données nécessitant une protection (une sécurisation) grandit encore plus vite : de moins d'un tiers des données en 2010 à plus de 40 % en 2020.
- Sur cette même période, la part des marchés émergents (Inde, Chine et reste du monde hors États-Unis et Europe) dans cet univers passera de 36 % actuellement à 62 %.
- Seule une petite fraction de cet univers a été explorée en vue d'être exploitée et, en 2020, un tiers des données sera potentiellement utile si exploité.

Explosion des volumes de données : de nouvelles architectures émergent

L'explosion des données n'est pas un phénomène nouveau. Il s'est juste accéléré et comporte un nombre exponentiel de défis techniques et applicatifs. De nouvelles technologies comme les SSD, le *tiering*, les grilles ou le traitement *in-memory* (le stockage des données **et** les calculs se font en mémoire vive, ce qui permet d'accélérer considérablement les temps de calculs, l'accès à la mémoire vive étant plus de 1 000 fois supérieur à un accès à une mémoire de type ROM – *Read-Only Memory*) sont nécessaires pour y répondre. Les chiffres impressionnant de la croissance de volume des données masquent des évolutions encore plus importantes. Tout d'abord, les données non structurées croîtront cinq fois plus vite que les données structurées. De plus, au-delà du stockage, les défis se concentreront sur la capacité à traiter ces données et à les mettre à disposition des utilisateurs.

Les applications classiques pourront encore se contenter de baies de stockage traditionnelles abritant des grappes de disques attachées à un contrôleur. Mais, depuis un à deux ans, les constructeurs optimisent leurs performances grâce à des technologies de « *tiering* » qui consistent à automatiser le déplacement des données en fonction de contraintes commerciales et applicatives – criticité, volumétrie ou temps d'accès. Le *tiering* opère au sein d'une même baie, en transférant les données entre des disques lents à grandes capacités, et des disques rapides ou SSD très rapides (types de mémoire flash). Le *tiering* ou les caches SSD ne suffiront néanmoins pas à répondre aux contraintes des applications de type *Big Data*, qui imposent le traitement rapide de très grands volumes de données. Plus modulaires, les systèmes de stockage en grilles (*grid computing*) apportent une première réponse. Des architectures encore plus efficaces répartissent les données sur des grilles de serveurs exécutant des algorithmes parallélisés, comme Hadoop.

Hadoop trouve ses racines dans des technologies propriétaires de Google. En 2004, le moteur de recherche a publié un article de recherche présentant son algorithme MapReduce, conçu pour réaliser des opérations analytiques à grande échelle sur un grand nombre de serveurs et sur son système de fichiers en grappes, Google Filesystem (GFS). Doug Cutting, qui travaillait alors sur le développement du moteur de recherche libre Apache Lucene et butait sur les mêmes problèmes de taille qu'avait rencontrés Google, s'est alors inspiré des concepts décrits par ce dernier et a décidé de développer en *open source* ce dont il avait besoin. Employé chez Yahoo, il s'est alors lancé dans le développement de ce qui est devenu le projet Hadoop. Celui-ci n'a pas été conçu pour traiter de grandes quantités de données structurées à grande vitesse, mais de grands volumes de données non structurées tels que des documents textuels, des images, des fichiers audio, etc., et ce à très grande échelle.

Pour terminer la mise en place de l'écosystème *Big Data*, il reste un point fondamental souvent omis : la sécurisation et l'archivage des données non structurées. L'objectif est de pouvoir archiver/sauvegarder les données non structurées à des fins de réutilisation éventuelle, et de faire face à la croissance des volumes en les stockant sur un support approprié en fonction de leur « fraîcheur ». En effet, une grille de type Hadoop établit sa sécurité sur la duplication des données, mais si une donnée est corrompue, ses copies le sont aussi. En outre, cette grille est là pour permettre un traitement à un instant *t* (vélocité) sur les données. Une fois ce traitement effectué, les données sur la grille sont souvent remplacées par des données plus récentes. Dans certains cas, il peut être intéressant de pouvoir retrouver les données initialement capturées, pour les analyser sous un autre angle, pour des besoins de vérification et, dans tous les cas, pour pouvoir les restaurer en cas d'incident de corruption.

Une nouvelle génération de « *Data Scientists* »

Face à ce déluge, une nouvelle génération de professionnels est requise, capable de dégager une vision claire, utile et ordonnée de cet incroyable volume d'informations mis de toutes parts à notre disposition. « Data hominem, *ainsi auraient pu être appelés ces spécialistes qui savent collecter, analyser les données pour ensuite les appliquer de manière utile et productive au service de l'entreprise* », explique Jean-Yves Pronier, directeur marketing d'EMC. « *Aux États-Unis, on les a surnommés* Data Scientists », ajoute-t-il, tout en soulignant préférer l'appellation française d'« experts en science des données ».

Ces experts devraient être très demandés : pour les seuls États-Unis, McKinsey estime ainsi qu'il manquera en 2018 entre 140 000 et 190 000 salariés disposant d'une expertise avancée en analyse de données et environ 1,5 million de gestionnaires de données. Leur place se situe évidemment d'abord dans l'entreprise, mais aussi dans les services publics, deux secteurs où le traitement de ces grands volumes de données pourrait générer de considérables gains de productivité, mais aussi contribuer à l'amélioration des services rendus aux clients ou citoyens. Ces spécialistes, en extrayant la substantifique moelle des vastes quantités de données à leur disposition, peuvent en effet détecter les tendances qui feront l'avenir, identifier de nouveaux mécanismes de fraudes et anticiper des problèmes à venir, autant d'informations précieuses pour les responsables métier.

3.4 Quels défis pour les DSI

Comme le souligne l'étude de McKinsey de 2012, *Big Data: The next frontier for innovation, competition, and productivity*, la maîtrise des données (dans leur diversité) et la capacité à les analyser produisent un impact fort sur l'apport que l'informatique (la DSI) peut fournir aux métiers pour trouver de nouveaux axes de compétitivité. Pour ne citer que deux exemples, McKinsey estime que l'exploitation du *Big Data* pourrait permettre d'économiser plus de 250 milliards d'euros sur l'ensemble du secteur public européen (identification des fraudes, gestion et mesures de l'efficacité des affectations des subventions et des plans d'investissements, etc.). Quant au secteur marchand, la simple utilisation des données de géolocalisation pourrait permettre un surplus global de 600 milliards d'euros, toujours en Europe.

Le défi pour la DSI est dans la chaîne de valeur globale : savoir acquérir et stocker un volume important de données variées et mouvantes, et être capable de fournir les éléments (outils) aux métiers pour en tirer du sens et de la valeur. Afin de traiter ces données (non structurées), il est nécessaire de mettre en œuvre des technologies complémentaires aux solutions déjà en place pour gérer les données structurées des entreprises. Ces nouvelles technologies sont initialement issues des centres de R&D des géants de l'Internet, les premiers à être confrontés à ces masses d'information non structurées. De nouveaux outils apparaissent, tels que le *TextMining* (recherche dans des données) et de *WebMining* (recherche dans des pages Web). L'enjeu aujourd'hui consiste à amener ces solutions au sein de l'entreprise de manière industrialisée, avec à la fois la maîtrise de l'intégration de l'ensemble des composants (matériels et logiciels) et leur support sur les trois étapes fondamentales que constitue une chaîne de valeur autour du *Big Data* : acquérir, organiser et distribuer.

1. **Acquérir :** une fois les sources de données identifiées (avec les métiers), il faut pouvoir les stocker à moindre coût avec de fortes capacités d'évolution (par la volumétrie concernée et la rapidité de croissance) à des fins d'extraction d'informations.
2. **Organiser :** associer un premier niveau d'index {clé,valeur} sur ces données non structurées avec NoSQL (pour *Not Only SQL*). L'information ainsi extraite de cette grille de données non structurées devient une partie du patrimoine de l'entreprise et a toute sa place dans les données structurées, qui sont ainsi fiables et à « haute densité » d'information. C'est pourquoi, l'extraction d'information des données non structurées nécessite également une passerelle vers l'entrepôt de données de l'entreprise pour enrichir le référentiel. Cette passerelle doit être en mesure d'absorber d'importants volumes d'information dans des temps très courts.
3. **Distribuer :** la dernière étape réside dans la mise à disposition de l'information aux métiers pour leur permettre d'en tirer la quintessence, à savoir **analyser et visualiser**. L'enjeu consiste à fournir les capacités de produire une analyse dynamique sur un gros volume de données (cubes décisionnels) avec la possibilité de visualiser les plans d'analyses simplement sur plusieurs dimensions. L'intérêt réside également dans la vision agrégée au sein du référentiel enrichi, suite à des extractions directes ou *via* un véritable tableau de bord métier dynamique que l'on interface au référentiel et qui permet d'analyser de très gros volumes directement en mémoire avec des mécanismes de visualisation multifacettes, pour non seulement trouver ce que l'on cherche mais aussi découvrir ce que l'on ne cherche pas... Cette opération est possible grâce à l'identification (visuelle) d'axes de recherches que les utilisateurs n'avaient pas forcément anticipés au départ.

La donnée devient donc essentielle, mais son importance croissante ne met pas pour autant le DSI au placard. On voit néanmoins apparaître la fonction de *Chief Data Officer* (CDO), dont la fonction est de gérer le patrimoine numérique au sein de l'entreprises et d'en tirer de la valeur. Les grands cabinets de conseil ont tendance à promouvoir cette nouvelle fonction. Mais, parmi 300 grandes entreprises interrogées par Gartner, seules 2 % ont nommé un CDO. Selon l'analyste Douglas Laney (Gartner), qui s'exprimait à l'occasion de la conférence *Business Intelligence et management de l'information* organisée par Gartner à Sydney en février 2013, le CDO n'est « pas une mode. Je dirais que 50 % de ces entreprises [les grandes multinationales] auront un CDO au cours des trois prochaines années. » Laney reconnaît néanmoins que le DSI pourrait assurer cette charge. Une organisation comprenant CDO, DT et DSI, assurant la gouvernance d'unités *business*, technologie et information, n'est cependant pas adaptée à toutes les entreprises.

3.5 La France et le *Big Data*

Le niveau de maturité des entreprises françaises face au *Big Data*

Le « *Big Data Index* » a pour objectif de mieux évaluer la perception qu'ont les entreprises françaises du *Big Data* et la réalité des initiatives prises dans ce domaine. Produit par EMC avec IDC, il repose sur deux enquêtes conduites en France en juin et juillet 2012 auprès de 160 entreprises de plus de 200 salariés dans les métiers Études/Projets décisionnels ou IT/Infrastructures.

Selon le *Big Data Index* pour la France, 70 % des entreprises déclarent ne pas avoir d'initiatives ou de réflexion dans le domaine du *Big Data*. Une entreprise sur deux a le sentiment d'être très en retrait par rapport à la moyenne de la profession dans le domaine, et le manque d'expertise technologique en interne est perçu comme le principal frein. Pour 64 % des équipes IT, la collaboration des services informatiques et des entités métier devra être renforcée. Plus de la moitié des projets *Big Data* concernant l'analyse financière (58 %) et la connaissance client (53 %).

Mais au-delà de ces seules enquêtes, les entreprises du monde francophone sont néanmoins en train de prendre conscience de l'importance du sujet, comme en témoignent les préoccupations des groupements professionnels (le congrès annuel de l'USF de 2012 était centré sur ce sujet). Le monde académique s'est également saisi de cette problématique comme le montre le colloque de l'Association Informatique et Management (AIM) qui s'est tenu en mai 2013, également centré sur le *Big Data*.

Au-delà de la contribution du *Big Data* pour prendre de meilleures décisions et améliorer les processus existants, il est considéré comme un vecteur d'innovation. Il permet d'être non seulement plus réactif, mais aussi plus proactif sur le marché. Les salariés responsables informatiques Études ou Infrastructures perçoivent le phénomène *Big Data* de façon positive. Pour 75 % d'entre eux, il s'agit d'un sujet important, et pour 58 % d'entre eux, ce sujet nécessite fortement l'implication de la direction générale et peut contribuer à renforcer d'une manière ou d'une autre la capacité d'innovation de leur organisation.

Grâce aux technologies *Big Data*, 59 % des personnes interrogées estiment qu'elles pourraient tirer parti de données jusqu'alors inaccessibles. Pour 40 % d'entre elles, le *Big Data* rend possible de nouveaux modèles économiques fondés sur la réactivité et l'interactivité en temps réel. Parmi les entreprises interrogées, 60 % utilisent ou prévoient d'utiliser des technologies *Big Data*.

L'intérêt pour le *Big Data* se diffuse progressivement au sein des directions informatiques et reste avant tout un sujet « métier » au cœur des enjeux de compétitivité des entreprises. Les résultats de l'étude témoignent encore d'une différence de maturité et d'intérêt pour le *Big Data* entre les entités « métier » et « informatiques » de l'entreprise, et même entre les équipes Études et Infrastructures au sein des directions informatiques. La grande majorité des responsables des départements Études interrogés observent une demande croissante de la part des entités métier (Marketing et Finance en particulier). Conscients de ces bénéfices potentiels, les responsables Études interrogés tentent d'y répondre : 52 % ont engagé un dialogue avec des entités métier sur ces enjeux.

Cette étude reflète bien le chemin qui reste à parcourir avec, d'une part, une élite qui crée les premiers cas d'usage et, d'autre part, la masse des autres entreprises qui l'observe prudemment avant d'aller plus loin. D'autres études réalisées début 2012 montrent que les entreprises françaises se sentent moins prêtes à s'engager dans une démarche *Big Data* que leurs homologues américains, britanniques et allemands (par exemple 55 % des entreprises françaises déclarent ne pas se sentir prêtes, contre 47 % des entreprises allemandes).

Des exemples de projets innovants de type *Big Data* en France

Chef Jérôme, PathoQuest ou encore Data Publica sont des *start-up* françaises qui imaginent des projets utilisant le potentiel du *Big Data* dans des secteurs aussi divers que la chirurgie augmentée ou la publicité sur Internet. Ces *start-up* tirent parti des efforts de développement commercial de SAP, qui espère bien positionner HANA comme une brique majeure du *Big Data*, et a ouvert un programme spécial *start-up*. Lors de la réunion autour de son produit SAP HANA, SAP a donc invité une vingtaine d'entreprises françaises à présenter leurs projets sur sa plateforme. Vous trouverez ci-dessous des informations sur quelques-uns de ces participants du programme SAP (rassemblés par Christophe Auffray, chef de rubrique IT Management chez ZDNet).

La *start-up* Chef Jérôme se positionne au carrefour de « l'alimentaire et du *datamining* ». Elle propose dans ce cadre des moteurs de recherche, des moteurs de recommandation et de l'analyse de données pour le compte d'entreprises de l'alimentaire, dont des distributeurs. Chef Jérôme travaille sur un format publicitaire (une interface d'achat) intégré sur des sites de cuisine, dont Marmiton.org. Ce format associe des produits (des ingrédients) et des recettes. « *Ce que nous sommes en train de construire, c'est un moteur de recommandation qui soit "temps réel" et surtout bâti sur une compréhension ontologique des données. Pour cela, on accumule un certain nombre d'éléments : une ontologie, des données produits, des données utilisateurs et le contexte temps réel* », détaille Antoine Durieux, fondateur et dirigeant de Chef Jérôme.

Start-up du secteur biomédical, PathoQuest se focalise sur le diagnostic de pathogènes (bactéries et virus) chez l'homme. Son ambition : se positionner comme la première e-compagnie du diagnostic médical exploitant les dernières techniques de séquençage à très haut débit en mode SaaS. « *Pour tester la présence d'un virus ou d'une bactérie, on itère jusqu'à trouver. Cela peut durer plusieurs heures et jusqu'à plusieurs semaines* », définit Charles Hébert, fondateur et président de PathoQuest. L'objectif de PathoQuest est de raccourcir ces délais (moins de 24 heures), sachant que l'analyse de chaque échantillon génère plusieurs To de données. « *Aujourd'hui, nous avons à cross-référencer un grand nombre de bases de données qui existent dans le public ou dans le privé. Et ces bases sont de différents types : documents, entrepôts de clés de valeurs qui peuvent dépasser le milliard d'entrées et enfin des bases plus classiques de type relationnelles où on peut dépasser les 130 à 140 milliards de données* », ajoute le P-DG de PathoQuest. Avec HANA et les technologies existantes comme Hadoop, l'entreprise souhaite ainsi par exemple pouvoir comparer plusieurs échantillons et patients afin de constituer une base documentaire, réaliser du *datamining* sur les données, introduire de l'intelligence, etc. La finalité est toujours la même : raccourcir le temps nécessaire à l'analyse et à l'établissement du diagnostic.

Data Publica développe des jeux de données, notamment sur mesure, qu'elle livre ensuite par *Application Programming Interface* (API) sous forme d'abonnement. Données et sources sont diverses et peuvent provenir du Web, de l'Open Data ou de clients de Data Publica. Les données et indicateurs extraits ne sont pas statiques et sont donc actualisés. « *Nous manipulons un très gros volume d'indicateurs. Et aujourd'hui nous atteignons plusieurs To de données. Et comme ces indicateurs, nous devons les recombiner, faire des agrégations, nous sommes confrontés à des limites pour les présenter en temps réel par le biais de nos API. Cela fait donc du sens de pouvoir stocker ces informations en mémoire* », décrit Christian Frisch, directeur technique de Data Publica.

3.6 Conclusion sur le *Big Data*

On décrit souvent le *Big Data* par les 3 V :

- **Volume :** le *Big Data* commence au seuil à partir duquel le volume de données devient difficile à gérer dans une solution de base de données relationnelle. Les avancées technologiques permettant de repousser ce seuil toujours plus loin sans remettre en cause les normes des DSI, l'aspect volume pur ne suffit pas pour caractériser une approche *Big Data*.
- **Vélocité ou Vitesse :** le *Big Data* nécessite également une notion temporelle forte associée à de gros volumes, c'est-à-dire la capacité de capturer une masse de données mouvante pour pouvoir soit réagir quasi en temps réel face à un événement soit le revisiter ultérieurement avec un autre angle de vue.
- **Variété :** le *Big Data* peut certes traiter des données structurées, mais aussi l'ensemble des données accessibles à une entreprise. À l'heure du numérique, de la dématérialisation, des réseaux sociaux, des fournisseurs de flux de données, du Machine2Machine, de la géolocalisation, etc., la variété des données accessibles est importante, en perpétuelle évolution (qui sera le prochain Twitter ou Facebook, Google+ ?) et rarement structurée.

À ces 3 V qui définissent le *Big Data* de manière générale, Éric Bezille, CTO *Oracle Systems France*, en ajoute deux : visualisation et valeur. Il s'explique : « *La visualisation, car face à ce volume de données, sa variété et sa vélocité, il est primordial de pouvoir se doter des moyens de naviguer au sein de cette masse, pour en tirer (rapidement et simplement) de l'information ; la valeur, afin de trouver ce que l'on cherche mais aussi de bénéficier d'un atout intéressant au travers de la diversité des données non structurées couplées aux données structurées de l'entreprise : la sérendipité, soit trouver ce que l'on ne cherchait pas (le propre de beaucoup d'innovations) !* »

4 Gérer les données comme une ressource clé de l'entreprise

Créer une base de données n'est qu'un préliminaire nécessaire. Pour s'assurer que les données demeurent pertinentes, fiables et accessibles à ceux qui en ont besoin, une entreprise doit disposer de procédures adaptées et entrer dans l'ère de la gestion des données de référence (MDM). Il s'agit d'un concept en vogue depuis quelques années et, comme tout ce qui est à la mode, il est facilement détourné et souvent mal compris.

Le MDM a pour objectif de résoudre le (vieux) problème des données incohérentes, dupliquées dans différents systèmes, disséminées dans l'entreprise et, finalement, de mauvaise qualité. La solution proposée relève donc d'une « discipline », supportée par des technologies, qui va viser à garantir l'uniformité, l'exactitude, la cohérence sémantique et le « pilotage » des données critiques de référence, partagées à travers l'organisation (objet du *Master Data Management*). Bien appliquée, elle est censée permettre d'améliorer l'agilité et la performance des processus métier.

Selon le cabinet d'études Gartner, les revenus du marché du MDM se sont élevés à 1,5 milliard de dollars en 2010. Le taux de croissance annuel moyen attendu est de 18 %, pour dépasser les 3 milliards de dollars à l'horizon 2015.

4.1 Établir une stratégie de gestion de l'information

La **stratégie de gestion de l'information** d'une entreprise définit les règles relatives au partage, à la diffusion, à l'acquisition, à la standardisation, au classement et au stockage des informations. Elle établit des procédures spécifiques et l'obligation de rendre des comptes. Elle nomme les utilisateurs et les unités organisationnelles qui peuvent partager des informations, où celles-ci peuvent être réparties, et les personnes responsables de leur mise à jour et de leur sauvegarde. Une stratégie de gestion de l'information peut par exemple préciser que seules certaines personnes travaillant à la comptabilité ou aux ressources humaines ont le droit de consulter et de manipuler les données personnelles des employés, comme leur salaire ou leur numéro de sécurité sociale. Ces services peuvent également avoir pour responsabilité de veiller à l'exactitude des informations relatives aux employés.

Toute entreprise, petite ou grande, a besoin d'une stratégie de gestion de l'information. Les données d'une entreprise sont une ressource capitale, et elle veut éviter que n'importe qui y accède. Il faut établir des règles concernant l'organisation et la sauvegarde des données, et désigner les personnes qui y ont accès et qui sont autorisées à les modifier. Dès que deux processus utilisent des données (« maîtresses ») communes, le risque d'être confronté aux problématiques d'hétérogénéité des données existe. Que l'entreprise soit petite ou non, que la façon d'envisager cette problématique soit formelle ou non, que l'on utilise une solution spécialisée ou non, en pratique, il s'agit bien de MDM.

Si vous êtes une petite entreprise, il est essentiel que les gérants ou les managers élaborent et mettent en œuvre la stratégie de gestion de l'information. Dans une grande entreprise, la gestion et la planification de l'information en tant que ressource appartenant à la société nécessitent souvent une administration formelle des données. L'**administration des données** concerne les stratégies et les procédures spécifiques nécessaires à la gestion des données en tant que ressources organisationnelles. Ces responsabilités englobent la mise en œuvre d'une stratégie de gestion de l'information, la planification des données, le développement logique d'une base de données et d'un dictionnaire des données et, enfin, le contrôle de l'utilisation des données par les spécialistes des SI et des utilisateurs finaux.

Parmi les réponses fournies par les entreprises lorsqu'on leur demande si elles ont une stratégie de gestion des données, on retrouve souvent deux propositions : le *datawarehouse* et l'ERP. Or le fait de disposer d'un *datawarehouse* n'implique pas qu'il héberge une version unique des données utilisées dans toute l'organisation et tous les processus, analytiques et opérationnels. De même, la solution progicielle ERP utilisée ne couvre sans doute pas tous les métiers et tous les processus de l'entreprise, même si c'était l'intention initiale ; de nouveaux composants ont sans doute été ajoutés ou juxtaposés dans le SI de l'entreprise. Même si ERP et *datawarehouse* peuvent contribuer à une stratégie de gestion des données clés de l'entreprise, ils ne constituent pas une réponse à ce défi, qui est avant tout d'ordre organisationnel et non informatique.

4.2 La gestion des données de référence n'est pas un projet informatique

Tout d'abord, il convient de comprendre que le MDM n'est pas une technologie. Cette dernière n'intervient qu'en support de l'approche, qui doit se concentrer sur la compréhension des processus métier, de leur fonctionnement et de l'utilisation que ces processus font des données « maîtresses ». Les données, même si elles sont gérées par l'informatique, appartiennent aux utilisateurs « métier » ; ils sont donc les premiers concernés par les problèmes qui les affectent et doivent ainsi piloter les solutions à mettre en place. Comme pour beaucoup de « nouveaux » concepts (par exemple, *Service Oriented Architecture*, SOA), c'est en oubliant ce point de vue que de nombreux projets se terminent par des échecs cuisants.

De même, le MDM n'est pas un projet dans le sens habituel du terme, c'est-à-dire avec un début et une fin, un livrable final à tester et valider, et à mettre en place. En réalité, il s'agit d'un programme opérationnel permanent, qui doit transformer en profondeur les méthodes de gestion et d'utilisation des données par les « métiers ». Naturellement, ce programme stratégique est jalonné par une succession de projets.

Compte tenu de ces éléments, il devient clair que le MDM ne doit pas être un sujet appartenant à la DSI, même si elle va bien sûr être impliquée. Ce sont bien les métiers et les cas d'utilisation réels qui doivent guider la mise en place. La DSI ne doit être qu'un facilitateur et un fournisseur de conseil et de support. Enfin, toutes les offres ne sont pas identiques. Les fournisseurs ont tous des spécialités, par domaine, par industrie, par style d'implémentation, etc. Une sélection avisée doit être réalisée pour trouver la solution la plus adaptée à un contexte donné.

La DSI et le fournisseur doivent œuvrer ensemble, en fonction du contexte particulier de l'organisation, afin de soutenir les besoins métier et de mettre en œuvre les meilleures solutions possibles, compte tenu des contraintes liées à l'évolution de l'organisation. Par exemple, dans le cadre d'une fusion-acquisition, la migration des données constitue un réel défi pour les entreprises et peut, dans certains cas, devenir un véritable cauchemar.

Ces situations de fusions-acquisitions révèlent de manière très aiguë la question du lien entre fiabilité et redondance des données dans des bases multiples. Il est essentiel de prendre en compte ce risque qui existe dans toutes les organisations, qu'elles soient concernées ou pas par des fusions-acquisitions.

Les experts s'accordent pour identifier l'ampleur croissante de la problématique de la qualité des données. Une grande entreprise doit de plus disposer d'un groupe chargé de la conception et de la gestion des bases de données. Ce groupe est affilié au service des SI, chargé de définir et d'organiser la structure et le contenu de la base de données et de veiller à son bon fonctionnement. En étroite collaboration avec les utilisateurs, le groupe de conception établit la base de données physique, les liens logiques entre les différents éléments ainsi que les règles d'accès et les procédures de sécurité. Les fonctions qu'il rassemble sont regroupées dans ce que l'on appelle l'« **administration de bases de données** ».

4.3 Assurance qualité des données

Pris dans son ensemble, le travail à réaliser paraît insurmontable. Mais on peut plus ou moins facilement l'entreprendre par étapes, un domaine après l'autre, progressivement. Gouvernance et qualité des données maîtresses sont des composantes essentielles d'un programme de MDM.

Une base de données et une stratégie de gestion de l'information bien conçues contribuent déjà largement à s'assurer que l'entreprise possède les informations dont elle a besoin. Il est toutefois nécessaire de prendre des mesures supplémentaires pour avoir la garantie que les informations présentes dans les bases de données de l'entreprise sont exactes et restent fiables.

Que se passerait-il si le numéro de téléphone d'un client ou le solde de son compte était erroné ? Quel serait l'impact si le prix d'un de vos articles était mauvais dans votre base de données ou si votre système des ventes et votre système de réapprovisionnement affichaient des prix différents pour un même produit ? Ces incohérences, ces erreurs, ces inexactitudes peuvent engendrer de mauvaises décisions, le rappel de certains produits et des pertes financières. Des données erronées dans le contexte de la justice pénale ou le Conseil de sécurité de l'État peuvent aller jusqu'à une mise sous surveillance ou une détention malencontreuses.

Gartner Inc. a indiqué que plus de 25 % des informations jugées primordiales dans les bases de données des grandes entreprises du Top 1000 américain se révèlent inexactes ou incomplètes. Il s'agit de mauvais codes ou de mauvaises descriptions produits, d'erreurs dans les inventaires ou les données financières, d'inexactitudes sur les informations fournisseurs ou les données des employés (Gartner, 2007). Une étude de Sirius Decisions (société américaine d'études et de conseil) sur « l'impact des données erronées sur la création de la demande » a montré que 10 à 25 % des données clients ou prospects comportaient des erreurs majeures. Corriger ces erreurs à la source et adopter de meilleures pratiques pour revoir à la hausse la qualité des données a permis d'augmenter la productivité du processus de vente et de générer 60 % d'augmentation du revenu.

Il vous est certainement arrivé de recevoir plusieurs fois le même courrier publicitaire, probablement parce que votre nom apparaît à plusieurs reprises dans une base de données. Peut-être a-t-il été mal orthographié ou bien avez-vous utilisé une première fois votre nom de jeune fille et la fois suivante votre nom de femme mariée. Il se peut également que l'information ait d'abord été inscrite sur un formulaire papier et qu'une erreur se soit produite lorsque celui-ci a été scanné dans le système. Compte tenu de ces divergences, la base de données considère qu'il s'agit de plusieurs personnes.

Si une base de données est bien conçue et que des normes s'appliquant à toute l'entreprise ont été établies concernant les données, les éléments en double ou erronés devraient être peu nombreux. Les problèmes de qualité des données (tels que les noms mal orthographiés, les nombres inversés ou les codes manquants) ont lieu au moment de la saisie. Ce type d'erreur se produit de plus en plus depuis que les entreprises déplacent leurs activités sur le Web et autorisent leurs clients et leurs fournisseurs à saisir sur leur site Internet des données ensuite directement intégrées dans leurs systèmes internes.

Avant de mettre en place une nouvelle base de données, les entreprises doivent repérer et corriger les données erronées, puis instaurer de bonnes habitudes de modification une fois que la base est opérationnelle. L'analyse de la qualité des données commence le plus souvent par un audit qualité de ces données. Il s'agit d'une enquête structurée portant sur le niveau d'exactitude et d'exhaustivité des données contenues dans le SI. Il est possible de réaliser ces audits en contrôlant des fichiers entiers de données, en se limitant à des échantillons ou en interrogeant les utilisateurs finaux quant à leurs impressions sur la qualité des données.

Le **nettoyage de données** (également appelé *data cleansing* ou *data scrubbing*) consiste à détecter et à corriger les informations incorrectes, incomplètes, mal formatées ou redondantes dans une base de données. Il corrige non seulement les erreurs, mais il renforce aussi la cohérence entre les différents ensembles de données apparus dans des SI séparés. Les logiciels spécialisés dans le nettoyage de données permettent d'interroger les fichiers de données, d'y corriger les erreurs et d'homogénéiser les données pour toute l'entreprise.

Résumé

Des logiciels techniques nommés « SGBD » (systèmes de gestion de bases de données), dont le type relationnel est le plus répandu, assurent la gestion des données d'un point de vue technique. Par rapport aux méthodes de gestion traditionnelle des fichiers, les SGBD ont permis un découplage entre la structuration des données et leur utilisation par les logiciels d'application. La qualité de la conception de la base de données est cruciale pour la qualité du SI. Il convient de définir chaque champ ou zone élémentaire (codification, libellé explicatif, valeur numérique, etc.) avec ses attributs, puis d'identifier les relations de cette donnée avec les autres. Une fois la conception réalisée, il faut renseigner, puis actualiser le contenu de la base et faire face au double écueil de la redondance et de l'incohérence.

Aujourd'hui, on assiste à l'explosion des données numériques. Ce phénomène représente une source potentielle de profit pour les entreprises : les sociétés de conseil cherchent à développer des outils capables de traiter et d'extraire du sens de cette masse d'informations non structurées, et les entreprises attendent des résultats leur permettant de mieux identifier les comportements de leurs clients et leurs attentes.

Grâce à une base de données régulièrement mise à jour, on peut répondre aux besoins de traitements récurrents et opérationnels par des logiciels applicatifs. À l'aide des outils d'infocentre (*datamining* associé au *datawarehouse*), il est cependant également possible d'adresser des requêtes inédites et d'en obtenir la réponse sans passer par un développement logiciel spécifique. Ces requêtes peuvent être soumises par des utilisateurs autorisés mais éloignés, *via* des outils de type Web.

Ces outils techniques de gestion des données, tels que les SGBD ou *datawarehouse* évoqués ci-dessus, n'entraînent cependant pas automatiquement la qualité des données et l'existence d'une stratégie de gestion des données. Ce sont les directions métier, certes soutenues par la DSI, qui doivent définir et mener ces stratégies afin de mettre en adéquation leurs besoins métier et les solutions techniques mises en œuvre.

Activités

Questions de révision

1. Énumérez et décrivez chaque composant dans la hiérarchie des données.
2. Définissez les termes suivants : entité, attribut, champ clé et codification.
3. Énumérez et décrivez les problèmes posés par les modalités traditionnelles d'exploitation des fichiers.
4. Définissez la « base de données » et le « système de gestion de base de données ».
5. Nommez et décrivez brièvement les composants d'un SGBD.
6. Dressez la liste des avantages d'un SGBD et des solutions qu'il propose pour résoudre les problèmes liés aux modalités traditionnelles d'exploitation des données.
7. Décrivez les principaux types de bases de données et les avantages et désavantages de chacun.
8. Qu'est-ce que la normalisation des données dans une organisation ? Comment est-elle liée aux caractéristiques d'une base de données relationnelle bien conçue ?
9. Qu'est-ce qu'un *datawarehouse* ? Quels en sont les avantages pour les organisations ?
10. Qu'est-ce qu'une base de données hypermédia ? En quoi diffère-t-elle d'une base de données traditionnelle ?
11. Qu'est-ce que le *Big Data* ? En quoi les problématiques liées au *Big Data* nécessitent-elles des approches différentes des grandes bases de données classiques ?
12. Quels sont les dispositifs et les approches permettant à une entreprise de maintenir et d'améliorer les contenus de ses bases de données ?

Exercices de synthèse

1. Décrivez les notions et les termes liés à l'organisation des fichiers, ainsi que les problèmes posés par les modalités traditionnelles de leur exploitation.
2. Décrivez l'organisation de l'information dans un système de gestion de base de données et comparez les principaux modèles de base de données.
3. Évaluez les tendances en matière de bases de données et les technologies associées.
4. Définissez les principaux défis posés par la gestion des données (en tant que ressource clé de l'entreprise) et les solutions applicables.

Questions de réflexion

1. « La qualité des données gérées informatiquement est essentiellement liée à la qualité de leur saisie. » Êtes-vous d'accord avec cette affirmation ? Justifiez votre réponse.
2. Dans quelle mesure les utilisateurs finaux devraient-ils participer à la conception d'une base de données et à la sélection d'un système de gestion de base de données ?

Exercice sur le Web : interroger des bases de données en ligne

Sur Internet, vous pouvez accéder à de très nombreuses bases de données afin de trouver des services et des produits dans des régions ou des pays lointains. Votre entreprise, située à Reims, à 130 km au nord-est de Paris, fabrique divers types de fournitures de bureau. Récemment, vous avez trouvé de nouveaux clients en Europe de l'Est (Pologne, Roumanie, Hongrie et République tchèque notamment). D'après une étude, votre présence dans cette zone augmenterait considérablement vos ventes. Cette étude vous suggère même qu'il serait plus avantageux de fabriquer sur place certains produits. Vous devrez d'abord ouvrir un bureau à Prague, puis commencer à y vendre des produits fabriqués en France. Vous pourrez ensuite songer à produire localement.

Vous vous apprêtez à partir pour Prague afin de préparer l'ouverture d'un bureau et vous désirez rencontrer des organisations qui vous épauleront. Vous devez retenir les services d'individus ou d'organisations qui vous aideront à ouvrir votre bureau : avocats, comptables, spécialistes en import-export, entreprises en équipement et en services de télécommunications, et même formateurs qui participeront à la préparation de vos futurs employés. Dressez une liste des personnes et des entreprises que vous rencontrerez pendant votre séjour afin de déterminer si elles peuvent vous aider dans ces domaines et dans tout autre domaine que vous jugerez essentiel à la réalisation de votre projet. Commencez votre recherche en vous renseignant auprès du ministère de l'Économie et des Finances, du Centre Français du Commerce Extérieur (CFCE) ou de la Coface sur la façon de faire des affaires dans cette partie de l'Union européenne. Essayez ensuite d'accéder à des bases de données en ligne pour repérer les intervenants que vous aimeriez rencontrer pendant votre séjour. Au besoin, vous pouvez interroger des moteurs de recherche.

Classez les bases de données que vous avez consultées en termes de précision, d'exhaustivité, de convivialité et d'utilité. Que vous apprend cet exercice sur la conception des bases de données ?

Travail de groupe : créer des normes organisationnelles pour les données

Une entreprise spécialisée dans les produits industriels veut créer un *datawarehouse* afin que ses dirigeants puissent réunir la totalité de l'information essentielle de l'organisation sur les ventes, et ainsi déterminer les produits les plus vendus dans chaque région, identifier les meilleurs clients et dégager des tendances. L'information sur les ventes et les produits est stockée dans deux systèmes différents : un système de la direction des ventes, qui utilise un serveur Unix, et un système pour l'ensemble de l'entreprise, qui utilise un ordinateur central IBM. La direction aimerait consolider les données stockées dans les deux systèmes dans le *datawarehouse* en un format unique. Le format suivant a été proposé :

- No_produit
- Description_produit
- Coût_unitaire

- Unités_vendues
- Région_de_vente
- Service
- Nom_client

Voici des exemples de rapports créés à partir des données fournies par chacun des systèmes de *datawarehouse.*

Tableau 6.3 : Système des ventes du service des pièces usinées

No_prod	Description_produit	Coût_unitaire	Unités_vendues	Région_vente	Nom_client
60231	Platine en acier 4 pouces	5,28 €	900 245	Normandie	Bergeron
85773	Bloc préfabriqué SS	12,45 €	992 111	Centre	Industries Saint-Raymond

Tableau 6.4 : Système des ventes de l'entreprise

No_prod	Description_produit	Coût_unitaire	Unités_vendues	Territoire_vente	Service
60231	Platine en acier 4 pouces	5,28 €	900 245	Normandie	Pièces
85773	Bloc préfabriqué SS	12,02 €	992 111	Centre	Pièces

1. Quels problèmes l'absence d'un format unique pour ces données peut-elle engendrer ?
2. Pourrait-on facilement créer un format unique de base de données qui stockerait les données des deux systèmes ? Quels seraient les problèmes à résoudre ?
3. Devrait-on confier la résolution des problèmes à des spécialistes des bases de données ou à des managers ? Qui devrait avoir le dernier mot dans le choix d'un format unique pour l'entreprise concernant les données du *datawarehouse* ? Expliquez votre position.
4. Si possible, utilisez un logiciel de présentation électronique pour présenter vos conclusions.

Étude de cas : UTS, système d'émission de billets sans réservation d'Indian Railways

Premier réseau ferroviaire d'Asie, Indian Railways (IR) s'étend sur plus de 115 000 km de rails, compte plus de 6 000 gares et transporte chaque jour 20 millions de voyageurs et plus de 2,8 millions de tonnes de fret. IR a réalisé près de 19,3 milliards de dollars de bénéfices en 2012. Fondée en 1853, l'entreprise constitue l'un des réseaux ferroviaires les plus anciens et les plus étendus au monde. Elle emploie 1,6 million de collaborateurs, et possède 230 000 wagons de fret, 59 713 voitures de passagers et 9 300 locomotives.

En tant qu'organisation publique, IR dépend du ministère indien des Chemins de fer. C'est en 1986 que ce ministère a créé le *Center for Railway Information Systems* (CRIS), une organisation avec pour objectif de superviser toutes les activités à caractère informatique d'IR. Plus qu'un simple partenaire technologique, le CRIS conçoit, définit et mène tous les projets de transformation de l'entreprise à caractère technologique, au travers d'activités de conseil, de maîtrise d'ouvrage ou de maîtrise d'œuvre et de services informatiques.

Avant UTS (le système d'émission de billets sans réservation), les voyageurs n'ayant pas réservé leurs billets à l'avance (à savoir trois mois avant leur départ) devaient les acheter à la gare d'où ils partaient. Ils devaient par ailleurs effectuer cette transaction dans l'heure qui précédait le départ. La seule possibilité était donc de faire la queue dans des gares bondées. Cette situation générait un fort niveau d'inconfort et d'insatisfaction pour les passagers, et posait également des problèmes opérationnels et administratifs pour IR, tels que fraude, perte de revenue, retard des trains, consolidation des données et consolidation comptable difficiles, ou encore coûts élevés de maintenance.

En effet, le système d'émission des billets reposait sur des billets pré-imprimés correspondant aux différents types de billets classés par destination, horaire et trajet. Les billets étaient vendus à des guichets où les queues étaient interminables. Ils étaient organisés par destination/trajet, et il était ainsi impossible d'ouvrir plusieurs guichets pour les destinations principales pour lesquelles la demande était la plus importante. Le suivi des performances du personnel en guichet était par ailleurs également difficile : il n'existait en effet aucun moyen de vérifier les heures d'ouverture et de fermeture des guichets, ou le nombre de ventes horaire par employé. De plus, au lieu de se concentrer sur la vente de billets qui aurait dû être prioritaire, de gros efforts étaient consacrés à des tâches administratives telles que l'inventaire des billets et la distribution des pré-imprimés entre les comptoirs.

Pour résoudre ces problèmes et réduire les temps d'attente, IR introduisit dans un premier temps le système SPTM dans les années 1990. Il s'agissait d'un système informatique pour une gare, composé d'un ordinateur principal auquel étaient connectés plusieurs écrans. Ce système présentait de nombreux problèmes. Limité aux activités de sa gare uniquement, il ne permettait pas d'annuler ou d'émettre des billets correspondant à d'autres gares ; il n'y avait pas de fonction comptable ; les modifications de tarifs et d'autres données devaient être effectuées dans toutes les gares, une par une ; et le stockage des données était uniquement local et comportait donc de nombreux risques, tels que manipulation ou destruction. Il était clair que cette solution ne correspondait pas aux besoins d'IR et de ses passagers.

Les voyageurs sans réservation représentant plus de 49 % de ses bénéfices, IR avait vraiment besoin d'une solution pour centraliser l'achat et la gestion des billets sans réservation. Afin de pouvoir répondre aux besoins de ces 19 millions de passagers sans réservation, IR s'est donc adressée à son partenaire technologique, le CRIS. Ensemble, ils ont imaginé un scénario dans lequel les clients pourraient acheter leurs billets dans n'importe quelle gare, à toute heure du jour et de la nuit. Les deux organisations ont donc uni leurs efforts pour concevoir un système de billetterie sans réservation qui permettrait d'abolir les lourds processus manuels et d'accélérer la vente de billets, tout en évitant les pannes et les interruptions de services.

Grâce à la technologie proposée par Sybase, une filiale de SAP, l'entreprise a remplacé le système archaïque de billets papier d'IR et le système SPTM, mal adapté, par le système UTS (*Unreserved Ticketing System*), avec billetterie automatisée et gestion centralisée. Les objectifs fondamentaux étaient la satisfaction des clients et le respect des horaires, ce système gérant les principaux aspects commerciaux et opérationnels de l'activité, notamment la possibilité pour les voyageurs d'acheter en toute simplicité des billets, quels que soient le lieu, la date et l'heure.

Grâce aux solutions SAP Sybase ASE, SAP Sybase Replication Server et SAP Sybase SQL Anywhere, IR est en mesure de proposer des transactions d'achat plus rapides et dispose d'une fonctionnalité de réservation avancée conforme à ses besoins. Sur une période de dix ans, IR et le CRIS ont mis au point et déployé un système d'émission de billets sans réservation à l'échelle d'un continent. Ils continuent par ailleurs de moderniser l'accès à ce système et son intégration avec les autres systèmes clés de IR, tels que les systèmes d'aide à la planification des trains, de réservation des billets, de gestion du fret ou encore de gestion du matériel roulant.

L'architecture générale du système est la suivante : celui-ci est organisé autour de neuf centres de données affectés à de grandes zones géographiques du pays. La base de données consolidée se trouve sur un serveur de zone qui relie toutes les gares d'une région donnée. Déployée dans chaque gare, la solution SAP Sybase SQL Anywhere est installée sur des clients légers (voir « architecture client-serveur » au chapitre 7) qui mettent régulièrement les serveurs des zones géographiques à jour (à intervalles de quelques minutes) en fonction des informations de billetterie (comme les annulations). La synchronisation bidirectionnelle établie entre les clients légers et les serveurs de zone garantit la réplication de toutes ces informations.

C'est en 2002 que la première phase pilote du système a été lancée, avec l'équipement d'une zone (la zone Nord). En 2004, les clients légers de la zone Nord ont été déployés (la partie du système utilisée dans les gares). Ce fut un succès. Le projet s'est donc poursuivi : en 2005, les neuf centres régionaux ont été opérationnels et, en 2007, on a assisté à la première installation de distributeurs automatiques à Bombay. Le gouvernement indien a vanté les mérites de ce système capable d'émettre des billets jusque dans des régions reculées du pays, tout en proposant ses services en continu aux quatre coins de l'Inde. En 2008, le Premier Ministre indien a décerné le prix d'excellence en administration publique au projet et à l'équipe du CRIS chargée de sa conception et de sa mise. En 2009, toutes les gares ciblées ont été connectées et les systèmes régionaux reposent désormais sur une architecture de serveurs virtualisés, ce qui accroît encore la robustesse du système. Le *datawarehouse* devient opérationnel en 2011. Depuis, de nombreuses fonctions ont été ajoutées sur cette infrastructure robuste et fiable.

Avec le système UTS, les voyageurs qui empruntent ces lignes peuvent désormais acheter leur billet de train très facilement et rapidement grâce aux guichets spécialisés, aux distributeurs automatiques et aux autres dispositifs. Il faut maintenant moins de 20 secondes pour émettre un billet. Par ailleurs, jusqu'à quatre voyageurs peuvent maintenant figurer sur un même billet contre une personne avec l'ancien système. Grâce à la disponibilité optimale du système, les passagers résidant dans les grandes villes telles que Bombay et en banlieue sont assurés de ne pas rater leur train, n'ayant plus à faire la longue queue devant le seul guichet auparavant disponible pour leur destination.

De nouvelles fonctionnalités ont vu le jour : l'annulation croisée de billets (quelle que soit la gare d'émission) et l'achat de billets sans réservation jusqu'à trois jours avant le départ (et non plus dans l'heure précédant le départ). Le système UTS permet également aux clients de réaliser des simulations de tarif. Avec des données beaucoup plus fiables, IR dispose désormais du nombre exact de billets vendus, réduisant ainsi la probabilité de fraude ou de mauvaise utilisation.

En dehors de la gestion centralisée et des montées de version des logiciels qu'il propose, le système UTS permet à IR d'augmenter relativement facilement le nombre de guichets, d'utilisateurs, de sites, de lignes, etc., en fonction de ses besoins. Le système UTS s'est révélé extrêmement rentable pour les régions où la connectivité est limitée ou incertaine.

Avec une billetterie automatisée disponible 24 h/24 et 7 j/7, le système a permis à l'entreprise d'optimiser ses lignes de transport de passagers tout en réduisant le nombre de personnes au niveau des gares et des guichets, améliorant ainsi l'expérience du client. En dépit de l'augmentation considérable du trafic ferroviaire de ces dernières années, IR n'a pas eu besoin d'embaucher. Proposer un service de billetterie ininterrompu constitue l'un des principaux atouts du système UTS. La performance et la fiabilité du système administratif ne sont pas non plus des moindres : IR n'a plus à se préoccuper des ruptures de stock, des coûts élevés de personnel ni de la gestion manuelle des billets. La planification inefficace de la demande, les longues files d'attente et la gestion erronée des stocks appartiennent désormais au passé.

De plus, les choix technologiques ont permis de supprimer les problèmes de pertes de données et de non-disponibilité du service. En effet, atteindre un temps de récupération des données et des services quasi nul est fondamental dans un environnement informatique aussi distribué que celui d'IR. En vue de garantir un temps de récupération optimal en cas d'arrêt ou de défaillance du système, les équipes du CRIS et d'IR ont choisi de déployer l'option de haute disponibilité de SAP Sybase ASE. Pour le déplacement et la synchronisation des données, elles ont adopté la solution SAP Sybase Replication Server afin de prendre en charge les serveurs UNIX de chaque centre de données. En outre, l'utilisation de SAP Sybase SQL Anywhere permet de développer et de déployer rapidement les applications fondées sur des bases de données dans des environnements distants.

Aujourd'hui, ce système gère 90 % de la vente de billets sans réservation d'IR, générant un bénéfice moyen d'environ 5 millions de dollars par jour. Doté d'une interface conviviale et disponible dans de nombreuses langues régionales (dont l'anglais et l'hindi), le nouveau système a permis d'éliminer les importants besoins en personnel, les coûts élevés d'impression, de conditionnement et d'empilage des billets, ainsi que les problèmes de dégradation ou de fraude.

En 2011, le e-billet est apparu, ainsi que des cartes d'abonnement pour les voyageurs faisant régulièrement le même trajet. Les projets du CRIS pour 2013 sont par ailleurs nombreux : rendre disponible le site Internet de 12 h 30 à 23 h 30, facilitant ainsi l'usage des smartphones pour l'achat de billets, fournir un réseau WiFi dans certains trains, permettre aux passagers de communiquer avec le personnel naviguant dans un train *via* leur smartphone, mettre au point un projet d'alertes SMS pour les passagers en listes d'attente pour des places assises, etc.

La réservation reste un enjeu clé dans l'optimisation du réseau et des trains, et la contrainte de l'achat d'un billet avec réservation au moins trois mois avant le départ demeurait un frein au bon remplissage des trains. La fiabilité du système UTS, son intégration réussie avec le système d'achat de billets avec réservation et la disponibilité toujours plus grande des canaux de distribution (Internet, téléphone mobile, SMS, distributeurs, etc.) ont permis d'améliorer la situation. Ainsi, depuis le 25 avril 2013, la réservation de billets est désormais autorisée jusqu'à 60 jours avant le départ, permettant à plus de voyageurs de bénéficier d'une réservation, et donc de diminuer le flux des achats de billets sans réservation le jour même du voyage.

Sources :

www.sybase.com, consulté le 20 avril 2013

www.sap.com, consulté le 20 avril 2013

www.indianrailways.gov.in, consulté le 20 avril 2013

https://www.irctc.co.in/, Government of India, Ministry of Railways, Circulaire commerciale n° 34 de 2013

http://cris.org.in/CRIS/, consulté le 20 avril 2013

Questions sur l'étude de cas

1. Décrivez l'organisation en place et les facteurs organisationnels et techniques qui posaient problème chez IR avant le déploiement du système SMPT et expliquez pourquoi ce système n'a pas réussi à les résoudre.
2. Pour l'entreprise IR, quels étaient les enjeux stratégiques liés à la fiabilité de ses bases de données ?
3. En quoi les bénéfices réalisés et les perspectives de développement de l'activité d'IR reposent-ils sur la structure et la qualité de ses bases de données ?
4. Quels sont les avantages de la solution proposée par SAP pour assurer la continuité de service de la billetterie automatisée sur l'ensemble du territoire de l'Inde ?

Chapitre 7

Les télécommunications, les réseaux et Internet

Objectifs pédagogiques

- Décrire les caractéristiques d'une infrastructure de réseau de télécommunications d'entreprise et les principales technologies de réseaux.
- Identifier différents supports de transmission, types de réseaux et services de réseaux.
- Évaluer les interactions d'Internet et du Web avec l'infrastructure de la technologie de l'information d'une entreprise.
- Définir les outils essentiels de communication et de transactions électroniques.

L'aventure Neoclyde, un *datacenter* de proximité en Franche-Comté capable de faire aussi bien que les plus grands

Juin 2012 : inauguration du *datacenter* Neoclyde à Besançon, en Franche-Comté.

Il n'aura fallu qu'un an et demi – dont cinq mois pour le seul *datacenter* – pour passer d'un projet fou, construire un *datacenter* régional à Besançon, à l'inauguration de Neoclyde. À terme, 160 baies (*racks*) permettront d'irriguer une région, l'agglomération Grand Besançon, et ses organisations publiques et privées, avec un accès aux grands axes Internet, une ouverture sur les opérateurs qui joueront le jeu, et des capacités d'évoluer vers le Cloud.

C'est l'histoire d'une ville, Besançon, oubliée des autoroutes numériques. C'est l'histoire d'une agglomération riche d'une histoire industrielle de haute précision, l'horlogerie, mais qui ne veut pas rater la marche de l'Internet. C'est l'histoire d'un DSI, Claude Lambey, directeur du département technologies de l'information de Besançon, qui a forcé les barrières pour doter sa région d'un vrai *datacenter*. C'est l'histoire de deux entreprises, Neo Telecoms et Euclyde, qui ont su s'associer pour apporter une vraie solution. C'est l'histoire d'un géant de l'équipement électrique, Schneider Electric, qui a su apporter une solution innovante pour refroidir les serveurs. C'est au final l'histoire d'un *datacenter* de proximité et à taille humaine, ce qui ne l'empêche pas d'être innovant. Il ouvre la région au monde numérique, va l'irriguer et l'enrichir d'opportunités…

À l'origine il y a une ville, Besançon, une agglomération, le Grand Besançon, une région, la Franche-Comté, qui rêvaient de bénéficier des mêmes services numériques que leurs consœurs parisiennes ou des grandes agglomérations, et de les offrir à leurs

…

entreprises et leurs collectivités. « *Les entreprises demandent à sortir les serveurs du placard à balais, elles veulent accéder au Cloud Computing* », affirme Nicolas Guillaume, consultant indépendant en aménagement numérique du territoire qui a accompagné le projet. « *Mais comment amener du transport, s'interconnecter pour faire venir différents opérateurs, quand en intercommunication il n'y a rien ?* »

L'agglomération de Besançon fait donc face à trois problématiques : pour ses propres usages, elle a besoin de faire évoluer son SI ; pour rendre celui-ci efficace, il lui faut de la fibre et de l'interconnexion, mais les opérateurs traditionnels ne sont prêts à fournir du service qu'à des coûts pour le moins élevé ; enfin, elle n'a d'autre budget que le sien, il lui est donc difficile de monter un *datacenter* public. Tout le monde s'accorde néanmoins à reconnaître l'intérêt de disposer d'un *datacenter* local, pour les interconnexions à très haut débit, ainsi que pour héberger les données. Dans cette logique, l'agglomération de Besançon s'est fixée comme objectif de rendre son territoire « intelligent » pour attirer des entreprises, mais aussi conserver son tissu industriel. En effet, la Franche-Comté est bien située géographiquement en Europe, proche des villes de Strasbourg, Lyon, Zurich…, mais en termes de télécommunication, seuls trois opérateurs fournissaient du trafic, et ce à des tarifs exorbitants. Un des problèmes de Besançon résidait dans l'absence d'un acteur télécom d'importance pour proposer des offres et solutions aux entreprises locales, et assurer l'interconnexion avec les principaux nœuds Internet comme Paris, Strasbourg et la Suisse.

De façon générale, la demande des PME est très forte pour disposer d'un environnement informatique sécurisé, d'où l'intérêt pour la région de créer un *datacenter* avec du haut débit et un environnement sécurisé. La communauté d'agglomération a ainsi tenté de relever le défi de monter un réseau constitué de fibre optique et de créer son propre *datacenter.* Une analogie très pertinente compare les réseaux haut débit et le rail : pour la réussite d'un tel projet, il faut disposer des rails (réseau longue distance, fibre optique, interconnexion), d'une gare (le *datacenter*) et de trains (les entreprises clientes utilisant les rails et la gare).

Ce projet est le fruit d'une réflexion commencée en 2010 : la communauté d'agglomération, consciente du peu d'intérêt qu'elle suscite chez les grands opérateurs, s'est interrogée sur la création d'une structure publique destinée à prendre en charge la création d'un réseau. La réflexion est arrivée à deux conclusions : il faut déployer un réseau de fibre optique ; puis aller plus loin et créer son propre centre de données. La constitution d'une Délégation de Service Public (DSP) ou d'un Réseau d'Initiative Public (RIP) est écartée, car trop gourmande en moyens financiers et trop longue à mettre en place. Les problèmes de montage financier, de coût d'investissement, de constitution d'un établissement public sont en effet très nombreux. (…) L'agglomération a donc abandonné cette idée pour se tourner vers un investisseur privé capable de prendre en charge le projet. Pour elle, ce *datacenter* constitue un enjeu majeur pour l'aménagement du territoire et l'idée de territoire intelligent. À terme, le but n'est pas de faire un hébergeur, un infogéreur classique, mais de proposer un *datacenter* à services ajoutés.

Pour Neo Telecoms et Euclyde, les deux entreprises qui se sont engagées dans le projet en 2011, cette initiative était parfaitement en ligne avec leurs stratégies respectives. En effet, Neo Telecoms possède déjà sept Neo Centers dans de grandes villes comme

Toulouse, Paris, etc. Euclyde en a plusieurs dans la région PACA. Prochainement, Neo Telecoms devrait ouvrir deux *datacenter* supplémentaires dans le Grand Ouest. Son objectif est de constituer un maillage national constitué de petits *datacenters* ultraperformants, totalement redondés, ayant des performances identiques aux grands *datacenters* parisiens, mais adaptés aux besoins des régions. « *Nous allons ouvrir dix* datacenters *d'ici 2014* », assure Didier Soucheyre, P-DG de Neo Telecoms. Le duo Neo Telecoms et Euclyde choisit de prendre à sa charge la totalité des investissements pour le *datacenter*. Construire un *datacenter* coûte cher. Même si Neo Telecoms n'a pas fourni de chiffres précis, voici quelques données : 50 baies et les infrastructures liées reviennent en moyenne à 3 millions d'euros ; un *datacenter* de 500 m^2 de 150/160 baies reviendrait donc à environ 8-9 millions d'euros, ce qui inclut le bâtiment, les connexions réseaux, les baies, la connexion au réseau énergétique et tout l'équipement réseau électrique. Le transit IP était vendu avant le projet Neoclyde entre 80 et 100 euros le mégabyte/seconde. Grâce à l'opérateur et aux négociations, le tarif a été divisé par presque dix ! La maintenance représente environ 10 à 20 % du coût global et le système de refroidissement (Ecobreeze de Schneider Electric) environ le quart (le refroidissement et la climatisation représentent 30 à 40 % du coût énergétique d'un *datacenter*).

Mais pour connecter le *datacenter*, il fallait « les rails ». Et c'est l'agglomération qui s'en est chargée. En premier lieu, un réseau longue distance a été construit en fibre optique entre Strasbourg, Besançon et Lyon afin d'offrir des possibilités de désenclavement national et international et de bénéficier de prix compétitifs. Selon Philippe Aillet, *Chief Technical Officer* (CTO, ou responsable des infrastructures) d'Euclyde Datacenters, il est difficile d'avoir du réseau haut débit en région car les tarifs sont très élevés. C'est l'agglomération qui a financé la connexion au réseau national et elle a opté pour la fibre optique. « *La fibre était trop chère si on passait par Paris* », indique Raphaël Maunier, directeur technique de Neo Telecom. Neoclyde a donc été relié à Lyon et Strasbourg. « *Nous serons prêts à nous étendre à l'international quand il faudra le faire.* »

S'il est facile de trouver de la fibre longue distance sur les grands axes, l'affaire se corse lorsqu'on s'en éloigne. Les autoroutiers, premiers concernés, ne réservent pas toujours un bon accueil à ces projets. Les négociations vont cependant apporter une solution *via* une connexion sur la fibre de l'autoroute Paris-Rhin-Rhône, complétée afin de permettre les interconnexions. Par un axe fibre Strasbourg-Besançon-Lyon, elle évite également le maillage parisien, et apporte l'international sur un réseau conçu pour faciliter éventuellement son extension. C'est ainsi la communauté d'agglomération qui a acheté de la fibre à une société d'autoroute, SAPPR, et à un autre opérateur, puis qui la reloue à Neoclyde. Lors de la négociation, Neoclyde a en revanche permis à l'agglomération de réduire les coûts d'accès à la fibre et de les diviser par quatre. La solution de raccordement choisie permet de rejoindre Paris, mais aussi Zurich et d'autres capitales internationales, à moindre coût.

Dans la zone de chalandise de ce *datacenter*, on comptait deux réseaux d'initiative publique : celui de Montbéliard et le « Réseau Connectic 39 ». Ces deux réseaux avaient peu de clients, et le réseau d'initiative du Jura est à ce jour déficitaire. Les élus locaux souhaitaient donc ardemment acquérir des équipements de proximité et de la longue distance à très bon marché. Le déficit du Réseau Connectic 39 devrait être

...

réduit et il devrait même retrouver l'équilibre à terme en s'interconnectant au réseau longue distance porté par l'agglomération bisontine et qui passe par Neoclyde. Les fondateurs de Neoclyde espèrent bien pouvoir collecter les données locales de ces réseaux. En effet, l'implantation de Neoclyde offre la possibilité aux entreprises de bénéficier d'un accès stable à Internet de 200 Mo. Aujourd'hui, acheter de la bande passante à Besançon est possible à des coûts d'accès inférieurs à ceux de Paris. Selon Neoclyde, les coûts d'accès au haut débit pour les entreprises dans cette région devraient être divisés par dix par rapport à ceux constatés avant son arrivée.

Des offres de Cloud devraient ainsi émerger dans cette région. Florian Du Boys, directeur général de Neo Telecoms, estime que pour construire un *datacenter*, il faut un mélange entre de la connectivité, de la climatisation et de l'énergie… Pour les PME, maintenir un *datacenter* performant, qui souvent ne tient pas dans le temps, se révèle être un exercice difficile. Avoir un *datacenter* de proximité est un plus qui offre aux entreprises la possibilité de s'affranchir des problèmes techniques. Neoclyde va pouvoir utiliser ce réseau pour réduire les coûts d'accès. Aujourd'hui, Besançon va pouvoir permettre l'essor du Cloud dans sa région. La zone de chalandise concerne toute la région Franche-Comté et devrait déborder vers Lyon, Strasbourg, voire la Suisse. D'ores et déjà, la première tranche est en train de se remplir à plus de 50 %. La seconde tranche devrait ouvrir prochainement.

Le *datacenter* est d'une superficie de 500 m^2 pour une surface utile de 300 m^2. Trois salles blanches seront dédiées aux baies serveurs, avec des couloirs froids pour le refroidissement. À pleine capacité, Neoclyde représentera 150 baies – le premier module de 100 m^2 et 50/54 racks est opérationnel – installées en allées froides confinées (*cold corridor*). Six baies, soit environ 4 000 postes, sont réservées par la communauté d'agglomération pour la gestion des services municipaux, de l'eau, etc. Témis Santé, le projet franc-comtois de gestion du dossier de santé, est également sur les rangs.

Le projet profite de l'infrastructure électrique régionale, revue avec le TGV. La puissance électrique dédiée à l'informatique est de 600 KW, avec une transformation haute tension dédiée au site de 1 200 KW (1,2 MW). Deux chaînes électriques indépendantes d'alimentation fournissent les équipements informatiques. Établi sur des modules en conteneurs installés en extérieur, le système EcoBreeze de Schneider Electric exploite la différence de température entre l'air chaud produit par l'informatique, extrait du *datacenter*, et l'air extérieur, généralement plus frais. Dans une région climatique comme la Franche-Comté, Schneider Electric considère que pendant 25 % de l'année, la climatisation ne sera pas nécessaire grâce à la fraîcheur extérieure, pendant 70 % de l'année, elle sera en mode mixte avec refroidissement par l'air extérieur, et les 5 % restants correspondront aux périodes de grande chaleur qui nécessiteront de compléter le refroidissement par compression. La bascule d'un mode de refroidissement à l'autre est bien évidemment automatique. Le fabricant estime que son innovation devrait ainsi permettre de refroidir l'infrastructure avec de l'air extérieur 270 jours par an.

Le site est ouvert en 24/7 grâce à un système de gardiennage extérieur et de tickets d'entrée pour les clients la nuit et les week-ends. À l'entrée, un contrôle physique est effectué avec, en plus, un contrôle d'accès pour le moment effectué à l'aide de badges. Dès l'arrivée sur le site, on remarque immédiatement les caméras de surveillance tant à l'extérieur qu'à l'intérieur. Des détecteurs de fumée sont positionnés dans toutes les salles. Comme dans tout *datacenter* de qualité, la séparation entre les arrivées électriques et télécoms est totale. Des lignes haute tension de 20 000 volts ont été louées.

Afin de répondre à la future demande, Neoclyde va aussi proposer une offre d'IaaS et de PaaS (voir chapitre 5) pour se positionner comme un opérateur global, même si, fidèle à sa tradition, l'entreprise offre surtout de l'hébergement sec. Florian Du Boys considère que les entreprises ont davantage besoin de ce type de *datacenters* plus que de *datacenters* de taille importante.

Neoclyde doit proposer des services équivalents à ceux des *datacenters* parisiens : SLA (garantie de niveaux de services), qualité, sécurité, disponibilité, diversités de l'offre. Il vise avant tout à répondre aux besoins des entreprises de la région. À l'image d'autres *datacenters*, Neoclyde ne propose pas de services d'informatique dématérialisée. Ce sont les futurs clients du centre de données qui vont les proposer à leurs propres clients. « *Nous ne fournirons de l'IaaS que si les acteurs locaux ne le font pas* », précise Florian du Boys.

Au final, la Franche-Comté s'est dotée intelligemment d'une première infrastructure informatique très haut débit et haute disponibilité… là où il n'y avait rien. Du côté des emplois, il ne faut pas attendre grand-chose du *datacenter* lui-même. En revanche, si ce n'est pas lui qui crée de l'emploi, c'est l'infrastructure qui se déploie autour et ce sont les projets qui y seront hébergés qui vont être porteurs d'espoirs.

Côté Neoclyde, la première salle a commencé à accueillir ses premiers clients, et les engagements reçus, qui permettent de valider l'accueil accordé au projet par l'écosystème des TIC, portent déjà sur un taux de remplissage à 50 % de la première phase. Avec des tarifs inférieurs de 15 % à 20 % par rapport à ceux qui se pratiquent à Paris et une qualité d'infrastructure équivalente, le succès sera certainement au rendez-vous. Le point mort (*break-even* : couverture des coûts par les revenus) sur un *datacenter* régional de taille réduite se place au-dessus des 50 % ; il sera atteint rapidement. Par ailleurs, passées les phases de *design*, d'immobilier, d'équipement électrique et thermique assurées sur la première phase aujourd'hui active, il suffira de trois mois pour déployer la phase suivante du projet qui lui permettra d'atteindre sa pleine capacité.

Sources :

Grandmontagne, Y., 09/07/2012, « *Datacenter* en région, l'aventure Neoclyde à Besançon », **http://www.silicon.fr/dossier-datacenter-neoclyde-besancon-76452.html**, consulté le 01/10/13

http://www.neoclyde.com/, consulté le 12/05/2013

Jacob, M., 06/06/12, « Neoclyde, le *datacenter* de Franche-Comté offre à Besançon une dimension internationale », **http://www.globalsecuritymag.fr/Neoclyde-le-Data-Center-de-Franche,20120626,31061.html**, consulté le 01/10/13

Paghe, T., 11/07/12, « Neoclyde, un *datacenter* en terre franc-comtoise », **http://www.jdt.fr/article.php?id=326&np=1**, consulté le 01/10/13

Tonic, F., 27/06/2012, « Neoclyde : *datacenter* et les coulisses du cloud », **http://www.cloudmagazine.fr/dotclear/index.php?post/2012/06/27/neoclyde-%3A-datacenter-et-les-coulisses-du-cloud**, consulté le 01/10/13

…

Matière à réflexion :

Quelles étaient les motivations et les difficultés de l'agglomération de Besançon pour réaliser ce projet ?

Quels rôles peuvent jouent les SI, notamment les réseaux et les technologies, dans le cadre de l'aménagement du territoire ? En quoi ce rôle est-il important ?

Le secteur des réseaux et des télécommunications connaît de profondes transformations technologiques et économiques depuis plus de 30 ans. Jusqu'en 1990, toutes les communications d'entreprise s'effectuaient principalement par le service postal ou le réseau téléphonique, sous forme de voix ou de télécopie. Aujourd'hui, cette communication a lieu majoritairement au moyen des ordinateurs, du courrier électronique, d'Internet, des téléphones mobiles, des tablettes et des ordinateurs nomades ou connectés à des réseaux sans fil. Le mouvement de transformation s'intensifie donc depuis 12 ans, alimenté par les progrès des technologies et services fondés sur Internet et par les nouveaux modèles économiques et organisationnels qui mettent à profit ces nouvelles technologies. Dans ce chapitre, nous allons tout d'abord voir l'évolution des réseaux de télécommunication et les principales technologies associées. Nous explorerons ensuite Internet, ses caractéristiques, ses technologies, ses usages et ses services. Nous étudierons pour finir les nouvelles tendances en matière de communication, avec les réseaux mobiles et sans-fil.

1 Télécommunications et réseaux

Il convient tout d'abord de distinguer les différents intervenants dans le secteur des services de télécommunications. Les « opérateurs télécoms » peuvent être regroupés sous trois grandes catégories : les gestionnaires d'infrastructures, les fournisseurs d'accès à Internet, et les opérateurs de téléphonie mobile. Certains acteurs sont présents dans toutes les catégories comme France Télécom-Orange, à la fois gestionnaire d'infrastructure, fournisseur d'accès à Internet et opérateur de téléphonie mobile.

Pour les petites ou très petites entreprises, les opérateurs grand public présentent des offres en matière de télécommunication et d'accès à Internet proches de ce qui est proposé au grand public *via* des « Box » et des offres multiplay. La tendance BYOD (*bring your own device*), déjà évoquée, oblige les entreprises qui y sont confrontées à tenir compte du marché grand public car ce sont souvent des produits appréciés par les salariés à titre personnel qu'ils souhaitent utiliser dans leur entreprise.

En 2012, on compte en France quatre opérateurs disposant d'une licence d'État pour l'exploitation des fréquences 3G de téléphonie mobile : France Télécom-Orange – l'opérateur historique –, Bouygues Telecom, SFR, et Iliad-Free. À l'exception de ce dernier, dont le réseau physique est encore en cours de déploiement et qui a signé un accord d'interopérabilité avec Orange pour démarrer, les trois autres acteurs ont désormais une très bonne couverture du territoire et commencent à déployer un réseau mobile 4G, encore plus rapide. On retrouve également de nombreux *Mobile Virtual Network Operators* (MVNO, ou opérateurs de téléphonie mobile virtuel), tels que NRJ Mobile, Universal Mobile, Coriolis, adossés à l'un des quatre opérateurs disposant d'un réseau physique. Ils proposent désormais tous des offres quadruple-play au grand public, incluant la téléphonie fixe, la téléphonie mobile, l'accès à Internet et la télévision numérique au travers des « box », *via* des lignes à plus ou moins haut débit, sur le câble ou sur la fibre optique.

D'autres acteurs, comme Numéricable ou encore Darty, sont aussi entrés sur le marché par le biais du câble et de la fibre et proposent également des offres quadruple-play. Certains de ces compétiteurs captent dorénavant autant de nouveaux abonnés à Internet qu'Orange.

À la fin du 1er trimestre 2013, l'Autorité de Régulation des Communications Électroniques et des Postes (Arcep) a publié, une étude sur le secteur des télécommunications en France en 2012. Selon cette étude, le revenu total des opérateurs de communication électronique sur le marché de détail s'élève au quatrième trimestre 2012 à 10,5 milliards d'euros hors taxes, en baisse de 4,7 % sur un an (comparé au quatrième trimestre 2011). Le revenu des seuls services de communication électronique sur le marché final (déduction faite des revenus annexes des opérateurs) est de 9,6 milliards d'euros, en repli de 5,4 % sur un an.

Le trafic de téléphonie (fixe + mobile) s'accroît, lui, de façon soutenue depuis le début de l'année 2012 : +7,9 % en un an. Cette progression est stimulée par la forte expansion du trafic de téléphonie mobile, +22,0 % en un an, le taux le plus élevé constaté en huit ans. Le volume de données échangées sur les réseaux mobiles poursuit sa croissance sur un rythme annuel de +70 %. Quant à la progression du nombre de SMS, elle atteint +20 % en un an. Le marché des particuliers se caractérise ainsi par une baisse des revenus en valeur, par une forte croissance des volumes et par une baisse tendancielle des prix.

Le nombre d'abonnements à un service téléphonique sur les réseaux fixes (39,3 millions au 31 décembre 2012) se réduit sur un rythme annuel régulier de 1 à 2 % par an depuis le milieu de l'année 2010. Les abonnements téléphoniques sur l'accès haut débit (22,2 millions) représentent la majorité des abonnements fixes (56 %, +4 points en un an), mais le rythme annuel d'accroissement de ces souscriptions s'affaiblit. Le dégroupage total bénéficie d'une expansion continue, et a atteint le seuil de 10 millions de lignes (+1,1 million en un an à la fin décembre 2012).

Au 31 décembre 2012, on compte 24 millions d'abonnements à Internet à haut et très haut débit (ADSL, câble, fibre, etc.). Depuis le début de l'année 2012, on constate toutefois un rythme d'accroissement du nombre de ces accès (1,2 à 1,3 million) un peu inférieur à celui relevé au cours de l'année 2011 (1,5 million). Les accès par le DSL (22 millions) représentent 98 % des accès à haut débit et six de ces accès sur dix (soit 13,2 millions) sont couplés avec un service de diffusion de télévision. Le nombre d'abonnements au très haut débit (supérieur à 30 mégabits par seconde) augmente d'un peu plus de 257 000 en un an, pour atteindre 1,6 million.

Le nombre de clients des services sur réseaux mobiles (nombre de cartes SIM en service) a augmenté de 4,6 millions en un an et atteint 73,1 millions à la fin du quatrième trimestre 2012. Le taux de pénétration, calculé comme le ratio du nombre de cartes SIM sur la population française, est de 112,1 % à la fin décembre 2012. L'arrivée en janvier 2012 du quatrième opérateur de réseaux mobiles, Free, positionné uniquement sur le segment des forfaits, a contribué à accélérer la croissance sur ce marché au détriment de celui des cartes prépayées. Elle a également participé au développement des offres forfaitaires libres d'engagement (un abonné sur trois en décembre 2012), à la hausse des volumes et à la baisse des tarifs des services mobiles.

La croissance annuelle du nombre d'abonnements « voix » et « voix-*data* » n'a jamais été aussi élevée qu'en 2012 (+10,5 % en un an au quatrième trimestre 2012, soit 4,5 millions de clients supplémentaires). Le nombre de numéros de mobiles conservés par portage (2 millions au quatrième trimestre 2012, soit un total de 7,4 millions pour l'année 2012) explose, traduisant un fort mouvement de la clientèle mobile.

Le revenu des services mobiles (4,2 milliards d'euros HT au quatrième trimestre 2012) baisse depuis le deuxième trimestre 2011. Le recul enregistré sur l'année 2011 s'explique en partie par l'augmentation de la TVA pour les services d'accès audiovisuels que les opérateurs mobiles ont choisi de ne pas répercuter sur la facture TTC de leurs clients, mais aussi par le développement des offres forfaitaires sans engagement à des tarifs inférieurs. La consommation des clients mobiles s'est fortement accrue quel que soit le service (voix, SMS ou *data*), tandis que les revenus associés ont évolué à la baisse. Les clients montrent un engouement croissant pour les SMS (49,1 milliards de messages au quatrième trimestre 2012, +19,6 % en un an) et pour l'accès à Internet *via* les réseaux mobiles (un volume en augmentation de 70,4 % en un an). Près de la moitié des clients actifs utilisent ainsi les services multimédias (34,5 millions en décembre 2012).

En ce qui concerne les gestionnaires d'infrastructure, en plus de l'opérateur historique connu du grand public et qui a également une activité forte sur le marché des entreprises, France Télécom-Orange, on trouve d'autres acteurs qui n'ont que peu ou pas d'activité grand public : Eutelsat Communications (transmission par satellites), TDF (transmission haut débit), Colt Telecom (opérateur de télécommunications) ou encore British Telecom (opérateur de télécommunications). Globalement dans le secteur, la clientèle professionnelle est dominante, représentant plus de 53 % des revenus totaux des entreprises de services de télécommunications (Xerfi, 2012).

Aujourd'hui, les termes « réseaux », « Internet » et « faire des affaires » sont fortement associés. Ainsi, la plupart des entreprises sont devenues des cyberentreprises, s'adaptant ou existant grâce aux échanges internes et externes supportés par des réseaux informatiques, dont Internet.

Sur un plan strictement technologique, une part significative de ces technologies distinctes converge vers des dispositifs communs ou fédérateurs établis sur les technologies Internet. L'un des principaux problèmes auquel sont confrontées les entreprises actuelles réside dans l'intégration de tous ces réseaux et canaux différents en un système cohérent, de sorte que l'information circule d'une partie de l'entreprise à une autre et d'un système à un autre. Au fur et à mesure de la numérisation des systèmes de communication, leur intégration en un système de télécommunications cohérent devient plus aisée. Ainsi, le Couplage Téléphonie et Informatique (CTI) permet la mise en place de centres d'appels qui reçoivent des contacts clients par téléphone, par messagerie électronique, par télécopie, par courrier, etc. Tous ces messages sont ensuite numérisés et consultables depuis un poste de travail unique.

Aujourd'hui, plusieurs fournisseurs offrent, en totalité ou en partie, la **connectivité** requise. Toutefois, très peu d'entre eux proposent tous les types de connectivité recherchée (texte, vidéo et voix), ce qui exigerait une grande variété de technologies : du service de téléphonie ordinaire au service Internet, au service Internet à **large bande**, à Internet sans fil et au téléphone mobile.

Historiquement, les réseaux téléphoniques transmettaient la voix, et les réseaux informatiques des données (alphanumériques) appelées *data*. Les réseaux téléphoniques ont été construits par les entreprises de téléphone au cours du XXe siècle. Ces entreprises, qui utilisaient les technologies de transmission de la voix (matériel et logiciel), exerçaient, à quelques exceptions près, un monopole national réglementé. Cette situation a changé vers le milieu des années 1980 avec les mouvements mondiaux de dérégulation et de déréglementation du secteur des télécommunications.

De nos jours, les réseaux téléphoniques offrent beaucoup plus que la transmission de la voix, notamment des services Internet standard et à haut débit, des services de téléphonie sans fil et même des services de vidéo à la demande analogues aux systèmes de câblodistribution.

À l'origine, les réseaux informatiques avaient été créés par des entreprises d'informatique qui souhaitaient répartir des données entre différents postes de travail reliés à des ordinateurs centraux *via* des protocoles techniques « propriétaires ». Aujourd'hui, Internet et des réseaux locaux d'entreprises ont en grande partie remplacé ces réseaux pour offrir essentiellement une connectivité très large, incluant les données, mais aussi la téléphonie, Internet et divers services mobilisant des contenus numérisés (vidéo, etc.).

Ces réseaux de télécommunications historiquement disjoints convergent lentement pour former un seul réseau numérique qui s'appuie sur les normes d'Internet et des plateformes matérielles normalisées.

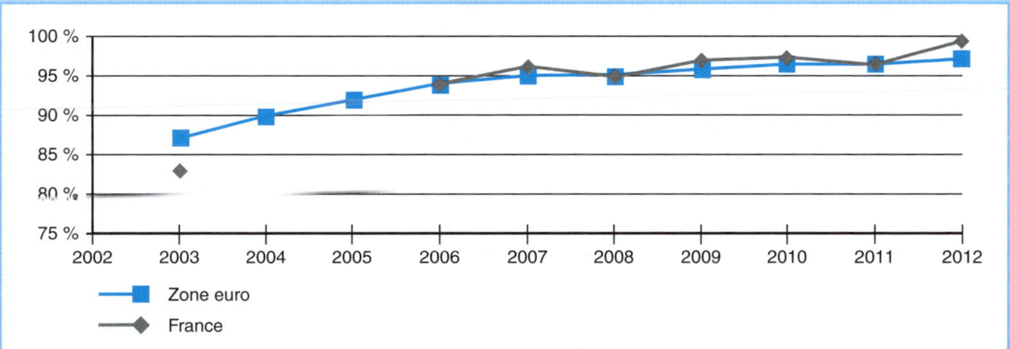

Figure 7.1 – Entreprises dotées d'un accès à Internet (Eurostat, 2012).

1.1 Tendances en réseaux et en communications

Parmi les tendances majeures en télécommunications, il faut relever :

- L'innovation technologique rapide, qui a entraîné une prolifération de nouveaux appareils et de nouveaux modes de communication d'affaires, des téléphones mobiles, des tablettes avec accès à Internet et aux réseaux locaux d'entreprises sans fil dits « WiFi », ainsi que des accès à Internet *via* le réseau 3G.

- Le processus continu de déréglementation, qui a stimulé l'intensité concurrentielle, fait chuter les prix pour le service téléphonique interurbain et favorisé l'apparition de nouveaux services téléphoniques locaux alternatifs comme la téléphonie sans fil, par câble et *via* Internet.
- La numérisation généralisée des signaux, qui a favorisé la disparition des frontières technologiques séparant les fournisseurs en téléphonie, en câblodistribution, en Internet et en télécommunications par satellite. Dorénavant, chaque type de réseau s'efforce d'offrir en un seul réseau une connectivité intégrée et unifiée pour la vidéo, la voix et les données alphanumériques.
- La présence de plus en plus dominante des technologies associées à Internet pour la transmission de la voix, de la vidéo et des données alphanumériques.
- La croissance rapide de l'accès large bande à haut débit « du dernier kilomètre » aux domiciles et aux entreprises. Les taux d'équipement de ces dispositifs haut débit par rapport au total des internautes varient selon les pays : selon l'étude Eurostat 2012, au moins la moitié des foyers de tous les pays membres de l'Union européenne ont accès à une connexion haut débit. La Suède se positionne en tête, avec 87 %, suivie par le Danemark et la Finlande, 85 %, les Pays-Bas, 83 %, l'Allemagne, 82 %, et la Grande-Bretagne, 80 %. La France se situe un niveau en dessous, avec seulement 77 %, ce qui reste plus élevé que la plupart des pays du sud de l'Europe.
- La portée de plus en plus étendue des services et des produits exigeant beaucoup d'un service de communication, comme la téléphonie *via* Internet, la photographie ou la vidéo sur mobile, ou encore la vidéoconférence sur smartphone ou tablette *via* Internet (en accès WiFi seulement).

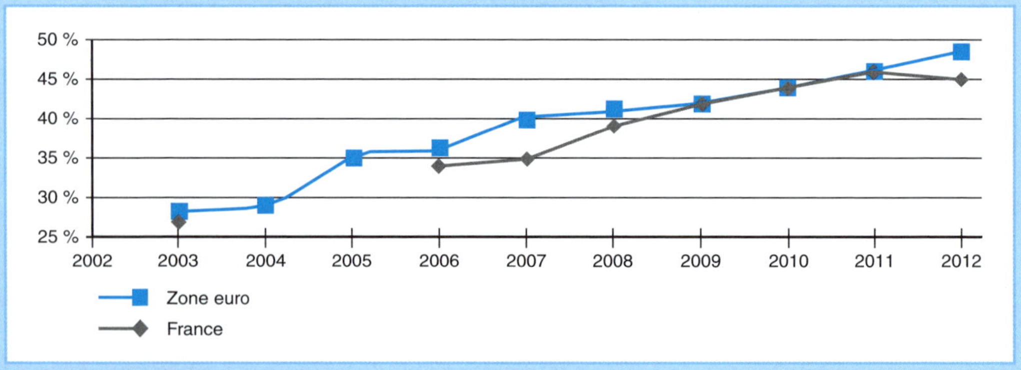

Figure 7.2 – Personnes employées utilisant des ordinateurs connectés à Internet (Eurostat, 2012).

1.2 Réseaux et infrastructure de réseau

Réseaux

Dans sa forme la plus simple, un réseau est constitué de deux ou plusieurs ordinateurs reliés entre eux. La figure 7.3 illustre les principaux composants (matériels, logiciels, et éléments de transmission) utilisés dans un réseau local simple : ordinateurs, interfaces réseaux, support de connexion, système d'exploitation de réseau, concentrateur ou commutateur. Chaque ordinateur connecté dans un réseau contient une interface appelée « **carte réseau** ». La plupart des ordinateurs personnels fabriqués aujourd'hui sont munis d'une carte réseau intégrée à leur carte mère.

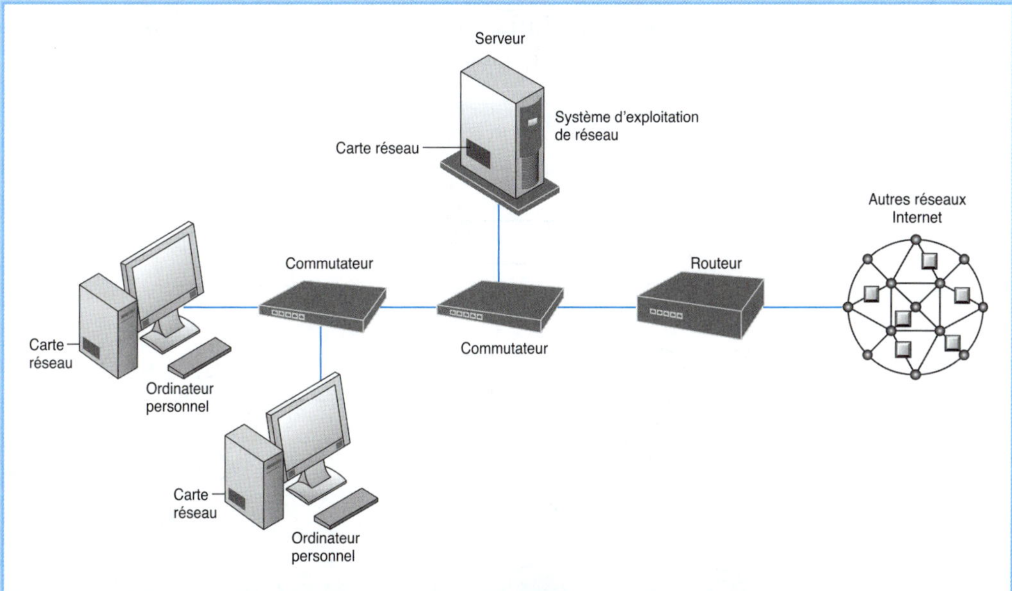

Figure 7.3 – Composants d'un réseau simple.

Divers supports de connexion peuvent servir à relier les composants du réseau : fil téléphonique, câble coaxial ou signal radio dans le cas d'un téléphone mobile ou d'un réseau local sans fil (réseaux WiFi).

Le système d'exploitation de réseau (également nommé NOS pour *Network Operating System*) achemine et gère les communications sur le réseau et coordonne ses ressources. Il peut être intégré dans chaque ordinateur du réseau ou dans un serveur dédié pour toutes les applications sur le réseau.

Pour communiquer avec d'autres réseaux, un réseau doit utiliser un appareil appelé « routeur ». Il s'agit d'un processeur spécial qui achemine des paquets de données à travers différents réseaux et s'assure d'expédier le message à la bonne adresse.

L'infrastructure réseau d'une grande entreprise

L'infrastructure réseau d'une grande entreprise comprend différents types de réseaux à la fois pour la transmission de plusieurs catégories de signaux (alphanumériques, voix, images fixes et animées, etc.). Au cœur de l'infrastructure réseau se trouve un ensemble de réseaux locaux d'entreprise (*Local Area Network*, LAN). Au sein de chaque entité géographique, il existe au moins un réseau dit « local ». Pour interconnecter les différents LAN, l'entreprise met en place un réseau étendu d'entreprise (*Wide Area Network*, WAN). Ce WAN organise et sécurise les échanges entre les différentes entités géographiquement dispersées. De plus, une série de serveurs supporte un ou plusieurs sites Web d'entreprise, un intranet d'entreprise et, éventuellement, un extranet destiné à assurer des accès sélectifs à des tiers autorisés. Certains serveurs sont reliés à de gros ordinateurs qui soutiennent des systèmes de *back-office*. Cette infrastructure globale peut également supporter les activités des équipes distantes et mobiles comme les commerciaux ou les agents de maintenance. Ils seront équipés d'appareils mobiles, dotés de moyens de connexion à l'intranet et à tel ou tel site Web. Certains managers utiliseront un système de visioconférence accessible *via* ces infrastructures de connectivité globale pour entrer en relation avec d'autres managers partout dans le monde.

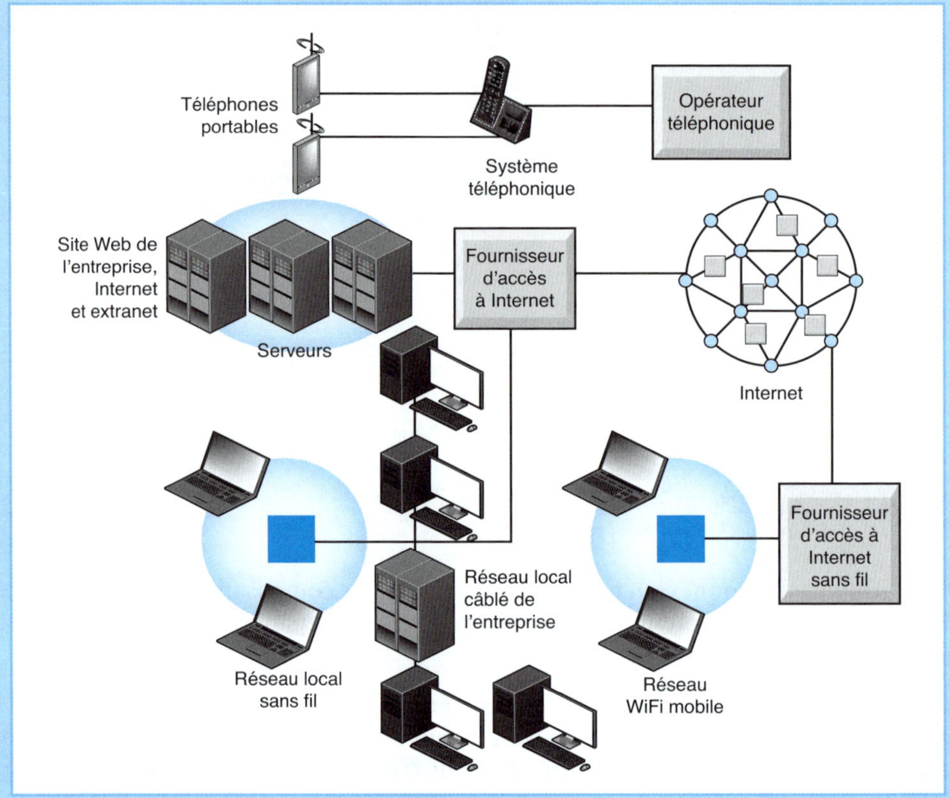

Figure 7.4 – Infrastructure réseau de l'entreprise.

L'infrastructure réseau actuelle des entreprises combine des réseaux divers et variés : opérateur téléphonique public, Internet, mais aussi réseaux locaux reliant les groupes de travail, les services et les locaux de l'entreprise.

1.3 Principales technologies numériques de réseaux

Les réseaux modernes, dont Internet, reposent sur trois technologies clés : l'informatique client-serveur, la commutation de paquets et l'adoption de normes et protocoles standard de communication (le plus important étant le *Transmission Control Protocol/ Internet Protocol*, ou protocole TCP/IP) pour relier des réseaux et des ordinateurs disparates.

Informatique client-serveur

Au chapitre 5, nous avons présenté le concept d'informatique client-serveur. Dans un système client-serveur, les ordinateurs clients sont reliés à un ou plusieurs ordinateurs serveurs à l'intérieur d'un réseau. Le serveur fixe les règles de communication pour l'ensemble du réseau et offre à chaque client une adresse qui permet aux autres membres de le localiser.

À l'aide de ce modèle, l'usage de l'informatique s'est étendu aux services, groupes de travail et collaborateurs situés dans les usines ou entités logistiques et commerciales non desservies par une architecture centralisée.

Commutation de paquets

La commutation de paquets est une méthode de préparation et de conditionnement des signaux contenus dans des messages numériques. Elle consiste à les découper en morceaux appelés « paquets », puis à les expédier à travers différentes voies de communication en fonction de leur disponibilité et, enfin, à reformer les messages une fois arrivés à destination.

Outre des données, les paquets contiennent des informations techniques grâce auxquelles ils les acheminent vers la bonne adresse et vérifient les erreurs de transmission.

Les données sont collectées auprès de nombreux utilisateurs, puis divisées en petits paquets et, enfin, transmises à travers les canaux de transmission disponibles à l'aide de routeurs. Chaque paquet voyage indépendamment à travers les réseaux. La commutation de paquets n'exige aucun circuit dédié, mais peut utiliser toute capacité disponible. Si certaines lignes sont hors service ou occupées, les paquets peuvent être envoyés à travers d'autres lignes qui mènent à destination.

Protocole TCP/IP et connectivité

Un réseau de télécommunications typique comprend divers composants matériels et logiciels qui doivent travailler ensemble pour assurer la préparation, le transport et le bon acheminement de l'information. Pour communiquer entre eux, les divers composants d'un réseau doivent adhérer à un ensemble de règles communes appelées « protocole ». Un **protocole** est un ensemble de règles et de procédures qui gouvernent la transmission de l'information entre *n* points dans un réseau. Dans le passé, les divers protocoles propriétaires étant incompatibles, les entreprises achetaient l'ensemble des équipements de télécommunications et d'informatique auprès du même fournisseur. De nos jours, les réseaux d'entreprise utilisent de plus en plus, à travers le monde, une norme commune appelée « protocole TCP/IP ».

Le protocole TCP/IP offre une méthode universelle pour diviser des messages numériques en paquets, les acheminer vers les bonnes adresses, puis les reformer en messages cohérents. Il a été mis au point par la *Defense Advanced Research Projects Agency* (DARPA), une agence du département de la Défense des États-Unis. Son objectif était de permettre aux scientifiques de transmettre des données entre différents types d'ordinateurs sur de longues distances.

Le protocole TCP/IP utilise une série de sous-protocoles, les principaux étant le *Transmission Control Protocol* (TCP) et l'*Internet Protocol* (IP). Le TCP coordonne le mouvement des données entre les ordinateurs. Il crée une connexion entre ces derniers, contrôle la séquence des paquets et confirme la réception des paquets expédiés. L'IP est responsable de la transmission des paquets, ce qui comprend la division et le regroupement des paquets en cours de transmission. La figure 7.5 illustre le modèle de référence en quatre couches du protocole TCP/IP du département de la Défense des États-Unis.

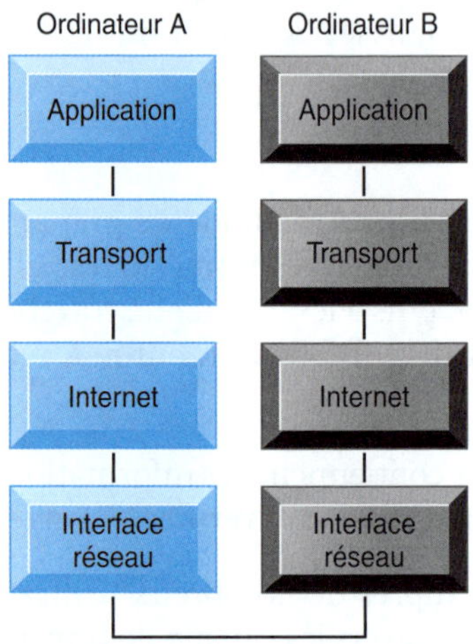

Figure 7.5 – Le modèle de référence TCP/IP.

La couche application permet aux applications clients d'accéder aux autres couches et définit les protocoles utilisés par les applications pour échanger des données. Le *HyperText Transfer Protocol* (HTTP) est un protocole d'application qui sert à transmettre des fichiers de pages Web. La couche de transport fournit à la couche application des services de communication et de paquets. Elle comprend notamment le protocole TCP.

La couche Internet dirige, achemine et met en forme des paquets de données appelés « datagrammes IP ». Elle utilise notamment le protocole Internet (IP). La couche interface réseau, située à l'origine du modèle de référence, envoie et reçoit les paquets en provenance de tout média réseau.

Avec le protocole TCP/IP, deux ordinateurs peuvent communiquer entre eux, même si leurs plateformes matérielles et logicielles sont différentes. Les données envoyées d'un ordinateur à l'autre traversent les quatre couches, en commençant par la couche application de l'ordinateur expéditeur jusqu'à la couche interface réseau. Une fois arrivées à l'ordinateur destinataire, les données traversent de nouveau toutes les couches pour être regroupées dans un format utilisable par cet ordinateur. Si l'ordinateur destinataire détecte un paquet endommagé, il demande à l'ordinateur expéditeur de le retransmettre. Ce processus est inversé lorsque l'ordinateur destinataire répond.

2 Réseaux de télécommunications

2.1 Signaux digitaux et analogiques

Un **signal analogique** est représenté par des ondes continues qui transitent par un support de transmission. Les signaux analogiques servent à traiter les communications vocales. Un signal digital, ou numérique, est une onde discontinue plutôt qu'une onde continue. Il transmet les données codées sous deux formes discrètes, soit le bit 1 et le bit 0, représentées par des impulsions électriques intermittentes. Dans la mesure où les ordinateurs utilisent des signaux numériques, un modem est nécessaire pour transmettre des signaux numériques sous forme analogique (voir figure 7.6). Le terme « modem » signifie **modulateur/démodulateur**.

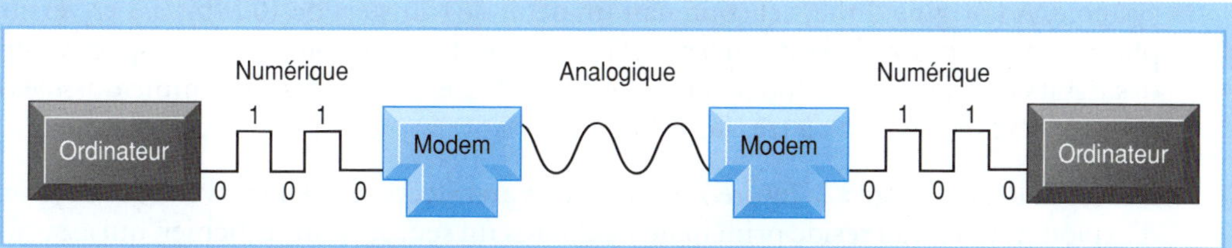

Figure 7.6 – Fonctions d'un modem.

2.2 Types de réseaux

Il existe différents types de réseaux et diverses façons de les classifier. L'une d'entre elles est la portée géographique à l'intérieur d'un espace privé continu (voir tableau 7.1).

Tableau 7.1 : Types de réseaux

Type	Espace couvert
Réseau local (LAN)	Quelques centaines de mètres dans un espace privé
Réseau étendu (WAN)	Transite par l'espace public, nécessite le recours à un ou plusieurs opérateurs de télécommunications et permet des échanges sans limitation de distance

Réseaux locaux

Les premiers réseaux informatiques sont apparus au début des années 1960. Ils consistaient alors en une série de terminaux reliés à un ordinateur central à l'intérieur d'un même bâtiment. Des chercheurs du Palo Alto Research Center (PARC) de Xerox ont mis au point le premier réseau local au début des années 1970, qui reliait des ordinateurs de bureau en une installation informatique cohérente. Grâce à ces réseaux, ces ordinateurs ont pu partager des imprimantes, communiquer entre eux et stocker des fichiers dans un ordinateur de bureau central appelé « serveur ».

Aujourd'hui, la plupart des employés au sein d'une même entreprise sont reliés aux autres employés et à des groupes à l'aide d'un réseau local. Un réseau local d'entreprise, ou LAN, est conçu pour relier des ordinateurs personnels et autres appareils numériques dans un rayon de quelques centaines de mètres à l'intérieur d'un espace privé. On peut relier les réseaux locaux à des réseaux étendus (ou WAN), décrits plus loin dans ce chapitre, et à d'autres réseaux à l'aide d'Internet.

La figure 7.3 peut servir de modèle pour un réseau local limité et utilisable dans un bureau. Un ordinateur sert de serveur de fichiers dédié au réseau, offrant aux utilisateurs un accès aux ressources informatiques du réseau, qui incluent des logiciels et des fichiers de données. Le serveur détermine qui a accès à quoi et dans quel ordre de priorité. Le réseau local utilise un routeur pour se relier à d'autres réseaux, par exemple Internet ou des réseaux d'entreprise, afin de procéder à des échanges d'informations.

Ethernet est la norme la plus répandue pour les réseaux locaux. Cette norme spécifie le support qui acheminera le signal entre les ordinateurs, les règles d'accès et le cadre normalisé, soit l'ensemble de bits nécessaires pour acheminer les données dans le système. À l'origine, Ethernet soutenait un débit de transfert de 10 Mbit/s. Les versions plus récentes, comme le Fast Ethernet et le Gigabit Ethernet, soutiennent respectivement des débits de transfert de 100 Mbit/s et de 1 Gbit/s, et sont utilisées comme dorsales de réseaux (axes principaux à très large bande passante).

Le réseau local illustré à la figure 7.3 utilise une architecture client-serveur où le système d'exploitation réseau réside principalement dans un seul serveur de fichier, qui assure en grande partie le contrôle du réseau et lui fournit des ressources.

Les réseaux locaux importants peuvent compter plusieurs centaines de clients et de multiples serveurs. Chaque fonction dispose de son propre serveur, par exemple le stockage et la gestion des fichiers et des bases de données (serveurs de fichiers et serveurs de bases de données), la gestion des imprimantes (serveurs d'imprimantes), le stockage et la gestion du courrier électronique (serveur de courrier électronique) ou le stockage et la gestion des pages Web (serveurs Web).

Parfois, on décrit les réseaux locaux en fonction de leur topologie, c'est-à-dire de la façon dont leurs composants sont reliés ensemble. Il existe trois principales topologies : le réseau en étoile, le réseau de type bus et le réseau en anneau.

Dans une topologie en étoile, tous les dispositifs du réseau sont reliés à un seul concentrateur. La figure 7.7 illustre un **réseau en étoile** simple à l'intérieur duquel chaque composant est relié à un concentrateur unique. L'ensemble du trafic transite par le concentrateur. Dans un réseau en étoile étendu, des couches multiples ou des concentrateurs sont organisés en hiérarchie.

Dans une topologie de type bus, une station transmet les signaux, qui voyagent dans les deux directions à travers un même segment de transmission. Tous les signaux sont émis dans les deux directions sur l'ensemble du réseau. Les **réseaux de type bus** sont la topologie Ethernet la plus courante.

Une topologie en anneau relie les composants d'un réseau dans une boucle fermée. Les messages passent d'un ordinateur à l'autre dans une seule direction autour de la boucle, et une seule station à la fois peut transmettre. Les **réseaux en anneau** sont utilisés principalement dans les réseaux locaux d'un modèle plus ancien qui utilisent le logiciel de réseaux dit en « anneau à jeton » (ou *Token Ring*).

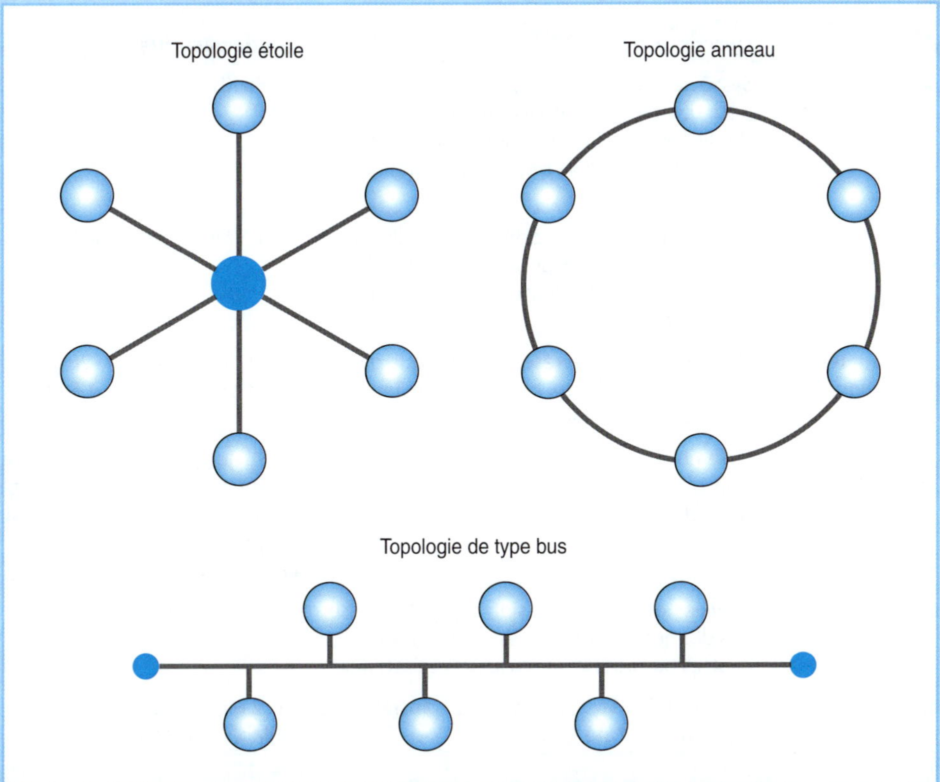

Figure 7.7 – Topologies de réseau.

Réseaux étendus (WAN)

Les **réseaux étendus** couvrent de grandes distances : des régions, des États, des continents, voire la planète. Si Internet est le réseau étendu le plus puissant et le plus connu, la notion de « réseau étendu » peut également s'appliquer à une entreprise dont les sites et entités géographiquement dispersés sont interconnectés *via* un réseau étendu sécurisé interne de type intranet. Pour se connecter à un réseau étendu, les ordinateurs passent par des réseaux publics comme les systèmes téléphoniques, les systèmes privés de câblodistribution, les lignes louées ou les satellites.

2.3 Services et technologies de réseau à large bande

Divers services et technologies de réseau sont offerts aux entreprises à la recherche d'une transmission ou d'un accès à Internet à haut débit.

Le relais de trame, ou *frame relay*, est un service de réseau partagé plus rapide et moins coûteux que la commutation de paquets. Il peut atteindre des vitesses de transmission allant de 56 Kbit/s à plus de 40 Mbit/s. Le relais de trame regroupe les données dans des trames analogues aux paquets et profite des circuits numériques à haut débit, d'une plus grande fiabilité et qui requièrent moins de corrections d'erreurs que la commutation de paquets. Les principales entreprises de télécommunications offrent des services de relais de trame.

Tableau 7.2 : Services de réseau à large bande

Service	Description	Bande passante
Relais de trame	Système qui regroupe les données en trame pour une transmission à grande vitesse sur des lignes plus fiables et qui exige moins de corrections d'erreurs que la commutation de paquets	De 56 Kbit/s à plus de 40 Mbit/s
Mode de transfert asynchrone	Système qui divise les données en cellules uniformes de 53 bits pour une transmission rapide de données, de vidéos et de l'audio sur un même réseau	De 1,5 Mbit/s à plus de 9 Gbit/s
Réseau numérique à intégration de services	Norme d'accès à un réseau numérique par liaison commutée qui intègre la voix, les données et les services vidéo	Débit de base ISDN : 128 Kbit/s – Débit primaire ISDN : 1,5 Mbit/s
Ligne d'abonné numérique	Ensemble de technologies qui assurent une transmission à grande capacité sur des paires de câbles de cuivre	ADSL : jusqu'à 20 Mbit/s pour la réception et jusqu'à 1 024 Kbit/s pour l'envoi de données – SDSL : jusqu'à 3 Mbit/s pour l'envoi et la réception
Modem pour câble	Service pour la transmission à grande vitesse des données sur des lignes de télévision câblées partagées par plusieurs utilisateurs	Plus de 4 Mbit/s
Lignes E	Lignes dédiées qui assurent des transmissions à grande capacité	E1 : 2 Mbit/s ; E2 : 8 Mbit/s ; E3 : 34 Mb/s ; E4 : 140 Mb/s

Le mode de transfert asynchrone (*Asynchronous Transfer Mode*, ATM) est une technologie qui peut traiter différents types de trafics de réseaux et qui offre des vitesses de transmission allant de 1,5 Mbit/s à plus de 9 Gbit/s. Il peut transférer des données entre les ordinateurs de différents fournisseurs et est largement répandu pour la transmission de données, de vidéos et d'audio dans un même réseau. Beaucoup d'entreprises de télécommunications y ont recours.

Le réseau numérique à intégration de services (*Integrated Services Digital Network*, ISDN) est une norme internationale qui permet d'accéder à un réseau par le biais d'une ligne commutée et qui intègre voix, données, images et vidéos en un seul lien. Il existe deux niveaux de réseaux numériques à intégration de services : les réseaux avec accès à débit de base (qui peuvent transmettre 128 Kbit/s) et les réseaux avec accès à débit primaire (qui peuvent transmettre jusqu'à 1,5 Mbit/s).

Le service ISDN est désormais remplacé par les lignes d'abonnés numériques (*Digital Subscriber Line*, DSL). Tout comme l'ISDN, celles-ci peuvent transmettre des communications vocales, des données et de la vidéo. Elles s'exploitent sur des lignes téléphoniques de cuivre déjà installées, mais sont dotées de capacités de transmission plus élevées. Il existe plusieurs catégories de DSL. La vitesse de transmission des lignes numériques asynchrones (*Asymetric Digital Subscriber Line*, ADSL) est de 1,5 à plus de 20 Mbit/s pour la réception de données et monte jusqu'à 1 024 Kbit/s pour l'envoi de données. Les lignes d'abonnés numériques à débit symétrique (*Symetric Digital Subscriber Lines*, SDSL) assurent la même vitesse de transmission pour l'envoi et la réception de données et peuvent aller jusqu'à 4 Mbit/s.

Parmi les autres services à grande capacité, on retrouve les modems pour câble et les lignes dites « E ». Les modems pour câble fonctionnent sur les lignes de télévision câblées. Ils peuvent dépasser les 4 Mbit/s. Toutefois, comme ils utilisent une ligne partagée, la transmission risque d'être ralentie si un nombre élevé d'utilisateurs locaux partage la même ligne en câble. Ce problème peut se résoudre en augmentant la capacité du câble local.

Les entreprises qui transmettent de grandes quantités de données sur de longues distances ou qui ont des exigences particulières sur le plan de la sécurité ou de la garantie de service se tournent souvent vers la location de lignes de données à haut débit offertes pour des fournisseurs commerciaux, habituellement des opérateurs de télécommunications spécialisés. Dans le cas des fournisseurs d'accès européens, les types actuels sont E1 (2 Mb/s, distance de 50 km maximum), E2 (8 Mb/s), E3 (34 Mb/s) et E4 (140 Mb/s).

2.4 Supports de transmission

Les réseaux peuvent utiliser différents types de supports, dont le fil torsadé, le câble coaxial, la fibre optique et des supports pour transmission sans fil. Une vaste gamme de vitesses est offerte pour l'un ou l'autre support, selon la configuration du matériel et du logiciel.

Fil torsadé

Support de transmission ancien, le **fil torsadé** est constitué de torons de cuivre torsadés par paires. La plupart des systèmes téléphoniques d'un immeuble dépendent des fils torsadés pour les transmissions analogiques, mais on peut également les utiliser pour les transmissions numériques.

Les fils torsadés coûtent peu cher et sont déjà installés, mais la transmission des données est alors relativement lente et bruyante. De plus, un fil torsadé ordinaire ne peut transmettre qu'un nombre limité de données. Les nouveaux matériels et logiciels utilisés par les entreprises de téléphonie ont toutefois accru la capacité de transmission des fils torsadés, ce qui les rend utiles pour la connectivité à haut débit à Internet à des vitesses qui peuvent atteindre 10 Mo/s (dix mégaoctets par seconde), sur une distance maximale recommandée de 100 m (fil torsadé de catégorie 5).

Câble coaxial

Le **câble coaxial**, semblable à celui utilisé en câblodistribution, est constitué de fils de cuivre fortement isolés et capables de transmettre une plus grande quantité de données que les fils torsadés. Le câble est fréquemment utilisé pour les réseaux locaux car c'est un support plus rapide et moins sujet aux interférences que les dispositifs sans câble. Il opère habituellement à 10 Mbit/s pour les ordinateurs de bureau et entre 100 Mbit/s et 1 Gbit/s pour les dorsales de réseaux. Il est utilisable sur des distances supérieures à 100 m.

Fibre optique et réseaux optiques

Le **câble en fibre optique** est constitué de milliers de torons de fibres de verre reliés, chacun de l'épaisseur d'un cheveu. Les données sont transformées en impulsions lumineuses, qu'un dispositif au laser transmet par un câble à fibre optique à une vitesse allant de

500 Kbit à plusieurs milliards de bits à la seconde. Le câble en fibre optique est bien plus rapide, léger et durable que le câble coaxial et il est adapté aux systèmes qui exigent la transmission de gros volumes de données. Il est cependant plus difficile de travailler avec le câble à fibre optique, fragile, et qui, en outre, est plus coûteux et difficile à installer.

Encore récemment, le câble en fibre optique était utilisé principalement comme dorsale de réseau à haut débit, tandis que le fil torsadé et le câble coaxial servaient à relier la dorsale aux dispositifs individuels. Aujourd'hui, les câblodistributeurs et les entreprises de téléphonie installent la fibre optique dans les maisons et les petites entreprises.

Les **réseaux optiques** peuvent transmettre tous les types de trafics (voix, données et vidéo) à l'aide de câbles en fibre optique. Ils offrent une bande suffisamment large pour recevoir les nouveaux types de services et de logiciels. Grâce aux réseaux numériques, la vidéo à la demande, les téléchargements de logiciel et l'audionumérique sont accessibles à l'aide de boîtiers décodeurs et d'autres appareils, sans délai ni dégradation de la qualité.

Les réseaux optiques peuvent augmenter leur capacité grâce à des Multiplexeurs en Longueur d'Onde Dense (MLOD). Grâce au **multiplexeur**, on peut transmettre simultanément les données qui proviennent de plusieurs sources par un seul canal de communication. Il peut diviser un canal rapide en plusieurs canaux plus lents ou attribuer à chaque source de transmission une très petite portion du temps d'utilisation du canal rapide. Le MLOD accroît la capacité de transmission à l'aide de différentes couleurs de lumière ou longueurs d'onde, afin d'acheminer simultanément des flots de données sur la même fibre. Le MLOD combine jusqu'à 160 longueurs d'onde par toron et peut transmettre jusqu'à 6,4 Tb/s (térabits par seconde) avec une seule fibre. Grâce à cette technologie, les fournisseurs de services en communication accroîtront la capacité de transmission d'un réseau de fibre optique déjà existant sans déployer plus de câbles à fibre optique. Avant l'arrivée du multiplexeur en longueur d'onde dense, les réseaux optiques ne pouvaient utiliser qu'une seule longueur d'onde par toron.

Transmissions sans fil

La croissance récente des services de communication et de réseaux repose en grande partie sur les technologies sans fil qui utilisent des radiofréquences ou des signaux infrarouges pour transmettre des données entre des appareils de communication sans avoir recours aux câbles. Les applications les plus courantes de la transmission de données sans fil comprennent les systèmes de transmission par micro-ondes, les systèmes de communication par satellite, les téléavertisseurs, les téléphones mobiles, les assistants personnels numériques et les téléphones intelligents. Les ordinateurs personnels qui utilisent des cartes d'interface réseau WiFi peuvent se connecter à des réseaux d'entreprise et à Internet dans les endroits munis d'un transmetteur WiFi. La transmission sans fil a pris une réelle importance dans les entreprises (voir section 4).

Vitesse de transmission

La quantité totale d'informations qu'il est possible de transmettre par quelque voie de télécommunications que ce soit se mesure en bits par seconde. Un changement de signal, ou « cycle », est nécessaire pour transmettre un ou plusieurs bits. La capacité de transmission de chaque type de support de télécommunications est donc fonction de sa fréquence. Le nombre de cycles par seconde pouvant être acheminés par un support se mesure en hertz, 1 Hz étant égal à un cycle du support.

On appelle « **bande passante** » la gamme de fréquences qu'un canal de télécommunications donné peut prendre en charge. Elle correspond à la différence entre les fréquences les plus élevées et les plus basses pouvant être prises en charge par un seul canal. Plus la gamme de fréquences est élevée, plus la bande passante est large et la capacité de transmission du canal élevée. Le tableau 7.3 compare la vitesse de transmission des principaux types de supports de transmission.

Tableau 7.3 : Vitesses de transmission

Support	Vitesse
Fil torsadé	Jusqu'à 1 Gbit/s, mais sur moins de 100 m
Micro-ondes (sans fil)	Jusqu'à 600 Mbit/s
Satellite	Jusqu'à 600 Mbit/s
Câble coaxial	Jusqu'à 1 Gbit/s, distances supérieures à 100 m
Câble à fibre optique	Jusqu'à 6 Tbit/s

Mbit : mégabits par seconde
Gbit : gigabits par seconde
Tbit : térabits par seconde

3 Internet

Internet est devenu un outil indispensable, tant dans la vie personnelle que dans la vie professionnelle. Mais qu'est-ce qu'Internet exactement ? Comment fonctionne-t-il et quelles technologies et services offre-t-il aux entreprises ? Examinons ses principales fonctionnalités.

3.1 Qu'est-ce qu'Internet ?

Internet est devenu le mode de communication le plus répandu. Il rivalise avec le réseau de téléphonie mondial tant au niveau de la portée que de l'étendue. C'est aussi la plus importante mise en œuvre informatique client-serveur. Ce système d'inter-réseautage relie plusieurs millions de réseaux tout autour du monde. Il a été créé dans les années 1960, initialement pour répondre aux besoins du gouvernement américain, et se nommait à l'époque « Arpanet » (*Advanced Research Projects Agency NETwork*). Par la suite, les chercheurs qui travaillaient dans des universités ayant des contrats avec le ministère de la Défense américain y virent une opportunité pour échanger plus facilement leurs travaux et accéder à des puissances de calcul alors distantes et fort onéreuses. Ce gigantesque réseau de réseaux a ensuite été utilisé pour mettre en relation les scientifiques et les professeurs d'universités du monde entier. En 1983, le réseau, renommé « Internet », ne comptait que quelques milliers de postes dans le monde. C'est l'invention du Web par des chercheurs européens qui allait être le facteur déclencheur de la situation que nous connaissons aujourd'hui.

La majorité des particuliers et des petites entreprises se connecte à Internet grâce à un abonnement chez un fournisseur d'accès. Un **Fournisseur d'Accès à Internet (FAI)** est une entreprise commerciale qui dispose d'une connexion permanente à Internet et qui vend des connexions temporaires à des clients. Orange, Free, SFR, Deutsche Telecom, British Telecom, KPN, Telecom Italia sont des FAI présents en Europe. On peut aussi se connecter à Internet dans les entreprises, les universités et les centres de recherche qui ont conçu leurs propres « domaines Internet ».

Les fournisseurs d'accès proposent plusieurs types de connexions à Internet. Le mode de connexion le plus courant a d'abord été la ligne téléphonique assortie d'un modem 56,6 Kbit/s (kilobits par seconde). Le haut débit lui a très rapidement succédé, avec l'ADSL, le câble, les connexions satellites, les lignes E et la fibre optique.

Les technologies **ADSL** utilisent les lignes téléphoniques actuelles pour transporter de la voix, des données et des vidéos. La vitesse de transmission peut aller jusqu'à 20 Mbit/s. Les **connexions à Internet par câble** proposées par les opérateurs de télévision utilisent le câble coaxial numérique pour que les particuliers et les entreprises puissent accéder au haut débit. Ils peuvent offrir une vitesse de connexion allant jusqu'à 100 Mbit/s (même si, en réalité, les débits annoncés par les FAI sont rarement constatés dans les installations – ce sont des débits maximaux théoriques). Dans les zones où ni l'ADSL ni le câble ne sont disponibles, il est possible d'accéder à Internet grâce aux satellites, bien que certaines connexions satellites soient plus lentes que les autres connexions haut débit. Les personnes qui se connectent à Internet à partir d'une entreprise, d'une université ou d'un centre de recherche possèdent un domaine Internet, comme www.fnac.fr ou www.reims-ms.fr.

3.2 Adressage IP et architecture Internet

Internet repose sur le protocole réseau TCP/IP décrit précédemment dans ce chapitre. Chaque ordinateur présent sur Internet se voit attribuer une **adresse IP** (***Internet Protocol***). C'est un numéro codé sur 32 bits et représenté par une série de quatre nombres allant de 0 à 255 et séparés par des points. Par exemple, l'adresse IP de www.google.fr est 209.85.227.99.

Voici ce qui se passe quand un utilisateur envoie un message à un autre utilisateur sur Internet : le message est d'abord décomposé en paquets à l'aide du protocole TCP. Chaque paquet contient l'adresse de destination. Les paquets sont ensuite envoyés du client vers un serveur réseau, puis ils passent sur autant de serveurs que nécessaire avant d'arriver sur un ordinateur spécifique dont l'adresse est connue. Une fois arrivés à l'adresse de destination, les paquets sont rassemblés pour recomposer le message d'origine.

Système des noms de domaine

Il serait très difficile pour les utilisateurs de mémoriser une série de 12 chiffres. Pour cette raison, le système de nom de domaine (***Domain Name System*, DNS**) convertit les adresses IP en noms de domaine. Le **nom de domaine** correspond à l'adresse IP de 32 bits attribuée à chaque ordinateur connecté à Internet. Les serveurs DNS alimentent une base de données qui contient les adresses IP associées aux noms de domaine correspondants. Pour accéder à un ordinateur sur Internet, les utilisateurs n'ont qu'à entrer son nom de domaine.

Le DNS possède une structure hiérarchique (voir figure 7.8). Au sommet de celle-ci se trouve le domaine racine. Le domaine enfant de la racine est appelé « domaine de premier niveau », et le domaine enfant de ce dernier est le « domaine de second niveau ».

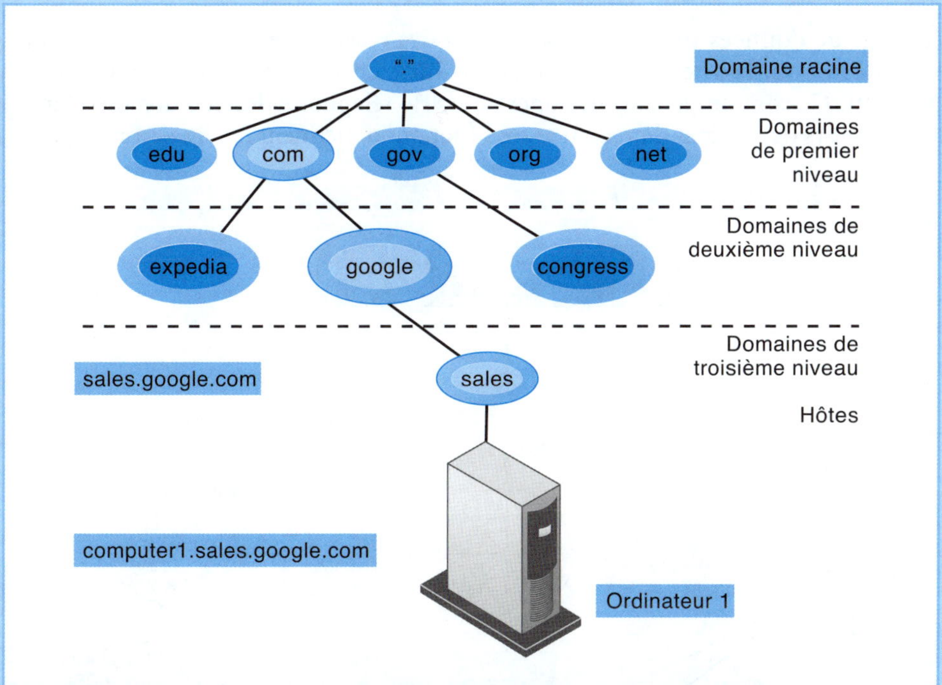

Figure 7.8 – Système des noms de domaine.

Les noms de domaine consistent en un système hiérarchique composé d'un domaine racine, de domaines de premier niveau, de domaines de second niveau et d'ordinateurs hôtes au troisième niveau.

Les domaines de premier niveau sont des noms de deux ou trois caractères que vous connaissez si vous utilisez Internet (par exemple, « .eu », « .com », « .edu », « .gov », etc.) et différents codes pays comme « .ca » pour le Canada ou « .it » pour l'Italie.

Les domaines de second niveau se divisent en deux parties : un nom de premier niveau et un nom de second niveau (par exemple : « telecharger.com », « snes.edu » ou « amazon.fr »). Le nom d'hôte, en bas de la hiérarchie, désigne un ordinateur spécifique présent sur Internet ou sur un réseau privé.

Les extensions de domaine les plus courantes, disponibles actuellement et officiellement reconnues, apparaissent dans la liste qui suit. Les pays ont aussi des noms de domaine tels que « .uk », « .au » et « .fr » (Royaume-Uni, Australie et France). À l'avenir, cette liste devrait s'étendre pour inclure davantage d'organisations et de secteurs :

- .com ou.biz : organisations commerciales/entreprises ;
- .edu : institutions ;
- .gov ou .gouv : agences gouvernementales (« .gov » : agences américaines ; « .gouv » : agences françaises) ;
- .net : ordinateurs réseau ;
- .org : ONG et organisations caritatives ;
- .info : fournisseurs d'informations.

Architecture Internet et gouvernance

L'échange de données sur Internet a lieu *via* des réseaux centraux internationaux et à haut débit dont la vitesse de transmission varie entre 45 Mbit/s et 2,5 Gbit/s (voir figure 7.9). Ce sont en général des opérateurs de téléphonie longue distance (appelés « fournisseurs de services du réseau ») ou l'État qui détiennent ces lignes principales.

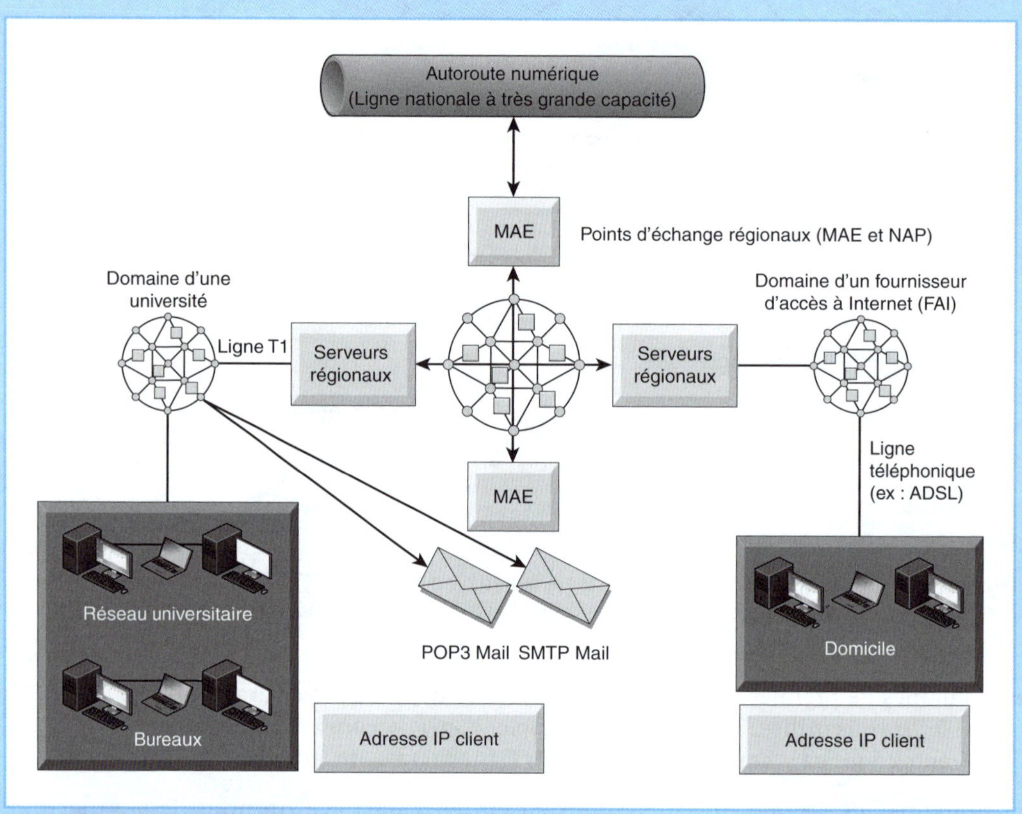

Figure 7.9 – Architecture du réseau Internet.

Le réseau Internet central se connecte à des réseaux régionaux qui, à leur tour, ouvrent l'accès aux FAI, aux grandes entreprises et aux institutions gouvernementales. Les points d'accès réseau (Network Access Points, NAP) et les réseaux métropolitains (Metropolitan Area Exchange, MAE) forment des hubs où le réseau central croise les réseaux locaux et régionaux, et où les propriétaires du segment principal se connectent entre eux.

Chaque entreprise doit payer son propre réseau et ses services de connexion locale à Internet. Une partie de cet argent revient aux propriétaires des lignes principales à longue distance. Les particuliers paient pour leur part les services fournis par les FAI, le plus souvent au forfait, quel que soit le temps passé sur Internet. Un débat fait rage aujourd'hui : ce système devrait-il rester tel quel, ou les plus grands utilisateurs, qui téléchargent de gros fichiers vidéo ou musicaux, devraient-ils payer plus cher du fait qu'ils consomment davantage de bande passante ?

Internet semble n'appartenir à personne et ne disposer d'aucune organisation ni structure formelle de gestion. Diverses organisations publiques et privées établissent néanmoins des politiques mondiales pour Internet. Il faut souligner que les diverses instances sont majoritairement sous tutelle des États-Unis et non d'une organisation internationale sous l'égide des Nations unies, par exemple. Voici quelques-uns de ces organismes :

- Le Conseil IAB (*Internet Architecture Board*) travaille à la définition d'une structure d'ensemble pour Internet.
- La Société pour l'attribution des noms de domaine et numéros sur Internet, ICANN (*Internet Corporation for Assigned Names and Numbers*), assigne les adresses IP.
- Le registre InterNIC (*Internet Network Information Center*), créé par le département du Commerce des États-Unis, assigne des noms de domaine.
- L'IESG (*Internet Engineering Steering Group*) supervise l'adoption de normes en lien avec Internet.
- Le groupe IETF (*Internet Engineering Task Force*) étudie l'évolution et le fonctionnement d'Internet et réalise des projections sur son développement futur.
- L'ISOC (*Internet SOCiety*), consortium d'organisations publiques et privées, surveille les politiques et les pratiques d'Internet.
- Le consortium W3C (*World Wide Web Consortium*) établit le langage HTML (*HyperText Mark-up Language*) et les autres normes de programmation pour le Web.

Bien qu'aucune de ces organisations n'exerce un contrôle direct sur Internet et sur son fonctionnement, elles peuvent néanmoins influencer les agences gouvernementales, les principaux propriétaires de réseaux, les Fournisseurs de Services Internet (FSI) et les FAI. Internet doit également se conformer aux lois des États-nations souverains dans lesquels il opère, ainsi qu'aux infrastructures techniques présentes à l'intérieur de ces États. Le nombre d'interventions gouvernementales est resté très limité au cours des premières années d'Internet et du Web. Cette situation est toutefois en train de changer face au rôle grandissant d'Internet dans la circulation de l'information et de la connaissance, concernant notamment le contenu qualifié d'« inadmissible » par certains.

La gouvernance d'Internet agit également sur les dispositions qui régissent sa dimension économique et financière. Chaque organisation assume les coûts de ses réseaux et de sa connexion locale à Internet. Une partie de ces coûts représente les frais versés aux propriétaires des réseaux principaux interurbains, sous forme de paiements mensuels pour le téléphone et le service Internet. Par conséquent, le coût du courrier électronique et des autres connexions à Internet a tendance à être beaucoup plus bas que les services équivalents comme la transmission de la voix ou la poste, ce qui fait d'Internet un média de communication très économique, rapide et capable de transmettre des messages partout dans le monde en quelques secondes.

L'Internet du futur : IPv6 et Internet2

Au départ, Internet n'a pas été conçu pour gérer la transmission de quantités importantes de données ni pour avoir des millions d'utilisateurs. Un grand nombre d'entreprises et de gouvernements ont reçu des millions d'adresses IP afin de s'adapter aux effectifs actuels et futurs. La population qui accède à Internet continue cependant de croître, et d'ici fin 2013 ou 2014, le nombre d'adresses IP conformes sera insuffisant. C'est pourquoi un nouveau modèle d'adressage IP est en cours de développement. Baptisé « Internet Protocol version 6 » (IPv6), il propose des adresses 128 bits (2 puissance 128), soit plus d'un million de milliards d'adresses uniques. Ce nouveau modèle d'adresses IP n'étant pas compatible avec le modèle d'adressage actuel, la transition vers cette nouvelle norme prendra plusieurs années.

Internet2 et *Next-Generation Internet* (NGI) sont des consortiums réunissant 200 universités, des entreprises privées et des agences gouvernementales américaines qui travaillent sur une nouvelle version d'Internet, plus robuste et bénéficiant d'une large bande passante. Ils ont mis au point plusieurs réseaux centraux de haute performance dotés de bandes passantes allant jusqu'à 100 Gbit/s. Les groupes de recherche sur Internet2 développent et mettent en œuvre de nouvelles technologies visant à améliorer les pratiques de routage ; les différents niveaux de service dépendant du type et de l'importance des données transmises ; et des applications avancées pour le calcul distribué, les laboratoires virtuels, la télémédecine, les bibliothèques numériques ou encore l'apprentissage à distance. Ces réseaux ne remplacent pas l'Internet public, mais ils permettent de tester les technologies de pointe susceptibles de migrer dans sa direction. La quatrième génération de ce réseau Internet2 est actuellement en cours de déploiement et devrait proposer une capacité de 8,8 Tb/s.

3.3 Services Internet et outils de communication

Internet repose sur une technologie client-serveur. Les particuliers qui se servent d'Internet contrôlent leurs actions à l'aide des applications présentes sur leur ordinateur (les navigateurs Web par exemple). Les données, notamment les courriels et les pages Web, sont stockées sur des serveurs. Un client utilise Internet pour aller chercher des informations sur un serveur Web particulier installé sur un ordinateur distant. Le serveur envoie ensuite sur Internet l'information requise par le client. Les chapitres 5 et 6 décrivent la manière dont fonctionnent les serveurs Web associés aux serveurs d'applications et aux serveurs de bases de données qui accèdent aux informations à partir des applications propres aux systèmes d'une entreprise et aux bases de données associées. Les plateformes client actuelles comprennent non seulement des PC et d'autres ordinateurs, mais aussi des téléphones mobiles, de petits appareils numériques portables et d'autres appareils utilisés par les technologies de l'information.

Services Internet

Un ordinateur client qui se connecte à Internet peut accéder à toutes sortes de services, comme les courriels, les chats, les messageries instantanées, les groupes de discussion électronique, **Telnet**, ***File Transfer Protocol* (FTP)** et le *World Wide Web* (WWW). Le tableau 7.4 décrit brièvement ces services.

Tableau 7.4 : Principaux services directement associables à l'infrastructure Internet

Courriel	Envoi de messages de personne à personne, partage de documents
Chat et messageries instantanées	Conversations interactives
Groupes de discussion	Groupes de discussion sur des forums électroniques
Telnet	Connexion à un ordinateur tout en travaillant sur un autre
File Transfer Protocol (FTP)	Transfert de dossiers entre ordinateurs
World Wide Web (WWW)	Récupération, formatage et affichage des informations (texte, audio, graphique et vidéo) à l'aide de liens hypertextes

Chaque service Internet est mis en œuvre par un ou plusieurs programmes logiciels. Il est possible d'exécuter tous les services sur un seul serveur ou de répartir différents services sur plusieurs machines. La figure 7.10 illustre une des manières dont ces services peuvent être organisés dans une architecture client-serveur.

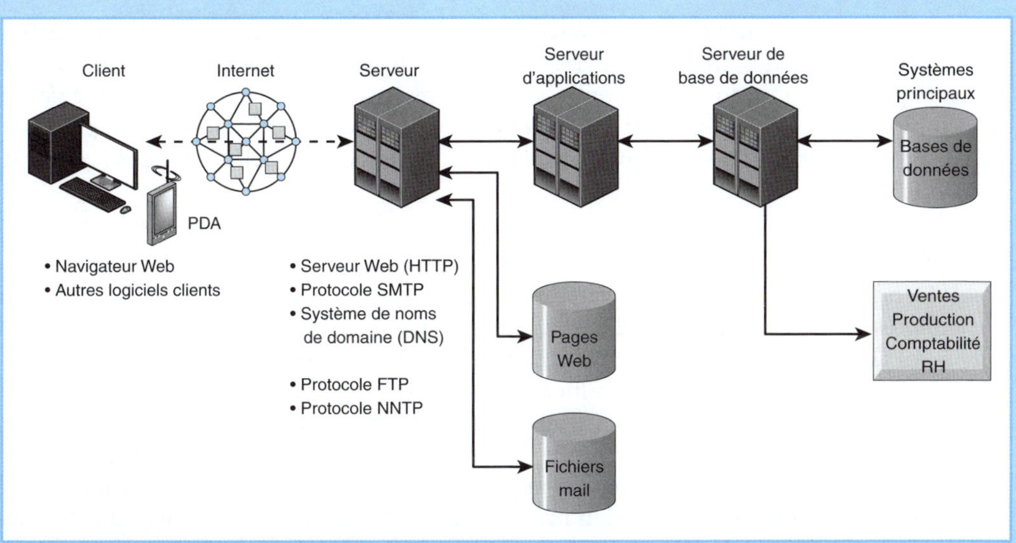

Figure 7.10 – Échanges client-serveur sur Internet.

Les ordinateurs clients sur lesquels s'exécutent des navigateurs Web ou d'autres applications ont accès à un ensemble de services sur les serveurs Internet. Ces services peuvent soit s'exécuter sur un seul serveur, soit être répartis sur plusieurs serveurs spécialisés.

Les **courriels** permettent d'échanger des messages entre ordinateurs. Il est possible d'envoyer un message à des destinataires multiples, de faire suivre des messages et d'y joindre des documents texte ou des fichiers multimédias. Même si certaines entreprises possèdent leur propre système d'envoi de courrier électronique en interne, la plupart des courriels sont aujourd'hui envoyés *via* Internet. Envoyer un message par courriel coûte beaucoup moins cher que de téléphoner ou de passer par un service postal ou un service de livraison rapide. Internet est donc un moyen rapide et peu coûteux de communiquer. La plupart des courriels sont envoyés partout dans le monde en quelques secondes. Le chat permet à des personnes connectées au même moment à Internet de bénéficier de communications vivantes et interactives. Les systèmes de chat actuels offrent la possibilité non seulement de conversations écrites, mais aussi de conversations audio ou vidéo. Plusieurs entreprises de distribution ont mis en place un chat sur leur site Internet pour attirer les visiteurs, encourager les achats multiples et améliorer les relations clients.

Les **messageries instantanées** sont un type de chat particulier, grâce auquel les participants peuvent créer leurs propres canaux de conversation. Le système prévient l'utilisateur chaque fois qu'un de ses contacts est en ligne pour qu'il puisse entamer une conversation. MSN Messenger, Yahoo! Messenger et AOL Instant Messenger sont quelques exemples de systèmes de messagerie instantanée. Les entreprises pour qui la sécurité est primordiale utilisent des systèmes de messagerie instantanée propriétaire du type Lotus Sametime ou BlackBerry messenger, proposé par RIM.

Les groupes de discussion sont présents dans les forums électroniques sur Internet. Les individus y échangent des informations et des idées sur un sujet particulier, par exemple la radiologie ou les groupes de rock. Tout le monde peut laisser des messages sur ces forums afin que d'autres les lisent. Il existe plusieurs milliers de groupes discutant de presque tous les sujets imaginables.

L'utilisation des courriels, des messageries instantanées et d'Internet est censée améliorer la productivité des employés, mais ce n'est pas toujours le cas. De nombreux managers pensent qu'ils doivent surveiller et même réglementer les activités en ligne de leurs employés. Cela pose-t-il un problème éthique ? Malgré les fortes raisons qui pourraient justifier la surveillance des courriels et des activités Web, quelles seraient les implications sur la vie privée des employés ?

Voix sur IP

Internet est aussi devenu une plateforme populaire pour la communication par la voix et le réseautage d'entreprises. La technologie **voix sur IP (VoIP)** permet de transmettre la voix de manière numérique en échangeant des paquets. C'est une bonne alternative si l'on pense au coût des appels locaux et longue distance facturés par les opérateurs téléphoniques (voir figure 7.11). Les appels, normalement transmis sur le réseau téléphonique public, peuvent circuler sur le réseau des entreprises, reposant sur un protocole Internet ou sur l'Internet public. Les appels vocaux peuvent être émis et reçus depuis un ordinateur de bureau équipé d'un micro et de haut-parleurs, ou bien avec un téléphone doté d'une fonction VoIP.

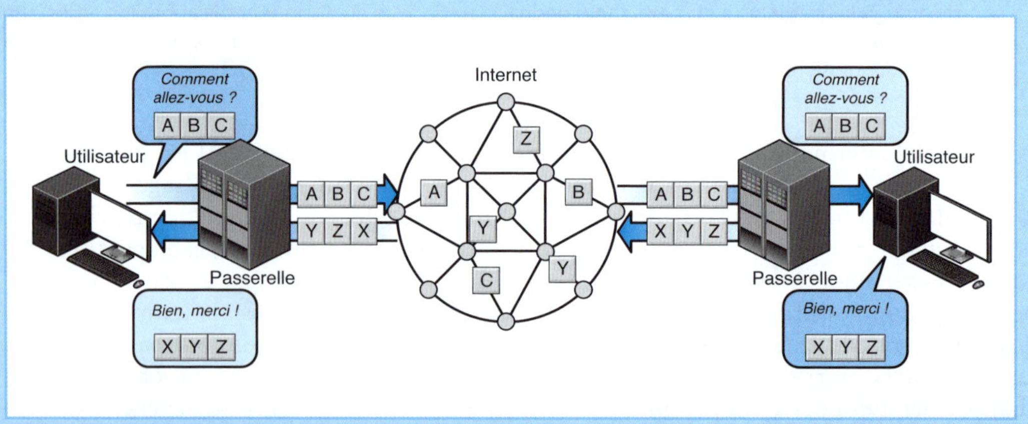

Figure 7.11 – Fonctionnement de voix sur IP.

Lors d'un appel avec VoIP, le message vocal est numérisé, puis découpé en plusieurs paquets de données qui empruntent différents chemins avant d'être rassemblés une fois la destination finale atteinte. Une passerelle (le processeur le plus proche de la destination de l'appel) remet les paquets dans l'ordre et les envoie sur le numéro de téléphone du destinataire ou sur l'adresse IP de l'ordinateur récepteur.

Les fournisseurs de services en télécommunications (comme Verizon, opérateur américain, ou Bouygues Télécom, opérateur français) et les entreprises de télévision câblée (Numéricable, par exemple) proposent des services de VoIP. Skype, racheté à eBay par Microsoft en 2011, propose un service VoIP gratuit qui fonctionne dans le monde entier avec un réseau *peer-to-peer*. Google dispose également de son propre service VoIP gratuit : Google Voice.

Malgré les investissements de départ indispensables, le système VoIP réduit les coûts de communication et de management de 20 à 30 %. Par exemple, Capgemini économise 2 millions d'euros par an depuis qu'elle a mis en œuvre la solution **VoIP de VOIP** Telecom dans ses filiales européennes. Outre la réduction des coûts d'appels et d'abonnement téléphonique, le réseau IP permet de créer une seule infrastructure voix-données où sont réunis les services de télécommunications et d'informatique. Les entreprises n'ont plus besoin d'entretenir des réseaux séparés ni de mettre des services et du personnel à disposition pour chaque type de réseau.

Un des autres avantages de VoIP réside dans sa flexibilité. Contrairement au réseau de téléphonie classique, on peut ajouter des téléphones ou les déplacer vers d'autres services sans devoir tout recâbler ou reconfigurer l'ensemble du réseau. Avec la VoIP, il suffit simplement de glisser-déposer le nom des participants sur l'écran de l'ordinateur pour organiser une conférence téléphonique. Les numéros de téléphone et les adresses électroniques peuvent être regroupés dans un seul répertoire.

Communications unifiées

Auparavant, les différents réseaux d'une entreprise associés aux données filaires et sans fil, à la communication par voix et aux vidéoconférences fonctionnaient indépendamment les uns des autres et devaient être gérés séparément par le SI. Aujourd'hui, les entreprises peuvent fusionner des modes de communication variés en un seul système accessible de manière universelle grâce aux technologies de **communication unifiée**. La communication unifiée rassemble en un seul endroit différents canaux de communication par voix, d'échange de données, de messageries instantanées, de courriels et de vidéoconférences. Les utilisateurs peuvent passer sans interruption d'un mode de communication à un autre. La technologie de présence indique si une personne est disponible pour recevoir un appel. Pour estimer la valeur de cette technologie, les entreprises vont devoir étudier le fonctionnement des flux et des processus métier qu'elle risque de modifier.

Réseaux VPN

Que se passerait-il si les membres du groupe marketing chargé de développer de nouveaux produits et services pour votre entreprise étaient éparpillés dans plusieurs régions et sur différents continents ? Vous aimeriez pouvoir envoyer des courriels à tout le monde et communiquer avec le siège social en étant sûr que la concurrence ne puisse pas intercepter vos communications. Pour répondre à ce problème, il fallait autrefois travailler avec de grandes entreprises de réseau privé qui proposaient des réseaux dédiés, privés et sécurisés à leurs clients, ce qui revenait très cher. Il existe aujourd'hui une solution bien moins onéreuse : créer un réseau privé virtuel sur Internet.

Un **réseau privé virtuel (VPN)** est un réseau privé, sécurisé et crypté qui a été configuré au sein d'un réseau public pour profiter des économies d'échelle et des facilités de gestion dont bénéficient les réseaux de grande taille comme Internet (voir figure 7.12). Un VPN offre à votre entreprise des moyens de communication sécurisés et cryptés à un coût très inférieur à celui de prestations similaires fournies par les sociétés privées qui s'appuient sur leur propre réseau pour sécuriser les communications. Le VPN représente aussi une infrastructure réseau associant voix et données.

Plusieurs protocoles concurrents sont utilisés pour la protection des données transmises sur Internet. Il existe notamment le protocole *Point-to-Point Tunneling Protocol* (PPTP). Dans ce protocole (*tunneling*), des paquets de données sont cryptés puis emballés dans des paquets IP. Les entreprises enroulent dans cet emballage le message réseau dont elles souhaitent masquer le contenu, créant ainsi une connexion privée qui circule sur l'Internet public.

3.4 *World Wide Web*

Vous avez sans doute déjà utilisé le *World Wide Web* pour télécharger de la musique, chercher des informations avant de rédiger un devoir ou consulter les informations et la météo. Le Web est le service Internet le plus populaire. C'est en Europe qu'il a été inventé. Pendant la période 1989-1991, le Dr Tim Berners-Lee et son équipe du CERN, le laboratoire européen pour la physique des particules, le mettent au point. Jusqu'en 1993, c'est surtout de l'information sous forme de texte qui s'échange sur le Web. Marc Andreessen, du *National Center for Supercomputing Applications* (NCSA), de l'université de l'Illinois, met alors au point un navigateur Web muni d'une interface utilisateur graphique (UGI) appelée « Mosaic », qui permet le visionnage de documents graphiques sur le Web à l'aide d'arrière-plans colorés, d'images et même d'animations rudimentaires. En 1994, Marc Andreessen et Jim Clark fondent Netscape et lancent le premier navigateur commercial, Navigator de Netscape. En août 1995, Microsoft lance son propre navigateur, appelé « Internet Explorer » (IE), et devenu, depuis, le navigateur Web le plus utilisé.

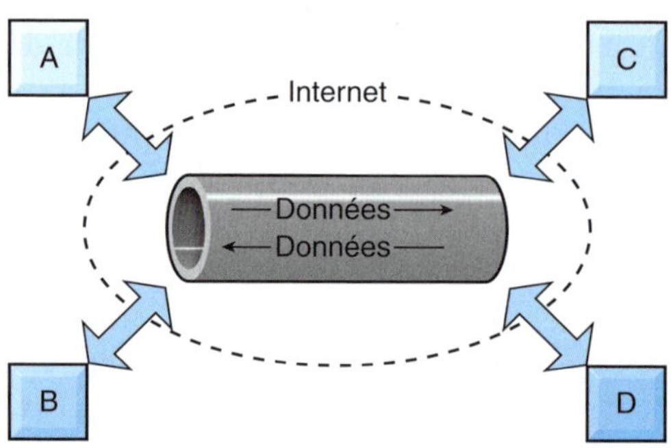

Figure 7.12 – Un réseau virtuel privé utilisant Internet.

Un *Virtual Private Network* (VPN) est un réseau privé d'ordinateurs reliés par un tunnel de connexion sécurisé sur Internet. Il protège les données transmises sur Internet en les encodant et en les enveloppant dans le protocole Internet (IP). En ajoutant un emballage au message réseau dont elles souhaitent masquer le contenu, les entreprises créent ainsi une connexion privée qui circule sur l'Internet public.

Le Web se caractérise par des normes universelles de stockage, de récupération, de formatage et d'affichage des informations à l'aide d'une architecture client-serveur. Les pages Web sont formatées avec des liens dits « **hypertextes** » qui permettent d'associer des documents et de lier des pages à d'autres objets tels que du son, de la vidéo ou des animations. Quand vous cliquez sur un graphique qui lance une vidéo, vous cliquez en fait sur un hyperlien. Un **site Web** est une collection de pages Web liées à une page d'accueil.

Hypertexte

Les pages Web sont construites sur un langage HTML standard, qui formate les documents et y incorpore des liens dynamiques vers d'autres documents et images stockés sur le même ordinateur ou sur un ordinateur distant. Il est possible d'accéder aux pages Web depuis Internet grâce aux navigateurs Web qui s'exécutent sur votre ordinateur et lancent, à l'aide du protocole HTTP, une requête vers une page stockée sur un serveur hôte. HTTP est une norme de communication qui sert à transférer des pages sur le Web. Ainsi, pour accéder au site de Reims Management School, vous entrez l'adresse Web dans votre navigateur, à savoir **www.reims-ms.fr**. Celui-ci envoie une requête HTTP au serveur reims-ms.fr pour demander l'accès à la page d'accueil de **reims-ms.fr**.

HTTP sont les quatre premières lettres que l'on trouve au début de toutes les adresses Web. Vient ensuite le nom de domaine, qui indique l'ordinateur serveur sur lequel est stocké le document. La plupart des entreprises possèdent un nom de domaine identique ou très ressemblant à leur nom officiel. Le chemin d'accès au répertoire et le nom du document sont les deux autres éléments d'information contenus dans l'adresse Web qui permettent au navigateur de trouver la page demandée. Une adresse qui contient tous ces éléments s'appelle une **URL** (***Uniform Resource Locator***). Quand on entre l'URL dans le navigateur, elle lui indique l'endroit exact où il faut aller chercher les informations. Lorsqu'on tape une adresse URL dans un navigateur, celle-ci indique avec précision où se trouve l'information. Par exemple, pour l'adresse URL **http://www.club-expansion.com/emr4.html** (exemple), « http » indique le protocole utilisé pour afficher la page Web ; « www.club-expansion.com/ » est le nom de domaine ; « emr4.html » est le nom du document et son format (il s'agit d'une page HTML).

Serveurs Web

Un serveur Web est un logiciel permettant de localiser et de gérer les pages Web stockées. Il repère à quel emplacement l'ordinateur a stocké les pages demandées par l'utilisateur avant d'aller les chercher. Les applications serveur s'exécutent en général sur des serveurs dédiés, même s'il arrive qu'elles soient réunies sur un seul ordinateur dans certaines entreprises.

Le serveur Web le plus utilisé aujourd'hui est Apache HTTP. Au 1er janvier 2013, il règne sur 64 % du marché. Apache est un produit *open source,* gratuit, et téléchargeable sur le Web. Internet Information Services, le produit Microsoft équivalent, est le deuxième serveur Web le plus utilisé avec 15 % de parts de marché, et Nginx fait une entrée remarquée dans le classement depuis 2010 et a conquis 14,1 % du marché. Nginx est un logiciel de serveur Web *open source* écrit par Igor Sysoev et dont le développement a débuté en 2002 pour les besoins d'un site russe à très fort trafic. Une partie de la documentation a été traduite du russe vers l'anglais.

Rechercher des informations sur le Web

Personne ne sait exactement combien de pages Web il existe au total. Le Web visible est la zone explorée par les moteurs de recherche et à laquelle les informations se rapportent.

Google a par exemple visité environ 400 milliards de pages en 2012, mais ce n'est que la partie émergée de l'iceberg ! Il existe aussi un « Web profond », et l'on estime qu'il contient plus de 900 milliards de pages supplémentaires. La plupart de celles-ci sont des pages propriétaires (par exemple les pages du *Monde* ou des *Échos* en ligne auxquelles il est impossible d'accéder sans code) ou des pages stockées dans des bases de données protégées appartenant aux entreprises.

Moteurs de recherche en ligne. Il est évident qu'avec autant de pages Web en ligne, trouver presque instantanément les informations spécifiques dont vous ou votre entreprise avez besoin peut se révéler problématique. La vraie question est la suivante : « Comment faire pour trouver la ou les pages Web que vous voulez parmi les milliards de pages répertoriées ? » Les **moteurs de recherche** proposent de résoudre ce problème en trouvant quasi instantanément des informations utiles sur le Web. Certains affirment qu'ils sont « l'application phare » de l'ère Internet. Les moteurs de recherche actuels peuvent passer au peigne fin des fichiers HTML, des fichiers provenant d'applications Microsoft Office et des PDF. La recherche de vidéos, d'images et de sons est aussi en cours de développement. Il existe plusieurs centaines de moteurs de recherche différents, mais la majeure partie des résultats est fournie par les trois plus importants d'entre eux : Google, Bing (Microsoft) et Yahoo! (classement européen).

Les moteurs de recherche sont apparus au début des années 1990. Il s'agissait à l'époque de programmes relativement simples qui parcouraient le Web alors naissant pour visiter des pages et rassembler des informations sur leur contenu. Les premiers moteurs de recherche créés contenaient des index par mots clés de toutes les pages qu'ils avaient visitées. Au final, l'utilisateur obtenait des listes de pages qui n'étaient pas toujours pertinentes pour leur recherche.

En 1994, David Filo et Jerry Yang, des étudiants en informatique de l'université de Stanford, ont établi manuellement une liste de leurs pages Web préférées, qu'ils ont appelée *Yet Another Hierarchical Officious Oracle*, c'est-à-dire Yahoo!. À l'origine, Yahoo! n'est pas un moteur de recherche, mais une sélection de sites Internet classés par catégories selon des critères choisis par les éditeurs. Le site a depuis développé ses propres capacités de moteur de recherche.

En 1998, Larry Page et Sergey Brin, deux autres étudiants en informatique de l'université de Stanford, ont lancé la première version de Google. Ce moteur de recherche était différent : non seulement il répertoriait les mots de chaque page Web, mais il classait aussi les résultats de la recherche en fonction de la pertinence de chaque page. C'est Larry Page qui a fait breveter le système de classement des pages (*PageRank System*). Ce système mesure principalement la popularité d'une page en calculant le nombre de sites qui y sont liés. Sergey Brin a contribué à créer un robot d'indexation unique qui répertorie non seulement les mots clés d'une page, mais aussi des combinaisons de mots (les auteurs et le titre de leurs articles par exemple). Ces deux idées sont à l'origine du moteur de recherche Google, dont la figure 7.13 illustre le fonctionnement.

Les sites Web permettant de trouver des informations, tels que Yahoo!, Google et Bing, sont désormais si populaires et tellement simples d'utilisation qu'ils servent également de portes d'entrée à Internet (voir chapitre 10). Leurs moteurs de recherche sont devenus des outils de shopping avec ce qu'on appelle aujourd'hui le « **marketing de moteurs de recherche** ».

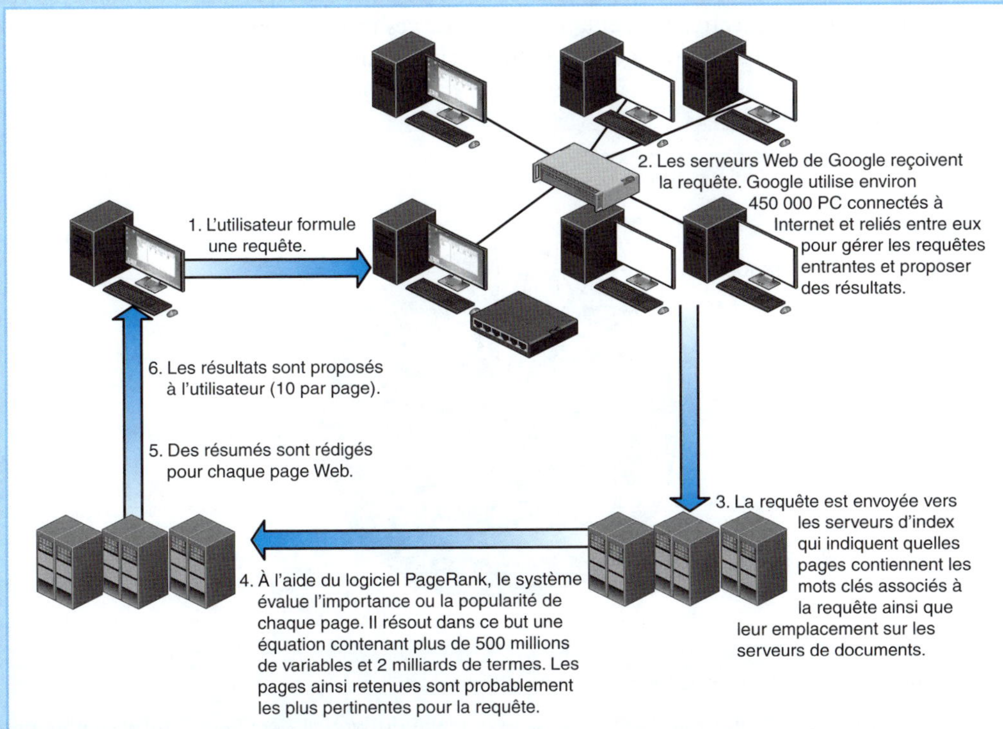

Figure 7.13 – Comment fonctionne Google.

Le moteur de recherche Google explore le Web en continu. Il répertorie le contenu de chaque page, calcule sa popularité et enregistre les pages pour pouvoir répondre rapidement aux requêtes des utilisateurs. Le processus tout entier ne prend qu'une demi-seconde.

Quand les utilisateurs tapent un terme à rechercher dans Google, Bing, Yahoo! ou n'importe quel autre moteur de recherche, ils reçoivent deux types de listes : les liens commerciaux, pour lesquels les annonceurs ont payé (on les trouve en général en haut de la page de résultats), et le référencement organique, non commercial. Les annonceurs peuvent de plus acheter de petits espaces à droite de la page sur Google et Bing. Ces liens sponsorisés et payants sont en pleine croissance dans le domaine de la publicité sur Internet. Il s'agit d'un nouvel outil de marketing, très puissant, qui envoie à l'utilisateur des messages publicitaires ciblés et au bon moment. Le marketing des moteurs de recherche permet de monétiser la valeur du processus de recherche.

En décembre 2012, 1,524 milliard de personnes à travers le monde ont utilisé un moteur de recherche, soit plus de 100 milliards de recherches. Il existe plusieurs centaines de moteurs de recherche, mais les trois plus importants déjà cités totalisent 90 % de l'ensemble des recherches (voir figure 7.14).

Les moteurs de recherche ont initialement été conçus pour effectuer des recherches sur des documents texte. L'arrivée massive des vidéos et des images en ligne a cependant créé d'autres demandes. Les moteurs de recherche ont dû évoluer pour devenir capables de trouver rapidement certaines vidéos. Les mots « danse », « amour », « musique » et

« fille » sont tous extrêmement populaires dans les titres des vidéos diffusées sur YouTube (racheté par Google en 2006), et la recherche de ces mots clés entraîne une avalanche de réponses, même si le contenu de la vidéo n'a rien à voir avec le terme recherché.

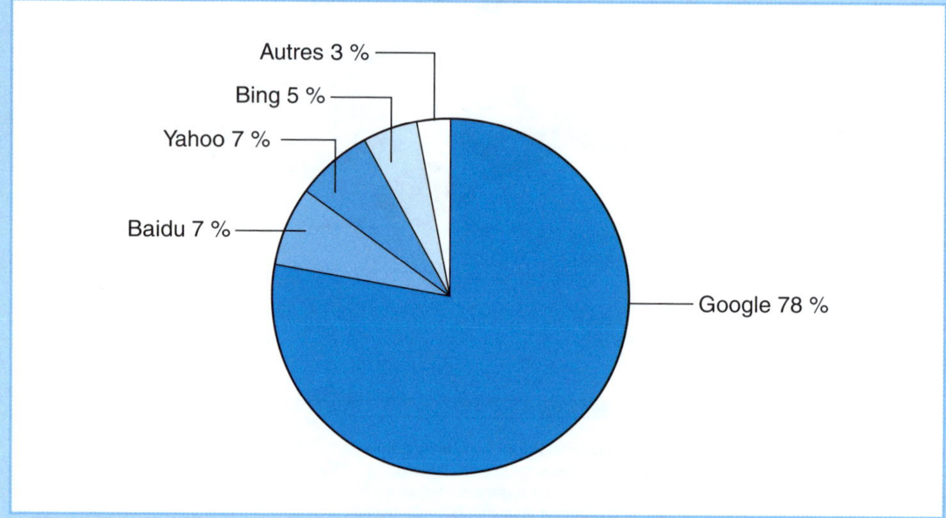

Figure 7.14 – Moteurs de recherche les plus utilisés

Google est le moteur de recherche le plus populaire du Web. Il gère 78 % de l'ensemble des recherches.

Sources : D'après les données provenant de ComScore Inc., septembre 2012.

La recherche d'images ou de vidéos représente un défi car la reconnaissance d'images numériques est encore très peu fiable et lente. Certains moteurs de recherche ont commencé à répertorier des scénarios pour qu'il soit possible de retrouver un film d'après les dialogues. YouTube est un des moteurs de recherche vidéo les plus populaires. Il contient des dizaines de millions d'heures de vidéos et emploie un grand nombre de classificateurs humains qui vérifient le contenu des vidéos par rapport à leurs titres.

Moteurs de recherches « mobiles ». Selon une étude du Macquarie Group, on constate, pour la première fois depuis 2006 que le nombre de requêtes sur les moteurs de recherche effectuées depuis un ordinateur décline. En septembre 2012, d'après les données de ComScore, le nombre de recherches a baissé de 4 % par rapport à l'année précédente. L'étude rappelle que, dès février 2012, le taux de croissance des recherches sur Internet avait commencé à ralentir. La croissance était encore alors de 14 %. En fait, le nombre total de recherche n'est pas en baisse, ce sont les recherches depuis un ordinateur de bureau qui sont en baisse. En revanche, sur mobile, ce secteur se développe, grâce notamment à un taux d'équipement en smartphones et autres terminaux connectés en hausse. Les consommateurs peuvent effectuer leurs recherches en situation de mobilité, par exemple pour rechercher une adresse de restaurant. Il s'agit d'un glissement des usages sur le mobile. Google, comme Yahoo!, a développé de nouvelles interfaces dédiées aux terminaux mobiles.

Le marketing par moteur de recherche. Les moteurs de recherche sont devenus des plateformes publicitaires majeures et des outils pour les acheteurs en proposant ce qu'on appelle le « marketing par moteur de recherche », ou référencement. Quand un utilisateur entre un mot clé dans un moteur de recherche, il reçoit en retour deux types de résultats : les résultats dits sponsorisés, pour lesquels les annonceurs ont payé afin qu'ils apparaissent en tête de liste, et les résultats « organiques » résultant de la recherche. On estime que le marketing par le référencement a généré 19,5 milliards de dollars de revenu en 2012, plus de la moitié de la publicité de ligne. En 2011, 97 % des revenus de Google provenaient de la publicité en ligne, et 95 % de cette publicité en ligne du marketing par moteur de recherche ou référencement payant (Google, 2012 ; eMarketeer, 2012). Le référencement, payant ou « organique », est donc un enjeu majeur pour les sites Web qui essayent en permanence d'optimiser leur référencement en améliorant la qualité de leurs mots clés en fonction de ceux utilisés par les visiteurs potentiels. Les consommateurs aussi bénéficient de ce processus quand ils sont à la recherche d'un produit précis ; en effet, leurs requêtes ont beaucoup plus de chance de ramener des marchands proposant ce qu'ils cherchent. Dans une étude récente, la valeur ajoutée globale des moteurs de recherche pour les marchands et les consommateurs a été évaluée à plus de 800 milliards de dollars, dont 65 % pour les consommateurs, sous forme de gains de temps et d'économies sur les prix (McKinsey, 2011).

Optimisation par les réseaux sociaux. L'un des problèmes de Google et des autres moteurs de recherche mécaniques, réside dans leur performance même : en moins d'une seconde, vous récupérez des milliers de réponses. L'optimisation par les réseaux sociaux tente de fournir des résultats moins nombreux mais plus pertinents au travers de l'analyse de l'environnement « social » de la personne, de ses profils, de ceux de ses contacts, de ses « J'aime » sur Facebook, etc. Google a développé Google +1, sorte de filtre supplémentaire sur son moteur de recherche, qui permet aux utilisateurs d'attribuer « +1 » aux sites qu'ils trouvent utiles. Cette information est automatiquement relayée dans les profils de leurs contacts. S'ils effectuent une recherche de même type, les sites ainsi marqués sortiront en premier. Le « J'aime » de Facebook est assez similaire. Ce système a cependant ses limites, et ni Google ni Facebook n'ont encore déployé complètement ce filtre. En effet, vous n'avez pas nécessairement les mêmes envies et goûts que ceux de vos amis.

Recherche sémantique. Une autre approche pour optimiser les moteurs de recherche consiste à essayer d'analyser les requêtes pour mieux identifier ce que l'utilisateur recherche réellement. L'idée consiste à développer un moteur de recherche qui arrive à interpréter le langage et le comportement de recherche de l'utilisateur. Décrit pour la première fois dans un article de la revue *Scientific American* publié en 2001, le Web sémantique est le fruit d'un effort collaboratif mené par le *World Wide Web Consortium* dans le but de donner davantage de sens au Web existant et de réduire l'intervention humaine dans les recherches et le traitement des informations sur le Web (Berners-Lee *et al.*, 2001).

Bien que les moteurs de recherche aient à l'origine été créés pour du texte, l'explosion des photos et des vidéos présentes sur Internet a créé une demande pour pouvoir chercher et donc catégoriser des objets visuels. En 2012, Facebook a introduit un logiciel de reconnaissance faciale et l'a combiné à une fonction de marquage ou « *tagging* » pour créer une nouvelle fonctionnalité appelée « Tag Suggest ». Un utilisateur peut charger sa photo, annotée ou « *taggée* » sur son « mur » ou celui de ses amis. Une fois la photo et son « *tag* » enregistrés, Facebook peut identifier la personne dans une photo de groupe, et indiquer à celui qui regarde cette photo qui est dessus. Il devient également possible de chercher une personne grâce à une photo.

Comparateurs de prix et agents intelligents. Le chapitre 11 s'intéresse aux capacités des agents logiciels possédant une « intelligence » intégrée. Ces derniers peuvent rassembler ou filtrer des informations et effectuer d'autres tâches pour aider les utilisateurs. Les comparateurs de prix, *shopping bots* en anglais, se servent des logiciels agents intelligents pour recueillir des informations sur Internet avant un achat. Des *shoppings bots* tels que PriceMinister ou Kelkoo peuvent aider les futurs acheteurs à filtrer et récupérer les informations qui les intéressent, comparer les produits en fonction de critères établis et négocier les prix et les frais de livraison avec les vendeurs. La plupart de ces agents recherchent les prix et la disponibilité des produits sur le Web, puis retournent une liste de sites qui proposent l'article, ainsi qu'une description et un lien permettant d'acheter en ligne.

Le Web dit « 2.0 »

Si vous disposez déjà d'une page Facebook ou MySpace, que vous ayez déposé des photos sur Flickr (le site de stockage et de partage de photos en ligne de Yahoo!) ou sur un site similaire, écrit un blog, recherché un mot sur Wikipédia ou ajouté des informations sur ce site, vous avez utilisé des services dits du « **Web 2.0** ». Les sites Web actuels ne se contentent pas d'afficher du contenu statique. Ils permettent aux gens de collaborer, d'échanger des informations et de créer de nouveaux services en ligne. Le Web 2.0 désigne ces services Internet interactifs de seconde génération.

Les réseaux sociaux sont un élément majeur du Web 2.0. Les sites les plus connus sont Facebook (1,15 milliard d'utilisateurs en juillet 2013, source Facebook, dont 26 millions d'utilisateurs actifs en France, source Nielsen), Twitter (200 millions d'utilisateurs actifs dans le monde fin 2012, source Twitter, dont 5,6 millions en France, source ComScore) et LinkedIn (réseau professionnel de 133 millions d'utilisateurs actifs dans le monde en juin 2013, dont 7 millions en France, source Quantcast 5/8/2013).

Parmi les technologies et les services qui supportent et caractérisent le Web 2.0, on retrouve le cloud computing, les *mashups* et les *widgets*, les blogs, le RSS (*Rich Site Summary* ou *Really Simple Syndication*) et le wiki. Les *mashups* et les *widgets*, dont nous avons parlé au chapitre 5, sont des services logiciels grâce auxquels les utilisateurs et les développeurs peuvent mélanger et associer du contenu ou des composants logiciels afin de créer un produit entièrement nouveau. Par exemple, sur Flickr, les photos sont associées à des informations fournies par les utilisateurs et par différents outils, qui permettent de les rendre compatibles avec d'autres environnements de programmation. Ces applications s'exécutent directement sur Internet au lieu d'être installées sur le Bureau. Elles permettent de prendre plus clairement conscience de ce qu'est l'informatique fondée sur le Web. Avec le Web 2.0, Internet ne se résume pas à une collection de sites, mais se révèle être une source de données et de services capables de s'associer pour créer les applications dont les utilisateurs ont besoin. Les outils et les services du Web 2.0 ont favorisé la création des réseaux sociaux et d'autres communautés en ligne où les participants peuvent interagir les uns avec les autres de la manière qui leur convient.

Un **blog** (nom populaire pour *Weblog*) est un site informel, mais toutefois structuré, où l'on peut s'inscrire pour ensuite écrire (ou poster) des histoires, des points de vue ou bien suggérer des liens vers d'autres sites Web intéressants. Les blogs sont devenus des outils de publication personnels très populaires, mais peuvent aussi revêtir un usage commercial (voir chapitres 10 et 11). Le microblogging, avec Twitter, s'est également énormément développé ces dernières années.

Si vous êtes un lecteur avide de blogs, il vous est sans doute déjà arrivé d'utiliser le fil RSS. Celui-ci permet de vous tenir au courant de l'activité de vos blogs préférés sans devoir continuellement chercher des mises à jour. **RSS** vise à syndiquer du contenu Web utilisable ensuite dans un autre cadre. La technologie RSS extrait du contenu spécifique sur un site Web et l'envoie automatiquement vers les ordinateurs des utilisateurs, où il peut être stocké pour être consulté plus tard.

Pour recevoir un fil RSS, vous devez installer un agrégateur ou un lecteur RSS (RSSOwl, MiniFlux par exemple) téléchargeable sur le Web ; ainsi, les versions récentes des navigateurs comme Firefox et Microsoft Internet Explorer permettent de lire du RSS. Vous pouvez également ouvrir un compte sur un site d'agrégateurs en ligne. Vous demandez à l'agrégateur de rassembler toutes les mises à jour d'une page ou d'une liste de pages ou bien de réunir des informations sur un sujet particulier en effectuant des recherches à intervalles réguliers sur le Web. Une fois que vous êtes inscrit, vous recevez au fur et à mesure le nouveau contenu publié sur un site donné. Plusieurs entreprises utilisent le fils RSS en interne pour diffuser des informations de dernière minute. Un fil RSS peut être personnalisé par les collaborateurs d'une entreprise afin qu'ils puissent recevoir les informations en adéquation avec leur poste.

Les visiteurs peuvent laisser des commentaires sur le contenu des blogs. Il leur est en revanche impossible de modifier la publication initiale. Les **wikis**, au contraire, sont des sites Web collaboratifs où les visiteurs peuvent ajouter, supprimer ou modifier du contenu, y compris le travail des auteurs précédents. « Wiki » vient d'un mot hawaïen qui veut dire « rapide ». Le site wiki le plus connu est sans doute Wikipédia, une immense encyclopédie dont les supports logiciels sont écrits en *open source*. Accessible à la modification en ligne, elle est nourrie par les contributions de tout internaute qui le souhaite. Même si des débats existent sur la fiabilité des contenus, le succès d'usage de cette encyclopédie collaborative est planétaire.

Le Web du futur… 2.1 ou 3.0 ?

En 2012, près de 3 milliards de requêtes ont été effectuées chaque jour sur l'ensemble des sites de Google. À combien de résultats pertinents (c'est-à-dire au moins un lien utile parmi les trois premières réponses de la première page de résultats de la recherche) aboutissent ces milliards de requêtes ? Moins de la moitié, pourrait-on dire. Google, Yahoo!, Microsoft et Amazon essaient tous d'augmenter le nombre de réponses utiles données par leurs moteurs de recherche. Avec plus de 400 milliards de pages Web répertoriées, les moyens disponibles pour trouver les informations souhaitées sont cependant restreints. Ils se fondent sur les mots utilisés dans ces pages et sur leur popularité chez les personnes ayant saisi les mêmes critères de recherche.

L'avenir du Web repose en grande partie sur le développement de techniques visant à améliorer la productivité et la clarté des recherches effectuées sur ces milliards de pages. Le Web 1.0 a résolu le problème de l'accès à l'information. Le Web 2.0 a résolu celui du partage des informations et permis de nouvelles expériences. Le **Web du futur, que certains nomment déjà Web 3.0**, est la promesse d'un futur où toutes ces informations numériques et tous ces contacts pourront se combiner. Toutefois, des promesses du marketing technologique aux réalités tangibles, l'écart est souvent immense. Certains préfèrent parler plus modestement du Web 2.1 comme une évolution professionnalisante et mature du Web 2.0.

Les travaux visant à rendre le Web plus évolué avancent lentement, en grande partie parce qu'il est difficile de construire des sous-systèmes techniques (notamment des logiciels) proches des comportements humains. Il existe cependant d'autres visions du Web du futur. Certains envisagent un Web en 3D où on pourrait circuler dans les pages comme dans un environnement en relief. D'autres s'orientent vers l'idée d'un Web omniprésent qui contrôlerait tout, depuis l'éclairage de votre salon jusqu'au rétroviseur de votre voiture, sans parler de la gestion de votre emploi du temps et de vos rendez-vous.

D'autres tendances du futur Web proposent encore d'étendre l'utilisation du Cloud computing (ou regroupement mutualisé de puissances de calculs géographiquement dispersées) et des modèles d'entreprise fondés sur l'approche SaaS (*Software as a Service*), et ce, afin de créer une connectivité universelle entre les plateformes mobiles et les périphériques d'accès à Internet, et de faire évoluer le Web actuel. Ces visions plus modestes semblent envisageables dans un futur proche.

3.5 Intranets et extranets

Intranets

Les entreprises utilisent les normes Internet et les technologies du Web pour créer des réseaux privés appelés « intranets ». Nous avons déjà parlé des intranets au chapitre 1, où nous avons expliqué qu'il s'agissait d'un réseau interne permettant à l'ensemble d'une entreprise d'avoir accès aux données. L'intranet utilise l'infrastructure réseau déjà en place dans l'entreprise, ainsi que les normes de connexion à Internet et les logiciels développés pour le *World Wide Web*. Les systèmes intranets créent des applications en réseau capables de s'exécuter sur plusieurs ordinateurs différents, y compris sur les ordinateurs mobiles et les périphériques d'accès à distance.

Contrairement au Web, accessible à tous, l'intranet est privé et protégé des visiteurs extérieurs par des **pare-feu** (des systèmes de sécurité contenant des logiciels spécialisés qui bloquent l'entrée du réseau privé d'une entreprise aux personnes extérieures). La technologie intranet est la même que celle du *World Wide Web*. Pour créer un intranet simple, il suffit d'utiliser un pare-feu et un réseau TCP/IP afin de relier un ordinateur client doté d'un navigateur Web à un ordinateur doté d'un serveur Web.

Extranets

Certaines entreprises créent un extranet, afin d'offrir à leurs clients et fournisseurs un accès limité à leur intranet. Les acheteurs autorisés peuvent par exemple cliquer depuis Internet sur un lien les amenant sur une partie de l'intranet d'une entreprise où ils peuvent obtenir des informations sur le coût et les caractéristiques des produits. L'entreprise utilise des pare-feu pour s'assurer que l'accès aux données internes reste limité et sécurisé. Les pare-feu permettent également d'identifier les utilisateurs et de garantir que seules les personnes autorisées ont accès au site.

Les intranets tout comme les extranets réduisent les coûts de fonctionnement en offrant un mode de connexion indispensable à la coordination des processus métier distants au sein même d'une entreprise, et en créant une relation électronique avec les clients et les fournisseurs. Les extranets sont souvent utilisés pour collaborer avec d'autres entreprises au niveau de la chaîne logistique, de la conception et du développement produit, et de l'effort de formation.

4 La révolution du sans-fil

Si vous disposez d'un téléphone mobile, il se peut que vous vous en serviez pour prendre et envoyer des photos, envoyer des Textos ou télécharger des clips musicaux. De même, il est possible que vous emportiez votre ordinateur portable en cours ou à la bibliothèque afin de vous connecter à Internet. Dans l'affirmative, vous prenez donc part à la révolution du sans-fil ! Les téléphones mobiles, les ordinateurs portables et les petits appareils portables se sont transformés en plateformes informatiques portables. Grâce à elles, il n'est plus nécessaire d'être rivé derrière votre ordinateur de bureau ; on peut désormais effectuer certaines tâches hors de son lieu de travail habituel.

La communication sans fil aide les entreprises à rester en contact avec leurs clients, leurs fournisseurs et leurs employés. Elle induit également une organisation plus souple du travail. Le sans-fil a par ailleurs lancé de nouveaux produits, de nouveaux services et de nouveaux canaux de vente dont nous parlerons au chapitre 10.

Si vous avez besoin d'utiliser des outils de communication ou d'informatique mobiles, ou d'accéder à distance au système d'une entreprise, vous avez aujourd'hui la possibilité de travailler avec tout un ensemble d'appareils sans fil : téléphones mobiles, tablettes et smartphones. Les « **smartphones** » sont en effet des téléphones mobiles, mais ils offrent en outre des fonctionnalités du type courriel, accès sans fil à Internet, communication vocale, vidéo, accès WiFi, appareil photo numérique, etc. Les ordinateurs de bureau sont, eux aussi, de plus en plus souvent utilisés dans la transmission sans fil. Et la dernière génération de PC ultralégers hybrides (tactiles), séparables entre un clavier et un écran tactile autonome avec accès WiFi a pris son essor depuis Noël 2012, associée à Windows 8.

4.1 Systèmes mobiles

Les téléphones mobiles et les smartphones sont devenus des outils polyvalents dans la transmission de données numériques. Outre la communication vocale, les téléphones mobiles sont maintenant utilisés pour envoyer des Textos et des courriels, aller sur des messageries instantanées, prendre des photos, tourner des vidéos, écouter de la musique, faire des jeux, surfer sur le Web, et même envoyer et recevoir des données dans les entreprises.

Les dernières générations de processeurs sans fil et de réseaux mobiles étant plus rapides, elles permettent à ces outils de fonctionner comme des plateformes numériques et d'effectuer un grand nombre des tâches que l'on confie actuellement aux ordinateurs de bureau. Les smartphones les plus récents offrent des capacités de stockage autrefois réservées à ces derniers, ainsi que des puissances identiques. Les écrans de haute définition, de plus en plus grands, suffisent pour beaucoup d'applications qu'ils peuvent désormais exécuter pour accéder à l'ensemble de votre contenu numérique, ainsi qu'aux applications d'entreprises, *via* des interfaces adaptées. Salesforce, ou encore SAP ont développé des clients légers pour smartphones et tablettes qui permettent d'accéder à l'essentiel des données d'une entreprise à partir de son « téléphone ».

Normes et différentes générations des réseaux de téléphonie mobile

Le réseau de téléphonie mobile s'appuie sur plusieurs normes rivales. En Europe et dans presque tout le reste du monde, à part les États-Unis, c'est la norme GSM (*Global System for Mobile Communications*) qui s'applique. Le point fort de GSM, c'est l'itinérance. Il existe des téléphones mobiles GSM aux États-Unis (T-Mobile et AT&T entre autres).

La norme la plus courante aux États-Unis est AMRC (Accès Multiple par Répartition en Code, en anglais *Code Division Multiple Access*, CDMA), le système utilisé par Verizon et Sprint. Elle a été développée par l'armée pendant la Seconde Guerre mondiale. Elle permet de transmettre sur plusieurs fréquences, s'étale sur le spectre entier et assigne au hasard un ensemble de fréquences aux utilisateurs au fil du temps. En général, l'AMRC est moins cher à mettre en œuvre, il utilise le spectre de manière plus efficace, et le débit de voix et de données qu'il procure est de meilleure qualité que celui de GSM.

Les précédentes générations de réseaux de téléphonie mobile avaient d'abord été conçues pour la transmission de la voix et de données limitées sous la forme de Textos. Les opérateurs déploient aujourd'hui des réseaux plus puissants baptisés « réseaux 3G » (troisième génération). Avec ces derniers, la vitesse de transmission démarre à 144 Kbit/s pour les utilisateurs qui seraient par exemple dans une voiture, et peut aller jusqu'à 2 Mbit/s pour les utilisateurs fixes. C'est suffisant pour transmettre des vidéos, des graphiques et d'autres types de multimédias enrichis. En plus de la transmission vocale, les réseaux 3G permettent un accès sans fil à Internet haut débit. Un grand nombre de téléphones mobiles actuels sont équipés de la 3G ; c'est le cas notamment du dernier modèle de l'iPhone d'Apple ou de l'Android de Google.

Les réseaux 3G sont très largement utilisés au Japon, en Corée du Sud, à Taïwan, Hong Kong, Singapour et en Europe du Nord, mais ces services ne sont pas encore disponibles partout, notamment sur le territoire des États-Unis. Pour compenser, les opérateurs de téléphonie mobile américains ont amélioré leur réseau afin d'augmenter leur vitesse de transmission. Ces réseaux 2,5G intermédiaires transmettent des données à une vitesse comprise entre 60 et 354 Kbit/s, ce qui est suffisant pour que les téléphones mobiles puissent accéder au Web, télécharger de la musique et utiliser d'autres services haut débit. Le réseau Edge d'AT&T, utilisé sur la première génération d'iPhone, en est un exemple. Les ordinateurs de bureau équipés d'une carte spéciale peuvent utiliser ces réseaux de téléphonie mobile haut débit pour un accès polyvalent et sans fil à Internet. Ce dispositif est appelé « clé 3G ».

La prochaine évolution de la communication sans fil, actuellement en cours de déploiement en France par Orange, SFR et Bouygues, la 4G, s'appuie entièrement sur un réseau à commutation de paquets capable de fournir une vitesse de transmission située entre 1 Mbit/s et 1 Gbit/s, assortie d'un haut niveau de qualité et de sécurité. Les utilisateurs peuvent donc bénéficier d'appels vocaux, de transmission de données et de *streaming* vidéo de haute qualité, quels que soient le moment de la journée et l'endroit où ils se trouvent (si celui-ci est équipé, le déploiement se faisant pour le moment uniquement dans les quelques grandes villes). Les organismes internationaux chargés de la régulation et de la normalisation des télécommunications sont à l'œuvre pour que le déploiement commercial des réseaux 4G puisse avoir lieu d'ici 2015.

4.2 Réseau informatique sans fil et accès à Internet

Si vous possédez un ordinateur portable, peut-être pouvez-vous l'utiliser pour accéder à Internet tout en vous déplaçant d'une pièce à une autre chez vous ou d'une table à une autre à la bibliothèque. Il existe tout un ensemble de technologies permettant aux PC et à d'autres appareils portables d'accéder à Internet haut débit sans fil, comme les téléphones mobiles. Ces nouveaux services haut débit ont étendu l'accès à Internet à de nombreux emplacements qui n'étaient jusqu'alors pas couverts par le réseau filaire.

Bluetooth

Bluetooth est le nom populaire de la norme réseau sans fil 802.15. Il est utilisé pour créer de petits réseaux personnels appelés « réseaux PAN » (***Personal-Area Networks***). Ceux-ci peuvent relier jusqu'à huit appareils dans un rayon de 10 mètres à l'aide d'une technique de communication radio basse fréquence et peuvent émettre jusqu'à 722 Kbit/s sur une bande de fréquence de 2,4 GHz.

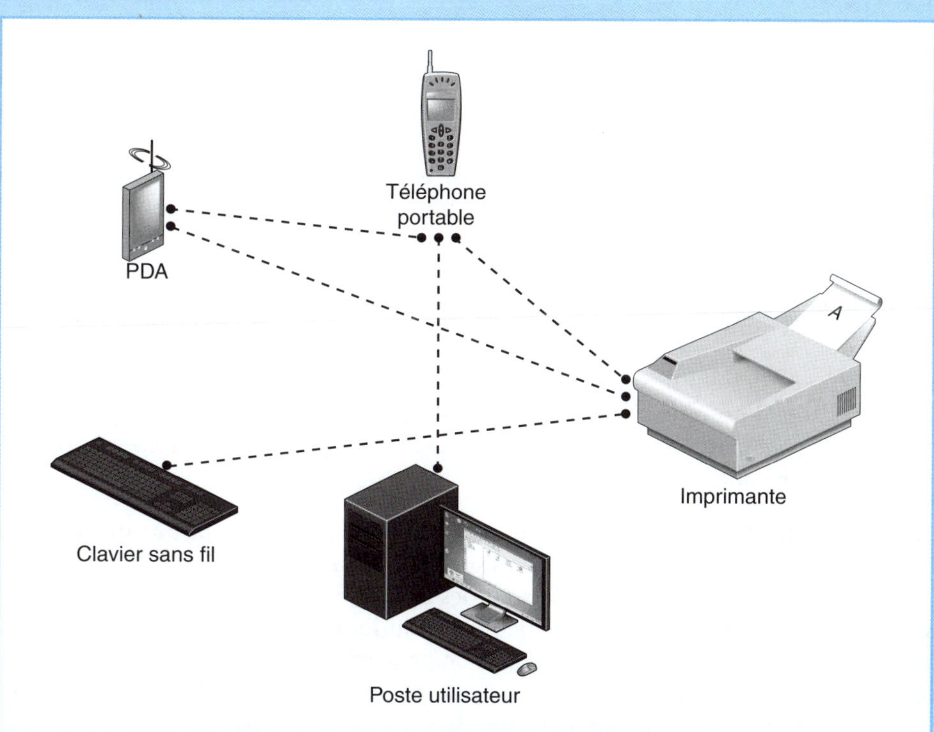

Figure 7.15 – Un réseau Bluetooth (PAN).

Le Bluetooth permet à un ensemble d'appareils, notamment les téléphones mobiles, les PDA, les claviers et les souris sans fil, ainsi que les PC et les imprimantes, d'établir une liaison sans câble dans un rayon de 10 mètres. Le Bluetooth peut par ailleurs être utilisé pour mettre en réseau des appareils similaires (envoi de données d'un PC vers un autre par exemple).

Les téléphones sans fil, les bippers, les ordinateurs, les imprimantes et les périphériques informatiques Bluetooth peuvent communiquer et même se faire fonctionner entre eux sans intervention directe d'un utilisateur (voir figure 7.15). On peut par exemple demander à un *notebook* d'envoyer un document à une imprimante sans passer par une connexion filaire. Le Bluetooth permet de relier sans câble les claviers et les souris aux PC ou les oreillettes aux téléphones mobiles. Sa faible consommation d'énergie le rend parfaitement adapté aux appareils du type ordinateurs, téléphones mobiles ou PDA alimentés par une batterie.

Le Bluetooth se prête bien aux réseaux personnels, mais il est également très répandu dans de grandes entreprises. Les livreurs de FedEx s'en servent par exemple pour transmettre les informations relatives à la livraison saisies sur leur PowerPad vers des émetteurs sans fil qui font suivre les données aux ordinateurs de l'entreprise. Les livreurs gagnent du temps car ils n'ont plus besoin de brancher leurs appareils sur les émetteurs. Le Bluetooth a ainsi permis à FedEx d'économiser 20 millions de dollars par an.

WiFi

L'ensemble de normes 802.11 des réseaux locaux sans fil (LAN) est plus connu sous l'appellation **WiFi** (***Wi****reless* ***Fi****delity*). Cette famille contient trois normes : 802.11a, 802.11b et 802.11g. 802.11n est la norme émergente utilisée pour améliorer la vitesse et la capacité des réseaux sans fil.

La norme 802.11a permet d'émettre jusqu'à 54 Mbit/s sur la bande de fréquence de base de 5 GHz et elle fonctionne dans un rayon de 10 à 30 mètres. La norme 802.11b peut émettre jusqu'à 11 Mbit/s sur la bande de fréquence de base de 2,4 GHz dans un rayon de 30 à 50 mètres. Ce rayon peut toutefois être étendu à l'extérieur grâce à des antennes. La norme 802.11g peut émettre jusqu'à 54 Mbit/s sur la bande de fréquence de 2,4 GHz. 802.11n peut émettre à plus de 100 Mbit/s.

802.11b a été la première norme sans fil adoptée en masse pour les réseaux locaux, et l'accès à Internet sans fil. 802.11g est de plus en plus souvent utilisée dans ce but.

Dans la plupart des communications WiFi, les appareils sans fil échangent des informations à l'aide d'un réseau local câblé qui utilise des points d'accès. Un point d'accès est une boîte contenant un émetteur-récepteur radio et des antennes reliées à un réseau local câblé, à un routeur ou à un hub.

La figure 7.16 illustre un réseau local sans fil 802.11 mis en place dans une infrastructure où un petit nombre d'appareils portables sont reliés à un réseau local câblé plus important. La plupart des appareils sans fil sont des machines client. Les serveurs utilisés par les stations clientes mobiles font partie du réseau local câblé. Le contrôle des stations sans fil s'effectue au point d'accès qui sert de passerelle entre le réseau local câblé et le réseau local sans fil. (Une passerelle relie deux réseaux locaux fondés sur deux technologies différentes.) Le point d'accès contrôle aussi les stations sans fil.

Les ordinateurs portables actuels sont équipés de circuits permettant de recevoir des signaux WiFi. Il est possible d'ajouter une carte d'interface réseau aux modèles plus anciens.

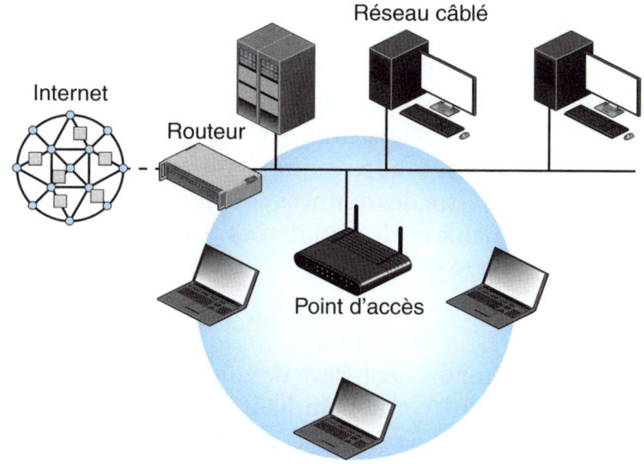

Figure 7.16 – Réseau local sans fil 802.11.

Les ordinateurs portables équipés de cartes d'interface réseau se connectent au réseau local câblé *via* un point d'accès. Le point d'accès utilise les ondes radio pour transmettre des signaux réseau du réseau câblé vers les cartes clients qui les convertissent à leur tour en données compréhensibles pour les portables. La carte client renvoie ensuite les données du portable vers le point d'accès, qui les fait suivre vers le réseau câblé.

WiFi et Internet mobile

La norme 802.11 permet également d'accéder à Internet sans fil avec une connexion haut débit. Dans ce cas, on branche un point d'accès à une connexion Internet sur la télévision ou la ligne de téléphone ADSL. Les ordinateurs situés dans le périmètre du point d'accès peuvent ainsi accéder à Internet sans fil.

Des entreprises de toutes tailles utilisent les réseaux WiFi comme un moyen économique d'accéder à Internet et aux réseaux locaux sans fil. On trouve des points d'accès WiFi dans les hôtels, les halls d'aéroport, les bibliothèques, les cafétérias et les campus universitaires. Ces derniers sont nombreux à permettre à leurs étudiants d'utiliser le WiFi pour effectuer des recherches, travailler leurs cours ou se divertir.

Les ***hotspots*** consistent en général en un ou plusieurs **points d'accès** placés sur un plafond, un mur ou tout autre emplacement stratégique d'un **lieu public** offrant un maximum de couverture pour une zone donnée. Les utilisateurs situés dans un *hotspot* peuvent accéder à Internet avec un ordinateur, une tablette ou un téléphone mobile doté d'une fonction WiFi (l'iPhone d'Apple par exemple). Certaines zones WiFi sont gratuites ou ne nécessitent pas l'utilisation d'un logiciel particulier, tandis que d'autres requièrent l'ouverture et l'activation d'un compte utilisateur à l'aide d'un numéro de carte de crédit.

La technologie WiFi pose toutefois plusieurs défis. Aujourd'hui, les utilisateurs ne peuvent pas passer librement d'un *hotspot* à un autre si ceux-ci utilisent des réseaux WiFi différents. Si le service n'est pas gratuit, les utilisateurs doivent s'identifier sur des comptes distincts pour chaque *hotspot* et s'acquitter bien sûr du montant prévu.

Les failles de sécurité sont un des principaux inconvénients du WiFi. Ces réseaux sont vulnérables aux intrusions. Nous verrons plus en détail les questions liées à la sécurité WiFi au chapitre 8.

Autre inconvénient, les réseaux WiFi sont sensibles aux interférences provoquées par des systèmes voisins fonctionnant sur le même spectre (téléphones sans fil, fours à micro-ondes et autres réseaux locaux sans fil). Les réseaux sans fil reposant sur la norme 802.11n sont parvenus à résoudre ce problème en utilisant plusieurs antennes sans fil pour transmettre et émettre des données couplées à une technologie qui permet de coordonner plusieurs signaux radio simultanés. Cette technologie a été baptisée *Multiple Input Multiple Output* (MIMO).

WiMax

Il reste encore un nombre étonnamment élevé de zones dans le monde où il est impossible d'accéder au WiFi ou à une connexion haut débit filaire. En Europe, 23 % des populations des zones rurales n'avaient pas accès à l'ADSL fin 2008 et il existe encore des zones frappées par la fameuse « fracture numérique ». La portée des systèmes WiFi est limitée à 100 mètres de la base. Cela complique les choses pour les communautés rurales ne disposant pas du câble ou de l'ADSL pour se connecter à l'Internet mobile.

L'Institute of Electrical and Electronics Engineers (IEEE), organisation à but non lucratif fondée en 1963, a mis au point un nouvel ensemble de normes connu sous le nom de WiMax. Il offre une solution à ces problèmes. **WiMax** (*Worldwide Interoperability for Microwave Access*) est l'appellation courante de la norme IEEE 802.16, « *Air Interface for Fixed Broadband Wireless Access Systems* ». Comparé aux 100 mètres du WiFi et aux 10 mètres du Bluetooth, le WiMax a une portée allant jusqu'à 50 km et la vitesse de transmission des données peut atteindre 75 Mbit/s. La spécification 802.16 dispose d'une qualité de service et de fonctionnalités de sécurité robustes qui lui permettent de prendre en charge la voix et la vidéo.

Les antennes WiMax sont assez puissantes pour envoyer une connexion Internet haut débit vers les antennes disposées sur les toits des maisons et des entreprises situées à plusieurs kilomètres.

4.3 RFID et réseaux de capteurs sans fil

Les technologies mobiles sont source d'efficience et ont apporté de nouvelles manières de travailler dans l'entreprise. Les systèmes de radio-identification et les réseaux de capteurs sans fil ont un impact majeur, en plus des autres systèmes sans fil que nous venons de décrire.

Radio-identification (en anglais *Radio Frequency Identification*, RFID)

La **radio-identification** (**RFID**) est une technologie puissante qui permet de suivre des biens dans la chaîne logistique. Les systèmes RFID utilisent de minuscules étiquettes intégrées dans les microprocesseurs. Celles-ci contiennent des informations sur l'article et sur son emplacement, et envoient des signaux radio aux lecteurs RFID. Ces derniers relaient ensuite les données sur un réseau afin qu'elles soient analysées par un ordinateur. Contrairement aux codes-barres, les étiquettes RFID n'ont pas besoin d'être vues pour être lues.

Les informations ont été programmées de manière électronique sur les étiquettes RFID. Elles servent exclusivement à identifier un article et les informations qui lui sont propres (par exemple son emplacement, le lieu et la date de fabrication, ou encore son stade de production). L'étiquette contient un microprocesseur dans lequel les données sont stockées. Le reste de l'étiquette est une antenne qui sert à transmettre des données au lecteur.

Le lecteur contient une antenne et un émetteur radio équipé d'un décodeur connecté à un appareil fixe ou portable. Il émet des ondes radio dans un rayon allant de 1 à 30 mètres, selon la puissance de sortie, la fréquence radio utilisée et l'environnement dans lequel on se trouve. Quand une étiquette RFID entre dans le champ d'un lecteur, elle s'active et se met à envoyer des données. Le lecteur capture ces données, les décode et les renvoie *via* un réseau câblé ou sans fil vers un ordinateur hôte qui pourra les traiter plus minutieusement (voir figure 7.17). Il existe des étiquettes et des antennes RFID de toutes tailles et de toutes formes.

Les étiquettes RFID actives sont alimentées par une batterie interne. On peut en général réécrire ou modifier les données qu'elles contiennent.

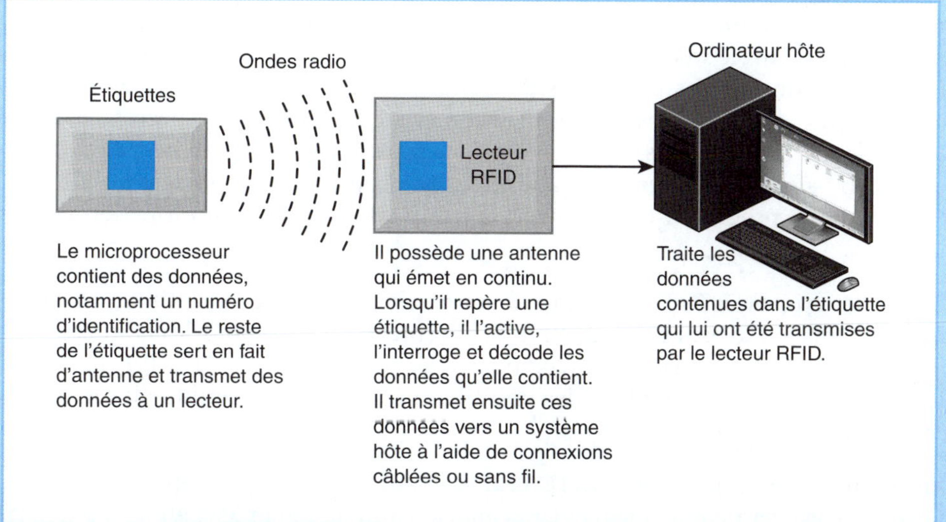

Figure 7.17 – Fonctionnement du RFID.

RFID utilise des émetteurs radio basse fréquence pour lire les données contenues dans une étiquette située à une distance comprise entre 1 et 30 mètres. Le lecteur capture les données présentes sur l'étiquette et les envoie *via* un réseau sur l'ordinateur hôte qui pourra les traiter.

Les étiquettes actives peuvent transmettre sur plusieurs centaines de mètres ; leur coût reste cependant élevé, de l'ordre de 0,80 centimes d'euro minimum par étiquette. Les systèmes de paiement automatique utilisent des étiquettes RFID actives (par exemple à Londres, plus de 43 millions de cartes Oyster ont été distribuées entre son lancement, en 2003, et juin 2012, et près de 80 % des trajets effectués en transports en commun à Londres sont payés grâce à cette carte qui permet l'établissement d'un système de billetterie sans papier).

Les étiquettes RFID passives ne disposent pas de leur propre source d'alimentation et se servent donc de la puissance des ondes radio émises par le lecteur pour fonctionner. Elles sont plus petites, plus légères et moins chères que les étiquettes actives, mais leur portée se limite à quelques mètres.

Lors du contrôle des stocks et de la gestion de la chaîne logistique, les systèmes RFID capturent et gèrent des informations plus détaillées que les codes-barres sur les articles stockés dans les entrepôts ou en cours de production. Si un grand nombre d'articles est expédié, les systèmes RFID peuvent suivre chaque palette, chaque lot et même chaque article tout au long du transport. Cette technologie peut aider des entreprises telles que Wal-Mart à améliorer les opérations de réception et de stockage en offrant la possibilité de « voir » exactement ce qui est stocké dans les entrepôts ou mis en rayon dans les magasins.

Wal-Mart a installé des lecteurs RFID dans les zones de déchargement de ses magasins, afin d'enregistrer l'arrivée des palettes et des caisses d'articles expédiés avec des étiquettes RFID. Le lecteur RFID va relire une seconde fois les étiquettes au moment où les caisses arrivent de la zone de stockage sur la surface de vente. Un logiciel associe les données commerciales du point de vente de Wal-Mart et les données RFID relatives au nombre de caisses délivrées sur la surface de vente. Le programme détermine quels articles seront bientôt épuisés et génère automatiquement une liste d'articles devant être récupérés dans le stock et mis en rayon avant épuisement. Ces informations aident Wal-Mart à diminuer les problèmes de rupture de stock, à augmenter ses ventes et à réduire encore davantage ses frais. En France, la société STEF-TFE, spécialisée dans les activités logistiques dans le secteur des produits frais, recourt massivement à ces technologies RFID afin d'améliorer la traçabilité des transports et entreposages qu'elle réalise et ainsi de faire progresser en temps réel la qualité des services d'information rendus à ses clients.

Le coût des étiquettes RFID était autrefois trop élevé pour que leur utilisation soit très répandue, mais il avoisine aujourd'hui 0,10 centimes d'euro pour les étiquettes dites « RFID passives ». Avec la baisse tendancielle des prix unitaires, les RFID deviennent plus accessibles et donc ouvrent des points d'entrée à une rentabilité plus aisée pour certaines applications.

Outre l'installation de lecteurs RFID et d'étiquettes, certaines entreprises vont devoir mettre à niveau leur équipement et leurs logiciels afin de traiter le volume important de données produites par les systèmes RFID (ces transactions peuvent atteindre plusieurs dizaines, voire plusieurs centaines de téraoctets).

Des logiciels spécifiques sont requis pour filtrer et agréger les données RFID et les empêcher de saturer les réseaux et les applications système de l'entreprise. Il faut revoir la conception des applications de sorte qu'elles puissent recevoir le volume considérable de données souvent généré par RFID et qu'elles puissent les partager avec d'autres applications. Les principaux concepteurs de logiciels d'entreprise, notamment SAP et Oracle-PeopleSoft, proposent maintenant des versions compatibles avec RFID de leurs applications dédiées à la gestion de la chaîne logistique.

Réseaux de capteurs sans fil

Si votre entreprise souhaite recourir à une technologie de pointe pour assurer la sécurité de ses bâtiments ou détecter des substances toxiques dans l'air, la meilleure option consiste à déployer un réseau de capteurs sans fil. Les **réseaux de capteurs sans fil** (***Wireless Sensor Network*****, WSN**) relient entre eux des appareils mobiles intégrés dans un environnement physique et permettent d'obtenir des mesures en fonction d'un certain nombre de points répartis sur de grands espaces. Ces appareils intègrent des outils de traitement, de stockage et de capture des ondes ainsi que des antennes. Ils sont reliés à un réseau interconnecté qui envoie les données capturées vers un ordinateur pour qu'elles soient analysées.

Ces réseaux peuvent compter plusieurs centaines, voire plusieurs milliers de nœuds. Comme les capteurs sans fil vont être placés pendant un certain nombre d'années dans un espace dépourvu de maintenance et d'intervention humaine, il est essentiel qu'ils consomment très peu d'énergie et que leurs batteries durent le temps nécessaire.

La figure 7.18 illustre un réseau de capteurs sans fil. Les données contenues dans les nœuds individuels remontent le réseau vers un serveur disposant d'une grande puissance de traitement. Le serveur sert de passerelle vers le réseau reposant sur la technologie Internet.

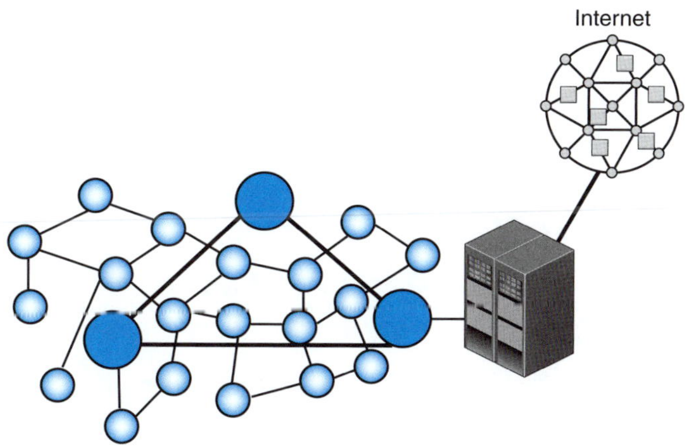

Figure 7.18 – Réseau de capteur sans fil.

Les réseaux de capteurs sans fil sont des alliés précieux dans les domaines suivants : surveillance des changements environnementaux, contrôle du trafic ou des activités militaires, protection des propriétés privées, utilisation et gestion efficaces des machines et des véhicules ; création de périmètres de sécurité ; gestion de la chaîne logistique ; détection des substances chimiques, biologiques ou radiologiques.

Résumé

Les technologies des télécommunications sont devenues le complément naturel des puissances de calcul et de traitement des ordinateurs. Elles ont considérablement évolué (technologies sans fil, dispositifs mobiles, etc.) et accru leurs performances autant que baissé leurs coûts. Que ce soit au sein d'un espace privé (réseaux locaux ou LAN) ou à travers l'espace public (réseaux distants ou WAN), elles supportent les échanges de données de tous types (fichiers classiques mais aussi données multimédias) au sein de l'entreprise et entre l'entreprise et ses partenaires (clients et fournisseurs). Depuis une vingtaine d'années, l'émergence puis la croissance de l'Internet ont favorisé la création de nouveaux services et une certaine normalisation des technologies logicielles associées.

Activités

Questions de révision

1. Quel est le potentiel de valeur des technologies sans fil pour une entreprise ?
2. Énumérez et décrivez les générations de réseaux sans fil et les principales normes associées à ces réseaux.
3. Qu'est-ce que Bluetooth ? Décrivez ses capacités. Pour quels types d'applications cette technologie est-elle la plus adéquate ?
4. Qu'est-ce que le WiFi ? Quels sont les avantages et les défis du WiFi ?
5. Qu'est-ce que le WiMax ? En quoi diffère-t-il du WiFi ?
6. Comment les portails sans fil et les portails vocaux aident-ils les utilisateurs à accéder à de l'information sur le Web ?
7. Quelles sont les différentes générations ou versions du Web et à quelles évolutions font-elles référence ?
8. Comment la technologie sans fil peut-elle contribuer à l'efficience et à l'innovation utile dans la gestion de la relation client et dans la gestion de la chaîne logistique ?
9. Qu'est-ce que la RFID ? Comment fonctionne-t-elle ? Quelles peuvent être ses usages intéressants au sein d'une entreprise ?
10. Qu'est-ce que les réseaux de capteurs sans fil ? Comment fonctionnent-ils ? Pour quelles applications les utilise-t-on ?
11. Décrivez les principaux défis managériaux posés par la technologie sans fil et certaines solutions possibles.

Exercices de synthèse

1. Nommez les principaux médias et appareils de transmission sans fil, les normes et les générations d'appareils et de réseaux mobiles, et les normes pour l'accès mobile au Web.
2. Déterminez la valeur de la technologie sans fil pour les entreprises et décrivez les applications les plus significatives.
3. Quelle est l'utilité des organismes internationaux pour la gestion et la définition des normes réseaux ?

Questions de réflexion

1. « La RFID améliore les conditions de la traçabilité des produits tout au long de leur cycle de vie. » Êtes-vous d'accord avec cette affirmation ? Justifiez votre réponse.
2. Les technologies sans fil sont-elles une menace pour la vie privée différente de celle des technologies et SI classiques ? Justifiez votre réponse.

Exercice sur le Web : projet de SI adapté à la mobilité des collaborateurs commerciaux

Votre entreprise, une petite PMI dont le siège est à Saint-Nazaire, possède une équipe de 15 représentants de commerce. Votre clientèle se concentre principalement à Lyon, Toulouse, Rennes, Lille, Strasbourg et Marseille. Vos représentants sont continuellement sur la route et vous cherchez un moyen de leur proposer un accès au courrier électronique, à Internet et aux applications internes de votre entreprise afin qu'ils puissent rester en communication avec le siège social tout au long de la journée, pendant qu'ils rencontrent des clients ou qu'ils se déplacent d'un rendez-vous à un autre, et ce de façon sécurisée. Quel type de stratégie choisissez-vous et comment la mettez-vous en place ? En utilisant Internet, explorez les différentes solutions disponibles sur le marché telles que la 3G, les *hotspots* les WiFi gratuits, les réseaux *hotspots* WiFi payants, les matériels/terminaux portables, les smartphones, les clients légers etc. Effectuez ensuite une recherche sur les sites Web de deux ou trois fournisseurs potentiels afin de mieux étudier leurs prix et leurs services.

Travail de groupe

Formez une équipe de trois ou quatre personnes. Sélectionnez les appareils mobiles adaptés à Internet de deux fournisseurs différents, par exemple HP, BlackBerry de RIM, Nokia et Samsung. Votre analyse doit tenir compte du prix de chaque appareil, du coût du service Internet sans fil et des services disponibles pour chaque appareil. Vous devrez également prendre en considération les autres capacités des appareils, par exemple la capacité d'intégration des applications déjà existantes. Quels critères devraient guider votre choix ? Si possible, utilisez un logiciel de présentation électronique pour exposer vos résultats.

Étude de cas : Airbus et la RFID

Après avoir fiabilisé les approvisionnements, la production et la maintenance des avions d'Airbus, la RFID rentre dans la cabine « passagers » dans les Airbus d'Air France.

L'aéronautique fait partie des secteurs d'application majeurs pour l'identification par radiofréquence (*Radio Frequency Identification Tag*, RFID) pour l'assemblage, la maintenance des avions ou la gestion des aéroports, en remplacement de processus de traçabilité manuels ou automatisés. Pourtant, quand Airbus a commencé à s'en servir pour gérer son puzzle industriel, le constructeur européen a rencontré beaucoup de scepticisme. Les premières expérimentations remontent à 1998, mais cette stratégie a connu son véritable envol en 2006, avec le programme RFID global intitulé *Value Chain Visibility and Auto-ID*.

Appartenant au groupe EADS, Airbus est le leader mondial de la construction aéronautique proposant la famille d'avions passagers la plus moderne et la plus innovante, avec des capacités allant de 100 à plus de 500 sièges. Les sites de conception et de production d'Airbus sont répartis en France, en Grande-Bretagne, en Allemagne et en Espagne ; Airbus compte également des filiales aux États-Unis, en Chine, au Japon et au Moyen-Orient. Le siège d'Airbus est situé à Toulouse.

L'embarquement de puces RFID dans un avion pose des problèmes pour les équipements montés dans les zones non pressurisées de l'appareil, soumises à de gros écarts de pression ou de température pendant le vol. Jusqu'alors, pour de telles applications, les industriels pouvaient utiliser des puces *Contact Memory Button* (CMB), une technologie d'origine militaire. Dépourvue d'antenne et totalement passive, cette mémoire était collée à vie sur la pièce mécanique et ne pouvait être lue qu'en appliquant un lecteur au contact.

Airbus a été le premier avionneur à déployer les étiquettes d'identification par radiofréquence (RFID) sur son programme A350 XWB. L'objectif était de pouvoir enregistrer un historique de maintenance complet sur les équipements avioniques dits « *flyables* », dont la plupart se situent en milieu non protégé.

Alors qu'Airbus avait prévu de retenir les puces CMB pour les parties non pressurisées de l'A350 XWB et des puces RFID UHF (ultra-haute fréquence) pour les parties pressurisées, les progrès des puces RFID « durcies » l'ont amené à ne choisir que ces dernières. Airbus a donc fait un choix audacieux : tout miser sur la technologie RFID UHF. Le constructeur a identifié plusieurs processus où le RFID pourrait apporter une forte valeur ajoutée aux constructeurs et aux compagnies aériennes. Le premier d'entre eux porte sur la capture de configuration. En effet, tous les opérateurs du secteur doivent maintenir en permanence une connaissance précise de ce qu'ils ont monté comme pièces et comme équipements sur un avion. C'est encore aujourd'hui réalisé de manière très manuelle, ce qui nécessite beaucoup de vérifications car de nombreuses erreurs se produisent lors de la capture de cette information.

Deux variantes sont donc posées sur les pièces de l'avion : la première, dite *low-memory*, stocke entre 512 bits et 1 kbit. L'autre, dite *high-memory* (de 4 à 8 Ko), permet d'enregistrer les historiques des interventions réalisées sur la pièce.

Les lecteurs RFID alimentent ensuite le *Maintenance Information System* (MIS) de la compagnie aérienne de façon automatisée et sans erreur. Les *tags* (étiquettes) sont également utilisés lors de la réparation d'une panne en atelier, ou encore pour la gestion des pièces à durée de vie limitée (*life limited parts*). « *Nous avons déjà réalisé un certain nombre d'expériences avec nos clients, notamment avec TAP Portugal et Air France-KLM. Nous avons analysé comment nous pouvions répondre au mieux à leurs besoins. Cela nous sert énormément pour préparer l'arrivée de l'A350 XWB* », explique Paul-Antoine Calandreau, responsable du projet RFID « *flyable* ».

Boeing a dévoilé une offre concurrente, en partenariat avec Fujitsu. L'avionneur américain devrait aussi intégrer des puces RFID sur son 787, mais à une échelle beaucoup plus réduite qu'Airbus. Contrairement à ce dernier, Boeing et Fujitsu n'excluent pas du périmètre la technologie CMB. Airbus et Boeing-Fujitsu s'appuient tous deux sur la norme du secteur aéronautique ATA Spec 2000, ce qui devrait garantir une certaine interopérabilité entre les deux systèmes de tags.

Carlo Nizam, directeur du programme visibilité sur la chaîne de valeur et d'identification automatique d'Airbus, explique : « *Les systèmes d'identification automatique comme la RFID améliorent la visibilité sur toute la chaîne de valeur, depuis les fournisseurs d'Airbus jusqu'aux compagnies aériennes et services associés, et donc contribuent à améliorer les processus. Il n'y a pas de solution unique ; à chaque processus son système*

RFID. » Les applications, dans une approche de bout en bout de l'ensemble des processus métier, recouvrent les processus à terre et en vol.

Tom Williams, Executive Vice President Programs d'Airbus explique en novembre 2012, lors de l'annonce de la généralisation de la RFID sur toute la gamme Airbus : « *le marquage permanent par RFID est une réponse au besoin croissant d'identification précise et fiable des composants d'un avion tout au long de sa vie. L'utilisation du marquage RFID va permettre d'automatiser de nombreuses opérations, et ce sera bénéfique pour toutes les parties impliquées dans la gestion des composants à tous les stades : vendeur, intégrateur, compagnie aérienne et acteurs de la MRO (maintenance aéronautique mondiale)* ».

Les premiers projets (2008), aujourd'hui opérationnels, ont porté sur la logistique, avec des étiquettes d'expédition intégrant une puce RFID sur les colis des fournisseurs, et sur la distribution, avec des puces RFID sur les conteneurs. La deuxième vague, également opérationnelle (2010), a porté sur le processus de production : la RFID a été utilisée pour les gabarits et les outils. Les tags RFID sur les outils dans les sites de production, associés à une application de contrôle en temps réel, ont permis de réduire les pertes et le temps de recherche. La troisième phase (2013), porte sur la RFID des pièces détachées pour optimiser la gestion de leur cycle de vie et celle de la cargaison des avions.

Ainsi, en 2010, Airbus a signé un contrat avec le français Maintag, associé au fabricant américain de puces Tego, afin d'identifier 3 000 composants du nouvel avion A350 qui doit entrer en service en 2013. Le retour sur investissement estimé est inférieur à 12 mois. Albert Varenne, correspondant PME chez Airbus, souligne combien la démarche entreprise conjointement par Airbus et Maintag s'inscrit pleinement dans l'état d'esprit des bonnes pratiques d'achat partenarial : « *La coopération entre Airbus et Maintag a favorisé la création de valeur ajoutée à l'avantage des deux parties. Le bénéfice de la technologie RFID nous permettra de simplifier et d'améliorer sensiblement, et ce à coût réduit, la traçabilité des équipements dotés de puces.* »

La moitié de ces composants aura besoin de tags à haute capacité de mémoire, pour des pièces susceptibles d'être réparées et pour lesquelles il faut enregistrer tout l'historique de maintenance. La RFID doit ainsi améliorer les procédures de maintenance et de gestion logistique, et réduire les coûts de maintenance des clients d'Airbus.

Le processus confirmera automatiquement la présence de chaque élément, vérifiera sa localisation et affichera sur le terminal de vérification les données associées à l'élément, comme son historique de maintenance et de réparation ou sa date de péremption. L'inspecteur pourra alors utiliser ces informations pour définir et planifier les actions de maintenance ou de remplacement.

Chez Air France, pour le fret, 18 000 palettes ont été équipées en 2011 de puces RFID dans la zone G1XL de l'aéroport Charles-de-Gaulle. Le suivi des conteneurs à bagages par RFID y est également opérationnel. Des étiquettes RFID passives ultra-haute fréquence équipent 6 500 conteneurs, plus des chariots, qui passent par 21 points de lecture aux entrées des trieurs bagages. Le taux de lecture de 99,7 % permet d'alimenter en temps réel les bases de données de traçabilité. Le suivi par RFID des bagages est en cours d'expérimentation et devrait se généraliser en 2013, le taux de lecture proche de 100 % des puces RFID, insérées dans les étiquettes d'expéditions collées sur les bagages à l'enregistrement, remplaçant avantageusement celui de 85 à 95 % des codes-barres. Un projet pilote suit des bagages sur les lignes Paris/Amsterdam/Nagoya. Pour Christophe Astier, responsable du département architecture à la DSI d'Air France, « *le suivi et la détection de bagages nécessitent une standardisation et une normalisation à travers le monde.* »

Parmi les projets les plus récents, on trouve le marquage par étiquette RFID des sièges et des gilets de sauvetages. Ainsi, dans son centre de démonstration et d'innovation RFID de Toulouse, Airbus présente l'application d'Air France de gestion des gilets de sauvetage qui est en train d'équiper 230 de ses 594 avions depuis l'automne dernier. Des étiquettes RFID sont collées sur 63 000 nouveaux gilets de sauvetage. La personne chargée de leur inspection est équipée d'un terminal mobile doté d'un lecteur RFID permettant de lire à distance les données. Elle n'a plus besoin de sortir le gilet rangé sous le siège. Le temps d'inspection est divisé par quatre.

Cette innovation, destinée à apporter encore plus de visibilité et de fiabilité dans la gestion de pièces détachées, sera déployée sur tous les modèles A320, A330 et A380 en 2013. Le volume d'étiquettes RFID concerné est estimé à environ 160 000 (120 000 pour les gilets de sauvetage et 40 000 pour les sièges). Ces changements s'ajoutent à l'existant concernant la gestion de la production de la maintenance et de la traçabilité du programme A350 XWB.

Air France envisage d'autres projets RFID, pour la gestion des pièces détachées ou du service de restauration, en vue par exemple d'accélérer la mise à bord des repas servis aux passagers pendant les vols, et ainsi de réduire les temps d'escale. Pour maîtriser le volume de données acquis, la Direction Générale des Systèmes d'Information (DGSI) d'Air France a développé une plateforme *middleware* dédiée à l'identification automatique, baptisée InQua.

Sources :

Calais, C., « Airbus et Air France multiplient les utilisations de la RFID », **http://www.solutions-logiciels.com/magazine_articles.php?titre=Airbus-et-Air-France-multiplient-les-utilisations-de-la-RFID&id_article=382**, avril 2011, consulté le 01/10/13

« Airbus Expands Its Part Marking of High Memory RFID Technology », **http://www.xerafy.com/blog/airbus-expands-rfid-adoption-of-high-memory-rfid-tags/**, 22/11/12, consulté le 01/10/13

Swedberg, C., « Honeywell Aerospace Tags Parts for Airbus », **http://www.rfidjournal.com/articles/view?10419**, 15/02/13, consulté le 02/10/13

« La puce RFID se généralise sur les avions Airbus », **http://info-aviation.com/?p=14679**, 10/02/13, consulté le 01/10/13

Roberti, M., « Airbus Expands RFID Part Marking Across All of Its Aircraft Families », **http://www.rfidjournal.com/articles/view?10116**, 12/11/12, consulté le 01/10/13

Bruneau, C., « RFID : Airbus va marquer tous les sièges et gilets », **http://www.air-cosmos.com/industrie/rfid-airbus-va-marquer-tous-les-sieges-et-gilets.html**, 16/11/12, consulté le 01/10/13

Clapaud, A., « Airbus construit le premier avion 100 % RFID », **http://pro.01net.com/editorial/531054/airbus-construit-le-premier-avion-100pour-cent-rfid/**, 05/05/11, consulté le 01/10/13

« Airbus extends RFID part-marking across all its aircraft families », **http://www.airbus.com/presscentre/pressreleases/press-release-detail/detail/airbus-extends-rfid-part-marking-across-all-its-aircraft-families/**, 12/11/12, consulté le 01/10/13

http://www.pactepme.org/docs/success/Airbus-Maintag.pdf, 19/02/13, consulté le 01/10/13

Questions sur l'étude de cas

1. Pourquoi l'industrie aéronautique s'intéresse-t-elle particulièrement aux technologies sans fil, à tous les stades de la chaîne de valeur ?
2. Quels ont été les apports opérationnels de la technologie RFID chez Airbus ?
3. Air France réclame une normalisation des pratiques en termes de RFID au niveau mondial dans l'industrie aéronautique. Est-ce indispensable et pourquoi ?

   Illustrez votre argumentation d'exemples concrets.

Chapitre 8

La sécurité et le contrôle des systèmes d'information

Objectifs pédagogiques

- Expliquer pourquoi les systèmes d'information ont besoin d'être sécurisés.
- Évaluer la dimension économique de la sécurisation et du contrôle des systèmes d'information.
- Évaluer les éléments managériaux liés à la sécurité et au contrôle des systèmes d'information.
- Évaluer les technologies et les outils couramment utilisés pour sécuriser les ressources nécessaires au fonctionnement d'un SI.
- Identifier les défis posés par la sécurité des systèmes d'information et les solutions de contrôle et de gestion.

Les clients de Royal Bank of Scotland victimes d'un bogue informatique

Le 19 juin 2012, la plupart des 15 millions de clients du groupe bancaire britannique Royal Bank of Scotland (RBS) ont été touchés par un bogue qui a entraîné d'importants retards dans les transactions. De fait, ce dysfonctionnement, lié semble-t-il à l'installation d'un nouveau logiciel de paiement, a empêché des millions de clients de retirer de l'argent et perturbé les virements automatiques leur permettant de payer factures, emprunts ou salaires.

Si le problème technique initial paraissait résolu une semaine plus tard, il a provoqué d'importants retards dans les transactions, que RBS a mis du temps à résorber.

Pour la première fois dans l'histoire de la banque, 1 200 agences ont été ouvertes le dimanche 24 juin. Pour les jours de la semaine, les horaires d'ouvertures ont été étendus (plus tôt le matin et plus tard le soir). La banque devra s'acquitter des frais liés aux heures supplémentaires réalisées par les salariés.

Pour tenter d'apaiser ses clients mécontents, la banque a fait un geste en augmentant les plafonds de retrait et en exemptant automatiquement ses clients de certains frais et charges. Quelques clients ont cependant connu des mésaventures en raison de ce bogue. Un prévenu remis en liberté sous caution a ainsi dû malgré tout passer le week-end du 23 juin en prison. Le vendredi, le suspect s'était vu accorder la liberté conditionnelle par un tribunal du Kent (sud-est), moyennant le dépôt d'une caution. Mais la panne informatique qui a touché RBS a empêché le virement de la somme prévue, et le prévenu n'a pu être libéré que le lundi.

…

Le même cas s'est également présenté dans un tribunal de Londres, mais le juge a décidé cette fois de libérer quand même le prévenu, en vertu de son pouvoir discrétionnaire.

L'origine de la panne semble être due à la mise à jour d'un logiciel de paiement, effectuée par un prestataire informatique extérieur, localisé en Inde. La personne, un technicien peu expérimenté, qui a réalisé cette opération de maintenance a effacé par erreur une quantité massive d'informations (estimée à environ 100 millions de transactions) qui concernaient les trois filiales de RBS Group (RBS, Natwest et Ulster Bank). Ces données ont alors été saisies de nouveau dans les systèmes de RBS, ce qui a permis de régler le problème technique initial. Le dysfonctionnement a été amplifié car les données ont été supprimées à la fois des systèmes opérationnels et des systèmes de secours.

Le coût pour la banque devrait se chiffrer en dizaines de milliers de livres, selon Gary Greenwood, analyste chez Shore Capital. Pour autant, une facture en centaines de millions de livres n'est pas à exclure en intégrant les indemnisations, a poursuivi le professionnel dans un courriel envoyé à l'époque à ses clients. Ainsi, si seulement 1 % des clients de la banque réclamaient 500 livres (626 euros), le coût global s'élèverait à environ 85 millions de livres, relève l'analyste. Sous réserve d'une résolution rapide du problème et de l'absence d'un scénario catastrophe, « *cela devrait être gérable avec un coût de plusieurs dizaines de millions, peut-être 100 millions* », estimait à ce moment-là un analyste chez Investec. Stephen Estern, directeur général de RBS, avait indiqué que ce problème informatique serait pris en compte lors du calcul des prochains bonus de la direction.

La banque provisionnera finalement un montant de 125 millions de livres pour couvrir les effets de ce dysfonctionnement.

En mars 2013, les clients de cette banque sont à nouveau dans l'impossibilité de consulter leurs comptes, d'effectuer des virements pendant une période de quelques jours. La banque présente ses excuses sur Twitter.

Sources :

« Système information : RBS s'excuse après de nouveaux problèmes informatiques », **http://www.news-banques.com/systeme-information-rbs-sexcuse-apres-de-nouveaux-problemes-informatiques/0121111268/**, 08/03/13, consulté le 02/10/13

Deneuville, V., « RBS devra s'acquitter d'une facture salée à la suite de son bug informatique », *L'AGEFI*, 27/06/12

« GB : un prévenu passe son week-end en prison à cause d'un bug bancaire », *AFP*, 26/06/12

« Royal Bank of Scotland embourbé dans un énorme bug informatique », *Les Échos*, 25/06/12

Allen, V., Barrow, B., Salmon, J., « Was RBS brought to its knees by ONE junior IT technician », *Daily Mail*, 26/06/12

Alexandre, A., « La banque NatWest obligée d'ouvrir un dimanche », *Le Figaro*, 24/06/12

Matière à réflexion :

Dans le déroulement des faits exposés dans ces articles, comment analysez-vous les réactions de la banque RBS et de ses clients ? Cela vous surprend-il ? Expliquez pourquoi.

L'exemple de RBS est-il représentatif de l'extension des menaces liées à la numérisation généralisée de l'information ? Expliquez pourquoi.

Ces faits montrent la nécessité pour les organisations privées et publiques de prendre des mesures spécifiques pour protéger leurs SI et assurer la continuité de leurs activités. Les défaillances de réseaux, les utilisations non autorisées, les pannes de logiciels et de matériel, les interventions techniques hasardeuses ou mal organisées, les catastrophes naturelles, les erreurs humaines et les attaques malveillantes peuvent paralyser partiellement ou totalement les SI ou les empêcher de fonctionner correctement.

Le rôle joué par les systèmes informatiques non seulement dans les entreprises et les gouvernements, mais également dans la vie quotidienne, est si essentiel que la sécurité et le contrôle des SI sont devenus une nécessité vitale. La sécurisation comprend les politiques, les procédures et les moyens techniques qui visent à :

- identifier et cartographier les risques et les menaces, tester la capacité du SI de l'entreprise à y faire face, analyser la trajectoire du SI de l'entreprise et décider de s'éloigner du risque ou d'éloigner le risque ;
- intervenir sur les systèmes défaillants pour les remettre le plus rapidement possible en état de fonctionnement stable et resynchronisé avec les activités opérationnelles ;
- bénéficier de dispositifs palliatifs qui permettent à l'organisation de survivre lors de la défaillance de ses systèmes usuels.

La première exigence relève du « préventif », la deuxième du « curatif » et la troisième du « palliatif », mais un dirigeant ne doit en négliger aucune.

Plusieurs approches sont envisageables pour construire et mettre en œuvre la sécurisation permanente du SI. Le management des risques et des crises est un domaine abondamment étudié et enseigné. Toutefois, la combinaison entre :

- les technologies et les SI ;
- la mondialisation des activités ;
- l'interdépendance des organisations ;

en a significativement transformé la donne. L'une des difficultés majeures consiste à établir le lien entre une cause de nature *x* et un effet de nature *y*. Voici quelques exemples :

- Une faille technique dans la procédure d'application d'une mise à jour d'un logiciel de gestion des autorisations d'accès à un site de type extranet génère une modification des données tarifaires pendant quatre semaines avant d'être remarquée. Il peut en découler un préjudice financier de plusieurs millions d'euros.
- Le refus d'une augmentation de salaire à un ingénieur d'un bureau d'études peut l'amener à transférer, à partir d'un petit disque dur externe connecté *via* un port USB à son poste de travail, des données techniques confidentielles sur un produit stratégique que l'organisation lancera l'année suivante.
- Avant de partir en congé de formation pour 12 semaines, un responsable de service confie son mot de passe à un stagiaire étranger afin qu'il valide les remboursements de frais du personnel et déclenche l'exécution de la procédure informatisée de virement automatique. À son retour, environ deux mois lui sont nécessaires pour se remettre à flot, suite à la surcharge de travail accumulée pendant son absence. Entre-temps, le stagiaire est retourné dans son pays et a validé son stage de fin d'études, après avoir fait virer des sommes substantielles sur son compte bancaire ouvert en France, mais clôturé depuis.

Le contrôle consiste à mettre en œuvre et à tester de manière régulière les méthodes, politiques et procédures qui garantissent la protection des éléments des actifs d'une organisation, la précision et la fiabilité de ses enregistrements et la conformité de ses normes de gestion. Voici le texte introductif de la norme ISO 27002 visant à cette sécurisation : « *L'information est un actif qui, comme les autres actifs importants, a une valeur pour l'organisation et doit, en conséquence, être protégée. La sécurisation des SI vise à protéger l'information d'un large éventail de menaces, de façon à garantir le fonctionnement de l'entreprise, diminuer les pertes et maximiser le retour sur investissement et les opportunités de marché.* »

Dans ce chapitre, nous aborderons d'abord la vulnérabilité des systèmes et les usages abusifs, puis nous évoquerons les dimensions économique et commerciale de la sécurité et du contrôle des SI. Nous verrons ensuite les éléments constitutifs d'un référentiel du management de la sécurité et du contrôle des SI. Nous traiterons enfin des outils et technologies pour la sécurisation et le contrôle des SI, puis une section sur les nouvelles possibilités clôturera ce chapitre.

1 Vulnérabilité des systèmes et usage abusif

Avant l'informatisation, les données sur les personnes ou les organisations étaient conservées et protégées sous la forme de dossiers papier répartis dans des unités fonctionnelles ou organisationnelles distinctes. Avec les SI, les données sont concentrées dans des fichiers informatiques auxquels un grand nombre de personnes et de groupes extérieurs à l'organisation peuvent accéder.

Lorsque de grandes quantités de données sont stockées électroniquement, il devient plus aisé de les dupliquer, les partager et les transporter. Elles sont donc plus vulnérables que si elles étaient stockées manuellement. De plus, avec les réseaux de communication, et notamment Internet (voir section 1.2), il est désormais possible de connecter des SI situés dans des endroits différents ou de multiples équipements d'accès (ordinateurs personnels, téléphones multifonctions, tablettes graphiques, etc.). Par conséquent, les risques d'accès non autorisé, d'usage abusif ou de fraude ne se limitent plus à un seul endroit, mais peuvent se produire partout dans un réseau et s'amplifier par des effets de télépropagation.

1.1 Des systèmes vulnérables

La figure 8.1 illustre les risques les plus courants auxquels sont exposés les SI informatisés. La notion même de « système » est au cœur de la compréhension de leur vulnérabilité. On ne peut réduire un système à ses composants ; il ne fonctionne que par les interactions entre ses composants et celles qu'il entretient avec son environnement. Il est fragilisé par un composant fragile, mais il n'est pas robuste par la seule robustesse individuelle de chacun de ses composants. Or, les composants d'un SI sont, d'une part, de différentes natures (technique, organisationnel, humain, etc.) et souvent de provenances distinctes (entreprise, fabricant de matériels, éditeur de logiciels, prestataire de services, opérateur de télécommunications, etc.) et, d'autre part, sont soumis à des évolutions permanentes. Ces changements fréquents et nécessaires d'un point de vue technologique modifient les points d'équilibre et de robustesse globale du système.

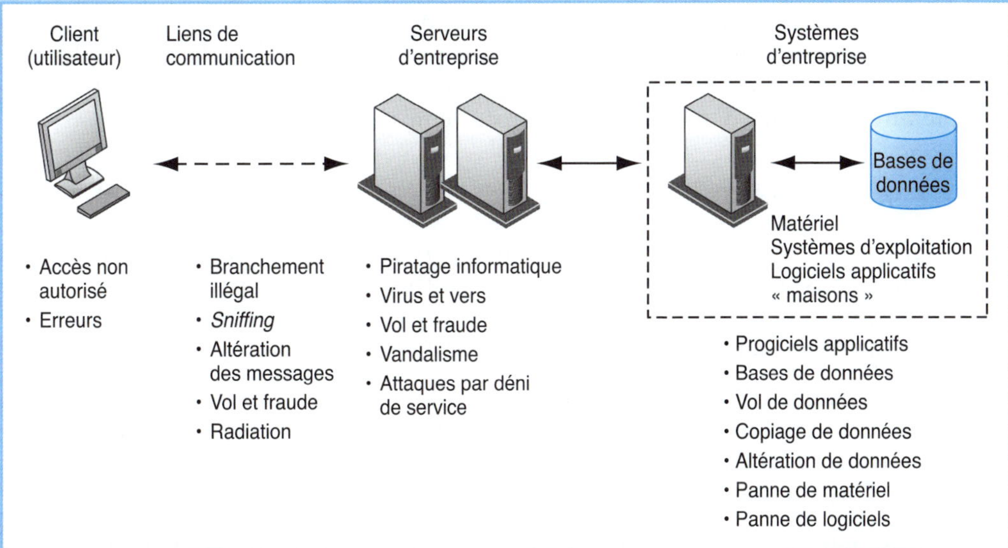

Figure 8.1 – Vulnérabilités contemporaines des SI.

La fragilité peut donc être endogène au SI, mais également provenir d'actions malveillantes d'acteurs présents chez les partenaires, connus ou inconnus de l'entreprise, et peut-être situés à l'autre bout du monde.

À partir d'un déficit de robustesse, les failles seront transformées en sinistres en fonction d'actions volontaires ou involontaires déclenchées par des phénomènes naturels ou techniques et/ou par des acteurs internes ou externes. Il est ainsi possible d'accéder aux données qui circulent dans les réseaux, de voler des données précieuses en cours de transmission, ou d'altérer des fichiers ou messages sans y être autorisé. Les intrus peuvent mettre en place des attaques par déni de service (envoi à un site distant d'un grand nombre de requêtes simultanées ou encore d'un paquet de données très important afin de le saturer), paralyser les opérations de sites Web avec des logiciels malveillants et endommager les terminaux d'accès (postes de travail, téléphones mobiles, etc.). Ceux capables de pénétrer à l'intérieur des systèmes peuvent détruire ou endommager des informations stockées dans des bases de données ou des fichiers. Un système peut également subir un dysfonctionnement si une panne survient dans le matériel informatique, si la configuration est inadéquate ou s'il a été endommagé en raison d'un usage abusif ou d'un acte criminel. Les erreurs de programmation, les mauvaises installations ou les changements non autorisés peuvent provoquer des pannes de logiciels. Les systèmes informatiques peuvent également être perturbés par les pannes de courant, les inondations, les incendies ou autres catastrophes naturelles.

Il faut également considérer les effets des décisions des dirigeants, indépendamment de la nature du SI. L'externalisation de l'exploitation des serveurs à des prestataires locaux ou situés à l'étranger peut accroître la vulnérabilité des systèmes, car une information précieuse transite dans des réseaux et des ordinateurs dont le contrôle échappe à l'organisation. En l'absence de mécanismes efficaces de protection, des données d'une grande valeur peuvent être perdues ou endommagées. Elles peuvent également tomber entre des mains malintentionnées, révélant ainsi de l'information ou des secrets commerciaux importants qui violent la confidentialité de renseignements personnels. Certaines personnes craignent que l'externalisation du développement d'applications à des entreprises étrangères ne permette à des programmeurs d'insérer des codes cachés afin de prendre le contrôle d'une application ou de s'emparer des données.

1.2 Vulnérabilité et Internet

Internet est une construction si étendue qu'un seul usage abusif peut entraîner des répercussions considérables par un effet de diffusion accéléré par l'ampleur des interconnexions. Lorsqu'un réseau d'entreprise se combine et se couple à Internet, ses SI deviennent encore plus vulnérables aux interventions externes.

Les ordinateurs connectés en permanence à Internet avec des modems reliés *via* des câbles, des lignes d'abonnés numériques (DSL) ou des fibres optiques sont plus sujets aux intrusions car ils utilisent une adresse Internet permanente qui facilite leur identification. Une adresse Internet permanente offre aux pirates une cible fixe.

L'utilisation de plus en plus répandue des réseaux sociaux, du courrier électronique et de la messagerie instantanée a également augmenté la vulnérabilité des SI. Les courriels peuvent contenir des fichiers joints qui véhiculent (in-)volontairement des logiciels malveillants ou des accès non autorisés. Les employés peuvent utiliser le courrier électronique pour transmettre des secrets commerciaux, des données financières ou de l'information confidentielle sur les clients à des destinataires non autorisés. Les applications de messagerie instantanée des réseaux sociaux, très populaires auprès des consommateurs, ne disposent d'aucun écran de protection pour les messages textuels. Des intrus peuvent donc intercepter ces messages pendant la transmission *via* Internet.

Le service téléphonique qui repose sur la technologie Internet (dite « IP », *Internet Protocol* ; voir chapitre 7) peut se révéler plus vulnérable que les réseaux téléphoniques commutés s'il ne transite pas par un réseau privé sécurisé. Le trafic de la voix sur IP (*Voice Internet Protocol*, VoIP) est en majeure partie non chiffré. Toute personne reliée à un réseau peut assez aisément écouter les conversations. Les pirates peuvent intercepter des conversations pour obtenir des renseignements personnels ou interrompre le service téléphonique en inondant les serveurs de faux trafics VoIP.

Sécurité sans fil

Les réseaux sans fil qui reposent sur la technologie radio sont encore plus vulnérables à l'intrusion car les bandes de fréquence radio sont faciles à numériser. Même si la portée de la norme WiFi n'est que de quelques dizaines de mètres, elle peut atteindre jusqu'à quelques centaines de mètres à l'aide d'une antenne externe. Des intrus, sans connaissance technique particulière, munis d'un ordinateur portable, de cartes sans fil, d'une antenne externe (équipement d'un montant de quelques dizaines d'euros) et d'un logiciel gratuit de piratage peuvent facilement accéder aux réseaux locaux (LAN) qui utilisent la norme 802.11b (WiFi). Ces outils leur servent à détecter (jusqu'à une distance de quelques kilomètres) des réseaux peu ou pas protégés, à surveiller le trafic sur des réseaux et, dans certains cas, à s'introduire dans les systèmes.

La technologie de transmission WiFi utilise un spectre de transmission étendu dans lequel le signal traverse une grande variété de fréquences. La version du spectre de transmission utilisée dans la norme 802.11 a été conçue pour faciliter la localisation et l'écoute entre les stations. Les *Service Set Identifiers* (SSID), qui indiquent les points d'accès à un réseau WiFi, sont transmis à plusieurs reprises, et un logiciel spécialisé peut les capter assez facilement (voir figure 8.2).

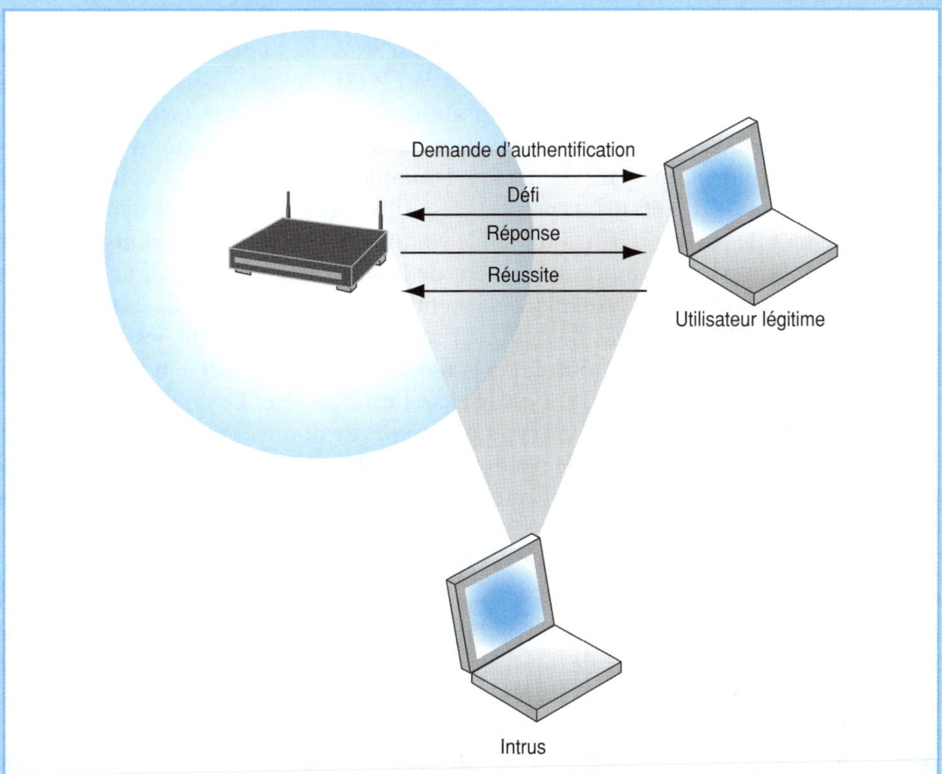

Figure 8.2 – WiFi et sécurité.

La norme 802.11 présente le SSID sous la forme d'un mot de passe à l'aide duquel la carte réseau radio de l'utilisateur peut se relier à un réseau sans fil. La carte réseau radio doit posséder le même SSID que le point d'accès pour permettre de se connecter et de communiquer. La plupart des points d'accès transmettent le SSID plusieurs fois par seconde. À l'aide d'un outil d'analyse de la norme 802.11, un pirate peut identifier le SSID. Notez que Windows dispose maintenant de fonctions qui détectent les SSID présents dans un réseau et configurent automatiquement la carte réseau radio située à l'intérieur de l'appareil de l'utilisateur. Un intrus qui a utilisé le SSID adéquat pour entrer en contact avec un point d'accès peut ensuite obtenir une adresse IP valide, afin d'accéder à d'autres ressources sur le réseau. En effet, de nombreux LAN sans fil assignent automatiquement une adresse IP aux utilisateurs, au fur et à mesure qu'ils deviennent actifs. Ainsi, un intrus illégalement associé à un LAN sans fil peut utiliser le système d'exploitation Windows pour déterminer les autres utilisateurs connectés au réseau et même cliquer sur l'un de leurs appareils, localiser leurs dossiers et ouvrir ou copier un fichier. Beaucoup d'utilisateurs ignorent ce problème pourtant grave lorsqu'ils se connectent à des points d'accès dans les aéroports et autres endroits publics (spot WiFi).

Les intrus peuvent également se servir de l'information glanée sur des adresses de protocole Internet (IP) et des SSID pour créer des points d'accès pirates sur un canal radio différent, dans des emplacements proches des utilisateurs. Ils peuvent ainsi forcer la carte réseau radio des utilisateurs à s'associer avec ces points d'accès. Une fois cette association mise en œuvre, à l'aide des points d'accès ils s'emparent de noms et de mots de passe à l'insu des utilisateurs.

La première norme de sécurité mise au point pour le WiFi, appelée « *Wired Equipment Privacy* » (WEP), s'est révélée peu efficace. La WEP est intégrée dans tous les produits reposant sur la norme 802.11, mais son utilisation est facultative. Les utilisateurs doivent l'ouvrir, ce que beaucoup négligent de faire, laissant ainsi plusieurs points d'accès sans protection. La spécification WEP de départ demande un point d'accès et le partage du même mot de passe chiffré de 40 bits par tous ses utilisateurs. Or, un pirate peut facilement déchiffrer ce mot de passe à partir d'un faible volume de trafic. Les fabricants d'appareils de réseau sans fil travaillent au renforcement de la sécurité en offrant des chiffrements plus difficiles à percer et des systèmes d'authentification. L'adoption de la norme WPA a permis depuis quelques années de renforcer sensiblement la sécurité des liaisons radio WiFi. Début 2013, une étude a montré que la moitié des réseaux WiFi en France n'utilise aucun moyen de chiffrement ou, si c'est le cas, il est obsolète. Le chiffrement, selon la norme ISO 7498-2, est une méthode cryptographique de données produisant un cryptogramme. Celui-ci reprend l'ensemble des données résultantes, dont le contenu sémantique est incompréhensible par un tiers non autorisé qui parviendrait à en prendre possession.

Programmes malveillants : virus, ver, cheval de Troie et logiciel espion

Les programmes malveillants comme les virus et vers informatiques, et les chevaux de Troie sont des menaces. Un virus informatique est un programme pirate qui s'attache à d'autres programmes ou fichiers de données afin de s'exécuter, habituellement à l'insu ou sans l'autorisation de l'utilisateur. La plupart des virus informatiques contiennent une « charge ». Cette charge peut être relativement bénigne, comme des instructions pour afficher un message ou une image, ou très destructrice, anéantissant des programmes, paralysant des mémoires, provoquant un reformatage du disque dur ou un dysfonctionnement des programmes, ou bloquant entièrement la bonne marche d'un ordinateur. Habituellement, les virus se propagent d'un ordinateur à l'autre lorsque les utilisateurs effectuent des opérations comme l'envoi d'un courriel avec pièce jointe ou la copie d'un fichier infecté. Depuis quelques années, il suffit de consulter un site Web depuis un ordinateur pour que celui-ci récupère un virus.

Ce sont des vers informatiques, programmes indépendants se propageant d'un ordinateur à un autre dans un réseau, qui ont perpétré les attaques récentes. Contrairement aux virus, ils opèrent de manière autonome sans prendre la forme d'une pièce jointe. Une intervention humaine n'étant pas forcément indispensable pour qu'ils passent d'un ordinateur à un autre, ils se propagent plus rapidement que les virus. Les vers peuvent détruire des données et des programmes et perturber, voire paralyser, le fonctionnement d'un réseau informatique.

Les vers et les virus se propagent souvent par Internet à partir de fichiers, de logiciels téléchargés, de fichiers joints à des courriels ou de spams. Les virus peuvent également envahir des SI informatisés à partir de machines ou de disques infectés. Actuellement, les pièces jointes sont la source la plus fréquente d'infections, suivies par les téléchargements *via* Internet et la navigation sur le Web.

Les virus et les vers peuvent désormais se propager à partir d'appareils sans fil (Bank, 2004). Les virus pour téléphones multifonctions (smartphones) représentent une menace sérieuse et croissante, en raison de leur nombre et de leurs capacités accrues. Ainsi, en novembre 2012, 17 000 smartphones sous Android ont été contaminés par un virus à l'insu de leurs propriétaires. Ce virus composait des numéros d'appel surtaxés. Des Textos contenant des codes permettant des micropaiements *via* des sites piratés étaient ensuite envoyés. Le préjudice a été estimé à 500 000 euros. Le tableau 8.1 décrit les caractéristiques de vers et de virus informatiques récents et particulièrement dangereux.

Tableau 8.1 : Exemples de codes malveillants

Nom	Type	Description
DNS Changer	Cheval de Troie	Apparu en 2003, médiatisé en juillet 2012, DNS Changer renvoie votre ordinateur sur des sites Web ou des services malveillants.
Dorkbot	Cheval de Troie	Ce logiciel s'installe sur votre ordinateur si vous utilisez Skype (notamment si un de vos correspondants vous demande « *hey, c'est votre nouvelle photo de profil ?* »). Dorkbot bloque votre ordinateur, détruit vos données et vous demande de payer une rançon de 200 dollars sous 48 h pour disparaître.
W32/IFrame	Virus	Ce virus s'installe par simple consultation de sites Web (ou de pages Facebook). Les effets sont le vol d'informations personnelles (*phishing*), des achats frauduleux ou non sollicités ou l'attaque vers d'autres sites *via* des techniques de déni de service.
Reveton	Virus	Plus connu sous le nom de « virus de la police », ce virus demande de verser une somme d'argent *via* les systèmes de paiement Ukash ou d'autres systèmes de paiement. Il vous accuse à tort d'avoir téléchargé des contenus de manière illégale et vous demande une rançon pour disparaître, d'où son nom de *ransomware*.
Sirefef	Virus	Ce virus transforme votre ordinateur en « zombie ». Ainsi, à votre insu, il ira cliquer sur des liens hypertextes rémunérant ces clics ou vous installe un antivirus moyennant paiement. Son activité peut être permanente. Il pourra utiliser votre ordinateur pour des actes malveillants (déni de service).
Psyb0t	Virus informatique	Virus découvert en janvier 2009. Il ne concerne que des petits routeurs et des modems DSL sous Linux. Environ 100 000 modems-routeurs ont été contaminés à cette époque.
Sasser.ftp	Ver informatique	Apparu le 11 mai 2004. Se propage sur Internet en s'attaquant à des adresses IP choisies au hasard. Exécute un script qui télécharge le ver à l'aide du protocole FTP.

En 2011, le nombre de programmes malveillants a été estimé à 403 millions dans le monde (rapport *Symantec Internet Security Threat Report* de mai 2012). Au cours de la dernière décennie, les vers et les virus ont occasionné des milliards d'euros de dommages aux réseaux d'entreprise, aux systèmes de courrier électronique et aux données. Les dommages imputables aux vers et aux virus à l'échelle mondiale sont estimés à plusieurs dizaines de milliards d'euros.

Un cheval de Troie est un programme inoffensif en apparence, mais dont le comportement est imprévisible. Ce n'est pas un virus en soi car il ne se multiplie pas. Il peut toutefois véhiculer des virus et d'autres codes malveillants pour s'introduire dans un système informatique.

Le *Storm Worm*, détecté dans des courriels en 2007, est une version moderne du cheval de Troie. Il prend la forme d'un courriel de Microsoft, qui demande aux destinataires d'ouvrir la pièce jointe qui prétend contenir une mise à jour de Microsoft XP. Une fois ouverte, la pièce jointe télécharge et installe des logiciels malveillants. Grâce à ce cheval de Troie, des pirates peuvent accéder à un ordinateur sans être détectés, voler des mots de passe et prendre le contrôle de l'ordinateur pour lancer des attaques par déni de service sur d'autres ordinateurs.

Certains types de logiciels espions que nous avons présentés au chapitre 4 peuvent également se comporter comme des programmes malicieux. Ces petits programmes s'installent eux-mêmes sur des ordinateurs pour espionner la navigation sur le Web et diffuser de la publicité. Certains annonceurs sur le Web utilisent des logiciels espions pour obtenir de l'information sur les habitudes d'achat des consommateurs et personnaliser la publicité qu'ils leur envoient. Beaucoup d'utilisateurs considèrent ce type de logiciels comme des nuisances et certains observateurs s'inquiètent de cette intrusion dans la vie privée des utilisateurs.

Il existe d'autres formes de logiciels espions, encore plus pernicieux. L'**enregistreur de frappe** mémorise chaque touche tapée sur un ordinateur pour voler le numéro de série du logiciel, lancer des attaques Internet, accéder à des comptes de messagerie, obtenir les mots de passe de systèmes informatiques protégés et recueillir des informations personnelles comme les numéros de cartes de crédit. D'autres programmes espions réinitialisent les pages d'accueil des navigateurs Web, redirigent les requêtes de recherche ou ralentissent la performance de l'ordinateur en accaparant trop d'espaces mémoire. Jusqu'à présent, environ 100 000 types de logiciels espions ont été répertoriés (G Data SecurityLabs, rapport 2^{cd} semestre 2012).

Les téléphones mobiles sont aussi infectés par ces virus. Le premier s'appelle Cabir et est apparu en 2004. Les plus répandus sont ceux sur téléphones mobiles utilisant Android. Les téléphones de marque iPhone sont bien entendu également concernés.

Pirates informatiques et cybervandalisme

Un pirate informatique est un individu qui cherche à obtenir un accès non autorisé à un système informatique. Certains ont une intention criminelle, mais le grand public ne fait aucune distinction entre les divers pirates informatiques. Pour obtenir un accès non autorisé, ces pirates décèlent les faiblesses dans les systèmes de protection des sites Web et des systèmes informatiques, souvent en profitant des différentes fonctions d'Internet qui les transforment en systèmes ouverts faciles à pénétrer.

Les activités de piratage dépassent désormais la simple intrusion pour inclure le vol de biens et d'informations, les dommages causés aux systèmes et le cybervandalisme, c'est-à-dire la perturbation, la dégradation, voire la destruction préméditée d'un site Web ou d'un système informatique.

Toutes les études européennes, américaines et asiatiques récemment publiées placent l'appât du gain devant le goût de l'exploit technologique, parmi les motivations des pirates.

Mystification et *sniffing*

Les pirates qui veulent dissimuler leur véritable identité font de la mystification, c'est-à-dire qu'ils utilisent de fausses adresses de courrier électronique ou imitent des adresses légitimes. La mystification peut également servir à dérouter un lien Web vers une adresse différente de celle prévue au départ, le site se présentant faussement comme la véritable destination. Les liens conçus pour mener à un site peuvent être réinitialisés pour diriger les utilisateurs vers une autre destination, souvent au bénéfice du pirate. Par exemple, si des pirates déroutent des consommateurs vers un faux site Web qui est une copie presque conforme du véritable site, ils peuvent alors recevoir et traiter des commandes, s'appropriant ainsi des informations confidentielles qui appartiennent au site légitime.

Depuis le mois d'août 2012, plusieurs centaines de milliers d'abonnés EDF reçoivent de faux courriels reprenant le logo « EDF bleu ciel ». Imitant les couleurs du fournisseur d'électricité, le message indique par exemple aux abonnés (fautes d'orthographe incluses) : « *Votre paiement a été refusée par votre établissement bancaire.* [...] *Pour éviter la pénalité de retard, nous vous donnant la possibilité de payer en ligne en utilisant votre carte bancaire.* » L'internaute est alors invité à cliquer sur un lien qui l'envoie sur une page d'accueil ressemblant trait pour trait au site officiel EDF. Le client, menacé de coupure d'électricité, doit remplir un formulaire qui le conduit à communiquer ses coordonnées bancaires pour « régler sa facture ». D'autres courriels expliquent, au contraire, qu'EDF a bénéficié d'un trop-perçu qu'il s'apprête à rembourser au client « chanceux »... et lui demande pour cela, là encore, son numéro de carte. Nous détaillerons les autres formes de mystification lorsque nous aborderons la cybercriminalité.

Un programme renifleur (ou *sniffer*) est un programme d'écoute électronique qui surveille l'information transitant dans un réseau. Ce type de logiciel peut servir à diagnostiquer des problèmes ou des activités indésirables dans un réseau. Toutefois, utilisé à des fins illégales, il peut entraîner des dommages et est très difficile à détecter.

Attaque par déni de service

Une attaque par déni de service inonde un serveur de réseau ou un serveur Web de fausses demandes et requêtes pour des services, afin de provoquer une panne de réseau. Le nombre de requêtes à examiner devient tellement considérable que le réseau est débordé, empêchant le traitement des requêtes légitimes. Une attaque par déni de service distribué recourt à plusieurs ordinateurs pour inonder un réseau à partir différentes plateformes. Par exemple, en décembre 2010, Wikileaks a subi de fortes pressions pour cesser de publier des documents classifiés de l'armée américaine. Le groupe de pirates informatiques *Anonymous* les a soutenus, et a qualifié d'*Operation Payback* (en français, opération Représailles) la série d'attaques DDoS qu'il a mené contre Amazon, PayPal, MasterCard et Visa en représailles du comportement anti-Wikileaks. Ces attaques ont fait tomber les sites Web MasterCard et Visa le 8 décembre 2010.

Pour autant, bloquer une attaque de type DDoS est tout sauf simple, même si « *on commence à avoir un petit peu d'expérience. C'est un sujet sur lequel il faut rester très humble. On sait faire des choses. Nous sommes en contact avec les fournisseurs d'accès à Internet* », indique Patrick Pailloux, directeur de l'Agence nationale de la sécurité des systèmes d'information (Anssi) rattachée au ministère de la Défense en France. Il ajoute qu'il ne peut pas entrer dans les détails des dispositifs de protection prévus. Reste que, au moins pour le premier stade d'alerte, l'Anssi peut compter sur une certaine coopération internationale, *via* notamment les *Computer Emergency Response Teams* (Cert, organismes officiels chargés d'assurer la prévention des risques et l'assistance aux traitements d'incidents). « *Lors de l'attaque en Estonie (en 2007) on a eu des informations indiquant l'implication de machines compromises en France. Même si les attaques par déni de service ne peuvent détruire de l'information ou accéder à des zones interdites dans les SI d'une entreprise, elles peuvent entraîner la fermeture d'un site Web. Pour des sites de commerce électronique, ces attaques sont très préjudiciables, puisque les consommateurs ne peuvent plus réaliser d'achats tant que le site est hors service.* »

Cybercriminalité

Nous ignorons l'ampleur du problème posé par la cybercriminalité, puisqu'une partie significative n'est pas déclarée, tant par les auteurs que par les victimes. Les entreprises, notamment, craignent les effets dévastateurs d'une telle annonce auprès de leurs clients ou actionnaires.

Jusqu'à la fin du XXe siècle, la source des délits informatiques les plus graves parmi ceux connus était de nature interne : elle provenait des employés. En effet, ces derniers possèdent les connaissances, l'accès aux systèmes et, souvent, des motifs liés à leur emploi pour commettre de telles actions délictueuses. Toutefois, la facilité d'accès à Internet et sa simplicité offrent de nouvelles opportunités aux intrus pour commettre des délits informatiques et faire un usage abusif d'Internet.

Tableau 8.2 : Exemples de délits informatiques

Les ordinateurs en tant que cibles des cybercriminels
Enfreindre la confidentialité de données informatisées protégées
Accéder à un système informatisé sans autorisation
Accéder sciemment à un ordinateur protégé pour commettre une fraude
Accéder intentionnellement à un ordinateur personnel et entraîner des dommages, par négligence ou délibérément
Transmettre délibérément un programme, un code de programme ou une commande qui provoque des dommages à un ordinateur protégé
Menacer d'infliger des dommages à un ordinateur protégé
Les ordinateurs en tant qu'instruments pour commettre des crimes
Voler des secrets commerciaux
Copier sans autorisation un logiciel ou un bien protégé par un copyright comme des articles, des livres, de la musique ou des vidéos
Échafauder des plans pour commettre une fraude
Menacer ou harceler en utilisant le courrier électronique
Tenter intentionnellement d'intercepter des communications électroniques
Accéder illégalement à des communications électroniques stockées en mémoire, incluant les courriers électronique et vocal
Transmettre ou posséder de la pornographie infantile au moyen d'un ordinateur

Vol d'identité

Avec le développement d'Internet et du commerce électronique, le vol d'identité est devenu un problème particulièrement préoccupant. Le vol d'identité, ou *phishing*, est un crime commis par un imposteur qui tente d'obtenir des informations sur l'identité personnelle, comme les numéros d'assurance sociale, du permis de conduire, des cartes de crédit, dans le but de se faire passer pour quelqu'un d'autre. Cette information peut être utilisée pour obtenir un crédit, des marchandises, des services au nom de la victime ou pour fournir de fausses lettres de créance.

En juin 2012, le Crédit Mutuel est victime d'une attaque au *phishing*. La technique est connue. Les messages envoyés sont souvent mal rédigés et comprennent des fautes de français. La nouveauté dans cette affaire est la perfection apportée dans la sophistication de l'attaque. Aucun des messages ne comporte de faute. Les pages Web du site de la banque en ligne sont imitées dans les moindres détails. L'enchaînement des pages a également été recopié de manière détaillée. La procédure de sécurité propre à cette banque est, elle aussi, scrupuleusement respectée afin de leurrer les clients crédules ou naïfs. « *Ce qui nous impressionne, c'est la sophistication du système. Là, on atteint la perfection* », reconnaît un porte-parole du Crédit Mutuel. Les banques pensaient que les attaques par *phishing* étaient en voie de disparition, mais elles reviennent régulièrement.

Internet facilite la tâche aux voleurs d'identité car ils peuvent utiliser l'information subtilisée pour acheter des marchandises en ligne sans interaction personnelle. Les dossiers de crédit sont les principales cibles des pirates de sites Web. Les sites de commerce électronique sont alors une excellente source de renseignements confidentiels sur leurs clients (noms, adresses et numéros de téléphone). Les criminels qui disposent de ces informations peuvent ainsi subtiliser une identité afin d'obtenir un crédit.

Une tactique consiste en une forme de mystification appelée « *brand spoofing* ». Il s'agit de la création de faux sites Web ou de l'expédition de courriels semblables à ceux d'entreprises légitimes pour demander aux utilisateurs de fournir des données personnelles confidentielles. Par exemple, le courriel peut inviter le destinataire à mettre à jour ou à valider son dossier en fournissant son numéro d'assurance sociale, des informations sur ses comptes bancaires et ses cartes de crédit, et d'autres données en répondant au courriel ou en entrant ces informations sur un faux site Web (voir l'exemple d'EDF plus haut).

Pour contrer la menace posée par les délits informatiques, chaque pays tente de mettre en œuvre un arsenal législatif préventif et répressif. Néanmoins, tous se heurtent à cinq difficultés majeures :

- l'accélération du rythme des innovations technologiques et la complexité de leurs multiples combinaisons ;
- la lenteur relative du mécanisme d'élaboration d'un texte législatif ;
- l'hétérogénéité des législations selon les pays, notamment en matière de répression de la délinquance financière ;
- les impacts économiques mais aussi sociétaux parfois apparemment contradictoires (par exemple, respect de l'anonymat sur Internet et prévention ou répression du commerce pédophile) ;

- en France, les lois Hadopi et Hadopi 2 ont été votées afin de sanctionner le partage de fichiers en pair à pair lorsque celui-ci est une infraction au droit d'auteur. Après de nombreuses discussions au sein du Parlement, ces lois ont pris effet respectivement les 12 juin 2009 et 29 décembre 2009. La conséquence majeure est une décrue des échanges de fichiers en mode pair à pair. Les échanges de fichiers constituant une infraction au droit d'auteur s'effectuent alors par d'autres moyens techniques.

1.3 Nouvelles formes de guerre de l'information

Les préoccupations sont de plus en plus vives quant à l'exploitation de la vulnérabilité d'Internet et des autres réseaux par des services d'espionnage étrangers ou d'autres groupes non gouvernementaux. Certains parlent à ce sujet de « cyberterrorisme ». De telles cyberattaques peuvent cibler les logiciels qui gèrent les réseaux électriques et les centrales nucléaires, le trafic aérien ou les réseaux des grandes banques et d'institutions financières.

Menaces internes : dirigeants et employés

La médiatisation contemporaine de la cybercriminalité pourrait faire penser que les menaces en matière de sécurité envers une entreprise proviennent principalement de l'extérieur. En réalité, les menaces issues de l'intérieur de l'organisation sont tout aussi sérieuses, mais évidemment moins médiatisées. Plusieurs cas d'interruption de service, de destruction de sites de commerce électronique et de détournement de données sur les clients ont été le fait de collaborateurs. Les employés ont accès à des informations privilégiées, et des procédures internes de sécurité relâchées au fil du temps permettent souvent de naviguer à travers les systèmes d'une organisation sans laisser de trace.

Des études ont révélé que la négligence des utilisateurs est la principale cause des atteintes à la sécurité d'un réseau. Beaucoup d'employés oublient leur mot de passe pour accéder à un système informatique ou le confient à leurs collègues, ce qui compromet la sécurité d'un système. Quelle que soit la sophistication des dispositifs technologiques, le maillon faible de la chaîne de sécurisation d'un SI reste, une fois de plus, la fameuse interface « chaise-clavier ».

D'après le magazine *L'Express*, l'Élysée aurait été victime, en mai 2012, d'une cyberattaque lancée depuis les États-Unis. Les ordinateurs des plus proches conseillers du président de l'époque, Nicolas Sarkozy, auraient été surveillés. D'après le magazine, ces pirates informatiques auraient eu accès aux ordinateurs de plusieurs employés de la présidence, y compris à celui de Xavier Musca, alors secrétaire général du cabinet de Nicolas Sarkozy. L'ancien de chef de l'État français aurait échappé à cette débandade sécuritaire car « *il ne possédait pas de PC* », précise l'article, citant plusieurs sources anonymes concordantes. C'est en utilisant Facebook que les pirates informatiques auraient récupéré les mots de passe leur permettant de visiter les ordinateurs de l'Élysée. L'un des attaquants aurait, en effet, réussi à devenir « ami » avec un employé du palais, qui aurait ensuite cliqué sur un lien recommandé par ce fameux « ami » qui renvoyait vers un site-écran ressemblant au réseau intranet de la présidence. L'employé aurait entré ses identifiants, alors immédiatement récupérés par les pirates.

Vulnérabilité des logiciels

Les erreurs de logiciel représentent également une menace constante pour les SI. Elles engendrent une perte de productivité non détectée. Selon le National Institute of Standard and Technology (NIST) du département du Commerce des États-Unis, les défauts dans les logiciels (incluant les vulnérabilités au piratage informatique et aux programmes malveillants) coûtent chaque année énormément à l'économie européenne (Hatton, 2008).

L'un des problèmes majeurs rencontrés avec les logiciels est la présence de bogues cachés ou de codes de programme défectueux. La principale source de bogues réside dans la complexité des codes qui gèrent les opérations de « prise de décision » dans les processus informatisés. Les programmes importants exploités par la plupart des grandes sociétés peuvent contenir des dizaines de milliers, voire des millions, de lignes de code, chacune contenant plusieurs chemins possibles. Une telle complexité est difficile à expliquer : les concepteurs peuvent documenter incorrectement certaines réactions ou négliger des possibilités. Malgré des tests poussés, ils ne peuvent affirmer qu'un logiciel est intégralement conforme et fiable. Dans la plupart des cas, seule une exploitation prolongée confrontant le logiciel avec des utilisateurs et des situations réelles le démontrera. Ces défaillances potentielles touchent les logiciels techniques (systèmes d'exploitation, utilitaires, etc.), les logiciels outils (traitement de texte, tableur, messagerie, etc.), mais aussi les logiciels applicatifs, qu'ils soient développés spécifiquement ou achetés à un éditeur comme SAP, Oracle ou autre.

Pour corriger les défauts d'un logiciel, le fournisseur crée des lignes de code appelées « programmes de correction », ou « patchs », qui réparent le défaut sans perturber l'exploitation normale du logiciel. Par exemple, le Service Pack 1 (SP1) de Microsoft Windows 7, lancé en mars 2013 et régulièrement mis à jour, est un programme de correction qui offre une protection pare-feu additionnelle contre les virus informatiques et les intrus, une capacité de mise à jour de sécurité automatique et une interface conviviale pour la gestion des applications de sécurité installées dans l'ordinateur de l'utilisateur. Il appartient à ce dernier de détecter ces vulnérabilités, de procéder à des tests et d'appliquer les programmes de correction. Ce processus est appelé « gestion des programmes de correction ». Les entreprises doivent considérer deux aspects clés :

- La vitesse de disponibilité de ces dispositifs de correction, notamment lorsqu'une attaque virale est détectée. Le laps de temps moyen qui s'écoule entre l'annonce d'un défaut de sécurité et la possibilité d'un programme malveillant susceptible d'exploiter ce défaut est passé de 281 jours en 1999 à quelques jours actuellement.
- Les moyens économiques, humains et techniques permettant d'implanter correctement ces dispositifs de correction sur les serveurs (ils peuvent atteindre plusieurs milliers dans une société multinationale) et sur les postes de travail. On comprend mieux la nécessité de disposer d'infrastructures qui ne contiennent que des composants matériels et logiciels homogènes et qui respectent les prescriptions de la DSI. Implanter une correction sur 200 serveurs gérés par le même système d'exploitation au même niveau de mise à jour ne constitue pas la même tâche que si ce parc de 200 serveurs comprenait des modèles et des marques différents et, surtout, des systèmes d'exploitation variés et à des niveaux de mises à jour distincts.

2 Dimensions économique et commerciale de la sécurité et du contrôle des SI

La problématique des investissements et des dépenses de fonctionnement en ressources et moyens de sécurisation ressemble à l'alternative face à l'assurance. Il faut en effet :

- s'en occuper avant qu'un sinistre ne fragilise l'organisation ou ne la réduise à néant ;
- identifier la valeur de ce que l'on veut protéger ;
- choisir le meilleur compromis concernant la protection de ces valeurs, l'impact sur l'activité et le devenir de l'entreprise en cas de destruction ou d'altération ;
- considérer la sécurité sous tous ses angles (humain, économique, juridique, etc.), et pas seulement en fonction de ses aspects technologiques.

Selon le cabinet Gartner, en 2013, le marché mondial de la sécurité des SI (services, logiciels, etc.) représente plus de 46 milliards d'euros.

En cas de sinistre, plus la paralysie se prolonge et plus les conséquences sont lourdes pour l'entreprise. Compte tenu du nombre très élevé d'activités qui dépendent du SI et d'Internet, les entreprises sont devenues plus vulnérables en cas d'indisponibilité partielle ou totale de leur SI. Les incidents de sécurité ont d'ailleurs augmenté de façon exponentielle.

Les entreprises possèdent des éléments des actifs informationnels précieux qu'il faut protéger. Les systèmes conservent souvent des informations confidentielles sur les collaborateurs (carrières, dossiers médicaux, etc.) et sur les activités d'une entreprise (secrets commerciaux, projets de développement de nouveaux produits, stratégies de commercialisation, etc.). Ces éléments des actifs informationnels revêtent une grande valeur, bien que celle-ci soit difficilement chiffrable. En effet, au-delà des problèmes directs posés par la continuité opérationnelle d'une entreprise en cas de sinistre informatique, les effets indirects peuvent être tout aussi dévastateurs.

2.1 Exigences juridiques et réglementaires pour la gestion des documents informatiques

Des mesures et réglementations locales ou nationales cohabitent avec des dispositions internationales. La Gestion des Documents Informatiques (GDI) comprend les politiques, les procédures et les outils visant à gérer la conservation, la destruction et le stockage des documents électroniques.

En France, la loi du 26 juillet 2005 pour la confiance et la modernisation de l'économie a pour objectif principal de moderniser les règles de fonctionnement des entreprises en facilitant leur accès aux financements bancaires et aux marchés financiers. Parmi les dispositifs internationaux, figure la fameuse loi dite *Sarbanes-Oxley Act* de 2002, ou *Public Company Accounting Reform and Investor Protection Act*. Appelée ainsi d'après le sénateur Paul Sarbanes du Maryland et le député Michael Oxley, elle vise à mieux protéger les actionnaires suite aux scandales financiers d'Enron, de WorldCom et d'autres sociétés cotées en Bourse. Cette loi contraint les entreprises et leurs dirigeants à protéger l'intégrité de l'information utilisée en interne et diffusée en externe.

Sarbanes-Oxley impose aux cadres supérieurs et aux responsables des finances des sociétés cotées en Bourse aux États-Unis – même si leur siège social est situé hors des États-Unis, comme c'est le cas des plus grandes entreprises internationales européennes – de garantir l'exactitude de leurs rapports financiers trimestriels et annuels et d'établir des contrôles internes adéquats sur leurs systèmes d'information comptable. Tous les documents et les communications en lien avec ces systèmes et les données correspondantes doivent être conservés pendant une période de sept ans suivant une vérification. Les entreprises doivent mettre en place des procédures pour suivre les informations financières depuis leur création jusqu'à la présentation finale des rapports annuels à la *Securities and Exchange Commission* (SEC). Les cadres supérieurs sont passibles de peines de prison pouvant aller jusqu'à 20 ans en cas de falsification des états financiers.

Le principal objectif affiché de la loi Sarbanes-Oxley est d'assurer la mise en place de contrôles internes pour régir la production et la documentation de l'information présentée dans les états financiers. Les SI étant utilisés pour générer, stocker et transmettre ces données, la loi impose aux entreprises de sécuriser ces systèmes et les autres contrôles requis afin d'assurer l'intégrité, la confidentialité et l'exactitude des données. Chaque application en lien avec la présentation des données financières doit être soumise à un contrôle pour garantir l'exactitude des données. Les contrôles pour sécuriser les réseaux d'entreprise, prévenir l'accès non autorisé aux systèmes et aux données, et assurer l'intégrité et la disponibilité des données en cas de désastre ou d'autres interruptions de service sont tout aussi essentiels. Depuis sa promulgation, de nombreux scandales financiers, notamment lors de la crise financière de l'automne 2008, ont montré que ce dispositif ne pouvait être considéré comme suffisant en prévention.

2.2 Preuve et science légales

La sécurité, le contrôle et la gestion des documents électroniques sont devenus essentiels pour se protéger en cas de poursuites. Les preuves utilisées dans les cas de fraudes en valeurs mobilières, de détournements de fonds, de vols de secrets commerciaux, de délits informatiques et dans plusieurs affaires civiles se présentent souvent sous forme numérique. Outre les documents imprimés ou dactylographiés, les affaires judiciaires modernes ont de plus en plus recours aux preuves présentées sous forme de données stockées sur des clés USB, des lecteurs de disques durs, des cédéroms, ainsi que des courriels ou des transactions de commerce électronique effectuées par EDI ou Internet.

Lors d'une poursuite, une entreprise devra éventuellement répondre à une demande d'accès à de l'information susceptible d'être utilisée comme preuve. La loi oblige d'ailleurs les entreprises à produire ces données, et la Cnil peut être saisie en cas de refus ou d'obstruction. De telles démarches peuvent se révéler coûteuses si l'entreprise éprouve des difficultés à rassembler les données requises, ou si celles-ci ont été corrompues ou détruites. En effet, les tribunaux imposent des sanctions financières et pénales sévères pour la destruction inopportune de documents électroniques.

Une politique efficace de conservation des documents électroniques fait en sorte que les documents électroniques, les courriels et les autres documents soient bien classés et accessibles, et qu'ils ne soient pas conservés trop longtemps ou détruits trop précocement. Elle reflète également une volonté de préserver des preuves potentielles utilisables devant un tribunal. Cela concerne la satisfaction des exigences judiciaires potentielles suivantes :

- récupérer des données dans un ordinateur tout en préservant leur intégrité en tant que preuves ;
- stocker et manipuler correctement des données électroniques qui ont été récupérées ;
- trouver l'information pertinente dans un gros volume de données ;
- fournir de l'information à un tribunal.

Une preuve électronique peut se dissimuler dans un média de stockage sous la forme de fichiers informatiques invisibles pour l'utilisateur moyen. Par exemple, il peut s'agir d'un fichier qui a été supprimé dans un disque dur. Les données effacées par un utilisateur sont récupérables à l'aide de diverses techniques. Des experts agréés par les tribunaux tentent de récupérer ces données cachées.

3 Établissement d'un référentiel du management de la sécurité et du contrôle des SI

La protection des ressources informatiques exige une politique globale de sécurité fiable et un ensemble de contrôles. La norme ISO 27002, un regroupement de normes internationales de sécurité et de contrôle, offre des repères utiles en ce sens. Elle spécifie les pratiques les plus appropriées en matière de sécurité et de contrôle des SI, incluant les politiques de sécurité, la planification de la continuité des affaires, la sécurité du matériel informatique, le contrôle de l'accès, la conformité aux normes et la création d'une fonction dédiée à la sécurité au sein d'une organisation.

3.1 Types de contrôles des SI

La protection des ressources en information et des systèmes informatiques fait l'objet de contrôles généraux et de contrôles ciblés, notamment sur les applications. Les contrôles généraux portent sur la conception, la sécurité et l'utilisation des programmes informatiques, ainsi que sur la sécurité des fichiers de données stockés dans toute l'organisation. Ils s'appliquent généralement à toutes les composantes du SI et consistent en une combinaison de systèmes logiciels et de procédures manuelles qui visent à permettre l'exercice global de contrôle. Les contrôles des applications ciblent chacune des applications informatisées, comme la paie et le traitement des commandes. Ils englobent les contrôles exercés par les utilisateurs d'un système particulier et des procédures programmées.

Contrôles généraux

Les contrôles généraux englobent les contrôles des logiciels, du matériel informatique, de l'exploitation informatique, de la sécurité des données, des processus d'implantation des systèmes, ainsi que les contrôles administratifs (voir tableau 8.3).

Tableau 8.3 : Contrôles généraux

Type de contrôle général	Description
Contrôles des logiciels	Surveillent l'utilisation du système d'exploitation et préviennent l'accès non autorisé. Il faut impérativement contrôler le système d'exploitation car celui-ci exécute les fonctions de contrôle global pour les programmes applicatifs qui traitent directement les données et les fichiers.
Contrôles du matériel informatique	S'assurent que le matériel informatique est sécurisé sur le plan physique et détectent d'éventuelles défaillances. Le matériel informatique doit être protégé contre les incendies, les températures extrêmes, l'humidité et le vol, notamment les matériels portables. Les organisations qui ne peuvent se passer de leurs ordinateurs doivent également prendre des mesures de substitution ou de continuité des opérations pour assurer un service continu.
Contrôles de l'exploitation informatique	Supervisent le travail des informaticiens en charge de cette fonction critique, que ceux-ci soient membres de la DSI ou que l'exploitation ait été externalisée auprès d'un prestataire spécialisé. Les contrôles s'assurent que les procédures programmées sont appliquées de manière cohérente et correcte au niveau du stockage et du traitement des données. Ils comprennent des contrôles du montage des travaux de traitement informatique, du logiciel d'exploitation et de l'exploitation de l'ordinateur, ainsi que des procédures de sauvegarde et de reprise, en cas de brusque interruption du traitement.
Contrôles de la sécurité des données	Assurent que les fichiers importants de l'entreprise, stockés sur disques ou sur bandes, ne font pas l'objet d'accès non autorisés et ne sont pas modifiés ou détruits, qu'ils soient en cours d'utilisation ou déjà stockés. Cela concerne les bases de données opérationnelles, mais également les *datawarehouses* affectés aux traitements décisionnels différés (*datamining*).
Contrôles d'implantation sur les processus d'implantation des systèmes	Vérifient le processus de développement des systèmes à diverses étapes pour s'assurer qu'il est sous contrôle et bien géré. La vérification du développement des systèmes recherche la présence d'examens formels réalisés par les utilisateurs et la direction à diverses étapes du développement, le degré de participation de l'utilisateur à chaque étape de l'implantation et l'utilisation d'une méthodologie formelle coûts/bénéfices dans l'établissement de la faisabilité des systèmes. La vérification doit examiner l'utilisation des contrôles et des techniques d'assurance de la qualité pour le développement de programmes, la bascule opérationnelle après recettes formelles validées et les opérations de documentation du système, des opérations ou celle destinée à l'utilisateur.
Contrôles administratifs	Formalisent les normes, règles, procédures et directives de contrôle qui assurent l'exécution appropriée et la mise en vigueur des contrôles généraux et des contrôles des applications.

Contrôles des applications

Les contrôles des applications englobent des procédures manuelles et automatisées qui garantissent que seules les données autorisées sont traitées entièrement et en conformité avec les spécifications fonctionnelles et réglementaires par l'application en question.

Il existe trois catégories de contrôles des applications : (1) les contrôles à l'entrée, (2) les contrôles sur le traitement, (3) les contrôles à la sortie.

Les contrôles à l'entrée vérifient la précision et l'intégralité des données lorsque le système les prend en charge pour la première fois. L'opération d'entrée peut être une saisie manuelle, des données récupérées dans un fichier de travail et issues d'un autre traitement de la même application ou d'une autre application (par exemple, reprise de données des commandes clients pour calculer les commissions des commerciaux dans la paie), mais également une capture automatique de données, comme la réception d'un signal émis par une étiquette RFID, par exemple.

Les contrôles sur le traitement vérifient l'intégralité et l'exactitude des données durant chaque étape de la mise à jour.

Les contrôles à la sortie garantissent que les résultats du traitement informatique sont exacts, complets et adéquatement distribués. Ces sorties peuvent être une impression, un message EDI à destination d'un fournisseur ou un fichier de travail réutilisable ensuite par un ou plusieurs autres traitements.

Le tableau 8.4 offre des exemples plus détaillés de chaque type de contrôle des applications. Ceux présentés ici ne sont pas tous présents dans chaque SI. Certains systèmes requièrent plus de contrôles que d'autres, selon l'importance des données et la nature de l'application, ainsi que le niveau d'intégration des processus et du partage des données interapplications.

Tableau 8.4 : Contrôles des applications

Nom du contrôle	Type de contrôle d'application	Description
Totaux de contrôle	Entrée, traitement	Peuvent être établis d'avance pour les opérations d'entrée et de traitement. Ces totaux vont d'un simple compte de documents à des totaux pour des champs de quantité, comme le montant de vente total (pour un lot de transactions ciblant un site, une période et une catégorie de clients, par exemple).
Concordance informatisée	Entrée, traitement	Concordance entre les données d'entrée et l'information contenue dans les fichiers permanents ou les fichiers mouvements et signalement des items non synchronisés à des fins d'investigation. Par exemple, un programme de contrôle de concordance peut établir la correspondance entre les fiches de présence des employés et un fichier permanent de la paie, et signaler les fiches manquantes ou en double.
Totaux de contrôle	Traitement, sortie	Comparaison entre les totaux de sortie et les totaux d'entrée de traitement.
Journal de distribution des éditions	Sortie	Documentation précisant que les destinataires autorisés ont reçu, en temps et au format voulus, leurs documents.

3.2 Analyse du risque et de la menace

Les méthodologies d'identification des risques et du traitement des menaces associées au SI d'une entreprise sont classiques et bien connues des professionnels du *risk management.*

Le tableau 8.5 (Fimbel, 2005) fournit les précisions conceptuelles et terminologiques nécessaires au *risk management.*

Tableau 8.5 : Précisions conceptuelles et terminologiques nécessaires au *risk management*

CARTOGRAPHIE
Représentation sur un plan de la position relative de l'ensemble des risques préalablement identifiés. Les axes de référence (abscisses et ordonnées) seront choisis en fonction de la problématique retenue. Ainsi, dans une cartographie « A », le premier axe sera la proximité du risque avec les acteurs, et le second le coût estimé du maintien d'un éloignement minimal. Une cartographie « B » sera construite avec pour premier axe la probabilité de l'exposition au risque corrélée avec un second axe représentant le coût de la réparation en cas de sinistre. La pertinence d'une cartographie repose donc sur celle de la corrélation retenue (les deux axes), ainsi que sur la qualité des travaux d'identification et d'évaluation.
CONTRE-PRODUCTION
Effets indésirables issus de toute activité humaine et de sens opposé à celui souhaité initialement. Mis en évidence dans de nombreux domaines (santé, industrie, urbanisme, etc.), ces effets contre-productifs peuvent générer des dommages (économiques, sociaux, sanitaires, etc.) qui excèdent les bénéfices retirés de la production souhaitée. On parle parfois d'« effets secondaires » ou « collatéraux ». La notion de « contre-production » pose la question de l'étendue de la responsabilité du « producteur » et des limites de sa liberté individuelle.
CRISE
Une organisation est « en crise » lorsque ses moyens humains et techniques sont inopérants pour maîtriser une situation et ses effets. Cette disqualification d'une organisation est le résultat du franchissement, plus ou moins rapide et non anticipé, de seuils ou de points critiques. Cette absence d'anticipation engage la responsabilité des dirigeants. La sortie de crise peut se traduire soit par le dépôt de bilan de l'organisation, soit par sa transformation organisationnelle et structurelle.
ÉVALUATION
Association de valeurs, souvent numériques, à un risque. Le travail d'évaluation peut concerner plusieurs attributs d'un risque : sa probabilité de survenance, le degré d'exposition spécifique d'une organisation, le coût de sa prévention, le coût de la réparation des dommages en cas de sinistre, etc. L'évaluation requiert des expertises techniques souvent pluridisciplinaires et une méthodologie complexe intégrant la prise en compte quantifiée de l'incertitude. Dans le secteur des assurances, les travaux d'évaluation fondés sur les données statistiques et les probabilités sont réalisés par des professionnels appelés « actuaires ».
IDENTIFICATION
Repérage de l'ensemble des risques. Préalable à l'évaluation et à la cartographie, ce travail d'identification est complexe. Si certains risques sont aisément identifiables (à partir d'expériences antérieures internes et externes), d'autres sont associés à des activités, pratiques ou configurations innovantes ou inédites. Identifier requiert alors une vigilance prospective et une attention portée aux signaux dits « faibles ».

INCERTITUDE

Caractérise la partie indéterminable d'un événement.
Attribut consubstantiel du risque, l'incertitude place les acteurs face à leurs connaissances et compétences, leurs visions, leurs doutes et leurs intérêts. Les économistes distinguent, depuis les travaux de Knight, le risque de l'incertitude. Alors que le risque a pour origine l'existence de probabilités plus ou moins élevées de réalisation d'un cas, l'incertitude est radicale, c'est-à-dire que la situation dite « incertaine » est, par définition, unique et donc irréductible à un calcul mathématique. La complexité des interrelations dans nos sociétés ainsi que la vitesse à laquelle les « innovations » sont « lancées » augmentent la part d'incertitude et ses effets anxiogènes.

MENACE

Matérialisation perçue de l'exposition au risque.
L'augmentation d'une menace traduit une diminution sensible de la distance (réelle et/ou perçue) d'un acteur avec un risque identifié.

PRINCIPE DE PRÉCAUTION

Propose de privilégier l'intérêt et la protection de la collectivité sur les intérêts du producteur individuel, si les projets ou activités de ce dernier contiennent des risques majeurs ou potentiellement irréversibles.
Ce principe est au cœur des débats de société sur la responsabilité sociale des entreprises et des dirigeants. La mondialisation des activités économiques et l'unicité écologique de la planète en renforcent la puissance d'interpellation. La loi du 1er mars 2005 relative à la Charte de l'environnement stipule ainsi dans son article 5 que, « *lorsque la réalisation d'un dommage, bien qu'incertaine en l'état des connaissances juridiques, pourrait affecter de manière grave et irréversible l'environnement, les autorités publiques veillent par l'application du principe de précaution et dans leurs domaines d'attributions à la mise en œuvre de procédures et d'évaluations des risques et à l'adoption de mesures provisoires et proportionnées afin de parer à la réalisation du dommage* ».

RISK MANAGER

Individu chargé d'identifier et d'évaluer les risques, puis de proposer les dispositions préventives permettant de se maintenir à distance, voire de s'en éloigner.
Cette fonction est présente dans un nombre croissant d'entreprises et d'organisations. Néanmoins, sans une véritable culture partagée du risque aux différents niveaux de l'organisation, la seule existence d'un *risk manager* se révèle un alibi inopérant.

RISQUE

Réalité potentielle dont la matérialisation et les éventuels effets peuvent être le fruit d'actions ou de passivités individuelles ou collectives.

SIGNAL FAIBLE

Information existante, mais très difficilement prise en compte.
Lors de l'analyse *a posteriori* de nombreuses crises, les observateurs ont systématiquement mis en évidence une triple défaillance.
Le défaut des dispositifs officiels d'information et d'alerte, dont les concepteurs ont ignoré la diversité qualitative des signaux associée à la complexité des situations.
L'aveuglement des responsables, psychologiquement et culturellement incapables d'accepter des informations dérangeantes ou trop « décalées ».
La mise sous silence et la mise à l'écart de ceux qui tentaient de prendre en compte ces signaux.

La difficulté pour une organisation de connaître avec précision la probabilité des menaces qui pèsent sur ses SI et de déterminer l'impact de ces menaces est un des exemples de problèmes associés à l'analyse du risque et aux autres méthodes utilisées pour évaluer la rentabilité de la sécurité.

Au final, l'analyse du risque débouche sur un plan qui vise à maximiser la protection tout en minimisant les ressources humaines et financières requises par ce plan. Pour déterminer les contrôles appropriés, les concepteurs de SI doivent examiner diverses techniques de contrôle en lien les unes avec les autres et évaluer leur rentabilité relative. C'est la combinaison de tous les contrôles mis au point pour une application donnée qui détermine le niveau de contrôle exercé sur l'ensemble de cette application.

3.3 Politique de sécurité et de contrôle informatique

En matière de sécurité, un nombre croissant d'entreprises créent une entité distincte dirigée par un Responsable de la Sécurité des Systèmes d'Information (RSSI) en charge de la formation des utilisateurs, de l'information de la direction des menaces et des atteintes à la sécurité, ainsi que de la mise en œuvre et de l'exploitation des outils techniques pour assurer la sécurité. Le RSSI est responsable de l'application de la politique de sécurité.

Une politique de la sécurité informatique est une série d'énoncés qui classifient les risques, précisent des objectifs raisonnables en matière de sécurité et indiquent les moyens pour atteindre ces objectifs. Les responsables de l'entreprise sont en charge d'estimer l'investissement requis pour atteindre un niveau de risque acceptable.

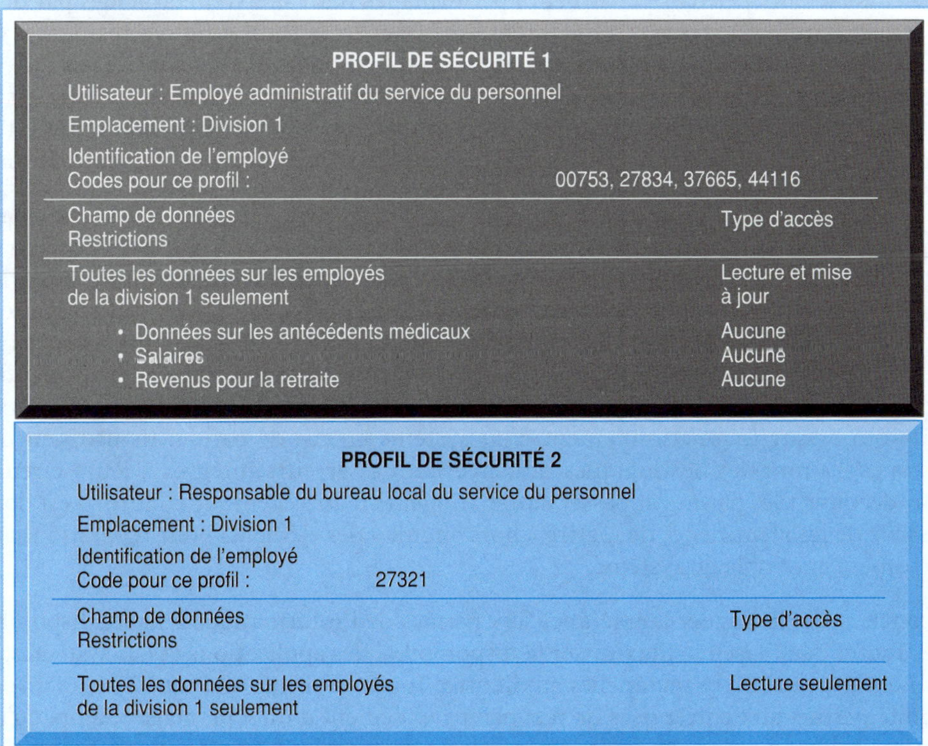

Figure 8.3 – Profils individuels de sécurité.

Un RSSI administre généralement des politiques d'utilisation et d'autorisation. Une politique d'utilisation acceptable définit quels emplois des ressources et du matériel d'information de l'entreprise sont permis, incluant les ordinateurs de bureau et les ordinateurs portables, les appareils sans fil, les téléphones et Internet. Cette politique clarifie la stratégie de l'entreprise en matière de confidentialité, de responsabilité de l'utilisateur et d'utilisation à des fins personnelles du matériel et des réseaux de l'entreprise, définit les actions acceptables et inacceptables pour chaque utilisateur et spécifie les conséquences en cas de non-respect.

Les politiques d'autorisation déterminent les différents niveaux d'accès aux informations pour chaque niveau d'utilisateurs au sein d'une organisation. Les systèmes de gestion des autorisations indiquent où et quand un utilisateur peut accéder à certaines transactions applicatives ou parties de la base de données d'une entreprise. Les autorisations préciseront la répartition entre autorisations d'accès pour consultation, consultation et mise à jour avec ou sans suppression.

3.4 Maintien de la continuité des affaires

La couverture fonctionnelle de l'informatisation s'étend à la quasi-totalité des activités de l'entreprise. Il est donc vital que des mesures spécifiques soient prises pour assurer le maintien en fonctionnement du SI, support des activités opérationnelles. Plusieurs facteurs peuvent perturber la performance d'un site Web : attaques par déni de service, pannes de réseau, trafic intense sur Internet et saturation des ressources du serveur, pannes d'ordinateur, interruptions et non-disponibilité du service. Ils engendrent l'insatisfaction des clients, des millions d'euros de pertes de chiffre d'affaires et l'incapacité de traiter les transactions internes critiques. La non-disponibilité est la période pendant laquelle un système n'est pas opérationnel. Il ne faut pas faire l'amalgame entre le moment de la remise en route technique d'une infrastructure et celui où les données ont été resynchronisées avec les flux d'activité réelle (Fimbel, 2003 et 2005).

Les systèmes à tolérance de pannes (*Fault Tolerant Systems*) contiennent du matériel, des logiciels et des composants d'alimentation électriques redondants qui composent un environnement offrant un service continu et ininterrompu des infrastructures techniques. Les ordinateurs à tolérance de pannes possèdent des puces mémoire, des processeurs et des disques de stockage supplémentaires pour servir de système auxiliaire qui assure le fonctionnement d'un système en cas de panne. Ils utilisent des sous-programmes et des logiques de détection des erreurs intégrés à leurs circuits pour découvrir les pannes et passer automatiquement au système auxiliaire. Il est donc possible de les identifier et de mettre « hors circuit » des éléments pour réparation sans perturber l'ensemble du système.

Il convient de distinguer la tolérance aux pannes de l'informatique à haute disponibilité. Toutes deux visent à maximiser la disponibilité des applications et des systèmes, et utilisent des ressources matérielles auxiliaires. Toutefois, l'informatique à haute disponibilité permet aux entreprises de récupérer rapidement d'un « plantage », alors qu'un système à tolérance de pannes vise à garantir une disponibilité continue et l'élimination du temps de récupération. Les architectures informatiques à haute disponibilité sont un prérequis pour les entreprises qui traitent des volumes importants de transactions de commerce électronique ou qui dépendent des réseaux pour leurs opérations internes critiques (applications industrielles et logistiques, par exemple).

L'informatique à haute disponibilité exige un assortiment d'outils et de technologies qui assure une performance optimisée des systèmes et des réseaux informatiques : serveurs redondants, équilibrage de charge, écriture miroir, couplage, stockage à grande capacité, reprise sur sinistre et plans de continuité opérationnelle. La plateforme informatique d'une entreprise doit être extrêmement robuste et munie d'une capacité de traitement, de stockage et de large bande extensible.

L'équilibrage de charge distribue des quantités considérables de requêtes d'accès à de multiples serveurs. Celles-ci sont acheminées vers le serveur le plus disponible, afin d'essayer de lisser la charge entre les différents serveurs. Dès qu'un serveur semble proche de la saturation, les requêtes sont acheminées vers un autre serveur qui dispose d'une disponibilité de capacité à cet instant *t*.

L'écriture miroir utilise un serveur auxiliaire pour reproduire tous les processus et toutes les transactions du serveur primaire. Si le serveur primaire tombe en panne, le serveur auxiliaire entre immédiatement en fonction. Toutefois, l'écriture miroir est très coûteuse car chaque serveur doit être doublé par un serveur identique dont la seule mission est de prendre le relais en cas de panne.

Le couplage à haute disponibilité relie deux ordinateurs ensemble, afin que le second serve d'auxiliaire au premier. Si le premier ordinateur tombe en panne, le second reprend le traitement sans interruption dans le système. Les ordinateurs peuvent également être regroupés pour former une seule ressource informatique et accélérer ainsi le traitement.

Grâce à l'informatique résiliente (voir chapitre 5), il est possible de mobiliser des systèmes capables de reprendre rapidement et d'implanter des capacités et des outils qui aideront les opérateurs à localiser les sources des pannes dans des systèmes à composants multiples et à réparer plus rapidement les défaillances.

3.5 Continuité des affaires et reprise sur sinistre

La planification de la reprise sur sinistre consiste à élaborer des plans pour restaurer des services informatiques et de communication interrompus, quelle que soit la cause de cette interruption de service. Les plans de reprise sur sinistre comprennent un volet technique, mais également des volets organisationnels et humains (formation, simulation, dispositifs palliatifs, etc.).

3.6 Externalisation de la sécurité

Les ressources techniques comme les expertises, suffisantes pour disposer d'un environnement informatique sécurisé et à haute disponibilité, sont coûteuses à acquérir et complexes à mettre en œuvre. Une entreprise peut choisir d'externaliser plusieurs fonctions liées au management de la sécurité de son SI à un fournisseur de gestion de services de sécurité qui surveille les activités d'un réseau, effectue des tests de vulnérabilité et propose une infrastructure de secours capable de relayer celle de l'entreprise dans un délai contractuellement déterminé.

3.7 Rôle de l'audit dans le processus général de contrôle

Comment la direction peut-elle mesurer l'efficacité des contrôles ? Les organisations doivent effectuer des vérifications complètes et systématiques. Un **audit des systèmes d'information** permet de repérer tous les contrôles qui régissent les SI et d'évaluer leur efficacité. Pour ce faire, les auditeurs doivent connaître les activités d'exploitation, les installations physiques, le réseau de télécommunications, les systèmes de contrôle, les objectifs de la sécurité des données, la structure organisationnelle, l'organigramme de l'entreprise, les procédures manuelles et les applications individuelles.

Ils demandent habituellement à des utilisateurs clés qui exploitent un SI précis de décrire leurs activités et les procédures qu'ils emploient. Ils examinent les applications, les contrôles d'intégrité globaux et les règles de contrôle. Ils analysent aussi un échantillon des transactions qui se déroulent dans le système et effectuent des tests, à l'aide, au besoin, d'un logiciel de vérification automatisée.

Ils dressent ensuite la liste hiérarchisée de toutes les faiblesses révélées par l'audit des contrôles et estiment la probabilité de leur occurrence. Ils évaluent enfin les conséquences financières et organisationnelles de chaque risque.

BNP Paribas : permettre à l'entreprise de survivre

En 2010, BNP Paribas s'affirme comme un leader européen des services bancaires et financiers d'envergure mondiale et l'une des six banques les plus solides du monde selon Standard & Poor's. Présent dans toute l'Europe au travers de l'ensemble de ses métiers, la France, l'Italie, la Belgique et le Luxembourg sont ses quatre marchés domestiques en banque de détail. Le groupe est actif dans plus de 84 pays. Dans une contribution faite dans le cadre des conférences du CLUb de la Sécurité de l'Information Français (Clusif) en 2008, Annie Butel, responsable du Plan de Continuité d'Activité (PCA) fonction finances de BNP Paribas, précise : « *Il faut être très prudent sur la sécurité* ». Depuis l'incendie du Crédit Lyonnais, les banques ont tendance à peu communiquer, mais, en même temps, elles ont toutes mis en place des PCA. C'est un thème central pour la survie d'une banque. La banque BNP Paribas (205 000 salariés, dont 64 000 en France) n'a bien sûr pas échappé à la règle. « *Le plan de secours, poursuit Annie Butel, doit permettre à l'entreprise de survivre à un sinistre en minimisant ses pertes financières et d'image.* » Parmi les entreprises américaines, 65 % disent avoir un PCA formalisé.

Annie Butel dresse ensuite les points clés de la réussite d'un bon PCA : il faut un responsable dédié PCA, bien positionné dans la structure. Parfois, le RSSI est prié de prendre une casquette PCA, l'idéal étant d'avoir un responsable PCA qui dépende directement de la direction générale (DG), avec un relais de gouvernance dans les directions opérationnelles. Aux États-Unis, 60 % des entreprises ayant un PCA formalisé affirment que celui-ci a été validé par la DG. De toute façon, l'acceptation de cette dernière est un préalable à tout projet PCA. « *La direction doit être sponsor du projet*, rappelle Annie Butel, *avec un planning et un budget comme pour tout projet.* » Il faut ensuite avoir bien évalué les risques, la probabilité d'occurrence et l'impact. Ce n'est pas le plus facile. Annie Butel cite en exemple la tragédie du

11 septembre : « *Beaucoup d'entreprises avaient leur* back-up *dans la tour voisine, en pensant qu'il était impossible qu'elle soit frappée en même temps.* » Depuis, les pratiques ont évolué, et les distances de site miroir aussi. Annie Butel, forte de plusieurs années d'expérience dans les PCA, constitue la liste des bonnes pratiques suivantes :

- avoir une stratégie claire et documentée de couverture ;
- avoir une cohérence impact/couverture/coûts ;
- maintenir un site de secours en cohérence avec les besoins.

Par exemple, il est essentiel de vérifier les taux de mutualisation retenus sur le site de secours afin que les collaborateurs puissent se rendre sur ce site. « *Ce n'est pas le jour où il y a une crise*, explique-t-elle, *qu'il faut les découvrir. Pendant la crise, il faut absolument communiquer de manière régulière. Seules les personnes nécessaires doivent participer au groupe de crise pour permettre des décisions rapides. Enfin, il faut avoir fait des tests plus d'une fois par an. Il faut aussi former les nouveaux arrivants, de préférence de manière ludique, avec un quiz, par exemple.* »

Didier Gras, RSSI Groupe chez BNP Paribas confirme ces éléments. Il note, de son côté, une augmentation du budget sécurité dans le domaine des banques/finances, notamment dans le cadre de cycles de protection contre la fraude... Elles réfléchissent plus, en ce moment, à savoir où ces budgets seront placés. Les banques investissent beaucoup actuellement dans les centres de données et la continuité d'activité.

Sources :
Assises de la Sécurité, 10/2012
Conférence du Clusif, 09/2008
www.banque.bnpparibas.com, 06/2010

Matière à réflexion :

Pourquoi la planification de la continuité des affaires est-elle si importante pour une entreprise comme BNP Paribas ? Quelles catégories de dispositions un plan de continuité opérationnelle doit-il contenir ?

4 Outils et technologies pour la sécurisation et le contrôle des SI

Plusieurs outils et technologies peuvent aider les entreprises à se protéger contre les intrusions et à les contrôler, notamment l'authentification, les pare-feu, les systèmes de détection d'intrusion, les logiciels antivirus et le chiffrement. Des outils et des méthodologies sont aussi disponibles pour les aider à rendre leurs logiciels plus fiables.

4.1 Contrôle d'accès

Le contrôle d'accès comprend toutes les politiques et procédures mises en place dans une entreprise pour bloquer l'accès à ses systèmes aux personnes non autorisées en interne et en externe. Pour bénéficier d'un accès, un utilisateur doit y être autorisé et il doit être authentifié. L'authentification est la capacité de vérifier si la personne est bien celle qu'elle prétend être.

Pour procéder à une authentification, on recourt souvent à un mot de passe connu uniquement des utilisateurs autorisés. Un utilisateur final recourt à un mot de passe pour ouvrir une session dans un système informatique. Il peut également en utiliser pour accéder à des transactions ou à des fichiers spécifiques. Or, les utilisateurs oublient souvent leurs mots de passe, les partagent avec d'autres personnes ou choisissent des mots de passe trop faciles à deviner, compromettant ainsi la sécurité. Les mots de passe peuvent également être « détournés » s'ils sont transmis par un réseau.

Le commerce électronique a entraîné la prolifération de sites Web protégés par un mot de passe. Si les utilisateurs nécessitent des mots de passe pour accéder à plusieurs systèmes et utilisent les mêmes pour deux systèmes ou plus, un pirate qui réussit à accéder à un des comptes peut également obtenir un accès aux autres. Le fort développement de l'usage des smartphones amplifie ce phénomène. Leurs possesseurs utilisent peu de mots de passe pour accéder à tous les services.

Parfois, les systèmes s'appuient sur des dispositifs d'authentification comme des cartes à puce pour contrôler l'accès.

L'authentification biométrique est une nouvelle technologie qui s'appuie sur les mensurations ou les traits de comportement propres à chaque individu. Elle compare les caractéristiques d'une personne comme les empreintes digitales, le visage ou l'image rétinienne avec un profil stocké en mémoire qui présente l'ensemble de ces caractéristiques. Le système détermine ensuite s'il existe des différences entre ces caractéristiques et le profil. En cas de correspondance, l'accès est accordé. Cette technologie est cependant coûteuse, et les techniques utilisées pour la reconnaissance des empreintes digitales et du visage ne sont pas suffisamment fiables pour être intégrées dans des applications de sécurité. Les capacités de nuisances physiologiques de ces dispositifs restent controversées.

4.2 Pare-feu, systèmes de détection et logiciels antivirus

Les **pare-feu** (***firewalls***) sont censés bloquer l'accès des réseaux privés aux utilisateurs non autorisés. Face au nombre croissant d'entreprises qui exposent leurs réseaux au trafic Internet, les pare-feu sont devenus une nécessité. Un pare-feu est une combinaison de matériel et de logiciels qui contrôlent le flux du trafic qui entre et sort d'un réseau. Les pare-feu sont généralement placés entre les réseaux privés internes d'une organisation et les réseaux externes non sécurisés comme Internet. Leur rôle peut être également de protéger une partie du réseau d'entreprise des autres parties du réseau (voir figure 8.4).

Le pare-feu se comporte comme un gardien, c'est-à-dire qu'il examine les pièces d'identité de chaque utilisateur avant d'accorder l'accès au réseau. Il vérifie les noms, les adresses du protocole Internet (IP), les applications et les autres caractéristiques du trafic entrant. Il compare ces informations avec les règles d'accès que l'administrateur du réseau a programmées dans le système. Le pare-feu bloque toute communication non autorisée qui chercherait à entrer ou à sortir du réseau, permettant ainsi à l'organisation d'appliquer une politique de sécurité sur le trafic qui circule entre son réseau et d'autres réseaux non sécurisés, incluant Internet.

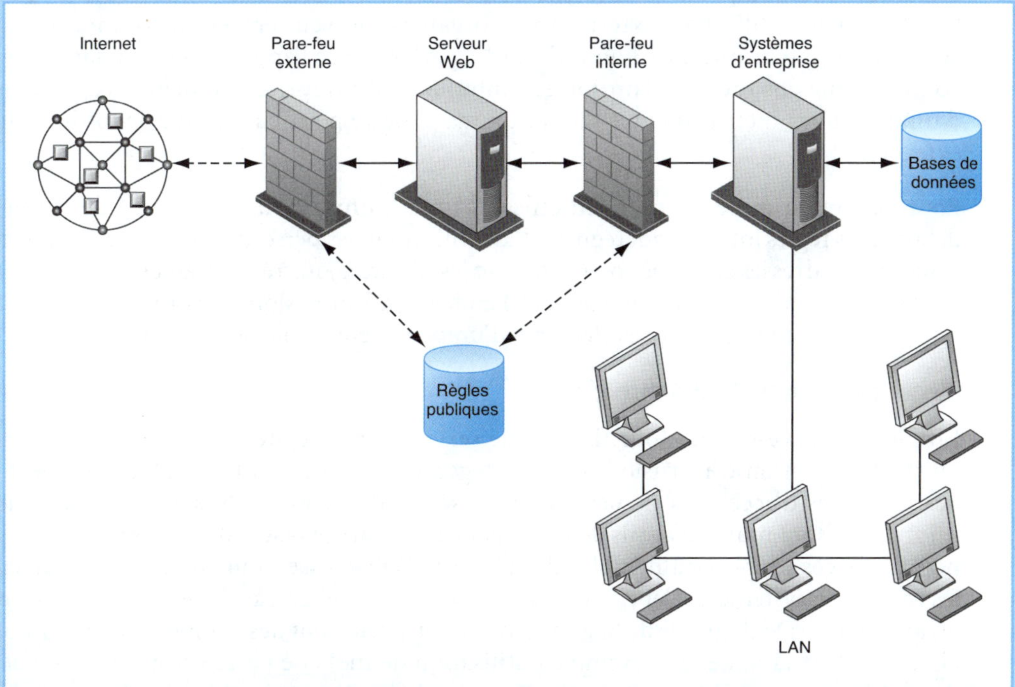

Figure 8.4 – Un pare-feu d'entreprise.

Dans les grandes organisations, le pare-feu est souvent logé dans un ordinateur spécial séparé du reste du réseau afin qu'aucune requête ne puisse accéder directement aux ressources du réseau privé. Il existe plusieurs technologies de filtrage avec pare-feu, dont le filtrage statique par paquets, l'inspection dynamique, la traduction d'adresses de réseau (*Network Address Translation*) et le filtrage par serveur mandataire. La combinaison de ces techniques permet de construire une protection pare-feu.

Le **filtrage par paquets** sélectionne des fichiers dans les en-têtes des paquets de données qui circulent entre un réseau sécurisé et Internet, et examine isolément chaque paquet. Cette technologie de filtrage est perméable à plusieurs types d'attaques. L'**inspection dynamique** offre une sécurité additionnelle en déterminant si les paquets font partie d'un dialogue continu entre l'expéditeur et le destinataire. Elle crée des tables d'état pour suivre l'information transmise par paquets multiples. Les paquets sont acceptés ou rejetés selon qu'ils font partie d'une conversation approuvée ou qu'ils tentent d'établir une connexion légitime.

La **traduction d'adresses de réseau** offre une autre couche de protection en conjugaison avec le filtrage statique de paquets et l'inspection dynamique. Le traducteur d'adresses de réseau dissimule les adresses IP de l'ordinateur hôte interne, empêchant les programmes espions contenus dans les paquets externes de les détecter et de les utiliser pour accéder aux systèmes internes d'une organisation.

Le **filtrage par serveur mandataire** examine le contenu des paquets d'une application. Le serveur mandataire bloque les paquets de données qui proviennent de l'extérieur d'une organisation, les inspecte et les transmet à un mandataire situé de l'autre côté du pare-feu. Lorsqu'un utilisateur externe à une organisation veut entrer en communication avec un utilisateur interne, il doit d'abord « parler » avec l'application mandataire, qui communique ensuite avec l'ordinateur interne de l'entreprise. De même, l'ordinateur d'un utilisateur interne doit passer par un mandataire pour parler avec des ordinateurs externes.

Pour mettre en place un pare-feu efficace, un administrateur doit écrire de manière détaillée les règles internes qui régiront l'identification des personnes ainsi que les applications ou les adresses acceptées ou rejetées, et les mettre à jour régulièrement. Les pare-feu peuvent dissuader, sans complètement l'empêcher, l'intrusion dans un réseau. Il doit être considéré comme l'un des éléments d'un plan d'ensemble de la sécurité.

Systèmes de détection d'intrusion

En plus des pare-feu, les fournisseurs de services de sécurité offrent maintenant des outils de détection d'intrusion pour protéger les systèmes du trafic réseau suspect et des tentatives d'accès aux fichiers et aux bases de données. Les systèmes de détection d'intrusion sont munis d'outils de surveillance en continu placés dans les endroits ou les points d'accès les plus vulnérables des réseaux d'entreprise pour dissuader et détecter les intrus. Le système déclenche une alerte en temps réel en cas d'événements suspects ou anormaux. Des logiciels de balayage, ou *polling*, détectent des comportements annonciateurs d'une attaque (par exemple l'utilisation de mots de passe erronés), vérifient si des fichiers importants ont été prélevés ou modifiés, et envoient des avertissements de vandalisme ou d'erreurs d'administration de système.

Logiciels antivirus

Les plans de défense technologique pour les individus et pour les entreprises doivent inclure une protection antivirus pour chaque ordinateur. Un **logiciel antivirus** vérifie les disques et les systèmes pour détecter la présence éventuelle de virus informatiques. Ces logiciels peuvent généralement nettoyer la zone infectée. La plupart des logiciels antivirus sont toutefois efficaces uniquement avec les virus connus au moment de leur création. Pour rester efficace, un logiciel antivirus doit être continuellement mis à jour.

4.3 Sécurité des réseaux sans fil

Malgré ses lacunes, la WEP offre une certaine marge de sécurité, à condition que les utilisateurs WiFi pensent à l'activer. Les entreprises peuvent renforcer leur sécurité WEP en l'utilisant en conjugaison avec la technologie des réseaux virtuels sans fil lorsqu'un réseau sans fil obtient un accès à des données internes d'entreprise.

Par ailleurs, les fournisseurs d'équipement WiFi ont mis au point de nouvelles normes de sécurité plus étanches. Le *WiFi Alliance Industry* a émis une spécification, le *WiFi Protected Access* (WPA), qui s'applique aux actuels produits LAN sans fil. Le WPA peut également servir aux mises à jour du matériel qui utilise la norme 802.11b. Il améliore le chiffrement des données en remplaçant les clés de chiffrement statiques utilisées dans la WEP par des clés plus longues de 128 bits qui changent continuellement, ce qui les rend plus difficiles à déchiffrer. Pour renforcer l'authentification de l'utilisateur, le WPA offre un mécanisme fondé sur le protocole d'authentification extensible : un serveur d'authentification central identifie chaque utilisateur avant que celui-ci ne puisse se connecter au réseau. Il utilise également une authentification mutuelle qui protège l'utilisateur sans fil en l'empêchant d'entrer dans un réseau indésirable qui pourrait voler ses pièces d'identité. Les paquets de données peuvent être soumis à une vérification pour s'assurer qu'ils font partie de la session de réseau en cours et qu'ils ne sont pas répétés par des pirates dans le but de tromper les utilisateurs.

De nombreuses organisations choisissent la méthode du chiffrement pour protéger les informations confidentielles transmises sur les réseaux. Le **chiffrement** est l'encodage et le décodage des messages pour prévenir l'accès non autorisé aux données ou pour empêcher tout intrus de les comprendre. Un message peut être chiffré à l'aide d'un code numérique secret, appelé « clé de chiffrement », afin qu'il soit transmis sous forme d'ensemble de caractères codés. La clé est constituée d'un grand groupe de lettres, de nombres et de symboles.

Il existe plusieurs méthodes de chiffrement, mais le chiffrement avec une « clé publique » est la plus fréquente (voir figure 8.5). Ce dernier fait appel à deux clés différentes : une clé privée et une clé publique. Les clés sont mathématiquement dépendantes l'une de l'autre, de sorte que les données codées à l'aide d'une clé ne peuvent être décodées qu'avec l'autre clé. Pour transmettre et recevoir des messages, les personnes doivent d'abord créer des paires distinctes de clés privées et publiques. La clé publique est conservée dans un répertoire, alors que l'emplacement de la clé privée doit être tenu secret. L'expéditeur code son message avec la clé publique du destinataire. En recevant le message, ce dernier utilise sa clé privée pour le décoder. L'**intégrité du message** permet de s'assurer que le message transmis arrive sans être copié ni modifié.

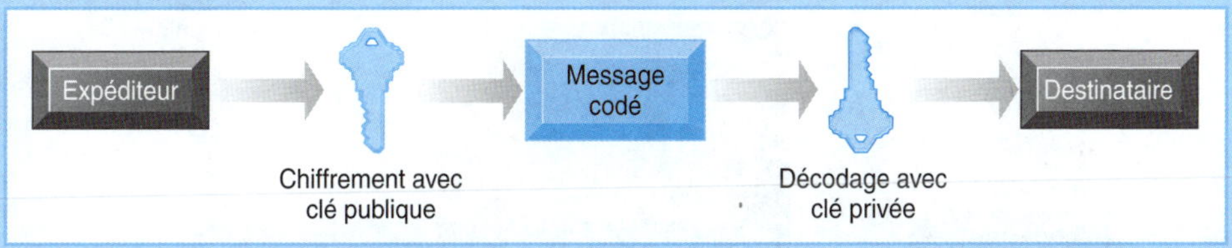

Figure 8.5 – Chiffrement avec une clé publique.

Les experts travaillent à la mise au point de méthodes de chiffrement qui comprennent des signatures numériques certifiées et approuvées. Une **signature numérique** est un code numérique joint à un message transmis par voie électronique, qui sert à en vérifier l'origine et le contenu. Elle permet d'associer un message à son expéditeur par une fonction analogue à la signature écrite. Le destinataire des données peut utiliser la signature numérique pour vérifier qui lui a envoyé les données et pour s'assurer que celles-ci n'ont pas été modifiées après avoir été « signées ».

On peut améliorer la sécurité de l'authentification en joignant un **certificat numérique** à un message électronique (voir figure 8.6). Un système de certificat numérique recourt à une tierce partie digne de confiance, appelée « organisme de certification », pour vérifier l'identité d'un utilisateur. On peut exploiter ce système comme s'il s'agissait d'une fonction à l'intérieur de l'organisation ou confier cette tâche à une entreprise extérieure, comme un (RVA Réseau à Valeur Ajoutée, ou *Value Added Network*) dans le cadre d'échanges en *B to B* avec des messages de type EDI ou lors de transactions interactives en *B to C via* Internet. L'organisme de certification vérifie l'identité de l'utilisateur du certificat numérique hors ligne. Cette information est introduite dans un serveur qui délivre un certificat numérique encodé contenant les renseignements d'identification sur le propriétaire et une copie de sa clé publique. Le certificat authentifie que la clé publique appartient au propriétaire désigné. L'organisme de certification dévoile sa propre clé publique sur papier ou sur Internet. Le destinataire d'un message codé utilise la clé publique de l'organisme de certification pour décoder le certificat numérique joint au message, vérifie qu'il a été correctement émis par cet organisme et obtient alors la clé publique de l'expéditeur et l'information d'identification contenue dans le certificat. À l'aide de cette information, le destinataire peut envoyer une réponse codée. Le système de certificat numérique permettrait, par exemple, à l'utilisateur d'une carte de crédit et à un commerçant de valider l'émission de leur certificat numérique par une tierce partie autorisée ou de confiance, avant d'échanger les données.

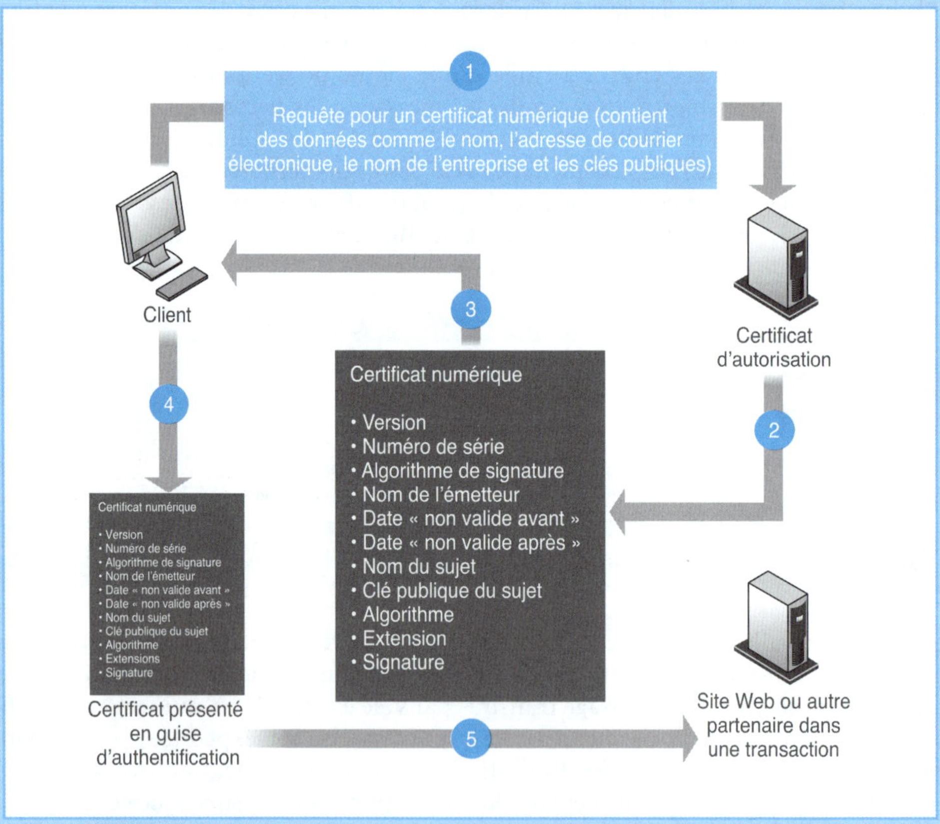

Figure 8.6 – Certificats numériques.

L'**infrastructure à clé publique**, c'est-à-dire l'utilisation des clés de chiffrement publiques en conjugaison avec un certificat d'autorisation, s'impose progressivement comme la principale technologie d'authentification sécurisée en ligne de l'identité.

Les deux principales méthodes pour le chiffrement du trafic réseau sont le protocole SSL et le protocole S-HTTP. Le **protocole SSL** (*Secure Sockets Layer*) et son successeur, le

protocole TLS (*Transport Layer Security*), sont utilisés pour le transfert d'information sécurisée *via* Internet. Ils permettent aux clients et aux serveurs de gérer les activités de chiffrement et de déchiffrement en cours de communication pendant une session Web sécurisée. Le **protocole S-HTTP** (*Secure HyperText Transfer Protocol*) est un autre protocole utilisé pour le transfert de données chiffrées sur Internet, mais limité aux documents Web, alors que les protocoles SSL et TLS permettent le chiffrement de toutes les données transmises entre un client et un serveur.

4.4 Amélioration de la fiabilité des logiciels

Outre les infrastructures matérielles et les contenus des échanges, la sécurisation d'un SI passe également par le souci constant d'améliorer la fiabilité et la qualité des logiciels.

Il est possible d'améliorer la qualité des logiciels en consacrant davantage de ressources aux premières étapes de conception, c'est-à-dire au moment où la correction des erreurs est possible avant le stade de la programmation. Grâce à des tests approfondis, on peut également réduire le nombre d'erreurs dans un logiciel, mais leur élimination totale peut se révéler impossible. Avant l'étape de la programmation proprement dite, le test généralement utilisé est la **révision structurée** : un groupe de personnes soigneusement choisies révise une spécification ou un plan. Une fois la programmation commencée, le code est testé selon des procédés informatiques. Dès qu'une erreur est découverte, la source est localisée et éliminée au moyen d'un processus appelé « débogage ».

5 Nouvelles possibilités

La sécurité des SI nécessite non seulement des ressources technologiques, mais également des ressources organisationnelles et des ressources de gestion. Pour aménager un cadre adéquat de sécurité et de contrôle des systèmes informatiques, il faut atteindre un équilibre délicat entre les risques, les bénéfices et les capacités opérationnelles de l'entreprise. La montée en puissance des liens interorganisationnels (commerce électronique) et de l'intégration des systèmes mobiles complexifie la conception, la mise en œuvre et l'actualisation des travaux de sécurisation du SI.

5.1 Opportunités

La sécurité des SI contient un volet préventif constitué principalement des dispositifs de détection des menaces internes et externes, ainsi que d'un plan éprouvé de continuité opérationnelle en cas de sinistre. Les études européennes et américaines indiquent un taux de mortalité élevé (faillite ou rachat) pour les entreprises victimes d'un sinistre informatique majeur ayant entraîné une discontinuité opérationnelle.

5.2 Défis

La conception et la mise en œuvre de ces dispositifs requièrent des moyens humains (information, formation, simulation, etc.), techniques (systèmes à tolérance de pannes, sauvegardes en plusieurs exemplaires stockées à l'extérieur, logiciels de détection d'intrusion, etc.) et financiers considérables. Le coût de leur immobilisation permanente interne est élevé. De nombreuses entreprises font donc appel à des ressources externes ponctuelles (sous-traitance) ou mettent en place des partenariats durables (externalisation) pour en améliorer le ratio efficacité/coût.

Conception de systèmes exerçant un contrôle équilibré entre risques et services

Même si les atteintes à la sécurité et les dommages aux SI proviennent encore de sources internes, les atteintes à la sécurité provenant de sources externes à l'organisation sont en progression car les entreprises qui recourent au commerce électronique s'ouvrent vers l'extérieur à travers Internet. Les organisations ont du mal à trouver un compromis entre ouvrir leurs réseaux pour exploiter les opportunités du commerce électronique et les fermer pour les protéger.

Depuis 2010, les employés utilisent également davantage leurs propres appareils (*Bring Your Own Device*, BYOD). Ce nouvel usage amplifie les risques d'atteinte à la sécurité. Les organisations adoptent différentes réponses qui vont du laisser-faire à une interdiction du BYOD, le tout parfois appliqué aux fonctions exercées par les employés.

Implantation d'une politique de sécurité efficace

Malgré une prise de conscience accrue des menaces susceptibles d'altérer le SI et de briser la continuité opérationnelle de l'entreprise, trop d'entreprises ne sont pas suffisamment attentives à la sécurité. Selon une étude du Clusif en 2012, encore 33 % des entreprises ne sont pas dotées de plan de reprise d'activité en cas de sinistre majeur. Les programmes de contrôle et de sécurité sont souvent ajoutés à la dernière minute au lieu d'être intégrés dès la conception des processus d'affaires et des systèmes clés. Selon d'autres sources, 75 % des entreprises dotées de politiques de sécurité ne procèdent jamais aux mises à jour et seuls 9 % des employés comprennent réellement ces politiques.

5.3 Solutions

Déterminer le niveau de protection souhaité par l'entreprise est du ressort de la direction générale et non du DSI. Ce dernier proposera un plan d'action contribuant à l'obtention du niveau requis par les dirigeants. La sécurisation et le contrôle des SI doivent devenir des priorités et des postes d'investissement plus visibles et plus explicites. C'est essentiel vis-à-vis de l'ensemble des parties prenantes que sont les clients, les collaborateurs, les actionnaires, etc., ainsi que les analystes financiers. Les grandes entreprises peuvent même se doter d'un service dédié exclusivement à la sécurité et dirigé par un RSSI. Pour concevoir des mécanismes fiables de sécurité et de contrôle, les utilisateurs sont appelés à modifier leurs habitudes de travail. Le soutien et l'engagement de la haute direction sont indispensables pour montrer que la sécurité est réellement une priorité d'entreprise et est vitale pour l'ensemble de ses opérations. Il se peut que les utilisateurs aient besoin d'une formation sur les méthodes de protection du matériel et des mots de passe, et sur le fonctionnement des logiciels antivirus et des autres logiciels de protection. Le choix du degré de contrôle approprié et l'établissement de normes de fiabilité et de précision du système sont des décisions de gestion capitales.

Les managers doivent répondre aux questions suivantes :

- Quelles sont les ressources et activités de l'entreprise les plus critiques qui doivent être sécurisées et soumises à un audit régulier ? Quel sera le coût de remplacement de ces actifs critiques s'ils sont détruits ou endommagés ? Quel sera l'impact légal et commercial si des personnes non autorisées accèdent à ces ressources ?

- Quelle est la durée maximale acceptable d'arrêt d'un système donné ? Quel degré de perturbation des fonctions vitales l'entreprise est-elle disposée à tolérer ?
- En quoi consiste une performance acceptable pour un logiciel applicatif ?
- Comment faire appel à des prestataires extérieurs tout en gardant la maîtrise de la sécurisation du SI ?

Résumé

La sécurisation d'un SI est une exigence permanente. Elle requiert des actions organisationnelles, techniques et juridiques auprès de nombreuses parties prenantes (dirigeants, salariés, clients, fournisseurs, etc.). Elle concerne d'abord les données en tant qu'actif clé de l'entreprise, mais aussi les logiciels et les matériels, qu'ils soient accessibles localement ou à distance. Les préjudices que subissent les entreprises suite à des défaillances de la sécurité de leur SI peuvent provenir d'actes internes, mais la part externe est croissante, *via* Internet. La cybercriminalité est avant tout à finalité financière. Elle utilise toutes les failles du SI et les technologies toujours en évolution (*spamming*, *phishing*, virus, cookies, déni de service, etc.). Un SI étant une construction de composants et de sous-systèmes hétérogènes (matériels centraux et terminaux, réseaux, logiciels, etc.) et de provenances multiples (constructeurs, éditeurs, etc.), tout changement qui affecte l'un de ses composants est un risque d'affaiblissement du niveau de sécurisation antérieurement atteint. Des méthodes et outils préventifs de contrôle et d'audit de la sécurité du SI existent, et leur mobilisation peut être coordonnée par le Responsable de la Sécurité des Systèmes d'Information (RSSI) de l'entreprise. La nécessaire continuité opérationnelle de l'entreprise, même en cas de sinistre informatique, requiert de disposer d'un plan global de reprise d'activité régulièrement actualisé et testé.

Activités

Questions de révision

1. Pourquoi les SI sont-ils si vulnérables ? Décrivez les menaces les plus courantes envers les SI actuels.
2. Pourquoi Internet et les réseaux WiFi sont-ils si difficiles à sécuriser ?
3. Qu'est-ce qu'un programme malveillant ? Quelle est la différence entre un virus, un ver et un cheval de Troie ?
4. Qu'est-ce qu'un pirate informatique ? En quoi le pirate de 2013 est-il différent du pirate du début des années 2000 ? Quelles menaces représente-t-il ?
5. Comment un logiciel défaillant peut-il affecter la vie et la performance d'une entreprise *via* une fragilisation de son SI ?
6. Qu'est-ce qu'un délit informatique ? Donnez deux exemples de délits qui ciblent les ordinateurs et deux exemples de délits qui utilisent des ordinateurs.
7. Qu'est-ce qu'un vol d'identité ? Pourquoi ce type de vol constitue-t-il actuellement un problème si grave ?
8. Quelles sont les vulnérabilités imputables au personnel d'une entreprise (dirigeants, managers, employés, etc.) ?
9. Définissez les termes « sécurisation » et « audit ».
10. Quels liens existe-il entre les législations décidées par les pouvoirs publics et la sécurité des SI des entreprises ?
11. En quoi les contrôles généraux diffèrent-ils des contrôles des applications ?
12. Quel rôle joue l'analyse du risque ? Comment cette analyse est-elle menée dans les SI ?
13. Définissez et décrivez les termes suivants : politique de sécurité, politique d'utilisation acceptable et politique d'autorisation.
14. De quoi se compose un Plan de Continuité d'Activité (PCA) ? Quelles sont les conditions du maintien de son efficacité dans la durée ?
15. Nommez et décrivez trois méthodes d'authentification.
16. Décrivez le rôle et les fonctionnalités principales des pare-feu, des systèmes de détection d'intrusion et des logiciels antivirus dans la sécurisation du SI.
17. Comment le chiffrement peut-il protéger l'information ? Décrivez le rôle du chiffrement et des certificats numériques dans l'infrastructure à clé publique.
18. Quels sont les défis managériaux soulevés par la sécurité et le contrôle des SI ? Comment relever ces défis ?

Exercices de synthèse

1. Expliquez pourquoi les SI ont besoin d'une protection particulière afin que soit assurée leur sécurisation face aux menaces d'erreurs et d'actions malveillantes.
2. Évaluez la dimension économique et commerciale de la sécurité et du contrôle des SI.
3. Identifiez les composantes de nature organisationnelle et managériale de la sécurisation permanente et de l'audit régulier des SI.
4. Identifiez les principaux dispositifs technologiques mobilisables pour prévenir les risques qui pèsent sur les systèmes comme sur les données.
5. Décrivez les défis posés par la sécurité des SI et les solutions possibles.

Questions de réflexion

1. « La sécurité n'est pas seulement un enjeu en matière de technologique, mais également pour la pérennité de l'entreprise. » Qu'en pensez-vous ? Argumentez et illustrez votre réponse.
2. Si vous deviez créer un plan de continuité opérationnelle pour votre entreprise, quelles en seraient les étapes et dans quel ordre les mettriez-vous en œuvre ?

Exercice sur le Web : évaluer les fournisseurs de services de sécurité

La sécurité des données et des réseaux présente des défis majeurs, et beaucoup d'entreprises adoptent des mesures pour protéger leur matériel informatique et l'accès à leurs données. Certaines entreprises ont choisi d'externaliser tout ou partie des dispositifs techniques liés à la sécurisation de leur SI. S'il est difficile de trouver des fournisseurs de services de sécurité, il est en revanche beaucoup plus aisé de dénicher des ressources qui vous aideront à déterminer si l'externalisation est la solution adéquate. Dans les deux cas, utilisez différents moteurs de recherche pour :

- vous aider à déterminer si l'externalisation est une bonne option, notamment à partir d'exemples relatés dans la presse spécialisée ;
- trouver des prestataires qui offrent des services de sécurité informatique.

À titre de spécialiste des SI dans votre organisation, on vous assigne les tâches suivantes :

- premièrement, préparer une synthèse des arguments pour et contre l'externalisation des dispositifs technologiques nécessaires à la sécurisation du SI ;
- deuxièmement, sélectionner deux fournisseurs qui offrent ce type de services et établir des comparaisons ;
- troisièmement, présenter des recommandations écrites à l'intention de la direction pour l'exhorter ou non à choisir l'externalisation et pour lui suggérer un fournisseur parmi les deux que vous avez sélectionnés.

Travail de groupe

Une analyse de l'infrastructure technologique du SI de votre organisation a donné les résultats suivants.

Tableau 8.6 : Vulnérabilités par type de plateforme informatique

Plateforme	Nombre d'ordinateurs	Risque élevé	Risque moyen	Risque faible	Total vulnérabilités
Windows Server (applications d'entreprise)	1	11	37	19	
Linux (courrier électronique et imprimantes)	1	3	154	98	
Sun Solaris (Unix) [commerce électronique et serveurs Web]	2	12	299	78	
Windows 7 (ordinateurs de bureau et ordinateurs portables avec outils de productivité qui peuvent être reliés au réseau d'entreprise exploitant les applications d'entreprise et l'intranet)	195	14	16	1 237	

Les vulnérabilités à haut risque comprennent les utilisateurs non autorisés accédant à des applications, les mots de passe qu'il est aisé de deviner, les doublons des noms des utilisateurs et des mots de passe, les comptes actifs d'utilisateurs sans mot de passe et les programmes non autorisés dans les applications de systèmes.

Les vulnérabilités à risque moyen comprennent la capacité des utilisateurs à fermer les systèmes sans ouvrir de session, les réglages de mots de passe et d'économiseurs d'écran qui n'ont pas été établis pour les ordinateurs de bureau, les versions désuètes des logiciels installés dans les disques durs.

Les vulnérabilités à faible risque incluent l'incapacité des utilisateurs à changer leurs mots de passe, les mots de passe qui ne sont pas changés périodiquement et ceux plus petits que la taille minimale spécifiée par le fabricant.

En groupe, utilisez ces informations pour effectuer une analyse des vulnérabilités de sécurité de cette entreprise en répondant aux questions suivantes :

1. Après avoir établi le nombre total de vulnérabilités pour chaque plateforme, quel est l'impact potentiel des problèmes de sécurité pour chacune des plateformes informatiques de l'organisation ?
2. Si vous disposez d'un seul spécialiste en sécurité pour les SI, quelle plateforme devrez-vous traiter en premier pour éliminer ces vulnérabilités ? En deuxième ? En troisième ? En dernier ? Expliquez pourquoi.
3. Identifiez les types de problèmes sur le plan du contrôle qui illustrent ces vulnérabilités et expliquez les mesures à prendre pour les résoudre.
4. Quels risques votre organisation court-elle si elle néglige les vulnérabilités qui ont été identifiées ?

Étude de cas : BNP Paribas, la sécurisation globale et permanente du SI

En décembre 2012, des pirates informatiques originaires du Surinam et du Nigeria envoient depuis les Pays-Bas des centaines de milliers de courriels à des clients d'ING et de BNP Paribas Fortis. Ces derniers devaient rappeler un numéro de téléphone où les accueillait une voix féminine qui tentait de leur soutirer des informations confidentielles. Plus de 130 personnes auraient été victimes de ce stratagème. Les banques ont déposé une plainte contre les auteurs de cette opération à grande échelle.

Le 29 octobre 2009, Gilles Mawas, responsable de la sécurité de l'information pour l'ensemble du groupe BNP Paribas (*Group Chief Information Security Officer*) depuis 2004, donne quelques indications sur la sécurité du SI de BNP Paribas dans une interview pour le site de recrutement informatique **www.les jeudis.com**.

« *BNP Paribas n'a pas un seul et unique SI. Les seuls SI globaux concernent la consolidation comptable, la consolidation des risques, la paye pour la France, etc. En dehors de ces domaines, chaque métier a son propre SI.* » Il définit ainsi la politique de sécurité en place dans la banque :

« *Tous les jours, des centaines de milliers de virus sont arrêtées, des cartes bancaires sont volées, des gens tentent de détourner de l'argent et notre objectif est d'en empêcher la multiplication. Pour la sécurité des données, l'important est de faire une analyse complète du risque attaché à chaque actif géré par la banque en y appliquant les valeurs de la banque :*

- *la protection des intérêts du client, en garantissant par exemple pour un particulier la sécurité de ses avoirs ;*
- *que la confidentialité de ses informations et de ses données personnelles soit protégée ;*
- *que la loi et les réglementations soient appliquées et suivies – par exemple le secret bancaire, la sécurité financière ;*
- *la stabilité du système financier par le respect du ratio Cooke de la réglementation Bâle I (ratio prudentiel qui oblige la banque à avoir des fonds propres suffisants pour faire face à une situation de crise) et la prise en compte du risque opérationnel prévu par la nouvelle réglementation Bâle II.* »

Selon Gilles Mawas, « *les informaticiens doivent être doublement vigilants, car ils ont un contact plus direct avec l'information et le SI. Ce sont eux qui créent les protections. Ils doivent donc faire face à un enjeu majeur ; concevoir et/ou exploiter des SI qui sont les plus sûrs possibles, tout en étant exploitables. Ils doivent ainsi trouver un compromis entre l'exploitabilité, l'ergonomie et la sécurité, car à trop vouloir protéger, le risque est de rendre le système inutilisable et, à l'inverse, une protection trop faible rend le système fragile* ».

En 2000, la fusion de la BNP et de Paribas permet la création du groupe BNP Paribas. À l'issue de cette opération, le groupe est la deuxième banque de la zone euro par l'importance de ses résultats et de sa capitalisation boursière (66,2 milliards d'euros en 2009), et se positionne au deuxième rang dans le domaine des services bancaires et financiers. Ses multiples positions de leader légitiment sa stratégie de développement et de croissance sélective, interne ou externe, dans chacun de ses métiers. Le groupe est doté d'un solide ancrage en Europe et d'une forte présence aux États-Unis et en

Asie avec 205 000 collaborateurs, dont 165 200 en Europe, dans plus de 84 pays, et 2 200 agences en France pour la clientèle des particuliers et 24 centres d'affaires regroupant plusieurs expertises du groupe. BNP Paribas a réalisé en 2012 un chiffre d'affaires de 39 072 millions d'euros. Les métiers du groupe sont structurés en grands domaines d'activité :

- banque de financement et d'investissement, constituée des activités de marchés et de conseil aux entreprises, financements spécialisés et banque commerciale ;
- l'activité *Asset Management and Services* (gestion institutionnelle et privée), qui englobe l'activité assurance et titres ;
- l'activité banque de détail, représentée par des services financiers spécialisés (Cetelem, Cortal, Consors, etc.) en France et à l'international ;
- BNP Paribas Capital, qui regroupe les activités de *Private Equity* (investissement au capital de sociétés non cotées, en vue de dégager à moyen terme un gain financier sous forme de plus-values).

Lors de la création de BNP Paribas, la mise en œuvre d'un nouveau SI est devenue une priorité pour la direction, afin de consolider et de fusionner les activités des deux entreprises dans une triple optique : un service unifié proposé à la clientèle, un pilotage interne cohérent, une fiabilité des données adressées aux marchés et aux actionnaires. Dans cette perspective de mutualisation et d'homogénéisation sécurisées, le groupe BNP Paribas a mis en œuvre le projet « iMage » qui, en s'appuyant notamment sur les technologies Microsoft, visait à fournir à l'ensemble du groupe une plateforme standardisée, supervisée et administrée en ce qui concerne les postes de travail, les logiciels bureautiques simples et l'environnement de sauvegarde des données utilisateurs. La mise en place d'un SI unifié servait deux objectifs stratégiques :

- développer l'offre commerciale, en centralisant les données opérationnelles, en analysant l'activité et les risques liés et en élargissant et adaptant l'offre commerciale ;
- générer des synergies régionales, en créant des liens entre les différents centres de traitement informatique régionaux et en centralisant les *back-offices*.

De nombreux chantiers informatiques ont été mis en œuvre entre juin 2000 et juin 2002, qui ont mobilisé 1 000 personnes et coûté environ 400 millions d'euros. Six à huit mois ont été nécessaires pour cartographier et évaluer les deux systèmes existants, choisir ensuite les meilleures « briques » et réfléchir à l'interfaçage et aux combinaisons. À l'issue de cette démarche accompagnée par des cabinets de conseil (Boston Consulting Group et IGS notamment), le groupe BNP Paribas a choisi une stratégie de gouvernance SI qui fédère, au niveau global, un SI de groupe dont les fonctions centrales sont la gestion de la sécurité, de l'infrastructure globale, des normes et standards d'urbanisme.

La production informatique du groupe est ainsi mutualisée par zone géographique, avec un site de traitement et un *back-up* par continent. Elle est constituée de cinq groupes « métiers banque » et de deux groupes transverses (ingénierie systèmes et services). Au niveau local, des SI propres à chaque activité sont mis en place. Chaque métier dispose de ses équipes de développement d'applications informatiques propres à ses besoins et à son contexte. Comme l'indique à cette date Hervé Gouëzel, directeur des SI du groupe BNP Paribas, « *le directeur informatique métier gagne en réactivité, tout en s'appuyant sur une cohérence commune et des ressources partagées.* » Des groupes de travail mixtes BNP et Paribas ont été formés. Quelque 180 solutions applicatives ont été retenues et une infrastructure cible a été définie pour le groupe au niveau mondial. Cette nouvelle plateforme logicielle repose sur les systèmes d'exploitation de Microsoft, que sont Windows Server 2000, Windows XP Professionnel et Office XP. L'organisation BNP Paribas mobilise ainsi environ 8 000 informaticiens en interne et près de 4 000 spécialistes issus de sous-traitants. Au niveau central, une entité systèmes d'information groupe (SIG) a été créée, représentant 40 % de l'ensemble de l'effectif et du budget, remplacée depuis par la division Information, technologies et processus. Le parc informatique est constitué de près de 90 000 postes de travail, d'environ 8 500 serveurs NT et Unix ainsi que de deux très gros serveurs de 13 000 MIPS (*Million Instructions Per Second*) supportant près de 500 millions de transactions par mois. L'ensemble de ces investissements a permis non seulement le maintien de l'opérationnalité des SI et le développement du *cross-selling* (ou ventes croisées, technique commerciale particulièrement adaptée à Internet qui permet de proposer au client d'un site, intéressé par un produit, un ensemble d'autres produits complémentaires), mais également d'assurer une meilleure sécurité en centralisant la production et en unifiant l'infrastructure.

Grâce aux innovations technologiques et multimédias, le groupe BNP Paribas a ainsi mis en œuvre de nombreux projets informatiques afin de développer des applications de gestion, notamment la gestion de la relation client avec l'approche multicanal (Internet, agences, courrier et téléphone), la création des centres d'appels, l'automatisation de la force de vente et le développement des applications Web liées au *Knowledge Management* pour sauvegarder et partager le capital intellectuel de l'entreprise. Le SI participe ainsi à la sécurisation et à la pérennisation de l'entreprise en facilitant le stockage et la réutilisation des compétences.

La seconde orientation des projets, intimement liée à la « Webisation » de nombreuses applications de l'entreprise, concerne les investissements en matière de sécurité informatique et de contrôle. Dans la mesure où la législation sur la sécurité des données personnelles se développe en se focalisant sur les problématiques liées à la capture, au traitement et au stockage de ces données, il est difficile pour les entreprises, et plus particulièrement les banques, de satisfaire à l'ensemble des exigences et contraintes réglementaires (lois de 1978 et 2004 prolongées par les directives de la Cnil) qui régissent la confidentialité des données, la sécurité et la prévention des risques. Une gestion organisée et préventive des utilisateurs est devenue essentielle pour garantir l'accès des seuls individus autorisés aux ressources sensibles. Le groupe BNP Paribas s'est inscrit dans cette démarche pour se conformer à la législation, mais surtout pour renforcer son image de marque vis-à-vis de ses clients et partenaires.

Pour proposer des produits et services plus sûrs à ses clients, BNP Paribas agit sur deux grands dispositifs : la sécurisation des transactions électroniques bancaires et la signature électronique. En effet, avec l'automatisation des processus métier et la dématérialisation des flux documentaires, la manipulation manuelle et le traitement physique des données personnelles sont devenus de plus en plus difficiles et risqués. BNP Paribas a donc mis en place vers 2001 un système d'authentification, par certificat numérique et par signature électronique. L'intégration de ce dispositif dans une application en ligne (Web) de dématérialisation de flux documentaires sensibles lui confère une sécurité en figeant le document et une valeur juridique équivalente à celle d'un flux de documents papier signés de façon manuscrite, en fonction des certificats employés. La signature électronique est désormais reconnue comme preuve formelle au même titre que la signature manuscrite et vaut ordre d'exécution. Elle est transmise à l'aide d'une carte à microprocesseur et transportée avec les fichiers des opérations.

Ce dispositif s'est accompagné de la mise en place de certaines normes qui favorisent la sécurité des échanges informatiques avec le groupe, telles que la norme Etebac 5 (échange télématique banque-client). Cette norme de sécurisation des transferts permet de transporter des fichiers de format fixe ou variable, indépendamment de leur contenu. Elle repose sur quatre principes : l'authentification réciproque, qui vérifie l'identité des partenaires mis en relation lors de la transmission ; l'intégrité, qui garantit la non-altération des données lors du transport du fichier ; la non-répudiation, qui permet aux deux parties de prouver l'envoi et la réception d'une télétransmission ; la confidentialité, qui empêche la lecture ou l'interprétation des données par un tiers non habilité.

Pour renforcer et sécuriser davantage sa relation avec les entreprises clientes, BNP Paribas a mis à leur disposition, vers 2003, un espace d'échanges électroniques sécurisés pour la dématérialisation de leurs transactions. S'appuyant sur la solution technique Kotio CommonBox (Kotio est un éditeur de logiciels d'infrastructure de gestion de preuve) afin de contrôler et de sécuriser le processus de diffusion et l'approbation des documents déposés, cet espace de travail collaboratif réservé aux « ayants droit » contribue à accélérer la gestion de leurs projets en toute sécurité.

En 2003, le groupe BNP Paribas lance un vaste projet visant à renforcer le contrôle d'accès à ses systèmes et applications stratégiques au moyen d'une gestion centralisée des utilisateurs et de leurs droits d'accès. L'objectif est de gérer de façon précise et centralisée les processus d'habilitation et de juridiction des utilisateurs, de faciliter l'audit des systèmes informatiques transactionnels, d'accroître la productivité des collaborateurs et de réduire les coûts. La société CA (Computer Associates International est un éditeur de logiciels de gestion informatique) est en charge de ce projet. Les solutions adoptées par le groupe s'appuient sur deux applications.

Pour protéger les serveurs existants dans l'entreprise contre d'éventuelles intrusions et le piratage, l'entreprise a choisi l'application eTrust Access Control. Celle-ci assure un contrôle d'accès individuel pour les connexions système, et l'accès aux objets, aux ressources, aux programmes, aux fichiers, aux processus, aux services et aux applications. En outre, elle sécurise l'infrastructure informatique et réduit les vols d'informations en régulant l'accès aux informations confidentielles de l'entreprise et aux services qui présentent un aspect stratégique. Cette solution offre un contrôle qui s'appuie sur la gestion des mots de passe autorisant les personnes à accéder à des ressources spécifiques et aux utilisations qu'elles peuvent en faire, dans des périodes précises. Grâce à l'établissement d'un journal de l'ensemble des actions et accès des utilisateurs, l'application assure également la traçabilité des activités de substitution d'identité, en les associant aux utilisateurs authentifiés à l'origine.

En mai 2006, l'inspection générale de BNP Paribas, qui regroupe 1 000 collaborateurs (auditeurs, managers, etc.), améliore le pilotage de ses activités avec eTemptation. Cette même inspection générale a pour responsabilité l'audit interne sur l'ensemble du groupe. Les obligations propres à cette activité, qu'elles soient liées aux contraintes réglementaires ou aux normes professionnelles, imposent à l'inspection générale de justifier notamment des ressources qu'elle consacre au contrôle du dispositif de maîtrise des risques. Pour répondre au mieux à cette contrainte, l'inspection générale a décidé de déployer un outil de gestion des activités, lui permettant à terme d'accéder à un *reporting* automatisé et à un meilleur pilotage de ses activités. Josselin Hebert, chef de projet, souligne que « *le projet de gestion des temps et des activités et de planification doit alléger la charge administrative des auditeurs, faire gagner du temps en réalisation du* reporting *ainsi qu'en fiabilité* ». La solution retenue devait également améliorer le *reporting* de l'activité de l'inspection générale, en d'autres termes, permettre au manager d'avoir accès à un suivi de l'activité plus fin et de meilleure qualité.

Le projet a été mené rapidement. Le recueil des besoins des futurs utilisateurs a commencé en mai 2006 pour déboucher rapidement sur un appel d'offres, à l'issue duquel eTemptation a été retenu, début octobre 2006 pour son module HQ Activity. Cet outil répondait en effet aux exigences techniques et fonctionnelles. La facilité d'utilisation avait été plébiscitée par les futurs utilisateurs, impliqués par l'équipe projet dans le choix de la solution.

Sources :
Sécurité informatique, 12/12
www.horoquartz.fr/accueil, 01/08
www.bnpparibas.com/fr, 05/ 10
www.lesjeudis.com, 26/10/09
Le Monde informatique, 27/02/09

Questions sur l'étude de cas

1. Faites une synthèse des différents aspects de la sécurisation du SI de BNP Paribas.
2. Dans les projets et opérations de sécurisation du SI, comment répartissez-vous leurs composantes entre les dimensions managériale, organisationnelle et technologique ?
3. Quels sont les problèmes spécifiques que pose une opération de fusion entre deux entreprises sur le plan de la sécurisation du SI ?
4. Comment une banque de taille mondiale comme BNP Paribas aborde-t-elle la sécurisation globale et locale de son SI ?

Partie III

Le SI : support intégré des processus, des métiers et de la prise de décision

Chapitre 9

ERP et applications transversales : intégration des données et des processus métier

Objectifs pédagogiques

- Décrire le fonctionnement des SI intégrés et analyser leur contribution à la performance opérationnelle et à la manœuvre stratégique des entreprises.
- Estimer la valeur des systèmes de gestion de la chaîne logistique et décrire leur fonctionnement.
- Estimer la valeur des systèmes de gestion de la relation client et décrire leur fonctionnement.
- Expliquer comment utiliser les ERP pour obtenir de nouveaux services interfonctionnels.
- Cerner les défis que posent l'intégration intra- et interorganisationnelle et les solutions de gestion.

Stokomani adapte son SI à sa stratégie de croissance en choisissant une solution de gestion intégrée de la chaîne logistique (*supply chain* en anglais)

Spécialiste du déstockage de produits de grandes marques en France, Stokomani est parvenu à maîtriser ses coûts et à maintenir sa stratégie de forte croissance en déployant en 2012 la solution progicielle nommée GCS WMS de Generix Group, éditeur de logiciels collaboratifs pour la *supply chain* et l'écosystème du commerce.

L'histoire de cette entreprise commence dans les années 1950 lorsque Maurice Namani quitte sa Corse natale pour travailler sur les marchés parisiens. En 1961, il sédentarise son activité. Pendant des années, cette entreprise de négoce fournira les plus belles enseignes de soldes et de *discount* du marché français en lots en tous genres (textiles, bazar, jouet, hygiène, etc.). En 1995, la société décide de développer son réseau de vente au détail : *Les soldes Namani* deviennent *Stokomani* et les ouvertures se succèdent. L'objectif est d'amener l'entreprise à plus de 50 points de vente et 1 600 collaborateurs en 2016, tout en préservant ses valeurs fondatrices : respect, loyauté, partage. Depuis plus de 50 ans, Stokomani rachète ainsi à de nombreuses entreprises des fins de séries qu'elle valorise et commercialise ensuite à travers un réseau national de 39 magasins.

Situé en périphérie des villes, chaque point de vente présente ses produits dans un esprit boutique. L'offre est organisée autour de cinq univers (mode, beauté & soins, maison, jouets & loisirs, arrivages saisonniers) dans lesquels les produits sont présentés par familles et par modèles. Plus de 20 000 références sont ainsi proposées à la vente. Le parc de magasins fait l'objet de rénovations régulières et s'agrandit à un rythme de trois à quatre ouvertures par an. Forte de son concept évolutif, l'enseigne se veut

…

également toujours proche de ses clients et cherche en permanence à améliorer son offre et le confort d'achat.

L'enseigne n'a cessé de se développer pour atteindre un réseau de 40 magasins en 2012 avec deux plateformes logistiques d'une superficie totale de 60 000 m^2. Pour accompagner sa forte croissance (+20 % en 2012) et maintenir une logistique réactive, ce leader du déstockage a dû perfectionner ses processus et ses systèmes.

« *Pour nos sites logistiques*, explique Jean-Edmond Puig, directeur *Supply Chain* de Stokomani, *nous avons choisi la solution WMS de Generix Group. Sa grande modularité et son paramétrage puissant ont permis de s'adapter à notre organisation, et ainsi de répondre à nos objectifs d'amélioration des processus, d'augmentation de capacité et de réduction de délais inhérents au passage d'un modèle papier à un modèle informatisé.* »

Ce déploiement a permis à Stokomani de réduire significativement ses coûts, notamment en ce qui concerne l'optimisation des emplacements, mais également en termes de gain de temps par un pilotage ajusté de l'entrepôt et de justification de coûts de main-d'œuvre. Les objectifs de croissance de l'entreprise (15 magasins supplémentaires et une cible de 300 millions d'euros de chiffre d'affaires d'ici à 2016) l'ont forcé à faire évoluer sa logistique. Et ce n'est pas fini : il faudra interfacer la solution WMS avec celles d'autres prestataires, et pouvoir la déployer dans une logique multisites.

Stokomani a également fait le choix de mettre en œuvre la préparation vocale sur ses sites. Aujourd'hui, 80 % des préparations de commandes sont réalisées de manière fluide, notamment grâce aux technologies vocales intégrées dans le GCS WMS.

Par son évolutivité et son adaptabilité, GCS WMS sert la stratégie de croissance de Stokomani en développant ses surfaces de stockage. L'ouverture d'une nouvelle cellule de 5 000 m^2 est en effet prévue début 2014 sur sa seconde plateforme logistique de Longueil. Le directeur *Supply Chain* envisage également la mise en place de trieurs dès 2013. « *Le développement de notre* sourcing *et de nos marques propres entraîne une maîtrise anticipée de nos flux. Cette solution nous aidera alors à trier automatiquement des colis "cross-dockés" (des produits destinés à un même magasin n'arrivent pas en une seule fois sur le même quai* (dock*) ; dans une même livraison, se trouvent également des produits destinés à plusieurs magasins) en vue d'une préparation par magasin dès la réception, et ainsi nous bénéficierons d'une* supply chain *encore plus réactive !* »

GCS WMS fait partie de la gamme GCS (*Generix Collaborative Supply Chain*), un ensemble de solutions permettant la gestion de l'intégralité des opérations logistiques pour une *supply chain* intégrée et collaborative : approvisionnement, réception de livraison, stockage, préparation de commandes, expédition et transport, intégration inter- et intra-entreprises, portail *B to B* collaboratif, etc. De grands noms comme Carrefour, Coca-Cola, Conforama, DHL, E. Leclerc, Henkel, Kuehne & Nagel ou encore Unilever utilisent quotidiennement Generix Collaborative Supply Chain, référence et leader du marché.

Sources :

http://www.stokomani.fr/, consulté le 20/02/13

http://www.generixgroup.com, consulté le 20/02/13

« Generix Group : Stokomani améliore le pilotage de ses flux en entrepôt avec GCS WMS », http://www.capital.fr/bourse/communiques/generix-group-stokomani-ameliore-le-pilotage-de-ses-flux-en-entrepot-avec-gcs-wms, 07/02/2013, consulté le 01/10/13

http://www.zonebourse.com, 08/03/12

Matière à réflexion :

En quoi le déploiement de la solution choisie est-il aligné avec les objectifs de croissance de Stokomani ?

Quels sont les facteurs ayant favorisé cette mise en place et quels sont les gains qu'entraînent les différentes fonctionnalités de GCS WMS Generix ?

Ce chapitre explique les principes de la gestion intégrée et transversale au sein de l'organisation, ainsi qu'entre l'organisation et ses partenaires économiques (clients, fournisseurs, etc.). L'approche intégrée peut être supportée par un ou plusieurs ERP, ainsi que par des applications transversales concernant la gestion de la chaîne logistique ou de la relation client. Nous verrons ensuite comment identifier les décisions à prendre et les défis majeurs à surmonter lors de la mise en œuvre et de l'utilisation de SI intégrés ou transverses, ainsi que les récentes tendances d'évolution vers le SaaS, les plateformes mobiles et les liens possibles avec les réseaux sociaux d'entreprise.

1 ERP : de l'intégration interne à l'intégration étendue

Le concept d'« entreprise étendue » souligne les interdépendances des entreprises entre elles, notamment dans leur coordination et leur synchronisation visant à améliorer la qualité de service proposé aux clients, leur efficience et leur productivité. Dans le monde entier, cette interdépendance organisationnelle augmente ; par voie de conséquence, les répercussions d'un événement affectant l'une des entreprises dans une chaîne d'activités seront d'autant plus rapides et considérables. Les managers veulent connaître « à temps » les répercussions opérationnelles et financières de ce type d'événement pour y faire face avec la meilleure réactivité possible. Les *Enterprise Resources Planning* (ERP) assurent l'intégration des données et des processus, condition nécessaire mais non suffisante pour aboutir à une organisation réactive.

1.1 Définition

Le chapitre 2 étudiait les ERP à partir de l'intégration des processus d'affaires internes clés de l'entreprise. Ces systèmes, appelés ERP, ou Progiciels de Gestion Intégrés (PGI), se fondent sur une série de modules logiciels intégrés et une base de données unifiée commune. Cette dernière recueille des données de nombreuses applications et les réinjecte dans diverses applications qui peuvent prendre en charge la quasi-totalité des activités internes de l'entreprise. Quand un processus génère de nouvelles données, celles-ci sont immédiatement, ou ultérieurement, réutilisables par d'autres processus métier (voir figure 9.1). Il convient de distinguer « unification » et « centralisation » des données. La cohérence des données provient du fait que la structure définie des données partagées est la même dans toute l'entreprise. Elle est matérialisée par le dictionnaire des données. En revanche, au quotidien, une exploitation locale des données locales est tout à fait compatible avec une unification de la structuration des données pour l'ensemble de l'entreprise. Trop souvent, cohérence et centralisation sont amalgamées, ce qui est une erreur conceptuelle et organisationnelle majeure. Une entreprise laissant une grande autonomie d'exploitation opérationnelle à ses unités peut néanmoins y imposer le même ERP, qui sera implanté sur un serveur géographiquement dédié au site. Cohérence de conception et décentralisation d'exploitation sont l'illustration de la célèbre formule « Penser global, agir local ».

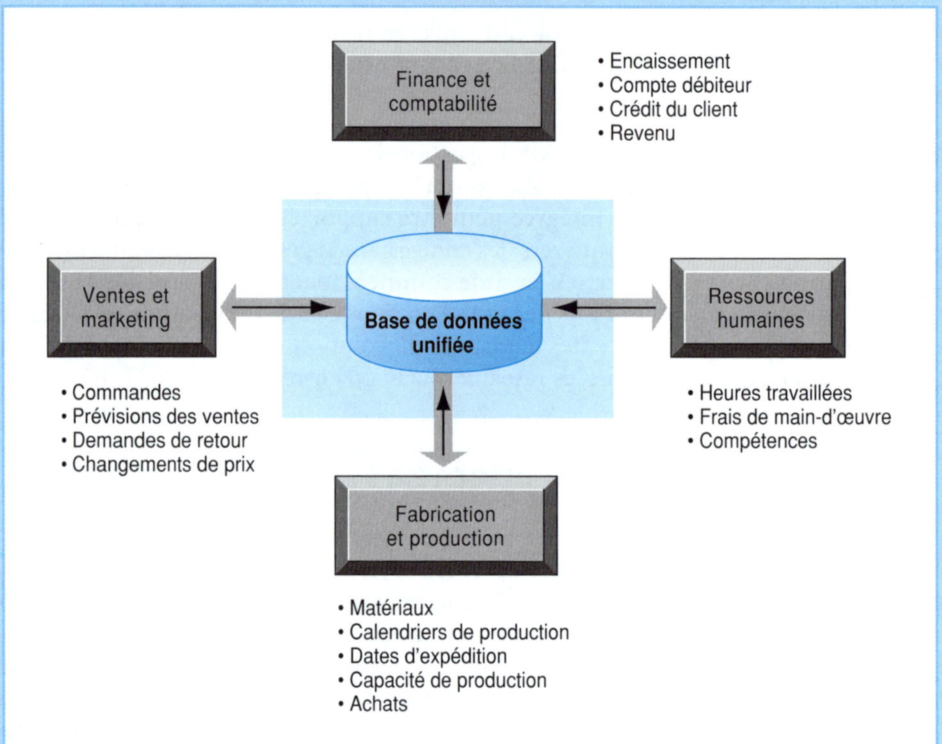

Figure 9.1 – Architecture d'un ERP.

La dimension des interdépendances entre les différentes fonctions de l'entreprise est tangible dans l'observation des processus opérationnels qui s'alimentent et se fournissent mutuellement en données. Par exemple, si un représentant des ventes passe une commande, le système vérifie la limite de crédit du client, planifie la livraison, détermine le meilleur itinéraire et réserve les articles nécessaires dans le stock. Si le nombre d'articles en stock est insuffisant pour exécuter la commande, l'ERP planifie la fabrication et commande simultanément (par EDI, par exemple) les matériaux et les composants nécessaires aux fournisseurs. Les prévisions des ventes et de la production seront aussitôt mises à jour. La trésorerie de l'entreprise sera automatiquement actualisée avec les données relatives au règlement du client (délais, montants, etc.) et aux coûts. Les utilisateurs autorisés peuvent entrer dans le système et suivre cette commande quand bon leur semble.

1.2 Fonctionnement des ERP

Pour l'entreprise, la valeur et les défis associés aux ERP résident dans l'obligation d'intégrer son information et ses processus. L'**ERP** est un ensemble de modules logiciels interdépendants qui prend en charge les processus internes fondamentaux liés à la finance et à la comptabilité, aux ressources humaines, à la fabrication et à la production (y compris la logistique et la distribution), aux ventes et au marketing.

Chaque entreprise, par le biais des travaux dits de « paramétrage », choisira parmi les possibilités proposées par le progiciel. Dans de grandes entreprises complexes, on compte plusieurs dizaines de milliers de « points de paramétrage » qui portent sur les données, les traitements et les modalités d'exploitation. Dans ce cas, à une organisation complexe correspond un paramétrage complexe. L'ERP de SAP, n° 1 mondial des éditeurs d'ERP, compte plusieurs milliers de tables de paramétrage. La solution ERP sera construite autour de centaines, voire de milliers, de processus d'affaires prédéfinis, comme ceux illustrés pour l'approvisionnement en matériel à la figure 9.2.

Ces diagrammes de processus, ou modèles de référence, fournis par les vendeurs de logiciels d'entreprise s'appuient sur les connaissances des processus d'affaires et sur les meilleures pratiques observées. Les meilleures pratiques sont les solutions répertoriées comme les « meilleures » ou les méthodes de résolution de problèmes les plus productives pour atteindre efficacement et durablement un objectif d'affaires. Poussée par les cabinets de conseil souvent spécialisés dans tel ou tel ERP, une entreprise peut néanmoins adopter une pratique qualifiée de « meilleure pratique », mais qui, dans son contexte organisationnel, ne lui conviendra pas. Il convient de prendre en considération ce risque de mimétisme, fréquemment souligné.

Le processus de la figure 9.2 est destiné à acquérir un nouveau matériel. Le diagramme illustre les étapes nécessaires pour accomplir le processus et les tâches de l'ingénieur d'entretien, du manager de matériel et du comptable chargé des actifs de l'entreprise. Le logiciel SAP automatise la plupart des étapes de ce processus, en intégrant les tâches d'entretien, de gestion du matériel et de comptabilisation des actifs.

Pour obtenir de réels gains à partir d'une nouvelle informatisation, il faudrait que l'organisation interne antérieure de l'entreprise ait été particulièrement inefficiente. Au-delà des effets promotionnels de tels indicateurs, notons l'utile précaution que prend l'éditeur SAP vis-à-vis de ces données disponibles sur son site : « *Les potentiels de valeur illustrés dans ce tableau ont été signalés par des clients SAP sélectionnés ou des tiers indépendants. Cependant, on ne peut garantir la réalisation de tels potentiels de valeur dans des processus d'affaires spécifiques à un client, et SAP ne fait aucune déclaration et décline toute responsabilité quant à la pertinence des potentiels de valeur rapportés par les clients.* »

Si l'ERP ne peut intégrer une pratique singulière, certaines entreprises envisagent de réécrire une partie du logiciel pour qu'il puisse la prendre en charge. Cependant, l'ERP est une construction technique et logique complexe, et une personnalisation étendue peut altérer la performance du système, voire sa fiabilité. À chaque changement de version de l'ERP, l'entreprise sera obligée de réétudier et d'intervenir à nouveau techniquement sur la partie spécifiquement développée, ainsi que sur les interfaces entre ce développement et l'ERP.

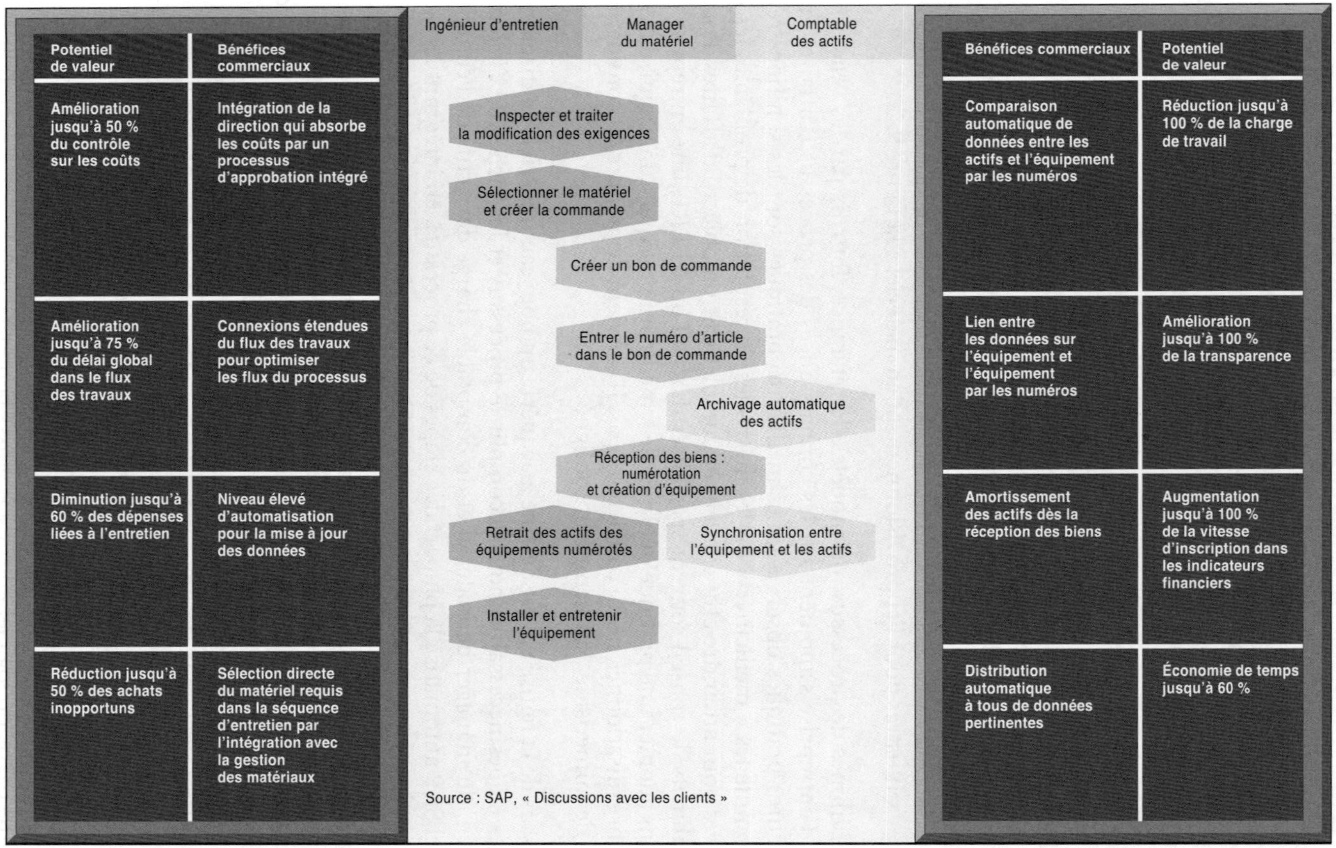

Figure 9.2 – Diagramme des processus d'achat d'un nouvel équipement.

Les grands éditeurs d'ERP pour les moyennes et grandes organisations sont SAP, Oracle et SAGE, qui a rejoint les deux leaders d'origine en 2010 sur ce marché avec la V6 de son offre SAGE ERP X3. Cette nouvelle version, outre les quelque 600 améliorations et nouvelles fonctionnalités qu'elle apporte, a été conçue pour répondre aux enjeux majeurs des moyennes et grandes entreprises : réduction des coûts et des délais, interopérabilité totale entre les équipes et les sites distants, amélioration de la satisfaction de leurs clients. Sage ERP X3 V6 fonctionne sur un grand nombre de plateformes et de bases de données technologiques, laissant ainsi le choix aux clients et leur offrant une très grande souplesse. Plus de 2 700 clients, soit 150 000 utilisateurs, ont déjà choisi Sage ERP X3 dans le monde entier, en raison de sa simplicité d'utilisation, de sa rapidité de déploiement et de son coût total de possession réduit. Depuis plus de 10 ans, Sage ERP X3, commercialisé dans 50 pays, réunit 1 500 experts Sage et 150 partenaires dans son écosystème, dont Logica (SSII française rachetée par le groupe CGI, français également, en 2013) en France par exemple (qui fait désormais partie du groupe CGI). Pour mieux promouvoir leurs offres auprès des moyennes et grandes entreprises qui souhaitent de plus en plus s'équiper de solutions pour gérer leur activité à un niveau mondial, Sage a créé une équipe internationale, associant des collaborateurs du monde entier et des expertises locales pour s'assurer de la plus haute adéquation de Sage ERP X3 avec les besoins de ses clients et avec les offres commercialisées localement. Cette équipe réunit des experts de l'avant-vente, des services, de la formation, de la R&D, du marketing et de la communication. Oracle, lui, propose son ERP principalement orienté CRM, sous l'appellation Oracle E-Business Suite, ainsi que les ERP PeopleSoft et JD Edwards (sociétés qu'Oracle a rachetées).

SAP et Oracle ont également mis l'accent sur des versions de leurs ERP à destination des petites et moyennes entreprises. SAP propose son offre SAP Business One. Oracle met à la disposition des PME une offre adaptée : un vaste ensemble de composants logiciels technologiques (près de 2 200) qui peuvent être assemblés pour répondre aux problématiques des PME quels que soient leur secteur d'activité et leur taille. Autour de l'activité historique de développement de solutions de gestion de bases de données, cette stratégie est renforcée par la mise à disposition de composants couvrant les solutions de *middleware*, d'outils collaboratifs, de *business intelligence* et de gestion des identités dans le domaine de la sécurité. D'autres éditeurs, tels que Microsoft, avec l'ERP Dynamics (anciennement Navision), Divalto et Générix – son offre Collaborative Enterprise est adaptée au monde de la distribution – sont également bien positionnés sur le segment des PME.

Les ERP, à l'origine conçus pour automatiser et optimiser les processus de *back-office* internes de l'entreprise, domaines désormais plutôt bien maîtrisés dans les moyennes et grandes entreprises, s'orientent aujourd'hui de plus en plus vers l'extérieur de l'entreprise et sont capables de supporter l'automatisation des communications avec les clients, les fournisseurs et d'autres organisations (gouvernement, douanes, professionnels de la logistique tels qu'UPS, etc.). Les évolutions sociétales et organisationnelles, telles que la mondialisation, ou encore comportementales, telles que l'omniprésence de la mobilité, multiplient les grands défis auxquels les éditeurs d'ERP sont confrontés : prendre en compte et intégrer des plateformes mobiles (tablette, smartphone, etc.) dans leurs offres, tirer parti des possibilités que donnent les infrastructures de types Cloud, voir la demande de leurs clients évoluer pour des offres non plus monolithiques, mais flexibles, pouvant se combiner avec d'autres et impliquant de moins en moins d'investissements lourds, que ce soit en matériel ou en développement comme des offres de type SaaS, par exemple, où l'on paye ce que l'on consomme (voir section 4).

1.3 Potentiel de valeur d'usage des ERP

Les ERP ont théoriquement la capacité d'intégrer les divers processus d'affaires internes d'une entreprise en une seule architecture d'information. Cette intégration peut se révéler très rentable si l'entreprise installe et utilise correctement l'ERP. Quelques exemples illustrent la tangibilité des bénéfices obtenus par des entreprises qui comparent les performances de leur gestion avant et après intégration de l'ERP :

- Accor, leader mondial de l'hôtellerie : gain de 30 % sur les clôtures et sur la mise à disposition du *reporting* ;
- Direct Énergie, groupe indépendant qui produit et fournit de l'énergie (électricité et gaz) : prise en charge de 35 000 nouveaux clients par mois, dont 80 % les tout premiers jours du mois, l'objectif à terme étant de passer de 450 000 à plusieurs millions de clients ;
- Essilor : intégration et pilotage de 90 % des flux logistiques et maintien d'un ratio constant stock/chiffre d'affaires ;
- Kiabi : multiplication par deux des points de vente au cours des cinq dernières années grâce à leur facilité de prise en compte en comptabilité et réduction de 10 à quatre jours ouvrés des clôtures mensuelles.

Les dates de mise en service opérationnelle des projets de progiciel de gestion intégrée ne sont pas toujours tenues, loin de là. Une étude de Panomara Consulting auprès de 2 000 répondants (dans 61 pays) qui ont mis en place l'ERP Oracle, Microsoft Dynamics ou SAP conclut que près de 61 % des projets d'ERP sont livrés en retard. En 2010, les entreprises interrogées étaient 35,5 % à affirmer que le temps de déploiement prévu initialement était dépassé. Elles sont plus de 60 % dans ce cas en 2012. Le contexte économique beaucoup plus tendu, et donc moins propice aux grands chantiers de transformation IT et organisationnels qu'implique la mise en place d'un progiciel de gestion intégrée peut sans doute en partie expliquer ces retards. Face à ces dérapages, les projets IT tactiques et agiles, plus courts, sont de plus en plus souvent recommandés pour répondre aux contraintes des responsables métier en quête d'un *time-to-market* (temps écoulé entre la conception d'un produit et sa mise à disposition sur le marché).

Selon cette même étude, les entreprises ayant fait le choix d'Oracle essuient les décalages les plus importants dans leurs dates de livraison. Fixés en moyenne à 14 mois initialement, les projets faisant appel à cette offre courent en moyenne sur 18 mois. Les DSI ayant opté pour SAP ou Microsoft Dynamics enregistrent un décalage moyen qui se limite à deux mois. Principale raison des dérapages ? Une évolution des besoins en cours de projet due à un manque de préparation des entreprises. Les impacts du projet n'étant pas suffisamment bien anticipés, notamment en termes d'organisation et de gestion du changement, les objectifs initiaux sont revus afin de corriger les conséquences néfastes liées à ces éléments « non prévus ».

Le retour sur investissement (en anglais *Return On Investment*, ROI) d'un projet ERP (c'est-à-dire la période nécessaire pour rembourser les dépenses engagées) est en moyenne de 2,4 ans, selon Panorama Consulting. SAP aurait un meilleur ROI qu'Oracle et Dynamics (Microsoft). Les déploiements SAP sont aussi ceux qui enregistrent le plus haut niveau de bénéfices attendus réalisés du point de vue de l'expérience utilisateur. Parmi les entreprises engagées dans un projet SAP et interrogées par Panorama, 33 % affirment avoir atteint plus de 50 % des bénéfices attendus, contre 24 % pour les chantiers Oracle et 23 % pour Dynamics. Ce dernier affiche cependant le taux le plus important de répondants atteignant entre 81 % et 100 % de leurs objectifs.

La disponibilité des données (évoquée par 60 % des répondants), l'amélioration des interactions métier (13 %), la baisse des coûts de main-d'œuvre (7 %) et la réduction des délais (7 %) représentent les bénéfices que les clients attendent le plus (Clash of the Titans 2012, Panorama Consulting).

1.4 Uniformisation accrue de l'organisation

Une grande entreprise mondialisée peut décider d'imposer un ERP pour prendre en charge des structures organisationnelles différentes et dispersées (dans le cas d'une fusion-acquisition, par exemple) ou pour créer une culture organisationnelle plus unifiée dans laquelle tous les collaborateurs de toutes ses unités opérationnelles (les *business units*) utilisent des processus et des données homogènes, voire identiques.

Par exemple, décidé à moderniser son système de gestion financière, Bouygues a choisi Qualiac RIA Web 2.0. Le géant du BTP souhaitait obtenir un fonctionnement différent et optimisé, mais dont le résultat serait identique à celui de son ancien système, l'idée étant d'intégrer dans le fonctionnement des outils et des interfaces d'aide à la décision.

Jean-Paul Rouaud, directeur de la comptabilité de Bouygues explique que ses services utilisaient jusqu'à présent « *trois logiciels internes, développés par le groupe, pour gérer la comptabilité, les engagements et le contrôle budgétaire. Leur obsolescence [les] a poussés à abandonner ces outils et à réfléchir à une solution globale, adaptée à [leurs] besoins, qui simplifierait l'architecture de base tout en étant la plus fiable possible* ».

Bouygues a interrogé une dizaine d'éditeurs, à partir d'un cahier des charges détaillées et d'un questionnaire poussé. Le groupe a sélectionné Qualiac en janvier 2011 et le déploiement a débuté en mars. L'objectif était de basculer la *holding* Bouygues SA et ses filiales au premier trimestre de l'année 2012, opération qui s'est effectuée dans les temps.

Les modules Comptabilité/Finances, Élaboration budgétaire, Rapprochement bancaire, Immobilisations, Achats, Ventes (Facturation), Décisionnel et *Workflow Information Manager* (WIM) ont ainsi été retenus. Plus d'une centaine d'utilisateurs sont concernés par l'utilisation de l'ERP, dont notamment une dizaine de comptables, deux contrôleurs de gestion, une cinquantaine de gestionnaires (saisie des engagements), environ 80 approbateurs (engagements et factures) et une quarantaine d'utilisateurs du contrôle budgétaire répartis sur quatre sites et couvrant 25 sociétés.

1.5 Des opérations plus efficaces et des processus d'affaires plus axés sur les clients

Les ERP peuvent aider à créer la base nécessaire pour obtenir une organisation davantage axée sur les clients. En intégrant les processus d'affaires des ventes, des achats, de la production, des finances et de la logistique – auparavant gérés indépendamment –, l'organisation entière peut répondre de façon plus réactive aux demandes du client concernant des produits ou des informations, prévoir de nouveaux produits, et les fabriquer et les livrer en fonction de la demande.

1.6 Information à l'échelle de l'entreprise pour améliorer la prise de décision

Au-delà de la prise en charge de la gestion des activités opérationnelles, un ERP peut aussi améliorer les transmissions de données et la prise de décision à l'échelle de l'entreprise. Les données ont des définitions et des formats communs et standard acceptés dans toute l'organisation.

Les cadres supérieurs disposent d'indicateurs détaillés ou agrégés nettement plus fiables que lorsque ceux-ci doivent être extraits de plusieurs systèmes différents et incompatibles.

L'ERP comprend des outils analytiques qui permettent d'utiliser les données issues des transactions opérationnelles associées à chacun des modules applicatifs pour évaluer la performance globale de l'organisation. Les principaux ERP actuels comprennent des outils analytiques associés à chaque module applicatif, mais également des outils transversaux et paramétrables comme *Business Warehouse* (BW) ou *Business Objects* (BO) pour les ERP de SAP, Hyperion pour les ERP d'Oracle, etc.

1.7 Les tendances en intégration d'entreprise

Les entreprises actuelles atteignent des degrés d'intégration interfonctionnelle des processus plus élevés que ceux que procurent les applications d'entreprise conventionnelles. Elles veulent que les différentes solutions logicielles fonctionnent de façon synchronisée en interne, comme avec les SI des partenaires.

Pour répondre à cette attente, les grands éditeurs de solutions progicielles élaborent ensemble des partenariats techniques et commerciaux visant à faciliter la mise en œuvre de solutions qui combinent mieux leurs progiciels entre eux. Ces combinaisons peuvent être restreintes au niveau de l'ergonomie d'apparence (utilisation standardisée à partir d'un navigateur de type Web) ou être poussées jusqu'à devenir de véritables interopérabilités, en passant par des possibilités d'échanges de données automatisés à l'aide de modalités standardisées (de type XML, par exemple).

Si l'intégration visée par une entreprise peut cibler l'intégralité de ses activités, de nombreuses organisations procèdent à des intégrations partielles pour optimiser de grandes finalités, comme la chaîne logistique ou la relation client.

2 Systèmes de gestion de la chaîne logistique

L'actuel contexte d'affaires concurrentiel incite les entreprises à mieux étudier la gestion de leurs chaînes logistiques. Les clients exigent en effet des traitements de commande plus rapides et un service plus attentionné. La réduction des cycles de vie d'un produit, la diversification mondiale des sources d'approvisionnement et une plus grande variété de produits ont complexifié les chaînes logistiques. Les chaînes de valeur de nombreuses entreprises étant reliées entre elles, la performance globale est davantage fondée sur les synchronisations et accords interorganisationnels que sur l'activité interne de chaque entreprise prise individuellement. La Gestion de la Chaîne Logistique (GCL), ou *Supply Chain Management* (SCM), ne se limite plus au traitement des opérations courantes ; elle se rapporte aussi à des questions stratégiques comme la capacité de créer et de livrer de nouveaux produits ou de concevoir et d'appliquer des modèles d'affaires innovants.

2.1 Chaîne logistique

La **gestion de la chaîne logistique** est la coordination entre les activités d'achat, de fabrication, de manutention, de livraison d'un produit, jusqu'au service après-vente. Elle nécessite l'intégration des processus pour accélérer et synchroniser les trois types de flux : les produits, les informations et les finances.

La **chaîne logistique** est un réseau d'organisations et de processus qui relie les fournisseurs, les usines, les centres de distribution, les points de vente au détail et les clients pour fournir des biens ou des services depuis la source jusqu'à la consommation.

La figure 9.3 illustre une chaîne logistique en indiquant le flux d'information et de matériel entre les fournisseurs, les fabricants, les distributeurs, les détaillants et les clients.

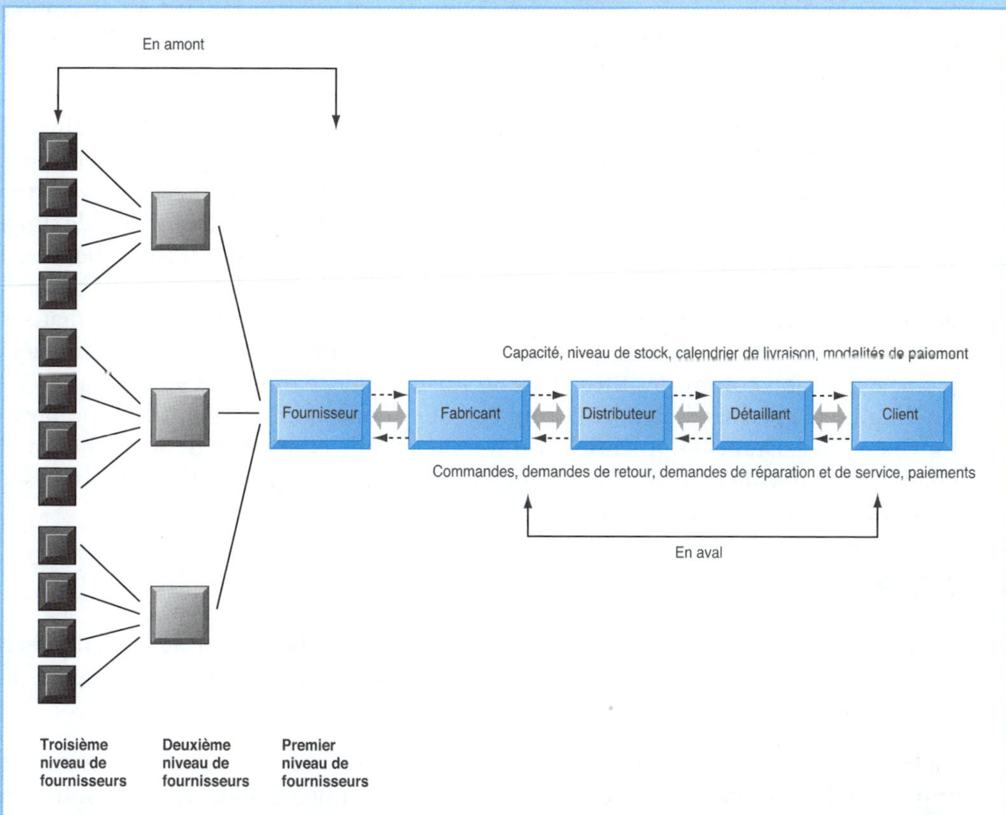

Figure 9.3 – Une chaîne logistique.

La partie **en amont** de la chaîne logistique comprend les fournisseurs de l'organisation et leurs fournisseurs, ainsi que les processus de gestion des relations avec ces fournisseurs. La partie **en aval** est composée des organisations et des processus de distribution et de livraison des produits aux consommateurs finaux. Le fabricant gère aussi les processus de la **chaîne logistique interne** pour transformer le matériel, les composantes et les services offerts par les fournisseurs en produits finis et gérer le matériel et les stocks.

La chaîne logistique de la figure 9.3 a été simplifiée. La plupart des chaînes logistiques, particulièrement celles des gros fabricants comme les constructeurs de véhicules automobiles, comptent plusieurs niveaux, avec plusieurs milliers de fournisseurs primaires, également nommés « équipementiers », (premier niveau), « secondaires » (deuxième niveau) et « tertiaires » (troisième niveau). Un grand constructeur automobile, par exemple, compte plusieurs milliers de fournisseurs de pièces, d'emballages et de composants. Ses fournisseurs primaires sont les principaux fournisseurs qui l'approvisionnent en châssis, moteurs et autres sous-ensembles automobiles importants. Ces fournisseurs ont leurs propres fournisseurs (fournisseurs secondaires), qui ont eux aussi leurs propres fournisseurs (fournisseurs tertiaires) dans une chaîne de sous-traitance très structurée. Le secteur automobile est un exemple très marquant de l'intégration des échanges interorganisationnels gérés électroniquement avec les normes d'*Electronic Data Interchange* (EDI) organisées par le Groupement pour l'amélioration des liaisons dans l'industrie automobile (Galia, **www.galia.com**) au plan français et par l'*Organization for Data Exchange by TeleTransmission in Europe* (Odette) au plan européen, le tout en compatibilité la plus étendue possible avec la norme mondiale multisectorielle Edifact (*EDI For Administration Commerce and Transport*).

GXS, société de services en technologie de communication, a lancé GXS Trading Grid en 2004 et GXS Managed Services en 2005. GXS Trading Grid propose une plateforme globale visant à supporter l'intégration e-business en *B to B*, associée à une offre de services, GXS Managed Services, en vue d'assister les clients souhaitant passer de simples échanges EDI à une plus grande intégration avec leurs fournisseurs et leurs clients. GXS compte parmi ses clients de très grands groupes tels que Tesco, Cisco, Dell, Fedex ou encore General Motors, Honda, ou Toyota. La stratégie de GXS consiste à automatiser le commerce international et à favoriser l´intégration des processus au sein de marchés en pleine expansion comme les BRIC (Brésil, Russie, Inde, Chine). Le lancement de GXS Trading Grid a permis d´étendre la connectivité globale, multipliant ainsi le nombre de fournisseurs existants et potentiels à travers le monde en mesure de se connecter à la chaîne logistique de leurs partenaires de manière rapide et efficace par le biais de standards de messagerie et de transport.

2.2 Processus de la chaîne logistique

De nombreux processus et sous-processus entrent dans la gestion de la chaîne logistique pour organiser et synchroniser les flux physiques, les flux de données et les flux financiers.

La **logistique** organise la planification et le contrôle de tous les facteurs qui assurent le transport du bon produit ou service au moment et au lieu établis, et au moindre coût entre différents partenaires de la chaîne logistique.

2.3 Information et gestion de la chaîne logistique

Chaque entreprise de la chaîne doit participer à l'élimination des étapes redondantes, des délais et des ressources immobilisées dans le processus quand elle gère les relations avec les autres intervenants. Les SI améliorent l'efficacité de la gestion de la chaîne logistique en fournissant des informations qui aident les entreprises à coordonner, à planifier et à contrôler l'approvisionnement, la production, la gestion des stocks et la livraison des produits et services.

Les dysfonctionnements de la chaîne logistique, comme des pièces manquantes, une sous-utilisation de la capacité de production de l'usine, un stock excessif de produits finis ou des coûts de transport exorbitants, sont dus à des informations inexactes ou inopportunes. Par exemple, les fabricants peuvent garder en stock trop de pièces car ils ignorent la date de réception de la prochaine livraison de leurs fournisseurs. Les fournisseurs peuvent commander une quantité insuffisante de matières premières, ne disposant pas d'informations précises sur la demande. Ces pratiques non efficientes de la chaîne logistique peuvent occasionner des pertes très significatives.

Si un fabricant connaît exactement le nombre d'unités de produits dont ses clients ont besoin, le moment où ils les voudront et où il sera lui-même capable de les produire, il pourra alors mettre en œuvre une stratégie ***just-in-time*** plus efficace. Les composantes arriveront au moment adéquat et les produits finis seront expédiés dès qu'ils quitteront la chaîne de montage.

Dans une chaîne logistique, les incertitudes et aléas sont cependant fréquents (demande de produit incertaine, retard de livraison de la part des fournisseurs, pièces ou matières premières défectueuses, ou panne des processus de production, par exemple). Le **stock de sécurité** compense le manque de souplesse dans la chaîne logistique. L'excès de stock est coûteux, mais un faible taux de service aussi, à cause des pertes dues aux commandes annulées.

L'**effet coup de fouet**, qui se traduit par la déformation de l'information relative à la demande d'un produit lors de son transfert d'une entité à l'autre dans la chaîne logistique, est un problème récurrent dans la gestion de la chaîne logistique (Lee, Padmanabhan et Wang, 1997). Une légère hausse de la demande d'un article peut inciter différents partenaires de la chaîne logistique [distributeurs, fabricants, fournisseurs, fournisseurs secondaires (fournisseurs des fournisseurs) et fournisseurs tertiaires (fournisseurs des fournisseurs des fournisseurs)] à accumuler des stocks en cas de besoin. Ces changements se répercutent sur la chaîne logistique, et une simple petite modification dans une commande planifiée peut entraîner des coûts excessifs d'inventaire, de production, d'entreposage et d'expédition pour l'ensemble des partenaires de la chaîne (voir figure 9.4).

Si tous les partenaires de la chaîne logistique partagent une information dynamique sur les niveaux de stock, les calendriers, les prévisions et les expéditions, ils pourront adapter en conséquence leurs plans d'approvisionnement, de fabrication et de distribution. Les systèmes de gestion de la chaîne logistique fournissent le type d'information qui peut aider les partenaires à prendre de meilleures décisions concernant les achats et les calendriers.

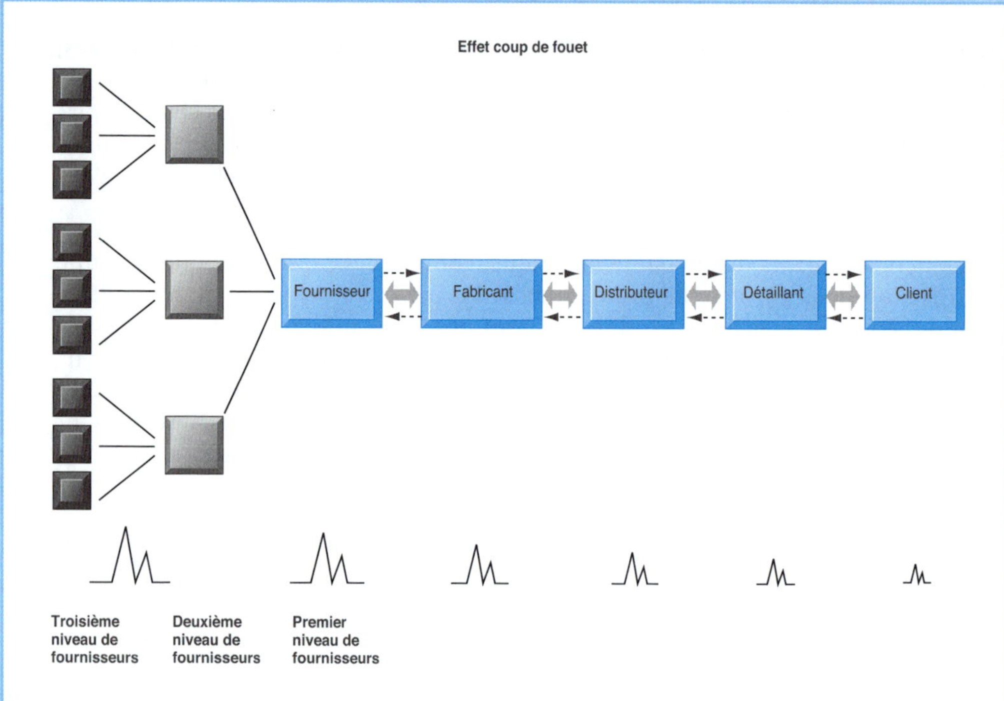

Figure 9.4 – L'effet coup de fouet.

2.4 Applications de gestion de la chaîne logistique

Le principal objectif des systèmes de gestion de la chaîne logistique est une communication et un échange d'information ouverts et rapides entre les intervenants de la chaîne logistique.

Grâce aux **systèmes de planification de la chaîne logistique**, l'entreprise est en mesure de prévoir la demande pour un produit en particulier et d'élaborer des plans d'approvisionnement et de fabrication pour ce produit.

Par exemple, si un client important passe une commande plus grosse que d'ordinaire ou modifie cette commande à la dernière minute, ce changement peut avoir des répercussions considérables sur la chaîne logistique. L'entreprise devra éventuellement commander aux fournisseurs des matières premières en supplément ou une combinaison différente de matières premières. Le fabricant devra probablement modifier l'ordonnancement des tâches, et l'entreprise de transport redéfinir le calendrier de livraison. Le logiciel de planification de la chaîne logistique apporte les ajustements nécessaires aux plans de production et de distribution. Les partenaires de la chaîne logistique échangent entre eux l'information relative aux changements pour qu'ils puissent coordonner et resynchroniser leur travail. La **planification de la demande** est l'une des fonctions les plus importantes et les plus complexes de la planification de la chaîne logistique.

Tableau 9.1 : Systèmes de planification et d'exécution de la chaîne logistique

Fonctions des systèmes de planification de la chaîne logistique
Planification des commandes. Sélectionner un plan de traitement des commandes qui répond plus efficacement au niveau de service souhaité par le client, étant donné les contraintes relatives au transport et à la fabrication.
Planification poussée de l'ordonnancement et de la fabrication. Fournir une coordination détaillée de l'ordonnancement fondée sur l'analyse de facteurs changeants, comme les commandes clients, les pannes d'équipement ou les interruptions de stock. Les modules d'ordonnancement créent des calendriers de travaux pour les processus de fabrication et la logistique des fournisseurs.
Planification de la demande. Formuler des prévisions de la demande de toutes les unités fonctionnelles au moyen d'outils statistiques et de techniques de prévisions commerciales.
Planification de la distribution. Créer des plans d'exploitation destinés aux responsables des unités logistiques pour le traitement des commandes, fondés sur les données provenant de la demande et des modules de planification de la fabrication.
Planification du transport. Repérer et analyser les arrivées, les sorties et les déplacements internes du matériel et des produits pour s'assurer que le matériel et les produits finis sont livrés au moment et à l'endroit adéquats, au prix le plus bas.
Fonctions des systèmes d'exécution de la chaîne logistique
Engagement de commande. Permettre aux vendeurs d'établir des dates de livraison précises aux clients en fournissant une information détaillée en temps réel sur l'état des commandes, depuis la disponibilité des matières premières et des stocks jusqu'à la production et l'état de l'expédition.
Production finale. Organiser et établir les moments de la disponibilité des sous-ensembles nécessaires à la fabrication de chaque produit fini.
Réapprovisionnement. Coordonner les tâches de réapprovisionnement des composants pour que les entrepôts maintiennent la quantité minimum de stock nécessaire à la continuité de la production.
Gestion de la distribution. Coordonner le processus de transport des biens entre le fabricant, les centres de distribution et le consommateur final. Procurer aux clients un accès en ligne aux données sur l'expédition et la livraison.
Distribution inversée. Suivre l'expédition et la comptabilité des biens retournés ou des produits remanufacturés.

Les **systèmes d'exécution de la chaîne logistique** gèrent le flux de produits aux centres de distribution et aux entrepôts pour s'assurer que la livraison des produits est effectuée à l'endroit adéquat et le plus efficacement possible. Ils mémorisent la localisation des produits, la gestion du matériel, les opérations relatives à l'entrepôt et au transport, et l'information financière qui intéressent chaque partie.

2.5 Évaluation de la performance de la chaîne logistique

Les entreprises doivent être en mesure d'évaluer la performance de leurs activités de gestion de la chaîne logistique à partir d'indicateurs qui agrègent des données issues des applications opérationnelles intra- et interentreprises. Les **indicateurs** essentiels qui servent à mesurer la performance de la chaîne logistique sont le taux de service (capacité de livrer les commandes à la date prévue), le temps moyen entre la commande et sa livraison, le nombre de jours que le matériel d'approvisionnement reste en stock, l'exactitude des prévisions et le temps de cycle pour l'approvisionnement et la fabrication d'un produit. Le temps de cycle est le laps de temps nécessaire pour accomplir un processus.

Les objectifs précis de la gestion de la chaîne logistique de chaque entreprise doivent déterminer quel progiciel ou ensemble d'outils logiciels de gestion de la chaîne logistique utiliser.

2.6 Gestion de la chaîne logistique et SI

Échanger de l'information avec des partenaires externes de la chaîne logistique suppose un certain nombre de conditions contractuelles, organisationnelles, puis technologiques au niveau des secteurs économiques (des normes de codification, par exemple) et des partenariats de terrain entre plusieurs entreprises (accords sur les synchronisations des opérations, sur les procédures de validation des ordres, etc.).

Les ERP peuvent assurer une certaine intégration des processus internes de la chaîne logistique, mais ils ne sont pas tous conçus pour en traiter les processus externes. Les grands éditeurs ont néanmoins cherché à intégrer dans leurs solutions les éléments de normalisation des données (normes Edifact, par exemple) et les possibilités d'échanges interactifs *via* un extranet ou une place de marché.

Les technologies associées à Internet peuvent concourir à une certaine intégration de la chaîne logistique à un moindre coût, notamment en offrant une infrastructure de transport de données peu coûteuse, ainsi qu'une normalisation des accès transactionnels *via* un simple navigateur, par exemple. Les entreprises peuvent recourir aux intranets pour améliorer la coordination entre les processus de leur chaîne logistique interne, et aux extranets pour coordonner les processus de la chaîne logistique qu'elles partagent avec leurs partenaires d'affaires (voir figure 9.5).

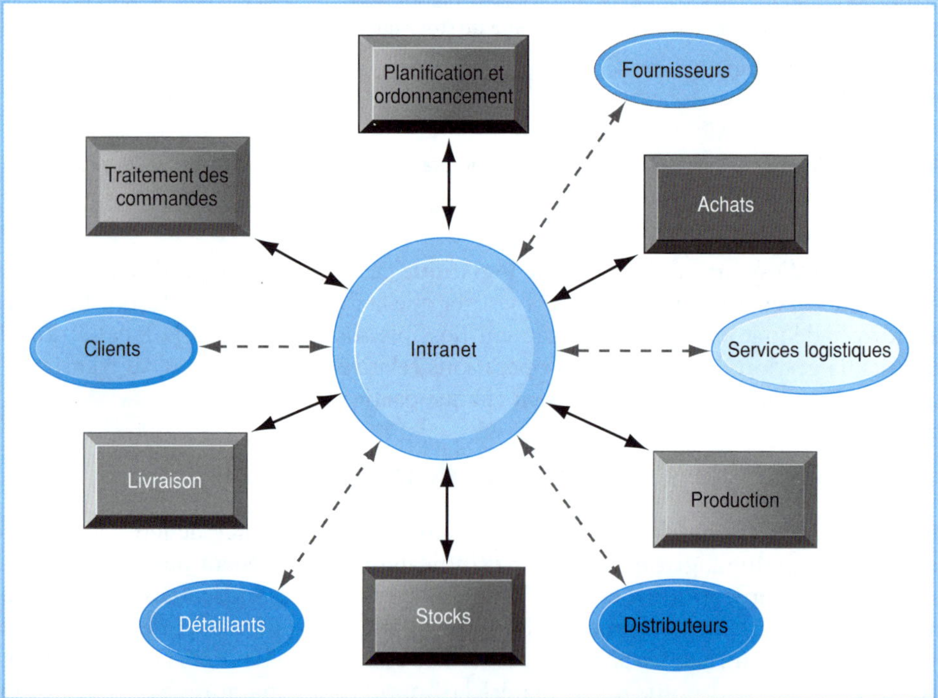

Figure 9.5 – Intranets et extranets pour la gestion de la chaîne logistique.

2.7 Questions relatives à la mondialisation des chaînes logistiques

De plus en plus d'entreprises externalisent des opérations de fabrication, achètent leurs fournitures et vendent leurs produits à l'étranger. Elles doivent donc gérer des chaînes logistiques qui s'étendent dans divers pays et régions, couvrant des distances géographiques et des décalages horaires considérables, et comptant des intervenants issus de divers pays. Les technologies issues d'Internet fournissent un ensemble standard d'outils que les entreprises du monde entier peuvent utiliser pour répondre à leurs besoins de logistique mondiale.

Les chaînes logistiques orientées sur la demande reposent notamment sur la fabrication « *pull* » (tirée par la demande) et les systèmes de réponse efficaces au client (*Efficient Consumer Response*, ECR).

Par le passé, les systèmes de gestion des chaînes logistiques étaient dirigés par un modèle dit « *push* » (poussé). Les plans directeurs de production reposaient sur des prévisions ou des approximations de la demande d'un produit, et les produits étaient fabriqués puis « poussés » vers les clients. Avec les nouveaux flux d'information dus aux SI modernes, la gestion de la chaîne logistique peut plus facilement suivre un **modèle de type « *pull* »**. Dans un tel modèle appelé « **modèle orienté sur la demande** », les commandes ou les achats réels des clients déclenchent des événements dans la chaîne logistique. Les opérations qui servent à produire et à livrer uniquement ce que les clients ont commandé remontent dans la chaîne logistique en passant par les détaillants, les distributeurs, les fabricants et, finalement, les fournisseurs. Seuls les produits nécessaires à ces commandes redescendent dans la chaîne logistique jusqu'au détaillant.

Les fabricants utilisent seulement l'information de demande des commandes réelles pour générer leurs calendriers de production et l'approvisionnement des composantes ou des matières premières (voir figure 9.6). Le système de réapprovisionnement continu des enseignes de la grande distribution (Carrefour, Wal-Mart, Leclerc, Auchan, etc.) et le système de fabrication sur commande de Dell Computer en sont des exemples.

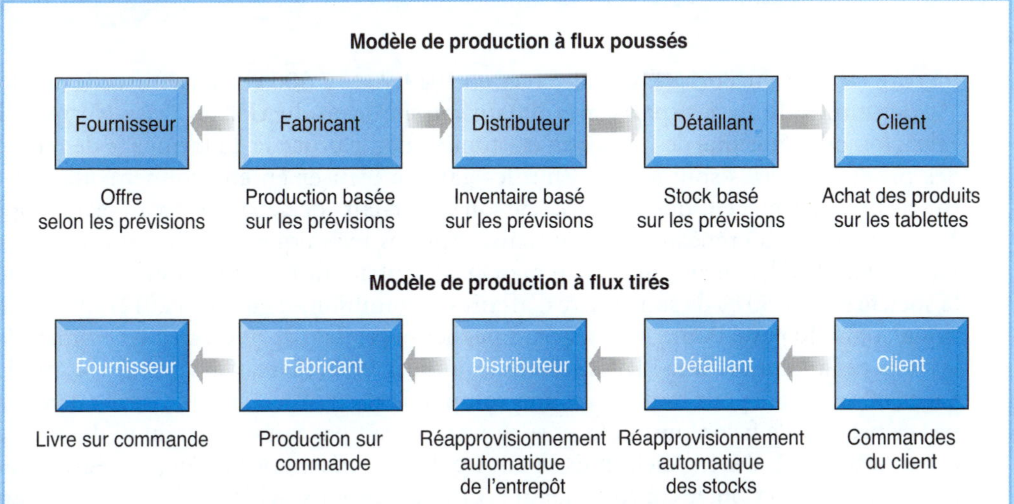

Figure 9.6 – Modèles logistiques à flux poussés et à flux tirés.

Les SI favorisent le passage d'une chaîne logistique séquentielle (où l'information et le matériel se déplacent séquentiellement d'une entreprise à une autre) à une chaîne logistique parallélisée (où l'information se déplace simultanément dans plusieurs directions entre les partenaires d'un réseau de chaînes logistiques). Les membres du réseau peuvent immédiatement s'adapter aux changements d'horaires ou de commandes. Finalement, les SI peuvent créer une sorte de « système nerveux numérique » pour l'ensemble de la chaîne logistique (voir figure 9.7).

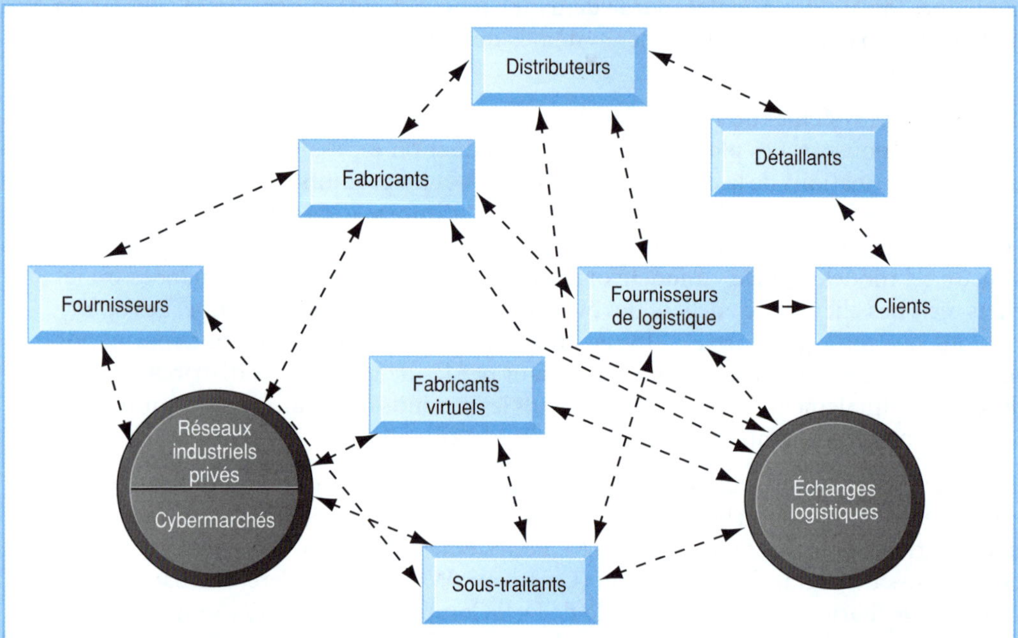

Figure 9.7 – La future chaîne logistique intégralement informatisée.

Piercan est une entreprise familiale créée en 1949. Avec 1 500 clients actifs, elle emploie 110 personnes : 10 au siège parisien et 100 sur son site de production en Basse-Normandie. Elle a toujours fabriqué des pièces en élastomère par le procédé du trempage de moules. Ses produits phares sont aujourd'hui les gants à utiliser en environnement confiné (nucléaire, pharmaceutique). À partir de son savoir-faire de départ, Piercan se développe aussi sur d'autres créneaux très spécialisés (pièces techniques, fabrication de bains à façon, etc.). Leader européen sur son marché, détentrice de plusieurs brevets techniques, la société réalise 50 % de son chiffre d'affaires (9,2 millions d'euros en 2012) à l'international, dans 40 pays. Pour gérer et accompagner sa croissance, Piercan a récemment fait le choix de la solution Sage ERP X3. Dans les années 1990, Piercan avait choisi la solution Sage 500 Intégrale pour toute sa gestion comptable et commerciale. Mais, elle n'utilisait pas ce produit de façon optimale, et surtout ne l'avait pas fait évoluer au fil des années. À partir de 2002, des logiciels maison ont été développés autour de Sage Intégrale pour le suivi de production, le contrôle qualité et les expéditions, si bien qu'en 2010, Piercan a été obligé de constater que leur SI n'était plus du tout intégré, et que leur gestion logistique était incertaine, redondante et génératrice de coûts inutiles (avec, par exemple, le lancement en production de produits non vendus).

Un groupe de travail est alors constitué pour rédiger un cahier des charges, finalisé en avril 2011. L'idée est de mener une réflexion en profondeur en tentant de décrire le fonctionnement de l'entreprise. Avec l'aide d'un cabinet de conseil extérieur, trois documents distincts sont produits : un cahier des charges de 40 pages ; un questionnaire en 700 points pour pondérer les réponses des prestataires interrogés et mesurer leur motivation sur le projet ; et une liste de quatre points particuliers correspondant à des spécificités de leur activité, à savoir la gestion de la traçabilité suite à l'appairage des gants, la prise en compte des exigences spécifiques des clients (différenciation retardée), la gestion des caractéristiques techniques des articles (qui nécessite des zones supplémentaires dans les fiches) et la fabrication simultanée, dans un même four, de gants aux références différentes. L'activité de Piercan étant très spécifique – la valeur de l'entreprise réside dans ses savoir-faire –, l'adéquation de l'outil de gestion de la production à ce savoir-faire est capitale.

Plusieurs intégrateurs sont alors sollicités et trois d'entre eux sont retenus. Après démonstrations et jeux d'essai, le comité de pilotage, incluant la direction générale, la direction de la production, le contrôle de gestion, la responsable qualité et le responsable informatique, retient en octobre 2011 le binôme GFI/Sage ERP X3. La mise en œuvre proprement dite peut démarrer. La livraison d'un premier lot est prévue et déployée en juin 2012. Cette première étape est la plus simple. Elle consiste à récupérer les fonctionnalités de Sage 500 Intégrale : ventes, achats, stocks et comptabilité générale. Les autres fonctionnalités sont ensuite déployées progressivement : en janvier 2013, la gestion des notes de frais, en février 2013, la gestion budgétaire, etc. La production et la gestion de la qualité étant les deux chantiers clés du projet, et nécessitant une analyse interne poussée, il a été décidé de reporter leur mise en œuvre de quelques mois pour se donner le temps de mettre au point le meilleur système possible.

Piercan souhaite tout particulièrement limiter au minimum les développements spécifiques et s'appuyer le plus possible sur le paramétrage avancé de la solution, quitte à adapter ses pratiques. Ce choix l'a obligé à mener en interne une réflexion approfondie : quels sont ses flux ? Quelles sont ses pratiques ? Sont-elles les meilleures ? L'entreprise considère que Sage ERP X3 est un système très structurant qui va l'aider à optimiser ses processus et à faire accepter le changement. Face aux notions de gammes et de nomenclatures totalement nouvelles, son approche reste très pragmatique et progressive. Même si les fonctions production et gestion de la qualité ne sont pas encore opérationnelles, l'ERP est déjà bien en place dans les différents services et les premiers effets positifs se font déjà ressentir.

« *L'arrivée de Sage ERP X3 est une véritable révolution chez Piercan. La refonte totale de notre SI autour d'une base de données unique va nous permettre de modifier en profondeur les pratiques et les mentalités. Avant, chacun gérait ses propres données avec peu de mise en commun et peu de cohérence. Aujourd'hui, avec Sage ERP X3, 25 utilisateurs, à Paris et en Normandie, partagent les mêmes informations, le même serveur. C'est un progrès considérable !* », explique Jean-Marie Bourguignon, responsable Informatique de l'entreprise. « *Le flux de commande est intégré de bout en bout dans l'ERP*, ajoute-t-il. *Plus de document papier, plus de double ou triple saisie, tout est dématérialisé. Chacun peut avoir une vision globale juste des flux, chacun peut consulter en temps réel l'état des stocks. Les fichiers Excel qui fleurissaient un peu partout ont nettement diminué, au profit d'une gestion commune dans l'ERP. Nous créons moins d'articles puisque nous ne créons que ceux que nous sommes certains de fabriquer…* »

2.8 Potentiel de valeur d'usage des systèmes de gestion de la chaîne logistique

Les systèmes efficaces de gestion de la chaîne logistique améliorent la performance organisationnelle dans les domaines suivants :

1. **Service et taux de réponse à la clientèle.** Si un client demande un produit qui se révèle indisponible, il risque de l'acheter ailleurs. Avoir le bon produit à l'endroit et au moment adéquats augmente les ventes et/ou fidélise les clients.
2. **Réduction des coûts.** La gestion de la chaîne logistique peut aider les entreprises à contrôler et, souvent, à réduire une partie ou l'ensemble des coûts associés au déplacement d'un produit dans la chaîne logistique. Il s'agit des frais d'acquisition de matériel, d'entreposage, de transport et de planification. Par exemple, les frais d'entreposage peuvent représenter de 30 à 40 % de la valeur de l'inventaire. Les coûts totaux de la chaîne logistique constituent la majorité des frais d'exploitation dans certaines industries.
3. **Flux de trésorerie.** Plus l'entreprise livrera rapidement son produit, plus les délais initialement fixés pour les paiements seront respectés.

Par exemple, chez SMPE Industries, PME de sous-traitance industrielle de montage et conditionnement de produits de 50 employés, la solution Proges-Plus a été déployée. L'objectif du projet était de pouvoir savoir à n'importe quel moment, à quel stade de la production se trouvait le produit fabriqué, ainsi que sa rentabilité. Proges-Plus est un petit éditeur français de solutions intégrées pour PME/PMI, créé en 1985. Les résultats sont probants : information très précise du client sur l'avancement d'une fabrication, nombre de commandes en retard en baisse de 40 %, rentabilité plus forte. Cette innovation a par ailleurs créé une relation plus étroite avec leurs clients, ceux-ci allant même jusqu'à considérer l'information de délai ou de stock de SMPE Industries plus correcte que la leur. La gestion des coûts a également été améliorée grâce à moins de perte de temps due la gestion de la commande et des délais.

3 Systèmes de gestion de la relation client

Puisqu'un avantage concurrentiel fondé sur un produit ou un service innovateur peut être de courte durée, la seule capacité concurrentielle durable des entreprises pourrait concerner les relations qu'elles entretiennent avec leurs clients. Selon certains, la concurrence n'appartient plus à celui qui vend le plus de produits et services, mais à celui qui « possède » le client. Les relations avec les clients représentent alors l'actif majeur de l'entreprise.

3.1 Gestion de la relation client

De nombreuses entreprises se tournent vers la gestion de la relation client (*Customer Relationship Management*, CRM) afin de maximiser les avantages qu'elles tirent de leur actif clientèle. La gestion de la relation client utilise les SI pour définir tous les types d'interactions de l'entreprise avec ses clients, puis les analyser.

Chaque client représente un niveau de profit différent pour l'entreprise. Attirer et satisfaire certains clients coûte très cher, à l'inverse d'autres qui, pourtant, génèrent de gros revenus. La gestion de la relation client aide les organisations à identifier les prospects pour en faire des nouveaux clients, autant qu'à fidéliser les clients actuels et à augmenter le revenu qu'elles extraient de leurs échanges avec eux. Ces « bons » clients peuvent produire environ 80 à 90 % des bénéfices d'une entreprise, même s'ils ne représentent que 10 à 20 % du nombre total de clients de l'entreprise.

Acquérir un nouveau client peut coûter jusqu'à six fois plus cher que de conserver un client actuel. Ces chiffres varient d'une industrie à l'autre, mais des taux de fidélisation de la clientèle plus élevés augmentent les bénéfices et réduisent les coûts de l'entreprise.

La gestion de la relation client s'étend aux partenaires d'affaires de l'entreprise, responsables des ventes aux clients : distributeurs, réseaux de franchisés, concessionnaires, agents exclusifs, etc.

3.2 Applications de gestion de la relation client

Les entreprises ont toujours déclaré accorder la priorité au client. Leurs SI ne les aidaient cependant guère à appliquer ce principe. Des fragments de données sur les clients se retrouvaient fréquemment dans des systèmes isolés et dédiés aux finances, à la distribution, à la vente, au service après-vente et au marketing. Ces données parcellaires étaient organisées autour d'une gamme de produits, d'un secteur d'activité ou d'un canal de communication. Le commerce électronique a ainsi généré d'énormes quantités de données sur les clients, actuels et potentiels, mais il n'était souvent pas possible de les intégrer ou de les fusionner avec les autres bases de données opérationnelles contenues dans ces SI compartimentés.

L'objectif des systèmes de gestion de la relation client (CRM) était de résoudre ces problèmes en fournissant de l'information et des outils pour améliorer le service à la clientèle et augmenter la valeur à vie du client pour l'entreprise. Les systèmes CRM prennent en charge et intègrent les données sur les clients de toute l'organisation, les consolident et les analysent, puis transmettent les résultats aux divers systèmes et points de service à la clientèle de l'entreprise. Un point de contact unifié avec la clientèle est une méthode de communication avec le client, que celui-ci utilise son téléphone, un courrier électronique, un comptoir de service à la clientèle, le courrier *via* La Poste, un site Web ou un magasin de détail pour entrer en contact avec l'entreprise.

Un système CRM conçu et utilisé correctement peut fournir à l'entreprise une vue d'ensemble de la clientèle qui contribue à améliorer ses ventes et son service. Il peut aussi offrir au client une vue d'ensemble de l'entreprise, quel que soit le point de contact choisi pour entrer en relation.

3.3 Logiciel de gestion de la relation client

Les progiciels commerciaux de gestion de la relation client peuvent accomplir diverses tâches, allant d'outils de niche qui remplissent des fonctions limitées (comme les applications personnalisées Web pour des clients spécifiques), aux applications d'entreprise à grande échelle qui saisissent une multitude d'interactions avec les clients, les analysent avec des outils de *reporting* sophistiqués et se relient à d'autres applications d'entreprise importantes (comme les systèmes de gestion de la chaîne logistique et les ERP).

En général, les systèmes de gestion de la relation client offrent des outils logiciels pour la vente, le service à la clientèle et le marketing. Ils fournissent les fonctions suivantes :

- **Automatisation de la Force de Vente (AFV).** Les modules d'automatisation de la force de vente des systèmes CRM aident le personnel de vente à augmenter sa productivité en concentrant ses efforts sur les clients les plus rentables, ceux qui représentent de bons potentiels pour les ventes et les services. Les systèmes CRM fournissent de l'information sur les prospects, les contacts et les produits, ainsi que des fonctions de configuration de produit. De tels logiciels peuvent rassembler de l'information sur les achats antérieurs d'un client en particulier pour aider le vendeur à personnaliser ses conseils. Le logiciel CRM facilite l'échange d'information sur les clients, actuels et potentiels, entre les services des ventes, du marketing et de la logistique. Il offre aussi des fonctions de prévision de ventes, de gestion du territoire et de vente en équipe.
- **Service à la clientèle.** Les modules de service à la clientèle des systèmes CRM fournissent de l'information et des outils pour améliorer l'efficacité des centres d'appels et d'assistance, et du personnel de soutien à la clientèle. Ils assignent et gèrent les demandes de service des clients.
- **Un répondeur à fonction vocale associé au système CRM** enrichit encore ces fonctions. Quand un client compose un numéro de téléphone standard, le système achemine l'appel au représentant de service approprié, qui saisit alors l'information sur ce client une seule fois dans le système. Une fois cette opération effectuée, tout représentant de service peut s'occuper du client. La facilité d'accès à une information pertinente et exacte sur le client aide les centres d'appels à traiter quotidiennement un plus grand nombre d'appels et à réduire la durée de chacun d'entre eux. Par conséquent, les centres d'appels et les groupes de service à la clientèle améliorent leur productivité, réduisent la durée des transactions et augmentent la qualité du service à moindre coût. Sous réserve que l'attente reste raisonnable et non facturée, le client est plus satisfait car il passe moins de temps au téléphone à expliquer son problème au service à la clientèle.
- **Marketing.** Les systèmes de gestion de la relation client prennent en charge des campagnes de marketing direct en offrant des fonctions qui permettent de saisir des données sur les clients actuels et potentiels, de fournir de l'information sur les produits et services, de définir les listes pour le marketing ciblé et de planifier les publipostages ou les courriers électroniques de vente directe et d'en assurer le suivi. Les modules marketing peuvent aussi comprendre des outils pour analyser des données sur le marketing et les clients : identifier les clients rentables et non rentables, concevoir des produits et des services pour combler les besoins et les intérêts précis des clients, et déterminer des occasions de vente croisée, de vente de gamme supérieure et d'offre groupée.
- **Vente croisée.** Cette technique consiste à offrir des produits complémentaires aux clients. Par exemple, dans le secteur des services financiers, on peut proposer un prêt d'équipement ménager à tout client qui détient un compte courant. La **vente incitative** revient à offrir un produit ou un service de gamme supérieure à de nouveaux clients ou à des clients actuels. Par exemple, un émetteur de carte de crédit peut persuader un bon client qui détient une carte de crédit conventionnelle de se procurer une carte « platine » qui offre une plus grosse marge de crédit, des services additionnels, mais dont les frais annuels sont en revanche plus élevés.
- **Offre groupée.** Cette technique de vente croisée offre des produits vendus en lots à un prix plus bas que le coût total du produit individuel. Les outils CRM aident aussi les

entreprises à gérer et à lancer des campagnes à n'importe quelle étape, en allant de la planification à l'évaluation du taux de réussite de chaque campagne.

La figure 9.8 illustre les fonctions essentielles des processus de vente, de service et de marketing présents dans les principaux logiciels CRM.

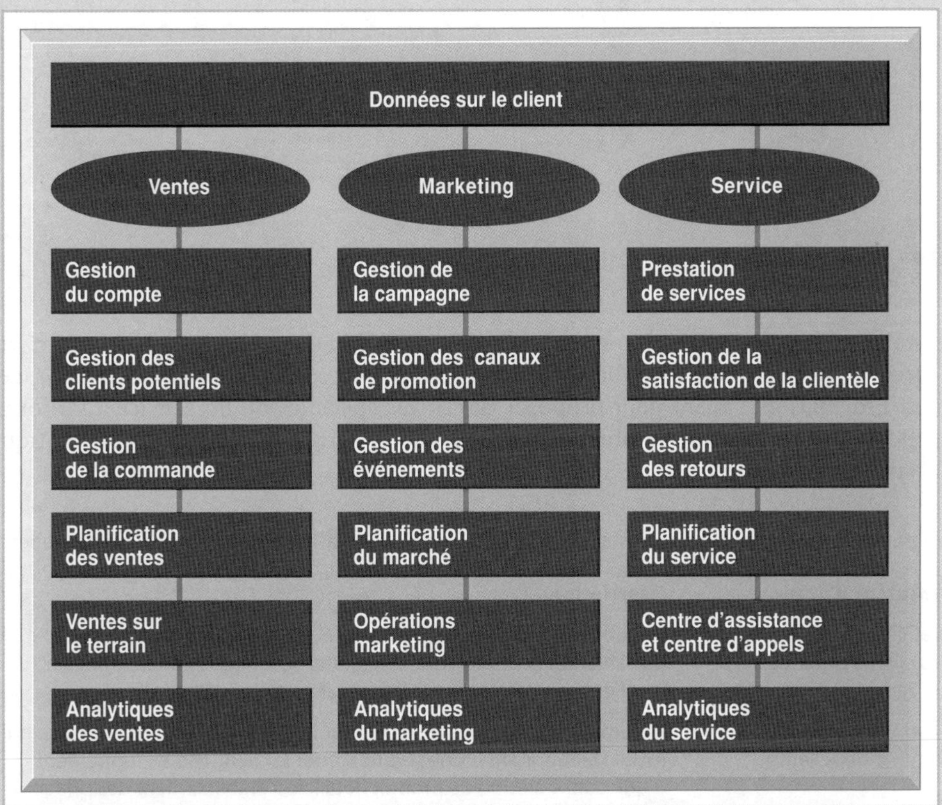

Figure 9.8 – Fonctions du logiciel CRM.

Comme l'ERP, ce logiciel est orienté sur les processus et en comprend des centaines, préconçus pour représenter les meilleures pratiques dans chacun de ces domaines.

Siebel Systems, le plus important fournisseur de progiciels de gestion de la relation client dans le monde et racheté il y a quelques années par Oracle, propose des « meilleures » pratiques à la fois génériques et spécifiques par secteur d'activité. Pour assurer le succès de la mise en application du logiciel Siebel, les entreprises doivent revoir et modéliser leurs processus d'affaires pour qu'ils correspondent à ceux que l'éditeur qualifie de « *meilleures pratiques* » pour le CRM, et qui sont donc inclus dans le système Siebel.

La figure 9.9 illustre une façon de modéliser une meilleure pratique destinée à accroître la fidélité du client au moyen du service à la clientèle avec le logiciel CRM. Ce dernier peut attribuer à chaque client une note fondée sur sa valeur et sa fidélité envers l'entreprise, et fournir cette information pour aider les centres d'appels à acheminer chaque demande de service du client aux agents les mieux placés pour répondre à ses besoins.

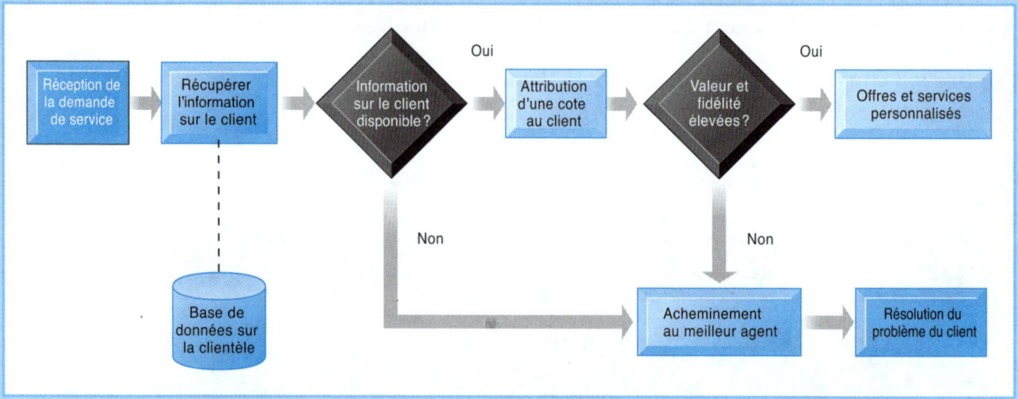

Figure 9.9 – Diagramme du processus de gestion de la fidélité du client.

Le système fournit automatiquement à l'agent commercial un profil détaillé de ce client, y compris les indicateurs qualitatifs et quantitatifs sur sa valeur et sa fidélité. Grâce à cette information, l'agent peut proposer des offres spéciales ou un service additionnel au client pour le fidéliser. Le tableau 9.2 décrit d'autres processus de meilleures pratiques d'affaires du système CRM de Siebel.

Tableau 9.2 : Exemples des processus des meilleures pratiques d'affaires du système CRM de Siebel

Processus d'affaires	Description
Évaluation et distribution des clients potentiels fondées sur les priorités	Évaluer et noter les clients potentiels, en fournissant des guides d'évaluation écrits afin que les agents de vente se concentrent sur les clients qui offrent la meilleure valeur potentielle.
Gestion intégrée des commandes clients	Automatiser le flux des travaux pour la gestion des commandes, ce qui inclut l'élaboration d'une solution pour le client, le développement d'une configuration de produit détaillée, l'établissement des prix et des modalités de contrats appropriés et la saisie et l'expédition de la commande.
Optimisation de l'offre en temps réel	Garantir la présentation de l'offre marketing optimale à un client.
Segmentation de la clientèle fondée sur la valeur	Permettre aux organisations marketing d'offrir des produits et des services fondés sur la valeur des clients actuels et potentiels.
Ciblage de contact fondé sur la stratégie	Permettre aux organisations marketing de définir des politiques qui gouvernent le type et la fréquence des communications avec les clients et de les appliquer continuellement dans l'entreprise. Garantir le respect de la vie privée du client et de ses préférences en matière de communication.
Exécution d'une commande fondée sur des règles	Garantir l'exécution des commandes dans une séquence fondée sur la valeur à vie du client et les détails spécifiques de l'entente.
Service fondé sur la valeur	S'assurer que les clients les plus rentables d'une organisation sont acheminés aux agents de services les mieux qualifiés.

3.4 CRM opérationnel et analytique

Le CRM opérationnel comprend des applications orientées vers le client, comme des outils pour l'automatisation de la force de vente, le soutien du service à la clientèle et du centre d'appels, et l'automatisation de certaines tâches du marketing. Le CRM analytique comprend des applications qui analysent des données sur le client, générées par les applications CRM opérationnelles, afin de fournir de l'information destinée à améliorer la gestion de la performance de l'entreprise. Le tableau 9.3 fournit plus d'exemples pertinents sur les fonctions CRM opérationnelles et analytiques.

Tableau 9.3 : Comparaisons entre CRM opérationnel et analytique

CRM opérationnel	CRM analytique
Gestion de la campagne	Développer des stratégies de segmentation de la clientèle
Marketing en ligne	Développer des profils de clients
Gestion du compte et des contacts	Analyser la rentabilité des clients
Gestion des clients potentiels	Analyser la rentabilité des produits
Télémarketing	Identifier les occasions de vente croisée et de vente incitative
Vente par téléphone	Sélectionner les meilleurs services marketing et canaux de vente pour chaque groupe de clients
Vente en ligne	Identifier les tendances en longueur du cycle de vente, en taux de conversion et en taille moyenne de commande
Vente sur le terrain	Analyser le temps de résolution du service, les niveaux de service fondés sur les canaux de communication et l'activité de service par ligne de produits et par compte
Assignation des services sur le terrain	Analyser les listes de clients potentiels générées et les taux de transformation
Centre d'assistance à la clientèle	Analyser la productivité des représentants des ventes et du service à la clientèle
Gestion du contrat	Identifier les problèmes de désabonnement

Ces traitements peuvent être redondants avec les possibilités des outils dits « d'infocentre », qui combinent *datawarehouses* et exploration multidimensionnelle des données du SI.

Ces données peuvent être celles que l'organisation a recueillies sur le client au moyen de ses processus de gestion internes, mais peuvent aussi provenir d'autres sources, comme des listes de clients pour des campagnes de marketing direct achetées à d'autres entreprises ou des données sociodémographiques. L'analyse de ces données permet d'identifier les tendances d'achat, de créer des segments pour du marketing ciblé et d'identifier les clients rentables et non rentables (voir figure 9.10). Le CRM analytique peut aussi créer des profils de clients individuels à partir des données comptables et financières, ainsi qu'à partir de leurs transactions avec l'entreprise et de leurs intérêts connus.

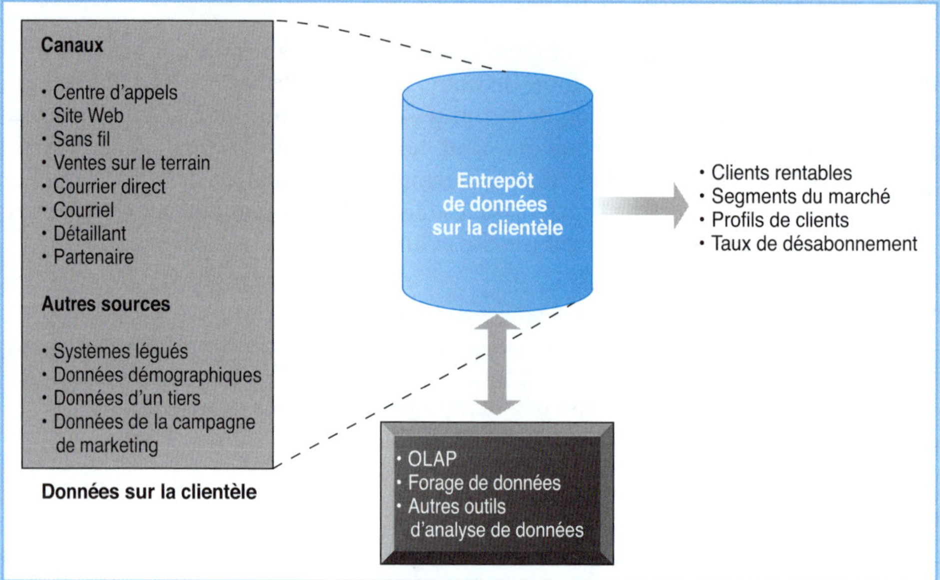

Figure 9.10 – *Datawarehouse* du CRM analytique.

Les distributeurs peuvent utiliser les connaissances du client recueillies avec le CRM analytique pour faire des recommandations dans tous leurs réseaux de vente. Un client « multicanal » est reconnu pour avoir une valeur à vie supérieure à celle d'un client qui utilise un seul canal. Grâce à l'analyse des données de ces clients, les entreprises peuvent identifier des profils, comme les clients qui utilisent le Web pour s'informer sur un produit avant de se rendre chez un détaillant pour l'acheter. Pour réaliser des ventes auprès de ce type de client, les entreprises peuvent faire parvenir par courriel un coupon échangeable dans un magasin physique. Inversement, les détaillants peuvent se servir de l'information sur les achats hors Internet de ces clients pour personnaliser des promotions qui encouragent le magasinage en ligne. Cette stratégie dite « multicanal » est devenue prépondérante pour beaucoup d'entreprises qui réalisent des affaires dans le e-commerce (Volle et Isaac, 2008).

3.5 Potentiel de valeur d'usage des systèmes de gestion de la relation client

Les bénéfices espérés d'un CRM sont, entre autres, une augmentation de la satisfaction des clients, une réduction des coûts de marketing direct, un marketing plus efficace et une diminution des frais de conquête et de fidélisation des clients. Le **taux de désabonnement** mesure le nombre de clients qui cessent d'utiliser ou d'acheter les produits et les services d'une entreprise.

Filiale du groupe Sodexo depuis 2007, Tir Groupé, l'inventeur des chèques-cadeaux, se devait de rationaliser ses processus commerciaux, de la prise de commande à l'analyse des ventes, en passant par le suivi des objectifs. C'est ce qu'il a fait avec l'installation de Microsoft Dynamics CRM en 2010. Disposant désormais de données fiables sur ses clients, la force de vente a gagné en efficacité. Sur le terrain, la convivialité de la solution et sa cohérence avec Microsoft Office et Microsoft Outlook font la différence pour gérer un portefeuille de 40 000 clients et de près de 30 millions de chèques-cadeaux par an. « *Microsoft Dynamics CRM a permis d'améliorer significativement la productivité des commerciaux, de renforcer la connaissance de notre marché et de fluidifier les échanges avec la production. L'entreprise s'est professionnalisée.* », explique Valérie Beauquey, directrice des SI de Tir Groupé. Disposant désormais de données fiables sur ses clients, la force de vente a gagné en efficacité. Pour preuve : avant le déploiement de la solution, 20 % des commandes ne pouvaient être traitées ; aujourd'hui, ce taux est passé à 0,5 %.

3.6 Importance de la mesure de la performance du CRM

Une fois que les gisements de productivité à l'intérieur même de l'entreprise ont été épuisés, il n'existe que trois règles pour augmenter les profits : attirer plus de clients, conserver les meilleurs clients et améliorer le chiffre d'affaires généré par chaque client. Pour que ces stratégies génèrent des bénéfices, il faut les inscrire dans une démarche rationnelle et raisonnée.

Les décisions que prend une entreprise pour déterminer quelles activités des clients mesurer, la manière d'assigner les coûts à ces activités, puis de réassigner ces activités aux clients peuvent avoir des conséquences considérables sur sa rentabilité. Certaines entreprises qui investissent dans les systèmes CRM ont une idée très vague du rendement sur l'investissement, voire l'ignorent totalement. Elles omettent de créer des mesures de la performance actuelle ou de se fixer des objectifs pour améliorer leur performance au moyen du nouveau système CRM. Pour assurer le succès de la mise en application du système CRM, il est indispensable, dès le début du projet, de définir clairement les objectifs financiers et opérationnels, ainsi que les indices pour les évaluer. Les indicateurs appropriés pour la gestion de la relation client peuvent comprendre le coût par client potentiel, le coût par vente, le nombre de clients réguliers, la baisse du désabonnement ou le taux de clôture des ventes.

Plusieurs études ont déjà démontré que le coût d'acquisition d'un nouveau client est de cinq à huit fois supérieur aux dépenses nécessaires pour conserver les plus anciens. Il faut ainsi rentabiliser les campagnes de prospection de nouveaux clients, et mettre en œuvre tous les moyens pour les conserver, voire augmenter la part de marché générée par chacun d'entre eux. La technologie permet non seulement de rationaliser au mieux les processus concernés, mais elle assure aussi la centralisation et la mise à disposition de l'ensemble de l'information client pour mieux les connaître et mieux les servir.

La **valeur à vie du client** est un autre indicateur capital de la mesure de la performance du CRM. Elle est fondée sur la relation entre la part du chiffre d'affaires qu'un client en particulier peut générer, les coûts pour acquérir et servir ce client, et l'espérance de vie de la relation entre le client et l'entreprise. La valeur à vie du client représente la différence entre les revenus et les dépenses moins les coûts du marketing promotionnel utilisé pour conserver un compte. Elle est exprimée en euros courants.

Pour conclure, citons Didier Farge, président du Syndicat National de la Communication Directe (SNCD, organisation professionnelle dédiée à la promotion des techniques et des usages du marketing direct multicanal et de la relation client) et de la société Conexance (société innovante positionnée sur la connaissance client et la prédiction des comportements d'achats) qui, même s'il redoute la frilosité économique, pense que 2013 verra une augmentation encore plus marquée par le *real-time* marketing, la fidélisation, et l'automatisation de certaines phases du marketing relationnel et du SaaS sous toutes ses formes.

4 Nouvelles possibilités

Choisir, puis mettre en œuvre une solution d'entreprise intégrée et globale est une décision managériale et non technique. L'organisation doit impérativement déterminer le niveau d'intégration qu'elle désire, les périmètres et contenus ciblés par cette intégration (données, processus et applications, infrastructures, etc.) et les résultats escomptés.

4.1 Opportunités

Les promesses et les dangers des SI intégrés résident dans leur capacité à transformer radicalement le fonctionnement de l'entreprise. Une fois maîtrisée la phase d'instabilité des premiers temps, ces SI permettent d'améliorer la coordination des processus et la prise de décision. Ces applications sont très attrayantes car elles promettent de diminuer de façon significative les coûts opérationnels, les délais de conception et de réalisation des produits et opérations, tout en améliorant la réponse aux besoins des clients ainsi que la rentabilité globale de l'organisation.

4.2 Défis

Ces solutions restent délicates à mettre en œuvre et surtout à utiliser avec succès. Un pourcentage très élevé (jusqu'à 70 %) des entreprises qui investissent dans des ERP, des systèmes de gestion de la chaîne logistique ou des systèmes de gestion de la relation client n'a pas obtenu les bienfaits escomptés en temps opportun ou dépensé beaucoup plus d'argent que prévu sur ces systèmes. Ces solutions globales et intégrées sont composées de logiciels complexes et exigent des investissements substantiels en termes de temps, d'argent et d'expertise. De tels systèmes posent de nombreux défis : coût total de possession élevé, changements organisationnels importants et remise en question potentielle de certaines singularités à valeur stratégique pour l'organisation. Les managers qui reconnaissent ces défis au début du processus peuvent agir pour les prévenir ou, au moins, les anticiper.

Maîtrise du coût total de possession

Une grande entreprise peut compter jusqu'à cinq ans pour effectuer tous les changements organisationnels et techniques à grande échelle qu'exige un ERP, un système de gestion de la chaîne logistique ou un système de gestion de la relation client. Le coût total de possession (*Total Cost of Ownership*, TCO) comprend les coûts liés à la mise en application (le matériel, les logiciels, les outils de base de données, les frais de consultation, les coûts relatifs au personnel et à la formation qui peuvent être cinq à huit fois plus élevés que le prix d'achat du progiciel) et les coûts d'exploitation (maintenance, supports, etc.). Ces coûts peuvent être d'autant plus élevés que l'organisation effectue des opérations internationales et doit gérer les changements organisationnels et techniques en tenant compte de différentes langues, de nombreux fuseaux horaires, de devises et de réglementations hétérogènes.

Changements organisationnels requis

Ces solutions globales et intégrées entraînent non seulement des changements techniques profonds, mais aussi des modifications fondamentales dans le mode de fonctionnement de l'entreprise. Les processus d'affaires changent, de même que la structure de l'organisation, voire parfois sa culture.

Les employés devront s'acquitter de nouvelles tâches et faire face à de nouvelles responsabilités. Ils devront apprendre à maîtriser un nouvel ensemble de processus et comprendre comment l'information qu'ils entrent dans le système peut directement affecter d'autres secteurs de l'entreprise.

L'intégration des activités et du SI associés à la chaîne logistique est particulièrement délicate à mettre en place car elle s'étend au-delà de l'entreprise. Les managers doivent revoir leur manière de penser et d'agir pour optimiser la performance globale de la chaîne logistique en privilégiant l'efficience globale sur le mode opératoire local et la productivité ponctuelle.

Obtention d'une valeur de nature stratégique

Les ERP ne procurent pas mécaniquement un accroissement de valeur stratégique aux entreprises car les processus génériques mis en œuvre par ces applications peuvent empêcher l'entreprise d'utiliser tout ou partie des anciens processus qui lui donnaient un avantage concurrentiel. Si un ERP peut favoriser la coordination organisationnelle et la prise de décision centralisées, il induit une façon de fonctionner qui ne convient pas à toutes les entreprises.

4.3 ERP : facteurs clés de succès

Pour réussir la mise en œuvre d'un ERP, on doit connaître le fonctionnement actuel de l'entreprise et déterminer son fonctionnement futur. Des actions importantes et complexes d'analyse et de tests sont nécessaires pour comprendre le fonctionnement de l'ERP, et surtout les possibilités et les limites du paramétrage pour se rapprocher de la solution ciblée lors de la décision initiale, en restant davantage concentré sur les objectifs globaux que sur les besoins locaux. Il sera alors possible de déterminer, puis d'organiser les changements humains, organisationnels et techniques à opérer.

Porter une attention particulière aux données et à la gestion quotidienne des données

Pour préparer la bascule vers l'ERP, il est nécessaire d'intégrer l'information antérieurement conservée dans différents systèmes et directions ou secteurs fonctionnels et de la rendre accessible à tous les secteurs utilisateurs dans l'entreprise. Les entreprises qui mettent en œuvre un ERP doivent développer des définitions de données communes à l'ensemble de l'organisation. Grâce à des analyses approfondies menées au sein de toute l'entreprise, il sera possible de comprendre comment l'organisation utilise ses données et comment celles-ci seront traitées dans les différents modules applicatifs.

Les cadres et les employés devront étudier minutieusement les composants de l'ERP qui concernent directement et indirectement leur activité pour s'assurer de bien comprendre les définitions des éléments de données, leurs relations entre elles et la façon de les utiliser dans la prise de décision comme dans les activités opérationnelles. Il leur faudra examiner le modèle de données existant de l'entreprise et déterminer les changements à apporter pour pouvoir travailler avec le nouveau logiciel.

Engagement de la direction et assistance au personnel

La direction doit annoncer de façon précoce et claire ses intentions et les moyens qu'elle y consacre, de sorte que toute l'entreprise comprenne, accepte et participe aux changements nécessaires à la mise en œuvre de l'ERP et à son utilisation quotidienne efficiente. Les utilisateurs clés participeront à certaines décisions relatives au paramétrage (notamment liées à l'ergonomie des transactions), aux tests sur les données servant de jeux d'essai et à la formation dispensée à l'ensemble des utilisateurs.

Apprentissage et formation

L'apprentissage et la formation sont toujours étroitement liés au succès de la mise en application d'un SI, et encore davantage à la réussite d'un ERP. Les dirigeants doivent apprendre comment l'ERP peut changer les processus clés et les conditions du pilotage de l'organisation. Les employés doivent comprendre comment le système prend en charge les tâches qu'ils effectuent et son impact sur toute l'organisation chaque fois qu'ils l'utilisent.

4.4 Évolution des applications transversales

Depuis quelques années, on a pu constater l'émergence de nouvelles ruptures dans le modèle de l'ERP client-serveur, longtemps représenté par le premier individu de l'espèce (SAP R3 en 1992). L'avènement des architectures Web et le navigateur comme client ont bouleversé l'approche client-serveur. Le CRM s'est développé d'abord en dehors de l'ERP, puisqu'il n'était pas tourné vers la gestion des ressources de l'entreprise mais vers ses clients, puis a été intégré avec plus ou moins de succès dans les offres progiciels.

Les échecs de nombreux projets ERP, liés à la complexité de la coordination dans un monde où les besoins des entreprises évoluent très vite, ont eu des effets collatéraux importants. L'ergonomie perfectible de certains progiciels a conduit au développement de systèmes périphériques à l'ERP pour saisir et parfois valider des informations, avant qu'elles ne soient chargées dans un ERP réservé à des spécialistes et auxquels n'ont pas accès ceux qui produisent l'information et qui pourraient l'utiliser au quotidien. La multiplicité des tableurs bureautiques répète l'information des ERP ; ils sont souvent devenus les vrais systèmes décisionnels de l'entreprise, à côté de ceux embarqués dans l'ERP qui, curieusement, se retrouve souvent limité à faire du *reporting*.

Un ERP *open source*, Compiere ou tinyERP (maintenant OpenERP), est apparu et commence à rencontrer un certain succès ; les éditeurs, une fois le marché des grands comptes internationaux et nationaux saturés, ont essayé de proposer des offres pour les PME, plus simples et préconfigurées. Enfin, la SOA ou les architectures orientées services ont fait tomber la querelle du « *best of breed versus* ERP unique » en permettant aux entreprises de mieux concilier les ERP et les applications très spécialisées grâce aux modules de communication standard comme les Web Services et les normes API, et au monde du Cloud Computing et des services associés.

Des ERP mobiles en SaaS ?

L'avenir semble maintenant à l'intégration flexible de services pour couvrir le périmètre fonctionnel choisi, *Software As A Service* (SaaS), avec les premières offres locatives permettant de balayer le modèle d'investissement initial et la complexité de mise en place d'une infrastructure. Parmi toutes les offres de SaaS, c'est la gestion des relations clients qui a connu la croissance la plus notable. Salesforce.com et Siebel Systems d'Oracle ont été les leaders dans l'hébergement de solutions CRM ; Dynamics CRM de Microsoft en propose une version à la demande utilisable en ligne.

Comme on l'a vu au chapitre 5, le modèle SaaS repose sur la mutualisation de la solution. L'offre comprend une multitude de services associés, par exemple la facturation à l'usage (*tarification on demand*) et surtout la mobilité. Pour un métier donné, on a une version unique pour tous les clients. Pour être éligible, une entreprise ne doit pas « trop » s'éloigner du standard de l'offre. C'est le type de modèle choisi aujourd'hui par les *start-up*, les TPE et les petites PME.

Tous les éditeurs s'y mettent. Les solutions CRM d'Euroweb sont disponibles sur l'iPhone d'Apple et les BlackBerry. Leurs avantages sont nombreux :

- elles ne nécessitent pas d'installation sur le serveur de l'entreprise et de synchronisation avec l'ordinateur : tout est accessible en ligne, sur la bibliothèque de Web-services développée par Euroweb qui utilise la norme Web https, garantissant ainsi la sécurité des données ;
- la saisie systématique de l'identifiant et du mot de passe à chaque connexion au navigateur mobile n'est pas nécessaire, ce qui permet de rechercher un contact ou une société, de communiquer par téléphone ou courriel, en un mot d'accéder à toutes les fonctionnalités déjà présentes sur un smartphone.

Chatter, la solution CRM de Salesforce, est disponible sur iPhone et BlackBerry. C'est une plateforme de travail collaboratif incluant un aspect communautaire proche du microblogging privé. Ses avantages et fonctionnalités sont nombreux : l'aspect communautaire, avec profil d'utilisateur et statut personnalisable, le module de chat, l'outil de recherche par mot clé, l'identifiant utilisateurs, le numéro de dossier, le suivi en temps réel des modifications effectuées sur les documents partagés, les annuaires des profils (collaborateurs, clients, prospects, fournisseurs, etc.) et les fonctions compatibles avec les réseaux sociaux (Facebook, Twitter, Google Buzz, Apps). Une version allégée et gratuite, Mobile Lite, est compatible avec les mobiles Windows Mobile, BlackBerry et iPhone. Cette version permet de consulter les différents comptes, contacts, dossiers, tâches, etc., de visionner des tableaux de bord, d'éditer les tâches, mais elle n'inclut pas (encore) la modification de données et l'application de filtres sur des données.

Le client de médias sociaux Seesmic propose des applications CRM Salesforce pour les smartphones Android et iPad (à venir), en attendant une version, un peu plus tard, pour Windows Phone. Après avoir intégré la plateforme collaborative Chatter de Salesforce à son service de gestion des réseaux sociaux, Seesmic propose aux mobinautes la gestion de leur compte Salesforce à travers « SeesmicCRM pour Salesforce », une application mobile séparée. En dehors de l'accès aux informations concernant le profil de leurs clients, prospects et comptes Salesforce, les utilisateurs de ces applications peuvent gérer leurs tâches en cours, événements et carnets de contacts, ou encore l'historique de leurs appels et leurs courriels. Ces applications intègrent en outre une fonctionnalité de géolocalisation qui leur permet, en déplacement, de visualiser la position de leurs clients sur une carte.

Il est important de noter que ces applications gratuites sont compatibles avec l'édition « Enterprise » de Salesforce, plutôt réservée aux PME et grandes entreprises.

Oracle a aussi développé un CRM mobile, Siebel, accessible depuis les BlackBerry. SAP a développé MySAP, solution mobile dont le point fort est la gestion de la relation client à toutes les étapes, de la signature du contrat jusqu'au service après-vente. Cegid Group a également son application mobile et propose des formations pour maîtriser son utilisation.

Les entreprises cherchent à accroître les bénéfices retirés de leur ERP. Elles seront de plus en plus nombreuses à investir dans des solutions logicielles de mobilité et de *business intelligence* pour générer un retour plus important sur les investissements dans leur ERP existant. Elles considèrent de plus en plus qu'un système ERP plus moderne ne les aidera pas forcément à rendre leurs données plus pertinentes ou à mieux les utiliser. Il leur faudra des outils pour favoriser l'efficacité des décisions prises par les collaborateurs comme par les managers. Qui plus est, les cadres dirigeants seront soumis à des pressions plus importantes dans un contexte économique chaotique, ce qui se soldera par une accentuation de la pression sur les collaborateurs pour qu'ils fournissent les outils de prise de décision et les tableaux de bord dont les managers ont besoin.

ERP et réseaux sociaux d'entreprise

Enfin, depuis 2011, un nouveau phénomène prend de l'ampleur et peut contribuer à orienter l'avenir des ERP : le développement des Réseaux Sociaux d'Entreprise (RSE) et, avec eux, la construction de l'entreprise numérique et l'émergence de nouvelles formes de collaboration dans l'entreprise et entre entreprises.

Certains voient dans ces RSE un des leviers majeurs de la future collaboration en entreprise. Or les ERP ont en leur temps été vendus sur la refonte de la collaboration de l'entreprise autour d'une base de donnée unique. Le RSE est également un moyen de collaboration, centré sur l'individu, qui permet d'aller là où les processus sont devenus trop rigides ou là où leur formalisation n'est tout simplement pas possible. Les RSE sont aussi un bon moyen de capturer de l'information et de mettre en place des processus plus rapidement. Par exemple, comment fluidifier les échanges autour de la réception d'une facture numérisée ? La reconnaissance numérique n'étant pas fiable à 100 % et les erreurs ou manques d'information existant aussi sur les factures des fournisseurs, un processus modélisé à l'extrême pour être déterministe dans tous les cas de figure est certainement une utopie qui risque de coûter cher à ceux qui vont se lancer dans cette aventure. La règle des 80-20 incite au contraire à n'automatiser que 80 % des cas les plus fréquents et à laisser faire la collaboration « humaine » pour les autres cas, quitte à l'assister un peu avec de l'informatique.

C'est là que le RSE, allant plus loin que la simple notification par courriel, peut jouer un rôle déterminant pour permettre à un groupe de personnes d'échanger de l'information et des fichiers multimédias, d'interagir en temps réel avec du microblogging et de rechercher des compétences dans la base de données, afin, par exemple, de rectifier les erreurs et les manques d'information ou d'affecter la facture au bon projet.

Pour conclure, l'ERP du futur est certainement celui saura capitaliser sur les fondamentaux de l'ERP, la base de données unique pour gérer l'ensemble des ressources de l'entreprise, et qui saura entre autres :

- ouvrir ses modes de collaboration pour intelligemment enrichir les processus avec l'appui de réseaux sociaux ;
- accompagner la numérisation totale de tous les échanges de l'entreprise numérique ;
- replacer l'individu au cœur de cette entreprise avec un poste de travail mobile d'accès à l'ERP et à la collaboration.

Résumé

L'intégration d'un SI est une démarche structurante qui vise à accélérer la fluidité des processus intra- et interorganisationnels, à unifier le référentiel « données » pour l'ensemble de l'organisation structurée, à simplifier la gestion des infrastructures et à favoriser la maîtrise des coûts d'exploitation. L'*Enterprise Resources Planning* (ERP), ou Progiciel de Gestion Intégré (PGI), en est la traduction applicative. Autour d'une conception unifiée des données, des modules logiciels applicatifs supportent les processus des activités et métiers centraux et de support, et des logiciels transverses (*work flow*, infocentre) complètent la couverture fonctionnelle. Progiciel intégré autant qu'intégrateur, un ERP contient un nombre élevé de possibilités pour chaque processus, parmi lesquelles chaque entreprise utilisatrice retiendra celle qu'elle rendra active au sein de son organisation. L'enregistrement de ces décisions se fera par paramétrage. Les grands éditeurs d'ERP (SAP, Oracle, etc.) proposent certains modules logiciels adaptés aux fonctions de support (GRH, finance-comptabilité, etc.) et d'autres qui supportent les activités de la chaîne de production de la valeur. Si certaines entreprises visent l'intégration totale, d'autres préfèrent intégrer certaines chaînes d'activités, comme la logistique ou la relation client et faire supporter d'autres applications par des solutions logicielles dédiées et ne faisant pas partie de l'ERP global. Enfin, les ERP évoluent en même temps que les plateformes technologiques (Cloud Computing et plateformes mobiles) et les usages qui y sont liés, s'orientant ainsi vers des infrastructures matérielle ou logicielle (Open Source, Cloud, etc.), des services de types SaaS, et l'intégration des outils de la mobilité et de la collaboration tels que les versions pour tablettes et smartphone ou des fonctionnalités comme les réseaux sociaux d'entreprises.

Activités

Questions de révision

1. Donnez la définition d'un ERP en détaillant ses éléments constitutifs.
2. Quelles sont les conditions du bon fonctionnement d'un ERP dans une organisation internationale ?
3. Énumérez et décrivez les cinq principaux processus d'exécution de la chaîne logistique
4. Qu'est-ce que l'effet coup de fouet ? Comment les SI et de gestion de la chaîne logistique peuvent-ils amortir cet effet ?
5. Comment les SI, notamment Internet, favorisent-ils la gestion de la chaîne logistique ?
6. Comment peuvent se combiner l'EDI et l'ERP ?
7. En quoi l'ERP contribue-t-il à la synchronisation des flux physiques avec les flux d'information et les flux financiers ?
8. Décrivez les outils et les fonctions du logiciel de gestion de la relation client pour les ventes, le marketing et le service à la clientèle.
9. Établissez la distinction entre le CRM opérationnel et le CRM analytique.
10. À quelles conditions les systèmes de gestion de la relation client procurent-ils de la valeur aux entreprises ?
11. Quels défis managériaux les ERP posent-ils aux entreprises ? Comment relever ces défis ?
12. Quels défis managériaux posent l'obtention d'une complémentarité maîtrisée des RSE dans le cadre d'ERP déjà en place ?
13. Quels sont les axes de développement actuel des éditeurs d'ERP ?

Exercices de synthèse

1. Décrivez les principes de fonctionnement d'un ERP.
2. Évaluez comment les ERP peuvent procurer plus de valeur aux entreprises que les solutions informatisées non intégrées.
3. L'intégration peut concerner un ensemble de fonctions sans couvrir la totalité de celles de l'entreprise. Analysez les différences de potentiel de contribution d'une intégration partielle (type SCM ou CRM) par rapport à une intégration totale réalisée avec un seul ERP.
4. Identifiez les défis spécifiques que posent les ERP par rapport aux solutions logicielles dédiées et donc non intégrées. Comment les maîtriser ?

Questions de réflexion

1. « La gestion de la chaîne logistique porte davantage sur la gestion de l'information que sur celle du déplacement physique des biens. » Discutez des implications de cette affirmation.

2. « Si une entreprise désire mettre en œuvre un ERP, les managers doivent participer aux travaux de paramétrage. » Discutez des implications de cette affirmation.

Exercice sur le Web : évaluation des services de gestion de la chaîne logistique

Les entreprises de transport routier ne se limitent pas au transport de marchandises. Elles peuvent aussi fournir des services de gestion de la chaîne logistique à leurs clients et les aider à gérer leur information. Explorez les sites Web des entreprises UPS, Calberson, DHL, Norbert Dentressangle, Gefco et FedEx pour analyser comment les services de ces entreprises peuvent contribuer à la gestion de la chaîne logistique.

1. Quels processus de la chaîne logistique ces entreprises peuvent-elles prendre en charge pour leurs clients ?
2. Comment les sites Web de chaque entreprise peuvent-ils aider les clients à gérer leur chaîne logistique ?
3. Comparez les services de gestion de la chaîne logistique qu'offrent ces entreprises. Quelle entreprise choisiriez-vous pour aider la vôtre à gérer sa chaîne logistique ? Classez vos critères de choix par ordre décroissant d'importance.

Travail de groupe

La direction de la société de produits chimiques agricoles qui vous emploie est insatisfaite de la planification de la production. Les plans de production sont élaborés à partir des approximations de la demande de chaque produit, elles-mêmes fondées sur l'historique des commandes de ces mêmes produits. Si un client passe une commande imprévue ou modifie sa commande, les plans de production ne seront pas ajustables en conséquence. L'entreprise devra alors prévenir son client qu'elle ne peut exécuter sa commande ou encourir des frais additionnels en gardant un surplus de stock de produits finis pour prévenir les ruptures.

À la fin de chaque mois, les commandes sont compilées et entrées manuellement dans le SI de planification de la production de l'entreprise. Les données des SI d'inventaire et de production du mois passé sont entrées manuellement dans le SI de gestion des commandes de l'entreprise. Les analystes de la direction des ventes et de la direction de la production étudient les données en utilisant leur SI respectif pour déterminer les objectifs de vente et de production pour le mois suivant. Ces deux estimations sont généralement différentes. Les analystes organisent ensuite une réunion de planification de haut niveau pour revoir les objectifs de vente et de production et pour prendre en compte les objectifs des cadres supérieurs concernant la part de marché, le chiffre d'affaires et les marges. Le but de la réunion est de créer un plan directeur de production final. Ce processus de planification de la production dure 17 jours ouvrables, dont neuf sont consacrés à l'entrée et à la validation des données. Au cours des autres jours, les objectifs de production et de vente sont développés et rapprochés, et le plan directeur de production est finalisé.

1. Tracez un diagramme du processus actuel de planification de la production.
2. Analysez les problèmes qu'engendre ce processus pour l'entreprise.
3. Comment un ERP peut-il résoudre ces problèmes ? Comment peut-il réduire les coûts et les délais ? Tracez le diagramme de l'éventuel processus de planification de la production si l'entreprise décide de mettre en application un ERP et indiquez les endroits générateurs de gains globaux.

Étude de cas : Faurecia

Le groupe Faurecia, grand équipementier automobile, naît de la fusion d'ECIA, filiale de PSA Peugeot Citroën créée en 1997 à partir d'anciennes divisions du groupe, et du producteur de sièges automobiles Bertrand Faure. En 2001, Faurecia achète l'équipementier automobile Sommer-Allibert. Le groupe reste une filiale à 57,43 % de PSA. Le désengagement de PSA est fréquemment évoqué, mais ce dernier a toujours démenti une telle intention. Malgré la crise économique, Faurecia a réussi en 2008 à maintenir une marge opérationnelle positive à 0,8 % (91,2 millions d'euros), contre 1 % en 2007 (121,1 millions d'euros). Des charges de restructurations ont cependant creusé sa perte nette à 574,8 millions d'euros, contre 237,5 millions en 2007. L'entreprise table sur une chute de l'activité de 20 % de son chiffre d'affaires en Europe et de 30 % en Amérique du Nord en 2008. Une augmentation de capital de 450 millions d'euros, garantie à 100 % par PSA, est alors soumise au vote des actionnaires le 23 avril 2009.

Confronté à un outil industriel peu performant (coûts de production élevés, qualité insuffisante, etc.) au début des années 2000 et contrairement à la forte croissance constatée aux États-Unis, le groupe a traversé en 2005/2006 une période difficile, alors que l'industrie automobile profitait globalement de la croissance du marché. En 2008, malgré la modernisation de l'entreprise, celle-ci a été durement touchée par la crise économique. Faurecia adopte alors le plan Challenge en 2009, avec pour objectif d'abaisser le point mort de 15 % pour créer un effet de levier au retour de la croissance. Le groupe a particulièrement souffert sur les échappements, où l'entreprise était très implantée aux États-Unis, alors que la résistance de Volkswagen ou BMW a permis de limiter les pertes dans le secteur des sièges. Faurecia réalise 25 % de son chiffre d'affaires avec le groupe Volkswagen (contre 23 % avec PSA), dont 12 % avec Audi, devenue son premier client.

Faurecia s'est mis au défi de réduire la masse des composants, alors que sièges, équipements intérieurs, pare-chocs et échappements représentent de 15 à 20 % de la masse totale d'un véhicule. Pour l'échappement, Faurecia prépare de nouveaux systèmes de dépollution pour les moteurs Diesel et pour diminuer les oxydes d'azote afin de satisfaire les normes Euro 5 et Euro 6.

Faurecia regroupe quatre activités principales :

- la fabrication des sièges ;
- l'assemblage-production de planches de bord, panneaux de porte, consoles centrales ;
- la production de pièces de carrosserie en plastique (pare-chocs, hayons, etc.) ;
- la production de systèmes de contrôle des émissions (échappement).

En 2011, Faurecia était le sixième équipementier automobile au monde, tout en se situant parmi les trois premiers mondiaux dans chacun de ses principaux métiers : leader mondial pour les intérieurs de véhicules et les échappements, n° 3 pour les sièges et n° 2 pour les blocs avant. Faurecia était le troisième équipementier automobile européen (sièges, cockpits, systèmes d'échappement, etc.), derrière Bosch et Continental. Cette même année, le chiffre d'affaires de Faurecia s'est élevé à 16,2 milliards d'euros ; il est monté jusqu'à 17,4 milliards d'euros pour 2012. Au 31 décembre 2012, Faurecia employait 94 000 personnes dans 34 pays et sur 320 sites, dont 30 centres de R&D. Faurecia est coté sur le marché NYSE Euronext de Paris et le marché *Over-The-Counter* (OTC) aux États-Unis.

Aujourd'hui, le slogan du groupe est « la perfection technique, la passion automobile ».

C'est avec Accenture que Faurecia avait construit et déployé sa solution ERP, choisissant SAP en 2010. Ce déploiement a permis de refondre et d'optimiser de nombreux processus, et ce dans le monde entier. Les nouveaux processus, et la solution unique SAP, qui remplaçait 25 autres ERP distincts et environ 130 systèmes de production ou financiers, ont permis à l'équipementier automobile de gérer ses opérations de façon plus efficace et normalisée, et d'améliorer ses processus dans toutes les fonctions.

Acteur mondial de l'industrie automobile, dont les sites de production sont répartis sur plusieurs continents et dont les contrats peuvent s'étaler sur dix ans, Faurecia est confronté à un pilotage d'entreprise complexe et à la nécessité de mesurer au plus près ses indicateurs de performance afin d'améliorer sa gestion. Avec les technologies traditionnelles de bases de données et de *business intelligence* autrefois en place, les *datawarehouse* se multipliaient et il fallait plusieurs jours à Faurecia pour calculer, par exemple, sa profitabilité ou sa marge opérationnelle.

Au-delà, le groupe devait être capable de mesurer en permanence l'écart entre sa profitabilité réelle et sa profitabilité théorique. Si un contrat était signé avec une profitabilité théorique de 5 % – marge visée par Faurecia – et qu'il dérivait d'un ou deux points en raison, par exemple, de délais de production non respectés, c'est la profitabilité du groupe qui pouvait être affectée, et ce pour plusieurs années. Ainsi, Faurecia devait non seulement améliorer la fiabilité des calculs de ses indicateurs de performance mais aussi leur rapidité, dans un contexte rendu plus complexe par le passage d'une instance unique à trois instances de son ERP et à une volumétrie très importante (avec la gestion des flux *just-in-time* et du *just-in-sequence*).

Les usines Faurecia ayant des volumétries de commande et de production très différentes, capables d'évoluer d'un jour à l'autre, le groupe a atteint la limite de ses SI, notamment en raison de la volumétrie des commandes et des combinaisons sur les chaînes de production du groupe. « *Ayant atteint les limites de nos systèmes actuels, nous mettions parfois jusqu'à 21 ou 22 heures pour élaborer de nouveaux MRP (*Material Requirements Planning *ou planification des ressources de production)*, explique Bertrand Eteneau, le DSI du groupe Faurecia. *Les technologies que nous utilisions pour gérer les stocks ou les approvisionnements sur certaines usines n'étaient plus suffisantes pour pallier aux évolutions et aux prérequis du métier.* »

En effet, confronté à la nécessité d'améliorer, d'une part, la gestion de ses stocks et de ses approvisionnements et, d'autre part, l'analyse et le pilotage de ses opérations financières telles que le calcul de la profitabilité ou celui de la marge opérationnelle, Faurecia a fait le choix de la plateforme In-Memory SAP HANA.

Au quotidien, cette plateforme répond à deux besoins principaux pour Faurecia :

- la gestion des opérations courantes au sein des différentes usines du groupe, avec la gestion des stocks et des approvisionnements et, plus largement, la planification des ressources de production ;
- l'analyse des opérations financières et des indicateurs de performance, ainsi que le pilotage en temps réel de l'entreprise, au siège de Faurecia.

En 2013, Faurecia a donc mis en œuvre un pilote de la plateforme SAP HANA dans ses usines de Munich et d'Alabama afin d'être capable d'élaborer ses MRP en quelques minutes, quand plusieurs heures étaient auparavant nécessaires. Les ordres fermes non prévisionnels de commandes arrivent un mois avant la livraison, mais ils peuvent parfois être modifiés jusqu'à quatre heures avant celle-ci. Quelques minutes au lieu de quelques heures. « *La problématique est l'instantanéité...* », a expliqué le DSI. En cas de retard, l'équipementier est redevable de lourdes pénalités qui peuvent se compter en millions d'euros. « *Nous sommes à la fois dans le juste-à-temps et dans le juste-en-séquence parmi par exemple 1 000 combinaisons de coiffe [tissu ou cuir] possible sur les sièges d'un véhicule Audi. Nous devons livrer à la minute près le bon produit dans la bonne séquence.* » Pour assurer le bon réassort dans les usines, Faurecia travaille avec les données de ses clients – les plans de production et d'approvisionnement – et celles de son stock pour adapter ses MPR en temps réel. Il a donc fallu que Faurecia puisse calculer ses plans de production et d'approvisionnement et adapter ses MRP presque en temps réel en fonction des ordres fermes passés par ses clients.

Déjà client de SAP, Faurecia a donc fait le choix de SAP HANA pour gérer en temps réel ses MRP. Livré en seulement un mois, il permet aux usines Faurecia équipées de calculer leurs plans de production et d'approvisionnement ainsi que leurs MRP en quelques minutes seulement. Ainsi, les usines ayant mis en œuvre HANA ont vu leurs capacités opérationnelles ainsi que leur qualité de service améliorées. « *Grâce à SAP HANA, nous travaillons désormais avec des données plus fraîches* », indique Bertrand Eteneau. SAP HANA est un outil de type *Big Data* : la plateforme SAP HANA combine les technologies In-Memory et des logiciels analytiques avancés pour aller au-delà des systèmes de gestion de base de données classique, ce qui permet de réaliser des requêtes dans différents types de sources de données à une vitesse et pour des volumes records.

La mise en œuvre de SAP HANA chez Faurecia et ses capacités de calcul en temps réel ont permis à Faurecia d'améliorer considérablement l'analyse de ses indicateurs de performance et le pilotage de ses activités au quotidien. Grâce à l'analyse en temps réel de ces indicateurs de performance, les contrôleurs de gestion de Faurecia peuvent désormais passer plus de temps sur l'exploitation et l'analyse de grands volumes de données, HANA permettant en outre aux directeurs de programmes de prendre des mesures correctives le plus vite possible.

Bertrand Eteneau est satisfait de la façon dont le projet s'est déroulé et des premiers bénéfices constatés : « *Avec le pilote du MRP déployé en à peine un mois, nous sommes satisfaits de la qualité de la solution et de la qualité du consulting de l'équipe de support SAP*, explique-t-il. *Pour Faurecia, trois domaines sont fondamentaux pour bien gérer un projet : la technologie, le charge management [la gestion de la capacité de traitement et de données] et le business process reengineering [la réingénierie des processus business]. La plateforme SAP HANA nous a permis d'avoir une meilleure approche de chacun de ces domaines et d'améliorer la valeur que nous apportons au métier* ».

Faurecia n'a pas l'intention de s'arrêter en si bon chemin ; une fois les déploiements en cours de SAP HANA effectués, c'est la totalité des sites du groupe qui seront équipés, et ce dans les prochains mois. L'équipementier a d'autres projets avec HANA, notamment dans une usine Ford aux États-Unis. « *Avec HANA, nous allons également envisager la transformation d'autres métiers et travailler sur de nouveaux scénarios : RH, achat et d'autres perspectives...* ».

Sources :

http://www.cxp.fr, 05/04/2013

Dossier de recherche « *BIG DATA* : nouvelles approches pour l'analyse de données à structures multiples », **http://www.cxp.fr**, avril 2012

http://www.lemondeinformatique.fr/actualites, 28/03/2013

www.faurecia.com, consulté le 18/04/2013

Dossier « SAP HANA Database for Next-Generation Business Applications and Real-Time Analytics », **www.sap.com**, consulté le 18/04/2013

www.accenture.com, consulté le 18/04/2013

Questions sur l'étude de cas

1. Comment le choix de la solution SAP et son déploiement avec Accenture ont-ils permis à Faurecia de faire évoluer son SI en 2010 ?
2. Quelles sont les contraintes liées au métier d'équipementier automobile de Faurecia qui l'ont amené à se pourvoir d'un outil de type *Big Data* en 2013 ?
3. Quels sont les facteurs clés de succès d'une telle démarche ?
4. En quoi l'ERP est-il structurant pour Faurecia ?

Chapitre 10

L'entreprise et le commerce électronique

Objectifs pédagogiques

- Analyser l'impact des SI, et notamment d'Internet, sur les modèles économiques et organisationnels.
- Définir le commerce électronique et décrire la manière dont il peut transformer les différentes formes de commerce (*B to C*, *B to B*).
- Identifier les principaux systèmes de paiement associés au commerce électronique.
- Évaluer la manière dont les SI, et notamment Internet, favorisent la gestion et la coordination des processus intra- et interorganisationnels.
- Évaluer les défis que pose le commerce électronique à l'entreprise.

Vente-Privee.com : le pionnier du déstockage en ligne

En 2013, le site réalise un chiffre d'affaires de 1,3 milliard d'euros, dont 20 % réalisés à l'étranger. La filiale américaine, créée avec American Express en 2011, réalise quant à elle près de 25 millions de dollars de chiffre d'affaires. La société emploie 1 800 salariés, travaille avec 2 000 fournisseurs et compte 18 millions de clients qui génèrent une activité de 6,24 millions de visiteurs uniques par mois. Vente-privee.com organise sur son site environ 6 100 événements (ventes privées) par an.

En 2001, Jacques-Antoine Granjon, actuel patron de Vente-privee.com, inaugure le site événementiel, en étroite collaboration avec ses sept associés, toujours actifs dans l'entreprise. Avec pour objectif de transposer le concept, déjà existant, de ventes événementielles au nouvel outil de commerce, Internet, il entame une recherche de marques en vue d'alimenter sa plateforme avec des produits variés et à des prix fortement remisés. En 2005, Vente-privee.com remporte le Prix pour l'innovation comme meilleur site Web de commerce électronique en France et est nommé Premier Site Web de commerce électronique en termes de satisfaction clients, selon le baromètre Direct Panel.

Spécialiste du déstockage des articles de mode et de la maison, Vente-privee.com est le principal artisan du concept de ventes événementielles sur Internet. Depuis son lancement, le site français s'adresse à ses membres à travers des courriels accompagnés de bandeaux, envoyés la veille de la vente en question. De ce fait, il présente un nouveau mode d'achat à travers le concept de la vente limitée dans le temps, permettant aux personnes intéressées d'acquérir les biens uniquement en ligne, leur garantissant un paiement ultrasécurisé. …

Le site événementiel Vente-privee.com touche différents créneaux de la grande consommation : prêt-à-porter, accessoires de mode, équipement de la maison, jouets, articles de sport, *high-tech*, etc. Il est en relation directe avec plus de 1 450 marques européennes, offrant à sa clientèle des remises pour un prix jusqu'à 70 % inférieur à celui des boutiques.

La société rencontre deux préoccupations principales :

- la relation client ;
- la logistique (y compris l'entreposage).

La relation client

En février 2013, Vente-privée.com remporte le trophée Qualiweb. Selon Jacques-Antoine Granjon, « *ce trophée est une très belle récompense pour les équipes. Quand on vend exclusivement sur Internet, qui est un espace virtuel désincarné, en ayant fait le choix de ne faire ni publicité ni achat de mots clés sur Google, c'est une volonté stratégique de placer le service et le client au centre, pour créer la confiance et le bouche à oreille positif. Nous avons 18 millions de membres à qui nous envoyons chaque jour, voire deux fois par jour, un mail annonçant une vente événementielle, et nous livrons 60 millions de produits par an. Chez nous, l'achat n'est pas un besoin, mais un acte de plaisir. Or recevoir un colis ne crée pas une relation émotionnelle. L'enjeu est donc bien, chaque fois qu'un membre peut avoir un problème, de le résoudre le mieux possible pour transformer le client en ambassadeur. Seule une relation client empathique et efficace, qui passe par la voix ou des mails personnalisés, peut incarner notre marque.* » Toujours à propos du service client, Jacques-Antoine Granjon continue : « *Chez Vente-privee.com, on considère le service client non pas comme un coût, mais comme un investissement : voilà la clé. Nous gérons chaque année 1,3 million de personnes souhaitant des informations, dont 80 % provenant de mails ; nous travaillons avec plusieurs prestataires pour les demandes sans valeur ajoutée. Aucun n'est "offshore", ils sont tous installés en France. Pour les demandes plus complexes, nous avons fait le choix d'un Service Relations Membres [SRM] à notre siège, à la Plaine-Saint-Denis. Sur une équipe de 70 personnes, une quinzaine se consacre au* call back *[rappel] et 45 aux mails.* »

La logistique

Le pôle logistique de Lyon a une superficie de 70 000 mètres carrés et permet de gérer 70 % du volume de la société. Il est divisé en trois sites. Lyon 1 est dédié au stockage de certains types de produits, qui suivent un parcours plus long par rapport au *cross-docking* (de l'approvisionnement des fournisseurs à la livraison aux clients) de la majorité des ventes de l'entreprise. Le site de Lyon 3 sert au tri des produits de tailles et typologies particulières, plus complexes, tandis que Lyon 2 est un entrepôt qui absorbe 50 % de la production de Vente-privee.com et équipé d'un trieur double pour la gestion rapide des produits plus standard, principalement des vêtements et des chaussures.

L'entrepôt de Lyon 2 est opérationnel depuis 2008 et couvre une superficie de 20 000 mètres carrés. Il y circule environ 100 000 produits par jour, mais le chiffre peut tripler. C'est ici qu'ont lieu le tri et la préparation des expéditions des produits textiles et des vêtements, entièrement en *cross-docking*. Les bandes automatisées, avec une série successive de lectures des codes-barres, font arriver chaque colis à la machine d'emballage, où la boîte est « coupée » et fermée de manière à optimiser la taille de l'emballage selon le contenu (économie de temps, de coûts de transport et une attention plus grande accordée à l'impact environnemental). La plupart des produits sont expédiés à l'étranger. Pour les marques vendues, il est en effet plus facile d'envoyer tous les produits dans un site unique, puis de confier le tri à Vente-privee.

Parmi les produits, 80 % arrivent directement des fournisseurs par camion, tandis que les 20 % restants proviennent de l'entrepôt adjacent (Lyon 1). Au moment de la réception, ils sont subdivisés en fonction de la fragilité et de l'emballage : ceux qui ne sont pas fragiles restent d'une part, tandis que les produits les plus fragiles sont traités sur une chaîne plus « prudente » qui fonctionne à une vitesse réduite et utilise des goulottes pour transférer les produits dans les cartons. On utilise un ERP pour les domaines de la gestion et des finances de l'entrepôt, ainsi qu'un logiciel de gestion d'entrepôt (Logistic Manager 7) (*Warehouse Management System)* couplé avec un autre logiciel qui contrôle l'automatisation du triage. Les salariés ont un certain niveau d'initiative à plusieurs étapes d'acheminement des produits dans l'entrepôt. Le délai entre l'achat sur le site et la livraison chez le client est passé de 20 jours en 2010 à 14 jours en 2011.

En 2006, Vente-privee.com lance des sites locaux en Espagne et en Allemagne. En 2007, l'entreprise vend 20 % de son capital au fonds américain Summit Partners et introduit en exclusivité le VPSound, une compilation des meilleures bandes sonores des ventes. En 2008, elle lance des sites locaux en Italie et au Royaume-Uni, puis inaugure également l'entrepôt Lyon 2 et présente son nouveau système de traitement des commandes, qui symbolise une des plus importantes réalisations logistiques en termes d'automatisation, à l'échelle nationale. Toujours en 2008, Vente-privee.com fête son milliardième visiteur et remporte l'Oscar dans la catégorie VAD/E-commerce. Plus récemment, en 2011, la firme française lance son site aux États-Unis en *joint-venture* avec American Express et ouvre un entrepôt en Italie.

Fort de son positionnement de leader sur le secteur des ventes événementielles en ligne, Vente-privee.com ne cesse de faire évoluer son *business model* en introduisant de nouveaux services pour les marques clientes et les membres. Depuis 2007, la croissance du chiffre d'affaires de Vente-privee.com se nourrit essentiellement du développement international et de sa capacité à proposer de nouveaux secteurs dont la billetterie, l'immobilier, le vin et le voyage, tout en conservant son pilier traditionnel, le textile, qui représente 50 % des ventes en 2012.

Sources :
Data Collection, 04/2013
Stratégies, 02/2013
www.lesechos.fr, 01/2013
L'Usine nouvelle, 01/2013
LSA, 01/2013

Matière à réflexion :

En quoi la relation commerciale de vente-privee.com avec chacun de ses clients est-elle personnalisée ?

Comment vente-privee.com fidélise-t-elle ses clients au moyen des SI ?

Le cas Vente-privee.com est un exemple innovateur de la façon dont on peut utiliser et mobiliser des combinaisons entre des SI transactionnels classiques et Internet pour développer son activité *via* le e-commerce et obtenir une organisation commerciale et logistique singulière, performante et en forte croissance.

En tant que manager, vous devrez savoir comment, au-delà des modes et des apparences, votre entreprise peut tirer parti du commerce électronique. Dans ce chapitre, nous verrons comment les SI (Internet, EDI [*Electronic Data Interchange*], etc.) créent une plateforme technologique capable de supporter la vente et l'achat de produits en les combinant aux processus internes et de supporter également des processus d'affaires considérables au sein de l'entreprise. Nous examinerons de nouvelles méthodes d'organisation et de gestion fondées sur la technologie d'Internet. En plus de décrire les nouveaux avantages et les nouvelles possibilités qu'offrent les SI associés au commerce électronique, nous identifierons les défis qu'il convient de relever afin de tirer pleinement profit de ses SI et nous suggérerons des stratégies pour y parvenir.

1 Internet et le commerce électronique

Avez-vous déjà acheté de la musique en ligne ? Avez-vous déjà recherché sur Internet des informations sur vos baskets avant d'aller les acheter dans une boutique ? Si oui, vous avez déjà participé au e-commerce. Même si la majorité des achats est encore réalisée *via* les canaux traditionnels, le e-business connaît une croissance rapide et transforme la manière dont les entreprises exercent leurs activités commerciales.

1.1 Le e-commerce aujourd'hui

Le e-commerce consiste à utiliser Internet et le Web pour effectuer des transactions commerciales. De manière plus formelle, le e-commerce définit les transactions commerciales numériques qui ont lieu entre les entreprises et les particuliers.

Ces transactions supposent la circulation de valeurs (de l'argent par exemple) entre des acteurs organisationnels et individuels en échange de produits et de services.

Le e-commerce est apparu en 1995 quand un des premiers portails Internet, Netscape.com, a accepté pour la première fois de servir de support aux publicités de grandes entreprises, popularisant ainsi l'idée que le Web pouvait constituer un nouveau vecteur pour la publicité et la vente. À l'époque, personne n'avait imaginé que le e-commerce de détail suivrait une courbe de croissance à ce point exponentielle, qui a triplé puis doublé au cours de ses premières années. Le e-commerce a connu un taux de croissance mondial de 21 % en 2012 : 19 % pour la France (22 % en 2011), de 22 % pour l'Europe et de 9 % pour les États-Unis (voir figure 10.1).

Imitant en cela le parcours d'autres innovations technologiques telles que le téléphone, la radio et la télévision, la croissance très rapide du e-commerce dans ses premières années a créé une bulle sur le marché boursier. Comme toutes les bulles, celle du « dotcom » a éclaté en mars 2001. Un grand nombre d'entreprises dédiées au e-commerce se sont alors effondrées.

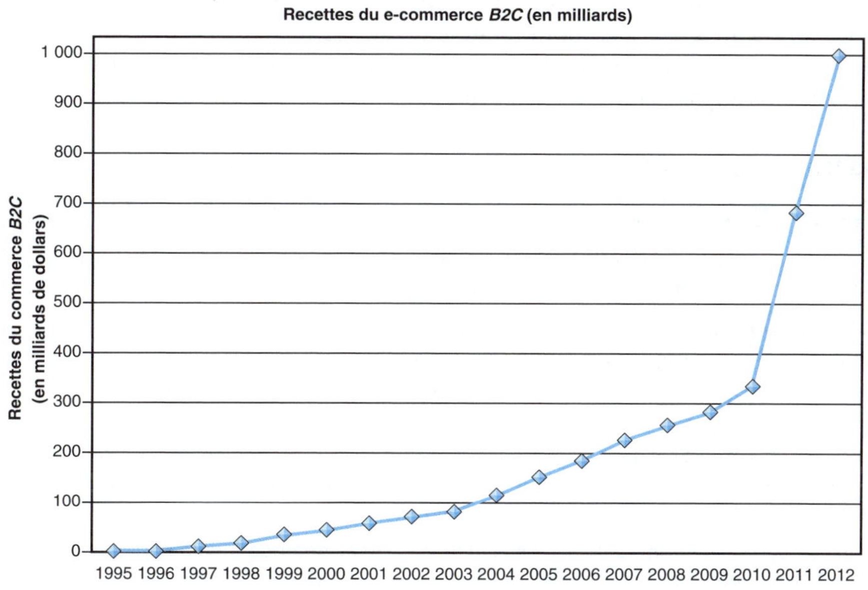

Figure 10.1 – Croissance du e-commerce.

Voici quelques chiffres pour mieux comprendre l'ampleur de ce développement :

- Les ventes en ligne ont augmenté de plus de 21 % en 2012 pour atteindre 1 000 milliards de dollars (en comptant les ventes de voyages) selon une étude eMarketer de 2013. 904 millions de personnes ont effectué des achats en ligne (eMarketer, 2013).
- Le nombre de personnes ayant accès à Internet dans le monde est passé de 300 millions en 2004 à 2 milliards 400 millions en 2012. La croissance de la population dotée d'un accès à Internet a évidemment encouragé la croissance du e-commerce.
- Au cours d'une minute, à travers le monde, 1,3 million de vidéos sont consultées, 2 millions de recherches sur Google sont lancées, 300 000 personnes se connectent à leur page Facebook, 100 000 nouveaux messages sur Twitter sont envoyés, 47 000 applications pour Apple sont téléchargées, 204 millions de courriels sont envoyés (69 % de spams). (Intel.com, 2013).
- Le e-commerce *B to B*, qui consiste en l'utilisation d'Internet dans le commerce entre entreprises (*Business to Business*) et la collaboration entre les partenaires commerciaux, a atteint 12 400 milliards de dollars en 2012, soit dix fois plus que le volume du commerce électronique utilisé par les particuliers en *B to C*.

La révolution du e-commerce est encore en marche. Les particuliers et les entreprises ont de plus en plus souvent recours à Internet pour faire du commerce. Ce phénomène peut s'expliquer : les produits et les services disponibles en ligne sont toujours plus nombreux et de plus en plus de foyers accèdent au haut débit. En 2012, ils étaient un milliard à utiliser les téléphones multifonctions (smartphones), pour cinq milliards de possesseurs de téléphones mobiles (tous types confondus). L'usage de ce nouveau type d'appareil augmente l'activité du e-commerce (cela s'appelle le m-commerce). Le e-commerce va toucher quantité de secteurs, notamment le voyage, la musique, le divertissement, l'information, les logiciels, la formation et la finance. Le tableau 10.1 illustre les derniers développements apparus dans le e-commerce.

Tableau 10.1 : Croissance du e-commerce

Transformation du e-commerce
– Par rapport aux magasins, aux offres de services et aux lieux de divertissements du monde réel, le e-commerce demeure la forme de commerce dont la croissance est la plus rapide.
– La première vague du e-commerce a transformé l'industrie du livre, de la musique et des billets d'avion. Avec la seconde vague, neuf autres secteurs sont métamorphosés selon le même scénario : la publicité, la téléphonie, le cinéma, la télévision, la bijouterie, l'immobilier, l'hôtellerie, le recouvrement et les logiciels.
– Le e-commerce prend de plus en plus d'envergure, tout particulièrement dans les économies de services telles que les réseaux sociaux, les voyages, les centres d'échange d'information, le divertissement, le prêt-à-porter, l'électroménager et l'ameublement.
– Les caractéristiques démographiques des acheteurs en ligne s'étendent pour rejoindre celles des acheteurs traditionnels.
– Les modèles commerciaux caractéristiques du e-commerce sont retravaillés de manière à devenir plus rentables, tandis que les distributeurs traditionnels comme Wal-Mart, Carrefour ou Auchan ont recours au e-commerce pour conserver leur place de leaders.
– Les petites entreprises continuent d'inonder le marché du e-commerce. Elles empiètent souvent sur les infrastructures créées par les géants d'un secteur, comme Amazon et eBay.
Évolutions technologiques
– Les connexions Internet sans fil (WiFi, WiMax et téléphones mobiles 3G et 4G) connaissent une forte croissance.
– Des téléphones multifonctions puissants prennent en charge la musique, les courriels, les réseaux sociaux, la navigation Web et les jeux, en plus de la communication vocale. Le téléchargement a pris son essor en tant que mode de diffusion pour la vidéo, la radio ainsi que pour des logiciels appelés « applications ».
– L'Internet à haut débit s'est répandu dans les entreprises et chez les particuliers parallèlement à la baisse des tarifs.
– De nouveaux modèles d'interchanges entre partenaires commerciaux, fondés sur Internet (« .net » et les services Web par exemple), ont permis au *B to B* d'étendre son champ d'action.
Émergence de nouveaux modèles commerciaux
– Plus de la moitié de la population des utilisateurs réguliers d'Internet fait partie d'un réseau social, contribue à des sites de partage, crée des blogs et échange des photos. L'ensemble de ces sites crée un public en ligne aussi important que l'audience de la télévision et attire les spécialistes du marketing (*Big Data*).
– Le modèle publicitaire traditionnel est sérieusement déstabilisé par Google et d'autres acteurs technologiques tels que Microsoft, Facebook et Yahoo!, qui cherchent à dominer la publicité en ligne tandis que, hors ligne, des courtiers en publicité s'intéressent à la télévision et aux journaux.
– Internet propose des versions interactives de journaux et d'autres médias traditionnels, mais ceux-ci doivent faire face à une baisse de leurs recettes publicitaires malgré la conquête d'un nouveau lectorat en ligne.

1.2 En quoi le e-commerce est-il différent ?

Pourquoi le e-commerce a-t-il connu une croissance aussi rapide ? La réponse est à chercher du côté de la nature unique d'Internet et du Web. Internet et le e-commerce sont des technologies beaucoup plus riches et puissantes que ne l'étaient les innovations précédentes comme la radio, la télévision et le téléphone. Le tableau 10.2 décrit les fonctionnalités uniques d'Internet et du Web en tant qu'outils commerciaux. Nous allons explorer chacune d'elles plus en détail.

Tableau 10.2 : Huit fonctionnalités propres aux technologies du e-commerce

Caractéristiques technologiques du e-commerce	Impact commercial
Ubiquité. La technologie Internet/Web est disponible partout : au travail, à la maison, partout et à toute heure grâce aux appareils mobiles.	La place de marché va au-delà des frontières traditionnelles et fait abstraction des limites spatio-temporelles. Un *marketspace* est mis en place ; on peut effectuer ses achats n'importe où, ce qui induit pour le client plus de confort ainsi qu'une réduction des coûts.
Couverture mondiale. Cette technologie traverse toutes les frontières du globe.	Le commerce peut dépasser les frontières culturelles et territoriales, de manière homogène et sans bouleversement. Le *marketspace* compte potentiellement des milliards de clients et des millions d'entreprises à travers le monde.
Normes universelles. Les normes Internet regroupent un ensemble de normes technologiques.	Un seul ensemble de normes techniques adoptées dans le monde entier permet à des systèmes informatiques différents de communiquer facilement les uns avec les autres.
Richesse. Il est possible d'utiliser de la vidéo, de l'audio et du texte.	Le message marketing est intégré dans de la vidéo, de l'audio et du texte pour harmoniser l'expérience client.
Interactivité. Cette technologie fonctionne à l'aide d'une interaction avec le client.	Les clients prennent part à un dialogue qui permet d'ajuster le produit de manière dynamique à chacun. Le client est invité à participer aux processus de mise à disposition des produits sur le marché.
Densité d'information. Cette technologie réduit les coûts d'information et améliore la qualité.	Les coûts de traitement de l'information, de stockage et de communication baissent de manière radicale, tandis que la fiabilité, l'exactitude et la régularité des informations s'améliorent. L'information est abondante, bon marché et plus pertinente.
Personnalisation. Cette technologie permet de personnaliser les messages envoyés à des personnes ou à des groupes.	La personnalisation des messages marketing et des produits et des services s'effectue en fonction des caractéristiques personnelles des clients.
Technologie sociale. Cette technologie génère du contenu utilisateur et réseau social.	De nouveaux modèles sociaux et commerciaux fondés sur Internet contribuent à la création et à la distribution de contenu utilisateur et encouragent les réseaux sociaux.

Ubiquité

Dans le commerce traditionnel, réaliser un échange, une transaction nécessite un espace où les acteurs de l'offre et de la demande se rencontrent physiquement, un magasin par exemple. Le e-commerce se caractérise quant à lui par l'ubiquité. En d'autres termes, il est accessible partout et à tout moment. Vous pouvez désormais effectuer des achats à la maison ou au travail – à partir d'un ordinateur – ou même dans un train ou depuis votre véhicule (en tant que passager naturellement !) grâce au commerce mobile. Cette virtualisation de l'espace marchand, le *marketspace*, est une place de marché électronique qui s'étend hors des frontières habituelles, libérée des contraintes spatio-temporelles.

Du point de vue client, l'ubiquité réduit les coûts de transaction (coûts de participation au marché). Consacrer du temps et de l'argent pour se rendre sur un marché devient inutile, et l'effort préalable aux achats semble diminué.

Couverture mondiale

Grâce au e-commerce et à ses infrastructures technologiques, les transactions commerciales traversent les frontières territoriales et culturelles beaucoup plus facilement et à un coût inférieur au commerce traditionnel. Par conséquent, le marché potentiel pour les e-vendeurs englobe à peu près l'ensemble de la population mondiale qui accède à Internet (plus de deux milliards de personnes sur les sept que compte notre planète… et le nombre de connectés ne cesse de croître).

Par contraste, les commerces plus traditionnels sont locaux ou régionaux. Il s'agit de ceux qui travaillent sur un secteur local.

Normes universelles

Une des fonctionnalités les plus frappantes du e-commerce est que les normes de la technologie Internet, et donc celles régissant le e-commerce, sont devenues universelles de fait.

Elles sont communes à tous les pays du monde et permettent à n'importe quel ordinateur de se connecter à un autre ordinateur, quelles que soient leurs plateformes technologiques respectives. *A contrario*, les technologies associées aux modèles commerciaux plus traditionnels varient d'un pays à un autre. Les normes pour la télévision et la radio y sont différentes, tout comme les technologies de téléphonie mobile.

Richesse

La richesse de l'information fait référence à la pertinence, à la complexité et au contenu d'un message. Les marchés traditionnels, les vendeurs d'envergure nationale et les petits distributeurs ont une grande richesse : ils peuvent proposer un service direct, en face à face, au cours duquel ils peuvent recourir à des techniques orales et visuelles lors d'une vente. La richesse des marchés traditionnels fait d'eux des acteurs puissants dans les environnements de la vente et du commerce.

En parallèle, afin d'opérer et de développer une activité de e-commerce, les entreprises ont bénéficié des normes techniques universelles d'Internet. Le e-commerce et la mise en œuvre de ces normes ont contribué à faire baisser les coûts d'entrée sur le marché (ce que coûte aux vendeurs la mise sur le marché des produits). Dans le même temps, ces normes universelles ont permis de faire diminuer les coûts de recherche pour les clients (l'effort requis pour trouver des produits adaptés). Dans certains secteurs (voyages), les clients sont même surinformés.

Avant le développement du Web, il fallait opérer un compromis entre richesse et portée : plus on touchait de clients, moins riche était le message. Le Web a permis de proposer simultanément des messages texte, audio et vidéo de qualité à un grand nombre de personnes.

Interactivité

Contrairement aux principales technologies commerciales du XXe siècle (à l'exception du téléphone), les technologies du e-commerce du XXIe siècle sont interactives. Autrement dit, elles favorisent une communication bidirectionnelle entre le vendeur et le client. La télévision ne peut par exemple pas poser de questions aux téléspectateurs, ni engager une conversation avec eux ; elle ne peut pas non plus leur demander de remplir un formulaire contenant des informations à leur sujet. Toutes ces activités sont en revanche possibles sur un site Web de e-commerce. Ainsi, grâce à l'interactivité, un marchand en ligne a la possibilité d'engager une conversation avec le client presque comme s'ils étaient en face à face, non seulement en s'affranchissant des contraintes de distance, mais en établissant des modalités relationnelles directes avec une multitude d'interlocuteurs répartis à travers le monde. Avec le développement des réseaux sociaux (Facebook, Twitter, etc.), la réaction des clients peut se répandre à d'autres personnes de manière toujours plus rapide.

Densité d'information

Internet et le Web augmentent fortement la densité de l'information (la quantité totale d'information disponible pour tous les acteurs d'un marché, qu'ils soient vendeurs ou clients). Le e-commerce, quant à lui, réduit les coûts de collecte, de stockage, de traitement et de communication tout en augmentant la fiabilité, l'exactitude et la régularité des informations.

La densité de l'information observée sur les marchés du e-commerce peut encourager la transparence des prix et des coûts. La transparence des prix se rapporte à la facilité avec laquelle les clients peuvent aujourd'hui consulter l'ensemble des prix proposés pour un produit sur le marché. La transparence des coûts correspond à la possibilité pour les clients de découvrir le coût réel payé par les vendeurs pour leurs produits.

Les vendeurs, eux aussi, en retirent des avantages. Les marchands en ligne peuvent obtenir beaucoup plus d'informations sur leurs clients que par le passé. Ils peuvent ainsi segmenter le marché en plusieurs groupes prêts à payer des prix variables pour un même produit, ce qui les amène à s'engager dans une discrimination des prix (vendre les mêmes biens ou presque à des prix différents en fonction du groupe ciblé). Un marchand en ligne peut par exemple découvrir qu'un client apprécie particulièrement les séjours luxueux vers des destinations lointaines. Il peut alors lui adresser des propositions haut de gamme à un prix élevé, puisqu'il sait que cette personne sera prête à payer un peu plus pour ce genre de séjour. Il peut au même moment envoyer une offre identique, mais à un prix inférieur, à un client plus regardant sur les prix. La densité d'information aide également les vendeurs à différencier leurs produits en termes de coût, de marque et de qualité.

Personnalisation

Les technologies du e-commerce se prêtent également à la personnalisation : les vendeurs peuvent cibler un client spécifique à l'aide d'un message marketing approprié, de ses centres d'intérêt et de ses achats précédents. Cette technologie rend également possible la personnalisation, qui consiste à adapter le produit ou le service proposé en fonction des préférences ou des comportements précédents de l'utilisateur. Étant donné la nature interactive du e-commerce, un grand nombre d'informations peuvent être recueillies sur le client au moment de l'achat. Avec l'augmentation de la densité d'information, tout un ensemble de données relatives aux achats et au comportement de l'acheteur peuvent être archivées et réutilisées sur les sites marchands.

Le niveau de personnalisation qui en résulte est tout simplement inimaginable avec les technologies du commerce traditionnel. On peut certes choisir ce que l'on veut regarder à la télévision en sélectionnant une chaîne, mais on ne peut pas modifier son contenu.

Le Monde en ligne (**www.lemonde.fr**), par exemple, vous permet au contraire de choisir le type d'information qui vous intéresse en priorité, puis vous offre la possibilité de recevoir des alertes quand certains événements surviennent.

Ces éléments de personnalisation sont enrichis par les données de géolocalisation collectées grâce aux utilisateurs de téléphone mobile. Une promotion peut vous être proposée si vous passez physiquement devant un commerce qui possède déjà des données sur vous (anniversaire, fête, etc.).

Technologie sociale : génération de contenu par l'utilisateur et réseaux sociaux

Tous les médias de masse, notamment la presse écrite, ont utilisé un modèle de diffusion (relation un-à-plusieurs ou *one-to-many*) où le contenu est créé sur un site central par des auteurs professionnels, éditeurs, réalisateurs et producteurs, tandis que le public, concentré en une masse gigantesque, consomme un produit standardisé ; c'est le modèle du *broadcasting*, ou diffusion de masse, qui a prévalu dans l'audiovisuel de 1950 à 2000. Internet et le e-commerce donnent aux utilisateurs le pouvoir de créer et de distribuer du contenu à grande échelle. Ils leur permettent aussi d'intervenir eux-mêmes sur tout ou partie des contenus qu'ils vont consommer. Internet propose un modèle de communication multi-intervenants (ou *many-to-many*) unique en son genre.

1.3 Concepts clés du e-commerce : marchés et produits numériques dans la mondialisation

Grâce aux SI, et notamment à ceux qui supportent le commerce électronique, un grand nombre d'entreprises ont modifié leurs conditions d'offres de produits et de services pour leurs clients.

Par le passé, l'information sur les produits et services était habituellement étroitement liée à la chaîne de valeur physique de ces derniers. Par exemple, si un consommateur souhaitait se renseigner sur les caractéristiques, le prix et la disponibilité d'un réfrigérateur ou d'une voiture, il devait téléphoner à un service commercial ou se rendre dans un magasin de détail qui vendait ces produits. Une comparaison concurrentielle transparente et représentative était très problématique et coûteuse.

Les SI, et notamment Internet, ont bien souvent changé ce rapport du client à l'information comparative. Comme les consommateurs peuvent désormais directement se renseigner sur les produits et services, le chaînage traditionnel entre le flux des produits et celui lié à l'information est brisé. Cette dernière n'est plus limitée aux méthodes traditionnelles physiques de diffusion. Les clients peuvent s'informer sur les produits en allant sur le Web et, dans certains cas, acheter directement auprès du fournisseur, au lieu de passer par des intermédiaires, comme les magasins de détail. À charge pour le client de garder la conscience de ce qu'il ne paie plus et qui se voit moins, par exemple les conditions concrètes d'un service après-vente.

Cette séparation entre l'information et les canaux des chaînes de valeur traditionnelles peut perturber les modèles économiques et organisationnels existants et en générer de nouveaux. Le **modèle éco-organisationnel** décrit la manière dont l'entreprise produit, livre et vend un bien ou un service, et comment elle offre de la valeur aux clients et génère de la richesse. Certains canaux traditionnels servant à échanger de l'information sur les produits sont devenus inutiles ou trop coûteux, et les modèles fondés sur le couplage de l'information avec les produits et les services peuvent se révéler inadéquats et dépassés.

Par exemple, avant l'avènement du e-commerce, les personnes qui voulaient acheter des livres devaient se rendre dans une librairie bien réelle, afin d'y découvrir les titres disponibles, de consulter le contenu du livre ainsi que son prix. La librairie avait le monopole de ces renseignements. Si les consommateurs de certains pays européens connaissaient certaines formes de e-commerce depuis les années 1980 (en France, *via* le minitel par exemple), les consommateurs américains ont découvert, avec Amazon.com, les services offerts par la librairie en ligne dans la seconde partie des années 1990. Amazon.com a fourni aux visiteurs de son site Web un vaste catalogue électronique de plusieurs millions de titres, ainsi que des tables des matières, des critiques et d'autres renseignements. Il était désormais possible de commander des ouvrages directement à partir de son ordinateur. Amazon.com et ses concurrents (Fnac.com, par exemple) peuvent vendre leurs livres à des prix plus avantageux parce qu'ils n'ont pas à payer de frais de locaux commerciaux, de salaires de vendeurs en magasin et d'autres frais généraux. La vente de livres et d'autres biens en ligne directement aux consommateurs, sans passer par les magasins physiques, constitue un exemple du nouveau modèle éco-organisationnel.

Évolution de l'économie de l'information

Internet et le Web ont considérablement augmenté la quantité et parfois la qualité de l'information accessible aux acteurs connectés. Ils ont ainsi contribué à réduire les coûts liés à l'**asymétrie d'information** qui existe lorsqu'une des parties possède davantage d'informations essentielles à la transaction. Cette information aide à déterminer leur pouvoir de négociation relatif. Les clients peuvent profiter de **coûts de recherche** plus bas en raison d'une réduction des ressources consacrées à la recherche du bon produit, ainsi qu'à celle de fournisseurs, de prix, de délais de livraison pour un produit spécifique n'importe où dans le monde. Les distributeurs peuvent utiliser ces mêmes technologies pour obtenir des renseignements plus précis et détaillés sur les consommateurs, et ainsi mieux cibler leurs efforts de ventes et de marketing.

Par exemple, avant que les sites de vente au détail de voitures n'apparaissent sur le Web, il existait une asymétrie d'information très grande entre les concessionnaires automobiles et leurs clients. Seuls les concessionnaires connaissaient les prix des constructeurs, et il était difficile pour les consommateurs d'obtenir des renseignements sur le meilleur prix. Les taux de marge bénéficiaire des concessionnaires étaient liés à cette asymétrie d'information.

Les consommateurs ont aujourd'hui accès à une multitude de sites Web qui présentent de l'informations concurrentielles sur les prix. Une part significative et croissante des touristes français utilise Internet pour comparer les offres et détecter le meilleur prix entre les différentes possibilités de transport, d'hébergement et d'activités de loisirs. Cette utilisation du Web concerne également des achats de biens physiques aux montants élevés, comme un véhicule neuf ou d'occasion. Pour cette recherche d'informations préalable à l'acte d'achat, appelée aussi *Research Online, Purchase Offline* (ROPO), une étude de McKinsey et Médiamétrie (réalisée en juin 2012 pour la Fédération de la vente à distance – www.fevad.fr) identifie plusieurs moyens d'information. Les voici par ordre d'importance décroissante en intensité d'usage par les internautes :

- les ordinateurs personnels (50 % des achats) ;
- les smartphones (21 % des achats) ;
- les tablettes graphiques.

L'usage du smartphone est renforcé. En effet, en 2011, 65 % des consommateurs interrogés déclaraient que l'utilisation du mobile les avait déjà poussés à reporter un achat en boutique ou à changer de magasin.

Influence

Avant Internet, les entreprises devaient faire des compromis entre la richesse et la portée de l'information. La **richesse** fait référence à l'étendue, aux détails et à la quantité d'information qu'une société peut fournir à ses clients, ainsi qu'à celle qu'elle peut recueillir sur ces derniers. La **portée** est la mesure de la quantité de personnes avec lesquelles une entreprise peut être en contact et la quantité de produits qu'elle peut leur offrir. Une communication est riche lorsque, par exemple, un représentant de commerce rencontre un client et partage avec lui des renseignements très spécifiques à cette rencontre. Une telle interaction est coûteuse pour l'entreprise, car elle ne peut avoir lieu qu'avec un nombre limité de personnes.

Les annonces qui paraissent dans les journaux et à la télévision peuvent atteindre des millions de consommateurs à peu de frais, mais les renseignements qu'elles contiennent sont plus limités. Il est très coûteux pour une entreprise traditionnelle de viser simultanément la richesse et la portée de l'information. Peu de sociétés pouvaient se permettre de fournir des données détaillées et personnalisées à un large public. Les SI, et notamment Internet, ont transformé les rapports qu'ont les organisations avec le conflit entre richesse et portée de l'information (voir figure 10.2). Grâce aux capacités multimédias d'Internet et du Web, les entreprises peuvent fournir à leurs clients, rapidement et à faible coût, de l'information détaillée et personnalisée sur les produits qui les intéressent, et ce à un très grand nombre et simultanément, comme l'illustre l'exemple de Vente-privee.com en début de chapitre.

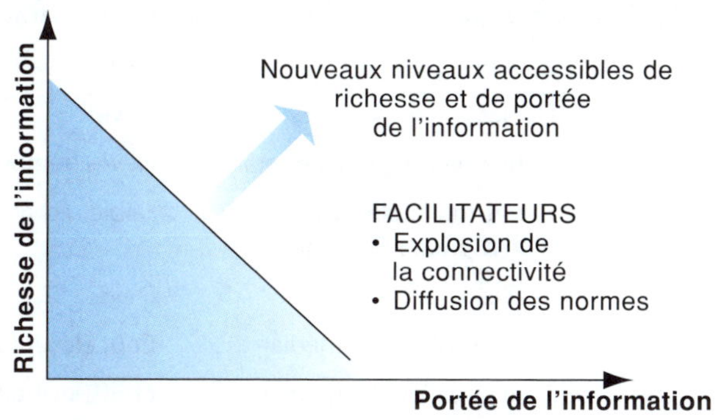

Figure 10.2 – Changements dans l'économie de l'information.

Source : Harvard Business School Publishing Corporation.

Les marchés offrant des services et des transactions dématérialisables sont souples et très efficaces car ils fonctionnent avec des coûts de recherche et de transaction réduits et des coûts de changement des prix inférieurs. De plus, ils pratiquent la discrimination des prix et favorisent ainsi leur adaptation à l'état du marché. Avec la fixation dynamique des prix, le prix de vente d'un produit varie selon les caractéristiques de la demande client ou l'état des stocks du vendeur.

Ces marchés peuvent réduire ou augmenter les coûts de sortie. Tout dépend de la nature du produit ou du service vendu. La gratification différée y est par ailleurs courante. Contrairement au marché réel, vous ne pouvez pas profiter immédiatement du produit (un vêtement par exemple) que vous venez d'acheter sur le Web. Il est toutefois possible de consommer immédiatement la musique téléchargée ou d'autres produits numérisables, et donc dématérialisables.

Les marchés numériques offrent de nombreuses opportunités de vente directe au client, sans passer par des intermédiaires tels que les distributeurs ou les magasins. Éliminer les intermédiaires dans les canaux de distribution peut réduire de manière significative les coûts de transaction.

Il est susceptible de réaliser des économies si l'on élimine une partie importante des étapes du processus de distribution. En vendant directement au client ou en réduisant le nombre d'intermédiaires, les entreprises peuvent augmenter leurs profits tout en proposant des produits moins chers. On appelle désintermédiation le retrait des éléments du processus métier responsables des étapes intermédiaires dans la chaîne de valeur.

La désintermédiation touche tout particulièrement le secteur des services. C'est le cas des hôtels et des compagnies aériennes qui proposent leur propre site de réservations en ligne. La compagnie aérienne gagne plus d'argent sur chaque billet vendu puisqu'elle a éliminé les agences de voyages intermédiaires. Le tableau 10.3 résume les différences entre marchés numériques et marchés traditionnels.

Tableau 10.3 : Comparaison entre marchés numériques et marchés traditionnels

	Marchés numériques	Marchés traditionnels
Asymétrie d'information	Réduite	Élevée
Coûts de recherche	Faibles	Élevés
Coûts de transaction	Faibles (voire quasi inexistants)	Élevés (temps, déplacements)
Gratification différée	Élevée (ou faible dans le cas d'un produit numérique)	Faible : achat immédiat
Coûts d'étiquette	Faibles	Élevés
Fixation dynamique des prix	Coût peu élevé/immédiat	Coût élevé/différé
Discrimination des prix	Coût peu élevé/immédiat	Coût élevé/différé
Segmentation du marché	Coût peu élevé/précision modérée	Coût élevé/moins de précision
Coûts de sortie	Élevés/faibles (selon les caractéristiques du produit)	Élevés
Effet réseau	Fort	Faible
Désintermédiation	Possible/envisageable	Difficilement possible/ inenvisageable

Produits numériques

Le e-commerce sur Internet a considérablement accéléré les ventes de produits numériques, c'est-à-dire des produits proposés sur un réseau numérique. La musique, les vidéos, les logiciels, les journaux, les magazines et les livres peuvent tous êtres présentés, stockés, livrés et vendus comme des produits purement numériques. La plupart de ces produits sont aujourd'hui vendus sous forme d'objet physique : CD, DVD et livres reliés. Internet offre la possibilité de les vendre à la demande, sous forme de produits numériques. En général, le coût marginal de production d'une nouvelle unité est proche de zéro (cela ne coûte presque rien de copier un fichier musical). Le coût de production de la première unité est cependant relativement élevé : il représente presque le coût total du produit, le reste des coûts (stockage et distribution) étant très limité. Les coûts de livraison de ces produits numérisés sur Internet sont très bas, les coûts de marketing restent les mêmes et la fixation des prix peut être très variable. Sur Internet, le vendeur peut modifier les prix aussi souvent qu'il le souhaite en raison d'un coût de réétiquetage très peu élevé. La mise sur le marché de ces produits numériques *via* Internet a eu un impact révolutionnaire sur ces industries ; on en constate chaque jour les résultats. Les entreprises qui s'étaient bâties sur ces objets culturels (les librairies, les éditeurs, les labels de musique et les studios de cinéma) doivent faire face à une baisse des ventes, voire à la disparition de leur commerce. Les journaux et les magazines perdent des lecteurs et des recettes publicitaires au profit d'Internet. Les ventes des labels de musique faiblissent à cause du piratage et les magasins de disques mettent la clé sous la porte. Le tableau 10.4 donne une description des produits numériques et de leurs différences avec les produits traditionnels.

Tableau 10.4 : Comment Internet modifie certaines conditions de marché des produits numériques

	Produits numériques	Produits traditionnels
Coût marginal/unité	Zéro	Supérieur à zéro, élevé
Coût de production	Élevé (majorité du coût)	Variable
Coût de reproduction	Quasi nul	Supérieur à zéro, élevé
Coût de livraison	Faible	Élevé
Coût de stockage	Faible	Élevé
Coût marketing	Variable	Variable
Fixation des prix	Variable (prix de gros, tarification aléatoire)	Fixe, établis sur le coût à l'unité

1.4 Nouveaux modèles économiques et organisationnels

Internet voit l'apparition régulière de nouvelles modalités de fonctionnement qui permettent de mieux comprendre les entreprises et les organisations qui les mettent en œuvre.

Modèles éco-organisationnels sur Internet

La plupart des modèles décrits dans le tableau 10.5 sont ce que l'on appelle des **sociétés « point com »** (ou « ***dotcom*** » en anglais) car elles sont entièrement construites à partir des technologies et des possibilités du Web. De nombreuses entreprises dont l'activité était antérieure à Internet ont cependant créé des sites qui sont des extensions de leur activité traditionnelle. De telles organisations sont des modèles éco-organisationnels hybrides, qui combinent leurs éléments traditionnels « physiques » aux possibilités offertes par le commerce électronique et Internet. Cette association du physique et du virtuel a donné lieu à l'appellation anglo-saxonne « *click and mortar* ».

Le tableau 10.5 décrit les principaux modèles qui ont connu une forte croissance à partir d'Internet. Ces modèles permettent de proposer aux clients de nouveaux produits et services, d'offrir des informations ou des services supplémentaires ou de les vendre à des prix plus bas que ceux proposés par des moyens traditionnels.

Tableau 10.5 : Modèles éco-organisationnels fondés sur Internet

Modèle	Description	Exemples
Magasin virtuel	Vend des produits ou des services directement aux clients ou aux entreprises.	iTunes Store ; Fnac.fr ; Voyages-sncf.com ; Lastminute.com ; Cdiscount.com
Courtier en information	Fournit des renseignements sur les produits, leurs prix et leur disponibilité aux consommateurs ou aux entreprises. Tire des revenus de la publicité ou en dirigeant les acheteurs vers les vendeurs.	Kelkoo.fr ; Voyagermoinscher.com ; Leguide.com
Courtier électronique	Permet aux utilisateurs d'économiser du temps et de l'argent en traitant les transactions en ligne. Tire un revenu de chaque transaction exécutée. Fournit aussi de l'information sur les taux et les termes.	ABCourtage.com ; Expedia.fr ; Coface.fr

Modèle	Description	Exemples
Place de marché électronique	Fournit un environnement numérique, où les acheteurs et les vendeurs peuvent entrer en contact, rechercher des produits, les afficher et en établir des prix. Peut fournir des services de vente aux enchères en ligne ou d'enchères inversées, où les acheteurs présentent leurs offres à plusieurs vendeurs dans le but d'acquérir un produit à un prix que le vendeur aura spécifié, ou à un prix négocié ou fixe. Peut être utile aux consommateurs ou au commerce inter-entreprise. Tire des revenus des frais de transactions.	Priceminister.com ; Achatpublic.com ; eBay.fr ; Leboncoin.fr ; Vente-privee.com
Fournisseur de contenu	Obtient des revenus en fournissant sur le Web du contenu numérique, tel que des nouvelles, de la musique, des photos ou des vidéos. Le client paie pour y accéder. Génère aussi des revenus de la vente d'espaces publicitaires.	Lemonde.fr ; Lesechos.fr ; Radiofrance.fr ; Mediapart.fr
Fournisseur de services en ligne	Fournit des services en ligne aux personnes et aux entreprises. Tire des revenus d'abonnements, de frais de transaction, de publicité ou en recueillant de l'information commerciale de ses utilisateurs.	Netkom.com ; Employease.com ; Salesforce.com
Réseaux sociaux	Offrent un espace de rencontre en ligne où des personnes partageant des centres d'intérêt peuvent communiquer et trouver des informations. Tirent leurs revenus de la publicité.	Linkedin.com ; MySpace.com ; Viadeo.com ; Facebook.com ; Twitter.com ; Instagram.com
Portail	Fournit un point d'entrée sur Internet, ainsi qu'un contenu spécialisé et d'autres services.	Google.fr ; Bing.com ; Baidu.com ; Yahoo.com
Communauté virtuelle	Offre des applications Web 2.0 telles que le partage de photos, de vidéos et de contenu généré par les utilisateurs (dans les blogs et les réseaux sociaux), ainsi que des services. Propose d'autres services du type stockage et sauvegarde de données en ligne. Utilise un modèle de revenu fondé sur la publicité ou des abonnements.	Mayetic.com ; YouTube.com ; Flickr.com

Communautés en ligne et réseaux sociaux

Certains de ces nouveaux modèles éco-organisationnels tirent parti des capacités de communication avancées d'Internet. Par exemple, eBay est un forum de vente aux enchères en ligne qui utilise le courrier électronique et d'autres fonctions interactives du Web. Les enchérisseurs peuvent déposer leur offre en ligne et acquérir des articles, tels que du matériel informatique, des antiquités et des objets de collection, des bijoux, des billets de spectacle ou des produits électroniques, proposés par des vendeurs des quatre coins du monde. Le système accepte les enchères, les évalue et avise les plus offrants. eBay perçoit une petite commission sur chaque article inscrit et sur chaque vente. Le site est si populaire qu'il est devenu une gigantesque plateforme commerciale pour d'autres entreprises. En 2012, les revenus issus des ventes aux enchères sont équivalents à ceux des ventes réalisés par les boutiques virtuelles.

De plus, les enchères interentreprises prolifèrent sur le Web pour les ventes d'équipements industriels. Ces soumissions en ligne devraient prendre rapidement de l'ampleur, puisque les vendeurs et les acheteurs peuvent interagir facilement par l'intermédiaire d'Internet pour établir la valeur d'un article à tout moment.

Internet a créé des communautés électroniques dont les membres, qui partagent des intérêts communs, peuvent échanger leurs idées depuis divers emplacements. Certaines d'entre elles sont à l'origine de nouvelles entreprises.

Pour ces communautés, le fait de fournir à leurs entreprises clientes des manières de cibler des clients, notamment en plaçant des bandeaux et des fenêtres publicitaires sur leur site Web, constitue une source de revenus substantielle. Un **bandeau publicitaire** (aussi appelé « bannière ») est un affichage graphique sur une page Web, qui sert à faire de la publicité. Ce bandeau est relié au site de l'annonceur ; lorsqu'une personne clique dessus, elle accède à une page contenant des informations sur ce dernier. Une **fenêtre publicitaire** fonctionne à l'opposé. Elle s'ouvre automatiquement lorsqu'un internaute accède à un site Web spécifique ; elle ne disparaît pas tant que l'utilisateur n'a pas cliqué dessus.

Les ressources informationnelles sur le Web ont favorisé l'émergence de « portails », qui sont devenus des modèles éco-organisationnels, dont le but est d'aider les individus et les organisations à trouver l'information plus rapidement. Au chapitre 2, nous avons défini le portail comme une interface Web qui sert à présenter du contenu spécialisé intégré émanant de sources diverses. En tant que modèle de commerce électronique, le portail est une sorte de « supersite » qui fournit un point d'entrée complet pour une série de ressources et de services présents sur Internet. Ces portails ont vu leur importance décroître en termes de fréquentation (Yahoo, msn, Orange) au profit des réseaux sociaux (Facebook).

Les réseaux sociaux sont des sites de communauté en ligne devenus extrêmement populaires. Ils consistent à augmenter le nombre de ses contacts personnels ou professionnels par le biais de relations communes. Ces sites mettent en relation des personnes qui partagent un réseau personnel ou professionnel et leur permettent de profiter de leurs amis (et des amis de leurs amis) pour identifier des clients potentiels, des pistes de recherche d'emploi ou de nouveaux amis. Facebook et Twitter sont plébiscités par ceux qui souhaitent élargir le champ de leurs relations personnelles tandis que LinkedIn.com ou Viadeo.com se consacrent principalement au réseau professionnel. Facebook a vu son nombre d'inscrits passer de 680 millions au premier trimestre 2011 à 1,11 milliard deux ans plus tard.

Les membres de certains réseaux sociaux peuvent passer des heures à naviguer sur le Web, à consulter les profils d'autres membres et à échanger des messages. Ils révèlent ainsi un grand nombre d'informations à leur sujet. Les entreprises exploitent ces renseignements de manière à créer des offres ciblées d'une grande précision, qui surpassent de très loin les publicités que l'on trouve sur le Web. Elles se servent aussi de ces sites pour interagir avec des clients potentiels. Coca-Cola Company, Oasis et Nutella sont les pages Facebook les plus visitées en France (en décembre 2012) avec respectivement 3 000 000, 2 400 000 et 2 200 000 fans.

Les plus populaires de ces sites attirent tant de monde et pistent si bien leurs membres qu'ils sont devenus de puissants outils de marketing. Un nouveau métier est apparu afin de mieux administrer ces outils, le *community manager*.

L'attractivité de ces réseaux sociaux a inspiré une nouvelle forme de e-commerce : le shopping collaboratif (*social shopping*). En Europe, des sites comme Groupon, Living Social, ThisNext, Stylehive.com ou Club Deal sont des espaces en ligne où les acheteurs peuvent échanger ce qu'ils appellent des « bons plans ». Des outils sont mis à la disposition des membres. Ils peuvent ainsi créer leurs propres pages Web contenant des informations et des images sur les produits qui leur plaisent, dans le but de guider les autres acheteurs. Ces sites offrent également la possibilité d'effectuer des achats groupés.

Contenu numérique, divertissements et services

À la fin des années 2000, aucun autre secteur n'a connu plus de bouleversements liés à Internet que celui du divertissement, dans lequel on retrouve la télévision, le cinéma, la musique, la radio et l'écrit, dont la presse et les livres. La possibilité de proposer des produits et du contenu numériques sur le Web a créé de nouvelles alternatives aux médias traditionnels que sont l'édition ou l'audiovisuel. Il existe des sites Web qui proposent des versions numériques de la presse écrite, comme *Le Monde* ou *Les Échos*, et de nouveaux journaux en ligne comme Mediapart.fr, Rue89.com ou Slate.fr.

Parmi les sites Web les plus populaires, certains proposent des divertissements numériques. Les jeux en ligne attirent un très grand nombre de joueurs. La Française des Jeux et le PMU comptent plusieurs centaines de milliers d'utilisateurs inscrits. Cette offre s'est développée avec l'ouverture de sites de paris sportifs supplémentaires, en parallèle au démarrage des grands événements sportifs. Les sites de jeux de poker en ligne connaissent également un succès croissant. L'Autorité de Régulation des Jeux En Ligne (Arjel) a vu le jour par la loi n° 2010-476 du 12 mai 2010 relative à l'ouverture à la concurrence et à la régulation du secteur des jeux d'argent et de hasard en ligne. Cette autorité administrative est l'organisme qui délivre les agréments nécessaires à un site de jeu en ligne.

Beaucoup d'internautes utilisent également le Web pour découvrir et télécharger de la musique. Il existe de la musique gratuite en ligne, par exemple sur Musicme.com ou Deezer.com disponible en *streaming*, c'est-à-dire en ligne, mais des sites comme iTunes gagnent de l'argent en faisant payer les chansons ou les albums téléchargés sur leur plateforme. Le succès incroyable d'iTunes (63 % du secteur de la musique en ligne en 2012) et de l'iPod puis de l'iPhone d'Apple a inspiré une nouvelle forme de diffusion du contenu numérique : la baladodiffusion, ou podcast. C'est une méthode de diffusion des enregistrements audio *via* Internet. Les abonnés peuvent télécharger des fichiers audio sur leur PC ou sur leur smartphone.

La baladodiffusion permet ainsi à des producteurs de musique indépendants de diffuser eux-mêmes leur propre contenu audio. Elle modifie par conséquent les méthodes de distribution du secteur audiovisuel. Certaines entreprises qui veulent transmettre des messages audio à leurs employés ont par ailleurs recourt à cette méthode. Vous pouvez aussi écouter vos stations de radio préférées en ligne, sur Radio France ou NRJ par exemple, mais également de nombreuses radios libres. Les signaux radio sont relayés sur Internet ; il est donc possible de capter toutes les stations n'importe où dans le monde. Ces stations utilisent aussi la baladodiffusion, qui permet aux auditeurs d'écouter les émissions en différé. Les services Spotify ou Deezer permettent même aux utilisateurs de créer des radios personnalisées. Bien entendu, la banalisation des smartphones amplifie ce mouvement. L'écoute de la radio par podcast sur smartphone est supérieure à celle réalisée sur ordinateur personnel.

Grâce aux connexions haut débit, il est aussi possible de diffuser des films et des émissions de télévision dans leur intégralité sur des sites Web. Canal Plus, M6 et Arte proposent des services de téléchargement de films. Orange, pour les téléphones multifonctions et les tablettes uniquement, diffuse en direct et en *streaming* une partie des matches de la ligue française de football professionnel pour ses abonnés. Certains services de télévision et de vidéo en ligne mettent une messagerie instantanée à la disposition de leurs utilisateurs, qui peuvent ainsi laisser leurs commentaires pendant la diffusion des émissions. L'usage reste concentré sur les services de télévision de rattrapage (*replay*), qui représentent 84 % du total, le solde étant constitué par les diffusions en direct.

Google et Bing sont deux exemples de portail. En 2012, le premier est utilisé à 90 % en Europe, le second entre 1 et 3 %. Ils permettent de faire des recherches sur le Web mais aussi de consulter les actualités, le sport, la météo, des annuaires, des cartes, de faire des jeux, du shopping, d'envoyer des courriels, de participer à des *chats*, à des forums de discussion et d'aller consulter d'autres sites. Il existe aussi des portails spécialisés, conçus pour répondre aux besoins particuliers de leurs utilisateurs.

Flickr est un site de partage de photos en ligne. Il fonctionne avec plusieurs applications et services Web 2.0. En 2011, le site hébergerait plus de 5 milliards de photos. D'autres fournisseurs proposent des services en ligne du type stockage étendu de données (rapidshare.com, dropbox.com). Les fournisseurs de services tirent leurs revenus des frais d'abonnement ou de la publicité.

La plupart des modèles commerciaux décrits dans le tableau 10.5 sont ce qu'on appelle des *pure-players*, c'est-à-dire qu'ils opèrent exclusivement sur Internet.

Ce n'étaient pas des entreprises traditionnelles faites de brique et de ciment (*brick and mortar*) quand elles ont lancé leur activité sur Internet. En revanche, de nombreuses entreprises comme la Fnac, la SNCF et *Le Monde* ont développé des sites Internet pour étendre des activités déjà bien établies hors du virtuel. Comme nous l'avons déjà vu plus haut, on a désigné le modèle commercial de ces entreprises hybrides sous le qualificatif « *click-and-mortar* ».

2 Commerce électronique

Bien que la plupart des transactions commerciales aient toujours lieu *via* des réseaux traditionnels, un nombre croissant de consommateurs et d'entreprises recourent aux SI (EDI et Internet principalement) pour réaliser du commerce électronique.

Il convient d'être particulièrement vigilant dans la lecture des nombreuses statistiques sur le commerce électronique. Ce dernier se définit comme « la vente ou l'achat de biens ou de services, effectué par une entreprise, un particulier, une administration ou toute autre entité publique ou privée, et réalisé au moyen d'un réseau électronique ». Les experts du Service des études et des statistiques industrielles (Sessi ; **www.sessi.fr**) précisent que « cette définition inclut non seulement les achats et les ventes réalisés au travers d'un site Web, mais également les achats par un système téléphonique interactif (type audiotel) ou encore entre les entreprises, au travers de relations directes et automatisées d'ordinateur à ordinateur (type EDI). Elle exclut les transactions passées sur un mode non interactif, par exemple par télécopie et téléphone, ainsi que les courriels quand ils ne sont pas échangés dans le cadre d'une application interactive (message simple suivi d'un traitement manuel). Par ailleurs, les biens et les services sont commandés par l'intermédiaire de ces réseaux électroniques, mais le règlement financier et la livraison peuvent être réalisés en ligne ou par d'autres moyens ». Or, de nombreuses publications utilisent les chiffres du commerce électronique en les reliant exclusivement à Internet, ce qui conduit à des analyses erronées qui surévaluent l'impact économique direct réel d'Internet.

Les ventes de détail en ligne en Europe ont représenté 7 % du commerce de détail en septembre 2012 et devraient passer à 15 % dans les années à venir, et la part du *B to B* est dix fois plus élevée en valeur que le *B to C*, pourtant nettement plus médiatisé. Dans le *B to B*, les transactions réalisées par EDI dépassent très largement celles effectuées par Internet. Enfin, une transaction initialisée par un moyen « A » (Internet, par exemple) peut être prolongée par une commande réalisée par un moyen « B » (EDI, par exemple) auprès du fournisseur, dans un message de type « ORDERS » au format Edifact (*EDI For Administration Commerce and Transport*), et dont le paiement différé se fera également *via* des transactions électroniques interbancaires sécurisées et structurées selon des formats de type EDI bancaire. On mesure ici toute la difficulté d'affecter le volume économique du commerce électronique à tel ou tel dispositif.

2.1 Catégories de commerce électronique

Il existe plusieurs manières de classer les transactions effectuées par commerce électronique. L'une d'elles consiste à considérer la nature des participants aux transactions.

- Le **commerce électronique de détail** (***B to C, Business to Consumers***) est la vente directe par système électronique (Internet) de produits ou de services aux consommateurs. Fnac.com, qui vend des livres, des logiciels et de la musique, est un exemple de commerce de détail en ligne.
- Le **commerce électronique interentreprises** (***B to B, Business to Business***) est la vente par système électronique (EDI, Internet, etc.) de produits ou de services entre entreprises. Le site Web de Manutan, qui vend des équipements et des fournitures informatiques, de bureau et industrielles est un exemple de commerce interentreprises en ligne.
- Le **commerce électronique interconsommateurs** (***Consumers to Consumers, C to C***) est la vente par système électronique (Internet, etc.) de produits ou de services entre consommateurs. Par exemple, eBay ou PriceMinister permettent aux personnes de vendre des biens à d'autres consommateurs en utilisant le service de vente aux enchères de ce site Web.

Jusqu'à récemment, la plupart des transactions de commerce électronique étaient réalisées *via* des réseaux câblés. Aujourd'hui, grâce aux téléphones mobiles et aux tablettes graphiques, il est possible d'accéder à Internet et donc d'envoyer des messages, de consulter des sites Web et de faire des achats. L'utilisation de ce type d'appareils pour acheter des produits et des services à partir de n'importe quel endroit s'appelle le « **commerce électronique mobile** » ou « **commerce mobile** » ou « m-commerce ». En France, ce type de commerce électronique a généré des revenus de 1 milliard d'euros en 2012 (à rapprocher des 45 milliards d'euros générés par le e-commerce *B to C*).

2.2 Vente au détail

La vente au détail en ligne continue de croître à un rythme soutenu. Internet fournit aux organisations de nouveaux réseaux de communication et permet des interactions qui peuvent générer des relations encore plus rentables avec les clients pour ce qui est du marketing et du libre-service après-vente à la clientèle.

Marketing interactif et personnalisation

Les vendeurs s'appuient sur les potentialités interactives des pages Web pour attirer l'attention des consommateurs sur leurs produits et leurs services, et faire du marketing personnalisé. Les sites Internet sont devenus une source abondante d'informations détaillées sur les structures de consommation, le comportement des clients, leurs préférences et leurs besoins, que les entreprises peuvent ensuite utiliser pour personnaliser les promotions, les produits, les services et les prix. Cette personnalisation n'est cependant possible que si l'on dispose de données pertinentes. Les sociétés peuvent obtenir certains renseignements en demandant aux visiteurs de « s'inscrire » en ligne et de leur fournir des informations les concernant. Certaines recueillent toutefois ces données en utilisant des logiciels qui suivent les activités des visiteurs du site à leur insu, même si de telles pratiques sont répréhensibles et condamnables (voir chapitre 4, la loi de juillet 1978 et les travaux de la Commission nationale de l'informatique et des libertés en France, ainsi que la directive de 1995 de l'Union européenne). Cette collecte des données personnelles s'amplifie avec l'usage toujours plus important des smartphones.

Les outils d'**information sur le parcours** des internautes recueillent des données relatives à leurs activités lors de leurs visites de sites Web et les stockent dans un fichier journal. Ils enregistrent quel site l'internaute a visité avant et après avoir navigué sur ce site. Ils enregistrent aussi les pages spécifiques visitées sur ce site donné, le temps passé sur chacune d'elles et ce que le client a acheté (voir figure 10.3). Les entreprises peuvent ensuite analyser ces renseignements sur les intérêts et les comportements des consommateurs, dans le but d'élaborer des profils précis des clients actuels et potentiels.

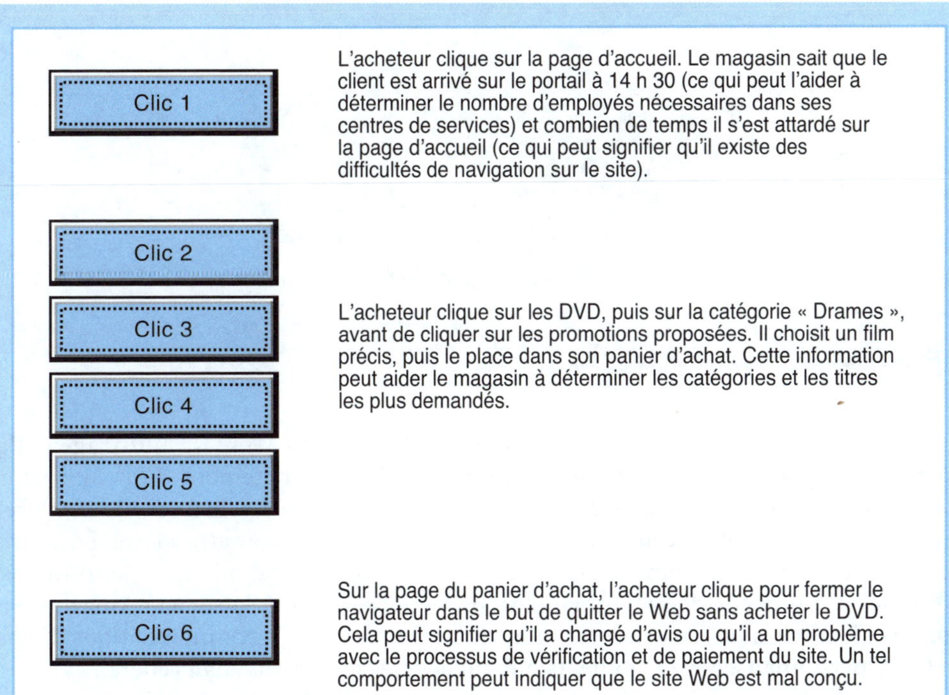

Figure 10.3 – Suivi du parcours du visiteur sur un site Web.

Les entreprises peuvent personnaliser les communications et les offres de produits pour chaque client. Elles peuvent créer des pages Web personnalisées, dont le contenu ou la publicité s'adresse à un client spécifique. Elles améliorent ainsi l'expérience vécue par le consommateur et créent de la valeur additionnelle (voir figure 10.4). En recourant à la technologie de la **personnalisation du Web** pour modifier les pages présentées à chaque client, les commerçants en retirent le même bénéfice que s'ils faisaient appel à des préposés à la vente, et ce à des coûts très inférieurs.

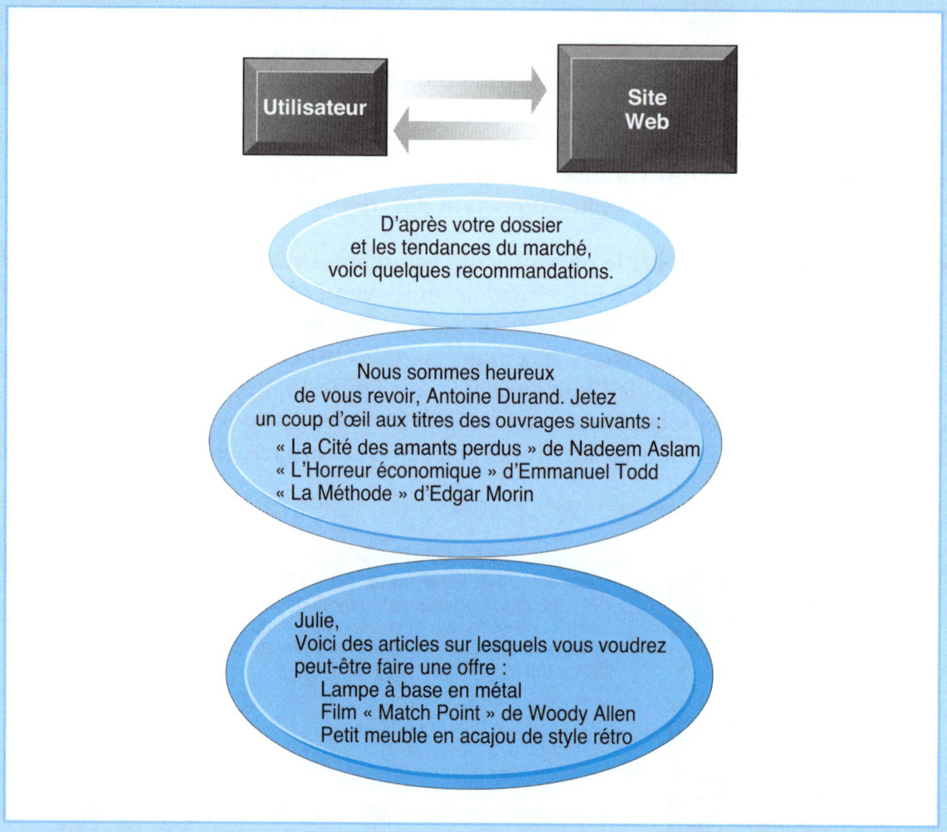

Figure 10.4 – Personnalisation du Web.

L'une des techniques utilisées dans la personnalisation du Web est le **filtrage collaboratif**. Il compare l'information recueillie sur le comportement d'un internaute spécifique sur un site Web aux données obtenues sur un autre client dont les intérêts sont semblables. Il anticipe ainsi ce que l'utilisateur souhaite voir et/ou faire. Le logiciel peut alors émettre des recommandations aux internautes en se fondant sur leurs intérêts présumés. Ce procédé de recommandations a été breveté par la société Amazon. Par exemple, Fnac.com utilise cette technique pour préparer des recommandations d'achat de livres personnalisées : « Les clients qui ont acheté ce livre ont aussi acheté… »

Les coûts liés aux sondages traditionnels auprès de la clientèle sont très élevés. Il peut être moins coûteux de découvrir ce que les clients pensent de tel ou tel produit ou service en surveillant ou en participant aux activités de certaines communautés en ligne qui utilisent des sites Web ne dépendant pas de l'entreprise. Cette collecte a lieu à partir des informations recueillies lors des discussions auxquelles participent certains clients ou à partir des concurrents. Elle peut également s'obtenir en discutant dans les communautés en ligne ou les forums. Les salariés d'une société agroalimentaire distribuant des aliments pour nourrissons peuvent ainsi participer à des forums de discussion organisés par des communautés sur l'hygiène de vie des jeunes enfants. Ils peuvent introduire dans les discussions des questions ou des points de vue qui feront réagir les autres participants au forum. Ces réactions libres seront très utiles au marketing de l'entreprise.

Libre-service à la clientèle

Le Web, combiné à d'autres SI, crée de nouvelles formes de prestations de service à la clientèle. Plusieurs entreprises répondent aux questions des clients ou leur communiquent de l'information utile par le biais de leur site et du courrier électronique. Le prix de revient de ces applications libre-service, ou d'autres systèmes de réponse à la clientèle fondés sur le Web, est sensiblement moins élevé que celui d'un conseiller clientèle.

Les entreprises réalisent des économies considérables grâce à ces applications. Par exemple, Air France-KLM, ainsi que d'autres grandes compagnies aériennes, ont créé des sites Web sur lesquels les clients peuvent s'informer sur les heures de départ et d'arrivée d'un vol, l'emplacement de leur siège ou la logistique de l'aéroport. Ils peuvent également vérifier les points accumulés en vertu du programme destiné aux grands voyageurs et acheter des billets en ligne. Les compagnies aériennes à bas coût n'utilisent que le Web pour vendre leurs billets d'avion.

De nouveaux logiciels intègrent même le Web aux centres d'appels, où les problèmes de services à la clientèle étaient traditionnellement réglés par téléphone : c'est la technique du *Computer Telephone Integration*, dite « CTI ». Un **centre d'appels** est un service responsable du traitement des questions relatives au service à la clientèle, qui utilise le téléphone ou d'autres moyens de communication. Par exemple, sur le site de Banque Directe, les visiteurs peuvent cliquer sur le lien « conversation » lorsqu'ils souhaitent parler au téléphone avec un chargé de clientèle. L'utilisateur inscrit son numéro confidentiel d'identification et un système de centre d'appels déclenche la mise en relation téléphonique simultanément avec une transaction de type extranet.

2.3 Commerce électronique *B to B*

Aujourd'hui, environ 80 % du commerce interentreprises (*B to B*) repose sur des systèmes d'Échange de Données Informatisées (EDI). Depuis les années 1970, cette technologie permet d'échanger des données structurées dans des transactions normalisées, par exemple des messages « factures », « bordereaux de livraison » ou « bons de commande », entre les ordinateurs de deux ou plusieurs organisations. Les transactions sont automatiquement transmises d'un SI à un autre par l'intermédiaire d'un réseau, ce qui élimine l'impression et la manipulation du papier, et surtout la saisie de données chez le récepteur. Connectée chacune au même **Réseau à Valeur Ajoutée** (RVA), toute entreprise membre de cette « communauté économique » (expression très répandue dans ce type d'échange partenarial électronique) peut dès lors envoyer et recevoir des messages éco-organisationnels sans se préoccuper des SI utilisés par ses partenaires. Elle doit simplement organiser et structurer son SI et ses processus internes en fonction de la norme des messages véhiculés.

La plupart des grandes industries ont des normes d'EDI, qui définissent la structure et les domaines d'application des messages électroniques pour cette industrie, voire pour plusieurs. Après des décennies de normalisations locales, une norme mondiale multisectorielle a été mise au point en 1987 sous l'égide de l'ONU. Nommée « **Edifact** », elle a ensuite été déclinée dans tous les pays (EDIFRANCE est l'association pour le développement des échanges électroniques professionnels en France). Parmi les centaines de messages ainsi structurés et normalisés, les plus utilisés au niveau mondial sont les messages ORDERS (la commande), INVOIC (la facture), CREADV (l'avis de crédit) et DELSIT (la livraison synchrone). Les évolutions de l'EDI se construisent sur trois aspects principaux : d'abord, l'émergence de la norme XML (*eXtensible Markup Language*), plus souple, qui permet de structurer les données contenues dans les messages télétransmis ; ensuite, l'extension de nouveaux messages normalisés correspondant à l'émergence de besoins dans de nouveaux secteurs ; et enfin, l'intensification de l'EFI (échange de formulaires informatisés), qui permet à de petites structures (TPE, PME) d'envoyer des messages EDI sans qu'elles ne soient contraintes d'instaurer une compatibilité des données de leur SI interne avec les structures normalisées de messages Edifact.

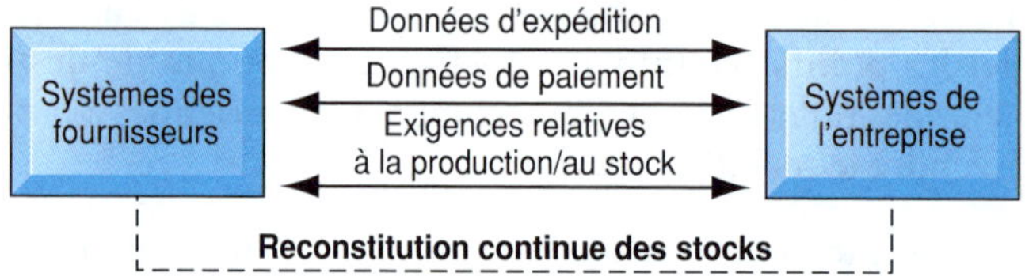

Figure 10.5 – Échange de données informatisées (EDI).

De très nombreuses entreprises utilisent encore des RVA pour l'EDI, notamment pour servir de tiers certificateur en cas de litige lié aux conditions de l'échange (date et heure d'envoi ou de dépôt dans la boîte EDI de tel partenaire, etc.), ainsi que pour garantir la continuité du service apporté. Un nombre croissant d'organisations se tournent néanmoins vers Internet en tant qu'infrastructure de transport afin d'échanger leurs données. Internet fournit en effet une plateforme plus flexible et moins coûteuse pour établir des liens entre les entreprises. On parle alors de « WebEDI » : la normalisation de la structure des données constitutives des messages échangés reste identique, mais le transport des messages est assuré par Internet. Les entreprises peuvent ainsi aussi étendre la technologie numérique à une gamme plus large d'activités et élargir le cercle de leurs partenaires commerciaux.

Prenons l'exemple de l'**approvisionnement**. Ce dernier ne signifie pas seulement l'achat de biens et de matériel, mais aussi le choix de la source d'approvisionnement, les négociations avec les fournisseurs, le paiement des biens et l'établissement des conditions de livraison. Les entreprises peuvent maintenant utiliser Internet pour localiser les fournisseurs les moins chers, consulter en ligne leurs catalogues, négocier avec eux, passer des commandes, effectuer les paiements et définir les arrangements relatifs au transport. Elles ne sont pas limitées aux partenaires associés aux réseaux d'EDI traditionnels ; elles peuvent utiliser le Web pour travailler avec n'importe quelle autre entreprise. Cet approvisionnement en ligne fournit de nouvelles possibilités de diminution des coûts transactionnels et d'amélioration du service, puisque les entreprises étendent leur périmètre d'action.

Grâce à ses affichages graphiques multimédias et à ses caractéristiques interactives semblables à celles du commerce électronique interentreprises, la technologie d'Internet et du Web permet aux entreprises de créer de nouvelles vitrines électroniques pour vendre leurs produits et services aux autres sociétés. Les **extranets** sont des intranets privés accessibles uniquement à des tiers « partenaires » et dûment autorisés.

Les *Virtual Private Networks* (VPN, aussi appelés « réseaux privés virtuels » ou RPV) permettent de relier de façon permanente et sécurisée des organisations et des sites distincts, en passant par un réseau public. Ils ont pour objectif d'assurer la coordination continue entre des organisations dans un but de collaboration et de gestion de la chaîne logistique. Au centre, on trouve généralement une grande entreprise qui utilise son extranet pour communiquer avec ses fournisseurs et d'autres partenaires industriels ou commerciaux importants (voir figure 10.6). Ces derniers peuvent prendre part à la conception et au développement du produit, au marketing, à l'établissement du calendrier de production et à la gestion des stocks. Un VPN permet en outre d'échanger des communications non structurées et multimédias.

Les principaux fournisseurs de VPN en France sont France Télécom, Cable and Wireless et Colt.

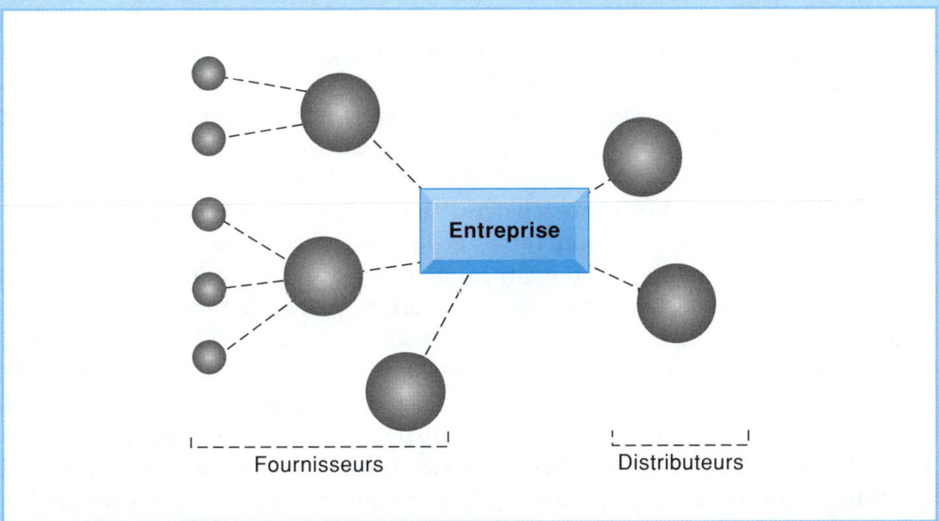

Figure 10.6 – Un réseau privé virtuel, ou VPN.

Les **places de marché électroniques** sont des places de marché informatisées exclusives, fondées sur la technologie d'Internet et les SI, et qui relient plusieurs acheteurs et plusieurs vendeurs (voir figure 10.7). Elles sont la propriété d'une industrie ou bien fonctionnent à titre d'intermédiaires indépendants entre des acheteurs et des vendeurs. Ces places de marché sont davantage orientées vers les transactions (et moins vers les relations) que les réseaux industriels privés. Elles tirent leurs revenus des transactions de vente et d'achat et d'autres services fournis aux clients. Les participants aux places de marché électroniques peuvent établir les prix des transactions au moyen de négociations en ligne, d'enchères ou de demandes de soumission ; il arrive aussi que les prix soient fixés à l'avance. Les clients bénéficient de coûts de recherche et de transaction plus bas, ainsi que d'un choix plus large qu'avec les dispositifs traditionnels de gestion.

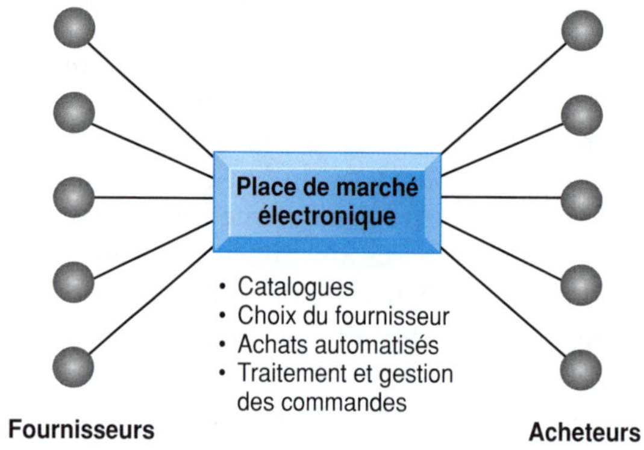

Figure 10.7 – Une place de marché électronique.

Il existe plusieurs types de places de marché électroniques et différentes manières de les classer. Certaines vendent des biens directs et d'autres des biens indirects. Les « biens directs », également appelés « biens à demande dépendante des volumes de production », sont utilisés directement dans un processus de production (par exemple, une feuille de métal qui servira à la production de la carrosserie d'une voiture). Plus le volume à produire est important, plus il faut acheter de biens. Les « biens indirects », ou « biens indépendants des volumes de production », ne font pas directement partie du processus de production (par exemple, les fournitures de bureau ou les produits destinés à l'entretien ou à la réparation des machines). Certaines places de marché électroniques sont consacrées aux achats contractuels, fondés sur des relations à long terme avec des fournisseurs désignés et engagés *via* des « contrats cadres » pluriannuels, et d'autres aux achats au comptant à court terme, où les biens sont acquis en fonction de besoins immédiats, souvent auprès de plusieurs fournisseurs différents. Certaines places sont des marchés verticaux destinés à des industries spécifiques, comme l'automobile, les télécommunications ou les machines-outils, alors que d'autres sont des marchés horizontaux pour les biens et les services que l'on retrouve dans différentes industries, comme le matériel de bureau ou les services logistiques.

La place de marché électronique MFG.com, spécialisée dans la sous-traitance industrielle, a pu attirer une masse critique de plus de 200 000 membres répartis dans 50 pays dans le monde. Les places de marché qui sont la propriété d'une industrie mettent l'accent sur les relations à long terme et sur la fourniture de plateformes informatiques et de réseaux communs, dans le but de diminuer l'inefficacité de la chaîne logistique. Les entreprises acheteuses bénéficient de prix concurrentiels parmi ceux offerts par les différents fournisseurs, et ces derniers jouissent de relations stables et durables avec d'importantes sociétés.

Les **places de marché indépendantes** sont des places autonomes, qui mettent en relation des milliers de fournisseurs et d'acheteurs pour des achats au comptant. Plusieurs d'entre elles (mfg.com) offrent des services de marchés verticaux pour une industrie unique, telle que l'industrie de l'alimentation, de l'électronique ou du matériel industriel ; ces services sont alors essentiellement liés aux biens directs.

Si de nombreuses places de marché indépendantes ont vu le jour au cours des premières années du commerce électronique, beaucoup ont depuis disparu. En effet, les fournisseurs se montraient réticents à leur encontre, car les échanges qui avaient cours encourageaient les enchères, ce qui engendrait une baisse des prix et compromettait le maintien de relations à long terme avec les acheteurs. De plus, il leur était impossible d'offrir un service induisant une baisse des prix suffisamment significative pour rester compétitifs. Plusieurs achats essentiels effectués en direct ne se font pas à partir de l'achat comptant parce qu'ils exigent des contrats et la prise en compte de questions telles que les délais de livraison, la personnalisation et la qualité des produits.

L'encadré ci-après apporte un éclairage sur ces questions. Le groupe Volkswagen a préféré un réseau industriel privé, plutôt qu'une place de marché électronique voulue et pilotée par les acteurs majeurs du secteur industriel ou une place de marché indépendante. Le groupe souhaitait en effet continuer à contrôler ses relations avec les fournisseurs et ses processus éco-organisationnels spécifiques concernant la gestion de la chaîne logistique. VWGroupSupply.com est devenu l'un des plus importants sites de commerce électronique interentreprises en Europe et un modèle pour l'ensemble de l'industrie automobile.

Volkswagen améliore son réseau de commerce électronique interentreprises

En 2012, Volkswagen AG est le plus important constructeur automobile d'Europe, produisant 9 millions de voitures, de camions et de fourgons chaque année. Les marques de voitures de luxe Porsche, Audi, Lamborghini et Bentley, les constructeurs de voitures familiales Seat, en Espagne, et Skoda, en République tchèque, le fabricant de motos Ducati, les constructeurs de poids lourds Scania et MAN sont la propriété de VW. L'entreprise compte 550 000 employés et possède des usines en Europe, en Afrique, en Asie, ainsi qu'en Amérique. Les véhicules produits par le groupe représentent plus de 14,1 % du marché mondial.

Les sociétés du groupe Volkswagen achètent annuellement pour 60 milliards d'euros de composants, de pièces pour véhicules automobiles et de matières indirectes. Ces achats représentent plus de 70 % du revenu annuel de VW. De toute évidence, le processus d'approvisionnement et les relations avec les fournisseurs sont fondamentaux pour la compétitivité économique de l'entreprise.

Le groupe VW cherchait à améliorer ses relations avec ses fournisseurs et à réduire le coût des processus d'approvisionnement. Pour autant, l'entreprise ne souhaitait pas utiliser une place de marché indépendante ou électronique parrainée par l'industrie,

…

car elle aurait alors dû adapter ses processus éco-organisationnels à un cadre commun à plusieurs organisations. Elle a donc décidé de ne pas participer à Covisint, la place de marché électronique créée par le consortium industriel géant regroupant Ford, General Motors et Daimler Chrysler, et qui fournit, à divers constructeurs automobiles et à leurs fournisseurs, des services d'approvisionnement et d'autres services associés à la chaîne logistique de ces entreprises.

À la place, VW a choisi une plateforme privée, lui permettant d'intégrer plus étroitement et spécifiquement ses fournisseurs à ses propres processus éco-organisationnels. **VWGroupSupply.com** a ainsi permis au groupe de concevoir un système qui optimise ces processus.

Au début de l'été 2002, l'entreprise a commencé à mettre en place, pour le groupe et ses fournisseurs, un important extranet privé de commerce électronique interentreprises, appelé « **VWGroupSupply.com** ». Le site traite 90 % des achats totaux de VW, notamment relatifs aux pièces et composants pour les véhicules automobiles. Il s'agit de l'un des plus importants réseaux privés dans l'industrie automobile à l'échelle mondiale.

La plateforme en ligne sur le Web peut traiter les demandes relatives aux appels d'offres, aux négociations de contrat, aux achats par catalogues, à la gestion des commandes, des modifications techniques et des programmes de véhicules, ainsi qu'aux paiements. Ce réseau a été élaboré grâce aux technologies et aux compétences de plusieurs fournisseurs, dont IBM et i2 Technologies, un éditeur de progiciels spécialisés et dédiés aux activités situées sur la chaîne logistique étendue.

Tout fournisseur doté d'un navigateur Web standard peut accéder à **VWGroupSupply.com**, quelle que soit sa taille. L'accès au site est cependant limité à ceux qui ont déjà traité avec une ou plusieurs entreprises du groupe Volkswagen, et aux nouveaux fournisseurs potentiels ayant suivi un processus d'autorisation. Le système comprend un référentiel d'entreprise, qui contient des détails sur chaque fournisseur quant à l'approvisionnement, la logistique, la production, la qualité, la conception technique et les finances.

Il comprend aussi un catalogue en ligne, contenant 1,37 million d'articles de 750 fournisseurs répartis dans le monde entier. Ce catalogue utilise la norme eCl@ss pour la classification de son contenu. Tous les fournisseurs qui participent au processus de commande du catalogue classent leurs produits selon cette norme.

Pour les négociations en ligne, les fournisseurs proposent de nombreuses offres pour différents contrats d'achat. **VWGroupSupply.com** s'assure que tous les participants satisfont à ses exigences sur le plan technique et commercial. Avant que les demandes de soumission en ligne ne commencent, le système informe les fournisseurs des données et des règles précises qui s'appliquent aux négociations.

Les mouvements de la demande du marché ont des répercussions majeures sur les activités de production de VW et influent sur la capacité des fournisseurs à livrer les produits. Si ces derniers ne sont pas préparés à une hausse marquée de la demande, des engorgements de la production peuvent survenir. À l'inverse, s'ils gardent un niveau de stocks trop important, ils peuvent avoir à absorber des coûts excessifs pour avoir produit des quantités non écoulées trop importantes pouvant engendrer des coûts excessifs dus à une production trop importante. VWGroupSupply.com possède une application appelée *Electronic CAPacity management* (eCAP), dont le but est d'avertir le plus tôt possible le groupe VW et ses fournisseurs des changements dans les tendances.

eCAP permet aux fournisseurs de faire le suivi, en temps réel et en ligne, des plans de production et des besoins en matières, constamment mis à jour de VW. Cette fonction recueille l'information relative aux capacités planifiées maximales et minimales des fournisseurs participants. Si les besoins de VW sont plus importants que prévu, le système déclenche une alarme afin que toutes les parties puissent réagir rapidement. eCAP conserve des données sur plus de 200 fournisseurs et 4 000 pièces essentielles.

Au cours des trois premières années de fonctionnement, les réductions en coût de matériel et les gains de productivité dus à **VWGroupSupply.com** ont généré des économies de plus de 100 millions d'euros.

En 2008, le site avait effectué plus de 1 700 000 transactions avec plus de 35 000 fournisseurs. Près de 3 000 négociations de contrats en ligne concernant 26 000 fournisseurs ont eu lieu, pour une valeur de 12 milliards d'euros. Plus de 111 000 personnes ont consulté le catalogue en ligne et ont passé des commandes, pour un montant total de 320 millions d'euros.

Sources :

www.lesechos.fr, 01/04/2013

www.economie-numerique.com, 20/10/2009

Martin Hoffman, « Best practices: VW Revs Up Its B2B Engine », in *Optimize Magazine*, 03/2004

www.vwgroupsupply.com, 03/2010

www.hoovers.com

Matière à réflexion :

Pour Volkswagen, quels sont les avantages de recourir à un réseau industriel privé, plutôt qu'à un réseau ouvert ? Comment ce système a-t-il modifié les relations commerciales entre le groupe et ses fournisseurs ? Quelle valeur **VWGroupSupply.com** apporte-t-il à Volkswagen et à ses fournisseurs ?

3 m-commerce (Mobile-Commerce)

Au-delà de la téléphonie et de l'envoi de messages, les individus commencent à utiliser leurs appareils mobiles (téléphones et tablettes graphiques) pour l'achat de biens ou de services. Aux États-Unis, le m-commerce a représenté 25 milliards de dollars en 2012 (chiffre à intégrer dans les 230 milliards de dollars générés par le e-commerce cette même année), soit 11 % du e-commerce dans ce pays. Sa croissance accompagne la généralisation des téléphones mobiles 3G et 4G et des tablettes graphiques. En Europe, le commerce mobile représente 6 % des transactions totales de e-commerce, soit 14,6 milliards d'euros. Les chiffres sont en constante évolution. En 2013, selon les estimations de l'Union internationale des télécommunications, on compte 6 milliards d'abonnements à la téléphonie mobile dans le monde, dont la moitié en Asie et 460 millions aux États-Unis. En 2012, le nombre d'abonnements avec un smartphone était de 1,1 milliard dans le monde.

3.1 Services et applications du m-commerce

Les applications du m-commerce qui ont le mieux décollé se classent en deux catégories : celles qui proposent des services rapides et intéressent les gens pressés et celles qui contribuent à accomplir une tâche plus efficacement qu'avec d'autres méthodes. Elles sont surtout populaires aux États-Unis, en Europe, au Japon, en Corée du Sud et dans d'autres pays où les frais de connexion à Internet sont élevés. Voici quelques exemples.

Billet et carte d'embarquement électroniques

Voyage-sncf.com, la filiale Internet de la SNCF, permet désormais d'afficher un « m-billet » (comprendre billet mobile) avec sa dernière application mobile. Elle remplacera donc la confirmation papier pour les voyageurs qui ne sont pas dotés d'une carte Voyageur. Cette possibilité n'est toutefois pas offerte sur toutes les lignes, dans la mesure où l'ensemble des contrôleurs ne sont pas encore équipés des appareils nécessaires à la validation des billets électroniques.

La compagnie aérienne à bas coût Easyjet lance sur l'App Store une application iOS gratuite permettant de disposer d'une carte d'embarquement numérique, notamment de l'enregistrement en ligne. Encore en test, ce service est initialement uniquement fonctionnel pour les vols Easyjet au départ de Nice, d'Édimbourg, de Manchester, de Londres Southend, de Londres Stansted et d'Amsterdam.

Services liés à la géolocalisation

Google Now, application lancée fin 2012, croise les données personnelles fournies par l'utilisateur avec les différents services Google. « *Imaginons que, dans votre agenda, vous ayez inscrit un rendez-vous à 17 heures gare de Lyon. L'application va vous suggérer de quitter votre bureau place de l'Opéra plus tôt que prévu, des embouteillages perturbant la circulation* », explique Google.

Services bancaires et financiers

Dans une enquête réalisée par TNS Sofres pour le compte de la banque ING Direct, 40 % des Français ont effectué au moins une opération bancaire en ligne en 2012 (contre 35 % en 2011). Les différents équipements utilisés sont l'ordinateur de bureau (83 % des consultations), l'ordinateur portable (81 %), les tablettes (46 %) et les smartphones (41 %). Hors de leur domicile, les utilisateurs sont 86 % à se servir de leur smartphone.

Publicité sans fil

Les opérateurs de téléphonie mobile détiennent des informations précieuses pour les publicitaires : le domicile de leurs abonnés, le lieu où ils ont consulté des messages publicitaires, leur âge, les jeux, la musique et les autres services qu'ils utilisent sur leurs portables. Ces informations aiguisent des appétits et induisent des risques d'intrusion dans la vie privée des clients. Les agences de publicité, comme toutes les entreprises, doivent être attentives au respect des lois en vigueur sur cette question très sensible de la vie privée, ainsi qu'aux réactions des clients qui reçoivent des publicités sur leurs mobiles. Quand elles sont réussies, les campagnes de publicité sur les mobiles obtiennent néanmoins un taux de réponse élevé et un engagement plus fort de la part du client.

Facebook diffuse des publicités pour différentes marques en adoptant un format d'affichage particulier aux téléphones mobiles (en 2013, l'entreprise réalisera 965 millions de dollars de revenus sur ce type d'appareil). Google affiche des publicités en lien avec les recherches que les utilisateurs de la version mobile de son moteur de recherche ont effectué sur leurs téléphones (en 2013, Google atteindra 643 millions de dollars de revenus publicitaires sur téléphones mobiles). Aux États-Unis, le portail MSN Mobile de Microsoft affiche des bannières et des textes publicitaires. Les publicités sont de plus en plus souvent intégrées dans des applications à télécharger, comme les jeux et les vidéos. Les dépenses consacrées à la publicité mobile ont été en 2012 de 9,8 milliards de dollars (Gartner, 2013).

Jeux et divertissements

Début 2013, 88 % des internautes ont consulté, à partir de leurs appareils mobiles (téléphones et tablettes), la catégorie Divertissement, qui comprend les vidéos, les jeux, la télévision, la radio et la musique (Médiamétrie 2013). Les sites les plus consultés sont YouTube, iTunes, Google et Yahoo!.

3.2 Accès à l'information à partir du Web mobile

Grâce aux téléphones mobiles, aux tablettes et à d'autres appareils mobiles, il est possible d'accéder à Internet n'importe où et à n'importe quel moment. Les informations doivent pouvoir s'afficher sur de petits écrans. Les principaux moteurs de recherche comme Google, Yahoo! et Microsoft ont créé des services dédiés aux appareils mobiles, afin que l'utilisateur puisse accéder aux informations utiles à l'aide d'un minimum de touches. Ces portails mobiles proposent du contenu et des services optimisés pour les appareils mobiles. Les services mobiles de Google mémorisent les noms de lieu recherchés. Ainsi, lorsque l'utilisateur lance une requête sur le mot « film », il obtient les programmes des cinémas locaux, ce qui simplifie la consultation des horaires et l'achat des billets. Les entreprises qui proposent ces services doivent souvent prévoir plusieurs formats d'affichage (ordinateur, tablettes graphiques et téléphones mobiles) pour que les utilisateurs reviennent pour d'autres consultations ou achats.

4 Systèmes de paiement électronique

Tout site de e-commerce doit proposer un système de paiement. En plus des systèmes de paiement traditionnels (espèces, carte de crédit, chèque bancaire, etc.), le développement du e-commerce a entraîné l'adoption de différents types de paiements.

4.1 Les différents types de paiements

Les **transactions électroniques interbancaires** informatisées, nationales ou internationales, de type EDI, sont le principal dispositif de paiement utilisé en *B to B*, qui représente, en valeur, la plus grande part du commerce électronique dans le monde pour les réseaux sécurisés comme le réseau international *Society for Worldwide Financial Telecommunication* (Swift), auquel adhèrent plus de 3 000 banques. En France, ces transactions sont régies par des normes et des protocoles mis en place par l'industrie bancaire, telles que les normes Etebac.3 à Etebac.5. Depuis plus de 20 ans, de nombreuses entreprises ont automatisé les échanges et les flux de données financières, depuis l'émission de la facture dématérialisée jusqu'au règlement par virement automatique, avec intégration des données provenant de la banque dans la base de données de l'entreprise qui permet d'automatiser les traitements liés à la gestion de trésorerie et aux rapprochements comptables.

D'autres **systèmes de paiement électronique, plus orientés vers le commerce électronique en *B to C*,** ont été élaborés afin de pouvoir payer des biens à l'aide d'une monnaie « dématérialisée » et transmise par voie électronique, notamment sur Internet. Ces systèmes comprennent entre autres le paiement par carte de crédit, le portefeuille électronique et le micropaiement.

Les **systèmes numériques de paiement par carte de crédit** permettent de recourir plus largement aux cartes de crédit pour payer des achats réalisés en ligne. Ils visent à rendre l'utilisation de ces cartes plus sûre et plus pratique pour les commerçants et les consommateurs, en fournissant des mécanismes capables d'authentifier la carte de l'acheteur afin de s'assurer de sa validité et de la solvabilité de ce dernier. Le système 3D Secure (proposé par Visa et MasterCard) demande au titulaire de la carte de s'authentifier en saisissant soit un code dynamique à usage unique envoyé par SMS pendant la transaction, soit la date de naissance du titulaire de la carte. En France, 50 % des sites utilisent ce système qui permet de réduire la fraude à la carte bancaire sur Internet.

Les portefeuilles électroniques simplifient le paiement des achats effectués sur le Web. En effet, l'acheteur n'a pas besoin d'inscrire son adresse, ni l'information relative à sa carte de crédit chaque fois qu'il réalise un achat. Le **portefeuille électronique** enregistre de manière sécurisée cette information, ainsi que l'identification de son propriétaire, et la fournit à la « caisse » d'un site de commerce électronique. Lorsqu'on lui demande de compléter la transaction, il inscrit automatiquement le nom de l'acheteur, son numéro de carte et les renseignements relatifs à l'expédition. Ces systèmes s'appellent V.me chez Visa et MasterPass chez Mastercard. PayPal, filiale d'eBay, est le système le plus utilisé en France.

Les systèmes de **micropaiement** ont été mis au point pour les achats de moins de 10 euros, tels que les téléchargements d'articles individuels ou de clips, dont le montant n'est pas assez élevé pour utiliser une carte de crédit conventionnelle. Les systèmes de paiement à solde cumulé ou à valeur enregistrée sont très utiles dans ces situations. Plusieurs journaux français proposent de payer l'achat d'un article à la pièce selon ce moyen (Hipay par exemple).

Les **systèmes de passerelle de paiement sécurisée** permettent aux commerçants de ne pas dépendre d'une banque. Ces systèmes permettent de prendre en charge un nombre plus important de cartes bancaires (carte de crédit, de paiement international, privatives, etc.). Les offres actuelles sont proposées par Ogone (filiale d'Ingenico), Paybox, etc.

Les **cartes à puce** sont un autre exemple de système de paiement à valeur enregistrée. Il s'agit d'une carte en plastique, au format d'une carte de crédit, sur laquelle est stockée de l'information numérique. Elle peut contenir des données de toute nature. En France, outre la carte bancaire, ce type de carte est le dispositif retenu pour identifier tout assuré social et professionnel de santé. Les consommateurs européens sont familiarisés depuis des décennies avec les cartes à puce interbancaires.

Les **systèmes numériques de présentation de factures et de paiement** sont utilisés pour payer les factures mensuelles habituelles. Soit l'utilisateur choisit le prélèvement automatique, une formule confortable mais à laquelle sont associés de nombreux litiges selon les associations de consommateurs, soit il reçoit l'information du montant et passe une transaction formelle de validation. En France, le Titre Interbancaire de Paiement (TIP) est une formule hybride qui permet aux entreprises de réduire leurs coûts de gestion (aucune ressaisie), tout en laissant le client exercer son droit de regard sur la somme avant d'autoriser le prélèvement automatique sur son compte bancaire.

Le processus qui consiste à payer des produits et des services achetés sur Internet est complexe et mérite davantage d'attention. Il convient également de noter que les moyens de paiement proposés par un site marchand doivent être adaptés aux habitudes de paiement des pays où ces sites veulent vendre leurs produits et/ou services. Ainsi, selon une étude réalisée par PayPal en 2012, les virements bancaires sont le premier moyen de paiement sur Internet en Allemagne. En Italie, le moyen le plus utilisé est PayPal. En Espagne et en France, c'est la carte bancaire qui est majoritairement utilisée. Au Royaume-Uni, les cartes bancaires sont assimilables aux cartes privatives utilisées en France. Nous aborderons en détail la question de la sécurité du commerce sur Internet un peu plus loin dans ce chapitre, à la section 5.2.

Un nombre croissant d'entreprises découvrent que les principaux avantages d'Internet découlent des applications qui réduisent les coûts d'échange et de coordination. Bien qu'elles s'appuient sur des applications et des réseaux internes depuis plusieurs années pour gérer et coordonner leurs processus, elles réalisent que le couplage « intranets/extranets/internet » est en train de devenir une formule technologique et organisationnelle majeure pour maximiser les revenus provenant du commerce électronique.

4.2 Systèmes de paiement électronique pour le m-commerce

En janvier 2013, China Mobile, NTT DoCoMo (Japon) et KT (Corée) ont signé un accord afin que les voyageurs entre ces trois pays puissent utiliser, pour leurs déplacements et leurs paiements, les services de paiement sans contact, par téléphone mobile (NFC), indépendamment de leur pays d'origine. Ce système comprend l'établissement de spécifications pour les terminaux et les services délivrés *via* NFC.

Il existe trois systèmes de paiement différents pour les téléphones mobiles au Japon : les systèmes de paiement en ligne rechargés par carte bancaire ou par compte bancaire, les cartes de débit mobiles (reliées à un compte bancaire personnel) et les cartes de crédit mobiles, aussi reliées à un compte bancaire personnel. Les téléphones mobiles fonctionnent comme des porte-monnaie électroniques : ils contiennent divers mécanismes de paiement. Les clients peuvent payer en passant tout simplement leur téléphone devant une machine chez les vendeurs qui acceptent ce genre de paiement en lieu et place des paiements habituel en espèces et en carte de crédit. Le plus grand opérateur de téléphonie japonais, NTT DoCoMo, a mis sur le marché des téléphones mobiles RFID associés à un système de paiement (FeliCa) en 2004. Au Japon, 30 millions de téléphones mobiles faisant office de porte-monnaie électronique sont actuellement utilisés.

Depuis novembre 2012, VinciPark propose à ses clients de payer par technologie de communication sans contact ses places de stationnement sur voirie dans les communes de Boulogne-Billancourt, Antony et Rueil-Malmaison. En mai 2010, le premier déploiement à grande échelle des services sans contact mobile a débuté en Europe dans la ville de Nice. Les utilisateurs peuvent ainsi profiter depuis d'un panel de services développés par Veolia Transport pour le réseau Lignes d'Azur ou proposés par de grandes banques françaises, les opérateurs mobiles, les industriels et des enseignes de distribution grand public.

Apple permettra que l'on puisse payer dans des magasins ou restaurants avec son iPhone, simplement en le passant devant un terminal adapté. Des milliers de terminaux sont déjà installés aux États-Unis. Ce principe n'est cependant pas propre à l'iPhone ; DeviceFidelity le propose pour d'autres smartphones capables de recevoir une carte microSD. Les brevets d'Apple ne s'arrêtent pas là. Ils montrent que l'iPhone pourrait être utilisé pour « photographier » une carte de crédit – ou un chèque – et récupérer ainsi les informations nécessaires à la conclusion d'une transaction. De plus, l'iPhone pourrait dialoguer avec la puce électronique des cartes de crédit.

4.3 Intranets et commerce électronique

Dans de nombreuses entreprises, l'information est exploitée sur une multitude de plateformes informatiques, qui communiquent plus ou moins bien entre elles. Face à cette hétérogénéité, les intranets peuvent apporter une connectivité perçue par l'usager comme instantanée, en fédérant tous les serveurs en un système de réseau unifié.

Le plus souvent, on accède à un intranet par un portail qui, à l'aide d'une interface Web, constitue le point d'accès unique aux systèmes et aux documents internes. Ce portail fournit une vue d'ensemble unique des voies d'accès aux ressources gérant de l'information interne. Si nécessaire, on peut le personnaliser afin qu'il corresponde aux besoins d'information d'un groupe d'entreprises et d'utilisateurs individuels. Il peut aussi offrir un service de courrier électronique et d'agenda partagé, ainsi que des outils de collaboration et de recherche, afin de parcourir les systèmes et les documents internes d'une organisation.

Derrière le mot « intranet » se cachent plusieurs niveaux de services et d'utilisations, mais tous reposent sur les mêmes technologies. Côté salarié, le poste de travail permet l'accès aux logiciels et aux données *via* une interface unique de type Web. Côté entreprise, l'intranet peut offrir simplement aux utilisateurs une interface plus ergonomique et un espace d'échange dédié à une fonction (par exemple, un intranet ressources humaines), ou fédérer l'ensemble des applications, processus et données internes de l'organisation. Les services rendus, ainsi que les coûts de développement et d'utilisation sont alors plus élevés. Si l'aspect visuel du poste de travail est le plus médiatisé, la valeur pour l'organisation réside d'abord dans la qualité des données accessibles et l'intégration entre applications.

Le terme d'intranet signifie l'application des technologies associées à Internet, mais pour les usages **internes** de l'entreprise. La nature et l'intensité des liens entre un intranet et le monde extérieur (clients, fournisseurs *via* un extranet) dépendront des choix des dirigeants en matière d'intégration des processus et des services. Certaines entreprises privilégient une organisation fondée sur la réplication différée des données (par exemple, les données d'une compagnie d'assurances sont actualisées dans l'intranet, puis transférées deux fois par jour sur la base de données à laquelle les clients accèdent par Internet). Un nombre croissant de sociétés privilégient en revanche la qualité (fiabilité et rapidité) des services proposés aux clients et organisent techniquement un haut niveau de sécurisation des accès, de sorte que les acteurs internes (salariés) et externes (clients) puissent interagir sur une même base de données partagée. Plus les niveaux d'intégration interne et interne/externe sont élevés, plus les potentiels d'échange et de coopération le sont également.

Les applications internes de l'entreprise accessibles sur le modèle d'une page Web peuvent devenir plus interactives en s'appuyant sur une grande variété de médias, de textes, de bandes audio et de vidéos. Les intranets ont été en grande partie utilisés pour mettre à disposition des banques d'information actualisées. Les catalogues de produits, les répertoires téléphoniques ou les renseignements sur les avantages sociaux peuvent être modifiés dès qu'un changement survient. Si l'intranet est intégré aux applications de gestion (elles-mêmes plus ou moins intégrées ; voir chapitre 9 sur les ERP) qui opèrent ces mises à jour, la mise à disposition sera quasi instantanée *via* l'intranet. Grâce à ce type de publications guidées par l'événement, les organisations peuvent réagir plus rapidement et plus économiquement qu'avec les traditionnelles publications et diffusions manuelles, tout en éliminant le papier, l'impression et les coûts de distribution.

Intranets et travail d'équipe

Les intranets peuvent fournir un grand nombre d'outils de collaboration, qui permettent aux membres d'une organisation de travailler de concert et d'échanger des idées, de mettre de l'information en commun et de travailler sur des projets et des dossiers où qu'ils se trouvent. L'information issue de plusieurs sources et médias différents, notamment des textes, des graphiques, des vidéos, des bandes audio et même des clichés numériques, peut être affichée, partagée et consultée partout dans l'entreprise grâce à une simple interface commune.

Le chapitre 11 fournit des détails supplémentaires sur les intranets, le partage des connaissances et le travail en collaboration.

Applications de l'intranet pour les affaires électroniques

La figure 10.8 illustre certaines applications mises au point pour les différents services d'une entreprise, comme la finance et la comptabilité, les ressources humaines, les ventes et le marketing ou encore la fabrication et la production.

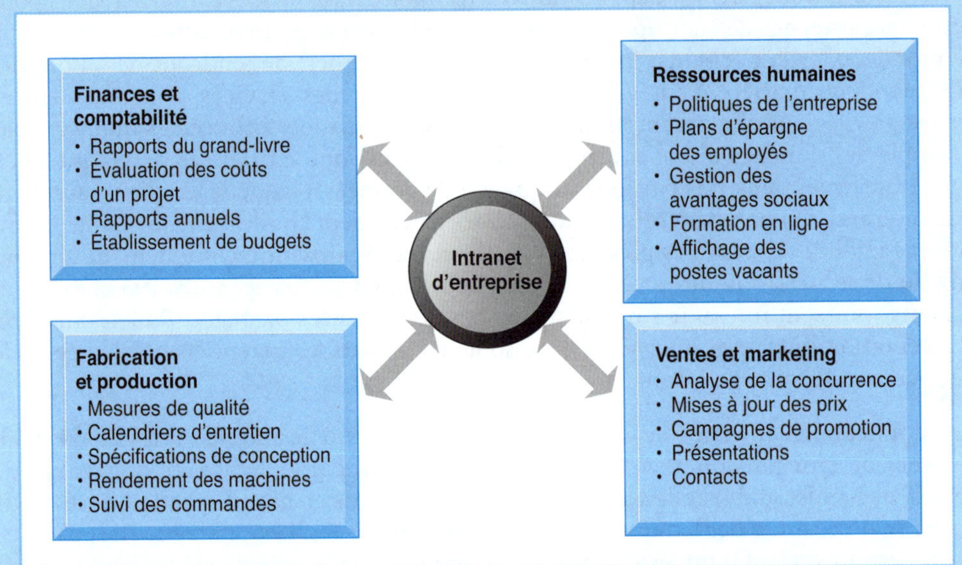

Figure 10.8 – Des applications fonctionnelles des intranets.

4.4 Intégration des processus

Les entreprises peuvent recourir aux ERP, combinés aux intranets, pour améliorer la coordination entre leurs différents processus éco-organisationnels internes. De plus, elles peuvent utiliser des extranets pour coordonner ceux qu'elles partagent avec leurs clients et leurs autres partenaires.

Dans certaines industries, la technologie d'Internet aide les entreprises à collaborer plus étroitement avec leurs clients, leurs fournisseurs et d'autres sociétés, afin d'améliorer la planification, la production et la distribution des biens et des services. L'utilisation des technologies numériques, de sorte que plusieurs organisations puissent concevoir, développer, produire et gérer les produits en collaboration au cours des différents cycles de vie du produit, s'appelle la « **collaboration interentreprises** ».

Le développement d'un nouveau produit nécessite habituellement une collaboration entre les différents départements d'une entreprise et, de plus en plus, entre différentes sociétés. Les SI, et notamment Internet, fournissent les outils de communication et de collaboration qui permettent aux concepteurs, ingénieurs et au personnel du marketing et de la production, qu'ils soient géographiquement dispersés ou membres d'entreprises différentes, de communiquer entre eux. On appelle cette démarche « **ingénierie simultanée** ».

Les entreprises peuvent également utiliser les commentaires que les clients laissent sur leur site Web ou dans les réseaux sociaux pour améliorer la conception des produits. La société engagée dans le commerce collaboratif avec ses fournisseurs et ses clients peut atteindre de nouveaux niveaux d'efficacité en diminuant le temps du cycle de conception-production, en anticipant mieux la demande et en gardant ses partenaires et ses clients bien informés (voir figure 10.9).

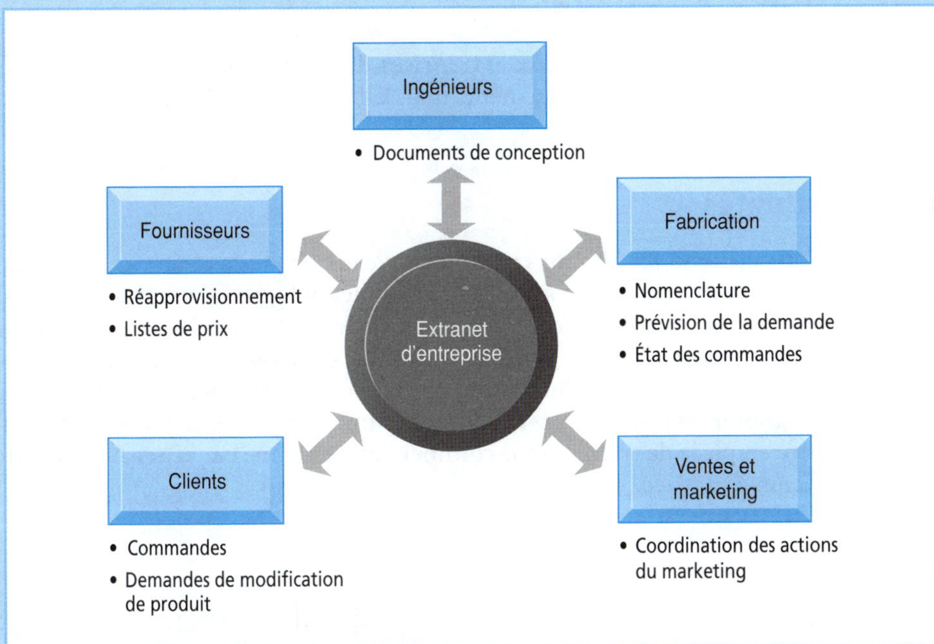

Figure 10.9 – Commerce collaboratif.

Le tableau 10.6 présente des exemples d'entreprises qui utilisent la technologie d'Internet pour le commerce collaboratif.

Tableau 10.6 : Comment les SI facilitent les coopérations interentreprises

Application	Exemple
Gestion de production et partenariat industriel incluant la conception de produits en collaboration à partir d'endroits différents	Les ingénieurs de Legrand (un des principaux fabricants français de matériel électrique) et ceux de plusieurs de ses sous-traitants ont utilisé un système de conception et de collaboration fondé sur les SI pour créer des sous-ensembles et des produits destinés à la domotique. Lors des étapes de conception et de production, les délais et les coûts ont été significativement réduits.
Coordination de la chaîne logistique	Hewlett-Packard (HP) Laserjet Imaging Systems utilise un système de collaboration pour le travail en équipe afin de partager de l'information avec ses sous-traitants, ses centres de distribution et ses revendeurs. Sur un espace électronique de travail commun et sécurisé, l'application met à la disposition des fournisseurs une partie des plans provenant du système de production interne de HP. Ceux-ci peuvent utiliser l'information recueillie pour adapter leurs plans afin de coordonner leur stock avec celui de HP.
Outils d'achat et d'approvisionnement collaboratif	Hubwoo fournit un espace de collaboration entre les entreprises et leurs nombreux fournisseurs afin que celles-ci puissent s'approvisionner de façon fluide et fiable.

5 Nouvelles possibilités

La technologie d'Internet a fourni aux entreprises de nouveaux outils puissants afin d'innover et de produire plus efficacement, mais elle a aussi créé tout un cortège de nouveaux défis de gestion.

5.1 Opportunités

Les organisations utilisent les SI pour créer de nouveaux produits et services, ainsi que de nouveaux réseaux de vente et de marketing. Ces technologies ont même donné lieu à des entreprises entièrement nouvelles. Elles ont également contribué à diminuer les coûts liés à la chaîne logistique, à augmenter l'efficacité de la production et à consolider les relations avec les partenaires industriels et commerciaux. Aucune entreprise ne peut se permettre d'ignorer les potentialités des SI, et notamment d'Internet, même si elle ne pense pas mettre en place de transactions commerciales en ligne car ce seront ses partenaires qui le feront à sa place.

5.2 Défis

Bien que les processus éco-organisationnels et les relations numériques avec d'autres organisations puissent aider les entreprises à atteindre de nouvelles performances sur le plan de la concurrence et de l'efficience, ils constituent de nombreux défis pour les managers. Quantité de nouveaux modèles d'entreprise sur Internet doivent encore prouver qu'il est possible d'y réaliser des profits durables. Ces processus liés au commerce et aux affaires électroniques exigent des changements sur le plan de l'organisation du travail. L'environnement juridique qui entoure ce type de commerce n'est pas encore complètement défini, et les entreprises qui s'engagent dans cette voie doivent être vigilantes en termes de confiance, de sécurité et de protection des renseignements personnels de leurs clients.

Découvrir un modèle éco-organisationnel performant sur Internet

Internet a manifestement changé les modèles éco-organisationnels dans un grand nombre d'industries importantes, comme celle des médias (livres et musique), des services financiers, des voyages et de la vente au détail d'automobiles. Pour autant, tous ces modèles n'ont pas été couronnés de succès. Des milliers d'entreprises de commerce de détail (*B to C*) de type « point com » ont fermé leurs portes. Seule une fraction des places de marché indépendantes opérationnelles au printemps 2000 existe encore aujourd'hui.

Le commerce sur Internet n'est pas mécaniquement plus efficace, ni plus rentable que le commerce traditionnel. Les commerçants virtuels n'ont certes rien à payer pour des espaces de magasin et des employés, mais ils doivent néanmoins supporter des dépenses substantielles pour l'entreposage, les centres d'appels du service à la clientèle et la recherche de clients.

Les entreprises qui essaient d'utiliser le Web pour compléter ou améliorer les modèles traditionnels doivent également faire face à des défis complexes. Celles dont la stratégie en ligne n'est pas clairement définie (ainsi que sa relation à la stratégie globale de l'entreprise) peuvent gaspiller des milliers, voire des millions d'euros à construire et à maintenir des sites Web qui ne donnent pas les résultats escomptés. La mise en place d'un site Web et d'une technologie libre-service peut ébranler le modèle et la pérennité d'une entreprise (et ses avantages concurrentiels), qui compte sur des vendeurs travaillant selon un mode traditionnel pour fournir des services uniques et personnalisés aux clients (Schultze et Orlikowski, 2004). Même si une organisation s'appuie sur un modèle viable d'entreprise sur Internet, celui-ci peut échouer si sa mise en œuvre n'est pas correctement effectuée ou si les conditions nécessaires à la qualité comme à l'intensité attendues des usages ne sont pas réunies.

Défis posés par les changements organisationnels

Le commerce et les affaires électroniques exigent souvent l'élaboration de nouveaux processus de gestion et formes organisationnelles, afin de transformer une potentialité en réalité. Pour les entreprises, il peut être nécessaire de totalement revoir les processus éco-organisationnels, plutôt que d'essayer de greffer une nouvelle technologie sur des pratiques existantes. Elles doivent prendre en considération une structure organisationnelle différente et des changements dans la culture organisationnelle, dans la structure de soutien pour les SI, dans les procédures pour la gestion du personnel et le traitement en réseau, voire une stratégie éco-organisationnelle différente.

Les frontières traditionnelles entre les départements et les divisions, ainsi qu'entre les entreprises et les distributeurs, peuvent constituer des obstacles à la collaboration et à l'établissement de relations fluides. Les sociétés qui utilisent des lieux de vente traditionnels ou du personnel de vente peuvent prévoir des **conflits de circuit** si elles ont simultanément recours au Web pour faire de la vente et du marketing en ligne. Si les consommateurs achètent directement en ligne, le personnel de vente et les distributeurs peuvent craindre une baisse de leurs revenus ou d'être supplantés par ce nouveau circuit. Transférer tout ou partie d'une activité d'un canal vers un autre, d'une modalité vers une autre, ne signifie pas accroître son revenu net global. Le cas de la SNCF et de son activité de ventes de billets en ligne (iDTGV) en cohabitation avec les ventes aux guichets illustre ce défi, dont les dimensions économiques et sociales sont considérables.

Confiance, sécurité et protection des renseignements personnels

Le commerce électronique ne peut prospérer que s'il règne un climat de confiance entre les acheteurs, les vendeurs et les autres partenaires concernés par les transactions sur Internet. Comme les relations en ligne sont plus impersonnelles que celles qu'ils entretiennent avec les personnes travaillant dans un magasin bien réel, certains clients peuvent hésiter à effectuer leurs achats sur le Web auprès de vendeurs qu'ils ne connaissent pas. Ils se préoccupent aussi de la sécurité et de la confidentialité entourant leur numéro de carte de crédit et d'autres données personnelles qu'ils fournissent sur Internet. Les systèmes sur le Web sont en effet plus vulnérables à l'intrusion que les réseaux privés parce qu'Internet a été conçu pour être ouvert à tous.

Le Web offre des capacités jamais égalées pour se renseigner sur les clients et les cibler, mais il peut également constituer une atteinte à la vie privée. En recourant à des logiciels de surveillance des sites et à d'autres technologies pour suivre les allées et venues des internautes, les entreprises peuvent collecter des informations sur les utilisateurs à leur insu. En d'autres circonstances, les internautes fournissent volontairement des renseignements, comme leur nom, leur adresse postale et électronique, et leurs intérêts particuliers en échange de l'accès à un site, sans savoir de quelle manière l'organisation propriétaire du site peut utiliser ces données. Pour les entreprises, le défi consiste donc à équilibrer le désir de tirer parti des informations recueillies sur leurs clients et la nécessité de sauvegarder la protection des renseignements personnels.

5.3 Solutions

Pour transformer une organisation en entreprise tirant avantage de toutes les potentialités associables au numérique grâce à la technologie d'Internet, il faut porter une attention particulière aux points suivants et réaliser une planification de gestion judicieuse.

Déterminer la manière dont la technologie d'Internet peut ajouter de la valeur à l'entreprise

Les managers doivent comprendre de quelle manière les SI peuvent ajouter de la valeur à leur entreprise en contribuant aux activités internes et aux échanges avec leurs clients et fournisseurs.

Les entreprises doivent également se préoccuper de la transformation du modèle éco-organisationnel qui devient le leur, en prenant réalistement en compte les SI et les liens entre les contraintes et les possibilités de ce modèle et leur stratégie.

Gestion des changements de processus éco-organisationnels

Avant de lancer leur entreprise dans le commerce électronique, les managers doivent prendre le temps d'identifier les changements organisationnels nécessaires à une mise en œuvre efficace. Ils doivent ensuite mettre en place un plan de gestion du changement, qui tient compte des besoins de tous les groupes internes à l'entreprise, ainsi que ceux de leurs fournisseurs et des autres partenaires éco-organisationnels qui font partie du réseau de l'entreprise et y ajoutent de la valeur. De plus, ils doivent établir des politiques et des procédures bien définies en ce qui concerne le partage des données avec les autres organisations (clients, fournisseurs, prestataires, etc.), notamment les spécifications relatives au type, au format, au degré de précision et à la sécurité des données échangées.

Les conflits de circuit exigent une attention particulière. L'une des manières de régler ce problème consiste à indemniser les représentants des ventes pour les opérations en ligne qui ont lieu sur leurs territoires, même s'ils n'ont pas collaboré à la vente ni rencontré l'acheteur. Une autre solution consiste à n'offrir qu'une partie de la gamme complète des produits de l'entreprise sur le Web. L'importance de l'activité et de la contribution des réseaux traditionnels, ainsi que le degré de résistance aux ventes en ligne seront des indicateurs permettant de piloter la répartition évolutive du portefeuille d'activités de l'organisation.

Importance de la sécurité et de la protection des renseignements personnels

Le commerce et les affaires électroniques exigent tous deux que les entreprises soient à la fois plus ouvertes et plus sécurisées, donc plus étanches. Elles doivent être ouvertes aux tiers, comme les clients, les fournisseurs et les partenaires commerciaux, et étanches vis-à-vis des pirates informatiques et autres intrus, afin d'assurer la protection de leurs actifs et de leurs clients. Les entreprises qui font du commerce électronique ont besoin d'une nouvelle culture de la sécurité et d'une infrastructure leur permettant de concilier ces deux aspects. Elles doivent également réexaminer les politiques d'entreprise quant à la vie privée, afin de s'assurer du respect des renseignements personnels des clients et des visiteurs sur leur site Web. Les chapitres 4 et 8 analysent en profondeur ces questions de vie privée et de sécurité en liaison avec les utilisations des SI, et notamment d'Internet.

Résumé

Les trois principales catégories de commerce électronique sont le commerce de détail (*Business to Consumer, B to C*), le commerce interentreprises (*Business to Business, B to B*) et le commerce interconsommateurs (*Consumer to Consumer, C to C*). S'il existe des entreprises créées à partir de modèles économiques innovants associés à de nouvelles formes d'échanges (notamment en *B to C via* Internet), pour la plupart des sociétés existantes, le commerce électronique se combine aux méthodes traditionnelles. Les technologies et les SI qu'une entreprise peut mobiliser pour tirer parti des opportunités liées au commerce électronique sont multiples : EDI, Web, places de marché électroniques, réseaux sociaux, extranets, etc.

Pour chaque société, l'intégration de toutes ces possibilités dans son SI global représente un défi majeur, que les données et les processus métier soient supportés ou non par un ERP.

Dans la dématérialisation de tout ou partie des échanges, plusieurs difficultés apparaissent, notamment en ce qui concerne la sécurisation des paiements, l'authentification des acteurs et la traçabilité des transactions.

Activités

Questions de révision

1. Quels avantages une entreprise peut-elle retirer à utiliser Internet comme infrastructure principale pour son activité de commerce électronique ?
2. Comment Internet modifie-t-il l'économie de l'information et les modèles éco-organisationnels ?
3. Nommez et décrivez six modèles éco-organisationnels de commerce électronique. Établissez la distinction entre un modèle de e-commerce exclusivement fondé sur Internet et un modèle hybride.
4. Nommez et décrivez les différentes catégories de commerce électronique.
5. Comment Internet facilite-t-il les ventes et le marketing auprès des consommateurs individuels ? Décrivez le rôle que joue la personnalisation du Web.
6. Comment Internet aide-t-il au service à la clientèle ?
7. Quelles sont les contributions des SI au commerce électronique interentreprises ?
8. Qu'est-ce qu'une place de marché électronique ? Pourquoi les places de marché constituent-elles des modèles éco-organisationnels importants pour le commerce électronique interentreprises ? Comment diffèrent-elles des réseaux industriels privés ?
9. Nommez et décrivez les principaux systèmes de paiement électronique utilisables en commerce électronique.
10. En quoi les intranets sont-ils utiles pour le commerce électronique ?
11. Comment les intranets peuvent-ils soutenir la collaboration au sein des organisations ?
12. Décrivez les applications des intranets pour le commerce électronique dans les fonctions ventes et marketing, finances et comptabilité, ainsi que fabrication.
13. Comment les entreprises peuvent-elles utiliser les SI pour intégrer les processus éco-organisationnels ? De quelle manière les SI facilitent-ils les coopérations interentreprises ?
14. Qu'est-ce qu'un conflit de circuit ? Pourquoi ce genre de conflit prend-il plus d'importance lorsqu'il est question de commerce électronique ?

Exercices de synthèse

1. Analysez la manière dont les SI, et plus spécifiquement leur couplage à Internet, ont modifié les conditions de la création de valeur et les modèles éco-organisationnels.
2. Définissez le commerce électronique et décrivez la manière dont il a fait évoluer le commerce de détail et le commerce interentreprises.

3. Comparez les principaux systèmes de paiement associés au commerce électronique.
4. Évaluez la manière dont les SI favorisent la gestion et la coordination des processus intra- et interorganisationnels.
5. Évaluez les défis que pose le commerce électronique, ainsi que les solutions de gestion.

Questions de réflexion

1. De quelle manière les SI changent-ils les relations avec les clients et les fournisseurs ?
2. « Internet ne rend pas les entreprises désuètes, mais elles devront modifier leurs modèles éco-organisationnels. » Êtes-vous d'accord avec cette affirmation ? Pourquoi ?

Exercice sur le Web : comparer les services d'hébergement de magasins virtuels

Vous aimeriez construire un site Web pour y vendre des serviettes, du linge de maison, de la poterie et des articles de table de Provence, et vous examinez les services qui peuvent héberger un petit magasin virtuel sur Internet. Votre site doit pouvoir accepter les paiements sécurisés par carte de crédit et calculer les frais d'expédition et les taxes. Pour commencer, vous aimeriez afficher les photos et les descriptions de 40 produits différents. Explorez les sites des sociétés de services qui proposent des solutions d'hébergement et comparez la gamme des services proposés aux petites entreprises, leurs capacités et les coûts. Évaluez aussi les outils qu'ils fournissent pour la création d'un site de commerce électronique. Comparez tous ces services et déterminez quel site vous utiliseriez pour établir votre magasin virtuel. Rédigez un court rapport précisant votre choix et expliquez les forces et les faiblesses de chaque site étudié.

Travail de groupe

En groupes de trois ou quatre, choisissez deux entreprises concurrentes de la même industrie qui utilisent leur site Web pour le commerce électronique. Visitez ces sites. Comparez par exemple les sites d'opérations bancaires virtuelles créés par deux banques, ou ceux de Cdiscount et RueduCommerce. Préparez une évaluation de chaque site selon ses fonctions, sa convivialité et son efficacité pour ce qui est du soutien de la stratégie éco-organisationnelle de l'entreprise. Quel est le site le plus efficace ? Pourquoi ? Pourriez-vous formuler des recommandations pour améliorer ces sites ?

Étude de cas : Accor, le e-commerce au service des clients et de l'organisation

En mars 2012, le Groupe Accor se rapproche de Google pour référencer ses établissements dans le Google Hotel Finder, le moteur de recherche hôtelier de Google spécifiquement dédié aux internautes américains. Selon Léchotouristique.com, Accor réalise déjà 2 milliards d'euros de ventes sur le Web, soit plus d'un quart de son activité globale, dont 30 % en ventes indirectes.

Ce rapprochement a nécessité des développements technologiques chez les deux sociétés, mais la présence de la chaîne hôtelière sur Google Hotel Finder lui permet de créer du trafic sur Accorhotels.com tout en poursuivant sa croissance sur le marché américain. Quant à Google, il se rémunère à la transaction au *Cost Per Click* (CPC).

En janvier 2010, Accorhotels.com a déjà développé un site Web pour mobiles ainsi qu'une application pour iPhone, dans le cadre d'une stratégie de convergence avec le site Web existant. Les clients accèdent ainsi aux mêmes services, quel que soit le canal.

Le groupe hôtelier a également lancé une application iPhone qui propose la totalité de ses services. Ces solutions (développées par Haiku) ont permis à Accorhotels.com d'être visible par ses clients sur l'ensemble des canaux.

Une attention particulière a été apportée à l'ergonomie : adaptation du contenu Web au mobile, parcours client optimisé, géolocalisation des hôtels et calcul d'itinéraire. De plus, l'utilisateur a accès à l'ensemble des informations sur tous les hôtels du groupe, y compris les tarifs. Quant à la sécurité, elle est assurée par une connexion au système de réservation centralisé du groupe et au règlement par carte de paiement. Grâce à l'application iPhone, au site mobile et à la redirection automatique à partir de l'URL du site Web, le mobile est devenu en deux ans un véritable canal de distribution, le nombre de réservations ayant été multiplié par 30 ces derniers mois, et représente 2 % des ventes électroniques du groupe. Courant 2010, une nouvelle version de l'application iPhone proposera notamment les vidéos des hôtels et des chambres, ainsi que des alertes prix et promotions paramétrables. L'application est de plus déclinée pour le BlackBerry et le système Android.

Créée en 1967 par Paul Dubrule et Gérard Pélisson, la Société d'Investissement et d'Exploitation Hôteliers (SIEH) a pris le nom de groupe Accor en 1983. En un peu moins de 40 ans, elle a connu un développement considérable, qui lui a permis de se hisser au quatrième rang mondial des entreprises du secteur de l'hôtellerie et des services aux entreprises.

Grâce à sa présence dans 90 pays, à un effectif de 134 000 collaborateurs et à un chiffre d'affaires annuel 2012 de 5,6 milliards d'euros (Europe, Amérique latine, Amérique du Nord, etc.), le groupe Accor s'est imposé comme un spécialiste mondial dans son secteur d'activité. Avec 3 500 hôtels, il est le seul groupe hôtelier présent dans la plupart des régions du monde et sur l'ensemble des segments du marché de l'hôtellerie, depuis le haut de gamme avec la chaîne d'hôtels Sofitel, au plus économique, avec les chaînes Formule 1, Ibis ou Red Roof Inns.

Afin de faire face à son organisation décentralisée et de s'imposer dans un environnement turbulent et très compétitif, le groupe a très vite intégré les technologies liées au Web dans sa stratégie globale. Internet constitue un puissant canal, grâce auquel l'entreprise dynamise ses ventes, sa notoriété et ses résultats. En 2012, elle a réalisé, *via* Internet, un volume d'affaires de 1,4 milliard d'euros. Les réservations sur Internet représentent, quant à elles, près de 25 % du volume d'affaires total, et 50 % sont prévus en 2015.

Ces chiffres sont le résultat du lancement, vers la fin des années 1990, d'un portail international accorhotels.com. Dix millions de visiteurs uniques en 2012 ont consulté les sites du groupe. Ces sites permettent aux internautes, présents dans différentes régions du monde et parlant différentes langues, d'accéder à une offre riche et variée de chambres d'hôtels ou de voyages.

Afin de renforcer son image de marque et de satisfaire les besoins spécifiques des populations auxquelles il s'adresse, Accor multiplie les initiatives sur les fonctionnalités et les services *via* Internet. Il devient désormais non seulement un outil de commercialisation et de gestion de clientèle, mais aussi un moyen stratégique pour communiquer avec les fournisseurs et les autres partenaires.

L'année 1999 a été marquée par un remaniement stratégique et organisationnel assez important, notamment avec le rachat de chaînes hôtelières, comme Red Roof Inns aux États-Unis, et de nouveaux partenariats pour dynamiser les ventes, ainsi que par le développement d'une stratégie Internet qui vise à créer une « ***e-company*** ». Préparées dans le cadre du projet « Accor 2000 », les solutions technologiques et informatiques ainsi adoptées par le groupe Accor correspondent à sa volonté d'améliorer la qualité et l'intensité de sa relation avec les clients et ses autres partenaires commerciaux (fournisseurs, prestataires de services, sous-traitants, etc.).

Afin de réussir le projet « Accor 2000 », dont l'objectif principal est de créer une e-company, le groupe a totalement remis en cause sa politique organisationnelle. Il lui a alors fallu intégrer les technologies multimédias et moderniser son parc informatique pour pouvoir s'adapter aux exigences du marché et offrir une qualité de service supérieure, des délais réduits et des coûts plus bas. La réservation en ligne a été mise au centre du dispositif *on-line* : « *L'objectif pour Accor était que le Web dépasse les 10 % des réservations totales dans quatre à cinq ans* », comme le confirme Gustavo Bazan, directeur marketing international pour Accor e-commerce. Cet objectif a été atteint.

Dans cette perspective, l'entreprise a développé une stratégie marketing en ligne, dont l'objectif principal est « *d'augmenter le nombre d'individus dans la base (la base de données clients centralisées), par des actions Web ou* off-line, *en offrant certaines choses, par exemple l'accueil dans la langue du connecté, par les bonus…* », selon Matthieu Staat, directeur marketing base de données centralisées/Internet. Les actions Web menées par le groupe concernaient surtout la gestion et la planification des campagnes marketing.

Au cours de l'année 2000, Accor a d'abord utilisé une solution ASP (fournisseurs d'applications hébergées) pour construire ses campagnes publicitaires, accompagnée d'un outil de *e-mailing* pour pouvoir les diffuser. Avec un prestataire externe, les campagnes d'Accor étaient peu personnalisées et se limitaient à décliner les offres du groupe sous forme de catalogue papier. Dans ce contexte, l'outil de *e-mailing* fondé sur une solution en FAH (fournisseurs d'applications hébergées proposant une gestion externalisée des bases de données clients et de routage des campagnes) a permis de diffuser les *newsletters* du groupe à travers toute l'Europe.

Dès l'année 2002, ces solutions se sont révélées inadaptées aux objectifs prescrits et donc insatisfaisantes pour la direction marketing, comme le souligne Mathieu Staat : « *Dès que nous avons commencé à personnaliser nos différents mailings, en fonction de la nationalité ou des comportements d'achats de nos clients, nous devions sans cesse opérer des transferts entre notre base de données centrale, qui contient plus d'un million de contacts dans 90 pays, et les différentes bases de données sur lesquelles nous travaillons ponctuellement* ». Afin d'obtenir des solutions liées à son environnement multilingue, multipays, multimarque et décentralisé, l'entreprise a retenu l'intégration en interne des solutions proposées par Neolane (éditeur de logiciels dédiés au marketing et à la communication client). Deux solutions hébergées ont été ainsi utilisées :

- La solution Neolane Marketing Server (pour l'automatisation des campagnes) et la solution Neolane Content Manager (pour la gestion de contenu), qui permettent de construire une campagne marketing en intégrant des intervenants dans différents sites géographiques et d'industrialiser les processus de création et de génération des courriels. De nombreuses raisons justifiaient le choix de cette solution par la direction. Elle s'intègre non seulement avec le système informatique du groupe, mais elle respecte aussi la charte graphique du groupe, dont la prévisualisation est immédiate, et offre une multitude d'applications de segmentation et de ciblage pour la personnalisation de l'offre (par exemple, elle met à la disposition de l'entreprise des alphabets rares, comme le mandarin, le cantonais, etc.).
- La solution courriel marketing, qui permet d'envoyer des messages en multicanal et personnalisés, centralisée à l'international sous forme de *newsletters* thématiques, dont le contenu vise à signaler les promotions en cours et à suggérer des destinations de voyage.

Ces solutions ont été mises en œuvre en l'espace de deux mois. Accor disposait alors d'une base de données centralisée, constituée à partir des abonnés aux cartes de fidélité et des personnes inscrites sur le site, soit plus de 1,3 million de contacts. Après trois mois d'exploitation, un million de courriers électroniques ont été envoyés (8 millions en 2005). La segmentation du marché a permis au groupe de réduire le temps des communications de moitié (300 000 euros d'économie la première année) ; les sites ont quant à eux connu une augmentation du taux de clics de 30 %.

Le groupe Accor ne s'est pas contenté des actions marketing en ligne pour développer ses marques de produits et de services dans le monde entier. En effet, pour encourager les clients à visiter son site Internet en réduisant le temps de connexion, le groupe a mis en œuvre une opération couplée *on-line* et *off-line*. Souvent sous forme de jeux-concours, elle a surtout permis à l'entreprise d'enrichir sa base de données clients.

Afin de renforcer sa stratégie Internet et d'attirer plus de clientèle, le groupe a mis en ligne en 2002 un programme de fidélisation baptisé « Compliments » (un outil qui fonctionne par accumulation de points *via* des cartes exclusivement réservées aux clients, par exemple des cartes d'abonnements ou de paiement, la carte « Privilege Guest », etc.). Les clients peuvent ainsi consulter leurs points de fidélité sur Internet, accéder à la boutique des cadeaux et cumuler des points. Pour l'entreprise, l'enjeu de ce programme est considérable. D'une part, en intégrant les bases de données et la qualification des profils des clients, le groupe est en mesure de personnaliser sa relation clientèle et d'envoyer des courriels ciblés en fonction du profil du client et de son évolution. D'autre part, la mise en ligne permet d'intégrer tous les clients Web du groupe au programme de fidélisation, et pas seulement les détenteurs de cartes.

Pour comprendre encore mieux la composition et le comportement des internautes qui effectuent des réservations sur l'ensemble des sites, le groupe a mandaté, fin 2004, la société Affinity Data (spécialiste de la connaissance client et de son exploitation marketing) pour la réalisation d'une segmentation de sa base complète de réservataires en ligne. Grâce à Question Data, un outil d'analyse et de traitement quantitatif et qualitatif des enquêtes, Accor est capable de mieux appréhender son tissu de clients et donc d'y adapter son offre.

Afin de garantir la sécurité des paiements et d'assurer une meilleure confidentialité pour les internautes qui y sont très sensibles, le groupe a intégré sur ses sites le protocole de cryptage SSL (*Secure Socket Layer*), créé par Netscape. Lors du transfert des données sur le réseau, les coordonnées bancaires, ainsi que l'ensemble des informations saisies dans les différents formulaires, sont automatiquement cryptées, c'est-à-dire chiffrées avant leur transmission sur le réseau.

Parallèlement au développement d'une stratégie marketing en ligne, Accor a décidé début 2001 de mettre en place une solution d'achat par Internet, AccorShop : une solution de e-procurement destinée à optimiser et rationaliser la fonction achat et les modes d'approvisionnement, par le biais de technologies Internet. Le groupe a ainsi adopté pour le projet la solution technique YES (*Your E-procurement Solution*) développée par RestauPro (filiale du groupe Accor spécialisée dans l'achat en ligne pour les chaînes d'hôtels et de restaurants). Ce portail Internet s'appuie entièrement sur des technologies Microsoft et sur la norme XML. Il a pour objectif de faciliter la prise de commandes de produits frais ou récurrents (alimentaires ou non) et d'offrir une assistance pour le contrôle technique, la validation des cuisines et les services d'annonces en ligne et de renouvellement de matériel. À travers le déploiement progressif de la solution e-achat (qui supporte plus de 10 000 transactions quotidiennes, intègre quelque 50 000 références et une centaine de fournisseurs), le groupe Accor a réalisé un gain de temps et d'argent en ayant une visibilité des achats jusqu'au détail de chaque article, en améliorant le contrôle de qualité des produits commandés et en respectant les prix d'achat. Cette plateforme, qui offre une structure Internet d'achat interentreprises, était renforcée par la création d'une place de marché virtuelle que le groupe a développée en coopération avec d'autres groupes hôteliers (Bass, Granada Compass, Hilton International, etc.).

À présent, le service des achats, composé de 130 personnes, dispose d'un véritable bureau d'achat en ligne. Avoir une plateforme pour des achats en ligne est une condition nécessaire mais insuffisante pour que l'entreprise puisse améliorer la qualité de ses produits et de ses services à moindre coût.

L'objectif est de réduire les coûts et les délais de traitement des commandes, d'automatiser les processus de décisions et d'approvisionnement et de permettre au service des achats de se focaliser sur un rôle à plus forte valeur ajoutée : la négociation et les contrats. Accor a choisi un outil lui permettant de maîtriser les achats et les applications des contrats de façon plus efficace. Le groupe a mis en place un intranet de commande d'imprimés, AccorPrint, fondé sur une solution en ASP nommée « Printflux ». Il s'agit en fait d'une relation tripartite qui assure la corrélation entre la direction générale des achats, les exploitants et les sièges, et les imprimeurs. Les exploitants et les sièges peuvent commander en ligne leurs documents personnalisés, valider les bons à tirer et obtenir des informations sur les délais de livraison et diverses statistiques sur leurs consommations. « *Auparavant, les commandes étaient gérées et validées par le service des ressources humaines. Un travail assez fastidieux qui impliquait de nombreux échanges de BAT (bons à tirer qui précèdent l'impression) entre la direction des ressources humaines et l'imprimeur* », témoigne Bénédicte Abolin, responsable des services généraux. Aujourd'hui, la personnalisation et la commande des documents sont effectuées directement par les assistantes des différents services *via* Internet, puis validées par les services généraux et transmises directement à l'imprimeur.

AccorPrint est capable de gérer à la fois les commandes classiques et personnalisées. Leur saisie s'effectue en quelques clics. Dans un premier temps, l'exploitant (directeurs d'hôtels, etc.) choisit le type de document à imprimer. Il entre ensuite ses données commerciales, personnalise sa commande et valide le bon à tirer (ou bon de commande). Enfin, la confirmation de l'ordre d'achat est automatiquement envoyée par courriel.

Printflux offre aussi une meilleure communication entre les parties, par le biais d'outils tels qu'une messagerie propre au système, qui permet d'envoyer des courriels à des listes de diffusions internes (Novotel, Sofitel, etc.) et externes (imprimeurs comme Graph 2000, Imprimerie du Val Mabuée, etc.), et qui garantit l'intégrité des données.

Du côté du gestionnaire, il assure un suivi des commandes (pour les utilisateurs également), une vision globale des statistiques selon les prestataires, les commandes de chaque catégorie, les utilisateurs et bien d'autres champs d'analyses.

« *Nous avions une bonne connaissance du volume d'achats par hôtel et par fournisseur, mais pas de connaissance du détail des produits achetés* », commente Joël Vatan, directeur général des achats du groupe Accor.

Sources :

Journal du Net, 03/2012

L'Écho touristique, 01/2010

www.accor.com

Béranger, A.L., « Fidélisation : Accor décline son programme sur le online », **www.journaldunet.com/printer/020326accor.shtml**, 26/03/12, consulté le 01/10/13

www.printflux.com/fr/e-printing/techniques/index.html

www.neolane.com

www.accorhotels.com/accorhotels/fr/presentation/secu_conf.html, consulté le 01/10/13

Le MOCI, « Accor, le bon dosage du multicanal », n° 1696, 01/04/2005

Le Journal du Net, « Accor place la gestion de contenu au cœur de sa stratégie marketing », 22/09/2004

L'Expansion, « Technologie : Accor étudie un projet de place de marché pour l'hôtellerie », 03/08/2000

Questions sur l'étude de cas

1. Quels rôles les SI ont-ils joué dans l'évolution du groupe Accor ? Expliquez pourquoi.
2. Quels sont les facteurs de succès de l'implantation et de l'utilisation des solutions de commerce électronique mises en œuvre au sein du groupe ? Comment ces facteurs de succès se répartissent-ils entre ceux qui sont de nature technologique, humaine, culturelle et organisationnelle ?
3. La contribution des SI supportant le commerce électronique d'Accor est-elle de nature stratégique ou opérationnelle ? Expliquez pourquoi.

Chapitre 11
La gestion des connaissances dans l'entreprise

Objectifs pédagogiques

- Évaluer le potentiel et la réalité des contributions de la gestion des connaissances dans les entreprises.
- Décrire les types de systèmes utilisés pour la gestion des connaissances et identifier les conditions de leur efficience.
- Décrire les principaux types de systèmes d'aide à la conception et à l'innovation et identifier les conditions de leur efficience.
- Identifier les possibilités et limites de l'intelligence artificielle dans les pratiques managériales.
- Identifier les défis que posent les systèmes de gestion des connaissances et les solutions de gestion.

Bouygues Construction : un intranet mondial pour localiser et partager les expertises

En août 2011, Jean-Marc Soussan est nommé directeur des ressources humaines de Bouygues Construction. Les activités de l'entreprise comprennent le bâtiment, les travaux publics, l'électricité et la maintenance d'installations. Appartenant au groupe Bouygues, créé en 1952, l'entreprise s'est forgée un statut d'acteur mondial majeur dans le secteur, en conjuguant innovation technique et financière, profitabilité et maîtrise des risques. Son activité hors France représente 47 % de son chiffre d'affaires, qui s'élevait à 10,7 milliards d'euros en 2012. Bouygues Construction est présent sur tous les continents, dans plus de 80 pays et compte 55 000 collaborateurs, dont 29 000 hors France. Ce développement s'effectue à travers la conduite de grands projets complexes, des partenariats avec les entreprises locales, le développement dans de nouvelles zones (Caraïbes, Amérique latine) et le renforcement d'implantations existantes.

Pour faire face à cette structure organisationnelle de plus en plus étendue, le groupe a toujours considéré la recherche et l'innovation comme de véritables moteurs de performance dans tous les domaines et fonctions (techniques et travaux, commercial, informatique, gestion, ressources humaines, etc.).

Dès la fin des années 1990, Bouygues Construction prend conscience que la maîtrise des compétences et des savoir-faire organisationnels est un enjeu majeur pour pouvoir proposer à ses clients un produit complet et de qualité. Dès lors, il met en place des pratiques de gestion des connaissances afin de capitaliser et de partager les compétences organisationnelles dans un but de performance collective. …

En 1999, le groupe entreprend alors la création d'un référentiel d'expertise unique, un annuaire d'entreprise. Selon Jacques Rossillol, directeur du projet « Référentiel », l'objectif est « *de constituer un référentiel d'entreprise, collectant toutes les informations professionnelles sur les utilisateurs, à savoir : leur numéro de téléphone, leur adresse courriel et géographique, etc. Le challenge est de taille. Non seulement les informations sont dispersées géographiquement (dans les 150 filiales du groupe) mais, en plus, il faut les fédérer à partir de plusieurs applications : messageries, contrôleurs de domaines, annuaires téléphoniques, etc.* ». Pour ce projet, le groupe choisit le service Active Directory, totalement intégré dans Windows. Il s'agit d'un service d'annuaire qui intègre le concept « Internet d'espace de nommage » avec les services d'annuaire liés au système d'exploitation. Grâce à *Lightweight Directory Access Protocol* (LDAP), la principale norme d'annuaires sur laquelle il s'appuie, Active Directory permet de gérer des données diverses, éclatées et antérieurement ressaisies dans de multiples applications. L'objectif consiste à obtenir un annuaire général, afin de réduire la charge administrative ainsi que les coûts directs et indirects liés au maintien de plusieurs espaces de nommage et aux effets issus de ces incohérences. L'entreprise a dû s'équiper de deux serveurs sous Windows Advanced Server pour bénéficier de ces services d'annuaire.

Simultanément, pour étendre l'utilisation de cet annuaire aux filiales qui en sont dépourvues, l'entreprise développe une application intranet d'administration du nouvel annuaire LDAP. Cette démarche de généralisation du partage interne et international s'inscrit dans le cadre du projet « eDoc », lancé début 1999 à la demande de responsables de chantier. Reposant sur le logiciel de gestion de documents numérisés Documentum, il permet de saisir, d'indexer et de rechercher les plans et courriers numérisés. Les ingénieurs de chantier et leurs secrétaires accèdent à la base de données ainsi créée *via* le réseau interne. Les échanges de documents numérisés avec les partenaires extérieurs s'effectuent *via* un portail Internet.

Avec l'évolution de l'activité du groupe, l'annuaire d'expertise montre rapidement ses limites, dans la mesure où il ne répond pas à toutes les questions des acteurs opérationnels dans l'entreprise. Il faut établir un lien automatisé entre la localisation d'une personne et ses domaines d'expertise. Quelques années plus tard, l'entreprise fait donc appel à la société de services Unilog Management pour l'accompagner dans la mise en place de sa démarche de « localisation d'expertise ». Grâce à ce projet, tout employé de l'entreprise doit pouvoir identifier rapidement les experts appropriés afin de résoudre un problème donné. Unilog mène une étude préalable en interrogeant les différents métiers de Bouygues Construction et aboutit à deux conclusions principales. D'une part, l'expérience vécue étant une richesse tout aussi importante qu'une expertise technique, deux concepts sont alors mis en évidence : le « sachant » et l'« expert ». D'autre part, les connaissances les plus recherchées portent sur le métier (matériaux utilisés, techniques de montage employées, etc.), mais également sur l'environnement du projet (législation d'un pays, réglementation en vigueur, etc.) et les relations (connaissances des clients, des partenaires et des sous-traitants). La démarche ainsi adoptée a permis à l'ensemble de l'entreprise d'identifier les porteurs de savoir, mais surtout d'interagir avec eux en formulant rapidement les questions auxquelles ils seront en mesure de répondre.

« Un accompagnement fort »

« *C'est le site Internet du Sénat qui nous a mis sur la voie et nous a inspirés* », reconnaît Éric Juin, directeur e-services et *Knowledge Management*. Mais les contenus de Bouygues Construction ne sont pas aussi bien structurés et standardisés que des projets de lois. « *Nous devons composer avec une grande hétérogénéité de contenus et de nombreux jargons. Pour corser le tout, nous devons extraire des documents les noms des personnes concernées pour favoriser la mise en relation* », ajoute-t-il.

Pour mener à bien son projet, Bouygues Construction a retenu la société Sinequa, éditeur du logiciel Sinequa CS. « *Nous avons travaillé avec leurs équipes de R&D à l'affinage des algorithmes pour donner le plus de pertinence possible aux extractions et aux propositions. Et nous avons mené un important travail de recensement des sources d'informations pertinentes, sans qu'elles ne soient trop confidentielles, auprès de tous les services, des directions jusqu'aux chantiers* », insiste Éric Juin. Ce travail lourd, mais indispensable pour recenser la matière première, s'est déroulé entre octobre 2006 et février 2007.

Une première version pilote a été mise en place auprès d'un millier d'utilisateurs avant d'être ouverte à l'ensemble des collaborateurs à la fin du premier semestre. « *Mais l'aventure ne s'arrête pas là*, précise Éric Juin. *Mettre un outil aussi sophistiqué à la disposition de tous nécessite un accompagnement fort, qui passe beaucoup par le bouche à oreille et la formation. Il est indispensable de créer des réflexes auprès des 16 000 collaborateurs du groupe concernés. C'est une aventure passionnante !* »

Montée en puissance

Aujourd'hui, un demi-million de documents ou de fiches sont indexés. « *Ce ne sont pas que des documents bureautiques ou des articles de presse, mais aussi des fiches sur qui fait quoi sur les chantiers. On peut parler de mémoire de l'entreprise au sens organisationnel, une mémoire qui recense les rôles de chacun sur l'ensemble des chantiers* », ajoute Éric Juin.

Un rôle d'autant plus essentiel que Bouygues Construction embauche plus de 8 000 nouveaux collaborateurs par an, qui doivent tous se constituer leur propre réseau de « sachants ». « *Il est encore un peu tôt pour quantifier l'impact de ce système, mais on constate que de plus en plus de personnes s'en servent, posent des questions au moteur. Et les retours sont très positifs*, déclare Éric Juin. *L'évolution de la pyramide des âges au sein de l'entreprise va nous permettre de nous appuyer sur la génération née avec Internet. C'est elle qui fera bouger le système et nous fera avancer plus vite.*

Enfin, le projet Vega, moteur de rangement et d'accès aux connaissances de Bouygues Construction, trouve son origine dans l'arrivée d'une nouvelle génération d'employés, contraints d'abandonner une série d'outils performants (essentiellement Skype et Facebook) interdits dans l'entreprise. Les réactions d'étonnement de ces nouveaux arrivants débouchent sur quelques idées clés : donner envie de contribuer *via* une interface ergonomique et riche, faciliter le dépôt d'information (sur le modèle implicite du courriel plutôt que sur celui, formel, du serveur de fichier), utiliser la vidéo comme support de gestion des connaissances. Seule fausse note : avec un tel cahier des charges, deux années ont été nécessaires pour trouver le bon éditeur…

…

En juin 2011, Bouygues Construction refont son intranet, plateforme d'échange hautement stratégique entre ses collaborateurs et leurs partenaires. L'architecture organisationnelle ainsi que sa charte graphique sont également remaniées à cette occasion.

Sources :
www.rh-m.com, 10/2012
La Correspondance de la Publicité, 06/2012
Les Échos, 05/2011
www.sageret.fr, 08/2011
www.sinequa.com, 03/2010
La Tribune, 26/03/2008
www.bouygues-construction.com, 12/2009
www.logica.com, 01/2010
www.archimag.fr, 06/2009

Matière à réflexion :

En quoi la gestion informatisée des connaissances est-elle particulièrement importante dans une grande organisation internationale ?

Quels problèmes règle la technologie et quels problèmes sont de nature culturelle et organisationnelle ?

Le cas de Bouygues Construction illustre les liens entre l'amélioration de la performance et l'accès à l'information existante dans l'organisation en termes d'expériences et d'expertises disponibles au sein de cette même organisation. La collaboration et la communication avec des spécialistes et des experts, la création de nouvelles connaissances, l'accès simplifié aux connaissances et l'utilisation de celles-ci pour améliorer les processus opérationnels et la prise de décision sont devenus essentiels pour l'innovation, le développement et la continuité de l'organisation. En tant que futur manager, vous devrez savoir comment votre entreprise peut tirer profit des SI conçus pour mettre la gestion des connaissances au service de l'efficacité opérationnelle.

Ce chapitre étudie les SI précisément conçus pour aider les organisations à créer, saisir, distribuer et favoriser l'application des connaissances et expertises partagées. Après avoir analysé comment elles sont devenues un actif organisationnel essentiel, nous détaillerons l'ensemble des processus qui transforment les données en connaissances utiles. Nous décrirons ensuite les principaux types de systèmes de gestion des connaissances, puis discuterons des séquences et des étapes que les managers doivent respecter afin que ces systèmes de gestion des connaissances procurent de la valeur à l'entreprise dans la section 3. Nous aborderons pour finir les nouvelles possibilités.

1 La gestion des connaissances

Les systèmes de gestion informatisée des connaissances représentent l'un des secteurs d'investissement en logiciels en très forte croissance, en raison de l'intérêt grandissant pour la gestion des connaissances. Depuis le début des années 1990, on observe une croissance exponentielle de la recherche sur les connaissances et leur gestion dans les domaines de l'économie, de la gestion et des systèmes.

1.1 Dimensions importantes des connaissances

Afin de transformer l'information en **connaissance**, une entreprise doit consacrer des ressources pour définir des modèles, des règles et des contextes dans lesquels opère la connaissance.

La connaissance est un attribut à la fois individuel et collectif de l'entreprise. C'est un événement cognitif, voire physiologique, qui se produit dans le cerveau d'un individu. La connaissance est aussi conservée dans les bibliothèques et les dossiers, partagée dans les conférences et stockée par les entreprises sous la forme de processus et de savoir-faire des collaborateurs. On appelle « **connaissance tacite** » la connaissance non documentée, à l'inverse de la connaissance documentée, dite « **connaissance explicite** ».

La connaissance est fréquemment qualifiée d'« adhérente » à un individu ou à un contexte : on ne peut l'appliquer universellement ni la déplacer facilement. Finalement, la connaissance serait circonstancielle et contextuelle (voir tableau 11.1).

Tableau 11.1 : Dimensions importantes de la connaissance

La connaissance est un actif organisationnel.
La connaissance est un bien immatériel.
La transformation de données en informations utiles et en connaissances réutilisables exige des ressources organisationnelles.
La connaissance n'est pas sujette à la seule loi du rendement décroissant, comme le sont les biens matériels. Elle subit également les effets de réseau (loi du rendement en expansion) car sa valeur augmente à mesure que les individus la partagent, jusqu'à ce que des connaissances de substitution apparaissent éventuellement.
La connaissance se présente sous différentes formes.
La connaissance peut être tacite ou explicite (codifiée).
La connaissance comprend le savoir-faire, les métiers et les compétences.
La connaissance consiste aussi à savoir suivre des procédures.
La connaissance consiste à savoir pourquoi, et pas seulement quand ou comment, les choses se produisent (causalité).
La connaissance se situe quelque part.
La connaissance est un événement cognitif qui implique des schémas et des modèles mentaux.
Il existe un socle social et individuel de connaissances.
La connaissance est « collante » (difficile à déplacer), localisée (prise dans la culture d'une entreprise) et contextuelle (elle ne fonctionne que dans certaines situations).
La connaissance est circonstancielle.
La connaissance est conditionnelle : savoir quand appliquer une procédure est aussi important que de connaître la procédure (conditionnel).
La connaissance est reliée au contexte interne et externe : on doit savoir comment et dans quelles circonstances utiliser un outil en particulier.

La connaissance est un type d'actif organisationnel différent des actifs immobiliers et financiers, par exemple. Elle est un phénomène complexe et il existe de nombreux aspects du processus de gestion des connaissances. Un savoir-faire qui rend l'organisation efficace et rentable, et que les autres entreprises ne sont pas en mesure d'imiter, est une source fondamentale de profit et d'avantage que les concurrents ne peuvent acheter facilement sur le marché.

1.2 Gestion des connaissances et de l'apprentissage organisationnel

Comment les organisations obtiennent-elles et gèrent-elles leurs connaissances ? À l'instar des êtres humains, les organisations créent et rassemblent des connaissances au moyen d'une variété de mécanismes d'apprentissage organisationnel. L'entreprise acquiert de l'expérience par la collecte de données, l'évaluation précise des activités récurrentes, les essais et erreurs (l'expérience), et la rétroaction des partenaires (clients, fournisseurs, etc.) et de l'environnement en général. Ce processus de changement est qualifié d'« **apprentissage organisationnel** ».

1.3 Chaîne de valeur de la gestion des connaissances

La **gestion des connaissances** porte sur l'ensemble des processus élaborés dans une organisation pour créer, stocker, transférer et appliquer les connaissances. Elle permet, de ce point de vue, l'apprentissage organisationnel. La gestion des connaissances augmente la capacité de l'organisation à apprendre de son environnement et à en enrichir ses processus. La figure 11.1 illustre les cinq étapes de la chaîne de valeur de la gestion des connaissances qui ajoutent de la valeur aux données brutes et à l'information, à mesure qu'elles sont transformées en connaissances utilisables.

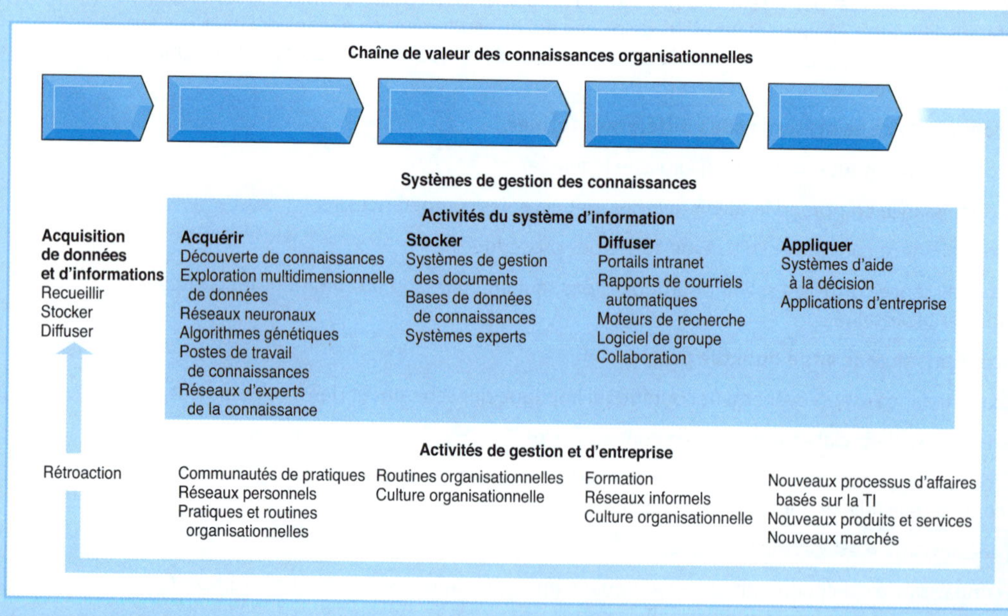

Figure 11.1 – Gestion des connaissances dans la chaîne de valeur.

Au chapitre 1, nous avons défini le **capital organisationnel et de gestion** comme l'ensemble des processus, de la culture et des comportements nécessaires pour tirer profit du capital investi dans les SI. Dans le cas de la gestion des connaissances, comme pour les autres investissements dans les SI, on doit créer des valeurs d'appui, des structures et des modèles de comportement pour augmenter le rendement du capital investi dans les projets de gestion des connaissances. À la figure 11.1, les activités de gestion et d'entreprise, situées dans la moitié inférieure du diagramme, représentent l'investissement en capital organisationnel nécessaire pour obtenir des rendements substantiels sur les investissements en SI illustrés dans la moitié supérieure du diagramme.

1.4 Acquisition de connaissances

Les organisations acquièrent des connaissances de nombreuses façons, selon ce qu'elles recherchent. Les premiers systèmes de gestion des connaissances visaient à créer des bibliothèques d'entreprise contenant tout type d'élément.

Dans certains cas, les organisations acquièrent des connaissances en développant des réseaux d'experts en ligne, afin que les collaborateurs puissent, au sein de l'entreprise, « trouver l'expert » qui possède les connaissances recherchées.

Dans d'autres cas, les entreprises doivent créer de nouvelles connaissances en établissant des modèles à partir des données existantes ou en utilisant des stations de travail de connaissance où les ingénieurs peuvent mobiliser et acquérir de nouvelles connaissances.

Un système de connaissances cohérentes et organisées nécessite également des données opérationnelles provenant des systèmes de traitement des transactions de l'entreprise qui repèrent, par exemple, des données récurrentes sur les ventes, les paiements, les stocks et les clients ainsi que d'autres provenant de sources externes comme des arrêts judiciaires, des publications scientifiques et des statistiques gouvernementales.

1.5 Stockage des connaissances

Une fois les documents, les modèles et les règles d'expert découverts, il convient de les stocker de manière que les collaborateurs puissent les récupérer et les utiliser. Le stockage des connaissances exige la création d'une base de données. Les **systèmes de gestion des documents** numérisent, répertorient et identifient les documents selon une méthode et une indexation cohérentes. Les communautés d'experts et les systèmes experts aident aussi les entreprises à conserver les connaissances qu'elles ont acquises en les incorporant dans leurs processus et leur culture.

1.6 Diffusion des connaissances

Les portails, les moteurs de recherche et les messageries électroniques et instantanées ont provoqué une très forte croissance de la diffusion de connaissances et d'informations. Ces technologies se sont ajoutées à un ensemble de logiciels coopératifs qui permettent de partager des calendriers, des documents, des données et des graphiques. Au lieu de générer une pénurie d'informations et de connaissances, les technologies et les SI contemporains ont créé une surabondance d'informations.

On assiste toutefois à un manque de mécanismes d'adaptation et de compréhension. Comment les managers et les collaborateurs peuvent-ils dénicher, dans un océan d'informations et de connaissances, les éléments essentiels à la prise de décision et à l'accomplissement de leurs tâches.

1.7 Application des connaissances

Les connaissances qui ne sont ni partagées ni appliquées aux problèmes pratiques que rencontrent les entreprises peuvent être qualifiées de « dormantes », et sont donc inutiles. Seule l'intégration d'une connaissance dans une pratique, un produit ou un service est susceptible de procurer un surplus de valeur ; à charge pour les dirigeants de créer ou de favoriser les conditions de l'émergence, de la reconnaissance et de l'intégration des connaissances potentiellement intéressantes.

1.8 Création d'un capital organisationnel : collaboration, communautés de pratiques et environnements professionnels

La gestion des connaissances porte autant sur la création d'un capital organisationnel et d'un capital de gestion que sur la technologie. Le rôle des dirigeants consiste à développer une culture de connaissances dans laquelle l'acquisition, la diffusion et l'application des connaissances sont des activités estimées et récompensées. Les managers peuvent aussi développer de nouveaux rôles et responsabilités au sein de l'organisation dans le but d'acquérir des connaissances, en créant notamment des postes de responsables de la gestion des connaissances, des emplois fonctionnels de managers en charge du développement du savoir et des communautés de pratiques. Le **responsable de la gestion des connaissances** aide à concevoir des programmes et des systèmes en vue de trouver de nouvelles sources de connaissances ou de mieux utiliser les connaissances actuelles dans les processus et les bonnes pratiques.

Les **communautés de pratiques** sont des réseaux sociaux plus ou moins informels de professionnels et de collaborateurs dans et hors de l'entreprise qui ont des champs de compétences et des intérêts communs. Les activités de ces communautés résident notamment dans l'autoéducation et l'apprentissage en groupe, les conférences, les bulletins en ligne et le partage fréquent d'expériences et de techniques destinées à résoudre des problèmes professionnels précis (voir l'exemple de Bouygues Construction en début de chapitre et l'étude de cas consacrée à EDF en fin de chapitre).

Les communautés de pratiques peuvent favoriser la gestion des connaissances dans plusieurs domaines. Elles aident les individus à utiliser des connaissances en orientant les membres de la communauté vers des documents utiles, en créant des référentiels de documents et en filtrant l'information des nouveaux collaborateurs. Les membres des communautés servent de facilitateurs en encourageant les contributions et les discussions. Les communautés de pratiques peuvent aussi réduire la courbe d'apprentissage des nouveaux collaborateurs en proposant aux personnes ressources des experts en la matière et en leur permettant d'accéder aux méthodes et aux outils établis dans la communauté. Finalement, les communautés de pratiques favorisent la création d'idées, de techniques et de comportements décisionnels et permettent l'émergence d'environnements professionnels.

1.9 Types de systèmes de gestion des connaissances

On compte essentiellement trois types de systèmes de gestion des connaissances : les systèmes de gestion des connaissances d'entreprise, les systèmes pour le travail intellectuel et les systèmes dits « intelligents ». La figure 11.2 illustre les applications de systèmes de gestion des connaissances pour chacune de ces trois catégories.

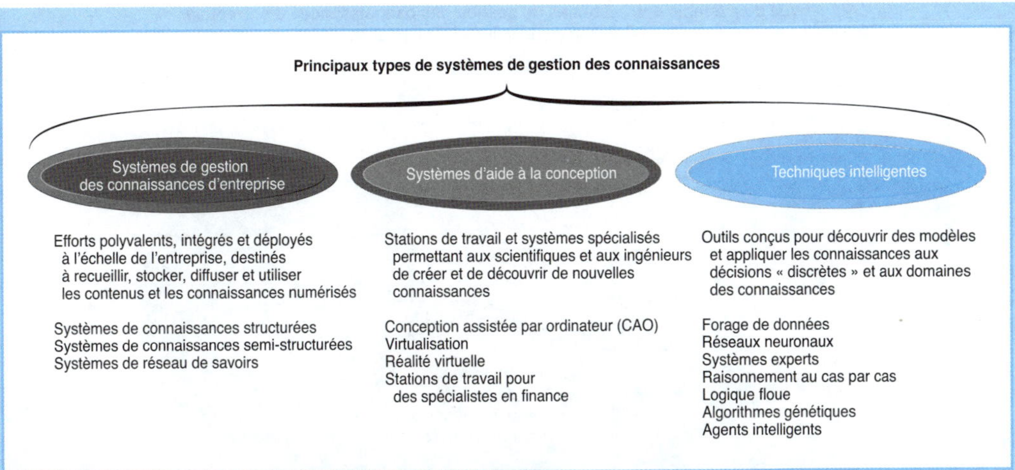

Figure 11.2 – Principaux types de systèmes de gestion des connaissances.

Les systèmes de gestion des connaissances d'entreprise sont déployés à l'échelle de l'entreprise et destinés à recueillir, stocker, diffuser et appliquer les contenus et les connaissances numérisés. Ils fournissent des bases de données et des outils pour organiser, indexer et stocker :

- des documents structurés et non structurés ;
- d'autres objets, répertoires et outils de connaissances afin de localiser les collaborateurs dotés d'une expertise dans un domaine particulier ;
- des outils Web pour la collaboration et la communication.

Le développement de puissantes stations de travail et de logiciels en réseau destinés à aider les ingénieurs et les scientifiques à découvrir de nouvelles connaissances a entraîné la création de systèmes pour le travail « intellectuel » de conception, comme les systèmes de Conception Assistée par Ordinateur (CAO), de visualisation, de simulation et de réalité virtuelle. Les **systèmes d'aide à la conception** sont spécialisés et conçus pour les ingénieurs et les scientifiques chargés de découvrir et de créer de nouvelles connaissances pour une entreprise.

La gestion des connaissances comprend aussi un groupe diversifié de **techniques dites « intelligentes »**, comme l'exploration multidimensionnelle de données, les systèmes experts, les réseaux neuronaux, la logique floue, les algorithmes génétiques et les agents « intelligents » (voir plus loin).

2 Systèmes de gestion des connaissances d'entreprise

La figure 11.3 offre une vue d'ensemble des technologies et des fonctions des systèmes de gestion des connaissances d'entreprise.

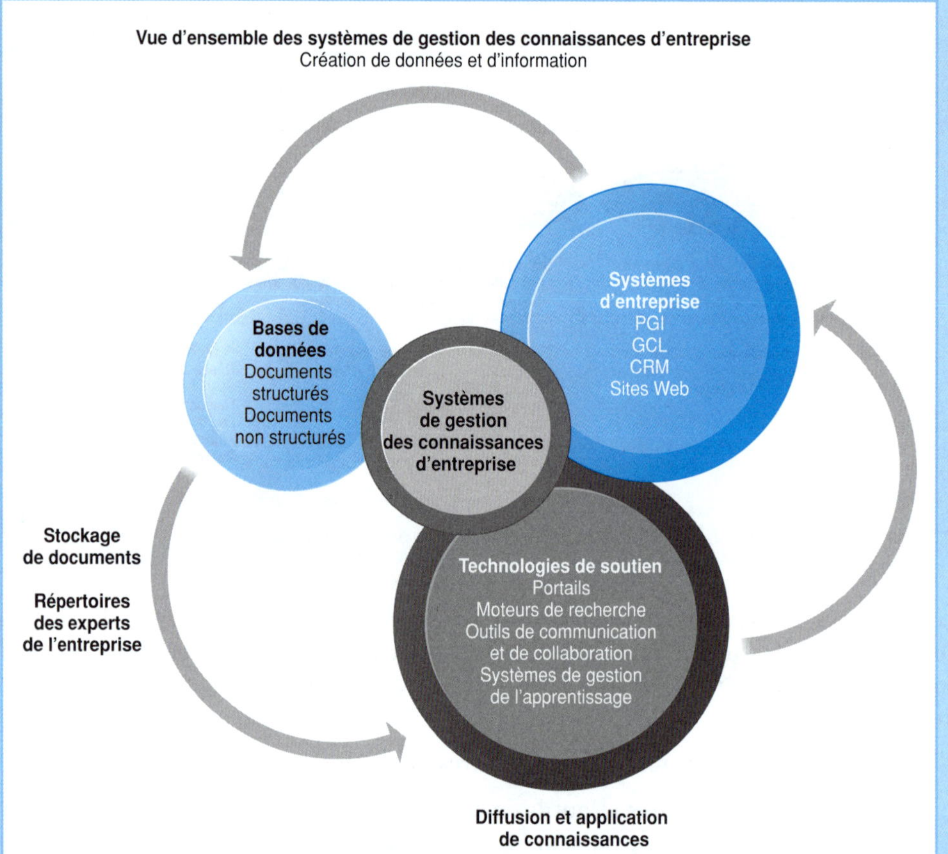

Figure 11.3 – Systèmes de gestion des connaissances dans l'entreprise.

Les managers et les entreprises doivent traiter différents types de connaissances et de questions afférentes. On compte trois grandes catégories de systèmes de gestion des connaissances d'entreprise qui traitent ces différents types de connaissances. Certaines connaissances existent déjà dans l'entreprise sous la forme de documents texte, de rapports ou de présentations structurées, et le principal problème consiste à organiser cette connaissance structurée en créant une bibliothèque et à rendre cette dernière accessible à tous les membres de l'entreprise. Ce type de connaissances s'appelle « **connaissances structurées** » et les systèmes qui les traitent sont dits « **systèmes de connaissances structurées** ». Les premiers systèmes de gestion des connaissances créés vers la fin des années 1980 et au début des années 1990 portaient sur ce genre de connaissances.

Les managers peuvent aussi avoir besoin d'informations présentes dans l'entreprise sous la forme de documents moins structurés, comme des courriels, des courriels vocaux, des vidéos, des images numériques, des brochures ou des tableaux d'affichage. C'est ce qu'on appelle les « **connaissances semi-structurées** », et le système qui traite ce type d'information est dit « **système de connaissances semi-structurées** ».

Les systèmes de connaissances structurées et semi-structurées fonctionnent comme des référentiels de connaissances régis par des taxinomies. Un **référentiel de connaissances** est une collection de connaissances internes et externes en un même endroit, de sorte que l'organisation puisse l'utiliser et le gérer plus efficacement. Les référentiels de connaissances permettent de parvenir aux portails et aux moteurs de recherche de l'entreprise et peuvent comprendre des outils pour accéder à l'information des bases de données.

Dans certains cas, il n'existe pas de documents numériques et correctement indexés, et ce sont les collaborateurs expérimentés de l'entreprise qui possèdent les connaissances. Une majeure partie de celles-ci sont des **connaissances tacites** et elles sont rarement consignées, encore moins actualisées par écrit. Les managers doivent alors créer un réseau qui relie la demande de connaissances à l'offre de connaissances. Les **systèmes de réseau de connaissances**, aussi appelés « **systèmes de gestion et de localisation de l'expertise** », tentent de remplir cette fonction (voir tableau 11.2).

Les entreprises mettent à disposition de leurs salariés des systèmes permettant d'utiliser ces connaissances.

Tableau 11.2 : Principales catégories de systèmes de gestion des connaissances d'entreprise

Type de connaissance	Contenu de savoirs	Catégorie du système de gestion des connaissances d'entreprise
Connaissances structurées	Documents en bonne et due forme	Systèmes de connaissances structurées
Connaissances semi-structurées	Courriels, courriels vocaux, notes de service, brochures, images numériques, tableaux d'affichage et autres documents non structurés Systèmes de gestion des actifs numériques	Systèmes de connaissances semi-structurées
Connaissances (tacites) en réseau	Expertise des individus	Systèmes de réseau de connaissances

2.1 Systèmes de connaissances structurées

La **connaissance structurée** est une connaissance explicite. Elle se présente sous forme de documents ou de règles formalisés que les entreprises créent en observant les experts et leurs pratiques. Les problèmes essentiels de la connaissance structurée concernent la création d'un schéma de départ approprié des données, capable de recueillir et d'organiser l'information en catégories pertinentes, et la création d'une base de données facilement accessible par les collaborateurs dans des situations variées. Une fois le schéma créé, chaque document doit être qualifié, « étiqueté » ou codé pour que les moteurs de recherche puissent le récupérer. Les **systèmes de connaissances structurées** ont pour fonction d'appliquer le schéma de codage, de relier les bases de données de l'entreprise où sont stockés les documents et de créer un environnement de portail d'entreprise auquel les collaborateurs peuvent accéder quand ils cherchent des connaissances internes.

Tous les grands cabinets de conseil ont élaboré des référentiels de formulaires, de documents structurés et de rapports d'intervention « type » que les consultants vont mobiliser pour une meilleure productivité. Une fois établis, les rapports de mission sont conservés dans de grandes bases de données utilisables ultérieurement de façon modulaire. L'objectif est de former de nouveaux conseillers selon les **meilleures pratiques** de l'entreprise et de les préparer à rejoindre une équipe de consultants. Les cabinets d'expertise comptable, par exemple, ont créé de grosses bases de données sur le droit fiscal qui contiennent de l'information sur la politique fiscale et l'application de cette politique à des entreprises clientes particulières et des conseils des fiscalistes en interne sur le fonctionnement des lois régionales.

Le Kworld de KPMG est probablement l'un des plus gros référentiels de connaissances structurées du secteur privé. KPMG International est un réseau mondial de cabinets qui offrent des services en vérification et en fiscalité. Il a réalisé un chiffre d'affaires de 23 milliards de dollars en 2012. Il emploie 152 000 professionnels qui travaillent dans 156 pays. Avec une telle base mondiale de collaborateurs et de clients, KPMG rencontrait des difficultés à partager des connaissances, à prévenir la perte de connaissances lors des départs en retraite ou démissions des conseillers, à diffuser les meilleures pratiques et à s'adapter à la surabondance d'informations en provenance du terrain.

En 1995, KPMG a commencé à développer un environnement de connaissances accessible *via* son intranet, connu sous le nom de « Knowledge Web », ou « Kweb ». Kweb contenait des bases de données organisées autour de domaines de connaissances internes et externes que partageaient ses consultants. En 1999, KPMG a créé une extension du Kweb, appelée « Kworld », qui comprend un ensemble intégré de contenu de savoirs et d'outils de collaboration utilisables dans le monde entier. La figure 11.4 fournit une vue d'ensemble abstraite de la nature complexe des connaissances stockées par Kworld.

Kworld est un environnement en ligne conçu pour rassembler, partager et gérer des connaissances. Même s'il s'agit avant tout d'un référentiel de documents, il fournit aussi des fonctions de collaboration en ligne pour les consultants de l'entreprise, ainsi qu'un SI comptable. Kworld stocke des livres blancs, des présentations, des propositions de meilleures pratiques, des articles, des discussions internes, des documents marketing, des histoires de missions, ainsi que des recherches externes au secteur. Le contenu est organisé en neuf niveaux, selon les prestations et produits KPMG et les segments de marché. Chacun d'entre eux compte de nombreuses sous-catégories de connaissances. Par exemple, le domaine de connaissances sur le client comprend des entrées sur les états financiers, la dynamique du secteur industriel, la dynamique du changement, l'entreprise cliente, les produits et clients de l'entreprise cliente et l'historique des missions de KPMG (KPMG, 2003). Les conseillers utilisent le Kworld pour coordonner leur travail d'équipe avec le client, ce dernier ayant également accès à l'environnement de collaboration (voir figure 11.5).

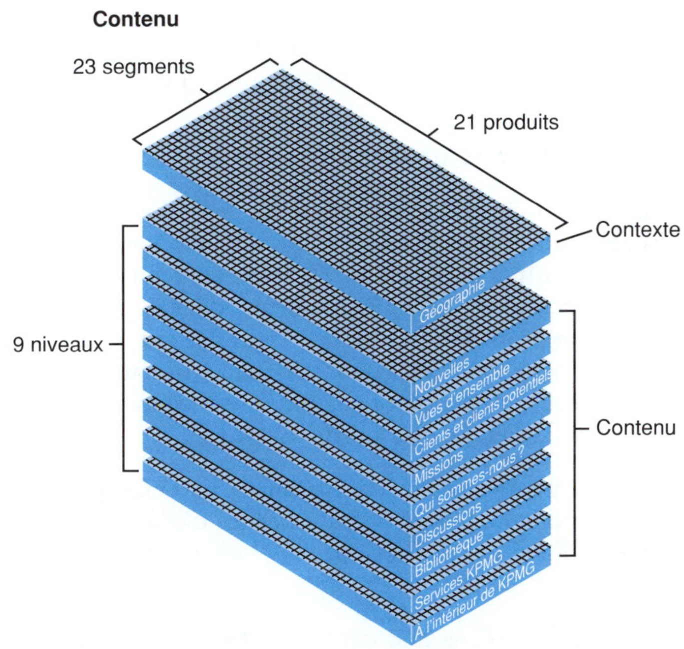

Figure 11.4 – Domaines de connaissances de Kworld.

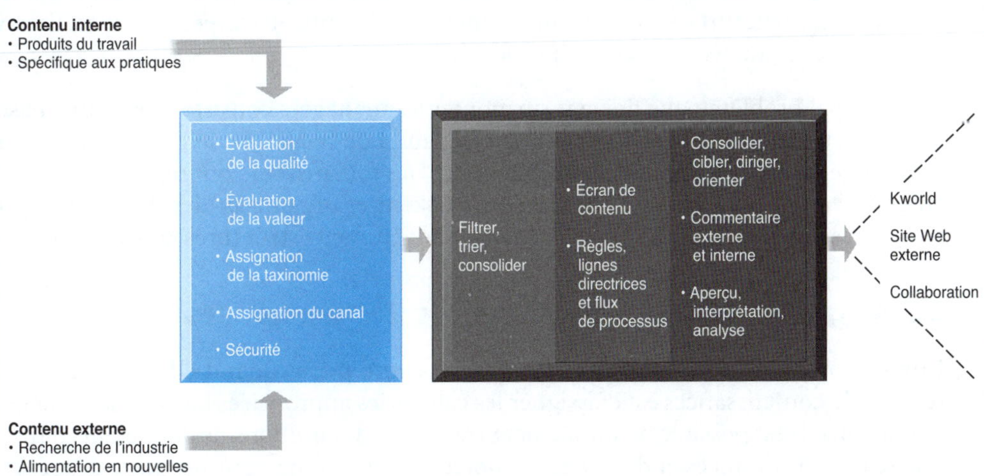

Figure 11.5 – Processus du système de connaissances de KPMG.

KPMG a investi des ressources considérables pour organiser et utiliser les millions de documents stockés dans Kworld. Il a créé une division de gestion des connaissances dirigée par un responsable de la gestion des connaissances. Une équipe composée d'analystes et de bibliothécaires évalue la qualité de l'information entrante, s'assure qu'on lui attribue la bonne catégorie, estime sa valeur et analyse sa pertinence.

2.2 Systèmes de connaissances semi-structurées

L'information semi-structurée comprend l'ensemble de l'information numérique d'une entreprise, inexistante sous forme de documents ou de rapports formels et rédigée par un auteur désigné. On estime qu'au moins 80 % du contenu professionnel dans une entreprise n'est pas structuré (information contenue dans des dossiers, des messages, des notes de service, des propositions, des courriels, des graphiques, des diaporamas électroniques et même des vidéos créés dans différents formats et stockés dans divers endroits). La majorité des entreprises n'a pas connaissance du contenu semi-structuré créé et ignore où il est stocké et qui en est responsable.

Les cadres réglementaires nationaux et internationaux (par exemple, la loi de Sarbanes-Oxley de 2002) contribuent à renforcer cette exigence d'organisation et de traçabilité de tous les documents matériels de l'entreprise, y compris les courriels, brochures et présentations.

Une entreprise comme Coca-Cola doit consigner dans ses bureaux du monde entier toutes les images de la marque Coca-Cola créées par le passé, afin d'éviter les efforts de reproduction et les variations autour d'une image de marque standard. Sans les outils appropriés, une entreprise peut posséder des milliers de stockages de contenus dans ses bureaux et les collaborateurs ne connaissent alors souvent que le matériel qu'ils ont eux-mêmes créé. Il peut être fastidieux, voire impossible, d'effectuer des recherches dans les différents services et bureaux dispersés à travers le monde. Par conséquent, les documents semi-structurés sont continuellement reproduits et recréés, les connaissances sont perdues à jamais et les coûts inutiles s'accroissent.

Le principal problème que doivent surmonter les managers consiste à créer une base de données et une infrastructure technique capables de recueillir de l'information semi-structurée et à l'organiser de façon cohérente. Des fournisseurs ont répondu à ce besoin en concevant des systèmes qui repèrent, stockent et organisent des documents semi-structurés, ainsi qu'un plus grand nombre de documents structurés conventionnels.

2.3 Organisation des connaissances : les taxinomies

L'un des premiers défis que doivent relever les entreprises quand elles créent des référentiels de connaissances est d'assigner les catégories appropriées lors du classement des documents. Il est possible de simplement transférer des millions de documents dans une grosse base de données et de se fier au moteur de recherche pour produire des résultats destinés aux utilisateurs. Une telle méthode génère cependant beaucoup plus de résultats que l'utilisateur ne peut traiter, évaluer et valider.

Les entreprises ont de plus en plus recours à une combinaison de taxinomies et de moteurs de recherche développés en interne. Une **taxinomie** est une modalité destinée à classer l'information et les connaissances de façon à les rendre facilement accessibles.

On peut comparer une taxinomie à la table des matières d'un livre ou au système de classification des livres et des périodiques par sujet et par auteur dans une bibliothèque nationale. Une entreprise peut accéder à l'information beaucoup plus facilement si elle divise sa taxinomie de façon à pouvoir classer l'information en catégories logiques. Plus la taxinomie est précise, plus les résultats de recherche produits par les moteurs de recherche sont pertinents. Une fois la taxinomie de connaissances créée, les documents sont tous étiquetés selon la classification appropriée. En général, on utilise des balises XML pour récupérer facilement les documents dans un système Web.

De nombreux outils effectuent le marquage et l'indexation automatiques, ce qui évite aux experts métier de développer leurs propres taxinomies. Le logiciel Tagger de Semio est un moteur de catégorisation et d'indexation qui identifie les phrases clés dans les documents, leur assigne les taux de pertinence, puis organise les documents en catégories, créant les balises de documents XLM au moyen de règles que les utilisateurs peuvent consulter et modifier.

2.4 Systèmes de réseau de connaissances

Les systèmes de réseau de connaissances traitent le problème qui survient lorsque la connaissance appropriée ne prend pas la forme d'un document numérique, mais réside plutôt dans la mémoire d'experts présents dans l'entreprise. Selon une enquête menée par KPMG, 63 % des collaborateurs des entreprises *Fortune 500* considèrent la difficulté d'accès à la connaissance non documentée comme un problème majeur.

Les connaissances étant difficiles à trouver, les collaborateurs consacrent beaucoup de ressources pour les redécouvrir. En mai 2009, selon une étude de l'*International Data Corporation* (IDC), le coût moyen des efforts redondants des entreprises est de 21 000 dollars par employé (à ramener à un salaire annuel moyen de 75 000 dollars). La figure 11.6 illustre ce problème de « l'ignorance collective ».

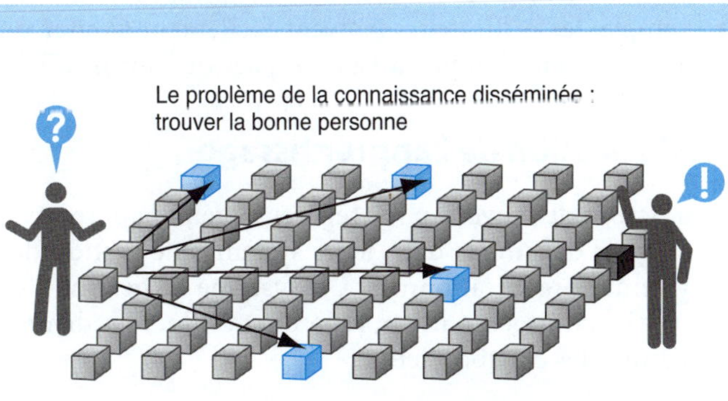

Figure 11.6 – Le problème de la connaissance disséminée.

Les systèmes de réseau de connaissances tentent de transformer les connaissances tacites, non structurées et non documentées en connaissances explicites stockables dans une base de données. Les solutions élaborées par les experts et d'autres membres de l'entreprise sont ajoutées à cette base de données. Cette nouvelle connaissance est stockée sous la forme de meilleures pratiques recommandées de l'entreprise ou d'une réponse dans une base de données de questions les plus fréquemment posées (voir tableau 11.3).

Tableau 11.3 : Caractéristiques clés des systèmes de réseau de connaissances d'entreprise

Caractéristiques	Description
Services d'échange de connaissances	Prendre en charge les sessions de questions interactives. Identifier les experts qualifiés de l'entreprise. Publier et partager des connaissances documentées avec tous les collaborateurs.
Soutien à la communauté de pratique	Relier les experts des diverses fonctions et unités. Acheminer l'information aux communautés. Mettre en place de puissants outils de collaboration pour les communautés, comme la distribution, la récupération de documents et la communication.
Fonctions de profilage automatique	Dresser automatiquement le profil des experts de l'entreprise. Permettre aux personnes de gérer leurs profils.
Services de gestion des connaissances	Gérer automatiquement la nomination, l'approbation et la diffusion des meilleures pratiques et des solutions. Garantir que les connaissances et les règles sont conformes aux lois et soutenir les processus d'affaires.

2.5 Technologies de support : portails et outils de collaboration

Les plus importants fournisseurs de systèmes de gestion des connaissances intègrent leurs fonctions de gestion de contenu et de documents à un portail puissant et à des techniques de collaboration. Les portails de connaissances d'entreprise peuvent donner accès aux sources d'information externes, comme l'alimentation en actualités industrielles et scientifiques, ainsi qu'à des ressources internes avec des fonctions pour le courrier électronique, la messagerie instantanée, les groupes de discussion et la visioconférence. Par exemple, les utilisateurs peuvent facilement ajouter une collection de documents obtenus au moyen d'un portail à un espace de travail collaboratif.

2.6 Systèmes de gestion de l'apprentissage

Les entreprises ont besoin de moyens pour repérer et gérer l'apprentissage des collaborateurs et pour l'intégrer davantage dans leurs systèmes de gestion des connaissances et dans d'autres systèmes organisationnels. Un **système de gestion de l'apprentissage** (SGA) fournit des outils pour gérer, livrer, repérer et évaluer les divers types d'apprentissages et de formations des collaborateurs.

Les premiers SGA automatisaient essentiellement la tenue des dossiers de formation. Ces systèmes prennent désormais en charge divers modes d'apprentissage, y compris l'apprentissage au moyen de vidéos téléchargeables, de cours sur le Web, d'enseignement direct en classe ou en ligne, et d'enseignement en groupe dans des forums et des sessions de dialogue sur Internet. Le SGA consolide la formation au moyen d'une combinaison de plusieurs médias, automatise la sélection et l'administration de cours, réunit et livre le contenu d'apprentissage et évalue l'efficacité de l'apprentissage.

3 Systèmes pour la conception-création-simulation

Les systèmes de connaissances d'entreprise précédemment décrits procurent une grande variété de fonctions auxquelles peuvent accéder la plupart des collaborateurs et des groupes d'une organisation. Les entreprises disposent aussi de systèmes spécialisés qui aident les concepteurs et développeurs à créer de nouvelles connaissances.

Les chercheurs, concepteurs, architectes, scientifiques et ingénieurs créent essentiellement des connaissances et informations pour l'organisation. Ils doivent souvent imaginer de nouveaux produits ou processus, ainsi qu'améliorer les produits existants. Ces professionnels :

- informent l'organisation des nouvelles connaissances qui émergent à l'extérieur ;
- jouent le rôle de consultants internes dans leurs domaines de connaissances et informent les managers des changements à cet égard et des opportunités à saisir.

La plupart de ces professionnels utilisent intensivement les systèmes bureautiques comme le traitement de texte, la messagerie vocale et électronique, la visioconférence et les systèmes de distribution, tous conçus pour augmenter leur productivité. Des systèmes spécifiques et dédiés à leur activité de conception et d'innovation leur sont cependant également nécessaires, afin qu'ils disposent d'outils particuliers – comme des outils graphiques puissants et analytiques – ainsi que d'outils de communication et de gestion des documents. Puisque ces professionnels ont besoin de connaissances provenant de l'extérieur, ces systèmes doivent également permettre un accès rapide et facile à des bases de données extérieures.

La figure 11.7 résume les caractéristiques des systèmes pour les activités de conception et de création.

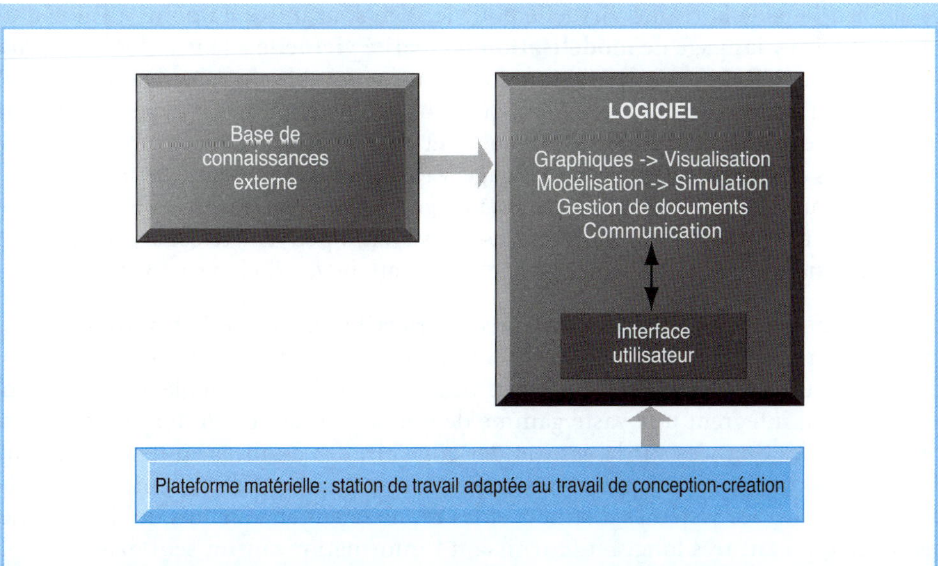

Figure 11.7 – Besoins des systèmes de gestion des connaissances.

3.1 Exemples de systèmes pour le travail de conception-création

Les principales applications du travail intellectuel comprennent les systèmes de conception assistée par ordinateur, les systèmes de réalité virtuelle pour la simulation et la modélisation, et les stations de travail destinées aux analystes financiers.

La **Conception Assistée par Ordinateur (CAO)** permet la création et la révision automatiques de concepts, à l'aide d'ordinateurs et de logiciels graphiques perfectionnés. Si l'on recourt à une méthode de conception physique traditionnelle, chaque modification du concept exige la fabrication d'un modèle et d'un prototype qu'il faut mettre à l'essai. Ce processus doit être répété plusieurs fois, ce qui est très coûteux et laborieux. À l'aide d'une station CAO, le concepteur ne construit qu'un seul prototype physique, vers la fin du processus de conception, car le concept peut facilement être mis à l'essai et modifié sur l'ordinateur. Avec des spécifications de conception pour l'outillage et le processus de fabrication, le logiciel CAO génère également un gain de temps et d'argent, tout en proposant un processus de fabrication qui recèle beaucoup moins de problèmes.

Un **système de réalité virtuelle** possède des fonctions de visualisation, de rendu d'image et de simulation qui dépassent largement celles des systèmes de CAO classiques. Il utilise un logiciel graphique interactif pour créer des simulations produites par ordinateur qui sont très proches de la réalité. Dans de nombreux systèmes de réalité virtuelle, selon l'application, l'utilisateur doit porter des vêtements spéciaux, des casques d'écoute et d'autres équipements spécifiques. Les vêtements sont dotés de détecteurs qui enregistrent les mouvements et transmettent immédiatement cette information à l'ordinateur. Par exemple, pour marcher dans une maison virtuelle, vous devriez porter des habits qui surveillent le mouvement de vos pieds, de vos mains et de votre tête. Pour vous immerger dans la rétroaction de l'ordinateur, vous devriez également porter des lunettes munies d'écrans vidéo et, parfois, des dispositifs sonores et des gants d'impression.

Les applications de la réalité virtuelle pour le Web sont mises au point à l'aide d'une norme appelée « **langage de modélisation de réalité virtuelle** » (*Virtual Reality Modeling Language*, **VRML**). Ce langage regroupe un ensemble de spécifications pour la modélisation interactive 3D sur le Web, qui peut organiser plusieurs types de supports, notamment des dessins animés, des images et des sons, afin de transporter les utilisateurs dans un monde virtuel. Le langage VRML est indépendant de la plateforme, exploitable sur un ordinateur de bureau et exige une bande passante étroite. En recourant à leurs navigateurs sur Internet, les utilisateurs peuvent télécharger depuis un serveur un monde virtuel tridimensionnel conçu au moyen du langage VRML.

L'industrie financière utilise des **stations de travail pour spécialistes financiers** qui améliorent la productivité et renforcent les connaissances des courtiers et des gestionnaires de portefeuille. Des entreprises comme Merrill Lynch ont installé de telles stations de travail, qui intègrent une vaste gamme de données de sources internes et externes, notamment des données sur la gestion des contrats, des données en temps réel sur le marché, des données historiques et des rapports de recherche. Auparavant, les financiers y accédaient sur des systèmes distincts et les réunissaient chaque fois qu'ils en avaient besoin, ce qui était très long. En fournissant l'information sur un seul dispositif, plus rapidement et avec moins d'erreurs, les stations de travail rationalisent l'ensemble du processus de l'investissement, de la sélection des actions à la mise à jour des dossiers sur les clients.

3.2 Techniques dites « intelligentes »

L'intelligence artificielle et les bases de données fournissent des techniques que les organisations peuvent utiliser pour obtenir des connaissances individuelles et collectives et élargir leur base de connaissances. Les systèmes experts, le raisonnement par cas et la logique floue servent à collecter et à formaliser des connaissances tacites. Les agents logiciels dits « intelligents » peuvent automatiser des tâches routinières pour aider les entreprises à chercher et à filtrer l'information dont elles se serviront dans le commerce électronique, la gestion de la chaîne logistique et d'autres activités.

Les autres techniques intelligentes décrites dans cette section se fondent sur la technologie de l'**Intelligence Artificielle** (**IA**). Celle-ci fait appel à des systèmes informatisés (matériel et logiciel) qui tentent d'imiter la partie procédurisable du comportement humain. Ces systèmes ont la capacité d'apprendre des langages, d'accomplir des tâches physiques, d'utiliser des dispositifs de perception et d'imiter l'expertise et la prise de décision des êtres humains. Même si les applications d'IA ne possèdent pas l'ampleur, la complexité, l'originalité et l'universalité de l'intelligence humaine, elles jouent un rôle capital dans la gestion des connaissances, notamment dans les applications de diagnostic ou de détection d'anomalies dans des installations complexes.

3.3 Collecte des connaissances : les systèmes experts

Les **systèmes experts** relèvent d'une technique conçue pour collecter des connaissances tacites dans un domaine très précis et limité de l'expertise humaine. Ils collectent les connaissances des collaborateurs compétents sous la forme d'un ensemble de règles dans un système logiciel que les autres membres de l'organisation peuvent utiliser. Cet ensemble de règles contenu dans le système expert s'ajoute à la mémoire, ou à l'apprentissage stocké, de l'organisation.

Les systèmes experts ne disposent pas des connaissances profondes d'un expert humain ni de sa compréhension des principes fondamentaux. Leur « intelligence » est étroite, superficielle et fragile. Ils exécutent généralement des tâches très limitées en y reproduisant des éléments de l'expertise humaine préalablement formalisés ou imités. Dans le monde des affaires, les systèmes experts sont très répandus dans des processus décisionnels discrets et très structurés, par exemple les réordonnancements industriels.

3.4 Fonctionnement des systèmes experts

Il faut modéliser ou représenter la connaissance humaine d'une manière que l'ordinateur puisse traiter. Le modèle de connaissances humaines qu'utilisent les systèmes experts porte le nom de « **base de connaissances** ». La structure « SI … ALORS » (« *IF-THEN* ») est un exemple de programmation structurée standard (voir chapitre 12). Si la condition est vraie, on agit. Par exemple,

SI REVENU 45 000 euros (condition),

ALORS IMPRIMER LE NOM ET L'ADRESSE (action).

Un ensemble de ces règles peut constituer une base de connaissances. Les programmes d'IA peuvent facilement comprendre de 200 à 10 000 règles, plus interconnectées et imbriquées que dans les programmes traditionnels (voir figure 11.8).

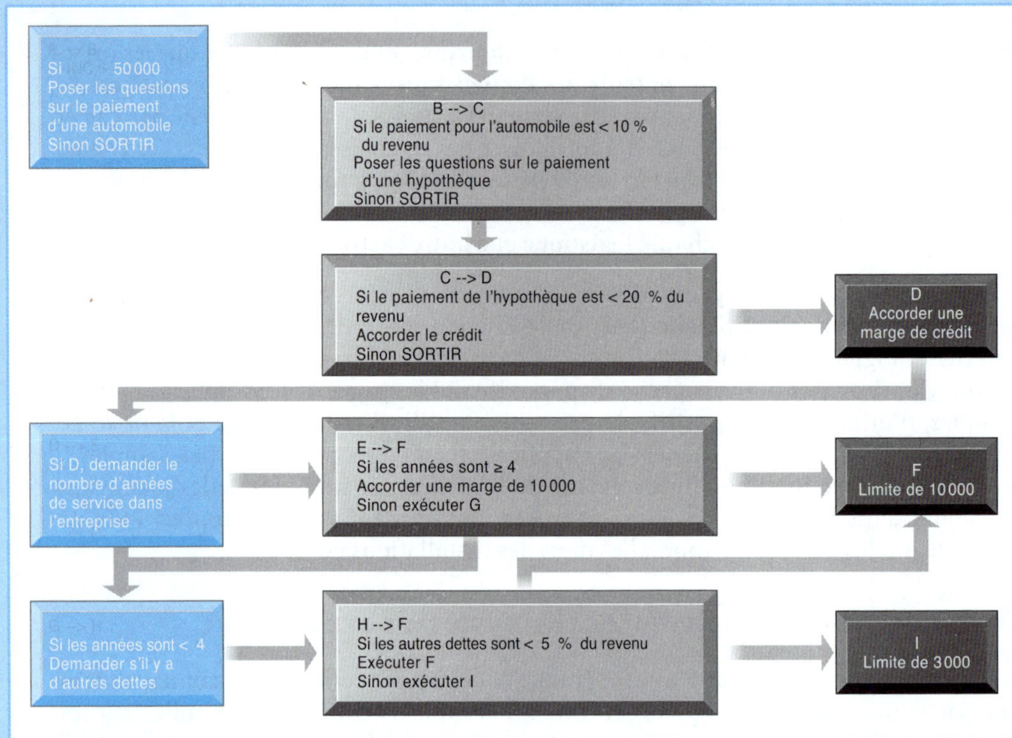

Figure 11.8 – Règles dans un programme IA.

Peut-on représenter de cette façon les connaissances contenues dans l'*Encyclopædia Universalis* ? Sans doute pas, puisque la **base de règles** serait trop grande et que toutes les connaissances de l'encyclopédie ne peuvent se traduire en règles du type « SI … ALORS ». En général, l'utilisation des systèmes experts se révèle efficace dans les situations où le domaine de connaissances est très restreint (par exemple, pour une approbation de crédit) et ne contient pas plus de quelques milliers de règles.

Dans les premières années qui ont suivi l'avènement des systèmes experts, les informaticiens utilisaient des langages de programmation spécialisés, comme LISP ou Prolog, qui pouvaient traiter efficacement des listes de règles. À l'heure actuelle, un nombre croissant de systèmes experts utilisent des programmes interpréteurs d'IA, dont l'environnement est convivial. Ces programmes peuvent produire rapidement des écrans d'interface utilisateur, reproduire des bases de connaissances et gérer les stratégies de recherche de la base de règles.

3.5 Environnement de programmation d'un système expert

Pour effectuer une recherche dans une base de règles, on se sert d'un **moteur d'inférence** et on recourt couramment à deux méthodes : le chaînage avant et le chaînage arrière (voir figure 11.9).

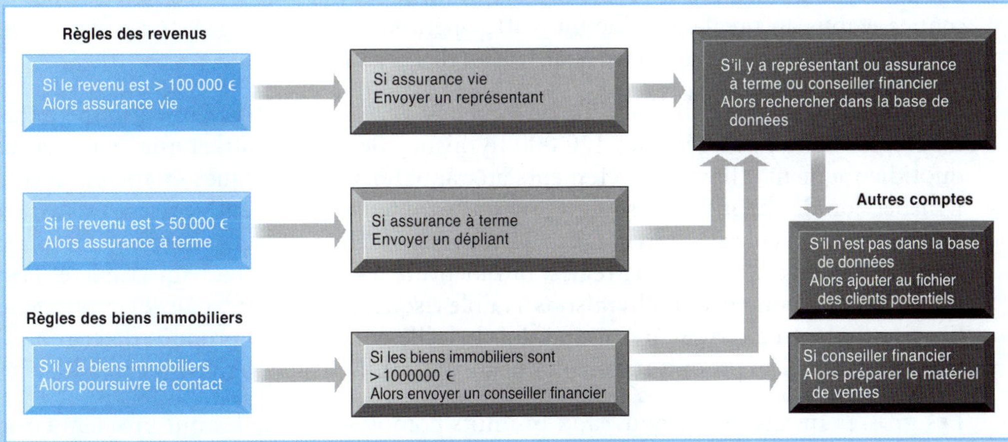

Figure 11.9 – Moteurs d'inférence dans les systèmes experts.

Avec le **chaînage avant**, le moteur d'inférence commence la recherche dans la base de règles en partant de l'information entrée par l'utilisateur pour aboutir à une conclusion en déclenchant ou en exécutant l'action de la règle quand la condition est vraie. À la figure 11.9, en commençant par la gauche, si l'utilisateur entre un client qui a un revenu supérieur à 100 000 euros, le moteur déclenche toutes les règles de gauche à droite, en séquences. Si l'utilisateur indique ensuite que le même client possède des biens immobiliers, le moteur passe de nouveau en revue la base et déclenche d'autres règles. Le traitement se poursuit jusqu'à ce qu'il ne reste plus aucune règle à déclencher.

Selon la stratégie du **chaînage arrière**, la recherche dans la base de règles commence par une hypothèse et l'ordinateur pose des questions à l'utilisateur concernant les faits sélectionnés, jusqu'à ce que l'hypothèse soit confirmée ou réfutée. À la figure 11.9, posez la question : « Faudrait-il ajouter le nom de cette personne à la base de données des clients potentiels ? » Commencez par la droite du diagramme et allez vers la gauche. Vous pouvez constater qu'on ajoute le nom d'une personne à la base de données si on lui envoie un représentant, si une assurance à terme lui est accordée ou si un conseiller financier lui rend visite.

Une équipe de développement d'un système d'IA est constituée d'un ou de plusieurs experts qui maîtrisent la base de connaissances et d'un ou de plusieurs cogniticiens qui traduisent la connaissance (comme la décrit l'expert) en un ensemble de règles. Un **cogniticien** est un analyste qui sait collecter et transcrire formellement l'expertise d'autres professionnels.

Les membres de l'équipe doivent trouver un équilibre entre le coût du système proposé et les économies de ressources que celui-ci permettra de réaliser. Ensuite, ils élaboreront un prototype pour tester les hypothèses concernant la manière d'encoder la connaissance des experts. Enfin, ils devront construire un système complet, en essayant d'y ajouter le plus de règles possible. La complexité de l'ensemble du système augmentant avec le nombre de règles, le risque majeur est qu'il devienne rapidement impossible à appréhender. C'est pourquoi on réduit généralement les règles du système pour le rendre accessible, mais on accroît alors le risque de décalage avec la réalité qu'il est censé gérer.

Un nombre significatif d'experts testera le système par rapport à des critères de performance établis au préalable. Une fois cette opération effectuée, le système sera intégré dans les processus et les structures de travail de l'organisation.

Galeria Kaufhof, une chaîne d'hypermarchés allemands, utilise un système expert à base de règles pour gérer les 120 000 livraisons de marchandises minimales reçues quotidiennement, allant des vêtements aux appareils électroniques et à la porcelaine. L'inspection de chaque livraison est longue et coûteuse, mais l'entreprise veut s'assurer qu'elle ne reçoit aucune marchandise défectueuse ni endommagée. Kaufhof a implanté un système expert à partir de règles, qui identifie les livraisons à haut risque et laisse passer automatiquement les livraisons à faible risque. Le système balaie les étiquettes de livraison, identifie chaque livraison selon la taille et le type de produit, détermine s'il s'agit d'un nouveau produit et fournit l'historique de livraison du fournisseur à Kaufhof.

Les grosses livraisons de nouveaux produits complexes ou celles qui proviennent de fournisseurs présentant des antécédents de livraison défavorables sont soigneusement examinées, tandis que les autres livraisons ne sont pas inspectées (Booth et Buluswar, 2002).

L'implantation d'un grand nombre de systèmes experts exige le déploiement d'efforts de développement considérables, longs et coûteux. L'embauche ou la formation d'un plus grand nombre d'experts peut se révéler moins coûteuse que la construction d'un système expert. De plus, un système expert fonctionne dans un environnement en constante évolution. Il doit donc lui aussi changer continuellement. Certains systèmes experts, particulièrement les plus importants, sont si complexes qu'en quelques années, les coûts des maintenances adaptative et curative deviennent aussi élevés que les coûts de développement.

En fait, l'utilité des systèmes experts pour la résolution de problèmes de gestion est très limitée, car ces problèmes comprennent généralement la collecte de faits et d'interprétations qui proviennent de sources opposées, l'évaluation des faits et la comparaison d'une interprétation avec une autre, sans se limiter à de simples classifications. Les systèmes experts fondés sur la connaissance préalable de quelques solutions de rechange connues ne peuvent prétendre résoudre les problèmes auxquels les managers se heurtent chaque jour.

3.6 Intelligence organisationnelle : le raisonnement par cas

Les systèmes experts reproduisent principalement la connaissance d'experts individuels, mais les organisations ont aussi une connaissance et une expertise collectives accumulées au fil des ans. Cette connaissance organisationnelle peut être mémorisée et remobilisée à l'aide du **raisonnement par cas**. On stocke dans une base de données les expériences passées des spécialistes, chacune d'entre elles étant un cas auquel on affecte un certain nombre de paramètres d'identification et d'indexation. Par la suite, lorsqu'un utilisateur sera confronté à une situation qui présente des paramètres semblables, il demandera au système de rechercher les cas stockés dotés de caractéristiques similaires et de trouver le plus proche, afin d'examiner les solutions appliquées à l'époque. Les solutions validées pour la nouvelle situation seront ensuite stockées comme constitutives d'un nouveau cas qui viendra ainsi enrichir la base de connaissances. Il ne faut pas mésestimer le risque de clonage abusif et de perte d'innovation que le recours intensif à ces dispositifs recèle. Enfin, on entre également dans la base de données des cas les solutions inefficaces, assorties d'explications pour justifier leur inefficacité (voir figure 11.10).

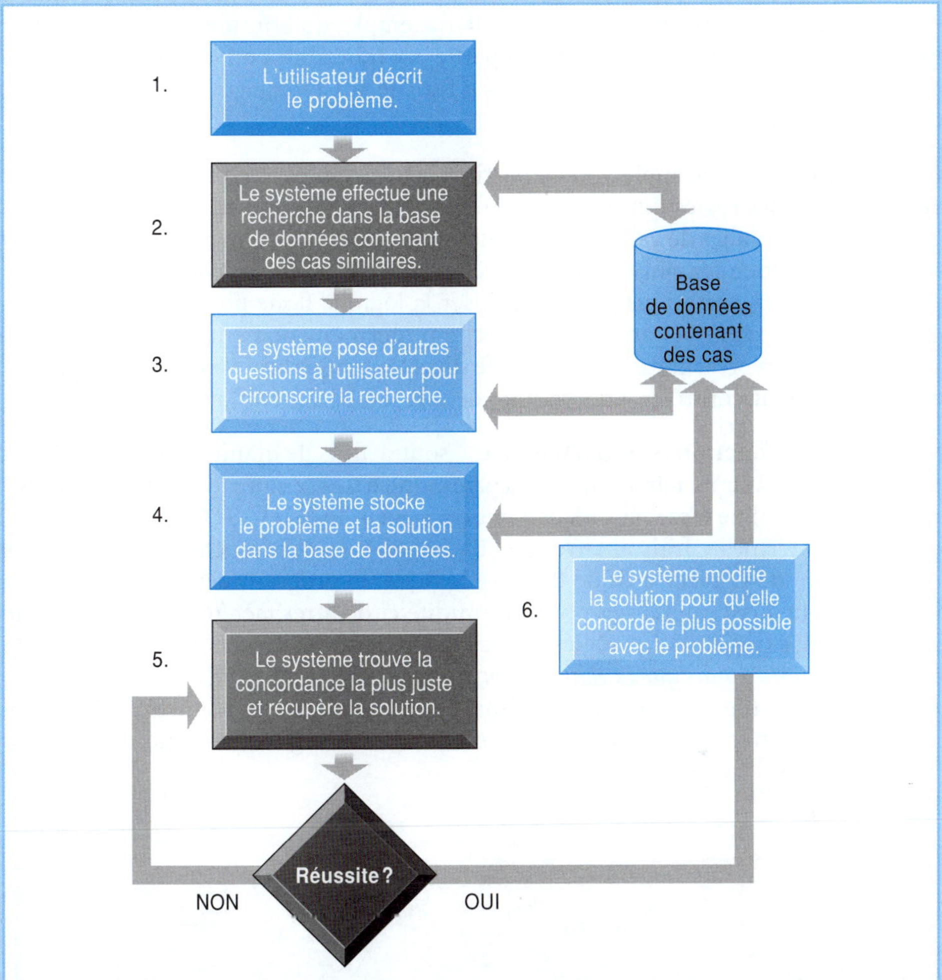

Figure 11.10 – Fonctionnement du raisonnement par cas.

Les systèmes experts fonctionnent à partir d'un ensemble de règles du type « SI … ALORS … SINON », appliquées à une base de connaissances et extraites de l'expertise humaine. Le raisonnement par cas, quant à lui, représente la connaissance sous forme d'un ensemble de cas. Les utilisateurs élargissent et actualisent régulièrement cette base de connaissances. On recourt au raisonnement par cas dans les systèmes de diagnostic conçus pour la médecine ou dans le soutien à la clientèle. Les utilisateurs peuvent recourir au raisonnement par cas pour rechercher des cas qui présentent des caractéristiques analogues au nouveau cas. Le système suggère une solution ou un diagnostic fondé sur le cas stocké qui lui ressemble le plus.

3.7 Systèmes de logique floue

La plupart des individus ne pensent pas en termes de règles traditionnelles « SI … ALORS » ou de chiffres précis. Les êtres humains utilisent des règles décisionnelles qui peuvent revêtir plusieurs nuances de sens. Par exemple, un homme peut être « fort » ou « intelligent ». Une entreprise peut être « petite », « moyenne » ou « grande ». La température peut être « chaude », « froide » ou « fraîche ». Ces catégories représentent une gamme de valeurs.

La **logique floue** est une application à partir de règles qui peut représenter des imprécisions en créant des règles qui reposent sur des valeurs subjectives ou approximatives à l'intérieur d'intervalles de valeurs. Elle peut décrire linguistiquement un phénomène ou un processus particulier, puis représenter cette description par un petit nombre de règles « souples ». Les organisations peuvent utiliser la logique floue pour créer des systèmes logiciels qui collectent la connaissance tacite renfermant une ambiguïté linguistique. La logique floue représenterait par exemple diverses températures dans une application informatique pour contrôler automatiquement la température d'une pièce.

Les termes, ou « **fonctions d'appartenance** », sont définis de manière imprécise de sorte que, par exemple, quand il fait frais, cela correspond à une température située entre 10 °C et 21 °C, bien qu'il ne fasse plus réellement frais entre 15 °C et 19 °C (voir figure 11.11). Notez que les termes « frais », « froid » et « normal » se chevauchent. Pour contrôler la température de la pièce à l'aide de cette logique, le programmeur doit élaborer des définitions tout aussi imprécises pour l'humidité et d'autres facteurs, comme le vent et la température extérieure. Les règles peuvent comprendre : « *S'il fait frais ou froid et s'il y a peu d'humidité, mais que le vent est fort et que dehors il fait froid, monter le chauffage et le taux d'humidité de la pièce.* » L'ordinateur combinerait les lectures de la fonction d'appartenance en les pondérant et, à l'aide de toutes les règles, ferait monter ou baisser la température et l'humidité.

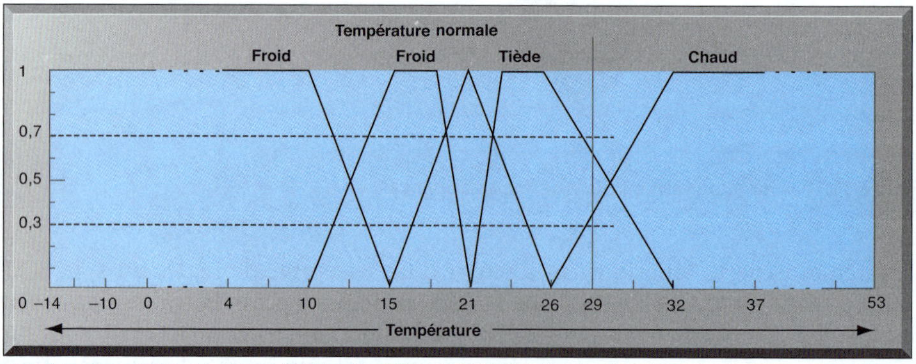

Figure 11.11 – Règles de logique floue informatiquement intégrées.

La logique floue procure des solutions aux problèmes qui requièrent une expertise difficile à représenter sous la forme des règles concises « SI … ALORS » associées à des valeurs précises. Le dispositif de mise au point automatique des appareils photo n'est possible que grâce à la logique floue. Dans ces cas, celle-ci permet des modifications incrémentielles dans les entrées pour produire des changements souples dans les sorties au lieu de changements discontinus, ce qui la rend utile dans les applications en électronique et en ingénierie destinées aux consommateurs.

3.8 Réseaux neuronaux

Les réseaux neuronaux servent à modéliser des problèmes complexes et mal compris, pour lesquels on a recueilli de grandes quantités de données. Ils peuvent se révéler utiles pour trouver des modèles et des relations qui mobilisent et imbriquent d'énormes quantités de données difficiles à analyser de manière classique pour l'être humain. Les **réseaux neuronaux** découvrent cette connaissance à l'aide de matériels et de logiciels qui émulent certains des modes de traitement du cerveau biologique. Ils « apprennent » les modèles à partir de grandes quantités de données en passant au crible des données, en cherchant des liens, en créant des modèles et en corrigeant à maintes reprises les propres erreurs du modèle.

Un réseau neuronal contient un grand nombre de nœuds de dépistage et de traitement qui interagissent continuellement entre eux. Les êtres humains « entraînent » le réseau en l'alimentant avec un ensemble de données d'apprentissage pour lesquelles les entrées produisent un ensemble de sorties ou de conclusions connues. Cela aide le logiciel à apprendre la bonne solution par l'exemple. Lorsque l'ordinateur reçoit d'autres données, chaque cas est comparé au résultat connu. S'il est différent, on calcule une correction, que l'on applique aux nœuds dans la couche de traitement cachée. On répète ces étapes jusqu'à aboutir à une condition, par exemple, des corrections inférieures à un certain montant. On peut aussi entraîner des réseaux neuronaux auto-organisateurs en les exposant à de grandes quantités de données et en leur permettant de découvrir les modèles et les relations dans les données.

3.9 Agents intelligents

Les **agents intelligents** sont des logiciels qui travaillent en arrière-plan, c'est-à-dire en même temps qu'un utilisateur, et de manière invisible. Ils sont conçus pour exécuter des tâches précises, répétitives et prévisibles, qui utilisent une base de connaissances intégrée ou acquise pour accomplir des tâches ou prendre des décisions à la place et/ou à l'insu de l'utilisateur. Les agents intelligents peuvent être programmés pour prendre des décisions fondées sur les préférences personnelles de l'utilisateur – par exemple, pour supprimer du courrier qui ne l'intéresse pas, prendre des rendez-vous ou surfer sur des réseaux interconnectés afin de trouver le vol le moins cher pour une destination donnée. Ils peuvent aider l'utilisateur en effectuant des tâches à sa place, en le formant, en lui cachant la complexité des tâches difficiles, en l'aidant à collaborer avec d'autres utilisateurs ou en surveillant des événements et des procédures.

Il existe plusieurs applications d'agents intelligents dans les systèmes d'exploitation, les logiciels d'application, les systèmes de courrier électronique, les logiciels d'outils mobiles et les outils de réseau. Par exemple, les guides intelligents présents dans les outils logiciels d'Office de Microsoft sont dotés de fonctionnalités intégrées qui indiquent à l'utilisateur comment accomplir différentes tâches, comme le formatage de documents ou la création de graphiques, et qui anticipent le besoin d'aide de l'utilisateur.

Les agents intelligents qui intéressent particulièrement les entreprises sont ceux qui permettent de parcourir les réseaux, notamment Internet, et recherchent des informations. Le chapitre 10 a décrit comment les assistants commerciaux intelligents peuvent aider les consommateurs à dénicher les produits qu'ils convoitent et à en comparer les prix et d'autres caractéristiques. Puisque ces agents mobiles sont personnalisés, semi-autonomes et continuellement en fonction, ils peuvent aider à automatiser plusieurs des étapes les plus longues du processus d'achat et à réduire ainsi les coûts des transactions, et participer en même temps à la capture de données personnelles sur le comportement en ligne de l'internaute.

Les agents intelligents trouvent des applications dans la gestion de la chaîne logistique pour améliorer la coordination entre les différents membres de la chaîne afin de répondre aux variations des conditions opérationnelles d'exécution des tâches. La figure 11.12 illustre l'utilisation d'agents intelligents dans le réseau de la chaîne logistique de Procter & Gamble. Le réseau modélise une chaîne logistique complexe comme un groupe « d'agents » semi-autonomes qui représentent des composantes individuelles de la chaîne logistique, tels les camions, les installations de production, les distributeurs ou les magasins de détail. Le comportement de chaque agent est programmé pour suivre des règles qui imitent le comportement actuel, par exemple « expédier un camion quand il est chargé ». Les simulations logicielles réalisées par ces agents permettent à l'entreprise de procéder à des analyses par simulation sur les niveaux de stock, les ruptures de stock en magasin et les frais de transport.

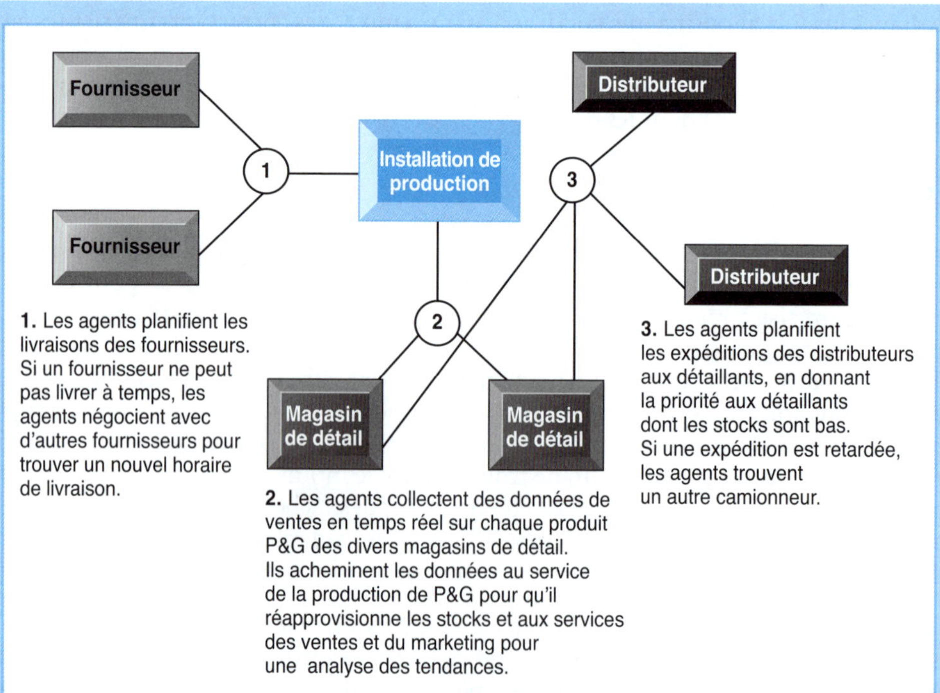

Figure 11.12 – Agents intelligents du réseau de la chaîne logistique de Procter & Gamble.

En utilisant des modèles d'agents intelligents, Procter & Gamble a constaté qu'il était souvent préférable d'expédier les camions avec un chargement incomplet. Bien que les frais de transport soient plus élevés quand les camions sont partiellement chargés (à cause du temps de travail du camionneur et de l'essence pour livrer moins de marchandises), la simulation indique que les ruptures de stock en magasin seraient moins fréquentes, ce qui entraînerait des pertes de vente plus faibles et compenserait ainsi largement les coûts de distribution plus élevés. Grâce à la modélisation fondée sur les agents, Procter & Gamble estime avoir réalisé des économies de 300 millions d'euros par année, avec un investissement de moins de 1 % de ce montant (Anthes, 2003).

4 Nouvelles possibilités

Pour réussir la mise en application des systèmes de gestion des connaissances, on doit comprendre comment l'entreprise crée et utilise les connaissances. Les organisations doivent déterminer précisément comment tirer profit des programmes de gestion des connaissances et évaluer si les avantages escomptés sont réalistes.

4.1 Opportunités

Les entreprises qui possèdent des connaissances exclusives sur leurs clients et leurs opérations disposent de ce qu'on peut appeler un « avantage concurrentiel invisible », si les concurrents ne peuvent accéder à ces connaissances et s'il est impossible de les acheter sur le marché.

4.2 Défis

Il est souvent plus difficile de démontrer les avantages quantitatifs des projets de gestion des connaissances qui traitent de biens intangibles (comme la connaissance et la collaboration) que d'autres projets de SI. Certains aspects de la connaissance organisationnelle sont tacites, non structurés et difficiles à saisir ou à codifier. Les techniques logicielles dites « intelligentes » ne traitent en effet que de certains types de problèmes.

L'examen des études consacrées à ce sujet depuis plusieurs années permet d'observer une convergence importante dans l'identification des difficultés que rencontrent les projets et la mise en application des systèmes de gestion des connaissances :

- Le système de gestion des connaissances manque de ressources (en qualité et en quantité) pour structurer et actualiser le contenu des référentiels.
- La grande variabilité de la qualité du contenu est due à une insuffisance des mécanismes de validation.
- Le contenu des référentiels manque de données contextuelles liées aux circonstances historiques, sociales, culturelles ou professionnelles de leur création, ce qui complexifie la compréhension des documents et surtout leur interprétation.
- Les collaborateurs ne sont pas valorisés quand ils contribuent à la création et/ou à l'actualisation du contenu, et la majorité d'entre eux se montre réticente à partager ses connaissances professionnelles.
- Les moteurs de recherche ne permettent pas une bonne sélectivité et produisent donc une surabondance de résultats suite à une requête, ce qui reflète un déficit dans la structure des connaissances ou dans les choix de taxinomie.

4.3 Solutions

Les solutions à ces défis relèvent de la gestion et, à un degré moindre, des SI. Les communautés de pratiques sont utiles car elles motivent les collaborateurs et aident à fournir un contexte à la connaissance. Elles doivent donc être encouragées. Les taxinomies de connaissances correctement conçues servent aussi à organiser la connaissance. Il est alors nécessaire qu'elles soient compréhensibles et validées par les experts, comme par les managers et les utilisateurs. Les entreprises peuvent modifier leurs systèmes de rémunération des collaborateurs en vue de valoriser le partage de connaissances.

Une planification et une mise en application appropriées peuvent augmenter les chances de réussite des projets de gestion des connaissances. Il est également recommandé de démarrer le projet sur un processus reconnu comme significatif par les managers et les experts métier, qui servira donc de projet pilote. La mise en place de moyens de partage électronique (réseau social, wiki, microblogging) permet de faciliter l'accès à des bases de connaissances ou à des communautés de pratiques.

Après avoir mesuré positivement les effets de ce pilote sur un espace restreint (un groupe d'utilisateurs dans une filiale, par exemple), on procédera à la généralisation du dispositif à l'ensemble de l'entreprise. Les indicateurs du succès du système seront alors directement liés aux attentes globales de l'organisation, comme le temps de réponse aux clients, la vitesse de développement de nouveaux produits, la réduction des coûts d'approvisionnement ou celle des intervalles du processus décisionnel.

Résumé

Le fait qu'une personne puisse facilement réutiliser l'expérience et le savoir d'un autre individu peut se révéler utile dans plusieurs circonstances, notamment à la suite d'un départ (volontaire ou non) ou de l'éloignement de ceux qui auraient besoin d'un capital de connaissances. Un système de gestion des connaissances repose donc sur la capacité à identifier les savoirs utiles, à les capturer (passage de la connaissance tacite à la connaissance explicite), à les formaliser (selon des règles et des syntaxes adaptées), à les stocker et à en faciliter l'accès à d'autres, quels que soient l'endroit où ils se trouvent et le temps qui sépare la création de la connaissance initiale d'une réutilisation. C'est ainsi que s'organise une forme d'apprentissage organisationnel.

Dans l'entreprise, les connaissances capitalisables et partageables regroupent les procédures, les documents, les techniques, les bonnes pratiques, etc. Un SI en charge du management des connaissances (*Knowledge Management*, KM) disposera d'une base de données d'éléments. Des logiciels spécialisés (souvent issus des outils de l'intelligence artificielle et des systèmes experts) en permettront à la fois l'accès et l'actualisation.

Activités

Questions de révision

1. Qu'est-ce que la gestion des connaissances ? En quoi favorise-t-elle l'apprentissage organisationnel ? Pourquoi intéresse-t-elle autant les entreprises ?
2. Décrivez les dimensions importantes de la connaissance. Établissez la distinction entre les données, la connaissance et le savoir, ainsi qu'entre la connaissance tacite et la connaissance explicite.
3. Décrivez les étapes créatrices de valeur à mesure que les données et informations sont transformées en connaissances pertinentes.
4. Décrivez le rôle que jouent le capital organisationnel et le capital de gestion dans la gestion des connaissances.
5. Qu'est-ce qu'un système de connaissances structurées ? Décrivez ses fonctions.
6. Qu'est-ce qu'un système de connaissances semi-structurées ? Décrivez ses fonctions.
7. En quoi les taxinomies et les outils de balisage facilitent-ils la gestion des connaissances ?
8. Décrivez les fonctions d'un système de réseau de connaissances.
9. Décrivez le rôle des éléments suivants dans la gestion des connaissances : portail, outils de collaboration et système de gestion de l'apprentissage.
10. Qu'est-ce qu'un système d'aide à la conception ? Quel rôle joue-t-il dans la gestion des connaissances ?
11. Décrivez comment les systèmes suivants prennent en charge le travail intellectuel : Conception Assistée par Ordinateur (CAO) et réalité virtuelle.
12. Définissez les techniques dites « intelligentes ». Pourquoi les entreprises s'y intéressent-elles pour la gestion des connaissances ? En quoi l'intelligence artificielle diffère-t-elle de l'intelligence humaine ?
13. Définissez un système expert, décrivez son fonctionnement et expliquez en quoi il contribue à la gestion des connaissances.
14. Qu'est-ce que le raisonnement par cas ? En quoi diffère-t-il du système expert ? Comment prend-il en charge la gestion des connaissances ?
15. Qu'est-ce qu'un réseau neuronal ? Comment les réseaux neuronaux peuvent-ils aider les entreprises dans la gestion des connaissances ?
16. Définissez et décrivez la logique floue. À quels types d'applications convient-elle ?
17. Définissez les agents dits « intelligents ». En quoi peuvent-ils aider l'entreprise ?

18. Quels défis de gestion les systèmes de gestion des connaissances posent-ils ? Comment les entreprises peuvent-elles obtenir de la valeur de leurs investissements en gestion des connaissances ?

Exercices de synthèse

1. Évaluez le rôle de la gestion des connaissances et des programmes de gestion des connaissances dans les organisations.
2. Définissez et décrivez les types de systèmes utilisés pour la gestion des connaissances de l'entreprise. Identifiez les conditions nécessaires à leur efficience.
3. Définissez et décrivez les principaux types de systèmes pour l'aide à la conception et à l'innovation. Quelles sont leurs contributions tangibles ?
4. Évaluez comment l'utilisation des SI qualifiés d'« intelligents » pour la gestion des connaissances procure de la valeur aux entreprises.
5. Identifiez les défis que posent les systèmes de gestion des connaissances dans une entreprise et précisez quelles sont les solutions envisageables.

Questions de réflexion

1. « La gestion des connaissances est davantage un processus organisationnel qu'une technologie. » Commentez cette affirmation.
2. Décrivez les différentes façons dont les systèmes de gestion des connaissances peuvent aider les entreprises dans les ventes et le marketing ou dans la fabrication et la production.

Exercice sur le Web : utilisation des agents intelligents pour des achats judicieux

Vous souhaitez remplacer votre abonnement téléphonique actuel par une nouvelle formule intégrant un téléphone multifonctions (smartphone). Pour orienter votre choix, vous décidez de vous rendre sur des sites qui expliquent le fonctionnement des nouveaux modèles de smartphones. Vous commencez votre étude avec un moteur de recherche connu du grand public. Certains sites vous permettent aussi de voir la qualité des smartphones, ce qui est nécessaire pour votre choix final. Quantité d'autres sites vous proposent de comparer les caractéristiques et les prix des abonnements offerts. Après vous être documenté sur les offres du marché et avoir comparé la qualité des services sur les sites des opérateurs de téléphonie mobile, choisissez l'abonnement qui vous convient.

Vous souhaitez disposer d'un smartphone au plus bas prix et votre budget ne peut excéder 15 euros/mois. Identifiez et testez plusieurs sites d'aide à l'achat en ligne qui comparent les offres. Comparez-les sur les points suivants : facilité d'utilisation, vitesse pour obtenir l'information, pertinence de l'information sur le smartphone (qualité des photos ; autonomie de la batterie : 2 jours minimum ; performance du zoom optique) et sur le vendeur (délai de livraison, durée de la garantie, etc.), sélection du prix et qualité du service (valeur du débit, couverture des zones géographiques, etc.).

Quels sites utiliseriez-vous et pourquoi ? Quel abonnement choisiriez-vous et pourquoi ? En quoi ces sites vous ont-ils aidé à prendre votre décision ?

Travail de groupe

Formez une équipe de trois ou quatre personnes et déterminez plusieurs groupes au sein de votre université ou de votre école qui pourraient tirer profit d'un système de gestion des connaissances. Concevez la maquette d'un système de gestion des connaissances pour ces groupes, décrivez-en les contenus, les fonctionnalités, les documents structurés et non structurés, et les rôles des différentes parties prenantes nécessaires à sa mise en œuvre, à son bon fonctionnement et à son utilisation réelle et durable. Présentez vos résultats.

Étude de cas : les systèmes de gestion des connaissances au service du développement d'EDF

Électricité de France (EDF) est l'un des leaders européens de production, de commercialisation et de distribution d'énergie. D'envergure mondiale, le groupe gère un parc d'installations de production d'énergie de plus de 628,2 TWh, pour plus de 38 millions de clients situés dans différentes régions du monde. Le groupe, composé d'Électricité de France, de filiales européennes et de diverses sociétés à travers le monde, compte plus de 158 000 collaborateurs et a généré en 2012 un chiffre d'affaires de 72,7 milliards d'euros.

EDF regroupe tous les métiers liés à l'énergie, à commencer par la production et le transport, jusqu'à la distribution et la commercialisation des produits et des services énergétiques. Pour soutenir une stratégie de croissance et de résultats durables, EDF a toujours investi des sommes substantielles dans la recherche et le développement. Ces investissements visent non seulement à offrir une meilleure qualité de services et de produits à ses clients, mais aussi à améliorer la qualité professionnelle des contributions des collaborateurs.

En France, pendant les années 1980, d'importantes vagues de licenciements, des départs massifs à la retraite et la mobilité croissante des personnels ont diminué les effectifs de nombreuses entreprises. Un grand nombre d'experts ont quitté les entreprises de façon relativement soudaine. Cette perte de savoirs et de savoir-faire a conduit bon nombre de grandes organisations, dont EDF, à réfléchir sérieusement à une démarche de gestion des connaissances, afin d'anticiper de telles situations, de les gérer préventivement et d'en éviter les dysfonctionnements. Il s'agit de capitaliser les expertises et les expériences au niveau de l'organisation, et non plus seulement dans les mémoires individuelles ou locales, afin de les remobiliser dans d'autres situations, à d'autres moments et par d'autres acteurs.

EDF compte une gamme très étendue de métiers et de spécialisations. Riche de ses 75 filiales implantées dans le monde entier et d'une mosaïque de langues, de cultures et de savoir-faire, l'entreprise met en place, dès le début des années 1990, des pratiques de gestion des connaissances. Analysant les champs de la gestion des connaissances, Jean-François Ballay, directeur du *Knowledge Management* (KM) au sein d'EDF, précise : « *Les visées opérationnelles consistent à favoriser le travail coopératif, à pallier les pertes de compétences collectives et de savoir-faire, à mettre en place des dispositifs pour conserver la mémoire, à partager et transmettre les leçons de l'expérience et à identifier les compétences disponibles pour les mobiliser avec une meilleure valeur ajoutée. Ces objectifs concernent, en général, des projets limités… Les enjeux stratégiques sont définis comme des objectifs globaux apparaissant à deux niveaux : d'une part, celui d'un développement de l'orientation client de l'entreprise, c'est-à-dire une réorientation de sa finalité et, d'autre part, celui d'un développement interne capable de susciter les processus d'innovation.* »

Supporté par les SI, le KM peut permettre à EDF de rendre explicite et remobilisable ultérieurement telle ou telle connaissance individuelle de ses collaborateurs. Une fois celle-ci extraite, formalisée et stockée dans des bases de données, il est possible de la rendre accessible et utilisable *via* un intranet pour des forums de discussions, des formations, etc. Pour qu'un collaborateur transfère ses connaissances et ses savoirs à un réservoir collectif, il lui faut une motivation tournée vers l'apprentissage et le progrès partagés. Chez EDF, un projet de KM est conçu comme une innovation qui mobilise chaque acteur de l'entreprise. Cette dernière a donc évolué dans ce sens et considère la gestion des connaissances comme un atout majeur de son développement. De nombreuses organisations de secteurs d'activité différents partagent cette perspective associant les SI au KM, comme le souligne Nicolas Rolland, directeur KM au Centre d'Essais et de Recherche Automobile de Mortefontaine (Ceram) : « *La gestion des connaissances donne du sens à l'outil informatique en tant que système. […] Elle ouvre des horizons à la direction des SI, lui permettant de collaborer plus en profondeur avec les directions opérationnelles, tout en relevant le défi d'un meilleur partage des connaissances à l'échelle du groupe.* »

Au début des années 1990, EDF commence sa course vers la gestion et la capitalisation des connaissances par la mise en place d'une première base de données appelée « Mémoire technique électronique », qui contient alors plus de 200 000 documents.

Pour accroître la compétence collective au sein du groupe, la direction du SI et la direction KM d'EDF lancent en 1992 le projet « Diadème » en vue de capitaliser le savoir-faire au sein de la division « Matériel électrique » d'EDF. EDF crée ensuite, en 1997, un portail intranet de capitalisation des connaissances (avec animation de réseaux d'échange, de forums de discussion, etc.) au sein de l'entité production décentralisée. Comme pour Diadème, ce projet requiert une implication constante des salariés au niveau de l'organisation et du management. Il est en revanche destiné à tous les services de l'entreprise et l'on parle alors de « transversalité ».

En 2000, EDF désigne 150 *Knowledge Managers* pour stimuler le partage des connaissances. Leur rôle consiste à développer ce que Jean-François Ballay appelle un effet de « percolation », qui caractérise la circulation d'un fluide à travers une substance poreuse. Le but est de fluidifier la transmission de l'information aux salariés de manière la plus transparente possible.

Fin 2002, la société lance un projet consistant à gérer par intranet ses interventions sur le réseau électrique français. Cette application vise la coopération de 10 000 collaborateurs d'EDF. En 2003, la société entreprend de former les salariés concernés par ce projet intranet. L'objectif est de former des individus dans chaque région pour qu'ils partagent leur nouveau savoir avec les autres collaborateurs, par un processus de démultiplication locale. Comme le souligne Jean-François Ballay : « *L'apprentissage ne se fait pas dans les SI, mais dans la tête de gens. Il est donc important de mettre en place des solutions qui aident l'utilisateur non pas à réutiliser l'information, mais à se l'approprier pour la transformer. Le* Knowledge Management *est donc très lié au* e-learning. »

En 2006, la direction R&D d'EDF décide de lancer, en interne, le développement d'une solution Internet pour donner à ses collaborateurs un accès massif à l'information et favoriser un partage de la connaissance large et efficace. C'est le projet Hermès. Le choix des développeurs s'oriente sur le logiciel libre Drupal, utilisé notamment par rue89.com ou encore MTV, ce qui valide l'adéquation de la solution tant sur le type de contenu que sur la montée en charge possible.

Conçue d'abord en interne comme un prototype, la plateforme Hermès est devenue, en juin 2008, un produit « industriel » après la signature par EDF R&D d'un contrat de collaboration avec un éditeur de logiciel français, Digimind.

Hermès est mis à disposition de tous les collaborateurs et vise à :

- faciliter l'accès à l'information numérique et notamment celle disponible sur Internet ;
- favoriser l'ajout de valeur à ces informations et en permettre le partage ;
- encourager l'explicitation et la diffusion des connaissances.

Fondé sur les technologies du Web 2.0, Hermès est un outil de collecte d'information, de partage et de capitalisation de connaissances. En fait, c'est un wiki interne à EDF.

De fait, cette plateforme collecte périodiquement des données sur des sources Web. Les informations ainsi glanées sont restituées à l'utilisateur sous forme normalisée (flux RSS). En juillet 2009, à la demande de communautés d'EDF, Hermès suit en temps réel plus de 6 000 sources d'informations réparties en quelque 150 thèmes.

En postant un billet de blog sur Hermès, chaque utilisateur enrichit les informations disponibles sur la plateforme et partage les informations dont il dispose. Un module spécifique permet aux communautés qui le désirent de publier des *newsletters*, à partir de billets de blog. Après création d'un modèle de *newsletter*, le fonctionnement de ce module s'appuie sur les mots clés utilisés pour l'étiquetage des billets. Les lettres sont publiées au format PDF, ce qui facilite la diffusion du document.

Les espaces collaboratifs Hermès sont des wikis. Ainsi, une communauté d'EDF peut partager des informations intéressantes, les mettre en perspective, expliciter et coconstruire de la connaissance et/ou animer un réseau, ce qui favorise notamment la capitalisation des connaissances.

En 2010, 4 000 comptes utilisateurs étaient créés, la moitié à l'intérieur d'EDF R&D et le reste à l'extérieur, et 40 wikis étaient actifs. Hermès compte 90 communautés. Elles correspondent à un groupe d'utilisateurs réunis suivant des thématiques ou des objectifs communs. Elles sont indépendantes des structures organisationnelles existantes.

La création d'une communauté sur Hermès permet de gérer des droits d'accès spécifiques sur les contributions (panier, billet ou wiki) de ses membres. Ces communautés ainsi que les pages Profil de chacun des utilisateurs qui renseignent sur leurs thèmes d'intérêt, leurs abonnements, leur production… constituent les prémices d'un réseau social (suggestion de voisins) dont le développement est à l'étude.

D'un point de vue plus analytique, la plateforme Hermès offre à EDF les avantages suivants :

- capitaliser et pérenniser les connaissances de l'entreprise, notamment en cas de départ des collaborateurs clés ;
- disposer d'une encyclopédie de connaissances dans laquelle puiser et qui aide au quotidien les collaborateurs à répondre à leurs questions et à résoudre les problèmes qu'ils rencontrent ;
- innover en disposant d'un catalyseur d'innovation et d'un accélérateur de pluridisciplinarité ;
- décider à partir des éléments de stratégie obtenus grâce à une plus grande réactivité dans la collecte et la diffusion d'informations ;
- répondre aux enjeux informationnels inhérents à une entreprise industrielle performante.

Il est toutefois essentiel de rappeler que l'initiative Hermès ne saurait être réduite à la mise à disposition d'une seule solution informatique ; il s'agit aussi (et surtout) d'une démarche qui s'appuie sur un ensemble cohérent de méthodes susceptibles de faciliter le travail collaboratif.

Pour EDF R&D, une stratégie d'accompagnement systématique et de bouche à oreille soutenue par des événements ponctuels et des supports de communication (plaquettes, présentations, *flyers*, vidéos, affiches, *goodies*, etc.) a été déployée.

Plusieurs films d'animation, volontairement décalés par rapport à la communication traditionnelle de l'entreprise (marionnettes), ont été réalisés. Ces films inspirés de campagne de communication Google et Commoncraft ont pour but de sensibiliser les collaborateurs à la nécessité de partager leurs informations et/ou connaissances, et aussi de les former à certaines fonctionnalités de la plateforme (écrire un billet, mettre un nouvel *issue* d'un flux RSS dans un panier, etc.). Ces films ont été diffusés dans les espaces communication et sont disponibles sur la plateforme Hermès.

Notons que la plateforme Hermès est davantage un prétexte pour amener les collaborateurs à mieux travailler ensemble, à partager et coconstruire leurs connaissances afin d'améliorer l'efficacité de l'entreprise qu'un outil logiciel à mettre en œuvre.

Ainsi, Hermès est au service d'une nouvelle manière de travailler et non l'inverse. De façon évidente, les grands freins rencontrés pour déployer cette démarche ne sont alors pas tant technologiques que culturels et humains : tendance au secret, adhésion à l'équation « connaissance égale pouvoir », peur de la surcharge informationnelle, etc.

Convaincue de l'efficacité de la plateforme et de la démarche utilisée pour la mettre en œuvre, l'équipe projet souhaite maintenant la diffuser plus largement dans l'entreprise.

Par ailleurs, les différentes analyses comparatives effectuées en dehors du groupe EDF corroborent cette approche : le développement du travail collaboratif constitue aujourd'hui un des moteurs de changement de nombreux groupes français.

En 2011, EDF a lancé une méthode spécifique pour organiser le transfert des compétences dans les équipes d'exploitation opérationnelle. « *Nous demandons au management local d'identifier les compétences clés ou rares, nous créons des supports d'apprentissage, décidons d'un plan d'action sur plusieurs années et évaluons son efficacité* », précise Marianne Laigneau, DRH du groupe. Déployé dans les unités, ce programme est assuré par des ingénieurs seniors qui y consacrent 50 % de leur temps.

En conclusion, même si, d'après Jean-François Ballay, les bénéfices du KM ne se mesurent pas directement en euros, son implantation et son développement favoriseront considérablement les performances futures de l'entreprise. Les hommes étant « porteurs de connaissances », il convient donc de prendre en considération ce potentiel et cette richesse. L'enjeu dans les prochaines années consistera à intégrer totalement le KM comme composante essentielle du développement d'EDF.

Sources :
L'Express, 10/2012
Knowledge Mag, n° 3, 09/2009
www.digitas.fr, 03/2010
www.edf.com, 01/2010

Questions sur l'étude de cas

1. Quelle est l'importance des systèmes de gestion des connaissances chez EDF ?
2. Comment contribuent-ils à la performance de l'organisation ?
3. Selon vous, quelle est la part respective des aspects psychologiques, culturels, organisationnels et technologiques dans la réussite des systèmes de gestion des connaissances au sein d'EDF ?

Chapitre 12

SI et aide à la décision

Objectifs pédagogiques

- Décrire différents types de décisions et analyser le processus décisionnel.
- Montrer comment les systèmes d'information peuvent aider à améliorer les processus et les pratiques décisionnels, notamment concernant les managers.
- Évaluer comment les systèmes interactifs d'aide à la décision [SIAD, ou EIS (*Executive Information System*)] peuvent procurer de la valeur à l'entreprise.
- Expliquer les défis que posent les systèmes d'aide et les solutions de gestion.

Un système interactif d'aide à la décision (SIAD) pour Boulanger

Boulanger, leader sur le marché du multimédia et de la distribution d'appareils électroniques en France, a pu significativement optimiser ses négociations auprès de ses 3 000 fournisseurs grâce au logiciel d'aide à la décision SAP BusinessObjects (module *profitability and cost management*). Les 30 acheteurs de la société utilisent désormais le logiciel pour analyser et comparer les prix comme les conditions de livraison et de règlement. Afin de s'adapter à la demande des clients, ils optimisent ainsi la capacité du groupe à négocier de meilleurs contrats dans un environnement qui évolue rapidement.

Le logiciel permet aussi à Boulanger de bien évaluer ses coûts réels en comparaison avec ses prévisions, et donne à l'entreprise des informations clés sur l'évolution des tendances, et ce au service des futures décisions d'achat. « *Disposer en stock de la bonne combinaison d'articles au meilleur prix…, voilà un enjeu critique pour une entreprise qui évolue sur le marché dynamique de la distribution de produits électroniques* », confie Patrick Perret, directeur des études informatiques chez Boulanger.

« *Notre objectif était d'aider les acheteurs à mener des négociations sur la base d'informations de Business Intelligence disponibles en temps réel et de bâtir des relations fortes et pérennes avec nos principaux fournisseurs. Ainsi nous sommes assurés de pouvoir continuer à proposer à nos clients les articles qu'ils recherchent à des prix abordables.* », ajoute-t-il.

Avec une gamme complète de 70 000 produits et près de 100 magasins à travers l'Hexagone, Boulanger a vu ses parts de marché augmenter régulièrement depuis 2005. L'entreprise a racheté les magasins de l'enseigne Saturn en 2011. En 2012, le distributeur

…

et ses partenaires commerciaux se sont hissés parmi les premiers distributeurs français d'électroménager-multimédia (téléviseur, lave-linge, lave-vaisselle, aspirateur, lecteurs mp3, appareils photo, jeux vidéo, ordinateurs et logiciels). Boulanger a ouvert l'un des plus grands magasins français d'équipements électroniques et multimédias près de Caen, avec un espace de 4 000 m^2 dédié à la vente. Les ventes en ligne connaissent elles aussi un essor important.

Avant la mise en œuvre de SAP BusinessObjects, les acheteurs de Boulanger se servaient de feuilles de calcul pour noter, évaluer et comparer les prix et les conditions de vente pour chacun des articles et chacun des fournisseurs. Acheteurs, analystes et directeurs des achats devaient jongler entre différentes sources de données pour trouver l'information qu'ils recherchaient. Non seulement bien souvent les données se révélaient peu pertinentes ou obsolètes, mais en plus, cette tâche chronophage réclamait un travail important de la part des acheteurs. Rassembler toutes les informations nécessaires à la renégociation d'un contrat annuel avec chacun des fournisseurs pouvait prendre deux semaines. En plus de ce délai, obtenir des réponses aux questions adressées par la direction sur les marges et la rentabilité des fournisseurs prenait environ cinq jours supplémentaires.

Boulanger souhaitait améliorer ses conditions d'achat en remplaçant le lourd processus manuel d'analyse des fournisseurs, et se doter d'une vision en temps réel sur les marges, les coûts et les autres critères de vente. L'entreprise souhaitait également être en mesure d'analyser au moment voulu des données qualitatives non financières comme les conditions de livraison et les taux de retour pour chaque fournisseur. Elle souhaitait par ailleurs renforcer le pouvoir de ses acheteurs en leur offrant un accès en libre-service aux données requises, dans un format maniable, pour leur permettre de mener en quelques secondes des analyses multidimensionnelles sur les performances des fournisseurs et les tendances du marché.

« *Dans un secteur tiré par l'innovation, les articles qui performent* (sic) *une année sont bien souvent démodés l'année suivante et ne peuvent être vendus qu'en promotion,* explique-t-il. *D'où la nécessité de disposer d'analyses précises et à jour des coûts et de la rentabilité des différents fournisseurs pour optimiser les marges et faire preuve d'une souplesse suffisante pour réagir rapidement aux changements de tendance. Nous avions besoin de consolider les données fournisseurs et de mettre en œuvre une suite standardisée de processus analytiques avec des capacités de modélisation élaborée des données et de simulation sophistiquée. […] Nos acheteurs peuvent désormais appuyer la renégociation des contrats fournisseurs sur des données de* Business Intelligence *fiables. Ils peuvent ainsi consacrer davantage de temps et de ressources à l'instauration d'une relation de confiance avec les fournisseurs qui apportent le plus de valeur à Boulanger, en termes quantitatifs comme qualitatifs.* »

Les utilisateurs finaux ont été consultés afin d'identifier les besoins les plus urgents, d'élaborer un ensemble de formats de *reporting* fréquemment utilisés et de former chez Boulanger les trente acheteurs.

« *Le logiciel nous offrait des capacités souples de modélisation multidimensionnelle et des analyses de requêtes à la demande sur les vecteurs de coûts et de profit, tout en s'intégrant parfaitement avec nos applications en place,* souligne Patrick Perret.

« En outre, ses fonctionnalités étendues fournissent une base solide pour les futures activités de contrôle de la performance comme l'analyse des différents canaux de vente et de la marge sur chaque article jusqu'à l'unité de gestion des stocks. »

Les acheteurs sont désormais en mesure de jouer avec les données liées aux prix et aux conditions de vente des différents fournisseurs suivant un axe multidimensionnel, et ainsi de noter chacun d'entre eux, en fonction d'un nombre de critères quasi illimité. La solution permet aux utilisateurs d'exécuter à la demande des analyses prévisionnelles et des simulations modélisées pour mesurer l'impact des changements qui pourraient être apportés aux contrats fournisseurs avant leur application. La phase de préparation aux renégociations annuelles des contrats fournisseurs – un processus qui débutait jusqu'ici deux semaines avant les rendez-vous avec les fournisseurs en raison du temps nécessaire pour trouver les informations réparties sur différentes sources – peut maintenant être effectuée en quelques heures.

« La visibilité générée grâce à SAP BusinessObjects nous aide également à réaliser des benchmarks *qui nous permettent de comparer les coûts et les performances de notre base de fournisseurs et de calculer l'impact de chacun d'eux sur nos marges et notre rentabilité ; une fonctionnalité particulièrement utile lorsqu'il s'agit d'évaluer le potentiel de nouveaux fournisseurs. »*

En outre, SAP BusinessObjects sera pleinement exploité durant le dernier trimestre de l'année fiscale puisqu'il permettra aux acheteurs de vérifier la précision de leurs prévisions par rapport aux ventes réalisées et de planifier leur stratégie d'achat pour la saison suivante. Chez Boulanger, le département achats utilise la solution pour répondre instantanément aux demandes d'information de la direction au sujet des coûts, de la performance et des marges des fournisseurs, alors qu'il lui fallait auparavant cinq jours en utilisant des feuilles de calcul.

Boulanger n'utilise pour le moment que 20 % des fonctionnalités offertes par SAP BusinessObjects, mais la société a pu constater une hausse significative de la productivité des acheteurs deux mois seulement après la mise en œuvre de la solution. La négociation des contrats fournisseurs, désormais rationalisée, les acheteurs peuvent consacrer davantage de temps à récupérer sur le terrain même, dans les magasins et auprès des professionnels de la vente, des informations stratégiques sur le comportement des clients et les tendances qui se dessinent.

« SAP BusinessObjects constitue un outil critique dans notre stratégie pour bâtir et soutenir des partenariats mutuellement fructueux avec les meilleurs fournisseurs. Ces partenariats seront à la fois profitables aux deux parties et optimiseront nos marges tout en réduisant nos coûts au minimum, confie Patrick Perret. *L'augmentation des marges qui devrait découler de négociations mieux menées devrait nous permettre de parvenir à un retour sur investissement d'ici douze mois. »*

Boulanger étend son utilisation de SAP BusinessObjects pour approfondir l'analyse de la performance des fournisseurs et son impact sur les marges et la rentabilité de l'entreprise. Patrick Perret explique en effet que la société prévoit d'améliorer son environnement *Business Intelligence* collaboratif pour analyser et comparer les ventes par région et par magasin, et améliorer ainsi la précision dans les achats et la gestion

…

des stocks à travers l'ensemble des départements de l'entreprise et pour toutes les lignes de produits.

En décembre 2012, un des prolongements de ce système s'est concrétisé dans l'expérimentation de tablettes dans deux magasins Boulanger. Dans les deux points de vente de Valenciennes (Nord) et Montigny-lès-Cormeilles (Val-de-Marne), 30 vendeurs sont munis d'appareils Samsung dont ils vont se servir dans trois rayons : le gros électroménager, le multimédia et les téléviseurs.

Sans surprise, il s'agit de linéaires fortement concurrencés par le commerce électronique, donc un laboratoire idéal pour tester cette nouvelle forme de commerce assisté, qui conjugue les avantages du magasin physique (les vendeurs, le produit) et ceux des outils digitaux.

Les tablettes s'appuient sur Windows 8, la nouvelle plateforme de Microsoft, et vont permettre aux vendeurs de présenter les articles, tout en accompagnant le client dans les rayons. Un catalogue interactif sera disponible à l'écran, permettant une recherche par mots clés, visuels, catégories, etc. Les tablettes, connectées au système informatique de Boulanger, donneront accès aux stocks disponibles ou aux fiches produits déjà présentes sur le site Web de Boulanger, avec les notes des clients.

Grâce à l'application Windows 8 et à ses fenêtres multiples, le vendeur peut aller plus loin et laisser le client comparer les caractéristiques techniques et les prix des différents produits, la tablette permettant un accès aux sites marchands concurrents. Dans la prochaine version, le vendeur pourra procéder à l'encaissement ou effectuer une commande pour le compte de son client.

Sources :

LSA, 12/2012

www.sap.com, 11/2010

Matière à réflexion :

Au-delà de la mise en œuvre des solutions logicielles adaptées, qu'est-ce qui fait le succès du SIAD de Boulanger ?

Quels rôles respectifs jouent la direction générale, les directions métier et la DSI dans la réussite de la mise en place et du retour sur investissement (ou *Return On Investment*, ROI) du SIAD chez Boulanger ?

En tant que gestionnaire, vous devrez savoir comment utiliser les SI pour améliorer votre processus décisionnel, que vous travailliez seul ou en groupe. De plus, vous serez responsable des décisions prises par vos collaborateurs et vous devrez faire en sorte qu'elles soient encore plus pertinentes notamment grâce à un recours sélectif et approprié à ces systèmes d'aide à la décision.

Ce chapitre porte sur les systèmes spécialisés dont se dotent les entreprises pour prendre de meilleures décisions : Systèmes d'Information de Gestion (SIG), Systèmes Interactifs d'Aide à la Décision (SIAD), qu'ils soient utilisés par des individus ou des équipes (SIAD pour groupes), au niveau de l'encadrement intermédiaire (SIAD opérationnel) ou des dirigeants de l'organisation (*Management Information System*, MIS). Vous apprendrez le mode de fonctionnement de ces systèmes, la façon dont ils peuvent procurer de la valeur à l'entreprise et les défis que posent leur création et leur utilisation.

Une des difficultés singulières de cette thématique des SIAD réside dans la grande diversité des acronymes et sigles utilisés, parfois pour souligner des différences profondes, mais aussi malheureusement, dans de trop nombreux cas, pour faire apparaître comme une innovation de rupture ce qui n'est qu'une innovation incrémentale, voire un simple réaménagement de concepts et dispositifs déjà existants mais n'ayant pas rencontré le succès escompté par leurs créateurs ou leurs vendeurs. Aidées ou non par des technologies et des systèmes, les décisions restent avant tout une affaire d'intelligences et de compétences humaines.

1 Systèmes d'aide à la décision

Les SI procurent de la valeur à l'entreprise quand ils améliorent l'efficacité des processus et la prise de décision (voir chapitre 1).

La pertinence des décisions opérationnelles et stratégiques étant un facteur clé dans la vie et le développement des organisations, celles-ci investissent beaucoup dans les systèmes dits de « ***Business Intelligence*** » (BI). Ces systèmes sont un ensemble de technologies et d'applications conçues pour aider les utilisateurs à prendre de meilleures décisions. L'« *intelligence* » de l'être humain renvoie généralement à sa capacité à combiner les connaissances acquises avec la nouvelle information et à modifier son comportement, afin de réussir ce qu'il entreprend en s'adaptant à une nouvelle situation. De même, la BI procure aux entreprises la capacité de recueillir de l'information, de développer des connaissances sur des opérations et de changer des comportements décisionnels pour atteindre leurs objectifs.

Les principales applications et technologies utilisées pour la BI comprennent notamment la gestion de la chaîne logistique, celle de la relation client, les ERP, les systèmes de gestion des connaissances et des technologies comme le *datamining*, et le traitement analytique en ligne (*On-Line Analytical Processing*, OLAP), afin d'obtenir des connaissances et des idées en analysant de grandes quantités de données hétérogènes (voir figure 12.1).

2 Systèmes et technologies pour la BI

Outre le traitement des transactions quotidiennes, chacune des principales applications d'entreprise favorise la prise de décision, ou BI, à tous les niveaux de l'organisation. Les systèmes spécialisés décrits dans ce chapitre, comme le SIG, le SIAD et le MIS, fonctionnent avec les systèmes et les technologies destinés au forage des données et au traitement analytique en ligne (OLAP) en vue de répondre aux besoins décisionnels précis des managers et des employés.

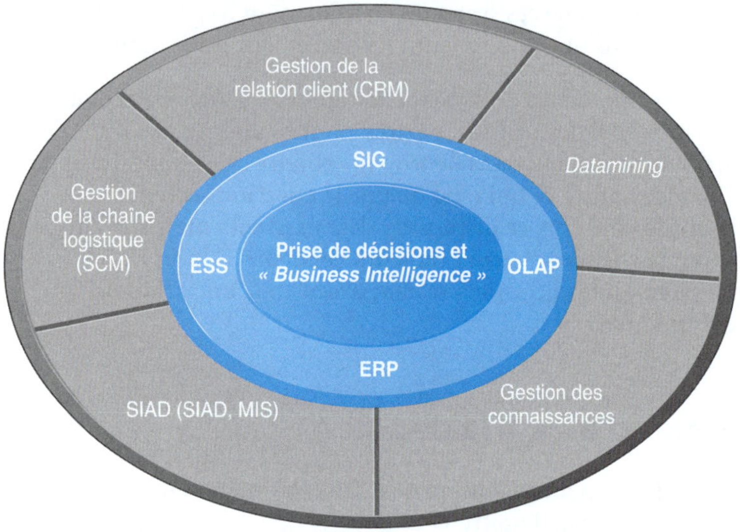

Figure 12.1 – Systèmes et technologies pour la BI.

2.1 Valeur d'un processus amélioré pour l'entreprise

Déterminons les avantages d'un meilleur processus décisionnel pour l'entreprise et établissons un lien entre ces améliorations et la rentabilité de l'entreprise. Prenons l'exemple d'une petite entreprise manufacturière au chiffre d'affaires de 230 millions d'euros et qui emploie 140 personnes. L'entreprise a défini quelques décisions clés pour lesquelles les nouveaux systèmes pourraient améliorer la qualité du processus décisionnel et procurer de la valeur. Les analystes ont estimé la valeur que l'amélioration de chaque décision pourrait apporter à l'entreprise. Le tableau 12.1 fournit des estimations sélectionnées de la valeur annuelle (en économie de coûts ou en accroissement des recettes) d'un processus décisionnel amélioré pour des secteurs précis de cette entreprise.

Le tableau 12.1 indique que les décisions sont prises à tous les niveaux de l'entreprise. Certaines d'entre elles sont très courantes et routinières, mais leur impact est néanmoins manifeste sur la valeur de l'organisation. Même si le bénéfice rattaché à l'amélioration d'une seule de ces décisions peut sembler faible, l'amélioration de milliers de petites décisions finit par procurer une variation de valeur annuelle significative.

Tableau 12.1 : Valeur de l'amélioration du processus décisionnel pour l'entreprise

Exemple de décision	Décideur	Nombre de décisions annuelles	Valeur estimée d'une seule décision améliorée pour l'entreprise	Valeur annuelle
Gestion de la relation client (CRM)				
Fournir de l'aide aux meilleurs clients	Directeur des comptes	12	100 000 €	1 200 000 €
Prévoir la demande trimestrielle au centre d'appels	Gestionnaire du centre d'appels	4	150 000 €	600 000 €
Gestion de la chaîne logistique				
Décider chaque jour des niveaux de stock de pièces	Gestionnaire des stocks	365	5 000 €	1 825 000 €
Déterminer les offres concurrentielles des principaux fournisseurs	Cadre supérieur	1	2 000 000 €	2 000 000 €
Système d'entreprise				
Planifier la production pour exécuter les commandes	Directeur de la fabrication	150	10 000 €	1 500 000 €
Affecter la main-d'œuvre à l'exécution des tâches	Directeur de la production	100	4 000 €	400 000 €
Gestion des connaissances				
Déterminer la procédure d'essai d'un nouveau composé chimique	Équipe de projet composée de scientifiques et d'ingénieurs	3	800 000 €	2 400 000 €

2.2 Prise de décision dans l'organisation et processus décisionnel

Avant d'améliorer la prise de décision organisationnelle au moyen de systèmes, il importe de mieux comprendre la nature des décisions et le processus décisionnel. Les différents besoins d'information des niveaux organisationnels ont un effet sur les types de décisions prises à chaque niveau.

2.3 Niveaux hiérarchiques de prise de décision

Il existe plusieurs niveaux dans une organisation (voir chapitre 2). Les besoins en information de chacun d'entre eux sont différents pour la prise de décision, et les SI doivent servir des parties ou des groupes différents (voir figure 12.2). Voici les quatre principaux niveaux de la prise de décision d'une entreprise :

- **Cadres dirigeants.** Ils s'intéressent aux données de la conjoncture économique relatives aux changements liés à leur secteur économique et à la société dans son ensemble qui peuvent avoir une incidence sur l'avenir à court et à long terme de l'entreprise, les objectifs stratégiques, la performance à court et à long terme, les risques de blocage ou de perturbations qui affectent les fonctions opérationnelles de l'entreprise et la capacité générale de l'entreprise à atteindre ses objectifs.

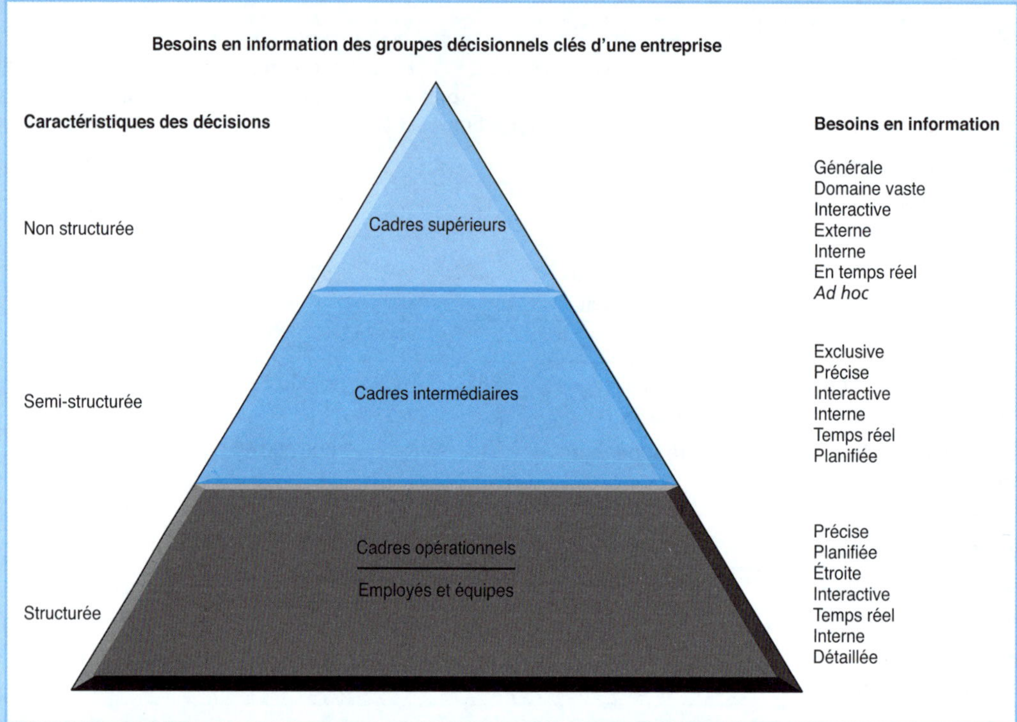

Figure 12.2 – Besoins en information des groupes décisionnels clés.

- **Cadres intermédiaires et équipes de projet.** Les cadres intermédiaires s'intéressent à l'information précise et opportune relative à la performance de l'entreprise, y compris les objectifs immédiats concernant le chiffre d'affaires et la réduction des coûts, et à l'élaboration de plans et de budgets pour répondre aux objectifs stratégiques établis par les cadres dirigeants. Ce groupe doit prendre des décisions majeures sur la répartition des ressources, l'élaboration de plans à court terme et la surveillance de la performance des services, des forces opérationnelles, des équipes et des groupes de projets particuliers.
- **Cadres opérationnels.** Ils surveillent la performance de chaque sous-unité de l'entreprise et gèrent les collaborateurs. Ils sont responsables de fonctions ou de périmètres particuliers et attribuent les ressources en fonction des contraintes budgétaires et des nécessités du métier.
- **Employés.** Ils tentent de réaliser les objectifs des gestionnaires du niveau supérieur en suivant des règles et des procédures établies pour leurs tâches quotidiennes plus ou moins répétitives. Les employés peuvent être amenés à prendre des décisions concernant des fournisseurs, des clients et d'autres employés. Puisque certains employés interagissent directement avec les clients, la qualité de leur décision a un effet direct sur les sources de revenus de l'entreprise.

2.4 Types de décisions

Trois catégories de décisions peuvent être identifiées : les décisions structurées, les décisions semi-structurées et les décisions non structurées. Dans ce dernier cas, le gestionnaire doit émettre un jugement, une évaluation et un point de vue sur la définition du problème. Chacune de ces décisions est inédite, importante et non routinière. Il n'existe aucune réponse toute faite ni procédure connue applicable pour décider.

À l'opposé, les décisions structurées sont répétitives et routinières, et les exécutants peuvent suivre une procédure définie pour les prendre de manière efficiente. La place de l'incertitude est faible, tout comme la marge d'appréciation individuelle. Placées dans la même situation, deux personnes différentes agiront à l'identique, se conformant à la procédure préprogrammée. Par exemple, lorsqu'un client passe à la caisse dans un hypermarché, peut-on dire que l'employé de caisse décide de passer le code-barres devant le lecteur ? On appelle souvent « routines » les décisions intégralement structurées. Ce terme qualifie également des programmes informatiques réutilisables.

De nombreuses décisions contiennent en revanche des éléments à la fois structurés et non structurés. Elles sont considérées comme des décisions semi-structurées, dans lesquelles une partie seulement du problème a une réponse prédéfinie appuyée par une procédure validée.

Les cadres supérieurs sont souvent exposés à des décisions non structurées, qui sont ouvertes et évaluatives. Ils doivent recourir à des idées fondées sur plusieurs sources d'information et sur leur expérience personnelle. Par exemple, un P-DG dans l'industrie de la musique demande : « Quel distributeur choisir pour notre catalogue de musique en ligne : Apple, Microsoft ou Sony ? » Pour répondre à cette question, il doit consulter les actualités professionnelles et générales, les études officielles (Insee, par exemple), celles en provenance d'acteurs sociaux (association de consommateurs, par exemple), les points de vue des acteurs du secteur économique et des activités connexes, ceux de ses collaborateurs, ainsi que des synthèses sur la performance de l'entreprise.

Les cadres intermédiaires et opérationnels abordent plutôt des décisions structurées, mais qui peuvent comprendre des composantes non structurées. En voici un exemple type : « Pourquoi le rapport d'analyse commerciale par secteur indique-t-il une baisse des commandes au cours des six derniers mois dans un centre de distribution de Montpellier ? » Le cadre intermédiaire peut obtenir des informations à partir de l'ERP central ou du système de gestion de la distribution portant sur l'activité des commandes et l'efficacité opérationnelle du centre de distribution de Montpellier. Il s'agit de la partie structurée de la décision. Cependant, avant de trouver une réponse, ce cadre intermédiaire devra s'informer auprès des employés et recueillir plus d'information non structurée provenant de sources externes sur les conditions économiques locales ou les tendances des ventes.

Les employés prennent davantage de décisions structurées. Par exemple, un représentant en charge d'un client donné doit souvent décider d'accorder ou non un report du délai de règlement ponctuel à un client fidèle, mais exceptionnellement insolvable. Il consulte alors la base de données des clients de l'entreprise qui contient de l'information sur les possibilités de gestion des délais de règlement. Dans ce cas, la décision est très structurée : elle est usuelle et la réponse a été préprogrammée dans un système de gestion des risques d'entreprise ou un système d'évaluation du risque lié à l'encours client.

Une classification exhaustive de tous les types de décisions que doivent prendre les équipes de projet par niveau d'organisation est impossible. Les équipes sont de petits groupes de cadres intermédiaires et opérationnels, et parfois d'employés, affectés à des missions précises qui peuvent durer quelques mois ou quelques années. Leurs tâches comprennent notamment les décisions non structurées ou semi-structurées, comme la réaffectation à temps plein d'une personne clé travaillant jusqu'alors au projet seulement à mi-temps.

2.5 Classification des systèmes d'aide à la décision

Quatre différents de systèmes soutiennent les divers niveaux et types de décisions décrits précédemment (voir tableau 12.2).

Tableau 12.2 : Niveaux organisationnels et systèmes d'aide à la décision

Niveau organisationnel	Type de décision	Type de système d'aide à la décision	Exemples
Cadres supérieurs	Non structurée	Système d'information pour dirigeants (MIS)	Décider de l'entrée ou de la sortie sur les marchés Approuver le budget d'investissement Établir les objectifs à long terme de l'entreprise
Cadres intermédiaires/ équipes de projet	Semi-structurée	Système d'Information de Gestion (SIG)	Fournir des ressources aux gestionnaires et aux services Concevoir un nouveau site Web d'entreprise
Cadres opérationnels/ équipes de projet	Semi-structurée	Système Interactif d'aide à la Décision (SIAD) Système d'aide à la décision en groupe	Concevoir un nouveau site Web d'entreprise Élaborer un plan marketing Concevoir le budget d'un service
Employés	Structurée	Système d'Aide à la Décision Système d'information pour dirigeants (MIS) Système d'aide à la décision en groupe	Évaluer la performance des employés Réapprovisionner les stocks Prendre les décisions courantes sur le crédit Déterminer les offres spéciales aux clients

Le chapitre 2 décrivait certains de ces systèmes. Les **Systèmes d'Information de Gestion** (SIG) fournissent des rapports courants et des synthèses sur les données de transaction aux cadres intermédiaires et opérationnels pour les aider à résoudre des problèmes structurés et semi-structurés. Les **Systèmes Interactifs d'Aide à la Décision** (SIAD) sont des systèmes cibles qui intègrent des modèles analytiques, des données opérationnelles et des outils interactifs d'analyse et d'interrogation pour les cadres intermédiaires confrontés à des problèmes semi-structurés. Les **systèmes d'information pour dirigeants** (MIS) sont des systèmes spécialisés qui procurent aux cadres supérieurs, abordant surtout des décisions non structurées, de l'information qui provient de sources externes (communiqués d'agences de presse, rapports d'analystes financiers, tendances économiques et sectorielles) et des indicateurs de pilotage global sur la performance de l'entreprise. Les **systèmes d'aide à la décision en groupe** sont des systèmes spécialisés qui procurent un environnement électronique de groupe (*groupware*) dans lequel les cadres et les équipes peuvent prendre ensemble des décisions et trouver des solutions aux problèmes non structurés et semi-structurés qui nécessitent le partage des informations se rapportant au projet (planning, documentations, comptes rendus de réunions, versions intermédiaires des travaux, etc.).

2.6 Étapes de la prise de décision

La prise de décision comprend plusieurs activités. Simon (1960) a décrit quatre étapes du processus de prise de décision : l'intelligence, la conception, le choix et la mise en application (voir figure 12.3).

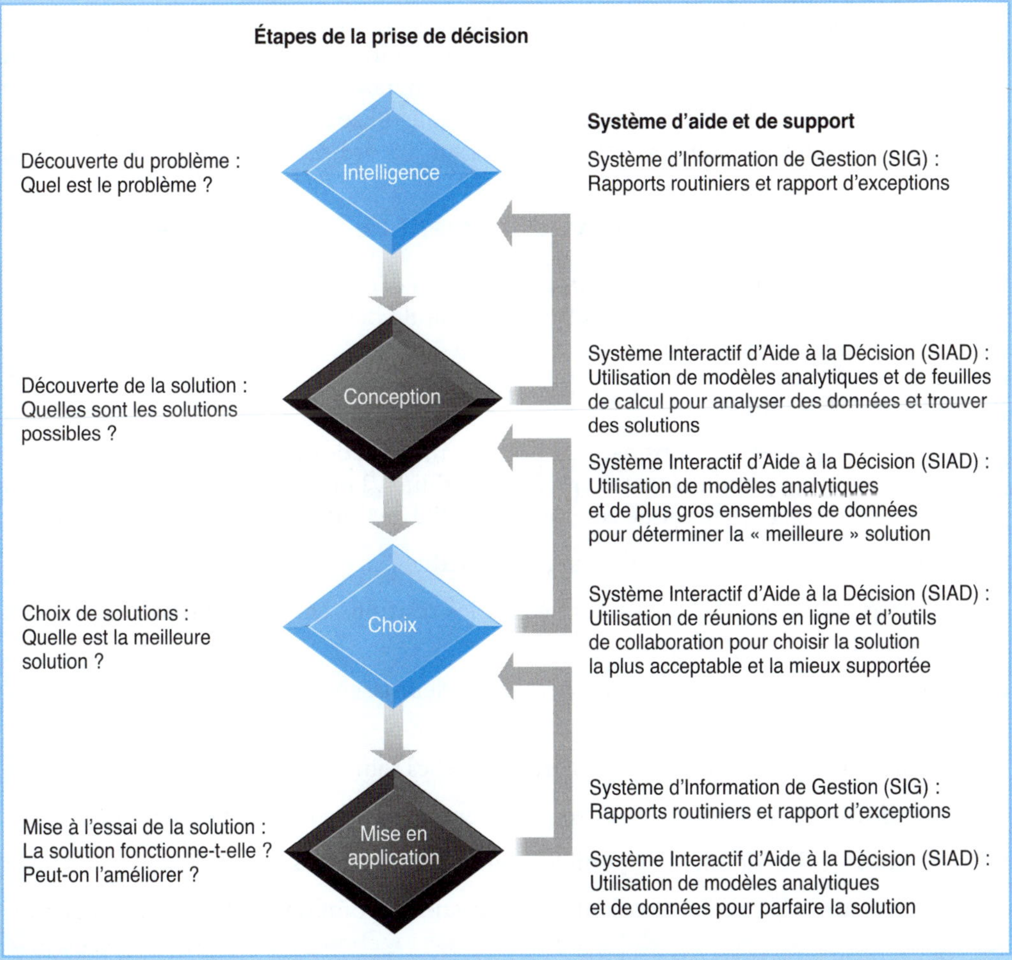

Figure 12.3 – Étapes de la prise de décision.

L'**intelligence** est la détection, l'identification et la compréhension des problèmes qui surviennent dans l'organisation : quelle est la cause majeure du problème ? Où se situe-t-il ? Quels en sont les impacts sur l'entreprise ? Les SIG traditionnels, qui livrent une grande variété d'informations détaillées, peuvent aider à définir les problèmes, surtout s'ils fournissent des rapports sur les exceptions.

La **conception** comprend l'identification et l'exploration de diverses solutions au problème. Les systèmes d'aide à la décision sont utiles à cette étape du processus décisionnel puisqu'ils possèdent des outils analytiques pour modéliser des données, ce qui permet aux utilisateurs d'explorer plusieurs options *via* des modules d'extrapolation et de simulation.

Le **choix** s'effectue entre plusieurs solutions possibles. À cette étape, les SIAD offrant un accès aux données de l'entreprise peuvent aider les gestionnaires à choisir la meilleure solution. De plus, on peut utiliser des systèmes d'aide à la décision en groupe en vue de réunir des groupes de gestionnaires dans un environnement électronique en ligne, de sorte qu'ils discutent des solutions.

La **mise en application** consiste à mettre en œuvre la solution choisie et à en évaluer le bon fonctionnement. À cette étape, les SIG traditionnels reviennent dans le processus en fournissant aux gestionnaires des rapports réguliers et formels sur l'état d'avancement d'une solution précise. Les systèmes de support comprennent les SIG de grande envergure comme les ERP, mais aussi des systèmes beaucoup plus petits, notamment des logiciels de planification de projet exploités sur des ordinateurs personnels.

2.7 Les conditions et l'environnement de la prise de décision

Les investissements dans les systèmes d'aide à la décision ne procurent pas toujours les résultats escomptés, pour trois raisons : la qualité des données, les filtres de gestion et l'inertie organisationnelle.

Qualité des données

La prise de bonnes décisions requiert des informations de qualité, indépendamment de la nature et de la technologie du SI qui les a produites. Lors de la conception d'un système d'aide à la décision, sept dimensions de la qualité de l'information entrent en compte :

- **Précision.** Les données reflètent-elles la réalité ?
- **Intégrité.** La structure des données et les relations entre les entités et les attributs sont-elles cohérentes ?
- **Cohérence.** Toutes les parties prenantes définissent-elles toujours les éléments de données de la même façon ?
- **Intégralité.** Les données nécessaires sont-elles toutes présentes ?
- **Validité.** Les valeurs des données se situent-elles dans les échelles définies ?
- **Actualité.** Les données disponibles sont-elles actualisées ?
- **Accessibilité.** Les données sont-elles accessibles, compréhensibles et utilisables ?

L'information contenue dans les bases de données et les fichiers est souvent insuffisante et imprécise, ce qui peut détériorer la qualité de la prise de décision (voir chapitre 6).

Quand les données de départ sont de piètre qualité, la pertinence de la prise de décision en pâtit. Par exemple, le système d'inventaire de la marine royale de la Grande-Bretagne était rongé par des données imprécises et incohérentes pour ses 510 770 articles d'approvisionnement. Pour le seul attribut « Code de conditionnement », 56 035 entrées étaient incorrectes ou manquantes. Les gestionnaires ne pouvaient prendre aucune décision précise sur les articles à commander ni sur la quantité d'articles à garder en stock (Wrazen, 2004).

Filtres de gestion

Même avec une information opportune et exacte, certains gestionnaires prennent de mauvaises décisions. Ils absorbent de l'information au moyen d'un ensemble de filtres psychologiques et culturels pour analyser le monde environnant. Ils ont une attention sélective, se concentrent sur certains types de problèmes et de solutions, et ont divers préjugés qui les éloignent de la réalité. « *Il est plus facile de désagréger un atome qu'un préjugé* », disait Albert Einstein.

Les adresses postales incorrectes constituent une illustration de cette attention sélective. « Prenons l'exemple des NPAI (N'habite Pas à l'Adresse Indiquée) ou PND (Plis Non Distribuables), les retours de courriers pour adresse non valide. La Poste estime en 2012 que 200 millions de PND équivalent à 183 millions d'euros de perte pour les entreprises. On comprend donc pourquoi un taux de NPAI faible est souvent considéré comme un indicateur de bonne qualité d'un fichier ! Et avec un coût de traitement pouvant aller jusqu'à 10 euros par NPAI, si l'on intègre l'ensemble de la chaîne de traitement, souvent manuelle, le manque à gagner est tout simplement colossal. » (**www.globalsecuritymag.fr**, 03/2013)

Inertie organisationnelle

Les organisations sont des structures dotées de capacités et de compétences limitées pour prendre des décisions (voir chapitre 3). Quand l'environnement change, les entreprises doivent adopter de nouveaux modèles pour survivre. Les décisions que prend une entreprise représentent souvent un équilibrage entre divers groupes d'intérêts, ce qui ne constitue pas forcément la meilleure solution face au problème.

Examinons l'industrie du disque. Malgré un déclin des ventes depuis 2000 et la flambée du téléchargement gratuit de morceaux de musique sur Internet, les grandes maisons de disques ont mis du temps avant de passer à la vente au détail de musique en ligne. Cette technique de vente nécessitait un modèle d'affaires différent et plus réactif. Pendant des années, les maisons de disques ont refusé de vendre de la musique sur Internet. Encore récemment, pour la quasi-totalité des directeurs et des employés des maisons de disques, la musique devait être distribuée sur des supports physiques et vendue chez les disquaires. En 2013, iTunes d'Apple fête cependant ses dix ans et pèse près de 75 % des ventes de musique sur Internet (*Le Monde*, 29/04/2013).

Des études sur la restructuration des entreprises ont démontré que celles-ci ont tendance à ignorer la dégradation d'une performance jusqu'à ce qu'elles soient menacées d'une prise de contrôle externe. Elles en rejettent alors systématiquement la faute sur des forces externes qu'elles ne peuvent contrôler, comme la conjoncture économique, la concurrence étrangère et la hausse des prix, au lieu de se remettre en question à tous les niveaux, et en premier lieu à celui des dirigeants. Dans certains cas d'ailleurs, ces derniers font payer leur non-vigilance stratégique à leurs collaborateurs.

2.8 Tendances dans l'aide à la décision et la BI

Les premiers SI annonçant une contribution à la qualité décisionnelle ont émergé dans les années 1960, avec les premiers SIG qui créaient des rapports rigides et fixes sur papier et les distribuaient aux gestionnaires de façon périodique. Dans les années 1970, les premiers SIAD autonomes sont apparus sous la forme d'applications indépendantes, avec des données limitées et quelques modèles analytiques. Pour donner aux cadres supérieurs un aperçu de synthèse des activités opérationnelles, les SIAD des années 1980 ont été construits à partir de développements spécifiques et parfois avec les premiers outils d'infocentre. Ils coûtaient cher et manquaient de souplesse.

Le recours croissant à l'informatique client-serveur, à Internet et aux technologies Web a eu des répercussions majeures sur les SIAD. Bon nombre d'applications d'aide à la décision sont maintenant livrées sur les intranets d'entreprise. Nous avons défini six tendances importantes :

- **Données d'entreprise détaillées.** Les ERP fournissent une multitude d'informations sur les transactions et opérations courantes. Les utilisateurs finaux disposent d'outils analytiques puissants grâce auxquels ils peuvent étudier et visualiser des données sur leurs postes de travail. Avec le fort développement du e-commerce et du m-commerce avec les particuliers, les entreprises collectent des masses de données toujours plus importantes et détaillées.
- **Extension du pouvoir décisionnel et des responsabilités.** À mesure que l'information devient accessible dans l'organisation, il est possible de réduire les niveaux hiérarchiques et d'accorder plus de pouvoir décisionnel aux employés des niveaux inférieurs.
- **Intranets et portails.** Les technologies de l'intranet créent des réseaux d'entreprise mondiaux qui facilitent les échanges et synchronisations entre les systèmes locaux et centraux.
- **Personnalisation de l'information.** Les technologies de portail Web procurent une grande souplesse en prédéterminant les données que chaque employé et chaque cadre a la possibilité de visualiser sur son ordinateur.
- **Extranets et collaboration interentreprises.** En s'appuyant sur les technologies Internet et du Web, les fournisseurs et les partenaires logistiques accèdent aux données d'entreprise et aux outils d'aide à la décision pour une meilleure collaboration avec l'entreprise.
- **Outils d'aide à l'équipe.** À l'aide des outils de collaboration et de réunion en local ou sur le Web, les équipes de projet et celles géographiquement dispersées peuvent se rencontrer en ligne au moyen des intranets ou des extranets d'entreprise. Ces nouveaux outils de collaboration ont été adaptés à partir des premiers progiciels de *groupware*.

3 Les différentes catégories de systèmes d'aide à la décision

Il existe quatre systèmes permettant de prendre en charge les différents niveaux et les différents types de décisions décrits précédemment : les SI de gestion, les systèmes d'information géographique, les systèmes Web d'aide à la décision orientés « client » et les systèmes d'aide à la décision en groupe.

Les SI pour dirigeants sont des systèmes qui fournissent aux cadres supérieurs (les premiers à aborder les décisions non structurées) des informations venant de l'extérieur (communiqués d'agence de presse, analyses boursières, tendances sectorielles) et des bilans poussés sur des performances de l'entreprise.

Les systèmes d'aide à la décision fournissent des modèles ou des outils d'analyse grâce auxquels les cadres intermédiaires confrontés à des problèmes semi-structurés peuvent analyser des quantités considérables de données.

Les systèmes d'information de gestion fournissent des comptes rendus et des bilans courants aux cadres intermédiaires et opérationnels pour les tenir informés des échanges de données et proposer des solutions aux problèmes structurés et semi-structurés.

Certains systèmes aident les décideurs à travailler en équipe. Les **systèmes d'aide à la décision en groupe** (en anglais *Group Decision-Support Systems*, GDSS, ou SIAD pour les Groupes, SIADG) sont des systèmes spécialisés qui offrent un environnement électronique groupé dans lequel les managers et les équipes peuvent prendre des décisions et concevoir des solutions de manière collective pour résoudre des problèmes structurés et semi-structurés.

3.1 Systèmes d'information de gestion

Les SIG, dont nous avons parlé au chapitre 2, aident les managers à surveiller et à contrôler les activités de l'entreprise en transmettant des informations sur ses performances. Ces systèmes génèrent le plus souvent des comptes rendus préétablis, programmés de manière régulière. Ils reposent sur les données extraites et condensées à partir des Systèmes de Traitement des Transactions (STT). Parfois, les SIG émettent un compte rendu des exceptions : ils ne rapportent que les événements inhabituels (par exemple quand les quotas des ventes relatifs à un secteur donné tombent sous un certain seuil ou que tels employés ont dépassé le plafond accordé pour les frais de déplacement). Aujourd'hui, la plupart de ces comptes rendus sont mis en ligne sur l'intranet de l'entreprise et ils sont de plus en plus souvent générés à la demande. Vous trouverez quelques exemples d'applications SIG dans le tableau 12.3.

Composants et possibilités des systèmes d'aide à la décision

Les SIG traitent en priorité les problèmes structurés, tandis que les SIAD participent à l'analyse semi-structurée ou non structurée des problèmes. Les premiers SIAD s'appuyaient sur des modèles : ils s'en inspiraient pour effectuer des analyses du type « WHAT-IF » et autres. Leurs capacités d'analyse reposaient sur une théorie ou un modèle fort associé à une bonne interface utilisateur, ce qui rendait le système simple à utiliser. Le SIAD conçu pour l'estimation des voyages et le système de maintenance d'Air Canada sont quelques exemples de SIAD orientés modèle.

Certains SIAD actuels s'appuient sur les données. Ils utilisent le traitement analytique en ligne (en anglais *OnLine Analytical Processing*, OLAP) et le *datamining* pour analyser d'importantes réserves de données. Les applications dédiées à la veille économique sont des exemples de ce type de SIAD, tout comme les tableaux croisés dynamiques que nous allons décrire dans cette section. Les SIAD pilotés par les données facilitent la prise de décision en permettant aux utilisateurs d'extraire les informations utiles ensevelies sous des montagnes de données.

Composants SIAD

La figure 12.1, illustre les composants d'un SIAD : une base de données pour les requêtes et l'analyse, un logiciel avec des modèles, des outils de *datamining* et d'analyse, ainsi qu'une interface utilisateur.

La **base de données décisionnelle** rassemble des données actuelles ou anciennes issues de plusieurs groupes ou applications. Il peut s'agir d'une petite base de données installée sur un PC, qui contient un sous-ensemble de données internes ayant été téléchargées et pouvant être combinées à d'autres provenant de l'extérieur. La base de données SIAD peut par ailleurs être un immense entrepôt de données mis à jour en continu par les principaux systèmes de traitement des transactions de l'entreprise (incluant les systèmes d'entreprise et les données générées par les transactions sur le site Web). Les données contenues dans la base de données des SIAD sont en général extraites ou copiées des bases de données de production. De cette manière, le SIAD n'interfère pas avec les systèmes opérationnels fondamentaux.

L'**interface utilisateur** facilite les interactions entre les différents utilisateurs du système et les outils d'informatique décisionnelle. La plupart des SIAD actuels sont équipés d'interfaces Web plus avantageuses au niveau du graphisme, de l'interactivité et de la simplicité d'utilisation.

Il existe plusieurs catégories de SIAD que l'on peut classer en fonction de leurs finalités :

- Les **logiciels d'aide à la décision** contiennent les outils logiciels utilisés pour l'analyse des données. Ils peuvent contenir divers outils servant au traitement analytique, à l'exploration des données, ou un ensemble de modèles mathématiques et analytiques facilement accessibles à l'utilisateur. Un **modèle** est une représentation abstraite qui illustre les composantes d'un phénomène et leurs relations. Il existe des modèles physiques (un modèle d'avion par exemple), mathématiques (une équation) et verbaux (description de la procédure de prise de commande).
- Les **modèles statistiques** permettent d'établir des relations. On peut par exemple associer les ventes de produits à certains facteurs comme l'âge, le revenu, etc., au sein de communautés diverses. Les modèles d'optimisation déterminent la répartition optimale des ressources en vue de maximiser ou minimiser des variables précises (le coût ou les délais par exemple). On utilise souvent un modèle d'optimisation pour déterminer l'association de produits la plus rentable sur un marché donné.
- Les **modèles prévisionnels** sont souvent utilisés pour essayer de prédire les ventes qui vont être réalisées. Les utilisateurs de ce type de modèle de prévision s'appuient sur un ensemble de données archivées pour se projeter dans un contexte futur et imaginer les ventes qui pourraient en découler. Les décideurs peuvent proposer des variations dans ce contexte futur (par exemple une augmentation du coût des matières premières ou l'entrée sur le marché d'un concurrent moins cher) pour envisager comment ces nouvelles conditions pourraient affecter les ventes.
- Les **modèles d'analyse de la sensibilité** consistent à poser de manière répétitive des questions du type « WHAT-IF » afin de déterminer l'impact qu'aurait la modification d'un ou de plusieurs facteurs sur les résultats. L'analyse « WHAT-IF » (réalisée à partir d'une situation connue ou supposée) permet à l'utilisateur de modifier certaines valeurs, puis d'observer les résultats afin de prédire ce qui se passerait si ces changements étaient effectifs. Que se passe-t-il si l'on hausse le prix du produit de 5 % ou que l'on augmente de

100 000 euros le budget publicitaire ? Que se passe-t-il si le prix et le budget publicitaire restent les mêmes ? Les tableurs comme Microsoft Excel sont souvent utiles pour répondre à ces questions (voir figure 12.4). Les décideurs cherchant à fixer un objectif utilisent les logiciels d'analyse de sensibilité inversée : « Si je veux vendre un million d'unités l'année prochaine, de combien dois-je baisser le prix de ce produit ? »

Utiliser les tableaux croisés dynamiques dans le cadre de l'aide à la décision

Les managers utilisent également des tableurs pour identifier et comprendre les schémas récurrents dans les SI des entreprises. Examinons par exemple les transactions effectuées au cours d'une journée moyenne chez Online Management Training Inc. (OMT Inc.). Cette société distribue des vidéos de formation en ligne et des manuels aux entreprises et aux particuliers qui souhaitent améliorer leurs techniques de management. En une journée, elle a réalisé 517 transactions. La figure 12.4 illustre les 25 premières transactions enregistrées sur le site Web de l'entreprise ce jour-là. On a retiré de la liste le nom des clients et quelques autres moyens d'identification.

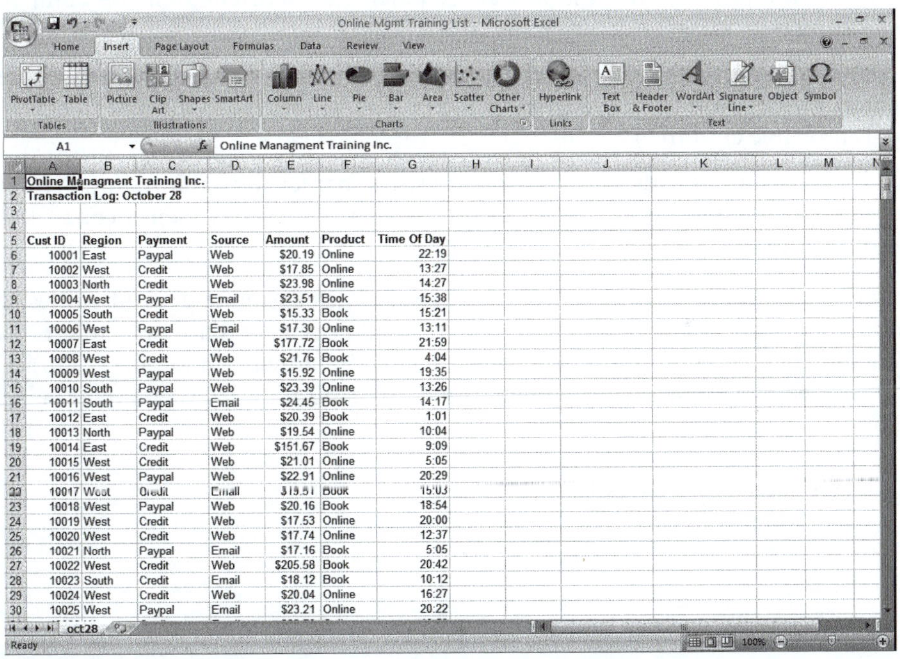

Online Managment Training Inc.
Transaction Log: October 28

Cust ID	Region	Payment	Source	Amount	Product	Time Of Day
10001	East	Paypal	Web	$20.19	Online	22:19
10002	West	Credit	Web	$17.85	Online	13:27
10003	North	Credit	Web	$23.98	Online	14:27
10004	West	Paypal	Email	$23.51	Book	15:38
10005	South	Credit	Web	$15.33	Book	15:21
10006	West	Paypal	Email	$17.30	Online	13:11
10007	East	Credit	Web	$177.72	Book	21:59
10008	West	Credit	Web	$21.76	Book	4:04
10009	West	Paypal	Web	$15.92	Online	19:35
10010	South	Paypal	Web	$23.39	Online	13:26
10011	South	Paypal	Email	$24.45	Book	14:17
10012	East	Credit	Web	$20.39	Book	1:01
10013	North	Paypal	Web	$19.54	Online	10:04
10014	East	Credit	Web	$151.67	Book	9:09
10015	West	Credit	Web	$21.01	Online	5:05
10016	West	Paypal	Web	$22.91	Online	20:29
10017	West	Credit	Email	$19.51	Book	15:03
10018	West	Paypal	Web	$20.16	Book	18:54
10019	West	Credit	Web	$17.53	Online	20:00
10020	West	Credit	Web	$17.74	Online	12:37
10021	North	Paypal	Email	$17.16	Book	5:05
10022	West	Credit	Web	$205.58	Book	20:42
10023	South	Credit	Email	$18.12	Book	10:12
10024	West	Credit	Web	$20.04	Online	16:27
10025	West	Paypal	Email	$23.21	Online	20:22

Figure 12.4 – Échantillon de la liste des transactions enregistrées chez OMT.

Cette liste illustre une partie des transactions commerciales réalisées par Online Management Training Inc. (OMT Inc.) le 28 octobre 2008.

Vous pouvez prendre cette liste comme une base de données dans laquelle sont enregistrées les transactions (les lignes). Les champs (titres des colonnes) correspondant à chaque client sont : nom du client, région d'achat, moyen de paiement utilisé, mode de prise de contact (courriel ou bannière sur le Web), montant des achats, produit acheté (formation en ligne ou manuel) et heure d'achat.

Cette liste contient un grand nombre d'informations précieuses qui vont aider les managers à répondre à des questions cruciales et à prendre des décisions importantes :

- « D'où vient la majorité de nos clients ? » La réponse à cette question indiquera peut-être aux managers à quel niveau il faudrait allouer des ressources marketing supplémentaires ou fournir davantage d'efforts.
- « Existe-t-il des différences régionales dans la manière dont le client a été attiré ? » Dans certaines régions, les courriels sont peut-être l'outil marketing le plus efficace, tandis que, dans d'autres, les bannières le sont davantage. La réponse à cette question un peu plus compliquée pourra aider les managers à mettre en place une stratégie marketing régionale.
- « Dans quelle région le montant du panier moyen est-il le plus élevé ? » La réponse à cette question pourra indiquer aux managers les zones vers lesquelles il faudrait orienter les ressources commerciales et marketing, ou s'il faut adapter les messages publicitaires en fonction de la région.
- « Quel est le moyen de paiement le plus courant ? » La réponse à cette question peut conduire à mettre en avant le moyen de paiement plébiscité dans les campagnes publicitaires.
- « Les achats sont-ils plus fréquents à certains moments de la journée ? » Les gens achètent-ils les produits sur leur lieu de travail (plus probable en journée) ou chez eux (plus probable en soirée) ?
- « Observe-t-on des différences régionales sur le panier moyen ? » Si une région se révèle beaucoup plus lucrative que les autres, les managers devraient y concentrer les ressources marketing et publicitaires.

Le tableau 12.3 donne les résultats d'une analyse de la sensibilité portant sur les effets qu'aurait la modification du prix de vente et du coût de revient d'une cravate sur le seuil de rentabilité du produit. Cette analyse permet de répondre à la question : « Qu'arrive-t-il au seuil de rentabilité si l'on augmente ou que l'on diminue le prix de vente et le coût de fabrication de chaque pièce ? »

Tableau 12.3 : Analyse de la sensibilité

Total des coûts fixes	19 000					
Coût variable par pièce	3					
Prix de vente moyen	17					
Marge sur les coûts variables	4					
Seuil de rentabilité	1 357					
Coût variable par pièce						
Vente	1 357	2	3	4	5	6
Prix	14	1 583	1 727	1 900	2 111	2 375
	15	1 462	1 583	1 727	1 900	2 111
	16	1 357	1 462	1 583	1 727	1 900
	17	1 267	1 357	1 462	1 583	1 727
	18	1 188	1 267	1 357	1 462	1 583

Notez que ces questions englobent souvent plusieurs critères : région et panier moyen ; moment de la journée et panier moyen ; moyen de paiement et panier moyen ; région ; ce qui a attiré le client ; achat. On peut classer en rubriques certains de ces critères, comme le moyen de paiement, la région et ce qui a permis d'attirer les clients. Si la liste était courte, il vous suffirait de l'examiner pour identifier certains schémas récurrents dans les données, ce qui se révèle toutefois impossible avec une liste comptant plus de 500 transactions.

Par chance, les tableaux croisés dynamiques sont un outil puissant qui aide à répondre à ces questions lorsque l'on dispose d'un vaste ensemble de données. Un **tableau croisé dynamique** affiche deux critères ou plus dans un format pratique. La fonction « Tableau croisé dynamique » de Microsoft Excel facilite l'analyse des listes et des données contenues à l'intérieur. Les données sont automatiquement extraites, triées et récapitulées.

Reprenons par exemple la première question : « D'où vient la majorité de nos clients ? » On va commencer par les régions, puis affiner la question : « Combien de clients dénombre-t-on pour chaque région ? » Pour trouver la réponse à l'aide d'Excel, on peut se servir d'un tableau croisé dynamique. Il suffit de choisir le type de données, les champs à analyser et l'emplacement du rapport généré par le tableau, comme l'illustre la figure 12.5. Le rapport indique que la plupart des clients viennent des régions Ouest.

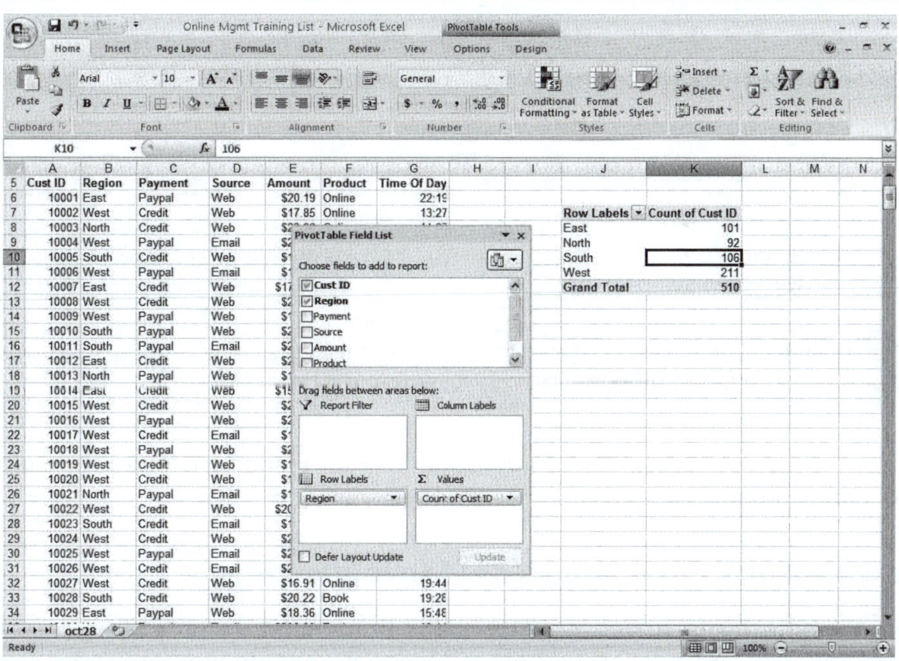

Figure 12.5 – Tableau croisé dynamique qui détermine la répartition régionale des clients.

On a utilisé Excel pour créer ce tableau croisé dynamique, grâce auquel on obtient rapidement le rapport entre les régions et le nombre de clients.

La manière dont le client a été attiré permet-elle d'établir des différences en plus de sa région d'origine ? Les clients sont attirés de deux manières : par les campagnes de mailing et par les bannières publicitaires sur Internet. La figure 12.6 vous donne en quelques secondes la réponse à cette question. Le tableau croisé dynamique montre que ce sont les bannières Web qui ont le plus incité les clients à se déplacer, et ce quelle que soit la région.

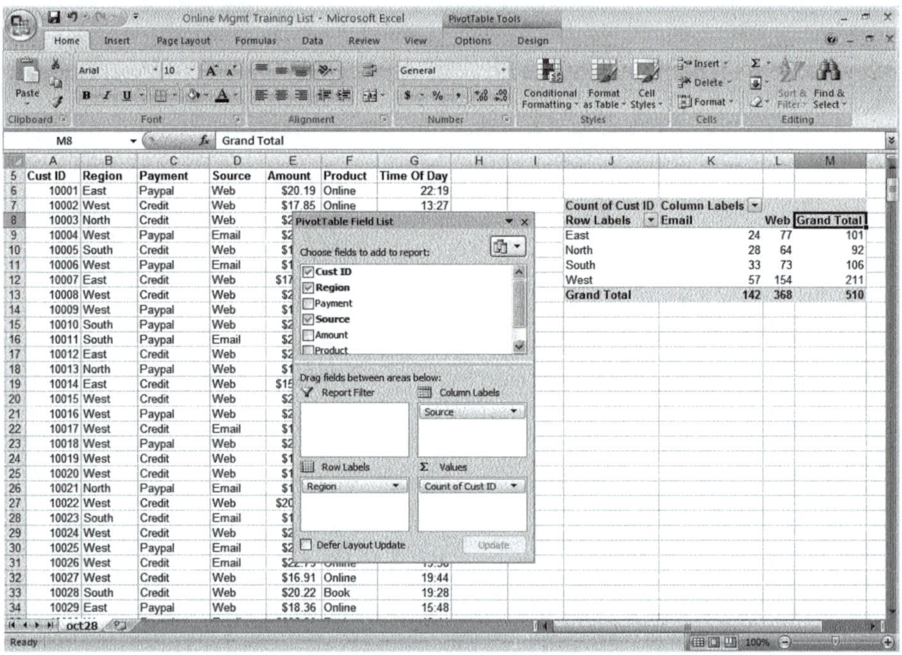

Figure 12.6 – Un tableau croisé dynamique qui s'intéresse à la distribution régionale des clients et à la source des messages publicitaires.

Ce tableau croisé dynamique permet d'étudier d'où viennent les clients (leur région) ainsi que la source du message publicitaire qui les a incités à venir. Il apparaît qu'environ 30 % des clients répondent aux campagnes de e-mailing, avec des variations selon les régions.

On peut utiliser les tableaux croisés dynamiques pour répondre à toutes les questions posées sur les données d'Online Management Training.

3.2 Visualisation des données et SI géographique

Plusieurs outils facilitent l'assimilation et l'utilisation des données : les graphiques, les tableaux, les cartes, les images numériques, les présentations en 3D, les animations et encore d'autres technologies de visualisation des données. Lorsqu'on présente les données sous forme de graphique, les outils de **visualisation des données** aident les utilisateurs à voir les schémas récurrents et les relations à l'œuvre dans un volume important de données. Ces éléments seraient difficiles à discerner si les données étaient présentées sous forme de texte. Certains outils de visualisation des données sont interactifs et permettent aux utilisateurs de manipuler les données et de voir les graphiques évoluer en fonction des changements apportés.

Les **SI géographique (ou *Geographic Information Systems*, GIS)** sont une catégorie spéciale des SIAD. Ils recourent aux technologies de visualisation des données pour les analyser et les afficher sous forme de cartes numérisées dans le cadre de la planification et de la prise de décision. Le logiciel assemble, stocke, manipule et affiche les informations référencées de manière géographique, et associe les données à des points, des lignes et des zones d'une carte. Les GIS sont dotés de fonctionnalités de modélisation. Les managers peuvent ainsi modifier les données et revoir automatiquement les scénarios imaginés pour trouver les meilleures solutions.

Les GIS facilitent la prise de décision dans les cas où il convient de tenir compte de la distribution géographique des personnes ou d'autres ressources. On peut par exemple les utiliser pour aider l'État et les régions à calculer le temps de réponse en cas de catastrophe naturelle, les chaînes de magasins à identifier de nouveaux sites sur lesquels s'implanter ou encore les banques à déterminer le meilleur emplacement pour installer de nouvelles agences ou des distributeurs automatiques de billets.

Une Caisse du Crédit Agricole modernise son *datamining*

Parmi les premières banques qui ont mis à jour leur système de *datamining*, notons le Crédit Agricole Centre France (CACF), une caisse régionale qui couvre cinq départements (Allier, Puy-de-Dôme, Corrèze, Cantal et Creuse) et compte 184 000 sociétaires.

Leader auprès des particuliers et des professionnels, le CACF dispose de 280 agences, 367 automates ainsi que de plusieurs Points Verts (système qui permet aux clients de se rendre chez un commerçant affilié pour effectuer un retrait). La solution SAS Miner mise en place en juillet 2009 répond aux besoins de six caisses régionales qui ont décidé de mutualiser leurs ressources en matière de *datamining* et de partager les bonnes pratiques. L'équipe Études marketing compte à ce jour sept personnes, dont trois *dataminers* et deux spécialistes en géomarketing. « *Mieux connaître nos clients afin de mieux les conseiller, tel est notre objectif* », explique Sébastien Confesson, responsable des études marketing au CACF. À cet effet, plus de 60 scores d'appétence tournent tous les mois afin de prédire les besoins clients. Après deux années de travaux, la bancassurance a réussi à effectuer une véritable segmentation multicanal, alors qu'auparavant, les canaux étaient simplement juxtaposés. « *Nous sommes passés ainsi du pluricanal au vrai multicanal, si bien qu'aujourd'hui nous sommes en mesure de solliciter chaque client selon son canal privilégié* », ajoute Sébastien Confesson. Concrètement, une matrice de sollicitation est créée selon le profil de chaque client. Les données de la banque, les données de connexion Internet ou certaines données issues des moyens de paiement sont mises à profit dans le strict respect de la législation en vigueur quant au croisement des fichiers. Au niveau des résultats, Sébastien Confesson estime que « *les études prédictives sont très efficaces pour les clients dont le Crédit Agricole Centre France est la banque principale* ». L'efficacité commerciale a été améliorée sensiblement par rapport à l'ancien ciblage. Pour cela, il a fallu faire entrer le *datamining* dans les mentalités, ce qui a nécessité quelque 18 mois. L'intégration de SAS Miner a permis à la banque d'être plus proche des besoins de ses clients dans un environnement multicanal. Prochains thèmes à l'étude : l'estimation

...

du phénomène du *churn* (pourcentage de clients perdus ou taux d'attrition) et la modélisation du maillage des agences et des automates. Pour Serge Boulet (directeur du marketing chez SAS), à l'instar de l'organisation retenue par le CACF, « *qui révèle une maturité certaine vis-à-vis de ces technologies* », beaucoup de banques envisagent de créer des centres avec des compétences dans les nouvelles techniques de *datamining* afin de les mettre au service des métiers du risque, du crédit et du marketing.

Source : Point B@nque, n° 72 TECHNOLOGIES, 02/2012

Matière à réflexion :

Comment la solution construite par CACF aide-t-elle les services marketing à cibler ses clients ?

Quels problèmes règle-t-elle ?

Comment procure-t-elle de la valeur à ces organisations et aux personnes qui bénéficient de leurs services ?

3.3 Systèmes Web d'aide à la décision orientés « client »

La croissance du commerce électronique a encouragé de nombreuses entreprises à développer des systèmes d'aide à la décision pour les clients qui se servent des ressources Web, ainsi que des outils d'interaction et de personnalisation qui aident les utilisateurs à choisir des produits et des services. Aujourd'hui, les clients recueillent un volume d'informations considérable provenant de sources multiples avant de se décider à acheter (une voiture ou un ordinateur par exemple) ou de se mettre en relation avec le produit ou les vendeurs. Voici un exemple : la quasi-totalité des entreprises du secteur de l'automobile utilisent des systèmes d'aide à la décision, grâce auxquels les internautes qui visitent leurs sites Web peuvent configurer la voiture qu'ils souhaitent acquérir. Les **systèmes d'aide à la décision client** (en anglais *Customer Decision-Support Systems*, CDSS) favorisent le processus décisionnel pour les clients potentiels ou déjà existants.

Avant l'achat d'un produit ou d'un service, un consommateur peut obtenir les informations nécessaires à sa prise de décision à l'aide de multiples outils : moteurs de recherche, agents intelligents, catalogues en ligne, annuaires Web, groupes de discussion, courriels, etc. Les entreprises ont créé des sites Web spécifiques où les clients disposent d'un ensemble d'informations, de modèles et d'autres outils analytiques afin d'évaluer toutes les offres possibles et de les réunir en un seul endroit.

Audi invente le *showroom* 100 % digital

Pour reconquérir une clientèle jeune, aisée et urbaine, la marque allemande ouvre des espaces de vente implantés en centre-ville. Simulations 3D, tables tactiles et écrans géants aident le visiteur à configurer le véhicule de ses rêves.

Un simple geste de la main et l'Audi R8 Spyder apparaît sur un écran : un monstre mécanique de 525 chevaux, couleur bleu Estoril, équipé de jantes de 20 pouces.

Un glissement des doigts sur la table tactile placée devant le client, et le bolide devient gris Daytona. La sellerie d'Alcantara aux nuances titane fait place à du cuir nappa rouge. Le visiteur se lève, effectue quelques pas devant le mur d'écran, et l'automobile tourne sur elle-même, la carrosserie s'estompe, laissant apparaître le moteur V10 en taille réelle. Bienvenue à l'Audi City de Londres, où le constructeur allemand réinvente sa façon de vendre. L'enjeu est de taille car la clientèle des jeunes urbains aisés se désintéresse de plus en plus de la voiture individuelle. Audi cherche à les reconquérir en multipliant les innovations numériques.

Effet saisissant

Impossible de manquer la nouvelle concession, située sur Piccadilly Street ! Pourtant, seuls deux modèles sont exposés à l'intérieur. À l'extérieur, quatre murs d'écrans illuminent la rue d'images des véhicules phares du constructeur, incitant les passants à entrer. Des hôtesses d'accueil les dirigent ensuite vers les sept tables tactiles de 32 pouces mises à leur disposition. C'est là que les futurs clients configurent dans les moindres détails l'automobile qu'ils imaginent, étape par étape. Le modèle en 3D de la voiture de leurs rêves est alors projeté sur l'un des quatre murs d'images en grandeur nature. L'effet est saisissant : la voiture semble surgir dans le *showroom*. Placé devant l'écran géant, le visiteur contrôle l'affichage de la main et fait tourner le modèle sur lui-même, de la même façon qu'il joue avec la Kinect de sa console Xbox.

Dès qu'il juge parfaite la configuration complète du véhicule, l'hôtesse la transfère sur une clé USB, par liaison sans contact, en la faisant glisser au-dessus de la table tactile. Muni de cette clé, le client part négocier le prix dans le bureau du vendeur, lui aussi équipé d'une table tactile et d'un écran géant.

Car l'Audi City n'est pas simplement une vitrine marketing, mais bel et bien un point de vente d'un nouveau genre destiné à reconquérir une clientèle urbaine et fortunée. Les concessions traditionnelles, qui ont besoin d'espace pour exposer et assurer l'après-vente, étaient jusqu'à présent installées dans les banlieues, éloignées de la cible favorite du constructeur. D'ici à 2015, la marque a donc prévu d'ouvrir une vingtaine de ces lieux *high-tech* dans les plus grandes capitales. Un deuxième vient d'ouvrir à Pékin, à quelques pas de la place Tian'anmen. La prochaine ouverture doit suivre à Berlin. Paris, Rome, Moscou et New York sont sur les rangs pour les suivantes, à mesure que des adresses prestigieuses se libéreront. Les surfaces d'exposition seront réduites. « *Il faut compter au minimum 400 mètres carrés* », précise Olivier David, directeur réseau chez Audi France. Par comparaison, la dernière concession Audi construite en France, à Vélizy-Villacoublay, présente une surface d'exposition de 2 500 mètres carrés et à peu près autant en bureaux et ateliers.

L'investissement est significatif. Malgré tout, les sites d'exception visés par le constructeur sont onéreux (plus de 9 500 euros par an le mètre carré sur les Champs-Élysées, par exemple). Si le coût de l'espace londonien reste secret, on admet chez Audi un investissement significativement plus élevé que celui d'une concession traditionnelle. Mais c'est le prix à payer pour renouveler l'expérience vécue par le client et résoudre le problème de l'explosion du nombre de modèles dans la gamme du constructeur. Audi, qui ne commercialisait que 23 véhicules en 2007, en proposera 42 d'ici à 2015.

...

Il s'agit d'une tendance de fond du secteur, qui se double d'une volonté accrue, chez les acheteurs de modèles haut de gamme, de personnaliser à outrance leur future automobile. Même une grande concession ne peut plus présenter tous les modèles ni montrer toutes les options. Seul un logiciel est capable de simuler les millions de configurations possibles.

L'Audi City est le premier format de magasin à placer le configurateur 3D comme élément central du parcours d'achat, et le succès est au rendez-vous. « *Les modèles choisis au moyen de ces dispositifs sont bien plus élaborés qu'autrefois. Le panier moyen est donc plus élevé que celui réalisé dans les concessions traditionnelles* », confie Olivier David. Non seulement les voitures sont plus chères, mais elles se vendent en plus grand nombre ! L'Audi City affiche des chiffres supérieurs de 58 % à ceux d'une concession classique, et attire en moyenne 1 000 visiteurs chaque semaine. L'objectif numéro un, séduire de nouveaux acheteurs, est atteint : 94 % des particuliers conquis à Piccadilly Street acquièrent pour la première fois une Audi.

Garder le contact

Si la réalité virtuelle séduit ce public haut de gamme, un autre élément d'Audi City joue un rôle essentiel : l'Audi Key. « *La clé USB maintient le contact avec le client,* explique Olivier David. *Quand la vente est conclue, elle transmet l'information à notre système informatique, et un bon de commande numérique est édité.* » Si le visiteur reporte l'achat, il a la possibilité, grâce à sa clé, d'accéder à sa configuration sur le site Web d'Audi et de la retoucher chez lui. Les coordonnées du prospect sont envoyées dans le système de relation client du constructeur. Il recevra donc des invitations aux événements culturels et sportifs organisés par la marque dans l'Audi City. Et s'il veut commander chez un concessionnaire « à l'ancienne », il lui suffit de confier sa clé au vendeur qui retrouvera la voiture et générera l'ordre de fabrication adéquat.

En dévoilant son Audi City de Londres peu avant les jeux Olympiques de 2012, la marque a pris ses concurrents de court. Seul l'Américain Tesla, un spécialiste des modèles électriques sportifs né en 2003, a opté pour une démarche de distribution comparable. Pour vendre sa Tesla S, il privilégie lui aussi les petites surfaces dans des endroits très passants, voire des centres commerciaux. Mais pour susciter le coup de foudre, cela ne vaut pas les écrans géants du spécialiste allemand du moteur à explosion.

Lancé en avril 2012, le projet s'est achevé en juillet, au moment de l'ouverture des JO de Londres.

Source : *01 Business*, 03/2013

Matière à réflexion :

En quoi la solution proposée par Audi à ses clients contribue-t-elle à conquérir et à fidéliser les clients ?

Quels problèmes règle-t-elle ?

Comment procure-t-elle de la valeur aux personnes qui bénéficient de ses services ?

3.4 Systèmes d'aide à la décision en groupe

Les systèmes d'aide à la décision que nous venons de présenter s'intéressent principalement à la prise de décision individuelle. Dans les entreprises, une grande partie du travail est pourtant accomplie en groupe. Des systèmes d'aide à la décision spécifiques aux groupes ont donc été créés pour assister les groupes et les entreprises dans le processus décisionnel.

Un système d'aide à la décision en groupe est un système informatique interactif qui facilite la recherche de solutions aux problèmes non structurés par un ensemble de décideurs travaillant en équipe, qu'ils soient au même endroit ou sur des sites différents. L'informatique de groupe (*groupware*) et les outils Web permettant d'organiser des vidéoconférences ou des réunions virtuelles, décrits précédemment (voir sections 2.5 et 2.8), favorisent certains processus décisionnels de groupe. Ils s'orientent principalement vers la communication. Ces systèmes fournissent toutefois des outils et des technologies spécialement étudiés pour la prise de décision en groupe.

Les réunions, facilitées par les systèmes d'aide à la décision en groupe, se déroulent dans des salles de conférence équipées de matériel et de logiciels adaptés à la prise de décision. L'équipement consiste en un ordinateur et un équipement informatique, des rétroprojecteurs et des écrans de projection. Certains logiciels conçus pour les réunions virtuelles permettent de rassembler, de compléter, de trier, de modifier et de stocker les idées proposées lors d'une réunion décisionnelle. Les systèmes d'aide à la décision en groupe les plus élaborés impliquent un facilitateur professionnel et du personnel d'assistance. Le facilitateur choisit les outils logiciels et contribue à l'organisation et à la conduite de la réunion.

Dans les SIAD de groupe les plus sophistiqués, chaque participant reçoit un ordinateur de bureau auquel lui seul a accès. Aucun participant ne peut voir ce que les autres font sur leurs ordinateurs tant que tout le monde n'est pas prêt à partager les informations. Les données sont transmises par réseau vers un serveur central qui stocke les informations générées au cours de la réunion et les rend accessibles à l'ensemble du réseau. On peut également projeter les données sur un grand écran dans la salle de réunion.

Les SIAD de groupe permettent d'organiser des réunions de plus grande envergure tout en augmentant la productivité, puisque les participants contribuent simultanément plutôt qu'un par un. Ils encouragent également une atmosphère propice à la collaboration en garantissant l'anonymat des propositions. Les participants sont à l'abri des critiques personnelles et jugent les idées en elles-mêmes, sans qu'elles ne soient rejetées à cause de la personne qui les a formulées. Les logiciels de SIAD de groupe respectent des méthodes structurées d'organisation et d'évaluation des données et archivent les résultats des réunions. Les personnes n'ayant pas pu y assister peuvent ainsi retrouver les informations utiles après la réunion. L'efficacité des SIAD de groupe dépend de la nature des problèmes et du groupe, mais aussi de la manière dont la réunion est planifiée et de son déroulement.

Les SIAD peuvent améliorer l'efficacité des réunions en fournissant des outils qui facilitent, d'une part, la planification, la création, l'organisation et l'évaluation d'idées et, d'autre part, l'établissement de priorités et la documentation des procès-verbaux.

Les spécialistes ont cerné au moins trois composantes fondamentales d'un SIAD : le matériel (mobilier, équipement audiovisuel, etc.), les outils logiciels et le personnel.

Certains outils logiciels de SIAD proposent un soutien aux réunions où tous les participants sont dans la même pièce, mais aussi à celles en réseau, où les participants se trouvent dans des endroits différents. Les outils logiciels de SIAD comprennent :

- des questionnaires électroniques, qui aident les organisateurs à planifier la réunion en cernant les questions à l'ordre du jour et en s'assurant que l'information essentielle à la planification n'est pas omise ;
- des outils électroniques de *brainstorming*, qui permettent aux participants de communiquer leurs idées sur les sujets de la réunion de manière simultanée et anonyme ;
- des classeurs d'idées, pour l'intégration et la synthèse structurées des idées proposées durant les *brainstormings* ;
- des outils de questionnaire, pour soutenir les animateurs et les chefs du groupe lors de la collecte des informations, avant et pendant l'établissement des priorités ;
- des outils pour voter et établir les priorités, qui proposent plusieurs méthodes : du simple vote en passant par la hiérarchisation, jusqu'à une gamme de techniques de pondération pour sérier les priorités ou passer au vote ;
- des outils pour le repérage des parties prenantes et pour l'analyse de leur rôle, qui utilisent des approches structurées afin d'évaluer les conséquences d'une nouvelle proposition sur l'organisation, de repérer les parties prenantes et de déterminer leur rôle dans le projet proposé ;
- des outils d'élaboration de politiques, pour fournir un support structuré à la formulation des énoncés de politique ;
- des dictionnaires de groupe, qui documentent les ententes conclues au sein d'un groupe quant aux définitions des mots et des termes qui portent sur le projet.

4 Systèmes d'information pour dirigeants et tableau de bord prospectif

Les SI pour dirigeants, présentés au chapitre 2, ont été conçus pour aider les managers à se concentrer sur les indicateurs stratégiques de la performance. Ils ont un impact sur la rentabilité d'ensemble et le succès de l'entreprise. Leur développement se fait en deux temps. Il faut commencer par mettre au point une méthodologie pour comprendre exactement ce que sont les indicateurs stratégiques de la performance d'une entreprise. Ensuite, il faut créer des systèmes capables de transmettre ces informations aux personnes concernées dans les meilleurs délais.

La méthode la plus répandue actuellement pour comprendre quels sont les indicateurs stratégiques utiles aux dirigeants d'entreprises est le **tableau de bord prospectif**, également appelé ***balanced scorecards method*** (Kaplan et Norton, 1992 ; 2004). Il s'agit d'un cadre dans lequel le plan stratégique d'une entreprise est traduit de manière opérationnelle. L'accent est mis sur les résultats quantifiables pour quatre piliers de la performance : finances ; processus métier ; clients ; apprentissage et croissance (voir figure 12.7). On mesure les performances dans chacun de ces modules à l'aide d'**indicateurs de performance clés** (en anglais ***Key Performance Indicators*, KPI**) établis par les cadres supérieurs pour comprendre si l'entreprise obtient de bons résultats dans tous les domaines. Le délai moyen de livraison est par exemple un des indicateurs de performance clés permettant de savoir si une entreprise de vente en ligne remplit bien ses objectifs de performance clients. Si votre entreprise est une banque, un des KPI peut être le temps nécessaire pour réaliser une opération courante du type ouverture d'un nouveau compte client.

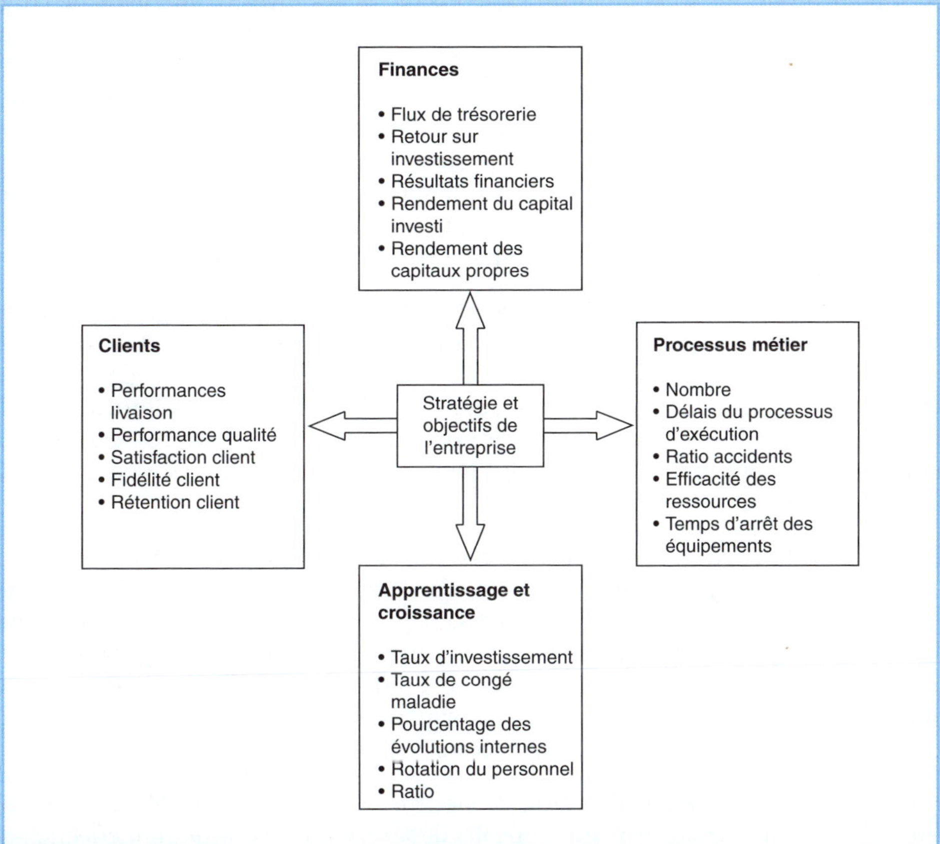

Figure 12.7 – Tableau de bord prospectif.

Dans le tableau de bord prospectif, les objectifs stratégiques de l'entreprise sont traduits de manière opérationnelle pour quatre modules : finances ; processus métier ; clients ; apprentissage et croissance. Chaque module est évalué à l'aide de plusieurs indicateurs de performance clés (KPI).

Source : auteurs.

Le tableau de bord prospectif est équilibré car il amène les managers à ne pas limiter leur jugement aux seuls résultats financiers. De ce point de vue, les performances financières sont perçues comme appartenant au passé (elles sont le résultat d'actions révolues) et les managers doivent prêter attention aux éléments sur lesquels ils peuvent exercer une influence au moment présent (l'efficacité des processus métier, la satisfaction des clients et la formation des employés par exemple).

Une fois que les cadres supérieurs et les consultants ont mis au point le tableau de bord, la prochaine étape consiste à diriger automatiquement le flux d'informations qui va parvenir aux cadres et aux autres managers pour chacun des indicateurs clés de performance. Plusieurs centaines de logiciels offrent ce type de fonctionnalités, que nous allons décrire plus loin. Une fois mis en œuvre, on appelle cet ensemble « SI des dirigeants ».

4.1 Rôle des SI pour dirigeants dans l'entreprise

Les SI pour dirigeants sont aujourd'hui accessibles à des niveaux inférieurs de l'organigramme. Cadres et employés peuvent donc accéder aux mêmes données de la même manière. Les MIS actuels contournent le problème de surcharge des données en offrant la possibilité de les filtrer ou de les visualiser sous forme de graphique ou de tableau. Ces systèmes permettent d'accéder aux données par le biais du **mode requête**. L'utilisateur peut ainsi consulter une information de portée générale avant de passer à des niveaux de détail de plus en plus précis. Cette fonctionnalité est utile non seulement aux cadres supérieurs, mais également aux employés qui ont besoin d'analyser des données. Les outils OLAP conçus pour l'analyse de grandes bases de données offrent cette fonction.

Le principal défi dans l'élaboration des SI pour dirigeants a été d'intégrer des données issues de systèmes conçus pour différents besoins, de sorte que les cadres supérieurs revoient la performance de l'organisation du point de vue du pilotage global de l'entreprise. La majorité des MIS s'appuie aujourd'hui sur les données fournies par les applications déjà utilisées dans l'entreprise (planification des ressources, gestion de la chaîne logistique et gestion de la relation client) plutôt que sur des systèmes et des flux d'information flambant neufs.

Les tableaux de bord prospectifs s'intéressent aux mesures de la performance en interne. Les cadres ont néanmoins besoin d'un vaste ensemble de données externes. Il peut s'agir des cotes de la Bourse en passant par l'information sur la concurrence, jusqu'aux tendances industrielles et aux mesures législatives en préparation. Pour de nombreux cadres, les MIS ouvrent les portes des agences de presse, des bases de données des marchés financiers, des informations économiques et de toutes les autres données publiques qui leur sont nécessaires.

Les MIS actuels comprennent des outils de modélisation et d'analyse. Même peu expérimentés, la plupart des managers sont capables de se servir de ces outils pour effectuer des comparaisons graphiques des données en fonction de la date, de la région, du produit, de la gamme de prix, etc. (Les SIAD utilisent principalement ces outils pour la modélisation et l'analyse dans un contexte décisionnel assez peu étendu, tandis que les MIS y recourent essentiellement pour obtenir des informations de statut sur les performances organisationnelles.)

Dans une grande entreprise qui comptait des centaines, voire des milliers de systèmes incompatibles, il était difficile de réunir de façon fiable et rapide cette information pour qu'elle prenne sens. Aujourd'hui, les ERP correctement configurés et dont la mise en œuvre est réussie peuvent procurer aux managers une information opportune, détaillée et précise sur toute l'entreprise. Les MIS construits sur ce type de données sont comparables à des extensions logiques de la fonctionnalité intégratrice et consolidatrice des ERP.

Les données externes, y compris celles sur le Web, sont désormais beaucoup plus accessibles dans un grand nombre de MIS.

Ces derniers utilisent par ailleurs souvent Excel parmi la panoplie d'outils d'analyse, mais de nombreux dirigeants ignorent les potentiels d'autres outils intégrés [comme *Business Warehouse* (BW) pour SAP] ou directement combinables avec les SIG [comme *Business Objects* (BO)].

L'avantage le plus flagrant des MIS réside dans leur capacité à analyser, à comparer et à mettre en exergue des tendances, notamment en recourant aux possibilités graphiques. Autrefois, les cadres ne pouvaient obtenir cette même information qu'en demandant à leur personnel d'y consacrer plusieurs jours, voire plusieurs semaines de travail.

Les cadres utilisent des MIS pour surveiller plus efficacement la performance dans leurs périmètres respectifs de responsabilité. Certains recourent à ces systèmes pour examiner des indicateurs de performance clés dont le regroupement s'appelle « tableau de bord ». La pertinence et la disponibilité des données leur permettent de décider rapidement des mesures à prendre. Les problèmes peuvent donc être abordés avant qu'ils ne deviennent trop préjudiciables. Il est également possible de repérer plus rapidement les occasions. Ces systèmes peuvent alors aider les entreprises à être stratégiquement plus pointues et réactives.

Ainsi, le gouvernement français a mis en place, dans le cadre du « Plan hôpital 2007-2012 », une mission nationale (Mission nationale d'Appui à l'Investissement Hospitalier, MAINH) qui s'est dotée d'un MIS afin de permettre un suivi très réactif des investissements qui, dans chaque région de France, bénéficient de l'aide financière additionnelle octroyée dans le cadre du plan. Ce dispositif est accessible *via* un extranet pour que les différents acteurs en charge des décisions locales, régionales et nationales partagent les données décisionnelles (source : **www.mainh.sante.gouv.fr**). Outre ce suivi, le MIS permet un positionnement relatif de chaque investissement dans sa catégorie par rapport à ce qui se fait dans les autres régions. Cette partie du dispositif décisionnel se nomme l'« Observatoire des coûts » et son objectif vise à favoriser l'optimisation financière des projets d'investissements hospitaliers grâce à la comparaison et au partage des indicateurs aux différents niveaux de décision.

Les SI pour dirigeants ont un impact sur le fonctionnement des organisations. L'accès immédiat à un si grand nombre de données et d'indicateurs *ad hoc* permet aux dirigeants de mieux surveiller les activités de leurs équipes.

Pour illustrer les différentes manières dont les MIS peuvent améliorer la prise de décision des gestionnaires, décrivons à présent les principaux types d'applications MIS conçus pour effectuer la BI et surveiller la performance de l'entreprise, incluant les MIS fondés sur les ERP.

Par le passé, les entreprises mesuraient habituellement leur valeur au moyen de paramètres financiers, comme le ROI. Aujourd'hui, bon nombre d'entreprises utilisent un modèle dit « ***balanced scorecard*** », qui complète les mesures financières traditionnelles avec des mesures provenant d'autres sources, comme les clients, les processus d'affaires internes, l'apprentissage et la croissance.

Les fournisseurs d'ERP offrent des fonctions qui accroissent l'utilité des données extraites des systèmes opérationnels en vue de fournir aux dirigeants un aperçu de la performance générale de l'entreprise. Par exemple, le SAP offre un *module mySAP Strategic Enterprise Management* exploitable sur le Web, qui comprend des indicateurs de la performance de l'entreprise, une fonction de simulations et des outils de planification. Les gestionnaires peuvent modéliser et communiquer des indicateurs clés de la performance pour *balanced scorecard*. Un autre outil de mesure, appelé « *Management Cockpit* », permet de surveiller les indicateurs stratégiques de la performance au moyen de points de référence internes et externes.

Les entreprises peuvent utiliser ces nouvelles fonctions de rapport d'entreprise pour créer des mesures de leur performance qui étaient auparavant indisponibles, dont la **comptabilité par activités**. Il s'agit d'un modèle de budgétisation et d'analyse qui définit l'ensemble des ressources, des processus et des coûts, y compris les frais généraux et les frais d'exploitation, nécessaires à la mise au point d'un produit ou d'un service précis. Elle est plus axée sur la détermination des activités de l'entreprise qui créent des coûts que sur le suivi des dépenses. Elle permet aux gestionnaires de définir les produits et les services (ou les clients) rentables et ceux qui ne le sont pas, afin de décider des changements nécessaires pour maximiser la rentabilité de l'entreprise. Au lieu de produire des rapports en termes de produits et de revenu, le système peut se concentrer sur les marges sur coût direct et les comptes clients. Une des limites de cette comptabilité par activités est, dans le cas d'entreprises ayant un portefeuille d'activités multiples et complémentaires, de favoriser des analyses plus parcellaires que systémiques et globales des causalités et des effets.

4.2 Valeur économique et commerciale des MIS

L'avantage le plus flagrant des MIS réside dans leur capacité à s'adapter, à analyser, à comparer et à mettre en exergue des tendances. Les cadres utilisent les MIS pour surveiller les indicateurs de performance clés de toute l'entreprise et pour mesurer ses performances lorsque des changements interviennent dans l'environnement extérieur. La pertinence et la disponibilité des données les aident à décider rapidement des mesures à prendre. Les problèmes peuvent donc être abordés avant qu'ils ne deviennent trop préjudiciables, et les opportunités être identifiées plus tôt. Ces systèmes peuvent par conséquent aider les entreprises à être stratégiquement plus pointues et réactives.

Lorsqu'ils sont bien conçus, les SI pour dirigeants ont un impact sur les performances et leur permettent d'étendre leur contrôle. Grâce à l'accès immédiat à un si grand nombre de données, les dirigeants sont capables de mieux surveiller les activités de leurs équipes. C'est ce rôle de surveillance qui contribue justement à décentraliser la prise de décision, de sorte qu'elle puisse s'effectuer à des niveaux inférieurs. Les cadres sont le plus souvent enclins à laisser la prise de décision à leur personnel, du moment qu'ils sont sûrs que tout se passe bien. Par ailleurs, les MIS fondés sur les données communes à toute l'entreprise augmentent potentiellement la centralisation du management. Les cadres supérieurs peuvent ainsi surveiller les performances de l'ensemble du personnel à l'aide de tableaux de bord numériques et de tableaux de bord prospectifs (*balanced scorecard*) et prendre des mesures nécessaires en cas de changement.

On peut configurer les MIS pour qu'ils fournissent aux cadres supérieurs des bilans et des rapports sur les indicateurs clés de la performance sous la forme d'un tableau de bord numérique. Ce dernier affiche sur un seul écran toutes les mesures essentielles pour diriger une entreprise, comme le tableau de bord d'un poste de pilotage ou d'une automobile. Le tableau de bord présente les indicateurs clés de la performance sous la forme de graphiques et de diagrammes dans un format de navigateur Web, procurant un aperçu synthétique et significatif qui contient les mesures essentielles pour prendre d'importantes décisions. Le cas de Lidl (voir encadré ci-dessous) illustre l'utilisation de tableaux de bord.

Lidl monte un entrepôt... de données

L'éditeur de logiciel Teradata vient d'annoncer que Lidl va optimiser son entrepôt de données d'entreprise grâce aux nouvelles technologies Teradata, notamment Teradata Virtual Storage (TVS) et Teradata Database 13.1.

L'amélioration de sa plateforme analytique permettra à l'enseigne d'analyser plus efficacement des volumes considérables de données et fournira plus rapidement des perspectives révélatrices à plusieurs milliers d'utilisateurs. « *Ces éclairages permettront au spécialiste de la vente au détail de prendre les meilleures décisions possible pour continuer à améliorer la croissance, la satisfaction de la clientèle et l'expérience client dans l'ensemble de ses canaux de distribution* », assure Teradata. (*LSA*, 01/2013)

4.3 DU SIG au SIAD

Comment ces tendances ont-elles influé sur les systèmes destinés à la prise de décision ? Comment les systèmes d'aide à la décision peuvent-ils aider les entreprises ? Étudions le fonctionnement de chaque type de système d'aide à la décision et les bénéfices qu'il procure à l'entreprise.

Différences entre SIG et SIAD

Les SIG fournissent de l'information sur la performance de l'entreprise pour aider les gestionnaires à surveiller et à contrôler l'organisation. En général, ils émettent régulièrement des rapports fixes fondés sur des données issues des STT de l'entreprise. Le format de ces rapports est souvent précisé à l'avance. Un rapport SIG type peut présenter un résumé des ventes mensuelles pour chaque territoire de ventes d'une entreprise. Parfois, les rapports SIG sont des rapports d'exceptions qui soulignent des situations exceptionnelles, comme lorsque le quota de ventes d'un territoire particulier tombe sous le seuil minimum envisagé ou que les commerciaux d'un secteur particulier ont excédé leurs limites de dépenses de frais de déplacement sur une période donnée. Par le passé, un SIG conventionnel produisait des rapports imprimés. Aujourd'hui, ces rapports sont disponibles en ligne sur un intranet et on peut en produire davantage sur demande. Les systèmes d'aide à la décision facilitent la prise de décision de diverses façons. Le SIG traite surtout des problèmes structurés, tandis que le SIAD permet des analyses de problèmes semi-structurés et non structurés. Un SIG fournit aux gestionnaires des rapports fondés sur des flux de données de routine et les aide à assurer le contrôle général de l'entreprise. Par contraste, un SIAD promeut le changement, la souplesse et une réponse rapide.

Cherchant moins à relier les utilisateurs à des flux d'information structurée, il favorise d'autant plus les modèles, les hypothèses et les interrogations ponctuelles, ainsi que les graphiques d'affichage.

TNT fait évoluer son système décisionnel

Selon Hervé Cohen, directeur marketing du transporteur TNT, le système décisionnel de TNT étend ses usages et ses fonctionnalités : « *historiquement bâti sur un entrepôt de données exploité par Cognos, notre décisionnel évolue avec Qlikview vers trois directions. Jusque-là réservé au service d'étude marketing et au top management, il s'ouvre maintenant à l'ensemble des commerciaux, qui, pour expliquer leurs indicateurs, naviguent dans les données selon les axes de leur choix. Autre point : ces données sont beaucoup plus détaillées, notre* reporting *étant passé de sept régions à 120 territoires. Nos analyses décisionnelles étaient cantonnées au seul "réalisé", stocké dans le* datawarehouse. *Elles associent désormais le budget et les objectifs. Pour cela, Qlikview parvient à réconcilier à la volée ces trois familles d'informations. Pour autant, pas question de délaisser notre entrepôt de données, ni Cognos, car ils centralisent des règles de gestion et de sémantique communes à toute l'entreprise et permettent de maintenir la cohérence du système décisionnel existant* ». (*01Business*, 12/2012)

Types de systèmes d'aide à la décision

Les premiers SIAD puisaient les données à partir de fichiers associés à une application. De récents progrès en matière de traitement informatique et de bases de données ont élargi la définition des SIAD, qui comprend désormais des systèmes qui aident à la prise de décision grâce à l'analyse de vastes quantités de données, y compris des données provenant des ERP et d'autres de transactions issues du Web.

Les systèmes d'aide à la décision se répartissent en deux catégories : ceux guidés par les modèles et ceux guidés par les données (Dhar et Stein, 1997). Les premiers SIAD, élaborés dans les années 1970 et 1980, étaient guidés par un modèle. Les **SIAD guidés par un modèle** étaient habituellement des systèmes autonomes, séparés des principaux SI de l'organisation, qui utilisaient une certaine catégorie de modèles pour effectuer des analyses d'hypothèses de type « SI … ALORS », ainsi que d'autres sortes d'analyses. Ils étaient souvent mis au point par des divisions ou des groupes d'utilisateurs finaux qui fonctionnaient indépendamment du service des SI. Leurs fonctionnalités d'analyse étaient fondées sur une théorie ou un modèle solide, combiné avec une interface utilisateur appropriée, ce qui rendait le modèle facile à utiliser.

Le second type de SIAD est le **SIAD guidé par les données**, qui analyse les grandes quantités de données présentes dans les principaux systèmes organisationnels. Il facilite la prise de décision en permettant aux utilisateurs d'extraire des informations utiles enfouies dans ces quantités massives de données. Généralement, les *datawarehouses* contiennent les données des STT. Pour les analyser, on peut utiliser le traitement analytique en ligne et le *datamining*. Les entreprises commencent également à construire des SIAD guidés par les données pour explorer en profondeur les données sur les clients recueillies depuis leur site Web et celles qui proviennent des systèmes internes de l'entreprise.

Les interrogations de bases de données traditionnelles répondent à des questions du type « Combien d'unités du produit n° 403 a-t-on livrées en avril 2013 ? » Le traitement analytique en ligne ou l'analyse multidimensionnelle prend en charge des demandes d'informations beaucoup plus complexes, comme « Comparez les ventes du produit n° 403 par rapport au plan établi par semestre et par région au cours des deux dernières années, en tenant compte d'un taux d'inflation national de 1,80 % et d'un taux de change euro/dollar de 1,18. » Nous avons décrit le traitement analytique en ligne et l'analyse multidimensionnelle au chapitre 6. Dans le cas du traitement analytique en ligne et de l'analyse des données par requête, les utilisateurs doivent avoir une idée relativement précise de l'information qu'ils recherchent.

Les SIAD les plus récents tendent à permettre la combinaison des deux catégories de caractéristiques. Des algorithmes et des formules de traitement simples ou sophistiqués sont appliqués sur des ensembles de données qui proviennent de sources internes (SIG) ou externes. Le couplage « ***datamining*** + ***datawarehouse*** » va dans le sens de cette combinaison (voir plus loin l'exemple du laboratoire CEVA). Le ***datamining*** aide surtout à découvrir des informations. Il donne un aperçu des données d'entreprise que l'on ne peut obtenir par le seul traitement analytique en ligne, en trouvant des relations et des modèles dissimulés dans de grandes bases de données et en inférant des règles à partir de ceux-ci pour prédire des comportements futurs. Les modèles et les règles peuvent ensuite servir à guider la prise de décision et à prévoir l'effet des décisions prises. Les types d'informations que l'on peut produire à partir du *datamining* comprennent des associations, des séquences, des classifications, des segments et des prévisions.

Les **associations** sont des occurrences reliées à un seul événement. Par exemple, une étude des structures de consommation dans un supermarché peut révéler que, lorsqu'une personne achète des céréales, elle achète aussi des boissons non alcoolisées, dans 65 % des cas. Lors d'une promotion, le consommateur achètera cependant des boissons non alcoolisées dans 85 % des cas. Avec ces données, les gestionnaires peuvent prendre des décisions plus éclairées car ils sont capables d'évaluer le degré d'efficacité d'une promotion.

Dans le cas des **séquences**, les événements sont reliés dans le temps. Par exemple, on peut observer que si une personne achète une maison, elle achètera aussi, dans 65 % des cas, un nouveau réfrigérateur au cours des deux semaines suivant l'achat et, dans 45 % des cas, un four au cours du mois suivant.

La **classification** permet de reconnaître les structures qui décrivent le groupe auquel appartient un élément, en examinant les éléments présents, qui ont été classés, et en inférant un ensemble de règles. Par exemple, les entreprises telles que les sociétés émettrices de cartes de crédit ou les entreprises de téléphonie craignent souvent de perdre leurs clients fidèles. La classification peut les aider à découvrir les caractéristiques des clients susceptibles de quitter l'entreprise et leur fournir ensuite un modèle qui aidera les gestionnaires à repérer ces clients, afin d'élaborer des campagnes spécifiques visant à les conserver.

Les **segments** fonctionnent comme la classification, avant toute définition de groupe. Un outil de *datamining* permettra de découvrir différents regroupements dans les données, comme le découpage de la base de données en groupes de clients en fonction de données démographiques et des types de placements personnels.

Bien que ces applications comprennent des modèles de prévision, la **prévision**, en tant que telle, fonctionne différemment. Elle se sert d'un ensemble de valeurs existantes pour prévoir les autres valeurs. Par exemple, la prévision permet de trouver des structures dans les données pour aider les gestionnaires à estimer la valeur future de variables continues, comme le chiffre d'affaires.

Le *datamining* utilise des outils d'analyse statistique, la logique floue, des bases de règles ou d'autres techniques d'intelligence artificielle (voir chapitre 11).

Il s'agit d'un aspect important de la **découverte d'information**, qui comprend la sélection, la préparation et l'interprétation du contenu de grandes bases de données en vue d'identifier des modèles inédits et pertinents dans les données.

Valeur des SIAD pour l'entreprise

Les SIAD peuvent soutenir la prise de décision de diverses manières. Le tableau 12.4 fournit des exemples d'entreprises connues qui utilisent des SIAD. Les SIAD peuvent aussi exploiter les fonctions interactives du Web pour fournir des outils d'aide à la décision aux employés et aux clients.

Tableau 12.4 : Exemples de SIAD

Organisation	Applications de SIAD
Caisse d'Épargne	Localisation des guichets automatiques bancaires
SAPRR (société d'autoroutes)	Analyse de l'évolution du trafic pour faire évoluer les infrastructures
AXA-RE	Localisation et évaluation des risques (clients, pays, etc.)
Décathlon	Stimulation des équipes de vente par communication d'indicateurs opérationnels quotidiens
Centres E.Leclerc	Analyse des comportements clients pour ciblage des actions de marketing personnalisé

Pour illustrer la gamme des fonctions d'un SIAD, l'encadré ci-après décrit certaines applications SIAD réussies. Le système du laboratoire Ceva combine système décisionnel et CRM pour mieux préparer les rendez-vous clients.

Le laboratoire Ceva expérimente une plateforme conçue pour tablette

Un chien allongé sous les jambes de son maître de chaque côté, le visiteur médical, un iPad sur les genoux, prépare son entretien avec le vétérinaire. Pas d'Internet dans la salle d'attente, ni de connexion 3G... Peu importe, la fiche client du docteur, ainsi que l'historique de ses ventes, sont stockés « en dur » sur la tablette. La visite achevée, dans sa voiture, le commercial saisit son compte rendu, rentrant dans l'application mobile ses commentaires, ainsi que les références des médicaments commandés par le praticien. Une fois connecté au réseau, l'iPad envoie ces données transactionnelles au système central de gestion de clientèle.

Ce scénario, qui mêle décisionnel, gestion de la relation client (CRM) et mobilité, est en cours d'expérimentation en France et aux États-Unis, chez Ceva, spécialiste français de la recherche pharmaceutique vétérinaire. Il a ceci de particulier qu'il illustre parfaitement les attentes des futures flottes de commerciaux équipés de tablettes : quel que soit leur secteur, ils auront besoin de jongler entre la consultation de données et la prise de commandes, tout en alternant les modes en ligne et hors ligne.

Comment ce laboratoire est-il devenu le précurseur de la *Business Intelligence* (BI) mobile ? Presque par hasard... Mi-2010, lorsqu'il retient Microstrategy pour refondre son système décisionnel devenu obsolète, il ne pense pas encore à cette utilisation nomade. « *C'est avant tout pour sa capacité à modéliser les données et à centraliser la politique de sécurité que nous avons acquis cette plateforme*, se remémore François Tricot, le DSI de Ceva. *Dans un second temps, seulement, nous nous sommes penchés sur les fonctions avancées qu'elle offrait en ce qui concerne le développement d'applications mobiles.* » À l'époque, les commerciaux de la société exploitent Quickbase d'Intuit, solution de CRM 100 % Web, accessible en ligne *via* une adresse publique, comme toutes les applications de Ceva. Mais lorsqu'ils n'ont plus de réseau, notamment en visite, les informations de cette plateforme leur deviennent inaccessibles. L'idée a alors germé de développer, avec Microstrategy, une application iPad mixte reprenant non seulement les principaux rapports décisionnels (ventes par produit et par client), mais aussi les processus de CRM qui exigent une consultation hors ligne, un mode que sait gérer Microstrategy. Il était nécessaire de disposer de la liste des contacts, de la description des clients, de l'historique de leur activité, de la planification de leur visite et, plus original, du volet transactionnel, c'est-à-dire de la capacité à écrire dans une base de données (celle de la solution de gestion de relation client) pour envoyer des ordres de commande.

Cette plateforme, mise au point dans l'environnement de développement de Microstrategy, propose une déclinaison spécifique pour l'iPad. Elle est donc adaptée à ses dimensions et à ses caractéristiques tactiles. « *Cet atelier permet, entre autres, de modéliser avec la souris les interactions entre les éléments. Ainsi, lorsque l'utilisateur posera son doigt sur une colonne pour sélectionner une gamme de produits, tous les rapports de la page liés à ces produits se mettront à jour* », précise François Tricot. Notons que l'application mobile puise ses données dans un *datawarehouse* lui-même alimenté par l'ERP (pour les ventes) et le CRM (pour les données clients).

Depuis juillet 2012, une version pilote est testée aux États-Unis. Les équipes de Ceva renouvellent leurs outils d'aide à la vente et passent progressivement de Salesforce.com à la solution CRM mobile. « *À terme, la moitié de nos visiteurs seront équipés d'iPad car nous ne visons que ceux ayant véritablement besoin d'une expérience hors ligne.* » Reste à connaître les réels bénéfices de cette configuration mobile par rapport à un simple PC portable. François Tricot n'a pas besoin de plus de recul pour avoir un avis tranché : « *Quelques délégués médicaux utilisent la solution CRM en mode client sur leur ordinateur portable. Mais jamais ils ne l'exploitent en clientèle. Les machines sont trop longues à démarrer, trop encombrantes dans une salle d'attente et, de plus, elles souffrent d'une faible autonomie.* » (*01Business*, 11/2012)

5 Nouvelles possibilités

Les SIAD sont conçus pour traiter une dimension très particulière du management des organisations : les choix opérationnels et stratégiques qu'effectuent les différents acteurs en situation d'incertitude plus ou moins intense.

5.1 Opportunités

Les SIAD contiennent des opportunités intéressantes pour améliorer la précision, l'exactitude et la rapidité des décisions que prennent les managers et les employés.

5.2 Défis

Le défi est classique : il faut transformer ces potentialités en contributions réelles et tangibles. Plus l'importance de l'information non structurée et de son caractère inédit dans un processus décisionnel augmente, moins il est aisé à comprendre. Les systèmes conçus pour favoriser la qualité de la prise de décision entraînent les défis suivants :

- La création de systèmes qui peuvent combler les exigences en matière d'information des managers. Bien qu'un SI contribue à traiter un problème, le manager ne comprend pas toujours entièrement ses propres besoins réels d'information. Par exemple, certains cadres supérieurs ne s'entendent pas entre eux sur les facteurs critiques de succès de l'entreprise, ou les facteurs de succès qu'ils ont définis sont inappropriés ou dépassés, l'entreprise traversant une crise qui nécessite un changement stratégique majeur.
- La modification de la façon de penser des gestionnaires pour mieux utiliser les systèmes d'aide à la décision. Grâce aux ERP et aux *datawarehouses*, il est plus facile de fournir aux SIAD des données issues de différents systèmes internes et externes. Le principal défi consiste à changer la façon de penser et de travailler des managers pour qu'ils utilisent les données disponibles, en maximisant les avantages et en élaborant de meilleures catégories de tableaux de bord pour mesurer la performance de l'entreprise. Beaucoup de managers utilisent les nouvelles fonctions des SIAD pour en obtenir le même type d'information qu'auparavant. Certains changements culturels devront être opérés pour inciter chaque partie prenante à formuler des questions plus pertinentes sur les données.

5.3 Résistance organisationnelle

Les dirigeants et cadres supérieurs pourraient surveiller le travail d'autres cadres à leur insu, au moyen des MIS. Dans de tels contextes, une résistance face à l'implantation de ces systèmes aux niveaux inférieurs de l'organisation est donc légitime.

5.4 Lignes directrices de la réussite

Dans les entreprises, l'ensemble des décideurs de différents niveaux subissent l'augmentation de la pression due à l'accélération des rythmes de travail et donc des multiples décisions à prendre dans des laps de temps de plus en plus courts. Les utilisateurs des SIAD en attendent donc une aide pour maîtriser cette pression. De plus, lors des mises en place de ces SIAD, le temps consacré à leur découverte et à leur appropriation doit être le plus réduit possible. Les promoteurs comme les développeurs de ces SIAD doivent donc s'assurer du bon fonctionnement du système avant d'en faire la démonstration aux utilisateurs, sous peine de subir une réaction de rejet ou d'indifférence.

5.5 Une conception et un développement souples

La création d'un SIAD diffère de celle d'un SIG ou d'un STT, systèmes fondés sur un ensemble précis de besoins en information. Les besoins en information d'un SIAD sont davantage non structurés et fluctuants et le développement de ce système nécessite une plus grande participation des utilisateurs, notamment sur la définition des termes et agrégats de données (les ***datamarts***).

5.6 Formation et support de la gestion

La formation, la participation et l'expérience des utilisateurs combinés avec la détermination de la direction générale sont les facteurs les plus déterminants du succès des SI pour dirigeants. Ces facteurs de réussite diffèrent peu de ceux liés à d'autres types de systèmes.

Résumé

Pour un Système Interactif d'Aide à la Décision (SIAD), faciliter la préparation et la prise de décision consiste à mettre à disposition du décideur les données qui vont en réduire l'incertitude, mais également lui permettre d'en tester la validité. Dans l'entreprise, à chaque niveau de responsabilité correspondent des contributions différentes du SIAD. Le pilotage opérationnel quotidien d'une activité nécessitera des rapports et indicateurs directement issus des Systèmes de Traitement des Transactions (STT). Les responsables fonctionnels auront recours à l'infocentre (*datamining* + *datawarehouse*) pour élaborer des analyses inédites, alors que les dirigeants, confrontés aux décisions stratégiques qui requièrent des informations dites de « *business intelligence* », feront appel à des *Management Information Systems* (MIS). Plus le niveau de responsabilité est élevé, plus les informations combinent des données issues de sources externes. Le SIAD doit alors être capable de stocker et d'organiser ces assemblages hétérogènes. Certaines entreprises implantent un SIAD en complément de leur SI applicatif et d'autres choisissent des solutions directement intégrées à leur ERP, par exemple.

Activités

Questions de révision

1. Qu'est-ce que la BI ? Quels types d'applications et de technologies fait-elle intervenir ?
2. Quels sont les différents niveaux de prise de décision et les décideurs dans une organisation ? En quoi leurs besoins en aide à la prise de décision diffèrent-ils ?
3. Quelle est la différence entre une décision non structurée, une décision semi-structurée et une décision structurée ?
4. Quelle est la différence entre un Système Interactif d'Aide à la Décision (SIAD) et un Système d'Information de Gestion (SIG) ?
5. Quels sont les composants de base d'un SIAD ? Décrivez-les brièvement.
6. Quelle est la différence entre un SIAD guidé par les données et un SIAD guidé par un modèle ? Donnez des exemples.
7. Dans quelle mesure un ERP peut-il contribuer à un SIAD ?
8. Comment un SIAD contribue-t-il à ajouter de la valeur à l'entreprise ?
9. Qu'est-ce qu'un système d'information géographique ? Comment utilise-t-il la visualisation des données ? Comment supporte-t-il la prise de décision ?
10. Que peut apporter Internet à un SIAD ?
11. Qu'est-ce qu'un système d'aide à la décision en groupe ? En quoi diffère-t-il d'un SIAD classique ? Quels problèmes sous-jacents dans la prise de décision en groupe ont mené au développement d'un SIAD en groupe ?
12. Décrivez cinq outils logiciels de SIAD en groupe.
13. Comment les SIAD peuvent-ils procurer de la valeur à une entreprise ?
14. Définissez et décrivez les fonctions d'un système d'information pour dirigeants (MIS).
15. Comment un MIS améliore-t-il la prise de décision de la gestion ? Comment peut-il ajouter de la valeur à une entreprise ?
16. Quels sont les défis que posent les systèmes d'aide à la décision ? Comment peut-on relever ces défis ?

Exercices de synthèse

1. Décrivez les différents types de décisions et le processus décisionnel.
2. Évaluez le rôle des SI quand ils aident les individus qui travaillent seuls ou en groupe à prendre des décisions.

3. Décrivez comment les SI pour dirigeants peuvent aider les cadres supérieurs à prendre de meilleures décisions.
4. Évaluez comment les systèmes qui supportent la prise de décision peuvent ajouter de la valeur à l'entreprise.
5. Identifiez les défis que posent les systèmes d'aide à la décision, les systèmes d'aide à la décision en groupe et les SI pour dirigeants, ainsi que les solutions de gestion.

Questions de réflexion

1. Pour réussir la mise en place d'un SIAD et garantir son utilisation intensive et pertinente, quelle partie prenante doit assurer quelle contribution et à quel moment ?
2. Dans quelle mesure un tableur est-il un SIAD ? Expliquez pourquoi.
3. « Si les entreprises utilisaient davantage les différents types de SIAD, elles prendraient de meilleures décisions. » Êtes-vous d'accord avec cette affirmation ? Expliquez pourquoi.

Exercice sur le Web : utilisation d'un SIAD pour préparer l'achat d'un bien immobilier

Vous souhaitez acquérir une maison ou un appartement. À partir des moteurs de recherche classiques, identifiez plusieurs sites annonçant une aide à la décision pour l'acheteur potentiel. Sélectionnez deux sites qui constituent réellement des aides à la décision.

Établissez une liste exhaustive de vos critères (financiers, géographiques, familiaux, services de proximité, etc.).

Testez les deux sites sélectionnés et comparez-les de façon critique en regard des fonctionnalités annoncées et de la réponse à vos besoins (facilité d'utilisation, qualité des données, formalisation des résultats, etc.).

Travail de groupe

Formez une équipe de trois ou quatre personnes et déterminez plusieurs groupes au sein de votre université ou de votre école qui pourraient tirer profit d'un SIAD. Concevez la maquette d'un SIAD pour ces groupes, décrivez-en les contenus, les fonctionnalités, les matériels et logiciels nécessaires, et les rôles des différentes parties prenantes nécessaires à sa mise en œuvre, à son bon fonctionnement et à son utilisation réelle et durable. Présentez vos résultats.

Étude de cas : le système d'aide à la décision de Pernod Ricard

En 2012, Pernod Ricard New Zealand, filiale du groupe Pernod Ricard, produisait régulièrement 700 rapports pour suivre ses vendanges et sa fabrication de vins. Ces rapports étaient réalisés avec un tableur Lotus. Avec le temps, ces rapports étaient devenus de plus en plus difficiles à modifier et existaient dans différentes versions dans les divers services de la société. Leur mise à jour était devenue quasi impossible.

Avec le logiciel de BI Cognos 8, Pernod Ricard New Zealand a refondu la production de ces rapports en se focalisant sur la maturation des raisins et les procédés de vendange, ce qui représente 315 rapports sur les 700 existants. Ces 315 rapports ont été remplacés par 31 rapports accessibles par une interface Web. Les 300 vignerons peuvent les utiliser de façon plus rapide sans avoir à les enregistrer sur leurs ordinateurs. L'accès est plus simple, plus rapide et leur permet d'effectuer une mise à jour beaucoup plus rapide qu'auparavant.

D'une façon plus générale, nous allons aborder le sujet de l'aide à la décision au sein du groupe Pernod Ricard. Né du rapprochement de Ricard et Pernod en 1975, Pernod Ricard s'est développé tant par croissance interne qu'externe. Les acquisitions de Seagram (2001), d'Allied Domecq (2005) et celle récente de Vin & Sprit (2008) ont fait du groupe le coleader mondial des vins et spiritueux, avec un chiffre d'affaires consolidé de 8 215 millions d'euros en 2011-2012. Pernod Ricard possède l'un des portefeuilles de marques les plus prestigieux du secteur : la vodka Premium Absolut, le pastis Ricard, les *scotches whiskies* Ballantine's, Chivas Regal et The Glenlivet, l'*Irish whiskey* Jameson, le cognac Martell, le rhum Havana Club, le gin Beefeater, les liqueurs Kahlúa et Malibu, les champagnes Mumm et Perrier-Jouët, ainsi que les vins Jacob's Creek et Montana. Pernod Ricard s'appuie sur une organisation décentralisée, composée de six filiales « propriétaires de marques » et de 75 filiales de « distribution » présentes sur chaque marché clé et 98 sites de production, représentant près de 19 000 collaborateurs. Le groupe est fortement impliqué dans une politique de développement durable et encourage à ce titre une consommation responsable de ses produits. Pernod Ricard est coté sur NYSE Euronext (Mnémo : RI ; Code ISIN : FR0000120693) et fait partie de l'indice CAC 40.

Consolider les informations de toutes les filiales tout en diffusant la BI à un maximum de collaborateurs (1 500), c'est le défi relevé par le leader des vins et spiritueux grâce au déploiement d'un réseau communautaire BI.

Pernod Ricard a décidé de refondre le système d'aide à la décision existant de toutes ses filiales, de rationaliser les outils de pilotage et de diffuser des tableaux de bord aux décideurs de toutes ces entités. Le but est qu'ils disposent de solutions modernes de pilotage opérationnel et de pilotage des activités, dans une logique de groupe. Bien entendu, cette harmonisation facilite également la consolidation globale des informations pour un *reporting* au niveau du groupe. Jusqu'à présent les solutions en place utilisaient Cognos et Business Objects, que l'entreprise souhaitait faire évoluer. Aidée d'Oracle Consulting, la société a déployé une solution unique, Oracle Business Intelligence, qui répondait à ses attentes, proposait le multilingue et pouvait facilement s'intégrer aux informatiques existantes (Oracle JD Edwards, JD Edwards EnterpriseOne et Oracle Database).

« *La refonte du système d'aide à la décision représente un enjeu majeur. Il s'agit de permettre aux collaborateurs de Pernod Ricard répartis à travers le monde de disposer d'indicateurs de pilotage fiables et cohérents. La rationalisation des outils de pilotage utilisés dans les 70 pays doit aussi permettre de réduire le coût total de possession de la solution décisionnelle* », déclare le directeur des SI groupe de Pernod Ricard.

Pour déployer le projet en capitalisant sur les bonnes pratiques, Pernod Ricard s'est appuyé sur un réseau communautaire de BI, qui lui a permis de réaliser des gains de 20 % sur la mise en œuvre du projet. En outre, la simplicité de l'interface Full Web a réduit les besoins de formation à une seule journée – 1 500 utilisateurs ont donc pu être formés rapidement. Enfin, la solution s'est facilement intégrée à Hyperion Financial Management pour compléter le dispositif de *reporting* financier, puisque ce logiciel fait désormais partie des outils Oracle. Par ailleurs, l'entité américaine de Pernod Ricard a demandé aux trois éditeurs de fournir une maquette de production de dashboards (tableaux de bord), qui sera présentée aux utilisateurs clés américains.

Les principaux points forts de la solution Oracle sont :

- l'ergonomie utilisateur permettant une prise en main rapide par les collaborateurs ;
- l'intégration native des outils de restitution (requête *ad hoc*, *reporting* opérationnel et tableaux de bord), rendant l'adoption par les utilisateurs plus aisée ;
- la technologie de la plateforme, fondée sur les normes du marché et ouverte aux applications tierces ;
- l'approche Full Web qui offre une souplesse de déploiement et d'utilisation sans égale ;
- le support multilingue natif de la solution (Pernod Ricard a besoin de 11 langues) ;
- les performances de la plateforme : les temps de réponse sont optimisés et les coûts de matériel informatique réduits ;
- les perspectives d'intégration avec les solutions Hyperion déjà déployées dans le groupe.

Vincent Meunier, responsable des SI du groupe Pernod Ricard, conclut avec enthousiasme : « *Nouvelle épine dorsale du système décisionnel des filiales du groupe, Oracle Business Intelligence va permettre, grâce au renfort d'indicateurs fiables et cohérents, de mieux piloter chacune de nos 70 entités, tout en préservant notre organisation décentralisée.* » Dans la chaîne décisionnelle de Pernod Ricard, seule une partie du logiciel ne sera pas signée Oracle, le groupe ayant fait le choix d'Informatica « pour des raisons de performance ».

« *Les craintes que nous pouvions avoir sur cette solution sont aujourd'hui dissipées : nous n'avons pas eu de mauvaises surprises* », se félicite Vincent Meunier. L'ergonomie du système a facilité l'adhésion des utilisateurs. Le groupe a conçu une série de rapports « standard », mais les utilisateurs clés peuvent, dans les filiales et pour répondre à des contraintes locales, personnaliser ces rapports. Le module BI Publisher de la solution leur permet de réaliser des mises en forme élaborées. À la fin de l'année 2008, près de 400 employés utilisaient le nouveau système, qui concerne maintenant un bon tiers des 19 000 collaborateurs du groupe, qui peuvent ainsi piloter toutes les grandes fonctions de l'entreprise (finances, commerce, production industrielle, etc.). Les *datawarehouses* des filiales (de même structure mais de tailles différentes) sont rafraîchis quotidiennement. Bientôt, l'intégration des éléments des différentes applications OBI dans le système de *reporting* global HFM et Essbase « *va nous ouvrir des perspectives intéressantes* ». Jusque-là, les règles de calcul étant définies dans Essbase et non dans l'alimentation des flux ETL ; il était compliqué de récupérer les données Essbase pour les recharger ensuite dans les *datawarehouses*. « *Mais demain, nous pourrons faire une lecture des cubes Essbase à partir d'une exploitation directe des données provenant d'OBI, ce qui nous permettra d'accéder à un niveau supérieur d'analyse.* »

Dans la filiale Chivas Brothers, la mise en place de ce système s'est déroulée de la façon suivante.

Situées en Écosse, ses activités de production de whisky constituent le cœur des opérations de Chivas Brothers. Cette organisation produit des marques de whisky de renommée mondiale – notamment Ballantine's, Chivas Regal et The Glenlivet – et vend plus d'un million de bouteilles par jour aux autres entités de Pernod Ricard qui en assurent la commercialisation locale.

La nature des sources et des types de données imposait à Chivas Brothers de recentraliser toutes les informations dans un seul et unique *hub*, permettant d'avoir une vue globale et de normaliser la manière dont les différents départements et équipes transmettent et utilisent les informations. Pour ce faire, la société a décidé de créer un *hub* d'informations en s'appuyant sur une seule plateforme d'intégration de données, de façon à disposer de toutes les fonctionnalités de *reporting* dont elle avait besoin.

Le fait que les SI de la société aient évolué de manière organique et que chaque équipe informatique ait réalisé ses propres développements aggravait la situation de départ : non seulement les systèmes étaient disparates, mais ils avaient de plus été construits selon une multitude d'approches différentes. Chivas Brothers a identifié le transfert de connaissance comme un élément crucial de son projet de construction de *datawarehouse*. L'objectif était de mettre en place une plateforme de meilleures pratiques à même de supporter durablement les besoins et de rendre l'organisation indépendante.

« *Nous sommes littéralement repartis de zéro en transformant la manière de capturer, d'intégrer et de gérer les informations de toute l'entreprise* », explique Sandra Spence, Business Intelligence Manager chez Chivas Brothers. « *Compte tenu de l'existant, c'était un défi considérable. À la suite de la décision du groupe de standardiser les logiciels de BI au niveau mondial, nous sommes partis d'une page blanche chez Chivas. En travaillant avec Informatica, nous avons créé une structure claire et robuste pour traiter les informations métier et distribuer des instantanés de données précis à la direction. Au sein de l'entreprise, c'est maintenant devenu le* hub *d'information de toutes les activités* », ajoute-t-elle.

« *En intégrant toutes les données associées, nous sommes en train de révolutionner nos moyens de connaître exactement les quantités de produits que nous gérons ainsi que le statut de chaque commande expédiée, livrée ou facturée. Résultat de cet investissement, entre autres : nous permettre d'offrir des services plus structurés et plus rigoureux à nos clients, ce qui bénéficie au reste de l'entreprise ainsi qu'au groupe* », affirme Sandra Spence.

Disposant d'une vue à 360° des mouvements de produits, Chivas Brothers est maintenant en mesure de générer quotidiennement des informations métier précises. Ce progrès lui permet à la fois de mieux servir les autres filiales du groupe qui achètent ses produits et de fournir au management de la société un processus de *reporting* plus efficace. Avoir une vue comparative plus claire des données pour évaluer la performance contribue également à améliorer la visibilité sur la qualité des données. À même de repérer les incohérences entre les données de ses différentes sources, la société peut maintenant engager des actions efficaces pour renforcer la qualité de ses données. Outre la supervision des mouvements de produits, les équipes métier ont également la possibilité de voir les éléments qui déterminent la rentabilité de chaque produit dans le temps. Grâce à ces informations qui seront réexploitées dans le cadre de futurs projets, Chivas Brothers a posé les fondations d'un outil hautement stratégique. « *C'est la première étape de mise en place d'une approche globale et moderne pour gérer les informations de nos différentes entités*, conclut Sandra Spence. *En travaillant en étroite collaboration avec les consultants d'Informatica, nous avons été en mesure de créer pour toute l'entreprise un modèle fondé sur les meilleures pratiques de gestion d'information. Nous avons maintenant acquis les compétences et la plateforme technologique nécessaires pour centraliser les données de la plupart de nos entités opérationnelles, ce qui devrait considérablement nous aider dans le futur.* »

Afin de souligner la manière novatrice du déploiement d'Oracle Business Intelligence, Pernod Ricard a remporté l'Oracle Innovation Award 2009, récompense décernée en octobre 2009 à San Francisco.

Sources :
www.analytics8.com, 11/2012
pernod-ricard.fr, 04/2013
www.silicon.fr, 01/2010
www.oracle.com, 05/2009
www.decideo.fr, 01/2008
www.cxp.fr, 06/2008

Questions sur l'étude de cas

1. Quel est l'apport du système d'aide à la décision (*business intelligence*) à la performance opérationnelle de Pernod Ricard ?
2. Quelle est la stratégie de Pernod Ricard ? Comment le système d'aide à la décision y contribue-t-il ?
3. Quels sont les différents publics bénéficiaires des services de BI ? Qu'y gagne chacun d'eux ?

Partie IV

Le développement et le management des systèmes d'information

Chapitre 13

La restructuration de l'organisation au moyen des SI

Objectifs pédagogiques

- Démontrer comment la conception et la mise en œuvre de nouveaux SI peuvent modifier une organisation.
- Expliquer comment une entreprise peut implanter et utiliser des SI qui correspondent à une stratégie nécessitant une transformation organisationnelle.
- Établir et décrire les principales activités du processus de développement des systèmes.
- Évaluer les différentes méthodes qui permettent de modéliser et de construire des SI.
- Évaluer les défis que posent la conception et la mise en œuvre des SI et les solutions de gestion.

La mise en œuvre d'un projet applicatif novateur et stratégique chez Chèque Déjeuner

En 2012, Chèque Déjeuner passe à l'ère du QR code (QR pour *Quick Response*) et choisit le téléphone mobile comme axe de développement majeur de nouveaux services envers ses clients et les restaurateurs affiliés. Ce réseau de restaurateurs indépendants dispose de 1,2 million d'utilisateurs quotidiens de Chèque Déjeuner.

Chèque Déjeuner est une entreprise sociale créée en 1964 et considérée comme le numéro 3 mondial sur le marché des titres spéciaux de paiement à vocation sociale. Elle fonde son originalité sur sa structure coopérative (Société COopérative et Participative – SCOP). En 2011, le groupe a enregistré une croissance de plus de 6 % de son activité en atteignant 4,3 milliards d'euros de volume d'émission. Avec un modèle économique cherchant à concilier démocratie et rentabilité, la taille et la réussite du Groupe Chèque Déjeuner en font un acteur majeur du monde de l'économie sociale. En 2012, il est présent dans 13 pays et emploie 2 000 personnes. Il gère 22,7 millions de bénéficiaires et 185 334 clients (entreprises et collectivités). Son activité représente 4,14 milliards d'euros de volume d'émission (de titres de services) en 2012, et il a réalisé 34,6 millions d'euros Ebitda.

L'ensemble des services de l'entreprise ont collaboré au projet « QR flash code ». La solution mise en œuvre a mobilisé, outre l'informatique, le marketing, la recherche et le développement, la communication et les partenariats affiliés.

L'affichette placée sur les vitrines des restaurants est modifiée pour y intégrer un QR code. Chacun d'entre eux est unique et correspond au restaurant sur lequel il est apposé.

...

Une fois flashé par les passants à l'aide de leur smartphone, il les renvoie vers un site mobile (dédié pour chaque restaurant ayant adopté ce service) créé par Chèque Déjeuner.

En décembre 2012, 3 000 affichettes à QR code sont installées à Paris et Toulouse. Ce déploiement continue en 2013, pour atteindre 60 000 restaurants équipés à la fin du premier semestre. Fin 2013, 180 000 restaurants devraient être couverts.

Dans la première phase du déploiement, en flashant ce QR code, l'utilisateur est redirigé vers une page Internet mobile. Il s'agit, soit d'une page personnalisée du restaurant en question, qui donne accès à ses coordonnées, ses menus, ses offres ou à d'autres informations commerciales, soit d'une page générique « Chèque Déjeuner » où des informations générales sont accessibles si le restaurateur ne s'est pas encore inscrit. Il est aussi possible de télécharger l'application mobile Chèque Déjeuner. Elle donne accès à la géolocalisation des restaurants à proximité et à la fonction de partage d'addition. De son côté, le restaurateur reçoit un guide d'information qui lui permet d'activer sa page personnelle, accessible aussi bien depuis un ordinateur que depuis un téléphone mobile. L'affilié définit les informations qu'il souhaite faire connaître aux consommateurs, incluant les principales données liées à son établissement (cadre, menu, ambiance, etc.), la mise en avant de son plat du jour ou une offre spéciale éventuelle. Les restaurateurs affiliés devraient pouvoir développer leur programme de fidélisation et de promotion au travers de ce canal. Si les premiers services proposés restent succincts, des évolutions sont prévues pour 2013. Un service de réservation en ligne sera proposé avec Tableonline, et les bons plans et promotions des restaurateurs seront disponibles sur l'ensemble des outils mis à la disposition du grand public.

Le QR code est un code-barres constitué de modules noirs disposés dans un carré à fond blanc. Destiné à être lu par un smartphone, il stocke plus d'informations qu'un code-barres et ses données sont directement reconnues par des applications permettant de déclencher des actions comme : naviguer vers un site Internet, effectuer un paiement direct *via* son cellulaire, ajouter une carte de visite virtuelle dans les contacts ou un événement dans l'agenda électronique, déclencher un appel vers un numéro de téléphone ou encore envoyer un SMS.

Pour lire ces QR codes, il faut télécharger une application. Différentes applications gratuites existent sur les plateformes de téléchargement. Il suffit ensuite de flasher le QR code pour découvrir son contenu. À l'international, le Groupe Chèque Déjeuner propose déjà, *via* sa filiale italienne Day, un système de paiement de titres restaurant par téléphone mobile. En France, le plan QR code est développé par CEV, filiale du Groupe Chèque Déjeuner, spécialiste de l'émission de cartes et de programmes de fidélisation.

Ce projet, fenêtre visible du développement de l'usage des technologies innovantes dans le groupe, n'a été possible que grâce à la refonte des infrastructures serveurs et des postes de travail du groupe. En effet, en 2012, suite à une réflexion démarrée en 2007, le Groupe Chèque Déjeuner a choisi RES Software, et plus particulièrement sa solution RES Workspace Manager, pour administrer à distance ses 750 postes de travail. Ce déploiement s'est fait par étapes. Dans un premier temps, les 25 postes de travail du service juridique et contentieux serviront à la validation du projet sur trois points : sécurité, disponibilité de l'infrastructure et support.

La croissance du groupe avait amené la direction informatique à revoir le schéma directeur de ses SI avec l'étude fin 2007 d'une refonte totale de ses infrastructures serveurs et poste de travail. Il s'agissait de rapatrier au niveau du siège les serveurs répartis sur l'ensemble de la structure Groupe Déjeuner France, à savoir le siège et les 13 délégations et agences du groupe. Ce projet de refonte d'envergure devait également résoudre la gestion fastidieuse des postes de travail et proposer une solution de rénovation profonde.

Le critère décisif pour la mise en projet d'une telle transformation du SI reposait sur l'intégrité et la sécurité de la nouvelle infrastructure : elle devait être pilotée par la Division technique sous le haut patronage de la direction générale. La DSI fait partie des services les plus importants du Groupe Chèque Déjeuner, avec un effectif de 80 employés. Le service technique, composé de 20 personnes, joue un rôle de sécurité, d'expertise et de conseil au cœur de la DSI et supervise l'ensemble des processus fonctionnels (applications métier) auprès des autres départements du groupe. Fin 2009, le comité stratégique valide l'orientation stratégique du projet de virtualisation des serveurs. Le projet démarre cette année-là. Sur la partie solution d'administration du poste de travail, le service technique établit un *benchmark* des principaux produits du marché pour retenir *in fine* la technologie RES Software.

« *Avant même d'envisager la virtualisation du poste de travail, l'évidence d'un outil qui concilie gestion et sécurité du profil utilisateur était une réelle priorité. Nous recherchions avant tout une solution ergonomique. Au stade de la virtualisation, ces paramètres sont souvent négligés* », explique Ali Bouabdellah, Responsable technique et Exploitation du Groupe Chèque Déjeuner. Le service technique est rapidement séduit par les fonctionnalités de RES Workspace Manager, notamment celle de pouvoir administrer à distance la suspension d'un port USB. Face à une forte mobilité de l'utilisateur, une telle possibilité permet de réduire les risques en matière de sécurité.

La gestion d'un volume de 750 postes de travail, répartis sur plusieurs sites, dont le provisionnement et l'administration devenaient très contraignants avec un Équivalent Temps Plein (ETP) et demi affecté par an uniquement pour la gestion des droits, sera ainsi simplifiée. Le scénario final de virtualisation du poste de travail est composé de la technologie Microsoft Remote Desktop Service, associée à RES Software. Cette solution permet également de paramétrer les accès aux applications dites sensibles depuis l'extérieur et de créer, puis de personnaliser un bureau en fonction du profil utilisateur et du contexte.

Ce projet est mené avec le soutien total du Président de Groupe Chèque Déjeuner, M. Jacques Landriot, afin de mener à bien le changement auprès des utilisateurs finaux. Un premier programme pilote a été déployé auprès du service juridique et contentieux, composé de 25 personnes, et dont une personne joue le rôle de référent auprès du responsable du service technique. « *Nous souhaitions impliquer le métier au projet informatique afin de s'assurer une bonne intégration du nouveau processus, instaurant une véritable relation Client - Fournisseur en interne* », poursuit Ali Bouabdellah.

...

Cette collaboration étroite devait valider trois niveaux de paramètres – la sécurité, la disponibilité de l'infrastructure et le support – organisés avec des instances et des plannings à la clé assurant une conduite optimale du changement. Cette première phase a été menée sur une période de quatre mois afin de peaufiner les aspects organisationnels et de valider les étapes clés du projet. Lors de la deuxième étape, la solution est déployée auprès des Ressources humaines (24-25 personnes) en une semaine seulement. Pour le troisième service pilote, les Services généraux, la solution est finalisée en trois jours, dont une large partie du temps est purement consacrée à l'accompagnement des utilisateurs. À l'issue de ces trois pilotes, l'industrialisation du modèle s'effectue en trois mois.

Fin 2012, 90 % du parc est installé. L'expérience du déploiement a permis à la DSI de pérenniser l'infrastructure serveurs avec un environnement de préproduction, de production et de procédures dotées d'une documentation écrite. La conduite du changement concerne l'utilisateur, mais aussi le département informatique.

La nouvelle infrastructure « postes de travail » permet d'orchestrer la gestion de l'ensemble des clients, intégrant également les ordinateurs portables. La mobilité représente 12 à 15 % du parc total de Groupe Chèque Déjeuner. La mutation de l'organisation poste de travail permet à Groupe Chèque Déjeuner d'envisager un ROI sur deux ans. La DSI est en mesure d'administrer de façon opérationnelle ses utilisateurs, mais aussi d'analyser d'un point de vue stratégique les comportements d'usage du parc applicatif et, par conséquent, d'en suivre les licences. Dans un scénario de déploiement au niveau des filiales internationales, la DSI est susceptible de refacturer l'utilisation des outils et de valoriser ainsi l'investissement. Sur le plan de la sécurité, le projet permet de renforcer l'intégrité des données et des accès à l'infrastructure métier.

Le projet ne s'arrête pas là. Fin 2012, l'ensemble des délégations agences est rapatrié dans le *datacenter* central. En 2013, un pilote à l'international est envisagé.

Selon Ali Bouabdellah, le poste de travail de demain, est « *un terminal léger, un ultra book de type télévision légère avec une informatique sécurisée, rationalisée et professionnelle* ».

Sources :

www.ressoftware.fr, consulté le 15/05/13

« Cas Client : Le Groupe Chèque Déjeuner transforme et sécurise sa stratégie d'environnement de travail avec RES Software », **http://www.lemondeinformatique.fr/livre-blanc/cas-client-le-groupe-cheque-dejeuner-transforme-et-securise-sa-strategie-d-environnement-de-travail-avec-res-software-1576.html**, mars 2012, consulté le 01/10/13

Chaptal, S., « Groupe Chèque Déjeuner confie son environnement de travail à RES Software », **http://www.lemagit.fr/divers/2012/03/08/groupe-egrave-que-eacute-jeuner-confie-son-environnement-travail-agrave-res-software/**, 08/03/12, consulté le 02/10/13

http://www.cohesia.fr/quest-ce-que-cohesia/le-groupe-cheque-dejeuner.html, consulté le 15 mai 2013

« Le Groupe Chèque Déjeuner met un pied dans l'informatique de santé », **http://www.ticsante.com/story.php?story=1130**, 20/12/11, consulté le 01/10/13

« France : Groupe Chèque Déjeuner propose des services contextuels reposant sur le QR Code », **http://ooh-tv.fr/2012/12/18/france-groupe-cheque-dejeuner-propose-des-services-contextuels-reposant-sur-le-qr-code/**, 18/12/12, consulté le 01/10/13

Blettner, J.-P., « La stratégie numérique de Chèque Déjeuner passe par le QR Code », **http://www.cio-online.com/actualites/lire-la-strategie-numerique-de-cheque-dejeuner-passe-par-le-qr-code-4746-page-1.html**, 07/12/12, consulté le 01/10/13

« Groupe Chèque Déjeuner sécurise ses environnements de travail », **http://www.marchesetcontrats.fr/index.php?option=com_content&task=view&id=4367&Itemid=55**, consulté le 01/10/13

Matière à réflexion :

Quels sont les différents facteurs et acteurs qui ont permis le succès de ce projet stratégique ?

Quels sont les objectifs fonctionnels métiers et techniques qui ont mené aux choix effectués par le Groupe Chèque Déjeuner ?

La mise en œuvre du projet stratégique de Chèque Déjeuner illustre les nombreux facteurs qui interviennent dans le développement et le déploiement d'un nouveau SI. Elle exige l'analyse des attentes de l'organisation, le respect de contraintes externes, l'évaluation des besoins en information des parties prenantes, la sélection des moyens techniques appropriés et la restructuration des processus et des postes de travail. Les managers ont surveillé la mise en place du système et surtout sa convergence avec l'impératif stratégique qui en a motivé le déclenchement.

Au cours de votre carrière, vous serez sollicité pour collaborer à la mise en œuvre d'un nouveau SI. Dans ce chapitre, nous expliquons la conception, la mise en œuvre et l'installation de nouveaux SI, ainsi que la manière dont ils modifient le mode de fonctionnement de l'organisation. Nous décrivons les principales activités de développement des systèmes, ainsi que les méthodes alternatives qui permettent de les construire et de les modéliser.

1 Les systèmes dans la perspective des changements organisationnels planifiés

La mise en œuvre d'un nouveau SI est un changement organisationnel planifié, qui ne se limite pas à l'acquisition de nouveaux matériels et logiciels. Elle implique également des modifications sur le plan de la localisation et du contenu des emplois, des modes opératoires et des compétences mobilisées, de la gestion et de l'organisation. Les développeurs doivent comprendre les effets qu'aura le système sur l'ensemble de l'entreprise.

1.1 Lien entre les SI et la stratégie

Les décisions relatives à l'élaboration des SI doivent faire partie du processus de planification organisationnelle. Les entreprises doivent élaborer un **plan des systèmes d'information** en phase avec le contexte global de planification stratégique de l'organisation. Ce plan indique et justifie la direction vers laquelle l'entreprise doit s'orienter. Il fournit par ailleurs des renseignements sur la situation actuelle, la stratégie de gestion, le plan de mise en application et le budget (voir tableau 13.1).

Tableau 13.1 : Plan des systèmes d'information

Objectif du plan Vue d'ensemble du contenu Changements dans la situation actuelle de l'entreprise *Business plan* Organisation actuelle des affaires Stratégie de gestion
***Business Plan* stratégique** Situation actuelle Organisation actuelle des affaires Changements dans l'environnement Principaux objectifs du *Business Plan*

Systèmes actuels
Principaux systèmes de soutien des fonctions d'affaires
Principaux moyens dont on dispose
  Matériels
  Logiciels
  Bases de données
  Télécommunications
Difficultés à répondre aux exigences métier
Demandes futures prévues

Nouvelles initiatives
Nouveaux projets concernant les systèmes
  Descriptions des projets
  Justifications du point de vue de la gestion des affaires
Nouveaux éléments à mettre en œuvre
  Matériel
  Logiciels
  Bases de données
  Télécommunications

Stratégie de gestion Plans d'acquisition Repères et dates cibles Réorganisation de l'entreprise Réorganisation interne Contrôles de gestion Principales activités de formation Stratégie de gestion du personnel
Plan de mise en application Difficultés prévues lors de la mise en application États d'avancement des travaux
Budgets Besoins Économies potentielles Financement Cycle d'acquisition

Le plan contient un énoncé des objectifs de l'entreprise et précise la manière dont le SI devrait la soutenir. Il établit des dates cibles et des points de repère qui pourront être utilisés plus tard pour évaluer les progrès de la mise en œuvre du plan, selon le nombre d'objectifs effectivement atteints dans les délais initialement prévus. Il indique par ailleurs les principales décisions de gestion concernant l'acquisition des infrastructures (matériel, télécommunications, etc.), le degré de centralisation ou de décentralisation décisionnelle, ainsi que les données et les changements organisationnels nécessaires. Bien que la logique de planification des SI nationaux et internationaux soit pour l'essentiel identique, il convient de tenir compte des lois et de la culture de chaque pays, ainsi que de la situation de chaque organisation en particulier (par exemple, les effets locaux d'une exigence de disponibilité 7 j/7 et 24 h/24). Ce plan stipule habituellement les changements organisationnels qui doivent être apportés, et notamment les exigences en matière de formation des cadres et des employés, les besoins en recrutement, et les changements qui interviennent dans l'exercice de la responsabilité et du pouvoir, dans la structure et dans les pratiques de gestion.

1.2 Définition des besoins en information de l'organisation

Pour élaborer un plan efficace de SI, l'organisation doit clairement comprendre et formaliser ses besoins actuels et futurs en information. Le ***business plan*** et l'**analyse stratégique par les facteurs clés de succès** constituent les deux principales méthodes permettant de les définir.

Business plan

En vertu de la méthode du ***business plan***, pour comprendre les besoins en information d'une organisation, il faut l'examiner selon plusieurs perspectives imbriquées : l'entreprise dans son ensemble, les unités opérationnelles (*business units*), les secteurs fonctionnels, les processus et, enfin, les éléments de données. Le ***business plan*** permet de déterminer les entités et les attributs clés de ces données.

Sa mise en œuvre nécessite tout d'abord de demander à un grand nombre de cadres, présents dans les divers services de l'entreprise, comment ils utilisent l'information et où ils l'obtiennent, quels sont leurs objectifs, comment ils prennent des décisions et quels sont leurs besoins en matière de données.

Le *business plan* a pour principale faiblesse de produire une énorme quantité de données, dont les coûts de collecte sont élevés et l'analyse est complexe. Dans le cadre d'une telle analyse, on ne s'intéresse pas aux objectifs critiques de la direction et des secteurs qui ont besoin des informations, mais plutôt à l'utilisation des données existantes. Par conséquent, on a tendance à automatiser ce qui existe déjà. Dans plusieurs cas, il faut toutefois opter pour des approches nouvelles en matière de gestion des affaires et ce genre de besoins n'est pas abordé dans l'analyse.

Analyse stratégique : les facteurs clés de succès

Selon l'approche par l'analyse stratégique, les besoins en information de l'organisation sont déterminés par un petit nombre de **facteurs clés de succès** établis par les dirigeants. Ces objectifs sont définis par le secteur économique, l'entreprise, les cadres et l'environnement dans lequel évolue l'entreprise en question. Les nouveaux SI doivent produire les informations lui permettant d'atteindre ces objectifs.

La principale méthode d'analyse de ces facteurs se fonde sur des entretiens individuels avec un certain nombre de cadres supérieurs, en vue de cerner leurs objectifs et leurs propres facteurs clés. Ces derniers sont ensuite regroupés, afin d'obtenir une vision globale des facteurs clés de l'entreprise. On peut alors construire des systèmes pour livrer ce type d'informations. Le tableau 13.2 présente des exemples de facteurs clés de succès, et la figure 13.1, la méthode permettant de les définir.

Tableau 13.2 : Facteurs clés de succès et objectifs de l'organisation

Exemple	Objectifs	Facteurs clés de succès
Entreprise à but lucratif	Bénéfices/action Rendement sur le capital investi Part du marché Nouveau produit Industrie de l'automobile Création	Réseau de concessionnaires de qualité Contrôle des coûts Normes de consommation d'essence
Entreprise sans but lucratif	Excellents soins de la santé Respects des règlements gouvernementaux Besoins futurs en matière de soins de la santé	Intégration régionale par rapport aux autres hôpitaux Utilisation efficace des ressources Respect des règlements

Source : Rockart (1979).

La force de cette méthode est qu'elle produit moins de données à analyser que le *business plan*. Seuls les cadres supérieurs sont interrogés et les questions portent sur un petit nombre de facteurs, plutôt que sur l'ensemble des informations utilisées dans l'organisation.

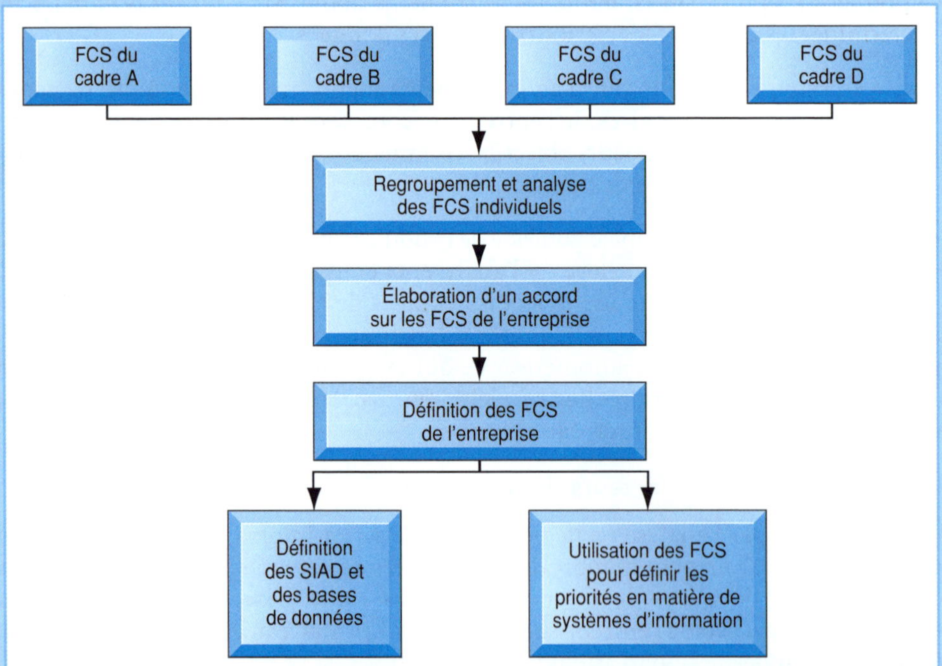

Figure 13.1 – Utilisation des Facteurs Clés de Succès (FCS) dans l'élaboration des systèmes.

Cette approche est particulièrement utile aux cadres supérieurs et sert à la mise au point des SIAD. Contrairement au *business plan*, cette méthode oblige l'organisation à se concentrer sur la manière dont elle doit traiter les informations.

Elle présente cependant quelques faiblesses. Premièrement, le regroupement et l'analyse des données relèvent essentiellement de l'intuition et de l'expérience des personnes. Il n'existe donc aucune méthode standard qui garantisse la création d'un modèle lisible et pertinent. Deuxièmement, on confond souvent dimensions individuelle et organisationnelle. Des facteurs qu'un cadre considère comme clés peuvent ne pas l'être pour l'organisation.

1.3 Développement des systèmes et changements organisationnels

L'intégration d'un nouveau SI peut induire ou nécessiter divers degrés de changements organisationnels. La figure 13.2 en illustre quatre : l'automatisation, la rationalisation, la réingénierie et les changements de paradigme. Chacun d'eux présente des avantages et des risques spécifiques.

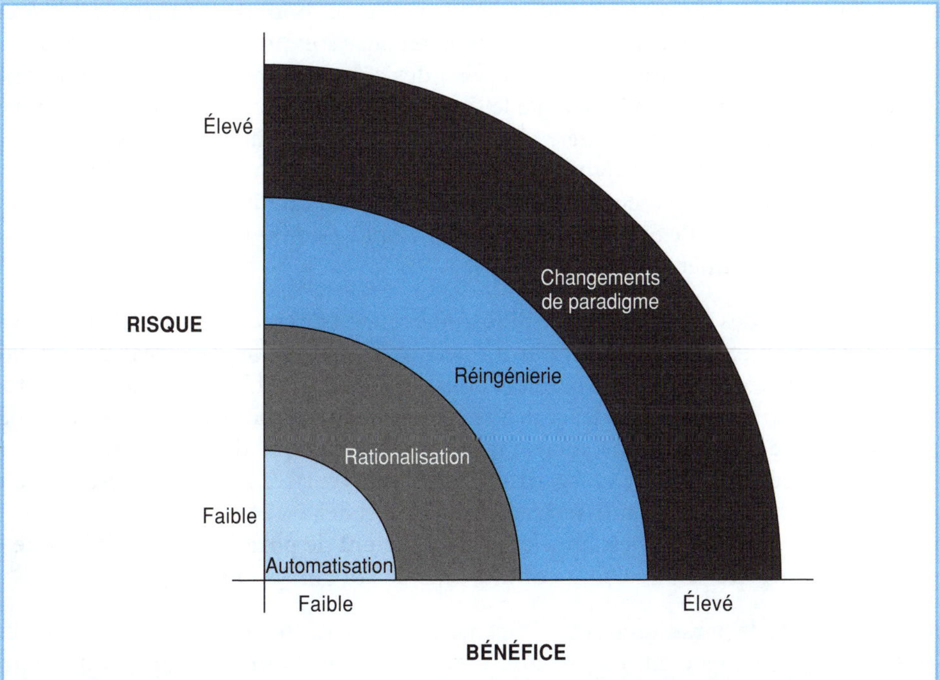

Figure 13.2 – Le changement organisationnel présente des risques et des avantages.

L'**automatisation** est la forme la plus courante de changement organisationnel attribuable à la technologie de l'information. Ses premières applications ont aidé les employés à effectuer des tâches de manière plus efficace et rentable, par exemple l'informatisation du calcul de la paie, l'accès instantané des guichetiers des banques aux dossiers des clients et l'élaboration d'un réseau national de terminaux de réservation de vols.

La **rationalisation des procédures** est une forme clé de changement organisationnel (qui découle des premières automatisations). L'automatisation révèle souvent des goulots d'étranglement imprévus dans la production et rend les procédures et les structures en place pénalisantes. La rationalisation des procédures opérationnelles standard facilite l'élimination des goulots d'étranglement, par exemple l'obligation de faire signer tous les bons d'achat aux fournisseurs par un responsable, quel que soit le montant de l'achat.

Le ***Business Process Reengineering*** (**BPR** ou réingénierie des processus d'affaires) sous-entend une restructuration des opérations. Lors de l'analyse de chaque processus, on regroupe les étapes pour réduire les pertes de temps et de ressources liées aux transferts inutiles et éliminer les tâches répétitives qui exigent de nombreux travaux d'écriture (parfois, le nouveau processus élimine également des emplois). La réingénierie est donc une initiative beaucoup plus ambitieuse que la rationalisation des procédures et implique une nouvelle vision de la façon de structurer des processus entiers.

Le traitement sans facturation de Ford Motor est un exemple fréquemment cité. L'entreprise employait en Amérique du Nord plus de 500 personnes dans son service des comptes fournisseurs. Les employés devaient concilier les bons de commande, les documents de réception et les factures. Ford a donc repensé son processus de traitement des comptes fournisseurs. Maintenant, le service des achats entre un bon de commande dans une base de données en ligne, que le service de réception peut vérifier au moment où il reçoit les articles commandés. Si ces derniers correspondent à ceux inscrits sur les bons de commande, le système émet automatiquement un chèque qu'il adresse au service des comptes fournisseurs. Celui-ci le fait parvenir au fournisseur approprié, qui n'a donc plus à envoyer de facture. Le nombre d'employés dans ce service a ainsi pu être réduit de 75 % (Hammer et Champy, 1993).

La rationalisation des procédures et le BPR sont limités à des secteurs précis d'une entreprise. De nouveaux SI peuvent finir par influer sur la conception de l'organisation dans son ensemble, en transformant la manière dont elle dirige ses affaires ou même sa nature profonde. Par exemple, Schneider a utilisé de nouveaux SI pour changer son modèle d'affaires et créer une nouvelle société qui gère la logistique d'autres entreprises. La Redoute a utilisé le BPR pour réorganiser à plusieurs reprises son processus, qui va de la commande à la livraison, pour arriver à son fameux délai « 24 h chrono ». Cette forme plus radicale de changement est appelée « **changement de paradigme** ». Il implique de repenser la nature des affaires, tout comme celle de l'organisation.

Les changements de paradigme et la réingénierie échouent souvent car il est très difficile d'orchestrer un changement organisationnel important. Pourquoi alors tant d'entreprises envisagent-elles des changements si radicaux ? Tout simplement parce que leurs avantages sont également très grands (voir figure 13.2) et que la pression des actionnaires accentue la recherche de résultats significatifs et rapidement tangibles.

2 Méthode et outils de réingénierie des processus et de leur amélioration

Les projets de BPR nécessitent une restructuration radicale des processus, alors que d'autres suivent plutôt une voie de changement incrémental et progressif.

2.1 Réingénierie des processus d'affaires

Les processus d'affaires doivent de préférence être repensés avant l'implantation physique de la solution informatisée, afin que la réorganisation soit préparée d'un point de vue humain et organisationnel.

Pour soutenir un nouveau processus de traitement, les entreprises implantent un logiciel de gestion du flux de travail et de documents. La **gestion du flux de travail** (*workflow*) consiste à rationaliser les procédures d'affaires pour pouvoir optimiser la distribution du travail et le partage des dossiers et documents numérisés et indexés *via* un logiciel de gestion documentaire (solution de type GED).

Les logiciels de *workflow* et de GED permettent d'automatiser des processus tels que l'acheminement des documents, l'obtention des autorisations, l'ordonnancement et la production des rapports. Plusieurs personnes peuvent travailler simultanément sur un même document partagé, dont les mises à jour sont ensuite resynchronisées, ce qui accélère le processus. Un travail n'est plus bloqué en raison de l'absence d'un acteur qui n'a pas commencé sa contribution sur le document partagé. De plus, grâce à un système d'indexation multicritères, les utilisateurs peuvent récupérer des données de plusieurs manières, selon le contenu du document.

Depuis sa création en 1978, le groupe de prêt-à-porter Kiabi connaît une forte croissance portée par son concept : « la mode à petit prix ». Aujourd'hui, le réseau Kiabi compte 450 points de vente en Europe (France, Espagne, Italie, Portugal), dans les DOM-TOM, en Russie et au Maroc. Le groupe emploie plus de 8 000 collaborateurs, de 60 nationalités différentes et propose plus de 300 métiers. Son chiffre d'affaires en 2012 s'élevait à 1,378 milliard d'euros. Pour renforcer la cohérence de ce réseau de points de vente de plus en plus dense, Kiabi a choisi d'harmoniser la diffusion et le partage des informations concernant l'activité des boutiques et leurs coûts, *via* la mise en œuvre de différents modules Hyperion : Hyperion Planning pour l'élaboration et le contrôle budgétaire, Hyperion Financial Reporting pour le *reporting*, Hyperion Workspace pour l'accès personnalisé aux états d'analyse et Hyperion SmartView pour exporter des informations et élaborer des rapports plus complexes, à la carte. Ces outils Hyperion contribuent également à la réactivité des décideurs en leur permettant d'accéder à J + 4 aux résultats des ventes et donc d'ajuster au plus vite les promotions aux comportements d'achats des consommateurs. La migration à la version 11, quant à elle, permet aux utilisateurs d'accéder aux états et aux analyses en quelques secondes au lieu de quelques minutes avec la précédente version.

Étapes d'une réingénierie efficace

L'une des décisions les plus importantes qu'une entreprise puisse prendre ne consiste pas à déterminer comment utiliser les ordinateurs pour améliorer ses processus, mais plutôt à décider quels processus d'affaires améliorer. Quand on utilise les systèmes pour informatiser des modèles ou des processus inappropriés, l'entreprise peut rendre certaines de ces procédures plus efficaces, alors qu'elle ne devrait pourtant pas les conserver (Hammer, 2002). On peut aussi consacrer beaucoup de temps et d'argent à l'amélioration de processus d'affaires qui ont peu d'effet sur la performance globale de l'entreprise et son chiffre d'affaires.

La direction doit comprendre et mesurer l'efficience des processus en place. Par exemple, s'il faut repenser les processus pour réduire le temps et les coûts liés à la mise au point de nouveaux produits ou à l'expédition d'une commande, l'entreprise doit évaluer le temps et les coûts associés au processus, avant de déterminer s'il est utile de le changer. N'importe quelle activité de l'organisation peut être concernée, comme la mise sur le marché d'un nouveau produit ou le traitement d'une réclamation client suite à une prise de contact *via* le centre d'appels du *front office* commercial ou encore le référencement d'un nouveau fournisseur.

Pour mener une opération de BPR, la démarche usuelle est de commencer par le côté organisationnel, puis de mettre en œuvre le support informatisé « *workflow* + GED ». Néanmoins, la connaissance des possibilités de cette combinaison technologique peut également enrichir la réflexion des décideurs et faire ainsi émerger des modalités organisationnelles inédites et performantes.

Ni la démarche retenue ni les choix technologiques ne garantissent le succès de la réingénierie. La majorité des projets n'atteignent pas leurs objectifs de performance parce que les changements organisationnels sont souvent très difficiles à gérer, notamment sur le plan social. La gestion du changement n'est ni simple ni intuitive.

Aujourd'hui, l'environnement de l'entreprise exige une coordination beaucoup plus étroite des processus d'une entreprise avec ceux de ses partenaires (clients, fournisseurs, etc.). De nombreux processus deviennent interorganisationnels, notamment en logistique industrielle ou dans la gestion des flux financiers. Dans ces cas-là, la réingénierie nécessitera la collaboration de nombreuses entreprises afin de repenser ensemble les processus qu'elles partagent.

Amélioration des processus : la gestion des processus d'affaires

La réingénierie des processus d'affaires est avant tout un effort ciblé, qui porte sur le choix d'un ou deux processus métier stratégiques que l'on doit changer radicalement. Les organisations comptent cependant de nombreux processus métier et support qu'elles doivent fréquemment réétudier pour demeurer compétitives. La gestion des processus et les programmes d'amélioration de la qualité favorisent les modifications graduelles et continues des processus. Le *Total Quality Management* (TQM), ou gestion par la qualité totale, et la méthode Six Sigma représentent deux approches reconnues pour l'amélioration de la qualité. L'approche TQM fait de la qualité absolue (parfois appelée Zéro Défaut) un objectif à atteindre et une fin en soi pour l'ensemble de l'organisation, chacun étant alors responsable de participer à son niveau à l'atteinte de cet objectif. L'approche TQM trouve son origine dans les concepts développés par des experts en qualité tels que W.E Deming et J. Juran. Cette approche a été fortement utilisée au Japon avant de gagner progressivement le monde occidental. Six Sigma est un outil de mesure spécifique de la qualité, avec comme cible un taux de rejet de 3,4 pour 1 million. La plupart des entreprises ne peuvent espérer atteindre ce niveau, mais utilisent Six Sigma pour piloter leurs programmes d'amélioration continue.

2.2 Gestion des processus d'affaires

Les regroupements d'entreprises et les acquisitions, les changements dans les « *business models* », les nouvelles exigences de l'industrie et les attentes changeantes des clients posent de nombreux problèmes axés sur le processus, auxquels les organisations sont constamment confrontées. La gestion des processus d'affaires ou *Business Process Management* (BPM) leur permet de gérer les changements progressifs, simultanément nécessaires dans de nombreux secteurs de l'entreprise. Elle fournit une méthodologie et des outils qui servent à traiter ses besoins actuels, en vue de réviser et d'optimiser ses nombreux processus internes, ainsi que ceux qu'elle partage avec d'autres organisations. Elle permet aussi à celles-ci d'améliorer continuellement de nombreux processus de façon simultanée et de les utiliser comme composantes essentielles des SI.

Le BPM comprend la modélisation des processus métier et support, la gestion du flux de travail, celle de la qualité, celle des changements, ainsi que des outils pour refaçonner les processus dans un format normalisé qui permet de les manipuler continuellement. Les entreprises qui ont recours au BPM utilisent des outils de description des processus pour déterminer et documenter les processus réels et pour créer des modèles de processus améliorés que l'on peut alors convertir en systèmes logiciels. Les modèles de processus peuvent nécessiter des systèmes entièrement nouveaux ou existants. Les outils logiciels de BPM gèrent automatiquement les processus de toute l'entreprise, extraient des données provenant de différentes sources et bases de données et génèrent des transactions entre plusieurs systèmes reliés.

Le BPM comprend aussi la surveillance des processus et des analyses. Les organisations doivent pouvoir vérifier si leurs performances ont été améliorées et mesurer l'effet des changements apportés sur les indicateurs clés de l'entreprise. Certains vendeurs de logiciels commerciaux fournissent des produits de BPM.

Certains éditeurs d'ERP proposent à leurs clients d'utiliser des outils d'aide à la modélisation des processus, ainsi que des logiciels qui permettent de passer de la modélisation au paramétrage des différents modules applicatifs. Associé (par module intégré ou par interfaçage) aux possibilités du *workflow* et de la GED, l'ERP facilite le fonctionnement informatisé des processus intrafonctionnels, mais surtout transversaux et interfonctionnels.

Avec 21 agences couvrant l'ensemble du territoire, près de 550 000 extincteurs produits annuellement dans son usine de Senonches (28) et près d'un million d'organes de sécurité en parc maintenance, Eurofeu est un des tout premiers acteurs sur le marché de la sécurité incendie. Dans le cadre de la croissance et des évolutions du groupe, celui-ci a décidé de se doter d'un seul progiciel de gestion capable de répondre à ses besoins, c'est-à-dire un logiciel efficace dédié à son activité lui permettant d'avoir une meilleure traçabilité des opérations menées sur les extincteurs et d'apporter un service plus efficace à ses clients, en répondant avec plus d'efficacité et plus de ponctualité à leurs interrogations. Utilisateur de Microsoft AX depuis 2003, l'entreprise a porté son choix sur la version 2012 afin d'avoir un seul logiciel qui supporte toutes les fonctions de l'entreprise (comptabilité générale, production, SAV). Elle a de plus pu développer un module de gestion SAV particulièrement adapté à son métier et ses contraintes, en partenariat avec Prodware, leader de la solution Dynamics. « *Grâce à Microsoft Dynamics, nous pouvons croître en matière de parc, nous avons toute l'infrastructure qui nous permettra de traiter demain 500 000 extincteurs de plus, sans changer notre infrastructure* », explique Philippe de Panthou, directeur général d'Eurofeu.

3 Aperçu du développement des systèmes

On construit un nouveau SI comme solution à un ou plusieurs problèmes auxquels l'entreprise est confrontée. Les managers et leurs collaborateurs peuvent, par exemple, s'être rendu compte que la performance de l'organisation était moins élevée que prévu ou que de nouvelles opportunités pourraient leur permettre d'obtenir de meilleurs résultats.

Revoyez les cas présentés au début de chaque chapitre. Ils montrent comment un SI peut apporter une solution à un ensemble de défis ou de problèmes qu'une entreprise rencontre. Le **développement des systèmes** désigne toutes les activités qui contribuent à résoudre un problème particulier de l'organisation *via* les SI ou à tirer parti d'une opportunité qui se présente à elle. Le développement des systèmes contient plusieurs travaux et phases : l'étude d'opportunité, la conception de la solution, le rôle des utilisateurs finaux, l'achèvement du processus de développement des systèmes, la modélisation et la conception des systèmes et le génie logiciel assisté par ordinateur. La figure 13.3 illustre le processus de développement des systèmes. Les activités présentées se déroulent normalement en ordre séquentiel. Certaines doivent néanmoins être répétées ou exécutées simultanément, selon la méthode choisie.

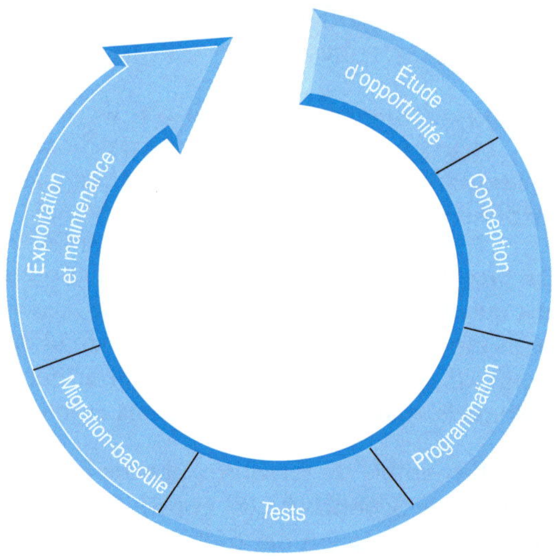

Figure 13.3 – Processus de développement des systèmes.

3.1 Étude d'opportunité

L'étude d'opportunité est l'analyse du problème que l'organisation tentera de résoudre à l'aide d'un SI. Elle est constituée de la définition du problème, de ses causes, de la solution à mettre en place et des besoins en information auxquels elle doit répondre. On peut également l'utiliser pour cerner de nouvelles possibilités d'utilisation des technologies de l'information.

L'analyste crée une cartographie de l'organisation et des systèmes en place. Il expose ensuite en détail les problèmes ou les limites des systèmes existants. En examinant les documents de travail, les dossiers et les procédés, en analysant les opérations informatisées et en interrogeant les utilisateurs clés, il peut déterminer les objectifs à atteindre grâce à la solution proposée. On décidera alors de construire un nouveau SI ou d'améliorer l'ancien.

L'étude d'opportunité produit une étude de faisabilité en vue de déterminer si la solution proposée est faisable ou réalisable, d'un point de vue financier, technique et organisationnel. Elle permet de savoir si le système proposé est un bon investissement, si la technologie requise est disponible et peut être utilisée par les spécialistes des SI de l'entreprise et si l'organisation peut gérer les changements introduits par le système.

Normalement, le processus d'analyse préalable identifie plusieurs solutions alternatives valables pour l'organisation. Il faut évaluer chacune d'elles, rédiger un rapport sur les systèmes proposés, puis indiquer les coûts, les avantages et les inconvénients de chaque option. La direction doit ensuite déterminer quelle solution est la plus souhaitable.

La tâche la plus complexe de l'étude d'opportunité est la **définition des besoins en information** auxquels la solution proposée doit répondre. Il est parfois difficile de différencier les besoins de l'organisation et les attentes locales, voire individuelles. La perception d'insuffisances ne crée pas mécaniquement une conscience claire des besoins. Ceux-ci concernent les données (structuration, confidentialité, etc.), les traitements (contenus, séquences, exécution en temps réel ou différé, etc.), ainsi que les modalités de saisie, transmission et restitution. Une fois ces besoins clarifiés, il faut les confronter aux acteurs dans la configuration organisationnelle cible (qui saisit, qui contrôle, etc.). La principale cause d'échec des systèmes et des coûts élevés liés à leur élaboration relève d'une analyse erronée de ces besoins (voir chapitre 14). Il faudra éliminer ou considérablement modifier un système conçu à partir d'une mauvaise analyse. De plus, un projet d'informatisation est toujours confronté à des existants informatisés, que ce soit pour y être interfacé (échange de données), combiné (interopérabilité) ou pour s'y substituer (reprise des données, etc.).

Bien que ce processus soit laborieux, il se révèle de loin supérieur et moins coûteux que s'il faut refaire ou défaire un système en entier mal défini au préalable. La mise en œuvre d'un nouveau système donne souvent l'occasion de redéfinir la manière dont l'organisation dirige ses affaires au quotidien.

3.2 Conception

Alors que l'étude d'opportunité décrit ce que doit faire un système pour répondre aux besoins en information, la **conception des systèmes** montre comment le système choisi aidera l'organisation à atteindre cet objectif. Ce plan ou ce modèle global contient toutes les spécifications qui confèrent à ce système sa forme et sa structure, à l'instar des plans d'un immeuble ou d'une maison.

L'équipe en charge de la conception inventorie les spécifications qui devront soutenir les fonctions incluses dans le périmètre du projet validé à l'issue de l'étude d'opportunité. Elle doit tenir compte de toutes les composantes organisationnelles et technologiques de la solution choisie. Le tableau 13.3 présente une liste des spécifications qui doivent entrer dans la conception d'un système, également nommée « Cahier Des Charges » (**CDC**). Il existe un CDC Fonctionnel (**CDCF**) pour les spécifications portant sur les données, les traitements et les conditions d'exploitation, et un CDC Technique (**CDCT**) pour celles portant sur les choix et les contraintes techniques auxquelles le projet sera soumis (respect des caractéristiques techniques de l'infrastructure existante, par exemple).

Tableau 13.3 : Spécifications de la conception

Sortie

Support
Contenu
Dates

Entrée

Origines
Flux
Saisie des données

Interface utilisateur

Simplicité
Efficacité
Logique
Rétroaction
Erreurs

Conception de la base de données

Relations logiques entre les données
Exigences en matière de volume et de vitesse
Organisation et conception des fichiers
Caractéristiques des enregistrements

Traitement

Calculs
Modules des programmes
Rapports nécessaires
Dates des sorties

Procédures manuelles

Définition des activités
Personnes responsables
Échéances
Méthodes
Lieux

Contrôles

Contrôles des entrées (caractères, limites, logique)
Contrôles du traitement (cohérence, décompte des enregistrements)
Contrôles des sorties (totaux, échantillons de sortie)
Contrôles des procédés (mots de passe, formulaires)

Sécurité

Contrôle des accès
Plans en cas de catastrophe
Vérification

Documentation

Documentation pour l'exploitation
Documents sur les systèmes
Documents destinés aux utilisateurs

Migration-bascule

Transfert des fichiers
Démarrage de nouvelles procédures
Sélection de la méthode d'essai
Passage vers le nouveau système

Formation

Sélection des techniques de formation
Élaboration des modules de formation
Choix des installations de formation

Changements organisationnels

Conception nouvelle des tâches
Conception des emplois
Conception des processus
Conception de la structure des bureaux et de l'organisation
Structures hiérarchiques

3.3 Rôle des utilisateurs finaux

Les besoins en information des utilisateurs doivent orienter la mise en œuvre des systèmes. Cette notion d'utilisateurs n'est néanmoins pas homogène. Pour un projet applicatif, plusieurs types d'utilisateurs vont entrer en jeu. Prenons l'exemple d'un projet d'informatisation de la gestion des expéditions des produits finis en sortie de chaîne de fabrication vers les entrepôts régionaux. Les responsables métier (directeur logistique et directeur industriel) devront s'accorder sur les synchronisations entre leurs domaines de responsabilité. Les chefs d'équipe (les entrepôts fonctionnent en trois-huit) devront mesurer les effets de la nouvelle solution sur l'organisation du travail de leurs équipes. Les magasiniers devront s'approprier l'ensemble des possibilités transactionnelles pour effectuer leurs tâches quotidiennes, telles que l'étiquetage des colis, la préparation des chargements des conteneurs, l'édition des bons d'expédition à remettre aux chauffeurs, etc. Tous ces « utilisateurs » sont des parties prenantes qui assureront le succès ou l'échec de la solution. Lors de la conception du système, il faut donc se demander qui doit participer à ces travaux préparatoires, et dans quelle mesure. Les responsables sont-ils les mieux placés ? Si plusieurs centaines d'opérateurs travaillent dans les entrepôts, qui va représenter la juste confrontation des idées des concepteurs avec les réalités de leurs pratiques ? Une solution consiste à identifier des « utilisateurs clés » (*key users*), qui combinent plusieurs qualités rares : connaître la réalité du terrain, être capable de se détacher du système actuel, participer à la formalisation de compromis performants pour l'organisation et les opérateurs.

L'implication des utilisateurs dans le travail de conception fonctionnelle améliore leur compréhension et leur acception des systèmes. Elle permet de réduire les problèmes liés aux changements qui interviennent au niveau de l'exercice du pouvoir, les conflits entre les groupes et le manque de connaissance des nouvelles fonctions et des procédés. Le manque de participation à l'effort de conception est l'une des principales causes d'échec des systèmes.

La nature et le niveau de participation des utilisateurs varient d'un système à un autre. La participation à la conception de systèmes construits en fonction d'exigences simples et précises est moins importante que dans le cas de systèmes élaborés, complexes et dotés d'un grand nombre d'incertitudes. Les systèmes moins structurés requièrent une plus grande participation des utilisateurs à la définition des besoins et peuvent exiger la mise en œuvre de plusieurs versions avant que les spécifications ne puissent être finalisées.

3.4 Achèvement du processus de développement des systèmes

Les dernières étapes du processus de développement consistent à traduire les spécifications de la solution choisie, définies lors de l'analyse et la conception, en un SI entièrement opérationnel. Elles incluent la réalisation technique, les tests, la migration-bascule, l'exploitation et la maintenance.

Réalisation technique

La réalisation technique comprend l'ensemble des travaux que devront mener les différentes catégories d'informaticiens. Dans le cas d'une réalisation logicielle spécifique, les travaux de **programmation** sont les plus connus. Les spécifications définies lors de l'étape de conception sont converties en codes de programmation dans une syntaxe spécifique au langage utilisé. Aujourd'hui, bon nombre d'organisations n'effectuent plus la programmation de leurs nouveaux systèmes. Elles préfèrent acheter à un éditeur un produit logiciel (progiciel) qui répond à leurs besoins. Qu'il s'agisse d'un progiciel monofonction (progiciel de comptabilité, de gestion de trésorerie, etc.) ou d'un ERP, l'entreprise devra réaliser seule, ou avec l'aide de consultants externes, les différents paramétrages pour rapprocher au maximum le progiciel standard des spécifications du CDCF. Dans certains cas, les fonctionnalités du progiciel ne couvrent pas tout le périmètre souhaité et il faut réaliser une programmation additionnelle qui complétera le progiciel. De tels compléments doivent être limités au minimum car ils posent de gros problèmes de maintenabilité et de fiabilité dans le temps.

Tests

Toute une batterie de tests doit être menée avant de pouvoir déclarer qu'une solution est prête pour l'exploitation opérationnelle. Lors de la planification de la mise en œuvre d'un projet, on sous-estime généralement le temps et les ressources nécessaires à ces vérifications de conformité fonctionnelle, technique et volumétrique. Jusqu'à 50 % du budget de développement d'un logiciel doit être consacré aux tests. Il faut préparer les données, réviser les résultats, apporter les corrections nécessaires et parfois totalement repenser certaines parties du système. Ces tests sont de plusieurs types.

En cas de développement spécifique comprenant de la programmation, chaque programme sera testé en regard de sa **conformité aux normes d'écriture technique**. C'est ce que l'on appelle un **test unitaire de syntaxe**. En cas d'erreur, les outils dits de « génie logiciel » fourniront au programmeur des messages lui permettant de détecter les anomalies et les corrections à opérer. Les risques de glisser trop rapidement sur cette étape sont énormes. L'essai d'un SI peut se diviser en trois activités :

- Lorsque tous les programmes ont été déclarés techniquement conformes (par les développeurs internes ou l'éditeur du progiciel), on effectue des tests de conformité fonctionnelle. Ils consistent à tester l'intégralité des programmes face aux données qu'ils doivent être capables de traiter. Ces données de tests sont nommées des jeux d'essai et peuvent représenter des volumes très importants. Plus le périmètre de la solution est vaste, plus cette vérification est complexe, notamment dans le cas d'un ERP assurant la gestion de processus transversaux. On découpe alors le périmètre en domaines qui font l'objet de tests intermédiaires avant de procéder aux tests d'intégration. Chaque batterie de tests fait l'objet d'une recette formelle de la part d'une personne ou d'une équipe d'utilisateurs dûment mandatés et formés.
- Une fois cette conformité fonctionnelle acquise, on passe aux tests de conformité technique. Il s'agit de confronter l'ensemble de la solution avec la plateforme technique (matériels, logiciels de base, etc.). Cette batterie de tests, qui fait également l'objet d'une recette formelle, est du ressort des équipes informatiques formées à cette mission.
- Enfin, on procède aux tests de volumétrie. La solution, déclarée conforme d'un point de vue fonctionnel et technique, est installée sur une plateforme identique à la plateforme cible et soumise à des tests de charge : volumes de transactions (avec simulation des périodes de pointe et maintien d'un temps de réponse acceptable), volumes de stockage, capacités de reprise après incident sans perte de données, performance des traitements « *batch* ». Là encore, les résultats font l'objet d'une recette formelle.

Lorsque l'entreprise dispose de ces trois recettes, le comité de pilotage du projet peut décider de préparer l'opération de bascule (date, ressources, plan de secours, etc.) et les conditions des premières périodes d'exploitation.

Migration-bascule

La **migration-bascule** est le processus du passage de l'ancien système au nouveau. Quatre stratégies peuvent être employées : la stratégie dite « en doublon », celle du basculement direct (parfois nommée « big bang »), celle du projet pilote et de la migration-bascule par étapes.

La **stratégie en doublon** consiste à exécuter les deux systèmes pendant un certain temps, jusqu'à ce que tout le monde soit certain que le nouveau fonctionne de manière adéquate. Cette méthode de migration-bascule est apparemment la plus sécurisante : en cas de pannes de traitement ou d'erreurs, l'ancien système peut servir de système de secours. Cependant, cette approche est rarement réalisable et très coûteuse. Il faut prévoir du personnel ou des ressources supplémentaires pour faire tourner les deux systèmes. Peu d'entreprises disposent d'un tel sureffectif chez les utilisateurs.

Avec la **stratégie du basculement direct**, on remplace complètement l'ancien système par le nouveau à une date déterminée. Pour minimiser les risques, il faut procéder à des simulations préalables, choisir une date propice (week-end par exemple), informer les équipes d'utilisateurs et maintenir la solution d'origine en « *back-up* » au cas où.

Selon la **stratégie du projet pilote**, on introduit le nouveau système uniquement dans un secteur limité de l'organisation, par exemple dans un seul service ou une seule unité. Une fois que cette version pilote est testée et qu'elle fonctionne sans accrocs, elle est déployée dans le reste de l'entreprise, en une seule fois ou par étapes. Tous les projets ne sont pas compatibles avec cette méthode, notamment en cas d'intégration horizontale forte.

La **stratégie de migration-bascule par étapes** consiste à introduire le nouveau système graduellement, soit par fonction, soit dans une seule unité à la fois. Par exemple, on peut installer un nouveau système de calcul de la paie par fonction, en commençant par enregistrer les travailleurs payés à l'heure, qui reçoivent un salaire hebdomadaire, puis en ajoutant six mois plus tard les employés salariés, rémunérés au mois. Lorsque les unités organisationnelles installent le système, la migration-bascule peut d'abord s'effectuer au niveau du siège social, puis dans les unités plus éloignées quatre mois plus tard. Cette formule présente un inconvénient majeur : le SI est en situation d'instabilité provisoire et mutante sur une période au cours de laquelle la fiabilité opérationnelle de l'entreprise peut être fragilisée.

Un **plan de migration-bascule** fournit un calendrier des activités nécessaires pour installer le système. Bien souvent, l'activité la plus longue est la migration-bascule des données. Ces dernières doivent être transférées de l'ancien vers le nouveau système, au moyen de procédés manuels ou de logiciels spéciaux de migration-bascule. Il faut ensuite les contrôler afin de s'assurer qu'elles sont précises et complètes.

Le passage de l'ancien système au nouveau ne peut s'opérer sans une formation poussée des utilisateurs finaux. Celle-ci doit se dérouler juste avant la phase d'utilisation opérationnelle. La **documentation** détaillée, qui présente le fonctionnement du système sur le plan technique et des utilisateurs, doit être finalisée lors de la migration-bascule, afin de pouvoir être utilisée lors de la formation et ensuite au quotidien. Les principaux éléments de cette documentation doivent être accessibles en ligne. Une formation insuffisante et une documentation mal préparée, par manque de temps et contraintes budgétaires, contribuent à l'échec des systèmes. Cette étape de l'élaboration est donc très importante.

Exploitation et maintenance

Une fois le nouveau système installé et la migration-bascule achevée, on dit que le système est en **exploitation** (ou **production**). Lors des premières phases d'exploitation, les utilisateurs et les informaticiens l'évalueront à intervalles réguliers, afin de déterminer jusqu'à quel point il répond aux exigences initiales du CDCF et du CDCT, et de décider des aménagements techniques ou fonctionnels à réaliser. Les modifications matérielles, logicielles et relatives à la documentation ou aux procédés d'un système lors de son exploitation, en vue de corriger les erreurs, de répondre aux nouvelles exigences ou d'améliorer l'efficacité du traitement, doivent être menées durant la phase de **maintenance**. Ces deux phases sont donc simultanées.

Les études effectuées sur la maintenance ont examiné le temps nécessaire à l'accomplissement de différentes tâches pendant cette phase. Le travail de maintenance consiste dans 60 % des cas à apporter des améliorations du point de vue des utilisateurs, à perfectionner la documentation et à recoder les composantes du système afin de faire progresser l'efficacité du traitement. Il serait possible de réduire considérablement ce chiffre en réalisant une meilleure analyse préalable et en adoptant de meilleures pratiques de conception. Les systèmes diffèrent selon leur taille, leur complexité fonctionnelle et technologique, ainsi que les problèmes organisationnels qu'ils doivent résoudre. C'est pourquoi il existe différentes méthodes permettant de concevoir et de développer ces systèmes.

3.5 Modélisation et conception des systèmes : les méthodes structurées et les développements orientés objets

Il existe différentes méthodes pour modéliser et concevoir des systèmes. Les méthodes structurées et les développements orientés objets sont les plus importants.

Méthodes structurées

Depuis les années 1970, on utilise les méthodes structurées pour documenter, analyser et concevoir des SI ; elles continuent aujourd'hui de jouer un grand rôle. On dit qu'une **méthode** est **structurée** lorsque les techniques qu'elle prône sont graduelles et lorsque chaque étape découle de la précédente. Ces méthodes sont séquentielles et descendantes ; elles progressent du niveau le plus élevé et le plus abstrait au niveau le plus bas et le plus détaillé (c'est-à-dire du général au particulier).

Les méthodes structurées sont axées sur des processus et se concentrent avant tout sur leur modélisation ou les actions qui saisissent, stockent, manipulent et distribuent les données à mesure qu'elles circulent dans le système. Elles séparent les données des processus. Une procédure de programmation séparée doit être écrite chaque fois qu'une personne désire manipuler un ensemble de données particulier. Elle agit sur les données fournies par le programme.

Le diagramme de flux de données (*flowchart*) est le principal outil servant à représenter graphiquement les processus qui sous-tendent les systèmes et les flux de données qui les relient. Il offre un modèle graphique logique des flux d'information, en divisant un système en modules qui présentent des niveaux de détail plus faciles à gérer. Il précise rigoureusement les processus ou les transformations qui se produisent au sein de chaque module et les interfaces qui existent entre eux.

La figure 13.4 montre un diagramme de flux simple pour un système d'inscription à des cours d'université. Les boîtes à angles arrondis représentent les processus qui portent sur la transformation des données. Les carrés montrent une entité externe, émettrice ou réceptrice d'informations, située à l'extérieur des frontières du système. Les rectangles ouverts représentent les dépôts de données stockées par des moyens manuels ou automatisés. Les flèches désignent les flux de données entre les processus, les entités externes et les dépôts de données. Ces flux contiennent toujours des paquets de données dont le nom ou le contenu est mentionné à côté de la flèche.

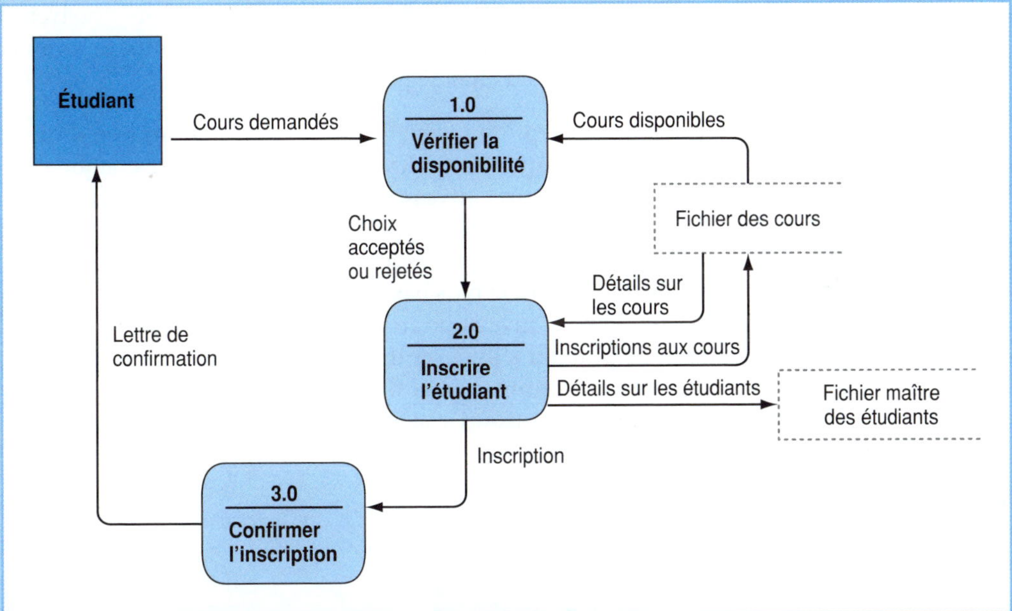

Figure 13.4 – Diagramme de flux de données pour un système d'inscription à des cours universitaires par courrier.

Ce diagramme nous montre que les étudiants présentent une demande d'inscription, sur laquelle ils indiquent leur nom, leur numéro d'identification et les numéros des cours qu'ils souhaitent suivre. Lors du processus 1.0, le système vérifie si chaque cours choisi est encore disponible, en consultant le fichier des cours de l'université. Ce dernier distingue ceux qui sont disponibles de ceux qui ne le sont plus ou qui ont été annulés. On détermine ensuite quels choix sont acceptés ou refusés. Lors du processus 2.0, on inscrit les étudiants dans les cours précédemment validés. Le système met à jour le fichier en inscrivant le nom de l'étudiant et son numéro d'identification, et recalcule le nombre d'inscrits par classe. Si le nombre maximal est atteint, on indique que le cours qui porte ce numéro est complet. On met également à jour le fichier maître des étudiants de l'université, en y inscrivant les informations sur les nouveaux étudiants ou les changements d'adresse. Lors du processus 3.0, on envoie à chaque étudiant une lettre de confirmation des cours auxquels il est inscrit et ceux qu'il peut suivre.

Ces diagrammes servent également à illustrer les processus qui contiennent le plus haut, ainsi que le plus bas niveau de détails. On peut, par exemple, diviser un système complet en sous-systèmes à l'aide d'un diagramme de haut niveau, puis subdiviser chaque sous-système en sous-systèmes additionnels, au moyen de diagrammes de deuxième niveau, et ainsi de suite jusqu'à atteindre le plus bas niveau de détails.

Le dictionnaire de données est un autre outil utile pour l'analyse structurée. Il contient des informations sur des éléments individuels et les regroupements de données à l'intérieur d'un système (voir chapitre 8). Il définit le contenu des flux et des dépôts de données afin que les constructeurs de systèmes puissent comprendre exactement quels éléments d'information ils contiennent. Les **spécifications de processus** décrivent les transformations effectuées au plus bas niveau des diagrammes des flux de données. Elles expriment la logique qui sous-tend chaque processus.

Avec la méthode structurée, la conception logicielle est modélisée au moyen d'**organigrammes hiérarchiques**. Il s'agit d'un tableau descendant qui présente chaque niveau de conception, sa relation avec les autres niveaux et sa position dans la structure de conception globale. L'équipe chargée de la conception doit d'abord considérer la fonction principale d'un système, puis la diviser en sous-fonctions et décomposer chacune d'elles jusqu'à ce que le niveau de détail le plus bas soit atteint. La figure 13.5 illustre un organigramme hiérarchique de haut niveau pour un système de paie. Si la conception compte trop de niveaux pour pouvoir s'intégrer dans un organigramme hiérarchique, on peut la subdiviser en organigrammes plus détaillés. Un organigramme hiérarchique peut documenter un programme, un système (un ensemble de programmes) ou une partie de programme.

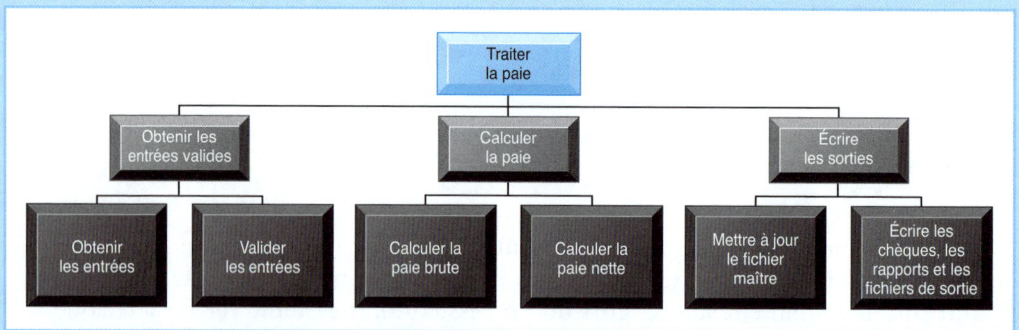

Figure 13.5 – Organigramme hiérarchique de haut niveau pour un système de paie.

Développement orienté objets

Les méthodes structurées permettent de modéliser des processus, mais pas les données de façon appropriée. De plus, elles traitent les données et les processus comme des entités séparées de façon logique, alors que, dans le monde réel, une telle distinction semble plus difficile à appréhender, notamment pour un utilisateur à qui elle semblera artificielle. On utilise différentes conventions de modélisation pour l'analyse (diagramme de flux de données) et la conception (organigramme hiérarchique).

Le **développement orienté objets** tente de traiter ces questions. Il utilise l'**objet** comme unité de départ pour l'analyse et la conception des systèmes. Un objet combine des données et les processus précis qui agissent sur celles-ci. On peut accéder aux données encapsulées dans un objet et les modifier au moyen des opérations, ou **méthodes**, associées à ce dernier. Au lieu de transférer les données aux procédures, les programmes envoient un message à un objet pour qu'il effectue une opération déjà intégrée dans ce dernier. Le système est modélisé comme un ensemble d'objets et de relations entre eux. Comme la logique de traitement se trouve à l'intérieur des objets plutôt que dans des programmes logiciels distincts, les objets doivent collaborer entre eux pour faire fonctionner le système.

La modélisation orientée objets s'appuie sur les concepts de **classe** et d'**héritage**. Les objets qui appartiennent à une classe, ou à une catégorie générale d'objets semblables, en possèdent les caractéristiques. Les classes d'objets peuvent à leur tour hériter de la structure et des comportements d'une classe plus générale, puis ajouter des variables et des comportements propres à chaque objet. On crée des nouvelles classes en sélectionnant une classe existante et en précisant comment la nouvelle classe se distingue de l'existante, au lieu de partir de zéro à chaque fois.

La figure 13.6 illustre les relations entre des classes qui concernent les employés et leur rémunération. L'employé est l'ancêtre commun, ou la superclasse, des trois autres classes. « Salarié », « Horaire » et « Temporaire » sont les sous-classes de « Employé ». Le nom de la classe se situe dans la partie supérieure de l'encadré ; les attributs de chaque classe se trouvent au centre et la liste des opérations en bas.

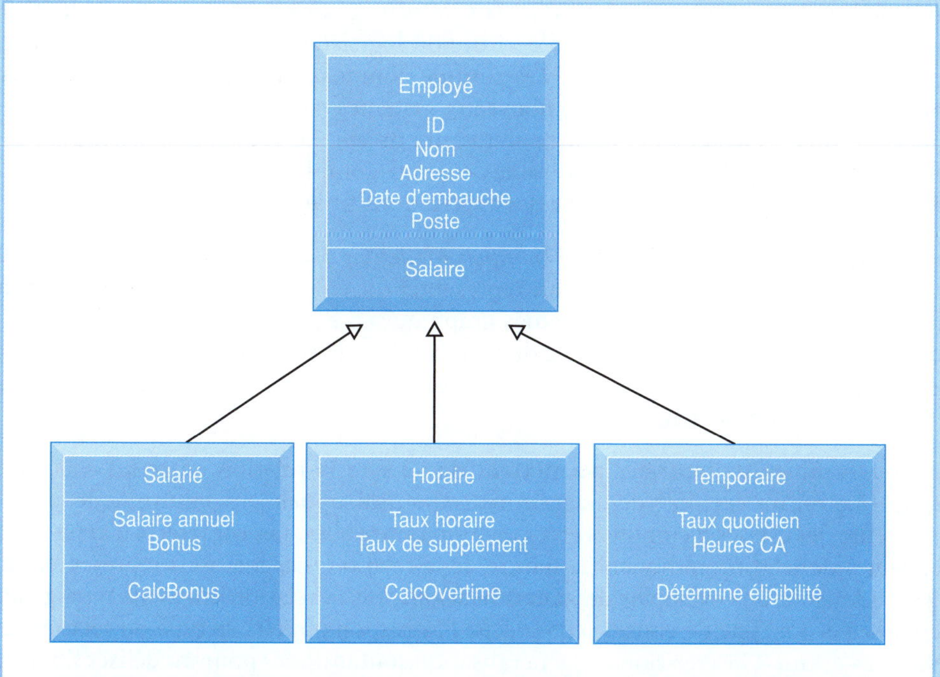

Figure 13.6 – Classe et héritage.

Les caractéristiques communes à tous les employés (ID, nom, adresse, date d'embauche, poste et salaire) sont stockées dans la superclasse « Employé », tandis que chaque sous-classe stocke celles associées à ce type d'employé. Par exemple, les taux horaires et de suppléments sont associés aux employés « Horaire ». Une ligne pleine, qui part de la sous-classe vers la superclasse, est un trajet de généralisation indiquant que les sous-classes « Salarié », « Horaire » et « Temporaire » partagent des caractéristiques communes que l'on peut généraliser dans la superclasse « Employé ».

Les étapes du développement orienté objets sont semblables à celles du développement traditionnel des systèmes. Elles comprennent l'analyse, la conception et la mise en exploitation. Le développement orienté objets est cependant plus itératif et progressif que le développement structuré traditionnel. Durant l'analyse, les développeurs documentent les exigences fonctionnelles du système, en précisant ses propriétés les plus importantes et ce qu'il doit effectuer. Les interactions entre le système et ses utilisateurs sont analysées en vue de définir les objets, qui comprennent les données et les processus. L'étape de conception orientée objets décrit comment ces derniers se comporteront et comment ils interagiront entre eux. Ceux qui sont semblables sont regroupés pour former une classe, et les classes sont groupées en hiérarchies, dans lesquelles une sous-classe hérite des attributs et des méthodes de sa superclasse.

Le SI est construit en convertissant la conception en code de programmation, en réutilisant les classes déjà disponibles dans une bibliothèque d'objets logiciels réutilisables et en ajoutant les nouveaux créés durant l'étape de conception orientée objets. La mise en œuvre peut aussi comprendre la création d'une base de données orientée objets. Le système qui en résulte doit être rigoureusement testé et évalué.

Puisque les objets sont réutilisables, le développement orienté objets peut potentiellement réduire le temps et les coûts d'écriture du logiciel, car les organisations peuvent réutiliser les objets logiciels déjà créés comme composantes de départ pour d'autres applications. On peut concevoir de nouveaux systèmes en utilisant les objets existants, en les modifiant et/ou en ajoutant de nouveaux objets. Les structures orientées objets fournissent des applications réutilisables et semi-complètes, que l'organisation peut ensuite personnaliser pour produire des applications finies.

Le **langage de modélisation unifié** (*Unified Modelling Language*, UML), créé en 1996, est la norme de référence utilisée pour représenter différentes vues d'un système orienté objets au moyen d'une série de schémas graphiques. Le modèle sous-jacent intègre ces vues pour encourager une cohérence durant l'analyse, la conception et la mise en application. Le langage UML utilise deux principaux types de schémas : les diagrammes structuraux et comportementaux.

Les diagrammes structuraux permettent de décrire la relation entre les classes. La figure 13.6 est un exemple de diagramme structural, appelé « diagramme de classe ». Il présente des classes d'employés et les relations entre elles. Les caractères d'arrêt à la fin des lignes de relation indiquent la nature de la relation. Les relations représentées à la figure 13.6 sont des exemples de **généralisation**, soit la relation entre un type général de choses et un type de choses plus précis. Parfois, on appelle ce type de relation une relation « est un ». Les relations de généralisation sont utilisées pour modéliser l'héritage de classe.

On utilise les diagrammes comportementaux pour décrire les interactions dans un système orienté objets. La figure 13.7 illustre un type de diagramme comportemental, appelé « diagramme de cas d'usage ». Il indique la relation entre un acteur et un système. L'acteur (représenté par un bonhomme stylisé) est une entité externe qui interagit avec le système ; le cas d'usage représente une série d'actions connexes mises en place par l'acteur pour atteindre un objectif précis. Plusieurs cas d'usage interdépendants sont représentés par des ovales dans un encadré. On a recours à la modélisation des cas d'usage pour préciser les exigences fonctionnelles d'un système, en se concentrant sur ce qu'il fait plutôt que sur sa façon de le faire. Les objets du système et les interactions entre eux et avec les utilisateurs sont dérivés du modèle de cas d'usage.

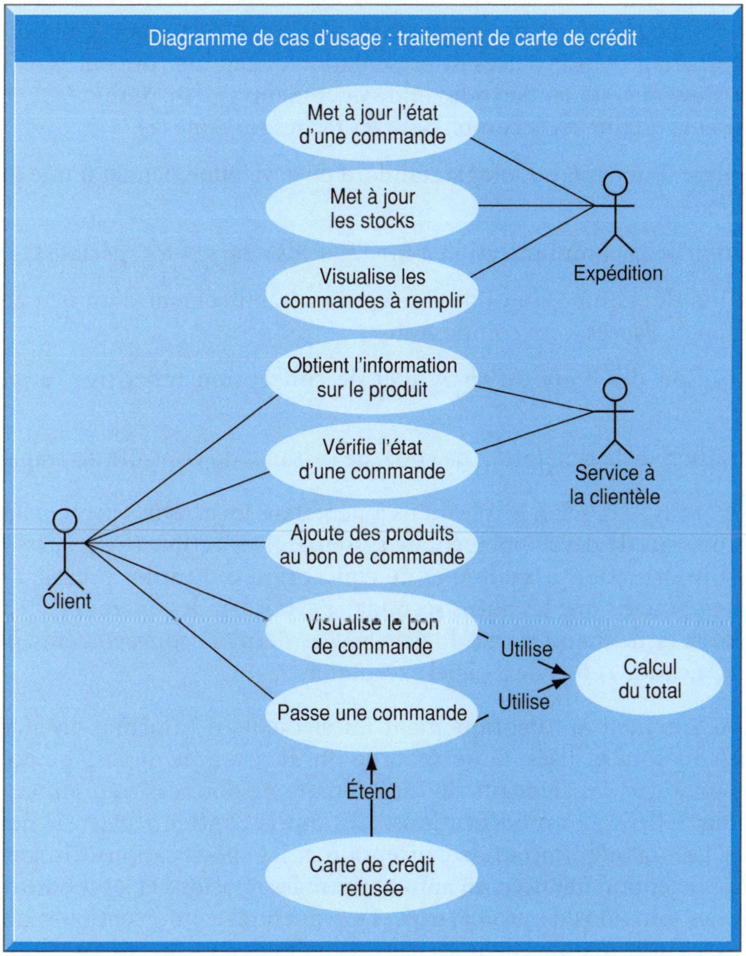

Figure 13.7 – Diagramme de cas d'usage UML.

3.6 Génie logiciel assisté par ordinateur

Le **génie logiciel assisté par ordinateur** (*Computer-Aided Software Engineering* [CASE] ou Atelier de Génie Logiciel [AGL]), parfois simplement appelé « génie logiciel », fournit des outils permettant d'automatiser les méthodologies précédemment décrites, en vue de réduire la quantité de travail répétitif que doit accomplir le développeur et d'en améliorer la fiabilité.

Les outils AGL simplifient aussi la création d'une documentation claire et la coordination des efforts d'élaboration au sein d'une équipe de développement. Ses membres peuvent facilement se partager le travail en accédant aux fichiers des autres pour voir ou modifier ce qui a été fait. Ces outils peuvent également permettre d'améliorer la productivité. Bon nombre d'entre eux fonctionnent sur les ordinateurs personnels et comptent de puissantes fonctions graphiques automatisées, permettant de produire des tableaux et des diagrammes, des générateurs d'écran et de rapports, des dictionnaires de données, des fonctions évoluées de présentation de rapport, des outils d'analyse et de vérification, des générateurs de codes et de documents. Le dispositif AGL augmente la productivité et la qualité en accomplissant les tâches suivantes :

- mise en place d'une méthodologie standard de développement et d'une discipline de conception ;
- amélioration de la communication entre les utilisateurs et les spécialistes ;
- organisation des composantes de conception, établissement d'un lien entre elles et accélération de l'accès à ces composantes ;
- automatisation des étapes d'analyse et de conception répétitives et génératrices d'erreurs ;
- automatisation de la génération de code, de l'essai et du contrôle du transfert.

On classe les outils AGL selon le rôle qu'ils jouent dans les activités principales ou secondaires du processus de développement de systèmes. Les outils principaux sont axés sur la saisie de l'information d'analyse et de conception durant les premières étapes du développement, tandis que les outils secondaires abordent les opérations techniques de codage, de tests et de maintenance logicielle. Ces derniers convertissent automatiquement les spécifications en code logiciel exécutable.

Les outils AGL relient automatiquement les éléments d'information aux processus dans lesquels ils sont utilisés. Si on modifie un diagramme de flux de données d'un processus à un autre, les éléments du dictionnaire de données sont automatiquement modifiés pour refléter ces modifications. Ces outils contiennent aussi des fonctions pour valider les organigrammes de conception et les spécifications. Ils prennent ainsi en charge la conception itérative, en automatisant les révisions et les modifications et en fournissant des fonctions de prototypage. Le référentiel d'information d'un outil AGL stocke toutes les informations définies par les analystes au cours du projet. Il comprend des diagrammes de flux de données, des organigrammes hiérarchiques, des diagrammes entité-relation, des diagrammes UML, des définitions de données, des spécifications de processus, des formats d'écran et de rapports, des notes et des commentaires, ainsi que des résultats de tests.

Pour que ces outils produisent des effets positifs au sein d'une entreprise et de la DSI, tous les membres des équipes impliquées dans la mise en œuvre des SI doivent utiliser un ensemble commun de protocoles d'identification, de normes et de méthodes de développement.

4 Méthodes de mise en œuvre des systèmes

Les systèmes diffèrent selon leur taille, leur complexité technique, ainsi que les problèmes organisationnels qu'ils doivent résoudre. Il existe différentes méthodes de développement des systèmes : le cycle de vie, le prototypage, le développement par l'utilisateur final, les progiciels d'application, la sous-traitance et l'externalisation du développement applicatif. Toutes poursuivent le même objectif : disposer le plus rapidement possible de la solution validée à l'issue de l'étude d'opportunité et qui consommera le moins de ressources (humaines, techniques, financières) à mettre en œuvre et à exploiter.

4.1 Cycle de vie des systèmes

Le **cycle de vie des systèmes** est la plus ancienne méthode de mise en œuvre des SI. Il s'agit d'une méthode par étapes destinée à construire un système en divisant son développement en étapes formelles, une étape de rang « N » ne pouvant débuter qu'après la validation des livrables produits lors de l'étape « N – 1 ». Les opinions des spécialistes diffèrent sur la façon de diviser ces étapes, mais elles correspondent en général à celles du développement des systèmes précédemment décrites.

Cette méthode sous-tend une division très rigoureuse des tâches entre les utilisateurs finaux et les spécialistes des SI. Les informaticiens, comme les analystes et les programmeurs, sont responsables d'une grande partie du travail de conception et de mise en œuvre. Les utilisateurs ont pour tâche de préciser leurs besoins en information et de participer à la validation des conformités fonctionnelles et volumétriques des livrables produits par les équipes techniques. Le cycle de vie est aussi axé sur les spécifications et les écritures formelles. De nombreux documents sont donc générés au cours d'un projet.

Même si les informaticiens développeurs peuvent se déplacer entre certaines étapes du cycle de vie, il s'agit d'une méthode en « cascade », dans laquelle il faut achever les tâches d'une étape avant d'entamer la suivante. Il faut produire d'énormes quantités de documents et répéter certaines étapes lorsqu'on doit réviser les exigences et les spécifications suite à un problème révélé lors des tests finaux. Cette méthode peut entraîner le gel des spécifications assez tôt dans le processus de développement.

4.2 Prototypage

Lorsqu'on opte pour le **prototypage**, on choisit en fait une méthode de mise en œuvre rapide et moins coûteuse. Le **prototype** est une version fonctionnelle temporaire d'un SI ou d'une partie du système. Il s'agit d'un modèle préliminaire qu'on améliore jusqu'à ce qu'il soit conforme aux attentes fonctionnelles. Une fois la conception finalisée, on peut convertir le prototype en système de production final. Il permet aux utilisateurs de se faire une meilleure idée de la traduction réelle de leurs besoins en information. Le prototype validé par les utilisateurs peut servir de modèle pour la construction du système final. Il existe une différence essentielle entre une **maquette** et un **prototype** : la première est une représentation statique des aspects visibles d'une solution, tandis que le second (pour une voiture, par exemple) est un dispositif réel qui permet d'en simuler et d'en tester le fonctionnement. Les coûts et les délais sont naturellement totalement différents.

Le processus d'élaboration d'un modèle préliminaire, qu'on peut essayer, mettre au point et réessayer porte le nom de **processus itératif** de développement des systèmes. Il permet de reprendre plusieurs fois les étapes qui mènent à la mise en œuvre d'un système.

Étapes du prototypage

La figure 13.8 présente un modèle de processus de prototypage en quatre étapes :

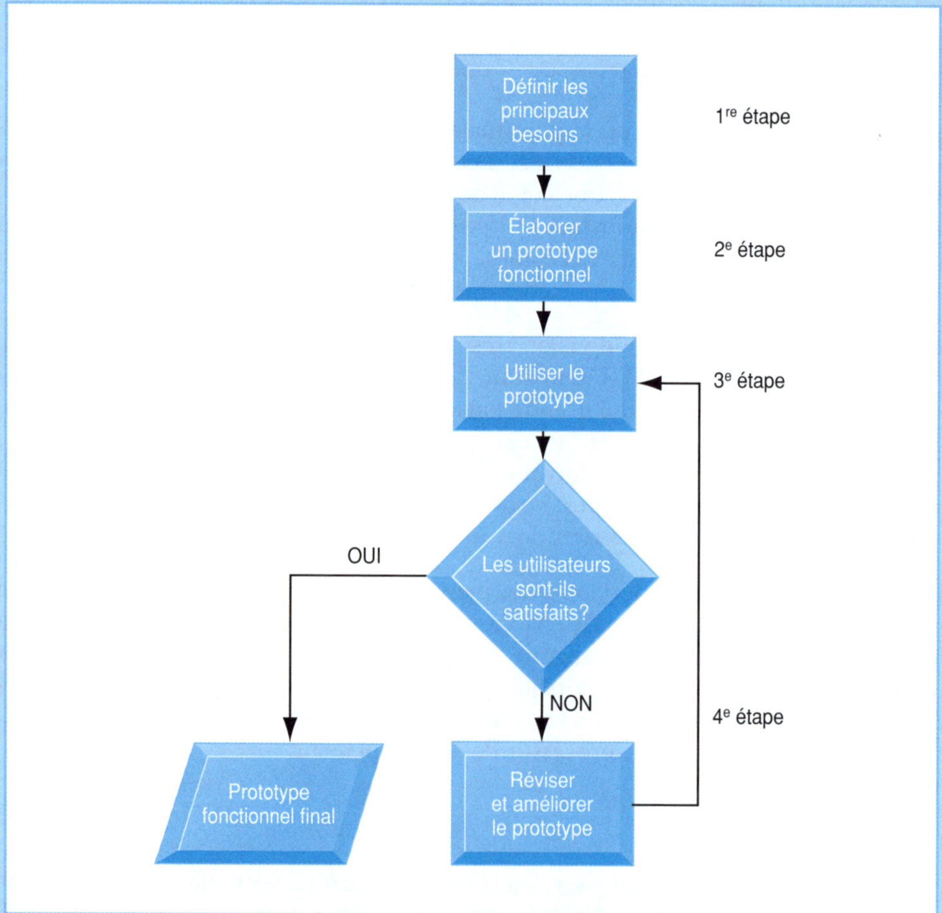

Figure 13.8 – Processus de prototypage.

Première étape : définition des principaux besoins des utilisateurs. Le concepteur du système (habituellement un spécialiste des SI) travaille avec les utilisateurs afin de bien comprendre leurs principaux besoins en information.

Deuxième étape : mise en œuvre du prototype fonctionnel. Le concepteur crée rapidement un prototype de travail, en utilisant les outils logiciels de quatrième génération, qui accélèrent le développement des systèmes. Certains outils de génie logiciel assisté par ordinateur (AGL), décrits plus loin dans ce chapitre, peuvent servir au prototypage, tout comme les outils logiciels multimédias, qui présentent aux utilisateurs des maquettes interactives illustrant les tâches du système proposé, qu'ils peuvent évaluer ou modifier (Madsen et Aiken, 1993).

Troisième étape : utilisation du prototype. L'utilisateur doit travailler avec le prototype afin de déterminer jusqu'à quel point il répond à ses besoins et de pouvoir proposer des améliorations.

Quatrième étape : révision et amélioration du prototype. Le constructeur du système prend note de tous les changements demandés par l'utilisateur et, après validation, améliore le prototype. Il doit ensuite revenir à la troisième étape. Les étapes trois et quatre devront être répétées jusqu'à ce que l'utilisateur soit satisfait.

Lorsqu'on ne doit plus apporter d'autre modification au prototype approuvé, celui-ci devient le prototype fonctionnel qui fournit les spécifications finales de l'application.

Avantages et inconvénients du prototypage

Le prototypage est surtout utile lorsque les exigences ou les solutions ne sont pas suffisamment définies, notamment dans les projets comprenant une forte quantité d'innovations technologiques ou fonctionnelles, comme transformer toute la logique de la gestion des entrepôts en incluant les possibilités de la RFID pour aboutir à un SI dit « événementiel ». Dans ce type de système, les flux de marchandises (conteneurs, palettes, colis, etc.) ne seront plus saisis mais automatiquement générés (ce qui justifie l'appellation « SI événementiel » par leur passage près de bornes de lecture RFID). On a pu le voir dans l'étude de cas proposée dans le chapitre 7, chez Airbus.

Le prototypage sert également à concevoir l'**interface utilisateur** (la partie du système dont se servent les utilisateurs, comme l'affichage en ligne, les écrans de saisie de données, les rapports ou les pages Web). Il permet aux utilisateurs d'évaluer sans délai les parties du système qui leur sont destinées. Il favorise ainsi l'implication précoce de la population « utilisateurs » dans le futur système.

Si le prototypage est effectué trop rapidement, on risque cependant de négliger des étapes essentielles. Si la version finale du prototype fonctionne suffisamment bien, la direction pourrait ne pas voir la nécessité de reprogrammer, de reconcevoir ou de documenter et de tester complètement le système pour en faire un produit fini. Un prototype permet de tester et de mettre au point itérativement la réponse fonctionnelle à des attentes fonctionnelles, mais il n'est pas directement la solution capable de s'insérer dans l'infrastructure informatique globale, notamment pour absorber les aspects volumétriques (transactions, réseaux, stockage, puissance des serveurs, etc.).

4.3 Développement par l'utilisateur final

Certains SI peuvent être développés par des utilisateurs finaux avec très peu, voire aucune assistance de la part des spécialistes. Cette stratégie porte le nom de **développement par l'utilisateur final**.

Cette possibilité concerne presque exclusivement des systèmes qui ne prétendent pas assurer la prise en charge des transactions opérationnelles, comme la saisie des commandes d'un grand groupe de VPC ou l'optimisation des tournées de la flotte de camions d'un opérateur logistique international. Ces développements limités concernent essentiellement la satisfaction de besoins d'analyse sur des données existantes dans le SIG, ou encore des traitements très individualisés sur des données non partagées, par exemple une simulation budgétaire réalisée par un chef de projet sur son PC.

Par ailleurs, les développements réalisés de manière autonome par chaque utilisateur présentent des risques majeurs :

- la non-sécurisation des données ;
- la non-fiabilité des traitements ;
- la non-maintenabilité et la vulnérabilité dans le temps (absence de documentation actualisée) ;
- les difficultés d'utilisation par un tiers ;
- la dispersion des efforts ;
- l'inutilité globale de travaux justifiés localement par une méconnaissance des capacités des systèmes existants.

Les **langages de quatrième génération** sont des outils logiciels qui permettent aux utilisateurs finaux de créer des rapports ou de développer des applications logicielles avec très peu, voire aucune assistance technique. Certains peuvent également améliorer la productivité des programmeurs professionnels quand ils ont des rapports inédits à réaliser pour des utilisateurs concernant des données déjà existantes.

Ces langages sont en général non procéduraux, ou beaucoup moins que les langages de programmation conventionnels. Les langages procéduraux nécessitent une définition de la séquence des étapes, ou procédures, qui indiquent à l'ordinateur ce qu'il faut faire et comment. Les langages non procéduraux ont seulement besoin de préciser ce qui doit être accompli, plutôt que de fournir des détails sur la façon d'exécuter une tâche.

Le tableau 13.4 illustre les six catégories de langages de quatrième génération : les outils logiciels pour PC, les langages d'interrogation, les générateurs de rapports, les langages graphiques, les générateurs d'applications et les langages de programmation très évolués. Elles sont classées par ordre de facilité d'utilisation pour les utilisateurs qui ne sont pas des programmeurs.

Les langages d'interrogation sont souvent liés au logiciel de gestion des données et aux systèmes de gestion des bases de données.

Afin que les organisations tirent un maximum de profit du développement des applications par l'utilisateur final, les managers doivent le contrôler en exigeant une justification du coût des projets de SI par l'utilisateur final et en établissant des normes qui régissent le matériel, les logiciels et la qualité des applications développées par les utilisateurs.

Tableau 13.4 : Catégories de langages de quatrième génération

Outils logiciels pour PC	Outils bureautiques, servant à manipuler des données simples, des fichiers de textes, d'images ou de données, navigateurs Web.	Microsoft Office, Internet Explorer, Microsoft File Explorer
Langages d'interrogation	Langages servant à récupérer des données stockées dans des bases de données ou des fichiers. Ils peuvent prendre en charge des demandes d'information non prédéfinies. De plus en plus, ils sont remplacés par des outils de requête (infocentre) directement associés aux outils de *datamining*.	SQL Microsoft Access
Générateurs de rapports à l'écran ou imprimés	Extraient des données à partir des fichiers ou des bases de données pour créer des rapports personnalisés dans une grande variété de formats qui ne sont pas produits automatiquement par un SI. En général, ils procurent plus de contrôle sur le formatage, l'organisation et l'affichage des données que les langages d'interrogation.	Crystal reports
Langages graphiques	Récupèrent des données à partir des fichiers ou des bases de données et les affichent en format graphique. Certains logiciels graphiques peuvent aussi effectuer des opérations arithmétiques ou logiques sur les données.	BW et Business Objects de SAP
Générateurs d'applications	Contiennent des modules préprogrammés, capables de produire des applications entières, y compris des sites Web, ce qui accélère considérablement le processus de développement. Un utilisateur peut préciser les tâches à effectuer et le générateur d'applications créera le code de programme approprié pour l'entrée, la validation, la mise à jour, le traitement et la sortie des rapports.	FOCUS PowerBuilder Microsoft FrontPage
Langages de programmation très évolués	Produisent des codes programmes avec moins d'instructions que les langages conventionnels, comme le Cobol ou le Fortran. Ils sont conçus avant tout comme des outils de productivité pour les programmeurs professionnels.	APL Nomad2

4.4 Progiciels d'application

Au chapitre 6, nous avons vu que les logiciels applicatifs de la plupart des systèmes actuels ne sont pas développés en interne, mais achetés à des sources externes. Les entreprises peuvent acquérir un progiciel auprès d'un éditeur, faire développer une application personnalisée par une société extérieure ou louer le logiciel à un fournisseur de services d'application.

Au cours des dernières décennies, de nombreux systèmes ont été construits à partir de progiciels d'application. Beaucoup d'applications sont communes à toutes les organisations, notamment en ce qui concerne les fonctions dites de « support », comme la paie, la comptabilité générale et la gestion de trésorerie. Pour de telles fonctions universelles, supportées par des processus opérationnels standardisables qui ne changent pas beaucoup au fil du temps, un système standardisé est en mesure de répondre aux besoins d'un grand nombre d'organisations.

Lorsqu'une entreprise repère sur le marché le progiciel qui lui convient d'un point de vue fonctionnel et technique, elle n'a plus besoin d'écrire ou de faire écrire ses propres programmes. Elle peut gagner du temps et de l'argent en utilisant des progiciels écrits, conçus et testés par l'éditeur, qui assure la maintenance évolutive par le biais de **versions** (*releases*) successives (suite aux évolutions des réglementations ou des technologies) et de l'assistance aux utilisateurs (« *hot-line* », formations, etc.).

Tout progiciel contient des possibilités dites de « **personnalisation** » en fonction du client. On parle alors de **paramétrage**. Mais l'étendue et la nature de ces possibilités sont extrêmement variables d'un progiciel à un autre. Le paramétrage peut concerner l'interface utilisateur, les données dans leur structuration, les options de certains traitements, etc. Lorsqu'une organisation a des exigences singulières que les possibilités du paramétrage ne peuvent prendre en charge, trois possibilités s'offrent à elle :

- renoncer à ce progiciel si la singularité est pour elle un élément clé de son avantage concurrentiel ;
- renoncer à sa singularité en essayant de trouver un compromis, *via* les possibilités du paramétrage ;
- développer (ou faire développer) un complément logiciel qui devra se combiner au progiciel pour constituer la solution opérationnelle souhaitée.

Cette dernière solution est très risquée, tant sur le plan de sa maintenabilité dans le temps (à chaque nouvelle version du progiciel, il faudra remettre à niveau le complément spécifique et les interfaces), que de la fragilisation opérationnelle, notamment dans le cas d'ERP où les effets d'un changement se diffusent dans l'ensemble du périmètre géré. Ce type de solution n'est réaliste, y compris financièrement, que si le complément est réalisé en dehors du progiciel, avec des échanges très structurés et sécurisés de données entre le « spécifique » et le progiciel, notamment par le biais de traitements « *batch* ».

Le prix du progiciel augmente en fonction de la personnalisation par rapport au coût de sa mise en application. Cette dernière peut générer des frais qui augmentent le prix d'achat initial. Si l'éditeur développe de nouvelles versions du progiciel, les coûts totaux de la personnalisation seront plus élevés car ces changements devront être synchronisés avec les versions futures du logiciel.

Lorsqu'on développe un système au moyen d'un progiciel d'application, l'analyse du système doit contenir l'évaluation du progiciel. Les critères d'évaluation les plus importants sont les fonctions fournies par le progiciel, la souplesse, la convivialité, les ressources requises pour son exploitation en matériel et en logiciel, les besoins en base de données, les coûts et les délais d'interfaçage avec les autres solutions logicielles en place, l'installation et la maintenance, la documentation, la qualité du vendeur et le prix. Le processus d'évaluation du progiciel repose souvent sur un appel d'offres, à savoir une liste détaillée de questions soumises aux vendeurs de progiciels.

Quand elle opte pour un progiciel, l'organisation n'a plus le contrôle total sur le processus de conception de ses systèmes. Au lieu de personnaliser les spécifications de conception directement en fonction des besoins des utilisateurs, elle devra adapter, voire contraindre, les besoins des utilisateurs afin qu'ils se conforment aux caractéristiques plus ou moins paramétrables du progiciel. Si les besoins de l'organisation s'opposent à la manière dont fonctionne le progiciel et qu'on ne peut le personnaliser, elle devra se conformer au progiciel et modifier ses procédures… ou renoncer au progiciel. Même si les processus d'affaires de l'organisation sont compatibles avec ceux que soutient le progiciel, ce dernier peut être trop contraignant si ces processus changent continuellement.

4.5 Sous-traitance et externalisation

Si une entreprise ne veut pas utiliser ses ressources internes pour mettre en œuvre des SI ou les exploiter, elle peut faire appel à un prestataire spécialisé dans ce type d'activités ou engager une firme qui offre ces services. Il convient de faire deux types de distinctions :

- entre sous-traitance (ou *subcontracting*) et externalisation (ou *outsourcing*) ;
- et entre les différentes pratiques qui existent au sein de chacune de ces deux formules.

Sous-traitance

Elle consiste à aller chercher ponctuellement des ressources et des capacités auprès d'un tiers en complément de celles de l'entreprise. Pour la mise en œuvre d'une solution applicative, deux pratiques sont les plus courantes :

- La sous-traitance d'un projet : les ressources de la DSI de l'entreprise ne peuvent assurer la mise en œuvre de la solution, car elles sont déjà mobilisées sur d'autres opérations. Ce projet est alors confié à une Société de Services et d'Ingénierie Informatique (SSII) dans le cadre d'un contrat de sous-traitance, qui spécifie le contenu des différents livrables et les exigences de coûts et de délais.
- La sous-traitance d'une partie du projet : pour des raisons de capacité et/ou de compétences, les équipes de la DSI ne peuvent assurer une partie du projet, par exemple les tests volumétriques. Un contrat de sous-traitance est passé avec un prestataire, qui met à disposition l'infrastructure de test.

Externalisation

« *L'externalisation est un service défini comme le résultat de l'intégration d'un ensemble de services élémentaires, visant à confier à un prestataire spécialisé tout ou partie d'une fonction de l'entreprise "client" dans le cadre d'un contrat pluriannuel, à base forfaitaire, avec un niveau de service et une durée définis* » (AFNOR, 1995). L'externalisation implique un transfert de ressources (humaines, matérielles, etc.) et une modification du dispositif organisationnel de l'entreprise. Dans l'étude Xerfi publiée en janvier 2012, l'infogérance correspond à la « *prise en charge totale ou partielle, par le prestataire, du SI du client, dans un cadre généralement pluriannuel et forfaitaire, définissant précisément une durée et un niveau de service. Le client reste responsable de la maîtrise d'ouvrage du SI et des nouvelles applications.* »

Les évolutions des technologies ont néanmoins rendu la frontière un peu plus floue entre sous-traitance et externalisation avec les offres de services permises par les infrastructures de type Cloud Computing vues dans le chapitre 5 (SaaS, IaaS, PaaS). Les entreprises souscrivant ce type de services utilisent les matériels et les applicatifs du prestataire comme plateforme pour leurs propres opérations.

L'activité du secteur des services informatiques a toutefois été tirée vers le haut par la vitalité de l'externalisation IT qui ne se dément pas. Les marchés de l'infogérance, de la maintenance appliquée à un logiciel (*Tierce Maintenance Applicative*, TMA), de l'hébergement et du *Business Process Outsourcing* (BPO, externalisation totale ou partielle d'une fonction de l'entreprise) ont été les principaux bénéficiaires de ce mouvement de fond. Le chiffre d'affaires des SSII a continué de progresser en 2012 (+3,0 %), même si sa croissance a ralenti fortement par rapport à l'année 2011 (alors à +6,9 %). Les prestations de conseils et de formation ont été en berne. Les dépenses en services informatiques en Europe se sont élevées à 147 milliards d'euros en 2011 (Xerfi, 2013).

Les DSI font en effet de plus en plus appel à l'infogérance pour leurs infrastructures, dont l'exploitation demande des budgets importants. En ce qui concerne le secteur des activités du développement et de la maintenance des applications (analyse, programmation, recettes), le cabinet PAC évaluait à 2,2 milliards d'euros le chiffre d'affaires réalisé par les prestataires de service pour la seule activité de maintenance applicative en France en 2009.

Une DSI peut décider d'externaliser une ou plusieurs de ses fonctions (exploitation-production, développement applicatif, maintenance applicative, *help desk*, réseaux, etc.) ou bien de procéder à une externalisation totale. Le recours à l'externalisation totale ou partielle du SI (nommée également « infogérance ») est croissant et massif.

Une entreprise tirera davantage profit de l'externalisation si elle porte attention à la qualité du partenariat, au maintien de l'alignement du SI externalisé sur la stratégie de l'organisation et à la gestion de l'anticipation sociale (réaction des personnels transférés chez le prestataire) (Fimbel, 2003 et 2004).

En matière de développement et de maintenance applicative, l'externalisation est le type d'approche qui suscite le plus de réserves. En effet, dans la lignée de la théorie de la ressource, certains spécialistes estiment que cette fonction regroupe les compétences informatiques les plus fortement distinctives ou différenciatrices. La congruence (ou *fit*) des équipes techniques avec la culture et les métiers de l'entreprise est un actif qualifié alors de stratégique. À l'inverse, d'autres estiment qu'en externalisant, l'entreprise accède à des services délivrés par des prestataires dont l'informatique est le cœur de métier et qui peuvent faire bénéficier leurs clients d'économies sur les coûts grâce aux économies d'échelles et aux effets de mutualisation des ressources et des compétences.

Ainsi, certaines entreprises entament un retour en arrière. General Motors Corp., GM, avait externalisé 90 % de ses services informatiques, y compris les *datacenters* et les activités de développement applicatif. Récemment, le groupe a décidé de réinternaliser 90 % de son infrastructure informatique, ne laissant que 10 % en infogérance. Réduire les coûts est certes important, mais la raison principale qui explique cette marche arrière en termes d'externalisation est la volonté de GM de reprendre le contrôle de ses SI. Le groupe estimait en effet que ce manque de contrôle le handicapait pour répondre suffisamment rapidement aux opportunités de son marché. Cette démarche lui permettra également de réduire plus facilement la longue liste de ses SI d'au moins 40 %, de mettre en place une plateforme standardisée, de finaliser plus rapidement des projets innovants en matière de SI et, globalement, de retrouver la maîtrise de ses données clients et de production, hébergées dans de trop nombreux systèmes. Le constructeur va ainsi consolider ses *datacenters* en réduisant leur nombre de 23 à deux, et organiser quatre centres de développement applicatifs (Murphy, 2012).

Le tableau 13.5 compare les avantages et les inconvénients de chaque méthode de développement des systèmes.

Tableau 13.5 : Comparaison des méthodes d'élaboration des systèmes

Stratégie	Particularités	Avantages	Inconvénients /risques
Cycle de vie des systèmes	Processus formel mené à bien par étapes successives Spécifications écrites et approuvées Peu d'interventions des utilisateurs en dehors des phases de spécification et des tests de conformité fonctionnelle	Approche nécessaire dans le cas des systèmes et des projets complexes	Approche lente et coûteuse Approche qui rend problématique la prise en charge des changements fréquents Grande quantité de formalismes à gérer
Prototypage	Exigences précisées de manière dynamique, grâce à un système expérimental Processus rapide, informel et itératif Interaction constante des utilisateurs avec le prototype	Approche rapide et moins coûteuse Approche utile lorsque les exigences sont floues ou que l'interface utilisateur est très importante Approche qui promeut l'implication des utilisateurs	Méthode inadéquate pour les systèmes complexes Temps très important consacré aux étapes de l'analyse, de la documentation et de l'essai
Développement par l'utilisateur final	Systèmes créés par les utilisateurs finaux à l'aide d'outils logiciels de quatrième génération Stratégie rapide et informelle Intervention minimale des spécialistes des SI	Contrôle de la mise en œuvre du système par les utilisateurs Économies de temps et d'argent liées à l'élaboration Réduction du nombre de demandes de développement en attente	Limité aux besoins simples, analytiques et décisionnels Maintenabilité et sécurisation aléatoires Perte de contrôle sur la fonction des SI
Progiciel	Logiciel commercial qui élimine la nécessité de créer des logiciels en interne	Moins de travail de conception, de programmation, d'installation et de maintenance Économies de temps et d'argent lors de la mise au point des applications destinées aux affaires courantes Recours moindre aux ressources internes	Stratégie qui peut ne pas répondre aux besoins très spécifiques de l'organisation Une trop grande recherche de personnalisation peut faire augmenter les coûts liés au paramétrage
Externalisation	Systèmes construits et parfois exploités par des fournisseurs extérieurs (incluent Cloud et services associés, comme le SaaS par exemple).	Réduction possible des coûts *via* le « *pay per use* » du SaaS, par exemple. Possibilité de mise en œuvre de systèmes quand les ressources internes ne sont pas disponibles ou techniquement faibles	Perte de ressources et de compétences clés Perte de spécificités différenciatrices Questions liées à la sécurité des données

5 Le développement applicatif face aux attentes des entreprises

La demande grandissante des SI s'accompagne d'échéanciers de plus en plus serrés. Malgré les gains réalisés avec les langages de quatrième génération et les AGL, y compris associés aux technologies du Web, les travaux de développement des SI sont souvent perçus comme trop longs par ceux qui décident les mettre en place, à savoir la direction générale et les directions métier.

Les technologies et les conditions concurrentielles changent si rapidement que l'agilité et la capacité à prendre en charge de nouveaux périmètres sont devenues des facteurs clés de succès et des objectifs essentiels de la conception des systèmes.

L'entreprise a besoin de composants logiciels que l'on peut ajouter, modifier, remplacer ou reconfigurer afin qu'elle puisse réagir rapidement aux nouvelles opportunités. Il faut pouvoir reconfigurer et déployer les systèmes afin d'absorber le nombre croissant d'utilisateurs et de livrer des données à diverses plateformes (réseaux client-serveur, ordinateurs de bureau avec navigateurs Web, téléphones mobiles et autres appareils portables). Il faut également repenser les systèmes de commerce électronique, afin qu'ils puissent être exploités dans des environnements hébergés ainsi que sur les plateformes matérielles et logicielles de l'entreprise. Pour demeurer compétitives, certaines organisations ressentent le besoin de concevoir, de développer, de tester et de déployer des applications Internet ou intranet en l'espace de quelques semaines ou de quelques mois. Le choix entre « faire et faire faire » est aujourd'hui clairement en faveur du recours aux ressources externes (progiciels, sous-traitance, externalisation, ASP, etc.). Le développement spécifique peut néanmoins rester une voie essentielle pour développer une application qui porte sur un savoir-faire stratégique d'un point de vue concurrentiel pour l'organisation.

Aujourd'hui, les responsables de la mise en œuvre des systèmes disposent de plusieurs solutions et types d'outils.

5.1 Opportunités et défis

Pour les organisations, les nouveaux projets de SI sont l'occasion de repenser leur structure, leur champ d'application, leurs relations de pouvoir, leurs flux de travail, leurs produits et leurs services. Dans bien des cas, la mise en œuvre d'un nouveau système crée des opportunités permettant de redéfinir la façon dont l'entreprise dirige ses affaires, ce qui améliore sa productivité et ses performances.

Le choix de la formule retenue pour assurer la réalisation des projets (du tout interne à l'externalisation de la fonction développement) relève d'une analyse commune entre la DG et la DSI, en raison des impacts structurels et stratégiques qu'il implique.

Le commerce électronique nécessite aussi un développement de systèmes fondé sur une vision globale de l'organisation, qui intègre les processus s'étendant au-delà des frontières de l'entreprise.

Les entreprises doivent pouvoir ajouter, modifier et supprimer une ou plusieurs fonctionnalités de leur SI très rapidement. Elles optent pour des processus de développement plus courts et moins formalisés pour bon nombre de leurs applications de commerce électronique. Ces processus fournissent des solutions rapides, qui n'altèrent pas les principaux systèmes de traitement des transactions et les bases de données de l'organisation. En plus de recourir à des progiciels, à des fournisseurs de services d'applications et à d'autres services d'externalisation, une DSI ayant conservé une activité de réalisation logicielle fera appel à des techniques collaboratives et à cycle rapide comme le *Rapid Applications Development* (**RAD**), le *Joint Application Development* (**JAD**), les prototypes et les composants logiciels normalisés et réutilisables que l'on peut regrouper en un ensemble complet de services pour le commerce électronique.

Développement rapide d'applications (RAD et JAD)

Les outils logiciels orientés objets, le logiciel réutilisable, le prototypage et les outils de quatrième génération aident les développeurs à créer des systèmes beaucoup plus rapidement que s'ils utilisaient des méthodes et des outils traditionnels. On utilise le terme **RAD** pour décrire le processus de développement de systèmes en très peu de temps. Le RAD, qui n'intéresse que les DSI ayant conservé en interne une capacité de développement logiciel, fait appel à la programmation visuelle et à d'autres outils de mise en œuvre d'interfaces utilisateur graphiques, au prototypage itératif des composants clés du système, à l'automatisation de la génération de code de programme et au travail d'équipe entre les utilisateurs finaux et les spécialistes des SI. On peut souvent construire des systèmes simples à partir de composantes déjà programmées. Ce processus n'est pas nécessairement séquentiel et les étapes clés du développement peuvent se dérouler simultanément.

Le **JAD** permet de favoriser le dialogue lors de la phase de spécification fonctionnelle. Dans ce cas, les utilisateurs finaux et les spécialistes des SI se réunissent lors d'une session interactive pour discuter de la conception du système. Quand elles sont bien préparées et facilitées, ces sessions permettent d'accélérer considérablement la phase de conception tout en favorisant la collaboration active des utilisateurs, ainsi que les arbitrages entre les points de vue parfois divergents des utilisateurs.

Le développement dit « agile »

Le développement par méthode « agile » se focalise sur la rapidité de la mise en production d'applicatifs en découpant un projet en une série de sous-projets achevés rapidement, utilisant un processus itératif et des retours d'utilisation continus. Chaque sous-projet a sa propre équipe et est formalisé comme un projet, c'est-à-dire en utilisant les outils de planification, avec ses phases de spécification, de conception, de programmation, de test et de documentation. Les améliorations ou demandes fonctionnelles additionnelles sont prises en compte lors de l'itération suivante au fur et à mesure de la clarification des besoins. Cette approche se différencie du prototypage car la mise en production se fait en charge normale à chaque itération. Cette méthode permet de réduire le risque global du projet. Les méthodes « agiles » sont très axées sur la communication en face à face, à partir de documents écrits, encourageant les participants à collaborer et à prendre des décisions de façon rapide et efficace.

5.2 Les services Web, les applications mobiles et le développement par composants

Nous avons déjà évoqué plus haut les avantages du développement orienté objet quand il s'agit de construire des systèmes qui doivent répondre sans délai aux changements rapides de leur environnement. Les applications Web font partie de cette catégorie. Pour accélérer encore la création de logiciels, des groupes d'objets ont été compilés afin de mettre à la disposition des programmeurs des briques logicielles pour des fonctionnalités courantes telles qu'une interface utilisateur graphique ou une fonctionnalité de commande en ligne. Ces briques peuvent être facilement combinées pour créer des applicatifs à couverture fonctionnelle plus large. On appelle cette approche le développement à base de composants. Cette méthode de développement logiciel permet de construire un applicatif en intégrant des composants, ou briques logicielles, existants. Ces derniers proviennent de plus en plus de l'univers des services hébergés dans des environnements de types Cloud Computing. Les entreprises utilisent cette approche de développement pour créer leurs applications de e-commerce en combinant des composants mis à disposition par des éditeurs, comme les fonctions « panier d'achat », « identification et authentification de l'utilisateur », « moteur de recherche » ou encore « catalogue produit », avec des morceaux de logiciels issus de leurs propres systèmes et adaptés à leurs besoins spécifiques.

Services Web

Les services Web sont des composants logiciels utilisables facilement, plus ou moins intégrés les uns aux autres, programmés à l'aide du langage XML (*Extensible Markup Language*), et utilisant des normes ouvertes permettant aux applications de communiquer entre elles et de partager des données et des services sans développements additionnels (voir chapitre 5).

Au-delà des possibilités d'intégration interne et externe relativement faciles, les services Web peuvent être utilisés comme des outils pour construire de nouvelles applications ou pour améliorer des systèmes existants. Grâce à des normes universelles, ils sont plus faciles à combiner que des logiciels spécifiques ou propriétaires, et reviennent moins cher.

Les services Web peuvent exécuter certaines fonctionnalités eux-mêmes, et également appeler d'autres services Web pour des transactions plus complexes, telles que des calculs de solvabilité, des achats ou des commandes de produits. En proposant des briques logicielles qui peuvent communiquer entre elles et échanger des données quels que soient le système d'exploitation, le langage de programmation ou le matériel sur lequel ils tournent, les services Web permettent des économies réelles en développement d'applications, et peuvent également ouvrir de nouvelles opportunités de collaboration avec d'autres organisations (clients ou fournisseurs). Cette notion de réutilisation ou d'utilisations multiples de briques logicielles déjà disponibles afin de construire plus rapidement une application informatique n'est pas nouvelle. On retrouve la notion de « *reuse* » (réutilisation) dans des démarches et méthodes projet qui datent de bien avant l'ère d'Internet. Ces tentatives n'étaient cependant que rarement couronnées de succès. Les Services Web et leurs formats et protocoles d'échanges standardisés ont permis de réels progrès dans ce domaine.

Le développement d'applications mobiles

Le développement des applications pour les plateformes mobiles (smartphones, tablettes) ne pose pas les mêmes problèmes que ceux pour les ordinateurs, la taille des écrans des appareils mobiles étant beaucoup plus réduite. Par ailleurs, leur caractère tactile, avec un toucher direct sur l'écran, est très convivial et efficace, et plus simple que l'utilisation d'un clavier. Les applications pour plateformes mobiles doivent donc être optimisées pour s'adapter non seulement à cette taille réduite d'écran, mais aussi au mode d'utilisation. En effet, économiser les ressources – bande passante, espace écran, mémoire, calculs (utilisation du microprocesseur) –, faciliter la saisie de données et minimiser les actions utilisateur sont des points fondamentaux du développement d'une application mobile et de son ergonomie.

La simple transposition d'un site Web classique (développé et optimisé pour un usage sur ordinateur) sur un écran de portable ou de tablette le rend très difficile à utiliser : les caractères sont tellement petits qu'ils en deviennent illisibles et l'utilisateur doit faire défiler continuellement en hauteur et en largeur les pages pour avoir accès aux différents contenus ou liens, par ailleurs difficiles à trouver et à activer. Les développeurs doivent donc concevoir des sites Web dont l'ergonomie est spécifiquement adaptée aux besoins d'un ordinateur classique à écran non tactile, d'un smartphone et d'une tablette, avec des contenus variables et organisés ou accessibles de façon différente, multipliant ainsi les coûts de développement et de maintenance. Lorsque vous vous connectez sur un site Web, celui-ci est désormais capable de reconnaître le type de matériel utilisé et propose donc la version la plus optimisée pour ce matériel-là.

Il existe une solution qui consiste à concevoir des sites Web adaptatifs pour éviter d'avoir à gérer deux ou trois versions différentes d'un site Web. Ce type de conception permet au site Web de changer automatiquement d'aspect en fonction de la taille et de la résolution de l'écran de l'utilisateur. Cette approche utilise des outils tels que les grilles fluides (redimensionnement des différents blocs d'une page Web de façon homogène les uns par rapport aux autres) et les *media queries* (modification de la mise en page en fonction du type de terminal). Lors du passage d'un écran d'ordinateur de bureau à un écran de smartphone ou de tablette, le site Web s'optimise automatiquement. Les sources d'information et les socles techniques ne sont ainsi pas dupliqués. Ce type de développement permet de mettre à disposition des utilisateurs des contenus de façon adaptée et correspondant aux caractéristiques du support (tactile ou non, taille, etc.).

Enfin, on assiste à la multiplication des applications téléchargeables par les utilisateurs pour les plateformes iPhone/iPad, BlackBerry ou Windows Phone. Ces applications sont développées spécifiquement pour ces environnements, sont disponibles dans des magasins en ligne (l'AppStore d'Apple, Google Play par exemple), et peuvent remplacer l'accès au site Web classique ou au site Web mobile *via* le navigateur Web de l'appareil. Des outils de développement spécifiques à ces plateformes sont disponibles, comme l'iOS SDF (kit de développement d'applications) d'Apple. Les entreprises possédant les compétences informatiques peuvent utiliser ces kits pour créer leurs applications. Le développement d'une application mobile est néanmoins cher : les coûts peuvent varier de 27 000 euros pour une application de milieu de gamme, à plus de 75 000 euros pour une application personnalisée complexe haut de gamme (pour l'environnement iOS d'Apple). C'est sans compter les outils de *back-office* nécessaires à la gestion des applications mobiles, les coûts d'intégration avec les systèmes existants ou les coûts de maintenance et d'évolution. On a donc vu émerger des sociétés de service spécialisées dans le développement, la gestion et la maintenance d'applications mobiles, et qui proposent des services adaptés aux budgets des entreprises ne pouvant pas payer de telles sommes. RedFoundry, Bright Cove ou MobiStep sont des sociétés de services qui assurent l'intégration et la maintenance des outils.

Le succès de ces « *stores* » montre que cet investissement est très important pour garder un bon niveau de visibilité pour les entreprises. Au 1er trimestre 2013, 13,4 milliards d'applications ont été téléchargées dans les quatre principaux magasins d'applications pour mobile : l'App Store d'Apple, Google Play (Google, Windows Phone Store), Microsoft et BlackBerry World (Rim, BlackBerry). Ce phénomène a généré 2,2 milliards de dollars de revenus. Selon le cabinet Canalys qui a publié ces données, le nombre de téléchargements a progressé de 11 % tandis que les revenus ont augmenté de 9 % par rapport au 4e trimestre 2012. Apple et Google, dont les deux écosystèmes dominent largement le marché des smartphones, se taillent la part du lion chacun à leur manière. L'App Store pèse pour 74 % des revenus, tandis que Google Play totalise 51 % de l'ensemble des téléchargements (source ZdNEt, 9 avril 2013). Enfin, d'après des prévisions d'ABI Research, Android représenterait, en 2013, 58 % des 56 milliards de téléchargements d'applications sur smartphone, alors qu'iOS devrait en représenter 33 % (source ZdNet, 5 mars 2013).

Résumé

Une entreprise a intérêt à intégrer les potentialités des technologies et des SI dans la conception de sa stratégie. La DSI doit, quant à elle, tenir compte des orientations stratégiques décidées par la direction générale dans les propositions de solutions SI et leur mise en œuvre. Si un changement de tout ou partie d'un SI a lieu suite à une demande de reconfiguration des processus métier, le recours au *Business Process Reengineering* (BPR) peut se révéler nécessaire avant d'entreprendre la moindre réalisation technique. Lorsque le cahier des charges fonctionnel est disponible, la construction de la solution peut commencer. Différentes méthodes existent pour organiser et faciliter la coopération entre représentants du métier, utilisateurs et informaticiens (RAD, JAD, etc.) tout au long du cycle de développement (de la conception détaillée jusqu'aux tests de pré-bascule opérationnelle).

Selon le recours à des composants existants (un progiciel applicatif, par exemple) ou à des prestataires extérieurs (sous-traitants, externalisation, etc.), les contenus des travaux et leur répartition entre « métiers » et informaticiens seront différents.

Activités

Questions de révision

1. Pourquoi peut-on considérer un projet applicatif comme un changement organisationnel planifié ?
2. Comment peut-on utiliser le business plan et les facteurs clés de succès pour établir et prioriser les exigences formulées par les différentes parties prenantes vis-à-vis du SI à l'échelle de l'entreprise ?
3. Qu'est-ce que le BPR ? Quelles sont les étapes nécessaires pour le rendre efficace ? En quoi se distingue-t-il du BPM ?
4. Comment les SI soutiennent-ils les changements de processus ?
5. Quelle est la différence entre l'étude d'opportunité et la mise en œuvre des systèmes ? Quelles activités chacun de ces deux processus comprend-il ?
6. Que sont les besoins en information ? Pourquoi est-il difficile de les déterminer correctement ?
7. Pourquoi l'étape des tests de pré-bascule est-elle si importante ? Nommez et décrivez les différents types de tests et leur séquencement dans le temps.
8. Quel rôle la programmation, la migration-bascule, la production et la maintenance jouent-elles dans la qualité et la pertinence des services rendus par une nouvelle application ?
9. Comparez les méthodes orientées objets et les méthodes structurées traditionnelles pour la modélisation et la conception de systèmes.
10. Qu'est-ce que le cycle de vie des systèmes ? Décrivez chaque étape, ainsi que ses avantages et ses inconvénients pour la mise en œuvre des systèmes.
11. Qu'entend-on par prototypage d'une solution applicative ? Quels en sont les avantages et les inconvénients ? Dressez la liste des étapes du processus de prototypage et décrivez-les.
12. Qu'est-ce qu'un progiciel d'application ? Quels sont les avantages et les inconvénients du développement des SI fondés sur des progiciels ?
13. Qu'est-ce que le développement par l'utilisateur final et à quel type de besoin répond-il ? Quels sont ses avantages et ses inconvénients ? Nommez des politiques et des procédures relatives à la gestion du développement par l'utilisateur final.
14. Quelles sont les différentes formes de l'externalisation ? Dans quelles circonstances doit-on y avoir recours pour construire des SI ?
15. Décrivez les défis de gestion que pose la mise en œuvre de systèmes et suggérez des solutions.

Exercices de synthèse

1. Démontrez comment la mise en œuvre de nouveaux systèmes entraîne des changements organisationnels.
2. Expliquez comment une entreprise peut développer des SI en accord avec son plan d'affaires.
3. Déterminez et décrivez les principales activités du processus de développement des systèmes.
4. Évaluez les méthodes alternatives qui permettent de construire et de modéliser des SI.
5. Évaluez les défis que posent la création des SI et les solutions de gestion.

Questions de réflexion

1. Pourquoi la sélection d'une méthode de développement des systèmes est-elle une décision managériale importante ? Toutes les options sont-elles réversibles ? Pourquoi ?
2. Certains disent que la meilleure façon de réduire les coûts de développement des systèmes consiste à utiliser des progiciels d'application ou des outils de quatrième génération. Êtes-vous d'accord ? Pourquoi ?

Exercice sur le Web : repenser le processus d'achat sur le Web

Vous êtes en charge de l'organisation commerciale dans une entreprise de VPC généraliste. Pour alimenter votre réflexion préalable à la mise en œuvre de votre nouveau site de vente sur Internet, vous explorez divers sites concurrents (au moins trois) et vous formalisez les processus permettant à un client de passer une commande, dans toutes leurs variantes.

Décrivez toutes les étapes du processus de passation de commande en ligne et comparez les processus en fonction des critères suivants :

- commodité de parcours pour le client ;
- variabilité et pertinence des options proposées ;
- intelligence des enchaînements.

Proposez ensuite un diagramme du processus de commande pour votre entreprise, qui intègre les « meilleures pratiques » observées. Il contient les opérations, leur enchaînement et les données mobilisées à chaque opération (données saisies, récupérées et produites).

Travail de groupe

Un réseau d'associations d'étudiants de plusieurs universités et grandes écoles européennes envisage de créer un site Web pour les étudiants de toutes leurs institutions. Les services visés sont : une bourse d'échanges d'information sur le logement, une banque de bonnes pratiques (sur les stages, les recherches d'emploi, etc.), ainsi qu'un espace de commerce d'échanges (ouvrages, matériels informatiques d'occasion, etc.).

Vous êtes les trois ou quatre étudiants en charge de réaliser l'étude d'opportunité de ce projet. Elle sera présentée lors de la conférence européenne interassociations dans deux mois. Comment vous y prenez-vous ? Quelles sont les informations clés dont vous avez besoin ? Comment les validerez-vous ?

Étude de cas : Intersport et SAP

Le groupe de distribution spécialisé dans le sport Intersport s'est doté d'un support alternatif pour son ERP SAP en janvier 2013. Il y a gagné en réactivité et en coût.

Numéro 1 mondial et européen de la distribution d'articles de sport, présent dans 39 pays, Intersport regroupe 5 500 magasins. Il regroupe sept enseignes différentes (Intersport, Intersport Montagne, Sport Leader, La Halle au Sport, Shooz, Blackstore et Sport Expert), répondant chacune à une attente spécifique du consommateur. En France, le groupe compte plus de 600 magasins franchisés (400 magasins dits « de plaine » – surfaces de 1 200 à 3 000 m² – et 206 en stations de sports d'hiver). Il a réalisé un chiffre d'affaires de 1,4 milliard d'euros en France en 2012 et y compte 7 000 collaborateurs.

Pour alimenter ces surfaces en produits, Intersport gère plus d'un million de factures dématérialisées par an, traitées dans son système SAP. Cette mise en œuvre du Progiciel de Gestion Intégré (PGI ou ERP) comporte des développements spécifiques. La centrale d'achats d'Intersport est un service extrêmement stratégique pour le groupe. Avec plus d'un million de factures électroniques fournisseurs intégrées par an, elle est amenée à gérer de très importants volumes de flux financiers. La réactivité du support est donc un élément clé dans le bon fonctionnement de ce service : la fiabilité des traitements est un impératif : aucune rupture d'approvisionnement ne doit provenir d'un problème de paiement. Aucune difficulté technique ne doit donc l'empêcher de procéder au règlement des fournisseurs.

« *Pendant deux ans, nous avons travaillé avec un prestataire qui ne nous donnait pas satisfaction, essentiellement par son manque de réactivité, et parce qu'il ne prenait pas en main nos problèmes*, explique Aldo Palombo, responsable de domaine à l'Informatique centrale d'Intersport. *Suite à cette expérience, nous avons décidé de nous appuyer sur un expert SAP, capable non seulement de délivrer un service de haute qualité, mais également de corriger et maintenir des applications spécifiques, au fur et à mesure de nos besoins. Il était également nécessaire que ce support soit global et permette aux 50 utilisateurs de disposer d'un support tant à l'utilisation qu'à la résolution de problèmes, et intègre également la maintenance évolutive du produit sur initiative de la direction financière.* »

Ayant collaboré avec la société StepBIStep, société de conseil spécialisée en *business intelligence* dans le monde SAP et filiale du groupe PASàPAS (l'un des quatre partenaires « MasterVar » de SAP[1]), pour la mise en place de Business Object en 2011, et cette collaboration ayant été plus que convaincante, Intersport décide fin 2012 de changer de

1. Un Var, *Value Added Retailer*, est une société référencée par SAP comme partenaire privilégié pour la distribution de ses produits et qui bénéficie du support des experts SAP pour ses projets.

partenaire pour le support SAP et de tester PASàPAS. Les prestations et spécialisations 100 % SAP proposées pas PASàPAS ont été des éléments déterminants dans ce choix. Le groupe était à la recherche d'un expert SAP, en mesure de garantir un haut niveau de service et de corriger et maintenir avec une grande réactivité ses applications quand cela est nécessaire.

Les 50 utilisateurs de la solution SAP peuvent contacter PASàPAS à tout moment pour des défauts techniques, et aussi pour être assistés sur l'utilisation de la solution. Si un besoin vient à évoluer suite à la demande du service financier, le prestataire étudie, propose et, après validation, réalise l'évolution, la teste et la délivre très rapidement. « *Il y a quelques mois, nous avons eu un "gros plantage" dans les transactions SAP. Dans l'heure, PASàPAS a réglé le problème*, raconte Aldo Palombo. *Toujours orientés vers l'utilisateur, les consultants de PASàPAS ont su mettre en place une réelle proximité avec nos propres équipes, même si celles-ci regrettent de ne pas les rencontrer de visu plus souvent. Sur le plan financier, il n'y a pas photo : le montant de notre contrat annuel avec PASàPAS ne représente même pas les salaires annuels d'un développeur expert SAP finance et d'un assistant aux utilisateurs. Pour tout vous dire, je n'entends plus parler du service financier. C'est bien la preuve que tout fonctionne comme sur des roulettes !*, ajoute-t-il. *Nos services peuvent désormais se concentrer sur l'essentiel, c'est-à-dire sur les achats.* »

La mise en place de SAP chez Intersport avait démarré au début des années 2000 en Allemagne, où Intersport comptait 1 755 points de vente et réalisait à lui seul plus du quart des ventes d'articles de sport. Pour doter la centrale et l'ensemble des points de vente d'un environnement informatique synonyme de croissance et de fiabilité, l'enseigne a fait le choix du tandem IBM-SAP. Les commandes sont passées directement auprès des fabricants qui se chargent de la livraison dans les boutiques, mais la facturation est assurée par la centrale Intersport, garantissant des conditions d'achat avantageuses.

Pour mettre en place cette organisation, la logistique devait pouvoir compter sur une solution informatique sans failles. C'est pourquoi Intersport a fait confiance à SAP pour son application de gestion intégrée et à IBM pour ses serveurs iSeries. La solution SAP permet aux utilisateurs des services achats, des ventes et des stocks d'accéder à toutes les informations utiles pour optimiser les transactions. De plus, un système de commerce électronique est disponible pour les magasins affiliés et les quelque 500 fournisseurs. Une équipe de dix personnes, dirigée par Thomas Danner, directeur informatique d'Intersport Allemagne, est chargée de l'exploitation, de la maintenance et du développement des évolutions de ce système. La solution SAP mise en œuvre chez Intersport couvre la finance, le contrôle de gestion, les stocks, Agency Business (AB) pour la régulation centrale, Business Information Warehouse (SAP BW) pour le décisionnel et SAP for Retail pour le cœur de métier de la distribution. Tous ces modules tournent sur un serveur de production IBM iSeries modèle 840 à huit processeurs. Un IBM e-server iSeries modèle 820 est également utilisé pour les tests et le développement.

Jusqu'à la fin des années 1990, l'informatique d'Intersport était composée de nombreuses solutions autonomes avec chacune leur interface. Pour mettre fin à cette situation complexe à gérer, à maintenir et à faire évoluer, et après avoir recherché le meilleur logiciel, Intersport a choisi SAP. La mutation s'est effectuée en un temps record : seulement 15 mois. Un succès dû entre autres à l'efficacité de la coopération entre l'équipe informatique interne et les consultants SAP. C'est entre Noël 2000 et le nouvel an 2001 que la mise en production de SAP for Retail a eu lieu. Et en dépit des contraintes dues à la mise en œuvre simultanée des modifications des systèmes nécessaires au futur passage à l'euro, elle s'est parfaitement déroulée. En peu de temps, la totalité des données a été transférée et, quelques jours seulement après la mise en œuvre, un salon professionnel a pu être traité intégralement avec la nouvelle solution.

En résumant les informations disponibles et en les formalisant pour la prise de décision, l'application décisionnelle SAP BW permet d'optimiser le contrôle de gestion et d'améliorer le fonctionnement de l'activité. De nombreuses entreprises utilisent également SAP BW pour consolider des informations issues de différents systèmes afin que tous les services puissent partager des données cohérentes. Intersport utilise surtout l'application décisionnelle pour les analyses destinées au conseil d'administration, à la comptabilité et aux achats. Pour répondre avec plus d'efficacité encore aux besoins des magasins de sport spécialisés et des fabricants, Intersport a ensuite mis en place un portail d'entreprise grâce auquel les magasins spécialisés peuvent déjà visualiser sur Internet l'état de leurs stocks, passer des commandes et faire des demandes d'information en ligne.

En 2005, pour garantir l'adéquation de son offre produit avec les attentes et besoins en constante évolution des consommateurs, Intersport déploie un système décisionnel complet. Dans la ligne de sa stratégie fondée sur SAP, le groupe déploie SAP NetWeaver. Cet outil facilite le pilotage et l'analyse des performances des magasins indépendants en leur restituant un état quotidien des achats, ventes et stocks *via* un intranet. Le *reporting* détaillé et en temps réel de l'activité des points de vente permet par ailleurs à la centrale d'achat du groupe d'optimiser et de faire évoluer rapidement les stratégies commerciales et marketing avec, en perspective, l'automatisation des réassorts.

Pierre angulaire de ce système décisionnel complet, SAP NetWeaver répond ainsi à un double objectif : d'une part mettre à disposition des gérants des magasins indépendants des outils de pilotage et d'analyse des performances, et, d'autre part, restituer à la centrale d'achat un *reporting* consolidé et détaillé de l'activité des points de ventes, renforçant ainsi la visibilité sur l'activité de ces magasins indépendants. À la clé, cette démarche d'optimisation permanente des logiques de référencement, d'achat, de réassort et de stock constitue un atout décisif sur le secteur très concurrentiel de la distribution d'articles de sport. Le projet décisionnel a démarré par le *reporting* des commandes achats des points de vente à la centrale pour les produits des marques nationales telles qu'Adidas et Puma en Allemagne, ou Nike aux États-Unis, commandés directement par les magasins aux fournisseurs. Couplé à l'ERP central et aux SI hétérogènes des magasins, SAP NetWeaver collecte et centralise désormais dans un *datawarehouse* (DTW) les ordres d'achat, de ventes et le stock. Cette base d'information centralisée restitue un *reporting* complet tout en professionnalisant les processus métier.

Chaque matin, le site Web restitue aux magasins un état détaillé des achats, ventes et stocks *via* une application développée et exposée sur l'intranet du groupe avec l'outil SAP Visual Composer. Ces informations sont précieuses et permettent l'optimisation de l'emplacement et de la quantité des produits en fonction des rotations, du pilotage des stocks et des opérations de réassort. Parallèlement, la centrale d'achat du groupe bénéficie d'un *reporting* détaillé et en temps réel de l'activité des magasins. Là encore, quelques clics suffisent pour obtenir le Top 10 des achats et produits les plus vendus par enseigne, réseau de magasins et point de vente, ou encore, à terme, pour effectuer des simulations budgétaires. Ces données qualifiées permettent de mesurer la pertinence des stratégies commerciales et marketing, de mieux anticiper les achats, et, à terme, d'automatiser les réassorts à travers la synthèse des prévisions de consommations et des stocks.

À la fin des années 2000, l'expansion à l'international amène Intersport à vouloir sécuriser ses applications SAP, les visioconférences et les autres applications critiques sur tous les sites internationaux de la société de vente d'articles sportifs, en particulier entre la Chine et le siège social situé en Suisse. Selon Jicky Li, responsable réseaux chez Intersport International, « *la connectivité en Chine n'était pas stable, et la performance de nos réseaux était irrégulière en fonction de la largeur de bande à l'étranger. Ces problèmes ont eu un impact sur la productivité et ont ralenti la communication entre nos bureaux internationaux. Cela a été particulièrement le cas non seulement pour les applications de SAP, mais également pour les autres applications concernant la transmission des données, telles que le partage de fichiers et les communications par courriel.* »

En 2011, Intersport choisit les solutions d'Expand Networks, leader en matière d'optimisation des réseaux étendus pour la consolidation et la virtualisation des bureaux. Intersport bénéficie désormais d'une solution totalement virtualisée pour les réseaux étendus, et a d'ores et déjà constaté une accélération de la communication de 35 % pendant la phase d'essai. La société a ainsi l'intention d'appliquer cette solution à ses bureaux de Hong Kong.

Intersport a également souligné que la rationalisation des visioconférences pour les communications internes, utilisées par ailleurs pour communiquer avec de grandes marques telles que Nike, était nécessaire pour améliorer la performance des réseaux étendus. « *En raison de l'investissement d'Intersport dans la création d'un environnement totalement virtualisé, il était essentiel que tout nouveau logiciel soit complètement compatible avec VMWare afin de correspondre aux réseaux virtuels. Expand est le produit qui a rendu cela possible. Après avoir installé Expand, nous avons constaté que la circulation des données est devenue plus fluide et l'expérience des utilisateurs en a été améliorée,* explique Jicky Li. *Le système virtualisé en Chine est désormais géré comme s'il s'agissait d'un réseau local. Expand s'est également révélée utile aux cadres supérieurs qui se déplacent périodiquement entre les divers bureaux internationaux. Il leur était difficile de se connecter au serveur d'échanges de notre siège social suisse et cela leur prenait du temps, mais grâce aux techniques de compression d'Expand, ce problème a été éliminé.* »

Sources :

« Gérer le risque clients/fournisseurs avec Business Add-on pour SAP », **http://www.finyear.com/Gerer-le-risque-clients-fournisseurs-avec-Business-Add-on-pour-SAP_a24375.html**, 16/10/12, consulté le 01/10/13

www.ibm.com/fr, consulté le 15/05/13

www.sap.com/france, consulté le 15/05/13

« Maintenance du système de gestion financière SAP d'Intersport », **http://www.finyear.com/Maintenance-du-systeme-de-gestion-financiere-SAP-d-Intersport_a25358.html**, 08/03/13, consulté le 01/10/13

Lemaire, B., « Intersport adopte un support SAP plus réactif et économique », **http://www.cio-online.com/actualites/lire-intersport-adopte-un-support-sap-plus-reactif-et-economique-4898.html**, 19/02/13, consulté le 01/10/13

« Intersport optimise son environnement virtuel grâce à Expand Networks », **http://www.capital.fr/bourse/communiques/intersport-optimise-son-environnement-virtuel-grace-a-expand-networks-610944**, 05/07/11, consulté le 01/10/13

« Intersport se repose sur PasàPas pour maintenir son système de gestion financière SAP », **http://www.espacedatapresse.com/fil_datapresse/consultation_cp.jsp?idcp=2756700**, 14/02/13, consulté le 01/10/13

Lemaire, B., « Pour réduire ses coûts, Intersport change de support pour son ERP SAP », **http://www.lemondeinformatique.fr/actualites/lire-pour-reduire-ses-couts-intersport-change-de-support-pour-son-erp-sap-52553.html**, 20/02/13, consulté le 01/10/13

Questions sur l'étude de cas

1. Comment s'articulent les choix stratégiques, organisationnels et techniques qui ont abouti à l'architecture des SI du groupe Intersport ? Illustrez votre réponse à partir des données du cas.
2. Pourquoi était-il indispensable pour Intersport de sécuriser et fiabiliser les opérations de sa centrale d'achat ?
3. Quels ont été les domaines fonctionnels affectés par les transformations du SI ?
4. Pourquoi Intersport a-t-il été amené à changer de prestataire pour son support SAP et quelles sont les données économiques et opérationnelles qui ont justifié son choix ?

Chapitre 14

Projets SI : l'évaluation et la gestion du changement

Objectifs pédagogiques

- Évaluer les modèles qui permettent de déterminer la valeur des SI pour l'entreprise.
- Analyser les principales causes d'échec des SI.
- Analyser les besoins en gestion du changement pour réussir la construction d'un SI.
- Sélectionner les stratégies appropriées pour réussir l'implantation d'un SI.
- Définir les défis que posent l'implantation d'un SI et les solutions de gestion.

LOUVOIS : un projet SI en difficulté

Avril 2013, l'audition parlementaire du Secrétaire général pour l'Administration, Jean-Paul Bodin, concernant le paiement des soldes des militaires a été agitée. En effet, monsieur Bodin a expliqué qu'un an avant la mise en route du LOgiciel Unique à VOcation Interarmées de la Solde (Louvois) dans l'armée de terre, un audit rendu en septembre 2010 par la Direction Générale des Systèmes d'Information et de Communication (DGSIC) avait constaté que « *Louvois se révèle peu robuste, difficilement maintenable et exploitable* ». Cette audition faisait suite à la rallonge budgétaire de 204 millions que les députés ont dû approuver mardi 18 décembre 2012 pour pouvoir payer les soldes des militaires, complètement désorganisées par l'échec du nouveau système Louvois. Selon l'ex-ministre du Budget, Jérôme Cahuzac, « *le logiciel Louvois de gestion de la paie se révèle particulièrement peu fiable. Il est donc nécessaire de procéder à l'ouverture de 204 millions d'euros de crédits supplémentaires afin d'assurer le fonctionnement du ministère (de la Défense). [...] La préparation par le ministère de la Défense de la solde des militaires du mois de décembre a fait apparaître un besoin non anticipé de 195 millions d'euros* ». Ce besoin s'explique par des difficultés d'estimation et des dysfonctionnements considérables du système Louvois.

Louvois est l'un des piliers de la mission SI-RH (Systèmes d'Information Ressources Humaines), organisme de pilotage du chantier de rationalisation des SI-RH de l'État. Louvois garantit l'unicité des pratiques et des calculs réglementaires de la solde. Placée sous l'autorité de la direction des ressources humaines du ministère de la Défense, la mission SI-RH, chargée de la modernisation de la gestion des ressources humaines du ministère, s'occupe de mettre en place :

- des processus RH harmonisés et simplifiés ;
- un SI-RH ministériel unique ; ...

- une nouvelle organisation RH ;
- une intégration optimisée de la solde et de la paye dans les RH en vue d'un raccordement à l'Opérateur National de Paye (ONP) à l'horizon 2016.

Chaque armée se reposant auparavant sur une chaîne « paye » et une chaîne « RH » fonctionnant de manière indépendante, une forte rationalisation de la fonction RH a donc été entreprise. Cette réforme, fondée sur la rationalisation des processus et la mutualisation des acteurs de soutien *via* les bases de défense, contribuera pour plus de 10 % à l'effort demandé au ministère en matière de réduction d'effectifs sur la période 2009-2015.

C'est en janvier 2009 que Steria annonce *via* un communiqué de presse qu'il a été retenu pour développer un logiciel unique de gestion interarmées de la paye pour le ministère de la Défense français. Projet majeur de modernisation du secteur public, le projet Louvois sera le SI permettant la gestion de la paye des quelque 400 000 militaires du ministère de la Défense. Ce projet s'inscrit totalement dans la logique de rationalisation des Revues Générales des Politiques Publiques (RGPP) en prévoyant la mise en place d'un centre de solde unique d'ici à 2010. Répondant aux besoins de dématérialisation des services administratifs, Louvois préfigure de ce que sera l'ONP attendu en 2016 pour le ministère de la Défense. Les gains de productivité générés par la mise en place de Louvois permettront en effet au personnel du ministère de la Défense de mieux se recentrer sur son cœur de métier. Retenu par le ministère pour sa capacité d'intervention globale, Steria France a fait appel à ses trois métiers que sont le conseil, l'intégration et l'infogérance, ainsi qu'à ses expertises métier et fonctionnelle particulièrement pertinentes pour les métiers de la défense, de la paye et des ressources humaines.

Déployé à partir du 1er avril 2010, Louvois va progressivement être relié aux quatre SI-RH du ministère de la Défense et à celui de la Gendarmerie nationale (ministère de l'Intérieur, de l'Outre-Mer et des Collectivités territoriales) pour assurer, en 2011, le calcul et l'émission en quelques heures des bulletins mensuels de solde (BMS) de l'ensemble des forces armées. Louvois sera ainsi le maillon central d'une chaîne unique RH et Solde préconisée par l'audit de modernisation des centres payeurs des armées achevé en novembre 2006.

Voici les fonctionnalités majeures du programme RH-Solde Louvois sont :

- la détermination et la valorisation du droit indemnitaire du militaire en matière de solde ;
- le paiement de la solde des militaires (hors Direction Générale de l'Armement, DGA, et Contrôle Général de l'Armement, CGA) et des gendarmes ;
- l'organisation de la chaîne solde, incluant le soutien, en tenant compte des mesures de réorganisation des chaînes RH en cours ;
- la mise en place les outils requis par les autorités (simulation individuelle, infocentre métier).

Louvois est un logiciel interarmées permettant de calculer une solde à partir des éléments fournis par un SI-RH. Il garantit l'unicité des pratiques et des calculs réglementaires de la solde. Il permet de valoriser et de déterminer la solde au fil de l'eau à partir des événements RH saisis quotidiennement dans les cinq SI-RH des armées et des services. La date de clôture de paye ayant été reculée, la période de prise en compte des événements RH pour le mois en cours est donc plus importante, délivrant ainsi un meilleur service aux administrés.

Le déploiement de Louvois est réalisé progressivement. Le Service de Santé des Armées a été raccordé en avril 2011 et l'armée de terre en octobre 2011. La Marine nationale a migré au printemps 2012. L'armée de l'air devait procéder à l'opération à l'automne 2012, puis en 2013. Enfin, 2013 devait voir le raccordement de la gendarmerie nationale. En septembre 2013, ni l'armée de l'air, ni la gendarmerie n'ont en fait migré, et il est possible qu'elles ne le fassent pas.

Les avantages de Louvois pour les administrés semblent prometteurs :

- une meilleure qualité de service rendu à l'administré, les activités des personnels étant prises en compte plus rapidement, leur assurant ainsi une solde au plus près de leurs droits réels ;
- l'harmonisation des traitements individuels (mise en preuve d'une réglementation unique et partagée) ;
- un accroissement de la qualité des données grâce à une saisie unique et plus fiable.

Le raccordement de chaque SI-RH à Louvois est préparé, en étroite collaboration, par les équipes du programme RH-solde et les armées. L'ensemble des parties prenantes s'assure de la réunion des conditions nécessaires à la réussite du déploiement, fixées par des critères de qualité définis en amont. Lors des mois précédents la bascule effective, un véritable plan de tests est mis en œuvre comprenant des opérations de « solde en double » afin de vérifier la concordance des soldes entre les deux systèmes (ancien système et SI-RH Louvois), et des répétitions générales du raccordement sont effectuées afin de garantir une maîtrise parfaite du processus de bout en bout de la chaîne RH-solde.

Le passage à Louvois pour le paiement des soldes s'accompagne de la mise en place d'un dispositif de soutien spécifique à chaque armée, visant à assurer à l'administré un service de qualité au cours de cette période transitoire. Pour toute question ou difficulté, l'administré est invité à se rapprocher de son correspondant RH habituel qui, si nécessaire, mettra en œuvre cette chaîne de soutien. Pour remédier à un dysfonctionnement constaté, cette dernière dispose d'une panoplie complète d'outils permettant de verser un rattrapage de solde dans les délais les plus brefs comme, par exemple, les PAIDI (avance forfaitaire versée pour ne pas affecter lourdement l'administré, en attendant que son dossier soit régularisé et qu'ainsi l'indemnité due lui soit payée intégralement).

Le ministère de la Défense met également tout en œuvre afin de permettre aux militaires concernés de faire face à une situation difficile. Tout militaire qui rencontrerait des difficultés dans le paiement de sa solde doit se rapprocher de son unité qui dispose d'un lien direct avec la cellule dédiée au traitement des situations anormales signalées. En cas de difficultés liées à un déséquilibre du budget causé par l'administration, le réseau de l'action sociale du ministère de la Défense peut accorder une aide sous forme de prêts ou de sommes forfaitaires pour compenser les coûts induits. ...

Louvois devait donc être branché en aval sur cinq SI-RH entre 2011 et 2013 : @rhmonie (service de santé, avril 2011), Concerto (armée de terre, octobre 2011), Rh@psodie (Marine, mars 2012), Orchestr@ (Air, initialement prévu en septembre 2012), Agorh@ (Gendarmerie, initialement prévu en mars 2013). Il est lui-même connecté en boucle sur Chorus, outil du budget de l'État.

Mais tout ne se passe pas exactement comme prévu. Lorsque l'armée de terre bascule en octobre 2011, toutes les données n'avaient pas été fiabilisées. L'un des problèmes rencontrés est tout simplement celui des Relevés d'Identités Bancaires (RIB), le nouveau système ne reconnaissant pas ceux de l'ancien... parce que les RIB ont eux-mêmes changé du fait la législation européenne. Pour faire face aux difficultés, il a donc fallu « forcer » le système Louvois à verser certaines soldes : 12 000 cas ont été recensés en octobre 2011 (soit près de 10 % du total), 10 000 en novembre et 4 000 en décembre. Les opérations se font au Centre Expert des Ressources Humaines (CERH) de Nancy, dont les effectifs ont été renforcés. Quatre-vingt-dix personnes sont mobilisées pour assurer la « post-bascule » et la « *rescue* » car, malgré tout, un certain nombre de cas n'ont pas été résolus. « *1 387 soldes n'ont pas été perçues en octobre et 1 116 en novembre : nous le savons parce que les sommes ont été virées, mais qu'elles nous ont été retournées par les banques* », explique l'armée de terre. Ce problème-là est relativement simple à traiter. En effet, il est dû à la migration de la codification RIB vers la codification IBAN pour l'identification des comptes bancaires.

Mais les problèmes persistent en 2012 et les nombreuses erreurs perturbent le paiement des soldes de l'armée de terre. En 2012, les protestations et réclamations prennent une ampleur sans précédent dans l'armée où le devoir de réserve est habituellement très respecté. Le bilan présenté dans la note 188348 DEF/RH-AT/SFRH/NP du 14 mars 2012 émise par le ministère de la Défense et des Anciens Combattants est éloquent. En février 2012, 17 529 écarts ont été analysés, c'est-à-dire 17 529 erreurs manifestes détectées entre le calcul opéré par Louvois et la situation antérieure, soit autant qu'en octobre 2011. On a compté 3 189 paiements directs pour un montant de 3 millions d'euros, autant que le mois précédent, 1 236 paiements manuels, ce qui correspond à la moyenne de celle des mois précédents et 22 000 paiements particuliers au titre de rappels concernant 15 970 membres du personnel.

Dans la Marine, le passage à Louvois semble s'effectuer sans encombre en mars 2012. Les incidents sérieux et durables rencontrés par l'armée de terre faisaient craindre de nouveaux problèmes. Il n'en a apparemment rien été et le paiement des soldes des 39 000 marins, entre le 26 et le 28 mars, s'est déroulé sans difficultés. « *La bascule a eu lieu et ça se passe bien* », indique l'état-major de la Marine. Cinq cent cinquante-huit marins se sont manifestés auprès des Bureaux Administratifs des ressources Humaines (BARH) pour des anomalies de soldes et 68 requêtes sont remontées au niveau central. Seules quatre d'entre elles ont mis plus de 48 heures à être traitées. Tirant les leçons des dysfonctionnements précédents, la Marine a anticipé l'affaire en mettant en place une communication interne et en fiabilisant les données personnelles en amont. La tâche est également plus simple dans la Marine que dans l'armée de terre, dont les personnels, plus nombreux, sont beaucoup plus éparpillés géographiquement. En août 2012, l'armée de l'air repousse la date du passage à Louvois d'un semestre. Initialement programmé pour l'automne 2012, le passage est alors reporté à mars 2013 (en septembre 2013, il n'a toujours pas eu lieu). En attendant, le système

Orchestra des ressources humaines devrait être synchronisé avec Louvois pour éviter les difficultés. « *On n'avait pas le couteau sous la gorge* », explique-t-on dans l'armée de l'air.

En fait, il semblerait que certains problèmes liés à ce projet et à ce logiciel de paiement des soldes Louvois aient été identifiés dès le départ, mais que rien n'ait été fait pour y remédier. Deux ans plus tard, il ne fonctionne toujours pas et les militaires sont payés avec beaucoup d'incidents. Lors des tests du système, début 2011 – avant le basculement des personnels du Service de Santé des Armées en avril –, les spécialistes avaient identifié entre dix et quinze problèmes majeurs (bogues). C'est notamment ce qu'a découvert le général Gérard Lapprend, directeur général des systèmes d'information et de communication du ministère de la Défense, lors de l'audit qui lui a été demandé. Or, la résolution de ces bogues passait alors par la création de cinq ou six emplois dédiés à ce problème. Mais, au sommet de la hiérarchie du ministère de la Défense, chacun s'est renvoyé la responsabilité et ces postes n'ont pas été créés.

Par ailleurs, les fermetures des organismes de paiement de soldes de chaque armée, prévues dans le plan général de redéploiement des effectifs ont bien eu lieu, elles, et sans retard, ce qui a retiré du projet et des bascules des compétences clés.

Enfin, lors de la phase d'analyse du projet, le recueil des besoins a apparemment souffert du manque de prise en compte d'un certain nombre de processus gérés manuellement dans les centres de solde de chaque armée. Les ressources traitant ces dossiers ayant par la suite été redéployées ailleurs, et le logiciel n'ayant pas été parfaitement équipé pour ces transactions, il était inévitable que des problèmes surgissent et que des retards s'accumulent, réduisant encore plus la lisibilité de la situation. Tous les dysfonctionnements liés aux organisations complexes sont illustrés dans cet exemple, en particulier la question des responsabilités et des rôles. Un rapport du Contrôle général des armées pensait avoir trouvé une solution en revenant temporairement à l'ancien système de paiement de l'armée de terre, mais c'est très risqué car celui-ci était déjà à bout de souffle. La seule stratégie possible est donc de faire du « palliatif » en parallèle avec de l'« alternatif ». Le palliatif, c'est tenter de réparer le système, en résolvant les problèmes qui auraient dû l'être il y a deux ans. Une décision du comité exécutif du ministère en mars 2013 a été nécessaire pour débloquer le budget. L'alternatif consisterait à lancer des études pour un nouveau logiciel.

Sources :

http://www.marianne.net/blogsecretdefense/Louvois-vifs-echanges-a-l..., 19/04/13

http://www.marianne.net/blogsecretdefense/Exclusif-l-incroyable-inert..., 17/02/13

http://www.marianne.net/blogsecretdefense/Louvois-l-armee-de-Terre..., 11/02/13

http://www.marianne.net/blogsecretdefense/Louvois-il-faut-une-nouvel..., 19/12/12

Barathon, D., « Scandale Louvois : la solde des militaires toujours dans la panade », **http://www.cio-online.com/actualites/lire-scandale-louvois-la-solde-des-militaires-toujours-dans-la-panade-4679.html**, 13/11/12, consulté le 01/10/13

Guisnel, J., « Coup de gueule de Le Drian sur les soldes en retard », **http://www.lepoint.fr/editos-du-point/jean-guisnel/coup-de-gueule-de-le-drian-sur-les-soldes-en-retard-26-09-2012-1510288_53.php**, 26/09/12, consulté le 01/10/13

http://www.marianne.net/blogsecretdefense/Soldes-pourquoi-ca-coince..., 21/12/11

...

R.-P., C., « Soldats sans soldes : leurs femmes montent au créneau », **http://www.ladepeche.fr/article/2012/10/19/1469080-soldats-sans-soldes-leurs-femmes-montent-au-creneau.html**, 19/11/12, consulté le 01/10/13

http://www.marianne.net/blogsecretdefense/Soldes-l-armee-de-l-air-re..., 27/08/12

http://www.marianne.net/blogsecretdefense/Louvois-il-faut-une-nouvel..., 04/05/12

« Le Paiement des soldes avec le logiciel Louvois en phase de normalisation », *Agence France Presse*, 03/05/12

https://sites.google.com/site/assomilitairesetcitoyens/billets/reponseduministereconcernantledysfonctionnementlouvois, 17/04/12, consulté le 01/10/13

http://www.marianne.net/blogsecretdefense/Dans-la-Marine-le-passage..., 05/04/12

« Le programme ressource humaine solde », **http://www.defense.gouv.fr/portail-defense/enjeux2/modernisation/le-programme-ressource-humaine-solde/le-programme-ressource-humaine-solde**, 21/03/12

« Louvois : la Marine raccordée fin mars au nouveau système de paiement », *Agence France Presse*, 15/03/12

« Des Bugs dans le paiement des soldes », *Acteurs Publics*, 12/03/12

« 3100 », *Le Parisien-Aujourd'hui en France*, 09/03/12

« Louvois : harmoniser la solde des militaires », **http://www.defense.gouv.fr/actualites/articles/louvois-harmoniser-la-solde-des-militaires**, 12/03/12, consulté le 01/10/13

« Défense : toujours d'importantes difficultés dans le paiement des soldes », *Agence France Presse*, 08/03/12

www.steria.com

Communiqué de Presse, **www.steria.com**, 28/02/09

Note : tous les articles initialement publiés sur **www.marianne.fr** sont désormais disponibles sur le site **http://www.lopinion.fr/blog/secret-defense**.

Matière à réflexion :

Quelles étaient les caractéristiques du projet Louvois ?

Quels étaient les principaux facteurs de risque de ce projet SI ?

Alors que de gros moyens avaient été mis en place pour la gestion du changement liée à ce projet majeur, pourquoi ce projet a-t-il dérapé de façon aussi nette ?

L'un des principaux défis que posent les SI consiste à s'assurer qu'ils peuvent procurer de véritables avantages à l'entreprise. Mais il faut observer que, dans le domaine des SI, le taux d'échec est plus élevé que dans bien d'autres domaines (Standish Group, 2009). Des organisations entreprennent pourtant de tels projets depuis plus de 40 ans. Parmi les facteurs d'échec, on retrouve en première place le fait que les entreprises ne réussissent pas à maîtriser le changement organisationnel associé à un projet SI.

Au cours de votre carrière, vous devrez participer à la conception ou à la validation de nouveaux SI. Vous devrez évaluer les bénéfices de ces investissements pour l'entreprise et vous assurer que ces systèmes fonctionnent conformément aux différentes spécifications initialement formulées et validées. Dans ce chapitre, nous examinons quelques-unes des méthodes utilisées pour mesurer la valeur que procurent les SI à l'organisation. Nous étudions également le rôle de la gestion du changement organisationnel dans la réussite de l'implantation des systèmes et les stratégies destinées à réduire les risques liés aux projets, la gestion de l'implantation et les nouvelles possibilités qu'offrent les SI en matière de performance des organisations.

1 Valeur des SI

Avant de considérer la valeur que procurent les systèmes à l'entreprise, il est important de comprendre qu'il existe deux types d'investissements en SI. Les organisations investissent dans des projets applicatifs qui ont des objectifs métier très précis et qui seront implantés dans les 12 à 24 prochains mois. Mais au-delà de chaque projet apprécié unitairement, les entreprises investissent également dans l'infrastructure technologique qui supporte les solutions informatisées. Ce type d'investissements s'étale généralement sur de plus longues périodes. Ils comprennent la mise à niveau des serveurs ou des ordinateurs personnels, la conversion de tous les téléphones au système voix sur Internet (VoIP), ou la mise à niveau de la largeur de bande du réseau international de l'entreprise pour accélérer la communication avec ses filiales étrangères. Certaines organisations utilisent l'externalisation pour ne plus avoir à gérer ce type de préoccupations de nature technologique.

L'estimation de la valeur des projets applicatifs peut s'effectuer à l'aide de méthodes comptables traditionnelles. Les investissements d'infrastructure sont plus difficiles, mais pas impossibles à justifier, au moyen de techniques d'évaluation plus récentes que nous étudierons plus loin dans ce chapitre.

Tous les investissements SI, qu'il s'agisse de projets applicatifs ou d'infrastructure, sont décidés dans l'espoir qu'ils procureront de la valeur aux entreprises. Cet apport peut se matérialiser de quatre façons :

- La contribution la plus évidente est l'amélioration des processus d'affaires existants ou la création de nouveaux processus, dont l'effet net est d'augmenter l'efficacité de l'entreprise.
- Les SI contribuent aussi à améliorer la prise de décision, en accélérant le processus et en améliorant sa précision. Ces améliorations peuvent être évaluées au moyen de méthodes traditionnelles d'analyse des investissements, décrites dans cette section.
- Les systèmes peuvent aussi procurer de la valeur sur le plan stratégique. Celle-ci ne constitue pas nécessairement un rendement immédiat sur le capital investi, mais plutôt un rendement à long terme qui entraîne une meilleure position stratégique dans l'industrie.
- Les systèmes peuvent aider une entreprise à réaliser des avantages compétitifs et durables en renforçant, par exemple, les liens entre les clients et les fournisseurs, en améliorant la différenciation concurrentielle des produits et des services, et en augmentant la souplesse et la faculté d'adaptation sur de plus longues périodes.

L'infrastructure technologique durablement robuste peut, à long terme, jouer un rôle stratégique important dans la vie d'une entreprise. Au bout de cinq à dix ans, ces investissements ont une valeur d'option qui permet à l'organisation de mettre en application de nouvelles technologies et de lancer de nouveaux produits.

D'un point de vue financier, la valeur des systèmes tourne essentiellement autour de la question du rendement sur le capital investi : un investissement particulier dans un SI procure-t-il suffisamment de profits pour en justifier le coût ?

1.1 Modèles d'évaluation d'un investissement

Le processus d'analyse et de sélection des différentes propositions de dépenses en capital porte le nom d'évaluation d'un investissement. Il en existe six modèles :

- la méthode de la période de récupération ;
- la méthode du taux de rendement comptable sur investissement ;
- la méthode de la valeur actualisée nette ;
- la méthode du ratio coûts/bénéfices ;
- la méthode de l'indice de rentabilité ;
- la méthode du taux de rendement interne.

La plupart de ces méthodes reposent sur la consolidation des mouvements de fonds associés aux coûts (d'investissement et de fonctionnement) et de ceux issus des variations positives, liées aux nouveaux revenus (par exemple, dans le cadre d'un projet de commerce électronique) ou aux économies sur les coûts actuels (par exemple, des gains de productivité associés à un nouveau *workflow* interne). L'une des difficultés méthodologiques consiste à déterminer le nombre de périodes retenues pour comparer ces deux groupes de valeurs. Combien d'années ce nouveau service sera-t-il utilisé et restera-t-il utile, compte tenu des variations internes et externes qui agissent sur la validité des postulats qui ont légitimé la décision de le réaliser ?

Une fois ces points définis, plusieurs méthodes peuvent être utilisées pour comparer la valeur des différents projets et éclairer la prise de décision concernant l'investissement en question.

La validité des résultats obtenus par les différents modèles financiers suppose que l'on a examiné un éventail de solutions pertinentes, que l'on connaît tous les coûts et les gains escomptés et que ceux-ci peuvent être mesurés d'un point de vue monétaire. Mais ces prérequis sont rarement satisfaits. On parlera donc plus d'aide à la décision, d'éclairage par la dimension financière que de valorisation exacte.

Le tableau 14.1 résume les coûts et les bénéfices les plus courants associés à un projet SI. On peut essayer de quantifier les **bénéfices tangibles** et leur attribuer une valeur monétaire, mais on ne peut pas mesurer immédiatement les **bénéfices intangibles**, comme l'amélioration de l'efficacité du service à la clientèle ou des prises de décision. Ces bénéfices peuvent néanmoins entraîner des gains qui deviendront ultérieurement quantifiables.

Au chapitre 5, nous introduisons la notion du coût total de possession (*Total Cost of Ownership*, TCO) qui sert à déterminer et à mesurer les composantes des dépenses en SI. Celles-ci excèdent le coût initial d'achat et d'installation du matériel et du logiciel. L'analyse du TCO ne fournit cependant qu'une partie de l'information nécessaire pour évaluer un investissement en SI, parce qu'elle n'aborde pas nécessairement les bénéfices, les catégories de coûts (comme les coûts de complexité) et les facteurs intangibles et stratégiques.

Tableau 14.1 : Coûts et bénéfices des SI

Coûts	Bénéfices
Matériel	Tangibles (économies) Augmentation de la productivité Diminution des coûts d'opération Diminution de la main-d'œuvre Diminution des coûts de l'informatique Diminution des coûts entraînés par les fournisseurs externes Diminution du taux d'augmentation des dépenses Diminution des coûts des installations
Logiciel	Intangibles Meilleure utilisation des actifs Meilleur contrôle des ressources Meilleure planification organisationnelle
Services	Plus grande souplesse de l'organisation Information plus pertinente et plus disponible Plus d'informations
Personnel	Meilleure formation des employés Plus grand respect des contraintes légales et réglementaires Meilleure attitude des employés Amélioration de la satisfaction au travail des employés Amélioration des prises de décision Amélioration des opérations Satisfaction accrue de la clientèle Amélioration de l'image de l'entreprise

1.2 Limites des modèles financiers

On utilise des modèles financiers dans plusieurs situations : pour justifier l'installation de nouveaux systèmes, pour expliquer le fonctionnement d'un vieux système après coup ou pour justifier, à l'aide de chiffres, une décision politique. Les décisions politiques prises au sein d'une organisation ne le sont cependant pas uniquement en regard des aspects financiers. Les dirigeants décident selon une rationalité limitée (Simon, 1957) et combinent les éléments financiers quantitatifs à d'autres paramètres moins objectifs, tels que leur ressenti, leur expérience ou encore la confiance relative qu'ils ont dans les éléments financiers.

1.3 Les SI en tant que projets d'investissement

En raison des difficultés liées à la mesure des bénéfices intangibles, les modèles financiers peuvent parfois être biaisés : les transactions et les projets administratifs qui comportent un déplacement de la main-d'œuvre en vue de gagner de l'espace produisent toujours des bénéfices plus concrets et faciles à mesurer que les SI de gestion, d'aide à la décision ou ceux qui favorisent le travail de groupe.

Le point de focalisation traditionnel des mesures des aspects financiers et techniques d'un SI porte généralement sur les dimensions socio-organisationnelles (les variations d'effectifs, par exemple). Bon nombre de décisions ne prennent pas en compte les coûts liés aux changements organisationnels qu'entraîne l'implantation d'un nouveau système, comme le coût de formation des utilisateurs finaux, les effets des courbes d'apprentissage des utilisateurs sur la productivité, ou le temps consacré par les cadres à la surveillance des changements liés au nouveau système. Une analyse financière traditionnelle peut également ne pas tenir compte de certains bénéfices, comme les décisions plus opportunes provenant d'un nouveau système ou l'amélioration de l'apprentissage ou de l'expertise des collaborateurs.

Certains facteurs portent à croire que ce type d'investissement nécessite une considération spéciale dans la modélisation financière. Les SI se distinguent des systèmes de fabrication par une espérance de vie plus courte. En raison du taux élevé de changements technologiques, la plupart des systèmes sont obsolètes au bout de trois à huit ans. Cela signifie que la période de récupération (durée sur laquelle l'investissement doit être compensé) doit être plus courte et les taux de rendement plus élevés que ceux des projets d'investissement dans des domaines plus classiques et à la durée de vie plus longue. Il convient donc d'utiliser avec précaution les modèles financiers et d'évaluer les résultats dans un contexte d'analyse de valeur et de rentabilité plus large.

L'investissement pour un nouveau système de gestion de la chaîne logistique – Exemple

Observons comment les modèles financiers fonctionneraient dans le monde des affaires. Heartland Stores est une chaîne de magasins de détail. Nous sommes en 2005. Elle compte cinq centres de distribution régionaux, 377 magasins et environ 14 000 produits différents. L'entreprise souhaite investir dans de nouveaux modules logiciels et matériels. Son objectif est d'améliorer le système actuel de gestion de la chaîne logistique afin de mieux gérer l'achat et le déplacement des marchandises entre les fournisseurs et ses points de vente au détail. Les articles des magasins Heartland sont en effet souvent en rupture de stock, même si bon nombre de ces produits se trouvent dans les entrepôts des centres de distribution de l'entreprise.

La direction pense que le nouveau système lui permettrait de réduire la quantité de marchandises qu'elle doit garder en stock, et par conséquent les coûts de stockage, car elle pourrait retracer précisément l'état des commandes et le flux des articles à l'intérieur et à l'extérieur de ses centres de distribution. Le nouveau système réduirait les coûts de main-d'œuvre de l'entreprise car cette dernière n'aurait plus besoin d'autant d'employés pour gérer ses stocks ou assurer le suivi des expéditions de marchandises entre les fournisseurs, les centres de distribution et les points de vente. Les coûts de télécommunication seraient aussi réduits car les représentants du service à la clientèle et le personnel des expéditions et de la réception des marchandises n'auraient plus besoin de passer autant de temps au téléphone pour retracer les expéditions et les commandes. Heartland s'attend à ce que le nouveau système réduise les coûts de transport en fournissant de l'information qui aidera à consolider les expéditions aux magasins au détail et à établir des horaires d'expédition plus efficaces. Si le projet est approuvé, la mise en application débuterait en janvier 2006 et le nouveau système deviendrait opérationnel en janvier 2007.

Coûts et bénéfices estimés – Nouveau système de gestion de la chaîne logistique

	A	B	C	D	E	F	G	H	I	J	K
1	Année					0	1	2	3	4	5
2						2005	2006	2007	2008	2009	2010
3	**Coûts : Matériel**										
4		Serveurs			7 @ 80 000	560 000					
5		Serveurs de secours			4 @ 80 000	320 000					
6		Ordinateurs au quai de chargement			100 @ 1 250	125 000					
7		Appareils de radiofréquence			1000 @ 1 175$	1 175 000					
8		Entreposage				800 000					
9											
10	**Infrastructure du réseau**										
11		Routeurs et concentrateurs			300 @ 4 100	1 230 000					
12		Pare-feu			2 @ 6 300	12 600					
13		Réseau sans fil				1 750 000					
14		Système de réseau de secours				1 150 000					
15		Liens de télécommunication				74 250	225 000	225 000	225 000	225 000	225 000
16											
	Logiciel										
18		Base de données				475 000					
19		Serveurs Web (Apache)				0					
20		Modules de planification et d'exécution de la chaîne logistique				1 187 500					
21											
22	**Main-d'œuvre**										
23		Personnel				425 000	115 000	115 000	115 000	115 000	115 000
24		Personnel affecté aux systèmes d'information				1 225 000	525 000	525 000	525 000	525 000	525 000
25		Conseillers externes				576 000	95 000	95 000	95 000	95 000	95 000
26		Formation (utilisateurs)				382 000	35 000	35 000	35 000	35 000	35 000
27	**Sous-total**					11 467 350	995 000	995 000	995 000	995 000	995 000
28											
29	**Maintenance et soutien**										
30		Maintenance du matériel et mises à niveau					240 000	240 000	240 000	240 000	240 000
31		Maintenance des logiciels et mises à niveau					275 000	275 000	275 000	275 000	275 000
32		Sous-total					515 000	515 000	515 000	515 000	515 000
33	**Total par année**					11 467 350	1 510 000	1 510 000	1 510 000	1 510 000	1 510 000
34											
35	**Coûts totaux**					19 017 350					
36	**Bénéfices**										
37		Réduction des coûts de main-d'œuvre					1 650 000	1 400 000	1 400 000	1 400 000	1 400 000
38		Réduction des coûts liés aux stocks					3 500 000	3 500 000	3 500 000	3 500 000	3 500 000
39		Réduction des frais de transport					1 300 000	1 300 000	1 300 000	1 300 000	1 300 000
40		Réduction des coûts de télécommunication					250 000	250 000	250 000	250 000	250 000
41											
42	**Sous-total**					0	6 700 000	6 450 000	6 450 000	6 450 000	6 450 000
43											
44	**Flux de trésorerie nets**					–11 467 350	5 190 000	4 940 000	4 940 000	4 940 000	4 940 000
45											
46	**Total des bénéfices**					32 500 000					

Feuil1 Feuil2 Feuil3

Figure 14.1 – Coûts et bénéfices du nouveau système de gestion de la chaîne logistique.

La solution repose sur l'infrastructure et la technologie existantes de l'entreprise, mais elle nécessite l'achat de serveurs, d'ordinateurs personnels, de logiciels de base de données et de réseaux, ainsi que d'un nouveau logiciel de planification et d'exécution de la chaîne logistique. Elle exige aussi une nouvelle technologie d'identification par radiofréquence, afin de tracer plus facilement les marchandises lors de leurs déplacements entre les fournisseurs, les centres de distribution et les points de vente.

La figure 14.1 illustre les coûts et les bénéfices estimés du système. Ce dernier avait un coût d'investissement réel de 11 467 350 euros la première année (année 0) et un coût total de 19 017 350 euros sur six ans. Les bénéfices estimés se chiffrent à 32 500 000 euros au bout de six ans. L'investissement en valait-il la peine ? Si oui, pourquoi ? Il existe des réponses financières et non financières à ces questions. Examinons d'abord les différents modèles financiers (voir figure 14.2).

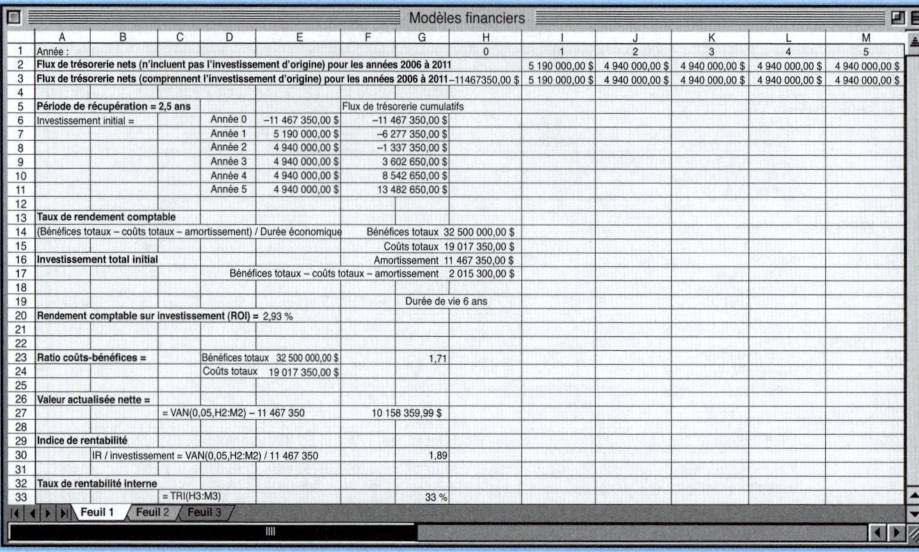

	A	B	C	D	E	F	G	H	I	J	K	L	M
1	Année :							0	1	2	3	4	5
2	**Flux de trésorerie nets (n'incluent pas l'investissement d'origine) pour les années 2006 à 2011**								5 190 000,00 $	4 940 000,00 $	4 940 000,00 $	4 940 000,00 $	4 940 000,00 $
3	**Flux de trésorerie nets (comprennent l'investissement d'origine) pour les années 2006 à 2011**							–11467350,00 $	5 190 000,00 $	4 940 000,00 $	4 940 000,00 $	4 940 000,00 $	4 940 000,00 $
4													
5	**Période de récupération = 2,5 ans**					Flux de trésorerie cumulatifs							
6	Investissement initial =			Année 0	–11 467 350,00 $		–11 467 350,00 $						
7				Année 1	5 190 000,00 $		–6 277 350,00 $						
8				Année 2	4 940 000,00 $		–1 337 350,00 $						
9				Année 3	4 940 000,00 $		3 602 650,00 $						
10				Année 4	4 940 000,00 $		8 542 650,00 $						
11				Année 5	4 940 000,00 $		13 482 650,00 $						
12													
13	**Taux de rendement comptable**												
14	(Bénéfices totaux – coûts totaux – amortissement) / Durée économique						Bénéfices totaux	32 500 000,00 $					
15							Coûts totaux	19 017 350,00 $					
16	**Investissement total initial**						Amortissement	11 467 350,00 $					
17				Bénéfices totaux – coûts totaux – amortissement				2 015 300,00 $					
18													
19							Durée de vie 6 ans						
20	**Rendement comptable sur investissement (ROI) =**				2,93 %								
21													
22													
23	**Ratio coûts-bénéfices =**			Bénéfices totaux	32 500 000,00 $		1,71						
24				Coûts totaux	19 017 350,00 $								
25													
26	**Valeur actualisée nette =**												
27			= VAN(0,05,H2:M2) – 11 467 350				10 158 359,99 $						
28													
29	**Indice de rentabilité**												
30		IR / investissement = VAN(0,05,H2:M2) / 11 467 350					1,89						
31													
32	**Taux de rentabilité interne**												
33			= TRI(H3:M3)				33 %						

Figure 14.2 – Modèles financiers.

1.4 Méthode de la période de récupération

La **méthode de la période de récupération** est plutôt simple : elle permet de mesurer le temps nécessaire au remboursement des coûts de l'investissement initial d'un projet. La formule de calcul est la suivante :

$$\frac{\text{Investissement initial}}{\text{Encaissement annuel net}} = \text{nombre d'années de récupération}$$

Dans le cas des magasins Heartland, il faudra plus de deux ans pour rentabiliser l'investissement initial. (Comme les flux de trésorerie sont inégaux, il faut additionner les encaissements annuels jusqu'à ce qu'ils soient égaux à l'investissement d'origine.) Cette méthode est souvent utilisée en raison de sa simplicité et de sa valeur en tant que méthode de sélection initiale. Elle est particulièrement efficace pour des projets à haut risque, dont la durée de vie utile est difficile à établir. Si un investissement peut être remboursé en l'espace de deux ans, il est moins important de savoir quelle est la durée de vie du système après les deux premières années.

La faiblesse de cette mesure réside dans le fait qu'elle ne tient pas compte de la valeur temporelle de l'argent, des montants des flux de trésorerie après la période de récupération, de la valeur de cession (habituellement nulle pour les ordinateurs) et de la rentabilité de l'investissement.

1.5 Méthode du taux de rendement comptable sur investissement

Les entreprises réalisent des investissements afin d'obtenir un taux de rendement satisfaisant. Pour déterminer ce taux, il faut tenir compte des coûts de l'emprunt, mais aussi d'autres facteurs, comme les taux de rendement anticipés préalablement par l'entreprise.

Sur une longue période, le taux de rendement souhaité doit égaler ou dépasser les coûts d'obtention du capital sur le marché.

Le **retour sur investissement** (*Return On Investment*, ROI) détermine le rendement du capital investi, en ajustant les encaissements produits par l'investissement à l'amortissement. Il fournit une estimation du revenu comptable généré par l'investissement en question.

Pour calculer le ROI, il faut d'abord calculer le bénéfice net. La formule est la suivante :

$$\frac{(\text{Bénéfices totaux} - \text{Coûts totaux} - \text{Amortissement})}{\text{Durée de vie utile}} = \text{Bénéfices nets}$$

On divise ce bénéfice net par l'investissement initial total afin d'obtenir le rendement du capital investi. La formule est la suivante :

$$\frac{\text{Bénéfice net}}{\text{Investissement initial total}} = \text{Rendement du capital investi}$$

Dans le cas des magasins Heartland, le taux moyen est de 2,93 %. La limite de cette méthode est qu'elle ne tient pas compte de la valeur temporelle de l'argent. Les épargnes futures n'ont tout simplement pas la même valeur que les épargnes actuelles. On peut néanmoins modifier le taux de rendement comptable (et on le fait habituellement), afin que les bénéfices et les coûts futurs soient calculés en euros courants (la fonction de valeur actualisée de la plupart des tableurs effectuera cette conversion).

1.6 Méthode de la valeur actualisée nette

L'évaluation d'un projet d'investissement exige de comparer le coût d'un investissement (à l'année 0) aux encaissements nets réalisés plusieurs années plus tard. Ces deux éléments ne sont cependant pas directement comparables à cause de la valeur temporelle de l'argent. L'argent que vous toucherez dans trois, quatre ou cinq ans n'a pas la même valeur que celui que vous recevez aujourd'hui. L'argent que vous recevrez à l'avenir doit être actualisé selon un pourcentage approprié (habituellement, le taux d'intérêt en cours ou parfois le coût du capital). La **valeur actualisée** est la valeur en euros courants d'un paiement ou d'un flux de paiements que vous percevrez dans le futur. On peut la calculer au moyen de la formule suivante :

$$\frac{\text{Paiement X } 1 - (1 + \text{intérêt})^{-n}}{\text{Intérêt}} = \text{Valeur actualisée}$$

Par conséquent, pour comparer l'investissement (en euros courants) aux épargnes ou aux revenus futurs, vous devez escompter les revenus à leur valeur actualisée, puis calculer la valeur actualisée nette de l'investissement. La **valeur actualisée nette** est le montant d'argent que vaut un investissement, en tenant compte de ses coûts, de ses revenus et de la valeur temporelle de l'argent. La formule de calcul est la suivante :

Valeur actualisée nette des flux de trésorerie prévus – Coût d'investissement initial

= Valeur actualisée nette

Pour la société Heartland, la valeur actualisée nette des flux de trésorerie est de 21 625 709 euros, et le coût en euros courants de 11 467 350 euros, ce qui donne une valeur actualisée de 10 158 359 euros. En d'autres mots, pour un investissement initial de 21 millions d'euros, l'entreprise recevra plus de 10 millions d'euros. Il s'agit d'un taux de rendement du capital investi très acceptable.

1.7 Méthode du ratio coûts/bénéfices

Une méthode du **ratio coûts/bénéfices** (c'est-à-dire des bénéfices par rapport aux coûts) permet de calculer le rendement d'une dépense en capital. La formule est la suivante :

$$\frac{\text{Bénéfices totaux}}{\text{Coûts totaux}} = \text{Ratio coûts/bénéfices}$$

Dans le cas des magasins Heartland, le ratio est de 1,71, ce qui signifie que les bénéfices sont 1,65 fois plus élevés que les coûts. Cette méthode peut servir à comparer plusieurs projets d'investissement. Certaines entreprises établissent le ratio minimal que ces projets doivent atteindre. On peut évidemment le calculer en utilisant des valeurs actualisées, afin de prendre en compte la valeur temporelle de l'argent.

1.8 Méthode de l'indice de rentabilité

La limite de la méthode de la valeur actualisée nette est qu'elle ne fournit aucune mesure de la rentabilité et ne permet pas de comparer différents investissements. Une solution simple consiste à utiliser l'**indice de rentabilité**. Il se calcule en divisant la valeur actualisée des encaissements totaux d'un investissement par son coût initial. Ce résultat permet de comparer la rentabilité des autres possibilités d'investissements.

$$\frac{\text{Valeur actualisée des encaissements}}{\text{Investissement}} = \text{Indice de rentabilité}$$

Pour la société Heartland, cet indice (index) est de 1,89. Le rendement de l'investissement projeté est plus élevé que les coûts. Cette méthode offre la possibilité de classer les projets selon leur intérêt, ce qui permet aux entreprises de les prioriser.

1.9 Méthode du Taux de Rentabilité Interne (TRI)

Le **Taux de Rentabilité Interne** (TRI) permet de mesurer la rentabilité d'un investissement. Il tient compte également de la valeur temporelle de l'argent. Ce taux est le taux d'actualisation (intérêt) qui égalera la valeur actualisée des flux de trésorerie futurs du projet par rapport à son coût initial En d'autres termes, la valeur de R (taux d'actualisation) est telle que la valeur actualisée – coût initial = 0. Dans le cas de Heartland, ce taux est de 33 %, soit un rendement très acceptable.

1.10 Résultats de l'analyse des investissements

À l'aide des méthodes qui tiennent compte de la valeur temporelle de l'argent, le flux de trésorerie du projet des magasins Heartland est positif pour la période prévue et le rendement est plus élevé que les coûts. À la lumière de cette analyse, on peut se demander quels autres investissements seraient préférables au plan de l'efficacité et de la rentabilité, et si on a calculé tous les bénéfices. Il est possible que cet investissement soit nécessaire à la survie de l'entreprise ou pour fournir le niveau de service exigé par les clients. Il convient également de s'interroger sur ce que font les concurrents. En d'autres mots, il faut peut-être tenir compte d'autres facteurs stratégiques intangibles, qui ont des conséquences sur les activités de cette organisation.

1.11 Considérations d'ordre stratégique

D'autres méthodes de sélection et d'évaluation des investissements en SI se fondent sur des considérations non financières et stratégiques. Lorsque l'entreprise choisit parmi plusieurs possibilités d'investissement, elle peut effectuer une analyse de portefeuille ou recourir au modèle des points de fonction. Elle peut également les utiliser de manière simultanée.

Analyse de portefeuille

Plutôt que de recourir à un modèle d'évaluation de l'investissement, on peut utiliser l'analyse de portefeuille pour choisir une solution parmi d'autres. Elle permet à l'entreprise de comprendre où elle doit investir dans un SI, en dressant l'inventaire de tous les projets de SI et des actifs, y compris l'infrastructure, les contrats d'externalisation et les licences. Ce portefeuille d'investissements en SI présente des risques et des avantages pour l'entreprise (voir figure 14.3), tout comme le portefeuille financier.

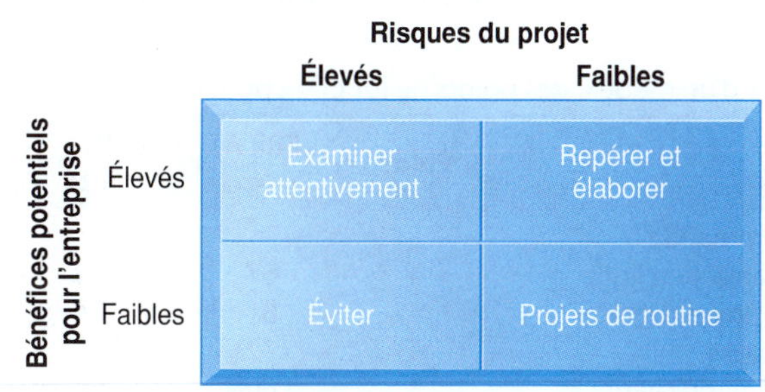

Figure 14.3 – Exemple de portefeuille de systèmes.

Tout projet de SI présente des risques et des bénéfices (voir section 2). Les entreprises doivent augmenter le rendement de leur portefeuille d'actifs SI en équilibrant les risques et les bénéfices de leurs investissements.

Une fois que les analyses stratégiques ont déterminé l'orientation globale du processus d'élaboration d'un système, une **analyse de portefeuille** peut servir à choisir une solution parmi d'autres. De toute évidence, on peut commencer par se concentrer sur les systèmes qui produisent des bénéfices élevés et qui présentent de faibles risques, car ils promettent des rendements rapides. Il faut ensuite examiner les systèmes qui présentent des bénéfices et des risques élevés ; on doit éviter ceux qui apportent peu de bénéfices par rapport aux risques élevés auxquels ils exposent l'entreprise et réexaminer ceux qui présentent de faibles risques et bénéfices, afin de déterminer s'il est possible de les reconstruire ou de les remplacer par d'autres, mieux adaptés et qui peuvent garantir des gains plus élevés. En recourant à l'analyse de portefeuille, la direction peut définir la proportion de risques et de bénéfices de l'investissement pour l'entreprise, et ainsi équilibrer les projets à bénéfices élevés avec d'autres à faibles risques. Selon Jeffrey et Leviveld (2004), les entreprises pour lesquelles l'analyse de portefeuille s'aligne sur la stratégie ont souvent un taux de rendement des actifs supérieur, un meilleur alignement des investissements en SI sur les objectifs de l'entreprise et une meilleure coordination de ces investissements.

Modèle des points de fonction

La méthode du **modèle des points de fonction** est plus rapide et permet de choisir parmi diverses solutions. Elle attribue aux différentes possibilités un score en fonction de leur capacité à atteindre les objectifs fixés. Au tableau 14.2, l'entreprise doit choisir entre deux ERP de remplacement. Dans la première colonne, on trouve les critères que les décideurs utiliseront pour évaluer les systèmes et qui sont généralement établis à la suite de longues discussions entre les décideurs du groupe. Souvent, le résultat le plus important de ce modèle n'est pas le pointage lui-même, mais une entente sur les critères à utiliser pour évaluer un système. Dans notre exemple, l'entreprise se concentre sur les fonctions de traitement des commandes, de la gestion des stocks et de l'entreposage. La deuxième colonne dresse la pondération des critères de décision. Les chiffres des colonnes 3 et 5 indiquent, en pourcentage, les exigences auxquelles chaque système ERP doit répondre. On peut calculer le pointage de chaque fournisseur en multipliant le pourcentage des exigences pour chaque fonction par la pondération accordée à cette dernière. Le système ERP B présente le pointage total le plus élevé.

Tableau 14.2 : Exemple d'un modèle des points de fonction pour un système d'entreprise

Critères	Poids	ERP A %	ERP A Points	ERP B %	ERP B Points
1.0 Traitement des commandes					
1.1 Entrée des commandes en ligne	4	67	268	73	292
1.2 Établissement du prix en ligne	4	81	324	87	348
1.3 Vérification des stocks	4	72	288	81	324
1.4 Vérification du crédit du client	3	66	198	59	177
1.5 Facturation	4	73	292	82	328
Total pour le traitement des commandes			1 370		1 469
2.0 Gestion des stocks					
2.1 Prévision de la production	3	72	216	76	228
2.2 Planification de la production	4	79	316	81	324
2.3 Contrôle des stocks	4	68	272	80	320
2.4 Rapports	3	71	213	69	207
Total pour la gestion des stocks			1 017		1 079
3.0 Entreposage					
3.1 Réception	2	71	142	75	150
3.2 Collecte/chargement	3	77	231	82	246
3.3 Expédition	4	92	368	89	356
Total pour l'entreposage			741		752
Total global			3 128		3 300

Comme dans le cas des méthodes rationnelles, on doit également tenir compte de plusieurs facteurs subjectifs. En effet, lorsque des experts utilisent le modèle des points de fonction, ils doivent comprendre les enjeux et les couples « opportunités/risques » du système étudié. On peut refaire « tourner » le modèle plusieurs fois, en modifiant les critères et les pondérations afin de voir comment ces variations affectent le résultat.

Modèles d'évaluation du prix des options réelles

La justification et l'avenir de certains projets de SI sont très incertains. Leurs flux de revenus futurs sont aléatoires et leurs coûts initiaux élevés. Supposons, par exemple, qu'une entreprise souhaite investir 20 millions d'euros pour mettre à niveau l'infrastructure technologique de son SI. Une fois opérationnelle, elle posséderait les capacités technologiques pour réagir aux problèmes et aux opportunités futures. Même si on peut calculer le coût de cet investissement, on ne peut cependant pas en établir d'avance tous les bénéfices. Mais si l'entreprise attend quelques années que le potentiel du revenu soit plus évident, il sera peut-être trop tard pour investir dans l'infrastructure. Dans ce cas, la direction peut tirer profit des modèles d'évaluation du prix des options réelles afin d'évaluer les investissements en technologie de l'information.

Les modèles d'évaluation du prix des options réelles utilisent le concept de la valeur des options emprunté au secteur financier. Une option est essentiellement le droit, mais pas l'obligation, d'agir à une date ultérieure. Une option d'achat type, par exemple, est une option financière qui confère à une personne le droit (mais pas l'obligation) d'acheter un actif sous-jacent (généralement, une action transigée en Bourse) à un prix fixe (prix d'exercice), à une date déterminée ou à tout moment avant l'échéance fixée. Par exemple, une option achetée le 25 avril 2012 à 17,09 dollars, conférant le droit d'acheter une action Procter & Gamble (P&G) au prix de 50 dollars à la date T, expire le 17 janvier 2014. Si le cours de l'action P&G n'est pas supérieur à 50 dollars à la clôture de la bourse le 17 janvier 2014, l'option ne sera pas exercée, et son prix tombe donc à 0. Si, au contraire, le cours de l'action P&G est monté à, par exemple, 100 dollars, il est alors possible d'acheter les actions au prix de 50 dollars (prix de l'option) et de conserver un profit de 50 dollars minoré du coût de l'option. Pour une option sur 100 actions, il serait donc possible d'acheter 100 actions de P&G représentant une valeur de 10 000 dollars pour un coût avant commission de (100 × 50 dollars) + (100 × 17,09 dollars), soit 6 709 dollars, et de revendre ces actions au prix de 100 dollars et donc de faire un bénéfice de 3 291 dollars (avant commission).

Ces modèles évaluent les projets de SI de façon similaire à ceux des options, où une dépense initiale en technologie crée le droit, mais pas l'obligation, d'obtenir les bénéfices associés au développement et à l'utilisation de celle-ci, aussi longtemps que la direction a la liberté d'abandonner, de différer, de relancer ou de développer un projet. Les options réelles qui concernent les investissements en SI diffèrent des options financières, car elles ne peuvent pas être échangées sur un marché et qu'elles ont une valeur différente selon l'entreprise qui les propose. Par conséquent, un investissement dans un système d'entreprise aura des valeurs d'option réelle très différentes d'une organisation à une autre, car la capacité d'un type de SI à générer de la valeur dépend des facteurs propres à l'entreprise, par exemple son expertise, sa main-d'œuvre qualifiée, la conjoncture du marché et d'autres facteurs.

Plusieurs chercheurs soutiennent néanmoins que la théorie des options réelles est utile quand on considère des investissements en SI très incertains, et que les mêmes techniques qui peuvent servir à évaluer les options financières peuvent être utilisées (Benaroch et Kauffman, 2000 ; Taudes, Feurstein et Mild, 2000).

Les modèles d'évaluation du prix des options réelles fournissent une approche pour réfléchir aux projets SI qui tient compte de la valeur de l'apprentissage de la gestion au fil du temps et des avantages de différer ces investissements. Selon la théorie des options réelles, la valeur du projet SI (option réelle) est une fonction de la valeur de l'actif de SI sous-jacent (valeur actualisée du revenu que doit générer le projet SI), de la volatilité de la valeur de l'actif sous-jacent, du coût de conversion de l'investissement d'option en actif sous-jacent (le prix d'exercice), du taux d'intérêt sans risque et de la date limite de l'option (période pendant laquelle on peut reporter le projet).

Le modèle des options réelles aborde certaines des limites des modèles de flux monétaires actualisés décrits précédemment. Ces derniers proposent d'investir dans un projet SI uniquement quand la valeur des flux monétaires actualisés de tout l'investissement est supérieure à zéro. Le modèle d'évaluation du prix des options réelles permet à la direction de considérer systématiquement la volatilité dans la valeur des projets SI au fil du temps, le meilleur moment pour investir, et le coût changeant de la mise en application à mesure que les prix de la technologie ou les taux d'intérêt fluctuent.

Ce modèle permet à l'entreprise d'organiser son investissement en SI ou de se faire une idée de la situation en utilisant de petits projets pilotes ou des prototypes, afin d'en apprendre davantage sur les risques d'un projet avant d'investir dans le déploiement total. En résumé, le modèle d'évaluation du prix des options réelles accorde une grande valeur à l'apprentissage de la direction et à l'utilisation d'une technique d'investissement incrémentale (investir par projets) fondée sur l'apprentissage au fil du temps.

Les inconvénients de ce modèle résident avant tout dans l'estimation de toutes les variables clés qui touchent la valeur d'une option, y compris les flux de trésorerie anticipés provenant de l'actif sous-jacent et les fluctuations des coûts de l'implantation. On utilise le modèle d'évaluation du prix des options réelles quand on ne connaît pas une technologie et que son avenir reste incertain.

Investissements dans la technologie de l'information et la productivité

Dans la plupart des pays industrialisés, les gains de productivité que les investissements en SI ont procurés sont toujours l'objet de débats. La productivité est une mesure de l'efficacité de l'entreprise ; elle transforme les *inputs* en *outputs* dans un ratio qui évolue selon la quantité produite ramenée aux ressources consommées pour cette production. Depuis plus de dix ans, les chercheurs tentent de quantifier les bénéfices provenant des investissements en technologie de l'information en analysant les données recueillies au niveau des secteurs économiques, des entreprises et des applications de SI. Les résultats de ces études sont mitigés et on a inventé le terme « paradoxe de productivité » pour décrire leur ambivalence.

Il est néanmoins difficile de définir avec exactitude dans quelle mesure les SI ont amélioré la productivité du secteur des services. Des études démontrent que les investissements en SI n'ont pas entraîné une croissance considérable de la productivité chez les employés de bureau. Le secteur bancaire, l'un des plus grands utilisateurs de technologie de l'information, n'a enregistré aucun gain de productivité au cours des années 1990 (Davamanirajan, Tridas et Kriebel, 2002). La rationalisation et les mesures de réduction des coûts ont augmenté l'efficacité des employés, mais n'ont pas permis des améliorations durables qui entraînent de véritables gains de productivité. Les téléphones mobiles, les télécopieurs, les ordinateurs portables et domestiques permettent aux collaborateurs du tertiaire d'augmenter leur rendement en travaillant de plus longues heures et en apportant leur travail à la maison, mais ils ne produisent pas nécessairement plus de travail dans une unité de temps donnée.

La contribution de la technologie de l'information à la productivité des activités tertiaires est difficile à mesurer car l'établissement d'unités produites convenables est problématique (Panko, 1991). Comment peut-on mesurer la production d'un cabinet d'avocats ? Doit-on mesurer la productivité en examinant le nombre de formulaires remplis par chaque employé (mesure de la productivité physique d'une unité) ou le revenu produit par chaque employé (mesure de la productivité financière d'une unité) ?

2 Importance de la gestion du changement dans le succès et l'échec des SI

Lorsqu'une entreprise décide d'investir dans un SI, les bénéfices escomptés peuvent être substantiellement réduits si elle n'appréhende pas le coût et l'ampleur des changements organisationnels associés à l'implantation d'un nouveau système, ou si elle ne les effectue pas de manière efficace. L'implantation ou la modification d'un SI a une grande influence sur les comportements et l'organisation. Le fait de modifier la manière de définir les informations, d'y accéder et de les utiliser entraîne souvent une nouvelle répartition de l'autorité et du pouvoir. Ces changements organisationnels internes, s'ils sont perçus comme inutiles ou régressifs, peuvent engendrer une résistance légitime qui peut mener à l'échec d'un système pourtant techniquement au point.

2.1 Les problèmes qui mènent à l'échec des SI

Les problèmes qui mènent à l'échec des SI se divisent en plusieurs catégories (voir figure 14.4). Les principaux secteurs concernés sont la conception, les données, les coûts et l'exploitation, et la gestion du changement.

Conception

Si les équipes ne parviennent pas à intégrer la philosophie et les attentes opérationnelles qui ont prévalu lors de la décision de lancer le projet, la qualité de la construction technique demeurera vaine. Le SI sera peu ou mal utilisé car victime d'un déficit d'appropriation par les populations utilisatrices.

Si les données sont livrées dans une présentation ou un format inadapté aux conditions d'usage opérationnelles, parce que les concepteurs ont raisonné en se projetant dans des modes opératoires irréalistes, les utilisateurs délaisseront le SI officiel pour travailler avec d'autres dispositifs plus officieux.

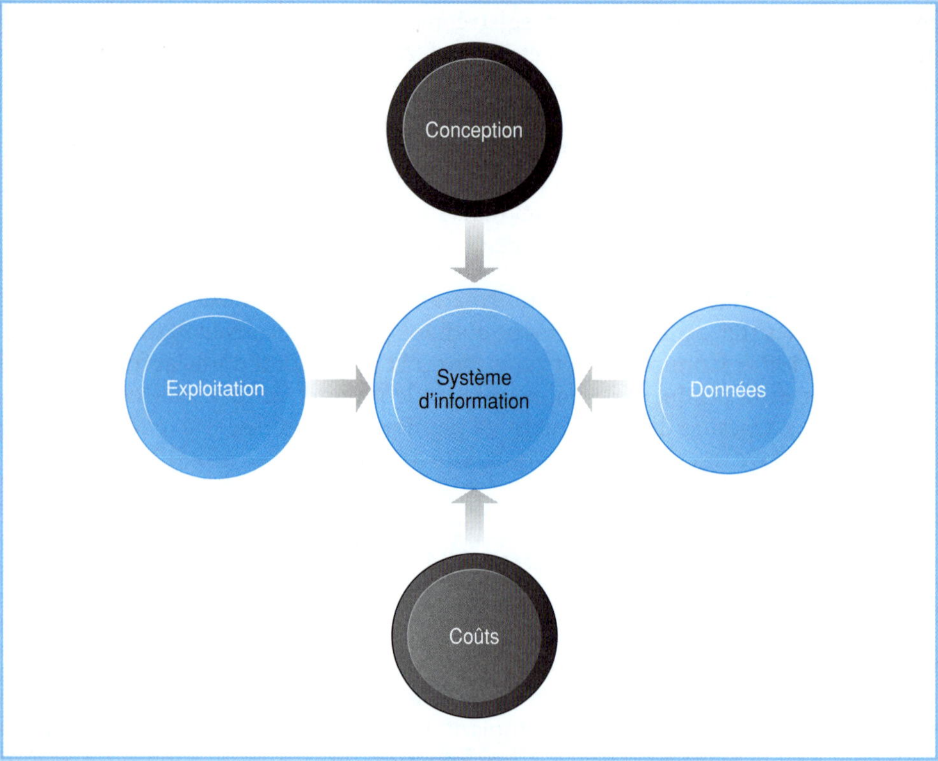

Figure 14.4 – Problèmes qui mènent à l'échec des SI.

La manière dont ces derniers doivent interagir avec le système peut se révéler excessivement compliquée et décourager toute tentative d'utilisation. L'interface utilisateur peut être mal conçue, avec des écrans transactionnels trop chargés, des menus déroulants peu explicites, des libellés peu clairs, etc. La mauvaise ergonomie des sites Web, des sites mobiles et des applications mobiles peut décourager les visiteurs et les faire changer de site s'ils ne peuvent pas facilement naviguer et trouver les informations qu'ils recherchent.

Par le passé, la conception d'un SI était plus axée sur des questions techniques qu'organisationnelles. Par conséquent, de nombreux systèmes pourtant excellents sur le plan technique étaient en décalage opérationnel avec la structure, la culture et les objectifs de l'organisation.

Données

Cœur du SI, les données seront la cause de sa faible crédibilité si elles sont imprécises, incohérentes ou imparfaitement disponibles aux acteurs, au moment et à l'endroit où ils en ont besoin. Leur mauvaise actualisation peut également entraîner une baisse de l'utilisation du SI.

Coûts

Certains systèmes peuvent fonctionner sans problème technique, mais leurs coûts d'implantation et d'exploitation dépassent nettement les prévisions budgétaires. D'autres peuvent se révéler trop coûteux pour que le projet soit mené à terme. Dans les deux cas, les dépenses excessives ne peuvent être justifiées par la valeur des informations que les systèmes fournissent.

Exploitation

La sensibilité des utilisateurs peut être mesurée selon différents critères, mais deux d'entre eux focalisent leur attention :

- le temps de réponse lors des traitements transactionnels en ligne ;
- la disponibilité et la fiabilité des systèmes et des données pendant les plages d'ouverture normale.

Certains problèmes peuvent être attribués aux fonctions techniques des SI, mais la plupart découlent de facteurs organisationnels.

Gestion du changement et notion d'implantation

Pour gérer les changements organisationnels qui assurent l'implantation efficace d'un nouveau SI, on doit examiner le **processus d'implantation**.

Selon le modèle Kolb-Frohman, lors de l'implantation d'un changement organisationnel, il s'établit une relation entre un conseiller de l'organisation (le concepteur du SI) et son client (l'utilisateur). Ce modèle décrit cette relation en sept étapes. Le succès de cette implantation est déterminé par le degré d'efficacité avec laquelle le conseiller et le client abordent les questions principales à chaque étape (Kolb et Frohman, 1970). Selon d'autres modèles, la relation qui s'établit entre les concepteurs, les clients et les décideurs, tous responsables de la gestion de l'implantation, permet de minimiser l'écart entre la conception et l'utilisation.

2.2 Les raisons du succès ou de l'échec de l'implantation

Les facteurs suivants peuvent fortement déterminer l'issue de l'implantation :

- l'implication des utilisateurs ;
- le degré d'implication et de soutien de la direction générale ;
- le niveau de complexité et de risque du projet ;
- la qualité de la gestion du processus d'implantation.

Il s'agit en grande partie de questions liées aux comportements et à l'organisation (voir figure 14.5).

Participation et influence des utilisateurs

La participation des utilisateurs à la conception et à l'exploitation des SI peut avoir plusieurs résultats positifs. Premièrement, si les utilisateurs sont impliqués dans la conception des systèmes, ils ont davantage d'occasions de les modifier selon leurs priorités et leurs besoins, et d'en contrôler les résultats. Deuxièmement, ils sont plus susceptibles d'accepter le système, une fois qu'il sera finalisé, car ils auront participé activement au processus de changement. On obtient ainsi des solutions plus adaptées et une meilleure intensité d'appropriation opérationnelle en incorporant les connaissances et l'expertise des utilisateurs.

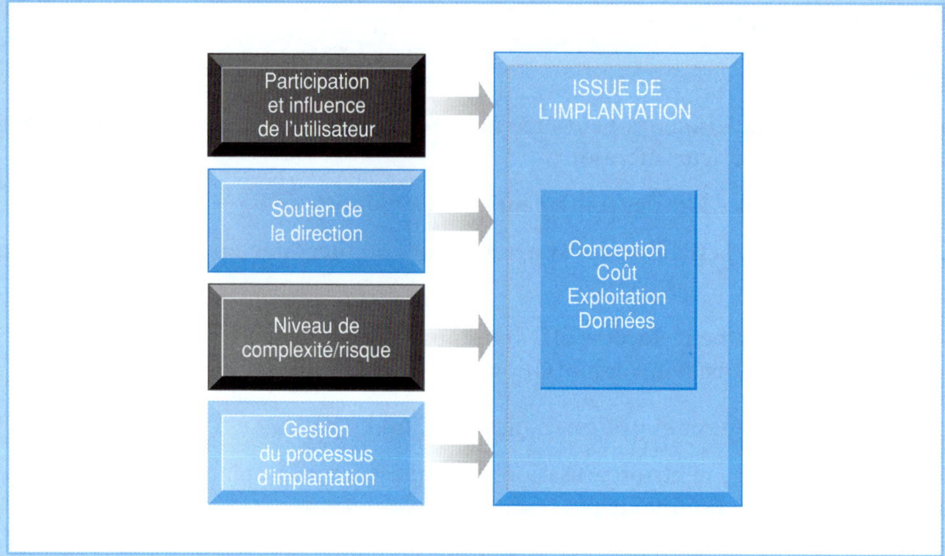

Figure 14.5 – Facteurs de succès ou d'échec d'un SI.

Cependant, les utilisateurs ont souvent un point de vue très limité sur les problèmes à résoudre et peuvent ne pas saisir toutes les occasions d'améliorer les processus ou les applications de la technologie de l'information. Les habiletés et la vision des concepteurs de systèmes professionnels demeurent aussi nécessaires que les services d'un architecte lors de la construction d'une maison.

La relation entre le conseiller et le client a toujours posé problème lors de l'implantation des SI. Les utilisateurs et les spécialistes des SI ont généralement des expériences, des intérêts et des priorités différentes. On parle alors d'absence de dialogue fructueux entre les utilisateurs et les concepteurs, d'où des divergences de démarche dans la résolution des problèmes, révélées par des décalages de vocabulaire.

Par exemple, les spécialistes adoptent souvent une démarche très technique. Ils recherchent des solutions techniques élégantes et perfectionnées, qui optimisent l'efficacité du matériel et du logiciel aux dépens de la convivialité ou de l'efficacité pour l'organisation. Les utilisateurs préfèrent des systèmes axés sur la résolution des problèmes ou sur la simplification des tâches organisationnelles.

Le tableau 14.3 illustre les différences entre les préoccupations des utilisateurs finaux et celles des concepteurs lors du développement d'un nouveau système. Les problèmes de communication qui existent entre eux expliquent en partie pourquoi les systèmes sont mal adaptés aux besoins des utilisateurs et pourquoi ces derniers ne sont pas impliqués dans le processus d'implantation. Au-delà des seuls problèmes d'adéquation, se posent souvent des problèmes d'acceptation du nouveau système par les opérationnels du « terrain ».

Tableau 14.3 : Absence de dialogue fructueux entre les utilisateurs et les concepteurs

Préoccupations des utilisateurs	Préoccupations des concepteurs
Le système délivrera-t-il les informations dont j'ai besoin pour effectuer mon travail ?	Combien d'espace disque la base de données consommera-t-elle ?
Avec quelle rapidité puis-je accéder aux données pour répondre à un client au téléphone ?	Combien de lignes de code programme seront nécessaires pour effectuer cette fonction ?
Les données sont-elles faciles à récupérer ?	Comment peut-on réduire la consommation de ressources de l'unité centrale quand on exécute le programme qui récupère les données ?
Combien de temps les collaborateurs doivent-ils consacrer sur leur temps de travail pour intégrer des données dans le système ?	Quelle est la manière la plus efficace de stocker cet élément d'information ?
Comment l'exploitation du système modifiera-t-elle mon travail au quotidien ?	Quel système de gestion de base de données devrait-on utiliser ?

Soutien et engagement de la direction

Si la direction générale est prête à s'engager dans un projet SI et si elle l'appuie explicitement et publiquement de bout en bout, l'attitude des utilisateurs, des équipes de la DSI et/ou des prestataires extérieurs éventuels sera probablement plus positive. Les parties prenantes auront l'impression que leur participation au processus de développement sera reconnue et que l'organisation la considérera comme essentielle. L'appui de la direction assure également l'obtention des financements et des ressources qui peuvent garantir le succès du projet. De plus, tous les changements apportés sur le plan des habitudes, des méthodes de travail et de la composition du personnel dépendent d'un engagement clair et net de sa part. Si un nouveau SI devient une priorité pour un manager, ses collaborateurs auront davantage tendance à le traiter de la même manière.

Niveau de complexité et de risque

Les systèmes diffèrent considérablement sur le plan de la taille, de l'envergure, du niveau de complexité, ainsi que des composantes organisationnelles et techniques. Certains projets de développement de système risquent davantage d'échouer ou d'accuser des retards car ils comptent un niveau de risque beaucoup plus élevé que d'autres. Trois dimensions principales déterminent le niveau de risque d'un projet : son envergure, sa structure et le niveau d'expérience technique des équipes de la DSI et de l'équipe de projet.

Envergure du projet

Plus un projet est vaste (périmètre fonctionnel et géographique couvert, enjeux commerciaux et/ou financiers, budget nécessaire, niveau de mobilisation des équipes techniques de la DSI et/ou des prestataires extérieurs), plus il est risqué. La complexité organisationnelle du système (nombre d'unités opérationnelles affectées, niveau de transversalité des processus modifiés, etc.) contribue autant à la complexité des projets de grande envergure que les caractéristiques techniques, telles que l'ampleur du choc sur les infrastructures existantes, l'intensité de l'innovation des technologies requises, etc.

Structure du projet

Certains projets sont plus structurés que d'autres. Les exigences sont claires et directes, de sorte que les livrables et les processus sont faciles à définir. Les utilisateurs savent exactement ce qu'ils veulent et ce que doit accomplir le système ; il est presque impossible qu'ils changent d'idée. De tels projets exposent l'entreprise à des risques beaucoup moins élevés que ceux qui doivent répondre à des besoins mal définis, flous et qui changent constamment. Dans ce cas, les « livrables » sont difficiles à préciser parce qu'ils dépendent des utilisateurs qui peuvent ou non changer d'idée ou ne pas s'entendre sur ce qu'ils souhaitent obtenir.

Expérience de la technologie

Le risque est beaucoup plus élevé si les équipes techniques de la DSI ou du prestataire ne possèdent pas une expertise technique suffisante dans l'un des composants majeurs du SI à réaliser. Ce déficit d'expérience peut porter sur des éléments d'infrastructure (système d'exploitation, nouvelle norme de réseau supportant une application pour mobiles, etc.) ou applicatifs (logiciel à développer en interopérabilité avec un autre d'un niveau technique différent).

Gestion du processus d'implantation

Le développement d'un nouveau système doit être géré et orchestré avec soin. La manière dont le projet sera exécuté influera fortement sur les résultats (Wallace et Keil, 2004, Fimbel, 2007). On oublie souvent certains éléments fondamentaux qui contribuent à son succès, comme la formation des utilisateurs finaux qui doivent se sentir à l'aise avec le nouveau système et comprendre toutes ses applications potentielles. Si le budget de départ est limité, on risque à la fin du projet de ne plus avoir de fonds à investir dans la formation.

Les incertitudes et les conflits inhérents à tout effort d'implantation seront amplifiés si le projet est mal organisé ou géré. Voici les problèmes qu'une mauvaise gestion peut susciter (voir figure 14.6) :

- dépassement des coûts, bien au-delà des montants établis par le budget ;
- dépassement imprévu des échéances ;
- problèmes techniques menant à des performances nettement moins élevées que celles initialement prévues ;
- impossibilité d'obtenir les bénéfices escomptés.

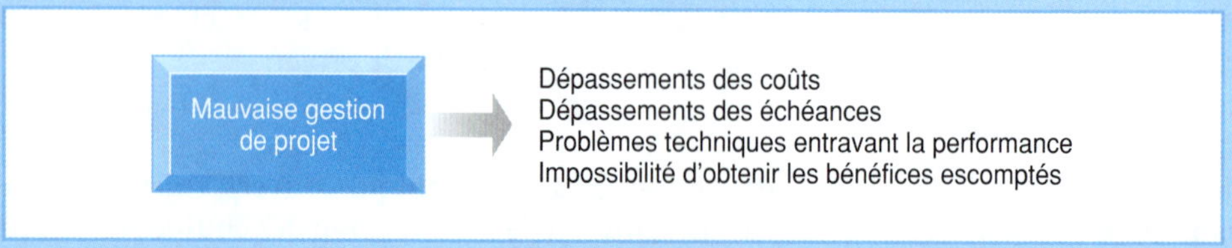

Figure 14.6 – Conséquences d'une mauvaise gestion de projet.

À quel point peut-on mal gérer un projet ? Dans le secteur privé, on sous-estime en moyenne de moitié le budget et le temps nécessaire pour livrer un système conforme au cahier des charges. Bon nombre de projets sont livrés sans toutes les fonctionnalités (et l'on promet d'améliorer à cet égard les versions ultérieures). Le groupe Standish International, qui mesure les taux de succès des projets en SI, indique que seuls 32 % des investissements en technologie ont respecté les échéanciers, le budget et les spécifications fonctionnelles. Ils seraient 44 % à ne pas respecter ces critères et 24 % d'entre eux seraient même annulés en cours de développement, ou livrés et jamais utilisés (MacCafferty, 2010). Une autre étude menée sur 1 471 projets informatique et publiée dans le *Harvard Business Review* en 2011 a montré qu'en moyenne, les dépassements de budget étaient de 27 %, et qu'un projet sur six dépassait les coûts prévus de 200 % et les délais prévus de près de 70 % (Flyvbjerg et Budzier, 2011). Pourquoi les projets sont-ils si mal gérés, voire n'aboutissent même pas à la mise en opération pour certains ? Comment peut-on y remédier ? Nous allons maintenant discuter des solutions possibles.

Ignorance et optimisme

Les techniques d'estimation du temps nécessaire à l'analyse et à la conception des systèmes sont peu fiables ou utilisées de manière trop simpliste. Plus les systèmes sont ambitieux et le périmètre fonctionnel large, plus l'ignorance, l'optimisme, voire le déni de réalité, jouent un rôle important. En fin de compte, les estimations tendent à être exagérément optimistes, à présenter la meilleure hypothèse et donc à se révéler erronées. On suppose, parce qu'on a envie de croire à un avenir radieux grâce à la technologie, que tout ira bien alors que, dans les faits, c'est rarement le cas. La nécessité de convaincre le décideur-financeur conduit à outrer les attitudes caricaturales des demandeurs en matière de budgets, de délais et de risques minorés, ainsi que de gains surévalués.

Notion mythique du mois-homme

L'unité de mesure traditionnelle, utilisée par les concepteurs de systèmes pour projeter les coûts d'un projet, est le mois-homme. On évalue les projets en fonction du nombre de mois et de personnes nécessaires pour mener à bien cette initiative. On ne réduit cependant pas forcément le temps nécessaire à l'implantation d'un projet en y ajoutant plus d'intervenants (Brooks, 1974). L'analyse et la conception des systèmes comprennent des tâches séquentielles, qui ne peuvent s'effectuer isolément et qui exigent une communication de chaque instant, ainsi qu'une formation poussée. Si on ajoute des intervenants à un projet, on ralentit souvent sa livraison, alors que les coûts de communication, d'apprentissage et de coordination augmentent très rapidement ; dans le même temps, la contribution des participants diminue. À titre de comparaison, imaginez ce qui se produirait si on intégrait cinq amateurs à une équipe de basketteurs professionnels. L'équipe constituée de cinq joueurs professionnels risque de mieux réussir à court terme que celle composée de cinq professionnels et de cinq amateurs.

Retards : les mauvaises nouvelles arrivent lentement jusqu'aux échelons supérieurs de l'entreprise

Bien souvent, la direction est informée trop tard des échecs, ratés et doutes qui concernent un projet. CONFIRM, un projet d'installation de SI à très grande échelle, visant à intégrer les réservations d'hôtel, d'avion et de location de voitures, en est un exemple classique. Il a été parrainé par les Hôtels Hilton, Budget Rent-A-Car et Marriott Corporation, et mis au point par AMR Information Services Inc., une filiale de la American Airlines Corporation. Ce projet très ambitieux et techniquement complexe employait 500 personnes. Les membres de l'équipe de gestion du projet CONFIRM ont omis de présenter des informations précises lorsqu'ils ont commencé à rencontrer des problèmes au niveau de la coordination des diverses activités de traitement des opérations. Les clients ont donc continué d'investir dans un projet qui était erroné car ils n'avaient pas été informés des problèmes technologiques de la base de données, de l'aide à la décision et d'intégration (Oz, 1994).

Les défis de la gestion du changement dans la réingénierie des processus, les ERP et les fusions-acquisitions

Des études ont démontré que près de 70 % des projets de réingénierie ne parviennent pas à tenir leurs promesses. Nombre d'entre eux sont pénalisés par de mauvaises pratiques d'implantation et de gestion du changement lorsqu'on ne tient pas compte des préoccupations des collaborateurs à cet égard. Faire face aux craintes et à l'anxiété légitimes de ceux qui voient le BPR comme un « *job killer* » (tueur d'emplois), surmonter la résistance des managers clés, modifier les tâches et les responsabilités et assurer la formation constituent les problèmes majeurs de la réingénierie. De même, tous les ERP exigent une étroite coordination entre les groupes fonctionnels de l'entreprise et des changements organisationnels considérables dans les processus métier.

Implications des systèmes dans les fusions-acquisitions

Les achats et fusions d'entreprises sont des pratiques de plus en plus courantes. En se regroupant avec des concurrents, les organisations espèrent réduire leurs coûts et diminuer les risques en prenant de l'expansion dans différents secteurs (formation de conglomérats, par exemple). Il faut également tenir compte du facteur temps : une entreprise peut espérer acquérir une part du marché et une expertise beaucoup plus rapidement par le biais de fusions-acquisitions, et donc la rapidité de la mise en place du SI de la nouvelle organisation est un facteur de succès de la fusion elle-même.

Plus de 70 % des regroupements et achats d'entreprises se soldent par une diminution de la valeur des actions et entraînent une éventuelle revente. Beaucoup de ces projets souffrent d'un manque de planification et d'attentes réalistes quant aux synergies qui peuvent découler de ces fusions-acquisitions.

Les décideurs oublient souvent la difficulté d'intégrer les systèmes et les fonctions des différentes entreprises qui se regroupent (Fimbel, 2007). La combinaison des SI de deux entreprises différentes exige souvent la gestion de changements organisationnels considérables et de projets de systèmes. Si l'intégration n'est pas bien gérée, la nouvelle entité peut devenir un amalgame de systèmes hétéroclites, tant du point de vue des données que des applicatifs, des architectures et des infrastructures. Sans une intégration réussie des systèmes, il est impossible de réaliser les économies escomptées ou, pire encore, la nouvelle entité ne peut mener à bien ses opérations, et la valeur du tout devient inférieure à la somme des valeurs initiales de chacune des deux parties.

Une fois la décision d'acquisition prise, les deux DSI doivent évaluer avec réalisme les coûts de l'intégration, les bénéfices qu'ils estiment pouvoir tirer des économies d'échelle, d'un plus grand périmètre à couvrir et des expertises, ainsi que tous les systèmes problématiques pour lesquels l'intégration exige d'importants investissements. De plus, les DSI doivent estimer les coûts et les changements organisationnels nécessaires pour mettre à niveau le SI de la nouvelle entité qui résulte de la fusion.

3 Gestion de l'implantation

Il n'est pas facile de contrôler ou de planifier tous les aspects du processus d'implantation.

3.1 Contrôle des facteurs de risque

La première étape dans la gestion des risques liés à un projet consiste à définir la nature et le niveau de risque liés au projet.

Gestion de la complexité technique

Les projets comportant un niveau élevé de complexité et de difficulté technologiques difficiles à maîtriser peuvent être gérés à l'aide d'**outils d'intégration interne**. Les directeurs de projet doivent avoir une grande expérience technique et managériale. Ils doivent être en mesure d'anticiper les problèmes et d'établir de bonnes relations de travail avec les membres d'une équipe essentiellement technique. Cette dernière doit être dirigée par un manager doté d'une solide expérience, tant sur le plan technique que sur celui de la gestion de projet, et disposant de spécialistes expérimentés, qu'ils soient membres de la DSI ou issus des équipes de tel ou tel prestataire extérieur.

Outils de planification et de contrôle formels

On peut gérer adéquatement les gros projets à l'aide d'**outils de planification et de contrôle formels**. Les techniques de gestion de projet, comme la méthode PERT (*Program Evaluation and Review Technique*) ou le diagramme de Gantt, permettent d'élaborer un plan détaillé. PERT indique les activités précises d'un projet, leur durée et celles qui doivent être complétées avant d'entreprendre la prochaine activité. Le diagramme de Gantt (voir figure 14.7) représente la séquence et la durée des différentes tâches d'un projet de développement, ainsi que leurs exigences en ressources. On peut définir les tâches et budgétiser les ressources. L'intérêt de ces outils n'est pas seulement de produire des estimations, mais aussi de permettre des actualisations et des simulations en cours de réalisation, en y impliquant les différentes parties prenantes afin de mieux anticiper et corriger les dérapages qui s'amorcent. Ces progiciels peuvent être dédiés au management de projets ou intégrés à un ERP, ce qui permet un couplage, un partage et une consolidation des ressources, notamment humaines, et des logiques budgétaires.

Ces techniques peuvent aider les gestionnaires à prévoir les goulets d'étranglement et à déterminer les conséquences des problèmes sur le temps d'exécution du projet. Elles peuvent aussi permettre aux développeurs de systèmes de diviser la mise en application en modules plus petits et plus faciles à gérer, au moyen de résultats mesurables et définis.

3.2 Augmenter la participation des utilisateurs et surmonter leur résistance

Les projets relativement peu structurés et ayant de nombreuses exigences non définies doivent faire appel à l'implication des utilisateurs à toutes les étapes. On doit inciter ces derniers à choisir l'une des nombreuses options de conception et à rester solidaires des décisions prises. Les outils d'intégration externes offrent diverses façons de relier les tâches de l'équipe en charge de la mise en œuvre à celles des utilisateurs. Ceux-ci peuvent, par exemple, devenir des membres actifs de l'équipe de projet, jouer le rôle de chefs de file et prendre en charge l'installation et la formation. L'équipe d'implantation peut démontrer sa réceptivité aux utilisateurs, répondre rapidement aux questions en incorporant leurs remarques et suggestions. Les initiatives de commerce électronique qui doivent réagir rapidement aux opportunités émergentes peuvent bénéficier « d'architectes organisationnels » (souvent des consultants externes).

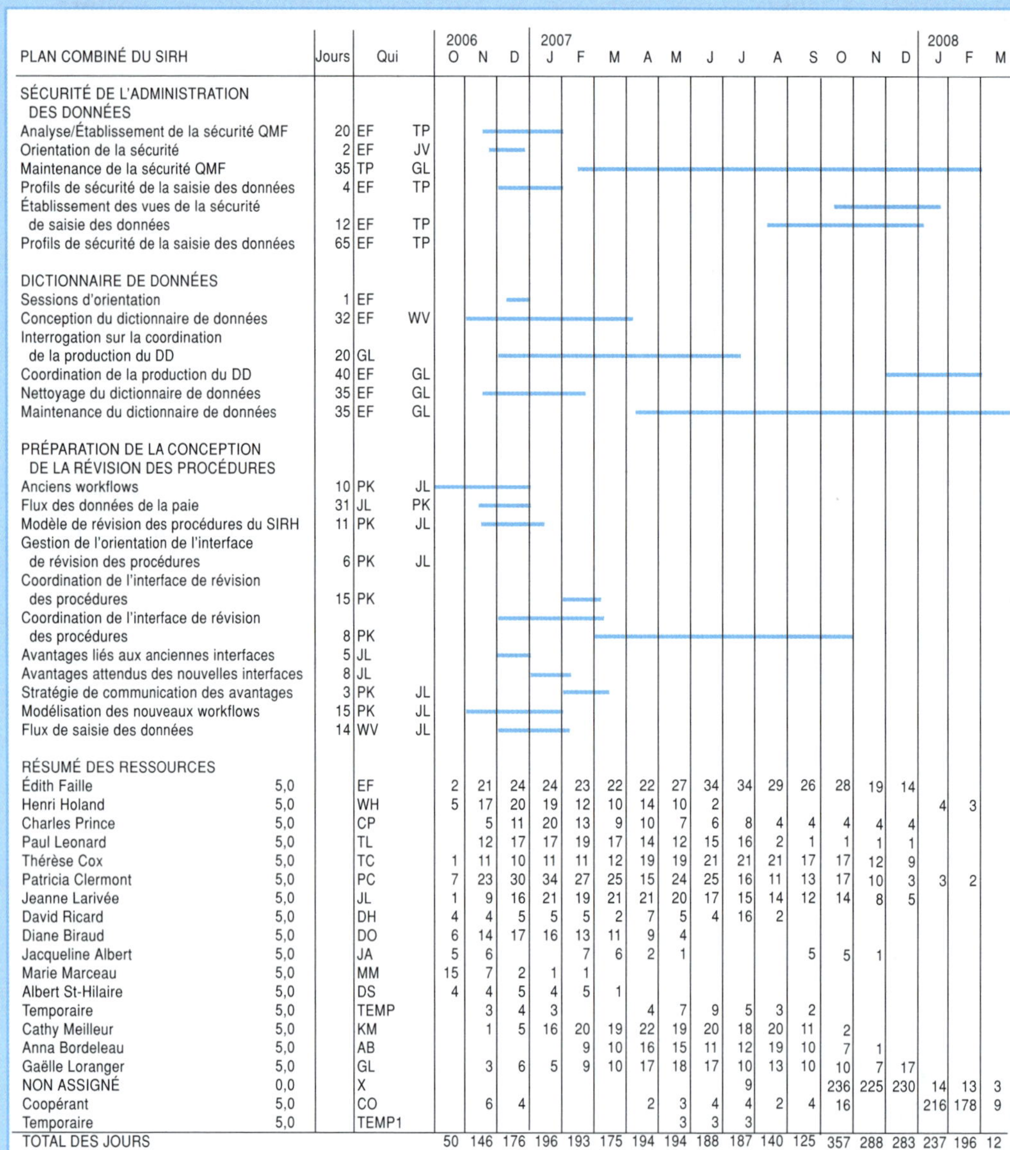

Figure 14.7 – Les outils de planification et de contrôle formels facilitent la gestion des projets de SI.

Cependant, les chercheurs en SI ont également noté que l'élaboration des systèmes n'est pas un processus entièrement rationnel. Certains utilisateurs qui dirigent les activités de conception se servent du pouvoir qu'ils ont gagné pour poursuivre leurs intérêts personnels et consolider davantage leur position, au lieu de promouvoir les objectifs de l'organisation. Ils ne participent pas toujours aux projets de manière productive.

La participation aux activités d'implantation peut ne pas suffire à surmonter le problème de la résistance des utilisateurs. Le processus exige un changement organisationnel qui peut susciter par lui-même une résistance de leur part. Ils peuvent en effet être touchés par le système de différentes manières : certains peuvent accueillir favorablement le nouveau système parce qu'il entraîne des changements qu'ils perçoivent comme avantageux, tandis que d'autres peuvent y résister car ils estiment qu'il nuit à leurs intérêts ou menace directement leur emploi (Joshi, 1991).

Si l'utilisation d'un système n'est pas obligatoire, les utilisateurs peuvent décider de le contourner ; dans le cas contraire, leur résistance se traduira par l'accroissement du nombre d'erreurs, de pannes, de démissions, voire par des actes volontaires de malveillance. Par conséquent, la stratégie d'implantation doit non seulement encourager leur participation, mais aussi aborder la question de la « **contre-implantation** » (Keen, 1981). Il s'agit d'une stratégie délibérée visant à empêcher l'implantation d'un SI ou d'une innovation au sein de l'organisation ou à en rendre l'utilisation inopérante.

Les stratégies qui visent à surmonter la résistance des utilisateurs comprennent la participation (pour susciter l'engagement et améliorer la conception), l'éducation et la formation, les directives formelles et les politiques de la direction, ainsi qu'une meilleure promotion de cette participation. Les utilisateurs seront plus coopératifs si les problèmes organisationnels et sociaux sont résolus avant l'introduction du nouveau système.

Lors de la conception des interfaces utilisateur, il faut porter une attention particulière aux questions ergonomiques. On entend par **ergonomie** l'interaction des utilisateurs avec les systèmes dans leur environnement de travail. Ce terme porte sur la description des tâches, les questions des conditions de travail et l'interface utilisateur des SI. Ainsi, un constructeur automobile européen a mis en place une salle de tests simulant un bureau d'accueil des clients dans une concession. Les membres du personnel d'accueil de plusieurs concessions différentes ont été placés devant différentes versions « prototypes » d'un nouveau logiciel de « CRM » et des caméras filmaient leurs réactions : difficultés, hésitations, fausses manœuvres, etc. L'objectif était d'améliorer la qualité et la commodité d'usage. Lorsque le système a été installé, l'information sur cette co-mise au point avait déjà circulé au sein du personnel d'accueil des différentes concessions, dont l'attitude a été très réceptive vis-à-vis du système.

3.3 La conception au service de l'organisation

Puisque le but d'un nouveau système est d'améliorer la performance de l'organisation, les processus de développement doivent explicitement aborder la manière dont l'organisation changera une fois le nouveau système installé. En plus des changements procéduraux, il faudra soigneusement planifier les transformations des postes, de la structure organisationnelle, des relations de pouvoir et de comportement. Le tableau 14.4 présente les facteurs organisationnels que l'on doit aborder lors de la planification et de l'implantation des systèmes.

Bien que les activités d'analyse et de conception des systèmes soient censées inclure une analyse des impacts organisationnels et sociaux, on a l'habitude de négliger cette dimension. L'analyse des **impacts organisationnels et sociaux** montre comment le système proposé changera la structure organisationnelle, les attitudes, la prise de décision et le fonctionnement de l'entreprise dans son ensemble. Dans de nombreux projets d'innovation, la loi requiert au moins une information des instances représentatives du personnel (comité d'entreprise, comité d'hygiène et de sécurité pour consultation préalable). Pour avoir négligé cette concertation avec les partenaires sociaux, certaines entreprises ont dû annuler leurs projets suite à des décisions de justice.

Tableau 14.4 : Facteurs organisationnels et sociaux dans la planification et l'implantation des systèmes

Participation et implication de l'employé
Conception du travail
Surveillance des normes et des performances
Ergonomie (notamment du matériel, des interfaces utilisateur et du cadre de travail)
Consultation des partenaires sociaux et des instances représentatives du personnel
Procédures de résolution des griefs des employés
Santé et sécurité
Conformité aux règlements gouvernementaux

3.4 Conception sociotechnique

La plupart des stratégies actuelles de construction de systèmes tendent à considérer que les utilisateurs finaux sont essentiels au processus, mais qu'ils jouent un rôle très passif par rapport aux autres personnes engagées dans ce travail, comme les spécialistes de la conception des systèmes et les managers. À cette vision utilitariste s'oppose une approche différente, issue des mouvements socio-démocrates européens ancrés dans un courant de pensée sociale. Elle assigne aux parties prenantes (ici, les futurs utilisateurs) un rôle plus actif et leur donne le pouvoir de s'associer à la définition du rôle des SI dans leur travail.

Cette tradition de conception participative met l'accent sur la participation des individus les plus concernés par le nouveau système. Elle est étroitement reliée à la notion de conception sociotechnique. Un plan de conception sociotechnique établit les objectifs humains que l'implantation du système doit atteindre, soit une plus grande qualification et une plus grande satisfaction au travail.

4 Nouvelles possibilités

Les potentialités de contribution du SI à la performance de l'organisation sont très importantes, tout comme les risques d'échec et les difficultés à obtenir les résultats escomptés.

4.1 Opportunités

Les résultats les plus significatifs s'obtiennent en agissant en priorité sur les leviers organisationnels et seulement ensuite sur les choix technologiques. La faible proportion de projets qui atteignent les objectifs initialement définis offre une chance aux entreprises appartenant à cette minorité de se démarquer et ainsi d'augmenter leur avantage compétitif grâce à leur SI.

4.2 Défis

Le succès d'un SI se construit tout au long du processus qui débute par l'étude d'opportunité et s'achève lorsque le système arrive en fin de vie. Chaque phase requiert des combinaisons de compétences et une vigilance particulières. Managers, utilisateurs, DSI et prestataires doivent donc se synchroniser sur les objectifs clés du projet, même si leurs contributions respectives sont de nature différente.

4.3 Déterminer les avantages et les coûts du système quand ils sont difficiles à évaluer

L'impact d'un simple investissement technologique peut être difficile à vérifier s'il est affecté par d'autres systèmes interdépendants et plusieurs niveaux de matériel, de logiciel, de base de données et de réseaux dans l'infrastructure du SI de l'entreprise.

À mesure que la sophistication et l'intégration des systèmes grandissent, les bénéfices de ces derniers sont moins tangibles. Les bénéfices intangibles sont, par définition, difficiles à évaluer. Les organisations peuvent perdre des occasions importantes si elles se fondent uniquement sur des critères financiers pour déterminer les gains des SI. Elles peuvent à l'inverse prendre de bien mauvaises décisions si elles surestiment les bénéfices intangibles.

4.4 Prendre en compte la complexité des grands projets SI

Les systèmes de grande envergure fonctionnelle et/ou géographique (comme l'implantation d'un ERP dans une entreprise multinationale), qui entraînent des changements considérables dans les processus d'affaires, sont difficiles à superviser, à coordonner et à planifier. Comme les périodes de développement peuvent s'étendre sur plusieurs années, leur mise en œuvre est particulièrement délicate. De plus, il n'existe aucune méthode ou technique capable, à elle seule, d'évaluer le temps et les coûts totaux des grands projets SI. Il faut donc mobiliser plusieurs approches pour essayer de cerner au mieux cette réalité complexe en multipliant les éclairages.

4.5 Obtenir plus de valeur des investissements en technologie de l'information

Des études ont démontré que très peu d'organisations obtiennent la pleine valeur de leurs investissements en SI. Un pourcentage assez élevé d'entreprises n'ont pas de supervision centrale sur leurs budgets de SI, ni de processus pour classer et gérer leurs investissements en la matière. Bien souvent, elles choisissent d'investir dans les projets de prédilection des dirigeants les plus influents. Certaines ne possèdent pas de critères permettant de définir le succès d'un projet ou n'arrivent pas à mesurer complètement son rendement une fois qu'il a basculé en mode opérationnel.

Les entreprises peuvent commencer par documenter les applications et l'infrastructure SI et par analyser périodiquement leur portefeuille de projets pour en étudier l'alignement sur les priorités de l'organisation, ainsi que l'évolution des risques qui leur sont associés. Les dirigeants ne doivent pas hésiter à se débarrasser des projets qui deviennent des handicaps pour l'entreprise.

4.6 Les nouvelles approches à la gestion de projet

Les techniques traditionnelles de gestion de projet traitent de problèmes importants et complexes en divisant les gros projets en sous-projets, en assignant à chacun des équipes, des calendriers et des points de contrôle, et en se concentrant surtout sur les mécaniques du projet plutôt que sur les résultats d'entreprise. Ces techniques ne sont pas adaptées aux ERP et autres projets de systèmes à grande échelle. Ces derniers soulèvent en effet des problèmes extrêmement complexes de coordination organisationnelle et de gestion du changement, que celui-ci soit lié à une technologie complexe et parfois non familière ou à des modifications des exigences concurrentielles ou organisationnelles.

Dans ce modèle, la planification du projet met l'accent sur le couplage entre la stratégie de l'entreprise et les choix structurants du SI. Les gestionnaires de projet et de sous-projets se concentrent sur la résolution des problèmes et des défis à mesure qu'ils se présentent, au lieu de simplement respecter les points de contrôle formels du projet. Ils mettent l'accent sur l'apprentissage et la planification, en cherchant des façons de s'adapter aux incertitudes et aux aléas qui, s'ils sont bien appréhendés, peuvent procurer des opportunités inédites (DeMeyer, Loch et Pich, 2002 ; Markus et Benjamin, 1997 ; Orlikowski et Hofman, 1997).

Résumé

Un projet SI peut être qualifié de « bien mené » s'il est livré aux utilisateurs dans le respect des délais, du budget et des fonctionnalités initialement spécifiés et validés. Il sera qualifié de « réussi » si les utilisateurs et l'entreprise en retirent la valeur attendue. Celle-ci peut être représentée par des gains tangibles (productivité, taux de service, etc.) et/ou intangibles. L'estimation de cette valeur initiale de référence est donc nécessaire. De nombreuses méthodes existent, mais aucune n'est à elle seule suffisante : méthode de la période de récupération, du retour sur investissement, de la valeur actualisée nette, du taux de rendement interne, des points de fonction, du portefeuille d'activités ou encore du prix des options réelles.

Au-delà de l'indispensable conformité technique des livrables, la gestion du changement contient donc un volet organisationnel majeur. Les causes d'échec d'un projet SI peuvent résider dans des carences lors de la conception, une mauvaise actualisation des données, des coûts réels incompatibles avec l'équilibre initialement prévu ou encore une mauvaise qualité de service (temps de réponse dégradés, ergonomie transactionnelle excessivement pénalisante, etc.). L'approche sociotechnique est donc à même de favoriser la réussite d'un projet SI.

Activités

Questions de révision

1. Nommez et décrivez les principales méthodes d'évaluation des investissements utilisées pour les projets de SI.
2. Quels sont les inconvénients et les limites des modèles financiers dans l'établissement de la valeur des SI ?
3. Décrivez comment l'analyse de portefeuille et le modèle des points de fonction permettent d'établir la valeur des systèmes.
4. Comment les modèles d'évaluation du prix des options réelles peuvent-ils servir à évaluer les investissements en technologie de l'information ?
5. Les SI ont-ils amélioré la productivité des entreprises ? Expliquez pourquoi.
6. Pourquoi les équipes en charge de la mise en œuvre des nouveaux SI doivent-elles prendre en compte les changements organisationnels, humains et sociaux ?
7. Quels types de problèmes et d'indicateurs sont le signe de l'échec d'un SI ?
8. Pourquoi doit-on comprendre le concept d'implantation quand on gère le changement organisationnel qu'entraîne un nouveau SI ?
9. Quelles sont les principales causes du succès ou de l'échec de l'implantation d'un système ?
10. Comment peut-on caractériser une absence de dialogue fructueux entre les utilisateurs et les concepteurs ? Quels types de problèmes peut-elle engendrer et quels en sont les symptômes ?
11. Comment explique-t-on le taux d'échec si élevé des projets d'implantation, d'applications d'entreprise et de réingénierie des processus d'affaires ? Quel rôle les SI jouent-ils dans le succès ou l'échec des regroupements d'entreprises ?
12. Quels éléments ont une influence sur le niveau de risque de chaque projet SI ?
13. Quelles techniques de gestion de projet peut-on utiliser pour contrôler les risques associés au projet SI ?
14. Quelles stratégies peut-on utiliser pour surmonter la résistance des utilisateurs aux projets de développement d'un nouveau SI ?
15. Quelles considérations organisationnelles doit-on aborder dans la conception des SI ?

Exercices de synthèse

1. Évaluez les modèles destinés à identifier la valeur des SI.
2. Analysez les principales causes d'échec d'un SI.

3. Évaluez les besoins en gestion du changement pour réussir la construction des systèmes.
4. Sélectionnez les stratégies permettant de gérer le processus d'implantation d'un système.
5. Déterminez les défis que posent l'implantation de nouveaux systèmes et les solutions de gestion.

Questions de réflexion

1. Lors de la conception d'un SI, on doit repenser l'organisation de l'entreprise. Que pensez-vous de cette affirmation ? Quelles en sont les conséquences sur la réussite d'un projet SI ?
2. La plupart des systèmes échouent parce que leurs concepteurs ignorent les problèmes de comportement organisationnel. Pourquoi ? Comment expliquez-vous cela après plusieurs décennies d'informatisation des entreprises ?
3. Le BPR est souvent qualifié de « *job killer* », de « fabricant de chômage ». Qu'en pensez-vous ?

Exercice sur le Web : l'achat et le financement d'une maison

Vous avez décroché un emploi à Reims et vous aimeriez vous acheter une maison dans cette région. Idéalement, vous voulez une maison individuelle avec trois chambres à coucher, une salle de bains, un garage pour deux voitures et un jardin d'au moins 450 m^2. Vous pouvez payer entre 150 000 euros et 225 000 euros, somme que vous financerez avec un prêt hypothécaire. Vous pouvez faire un versement initial représentant 20 % de la valeur de la maison. Avant d'acheter, vous désirez voir les maisons à vendre dans la fourchette de prix définie et déterminer le montant du versement mensuel selon les taux et les formules de financement possibles. Utilisez les sites immobiliers pour vous aider à effectuer les tâches suivantes :

1. Repérez les maisons disponibles dans l'agglomération rémoise qui se trouvent dans la fourchette de prix que vous désirez payer. Recueillez toute l'information possible sur ces maisons, y compris l'état dans lequel elles se trouvent, le nombre et le type de pièces, les services publics accessibles (transports, établissements scolaires, etc.).
2. Trouvez un financement pour 80 % du prix demandé. Comparez les taux sur au moins trois sites d'organismes de financement immobilier (utilisez les moteurs de recherche pour trouver ces sites).
3. Calculez l'échéancier et le montant des mensualités.

Quand vous aurez fini, évaluez l'ensemble du processus : la facilité d'emploi des sites et votre capacité à trouver les informations sur les maisons et les hypothèques, la précision de ces informations, le choix des maisons et des hypothèques, et l'utilité du processus si vous étiez véritablement à la recherche d'une maison.

Travail de groupe

En groupes de deux ou trois, rédigez une description des problèmes d'implantation que vous pourriez rencontrer dans le cas d'un SI pour un projet de réingénierie d'un processus d'affaires. Prenez l'exemple d'un concessionnaire automobile monomarque qui devient multimarques. Réfléchissez aux impacts de cette nouvelle donne stratégique pour cette entreprise, avant d'identifier quels processus de son « *front office* » commercial et de ses « *back offices* » administratifs seront affectés. Expliquez au moins cinq impacts différents.

Étude de cas : 3SI, le groupe 3 Suisses fait sa révolution Internet

Rebaptisé 3SI (3 Suisses International), le vépéciste historique s'est adapté à la révolution du e-commerce en filialisant ses métiers pour les proposer à des entreprises extérieures. Selon Denis Terrien, directeur général de 3SI, et Bernard Avril, directeur général pour l'activité *B to C*, « avec le lancement de Dispeo, le groupe 3SI achève sa mutation ».

Une mutation vers les services *via* la filialisation

Dispeo

La maison mère des 3 Suisses ouvre en 2013 sa filiale de prestations logistiques aux e-commerçants Dispeo, apportant le point final de sa transformation en groupe de commerce et de services. Dispeo est une société spécialisée dans la préparation de commandes pour le e-commerce, qui s'adresse à tous les sites marchands. Son offre, modulaire, couvre toute la chaîne logistique aval. Les marchandises sont acheminées de l'endroit où elles ont été achetées ou fabriquées jusqu'à l'entrepôt, où elles sont intégrées dans les stocks, puis aiguillées automatiquement pour optimiser le stockage et le *picking*[2]. Les commandes sont ensuite préparées. Le traitement des retours est également assuré, qu'il s'agisse de la prise en charge des colis, du reconditionnement des produits ou de leur réintégration au stock.

Contrairement à beaucoup d'autres acteurs, Dispeo est localisé au nord de Paris, d'une part pour toucher plus facilement les marchés de e-commerce majeurs que sont l'Allemagne, le Royaume-Uni et l'Europe de l'Est, et, d'autre part, pour accoler physiquement le site principal de Dispeo au centre de tri de Mondial Relay pour la région Nord, afin de permettre aux clients de Dispeo de recourir facilement à ce moyen de livraison. Les entrepôts de l'entreprise s'étendent sur 145 000 m^2, mais, en prenant en compte les mezzanines, la surface s'approche en réalité de 250 000 m^2. La capacité de stockage dépasse le million d'emplacements de boîtes. Dispeo est actif six jours sur sept, emploie 1 000 personnes et peut traiter 150 000 colis par jour, soit huit par seconde. En outre, grâce à des développements informatiques propriétaires réalisés sur plus d'un an, cette plateforme est capable de traiter les commandes au fil de l'eau. Habituellement, les entrepôts multi-enseignes travaillent par grands lots, en séparant les commandes de chaque enseigne. Chez Dispeo, la chaîne est générique et non dédiée par client, ce qui permet d'intercaler les enseignes les unes avec les autres sans rien changer aux processus. Dispeo est le plus grand préparateur de commandes e-commerce en France. Dès la première

2. Le *picking* est l'action, dans un entrepôt de stockage, de sélectionner et de mettre ensemble les différents éléments d'une commande pour sa préparation.

année, son chiffre d'affaires devrait être supérieur à celui de ses concurrents ADS ou Orium. Quant à l'ensemble des services aux e-commerçants que propose le groupe 3SI, il constitue une offre unique qui n'a pas vraiment de concurrent en France.

L'installation a ouvert mi-novembre 2012 et le premier rodage s'est fait avec 3 Suisses qui, début mars 2013, a basculé la quasi-totalité de son activité sur Dispeo. D'autres marques du groupe de 3SI vont basculer tout au long de l'année 2013. Les premiers contacts auprès du reste du marché sont prévus pour la fin 2013 ou le début 2014 ; certains prospects souhaitent même démarrer le plus vite possible. Dispeo est capable de traiter toutes les familles de produits non périssables, même si, dans un premier temps, il ne gérera des produits très encombrants que pour les marques du groupe 3SI. Il est aussi essentiel de souligner que Dispeo s'intègre dans un projet beaucoup plus vaste. Si l'annonce de son lancement est importante, c'est avant tout parce qu'elle est emblématique de la fin de la mutation du groupe 3SI.

3SI se positionne dorénavant autant sur le commerce que sur le service. Sur les 7 000 collaborateurs de 3SI, la moitié travaille maintenant dans les services et l'autre moitié dans le commerce. En 2012, 3SI a réalisé 300 millions d'euros de chiffre d'affaires dans les services et 1,4 milliard d'euros dans le commerce. Ces chiffres illustrent parfaitement la transformation structurante du groupe, achevée avec succès en quatre ans. Côté e-commerce, la mutation est réalisée. Les divers sites marchands sont très bien positionnés et totalisent 21 millions de visiteurs uniques par mois en Europe. Internet Retailer a d'ailleurs identifié 3SI comme le troisième groupe de e-commerce français en 2012. Mais le e-commerce représentant une ruée vers l'or qu'empruntent chaque année 20 000 nouveaux sites marchands, 3SI a aussi pour ambition de « *leur fournir les pelles et les tamis* » : le groupe va ainsi les aider à optimiser leurs activités. Côté services, la mutation est également arrivée à son terme. 3SI est aujourd'hui le premier opérateur privé de services aux e-commerçants, au travers des diverses sociétés dans les domaines de l'image, des centres d'appels ou encore de la logistique.

Il n'existe pas de meilleure démonstration de la réussite de la transformation de 3SI que l'acquisition en trois ans de 3 000 clients extérieurs au groupe, et ce dans toutes les catégories : *pure player* avec Cdiscount, Groupon ou Showroomprivé, *retailers* (distributeurs) avec Decathlon, Camaïeu ou Auchan, marques avec L'Oréal, Nespresso ou Kraft Foods, et même « véadistes[3] » historiques avec Damart, La Redoute ou Yves Rocher.

Même si certaines sociétés de services du groupe 3SI sont encore toutes jeunes, elles s'appuient sur des compétences très fortes qui datent depuis parfois plus de 20 ans. C'est précisément le cas de Dispeo dans la logistique. En plus de ses compétences, un vrai cap technologique y a été passé. Une refonte totale des processus, conçus en adéquation parfaite avec les besoins des e-commerçants, a été menée, et l'automatisation a été poussée au maximum. Cette dernière permet aujourd'hui de garantir la fiabilité du colis qui va partir, d'accroître la rapidité d'exécution (Dispeo prépare les colis en deux heures environ) et de réduire les coûts de traitement des commandes.

3. Un véadiste est un vendeur à distance, et un vépéciste est vendeur par correspondance. VPC est le terme d'origine, d'où vépéciste, qui qualifiait des entreprises comme La redoute et les 3 Suisses, avec leurs catalogues, leurs bons de commande, ou leur commande par téléphone ou fax. Depuis Internet, les « nouveaux entrants », tels que amazon.com, sans catalogue ni bon de commande courrier, ni fax, ni téléphone, ne se retrouvaient pas dans ce terme. Celui de véadiste a donc été créé, plus général et qui s'applique aux anciens comme aux nouveaux acteurs.

Autres filiales

Le nouveau centre de tri est une « cathédrale consacrée aux e-commerce », un centre ultramoderne de logistique situé à Hem, au sud de Roubaix, berceau historique de la vente à distance française. Sur ce site, des entrelacs de tapis roulants acheminent d'énormes caisses pleines de pulls, de robes ou d'objets pour la maison vers les chaînes de préparation des colis. Chacune est stockée sur un gigantesque *rack* d'une quinzaine de paliers. « *C'est le plus grand centre de préparation de commandes ouvert pour les enseignes de le e-commerce* », assure Denis Terrien. Il a été inauguré le 5 avril 2013, mais fonctionne depuis le 26 février, après plusieurs mois de test. À pleine puissance, le site de 40 000 m^2 pourra expédier 400 000 colis par jour.

Ce nouveau temple de la Vente À Distance (VAD) symbolise l'incroyable transformation du vépéciste né il y a 80 ans. En pleine disgrâce, « la vieille dame » a opéré depuis 2009 une mutation profonde sous la houlette de Denis Terrien, l'homme qui a lancé Amazon en France. Au cours des trois années suivantes, le chiffre d'affaires du groupe, filiale de l'allemand Otto et de la famille Mulliez, a été quasi divisé par deux, tout comme ses effectifs. La feuille de route est claire : 3SI doit conforter sa place de numéro deux du e-commerce français en devenant un important prestataire de services pour des entreprises externes. Comment ? En puisant dans les savoir-faire de la maison, comme le marketing direct ou la production de photos, qui ont été mutualisés. Même la logistique, avec son centre de Hem, a été filialisée pour démarcher des sociétés extérieures.

C'est dans cette division que le bouleversement est le plus spectaculaire. Le groupe a été le premier, en 1995, à lancer le « 24 heures chrono », un service de livraison dès le lendemain de la commande. Mais chaque marque de 3SI a alors son propre circuit. Des synergies doivent être mises en œuvre pour gagner en efficacité et en coûts. Elles sont réalisées sous l'égide de Dispeo. Quelque 70 millions d'euros ont été investis. Cette mutation a nécessité 100 000 jours de formation pour les 7 000 salariés du groupe et provoqué la fermeture de deux sites, en France et en Belgique.

D'importants changements organisationnels ont eu lieu : pour se mettre au service des e-commerçants, les employés travaillent désormais le samedi et en deux-huit dans le centre de préparation de commandes de Hem. Il sera d'abord utilisé par 3 Suisses France et Belgique, Blancheporte (spécialisé dans le marché des seniors), Becquet (vente en ligne de linge de maison) et Vitrine magique (qui vend des objets à petits prix), les enseignes grand public de 3SI, avant de s'ouvrir à des clients dès 2014. Bonobo, la marque de jeans du breton Beaumanoir, et Revlon, la griffe américaine de cosmétiques, ont déjà signé. « *Il n'y a pas de e-commerce sans services innovants* », martèle Denis Terrien. C'est son mantra, le pilier de sa stratégie. Des compétences, le « véadiste » en possède, et pas seulement dans la logistique. « *Nous avions déjà les outils dans chacune des unités, remarque le directeur général. Nous les avons regroupés dans des filiales afin de mieux les développer.* » L'objectif de 3SI vise à la fois à être plus efficace pour les sites Internet du groupe et à développer le chiffre d'affaires auprès de prospects extérieurs. « *En donnant un maximum de liberté à chaque maillon de la chaîne de valeur, il fait progresser chacun tout en diversifiant ses sources de revenus* », analyse le consultant Christophe Chaptal de Chanteloup.

Dès 2009, plusieurs filiales de 3SI sont chargées de montrer la voie. Mondial Relay, un des plus grands réseaux de distribution de France, avec 4 300 points de retrait, compte ainsi aujourd'hui 2 500 clients hors du groupe, comme Kiabi, et signe chaque mois entre 100 et 200 nouveaux e-commerçants. Depuis 2011, le réseau a gagné 2 700 contrats, de Nespresso à Natalys en passant par Kraft et Groupon. Créée il y a 15 ans, la société continue d'innover, par exemple par le service C Pour Toi lancé en 2012, qui permet aux particuliers de s'envoyer des colis entre eux *via* les points de retrait Mondial Relay. Dans la production de contenus, le groupe, qui détient un grand savoir-faire avec ses nombreux catalogues, entame la même démarche. Sa filiale, Quais de l'image, qui réalise les prises de vue des 3 Suisses et les vidéos pour son site, commercialise ses services à des agences de communication et à d'autres acteurs de la distribution. Ses décorateurs, photographes, stylistes, webdesigners et modélisateurs sont mis à la disposition d'enseignes rivales dans le e-commerce pour la mise en ligne de leurs fiches produits ou la création d'images 3D et de vidéos. Parmi ses conquêtes, Quais de l'image recrute même le concurrent historique de 3SI, Redcats, la maison mère de La Redoute ! Aujourd'hui, 30 % de son chiffre d'affaires est réalisé hors du groupe.

De même, Denis Terrien regroupe les centres d'appels au sein d'une filiale baptisée Mezzo, spécialisée dans la relation client. À elle d'élaborer des offres répondant aux besoins des e-commerçants dans la gestion de services multicanal *via* le téléphone et le courriel, ou encore dans le télémarketing et l'analyse de comportements pour développer des stratégies de fidélisation. La filiale innove continuellement, par exemple avec des solutions de Web *call-back*[4], de *click-to-chat*[5] ou de *community management*[6]. Enfin, la Cité numérique est la première plateforme d'images en France. Sur 6 000 m^2, elle produit 150 000 images par an, en 2D, 3D et en images de synthèse.

TaylorMail, experte de la publicité nominative, qui fusionne les anciennes équipes spécialisées des 3 Suisses et de Blancheporte, a quant à elle été créée en 2011. Comme les autres filiales, elle est mise en compétition avec ses concurrents pour devenir prestataire des sites de 3SI. Dès sa première année d'existence, 7 % de son chiffre d'affaires étaient réalisés hors du groupe, proportion qui devrait atteindre 25 % en 2013.

Toutes ces filiales dans les services représentent la moitié du chiffre d'affaires de 3SI. Certes, elles travaillent pour les enseignes du groupe dont les 3 Suisses, Blancheporte ou Bruneau, « *mais 55 % de leur activité sont déjà réalisés avec des clients extérieurs,* souligne Denis Terrien. *Et ces ventes sont en forte croissance.* » L'entreprise nordiste est ainsi devenue prestataire de plus de 3 000 commerçants, comme Spartoo, le vendeur de chaussures, Sephora, le distributeur de cosmétiques, mais aussi Oxylane (Decathlon), le fabricant d'articles de sport, et Auchan direct, deux sociétés « cousines » de la famille Mulliez.

4. La fonction de *call-back* permet à l'internaute qui la sélectionne sur un site donné, d'être immédiatement rappelé par téléphone par un chargé de clientèle, un vendeur ou un conseiller commercial.
5. De la même façon, lorsqu'un internaute clique sur le lien *click-to-chat*, une fenêtre de dialogue en ligne s'ouvre et il peut alors poser en direct ses questions aux conseillers commerciaux ou techniques qui assurent la permanence de ce service.
6. Le *community management* est une activité qui consiste à animer et à fédérer des communautés sur Internet pour le compte d'une société ou d'une marque. Lié au Web 2.0 et au développement des réseaux sociaux, le cœur de ce métier est l'interaction et l'échange avec les internautes (animation, modération).

L'autre moitié des revenus provient des enseignes grand public, notamment les 3 Suisses, et de celles de produits pour le bureau comme Bruneau. Quand Denis Terrien arrive à la tête de 3SI à la mi-2009, le groupe a pris du retard dans le e-commerce. Depuis des années, le chiffre d'affaires ne cesse de baisser, les plans sociaux de se multiplier et les directeurs généraux de se succéder. « *Les e-commerçants se sont construits avec la convergence de leur modèle économique et de la technologie, explique un dirigeant de 3SI. Là, il s'agit de construire le futur tout en maintenant l'existant. Bien plus compliqué et paradoxal.* »

« *Il ne peut pas y avoir de e-commerce performant sans services innovants. Et il semble bien que cette vision ait porté ses fruits* », indique Denis Terrien. Avec 24 millions d'euros de profit pour 1,7 milliard de chiffre d'affaires, le groupe entre dans le vert en 2012 : ce résultat global peut ne pas sembler impressionnant, mais il représente des performances qui n'ont rien à voir avec le passé. Le groupe a changé de physionomie, regroupant dans des entreprises dédiées les compétences autrefois éparpillées dans ses différentes composantes, avec toujours le e-commerce comme colonne vertébrale. Cela ne s'est pas fait sans efforts : 200 millions d'euros ont été injectés dans l'informatique, 30 millions d'euros dans la logistique et 100 000 jours/salarié de formation ont été dispensés. C'est maintenant que la cohérence apparaît. Relation clients (Mezzo), services financiers (Contentia, Direxi), logistique (Dispeo) : aujourd'hui, 3SI est au service de tous les acteurs du secteur.

Les problèmes de la marque historique 3 Suisses

C'est près de Roubaix que débute l'histoire des 3 Suisses. Cette entreprise est à l'origine une filature textile. Elle se développe entre tisserands à domicile et filature de laine. La société est ensuite confiée à Xavier Toulemonde, petit-fils du créateur. Sur les conseils de son ami Jacques Allard, propriétaire d'une petite affaire de vente de laine par correspondance, le Singe rouge, le nouveau patron se lance également dans la vente de laine. C'est à cette même époque que l'entreprise change de nom et ne portera plus le nom de son fondateur. L'inspiration ? Un carrefour de Mouvaux, sur lequel donnaient certaines fenêtres de la filature. En ce lieu, un café : *Le Progrès*. Les habitués, familiers du patron, Monsieur Suis, père de trois jeunes filles, l'avaient cependant rebaptisé « Les 3 Suisses ». Par ailleurs, « Les 3 gendarmes », une marque de laine, confortait l'idée que le trois était un bon chiffre. C'est ainsi qu'est entérinée en 1932 l'adoption du nom « La filature des 3 Suisses », sans aucun rapport avec le territoire helvétique. S'en suivent une première annonce publicitaire en septembre 1932, dans *Le Petit Écho de la mode* et un travail plus poussé sur l'aspect communication de l'entreprise, qui jouera sur son nom avec des slogans tels que « Les 3 Suisses se mettent en quatre pour vous servir » ou « Les trois garanties des 3 Suisses ». Le premier catalogue sort en 1949, pour le textile et le blanc. L'arrivée de Marcel Delcourt à la tête de l'entreprise, en 1952, amorce un virage : celui de la séparation des activités de filature et de vente par correspondance. L'appellation simplifiée de « 3 Suisses » ne sera adoptée qu'en 1959, à l'occasion du nouveau catalogue printemps-été.

3 Suisses va ensuite devenir l'un des principaux acteurs de la vente à distance, avec La Redoute, ou la Camif. L'entreprise diversifie ses gammes, devient opérateur de crédit, avec Cofidis, et sa croissance est confortable jusque dans les années 1990. Des difficultés surviennent alors avec l'apparition de nouveaux entrants à la faveur du développement d'Internet et du e-commerce. La Redoute parvient à surmonter les difficultés, les

3 Suisses prend du retard et la Camif est obligée de déposer le bilan en 2008. La stratégie de 3 Suisses ne change pourtant pas fondamentalement (achat de 2xmoinscher et de Quelle dans les années 2000). Les deux actionnaires du groupe 3 Suisses, Otto et Mulliez, réclament un changement radical de stratégie qui permet au groupe de se reconstruire et de survivre. Ils prennent une décision majeure en 2008 : céder la majorité du capital de Cofidis, spécialiste du crédit à la consommation, au Crédit mutuel-CIC. « *C'était une vache à lait*, remarque Olivier Mathiot, cofondateur de PriceMinister. *Avec des taux de marge importants qui poussaient plus à l'inertie qu'à la remise en cause de l'ensemble du modèle.* » De même, le vépéciste Quelle, racheté après son dépôt de bilan en 2010, et le site 2xmoinscher.com, acquis en 2001, sont fermés en 2012. Quant aux 35 « espaces boutique » 3 Suisses, ils ont baissé le rideau, entraînant la suppression de 250 postes. « *Le changement de structure et l'ouverture à des clients extérieurs vont dans le bon sens* », estime Olivier Trouvé, associé chez Kurt Salmon (cabinet de conseil en transformation des entreprises). « *Le cœur du problème reste l'enseigne 3 Suisses, et la nécessité d'adapter son* business model *au contexte du marché.* »

Depuis 2008, la marque phare du groupe perd en effet un peu plus d'une cinquantaine de millions d'euros par an, et 2012 ne fait pas exception. Alors que La Redoute, le leader français de la VAD, s'est vite plongée dans la culture Web en multipliant les catalogues spécialisés et les ventes privées en ligne, les 3 Suisses sont restés peu ou prou à deux collections par an, déclinés en ligne avec leur système de promotions de plus en plus importantes. Résultat : 80 % du chiffre d'affaires est réalisé *via* des promotions et près du tiers des ventes provient du catalogue. « *C'est le pôle qui a encore le plus de travail. Mais Blancheporte va vers l'équilibre et Becquet, le leader du linge de maison, est profitable* », indique Denis Terrien, arrivé en juin 2009 aux commandes de 3SI pour insuffler à l'entreprise l'esprit Internet qui lui faisait encore défaut, même si le groupe avait mis dès 1998 l'intégralité du catalogue de sa marque phare en ligne et proposé dès 2007 sa première application pour commander depuis son téléphone mobile.

Une fois de plus, c'est d'abord à la structure que l'ancien patron d'Amazon France a choisi de s'attaquer. En 2010, il engage le renouvellement et la fusion du SI de toutes les marques. « *Une des clés du e-commerce, c'est le* Big Data, assure Olivier Mathiot. *Avoir beaucoup d'informations sur le client pour le cibler au mieux. C'était une force des acteurs historiques de la VAD, mais leurs fichiers n'étaient pas numérisés. Ils ont tardé à utiliser leurs données.* » Pour accélérer la réactivité de ses sites Internet et mieux cibler les consommateurs, 3SI a investi plus de 80 millions d'euros.

Depuis fin 2012, les 3 Suisses et Becquet ont désormais un fichier commun. Les bases clients de Blancheporte et Vitrine magique les rejoignent en 2013. Des millions d'adresses, et autant de renseignements sur les habitudes de consommation, sont ainsi mutualisés et fourniront toutes les données nécessaires pour pouvoir adresser très précisément par courriel ou courrier les publicités qui rapporteront des ventes. « *Les 3 Suisses ou La Redoute ont d'énormes coûts marketing*, relève Thierry Petit, P-DG de Showroomprivé. *Comparés aux sites de vente privée qui capitalisent en fidélité, ils doivent sans cesse relancer leurs clients, défendre leurs marques.* » 3SI s'est donné les moyens de le faire au mieux en métamorphosant son organisation. Il lui reste à adapter l'offre de ses sites pour mieux séduire ses futurs clients.

3Suisses (450 salariés) reste le deuxième site français de mode et de décoration, mais cette branche historique et grand public souffre de la dégringolade du textile. 3Suisses présente et distribue sur son site officiel l'ensemble de son catalogue de produits : vêtements pour toute la famille, ameublement, loisirs, *high-tech*, etc.

Devenu un véritable géant de la vente à distance en France, aussi bien dans le domaine de la mode que dans celui de l'équipement de la maison, les 3 Suisses connaissent aujourd'hui un développement international, livrant chaque jour plus de 100 000 colis à travers l'Europe et le monde. Figurant parmi les principaux sites marchands français, la boutique officielle des 3 Suisses permet de commander en ligne un large choix de produits, qu'on pourra se faire livrer chez soi ou dans un point relais partenaire. Rapide et intuitif, ce site officiel permet d'effectuer des recherches par mots clés, catégories de produits, ou encore codes de référence issus de l'épais catalogue papier des 3 Suisses. Implanté dans 13 pays dans le monde, le 3SI développe 23 enseignes au total.

Trois ans après avoir supprimé près de 700 emplois et un an et demi après le lancement d'un vaste plan de modernisation à l'horizon 2013, le spécialiste de la Vente Par Correspondance (VPC) n'est toujours pas au bout de ses peines. En 2011, le chiffre d'affaires du groupe 3SI a encore reculé de 5,6 % et les comptes sont toujours dans le rouge. Certes, « *cette régression s'explique en partie par l'environnement de marché quelque peu déprimé pour l'habillement* », explique le vépéciste allemand Otto qui détient 51 % du capital (aux côtés de l'Association familiale Mulliez 44 %). Mais le leader européen reconnaît que le repositionnement de 3SI, en perte depuis 2005, est « un peu lent ».

La Camif liquidée, La Redoute restructurée, les 3 Suisses réorganisés… Après une « *annus horribilis* » pour la VPC en 2008, qui a vu le numéro trois du secteur mettre la clé sous la porte et les deux leaders supprimer 1 400 postes, l'heure est à la remise en question. Dans le Nord, les sièges des deux pionniers sont en plein bouleversement. De nouvelles équipes de direction viennent d'arriver, menées par Denis Terrien aux 3 Suisses et Jean-Michel Noir à La Redoute. Ces deux managers font leurs débuts dans le secteur, sans doute un avantage pour réinventer le *business model* et en finir avec les vieilles habitudes qui avaient fait le succès de la VPC, avant de la ringardiser. À commencer par les deux gros catalogues annuels de 1 200 pages, obsolètes alors que les boutiques H&M et Zara sortent six collections par an, et que le site Internet vente-privée.com propose plusieurs offres par semaine. Autre pratique à abandonner : les promotions massives et permanentes qui décrédibilisent le vendeur.

Ce virage à 180 degrés est délicat à négocier, tant la clientèle traditionnelle des vépécistes, plus familiale et plus âgée que la moyenne nationale et surreprésentée dans les petites villes de province, est habituée aux promotions et aux catalogues. Pour ne pas la traumatiser, les deux groupes ont décidé d'y aller en douceur. Alors que son concurrent, La Redoute (Redcats), est déjà passé de deux à dix collections par an, élément clé de sa transformation, les catalogues intersaison restent chez les 3 Suisses encore largement un chantier en cours.

Le chantier de modernisation : processus et informatique

Pierre Gressier, DSI de Commerce *B to C*, l'entité juridique qui regroupe les enseignes *B to C* du groupe, est à la tête du vaste chantier de modernisation de l'informatique et de refonte des processus métier des enseignes grand public du groupe 3SI. Cet investissement de près de 40 millions d'euros est l'un des plus vastes chantiers menés en France à l'heure actuelle. Lancé en 2011, ce projet a pour vocation d'unifier les différents SI et de mutualiser l'infrastructure informatique. La solution déployée repose sur SAP pour le

SI central et une migration de l'infrastructure vers un Cloud privé fondé sur les produits de HP, NetApp, Cisco et VMware. Il s'agit donc de migrer six SI différents, qui fonctionnent tous encore sous *mainframe*. L'objectif est de les unifier désormais sur une base logicielle SAP, qui pilotera le cœur de métier du groupe : la gestion de la vente de détail et la comptabilité. Sur cette base se grefferont alors les autres logiciels métier, sélectionnés selon une logique « *best of breed* » : achats, facturation, règlement fournisseur, gestion des entrepôts, commandes clients, marketing, etc. L'enseigne 3 Suisses, qui a commencé à migrer en 2011, devient opérationnelle en 2012 au bout de plus de 130 000 jours-homme de travail. Les autres entités seront intégrées dans le nouveau système unificateur au fur et à mesure, dans les deux années qui suivront. L'originalité de cette fusion est qu'elle n'est pas seulement logicielle, mais aussi matérielle, avec la création d'une infrastructure commune de Cloud privé. Pierre Gressier a souhaité mener de front les deux combats. « *On a des sites en silos totalement obsolètes. Sans un schéma directeur des infrastructures, la refonte des SI ne serait pas satisfaisante pour les utilisateurs. On finirait par rajouter des serveurs à droite à gauche* », explique-t-il.

Deux raisons ont guidé le choix d'une architecture de type Cloud privé. « *Basé sur les technologies de virtualisation, le Cloud privé permet de complètement banaliser l'infrastructure et de répartir le plus souplement possible la puissance entre les applications, en fonction des besoins, ce qui permet de faire des économies sur le matériel*, explique Pierre Gressier. *Par ailleurs, en mutualisant l'informatique de toutes ces enseignes, nous avons une masse critique suffisante pour créer un Cloud privé qui soit économiquement rentable. Pour un petit acteur, le Cloud public serait davantage adapté.* »

Pour mettre en place cette nouvelle infrastructure, Pierre Gressier va, là aussi, procéder par étapes. La première pierre de l'édifice est déjà posée. Il s'agit d'un Cloud privé pour les serveurs Web. Le Net est aujourd'hui un axe prioritaire de développement. Opérationnelle depuis le début de l'année 2013, l'infrastructure a été réalisée par une équipe de dix personnes, en l'espace de six mois et sans problème majeur. Elle permet de mutualiser plus de 600 serveurs Web Apache et serveurs Java, et quelque 800 téraoctets de stockage. Le groupe a choisi les serveurs en lame de HP, les baies de stockage de NetApp et un cœur de réseau Cisco. La technologie de virtualisation est fournie par VMware. « *Il faut bien choisir ses technologies de base et faire attention à l'assemblage*, souligne Pierre Gressier. *Baies de disques et matériels réseau doivent être optimisés pour la copie de machines virtuelles. Nous disposons maintenant du socle technologique pour tout ce qu'on mettra en place à l'avenir.* »

Il est encore trop tôt pour tirer un bilan complet de cette nouvelle infrastructure. Mais quelques bénéfices se font d'ores et déjà sentir, surtout au niveau de la qualité de service. « *Désormais, nous pouvons ajouter de la puissance sur nos sites Web en l'espace de cinq minutes. Ce qui permet d'éviter les erreurs de connexion en période de forte charge, comme pendant les soldes par exemple* », ajoute le DSI.

Mais cette flexibilité a aussi un prix : il est nécessaire de bien planifier à l'avance les besoins de calcul pour lisser au maximum la puissance tout au long de l'année, surtout quand l'infrastructure sera généralisée à l'ensemble des applications. Cette planification se met en place en fonction du calendrier des événements de l'entreprise : pic de ventes à Noël, clôture comptable, tests de charge, actions marketing, etc. Tous ces éléments ne font que renforcer le dialogue entre la DSI et les directions métier.

Ce chantier s'inscrit dans le projet de modernisation des enseignes grand public du Groupe, dont l'objectif est d'accélérer la mutation des enseignes sur le Web, et ainsi de les doter d'atouts concurrentiels pour le e-commerce. Dans ce contexte, Pierre Gressier s'est vu décerner, en décembre 2011, le prix de DSI de l'année 2011 – catégorie rapprochement métiers – par les 1 800 DSI français interrogés par 01 Informatique.

La transformation devrait avancer plus rapidement une fois la refonte des systèmes informatiques des marques grand public finalisée. Les liens entre les marques pourront être ainsi renforcés afin de favoriser les ventes croisées, comme cela se fait sur la galerie marchande virtuelle lechouchou.com, en ligne depuis fin janvier 2012.

Conclusion

Très optimiste, le groupe pense pouvoir doubler le nombre de ses clients, particuliers et professionnels, pour atteindre 20 millions d'ici à 2020. Chez son actionnaire Otto, la branche services a progressé de 9 % en 2011, dépassant un milliard d'euros. Ikea et Oxylane font leurs photos dans les studios de Quai de l'Image. Mondial Relay gère les colis de quelque 1 200 e-commerçants, comme le fait Relais Colis, la filiale de La Redoute.

« *Nous avons désormais deux métiers, le commerce et les services, avec 25 enseignes dans 30 pays. La moitié de nos 7 000 collaborateurs travaillent déjà dans les services* », souligne Denis Terrien, qui privilégie le second pilier plutôt que le premier comme le fait son concurrent La Redoute.

Le pari est loin d'être gagné : 3SI a réalisé en 2012 un chiffre d'affaires de 1,7 milliard d'euros, en recul par rapport aux 1,9 milliard de l'année précédente « *principalement en raison de l'arrêt d'activités dont Quelle et le site 2×moinscher* », rappelle le dirigeant, qui préfère mettre l'accent sur la rentabilité. Entre 2010 et 2011, le résultat net a ainsi doublé, passant de 10 à 24 millions d'euros. « *En 2012, nous avons été profitables, mais je trouve plus important de savoir que nous avons les moyens de continuer à investir* », ajoute Denis Terrien.

Se refusant à donner des prévisions sur l'activité commerce, « *dont certaines marques voient leurs ventes toujours reculer* », il précise que 3SI devrait réaliser un chiffre d'affaires de 300 millions d'euros dans les services en 2013. Reste à savoir si ses actionnaires seront patients. Des rumeurs ont fait état en 2012 de la volonté du groupe allemand Otto de céder sa participation de 51 % dans 3SI, dont l'Association familiale Mulliez (actionnaire d'Auchan, Decathlon, Leroy Merlin entre autres) détient 44 %.

Finalement, en juin 2013, le groupe Otto propose à Mulliez de reprendre 100 % de l'activité e-commerce de 3SI.

Sources :

Buyse, N., « Les 3 Suisses bientôt 100 % allemands », **http://www.lesechos.fr/entreprises-secteurs/service-distribution/actu/0202859634149-les-3-suisses-bientot-100-allemands-580485.php**, 28/06/13, consulté le 01/10/13

Huijgen, A., « Les 3 Suisses se réinventent dans les services », **http://www.lefigaro.fr/mon-figaro/2013/04/05/10001-20130405ARTFIG00563-les-3-suisses-se-reinventent-dans-les-services.php**, 05/04/13, consulté le 01/10/13

Fauconnier, F., « Avec le lancement de Dispeo, le groupe 3SI achève sa mutation », **http://www.journaldunet.com/ebusiness/commerce/denis-terrien-et-bernard-avril-denis-terrien-3si.shtml**, 05/04/13, consulté le 01/10/13

Briand, S., « Les 3 Suisses sont devenus prestataires de services », **http://www.challenges.fr/entreprise/20130221.CHA6470/les-3-suisses-sont-devenus-prestataires-de-services.html**, 24/02/13, consulté le 01/10/13

http://www.netguide.com/www.3suisses.fr/3-Suisses/, consulté le 01/10/13

« Directeur général de 3 Suisses International » **http://www.lsa-conso.fr/carnet-des-decideurs/denis-terrien,121713**, consulté le 03/10/13

http://www.businessdecision.fr/bc/68/205-business-cases.htm, témoignage client publié en 2012, consulté le 01/10/13

Lavabre, S. et Parigi, J., « Denis Terrien, directeur général du groupe 3SI : "Nous poursuivons notre mutation" », **http://www.lsa-conso.fr/denis-terrien-directeur-general-du-groupe-3si-nous-poursuivons-notre-mutation,136410**, 13/12/12, consulté le 01/10/13

Grosclaude, C., « Il s'appelait 3 Suisses International : 3SI affirme avoir réussi sa mutation », **http://www.lavoixeco.com/actualite/la_une/A_la_Une/2012/11/07/article_il-s-appelait-3-suisses-international-3s.shtml**, 07/11/12, consulté le 01/10/13

Buyse, N., « Denis Terrien : "3Suisses est aujourd'hui le deuxième site marchand de mode-déco en France" », **http://www.lesechos.fr/23/10/2012/LesEchos/21297-161-ECH_denis-terrien-----3suisses-est-aujourd-hui-le-deuxieme-site-marchand-de-mode-deco-en-france--.htm**, 23/10/12, consulté le 01/10/13

Fauconnier, F., « Le e-commerce va entrer dans une ère de forte externalisation », **http://www.journaldunet.com/ebusiness/commerce/denis-terrien-denis-terrien-3-suisses.shtml**, 04/09/12, consulté le 01/10/13

Huijgen, A. « Les 3 Suisses tardent à faire leur mue », **http://www.lefigaro.fr/societes/2012/04/22/20005-20120422ARTFIG00176-les-3-suisses-tardent-a-faire-leur-mue.php**, 22/04/12, consulté le 01/10/13

« 3 Suisses international construit le plus grand centre de France », **http://www.nordeclair.fr/Actualite/2012/02/11/3-suisses-international-construit-le-plu.shtml**, 11/02/12, consulté le 01/10/13

Maillet, F., « 3 Suisses International préparent sa révolution logistique », **http://www.lsa-conso.fr/3-suisses-international-prepare-sa-revolution-logistique,127878**, 10/02/12, consulté le 01/10/13

Amine, « Les 3 Suisses en crise », **http://www.le-webmarketeur.com/2012/01/27/les-3-suisses-en-crise/**, 27/01/12, consulté le 01/10/13

Kallenborn, G., « Les 3 Suisses déménagent leur informatique dans un Cloud privé », **http://pro.01net.com/editorial/547858/les-3-suisses-demenagent-leur-informatique-dans-un-cloud-prive/**, 05/12/11, consulté le 01/10/13

Picard, M., « 3 Suisses International se modernise et supprime des emplois », **http://www.lsa-conso.fr/3-suisses-international-se-modernise-et-supprime-des-emplois,121301**, 05/05/ 11, consulté le 01/10/13

Hacini, S. et Renou, F., « Les 3 Suisses étaient nordistes », **http://www.journaldunet.com/management/marketing/histoires-des-marques/3-suisses.shtml**, 09/05/11, consulté le 01/10/13

« Logistique à Hem, modernisation : changement historique aux 3 Suisses », **http://www.lavoixdunord.fr/Locales/Roubaix/actualite/Secteur_Roubaix/2011/02/08/article_logistique-a-hem-modernisation-changemen.shtml**, 08/02/11, consulté le 01/10/13

« La filature des 3 Suisses, une saga bien nordiste sans origines helvétiques », **http://www.lavoixeco.com/actualite/Secteurs_activites/Commerces_et_Distribution/2010/07/29/article_la-filature-des-3-suisses-une-saga-bien.shtml**, 29/07/10, consulté le 01/10/13

Capitaine, « Comment faire renaître une marque ? Le cas 3 Suisses », **http://www.capitaine-commerce.com/2010/03/31/25418-comment-faire-renaitre-une-marque-le-cas-3-suisses/**, 31/03/10, consulté le 01/10/13

Collomp, F., « Les 3 Suisses reprennent Quelle La Source », **http://www.lefigaro.fr/societes/2010/03/16/04015-20100316ARTFIG00515-les-3-suisses-reprennent-quelle-la-source-.php**, 16/03/10, consulté le 01/10/13

Letessier, I., « Internet contraint La Redoute et les 3 Suisses à se réinventer », **http://www.lefigaro.fr/societes/2009/10/21/04015-20091021ARTFIG00057-internet-contraint-la-redoute-et-les-3-suisses-a-se-reinventer-.php**, 21/10/09, consulté le 01/10/13

Collomp, F., « La mode passe au e-commerce », **http://www.lefigaro.fr/conso/2009/10/14/05007-20091014ARTFIG00024-la-mode-passe-au-e-commerce-.php**, 14/10/09, consulté le 01/10/13

« Les 3 Suisses vacillent », http://www.leparisien.fr/economie/les-3-suisses-vacillent-27-12-2008-354714.php, 27/12/08, consulté le 01/10/13

« Les 3 Suisses, dernier symptôme de la mauvaise santé de la VPC », http://www.franceinfo.fr/france-social-2008-12-26-les-3-suisses-dernier-symptome-de-la-mauvaise-sante-de-la-vpc-230159-9-44.html, 26/12/08, consulté le 01/10/13

« Redoute, Suisses », http://economie.lefigaro.fr/_societes/redoute-suisses.html, 26/12/08, consulté le 01/10/13

L., I., « Les atouts des spécialistes de la vente en ligne », http://www.lefigaro.fr/societes/2008/12/26/04015-20081226ARTFIG00170-les-atouts-des-specialistes-de-la-vente-en-ligne-.php, 26/12/08, consulté le 01/10/13

Letessier, I., « Les 3 Suisses vont supprimer plus de 400 postes », http://www.lefigaro.fr/societes/2008/12/26/04015-20081226ARTFIG00164-les-suisses-vont-supprimer-plus-de-postes-.php, 26/12/08, consulté le 01/10/13

« Après La Redoute, les 3 Suisses vont supprimer 400 emplois, selon "Le Figaro" », http://www.lemonde.fr/economie/article/2008/12/26/apres-la-redoute-les-3-suisses-supprimeraient-400-emplois_1135269_3234.html, 26/12/08, consulté le 01/10/13

Questions sur l'étude de cas

1. Quels décisions, étapes et travaux ont permis à 3SI de se repositionner comme un acteur majeur de service en e-commerce aujourd'hui ?
2. Dans la réorganisation de la logistique de 3SI, identifiez et classez les décisions et travaux selon qu'ils sont de nature organisationnelle, humaine ou technique. Quelles remarques vous inspirent les poids relatifs de ces trois catégories ?
3. Les choix en matière de SI sont-ils en phase avec l'objectif stratégique prioritaire ? Pourquoi ?

Glossaire

802.11b : Norme de réseau local d'entreprise (RLE) capable de transmettre jusqu'à 11 Mo/s dans la bande non réglementée de 2,4 GHz et qui est efficace sur une distance variant entre 30 et 50 m.

Abus informatique : Perpétration au moyen d'un ordinateur d'un acte qui, sans être illégal, est contraire à l'éthique.

Accès en mode forage : Voir ***Datamining***.

Actifs complémentaires (*Complementary assets*) : Actifs additionnels nécessaires pour tirer parti d'un investissement primaire comme la formation dans un projet de nouveau système d'information.

Adaptateurs de réseau sans fil : Carte d'extension (carte réseau) munie d'une radio et d'une antenne pour la transmission sans fil.

Administration de la base de données : Aspects plus techniques et opérationnels de la gestion des données, notamment le modèle physique et la maintenance technique de la base de données.

Administration des données : Secteur fonctionnel particulier de l'organisation chargé de la gestion des ressources en données de l'organisation. Il est responsable de la politique de l'information, de la planification des données, de la maintenance du dictionnaire des données et du respect des normes de qualité.

Adresse IP : Adresse représentée par quatre nombres entiers qui indique l'emplacement unique d'un ordinateur dans Internet.

Adresse URL : Adresse d'une ressource spécifique dans Internet.

Affaires électroniques : Voir **E-business**.

Agent intelligent : Programme logiciel qui utilise une base de connaissances intégrées ou acquises pour exécuter des tâches précises, répétitives et prévisibles pour un utilisateur, un processus d'affaires ou une application logicielle.

AGL (Atelier de génie logiciel assisté par ordinateur) : Automatisation des étapes dictée par les méthodes de développement de logiciels et de systèmes en vue de réduire la quantité de travail répétitif que doit accomplir le développeur.

Alignement stratégique : Démarche visant à faciliter la convergence et la synchronisation des dispositifs internes dans les entreprises (SI par exemple) sur le rythme et l'orientation des décisions stratégiques prises par les dirigeants.

Analyse de portefeuille : Évaluation du portefeuille d'investissements possibles d'une entreprise pour déterminer les risques et les bénéfices, et pour choisir parmi différentes solutions de systèmes d'information.

Analyste : Spécialiste qui traduit, dans un cahier des charges fonctionnel, les problèmes et les exigences de l'entreprise en besoins d'information et de systèmes. Il joue le rôle d'agent de liaison entre la direction des systèmes d'information et le reste de l'organisation.

Android : Système d'exploitation pour tablettes, smartphones et Ultrabook issu de l'univers Linux (base Unix).

Appel d'offres : Liste détaillée de questions soumises aux prestataires informatiques (vendeurs de logiciels ou d'autres services) en vue de déterminer dans quelle mesure les prestations produit du vendeur peuvent répondre aux besoins spécifiques de l'organisation.

Apprentissage organisationnel : Création de nouvelles procédures d'opérations standard et de processus d'affaires qui reflètent l'expérience de l'organisation.

Approche progressive ou modulaire : Introduction du nouveau système par étapes plutôt que par fonctions ou par unités organisationnelles. Elle s'oppose à l'approche du basculement en une seule fois, également nommée « approche big bang ».

Approvisionnement (*Procurement*) : Localisation des sources d'approvisionnement pour les biens et le matériel, paiement de ces biens et établissement des accords de livraison.

Architectures client-serveur multiniveau (N-tiers) : Réseau où la charge de travail est équilibrée entre différents niveaux de serveurs et les services et applications exécutables sur les postes des utilisateurs nommés les « clients ».

Argent électronique (*Digital cash*) : Argent sous forme électronique qui circule à l'extérieur du circuit monétaire traditionnel.

ASP (*Application Service Provider*) : Entreprise qui offre en location à d'autres entreprises l'accès à l'utilisation de logiciels *via* le Web ou un réseau privé.

Assistant numérique personnel : Petit ordinateur de poche muni d'un stylet et qui possède des fonctions intégrées de télécommunications sans fil capable d'effectuer des transmissions entièrement numériques.

Asymétrie d'information (*Information asymmetry*) : Situation dans laquelle le pouvoir de négociation relatif de deux parties est déterminé par l'une des parties qui possède davantage d'information essentielle à la transaction que l'autre partie.

Attaque par déni de service : Attaque qui inonde un serveur de réseau ou un serveur Web de fausses demandes et requêtes de services afin de provoquer une panne de réseau.

Attribut : Information qui décrit une entité particulière, comme le nombre de caractères d'un champ dans un fichier.

Audit de qualité des données : Examen des fichiers qui sert à déterminer l'exactitude et l'intégralité des données dans un système d'information.

Authentification biométrique : Technologie utilisée comme système d'authentification des utilisateurs qui compare les caractéristiques uniques d'une personne comme ses empreintes, son visage ou son image rétinienne, avec un profil stocké en mémoire qui présente l'ensemble de ces caractéristiques.

Authentification : Capacité pour chaque partie de vérifier l'identité des autres parties au cours d'une transaction.

Automatisation : Utilisation de l'ordinateur pour accélérer l'exécution des tâches courantes.

Avatar : Personnage virtuel utilisé dans les espaces collaboratifs ou sur des sites Internet pour représenter un utilisateur ou un agent de service tel qu'un conseiller virtuel, par exemple.

Bandeau publicitaire : Affichage graphique sur une page Web, qui sert à faire de la publicité. Le bandeau est en lien avec le site Web de l'annonceur de manière à ce que lorsqu'une personne clique sur le bandeau, une page Web contenant davantage d'informations sur l'annonceur apparaisse.

Basculement direct : Méthode de conversion risquée dans laquelle le nouveau système remplace complètement l'ancien au cours d'une journée.

Base de connaissances : Modélisation de connaissances humaines utilisée par les systèmes experts.

Base de données : Ensemble de données organisées de façon à servir les programmes applicatifs de plusieurs applications.

Base de données hypermédias : Base de données qui permet d'organiser les données sous forme de réseau de nœuds reliés dans une structure établie par l'utilisateur. Les nœuds peuvent contenir du texte, des graphiques, des sons, des vidéos ou des programmes exécutables.

Base de données orientée objet : Méthode de gestion des données qui permet de stocker les données et les procédures qui les régissent sous forme d'objets automatiquement récupérables, et qu'on peut mettre en commun. Les objets peuvent contenir des composants multimédias.

Base de données répartie : Base de données stockée dans plusieurs emplacements physiques. Des parties ou des copies de la base de données sont stockées physiquement dans un emplacement, et d'autres ailleurs.

Base de règles : Regroupement de connaissances dans un système d'intelligence artificielle qui est représenté sous forme de règles du type « SI … ALORS ».

Bénéfices intangibles : Bénéfices difficilement mesurables tels que l'amélioration de la qualité du service à la clientèle.

Bénéfices tangibles : Bénéfices quantifiables et auxquels on peut attribuer une valeur monétaire. Citons, entre autres, une diminution des frais d'exploitation et une augmentation des flux de trésorerie.

***Big Data* :** Expression faisant référence aux méthodes, approches et outils visant à exploiter l'immense masse de données numériques non structurées et hétérogènes qui s'accumulent sur le Web, afin d'en effectuer des analyses utiles pour les entreprises.

Blogue (Blog) : De l'anglais weblog, désigne un site Web informel mais structuré, où des personnes peuvent publier des témoignages, des opinions et placer des hyperliens vers d'autres sites.

Bluetooth : Norme pour les réseaux personnels sans fil capables de transmettre jusqu'à 722 kilo-octets par seconde (Ko/s) à l'intérieur d'une zone de 10 m.

Bogue : Erreur ou code de programme défectueux.

BYOD (*Bring Your Own Device*) : mouvement apparu depuis la fin des années 2000 qui consiste à intégrer dans le paysage informatique des entreprises des matériels appartenant aux employés et issus du marché grand public tels que les iPhone, iPad et autres smartphones et tablettes.

Câble coaxial : Support de transmission constitué de fils de cuivre fortement isolés et qui permet une transmission rapide de grandes quantités de données.

Carte à puce (*Smart card*) : Carte de plastique qui a le format d'une carte de crédit sur laquelle de l'information numérique est enregistrée.

Centre d'appels (*Call center*) : Service responsable du traitement des questions relatives au service à la clientèle qui utilise le téléphone ou d'autres moyens comme la messagerie électronique.

CERN (Centre Européen pour la Recherche Nucléaire) : C'est au sein du CERN qu'ont été pensés et conçus en 1989-1990 les principes et les premiers outils qui ont permis la création du Web (World Wide Web) par deux chercheurs, Tim Berners-Lee et Robert Cailliau.

Chaînage arrière : Méthode de recherche dans la base de règles d'un système expert qui agit comme un résolveur de problèmes en commençant par une hypothèse et en recherchant plus d'information jusqu'à ce que l'hypothèse soit confirmée ou réfutée.

Chaînage avant : Méthode de recherche dans la base de règles d'un système expert qui commence par l'information entrée par l'utilisateur pour aboutir à une conclusion.

Chaîne de valeur Web (*Value Web*) : Réseau d'entreprises indépendantes axé sur la clientèle et qui utilise la technologie de l'information pour coordonner leurs chaînes de valeur afin de produire collectivement un produit ou un service destiné à un marché donné.

Chaîne logistique : Voir ***Supply Chain***.

Champ clé : Champ d'un enregistrement qui le définit de manière unique selon des règles de codification bijective, ce qui permet de le récupérer, de le mettre à jour ou de le trier sans omission ni confusion.

Champ : Information élémentaire dans un fichier ou une base de données et caractérisée par des attributs (nombre de caractères, nombre de décimales pour un nombre, etc.). Ce peut être le nom ou l'année de naissance d'une personne, ou encore le prix hors taxes d'un article.

Changement de paradigme : Méthode qui consiste à repenser de façon radicale la nature des affaires et de l'organisation.

Cheval de Troie : Programme inoffensif en apparence mais qui contient une fonction cachée susceptible de causer des dommages.

Chiffrement : Opération qui consiste à transformer un message à transmettre, dit « message clair », en un autre message, inintelligible pour un tiers, dit « message chiffré », en vue d'assurer le secret de sa transmission.

***Click-and-mortar* :** Modèle d'entreprise dont le site Web est l'extension d'une entreprise traditionnelle qui dispose d'installations matérielles.

***Cloud Computing* :** Infrastructure informatique issue de la mutualisation dynamique et de la virtualisation de serveurs, permettant de proposer des services et des prestations à des clients internes ou externes, facturés (ou décomptés) à la consommation (voir IaaS, PaaS, SaaS). Également appelé informatique en « nuage ».

Coffre-fort numérique : Espace de stockage situé au sein d'une infrastructure de type Cloud et protégé par encryptions et mots de passe.

Cogniticien : Spécialiste qui recueille des informations et l'expertise d'autres professionnels, et qui les traduit en un ensemble de règles ou de trames pour un système expert.

Collecticiel : Voir ***Groupware***.

Comité d'entreprise : Instance représentative des salariés dans une entreprise. Selon les secteurs et la taille des organisations, ces comités doivent être associés aux projets de modernisation des entreprises.

Commerce collaboratif (*Collaborative commerce*) : Utilisation des technologies numériques pour permettre à plusieurs organisations de concevoir, de développer, de produire et de gérer les produits en collaboration au cours des différents cycles de vie du produit.

Commerce électronique (*Electronic commerce* ou *e-commerce*) : Processus qui consiste à acheter et à vendre des produits et des services par voie électronique *via* Internet, des réseaux et d'autres technologies numériques.

Commerce électronique de détail (*Business-to-Consumer electronic commerce, B to C*) : Vente directe par Internet de produits ou de services aux consommateurs eux-mêmes.

Commerce électronique interconsommateurs (*Consumer-to-Consumer electronic commerce, C to C*) : Vente par Internet de produits ou de services entre consommateurs.

Commerce électronique interentreprises (*Business-to-Business electronic commerce, B to B*) : Vente par voie électronique (EDI, Internet, etc.) de produits ou de services entre entreprises.

Commerce électronique mobile ou commerce mobile (*Mobile commerce* ou *m-commerce*) : Utilisation d'appareils sans fil, comme les téléphones mobiles et autres appareils mobiles de poche, pour effectuer des transactions de commerce électronique de détail et interentreprises sur Internet.

Commutateur : Appareil plus sophistiqué qu'un concentrateur qui relie les composants et le réseau, filtre les données et les achemine vers une destination spécifique.

Commutation de paquets : Technologie qui permet de découper des messages numériques en morceaux appelés « paquets » et de les acheminer de la manière la plus économique vers les canaux de communication disponibles.

Comptabilité par activités (*Activity Based Costing*, ABC) : Modèle destiné à identifier toutes les activités de l'entreprise qui entraînent des coûts lors de la production d'un produit ou d'un service précis afin de permettre aux gestionnaires de déterminer les produits et les services qui sont rentables et ceux qui ne le sont pas, puis d'effectuer des changements pour accroître la rentabilité de l'entreprise.

Concentrateur : Appareil très simple qui relie les composants d'un réseau, transmettant des paquets de données aux autres appareils.

Conception assistée par ordinateur (CAO ; *Computer-Aided Design*, CAD) : Système d'information qui aide à la conception initiale puis aux reconceptions des produits au moyen de logiciels techniques et graphiques perfectionnés.

Conception d'application en collaboration (*Join Application Development*, JAD) : Processus destiné à accélérer la satisfaction des besoins en information en faisant travailler les utilisateurs finaux et les spécialistes ensemble dans des sessions intensives de conception itérative.

Conception de systèmes : Description détaillée de la manière dont le système répondra aux besoins en information déterminés par l'analyse des systèmes.

Conception sociotechnique : Conception qui vise à produire des systèmes d'information qui combinent l'efficacité technique au souci de répondre aux besoins organisationnels et humains.

Connaissance : Concepts, expérience et aperçus qui procurent une structure pour créer, évaluer et utiliser de l'information.

Connaissance explicite : Connaissance qui a été documentée.

Connaissance semi-structurée : Information sous la forme d'objets moins structurés, comme les courriers électroniques, les sessions de dialogue sur Internet, les vidéos, les graphiques, les brochures ou les panneaux d'affichage.

Connaissance structurée : Connaissance sous la forme de documents et de rapports structurés.

Connaissance tacite : Connaissance et expertise des membres de l'organisation qui n'ont pas encore été documentées en bonne et due forme.

Connectivité : Capacité pour les ordinateurs et les différents équipements informatisés de communiquer entre eux et de partager de l'information le plus automatiquement possible.

Contrôle : Méthodes, politiques et procédures qui garantissent la protection des éléments d'actif d'une organisation, la précision et la fiabilité de ses enregistrements et la conformité de ses normes de gestion.

Contrôles d'accès : Politiques et procédures utilisées par une entreprise pour empêcher les personnes (internes ou externes à l'organisation) non autorisées d'accéder à ses systèmes.

Contrôles à l'entrée : Procédures qui permettent de vérifier la précision et l'intégralité des données au moment où on les entre dans un système.

Contrôles à la sortie : Mesures qui garantissent que les résultats du traitement informatique sont exacts, complets et adéquatement mis à disposition.

Contrôles administratifs : Normes, règles et procédures qui assurent l'exécution appropriée et la mise en vigueur des contrôles de l'organisation.

Contrôles des applications : Contrôles uniques, qui portent sur chacune des applications informatisées.

Contrôles généraux : Contrôles globaux qui établissent un cadre de vérification de la conception, de la sécurité et de l'usage des logiciels dans une organisation.

Contrôles sur le traitement : Sous-programmes qui vérifient l'intégralité et l'exactitude des données durant la mise à jour.

Conversion : Processus de passage de l'ancien système au nouveau.

Cookie : Petit fichier déposé dans le disque dur d'un ordinateur lorsqu'un utilisateur visite certains sites Web. Il est ensuite utilisé pour identifier le visiteur et pour faire le suivi de ses visites sur le site Web.

Courrier électronique : Échange de messages entre usagers qui disposent d'un accès informatique.

Coût total de possession (*Total Cost of Ownership*, TCO) : Indique le coût total lié à la possession de ressources informatiques, incluant les coûts initiaux d'acquisition, les coûts de mises à jour matérielles et logicielles, l'entretien, l'assistance technique et la formation.

CRM (*Customer Relationship Management*) : Utilisation des systèmes d'information pour coordonner tous les processus qui touchent les interactions de l'entreprise avec ses clients au niveau des ventes, du marketing et du service.

Cybergouvernement (*E-government*) : Utilisation d'Internet et des technologies connexes afin de permettre aux gouvernements et aux organisations du secteur public d'établir des relations dématérialisées avec les citoyens, les entreprises et d'autres organismes ou collectivités publiques.

Cybervandalisme : Perturbation, dégradation ou même destruction préméditée d'un site Web ou d'un système informatique.

Cybercriminalité : Désigne l'ensemble des infractions pénales commises *via* les réseaux informatiques, notamment sur le réseau Internet. Couvre l'atteinte aux biens (fraude à la carte bancaire, encaissement d'un paiement sans livraison, etc.) et aux personnes (diffusion d'images pédophiles, de recettes d'explosifs ; atteinte à la vie privée, etc.).

***Datamining* :** Logiciel de type décisionnel qui permet d'analyser des données en partant des données globales jusqu'à des niveaux de détail de plus en plus précis grâce à des logiciels dits de « forage ».

***Datawarehouse* :** Base de données (ou « entrepôt de données ») qui stocke les données courantes et historiques extraites de divers systèmes opérationnels et les regroupe pour permettre la présentation de rapports et l'analyse de gestion.

Débogage : Processus de localisation et d'élimination des erreurs et des défauts (nommés « bogues ») dans un programme.

Décision non structurée : Décision inhabituelle qui exige que les managers fassent preuve de jugement et d'intuition en ce qui concerne la définition des problèmes. Aucune procédure n'est préétablie pour cette forme de prise de décisions.

Décision semi-structurée : Décision où seule une partie du problème trouve une réponse claire fournie par une procédure préétablie.

Décision structurée : Décision répétitive, routinière et qui comporte une procédure préétablie de traitement.

Déni de service : Attaque très évoluée visant à rendre indisponible une machine en la submergeant de trafic inutile. Lorsque plusieurs machines sont à l'origine d'une telle attaque, c'est une attaque distribuée. Elle peut anéantir des serveurs, des sous-réseaux, etc. Elle reste très difficile à contrer ou à éviter.

Désintermédiation : Élimination d'étapes intermédiaires des processus d'affaires ou de gestion, ce qui permet de réduire le prix de vente d'un produit.

Développement des systèmes : Activités qui contribuent à la recherche et à la mise en œuvre d'une solution informatisée pour répondre à un problème auquel l'organisation se heurte ou afin de saisir une opportunité qui se présente à elle.

Développement orienté objets : Méthode de développement des systèmes qui utilise l'objet comme unité de base de l'analyse et de la conception des systèmes. Le système est modélisé comme un ensemble d'objets et de relations entre eux.

Développement par composants ou briques logicielles : Le développement par composants ou briques logicielles combine des briques ou composants logiciels préexistants pour créer des applicatifs fonctionnels complets.

Développement par l'utilisateur final : Construction de systèmes d'information par les utilisateurs finaux avec peu d'aide, voire aucune, de la part des informaticiens.

Développement rapide d'applications (*Rapid Application Development*, RAD) : Processus de développement de systèmes en très peu de temps, au moyen du prototypage, des outils de quatrième génération et d'un travail en collaboration entre les utilisateurs et les spécialistes des systèmes.

Diagramme de flux de données : Outil principal de l'analyse structurée qui illustre graphiquement les processus qui sous-tendent le système et les flux de données.

Diagramme entité-relation : Méthode utilisée pour documenter les bases de données, qui illustre la relation entre les diverses entités qu'elles contiennent.

Dictionnaire de données : Outil automatisé ou manuel qui sert à identifier les éléments d'identification technique et logique liés au stockage et à l'organisation des définitions des éléments de données maintenus dans une base de données.

Directeur des systèmes d'information : Voir **DSI**.

Documentation : Description du fonctionnement d'un système d'information du point de vue technique et/ou du point de vue de l'utilisateur final.

Données : Sources de faits bruts qui représentent des événements qui ont lieu dans les organisations ou dans leur environnement. Ces faits n'ont pas encore été organisés et disposés de façon à ce que les gens puissent les comprendre et les utiliser.

Dorsale de réseau : Partie d'un réseau qui traite le trafic important et qui constitue le circuit principal assurant la transmission de données vers d'autres réseaux ou en provenance de ceux-ci.

DSI (Directeur du système d'information ; *Chief Information Officer*, CIO) : Cadre supérieur responsable de la fonction des systèmes d'information dans l'entreprise.

EAI (*Enterprise Application Integration*) : Logiciel d'intégration d'applications différentes dans une même entreprise.

E-business : Utilisation d'Internet et d'autres technologies numériques pour la communication, la coordination et la gestion de l'entreprise. Comprend notamment l'utilisation du commerce électronique ainsi que des processus de gestion interne de l'entreprise et de coordination avec les fournisseurs et les partenaires d'affaires.

Échange de données informatisé (EDI ; *Electronic Data Interchange*, EDI) : Échange direct de transactions standardisées entre les ordinateurs d'au moins deux organisations, par exemple des commandes, des instructions relatives à l'expédition ou des paiements.

Économie de réseaux (*Network economics*) : Modèle fondé sur la notion de réseau où l'ajout d'un autre membre comporte un coût marginal nul, mais peut créer des gains marginaux beaucoup plus grands. Il sert de modèle aux systèmes stratégiques sur le plan de l'industrie.

Écosystème d'affaires (*Business ecosystem*) : Réseaux relativement dispersés, mais interdépendants, de fournisseurs, de distributeurs, d'entreprises délocalisées, d'entreprises de transport et de fabricants de technologie.

Écriture miroir : Serveur auxiliaire qui reproduit tous les processus et toutes les transactions d'un serveur primaire. En cas de panne de celui-ci, les « données miroir » peuvent être exploitées par un serveur de secours pour prévenir toute interruption de service.

EIS (*Executive Information System*) : Voir **SAD**.

Élément de données : Voir **Champ**.

Enregistrement : Groupe de champs connexes.

Entité : Personne, lieu, objet ou événement sur lequel on conserve de l'information.

Entrée : Saisie ou collecte des données brutes qui proviennent de l'organisation ou de son environnement extérieur et qui seront traitées par un système d'information.

Entrepôt de données : Voir ***Datawarehouse***.

Entreprise numérique (*Digital firm*) : Organisation dans laquelle la plupart des processus d'affaires importants et des relations avec les clients, les fournisseurs et les employés reposent sur l'informatique et dont les principaux actifs de la société sont gérés à l'aide de moyens numériques.

Équilibrage de charge : Distribution d'un volume important de requêtes entre de multiples serveurs afin d'éviter de surcharger, voire de bloquer l'un d'entre eux.

Ergonomie : Interaction des utilisateurs avec les machines dans leur milieu de travail. Ce terme porte sur la description des tâches, les questions de santé et l'interface utilisateur des systèmes d'information.

ERP (*Enterprise Resources Planning*) : Ensemble de modules logiciels intégrés autour d'une base de données unifiée pour des applications comme les ventes et la distribution, la comptabilité financière, la gestion des investissements, la planification de la production, la maintenance des installations et les ressources humaines.

Étalonnage : Établissement de normes strictes pour les produits, les services ou les activités et évaluation de la performance de l'entreprise par rapport à ces normes.

Étude de faisabilité : Dans le cadre d'un projet de transformation ou de création d'un système d'information, manière de déterminer si l'on peut mettre en œuvre la solution proposée, compte tenu des ressources et des contraintes de l'organisation et de ses systèmes en place.

Étude pilote : Stratégie destinée à introduire le nouveau système dans un secteur limité de l'organisation jusqu'à ce qu'il démontre qu'il est entièrement fonctionnel. À ce moment seulement, la conversion au nouveau système et son déploiement s'effectuent alors dans toute l'organisation.

EV-DO (*EVolution Data Optimized*) : Technologie utilisée pour les réseaux cellulaires afin d'offrir à partir de n'importe quel endroit et à tout moment un accès à large bande aux ordinateurs personnels et à d'autres appareils à une vitesse moyenne qui se situe entre 300 et 500 Kb/s.

Exclusion (*Opt-out*) : Modèle de consentement éclairé qui permet à l'entreprise de collecter des renseignements personnels, à moins que le consommateur ne demande explicitement que ces renseignements ne soient pas recueillis.

Extranet : Intranet étendu, accessible uniquement aux personnes externes dûment autorisées.

Facebook : Créé en 2004 par Mark Zuckerberg, alors étudiant à Harvard, Facebook est devenu un ensemble de services appartenant à la catégorie dite du Web 2.0. Permettant la mise en relation de personnes privées ou publiques *via* Internet selon le principe de l'interlocuteur choisi (directement ou indirectement), ce site atteint plus de 500 millions d'utilisateurs en 2010. Chaque membre de ce réseau dit « social » crée son profil et propose à d'autres membres de partager plus ou moins librement toutes sortes de contenus numérisés.

Fenêtre publicitaire (*Pop-up ads*) : Publicité qui apparaît automatiquement et qui reste à l'écran tant que l'utilisateur ne clique pas dessus.

Fibre optique : Moyen de transmission rapide, léger et durable, constitué de minces torons de fibre de verre transparent reliés en un câble. Les données sont transmises sous forme d'impulsions lumineuses.

Fichier : Groupe d'enregistrements du même type.

Fil torsadé : Support de transmission constitué de paires de fils de cuivre torsadés. On l'utilise pour la transmission téléphonique de signes analogiques, mais aussi pour les transmissions de données.

Filtrage par paquets : Examen d'une sélection de fichiers dans les en-têtes des paquets de données qui circulent entre un réseau sécurisé et Internet.

Flux RSS : RSS (*Rich Site Summary ou Really Simple Syndication*) vise à syndiquer du contenu Web utilisable ensuite dans un autre cadre. La technologie RSS extrait du contenu spécifique sur un site Web et l'envoie automatiquement vers les ordinateurs des utilisateurs, où il peut être stocké pour être consulté plus tard.

Forage de données : Analyse d'une grande quantité de données pour dégager des tendances et des règles utilisables afin de prendre des décisions et de prédire des comportements futurs. Voir ***Datamining.***

Fournisseur de services Internet (*Internet Service Provider,* ISP) : Organisation commerciale connectée en permanence sur Internet qui vend des connexions temporaires à ses abonnés.

Génie logiciel : Voir **AGL.**

Gestion de cycle de vie du produit (GCVP ; *Product life cycle management,* PLM) : Systèmes fondés sur un référentiel d'entreprise qui organise chaque détail de l'information d'une entreprise rattachée à un projet spécifique.

Gestion de la chaîne logistique : Voir ***Supply Chain Management.***

Gestion de la qualité totale (***Total quality management***) **:** Principe selon lequel le contrôle de la qualité devient la responsabilité de tous les membres de l'organisation.

Gestion de la relation client : Voir **CRM**.

Gestion des connaissances : Voir ***Knowledge Management***.

Gestion des processus d'affaires (***Business Process Management*, BPM**) **:** Méthodologie conçue pour réviser les processus d'affaires d'une organisation afin qu'ils puissent servir de base essentielle aux systèmes d'information de l'entreprise.

Gestion du flux de travail : Voir ***Workflow***.

Gestion électronique documentaire (GED) : Politiques, procédures et outils informatiques qui servent à gérer la conservation, la destruction et le stockage des documents électroniques.

Gestionnaire de liste LISTSERV : Groupes de discussion en ligne qui utilisent le courrier électronique.

Gestionnaire de réseaux : Logiciel technique qui achemine et gère la communication dans un réseau et coordonne ses ressources.

Google : Moteur de recherche sur le Web. C'est à la fois le moteur le plus connu et le plus utilisé dans le monde. Fondé en 1998 par Larry Page et Sergey Brin, Google comprend aujourd'hui plus de 20 000 collaborateurs et réalise en 2009 un chiffre d'affaires de plus de 23 milliards de dollars. Son offre de services va bien au-delà de la seule recherche thématique, avec des outils tels que GoogleEarth.

***Green Computing* :** Ensemble de technologies et de processus visant à réduire l'empreinte écologique, économique, et sociale des technologies de l'information et de la communication.

***Groupware* :** Logiciel qui offre des fonctions de soutien à la communication et au travail d'équipe (voir **Plateforme collaborative**).

Hameçonnage : Voir ***Phishing***.

***Hardware* :** Équipement physique utilisé pour exécuter les activités d'entrée, de traitement et de sortie d'un système d'information.

Hotspot : Les hotspots consistent en général en un ou plusieurs points d'accès placés sur un plafond, un mur ou tout autre emplacement stratégique d'un lieu public offrant un maximum de couverture pour une zone donnée. Les utilisateurs situés dans un hotspot peuvent accéder à Internet avec un ordinateur, une tablette ou un téléphone mobile doté d'une fonction WiFi.

HTML (***HyperText Markup Language***) **:** Langage de balisage utilisé pour créer des pages Web et d'autres documents hypermédias.

IaaS (***Infrastructure as a Service***) **:** Premier niveau de prestation permis par les infrastructures de type Cloud ; mise à disposition d'une infrastructure matérielle sur laquelle le client peut installer et/ou développer et/ou faire tourner des applications.

Inclusion (*Opt-in*) : Modèle de consentement éclairé par lequel une entreprise se voit interdire la collecte de renseignements personnels à moins que le consommateur n'indique clairement qu'il approuve la collecte et l'utilisation des renseignements qui le concernent.

Incohérence des données : Présence de valeurs différentes pour le même attribut lorsqu'une même donnée est stockée à différents endroits.

Index de rentabilité : Méthode qui consiste à utiliser l'index pour comparer la rentabilité des diverses possibilités d'investissement. On calcule l'index en divisant la valeur actualisée des encaissements totaux d'un investissement par son coût initial.

Indicateur : Mesure standard de la performance.

Information : Données présentées sous une forme significative et utile pour les individus.

Informatique à haute disponibilité : Outils et technologies, incluant les ressources auxiliaires, qui permettent à un système de récupérer rapidement sa capacité opérationnelle suite à une panne immobilisatrice.

Informatique à la demande : Utilisation d'un centre informatique externe pour bénéficier d'une puissance de traitement accrue en période de pointe, ce qui permet à une entreprise de limiter son investissement à une infrastructure capable de traiter des quantités moyennes de données. L'entreprise paie uniquement pour la puissance de traitement supplémentaire qu'elle utilise.

Informatique autonome : Effort qui vise à mettre au point des systèmes capables de s'autogérer (diagnostic, régulation de charge) sans intervention humaine.

Informatique en grille (*Grid computing*) : Utilisation en réseau des ressources de plusieurs ordinateurs.

Informatique mobile : Informatique sans fil qui permet aux téléphones mobiles, aux assistants personnels numériques et aux autres appareils sans fil d'accéder à de l'information numérique dans Internet ou à d'autres sources à partir de n'importe quel endroit.

Informatique nomade : Informatique sans fil où les utilisateurs vont d'un point d'accès sans fil à un autre pour accéder à un réseau ou à Internet.

Infrastructure à clé publique : Système qui sert à créer des clés publiques et privées à l'aide d'un certificat d'autorisation (CA) et d'un certificat numérique pour l'authentification.

Infrastructure technologique (*Information technology [IT] infrastructure*) : Matériel (d'ordinateur), logiciels, technologies de stockage et réseaux qui créent une plateforme commune des ressources en technologie de l'information.

Inspection dynamique : Détermine si des paquets de données font partie d'un dialogue continu entre un expéditeur et un destinataire, puis crée des tables d'état pour suivre l'information transmise par des paquets multiples.

Intelligence artificielle (IA) : Systèmes informatisés qui ont la capacité d'apprendre des langages, d'accomplir des tâches physiques, d'utiliser des dispositifs de perception et d'émuler certaines des formes d'expertise et de prise de décisions des individus.

Interdépendance des données et des programmes : Relation structurelle et technique entre les données stockées dans des fichiers et les programmes nécessaires pour les mettre à jour et les modifier. Toute modification dans l'organisation ou le format des données exige un changement des programmes qui permettent de traiter les fichiers qui les contiennent. Le recours à un SGBD diminue, voire supprime cette interdépendance.

Interface utilisateur : Partie d'un système d'information qui permet à l'utilisateur final d'interagir avec le système. Il s'agit d'éléments matériels, mais surtout de l'ensemble des commandes et des réponses à l'écran qui permettent à l'utilisateur de travailler avec un système.

Internet : Combinaison internationale de réseaux qui relie des centaines de milliers de réseaux informatiques privés et publics selon des protocoles et technologies standard.

Internet2 : Réseau de recherche doté de nouveaux protocoles et de nouvelles vitesses de transmission qui offre une infrastructure capable de soutenir des applications Internet à large bande.

Intranet : Réseau interne, fondé sur la technologie et les normes d'Internet et du Web.

IPv6 (*Internet Protocol* version 6) : Ce nouveau protocole propose des adresses 128 bits (2 puissance 128), soit plus d'un million de milliards d'adresses uniques.

ISO 17799 : Ensemble de normes internationales de sécurité et de contrôle.

Jeton d'authentification : Dispositif conçu pour confirmer l'identité d'un seul utilisateur.

Juste-à-temps (*Just-In-Time*) : Système de gestion industrielle et logistique qui permet de réduire au maximum les stocks en recevant les composants juste au moment où on en a besoin et en expédiant les produits finis dès qu'ils quittent la chaîne de montage.

***Knowledge Management* (KM) :** Ensemble de processus développés dans une organisation pour créer, réunir, stocker, entretenir et diffuser les connaissances de l'entreprise.

LAN (*Local Area Network*) : Réseau de télécommunications qui utilise ses propres canaux spécialisés et qui transmet des messages sur de petites distances au sein d'un espace privé (usine, immeuble, campus, etc.).

Langage d'interrogation : Outil logiciel qui procure des réponses en ligne aux demandes d'information qui ne sont pas prédéfinies.

Langage de balisage extensible : Voir **XML**.

Langage de balisage hypertexte : Voir **HTML**.

Langage de définition de données : Partie d'un système de gestion de base de données qui définit chaque élément de données tel qu'il apparaît dans la base de données.

Langage de description des services Web : Cadre commun pour la description des tâches effectuées par un service Web afin que d'autres applications puissent utiliser ce service.

Langage de manipulation de données : Langage associé à un système de gestion de base de données dont se servent les utilisateurs finaux et les programmeurs pour manipuler les données de la base.

Langage de modélisation unifié : Voir **UML**.

Langage de quatrième génération : Langage de programmation que les utilisateurs finaux ou les programmeurs moins qualifiés peuvent utiliser directement pour développer des applications plus rapidement qu'au moyen des langages de programmation traditionnels.

Langage de requête structuré : Voir **SQL**.

Large bande : Technologie de transmission à haut débit. Désigne également un média de communication capable de transmettre simultanément des canaux multiples de données.

Linux : Système d'exploitation qui est un dérivé d'Unix, compatible avec différentes plateformes matérielles, gratuit ou très économique. Il est utilisé de manière croissante comme solution alternative à Unix et Windows NT de Microsoft.

Logiciel de base : Instructions préprogrammées et détaillées qui commandent et coordonnent le fonctionnement des composantes du matériel d'un système d'information.

Logiciel espion (*Spyware*) : Technologie qui aide la collecte d'information sur une personne ou sur une organisation à son insu.

Logiciel libre : Logiciel qui offre un accès libre à son code programme, ce qui permet aux utilisateurs de le modifier pour y apporter des améliorations ou corriger des erreurs.

Logique floue : Intelligence artificielle (IA) à la base de règles pour la résolution de problèmes qui tolèrent l'imprécision, en utilisant des termes spécifiques, appelés « fonctions d'appartenance ».

Maintenance : Étape pendant laquelle on apporte des changements au matériel, au logiciel, à la documentation ou aux procédés d'un système en production pour corriger les erreurs, répondre aux nouvelles exigences ou en améliorer l'efficacité.

Mashups : On appelle « *mashups* » l'agrégation de logiciels récupérés de différentes sources et assemblés pour créer une application différente de l'addition des logiciels initiaux.

Messagerie unifiée : Système qui combine les messages vocaux, le courrier électronique et la télécopie de telle manière que l'ensemble des messages transitent par un seul système.

Méthode de la période de récupération : Méthode qui mesure le temps nécessaire pour rembourser les coûts de l'investissement initial d'un projet.

Microblogging : Voir **Twitter.**

Mode de transfert asynchrone (*Asynchroneous Transfert Method*, ATM) : Technologie de réseau qui divise l'information en cellules de 8 octets, ce qui permet la transmission de données entre les ordinateurs de différents fournisseurs, à n'importe quelle vitesse.

Modèle client-serveur : Modèle de répartition du traitement des données entre les clients et le serveur au sein d'un réseau, où chaque tâche est assignée à la machine la plus apte à l'accomplir.

Modèle économique (*Business model*) : Représentation de ce qu'est une entreprise et de la manière dont elle livre un produit ou un service, et qui montre comment l'entreprise devient productive.

Modèle d'évaluation du prix des options réelles : Modèle qui sert à évaluer les investissements dans la technologie de l'information qui procurent des rendements incertains au moyen de techniques pour évaluer les options financières.

Modèle organisationnel du flux poussé (*Push model*) : Chaîne logistique régie par des plans de production fondés sur les meilleures prévisions ou approximations concernant la demande de produits. Les produits sont « poussés » vers les clients.

Modèle organisationnel du flux tiré (*Pull model*) : Chaîne logistique régie par les commandes ou les achats réels des clients pour que les membres de la chaîne logistique produisent et livrent uniquement ce que les clients ont commandé.

Modèle des points de fonction : Méthode rapide qui permet de choisir parmi différentes solutions de systèmes, en fonction de leur capacité à atteindre les objectifs fixés.

Modèle de référence (*Open System Interconnexion Model*, OSI) : Modèle de connectivité réseau développé par l'Organisation internationale de standardisation (*International Standards Organization*, ISO).

Modèle des forces concurrentielles (*Competitive force model*) : Modèle qui sert à décrire l'interaction des influences externes, plus précisément des menaces et des opportunités, qui agissent sur la stratégie d'une organisation et sur sa capacité à affronter la concurrence.

Modem : Dispositif qui convertit les signaux numériques en signaux analogiques, et *vice versa*.

Mois-homme : Unité de mesure traditionnelle qu'utilisent les concepteurs pour estimer le temps nécessaire à l'aboutissement d'un projet. Cette mesure désigne la quantité de travail qu'une personne devrait pouvoir effectuer en l'espace d'un mois.

Moteur d'inférence : Logiciel d'IA fondé sur la méthode utilisée pour chercher dans la base de règles d'un système expert (chaînage avant ou arrière).

Multidiffusion : Transmission de données vers un groupe précis de destinataires.

MMS (*Multimedia Message Service*) : Service de messagerie qui permet d'envoyer et de recevoir sur un téléphone mobile des messages contenant du texte, des images, du son et des clips vidéo ou audio. Ce type de service est possible depuis l'apparition des réseaux 3G.

Multiplexeur : Dispositif qui permet de transmettre simultanément les données provenant de plusieurs sources par un seul canal de communication

MVNO (*Mobile Virtual Network Operator*) : Opérateur de téléphonie mobile qui, ne possédant pas de concession de spectre de fréquences ni d'infrastructure de réseau propre, contracte des accords avec les opérateurs mobiles possédant un réseau mobile pour leur acheter un forfait d'utilisation et le revendre sous sa propre marque à ses clients.

Mystification : Tentatives qui visent à cacher la véritable identité en utilisant de fausses adresses de courrier électronique.

Nanotechnologie : Technologie de construction de structures et de processus fondée sur la manipulation d'atomes et de molécules.

Navigateur Web (*Browser*) : Outil logiciel convivial pour l'accès au Web et à Internet.

Nettoyage de données : Activités de détection et de correction des données dans une base de données ou dans un fichier incorrect, incomplet, mal structuré ou redondant.

NFC (*Near Field Communication*) : Technologie de communication de proximité (quelques centimètres) lancée par Sony et Philips, qui permet d'échanger des données entre un lecteur et n'importe quel terminal mobile, ou entre les terminaux eux-mêmes. Plusieurs expérimentations ont été lancées pour des paiements par téléphone mobile.

Nom de domaine : Nom en langage courant qui correspond à un protocole IP numérique 32 bits pour chaque ordinateur connecté à Internet.

Normes technologiques : Spécifications qui établissent la compatibilité des produits (matériels et logiciels) et la capacité de communiquer au sein d'un réseau.

Objet : Composant logiciel élémentaire qui combine les données et les procédures qui agissent sur ces données.

Organigramme hiérarchique : Documentation du système qui montre chaque niveau de conception, la relation entre les niveaux et leur position globale dans la structure de conception. Cet organigramme peut documenter un programme, un système ou une partie de programme.

Organisation virtuelle (*Virtual organization*) : Organisation utilisant des réseaux qui relient des personnes, des actifs et des idées pour créer des produits et des services et pour les distribuer sans être limitée par les frontières organisationnelles traditionnelles ou par l'emplacement physique.

Outil de contrôle formel : Outil de gestion de projet qui aide à surveiller les progrès accomplis au moment des jalons (ou points de synchronisation) importants.

Outil de planification formelle : Type d'outil de gestion de projet qui structure et ordonne les tâches en évaluant le temps, l'argent et les ressources techniques nécessaires à leur exécution.

Outils de localisation : Services sans fil qui combinent la communication sans fil et les capacités de localisation du système mondial de positionnement (*Global Positionning System*, GPS).

PaaS (*Platform as a Service*) : Deuxième niveau de prestation permis par les infrastructures de type Cloud ; mise à disposition d'une infrastructure matérielle et logicielle sur laquelle le client peut développer et/ou faire tourner des applications.

Page d'accueil : Affichage de texte et de graphiques qui accueille le visiteur d'un site et lui présente l'organisation qui a créé la page.

Paramétrage : Au sein de possibilités disponibles dans un progiciel applicatif, l'entreprise va décider des options qu'elle retient et fixer ses choix dans des tables de paramétrage.

Pare-feu : Un pare-feu, ou *firewall* (en anglais), est un logiciel et/ou un matériel permettant de faire respecter la politique de sécurité du réseau, celle-ci définissant quels sont les types de communication autorisés sur ce réseau informatique.

Personnalisation : Modification d'un progiciel par paramétrage pour qu'il réponde aux exigences uniques de l'organisation sans que l'intégrité fonctionnelle globale n'en soit altérée.

Personnalisation du Web (*Web personalization*) : Personnalisation d'un contenu Web pour un utilisateur spécifique.

Perspective sociotechnique : Approche des systèmes d'information fondée à la fois sur les approches techniques et les approches comportementales.

Phishing : Technique utilisée par les escrocs en ligne pour usurper l'identité d'une personne ou d'une entité connue. A pour but de collecter des données confidentielles qui seront utilisées à mauvais escient.

Pirate informatique (*Hacker*) : Individu qui obtient un accès non autorisé à un réseau informatique pour son profit, afin de commettre un méfait ou pour son plaisir personnel.

Pixel invisible (*Web bug*) : Fichier graphique minuscule inséré dans un courriel ou dans une page Web et qui est conçu pour surveiller, à son insu, les habitudes de l'internaute sur le Web.

Place de marché électronique (*Net marketplace*) : Place de marché numérique exclusive fondée sur la technologie d'Internet et qui relie plusieurs acheteurs à plusieurs vendeurs.

Place de marché indépendante (*Exchange*) : Place de marché électronique indépendante principalement axée sur les transactions et qui met en communication plusieurs fournisseurs et vendeurs pour des achats au comptant.

Plan de tests : Plan préparé par l'équipe chargée de l'élaboration d'une solution informatique nouvelle en collaboration avec les utilisateurs. Il comprend la préparation d'une série d'essais à exécuter sur le système avant de décréter qu'il est prêt à être utilisé opérationnellement.

Planification de la continuité des services (*Business continuity*) : Planification qui s'intéresse aux moyens que l'entreprise peut utiliser pour continuer à fonctionner malgré une indisponibilité partielle ou totale de son informatique.

Planification de la reprise après sinistre : Planification de la restauration de l'informatique et des communications après une interruption de service.

Plateforme collaborative : Application logicielle favorisant le travail collaboratif en permettant le partage et la mise en commun de documents dans des espaces virtuels ergonomiques et à l'utilisation intuitive.

Plateforme de service : Intégration de diverses applications qui proviennent d'une multitude de fonctions administratives, d'unités fonctionnelles ou de partenaires d'affaires pour procurer une expérience transparente aux clients, aux employés, aux gestionnaires ou aux partenaires d'affaires.

Points d'accès sans fil à Internet : Endroit qui possède un point d'accès public à un réseau WiFi.

Politique d'autorisation : Politique qui détermine les différents niveaux d'accès aux éléments d'actif informationnels pour différents niveaux d'utilisateurs au sein d'une organisation.

Politique d'utilisation acceptable : Définit les usages permis des ressources et du matériel d'information de l'entreprise, incluant les ordinateurs de bureau et les ordinateurs portables, les appareils sans fil, les téléphones et Internet, et spécifie les conséquences qui découlent du non-respect de ces usages.

Politique de l'information : Règles formelles qui régissent le maintien, la distribution et l'utilisation des informations au sein d'une organisation. Cela se matérialise souvent par une charte de bonne conduite.

Portail (*Portal*) : Interface Web qui sert à présenter de manière intégrée du contenu spécialisé provenant de plusieurs sources. Fait aussi référence à la porte d'entrée d'un service fourni sur un site Web et qui permet d'avoir accès au Web.

Portails mobiles : Portails qui offrent des contenus et des services optimisés pour les appareils mobiles afin de donner aux utilisateurs l'information qui répond le mieux à leurs besoins.

Portails vocaux : Capacité de traiter des commandes vocales pour accéder à du contenu Web, à du courrier électronique et à d'autres applications à partir d'un téléphone mobile ou d'un téléphone ordinaire, et pour traduire les réponses aux requêtes de l'utilisateur sous forme vocale.

Portefeuille numérique : Logiciel qui enregistre l'information concernant la carte de crédit, l'argent électronique, l'identification du propriétaire de la carte et son adresse et qui fournit automatiquement ces données lors des transactions d'achat de commerce électronique.

Prix dynamique : Établissement du prix d'un article à l'aide d'interactions en temps réel entre acheteurs et vendeurs qui permet de déterminer la valeur d'un article à tout moment.

Procédures standard d'opération : Règles formelles que l'on doit respecter en accomplissant les tâches et qui ont été élaborées pour aider les employés à faire face à des situations prévisibles.

Production (mise en) : Étape qui suit l'installation du nouveau système ou sa conversion.

Profilage (*Profiling*) : Utilisation de l'ordinateur dans le but d'associer les données en provenance de sources multiples afin de créer des dossiers électroniques qui contiennent des renseignements détaillés sur les personnes.

Progiciel : Ensemble de programmes prêts à l'emploi et mis sur le marché par un éditeur. S'il répond correctement aux besoins, il dispense l'entreprise des coûts et délais liés à la programmation d'un logiciel spécifique.

Programmation : Processus qui consiste à convertir, dans le respect des règles de syntaxe du langage utilisé, les spécifications fonctionnelles préparées durant l'étape de la conception, en programmes rendus ensuite exécutables sur un ordinateur.

Programme malveillant : Programme qui comporte une menace comme les virus informatiques, les vers informatiques, les chevaux de Troie et les logiciels espions.

Programmeur : Technicien dûment formé qui écrit les instructions logicielles conformément aux spécifications fonctionnelles et aux règles imposées par le langage de programmation.

Protocole : Ensemble de règles et de procédures qui gouvernent la transmission entre les composants d'un réseau.

Protocole de transfert de fichier (*File Protocol Transfert*, FTP) : Outil de récupération et de transfert de fichiers depuis un ordinateur distant.

Protocole HTTP (*HyperText Transfert Protocol*) : Norme de communication utilisée pour le transfert de pages sur le Web, qui définit la mise en forme et la transmission des pages.

Protocole S-HTTP (*Secure HyperText Transfer Protocol*) : Protocole utilisé pour le transfert de données chiffrées dans Internet, mais limité aux documents Web.

Protocole SOAP (*Simple Object Access Protocol*) : Ensemble de règles qui permettent aux applications de services Web de se transmettre des données et des instructions.

Protocoles SSL (*Secure Sockets Layer*) et TLS (*Transport Layer Security*) : Protocoles utilisés pour transférer de l'information sécurisée dans Internet. Ils permettent aux clients et aux serveurs de gérer les activités de chiffrement et de déchiffrement en cours de communication pendant une session Web sécurisée.

Protocole TCP/IP (*Transmission Control Protocol/Internet Protocol*) : Modèle le plus utilisé pour assurer une connectivité entre différents réseaux. Offre une méthode universellement reconnue pour diviser des messages digitaux en paquets, les acheminer vers les bonnes adresses, puis les reformer en messages cohérents.

Protocole Telnet : Outil de réseau qui permet à une personne de se connecter à un ordinateur et de travailler sur un autre.

Protocole WAP : Système de protocoles et de technologies qui permet aux téléphones mobiles et aux autres appareils sans fil munis d'un petit écran, d'une connexion à faible bande passante et d'une mémoire minimale d'accéder à des informations et à des services sur le Web.

Prototypage : Processus de construction rapide et peu coûteux d'une version expérimentale d'un système, version que les utilisateurs peuvent évaluer. Leurs remarques serviront à améliorer la qualité du système final.

Qualité des données : Condition première de la crédibilité et de la contribution positive d'un SI au sein d'une organisation. La qualité des données est une quête constante, managériale plus que technique, contre les obsolescences, les redondances et les erreurs des bases de données.

Raisonnement par cas : Technologie d'intelligence artificielle qui représente les connaissances sous la forme d'une base de données contenant des cas et des solutions.

Ratio coûts/bénéfices : Méthode de calcul du rendement d'une dépense en capital, selon laquelle on divise les bénéfices totaux par les coûts totaux.

Redondance de données : Présence des mêmes données en « n » exemplaires (n ³ 2) dans plusieurs fichiers ou bases de données.

Référencement : Sur Internet, le référencement consiste à faire un lien d'une page A vers une ressource B, c'est-à-dire à référencer la ressource B depuis la page A. C'est l'action générique d'inscription dans les moteurs de recherche qui s'articule entre autres autour de Google, Yahoo ou Bing, pour améliorer le positionnement des sites (et donc leur visibilité) dans les pages de résultats.

Référentiel de connaissances : Regroupement de connaissances documentées d'origine interne et externe en un même endroit en vue d'obtenir une gestion et une utilisation plus efficaces.

Réingénierie des processus d'affaires (*Business Process Reengineering*, BPR) : Changement radical des processus d'affaires par le regroupement des étapes, en vue de réduire les pertes et d'éliminer les tâches répétitives et sans valeur ajoutée tangible. Son but est de réduire les coûts, d'améliorer la qualité et le service par le recours intensif à la technologie de l'information.

Réintermédiation (*Reintermediation*) : Processus qui consiste à déplacer une fonction intermédiaire dans une chaîne de valeur vers une nouvelle source.

Relais de trame : Technologie de service de réseau partagé qui regroupe les données en paquets en vue de leur transmission, mais qui n'utilise pas de sous-programme de correction des erreurs. Cette commutation est plus rapide et moins coûteuse que celle par paquets.

Rendement du capital investi (ROI) : Méthode de calcul du taux de rendement d'un investissement, par l'ajustement des encaissements produits par cet investissement afin de l'amortir. Elle permet de calculer approximativement le revenu comptable généré par l'investissement.

Renifleur : Programme de surveillance électronique qui observe et analyse l'information transitant dans un réseau.

Réseau de stockage : Réseau à haute vitesse dédié au stockage qui relie différentes unités de stockage comme les unités de disque et les magnétothèques afin de les rendre partageables par de multiples serveurs.

Réseau de type bus : Topologie de réseau où plusieurs ordinateurs sont reliés par un seul circuit. Tous les messages sont diffusés sur l'ensemble du réseau.

Réseau : Plusieurs ordinateurs reliés entre eux en vue du partage des données, des logiciels ou des ressources matérielles comme des capacités d'impression ou de stockage, une imprimante.

Réseau en anneau (*Token ring network*) : Topologie de réseau où tous les ordinateurs sont reliés en boucle fermée. Les messages sont acheminés d'un ordinateur à l'autre dans la même direction.

Réseau en étoile : Topologie de réseau où tous les ordinateurs et autres dispositifs sont reliés à un ordinateur central. Toutes les communications entre les dispositifs du réseau doivent passer par l'ordinateur hôte.

Réseau étendu : Voir **WAN**.

Réseau industriel privé (*Private industrial network*) : Réseau fondé sur le Web qui relie entre eux les systèmes de plusieurs entreprises d'une même industrie dans le but de coordonner les processus d'affaires transorganisationnels.

Réseau local : Voir **LAN**.

Réseau numérique à intégration de services (ISDN) : Norme internationale pour la transmission de la voix, de la vidéo, des images et des données afin de soutenir une vaste gamme de services par le biais des lignes commutées.

Réseau point à point : Architecture de réseau qui traite tous les processeurs sur un pied d'égalité et qui est utilisée principalement dans les petits réseaux comptant au maximum 10 utilisateurs.

Réseau privé virtuel (*Virtual Private Network*, VPN) : Connexion sécurisée entre deux points dans Internet utilisés pour transmettre des données d'entreprise.

Réseaux 2,5G : Réseaux cellulaires numériques qui offrent des vitesses de transmission de données variant entre 50 et 144 Ko/s en utilisant les infrastructures cellulaires déjà existantes. Ces réseaux permettent les premiers envois de MMS.

Réseaux 3G : Réseaux cellulaires fondés sur la commutation de paquets dont les vitesses varient entre 144 Ko/s pour un utilisateur mobile à 2 mégaoctets pour les utilisateurs immobiles. Cette capacité est suffisante pour la transmission d'images vidéo, de graphiques et autres médias enrichis, en plus de la voix. Cette technique de réseaux permet les premiers visionnages de vidéos.

Réseaux 4G : Réseaux cellulaires établis sur la commutation de paquets dont les vitesses varient entre plusieurs centaines de Mo/s pour un utilisateur mobile à 1 gigaoctet pour les utilisateurs immobiles. Ce type de réseaux permet d'utiliser les services disponibles avec la technologie 3G, tout en étant mobile.

Réseaux de capteurs sans fil : Réseaux d'appareils interconnectés qui possèdent des capacités de traitement et de stockage, des capteurs et des antennes qui sont intégrés dans l'environnement physique pour offrir des mesures de grands espaces à partir de plusieurs points.

Réseaux sociaux : Services destinés à être mis à disposition *via* Internet et librement alimentés et utilisés par des communautés d'utilisateurs qui se choisissent plus ou moins librement. Les utilisateurs peuvent être des personnes physiques ou morales. Les éléments échangés sont numérisés et peuvent être des textes, des photos, des vidéos, etc. Facebook et Tweeter font partie des réseaux sociaux les plus utilisés dans le monde.

RFID : La radio-identification (RFID) est une technologie puissante qui permet de suivre des biens dans la chaîne logistique. Les systèmes RFID utilisent de minuscules étiquettes intégrées dans les microprocesseurs. Ces étiquettes contiennent des informations sur l'article et sur son emplacement, et envoient des signaux radio aux lecteurs RFID.

Routeur : Processeur spécialisé qui achemine des paquets de données d'un réseau à un autre réseau.

Routines : Règles, procédures et pratiques précises qui ont été élaborées pour faire face à des situations identifiées.

RSSI (Responsable de la sécurité des systèmes d'information) : Personne qui gère la sécurité au sein d'une organisation et qui est responsable de l'application de la politique de sécurité de l'entreprise.

SaaS (*Software as a Service*) : Troisième niveau de prestation permis par les infrastructures de type Cloud ; mise à disposition d'une infrastructure de matériels, de logiciels et d'applicatifs que le client peut utiliser pour conduire ses opérations.

SAD (Système d'aide à la décision) : Ensemble d'outils logiciels qui servent à analyser les données, comme les outils de traitement analytique en ligne, les outils de forage de données ou un ensemble de modèles mathématiques et analytiques.

SAN (*Storage Area Network*) : Réseau de serveurs dédiés au stockage de données et optimisé pour une recherche ou des analyses rapides (utilisé dans les infrastructures de type Cloud appliquées au *Big Data*, par exemple).

Satellite : Moyen de communication qui utilise les satellites en orbite comme stations relais pour la transmission des signaux micro-ondes sur de très grandes distances.

Schéma conceptuel : Description logique d'une base de données qui montre toutes les données et leurs relations entre elles.

Schéma externe (ou vue externe) : Ensemble spécifique de données contenues dans une base de données requis par chaque utilisateur ou chaque application.

SCM (*Supply Chain Management*) : Intégration des exigences logistiques des fournisseurs, des distributeurs et des clients en un seul processus cohésif.

Sécurité : Politiques, procédures et mesures techniques qui visent à prévenir l'accès non autorisé aux systèmes d'information ainsi que l'usage abusif, le vol ou l'endommagement.

Serveur d'applications : Ordinateur en charge de l'exécution des logiciels d'application et qui est connecté aux serveurs de données.

Serveur de base de données : Ordinateur dans un environnement client/serveur responsable de l'exploitation d'un Système de Gestion des Bases de Données (SGBD) et des occurrences de données. Le serveur de base de données traite les requêtes structurées en langage (SQL) et exécute les tâches de gestion de la base de données.

Serveur lame : Ordinateur qui tient en totalité sur une seule carte mince (aussi appelée « lame ») et qui est branché dans un châssis unique pour économiser espace et énergie et réduire la complexité d'installation et de maintenance.

Serveur : Ordinateur optimisé pour fournir logiciels et autres ressources à d'autres ordinateurs à l'intérieur d'un même réseau.

Serveur Web : Logiciel qui gère les requêtes de pages Web se trouvant dans un autre ordinateur pour les transmettre à l'ordinateur de l'utilisateur.

Service d'hébergement Web : Entreprise qui dispose de gros serveurs Web pour l'exploitation de sites Web destinés à des utilisateurs payants.

Service de messages courts : Voir **SMS**.

Service général de radiocommunication par paquets (GPRS) : Service 2,5G qui transmet des données sur les réseaux sans fil GSM et améliore l'accès sans fil à Internet.

Services Web : Ensemble de normes universelles qui utilisent la technologie Internet pour intégrer des applications provenant de diverses sources sans programmation personnalisée. Servent à relier des systèmes d'organisations différentes ou à unifier l'accès à des systèmes hétérogènes au sein d'un même dispositif ou d'une même organisation.

SGBD (Système de gestion de base de données) : Logiciel spécialisé qui permet la création et le maintien de la structure et de l'exploitation d'une base de données. On peut ainsi présenter aux services de l'entreprise les données qui leur sont nécessaires, sans devoir créer des fichiers ou des définitions de données distinctes dans chaque programme.

SGBD en réseau : Modèle logique de base de données, utile pour modéliser et supporter des relations du type plusieurs à plusieurs.

SGBD hiérarchique : Type de modèle de données qui organise les données selon une structure arborescente. Chaque enregistrement est divisé en segments, qui sont reliés les uns aux autres par des liens parents-enfants du type un à plusieurs.

SGBD relationel-objet : Système de gestion de base de données qui combine les fonctionnalités d'un système de base de données relationnel pour stocker l'information traditionnelle et les fonctionnalités d'un SGBD orienté objet pour stocker des graphiques et de l'information multimédia.

SII (Système d'information informatisé) : Système d'information dont le fonctionnement est supporté par des moyens informatiques.

Site Web : Ensemble de toutes les pages Web d'une organisation ou d'un individu.

SLA (*Service Level Agreements*) : Services définis dans un contrat et explicitant les responsabilités exactes du fournisseur de service et le niveau de service attendu par le client.

Smartphone : Dernière génération de téléphone mobile intégrant des fonctions diverses telles que courrier électronique, navigateur Web, agenda, appareil photo, suite bureautique adaptée, ainsi que des applications de toutes sortes (divertissement, musique, jeu, productivité, etc.) disponibles dans les magasins d'applications tels que l'App store d'Apple pour ses iPhone, Google Play pour les smartphones sous Android ou encore le Samsung Store ou le Windows Store pour les Samsung Galaxy S3 ou S4, ou les Windows Phones.

SMS (*Short Message Service*) : Service de messagerie texte utilisé pour envoyer et recevoir de brefs messages alphanumériques

Spam : Courriel à but essentiellement publicitaire et envoyé à un destinataire qui ne le désire pas.

Spécifications de processus : Spécifications qui décrivent la logique d'enchaînement entre les opérations et les contenus de ces opérations qui se déroulent au niveau opérationnel au sein d'une organisation.

Sphère de sécurité (*Safe harbor*) : Politique privée d'autoréglementation et mécanisme de renforcement qui satisfont les objectifs des organismes de réglementation du gouvernement ainsi que les lois.

SQL (*Structured Query Language*) : Langage standard de requête et de manipulation des données, destiné aux systèmes de gestion de bases de données relationnelles.

Streaming : Mode de transmission de séquences audio et vidéo. Celles-ci sont transmises en flux continu dès que l'internaute le décide. Il est inutile de les télécharger pour l'écoute ou le visionnage.

***Supply Chain* (Chaîne logistique) :** Réseau de processus d'affaires et organisationnels pour l'approvisionnement en matériel, la transformation des matières premières en produits intermédiaires et finis et la distribution des produits finis aux clients.

Syndicat : Organisation collective qui regroupe des membres y adhérant librement pour faire valoir et défendre leurs intérêts et points de vue. Il existe des syndicats professionnels, qui représentent les employeurs, et d'autres, qui représentent les salariés. Dans les entreprises, selon des conditions fixées par la Loi mais aussi négociables dans chaque entreprise, les syndicats de salariés doivent être consultés lors des projets de modernisation, notamment pour que soient évaluées et discutées les conséquences sur les conditions de travail et l'emploi.

Système d'exploitation : Logiciel qui gère et contrôle le fonctionnement technique d'un ordinateur et des différents éléments qui en constituent la configuration.

Système d'information : Ensemble de composantes techniques et organisationnelles interreliées qui recueillent de l'information, la traitent, la stockent et la diffusent afin de supporter les opérations courantes, la prise de décision, la coordination et le contrôle au sein d'une organisation.

Système d'information pour les dirigeants (*Management Information System*, MIS) : Système d'information au niveau de la stratégie d'une organisation conçu pour soutenir la prise de décisions non structurées au moyen de graphiques et d'outils de communication sophistiqués.

Système de connaissance structurée : Système conçu pour organiser la connaissance structurée dans un référentiel auquel on peut accéder partout dans l'organisation. Aussi appelé « système de gestion du contenu ».

Système de connaissance semi-structurée : Système conçu pour organiser et stocker l'information moins structurée, comme les courriers électroniques, les courriels vocaux, les vidéos, les graphiques, les brochures ou les panneaux d'affichage.

Système de gestion intégré : Voir **ERP**.

Système de noms de domaine (*Domain Name System*, DNS) : Système hiérarchique de serveurs qui soutiennent une base de données permettant la conversion de noms de domaine et adresses numériques IP.

Système de paiement à valeur enregistrée : Système qui permet au consommateur d'effectuer des paiements en ligne instantanés à des commerçants ou à d'autres personnes grâce à la valeur enregistrée dans un compte numérique.

Système de paiement électronique : Mode de paiement de produits et de services, à l'aide des technologies numériques, comme le transfert électronique de fonds, les cartes de crédit, les cartes intelligentes, les cartes de débit et les systèmes de paiement sur Internet.

Système de paiement numérique à solde cumulé : Système qui permet à l'utilisateur d'effectuer des micropaiements et des achats sur le Web en accumulant un solde débiteur sur sa carte de crédit ou sur ses factures de téléphone.

Système de réalité virtuelle : Logiciel et matériel graphiques interactifs qui créent des simulations qui donnent à l'utilisateur l'impression qu'il est dans une situation réelle.

Système de réponse efficace au client (*Efficient Customer Response*, ECR) : Système qui relie directement le consommateur aux chaînes de distribution, de production et d'approvisionnement.

Système de réseau de connaissances : Répertoire en ligne pour localiser les experts d'une entreprise dans des domaines de connaissance bien définis.

Système expert (*Knowledge based system*) : Logiciel informatique fondé sur la connaissance qui peut collecter l'expertise humaine pour en faciliter la réutilisation.

Système expert à base de règles : Programme d'IA qui comporte un grand nombre d'énoncés ou règles du type « SI ... ALORS », interconnectés et imbriqués, qui forment la base de connaissances du système.

Système interorganisationnel (*Interorganizational system*) : Système d'information qui automatise les échanges d'information au-delà des frontières organisationnelles et qui relie une entreprise à ses clients, à ses distributeurs ou à ses fournisseurs.

Système mondial de communication mobile (*Global System for Mobile Communications*, GSM) : Principale norme de transmission cellulaire à l'extérieur des États-Unis qui possède une forte capacité d'itinérance internationale.

Système mondial de positionnement (*Global Positioning System*, GPS) : Système nord-américain de navigation satellite dont la couverture s'étend à l'échelle mondiale.

Système numérique de paiement par carte de crédit : Service sécurisé qui vise à assurer la sécurité des transactions par carte de crédit sur Internet et qui protège les renseignements transmis par les utilisateurs, les sites des commerçants et les banques concernées.

Systèmes à tolérance de pannes (*Faul tolerant systems*) : Systèmes qui contiennent du matériel, des logiciels et des composants en alimentation électrique supplémentaires qui peuvent servir de système auxiliaire pour maintenir un système en opération même en cas de défaillance technique d'un composant ou sous-système critique.

Systèmes d'entreprise : Voir **ERP**.

Systèmes de détection d'intrusion : Outils logiciels de surveillance en continu placés dans les endroits les plus vulnérables pour détecter et dissuader en permanence les intrus.

Systèmes de gestion de la chaîne logistique (*Supply Chain Management* [SCM] *Systems*) : Systèmes d'information qui automatisent la circulation de l'information entre une entreprise et ses fournisseurs afin d'optimiser la planification, la localisation des sources d'approvisionnement, la fabrication et la livraison des produits et des services.

Systèmes de gestion de la relation client (GRC) : Voir **CRM**.

Systèmes de gestion des autorisations : Systèmes qui allouent à chaque utilisateur un accès aux seules parties d'un système ou du Web que cette personne est autorisée à consulter. L'accès repose sur des informations qui découlent d'un ensemble de règles d'accès.

Systèmes de gestion des connaissances (*Knowledge Management Systems*, KMS) : Systèmes qui supportent la création, l'appropriation, le stockage et la diffusion des connaissances de l'entreprise.

Tableau de bord numérique : Affichage des principaux indicateurs de la performance d'une entreprise sous la forme de graphiques et de diagrammes sur un même écran pour fournir un aperçu synthétique et significatif sur une même page de toutes les valeurs critiques nécessaires pour suivre les opérations et faciliter la réactivité de la prise décision.

Tablette : Appareil mobile de taille intermédiaire, comportant une interface tactile, à mi-chemin entre ordinateur portable et smartphone, permettant de se connecter à Internet en WiFi ou en 3G.

Technologie P3P (P3P) : Standard de communication conçu dans le but de donner aux utilisateurs davantage de contrôle sur la collecte de renseignements personnels et privés sur les sites Web qu'ils visitent.

Technologies de communication : Dispositifs physiques et logiciels qui relient les différentes composantes du système et qui assurent les transferts des données entre ces composantes ou sous-systèmes.

Technologies de stockage : Supports physiques et logiciels qui permettent le stockage et l'organisation des données dans un système d'information.

Téléphonie Internet (*IP Voice*) : Technologie qui utilise la commutation par paquets d'Internet pour le service de la voix.

Test de validation : Procédure qui fournit la certification finale que le système est prêt à l'utilisation dans un environnement de production.

Test des programmes : Processus de mise à l'épreuve de chaque programme d'un ensemble logiciel.

Test du système : Test de fonctionnement du système d'information dans son ensemble pour déterminer si les modules, préalablement testés unitairement, peuvent fonctionner ensemble comme prévu.

Test : Processus minutieux et complet qui détermine si un dispositif produit les résultats escomptés et préalablement explicités.

TIC : Technologies de l'Information et de la Communication.

Topologie : Forme ou configuration d'un réseau.

Traçabilité de la navigation électronique (*Clickstream tracking*) : Suivi des données relatives aux activités d'un utilisateur et stockage de ces données dans un fichier « journal ».

Traitement analytique en ligne : Mode de traitement et d'analyse de gros volumes de données sous plusieurs angles.

Traitement transactionnel en ligne : Traitement informatisé des transactions au fur et à mesure qu'elles sont soumises au système.

TRI (Taux de rendement interne) : Méthode qui permet de calculer le taux de rendement ou le profit qu'un investissement est censé produire.

Twitter : Twitter est un réseau social de microblogging qui permet de poster instantanément sur Internet de courts textes (limités en nombre de caractères) en réaction aux événements ou à l'actualité.

UDDI (*Universal Description, Discovery and Integration*) : Cadre qui permet à un service Web d'être inscrit dans un répertoire de services Web afin que d'autres organisations ou systèmes puissent facilement le repérer et l'utiliser.

UML (*Unified Method Language*) : Méthodologie standard pour l'analyse et la conception d'un système logiciel orienté objets.

Unix : Système d'exploitation pour tous les types d'ordinateurs, indépendant de la machine et qui supporte le traitement multi-utilisateurs, le multitâche ainsi que la plupart des types de réseaux.

Utilisateur clé (*Key user*) : Représentant d'un service utilisateur qui va représenter de façon crédible une population d'utilisateurs (vendeurs, acheteurs, comptables, etc.) en participant à l'élaboration des spécifications fonctionnelles et/ou aux opérations de tests.

Utilisateur final (*End user*) : Individu qui utilise un poste de travail pour l'exécution des opérations liées à son métier, à son activité.

Valeur actualisée nette : Méthode qui calcule la valeur monétaire actualisée d'un investissement.

Ver informatique : Programme indépendant qui se propage lui-même pour perturber le fonctionnement d'un réseau informatique ou détruire des données et d'autres programmes.

Virus informatique : Programme pirate qui s'attache à d'autres programmes ou fichiers de données afin de s'exécuter, ce qui cause un mauvais fonctionnement du matériel ou des logiciels.

Vol d'identité : Vol de renseignements clés de l'identité personnelle comme les numéros de cartes de crédit ou le numéro de sécurité sociale dans le but d'obtenir des marchandises ou des services en usurpant le nom des victimes.

WAN (*Wide Area Network*) : Réseau de télécommunications qui permet la transmission de messages sur de grandes distances *via* des réseaux publics et en recourant aux services d'opérateurs de télécommunications *via* des câbles, des satellites, etc.

War driving : Dispositifs d'écoute situés à l'extérieur des immeubles qui tentent de capter le trafic d'un réseau sans fil.

Web (*World Wide Web*) : Système qui comporte des normes mondialement reconnues pour le stockage, la récupération, la mise en forme et l'affichage sous de multiples formes (audio, vidéo, etc.) de l'information dans un environnement interconnecté.

Webconférence : Conférence téléphonique et vidéo passant par le réseau Internet.

Web sémantique : Effort collectif mené par le consortium W3C pour accroître l'efficacité de la recherche sur le Web en réduisant la nécessité d'une intervention humaine dans la recherche et le traitement de l'information Web.

Webmaster : Personne chargée de la gestion du site Web d'une organisation.

Widget : Petit programme que l'on peut ajouter à des pages Web ou que l'on peut déposer sur le Bureau pour ajouter des fonctionnalités.

WiFi : Normes qui appartiennent à la famille de normes sans fil 802.11 de l'Institute of Electrical and Electronics Engineers (IEEE).

Wiki : Type spécifique de sites Web qui encourage les contributions des utilisateurs. Ces derniers peuvent modifier le contenu du site même s'ils ne disposent pas de connaissances techniques dans les domaines du développement de pages Web ou de la programmation.

WiMax : Terme qui désigne la famille de normes de réseau sans fil 802.11 de l'Institute of Electrical and Electronics Engineers (IEEE).

Wintel : Ordinateur qui utilise un microprocesseur Intel (ou un microprocesseur compatible) qui fonctionne avec une version du système d'exploitation Windows.

WML (*Wap Markup Language*) : Langage de balisage pour l'accès sans fil aux sites Web, fondé sur le langage XML et optimisé pour les petits écrans.

***Workflow* :** Processus de rationalisation des processus qui permet un mouvement, un enchaînement et une synchronisation plus rapide et efficace des documents, des fichiers d'un lieu à un autre, d'un utilisateur à un autre.

XML (*eXtensible Mark-up Language*) : Langage d'usage standard qui décrit la structure d'un document et supporte les liens vers des documents multiples.

ZigBee : Protocole de communication des applications entre les appareils dans un réseau de capteurs sans fil. Détermine le contenu du message transmis par chaque nœud du réseau.

Bibliographie

ALBAN, D. et EYNAUD, P., 2009, *Management opérationnel du système d'information*, Lavoisier.

ALLAL-CHÉRIF, O. et FAVIER, M., 2008, « Le modèle économique des places de marché électroniques. Du transactionnel au collaboratif », *RFG*, n° 181, pp. 161-173.

AMABILÉ, S., MEISSONIER, R., HALLER, C. et BOUDRANDI, S., 2012, « Capacité d'absorption des informations et pratiques de veille stratégique dans les PME. Une étude sur des domaines vitivinicoles provençaux », *Systèmes d'Information et Management*, vol. 17, n° 3.

AUTISSIER, D. et DELAY, V., 2008, *Mesurer la performance du système d'information*, Éditions d'Organisation.

AUTISSIER D. et VANDANGEON I., 2012, « Les réseaux apprenants comme facilitateurs du changement », *Question(s) de management*, pp. 40-52.

AZAN, W. et BELDI, A., 2009, « Apport de la théorie de l'action humaine à la compréhension des usages des systèmes d'information », *Systèmes d'Information et Management*, vol. 14, n° 3, pp. 79-108.

AZAN, W. et BELDI, A., 2011, « De la cybernétique à la théorie de la human agency : vers un management des SI centré sur les utilisateurs », *Management & Avenir*, n° 39, pp. 192-212.

BAILE, S. et LOUATI, R., 2010, « L'efficience du SI utilisateur final : un modèle d'impact de la qualité de service sur la satisfaction », *Systèmes d'Information et Management*, vol. 15, n° 4.

BARLETTE, Y., 2011, « Implication et action des dirigeants : quelles pistes pour améliorer la sécurité de l'information en PME ? », *Systèmes d'Information et Management*, vol. 17, n° 2, pp. 115-149.

BEAUFILS, B., BRANDOUY, O., MA, L. et MATHIEU, P., 2009, « Simuler pour comprendre : un éclairage sur les dynamiques de marchés financiers à l'aide des systèmes multiagents », *Systèmes d'Information et Management*, vol. 14, n° 4, pp. 51-70.

BELMONDO, C., 2008, « Comprendre les pratiques des acteurs de l'intelligence économique : une étude des microactivités de représentation de l'environnement concurrentiel et d'organisation de la veille », *Systèmes d'Information et Management*, vol. 13, n° 3, pp. 83-109.

BENNASAR, M., 2010, *Plan de continuité d'activité et système d'information – Vers l'entreprise résiliente*, Dunod.

BENNASAR, M., 2010, *Plan de continuité d'activité et système d'information*, Lavoisier.

BENNASAR, M., CHAMPENOIS, A., ARNOULd, P., RIVAT, T. et PENRI-WILLIAMS, H., 2007, *Manager la sécurité du SI – Planifier, déployer, contrôler, améliorer*, Dunod.

BESSON, P. et ROWE, F., 2011, « Perspectives sur le phénomène de la transformation organisationnelle », *Systèmes d'Information et Management*, vol. 16, n° 1, pp. 3-34.

BEZES C., 2012, « La congruence perçue des magasins et du site Internet : effets sur le choix du canal d'achat – le cas de la Fnac », *Vie & sciences de l'entreprise*, n° 190, pp. 46-70.

Bollecker, M., Pierre, M. et Clementz, C., juillet-août 2008, « L'évolution des systèmes d'information de gestion face aux enjeux de la responsabilité sociale : le cas de la comptabilité et du contrôle de gestion », *Gestion 2000*, vol. 25, n° 4, pp. 49-65.

Boukef Charki, N. et Hédi Charki, M., 2008, « L'email : un moyen de contrôle ou de responsabilisation ? », *Systèmes d'Information et Management*, vol. 13, n° 4, pp. 31-62.

Boulet, P., 2008, *Plan de continuité d'activité, secours du système d'information*, Lavoisier.

Bourdon, I. et Hollet-Haudebert, S., 2009, « Pourquoi contribuer à des bases de connaissances ? Une exploration des facteurs explicatifs à la lumière du modèle UTAUT », *Systèmes d'Information et Management*, vol. 14, n° 1, pp. 9-36.

Bressolles, G. et Durrieu, F., 2011, « Impact des dimensions de la qualité de service électronique sur la satisfaction et les intentions de fidélité : différences entre acheteurs et visiteurs », *La Revue des Sciences de Gestion*, n° 252, pp. 37-45.

Carlier, A., 2009, *Manuel qualité pour les systèmes d'information*, Hermès.

Caron-Fasan, M-L. et Lesca, H., 2012, « Projets de mise en place d'une veille anticipative : cas de six organismes du secteur public français », *Systèmes d'Information et Management*, vol. 17, n° 2.

Carricano, M. et de Lassence, G., 2009, « Un usage du Text Mining : donner du sens à la connaissance client », *Systèmes d'Information et Management*, vol. 14, n° 2, pp. 85-101.

Carton, S. et Farastier, A., 2012, « Intégration des connaissances client dans un projet en systèmes d'information : influence de l'environnement de connaissance du projet », *Systèmes d'Information et Management*, vol 17, n° 2.

Caseau, Y., 2012, *Le S.I. démystifié. Neuf scènes de la vie quotidienne d'un DSI*, Dunod.

Caseau, Y., 2008, *Urbanisation, SOA et BPM – Le point de vue d'un DSI*, Dunod.

Cecere, G. et Rochelandet, F., 2012, « Modèle d'affaires numériques, données personnelles et sites Web. Une évaluation empirique », *Revue française de gestion*, vol. 38, n° 224, pp. 111-124.

Chanegrih, T., 2012, « Les outils de contrôle de gestion : entre stabilité et changement », *Management & Avenir*, vol. 8, n° 58, pp. 95-115.

Combes, M. et Lethielleux, L., novembre-décembre 2008, « Comment prédire et expliquer l'échec des changements organisationnels », LS, *RFG*, n° 188/189, pp. 325-339.

De Corbière, F., Rowe, F. et Wolff, F.-C., 2012, « De l'intégration interne du système d'information à l'intégration du système d'information de la chaîne logistique », *Systèmes d'Information et Management*, vol. 17, n° 1, pp. 81-111.

De Corbière, F., 2011, « SIIO et amélioration de la qualité des données : analyse de la synchronisation des données par catalogues électroniques », *Systèmes d'Information et Management*, vol. 16, n° 3, pp. 45-79.

Cucchi, A., 2011, « Les effets de l'utilisation de la messagerie électronique sur les relations hiérarchiques », *Systèmes d'Information et Management*, vol. 16, n° 3.

Cucchi, A., 2011, « Management de la sécurité de l'information – Mise en œuvre, évaluation et pilotage de la sécurité de l'information dans les organisations », *Systèmes d'Information et Management*, vol. 16, n° 4.

Cucchi, A., 2012, « Quel apport des technologies de l'information et de la communication (TIC) à l'improvisation organisationnelle durant la réponse à la crise ? », *Systèmes d'Information et Management*, vol. 17, n° 1.

Cucchi, A., 2012, « Compréhension de la continuité d'utilisation des réseaux sociaux numériques : les apports de la théorie du don », *Systèmes d'Information et Management*, vol. 17, n° 4.

DAGORN, N., 2008, « Politiques en matière de sécurité des systèmes d'information inter-organisationnels : Une enquête dans dix grandes entreprises », *Systèmes d'Information et Management*, vol. 13, n° 2, pp. 97-125.

DAGORN, N. et POUSSING, N., 2012, « Engagement et pratiques des organisations en matière de gouvernance de la sécurité de l'information », *Systèmes d'Information et Management*, vol. 17, n° 1.

DE LA RUPELLE, G. et KALIKA, M., avril 2010, « Messagerie électronique et relations hiérarchiques : union parfaite ou impossible mariage ? », *Management & Avenir*, n° 30, pp. 51-74.

dE VAUJANY, F.-X., 2009, *Les Grandes Approches théoriques du système d'information*, Lavoisier.

DEHES, M., 2009, *La Réalisation d'un SI performant pour l'entreprise*, Hermès.

DEIXONNE, J.-L. QUÉLENNEC, C., 2009, *Offshore et systèmes d'information*, Hermès.

DEIXONNE, J.-L., *Piloter un projet ERP*, 2011, Dunod.

DELMOND, M.-H., PETIT, Y. et GAUTIER, J.-M., 2008, *Management des systèmes d'information*, Dunod.

DELORME, F., 2012, « Influence de la technologie et des SI sur les régulations, une application aux SI financiers : retour sur le cas Kerviel », *Management & Avenir*, vol. 1, n° 51, pp. 57-77.

DELTOUR, F., 2012, « TIC et innovation organisationnelle », *Systèmes d'Information et Management*, vol. 17, n° 2.

DELTOUR, F., 2012, « Impacts écologiques des Technologies de l'Information et de la Communication », *Systèmes d'Information et Management*, vol. 17, n° 4.

DELTOUR, F. et SARGIS ROUSSEL, C., 2010, « L'intégration des connaissances par les équipes projets ERP : deux études de cas en PME », *Systèmes d'Information et Management*, vol. 15, n° 1, pp. 9-34.

DESMOULINS, N., 2009, *Maîtriser le levier informatique – Accroître la valeur ajoutée des systèmes d'information*, Pearson France.

DINET, J., 2008, *Usages, usagers et compétences informationnelles au XXIe siècle*, Hermès.

DOMINGUEZ, C. 2009, « Business models des places de marché électroniques : une taxonomie pour décrypter leurs enjeux », *Systèmes d'Information et Management*, vol. 14, n° 2, pp. 39-65.

DOUYÈRE, D., 2011, « Politique de la connaissance, système d'information et transformation de la fonction HSCT chez Selenis », *Systèmes d'Information et Management*, vol. 16, n° 1.

DUBOIS, M., RETOUR, D. et BOBILLIER CHAUMON, M.-É., 2008, « Les conséquences sur les compétences du chargé de clientèle du développement des compétences des clients *via* l'Ebanking », *Systèmes d'Information et Management*, vol. 13, n° 2, pp. 33-61.

DUPUICH, F., avril 2009, « Impact des Technologies de l'Information et de la Communication (TIC) sur la Gestion des Ressources Humaines (GRH) dans les firmes "high-tech" », *Management et Avenir*, n° 21, pp. 221-243.

DUTOT, V. et SAFRAOU, I., 2012, « Transfert intergénérationnel des connaissances et technologies de l'information (TI) : Vers un modèle intégrateur des dynamiques junior-senior », *La Revue des Sciences de Gestion*, vol. 1, n° 253, pp. 89-97.

EDOUARD, S. et GRATACAP, A., 2011, « Proposition d'un modèle d'intelligence collective pour les écosystèmes d'affaires », *Management & Avenir*, vol. 6, n° 46, pp. 177-199.

ELIDRISSI, D. et ELIDRISSI, A., février 2010, « Contribution des systèmes d'information à la performance des organisations : le cas des banques », *Revue des Sciences de Gestion*, n° 241, pp. 55-61.

EYNAUD, P., 2010, « Analyse comparative des stratégies Internet de deux associations », *Systèmes d'Information et Management*, vol. 15, n° 1, pp. 69-95.

Fallery, B., 2010, « Sélection des systèmes d'information : le cas des outils d'e-Achats », *Systèmes d'Information et Management*, vol. 15, n° 4.

Fallery, B., 2008, « Contribution à l'ingénierie des systèmes d'information de veille stratégique : une approche centrée sur la motivation des acteurs », *Systèmes d'Information et Management*, vol. 13, n° 2, pp. 126-127.

Fallery, B., 2008, « Usage des TIC dans les réseaux inter-organisationnels et changements des pratiques des acteurs », *Systèmes d'Information et Management*, vol. 13, n° 1, pp. 117-119.

Fallery, B., 2008, « Comprendre pour aider. Analyse réticulaire de projets de mise en œuvre d'une technologie de l'information : le cas des Espaces Numériques de Travail », *Systèmes d'Information et Management*, vol. 13, n° 4, pp. 126-128.

Fenies P., 2011, « Une approche pour la prise en compte de la rationalité limitée des acteurs dans les modèles d'aide à la décision : mise en œuvre en contexte de logistique hospitalière », *Management & Avenir*, n° 48.

Fernandez V. et Marrauld L., 2012, « Usage des téléphones portables et pratiques de la mobilité. L'analyse de "journaux de bord" de salariés mobiles », *Revue française de Gestion*, vol. 38, n° 226, pp. 137-149.

Fernandez-Toro, A., 2009, *Management de la sécurité de l'information*, Éditions d'Organisation.

Fimbel, É., 2007, *Alignement stratégique – Synchroniser les systèmes d'information avec les trajectoires et manœuvres des entreprises*, Pearson France.

Flichy, P., 2008, « Technique, usage et représentations », *Réseaux*, vol. 2-3, n° 148-149, pp. 147-174.

Gaultier-Gaillard, S. et Pratlong, F., 2011, « Le risque de réputation : le cas du secteur bancaire », *Management & Avenir*, vol. 8, n° 48, pp. 272-288.

Georgel, F., 2009, *IT Gouvernance – Management stratégique d'un système d'information*, Dunod.

Gillet, M. et Gillet, P., 2010, *SIRH Système d'information des ressources humaines*, Dunod.

Godé-Sanchez, C., 2008, « Les TIC comme leviers du changement organisationnel : une analyse du cas des Armées américaines en Afghanistan », *Systèmes d'Information et Management*, vol. 13, n° 1, pp. 7-31.

Godé-Sanchez, C. et Barbaroux, P., juin 2010, « La fabrique des usages technologiques en environnement volatil », *Management & Avenir*, n° 32, pp. 71-90.

Goethals, F-G., Leclercq, A. et Carugati, A., 2009, « On the unexpected differences in media usage in purchasing in France and Flanders », *Systèmes d'Information et Management*, vol. 14, n° 1, pp. 37-74.

Guillemette, M.G. et Paré, G., 2011, « La dynamique de transformation de la direction des systèmes d'information », *Systèmes d'Information et Management*, vol. 16, n° 1.

Habhab-Rave, S., 2010, « Le rôle des communautés de pratique dans le processus de gestion des connaissances dans les entreprises innovantes : une étude de cas par comparaison intersites », *La Revue des Sciences de Gestion*, vol. 1, n° 241, pp. 43-54.

Habib, J., 2010, « La dynamique de création de connaissances dans les processus d'innovation : Analyse comparée de quatre études de cas dans le secteur de la santé électronique », *Systèmes d'Information et Management*, vol. 5, n° 4.

Hanouz, R., de Kervasdoué, P. et Rosé, P., 2007, *La pérennité du SI – Disponibilité, continuité de service, secours informatique, contraintes réglementaires*, Dunod.

Haon, C. et Patel, C., 2011, « Création de trafic, expérience de navigation et performance commerciale : que nous apprennent les 500 plus importants sites marchands américains ? », *Systèmes d'Information et Management*, vol. 16, n° 4.

Hasnaoui, A. et Lentz, F.-M., 2011, « Proposition d'un modèle d'analyse des déterminants de l'adoption et de l'usage des systèmes de paiement électronique "B2C" », *Management & Avenir*, n° 45.

Hikkerova, L., 2011, « Internet, Stratégie de prix et Yield Management », *Management & Avenir*, vol. 2, n° 42, pp. 200-212.

Hussenot, A., 2009, « Manager l'appropriation des solutions TIC : des controverses aux modes d'appropriation », *Systèmes d'Information et Management*, vol. 14, n° 2, pp. 66-85.

Isaac, H. et Volle, P., 2011, *E-commerce – De la stratégie à la mise en œuvre opérationnelle*, Pearson France.

Jameux, C. et Khedhaouria, A., 2009, « Créativité organisationnelle et usage de l'intranet chez Schneider Electric », *Systèmes d'Information et Management*, vol. 14, n° 3, pp. 109-114.

Janicot, C. et Mignon, S., 2008, « Vers un modèle de codification des connaissances : nature et perspectives », *Systèmes d'Information et Management*, vol. 13, n° 4, pp. 95-126.

Jouffroy, P., 2010, *ERP*, Éditions d'Organisation.

Journé B. *et al.*, 2012, « Face à la complexité. Illusions, audaces, humilités », *Revue française de Gestion*, vol. 4, n° 223, pp. 15-25.

Khechine, H., Sawsen L. et Pascot, D., 2009, « Efficacité du Podcasting en enseignement et apprentissage : Résultats empiriques pour un cours donné en formule mixte », *Systèmes d'Information et Management*, vol. 14, n° 1, pp. 103-132.

Kolb, D. et Frohman, A., 1970, « An organization development approach to consulting », *Sloan Management Review*, vol.12, n° 1, pp. 51-65.

Lancelot Miltgen, C., 2010, « Dévoilement de données personnelles et contreparties attendues en e-commerce : une approche typologique et interculturelle », *Systèmes d'Information et Management*, vol. 15, n° 4.

Lancelot Miltgen, C., 2009, « Propension à fournir des données personnelles mensongères sur Internet : une étude exploratoire », *Systèmes d'Information et Management*, vol. 14, n° 3, pp. 9-42.

Le Loarne S., 2011, « Éditorial. Trois pistes pour la recherche en intelligence économique pour sortir de la triple impasse de l'innovation ? », *Revue internationale d'intelligence économique*, vol. 3, pp. 7-11.

Le Roux, B., 2009, *La Transformation stratégique du système d'information*, Lavoisier.

Lebraty, J.-F., mars 2009, « Externalisation ouverte et pérennité. Une nouvelle étape de la vie des organisations », *RFG*, n° 192, pp. 151-165.

Lebraty, J.-F., 2008, « Recherche académique & intelligence économique : une nécessaire synergie », *Systèmes d'Information et Management*, vol. 13, n° 3, pp. 7-16.

Leclercq-Vandelannoitte, A., 2010, « Un regard critique sur l'approche structurationniste en SI : Une comparaison avec l'approche foucaldienne », *Systèmes d'Information et Management*, vol. 15, n° 1, pp. 35-69.

Legrenzi, C. et Rosé, P., 2013, *Les Tableaux de bord de la DSI*, Dunod.

Lemieux, N., 2011, « Comment une équipe de gestion du changement peut-elle aider à implanter un système de gestion intégré ? Le cas d'Hydro-Québec et de son système d'information clientèle », *Gestion*, vol. 36.

Lequeux, J.-L. et Challande, J.-F., 2009, *Le Grand-Livre du DSI*, Éditions d'Organisation.

Leroux, E. et Pupion, P.-C., 2011, « Adoption des systèmes de reporting pour le développement durable : une innovation organisationnelle », *Systèmes d'Information et Management*, vol. 16, n° 2.

LESCA, N. et CARON-FASAN, M.-L., 2008, « Facteurs d'échec et d'abandon d'un projet de veille stratégique : retours d'expériences », *Systèmes d'Information et Management*, vol. 13, n° 3, pp. 17-44.

LISEIN, O., PICHAULT, F. et DESMECHT, J., 2009, « Les business models des sociétés de services actives dans le secteur Open Source », *Systèmes d'Information et Management*, vol. 14, n° 2, pp. 7-38.

LOUFRANI-FEDIDA S., 2012, « Les acteurs du management des compétences dans les organisations par projets », *Management & Avenir*, vol. 8, n° 58, pp. 14-32.

MARCA, J.-P., 2008, *Dimension économique des systèmes d'information*, Hermès.

MARCINIAK, R., décembre 2009, « Les grandes approches théoriques du système d'information », *Systèmes d'Information et Management*, vol. 14, n° 4, pp. 109-110.

MERCANTI-GUÉRIN, M., 2010, « Analyse des réseaux sociaux et communautés en ligne : quelles applications en marketing ? », *Management & Avenir*, vol. 2, n° 32, pp. 132-153.

MEIER, O., MISSONIER A. et MISSONIER, S., 2012, « Analyse des systèmes d'interactions à l'œuvre au sein d'un projet TI : mise en évidence d'une perspective dynamique et relationnelle », *Systèmes d'Information et Management*, vol. 17, n° 1.

MICHAUX, V. et GEFFROY-MARONNAT, B., 2011, « Les transformations liées au système CRM : une méta-synthèse au prisme de la théorie de la structuration », *Systèmes d'Information et Management*, vol. 16, n° 1.

MIGNON, S., SIADOU-MARTIN, B., JANICOT, C., AVERSENG, C. et MAZARS-CHAPELONB, A., 2012, « Management des connaissances: quels dispositifs pour quels objectifs ? », *Systèmes d'Information et Management*, vol. 17, n° 3.

MISSONIER, S., mars 2010, « Système d'information, dynamique et organisation », *Systèmes d'Information et Management*, vol. 15, n° 1, pp. 134-135.

MOISAND, D. et GARNIER DE LABAREYRE, F., 2010, *CobiT*, Éditions d'Organisation.

MONGIN, O., 2012, « Qui a fait sauter la banque ? Le pouvoir du trading : de la Société Générale à Goldman Sachs », *Esprit*, n° 370, pp. 84-95.

MONNIER-SENICOURT, L., 2008, « L'influence des caractéristiques professionnelles sur la consultation d'un SGC et la capitalisation : le cas des métiers d'auditeur, d'avocat et de consultant », *Systèmes d'Information et Management*, vol. 13, n° 1, pp. 31-62.

MORLEY, C., 2012, *Management d'un projet Système d'Information – Principes, techniques, mise en œuvre et outils*, Dunod.

MUCKENHIRN, P., 2008, *Les Systèmes décisionnels : expériences et perspectives*, Hermès.

NOËL, C. et CHEMANGUI, M., 2008, « Les cartes conceptuelles comme outil de représentation du rôle des auditeurs dans la fiabilité de l'information financière : une exploration des différences liées à l'expérience », *Systèmes d'Information et Management*, vol. 13, n° 2, pp. 5-32.

OTTO, P. et SIEMER, W., 2009, « Learning from cognitive feedback mapping and simulation: A group modeling intervention », *Systèmes d'Information et Management*, vol. 14, n° 4, pp. 9-30.

PALLAS-SALTIEL, V. et LABAKI, R., février 2009, « Quel management des connaissances pour les établissements bancaires ? », *RFG*, n° 191, pp. 139-151.

PANAYIOTOU, N. et EVANGELOPOULOS, N., 2009, « Simulation applied to Evaluate and Improve the Operation of a Soccer Ticket Club Call Centre », *Systèmes d'Information et Management*, vol. 14, n° 4, pp. 31-50.

PELET, J.-É., 2010, « De la couleur des sites web marchands sur la mémorisation et sur l'intention d'achat », *Systèmes d'Information et Management*, vol. 15, n° 1, pp. 97-132.

PERRIN, A., 2011, « Les pratiques des gestionnaires des connaissances chez Lafarge », *Systèmes d'Information et Management*, vol. 16, n° 3.

PHAM, T.D.T. et ANTOINE, A., 2012, « La génération des connaissances au secours du management de projet? Le cas du système d'information d'un établissement de santé », *Management International*, vol. 16, hors série, pp. 75-87.

PHANUEL, D., 2008, « Intelligence économique et réseau : Quelle configuration est mobilisée par les "PME-PMI" ? », *Systèmes d'Information et Management*, vol. 13, n° 3, pp. 65-84.

PIGNEUR, Y., 2010, « Satisfaction des utilisateurs, protection de la vie privée, connaissances et innovation sous la loupe des chercheurs », *Systèmes d'Information et Management*, vol. 15, n° 4.

PIGNEUR, Y., 2011, « Systèmes d'information inter-organisationnels », *Systèmes d'Information et Management*, vol. 16, n° 3.

PILLE, T. *et al.*, 2012, « Télécharger de la musique légalement et gratuitement, est-ce possible ? », *Entreprendre & Innover*, vol. 1, n° 13, pp. 75-83.

POISSONNIER, H., CORNIOU, J.-P., VERJUS, J.-P., BONIFACIO, *et al.*, 2009, *Stratégie et pilotage des Systèmes d'information*, Dunod.

PUISEUX, G., 2008, *Le Marketing des systèmes d'information*, Éditions d'Organisation.

REIX R., FALLERY B., KALIKA M. et ROWE F., 2011, *Systèmes d'information et management des organisations*, Vuibert.

RIVAL, Y., KALIKA, M., 2009, « Évaluer la performance de l'entreprise induite par l'usage de portails web : Le cas du secteur touristique », *Systèmes d'Information et Management*, vol. 14, n° 1, pp. 75-104.

RIVARD, F., ABOU HARB, G. et MÉRET, P., 2008, *Le Système d'information transverse : nouvelles solutions du SI & performance métier*, Lavoisier.

ROSENTHAL-SABROUX, C. et CARVALHO, A., 2009, *Management et gouvernance des SI*, Hermès.

RUZÉ, E., 2011, « Changement organisationnel et implémentation des TIC : pourquoi faire attention aux dimensions économiques de la gestion du savoir dans le cas des ERP ? », *Vie & sciences de l'entreprise*, vol. 2, n° 188, pp. 38-56.

SAAD, I., GRUNDSTEIN, M. et ROSENTHAL-SABROUX, C., 2009, « Une méthode d'aide à l'identification des connaissances cruciales pour l'entreprise », *Systèmes d'Information et Management*, vol. 14, n° 3, pp. 43-79.

SAHUT J.-M. et LANTZ J.-S., 2011, « Quel Business Model et performance pour les banques par Internet ? », *Management & Avenir*, vol. 2, n° 42, pp. 232-246.

SAINT-LÉGER G. et BEELER B., 2012, « Émergence d'une culture négociée dans le cadre des projets ERP », *Management & Avenir*, vol. 3, n° 53, pp. 54-71.

SAINT-LÉGER, G. et EL AMRANI, R., 2011, « Le pari des centres de compétences dans la stabilisation des organisations en phase post-projet ERP », *Systèmes d'Information et Management*, vol. 16, n° 1.

SALVETAT, D., 2008, « Pratiques d'Intelligence Économique : entre structuration et déstructuration. Le cas des entreprises européennes de hautes technologies », *Systèmes d'Information et Management*, vol. 13, n° 3, pp. 43-65.

SALVETAT, D. *et al.*, 2011, « La gestion inter-organisationnelle des connaissances dans un contexte coopétitif », *Management & Avenir*, vol. 7, n° 4, pp. 55-78.

SARGIS-ROUSSEL, C., 2011, « Gestion des connaissances en contexte projet : quelles pratiques et quels enjeux pour les entreprises ? », *Management & Avenir*, vol. 4, n° 44, pp. 60-77.

SCHAFFERNICHT, M., 2009, « Learning from rediscovering system dynamics models », *Systèmes d'Information et Management*, vol. 14, n° 4, pp. 87-106.

SIMON, F., 2008, « Intensité de la recherche d'information et expérience de consommation sur Internet : le cas d'une primo visite pour l'achat d'un cadeau », *Systèmes d'Information et Management*, vol. 13, n° 1, pp. 63-97.

SPRINGUEL A., 2011, « L'influence dans la stratégie des entreprises », *Revue internationale d'intelligence économique*, vol. 3, pp. 153-160.

TASSIN, P., BERHAULT, G., BERTHOUD, F. *et al.*, 2010, *Systèmes d'information et développement durable : économie, société et environnement*, Hermès.

TCHOKOGUÉ, A., PEREZ, M. et HIEN, N., 2008, « Mécanismes et niveau d'intégration organisationnelle de l'entreprise : une évaluation empirique avant et après la mise en place d'un système ERP », *Systèmes d'Information et Management*, vol. 13, n° 2, pp. 61-95.

THEVENOT, J., 2010, *Le Système d'information*, Editions Eska.

TREYER, J. et BRONGNIART, O., 2010, *Modèle économique de la DSI : les clés de la performance*, Hermès.

VÉRONNEAU, S. *et al.*, août-septembre 2008, « L'information dans la chaîne logistique », *RFG*, n° 186, pp. 149-161.

VIDAL, P., PETIT, V., LACROUX, F. *et al.*, 2009, *Systèmes d'information organisationnels*, Pearson France.

VIDAL, R., mai-juin 2008, « Les systèmes d'information et les technologies de l'information et de la communication : enjeux et outils de la responsabilité sociale de l'entreprise dans une perspective de contribution à la soutenabilité », *Revue des Sciences de Gestion*, n° 231/232, pp. 137-150.

Index

A

B

D

F

G

H

I

J

L

M

T

U

V

W

X

Z

Imprimé par Wilco
Amersfoort (Hollande)

MIX
Papier van
verantwoorde herkomst
FSC® C004472

Suivant sa politique de développement,
amélioration continue, qualité et gestion de l'environnement,
Wilco possède les certifications ISO 9001,
ISO 14001 et FSC (Forest Stewardship Council).